U0535030

宋代至清代帝陵形制布局研究

Research on the Shape and Structure of Imperial Tombs from the Song Dynasty to the Qing Dynasty

孟凡人 著

中国社会科学出版社

图书在版编目(CIP)数据

宋代至清代帝陵形制布局研究/孟凡人著.—北京：中国社会科学出版社，2021.11
ISBN 978-7-5203-9324-9

Ⅰ.①宋… Ⅱ.①孟… Ⅲ.①帝王—陵墓—布局—研究—中国—宋代—清代
Ⅳ.①K878.84

中国版本图书馆 CIP 数据核字(2021)第 230255 号

出 版 人	赵剑英
责任编辑	郭 鹏 史丽清
责任校对	刘 俊
责任印制	李寡寡

出　　版	中国社会科学出版社
社　　址	北京鼓楼西大街甲 158 号
邮　　编	100720
网　　址	http://www.csspw.cn
发 行 部	010-84083685
门 市 部	010-84029450
经　　销	新华书店及其他书店

印刷装订	北京君升印刷有限公司
版　　次	2021 年 11 月第 1 版
印　　次	2021 年 11 月第 1 次印刷

开　　本	880×1230　1/16
印　　张	57.25
字　　数	1321 千字
定　　价	388.00 元

凡购买中国社会科学出版社图书，如有质量问题请与本社营销中心联系调换
电话：010-84083683
版权所有　侵权必究

国家社科基金后期资助项目
出版说明

后期资助项目是国家社科基金设立的一类重要项目，旨在鼓励广大社科研究者潜心治学，支持基础研究多出优秀成果。它是经过严格评审，从接近完成的科研成果中遴选立项的。为扩大后期资助项目的影响，更好地推动学术发展，促进成果转化，全国哲学社会科学工作办公室按照"统一设计、统一标识、统一版式、形成系列"的总体要求，组织出版国家社科基金后期资助项目成果。

全国哲学社会科学工作办公室

目　　录

绪论　宋至清代帝陵考古学与帝陵形制布局研究 …………………………………（1）
　　一　帝陵释义与帝陵考古学形制布局研究 ……………………………………（1）
　　二　宋辽金帝陵和明清帝陵简况 ………………………………………………（2）
　　三　宋辽金帝陵和明清帝陵形制间的关系及其形制布局的类型 ……………（7）
　　四　唐至明清诸帝陵形制布局的比较 …………………………………………（8）
　　五　明清帝陵形制布局是同一模式的两个类型 ………………………………（11）
　　六　研究帝陵形制布局的要点、主要方面、方法和意义 ……………………（12）

第一章　北宋帝陵 ……………………………………………………………………（15）
　第一节　陵区概况（附陵区外相关遗址）………………………………………（16）
　　一　位置与地理环境 ……………………………………………………………（16）
　　二　帝陵分区 ……………………………………………………………………（17）
　　三　陵园构成要素 ………………………………………………………………（21）
　　四　陵邑、禅院和陪葬墓区 ……………………………………………………（31）
　　五　陵区外的相关遗迹 …………………………………………………………（33）
　第二节　帝后陵各构成部位的形制和尺度 ……………………………………（35）
　　一　鹊台、乳台和神道 …………………………………………………………（35）
　　二　上宫宫城 ……………………………………………………………………（42）
　　三　陵台的形制结构和尺度 ……………………………………………………（53）
　　四　墓道和献殿 …………………………………………………………………（58）
　　五　皇堂 …………………………………………………………………………（64）
　　六　下宫 …………………………………………………………………………（73）
　第三节　北宋帝陵石雕 …………………………………………………………（77）
　　一　北宋帝陵石雕概况 …………………………………………………………（77）
　　二　北宋帝陵石象生的艺术特色 ………………………………………………（92）
　　三　北宋帝陵石象生的型式与分期 ……………………………………………（99）
　第四节　阴阳堪舆对宋陵的主导作用 …………………………………………（120）
　　一　五音姓利 ……………………………………………………………………（120）
　　二　"昭穆贯鱼"葬法 …………………………………………………………（123）

三　据阴阳，用吉尺 …………………………………………………………… (125)
　第五节　帝后陵随葬品、明器神煞与镇墓法 ………………………………… (126)
　　一　北宋帝后陵随葬品概况 …………………………………………………… (126)
　　二　明器神煞 …………………………………………………………………… (128)
　　三　镇墓法 ……………………………………………………………………… (129)
　第六节　北宋帝后陵的主要特点及其与前代帝陵的比较 …………………… (131)
　　一　北宋帝后陵的主要特点 …………………………………………………… (131)
　　二　北宋帝陵与前代帝陵的比较 ……………………………………………… (132)
　结束语　北宋帝陵的发展阶段 ………………………………………………… (146)

第二章　南宋帝陵攒宫 …………………………………………………………… (148)
　第一节　宝山攒宫概况与各帝陵攒宫的相对方位 …………………………… (148)
　　一　概况 ………………………………………………………………………… (148)
　　二　诸帝陵攒宫相对方位 ……………………………………………………… (151)
　第二节　《思陵录》所记永思陵攒宫的形制和结构 …………………………… (154)
　　一　上宫 ………………………………………………………………………… (154)
　　二　下宫 ………………………………………………………………………… (160)
　第三节　永思陵和诸陵平面形制与规模 ……………………………………… (163)
　　一　攒宫建筑主要构成要素与下宫的方位 …………………………………… (163)
　　二　永思陵的平面形制与规模 ………………………………………………… (164)
　　三　永思陵以外诸帝陵攒宫的平面形制和规模 ……………………………… (167)
　第四节　《宋会要辑稿》有关攒宫规制的记载 ………………………………… (168)
　　一　国音制约陵区选址与神穴定位 …………………………………………… (168)
　　二　皇堂结构与掩攒仪式 ……………………………………………………… (169)
　　三　随葬品 ……………………………………………………………………… (171)
　第五节　南宋和北宋帝陵形制布局的比较 …………………………………… (171)
　　一　南宋和北宋帝陵形制布局相异之处 ……………………………………… (171)
　　二　南宋攒宫与北宋帝陵的营建理念和规制一脉相传 ……………………… (172)

第三章　辽代庆陵 ………………………………………………………………… (176)
　第一节　辽祖陵、怀陵、显陵和乾陵简况 ……………………………………… (176)
　第二节　庆陵概说 ……………………………………………………………… (178)
　　一　位置和名称 ………………………………………………………………… (178)
　　二　庆陵的盗掘和调查 ………………………………………………………… (182)
　第三节　庆陵陵园遗迹及中陵和西陵的地宫形制 …………………………… (184)
　　一　庆东陵陵园遗迹 …………………………………………………………… (184)
　　二　庆中陵和庆西陵陵园遗迹 ………………………………………………… (189)

三　庆中陵和西陵地宫概况 …………………………………………………………（190）
　第四节　庆东陵地宫形制和壁画 …………………………………………………………（191）
　　一　平面形制 …………………………………………………………………………（193）
　　二　墓道与甬道 ………………………………………………………………………（195）
　　三　前殿与甬道和配殿 ………………………………………………………………（199）
　　四　中殿与甬道和配殿 ………………………………………………………………（205）
　　五　后殿的形制和结构 ………………………………………………………………（213）
　第五节　庆陵墓志形哀册，石幢和其他遗物 ……………………………………………（214）
　　一　墓志形哀册 ………………………………………………………………………（214）
　　二　陀罗尼经幢和其他遗物 …………………………………………………………（225）
　第六节　庆陵略析 …………………………………………………………………………（228）
　　一　陵园 ………………………………………………………………………………（229）
　　二　地宫形制 …………………………………………………………………………（230）
　　三　庆东陵壁画 ………………………………………………………………………（234）
　　四　墓志形哀册源于晚唐五代的墓志形制 …………………………………………（245）
　结束语 ………………………………………………………………………………………（251）

第四章　金代帝陵 …………………………………………………………………………（253）
　第一节　金陵概说 …………………………………………………………………………（253）
　第二节　大房山金陵封域、风水态势与分区 ……………………………………………（255）
　　一　封域 ………………………………………………………………………………（255）
　　二　主陵区的风水态势 ………………………………………………………………（256）
　　三　封域内陵墓分区 …………………………………………………………………（259）
　第三节　主陵区残存的遗迹 ………………………………………………………………（263）
　　一　主陵区残存的金代遗迹 …………………………………………………………（263）
　　二　主陵区不属于金陵的其他遗迹 …………………………………………………（268）
　第四节　主陵区诸陵地宫概况 ……………………………………………………………（271）
　　一　金太祖睿陵地宫（M6） …………………………………………………………（271）
　　二　世宗兴陵地宫墓道（M9） ………………………………………………………（279）
　　三　恭陵、顺陵和景陵地宫的方位 …………………………………………………（282）
　第五节　金陵形制布局承前启后的重要地位 ……………………………………………（283）
　　一　金陵形制布局的主要特点 ………………………………………………………（283）
　　二　金陵形制布局与唐宋帝陵的承袭关系 …………………………………………（283）
　　三　金陵形制布局对明清帝陵的影响 ………………………………………………（284）

第五章　明皇陵与明祖陵 …………………………………………………………………（286）
　第一节　明皇陵 ……………………………………………………………………………（286）

一　位置、营建与保存状况 …………………………………………………… (286)
　　二　皇陵的形制布局 ………………………………………………………… (291)
　　三　考古调查草测皇陵三城之周长 ………………………………………… (296)
　　四　皇陵形制布局"稽古创制"，推陈出新 ………………………………… (297)
第二节　明祖陵 …………………………………………………………………… (302)
　　一　位置、营建和保存状况 ………………………………………………… (302)
　　二　祖陵的形制布局 ………………………………………………………… (306)
　　三　石象生 …………………………………………………………………… (308)

第六章　明孝陵 ……………………………………………………………………… (311)

第一节　明孝陵的位置、营建和现状 …………………………………………… (311)
　　一　位置 ……………………………………………………………………… (311)
　　二　孝陵营建概况 …………………………………………………………… (313)
　　三　孝陵的管理、毁坏与现状 ……………………………………………… (316)
第二节　明孝陵的形制布局 ……………………………………………………… (317)
　　一　下马坊至大金门 ………………………………………………………… (320)
　　二　神道和石象生 …………………………………………………………… (324)
　　三　陵宫区 …………………………………………………………………… (329)
　　四　方城和宝城宝顶区 ……………………………………………………… (333)
　　五　完整配套的排水系统 …………………………………………………… (336)
第三节　明孝陵选址、规划设计理念之探索 …………………………………… (336)
　　一　风水术是孝陵选址的指导方针 ………………………………………… (336)
　　二　"天人合一"是孝陵规划理念的核心 …………………………………… (339)
　　三　礼制是明孝陵规划形制布局的法则 …………………………………… (344)
第四节　明孝陵构成要素与配置序列源于前代帝陵 …………………………… (345)
　　一　明孝陵在唐宋帝陵基础上"稽古创新" ………………………………… (345)
　　二　明孝陵与明皇陵的比较 ………………………………………………… (346)
第五节　孝陵新制的主要特点与艺术特色 ……………………………………… (347)
　　一　孝陵新制概述 …………………………………………………………… (347)
　　二　孝陵新制在形制布局上的主要表现和特点 …………………………… (347)
　　三　明孝陵形制布局的艺术特色 …………………………………………… (352)
　　四　石象生的艺术特色 ……………………………………………………… (355)
结束语 ……………………………………………………………………………… (356)

第七章　明十三陵与显陵 …………………………………………………………… (357)

第一节　明十三陵概况 …………………………………………………………… (357)
　　一　陵区边墙山口、防卫与陵区内的设施、管理和陪葬墓 ……………… (357)

二　陵区诸陵简况 …………………………………………………………………………… (365)
　第二节　明显陵 …………………………………………………………………………………… (380)
　　一　从兴献王坟到明显陵 ………………………………………………………………… (380)
　　二　明显陵的营建 ………………………………………………………………………… (381)
　　三　明显陵的形制 ………………………………………………………………………… (381)
　　四　明显陵陵园形制布局特点 …………………………………………………………… (389)
　　五　显陵在明陵中的地位和影响 ………………………………………………………… (394)

第八章　明长陵形制布局与其后诸陵局部形制的嬗变 ………………………………………… (396)
　第一节　明长陵的形制布局 ……………………………………………………………………… (396)
　　一　卜选陵址与营建长陵 ………………………………………………………………… (396)
　　二　长陵形制布局 ………………………………………………………………………… (401)
　　三　长陵与孝陵形制布局的比较 ………………………………………………………… (427)
　　四　长陵形制布局的主要特点和艺术特色 ……………………………………………… (428)
　第二节　长陵之后诸陵"逊避祖陵"及其局部形制的嬗变 ……………………………………… (433)
　　一　陵宫 …………………………………………………………………………………… (435)
　　二　宝顶宝城和方城明楼 ………………………………………………………………… (437)
　　三　哑吧院与宝城内排水设施 …………………………………………………………… (438)

第九章　定陵玄宫 ………………………………………………………………………………… (440)
　第一节　定陵玄宫的形制 ………………………………………………………………………… (440)
　　一　定陵玄宫的形制布局和结构 ………………………………………………………… (441)
　　二　定陵玄宫与明陵玄宫规制 …………………………………………………………… (459)
　第二节　《定陵》报告玄宫随葬品梳理与相关问题探讨 ……………………………………… (463)
　　一　定陵玄宫内随葬品概况 ……………………………………………………………… (463)
　　二　万历帝棺内装殓物品与棺椁之上和侧旁置物 ……………………………………… (470)
　　三　二后棺内装殓物品与棺椁之上和侧旁置物 ………………………………………… (495)
　　四　棺床上及后殿和中殿置物 …………………………………………………………… (511)
　　五　定陵玄宫葬具和随葬品略析 ………………………………………………………… (523)
　余　论 ……………………………………………………………………………………………… (529)

第十章　清代陵寝 ………………………………………………………………………………… (531)
　第一节　关外三陵 ………………………………………………………………………………… (531)
　　一　永陵 …………………………………………………………………………………… (531)
　　二　福陵 …………………………………………………………………………………… (536)
　　三　昭陵 …………………………………………………………………………………… (541)
　第二节　清东陵 …………………………………………………………………………………… (547)

  一 陵区概况 …………………………………………………………………………（547）
  二 陵区诸帝陵的方位、陵主和营建简况 ……………………………………（550）
  三 陵区皇后陵的方位、陵主和营建简况 ……………………………………（555）
  四 陵区妃园寝的方位、入葬者和营建简况 …………………………………（557）
  五 帝陵陵园的形制布局 ………………………………………………………（558）
  六 皇后陵园的形制布局 ………………………………………………………（582）
  七 妃园寝的形制布局 …………………………………………………………（591）
 第三节 清西陵 ……………………………………………………………………（600）
  一 陵区山水胜势 ………………………………………………………………（600）
  二 陵区帝陵陵园的形制布局 …………………………………………………（602）
  三 陵区皇后陵陵园的形制布局 ………………………………………………（628）
  四 陵区妃园寝的形制布局 ……………………………………………………（636）
 第四节 清陵地宫的形制和结构 ………………………………………………（638）
  一 帝陵地宫的形制和结构 ……………………………………………………（638）
  二 皇后陵和妃园寝地宫的形制与结构 ………………………………………（652）
 第五节 清代陵寝工程概述 ……………………………………………………（659）
  一 风水术主导卜选万年吉地是营建陵寝的基础 ……………………………（659）
  二 规划设计 ……………………………………………………………………（664）
  三 陵寝工程 ……………………………………………………………………（669）
 第六节 清东西陵诸帝后陵陵园形制布局的比较 …………………………（676）
  一 帝陵陵园形制布局的比较 …………………………………………………（676）
  二 后陵陵园形制布局的比较 …………………………………………………（683）
 第七节 明清帝陵陵寝形制布局的比较 ……………………………………（687）
  一 明清帝陵陵区的比较 ………………………………………………………（687）
  二 明清帝陵陵园前区神道比较 ………………………………………………（689）
  三 明清帝陵陵宫和方城明楼形制布局的比较 ………………………………（691）
  四 明清帝陵宝顶宝城和地宫的比较 …………………………………………（692）
  五 明清帝陵河桶和桥之比较 …………………………………………………（695）
  六 几点拙见 ……………………………………………………………………（696）

附一 西夏陵 ……………………………………………………………………（703）
 第一节 概说 ………………………………………………………………………（703）
  一 西夏地方民族政权的建立与灭亡 …………………………………………（703）
  二 西夏陵概况 …………………………………………………………………（704）
 第二节 三号陵陵园角台、阙台至月城的形制布局与结构 ………………（730）
  一 角台和阙台的形制与结构 …………………………………………………（731）
  二 碑亭的形制与结构 …………………………………………………………（733）

三　月城的形制和结构 …………………………………………………………… (736)
第三节　三号陵陵城的形制与结构 ……………………………………………………… (739)
　　一　神门和门阙 …………………………………………………………………… (739)
　　二　角阙 …………………………………………………………………………… (744)
　　三　神墙 …………………………………………………………………………… (748)
　　四　献殿和陵塔 …………………………………………………………………… (749)
第四节　三号陵陵园的建筑技术、建材和建筑装饰材料 ……………………………… (753)
第五节　西夏陵的年代、陵主及诸陵园形制布局的比较 ……………………………… (759)
　　一　西夏陵的陵号与年代 ………………………………………………………… (759)
　　二　西夏九陵的陵主问题 ………………………………………………………… (760)
　　三　西夏诸陵陵园形制布局的比较 ……………………………………………… (762)
第六节　西夏陵陵园形制布局溯源及陵园形制寓意探析 ……………………………… (765)
　　一　西夏陵陵园形制布局溯源 …………………………………………………… (765)
　　三　西夏陵陵园形制寓意探析 …………………………………………………… (768)

附二　明代藩王坟 …………………………………………………………………………… (772)

第一节　藩王坟茔园规制 ………………………………………………………………… (773)
第二节　亲王茔园的形制布局 …………………………………………………………… (774)
　　一　洪武—永乐时期 ……………………………………………………………… (774)
　　二　正统年间宁献王茔园的形制布局 …………………………………………… (778)
　　三　弘治以后诸德王茔园的形制布局 …………………………………………… (781)
　　四　万历时期潞简王茔园的形制布局 …………………………………………… (784)
第三节　亲王地宫的形制布局 …………………………………………………………… (791)
　　一　平面呈十字形 ………………………………………………………………… (791)
　　二　平面呈１字型 ………………………………………………………………… (798)
　　三　平面呈Ｔ字型 ………………………………………………………………… (810)
　　四　平面呈中字型 ………………………………………………………………… (811)
　　五　平面呈凸字型（附土字型地宫） …………………………………………… (814)
　　六　多棺室并置型 ………………………………………………………………… (818)
第四节　郡王茔园和地宫的形制 ………………………………………………………… (825)
　　一　郡王靖江王系茔园的形制布局 ……………………………………………… (825)
　　二　郡王地宫的形制布局 ………………………………………………………… (832)
第五节　亲王地宫的葬具葬制和随葬品 ………………………………………………… (836)
　　一　葬具和葬制 …………………………………………………………………… (836)
　　二　随葬品 ………………………………………………………………………… (847)
第六节　藩王坟茔形制布局略析 ………………………………………………………… (872)
　　一　藩王茔园 ……………………………………………………………………… (872)

二　亲王地宫各类型流行的时代和地域及其间的关系试析 …………………（876）
　　三　亲王地宫葬具葬制和随葬品略析 ……………………………………（881）
第七节　亲王地宫与定陵地宫的初步比较 …………………………………………（885）
　　一　地宫规模、形制和结构 ………………………………………………（885）
　　二　葬具、葬制和装殓 ……………………………………………………（887）
　　三　随葬品 …………………………………………………………………（893）

征引主要书目 ……………………………………………………………………………（899）

后　记 ……………………………………………………………………………………（907）

绪论　宋至清代帝陵考古学与帝陵形制布局研究

一　帝陵释义与帝陵考古学形制布局研究

(一) 帝陵释义

秦代以前"帝"指最高的天神，或专主一方之神，"皇帝"是对"三皇五帝"的尊称。秦嬴政统一六国后，自以为"德兼三皇，功高五帝"，决定兼采帝号，称为始皇帝。从此中国历代君主皆称皇帝，亦简称"帝"（如秦始皇"千古一帝"、"汉武大帝"等）。

远古墓葬"不封不树"，无坟丘。春秋晚期孔子之世墓上始出现坟丘（封土），战国时代统治者墓葬都有高大坟丘，称"丘墓"、"坟墓"或"冢墓"。陵，原指高大山丘，后因诸侯王墓封土高大而引申为陵。现在多认为，《史记·赵世家》记载："肃侯十五年（前335）起寿陵"，君主之墓始称陵。秦国惠文王始称王，墓始称陵，《史记·秦始皇本纪》末段记载，惠文王"葬公陵"（卒于前331），悼武王"葬永陵"（卒于前307）。从汉代起"陵"开始成为帝王墓的特定称谓。由于君主墓封土高大若山，又将其直称为"山"，如秦始皇陵称"骊山"，汉高祖陵别称"长山"等，或"山"与"陵"连称作"山陵"。

据上所述，本书将秦以后各代皇帝死后埋葬之所在总体上一律称某代或某朝帝陵（如唐代或唐朝帝陵，宋代或宋朝帝陵等），具体到皇帝个体埋葬之所则称某帝庙号加陵名，如汉高祖长陵、唐高祖献陵、宋太祖永昌陵、宋太宗永熙陵等。这些帝陵的内涵，一是地面之上各代陵园的构成要素、形制结构、陵园制度与礼制等。二是地面封土（陵台或宝顶）之下各代地宫（玄宫）的构成要素、形制结构、埋葬制度（包括随葬品）与礼制等。准此，本书以宋辽金和明代各代帝陵陵园和地宫有关的考古资料为主（元代帝陵潜葬，情况不明），结合相关文献，分别介绍各代帝陵的内涵，并对其进行专题和综合研究。

(二) 帝陵考古学与帝陵形制布局研究

从秦始皇陵（战国晚期先秦王墓始称陵，不计）到明清帝陵的全面系统的考古学研究，统称为帝陵考古学。本书所收宋至明清帝陵是中国帝陵考古学后段的组成部分。帝陵考古学可分为地上的陵园与地下的地宫两部分，帝陵考古学重在研究陵园和地宫的形制布局及其遗物。帝陵形制布局系指帝陵陵园构成要素，陵园总体形制布局，陵园各构成部位的形制、结构、构建材质和工艺；地宫的形制、结构、构建材质和工艺。帝陵陵园遗物，主要指陵园内的各种相关配置，其中尤以神道石象生最为重要。地宫遗物指地宫内各种相关配置，地宫内各种雕刻图像、图案、文字，地宫地面上、棺床上、棺椁内外的各种随葬遗物（包括帝后尸体殓衣）。此外，帝陵形制布局研究还包括其他许多相关的方面，具体情况详见本书各个帝陵的论述。总之，帝陵形制布局是帝陵具体形象的骨架，是帝陵内涵的学术平台，对帝陵所有的各种深入的探讨研究均植根于这个骨架和学术平台之上。因此，帝陵形制布局研究乃是帝陵考古学最基础和最主要的研究。所以本书帝陵考古学亦以该阶段宋至清代帝陵形制布局研究为主，并兼顾帝陵形制布局相关的一些问题。

二 宋辽金帝陵和明清帝陵简况

宋至清代的帝陵，按陵区计算共有十八处（表0-0-1）。即北宋帝陵（今河南省巩义市，原名巩县）、南宋帝陵攒宫（今浙江省绍兴市）；辽祖陵（今内蒙古自治区赤峰市巴林左旗）、怀陵（今内蒙古自治区赤峰市巴林右旗）、显陵（今辽宁省北镇市医巫闾山）、乾陵（亦在医巫闾山，位于显陵附近）和庆陵（今内蒙古自治区赤峰市巴林右旗，内置庆东、庆中、庆西三陵）；金陵（今北京房山区）[1]；元代帝陵潜葬情况不明；明皇陵（今安徽省凤阳县）、明祖陵（今江苏省盱眙县）、明孝陵（今南京市）、明十三陵（今北京昌平区）、明显陵（今湖北省钟祥市）；清永陵（今辽宁省新宾县）、清福陵（今沈阳市东郊）、清昭陵（今沈阳市北郊）、清东陵（今河北省遵化市）和清西陵（今河北省易县）。其中清代帝陵不属本书收录范围，但因与明陵关系密切，所以本书的论述也有涉及。此外，西夏是地方民族割据王朝，位于今宁夏回族自治区银川市的西夏王陵不属于正统帝陵序列[2]，但因其陵的形制布局比拟帝陵，并多有创制，且与唐宋帝陵形制布局有渊源关系，对后代帝陵形制布局也有一定影响，故亦列入本书帝陵系列。

在宋至清代的帝陵中，南宋帝陵基本无存，辽金诸帝陵或被盗掘，或破坏严重，或迄今情况不明[3]，北宋帝陵和明清帝陵地面遗迹保存较好。自20世纪初之后，调查研究这些帝陵的学者不乏其人。其调查研究的成果，大都是散见的单篇论文和调查报告，此外还出版了一些发掘或清理报告。比如：辽《庆陵——东蒙古辽代帝王陵及其壁画考古学的调查报告》（以下简称《庆陵》），明《定陵》发掘报告（中国唯一的帝陵地宫正式发掘报告），《北宋皇陵》调查、清理及部分发掘报告，《北京金代皇陵》调查、清理及部分发掘报

---

[1] 原在金上京的金陵，后迁至金中都大房山陵区。
[2] 西夏陵地面遗迹被毁，仅余残迹，地宫被盗。
[3] 南宋帝陵攒宫被毁，地宫被盗，地面遗迹无存。辽庆陵地宫被盗，地面遗迹无多；其他辽陵保存状况不好。北京大房山金陵被毁，仅存残迹。

绪论 宋至清代帝陵考古学与帝陵形制布局研究

表0-0-1 宋至清代帝陵一览表

朝代	帝陵名称	地理位置	陵名和陵主	帝陵陵园构成要素	现存主要遗迹	备注
北宋	北宋帝陵	位于河南省巩义市南部偏西，南依嵩山北麓，北傍伊洛河黄土岗地，东接青龙山，西至回郭镇柏岭南岑，南达芝田镇八陵村，北临孝义镇，东西长约13公里，南北宽约12公里，总面积达156平方公里	西陵区3座，自东南向西北依次为宣祖永安陵、宋太祖永昌陵和宋太宗永熙陵。蔡庄陵区仅有真宗永定陵。孝义陵区2座，自东南向西北为宋仁宗永昭陵和宋英宗永厚陵。八陵村陵区2座，自东南向西北为宋神宗永裕陵和宋哲宗永泰陵	有兆域和封域茔兆，其内由上宫、下宫、皇后陵和陪葬墓四大部分构成。上宫内置覆斗形陵台和献殿，上宫外神道置石像生，乳台和鹊台	现存帝陵上宫陵台，下宫，皇后陵宫城和陪葬墓，神道石像生，乳台和鹊台遗址，地面遗迹基本无存	北宋亡，宋陵要遭破坏，北宋帝陵具体情况，见《北宋皇陵》报告
南宋	南宋帝陵攒宫	位于今浙江省绍兴市东南约18公里宝山，陵区座落在北面雾连山，南面新妇尖山之间平坦之地，"地势疏泊"	南宋徽宗永祐陵、高宗永思陵、孝宗永阜陵、光宗永崇陵、宁宗永茂陵、理宗永穆陵，度宗永绍陵。昭慈皇后，显肃皇后，懿节皇后，显仁皇后，宪圣慈烈皇后	上宫：有外篱，里篱，红灰墙，红灰墙内有攒殿龟头，皇堂在龟头殿之下，置石藏子。下宫：有外篱，红灰墙内置前殿和后殿，上宫和下宫均有附属建筑	地面遗迹无存	（1）南宋亡，帝陵遭毁坏。（2）南宋帝陵均称"攒宫"，故称"攒宫"。（3）理宗和度宗攒宫方位不见于载籍。其余诸攒宫方位亦不明确
辽	辽祖陵	内蒙古自治区赤峰市巴林左旗林东镇西偏北约20公里，祖州故城西北约2.5公里山谷中	葬辽开国皇帝耶律亿（阿保机）		残存石墙	（1）辽亡遭严重毁坏。（2）祖陵考古工作正在进行中
	辽怀陵	内蒙古自治区巴林右旗床庙村北六公里金沟内	葬辽太宗和穆宗		残存石墙，享殿，陵门基址，圆形封土残迹	仅进行过考古调查
	辽显陵	辽宁省北镇县医巫闾山董家牧村龙岗村一带山谷中	葬东丹人皇王耶律倍及其子世宗耶律阮			具体情况不明
	辽乾陵	辽宁省北镇县医巫闾山谷中，在显陵附近	葬景宗耶律贤			（1）具体情况不明。（2）皇统五年，天祚帝耶律延禧葬于乾陵旁
	辽庆陵	内蒙古自治区巴林右旗庆州城（白城子）西北约25里的黑岭东南麓，今名王坟沟	永庆陵葬圣宗和仁德皇后及钦爱皇后，永兴陵葬兴宗和仁懿皇后，永福陵葬道宗和宣懿皇后，三陵合称庆陵，依位置又俗称庆东、庆中和庆西陵	三陵陵园有享殿和陵门基址，部分神道遗迹，庆东陵地宫20世纪初还残存大量壁画，庆地宫均遭盗掘，现已无存		被盗掘破坏，汉文碑石被盗走，文哀册部耶律延禧，庆东陵地宫形制、壁画和哀册见《庆陵》报告

续表

朝代	帝陵名称	地理位置	陵名和陵主	帝陵陵园构成要素	现存主要遗迹	备注
金	大房山金陵	北京西南房山区大房山麓云峰山下，距广安门约41.7公里。主陵区位于九龙山，在周口店镇龙门口村北约1公里。大房山陵城门大，封城周长约60公里，陵域边界沿途见"封堠"	主陵区有太祖睿陵、太宗恭陵，世宗兴陵。还有追封的海陵王父亲梁王宗干的景陵。此外，海陵王将其叔父梁王宗弼葬于九龙山西侧奉父亲身边。始祖以下十帝陵区，从金上京迁葬区，陵区位置史无明载，坤厚后妃陵，封诸王陵方位史无明载。诸王陵，亦改葬于大房山兆域。显宗思陵从金上京迁来，亦改葬于大房山蓼香甸，改葬于峨眉谷，熙宗思陵从金上京迁米，后改葬于大房山陵西南四十里，卫绍王墓位置不明。(4) 主陵区发掘见《北京金代皇陵》	主陵区仅残存神道、石踏道、石桥、碑亭基址和排水沟等残迹。地宫仅发掘清理了太祖睿陵地宫，以及世宗兴陵陵墓道部分遗迹	(1) 明朝将金陵彻底平毁，清朝又进行部分整修。(2) 金陵完整的形制布局，迄今基本不明。(3) 宣宗葬汴京（今河南开封），哀宗葬蔡州（今河南汝南），具体位置不明。
元	帝陵"潜葬"，迄今未发现					
明	明皇陵	安徽省凤阳县城之西南，明中都城遗址南偏西约5公里	葬朱元璋父母淳皇帝和淳皇后，祔葬朱元璋大哥大嫂、二哥二嫂、三哥三嫂及两个侄子。建于洪武初，洪武十二年（1379年）竣工	皇城三城相套，最外土城，土城之内砖城，周长二十八里。长二十八里。土城之内砖城，周长六里二十八步。里面皇城又称内城，周长七十五丈五尺。皇城后面建明楼，同置高大的覆斗形陵台。砖城红门内中轴线为神道，两侧置石象生。此外，还有一些附属建筑	皇陵除石象生外，地面遗迹无存。陵台残存封土堆	明亡皇陵遭破坏
	明祖陵	江苏省盱眙县城之北，古泗州城北十三里淮河之滨，距今管镇西约10公里	建于朱元璋祖父母葬地，又在祖父玄宫初一玄宫之西北，建德祖玄宫。懿祖裕皇帝裕皇后恒皇帝恒皇后，葬衣冠。约营建于洪武十九年（1382年）或说十八年（1383年）	形制基本同皇陵	仅残存石象生	清康熙十八年（1679年）十九年天旱被水淹没，至1963年天早大部分露出水面，玄宫仍有水
	明孝陵	江苏省南京市中山门（明南京朝阳门）外钟山之阳玩珠峰下独龙阜，东邻中山陵	陵主为明太祖朱元璋和马皇后，称孝陵	孝陵规模宏大，自南向北有下马坊、大金门、神道和石象生、碑亭（楼）、明楼等下城、方城明楼、宝城、圆形宝顶。陵园置三道红门，极星门，具服殿、孝陵殿、碑亭（楼）、神厨、神库、燎炉、哑吧院等	陵墙和孝陵殿毁、碑亭（楼）、其他建筑多毁，神道、石象生、方城、宝顶等保存较好	(1) 孝陵东侧约60米处祔葬太子朱标"东陵"，孝陵西侧原为明太祖妃园寝，现为明代开国功臣、为陪葬区。(2) 此陵在清军与太平天国之役中遭严重毁坏，此后清朝曾修葺或部分重建

绪论　宋至清代帝陵考古学与帝陵形制布局研究　5

续表

朝代	帝陵名称		地理位置	陵名和陵主	帝陵陵园构成要素	现存主要遗迹	备注
明	明十三陵		在北京城北约50公里，昌平城之北约10公里	陵区内葬明成祖以下13位皇帝、23位皇后，1位皇贵妃及数十位殉葬皇妃。陵区内还有皇太子陵1座、太监墓1座。13陵：明成祖长陵、明仁宗献陵、明宣宗景陵、明英宗裕陵、明宪宗茂陵、明孝宗泰陵、明武宗康陵、明世宗永陵、明穆宗昭陵、明神宗定陵、明光宗庆陵、明熹宗德陵、明思宗（庙号不一）思陵	陵区有边墙，山口建敌楼水关，防卫森严。陵区内有行宫、殿、池、亭、庙、工部厂等。陵园以长陵最具代表性，从南向北为石牌坊、大红门、碑亭和华表、神道石像生、龙凤门、方城明楼、宝城等。其他陵一些附属建筑、神道石像生、以及附属建筑，各陵陵园形制基本相同，又有一定差异	陵园大部分保存较好。定陵地宫进行正式考古发掘	定陵地宫，见《定陵》报告
	明显陵		湖北省钟祥市东北7.5公里，北倚松林山、纯德山	葬明嘉靖皇帝父朱祐杬（追尊章圣皇帝），母蒋氏（追尊章圣皇太后）。将原兴献王坟更名显陵	显陵形制构成要素基本同明长陵之后只有显陵有新红门。正红门、碑亭、望柱、石象生和龙凤门、棂恩门两旁有八字形照壁。（3）前后两座宝顶。（4）外罗城等有八字形照壁，中间以瑶台相连。（4）外罗城门两旁有八字形照壁，中间以瑶台相连。（5）陵园内有九曲河。神厨神库分置，河上桥之多。碑亭数量多。显陵陵园保存较好	陵园较特殊之处，比如：（1）明长陵之后只有显陵有新红门。正红门、望柱、石象生和龙凤门。（2）棂恩门两旁有八字形照壁。（3）前后两座宝顶。（4）外罗城门两旁有八字形照壁，中间以瑶台相连。（5）陵园内有九曲河。神厨神库分置，河上桥之多。碑亭数量多。显陵陵园保存较好	（1）世宗以旁支入继大统，其尊崇拾高显陵，地位比拟长陵，意在显陵寝制度上建立自己的特点。（2）显陵形制部分独有的特点，对明十三陵形制和某些配置有一定影响。（3）北京之西金山，为明代诸王、公主夭伤者葬区，英宗复辟后，景泰帝废为成王，死后以王礼葬金山
清	关外三陵	永陵	辽宁省新宾县城西北十里，北倚启运山，前临苏子河，陵园面积约12000平方米	葬努尔哈赤曾祖父福满（兴祖直皇帝）、祖父觉昌安（景祖翼皇帝）、父塔克世（显祖宣皇帝）衣冠冢、远祖孟特穆（肇祖原皇帝）衣冠冢。此外，还葬有伯父、叔父及其妻室	陵园红灰墙外分设红、白和青楷木桩。陵园从南向北分别置下马牌（镌刻汉、回、蒙、满文字）、正红门、前院、院内置启运殿、院内置碑亭四座、殿外开敞，其余三面九折，呈马蹄形，宝顶为宝城，下面地宫安奉宝宫（骨灰罐）。陵园保存较好	陵园形制呈现入关前"肇兴基"的时代特色，在清代诸陵中独树一帜

续表

朝代	帝陵名称		地理位置	陵名和陵主	帝陵陵园构成要素	现存主要遗迹	备注
清	关外三陵	福陵	辽宁省沈阳市东北约11公里处天柱山南麓，南临浑河，俗称东陵	葬清太祖努尔哈赤和孝慈高皇后叶赫那拉氏	福陵和昭陵陵园共性性较强，二陵均设外罗城、月牙城、琉璃影壁、方城、宝城，二陵门前置石狮、华表、牌坊、下马牌等。正红门内神道两侧置石象生和华表其余附属建筑。方城即隆恩门，方城四隅建角楼，南面隆恩殿，东西配殿，单焚帛炉，月牙城、宝城、宝顶。二陵差异部分，略	二陵石象生、华表、宝城、月牙城、琉璃影壁、二柱门和石五供同期增建。正红门前置石狮、白、牌坊、华表、下马牌等。正红门内神道两侧置石象生和华表其余后置两侧置石碑亭、亭后两侧附属建筑。方城内置隆恩门，有门楼、隆恩殿、东西配殿、焚帛炉、方城四隅建角楼，隆恩殿后壁的配置和陵园形制保存较好	福陵石象生北至碑亭有108阶踏道，昭陵无
		昭陵	辽宁省沈阳市城北十里许，又称北陵，建于平地	葬清太宗皇太极和孝端文皇后博尔济吉特氏			
	清东陵		在河北省遵化市西北约70里的马兰峪，西距北京城约250里，故又称东陵	帝陵3座：顺治帝孝陵、康熙帝景陵、乾隆帝裕陵、咸丰帝定陵、同治帝惠陵。皇后陵4座：孝庄文皇后昭西陵、孝贞显皇后（慈安）定东陵、孝钦显皇后（慈禧）定东陵、孝贞显皇后定东陵、景陵皇贵妃园寝。妃园寝5座：景陵妃园寝、裕陵妃园寝、惠陵妃园寝、定陵妃园寝	陵区昌瑞山南北"后龙"，南称"前圈"，占地48平方公里，建风水墙，后龙外划防火道，沿内设红、白、青木桩，桩外安界石。整个陵区南北长125公里，东西宽20公里，总面积2500余公里。诸陵陵园形制共性较强，以孝陵为例，亭后神道绕过龙凤门，从南北向分山后展直。两侧置望柱和象生。再北为龙凤门，圣德碑亭、石拱桥、神路碑亭、石拱桥、朝房、神厨库、值房、三座门、二柱门、隆恩门、隆恩殿、东西配殿、三座门，进石五供、明楼、宝城、宝顶。诸陵陵园形制大多保存较好	（1）自泰陵建于清西陵后，乾隆帝制定了清东西陵隔辈分葬制度。（2）清西陵慕陵陵园形制较特殊，对以后陵园形制形制有一定影响。（3）清东陵于1928年、1945年和1949年发生三次大规模盗陵案件，除孝陵外，其他陵墓地宫均被掘。清西陵于1938年盗掘崇陵地宫和埋妃园。（4）清陵基本承袭明陵规制，两者陵园形制相同或相似之处甚多。此外，清陵也出现不少有别于明陵的变化，明清帝陵地宫形制布局结构有别
	清西陵		河北省易县县城西约30里，位于泰宁镇永宁山下。因在清东陵和北京之西，又称清西陵	帝陵4座：雍正帝泰陵、嘉庆帝昌陵、道光帝慕陵、光绪帝崇陵。皇后陵3座：孝圣宪皇后泰东陵、孝和睿皇后昌西陵、孝静成皇后慕东陵。妃园寝3座：泰陵妃园寝、昌陵妃园寝、崇陵妃园寝	陵区周边设红、白、青木桩，青桩外又辟二十里官山，陵区周界二百余里，陵区建筑面积约5万平方米。诸陵陵园以泰陵规模最大、最具代表性。陵园从南向北置火焰牌坊、五孔石拱桥、大红门、具服殿、大碑楼、七孔石拱桥、小碑亭、望柱、石象生、龙凤门、三路三孔石拱桥、神厨库、神道碑亭、东西朝房、三座门、二柱门、隆恩门、隆恩殿、东西配殿、三座门、焚帛炉、方城明楼、宝顶。其他陵陵园大多保存较好	

6　宋代至清代帝陵形制布局研究

告,《西夏三号陵——地面遗迹发掘报告》等。明孝陵也进行了部分清理和发掘,其成果散见于书刊中[1]。以上述资料为基础,对宋至明代帝陵形制布局的研究也逐步展开,并正在走向深入,取得可喜的成果。本书则将其推进到系统化和体系化的归纳整理研究阶段。

三 宋辽金帝陵和明清帝陵形制间的关系及其形制布局的类型

北宋帝陵的形制布局,上承唐陵而开创了新的帝陵模式。南宋帝陵的规制与北宋帝陵一脉相承,但因幻想收复被金人占据的失地后归葬北宋陵区,故采用了特殊的攒宫形制。辽陵和金陵的形制布局受唐陵和宋陵的一定影响,以此结合本民族(契丹族和女真族)的葬制和葬俗,又创新制,各自形成了独具特点的帝陵形制。其中辽陵形制对金陵有一定影响,金陵形制则对明陵有较多影响。就此而言,似可认为金陵在唐宋陵与明陵形制布局之间正处于承上启下的过渡阶段。西夏王陵形制受唐陵影响较深,同时又受到宋陵的影响,创造出具有党项族特色和浓厚佛教色彩的陵寝形制而独树一帜。元代帝陵潜葬,无地面建筑,地宫未发现,陵寝情况不明。明代有五陵,其中明祖陵仅存残迹。在剩下的四陵中,明皇陵的形制布局在北宋帝陵的基础上而变化,形成不同于宋陵的新形制。明孝陵以明皇陵为基础,又吸收了唐宋帝陵的一些因素"稽古创制",奠定了明陵的规制。明长陵进一步完善了明孝陵开创的新制,成为明陵的标准模式,尔后明代诸陵均以长陵为样板而略有变化。明显陵是嘉靖皇帝为其父(追尊为帝)建造的陵寝,这座帝陵在特殊的历史背景下,将王坟改建成帝陵,其形制布局既遵循明陵已有的规制,又多有变化。这些变化对明十三陵此前诸陵陵园添建和其后诸陵陵园增建某些设施有较重要的影响。清代帝陵在其进关之后的清东陵陵园以明长陵为模本,并参照明晚期诸陵的形制,在清代关外三陵的基础上,结合入主中原的新形势和满族皇室的葬制和葬俗,演变成清陵陵园模式(清西陵陵园形制属清东陵范畴)。这种模式的陵园形制布局总体框架大体同明陵,但是具体的配置及其形制和结构则多有变化。而明清帝陵地宫形制布局和结构,又在共性中差异较大(参见本书正文)。有鉴于此,可以说明清帝陵陵园形制布局乃是中国古代帝陵陵园终结模式的前后两个发展阶段。

据上所述,宋至清代帝陵陵园的形制布局大体可归结为三个类型。一是北宋帝陵类型,其后的南宋帝陵虽然改为攒宫,但帝陵陵园规制却与北宋帝陵一脉相承,故亦应划为北宋帝陵范畴而统称为宋陵。二是前已指出的明清帝陵类型,三是介于宋陵与明陵之间的辽金帝陵类型(包括不属于帝陵系列的西夏王陵)。辽金帝陵类型帝陵形制布局较特殊,属在唐宋陵影响下的变异类型,与中国传统的帝陵模式既有内在联系又有一定差异,其具体情况将在本书正文中予以介绍和论述。除此之外,可以说北宋帝陵和明清帝陵在中国传统的帝陵序列中,应分别属于承前启后和最后精彩结束的两个重要发展阶段。

---

[1] 各种发掘、清理帝陵报告和有关论文及出处,见本书正文有关各章,以及卷后"征引书目"。

四　唐至明清诸帝陵形制布局的比较

本书正文中对唐至明清诸帝陵间的形制布局均进行了比较研究，在此不赘述，仅略作说明和简介而已。

（一）宋帝陵与唐帝陵形制布局的比较

北宋帝陵以上宫为主体，以陵台为核心，上宫制如宫城之朝，下宫制如宫城之寝。神道前置乳台如阙，其前又置鹊台。神道两侧石象生前段以象为首，后置瑞禽神兽；中段以马为首，后置去邪的虎羊；后段则如帝生前出行的仪仗行列。后陵和陪葬墓严格按照宫中等级制度配列。其陵寝制度均"事死如事生"，皆拟皇帝生前宫禁之制。通过宋陵与唐陵形制布局的比较研究，可知北宋帝陵有一部分是依据汉代帝陵制度，也有少量魏晋南北朝帝陵形制布局之遗风。但总体而言，北宋帝陵陵园形制构成要素，各主要构成部位及其名称和形制结构，神道石象生的种类、数量和配列程式等，均承袭唐代帝陵，并与秦汉至隋唐帝陵形制一脉相承，共处于一个帝陵形制发展体系之中，北宋帝陵形制似乎少有独创之处。然而若仔细比较，宋陵形制又与唐陵有许多差别，并出现一些对后世帝陵形制有较大影响的新因素，正处于中国古代帝陵形制布局转变的关节点上。比如：

1. 陵址、陵区、陵邑、禅院与阴阳堪舆

汉唐帝陵陵址多在都城之北，距都城较近，各陵散置，相距较远。北宋七帝八陵远离都城开封府城，选在陪都洛阳之东偏南的巩县。七帝八陵集中配置、相邻或毗连，配列有序，组合明确，陵位按照昭穆贯鱼式排列，七帝八陵分四个小陵区。从而在中国帝陵史上首次真正形成了完整的陵区体系，影响深远。

秦汉诸陵置陵邑，西汉成帝罢置陵邑之后直至唐代不置陵邑。北宋帝陵又恢复了秦汉建陵邑的传统，其差异是北宋诸陵共享一座陵邑。

唐代十八陵未建寺院，北宋帝陵遵循东汉北魏之先例，在陵区建七帝八陵分别共享的四大禅院。

除上所述，北宋帝陵首次将阴阳堪舆提到重要地位，笃信《地理新书》的"五音姓利"说。按照此说，北宋帝陵陵址选在西京东偏南的巩县，陵园位于山阴，地势"东南地穹、西北地垂，东南有山，西北无山，角音所利如此"。各陵地面均南高北低呈倒坡形，下宫、后陵和陪葬墓依次置于帝陵上宫西北，尊卑有序（由于下宫建于上宫西北，降低了日常供奉陵主的下宫在礼仪制度中的地位，这是中国帝陵陵寝制度的一次重要的变革），即各陵兆域内以上宫为准，其余设施从东南（丙地）向西北（壬地）依次排列。其次，北宋帝后陵各构成部位的尺度，均"据阴阳，用吉尺"（参见本书第一章第六节"北宋帝陵后陵的主要特点及其与前代帝陵的比较"）。上述情况仅是宋陵独具的特点，在中国古代帝陵史中是唯一的孤例。

2. 上宫宫城与陵台

唐代诸陵上宫的形制是由秦汉帝陵陵园发展而来，北宋帝陵上宫的方向同唐代帝陵上宫（汉承秦制，陵园坐西朝东，以东门为陵园正门）。北宋帝陵上宫宫城形制在唐代已形成完整模式的基础上只稍有取舍，略有变化（参见本书第一章第六节第二小节。文中列举了北宋帝陵上宫形制结构与唐陵上宫宫城的主要变化和差异）。

陵台，北宋帝陵陵台依秦汉和唐代帝陵封土样式呈方形覆斗式，只是规模较小。北宋帝陵陵台"涂丹"，修排水道，下两层外皮包砖，陵台底部砖铺散水等为新发展。北宋帝陵陵台前南神门内置献殿同唐陵，唯陵台前置二身宫人，前所未见。

3. 鹊台、乳台、神道和石象生

唐陵至乾陵陵园基本形成定制，陵园以鹊台作为进入封域的标志，乳台双阙为陵园之门阙，其内为柏城。乳台至朱雀门间大道称神道，两侧置石象生。上述规制的宏观框架和乳台三出阙的结构，均为宋陵所承袭。

北宋帝陵神道较唐陵大为缩短，石象生的间距也变小。北宋帝陵神道两侧石象生共46件，唐乾陵神道石象生若不计碑和蕃酋亦46件，两者石象生间的主要差异在石象生种类和石象生组合序列上（详见本书第一章第六节第二小节"北宋帝陵与前代帝陵的比较"之四"鹊台、乳台、神道和石象生"）。唐陵石象生并未统一和规范化，各陵石象生的种类和数量也有一定差异。北宋帝陵石象生在总数上同唐乾陵，在种类是则有增有置换，同类同种石象生的数量也较唐陵减少。总体而言，宋陵石象生与唐陵基本仍属同一范畴。北宋帝陵石象生的种类在宋代以前均已出现，就此而言，北宋帝陵石象生与秦汉以来帝陵石象生也是一脉相承的。总之，宋陵以唐乾陵神道石象生为基础，使其神道石象生在内涵上更加完整，组合更加丰富而明确，对称布局更加规整，排列更加有序和紧凑。因而北宋帝陵石象生既是唐乾陵石象生模式的承袭和发展，也是自汉代以来石象生演变过程的总结和完善化，从此直至清陵石象生逐渐走向规制化，故其在中国帝陵神道石象生发展史中占有重要地位。

4. 下宫与后陵宫城

北宋帝陵下宫之制可溯源至秦陵之寝殿和汉陵之寝园，但下宫之称和形制则源于唐（唐昭陵寝宫失火，移到山下南偏西18里重建，改称下宫），北宋帝陵帝后共享一座下宫亦源于唐（因唐多帝后合葬）。唯北宋帝陵下宫位置不同于唐陵，而位于上宫之北偏西处，在性质上完全从属于帝陵。

西汉帝陵承袭战国王陵夫妻合葬同茔不同穴制，汉帝后在同地各筑一相邻的陵园，到隋文帝陵帝后"同坟异穴"，唐陵皇后先于皇帝而薨者多合葬。北宋帝后陵采用战国秦汉以来"同茔不同穴"合葬制（宣祖与杜太后合葬的安陵除外），后陵同西汉后陵另立陵园（上宫），但不另立陵名（与帝陵名称相同）。陵台二层与汉皇后陵封土同样低于帝陵陵台和封土的规制，陵园（宫城）也均与帝陵陵园（上宫）形制相同而较小，统称为园陵（临朝称制的后陵亦称山陵），等差明显。

5. 其他

（1）陪葬墓

北宋帝陵沿袭秦汉以来的陪葬制，陪葬者仅限于"皇子、皇孙、公主之未出阁者，及诸王夫人之早亡者"。皇后以下嫔妃等不陪葬，出阁公主君主葬其夫祖茔，皇室中三代以下旁系子孙及其夫人等称"卑丧"另有陪葬区，无大臣墓和外戚墓（"包拯墓"、"寇准墓"等现存墓碑晚至清代，真实性待考，其中包括包拯墓已在安徽发现并发掘。昭宪皇太后之妹陪葬安陵，为特例）。陪葬墓一个帝陵为一区集中埋葬，均葬于帝陵西北的后陵西北部，陪葬者自有墓园，其封土和石刻种类与数量按严格等级制度执行。上述情况形成了与前代帝陵有别的陪葬制度。

（2）兆域与柏城

唐代诸陵区最外立界标称"立封"，封内即封域。北宋帝陵所占地域的兆域封堠界，植篱寨当从唐陵"立封"演变而来。汉唐帝陵广为种柏，故唐陵又称柏城。宋代诸陵植柏，亦称柏城，显然是前代传统之延续和发展。

（3）营建时间与北宋帝陵的规模

北宋遵《周礼注疏·冢人》："天子七月而葬"之法，帝生不造寿陵，崩后以"七月葬期"为限建陵入葬，故陵的规模较小，远逊于唐陵，这是目前的主要看法。其实北宋七帝八陵所在区域范围和地形地貌就限定了北宋帝陵不可能像汉唐帝陵那样大面积铺开；北宋帝陵以阴阳堪舆主导帝陵布局，在北宋帝陵区域内符合各陵兆域、陵址落位等条件者少，也限制了帝陵的规模；北宋诸陵形制布局整齐划一，大小相近，帝陵有统一规制，因而限定了帝陵的规模；北宋占据中国半壁江山，财力有限，外患不断，无条件大规模营建帝陵。上述情况也应是北宋帝陵规模较小的重要原因。

6. 南宋和北宋帝陵形制布局的比较

南宋帝陵攒宫的外在形制布局与北宋帝陵形制布局相异（参见本书第二章第五节第一小节"南宋和北宋帝陵形制布局相异之处"），但其内在的营陵理念和规制与北宋陵一脉相承，攒宫上、下宫的主要构成要素也与北宋帝陵相同。故可认为，南宋帝陵攒宫的形制布局乃是沿着北宋帝陵的轨迹，在新形势下突出了攒宫的特质，适应当地自然条件，同时又以宋代帝陵"祖制"为主线，创造性地进行巧妙安排设计的结果（参见本书第二章第五节第二小节"南宋攒宫与北宋帝陵的营建理念和规制一脉相传"）。从而在中国古代帝陵史中独树一帜，并对明代帝陵的形制布局产生了重要的影响；其皇堂打筑胶土和石藏对后代江南大墓也有较大影响。因此，那种认为南宋帝陵攒宫昙花一现、无足轻重的看法是毫无根据的。其在中国古代帝陵史中的地位和作用，随着今后研究的深入发展，必将会做出重新认定和恰当的评价。

综上所述，北宋帝陵形制布局上承唐制，但宋陵较唐陵在形制布局上已发生许多具体的变化，这些变化使宋陵形制布局已开始整齐划一走向制度化，陵区内的主要配置也走向规范化，从而为后代帝陵形制布局的发展变化提供了可参考的样板和发展变化走向应遵循的轨迹。因此，北宋帝陵形制布局无疑正处在中国古代帝陵形制布局发展史的中期向后期转换具有承上启下作用的关节点上，地位十分重要。

（二）唐宋帝陵与明清帝陵形制布局的比较

前已指出，北宋帝陵的形制布局实际上是在唐陵基础上演变而成的新类型，故唐宋帝陵的形制布局大体仍属同一范畴（见本书第一章第六节第二小节"北宋帝陵与前代帝陵的比较"）。在明清帝陵类型中，明陵的形制布局虽然与宋代帝陵有较多的内在联系，但是已经发生重大变化。从形制布局角度来看，明清帝陵与唐宋帝陵完全是两种截然不同的帝陵模式，区别甚大。首先，两者在陵区和陵园选址的风水理念上，明清帝陵与唐陵相近，但有重要发展；明清帝陵与宋代帝陵的风水理念则完全不同。其次，两者在陵园的规划理念以及陵区和各陵陵园的围护形式等方面也各不相同（详见本书正文）。在陵园前区，唐宋帝陵有鹊台和乳台，明清帝陵无；明清帝陵有牌坊、有陵园风水墙、大红门、功德碑亭、龙凤门和桥，唐宋帝陵无。再次，两者神道的长短曲直，石象生的数量、种类组合与配列形式亦有很大差异。最后，在陵园后区，唐宋帝陵以上宫和下宫为主体（唐宋帝陵下宫位置不同），明清帝陵以陵宫为主体，无下宫（下宫部分功能并于陵宫）。陵宫的形制不同于"上宫"，在陵宫出现二柱门、石五供和方城明楼。唐宋帝陵地宫位于上宫中心，封土呈覆斗形陵台样式；明清帝陵地宫置于陵宫方城明楼之后，封土呈圆形或椭圆形宝顶宝城形制（在地宫方面，北宋帝陵仅元德李后陵略作清理；明定陵地宫是迄今唯一正式发掘的帝陵地宫；清东陵和西陵地宫多被盗掘而暴露）。据此可知，北宋和明代帝陵地宫的形制布局和结构迥然不同。上述诸种情况，在本书正文中均有详细介绍和论述。

五　明清帝陵形制布局是同一模式的两个类型

明代帝陵规制和形制布局，一改宋陵模式而开创新制，从此走上了集中国古代帝陵之大成的形制布局定型化、标准化的终结之路。清朝入关之后，继承明代典章制度以标正统，故清代帝陵亦基本承袭明陵规制，采用与明代帝陵同样的帝陵选址和规划陵园的风水理念，所以明清帝陵形制布局相同或相似之处甚多。但是，由于时代的不同和两者的民族与文化传统的差异等原因，清代帝陵又形成了自身的完备体系，因而其陵寝的形制布局也出现了不少有别于明陵的变化。

明清帝陵形制布局的同异，在全面比较两者的陵区宏观结构与规模、陵园前区神道和石象生、陵宫和方城明楼的形制布局、宝城宝顶和地宫的形制布局、河桶和桥的配置之后，大致可归纳为两点。第一，明清帝陵陵园属于同一模式。通过比较研究，可以确认明清帝陵陵园的构成要素、形制布局框架、主要设施的配置方位基本相同，其规划陵园形制布局的手段和艺术效果也大同小异，故明清帝陵陵园的形制布局属于同一模式。第二，明清帝陵分属同一模式的两个类型和前后两个发展阶段。通过比较研究，显而易见，在陵园形制布局上清陵较明陵又出现一些变化和发展。比如以下六点：其一，清陵进一步完善陵区结构，净化陵区风水墙内大的配置（以清东陵为主），形成帝陵、后陵和妃园寝统绪分明的新体系。其二，清陵缩小帝陵陵园规模，缩短陵园轴距，增添部分新设施，布局紧凑。其三，清陵对与明陵相应的单体建筑和建筑组群略作调整，使其形制布局更趋规范化、标准化、定型化。其四，清陵陵园增加河桥的配置，细化了陵园的功能区别。其五，清陵陵园增添了神道碑亭和神道桥等设施，宝顶宝城的结构划一与明陵区别较大，宝城外增添罗圈墙，地宫形制与明定陵地宫迥然不同。其六，清陵重视人工完善风水景观和园林化的布局气术，丰富了陵园区划构图和景观空间层次，渲染和强化了陵园庄严肃穆、灵秀神圣的山陵纪念氛围，取得了很高的艺术成就。总之，上述的变化和发展，使清陵和明陵陵园面貌在基本相同的情况下，又呈现许多差异。凡此种种差异，构成了清代帝陵陵园有别于明代帝陵陵园的新特点、新规范，并形成了自身的完备体系。以此结合明清帝陵地宫形制布局的差异，可以说明清帝陵的形制布局，乃是同一模式下的两个类型；明清帝陵共同构成了中国古代帝陵终结模式的前后两个发展阶段。

六 研究帝陵形制布局的要点、主要方面、方法和意义

（一）帝陵形制布局的研究要点、主要方面和方法

帝陵形制布局的研究方法，最主要的是考古学研究方法。该方法以帝陵的考古调查、试掘和发掘资料为基础，研究的要点、主要方面和方法，略述如下。首先，要整理出不同朝代帝陵陵园和地宫建筑的构成要素及其形制、结构和布局，进而细化各个单体帝陵陵园和地宫建筑的构成要素及其形制布局，并对其不同部位进行个案专业化的专题研究和总体上的综合研究。以此为基础，准确表述帝陵的形制布局，使其形成帝陵形制布局完整、有机相连、立体化的框架系统和形象化的硬件效果。其次，要整理研究棺椁等葬具的形制和结构，帝后尸体状况和殓衣及棺内装殓物品，棺外随葬物品。在此基础上，整理、分析研究帝陵各种遗物的数量、随葬位置、组合关系及其与帝陵葬俗和丧葬礼仪的关系。整理研究随葬遗物的质料、形制、制造技术和工艺水平，各种遗物代表的寓意。然后用考古学方法将各种遗物组合成内在联系密切、系统化的、完整的遗物体系，以形成充分体现帝陵文化内涵的软件系统。此外，还要以考古调查发掘资料结合文献等资料，就帝陵选址、形制布局和结构进行与堪舆术、礼制和政治有关方面的研究，以此与前述的软件和硬件系统有机结合，形成帝陵形制布局研究的完整范畴。

除上所述，若将帝陵形制布局研究引向深入，还必须进行考古类型学的比较研究。即同一朝代帝陵形制布局进行横向比较研究，不同朝代帝陵形制布局在总体上进行竖向（纵向）比较研究（具体的比较研究见本书各陵比较研究的部分），通过这种比较研究区分帝陵形制的异同（共性和差异），在同中看内在关联，在异中看发展和变化。据此可探索同一朝代各陵和不同朝代各陵在帝陵规制和规划理念上的共性和差异，追溯同一朝代各陵和不同朝代帝陵形制布局间的源流，明确帝陵形制布局的类型和演变发展变化关系的状况。这既是建立同一朝代帝陵形制布局体系的基础，也是研究相接朝代（包括相接或先后同时

存在的汉族与少数民族帝陵）帝陵形制布局之间承袭演变关系，构建中国古代中华一体帝陵文化体系的必由之路。此外，由于帝陵形制布局和内涵的丰富和复杂性，帝陵形制布局研究还涉及考古学的一些分支学科和史学、古建等相关学科。比如，对帝陵建筑中的陵园形制、结构、布局，地宫的形制结构等进行建筑考古学研究；对帝陵选址和形制布局与风水相关的问题进行堪舆学和环境考古学研究；对帝陵遗物须分门别类进行服饰考古学、纺织考古学、瓷器考古学、金银器考古学、佛教考古、美术考古及其他相关门类的考古学研究，同时还须对各种遗物进行科技考古学研究。对涉及帝陵的历史、帝后身世、帝陵制度、帝陵营造等一系列问题，则须进行史学和文献学所包含的有关方面进行广泛的研究。总之，帝陵形制布局研究是一项以考古学研究方法为主，多学科专业化的研究为辅，两方面研究有机结合，综合性研究很强、难度很大的系统工程。

（二）研究帝陵形制布局的意义

在古代人类生活和生产留存的各种各样的遗迹中，以各个朝代的都城遗址为最高等级，最有代表性，而都城又以宫城为核心，集中地体现了当时的政治、经济、交通、军事、文化艺术、科学技术、宗教信仰、教育等诸多方面的最高水平，因而都城考古成为中国考古学的龙头。在古代人类死后的墓葬中，以各个朝代的帝陵为最高等级、最有代表性。帝陵陵园和地宫的建筑与各种配置不仅代表了当时的皇家丧葬制度、建筑制度，而且也是当时的建筑、建筑材料、工程技术、建筑艺术、雕刻等工艺美术和当时科技最高水平的反映。地宫内随葬的衣物、被褥、冠带、佩饰、首饰、梳妆用具、金银器、铜铁等各种金属器、各种钱币、漆木器、玉石器、宝石、珍珠、瓷器等等物华天宝，均是当时的稀世之珍品。以此结合随葬的各种武器和仪仗，各种生活用品和模型，各类俑的组合、谥册、谥宝、圹志等，再结合前述陵园和地宫的建筑形制结构与各种配置，充分地体现出当时皇家的丧葬制度及相关的礼制规范。可以说帝陵全景式地再现了不同朝代顶层丧葬文化的面貌，全面而系统地显示出各个不同时代皇家丧葬文化的总体构成要素，从而在一定程度上成为不同时代物质文化和精神文化发展状况和水平的缩影。如果说都城和宫城遗址以形制布局遗迹的硬件研究为主（都城和宫城遗址遗物少，遗物完备者罕见），那么帝陵就是对硬件（陵园、地宫形制布局）和软件（地宫及陵园各种遗物）有机结合、全面完整的研究。由于宫城和帝陵是宫廷建筑两大支柱，两者内在的共性较强。宫城是皇帝生前理政和起居之所，陵寝是皇帝死后的归宿和祭祀之处。在"事死如事生"的观念之下，自唐代以来陵寝的形制布局均大体比拟宫城。故两者在建筑形制规范和礼制要求上有相通和密切的内在联系，研究时可互相参考和相互补充。特别是明代以前的都城和宫城遗址立于地面上的遗迹几乎绝无仅有，遗物也很少，地面之下也都是残存的少量遗迹和遗物，因而帝陵建筑遗迹和遗物在诸多方面和一定程度上可作为都城和宫城研究的参考，所以本书在这方面也略有涉及和探讨。此外，帝陵遗迹和遗物还可补史料之阙或不足，对研究皇家丧葬制度和葬俗，研究各个朝代宫廷政治史、宫廷生活史、宫廷文化史等均有重要参考价值，对当时民间和官方的考古遗址和遗物研究也有重要的示范作用和指导意义。所以历代帝陵在中国考古学领域是与都城遗址比肩、不可或缺、极其重要的主体性和支柱性的研究门类。

前已指出，帝陵形制布局是帝陵考古学最基础、最主要的研究，所以本书宋至明清代帝陵部分亦重在形制布局研究。在这个基础上拟进而探寻宋至明清代帝陵形制布局间的承袭演变关系，探寻宋至明清代汉族帝陵与其他民族帝陵形制布局间的影响和被影响关系及其相互融合的情况，探寻秦汉至唐代帝陵形制布局中影响并潜隐于宋代及其以后帝陵形制布局之中的因素。据此可为研究自秦汉以来各朝代帝陵形制布局间内在的承袭、发展、演变规律、序列和轨迹，研究汉族和其他民族帝陵形制布局相互影响，彼此融合，并形成中华一体帝陵文化体系的过程及其构成要素和模式，为构建中国帝陵考古学体系奠定坚实的基础。由此可见，宋至明清代帝陵、形制布局在中国古代帝陵考古学形成完整体系的链条中具有举足轻重的作用，故研究宋至明清代帝陵形制布局的重大学术价值和意义是不言而喻的。

最后应当指出，本书在中国古代帝陵研究领域，首次尝试将中国封建社会晚期宋至明代帝陵作为一个整体进行探讨和研究，并将其置于秦汉以后帝陵整体之中进行比较研究。此项研究在一定程度上，可以说是以前人一些单项或零星的研究成果为基础，进而对宋至明代帝陵形制布局进行较全面的、系统的综合研究后的阶段性的总结。但是应当指出，由于这个时期帝陵的时代跨度大，帝陵数量多（包括与汉族帝陵同时或相接的少数民族帝陵），分布地域广，内涵丰富，诸陵形制布局多变，涉及的问题错综复杂，加之各陵保存状况不一，资料有限（考古和文献资料缺环较多），罕有借鉴，鲜有成例可循，故研究的难度很大。在这种力不从心的情况下，本书的探讨和研究不可能全部到位，其中出现疏漏、不足，乃至错误之处在所难免，望有识之士不吝赐教。

第一章 北宋帝陵

北宋王朝（960—1127）九帝中，除徽宗、钦宗被金兵俘获客死在五国城外（五国城在今黑龙江省依兰县境内）[1]，其余七帝加上被追封宣祖的赵弘殷（赵匡胤之父）[2]，共七帝八陵均在今河南省巩义市北宋陵区[3]。北宋灭亡后，宋陵屡遭破坏。金初遭两次官盗，"诸陵皆遭发，哲宗至暴骨"，永昭陵和永厚陵"颠毁亦半"，"永厚陵下宫为火焚"；金末又遭到民间盗贼洗劫[4]，元代宋陵再度遭劫。明清两代较重视宋陵保护，使宋陵残迹得以留存。民国以后由于陵区土地转入私人手中，在扩大耕地过程中或削挖台基，或将石象生埋于地下。中华人民共和国成立后，宋陵始受到妥善保护。1963年6月河南省人民政府将宋陵列为省级文物保护单位，1982年2月国务院公布为第二批全国重点文物保护单位，此后又成立了宋陵文物保管所，国家文物局拨专款进行维修保护，现在北宋陵区地面遗迹保存基本较完整。

对北宋帝陵的调查，最晚不迟于元人纳新《河朔访古记》[5]，明代有关的地志中较普遍记有宋陵情况[6]。近现代以来，前往宋陵凭吊和踏查者不乏其人，20世纪初日本人关

---

[1] 徽宗崩于绍兴五年（1135）四月，葬五国城。绍兴十二年（1142）金人将其梓宫送还。南宋"以八月奉迎，九月发引，十月掩攒，在昭慈攒宫西北五十步，用地二百五十亩。十三年，改陵曰永祐（《宋史·礼志》），将其葬于会稽上亭乡。钦宗崩于绍兴三十一年（1161）五月，"宰臣陈康伯等率百官诣南郊请谥，庙号钦宗，遥上陵名曰永献"（《宋史·礼志》）。金大定十一年（1171）三月，金"命有司以天水郡公旅梓依一品礼葬于巩洛之原"（《金史·世宗本纪》）。其具体葬地今地面无存。

[2] 除赵弘殷外，还有赵氏先祖即僖祖赵眺钦陵，顺祖赵珽康陵、翼祖赵敬定陵（乾兴元年改为靖陵）。此三陵为赵匡胤于建隆元年追封，墓原葬"幽地"，宋真宗景德二年将康、定二陵神枢，以一品礼葬于河南府河南县。

[3] 宋初追封的四祖陵名皆单字，自太祖陵起陵名以"永"字打头，称"永某陵"。安陵后来也称永安陵，但宋代正式官方文书中仍有称安陵、昌陵、熙陵……者。

[4] 河南省文物考古研究所：《北宋皇陵》，中州古籍出版社1997年版，第1—2页。

[5] 纳新撰：《河朔访古记》卷下，上海古籍出版社1989年版。

[6] A. 李贤等撰：《大明一统志》卷二十九，上海古籍出版社1989年版。

B. （明）周泗修、康绍第纂：《巩县志》卷四，嘉靖三十四年（1555）刊。

野贞等曾到宋陵调查[1]。中华人民共和国成立后，对宋陵作过多次调查，其中以1992年7月至1995年9月在国家文物局和河南省文物局主持下，对陵区的调查和试掘最为重要[2]，此后调查、试掘和维修工作仍在进行之中。

第一节 陵区概况（附陵区外相关遗址）

一 位置与地理环境

北宋帝陵在今河南省中部的巩义市（原名巩县，1991年6月撤县建市），该市北有邙山，南有嵩山，伊洛河蜿蜒其间，四面以虎牢关、里石关、石关、轩辕关为天然门户，向称"东都锁钥"；同时也是北宋东京（今开封市，西距巩义约122公里）和西京（今洛阳市，东距巩义约55公里）来往必经之地。

北宋帝陵位于巩义市南部偏西，南依嵩山北麓，北傍伊洛河黄土岗地。陵区东接青龙山，西至回郭镇柏峪南岭，南达芝田镇八陵村，北临孝义镇，东西长约13公里，南北宽约12公里，总面积达156平方公里。这里海拔高度在160—222米之间，地势南高北低，东穹西垂，四面环山，向阳聚气，黄土深厚，水位较低，附近盛产石料，适于建陵区[3]（图1-1-1）。

---

[1] 河南省文物考古研究所：《北宋皇陵》，中州古籍出版社1997年版，第2页引关野贞《支那の建筑と艺术》；关野贞、常盘大定《支那文化史迹》。
[2] 河南省文物考古研究所：《北宋皇陵》，中州古籍出版社1997年版，第2页。
[3] 北宋建都于东京开封府，这里平原开阔，临黄河，风沙大，土质较差，地下水位高，不宜建陵区。此前后梁太祖朱全忠葬伊阙县（今伊川县），后汉高祖刘知远葬今洛京告成县，后周太祖郭威、世宗柴荣葬新郑县和管城县〔（宋）王溥撰《五代会要》卷一"帝号"〕，皆分布于开封以西地区，为宋陵选址所借鉴。此外，洛阳为北宋西京，巩义近西京，又西接今偃师境内的东汉、魏晋帝陵和唐太子李弘"恭陵"。加之当时阴阳堪舆术盛行，葬制上信奉"五音姓利"之说。"五音姓利"即将姓氏分为宫、商、角、徵、羽五音，再将五音分别与阴阳五行的土、金、木、火、水对应，然后在阴阳地理上寻找与其姓氏相应的埋葬方位。北宋皇帝赵、属角音，与木行对应，木主东方，阳气在东，故所选陵区宜在东南仰高，西北低垂之地。（南宋）赵彦卫《云麓漫钞》（中华书局1998年版）卷九记载："永安诸陵，东南地穹，西北低垂，东南有山，西北无山，角音所利如此。七陵皆在嵩少之北，洛水之南，虽有岗阜，不甚高，互为形势。自永安县西坡上观，安、昌、熙三陵在平川，柏林如织，万安山来朝，遥楫嵩少。三陵柏林相接，地平如掌，计一百一十三顷，方二十里云。"以上大致就是宋陵区选在巩义的主要原因。
郭湖生、戚德耀、李容淦《河南巩县宋陵调查》（《考古》1964年第11期）文中说北宋诸陵，"除永裕、永泰偏西，皆正对少室主峰。少室山俗名冠子山，遥峙群峰上若屏风，其前金牛、白云两山对立，宛如'表南山之巅以为阙'，形胜甚佳"。

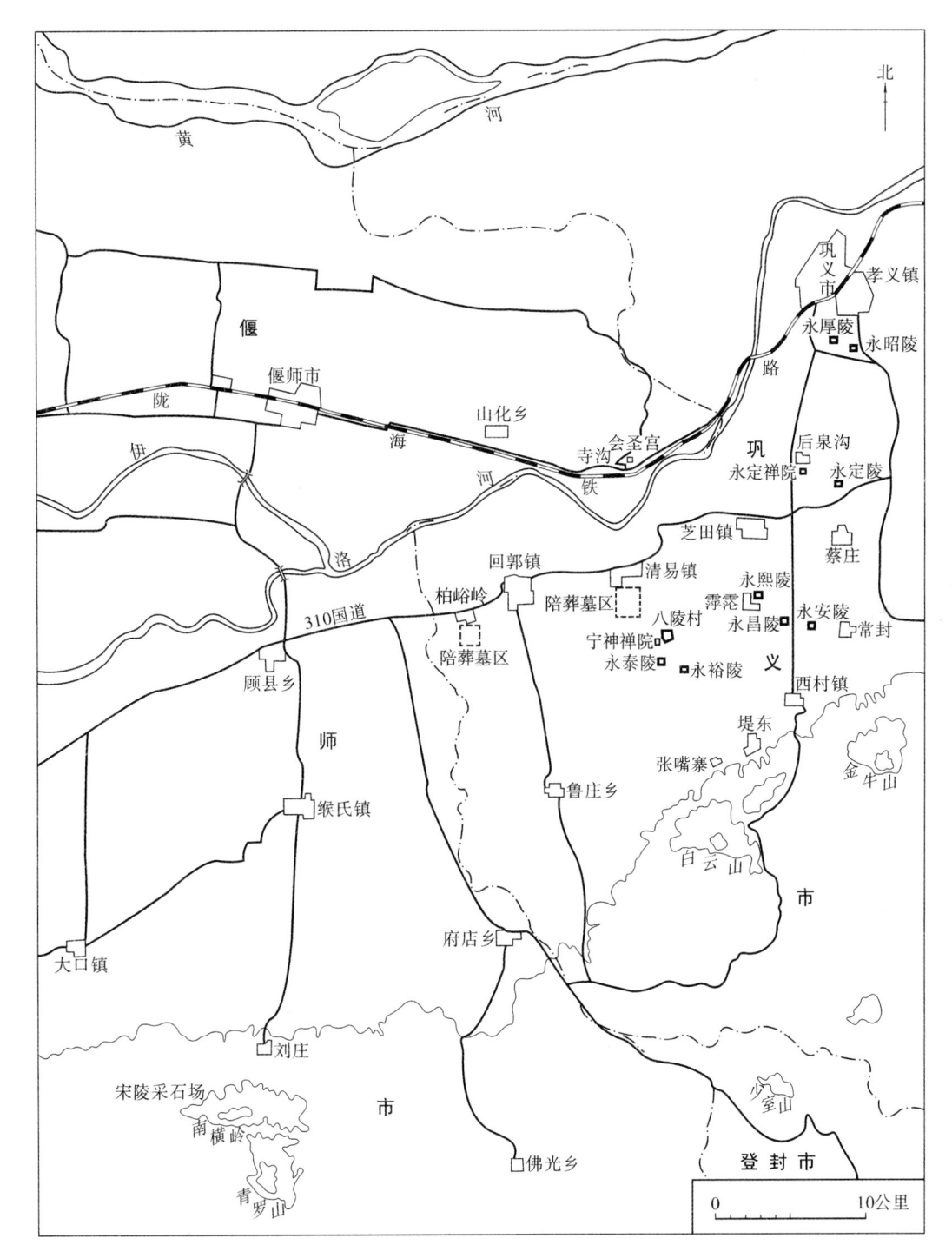

图 1-1-1　河南省巩义市北宋帝陵地理环境图
(采自《北宋皇陵》)

二　帝陵分区

北宋自乾德二年(964)改卜安陵于巩县(原葬于开封府开封县,即今奉先资福禅院)至北宋亡,经营帝陵达160余年。陵区葬7位皇帝和赵匡胤之父赵弘殷,祔葬22位皇后,有上千座皇室陪葬墓，形成庞大的北宋陵区。北宋 8 座帝陵陵园保存较好，祔葬的后陵现存 18 座（表 1-1-1）。下面依皇帝世系和各陵位置，将其分布范围划为四个陵区。

（一）西村陵区（3 陵）

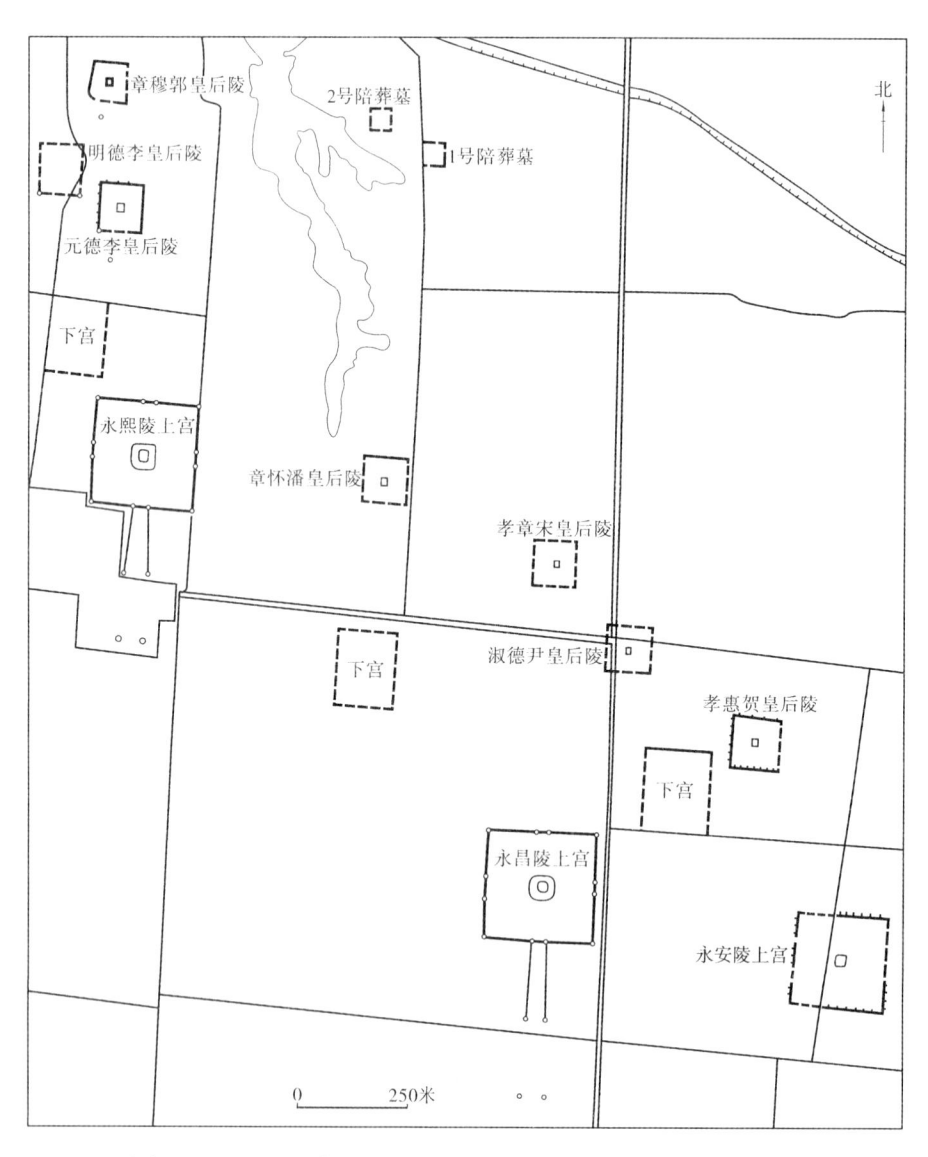

该陵区南距西村镇 1.5 公里，东北距巩义市区 10 公里，处于西村镇的常封（东）与霍霏村（西）之间。陵区东邻红石山，东南依金牛山，坞罗河与天波河（季节河）分别从陵区东、西侧流过，至陵区西北汇合后北注伊洛河（图 1-1-1）。这里地势南部略隆起，北部较平坦，俗称"龙洼"，诸陵依坡地而建。自东南向西北依次排列有宋宣祖永安陵、宋太祖永昌陵和宋太宗永熙陵（图 1-1-2）。由于山洪的冲刷，陵区西北部逐渐没入河谷，现存两座皇后陵园已近河岸。

图 1-1-2 河南省巩义市北宋帝陵西村陵区陵墓分布图

（采自《北宋皇陵》）

(二) 蔡庄陵区 (1陵)

蔡庄陵区大致处于北宋诸陵中部，位于芝田镇蔡庄村北岭上，南距蔡庄村1公里，北距巩义市区5公里，西至芝田镇（宋永安县城）2.5公里，310国道穿过陵区南端。陵区正南对少室山主峰，东南接青龙山（嵩山余脉），西北陵坡下即伊洛河。这里地势高亢，形胜气佳，宋时称"卧龙岗"。宋真宗永定陵建于岗地顶部偏西，地势东高西低（现呈阶梯形台地），远离现代村庄（图1-1-3）。岗地北坡有永昭和永厚陵，南遥望西村三陵。

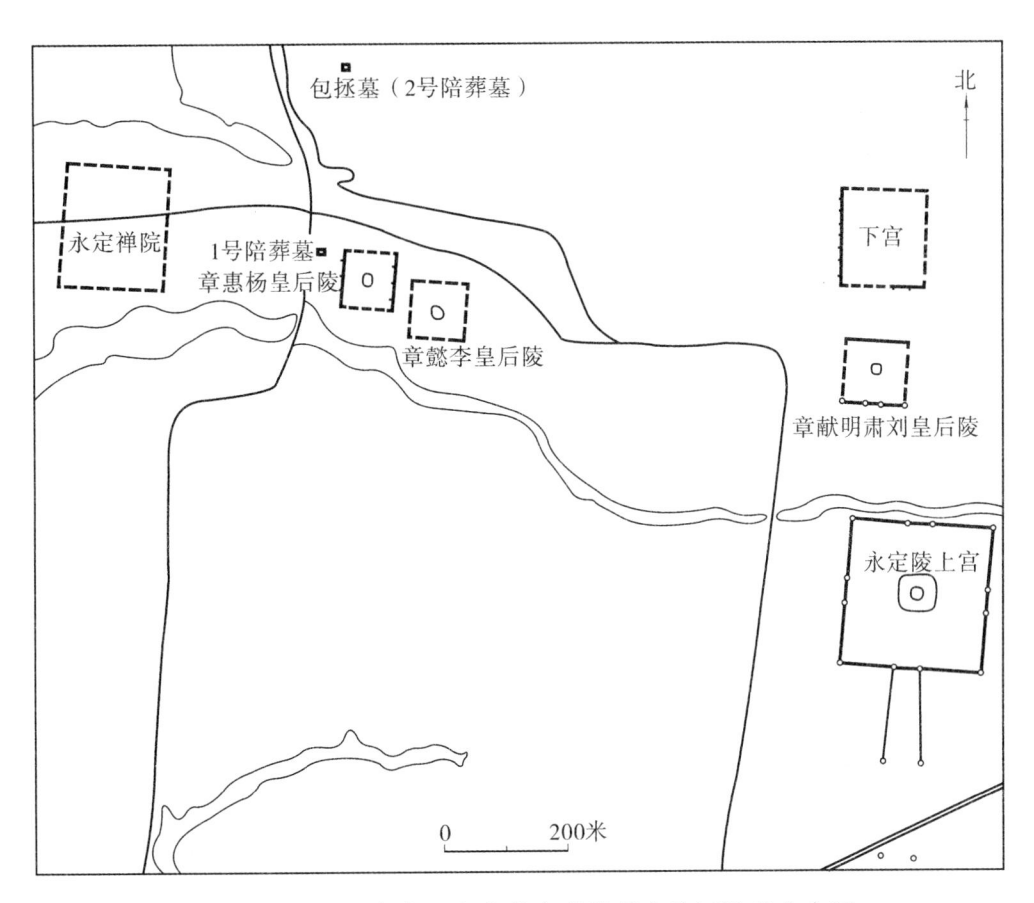

图1-1-3 河南省巩义市北宋帝陵蔡庄陵区陵墓分布图
(采自《北宋皇陵》)

(三) 孝义陵区 (2陵)

孝义陵区在巩义市区南部黄土岗地上，地属孝义镇外沟、二十里铺和孝南村。岗地东南接青龙山，陵区依岗地北坡，南高北低，落差很大，从东南向西北建宋仁宗永昭陵和宋英宗永厚陵，两陵上宫东西间距300余米，陵区西南距永定陵约4.5公里（图1-1-4）。

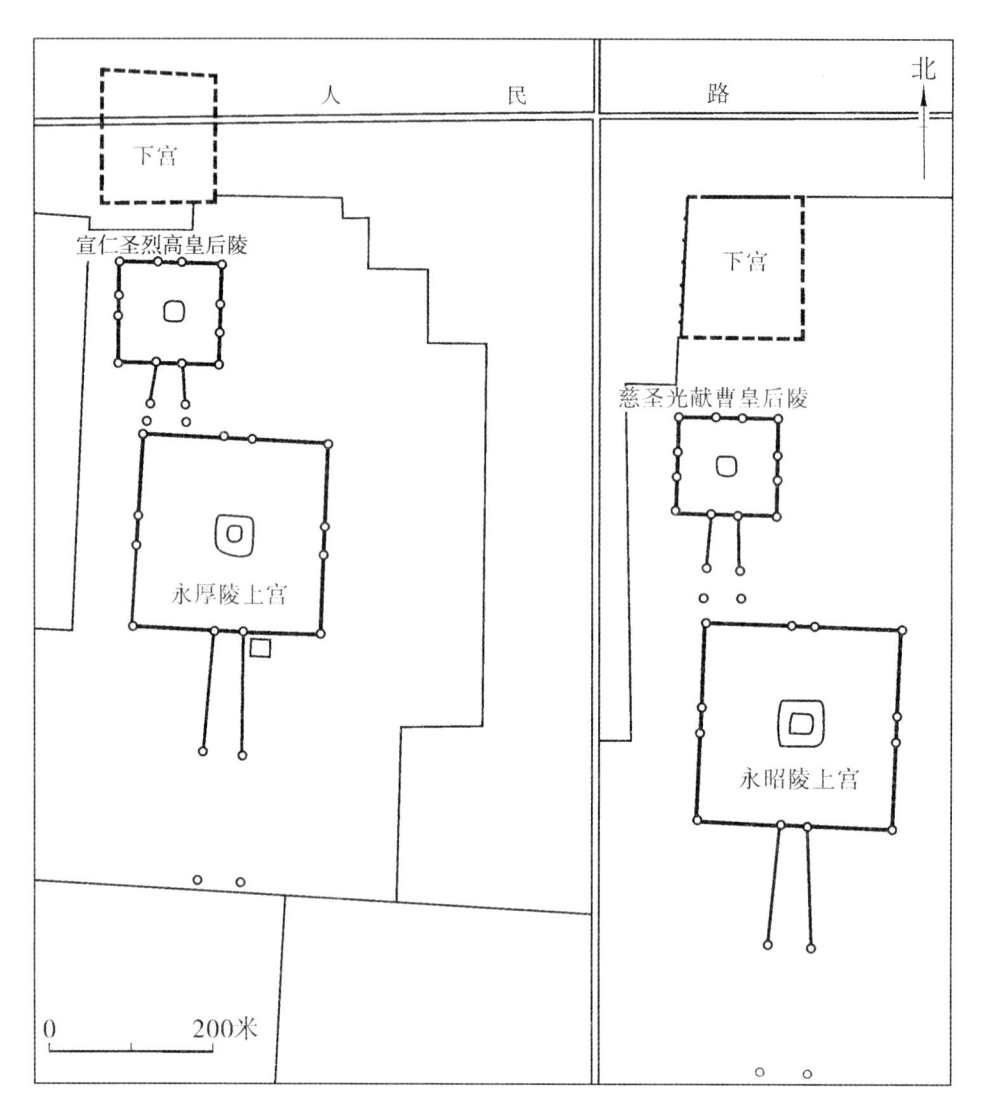

图 1-1-4 河南省巩义市北宋帝陵孝义陵区陵墓分布图

(采自《北宋皇陵》)

(四) 八陵区 (2 陵)

陵区在巩义市西南 12 公里芝田镇八陵村南 (图 1-1-1),南依白云山 (嵩山余脉),北望伊洛河,岗坡平缓,地形开阔,自东南向西北建宋神宗永裕陵和宋哲宗永泰陵 (图 1-1-5)。其东隔天坡河与西村陵区相望,两者相距约 2.5 公里。

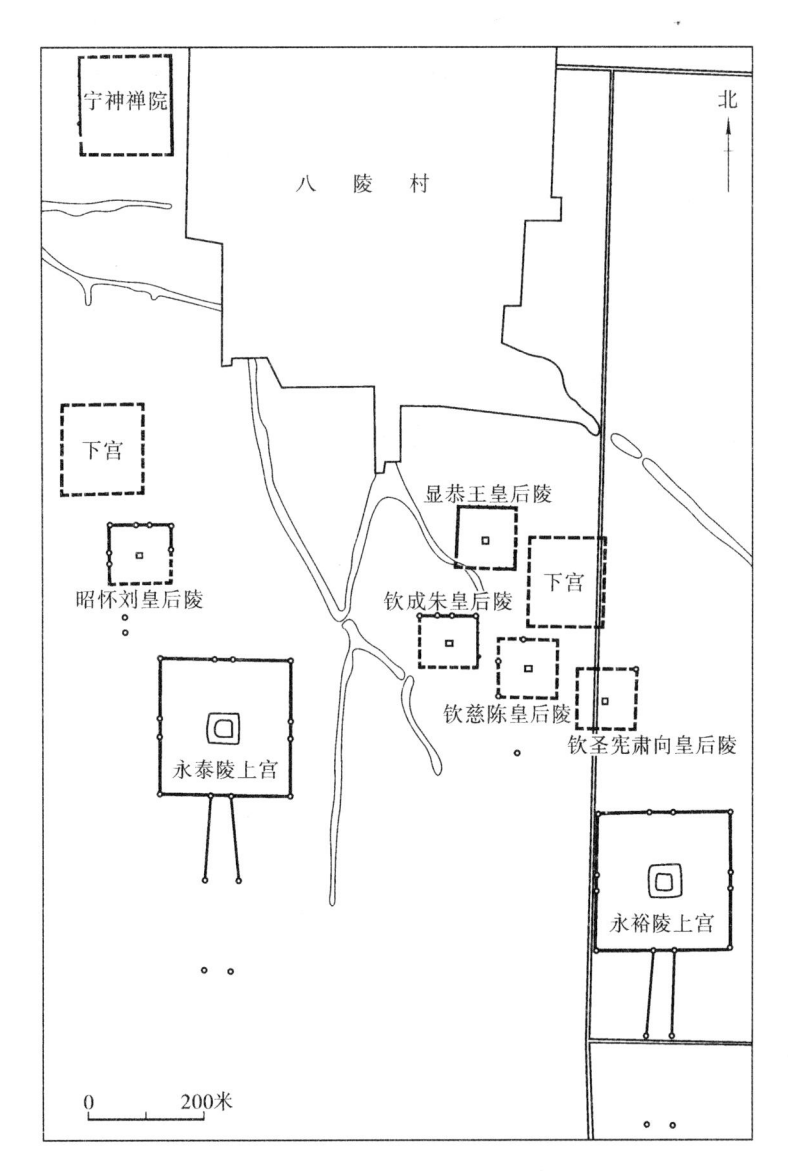

图 1-1-5 河南省巩义市北宋帝陵八陵区陵墓分布图
(采自《北宋皇陵》)

三 陵园构成要素

北宋诸帝陵各称山陵，诸后陵各称园陵，其中皇太后或皇后称制者之陵亦称山陵。各个帝陵和祔葬的后陵等均独占一个特定的陵域，这个特定的陵域习称陵园[1]。

(一) 上宫、下宫和皇后陵宫城

北宋各帝陵的规制相同，平面布局整齐划一，其区别和差异主要表现在诸陵的规模和相关部位尺度略有微量变化。

---

[1] 诸帝陵园面积史无明载，但有一些零星记载或说法可供参考。

北宋诸帝陵皆坐北朝南，方向185°—190°；均由上宫、下宫、皇后陵和陪葬墓四大部分构成（图1-1-2）。其中前三者是帝后陵构成的主体，上宫和后陵宫城是帝后陵构成主体之重，陵台及其下面的皇堂则是帝后陵构成的核心。

上宫位于各帝陵陵园的中心，是陵园总体布局的主体，其规模在帝陵中最大，布局和配置在帝陵中最复杂。皇帝的墓室称皇堂，其上高大覆斗形的封土称陵台，陵台前置一对宫人，再往南设祭祀的献殿。在前述配置之外，以陵台为中心，四面等距离围筑神墙（神墙四隅有角阙），四面神墙中间各开神门（神门两侧有门阙），形成宫城。宫城神门外各置一对门狮，南神门外有阙庭并置一对上马石（此外还有铺屋），南神门内左右各立一身宫人。南神门外对笔直的神道，两侧置石象生（石雕像），石象生系列之南置一对望柱，望柱南置一对乳台，乳台南置一对鹊台。鹊台上有楼阁式建筑，乳台、门阙和角阙上有三出阙式楼阁式建筑（四神门应有门楼建筑）。以上布局和配置总称为上宫（图1-1-6）。

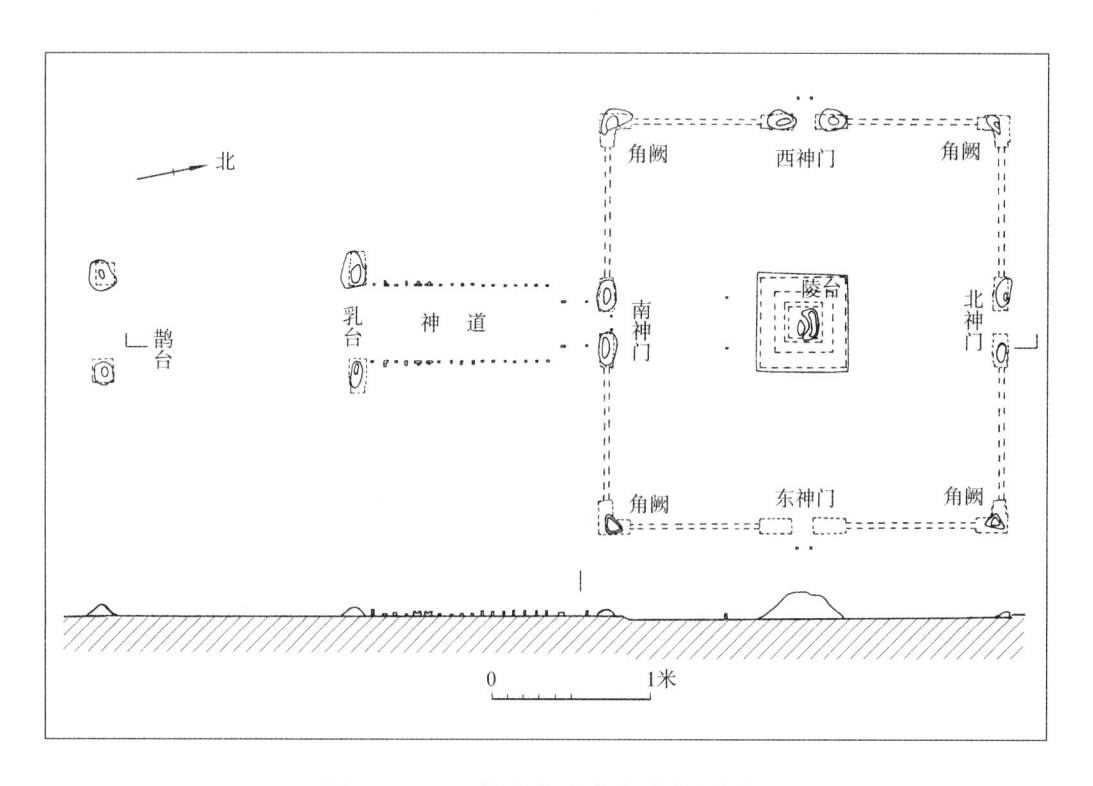

图1-1-6 北宋帝陵永定陵复原图
（采自《北宋皇陵》）

上宫西北供奉陵主魂灵和日常衣食起居之所称下宫（图1-1-2）。下宫亦由神墙围筑成宫城，南面开门，门外置一对门狮。其内中轴线上置正殿、影殿，此外还有斋殿、浣濯院、神厨和廨舍等附属建筑（图1-1-7）。下宫规模小于上宫宫城，各陵下宫与上宫宫城的间距不等。

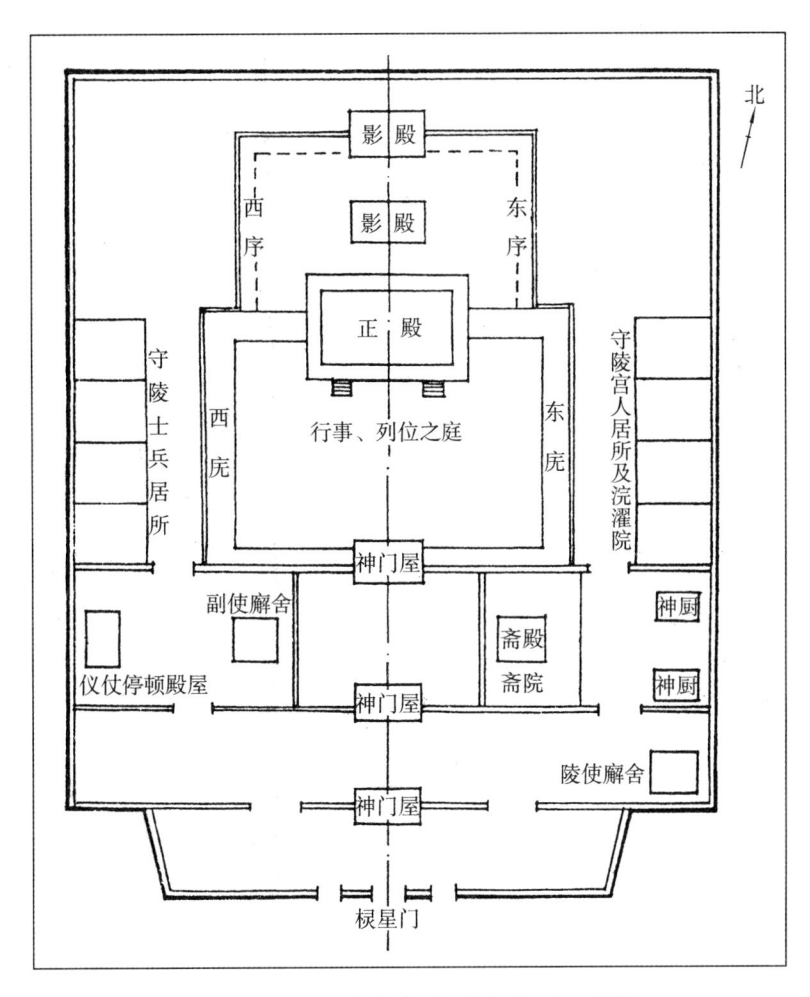

图 1-1-7　北宋帝陵下宫平面示意图
（采自冯继仁《北宋皇陵建筑构成分析》）

宋制规定，凡生前册封为皇后或薨后追封为皇后或皇太后者，须祔葬于帝陵。在诸皇后和皇太后中除昭宪杜太后与宣祖赵弘殷合葬于永安陵外，其余皇帝和皇后均"同茔合葬"（不同穴）。皇后单独营建园陵，祔葬于帝陵上宫的西北隅（其相关具体情况见后文。图1-1-2，表1-1-1）。皇后陵的宫城形制布局与帝陵上宫基本相同（图1-1-8），但是较帝陵上宫宫城规模小，配置规格低，两者有明显的等差。其中临朝称制的皇太后或皇后，山陵较一般皇后的园陵规模略大，所有的后陵均不营建下宫（与皇帝共用下宫）。此外，皇室陪葬墓均相对集中埋葬于皇后陵的西北部（图1-1-2、1-1-3）。以上就是北宋各帝陵的主体构成之概况，其现存情况及有关的分析和探讨，后文有说。

表 1-1-1 北宋帝后陵一览表

陵	谥号、庙号	名讳	世系	享年	在位时间	崩	薨	营陵	掩皇堂	祔葬	祔庙	备注
	宋宣祖	赵弘殷	翼祖子，母刘氏		追封	显德三年（956）七月		乾德元年十二月二十三日诏改卜安陵	乾德二年（964）四月			安陵原在京城东南隅
永安陵	昭宪杜太后		宣祖妻，太祖母	60			建隆二年（962）六月二日			乾德二年四月九日合祔安陵	建隆二年十一月四日（五个月）	建隆二年十月六日葬原安陵
	孝惠贺皇后		太祖妻	30			显德五年（958）			乾德二年（964）四月九日祔葬安陵西北	四月二十六日祔庙	建隆三年四月追封为皇后
	孝明王皇后		太祖后	22			乾德元年（963）十二月七日			乾德二年四月九日祔葬安陵西北	四月二十六日祔太祖于别庙，后升祔太庙室（四个半月）	陵位不明
	淑德尹皇后		太宗光义妻				后周			孝时陵西北		太宗即位追册为皇后
	懿德符皇后		太宗继国夫人	34			开宝八年（975）十二月			祔葬安陵西北		太宗即位追册为皇后，陵位不明
永昌陵	启运立极英武睿文神德圣功至明大孝皇帝，庙号太祖	赵匡胤	宣祖第二子，母昭宪杜太后	50	开宝九年（976）十月	开宝九年（976）十月二十日			太平兴国二年（977）四月十五日（六个月）		同年五月十九日（七个月）	
	孝章宋皇后（开宝皇后）		太祖后	44			至道元年（995）四月二十八日			至道三年（997）正月二十日祔葬永昌陵北	二月二日祔神主于别庙	至道元年六月六日权殡普济佛舍；或言权攒于赵村沙台
	章怀潘皇后		真宗莒国夫人	22			端拱二年（989）五月			至道三年正月祔葬永昌陵之侧，陵名"保泰"		真宗即位追册为皇后

第一章　北宋帝陵

续表

陵	谥号、庙号	名讳	世系	享年	在位时间	崩	殡	营陵	掩皇堂	祔葬	祔庙	备注
永熙陵	神功圣德文武皇帝，庙号太宗	赵光义	宣祖第三子，母昭宪杜太后	59	22	至道三年(997)三月二十九日		定山陵制度四月十七日	十月十八日(六个半月)		十一月二日(七个月)	
	元德李后		太宗夫人	34			太平兴国二年三月十二日			咸平三年(1000)四月八日祔葬永熙陵		真宗追封贤妃，又尊为皇太后。初葬普安院
	明德李后		太宗后	45			景德元年(1004)三月十五日	五月，祥定园陵址		景德六年十月十九日祔葬熙陵	景德六年十月二十日祔神主太宗室	
	章穆郭后		真宗后	32			景德四年(1007)四月十五日	四月二十一日，详定园陵		六月二十日，祔葬熙陵西北	七月(三个月)	真宗即位册为皇后
永定陵	应符稽古神功让德文明武定章圣元孝皇帝，庙号真宗	赵恒	太宗第三子，母元德李后	55	26	乾兴元年(1022)二月十九日		选址，三月堂地六月五日，度皇堂日，定皇堂制六月十六日	十月十三日(近八个月)		十月二十三日(八个月)	
	章(庄)懿李后		真宗婉仪	46			明道元年(1032)二月二十六日		明道二年(1033)十月五日祔葬定陵西北			初葬洪福禅院之西北。明道元年四月，追册为庄懿皇太后
	章献明肃李后		真宗德妃	64			明道二年三月二十七日山陵制度	四月十日，详定	十月五日祔葬定陵西北		十七日祔神主于奉慈庙	真宗崩，遗诏尊为皇太后，称制11年
	章惠杨后		真宗淑妃	53			景祐三年(1036)十一月五日		景祐四年(1037)二月六日祔葬定陵西北		二月十六日，升祔奉慈庙	真宗崩，遗制为皇太后

续表

陵	谥号、庙号	名讳	世系	享年	在位时间	崩期	殂	营陵	掩皇堂	祔葬	祔庙	备注
永昭陵	体天法道极功全德神文圣武睿孝皇帝，庙号仁宗	赵祯	真宗第六子，母章懿李后	54	42	嘉祐八年(1063)三月二十九日		选址五月十二日	十月十七日(6个半月)		十一月二十九日(八个月)	
	慈圣光献曹后		仁宗后	64			元丰二年(1079)十月二十日	十一月二十日选山陵		元丰三年(1080)三月十日祔葬昭陵	三月二十二日祔太庙(五个月)	英宗即位，尊为皇太后，哲宗即位，尊为太皇太后，称制
永厚陵	体乾应历隆功盛德宪文肃武睿圣宣孝皇帝，庙号英宗	赵曙	太宗曾孙，濮安王允让十三子，母仙游县君任氏	36	4	治平四年(1067)正月八日						
	宣仁圣烈高后		英宗后	62			元祐八年(1093)九月三日	九月十四日审山陵陵园	八月二十七日(七个半月)	绍圣元年(1094)四月一日祔葬永厚陵。按《宋史·哲宗本纪》等，为二月七日		神宗即位尊为皇太后，哲宗即位尊为太皇太后，称制九年
永裕陵	绍天法古运德建功英文烈武钦仁圣孝皇帝，庙号神宗	赵顼	英宗长子，母宣仁圣烈高后	38	19	元丰八年(1085)三月五日			十月二十一日(七个月)		十一月五日祔庙(八个月)	
	钦圣宪肃向后		神宗后	56			建中靖国元年(1101)一月十三日	二月		五月六日祔葬永裕陵	二十六日祔子神宗庙室(四个半月)	徽宗即位后，称制六个月
	钦慈陈后		神宗美人，生徽宗	33			元祐四年(1089)六月			建中靖国元年五月祔葬裕陵		建中靖国元年追册为皇后
	钦成朱后		神宗德妃	51			崇宁元年(1102)二月			五月祔葬裕陵	五月祔神主于神宗庙室	哲宗即位，尊为皇妃，薨，追册为皇后
	显恭王后(惠恭)		徽宗皇后，生钦宗	25			大观二年(1108)九月二十六日	十月二十四日园陵斩草，十一月十三日斥土		十二月二十七日祔裕陵之次		

续表

陵	谥号、庙号	名讳	世系	享年	在位时间	崩	葬	营陵	掩皇堂	祔葬	祔庙	备注
永泰陵	宋哲宗	赵煦	神宗六子，母钦成朱后	25	16	元符三年(1100)正月十二日			八月八日（近八个月）		九月一日，祔毕	
	昭怀刘后		哲宗后	35			政和三年(1113)二月九日			五月祔葬泰陵	五月祔葬神主于哲宗庙室	徽宗即位，册为元符皇后，次年尊为皇太后

说明：（宋）王称《东都事略》卷十四（上海古籍出版社，1989年）记载："陪葬惠恭皇后园"，明节皇后"与明达并园立祠"。（清）徐松《宋会要辑稿》（中华书局，1957年版）"后妃一"：明达刘皇后"葬昭先积庆院。九月二十日追册为皇后，即幸所为园陵，置祠殿，祭别庙"；明节刘皇后"祔明达皇后寝园之西北隅"。又《宋会要辑稿》礼三七之三九记载："奉诏明达、明节刘明达，明节皇后陵陵棘寨肉擅动土，许人告捕。"看来二后当祔葬永裕陵，但其陵位不明。

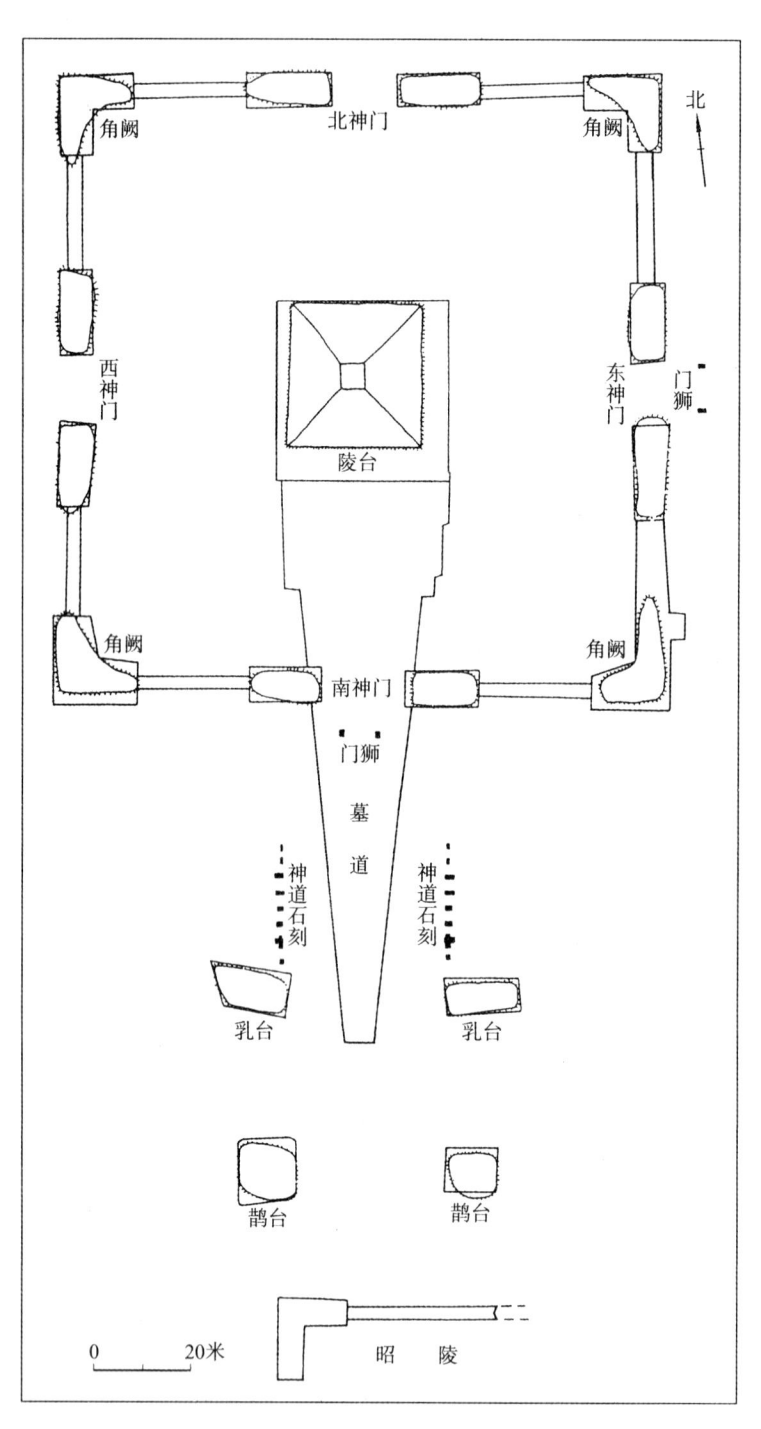

图 1-1-8 北宋帝陵曹后陵平面复原图

（采自《河南巩县宋永昭陵区的考察》）

(二) 兆域与封堠篱寨

兆域，又称茔域[1]、封域[2]、禁地[3]等，系指帝陵主体构成之外，陵园总体占地范围和区域。在该区域内不准"阑入"（擅自闯入），不准擅自动土，"禁止公私樵采"，按照"兆域条制"严格管理[4]。因此，兆域必有特定的标志，所以宋代丧礼的有关记载中，屡见"将修兆域""修垒兆域""封域以定""合封禁地""标禁""封禁"之语[5]。

兆域范围的标志物即界标，一是"封堠"。"封"字一字多义，既表示疆界、范围，又有封闭和堆土之义（如"封树""封殖"）。堠是古代记里程的土堆（如五里只堠，十里双堠），所以封堠系指兆域外围边界线上以相隔一定距离的土墩作为界标，"封堠界内"即是兆域禁地[6]。二是篱寨（又称棘寨，或言"周以枳橘"），即在一个个相隔一定距离的封堠之间植以多刺的灌木或乔木，由此将封堠连接围合成兆域，这样兆域又形成篱寨[7]。

---

[1]《宋会要辑稿》第三十二册，礼三九之二〇：真宗景德元年议康陵安陵事时，有"陛下睹信史之所标指茔域"之语。

[2]《宋会要辑稿》第三十一册，礼三七之六：真宗永定陵条有"按行山陵封域以定"之语。

[3]《宋会要辑稿》第三十一册，礼三七之三五"缘陵裁制"下，绍圣元年三月条记永裕陵"合封禁地"，四月条记"永裕陵东有路，当封禁"；元符元年二月条记"永裕陵东北角新展禁地"，"标禁"。

[4] A.《宋会要辑稿》第三十一册，礼三七之二八，"缘陵裁制"上，景德三年二月条记"令河南府具阑入兆域条制揭榜告谕"，"诏诸陵侧近林木，禁公私樵采"。
B.《宋会要辑稿》第三十一册，礼三七之三九，"缘陵裁制"下："宣和三年九月十七日，明达明节皇后陵寺等提举所言，奉诏明达明节皇后园陵棘寨内，擅动土许人告捕，赏钱五百贯。"

[5] A.《宋会要辑稿》第三十一册，礼三七之七，真宗永定陵条记"修垒兆域"。
B.《宋会要辑稿》第三十二册，礼三九之一九："景德元年七月二十一日手诏曰：'康陵安陵已经迎奉，将修兆域，步以围寝之事……'"
C. 见上注[2]、[3]。

[6] A.《宋会要辑稿》第三十一册，礼三七之四四，绍兴三十二年十月条记"检会宋宫陵仪制所载，诸陵封堠界内，旧坟不许开故合祔"。
B.《宋会要辑稿》第三十一册，礼三七之三九，高宗绍兴元年六月条："禁止界至封堠。"
C. 冯继仁：《北宋皇陵建筑构成分析》，《考古学研究》1994年第00期。此文已论证A"检会宋宫陵仪制所载"，系"参北宋之'国朝典故'营修"，"'宋宫仪制'多是言巩县北宋'诸陵'，其'封堠界'应与兆域有关"。

[7] A. 孙新民：《试论北宋陵园建制及其特点》，载《河南文物考古论集》，河南人民出版社1996年版。引宋人郑刚中《西征道理记》："仁庙永昭陵最与英庙永厚陵近，昭陵因平岗，种柏成道，道旁不垣，而周以枳橘。"
B.《宋会要辑稿》第三十一册，礼三七之一九：徽宗永祐陵条"今检会宫陵仪制，永定陵南侵三陵禁地一里九十步，并检会陵寝地图，永厚陵东篱寨与永昭陵西禁地相侵，永泰陵东篱寨亦与永裕陵西禁地相侵"。
C.《宋会要辑稿》第三十一册，礼三七之二九，"棘寨内擅动土"条。
以上史料证明，兆域是以枳橘为篱寨或棘寨围合而成。

上述分析，以按照北宋帝陵营建的西夏陵之同样情况可证明大体不误[1]。此外，兆域的范围史无明载[2]，"兆门"也仅见于个别史料[3]。

除上所述，一些史料还反映出皇后陵围以棘寨[4]，由是则可推知帝陵上宫（包括神道）外亦应有棘寨[5]。在兆域篱寨的范围内，不仅兆域篱寨与帝后陵宫城篱寨（南宋时称内篱寨）之间遍植松柏，"种植成道"，"柏林如织"，诸陵间"森森柏城"，"拱木相望"，"柏林相接"；而且神墙内，陵台上也植"枳橘柏株"[6]。故诸陵兆域内又称"柏城"，为此还配有专门植树种柏的柏子户[7]。

---

[1] 国家文物局主编《西夏陵区3号陵园建筑遗址》（载《2001中国重要考古发现》，文物出版社2002年版）说陵园最外围的标志是4座角台，按角台连线为界，沿界植篱棘围绕以示陵园兆域。"按（明）胡汝砺《嘉靖宁夏新志》（宁夏出版社1988年版）说：西夏陵"其制度仿巩县宋陵而作"。在西夏九陵中，皆设角台，仅1、2号陵角台依外城而设，其余各陵角台均远离神墙或外城墙，北侧角台在北神墙或外城墙五十米以外，南侧角台最远不过鹊台一线。依西夏陵情况，北宋帝陵诸封堠应为夯筑土墩台，其南侧兆域界标似亦距鹊台不会太远。参照下注《宋会要辑稿》礼三九之四，兆域南界或在南百步左右。

[2] 北宋帝陵兆域范围史无明载，不过有些史料可供参考。比如：
A.《宋会要辑稿》礼三七之二八，"缘陵裁制"上，真宗景德三年"二月二十一日，吴元康等言：'近陵域地，顷来民或开掘，望降诏禁止，仍令植嘉木，新定兆域内居人、官廨仓库，请徙置三百步外'，并从之"。三百步合1500尺、约480米。
B.《宋会要辑稿》第三十一册，礼三七之二七，"缘陵裁制"上，开宝八年十月条，安陵守当高品、皇甫玉言，"请禁民庶不得近陵阙穿土及于三五里外葬埋"，"礼院言：'按丧葬令去陵一里内不得葬埋'，从之"。
C.《宋会要辑稿》礼三七之三四，"缘陵裁制"下，元丰三年"九月三日诏，定州东安村宣祖皇帝祖坟四至，名益地五顷"。《宋会要辑稿》礼三七之一九，永定陵南侵三陵禁地一里九十步等。

[3]《宋会要辑稿》第三十二册，礼三九之四，太宗雍熙二年六月条记："令河南府供给，朝拜日有司予于南百步道东设次，具剪除利器，以备洒扫。设宗正卿拜位于兆门外之左，西向又设陵官位于卿之东南，执事官又于其南，俱西向北上，设器礼例酒馔于兆门内，宗正卿以下各就位，再拜盥手、奠酒，读祝册，再拜安陵……"按唐陵情况，兆门或指乳台对峙阙口而言。

[4]《宋会要辑稿》第三十一册，礼三七之三九，宣和三年九月十七日条："明达、明节皇后陵棘寨内，擅动土，许人告捕。"二后陵祔葬于永裕陵。

[5] 冯继仁：《北宋皇陵建筑构成分析》，《考古学研究》1994年第00期。

[6] 参见《宋会要辑稿》第三十一册，礼三七之四一记永安、永昌、永熙陵神台所损枳橘柏株事。《宋会要辑稿》第二十八册，礼三二之二六，章惠皇后条有"森森柏城"，"拱木相望"之语。（南宋）赵彦卫《云麓漫钞》卷九《丛书集成初编》（商务印书馆1935年至1937年版），参见冯继仁《北宋皇陵建筑构成分析》，《考古学研究》1994年第00期。

[7]《宋会要辑稿》第三十一册，礼三七之二八，真宗景德元年二月条："诏永安县，诸陵园松柏，宜令守当使臣等，督课奉陵柏子户，每年以时收柏子，于滨河隙地布种，俟其滋茂，即移植以补其阙。"《宋会要辑稿》第三十一册，礼三七之三二：依景德敕榜处分，"诸陵柏子户，旧额安陵、永昌陵、永熙陵各八十人，永定陵一百人，会圣宫二十二人昨（作），景祐四年七月，臣僚上言，四陵各减半，会圣宫只留十人"。同卷礼三七之三一，三二：景祐四年七月三日上封者言，"诸陵及会圣宫见占柏子户稍多"，"诏三陵柏子户各存留四十人，永定陵五十人，会圣宫一十人"。

四 陵邑、禅院和陪葬墓区

(一) 陵邑

乾德二年（964）改卜安陵于巩县，同年以河南府巩县令孔美兼陵台令，掌陵寝公事。真宗景德四年（1007），"析巩县、偃师、缑氏、登封县地，置县曰永安，以奉陵寝"，为陵邑[1]。永安县城内设专供皇帝朝陵时使用的行宫[2]，徽宗政和三年（1113）三月，永安县升为永安军。金贞元元年（1153）更名芝田县，元废县为镇，入巩县。永安县城即今巩义市芝田镇镇政府所在地（图1-1-1），北宋遗迹基本无存[3]。

(二) 帝陵四大禅院

北宋帝陵四个陵区分建禅院，"以修梵福"。即"永安陵、永昌陵、永熙陵，以上系永昌院；永定陵系永定禅院；永昭陵、永厚陵，系昭孝禅院；永裕陵、永泰陵，系宁神禅院"（图1-1-1）[4]。此外，陵区附近还有永安院（永安寺）和净惠罗汉院等。

永昌禅院又名三陵永昌院，其始建应晚于营建永昌陵的太平兴国元年（976），具体位置无考。永定禅院始建于乾兴元年（1022）四月，位于今芝田镇后泉沟村西（当地俗称"丁香寺"），东南距永定陵上宫约1000米，东距章惠杨皇后陵西门狮280米。禅院与永定陵上宫、下宫同时修建，属永定陵区组成部分[5]，遗址尚存[6]。昭孝禅院始建于神宗熙

---

[1] 宋真宗景德四年正月朝谒皇陵，遂下诏建永安县。《宋大诏令集》（中华书局1962年版）卷一百五十九，记诏文云："比者参朝陵寝，式展孝思，仰瞻烈圣之灵，方积昊天之感。营建城邑，充奉山园，只率徽章，用崇先烈。永安镇特建为县，隶河南府，同赤县。委本府与转运使，割就近税户隶属。夏秋二税，止输县仓，不得移拨，常赋之外，免其他役。著于甲令，慰朕永怀。"《宋会要辑稿》（中华书局1957年版）方域五之一记载："初议建陵邑，有司择县名。真宗曰：'可名永安，安字，宣祖陵名也。'又视诏草，但云建县，谓王旦等曰：'克奉陵寝，当为赤县。'乃下诏。"（宋）李攸《宋朝事实》卷一（中华书局1957年版）记载，"析巩县、偃师、缑氏、登封县地、置县曰永安，以奉陵事"；"宜以殿中丞黄昭度知陵台令，兼永安县事"。《宋会要辑稿》第三十一册，礼三七之二九，将"黄昭度"写为"黄昭益"。

[2] 《宋史》卷一二三，《礼二十六》记载：真宗景德"四年正月，车驾次巩县，罢鸣鞭及太堂奏严、金吾传呼。既至，斋于永安镇行宫，太官进蔬膳"；"大中祥符四年正月，祀汾阳"，"驾还，复行亲谒之礼，帝素服乘马至永安县，斋于行宫"。又记此前"开宝九年，太祖幸西京，过巩县，谒安陵奠献"。文献仅记上述三次皇帝亲自谒陵，其他皇帝则只在"春秋二仲遣官朝陵"。

[3] 河南省文物考古研究所：《北宋皇陵》，中州古籍出版社1997年版，第441页。依据出土遗物、发现的部分遗迹，对永安县城北城墙、西城墙，以及南、东城墙和县府位置进行了推测。

[4] （宋）李攸：《宋朝事实》，卷一，商务印书馆1935—1937年版。

[5] 《宋会要辑稿》第二十五册，礼二九之二三记载：乾兴元年"四月九日，入内都知张景宗言：'山陵西北隅可以创造佛寺。'就命监修下宫、带御器械皇甫继明，阁门祇侯郭延化兼管勾修，创后赐名'永定禅院'。是日，又命三陵副使郝昭信修上宫"。

[6] 河南省文物考古研究所：《北宋皇陵》，中州古籍出版社1997年版，第411页；第414—447页讲述了永定禅院遗址的发掘，本书略，详见原文。

宁初，熙宁五年（1072）建成[1]，徽宗政和年间曾改名寿圣寺。禅院位于今伊洛河北岸的康店镇寺沟，东南距永厚陵约3公里，遗迹无存[2]。宁神禅院，约建于哲宗元祐初年，位于今芝田镇八陵村西，东南距永裕陵上宫约1300米，南距永泰陵上宫约850米，遗址"文革"期间被毁[3]。

永安院约建于乾德五年（967）三月，初应为永安陵而设，其后永昌禅院似由永安院更名而来[4]。净惠罗汉院建于仁宗天圣年间，"令充永昌院下院"，天圣五年（1027）九月赐额曰"净惠罗汉院"。该院位于今来津口乡丁沟村，西北距永安陵约8公里，北距永定陵约11公里，迄明清香火不断[5]。

（三）陪葬墓区

北宋帝陵皇室陪葬墓，均葬于八座帝陵西北隅陪葬区（图1-1-2、1-1-3）。"卑丧别置"的"兆域"，目前仅知清易镇墓区和柏峪岭墓区（图1-1-1）[6]。每座帝陵的集中陪葬墓区，所葬者主要是皇子、皇孙、未出阁的公主，以及与诸王合葬的夫人等[7]。陪葬

---

[1] 河南省文物考古研究所：《北宋皇陵》，中州古籍出版社1997年版，第413页，文中说：熙宁五年之前近10年间，永昭、永厚二陵与永定陵合用一个寺院，即"永定昭孝禅院"。熙宁五年昭孝禅院建成后，"永定昭孝禅院"当复"永定禅院"旧额。

[2] 河南省文物考古研究所：《北宋皇陵》，中州古籍出版社1997年版，第413页。

[3] 河南省文物考古研究所：《北宋皇陵》，中州古籍出版社1997年版，第413页，文中说："现遗址位于一高出周围地面1—2.5米的台地上，南北长约160、东西宽约150米。台地的四周壁面上，均暴露有明显的夯土层和砖瓦堆积。"

[4] 河南省文物考古研究所：《北宋皇陵》，中州古籍出版社1997年版，第411页。

[5] 河南省文物考古研究所：《北宋皇陵》，中州古籍出版社1997年版，第410页。

[6] "卑丧"，系指皇室中三代以下的旁系子孙及其夫人，未成年夭折的殇子殇女。这些成员无陪葬帝陵资格，只能葬于另外的陪葬区，如清易镇和柏峪岭陪葬区。清易镇在巩义市区西南约10公里，陪葬区在回郭镇的清西和清中村南岭上，向南连接八陵陵区，历年收集到的墓志达56方。该陪葬区约始于真宗景德三年（1006）十月。柏峪村属回郭镇，在巩义市区西南约15公里，陪葬墓区在柏峪村南岭上，东距清易镇墓区5公里。以上两陪葬区具体情况，参见河南省文物考古研究所：《北宋皇陵》，中州古籍出版社1997年版，第461—462页。

[7] 河南省文物考古研究所：《北宋皇陵》，中州古籍出版社1997年版，第460页，引（宋）郑獬《郧溪集》卷二十《郡主赵氏墓志铭》（《影印文渊阁四库全书》第1097册，上海古籍出版社1989年版）说，"已出嫁的公主、郡主死后是埋葬于其夫祖茔"；引（宋）夏竦《文庄集》卷二十九《故顺容邵氏墓志铭》（《影印文渊阁四库全书》第1087册）、（宋）张方平：《乐全集》卷三十八《赠贤妃俞氏墓志铭》（《影印文渊阁四库全书》第三卷1104册）说："皇后以下的后宫妃嫔，虽贵为顺容、贤妃也不陪葬皇陵。"又引《宋史·外戚传》"刘知信"条：昭宪皇太后之妹，"开宝三年十月，卒。太祖废朝发哀，追封齐国太夫人，陪葬安陵"，指出这是"目前所知北宋皇陵中唯一的一座皇亲陪葬墓"。此外，河南省文物考古研究所：《北宋皇陵》，中州古籍出版社1997年版，第462页引《宋史·宗室传》"魏悼王廷美"条，《宋会要辑稿》第三十二册，礼三十九之一一，指出"北宋皇室中只有赵廷美及其后代子孙安葬于汝州梁县，即史料所述及的'南坟'"。

墓自成墓园，封土和墓园规模按等有差[1]。各墓多夫妻同穴合葬，早年夭折的殇子、殇女则先火葬然后陪葬帝陵[2]。上述皇室成员死后多先集中殡于京城寺院，待皇帝驾崩、皇后或某王薨后安葬时才一并运至帝陵陪葬墓区陪葬[3]。

《宋史》礼志二十六记载：真宗景德四年，永安、永昌、永熙"其三陵陪葬皇子、皇孙、公主之未出阁者，及诸王夫人之早亡者，各设位次诸陵下宫之东序。安陵百二十一坟，量设三十位，男子、女子共祝版二；昌陵十五坟，量设十位；熙陵八坟，量设五位，并祝版一以致祭焉"。从现存史料中查到皇室陪葬墓的有323座[4]，而实际上陪葬墓总数可达千座以上[5]。关于陪葬墓的具体情况，请参见《北宋皇陵》一书的有关记载[6]，本书不再赘述。

五 陵区外的相关遗迹

除上所述，在陵区之外还有一些与陵区有关的遗迹，现略述如下。

（一）宋陵砖瓦窑场

砖瓦窑场位于东距今芝田镇（永安县城）1公里的坞罗河北岸台地上，在发掘的不足1000平方米范围内，有13座宋代砖瓦窑，出土印有"定陵官□"和"官□"的陶质板瓦、筒瓦等大量建筑构件。后来又在其东约200米的断崖处发现厚1—1.5米的砖瓦堆积，采集到砖瓦、瓦当、嫔伽头像和垂兽等。上述遗物与永定陵上宫和永定禅院遗址发掘所出同类砖瓦完全相同，有的甚至同出一模。所以此处砖瓦窑遗址是专为北宋帝陵烧制砖瓦的

---

[1] 陪葬墓的葬制有明确规定，比如亲王一品为坟高一丈八尺，墓田方九十步；三品为坟高一丈四尺，墓田方七十步。墓前石雕像的数量和大小也有区别，北宋勋戚大臣坟所有石羊虎、望柱各二，三品以上加石人二人，此规定同样适用于皇室陪葬墓。参见河南省文物考古研究所：《北宋皇陵》，中州古籍出版社1997年版，第463页，及其所引《宋会要辑稿》第三十一册，礼三十七之四八，《宋史》卷一二四《礼二十七》。该书同页还说："从这次勘查情况看，身份贵为亲王和未出阁公主的陪葬墓，除循例在墓室内随葬墓志外，还普遍在地面上立有追封记碑。"

[2] 河南省文物考古研究所：《北宋皇陵》，中州古籍出版社1997年版，第463页。

[3] 河南省文物考古研究所：《北宋皇陵》，中州古籍出版社1997年版，第463页。文中引范祖禹《范太史集》卷四十五至五十四（《影印文渊阁四库全书》第1100册，上海古籍出版社1989年版）说："仅元祐九年二月从宣仁圣烈高皇后之丧，一次葬于皇陵区的宗室子孙就达二百人之多。"

[4] 河南省文物考古研究所：《北宋皇陵》，中州古籍出版社1997年版，第462页。

[5] 河南省文物考古研究所：《北宋皇陵》，中州古籍出版社1997年版，第462页。

[6] 陪葬墓的具体情况，参见河南省文物考古研究所：《北宋皇陵》，中州古籍出版社1997年版，第460—464页，结语之五《北宋皇陵陪葬制度》；第56—58页关于宋太祖永昌陵陪葬墓；第133—135页关于宋真宗永定陵陪葬墓；第197—207页关于宋英宗永厚陵陪葬墓；第245—254页关于宋神宗永裕陵陪葬墓；第280—282页关于宋哲宗永泰陵"陪葬墓及清易镇墓区"；第492—505页有"史料中记载的皇室陪葬墓统计表"。

官窑场，修建永定陵和永定禅院的砖瓦即产于此[1]。

(二) 永裕陵防洪堤

防洪堤遗迹在巩义市西村镇张嘴寨村北至堤东村之间的白云山下，西北距永裕陵约2公里（图1-1-1）。防洪堤略呈东西向，分南北三道，用修整过的红石杂河卵石堆砌。第一道防洪堤在张嘴寨村北的一条东西向小路上，暴露的红石堆积层厚约1米。第二道防洪堤在第一道防洪堤之北约95米，可见到的红石杂河卵石堆积层厚2米余，南北宽10余米。第三道防洪堤在第二道防洪堤之北约200米，可见到南北宽约11米的乱石堆积。三道石堤用以拦阻白云山麓下泄的洪水，保护永裕陵免遭山洪冲毁[2]。

(三) 会圣宫

会圣宫遗址在今偃师市山化乡寺沟村凤台山南麓，与北宋永安县城隔伊洛河相望（两者南北相距约4公里），地控东、西两京交通要道（图1-1-1）[3]，该地北宋时属永安县辖境。会圣宫始建于仁宗天圣八年（1039），九年建成[4]。会圣宫仿汉代原庙之制，宫内相继陈设有太祖、太宗、真宗、仁宗和英宗等已故皇帝的御容（遗像）[5]。遗址现为耕

---

[1] A. 河南省文物考古研究所：《北宋皇陵》，中州古籍出版社1997年版，第443—445页。
B. 席彦召：《巩义发现一处宋代大型官窑遗址》，《中国文物报》1994年11月20日第1版。

[2] 河南省文物考古研究所：《北宋皇陵》，中州古籍出版社1997年版，第445页。《宋会要辑稿》第三十二册，礼三九之一〇记载："徽宗政和六年六月二（十）九日，中书舍人宇文黄中言：'奉敕为皇太子纳妃，遣官奏告永裕陵等。因朝谒永裕陵，体问得本陵堤堰正在玉案，复金山北每遇大雨，山川水奔注堤下，须籍命官部辖兵级日夜护固。今夏秋之交，霖潦不时，本陵封地阔远，虽有巡检，终虑照管不前。欲望圣慈下总辖司契勘，若未差官，乞早令差往，限日催促赴任。伏乞特降睿旨施行。'从之。"《宋会要辑稿》第三十一册，礼三七之三九记载：又宣和"四年七月十日，永裕陵治沟堰，以曾孝蕴提举相视山川形势，作华嘴堰以捍潢潦"。永裕陵防洪堤约建于此时或稍早。

[3]《新修西京永安县会圣宫碑铭》中说："谨按地志，訾王山者冠于诸阜，金日隩区，协太史之明占，锡凤台而纪号。前瞻少室，伟灵异之所蘦；却负太行，邈穹昊之设险。控川陆之兼会，介周郑之通衢，嵩颜豁其中开，溪声浩其双接。"见（清）王昶：《金石萃编》卷一百三十二，北京市中国书店1991年版。参见河南省文物考古研究所《北宋皇陵》，中州古籍出版社1997年版，第508页《新修西京永安县会圣宫碑铭》。

[4]《宋史》卷九《仁宗纪》天圣八年春正月，"辛巳，作会圣宫于西京永安县"。（宋）王应麟《玉海》（上海书店出版社1990年版）卷一百"天圣西京会圣宫"（嘉庆十一年刊）条：天圣"九年二月宫成，甲辰以为会圣宫"。《宋会要辑稿》礼五之一记载：天圣"九年闰十一月五日宫成"。《新修西京永安县会圣宫碑铭》记，"自天圣八年孟春之初首议胥宇"，"越明年闰十月十有五日宫成"，建成时间应以碑铭为是。

[5]《宋史》卷九《仁宗纪》天圣九年春，"三月甲寅，奉安太祖、太宗、真宗御容于会圣宫"。（宋）王应麟《玉海》，"天圣西京会圣宫"条记天圣九年"三月甲寅，奉安三圣御容，改訾王山为凤台山"，"熙宁二年五月二十二日丁亥，奉安仁、英御容"。

地，地面平坦，南北长约260米，东西宽约180米，《新修西京永安县会圣宫碑铭》屹立于遗址中南部。遗址地面到处散布青灰色砖瓦、万字栏板、琉璃瓦和陶瓷片等遗物[1]。

(四) 宋陵采石场

宋陵采石场在今偃师市大口镇白瑶村，东距北宋帝陵区约25公里，地处偃师市南部山区青萝山前的南横岭南麓（图1-1-1），即《永定陵修奉采石记》和《宣仁圣烈皇后山采石之记》所述"栗子岭"（今牛心山）东侧。采石场山谷长约一公里，大致东西向，斜坡状谷壁上满布昔日采石遗留的采石面和采石坑，以及许多半成品和废石料；残留有当年运石车碾成的古车道遗迹，石壁上还残存多处石刻题记。这里的青石皆为石灰岩，石色青黑润泽。石质纯净坚实，完全符合宋陵石刻要求，北宋帝陵石材均出于此地[2]。

第二节　帝后陵各构成部位的形制和尺度

一　鹊台、乳台和神道

(一) 永定陵永昭陵鹊台乳台之试掘[3]

永定陵试掘了东鹊台和西乳台。东鹊台南部破坏，经试掘确知台基黄褐土夯筑，夯层厚12—15厘米，夯窝圆形圜底，排列密集，夯土坚硬。台基四周包砖，包砖基槽宽约0.45米，深约0.1米。西和中东部所开探沟中的基槽内尚残存少量包砖，西部有一段包砖还残存5层。砖长条形，一般长35—37厘米，宽17—19厘米，厚5—6厘米。包砖两砖顺砌，外用整砖，白灰勾缝，向上逐渐内收0.7—1厘米。里层多用半头砖，用泥勾缝或干填。据包砖基槽遗迹，可知东鹊台底部东西长13.3米（据北壁），南北残宽8（西）—9.5（东）米。在包砖基槽外，还有宽约1.26米，厚0.4米的夯土，为夯土台基外缘地基范围（图1-2-1）。

---

[1] 河南省文物考古研究所：《北宋皇陵》，中州古籍出版社1997年版，第445—447页"会圣宫"条。

[2] 中国社会科学院考古研究所汉魏故城考古队、偃师县文管会：《河南巩县宋陵采石场调查记》，《考古》1984年11期。河南省文物考古研究所：《北宋皇陵》，中州古籍出版社1997年版，第441—443页。《宣仁圣烈皇后陵采石记》碑文："本朝列圣及母后登遐，例遣官采石于（栗子）山下崇奉陵寝，自乾兴元年以来始有碑刻可考"。碑文见（清）王昶：《金石萃编》卷一百四十；河南省文物考古研究所：《北宋皇陵》，中州古籍出版社1997年版，第513页附录一之8"宣仁圣烈皇后山陵采石之记"，并参见第513页附录一之10"永泰陵采石记"，第514页附录一之11"二陵采石记"，12"崇恩园陵采石记"。

[3] A. 永定陵试掘，参见《北宋皇陵》，中州古籍出版社1997年版，第290—307页。
　　B. 永昭陵试掘，参见《宋仁宗永昭陵上宫考古获丰硕成果》，《中国文物报》1998年10月14日第一版。

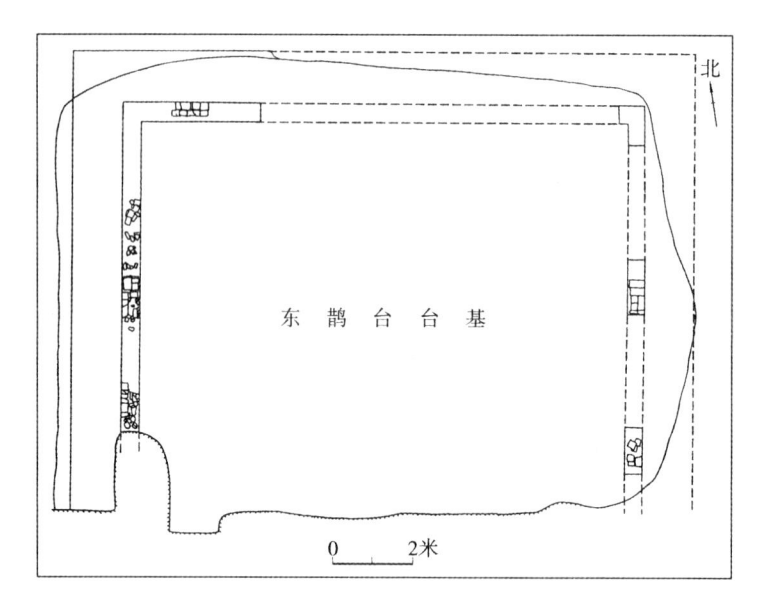

图 1-2-1　北宋帝陵永定陵鹊台台基平面图
（采自《北宋皇陵》）

西乳台南和西部保存较差，仅清理了乳台东壁、北壁西段和西边两个拐角（图1-2-2）。东壁包砖南北残长6.7米，东西残宽0.5米。基槽内隐砌两层，露出地坪约2—7层，高0.12—0.42米。砖之长宽和砌法同东鹊台，外层整砖向上逐层内收0.4—1.2厘米（平均约0.8厘米）。包砖内夯土台下大上小，壁面向上斜收，所露夯土层厚12—16厘米。北壁西段包砖两次内收，第一次内收约距东壁10.9米，第二次内收约距东壁15.2米，每次内收0.2米。在两次内收的拐角处，皆有边长约50—55厘米，深15厘米的方形凹坑（或为角石遗迹）。在两次内收之间残存包砖1—4层，一、三层丁砖横砌，二、四层两顺砖并砌。第三层向上表砖始用白灰勾缝，基槽内的两层砖基和三、四层里砖（半头砖）用泥勾缝。砖长36—37厘米，宽17—18厘米，厚6—6.5厘米。乳台西壁包砖无存，仅余夯土边线。据上所述，复原实测西乳台底部东西长约19.7米，乳台东壁宽约9.9米，西壁宽约9米（均加包砖厚度），即靠近神道的东壁宽，西壁稍窄。包砖以外台四周底部，有宽约1米，厚约0.8米的夯土地基范围，地基东西长约21.7米，南北宽约11.85米。据西乳台东壁较之西列望柱偏东0.45米推算，东、西乳台间距约41.8米[1]。乳台南距鹊台140米，北至南神门140米。[2]

---

[1] 河南省文物考古研究所：《北宋皇陵》，中州古籍出版社1997年版，第290—291页。
[2] A. 河南省文物考古研究所：《北宋皇陵》，中州古籍出版社1997年版，第105页。
　　B. 河南省文物考古研究所：《北宋皇陵》，中州古籍出版社1997年版，第290页。说：在东鹊台试掘范围内，发现"有瓦当、脊饰和'官'字筒瓦等建筑构件。这些建筑构件应是鹊台顶部建筑物的遗留"。第291页说：在清理西乳台时，"发现一些'官'字筒瓦、瓦当、兽首和垂兽等遗物。这些遗物应属于台顶建筑物上的构件"。

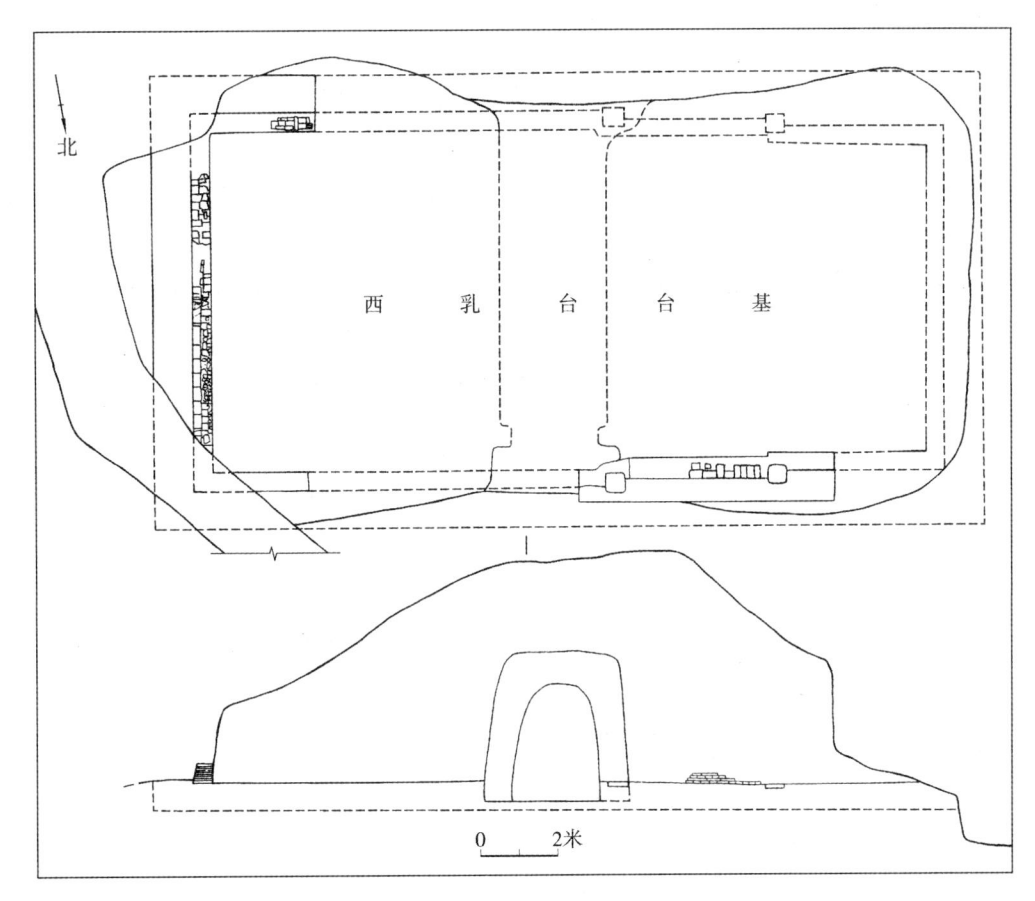

图 1-2-2 北宋帝陵永定陵西乳台台基平面、立面图
（采自《北宋皇陵》）

永昭陵试掘了鹊台和乳台，二台均黄褐土夯筑，内置木骨，外包长条形青砖。残存的包砖外面白灰勾缝，逐层向上内收，表面红灰粉饰。鹊台基址平面呈横长方形，东西长13.40米，南北宽12.15米，现高4.50米。乳台基址平面呈双凸字形，东西长19.70米，南北宽最窄为9.25米，最宽为10.30米，即靠神道一边宽、另一边较窄。南北壁面均作两次内收，每次内收约0.22米。据上述情况推断，乳台上应建有错落有致的三出阙楼阁，且两两对称布局[1]。

综上所述，可知鹊台、乳台构筑技法相同，均黄褐土夯筑，内置木骨，包青砖，向上逐层内收，红灰粉饰。鹊台平面东西横长方形，永定陵东西长13.3米，永昭陵东西长13.40米，永昭陵南北宽12.15米，永定陵南北残；永昭陵鹊台残高4.5米，顶部有建筑。乳台靠神道一侧宽、另一侧较窄，平面略呈东西向楔形。东西长都为19.7米，永定陵南北宽9—9.9米，永昭陵南北宽9.25—10.30米。南北壁均作两次两收，每次内收0.2（永定）—0.22（永昭）米。乳台顶部似有三出阙楼阁式建筑。永定陵神道宽41.8米，鹊台

---

[1] 见《宋仁宗永昭陵上宫考古获丰硕成果》，《中国文物报》1998年10月14日第一版。

至乳台,乳台至南神门的神道长均140米。

(二) 帝后陵鹊台、乳台、神道调查情况与文献所记尺度

永定、永昭陵鹊台、乳台试掘资料,远比鹊台、乳台调查资料(表1-2-1)完整和准确。其他帝陵鹊台、乳台的调查资料,更无法与上述试掘资料相比。因此,帝陵鹊台、乳台的形制结构和尺寸,目前只能以试掘资料为准。帝陵的神道,以永定陵试掘资料结合调查表1-2-1来看,自熙陵开始神道宽大都在42米左右,神道长在140米左右。

表1-2-1　　　　帝陵鹊台、乳台、神道调查现存情况(《北宋皇陵》)

陵＼部位	鹊台	乳台	神道
安陵			
昌陵	鹊台间距42米,夯筑,平面略呈方形。东鹊台残高5.7米,底边列长9×10米。西台残高5米,底边残长12×14米。东鹊台露夯土层厚8—15厘米,西鹊台东壁残存六行包砖,用泥勾缝	乳台在鹊台北155米,乳台间距42米,夯筑,平面略呈方形,顶部隆起。东乳台残高3.2米,底边残长12×6米。西乳台残高3.6米,底边残长12×6米。乳台有包砖残迹。依东乳台所露三个拐角实测,东西长13.5米,南北宽6.7米。若加包砖(按0.8厘米计算),东乳台则东西长15.1米,南北宽8.3米	神道宽42米(二鹊台、二乳台之间距)。神道长165米(乳台在鹊台之北155米,南神门距乳台基165米)
熙陵	鹊台间距45米,东鹊台残高3.4米,底边残长7×8米。西鹊台残高4.7米,底边残长12×7米	乳台在鹊台北140米,乳台间距45米。东乳台残高3.8米,底边残长9.5×6米。西乳台残高4米,底边残长8米	神道宽45米。神道长142米(乳台在鹊台北140米,南神门在乳台北142米)
定陵	鹊台间距42米,略呈方台状。东鹊台残高7米,底边残长11.5×12.5米。西鹊台残高7.6米,底边残长17.5米	乳台在鹊台北140米,乳台间距41.8米。平面呈长条形,鱼脊背顶。东乳台残高6.3米,底边残长17×8.5米。西乳台残高5.4米,底边残长22.5×(10—12)米。西乳台露夯土层厚10—14厘米	神道宽41.8—42米。神道长140米
昭陵	鹊台间距42米,平面方形。东鹊台残高5.2米,底边残长11.7×11米。西鹊台残高5.3米,底边残长12.7×12.3米	乳台在鹊台北134米,乳台间距43米。东乳台长方形,鱼脊背顶,残高4.6米,底边残长22×15米。西乳台被挖削,平面不规则,残高4.5米,底边残长(11—16)×(10—12)米	神道宽42—43米。神道长134米(宫城在乳台北134米)
厚陵	鹊台间距44米。东鹊台平面方形,残高6.5米,底边残长8米。西鹊台长方形,露夯土层厚8—14厘米(北中部有窑洞),残高5.7米,底边残长6.5×5米	乳台在鹊东台北143米,乳台间距45米。平面方形,顶鱼脊背顶。东乳台残高3.7米,底边残长10×3米。西乳台残高3.1米,底边残长13×6米	神道宽44—45米。神道长137米(宫城在乳台北137米)

续表

陵\部位	鹊台	乳台	神道
安陵			
裕陵	鹊台间距40.3米。平面方形，露夯土层厚9—15厘米。东鹊台残高4.9米，底边残长7×9.2米。西鹊台残高3.4米，底边残长7.8×8.7米	乳台在鹊台北约140米，乳台间距42米。东乳夯层厚约10厘米，残高4.3米，底边残长8.7×4.5米。西乳台残高4.4米，底边残长13.5×6.3米	神道宽40.3—42米。神道长135米（宫城在乳台北135米）
泰陵	鹊台间距40米。东鹊台平面方形，西壁有窑洞，夯层厚9—13厘米，台残高4.1米，底边残长7.7×7.8米。西鹊台所在地面较东鹊台下低1.2米，台顶隆起，台残高6.3米，底边残长12×6米	乳台在鹊台北136米，乳台间距42米。东乳台现呈方椎体状，夯层10—14厘米。东乳台残高5.2米，底边残长8×5米。西乳台所在地面较东乳台下低0.8米，台残高5.2米，底边残长9.6×6.3米	神道宽40—42米。神道长134米（宫城在乳台北134米）

后陵鹊台、乳台和神道的调查资料中（表1-2-2），慈圣光献曹后陵西鹊台底边残长13×14米，两乳台底边残长分别为17×8米（东）和18×10米（西），与永定和永昭陵鹊台、乳台试掘的尺寸相差无多。看来临朝听政诸后山陵的鹊台和乳台尺度，似与帝陵的鹊台和乳台相近。其他后陵鹊台、乳台残存的尺寸很小，已难以判断其形制和结构。后陵的神道，元德李后陵鹊台至乳台、乳台至南神门各为70米（表1-2-2），恰为帝陵标准神道长140米之半。表1-2-2钦成陈后陵神道长50米，昭怀刘后陵神道长约58米，均较元德李后陵神道短。表1-2-2慈圣光献曹后陵二鹊台和二乳台之间距各30米，其东西列石雕像间距32.4米。神道的宽度，一般以二鹊台和二乳台之间距为准，表1-2-2所记神道东西列石雕像的间距只是神道宽度的参数。诸后陵神道长宽差异较大，似与各后陵处地宽狭不同有关[1]。

表1-2-2　　　　　**祔葬后陵鹊台、乳台、神道调查现存情况（《北宋皇陵》）**

后陵\部位		鹊台	乳台	神道
安陵	孝惠贺后			
	淑德尹后陵			东西列石雕像间距35米
昌陵	孝章宋后陵			
	章怀潘后陵			东西列石雕像间距38.8米

---

[1] 如祔葬熙陵的明德李后陵与元德李后陵的直线距离10米；祔葬定陵的杨后陵与李后陵直线距离5米。其余诸后陵的间距，详见《北宋皇陵》的有关记载。

续表

后陵	部位	鹊台	乳台	神道
熙陵	元德李后陵①		仅存两乳台,现呈园丘状,残高1.6米,底边长10米	东西列石雕像间距38米
	明德李后陵			
	章穆郭后陵		现存西乳台,呈土包状,残高2.5米,底边残长8×4米	东西列石雕像间距25.3米
定陵	章献明肃刘后陵		现存西乳台,呈土丘状,残高1.2米,底边残长5.8×3米	东西列石雕像间距38米
	章懿李后陵			东西列石雕像间距37米
	章惠杨后陵			东西列石雕像间距34米
昭陵	慈圣光献曹后陵②	鹊台二,间距约30米。东鹊台圆土包状,直径12米,残高5.1米,西鹊台略呈方形,残高5.4米,底边残长13×14米	乳台二,间距30米,南距鹊台19米。乳台平面方形,鱼脊背顶。东乳台残高5.7米,底边残长17×8米。西乳台残高6.3,底边残长18×10米	东西列石雕像间距32.4米
厚陵	宣仁圣烈高后陵	鹊台二,间距36米。东鹊台位于田埂上,较神道地面高1.2米,鹊台残高3.1米,底边残长5.5×5.1米。西鹊台略呈方形,残高5.7米,底边残长8.2×8.3	乳台二,间距16米,在鹊台北12米。东乳台残高3.1米,底边残长8×4.5米。西乳台呈长方形,残高4米,底边残长12×6米	东西列石雕像间距33.2米
裕陵	钦圣宪肃向后陵			东西列石雕像间距33米
	钦慈陈后陵			东西列石雕像间距33米
	钦成朱后陵	仅存西鹊台,在神道雕像以南40米。鹊台平面略呈方形,残高3.4米,底边残长6×3.3米	乳台南至鹊台约30米	东西列石雕像间距33米。乳台至南神门约50米
裕陵	钦成朱后陵			东西列石雕像间距33米
	显恭王后陵			东西列石雕像间距32米

续表

后陵 \ 部位		鹊台	乳台	神道
泰陵	昭怀刘后陵	残存西鹊台，现呈圆形土台，残径5.5米，残高4.3米	仅残存西乳台，在鹊台北21米。平面呈长方形，残高2.2米，底边残长4.6×2.2米	东西列石雕像间距37米。宫城在乳台北58米

说明：（1）孙新民《试论北宋陵园建制及其特点》（《河南文物考古论集》，河南人民出版社1996年版）说：元德李后陵"鹊台至乳台、乳台至神门的距离皆为70米"。

（2）A. 傅永魁、刘洪淼《河南巩县宋永昭陵区的考察》（《考古学集刊》8，科学出版社1994年版）说：仁宗曹后陵"由南向北鹊台至乳台间长27米，乳台至南神门间长54米"。

B.《北宋皇陵》第16页说："曹皇后陵园的鹊台向南紧接永昭北神墙，向北与乳台的间距不足20米，与此前皇后陵鹊以至乳台，乳台至南神门距离均等不同，显然是由于地狭'迫隘'，不得已变制的缘故。"

文献所记鹊台、乳台的高度（无长宽的记载）和神道之长，资料十分有限，简况见表1-2-3。以此结合上述资料，略指出四点。第一，永安陵神道长147.25米[1]，略短于永昌陵神道之长，而长于熙陵以下诸陵的神道。熙陵至泰陵神道长相近，但不等长（表1-2-1）。后陵中章献明肃刘后陵，史籍明记"详定山陵制度"[2]，以其鹊台至乳台，乳台至南神门各45步结合表1-2-3来看，此应为后陵神道长之定制，并大致相当于帝陵神道长之半。所以昌陵以后诸帝陵神道长，大体以鹊台至乳台，乳台至南神门各90步为定制而略有变化。第二，表1-2-3安陵鹊台高29尺（8.99—9.28米），乳台高25尺（7.75—8米），鹊台高于乳台四尺（或是宋陵鹊台、乳台高度之比）[3]。其他帝陵鹊台、乳台高度缺载，从表1-2-1来看，以定陵鹊台残高7.6米，乳台残高6.3米为最。昌陵以后诸陵规制高于安陵，对照安陵鹊台、乳台高度，其他诸陵鹊台之高很可能在10米左右，约合31—33尺之间。按鹊台比乳台高四尺计算，其他诸帝陵乳台之高似在27—29尺之间。可见帝陵现存鹊台乳台的高度较原高已低2米左右。第三，表1-2-3后陵鹊台、乳台高度有三种情况。其一，孝明王后陵、孝惠贺后陵、孝章宋后陵的乳台均高23尺，若仍按鹊台比乳台高四尺的比例关系计算，其鹊台高应为27尺。其二，章献明肃刘后陵鹊台高23尺，乳台高19尺，二者相差仍为四尺，但已较前者规格低一等。其三，钦圣宪肃向后陵，文献仅记鹊台大办27尺，次办23尺，小办19尺，乳台高27尺。据此前述27尺与23尺，23尺与19尺之比例关系乃分属中办和小办之列。但是，向后陵记乳台高27尺与鹊台大办高度27尺相同，不合比例关系，似误。第四，表3鹊台以宣仁圣烈高后陵鹊台残高5.7，乳台以慈圣光献曹后陵残高6.3米为最。以此对照表1-2-3，二后陵均在章献明肃刘后陵"详定山

---

[1] 安陵南神门至乳台、乳台至鹊台均95步，95步（95×5）合475尺，合147.25米（1尺=0.31米）或152米（1尺=0.32米）。

[2] 《宋会要辑稿》第三十一册，礼三七之五七：明道二年"四月十日，太常礼院言：'准诏同司天监详定山陵制度……'"。

[3] 《宋会要辑稿》第三十一册，礼三七之二记安陵"乳台高二十五尺，鹊台增四尺"。

陵制度"之后，二后陵鹊台和乳台之高似分别按 23 尺和 19 尺之制。如是，慈圣光献曹后陵乳台之高之接近原来的高度。然而，以曹后陵乳台残高 6.3 米来看，其原高或在 7 米以上。这样，二后陵鹊台和乳台的原高或分别为 27 尺和 23 尺。

表 1-2-3　　　　　　　　文献所记鹊台、乳台和神道的尺度

部位 帝后陵	鹊台高	乳台高	神道长		出处
			鹊台至乳台	乳台至南神门	
安陵	29 尺（8.99米，9.28米）	25 尺（7.75米，8米）	95 步（475 尺）	95 步（47.25米，152米）	《宋会要辑稿》礼三七之二
孝明王后陵		23 尺（7.13米，7.36米）		45 步（225 尺，69.75米，72米）	《宋会要辑稿》礼三一之八；《宋史》礼志二十六
孝惠贺后陵		23 尺		45 步	同上
孝章宋后陵		23 尺		45 步	《宋会辑稿》礼三一之二〇记：同孝明园陵制度。
章献明肃刘后陵	23 尺	19 尺（5.89米，6.08米）	45 步	45 步	《宋会辑稿》礼三二之四，三七之八。《宋史》卷一二三《礼志二十六》
钦圣宪肃向后陵	27 尺、23 尺、19 尺	27 尺（8.37米，8.64米）			《宋会要辑稿》礼三三之二五记载，"鹊台二座，各大办高二丈七尺，次办二丈三尺，小办高一丈九尺"，"乳台二座，各高二丈七尺"

说明：米制，前者按 1 宋尺 = 0.31 米，后者按 1 宋尺 = 0.32 米计算。《宋史》礼志二十六记向后陵"鹊台二，各高四十一尺"。《宋会要辑稿》礼三三之二五记"神台高四十一尺"。以此证之，鹊台高 41 尺当为神台之误。

二　上宫宫城

（一）永定陵上宫宫城试掘概况[1]

1. 南神门东阙台[2]

南神门现存东、西二阙台基址，两阙台间石雕宫人仍立于原位。在东阙台东南部、北壁东段、西南和西北角开探沟，又在阙台西南拐角处向西开一个探方。东北和西北两个拐角处仅余包砖基槽，宽约 0.5 米，深约 0.15 米。西南角保存较好，基槽内砌砖二层，地坪上残存 9 层，高 0.56 米。砌法与前述鹊台和乳台相同，表砖向上逐层内收 0.5—1 厘米。

---

[1] 河南省文物考古研究所：《北宋皇陵》，中州古籍出版社 1997 年版，第 291—297 页。
[2] 永定陵南神门东阙台台基及探方平面图，永定陵南神门东阙台台基（局部）平、剖面图，见《北宋皇陵》第 293 页图二六八，第 294 页图二六九。

西壁包砖宽 0.45 米，南壁包砖宽 0.5—0.6 米。北壁东段包砖残存部分两次内收，第一次内收距西壁 11.2 米，第二次内收距西壁 15.3 米，每次内收均为 0.2 米。第一次内收拐角处残存包砖 15 层，高 0.9 米，包砖宽 0.4—0.58 米。包砖底层一丁砖横砌，底层以上一顺一丁或两顺砖并砌，包砖外壁每层向上内收 0.5—1.2 米。所用条砖长 35.5—37 厘米，宽 16.5—17.5 厘米，厚 5.5—6.5 厘米。据试掘资料复原实测，东阙台底部东西长 19.3 米，西壁南北宽 9.85 米（邻门道的西壁较东壁宽），东壁南北宽约 9 米。东西两阙台间距约 12.5 米。

除上所述，在西南部探方内，0.1—0.15 米表土下即为生土。仅在探方南部发现一东西向砖墙基槽，残长 1.6 米，宽 0.45 米，深 0.3 米，底部尚存顺砌条砖 1—3 层。基槽东与东阙台南壁相接，较东阙台南壁偏南 0.6 米，似为南神门台基的南面包砖墙基。

2. 西神门南阙台、西神墙和门道

其平面见图 1-2-3。西神门残存南、北二阙台基址，仅对南阙台南、北部进行试掘。阙台西北和东南拐角包砖无存，只残存包砖基槽，基槽宽 0.55 米，深 0.1 米，槽内有大量被扰乱的半头砖和白灰块。在东南拐角以北 3 米处发现一段残墙基，长 1.7 米，宽 0.48 米，高 0.19 米，残存三层顺砌条砖，外面白灰勾缝，向上逐层内收约 0.8 厘米。东南拐角

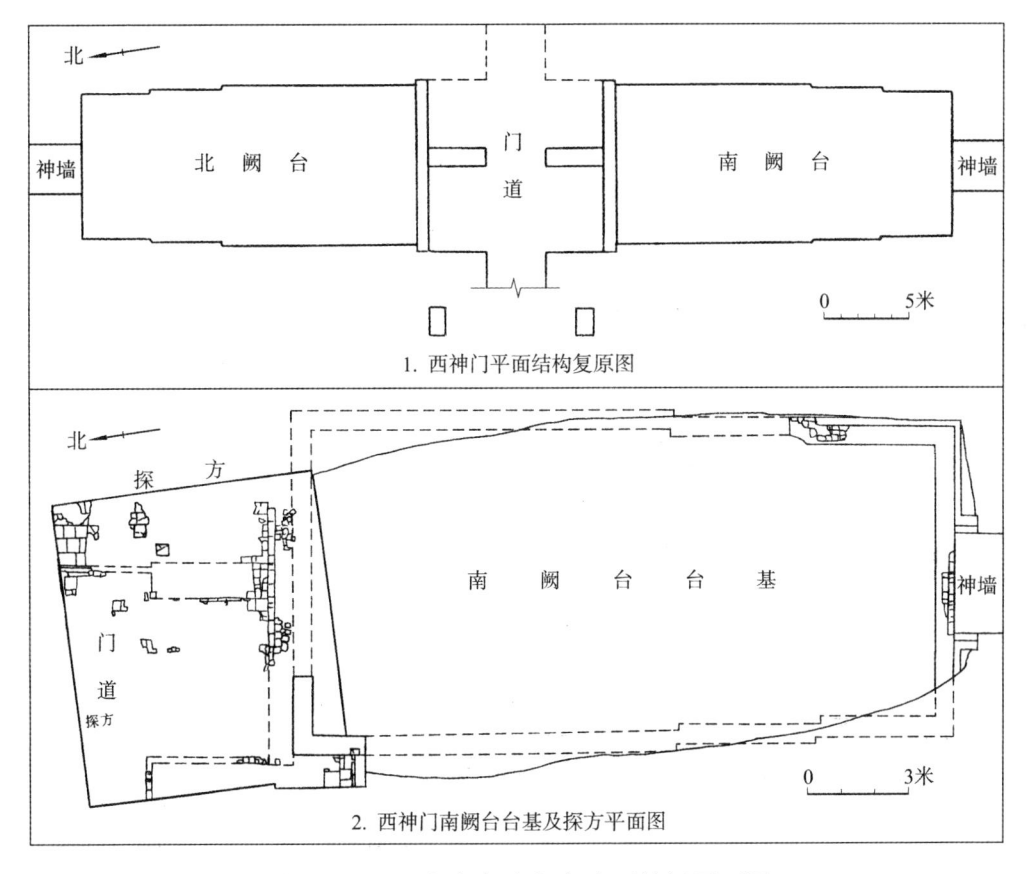

图 1-2-3 北宋帝陵永定陵西神门平面图
（采自《北宋皇陵》）

以北 4.1 米处向外突出 0.2 米，其情况与前述南神门东阙台两长壁内收规律相同。该阙台东、西壁面第一次内收处距北壁约 11.1 米，第二次内收处距北壁 15.2 米。

东南拐角以西 3.1 米处发现与阙台连接的西神墙一段，神墙用纯净黄褐土夯筑于阙台包砖之上，包砖上部被破坏，两者之间现存 0.55 米的空隙。神墙残高 1.5 米，上宽 2.7 米，底宽 2.8 米。墙体表面刷红色，红色灰皮厚 0.5 厘米。墙体的东西两侧底部现存宽 0.2 米，高 0.25 米的小土台，土台外低内高，台上有一顺置的长条砖（似起保护墙基作用）。

在阙台北部探方中发现砖墙和铺地砖。砖墙二道，一是东西向依阙台北壁而建的西神门南墙，残长 4.5 米，宽 0.7 米，高 0.35 米，外侧（北）条砖顺砌，里用半头砖干填。另一道墙南北向，建于东西向砖墙中部，西距阙台西北角 4.4 米，东距阙台东北角 4.3 米。墙残长 0.45 米，宽 1 米，高 0.4 米，东西两边条砖顺砌，墙内填半头砖。从其位置判断，其南北长约 3.3 米，南向北有一宽 10 厘米，深 5 厘米的凹槽。凹槽内侧（东）砌一排立砖，外侧（西）砌一行平砖。凹槽应是西神门安置门槛的基槽。在前述中隔墙两侧，除西侧靠墙处有一行长条砖立砌作边外，其余部位均方砖铺地。方砖素面，边长 35 厘米，厚 5 厘米。在中隔墙之西 4.6 米处，有一道条砖顺砌的边墙，残长 0.85 米，高 0.1 米。边墙南与南阙台西北角相接，北连西神门外踏道。踏道现呈斜坡状，两侧边残存顺砌的条砖。

根据试掘资料，可知该阙台南北长 19.3 米，北壁东西宽约 9.7 米，南壁东西宽约 8.9 米。试掘结合门狮位置，可推知西神门南北面阔三间，东西进深两间。门址建于两阙台之间，底部为一高 0.65 米的夯土台基，台基东、西两边用砖包砌，南北两侧依门阙台包砖砌砖墙。门址两侧中部，各砌一道南北向的中隔墙，隔墙长 3.3 米，中间门道宽约 3.3 米。中隔墙东西两侧进深均为 4.6 米，在西门外中部有登门斜坡道，其宽度约与中间门道宽度相同。

3. 东南角阙和神墙

其平面见图 1-2-4。东南角阙夯筑，现略呈三角形，内侧破坏严重。试掘部位在角阙西南、东南和东北三个拐角及内拐角的南壁。东南角包砖无存，仅余宽 0.5 米，深 0.1 米的基槽。西南角包砖残存 2—4 层，宽 0.4 米，残高 0.12—0.22 米。东北角包砖残存 4—12 层，宽 0.5—0.65 米，残高 0.24—0.7 米。角阙包砖除底层和第三层丁砖横砌外，余均条砖顺砌。包砖外侧白灰勾缝，向上逐层内收，每层内收 0.7—1.2 厘米；内侧砌半头砖，用泥勾缝。东壁北段包砖壁面两次内收，每次内收 0.2 米。第一次内收处北距东北角 8.2 米，底部铺砌方青石，边长 50 厘米，厚 15 厘米。青石面上中部凿直径 16 厘米，深 6 厘米的圆窝。第二次内收处距东北角 3.8 米，底部未见铺砌青石。

南神墙在角阙西南拐角以北 2.8 米，西至南神门东阙台长约 76 米。神墙用黄褐土直接夯筑于角阙西壁包砖上，神墙底宽 2.8 米，上宽 2.7 米，残高 1.35 米。墙体两侧刷红色，灰皮厚约 0.4 厘米。神墙外侧（南）底部砖铺散水，宽 1.5 米，外低内高，从墙角向外逐渐坡降约 5 厘米。东神墙东距阙台东北角 3 米，直接叠压在角阙北壁包砖上。神墙底宽 2.8 米，上宽 2.7 米，残高 1.45 米。墙体表面刷红色，灰皮厚约 0.4 厘米。神墙外侧（东）底部砖铺散水、宽 1.6 米，散水面略向外倾斜，墙角处高于外边约 5 厘米。角阙内拐角南壁清理出一段包砖，包砖一般宽 0.45 米，高 0.5—0.9 米。包砖壁面亦作两次内收，第一次内收距角阙内拐角约2.2米，第二次内收处约距第一次收处4米（与平面图南壁外侧内收位置对应，图1-2-4）。据上述试掘资料，可知东南角阙南侧外边东西长19.5米，东侧外边南北长19.4米，两个内边长约10.2米。角阙与神墙连接部分宽皆为8.4米，南神墙位于角阙西部中间，东神墙位于角阙北端中部略偏西。宫城边长240米[1]。

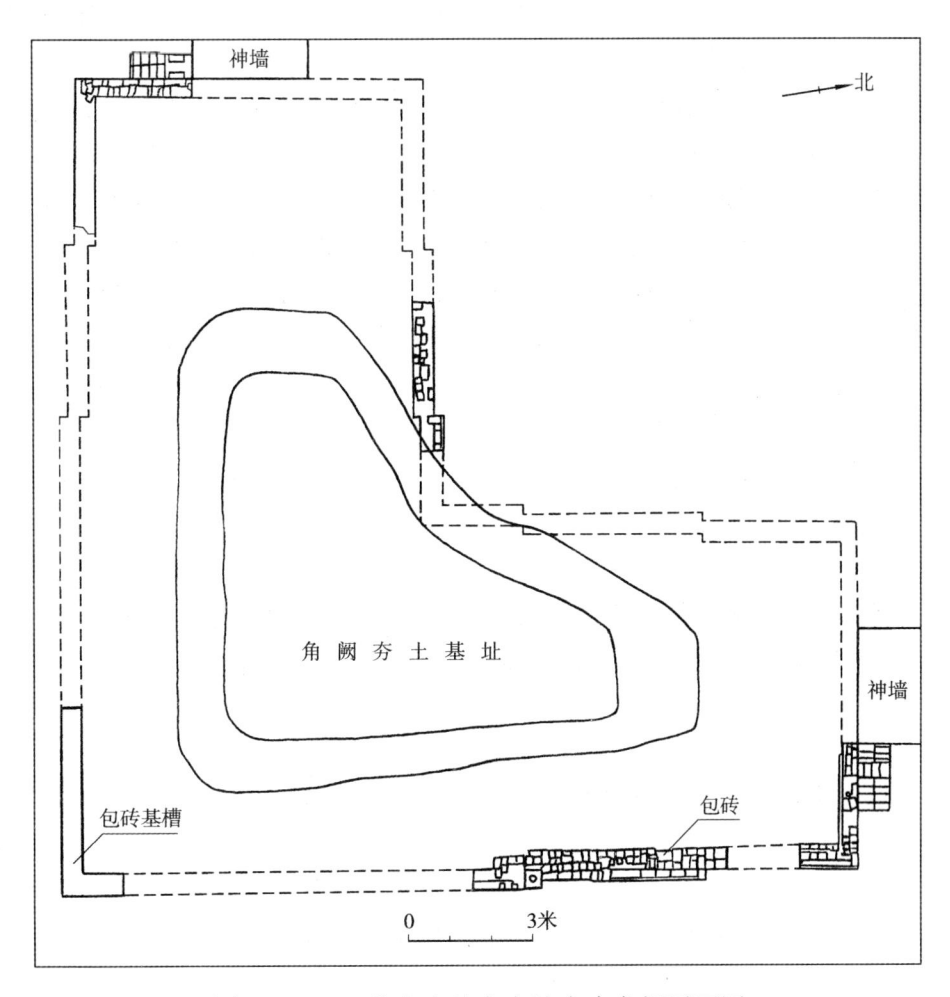

图1-2-4 北宋帝陵永定陵东南角阙平面图
（采自《北宋皇陵》）

---

[1]《北宋皇陵》正文未记永定陵上宫边长具体尺度。据上宫试掘资料可知：
A. 据正文所述，南神门东阙台底部东西长19.3米（西阙台东西亦以此长度为准），东西二阙台间距12.5米。东南角阙外边长19.5米（西南角阙外边长也以此为准），东南角阙西至南神门阙台76米（西南角阙东至南神门按此标准），上述数字相加为242.1米（19.3＋19.3＋12.5＋19.5＋19.5＋76＋76米）。
B. 下面正文将说明陵台方形、底边长51.7米，距四神门均85米。南神门阙台南北最宽9.85米，北神门阙台南北最宽亦按此计算，其总和为241.4米（51.7＋85＋85＋9.85＋9.85米）。
上述A、B结合永定陵上宫试掘复原实测图（图1-1-8）的比例量得边长为240.7米来看，减去前面换算误差，永定陵上宫边长当为240米余。

（二）永昭陵上宫试掘结果[1]

永昭陵上宫试掘的结果：第一，神门门阙基址临门道一侧宽，另一侧较窄，横向两侧壁各二次内收，其平面形制和尺寸同前述的乳台。门阙和乳台一样，其台基上应建有三出阙楼阁，且两两对称布局。第二，角阙基址平面曲尺拐角状，一般两外边长19.70米，两内边长9.70米。角阙夹角处台基明显增宽，与神墙相接的两端变窄，内、外壁面亦作两次内收（与乳台门阙基址相似）。角阙台基上，原应建有两个三出阙楼阁的复合式建筑。第三，东、西和南神门形制相同，北神门与之有别。南、东、西神门在夯土台基上建面阔三间，进深两间门楼，门址两侧依门阙阙台而建，内、外两边中部置斜坡形踏道。如东神门遗址，门址台基横宽14.40米，进深11.40米，高0.63米。台基上柱础坑，东西向3排，南北向4个，共12个。西南角尚有一方柱础石在原位，础石边长70厘米，厚30厘米。神门两侧中部砌一道砖隔墙，隔墙长4.80米，宽1.10米。门道横宽5.60米，长3.05米，全部用莲花纹方砖铺砌。北神门中间为一过道，两侧间建于台基上，侧间中部也东西向砌一道隔墙，墙面和地面铺砖磨光。第四，神墙连接神门和角阙，长75.75—76.60米，宽2.50米，与北神门阙台相连的一段神墙残高2.5米。神墙夯筑，面抹草泥刷红灰，每层厚约1厘米。神墙内外砖铺散水。神墙顶部两面坡，上覆瓦件（附近发现大量板、筒瓦和瓦当）。

上述永定陵和永昭陵上宫宫城试掘的门阙、门址、角阙、神墙的形制结构，构筑技法、包砖砌法等相同，仅具体尺度略有差异。两者相互补充，基本可窥见北宋帝陵上宫宫城的形制结构之概况。

（三）帝后陵上宫宫城调查与文献所记尺度

上述试掘资料与帝后陵上宫城调查情况（表1-2-4、1-2-5）和文献所记上宫宫城有关尺度（表1-2-6）互相对照，可指出以下七点。其一，帝陵上宫城正方形，边长150步，合240米，上述各种资料相合。其二，后陵宫城未发掘或试掘，其调查尺度（表1-2-5）仅是重要参数而已。后陵宫城正方形，其中边长较明确者80米余的2座，约100米3座，约105米3座，约110米3座，约115米1座，约120米2座。文献所记后陵上宫宫城边长只分两等，即一般后陵边长65步（100—104米），临朝听政后陵宫城边长75步（120米）。钦圣宪肃向后亦临朝听政，其山陵依"慈圣光献皇后故事"，故宫城边长也应为75步（向后陵仅残存东北角阙，故《北宋皇陵》据此推断边长115米是值得商榷的）。综合上述情况，调查估计宫城边长约在100—110米间的后陵宫城，其规制应属边长65步范畴。宫城边长120米的后陵宫城（包括向后陵宫城），规制属边长75步范畴。80米左右者，规制当属边长51步范畴。也就是说，后陵宫城边长可分为51步、65步、75步三等。其三，永定和永昭陵试掘证明，门阙和乳台底部及角阙外边的形制结构相同，尺寸相近。《宋会要辑稿》礼三三之二六，钦圣宪肃向后陵条记载："山门、角阙、各大办高二

---

[1] 见《宋仁宗永昭陵上宫考古获丰硕成果》，《中国文物报》1998年10月14日第一版。

丈七尺，次办高二丈三尺，小办一丈九尺；鹊台二座，各大办二丈七尺，次办二丈三尺，小办一丈九尺；乳台二座，各高二丈七尺。"山门系宫城城门下部土石建筑，主要指神门两侧阙台基址[1]。据上述记载来看，宫城门阙、角阙、鹊台的高度或大体相近，而乳台高度只有与门阙、角阙和鹊台大办高度相同的一种。其四，表1-2-4永泰陵东北角阙发现木柱和柱础，可作为永定陵上宫东南角阙发现青石柱础的补充。该部位的木柱和柱础，为研究角阙及门阙、乳台、鹊台上部建筑的地基构筑方法提供了重要线索（建筑见前述情况）。其五，永定陵宫城西神门试掘为面阔三间，与文献所记神门"每座三间"相合[2]，试掘揭示的神门台基规制，可补史之缺。其六，宫城神墙形制结构和尺寸如永定与永昭陵试掘资料所述。据此可知，二陵每面宫城墙长加角阙、门阙底部之长，加二门阙间距之和240米左右，即为每面宫城之边长，此结果与调查资料和文献记载相合。神墙高，调查资料均为残高。文献记载（表1-2-6）后陵宫城神墙高分7.5尺（约合2.3或2.4米）、11尺（约合3.4或3.52米）、13尺（约合4.03或4.16米）三等。其中神墙高7.5尺和11尺与宫城边长65步对应，13尺与宫城边长75步对应。帝陵宫城神墙高只安陵记为高九尺五寸（约合2.94或3.04米），低于后陵神墙高13尺。据此似可认为，安陵之后诸帝陵宫城神墙之高或以15尺（约合4.65或4.8米）为基数而向上略有变化。其七，帝后陵宫城调查资料均是其现存残毁情况的反映，故只能作为研究宫城形制结构和尺度的参考。帝陵调查资料中（表1-2-4），一些部位的形制和尺度与永定陵、永昭陵试掘资料较接近，表明上述二陵的试掘资料在北宋帝陵中具有代表性。因此，研究北宋帝陵上宫宫城的形制结构和尺度，应以上述试掘资料为准。

表1-2-4　　　　　　　　　　帝陵上宫宫城调查的现存情况

陵名	宫城边长	门阙	角阙	备注
安陵				
昌陵	实测边长240米	神门两侧门阙间距一般为15米。南门两阙台残高0.1—1米。东门两阙台呈窄条状，夯土层厚6—12厘米。南阙台残高2米，底部7×2米；北阙台残高1.6米，底部8×3米。西神门南阙台残高2.4米，底部10×4米；北阙台残高2.1米，底部11×4.5米。北神门东阙台残高2.5米，底部12×4.5米；西阙台残高2.6米，底边13×4米	角阙基址与门阙间距85—90米。角阙曲尺状，夯土层厚6—10厘米。西南角阙两外边长10米，高3.8米。西北角阙两外边长15×18米，高3.7米。东南、东北角阙四周被削直，顶部平。东南角阙两外边长6×9米，高1.6米。东北角阙两外边长7×8米，高2.7米	四神墙无存。下同

---

[1] 冯继仁：《巩县宋陵献殿的复原构想》，《文物》1992年第6期。
[2] 《宋会要辑稿》第二十九册，礼三三之二六。

续表

陵名	宫城边长	门阙	角阙	备注
熙陵	240米	四神门门阙基址现呈长方形或圆形土包。南神门两阙台间距离16米，东阙台残高3.5米，底部19×8米；西阙台残高2.8米，底部14×7米。东神门两阙台间距10米，南阙台残高3.7米，底部20×11米；北阙台残高3.6米，底部19×11米。西神门两阙台间距7米，南阙台残高3.9米，底部20×8米；北阙台残高3.6米，底部23×6米。北神门两阙台间距12米，东阙台高3.7米，底部20×12米；西阙台高3.6米，底部18×9米	角阙一般距神门阙台约80米，平面呈曲尺拐角状，两边多已被削成陡壁。东南角阙两外边长8×11米，高4米。西南角阙两外边长10×11米，高4.6米。东北角阙两边长17×20米，高4米。西北角阙两外边长14×20米，高4.5米	
定陵	约240米	南神门两门阙间距11米，东阙台残高4.6米，底部16.5×（8—11）米。西阙台残高3.5，底部19×（8—12）米。东神门平整土地时垫高2米，两阙台微隆出地面。西神门两阙台间距13米，南阙台残高4.7米，底部17.5×（7—11.5）米。北阙台残高3.2米，底部16.5×12.5米。北神门两阙台间距16.5米，西阙台残高4.8米，底部17×8.5米。东阙台残高4.1米，底部7.5×1.5米	四隅角阙现略呈直角三角形，东南角阙两外边残长12米，残高2.5米。西南角阙两外边残长7.5×11米，残高5.5米。东北角阙两外边残长10米，残高4米。西北角阙两外边残长6.5×12米，残高3.2米	《北宋皇陵》未记永定陵上宫城边长。依该书301页永定陵上宫建筑复原图比例测量为240米。参见正文注释
昭陵	约140米（240米）	南神门两阙台平面略呈长方形，间距20米。东阙台残高2.6米，底部12×5米。西阙台残高2.3米，底部12×4米。东神门今地面高出宫城内2.5米，南阙台残高5.9米，底部12×6.5米。北阙台残高5.7米，底部14×5.5米。西神门两阙台间距16米，南阙台残高4.2米，底部14×5米。北阙台残高4.5米，底部14.5×9.5米。北神门两阙台间距15米，东阙台残高6.5米，底部23×6.5米。西阙台残高6.3米，底部20×6.5米	四隅角阙平面略呈三角形，两外壁直边。东南角阙残高3.4米，两外边长9×13米。西南角阙残高3.5米，两外边长11×13米。东北角阙残高6.3米，两外边长16×17米。西北角阙残高4.6米，两外边长13×17米	《河南巩县宋永昭陵区的考察》说：上宫宫城东西240米，南北239米。据此该上宫城边长应仍为240米。《北宋皇陵》记140米，误
厚陵	240米	南神门两阙台间距18米，平面略呈长方形，台顶隆起。东阙台残高3米，底部12.3×5米。西阙台残高2.5米，底部14×4米。东神门两阙台间距20米，南阙台残高3.8米，底部12×4米。北阙台残高3.1米，底部9×3米。西神门两阙台间距17米，南阙台残高2.8米，底部18×4米。北阙台残高3.4米，底部19×3.5米。北神门两阙台间距15米，东阙台残高3.5米，底部13×6米。西阙台残高3.1米，底部21×6	四隅角阙平面略呈三角形，一般两外边作直角边，顶部隆起。东南角阙残高4.5米，两外边13×14米。西南角阙残高3.6米，两外边5×12米。东北角阙现被水沟分成两半，残高2.8米，两外边13×15米。西北角阙残高5.4米，两外边12×14米	

续表

陵名	宫城边长	门阙	角阙	备注
裕陵	240米	南神门两阙台间距15米,平面呈长方形。东阙台残高4.7米,底部16×7.8米。西阙台残高4.9米,底部13×7。东神门两阙呈长条形、间距14米。南阙台残高3.7米,底部18×4米。北阙台残高3.7米,底部19×4.5米。西神门两阙台长方形,间距13.8米。南阙台残高2.6米,底部14×7.3米。北阙台残高3.5米,底部16.2×4.2米。北神门两阙呈椭圆形,顶部作鱼脊背状,间距16米。东阙台残高3.4米,底部12.5×4米。西阙台残高3.3米,底部14.5×5米	东南角阙长方形,残高2.9米,东西10米,南北6.4米。南北6.4米。西南角阙位于孤立的台地上,南边长16.6米,西边长14.2米,高出周围在南6.4米。东北和西北角阙呈曲尺拐角状,东北角阙残高4米,两外边8×14米,西北角阙残高4米,两外边11米	
泰陵	240米	南神门两阙台间距18实,东阙台残高2.8米,底部7.2×5.4米。西阙台残高3.1米,底部14.4×8米。西阙台所在地面较东阙台下低0.4米。东神门两阙台间距11米,南阙台残高4.4米,底部19×(5—6)米。北阙台残高3.8米,底部17×6米。西神门外地势低凹,两阙台间距16米。西阙台西有一窑洞,阙台残高3.8米,底部15.5×5.7米。北阙台残高4米,底部15×6米。北神门两阙台间距15米,东阙台残高4.2米,底部16.1×(5.3—10)。西阙台残高3.8米,底部15×5.7米	四隅角阙呈曲尺状。东南角阙的北、东面被挖低1.4米,残高4.3米,两外边残长9.3×11米。西南有阙西壁有一窑洞,北、西面被挖低1.3米,阙残高3.9米,两外边13×14.1米。东北角阙东壁被削直,外露夯土层厚9—13厘米;中部竖置木柱,径0.26米,残高2.4米;木柱下青石柱础长86、宽62、厚16厘米,础窝直径36、深4厘米。东北角阙残高4.3米,两外边10.2×14.3米。西北角阙西面地势下低0.7米,残高6.1米,两外边残长10.8×14.3米	

说明:资料依据《北宋皇陵》。

表1-2-5　　　　　　　　　　后陵宫城调查的现存情况

后陵	宫城部位	宫城边长	门阙	角阙
安陵	孝惠贺后陵	推知边长约105米		
	淑德尹后陵			
昌陵	孝章宋后陵			
	章怀潘后陵	推知边长不超过110米		

续表

后陵\宫城部位		宫城边长	门阙	角阙
熙陵	元德李后陵	约110米		仅存西南角阙,现呈条状土丘,残高2.9米,底边10×3.5米
	明德李后陵	约105米		东南角阙残高1.7米,两外边残长5×8米。西南角阙残高3.3米,两外边4×5米
	章穆郭后陵	约80米		西南和东北角阙略呈三角形,西南角阙残高2.8米,两外边5×6米。东北角阙残高2.6米,两外边7米
定陵	章献明肃刘后陵	约110米	南神门较神道高出1米。东阙台残高1.8米,底部7.2×4.3米。西阙台残高1.2米,底部7×3米	东南和西南角阙略呈三角形。东南角阙残高3米,两外边7×3.6米。西南角阙残高3.2米,两外边5.7×4.5米
	章懿李后陵	约100米	南神门西阙台呈小土包状,残高1米,底部3.5×2米	
	章惠杨后陵	约82米		
昭陵	慈圣光献曹后陵	约120米	南神门两阙台间距12米,平面略呈长方形。东阙台残高4.8米,底部20×8米。西阙台残高4.3米,底部18×11米。东神门两阙台间距17米,略呈长方形。南阙台残高5.3米,底部15×6米。北阙台残高4.2米,底部17×8米。西神门两阙台间距15米,呈长方形。南阙台残高4.3米,底部16×8米。北阙台残高4米,底部17×9米。北神门两阙台间距16米,呈长方形。东阙台残高4米,底部12×6米。西阙台残高3.4米,底部17×7米	四隅角阙略呈曲尺形,东南角阙残高5.5米,两外边10×12米。西南角阙残高4.6米,两外边17×18米。东北角阙残高4.2米,两外边10×13米。西北角阙残高3.9米,两外边10×14米
厚陵	宣仁圣烈高后陵	约120米	南神门两阙台间距18米,东阙台残高4.7米,底部9×5米。西阙台残高4.3米,底部10.8×4米。东神门两阙台间距16米,南阙台残高3.1米,底部12×3米。北阙台残高3米,底部10×3米。西神门两阙台间距20米,南阙台残高2米,底部5×2米。北阙台残高3.2米,底部10×3米。北神门两阙台间距22米,东阙台残高3.9米,底部6×2米。西阙台残高2.5米,底部5×2米	西北角阙小土堆状,高约1米;其余角阙略呈三角形。东南角阙残高3.2米,两外边12×16米。西南角阙残高5.2米,两外边10米。东北角阙残高3米,两外边7×9米

续表

后陵	宫城部位	宫城边长	门阙	角阙
裕陵	钦圣宪肃向后陵	约115米		东北角阙被挖削，呈方形土台，残高3.2米，底部3.7×4米
	钦慈陈后陵	在105—110米间	西神门北阙台呈圆形土包状，残径6米，残高2.3米。北神门西阙台呈长方形，残高3米，底部7×4.5米	西南角阙被挖削，呈长方形，残高4.5米，底部7.5×4.5米
	钦成朱后陵	约100米	北神门在陵台北35米，二阙台间距20米，呈长方形。东阙台残高2.5米，底部9.3×2.3米。西阙台残高1.5米，底部4.5×2米	东北和西北角阙呈长方形，四壁露夯层。东北角阙残高3.2米，底部6×4米。西北角阙残高2.7米，底部4×3米
	显恭王后陵	约100米		
泰陵	昭怀刘后陵	约105米	南神门西阙台残高2.1米，底部6.8×2.5米。东神门北阙台残高2.3米，底部11×3.7米。西神门两阙台间距17.3米，南阙台残高2.7米，底部12.7×5.2米。北阙台残高2.7米，底部13×3.8米。北神门两阙台间距20米，北面被挖低1.5米。东阙台残高3.2米，底部12.3×3.4米。西阙台残高2.6米，底部10.6×3米	东北角阙略呈三角形，残高4.1米，两外边5.4×6.7米。西北角阙略呈长方形，残高2.1米，底部9×4米

说明：资料据《北宋皇陵》。表中凡未记部位，现均无存。

表1-2-6　　　　　　　　　　文献所记帝后陵宫城尺度

陵		宫城边长	神墙高	出处
安陵	帝陵	"周回四百六十步" = 边长115步 = 575尺（115步×5尺），约合178.25米或184米	"神墙高九尺五寸"，约合2.94米或3.04米	《宋会要辑稿》第三一册礼三七之一
	孝惠贺后陵 孝明王后陵	"四面各长六十五步" = 325尺约合100.7米或104米	"神墙高七尺五寸"，约合2.3米或2.4	《宋会要辑稿》第二七册礼三一之八；《宋史》卷一二《礼二十六》
昌陵	孝章宋后陵	65步	7.5尺	《宋会要辑稿》第二七册礼三一之二〇载："孝章陵皇堂、神墙、乳台、鹊台，并如孝明园陵制度。"《宋史》卷一二三《礼二六》。

续表

陵		宫城边长	神墙高	出处
定陵	章献明肃刘后陵	四面各长65步	7.5尺	《宋会要辑稿》第二八册礼三二之四；《宋史》卷一二三《礼二六》
	章惠杨后陵		丈余＝3.1米或3.2米余（11尺）	《宋会要辑稿》第二八册礼三二之一五记载：诏"神墙高一丈余"
昭陵	慈圣光献曹后陵	75步＝375尺，约合116.25米或120米	（一丈三尺）	《宋会要辑稿》第三一册礼三七之六三：因山陵"迫隘"，山陵按行使韩缜言，"若增十步，作七十五步陵域……"，"诏增十步"。《宋史》《礼二六》
厚陵	帝陵	"上宫方百五十步"＝750尺，约合232.5米或240米		（宋）李攸《宋朝事实》卷十三
	宣仁圣烈高后陵	75步		《宋会要辑稿》第三一册礼三七之六四，"依慈圣光献太后陵作七十五步"，"诏依慈圣光献太皇太后封标"。《宋史》礼志二十六"诏园陵依慈圣光献太皇太后之制"
裕陵	钦圣宪肃向后陵	75步	"神墙高一丈三尺"约合4.03米或4.16米	《宋史》卷一二三《礼二六》，"宜依元丰二年慈圣光献皇后故事"；《宋会要辑稿》第二九册礼三三之二六；又礼三三之一八："神墙高一丈三尺"
	钦成朱后陵		11尺＝3.41米或3.52米	《宋会要辑稿》礼三七之六九：神墙"诏用一丈一尺"

说明：钦圣宪肃向后陵依慈圣光献皇后故事，所以曹后陵神墙高可能为一丈三尺，向后陵上宫边长可能为75步。章惠杨后陵神墙高丈余，比钦成朱后陵神墙11尺，可视与之相同。宋1尺分按0.31米和0.32米换算。

（四）上宫的阙亭与铺屋问题

文献记载帝陵上宫门外置阙庭（或称阙亭），功能似以"专藏牙床祭器"等祭器和供物为主[1]。其遗迹在永昭陵上宫南神门外已被发现。阙庭遗址位于南神门两侧，对称配

---

[1] A. 《宋会要辑稿》第三十一册，礼三七之三三"缘陵裁制"条记载：熙宁"九年五月十四日，同知太常礼院林希言：'伏见陵宫奉祀牙床祭器等，祀毕，但置于献殿内，暴露日久，易致腐剥，况诸陵宫门各有东西阙亭，请以东阙亭专藏牙床祭器，遇行礼毕即收藏。'从之"。

B. 河南省文物考古研究所：《北宋皇陵》，中州古籍出版社1997年版，第510页，附录《修奉园陵之记》记载神门之后说："阙廷立端以并陈。"

置。阙庭台基高0.63米，平面呈正方形而缺北部外侧一角。靠近神道的一面和南面设有门道，砖铺散水，每边长13.90米；与神道相对的一面和北面边长为10.20米。从台基上柱础坑分布位置看，该遗址由南向北和在神道一侧观察为面阔三间，从另外两个方面观察则作面阔两间[1]。

除上所述，文献记载帝陵上宫还有铺屋[2]。铺屋为巡陵铺兵处所，遗址尚未发现，位置不明。阙庭和铺屋帝后陵宫城均置。

三 陵台的形制结构和尺度

（一）帝陵陵台试掘所见之形制结构和尺度

1. 永定陵陵台试掘概况[3]

永定陵的陵台，位于宫城中部，距宫城四神门阙台均85米，陵台呈三层台阶状（图1-2-5）。陵台的试掘选在陵台东南、东北和西北三个拐角处，均发现包砖基槽，包砖无存，基槽宽0.6米，深0.3米。基槽内多填满砖块，并有大量白灰颗粒，底部残留条砖被揭取后的印痕。东南角包砖基槽外侧，残存部分砖铺散水。散水围绕陵台底部四周，宽1.2—1.3米，外侧用两条砖立砌作边，内侧条砖横向平铺。陵台南部散水与东部散水相交处，分别抹角，两抹角间加一排条砖接合。陵台底部呈方形，边长约51.7米。

陵台四面斜坡的腰部，均有明显的红灰土遗迹。试掘了陵台下腰部西南、东南和东北三个拐角，以及上腰部西北、西南两个拐角。陵台第二层东南、东北角包砖无存，仅余基槽宽0.44—0.48米，东南角基槽的外侧壁面上残留有从包砖上脱落的红灰皮遗迹。西南角残存包砖1—3层，两条砖顺砌，宽0.45米。包砖外侧白灰勾缝，向上逐层内收，每层内收约1厘米。包砖内侧用泥勾缝，包砖外堆积大量红灰土（应是包砖表面红灰土脱落后形成的）。实测陵台第二层包砖底边长35.6米，高出陵台散水面约5.4米（垂直高度）。第三层底部西南和西北拐角无包砖，在夯土外壁直接刷红灰。其中西南角红灰皮达11层

---

[1] A. 阙庭遗址，见《宋仁宗永昭陵上宫考古获丰硕成果》，《中国文物报》1998年10月14日第一版。
B. 《宋会要辑稿》第二十九册，礼三三之二五，"钦圣宪肃皇后"条记载："阙亭二座，每座五间，各四椽，四铺柱头作事，深二丈二尺。每座二废一转角，柱高一丈二尺。"
C. 《宋会要辑稿》第三十二册，礼三九之四"命公卿巡陵"条记载：景德三年五月"二十一日，诏应臣僚诣陵朝拜者并于阙庭前下马，候开门，入宫朝拜"。永昭陵阙庭在南神门外两侧与此相合。
D. 《吕氏春秋》（上海古籍出版社1995年版）卷十，孟冬纪第十之三说："设阙庭为宫室"；《文选·东都赋》（中华书局1974年版）说："皇城之内，宫室光明，阙庭神丽。"据此，宋陵置阙庭，应仿宫城之制。
[2] 《宋会要辑稿》第二十九册，礼三三之二五"钦圣宪肃皇后"条记载：后陵"铺屋四座，每座二间，各二椽，单科（枓）直赞（替）作事，深一丈二尺，柱高八尺"。
[3] 河南省文物考古研究所：《北宋皇陵》，中州古籍出版社1997年版，第299页。

（多次维修形成的），灰皮厚1.5—4厘米，均是先抹一层灰白色细泥后再刷红灰。第三层底边长约23米，其夯土底部高出第二层包砖底部约5.5米。由第三层底部向上至今陵台顶部，现存高度4.4米，顶部呈覆斗状。

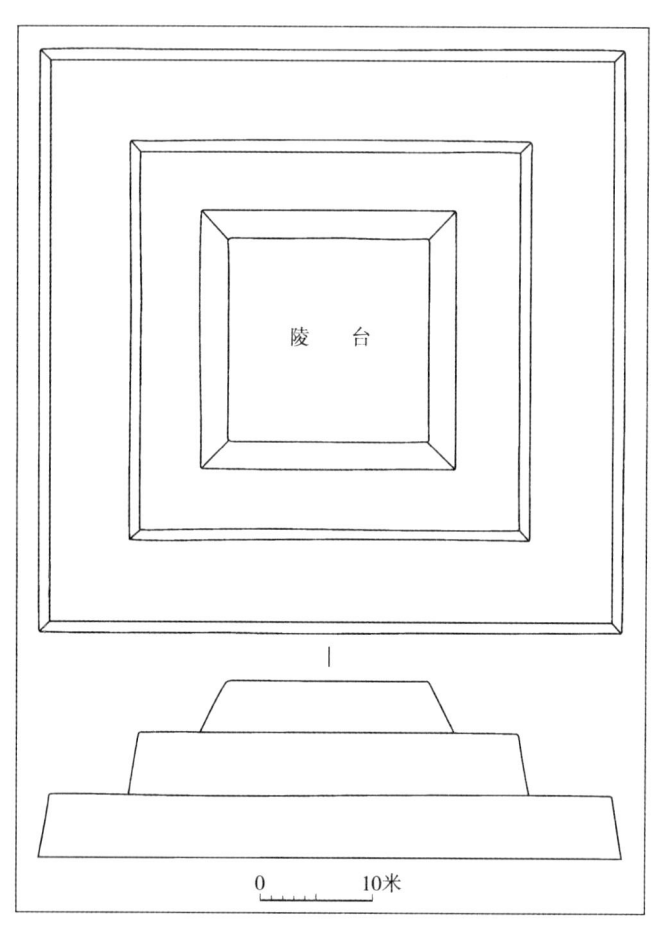

图1-2-5 北宋帝陵永定陵陵台平面、立面复原图
（采自《北宋皇陵》）

2. 永昭陵陵台试掘结果

永昭陵陵台周边进行了试掘，可知陵台夯筑，平面呈正方形，立面作三层台阶状，台面红灰粉饰。下层底部边长52.60米，中层底部边长36.15—37.45米，上层底部边长23.30—24.55米，每层垂直高度5米左右。陵台四面各修9个砖砌排水道[1]，即每面上层2个、中层3个、下层4个。陵台底部四周铺散水，一般宽1.25—1.50米[2]。

---

[1] 傅永魁、刘洪淼：《河南巩县宋永昭陵区的考察》，《考古学集刊》8，科学出版社1994年版，引南宋绍兴九年六月，丙辰，签枢密院事楼照至永安军，谒昭陵时看到的情况说：神台"最下约广十五丈，为水道者五。"
[2] 见《宋仁宗永昭陵上宫考古获丰硕成果》，《中国文物报》1998年10月14日第一版。

(二) 帝后陵陵台调查简况与文献所记尺度

上述永定陵、永昭陵陵台的清理和试掘结果相结合，较完整地反映出陵台的形制和结构。其结果与帝后陵陵台调查简况（表1-2-7）对照，永定陵陵台试掘尺度与调查资料大体相近，永昭陵则差异略大。试掘资料尺度、帝后陵陵台调查资料尺度、文献所记帝后陵陵台尺度（表1-2-8）三者对比，可略指出以下七点。第一，调查资料帝陵陵台高（安陵不计，下同），熙陵16.4米，定陵15.3米，昭陵14.7米，裕陵15米，余者均在14.4—14.8米之间。永定陵陵台试掘资料高度15.3米，永昭陵陵台试掘资料高度约15米（不低于15米）。文献记载永厚陵陵台高53尺（16.43米，16.96米=17米）。上述情况表明，帝陵陵台高度似以高53尺为基数而略有增减，现在诸陵陵台高度较原高已低0.5—2米余。第二，调查资料帝陵陵台底边长，永昌陵48×45米，熙陵51×53米，定陵52×53米，昭陵58×56米，厚陵55×57米，裕陵48米，泰陵51×49米。试掘资料永定陵陵台底边长51.3米，永昭陵陵台底边长52.6米。上述情况表明，文献记载熙陵陵台底边长250尺（77.5米，80米）、定陵陵台底边长140尺（43.4米，44.8米），显然是不对的[1]。试掘、调查资料相结合，可看出陵台试掘的底边长均略短于陵台调查的底边长，说明陵台荒废后堆土已略向底部周边漫延。同时又可看出，诸帝陵陵台底边之原长，应大体与试掘结果相近[2]。第三，永定陵陵台底边试掘边长51.3米，约合165.4或160.3尺。永昭陵陵台底边试掘边长52.6米，约合169.6尺或164.3尺。若按后者宋一尺=0.32米计算，取吉尺，永定陵陵台底边设计原长似为161尺（51.52米），永昭陵陵台底边设计原长似为165尺（52.8米）。如是，帝陵原设计的陵台底边长与台高之比约为3∶1（161尺÷53尺=3，165步÷53尺=3.1）。第四，表8后陵陵台调查情况，除曹、高、向和昭怀刘后陵外，其他诸后陵陵台底边残长绝大多数在20米以下，少数可达22米（章懿李后陵22.5×23.5米）、23米（钦成朱后陵）和24米（显恭王后陵24×22米），皆在表9文献所记陵台边长75尺之下。陵台残高绝大多数在8米以下，少数可达8米（章穆郭后陵）、8.1

---

[1]《宋会要辑稿》第三十一册，礼三七之七记载永定陵皇堂深之后说："旧开上方二百尺，今请止百四十尺，并从之。"此"开上方二百尺"与《宋史》礼志二十五熙陵"陵台方二百五十尺"有别。按《宋史》卷一二二《礼二五》，熙陵条记载，"皇堂深百尺，方广八十尺，陵台方二百五十尺"，定陵条记为"皇帝之制，深八十一尺，方百四十尺"，两者行文相近。因此，定陵"方百四十尺"是否确指陵台之边长，尚须进一步研究。

[2] A.《宋会要辑稿》第三十一册，礼三七之九，永昭陵条："山陵一用永定陵制度。"
B.《宋史》卷一二二《礼二五》，永昭陵条："并用定陵制度。"
C.《宋会要辑稿》第三十一册，礼三七之一三，永裕陵条："大行皇帝山陵宜依治平四年故事。"指依永厚陵故事。
D.《宋会要辑稿》第三十一册，礼三七之一五，永泰陵条："山陵制度并依元丰八年例施行。"
E.《宋史》卷一二二《礼二五》，永泰陵条："诏山陵制度，并如元丰。"元丰和元丰八年，均指永裕陵。
据上述记载，可知永定、永昭、永厚、永裕、永泰诸陵陵台尺寸应大同小异。

米（元德李后陵）和8.7米（钦慈陈后陵），亦均在表9文献记载陵台高30尺以下[1]。上述诸后陵宫城边长均65步，说明此类后陵陵台原边长和高，应大率以75尺（边长）和30尺（高）为准而略有变化。第五，曹、高、向和昭怀刘后陵陵台残边长在25—28米，陵台残高10米以上两座（曹、高后陵）、9.7米一座（刘后陵）、8.4米一座（向后陵）。除昭怀刘后陵外[2]，其余三后陵陵主均临朝听政，为宫城边长75步之后陵。说明此类后陵陵台原边长和高应大于前者。第六，表8、9钦圣宪肃向后陵陵台调查资料与文献记载差距过大。此现象可有三种情况，一是表明向后陵陵台保存状况很差（如是，《北宋皇陵》说保存较好则是不对的）；二是文献所记有据。如是，向后陵陵台尺寸乃是后陵中的特例。文献所记向后陵陵台尺寸确否，只能待将来正式发掘时才能验证。故本书对此暂不作具体讨论。第七，据前述第四、第五来看，后陵宫城边长、陵台边长和高之间是有一定比例关系的。比如求宫城边长75步之陵台边长，即325尺（65步）：375尺（75步）＝75尺：x，x＝86.53尺（约合27.68米）。由于后陵陵台破坏严重，保存不好，现存陵台边长短于原长，以此结合曹、高、向三陵陵台底边残长，取吉尺、四舍五入，其陵台底边原长似为87尺（约合26.97米或27.84米）。同理，陵台原高，则为65步：75步＝30尺：x，x＝34.6尺（约合10.7米或11.07米）。同样取吉尺、四舍五入，其原高似为35尺（约合10.85米或11.2米）。由于10.85米低于高后陵台残高10.9米，所以合米制应采用后者（即宋一尺＝0.32米）。因此，临朝听政，宫城边长75步后陵陵台底边原长和原高，或以87尺和35尺为准[3]（即分合27.84米与11.2米）而略变化。

表1-2-7　　　　　　　　　　　　　帝后陵陵台调查简况

陵名		陵台现存情况
安陵	帝陵	陵台呈方形覆斗状，下部四周被削成陡壁。现存底部东西长27米，南北宽22米；顶部边长3米，残高6.9米
	孝惠贺后陵	陵台四面被削直，略呈方台状。现存底部南北长11米，东西宽9米。陵台北坡有一处陷坑，为早年盗洞塌陷所致
	淑德尹后陵	陵台东和北面被削成直壁，北壁下部有一现代窑洞。陵台略呈方形土台，现存边长10米，高4.7

[1]《宋会要辑稿》第三十一册，礼三七之二记载：咸丰"六年二月，太常礼院议康定二陵制度，请依改卜安陵例。诏比安陵减省制度，康陵比安陵减省外，皇堂深四十五尺，灵台高三十三尺，四面各长七十五尺。神墙高七尺五寸，四面各长六十五步……"；"简穆皇后陵比孝明皇后减省，亦同此制"。上述记载，与表9所记三后陵陵台高30尺不同。

[2] 昭怀刘后不属于临朝听政之例，其陵台现存底边之残长和陵台残高与曹、高、向后陵台接近。此情况较特殊，今后应进一步研究。

[3] 上述结果，还有其他方法可以验证。比如边长，宫城边长325（65步）是陵台边长75尺的4.33倍；宫城边长375尺（75步）其陵台边长应为86.6米（375尺÷4.33），可进为87尺。陵台高，宫城边长65步，陵台边长75尺为陵台高30尺的2.5倍，是宫城边长75步，陵台边长87尺，其陵台高应为35尺（87尺÷2.5＝34.8尺，可进为35尺），87尺则是35尺的2.48倍，约等于2.5倍。

续表

陵名		陵台现存情况
昌陵	帝陵	陵台在宫城正中，距四神门阙台93—97米。陵台呈方形覆斗状，台顶平坦，四坡面斜直。顶部东西长18米，南北宽14米；底部东西长48米，南北宽45米，高14.4米
	孝章宋后陵	陵台略呈方形，南和西面被削成直壁，东和北面呈斜坡向上。陵台顶部偏南有一早年盗洞塌陷坑。陵台底部南北长17米，东西宽16米，高5.7米
	章怀潘后陵	陵台略呈方形，顶部经过平整，现存南北长7米，东西宽5米。底部南北长11米，东西宽9米，高3.8米
熙陵	帝陵	陵台在宫城正中，距四神门阙82—85米。陵台略呈方形覆斗状，现存顶部边长10—11米，底部边长51—53米，高于现存地面16.4米
	元德李后陵	陵台略呈方形覆斗状，南和东面被削成陡壁，东面中部有一窑洞。现存台顶边长2.6—3米，底部边长19—20米，高8.1米
	明德李后陵	陵台略呈方形覆斗状，顶部边长2—3米，底部边长14—15米，高7.5米
	章穆郭后陵	陵台略呈方形覆斗状，台顶北坡偏西有一盗洞塌坑。现陵台底部边长18米，高8米
定陵	帝陵	陵台在宫城正中，呈方形覆斗状，四面斜坡上已植柏树，台顶偏南处有一早期盗洞塌坑。陵台顶部长18—19米，底部边长52—53米，高15.3米
	章献明肃刘后陵	陵台方形覆斗状，台顶北坡有一早期盗洞塌坑。陵台顶东西长4米，南北宽2米，底部边长24米，高8.9米
	章懿李后陵	陵台略呈方形，尖圆顶，底部边长22.5—23.5米，高7.5米
	章惠杨后陵	陵台略呈方形覆斗状，顶部东西长6米，南北宽4米，底部边长19—19.5米，高6.2米
昭陵	帝陵	陵台在宫城正中，呈方形覆斗状，陵台南坡东下部有一早年盗洞塌坑。陵台顶部南北长19米，东西宽15—18米，底部东西长58米，西北宽56米，现高14.7米
	慈圣光献曹后陵	陵台在宫城正中，距四神门阙台基40—42米。陵台呈方形覆斗状，台上长满树木，南坡中部有一早期盗洞塌坑。台顶南北长7米，东西宽6米，底部南北长28米，东西宽26米，现高10.5米
厚陵	帝陵	陵台在宫城中部，略呈方形覆斗状，台坡的南、东和北三面有早期盗洞塌坑。陵台顶部边长14米，底部边长55—57米，高14.8米
	宣仁圣烈高后陵	陵台在宫城中部，南距神门阙台45米，陵台前中部有椭圆形塌坑，南、北、东台坡中部各有一塌坑，西坡和南坡各有一窑洞。陵台顶部东西长6米，南北宽5米，底部边长26米，高10.9米
裕陵	帝陵	陵台在宫城中部，方形覆斗状，台顶边长18米，底部边长48米，高15米。保存较好
	钦圣宪肃向后陵	陵台略呈方形覆斗状，台顶东西长6米，南北宽4米，底部边长25—26米，现高8.4米。保存较好
	钦慈陈后陵	陵台在宫城正中，呈方形覆斗状，南坡偏下有一早期盗洞塌坑。顶部东西长7米，南北宽5米，底部边长20—21米，高8.7米
	钦成朱后陵	陵台方形覆斗状，南和西面底部被挖成直壁，夯层外露。顶部边长11米，底部边长23米，高6.9米
	显恭王后陵	陵台略呈方形覆斗状，南坡近底部有一早期盗洞塌坑。台顶南北长7米，东西宽5米，底部南北长24米，东西宽22米，高6.8米

续表

陵名		陵台现存情况
泰陵	帝陵	陵台在宫城中部，略呈方形覆斗状，南和西坡中部有早期盗洞塌坑。台顶平坦，南北长16米，东西宽14米，底部南北长51米，东西宽49米，高14.7米
	昭怀刘后陵	陵台在宫在中部，呈方形覆斗状，东、西、北三面斜坡，南面中部有一大塌坑。台顶边长7米，底部边长26米，高9.7米

说明：资料据《北宋皇陵》。

表1-2-8　　　　　　　　　　文献所记帝后陵陵台尺寸

陵		陵台边长	陵台高	出处
安陵	帝陵	下层每面长90尺，约合27.9米或28.8米	三层正方	《宋会要辑稿》第三一册礼三七之一
	孝明王后陵 孝惠贺后陵	75尺，约合23.25米或24米	再层，30尺，约合9.3米或9.6米	《宋史》卷一二三《礼二六》《宋会要辑稿》第三一册又礼三一之六参见正文注释
昌陵	孝章宋后陵	同上	同上	《宋史》卷一二三《礼二六》孝章皇后陵条：其"皇堂、陵台、神墙、乳台、鹊台并如孝明园陵制度"
熙陵		陵台方二百五十尺，约合77.5米或80米		《宋史》卷一二三《礼二五》。参见正文注释
定陵		方百四十尺，约合43.4米或44.8米		《宋史》卷一二三《礼二五》；《宋会要辑稿》第三一册礼三十七之七
厚陵			高五十三尺。约合16.43米或16.96米	《宋朝事实》卷十三
裕陵	钦圣宪肃向后陵	"下脚一十九步，计九十五尺"，约合29.45米，或30.4米。	神台高四十一尺，约合12.71米，或13.12米	《宋会要辑稿》第二九册礼三三之二五。

说明：宋1尺分按0.31米和0.32米换算。

四 墓道和献殿

（一）元德李皇后陵墓道清理概况

1. 墓道

墓道位于陵台南部正中，方向185°（图1-2-6）。墓道南北水平长34米，南距南神门内两身宫人2.4米。墓道分南北两段，南段为斜坡墓道，长33米，开口上距地表0.4—1米，南端口宽3.8米，北端底宽2.85米。斜坡墓道自上而下挖土台阶，台阶一般横长1米，宽0.5米，高0.2米。墓道前端两壁上部，挖有两对对称的上大下小呈斗状的缺口。南边的一对缺口，口宽1.9米，底宽1.4米，进深1.5米，高1.75米。北边的一对缺口，口宽2.6米，底宽2.15米，进深2.5米，高1.8米。缺口填土早于墓道填土，推测是挖墓道时为方便取土而设，墓道修完即回填。斜坡墓道后端的两壁上部外扩2—2.3米，南北

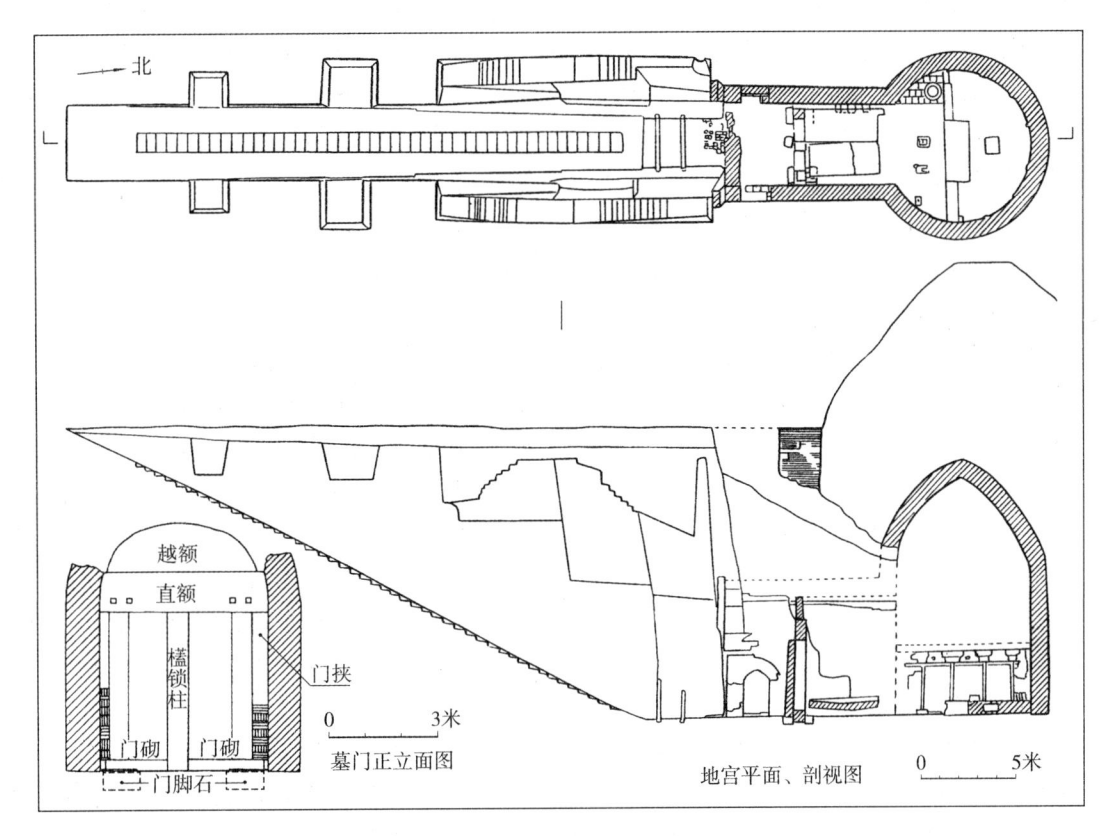

图 1-2-6 北宋帝陵元德李皇后陵地宫平面、剖视及墓门立面图
（采自《北宋皇陵》）

长 14.1—14.2 米，下部留二层台。二层台似为方便取土，运送建材和防止塌方而设。

墓道北段与甬道底部平接，长 4.3 米，宽 2.5—2.6 米，上距地表 15 米。该段墓道底部发现两处加固墓道两壁的方木痕迹，南北相距 1.1 米，每处用方木三根。即两壁各竖置一根，底隐进一根，用作横向支撑。西壁两根松木尚存，竖直隐于壁内的方木，在南者宽 0.18 米，厚 0.2 米，高 2.25 米；在北者宽 0.16 米，厚 0.2 米，残高 1.7 米。东壁仅存嵌木凹槽，南边的凹槽宽 0.2 米，深 0.2 米，高 0.9 米；北边的凹槽宽 0.2 米，深 0.2 米，高 0.56 米。与两壁立木对应，墓道底部亦有两道口宽 0.25 米，底宽 0.16 米，深 0.2 米的凹槽，用以嵌木以支撑两壁方木。

墓道表层填土夯筑，夯窝圆形，直径 4—6 厘米。填土自上而下有三种情况，其一墓口至地表下 3 米用红褐土夯筑，夯层厚 0.1—0.2 米。其二地表下 3—5 米为红褐土与青石片分层间筑，即上层为厚 0.2—0.25 米红褐土，下层为厚约 0.05—0.1 米青石片，两者交替回填夯筑。基三地表 5 米以下至底部为红褐土与碎砖分层间筑，即上为厚约 0.2—0.3 米红褐土层，下为厚约 0.3—0.5 米的碎砖层，两者交替回填夯筑。此外，在近底部的砖层内，还杂有卵石和有修整痕迹的残青石块。

2. 甬道

其平面见图 1-2-6。甬道南接墓道，长 9.1 米，宽 4.3 米。甬道两壁平砖顺砌，厚 0.9

米，壁面敷草泥刷青灰，券顶，已毁，甬道高约6米。从残迹看，甬道两壁起券处砌立砖一层，砖间用泥勾缝。砖长38—39厘米，宽18—19厘米，厚5—6厘米。甬道顶起五券，厚约1米。甬道口南端残存封门砖1—2层，封门砖南端与甬道口平齐。东部残存立砖一层，南北向四排，长0.95米，宽0.8米。中部残存卧砖两层，东西向两排，长1.6米，宽0.78米；西部残存卧砖一层。在封门砖之北，两壁各有一砖砌壁龛。东壁龛宽1.5米，深0.9米，高2.8米。西壁龛宽1.4米，深0.9米，高2.4米。壁龛内壁敷草泥，厚1—2厘米，表面粉饰厚约0.5厘米的青灰。壁龛底部平铺一层条砖，在西壁龛口部置一层卧砖。

3. 墓门

墓门在甬道中部偏南，南距甬道口3.6米。墓门由门砌、门挟、直额、越额、门砧、门扉和槛锁柱等构件组成（图1-2-6），皆青石质，表面磨光。门砌三石，露出地坪0.25米；两侧门砌石较大，长1.7—1.9米，宽0.6米，厚0.55米；中间一石长0.42米，宽0.6米，厚0.55米。门挟二石，方柱状，立于门砌上之两侧，间距2.66米。二石皆高3.75米，宽0.51米，厚0.6米。东门挟距东壁0.38米，西门挟距西壁0.3米，空隙处填砖。直额一石，平置于门挟之上，两端各嵌入墓壁内0.5米。石长4.88米，宽1.02米，厚0.6米。直额两侧各凿一对方孔，方孔边长均0.12米，间距0.28米。直额正面磨光，阴线刻两身飞天和祥云，左飞天上部阴刻"任木""束奇"四字[1]。越额一石，半月形，置于直额中部之上，长3.85米，厚0.26—0.43米，高1.23米（发现时倒在门后积土中，下距墓底3米）。越额正面有墨绘痕迹，未雕刻。门砧二石，位于门挟内侧，长0.88米，宽0.6米，高0.5米。门砧上部两外边斜刹，中间凿有长0.3米、宽0.25米的孔洞，上承门扉。在门挟外侧与门砧相对称，置两块门脚石，长0.86米或0.88米，宽0.44米，高0.5米，形制同门砧石，但无方孔。槛锁柱一石，长方体，宽0.51米，厚0.44米，高4米。该柱竖立于门外中部稍偏西处、面粗磨，有凿痕。两门扉皆长3.96米，宽1.65米，厚0.29—0.34米（发现时门扉向后倒于甬道北部，东门扉断为两段，门轴在墓室东南隅，距门扉2.6米）。门扉上端有门轴，东门轴径0.34米，高0.5米；西门轴径0.32米，高0.33米。两门扉中部偏内侧各凿一圆孔，直径6—7厘米，似用于安装门环。二门扉正面磨光，各阴线刻一身武士（图1-2-7）。门扉背面略粗糙，雕仿木构门撑装饰，上下共七排，长1.2米，宽0.17—0.18米，高0.03米，分别间隔0.37—0.38米[2]。

---

[1] 河南省文物考古研究所：《北宋皇陵》，中州古籍出版社1997年版，第315页图二八三，上；第316页图二八四。

[2] 墓道和甬道、河南省文物考古研究所：《北宋皇陵》，中州古籍出版社1997年版，第308—311页。后陵石门结构，《宋会要辑稿》礼三三之二六，又礼三三之一八记钦圣宪肃向后陵石门尺寸如下：门下合二段，各长一丈二尺五寸（4米），阔六尺（1.92米），厚二尺（0.64米）。越额一段，长一丈八尺（5.76米），高四尺五寸（1.44米），厚二尺五寸（0.8米）。挟二段，各长一丈二尺（3.84米），阔二尺五寸（0.8米）、厚二尺（0.64米）。直额一段，长一丈八尺，阔四尺（1.28米），厚二尺五寸。门砧二段，各长五尺（1.6米），阔二尺五寸，厚二尺。门砌三段，各阔厚二尺，二段长各六尺，一段长三尺（0.96米）。槛锁柱一条，长一丈三尺五寸（4.32米），阔二尺，厚一尺五寸（0.48米）。《宋会要辑稿》第三十一册，礼三七之五八，记章献明肃刘后陵石门，与上述基本相同，其差异处：A."石门一合"，B. 门砌石"阔厚二尺二寸"，C. 槛锁柱记为"槛鏁柱"，"厚一尺"。上述二陵均为临朝听政之后陵，其石门规制大于元德李后陵，但结构相同，可供参考。

1. 西门扉　　　　　　　　　　　2. 东门扉

图 1-2-7　北宋帝陵元德李皇后陵地宫石墓门画像拓本

（采自《北宋皇陵》）

（二）帝后陵墓道调查概况

帝后陵墓道调查资料较少，下面略举两例（第二例有三小例）。

1. 永定陵墓道

经考古钻探，确定永定陵墓道在陵台南部中线上，从神道南数第二身武官，北至陵台，南北长135米。墓道口南窄北宽，底部斜坡状。最南端宽6.1米，深1.7米；向北10米处宽7.2米，深3.5米；向北20米处宽8.2米，深5.7米；向北75米处深16.5米。大致测出墓道至陵台处东西宽27.5米，根据墓道底部斜坡的延伸线，可推知墓道北端深达25米以上。此外，在陵台东南部还钻探出另一处墓圹和墓道遗迹，即史籍所载"皇堂为允恭擅移向东南二十步"所开之墓圹[1]。

2. 昭、泰陵及慈圣光献曹后陵墓道

（1）永昭陵墓道[2]

据考古钻探资料，墓道在陵台南部正中，南北长127米，南端已出南神门外40米。墓道南窄北宽，两侧壁做五次外扩，南端入口处宽约6米，北端接近陵台处宽约42米，探铲只探至深16米（遇石无法再探）。根据墓道南段坡度推测其总深度约28米。

（2）永泰陵墓道[3]

据考古钻探资料，墓道在陵台前之中线上，南北长约76米，东西宽约6—31米。南起南神门内东列宫人以北13米，宽6米。向北约33米后，两侧外扩1—1.8米；又向北20米后，两侧又外扩1.5米。再向北23米至陵台，东西宽约31米。只钻探至深1.5—2米，墓道深度尚未究明。

（3）慈圣光献曹后陵墓道[4]

据考古钻探资料，墓道在陵台前正中，南北长111米，墓道南端已达两乳台之间[5]。墓道南端入口处宽6米，北端近陵台处宽34.5米。据已探知的墓道坡度推算，墓道北端深度15米左右。

3. 小结

综上所述，可略指出六点。第一，元德李后陵墓道的清理，揭示出后陵墓道、甬道和墓门（包括封门砖）的形制结构。帝陵和听政皇后"山陵"墓道、甬道和墓门除规制高之外，其形制结构当与之相近。第二，帝后陵墓道均在陵台前中线上，墓道长者起于南神门之外，短者墓道口在南神门内宫人之北。第三，据帝陵墓道调查资料，定、昭、泰三陵墓道南端墓道口宽度相同。定、昭二陵墓道长、宽、深综合比较，昭陵墓道之长和深与定陵墓道相差较多，但接近陵台处墓道，又远宽于定陵。总的来看，定陵墓道规制高于昭陵。泰陵墓道规制较定、昭二陵相差很大，与元德李后陵墓道规制相似。第四，慈圣光献曹后陵墓道规制略低于昭陵，远高于元德李后陵墓道。第五，《宋会要辑稿》礼三七之五

---

[1] 河南省文物考古研究所：《北宋皇陵》，中州古籍出版社1997年版，第107页。又《宋会要辑稿》第二十五册，礼二九之二四，第三十一册，礼三七之七记载，永定陵始建之时，任山都监的雷允恭和司天监邢中和曾擅移皇堂于东南地。"开筑之际，土石相伴，兴作逾月，皇堂内东北隅石脉通泉，夏守恩（思？）停役"。此后，宋廷两次派员"按视"，仍用原"按行地"，"元按行地止占新移处西北一角"。雷允恭被杖死。钻探出此处墓圹，与史籍所记"皇堂为允恭擅移向东南二十步"相合。

[2] 河南省文物考古研究所：《北宋皇陵》，中州古籍出版社1997年版，第137页。

[3] 河南省文物考古研究所：《北宋皇陵》，中州古籍出版社1997年版，第256页。

[4] 河南省文物考古研究所：《北宋皇陵》，中州古籍出版社1997年版，第166页。

[5] 河南省文物考古研究所：《北宋皇陵》，中州古籍出版社1997年版，第453页。

八所记章献明肃刘后陵墓门尺寸，礼三三之二六和礼三三之一八所记钦圣宪肃向后陵墓门尺寸（以上见前文之注），均大于元德李后陵墓门尺寸。据向后陵墓门尺寸（刘后陵墓门尺寸与之基本相同），可推算出其门道宽约4.8米（约等于门砌石之长，即6尺+6尺+3尺＝1.92米+1.92米+0.96米＝4.8米），门全高约6.81米（约等门砌石露出甬道地面之高、门挟高、直额与越额高之和，其中门砌石露出甬道地面之高度暂按元德李后墓的0.25米计算。即0.25米+3.84米+1.28米+1.44米＝6.81米）。以上大体相当于甬道之宽和高。第六，章献明肃刘后陵"详定山陵制度"后，其宫城边长仍为65步（同元德李后陵），但该陵墓门尺寸已大于元德李后陵，说明"详定山陵制度"应包括墓门在内。此外，由于向后陵墓门尺寸与刘后陵墓门基本相同，又表明刘后陵墓门尺寸还奠定了以后后陵宫城边长75步的曹、高和向后陵墓门的规制。除上所述，帝后陵墓道之长，详见下文皇堂部分的探讨。

（三）献殿

北宋帝陵有无献殿及其位置问题，长期悬而未决，20世纪90年代中后期终有发现。一是在永昭上宫内清理出明清时期祭祀宋陵的"献殿"遗迹，宋代献殿已被毁坏。二是在永昭陵祔葬的曹后陵陵台前发现宋代献殿遗址。献殿遗址坐落在夯土台基之上，台基的南和北面中部均有斜坡状砖砌踏道[1]。从而证实了北宋帝陵确有献殿。

除上所述，考古调查在永熙陵南神门宫人以北22米，陵台之南64米处，发现青石板一方。石板平面呈长方形，长5.96米，宽2.78米，高1米。石板上面磨光，东西向横置于陵台前中线上，四壁外露高0.1米凿平，其余石体埋于地下[2]。其次，20世纪60年代以前，定陵尚存同类青石板[3]。又永泰陵陵台南部中线东侧，南距南神门由东列宫人25.6米处发现一青石座。石座倒置，上面向西，埋于地下0.4米深处。石座平面呈方形，边长115厘米，厚41厘米，上面周边磨光，中部有直径55厘米的圆形凿痕，似用以祭祀的石香炉底座[4]。

此外，史料也明确记载北宋帝陵有献殿，如祔葬定陵的章惠杨后陵的宋《修奉园陵之记》中有"献殿敞以独□"之语[5]。《宋会要辑稿》礼三七之三三记载：神宗熙宁"九年五月十四日，同知太常礼院林希言：'伏见陵宫奉祀牙床祭器等，祀毕，但置于献殿内暴露，日久易致腐剥。况诸陵宫门各有东西阙庭，请以东阙庭专藏牙床祭器，遇行礼毕即收藏"。可见献殿是祭祀之所，且封闭性较差（与前述"献殿敞以独□"相应）。《宋会要辑稿》礼三三之二五，钦圣宪肃向后条记载："献殿一座，共深五十五尺，殿身三间，各

---

[1]《宋仁宗永昭陵上宫考古获丰硕成果》，《中国文物报》1998年10月14日第一版。
[2] 河南省文物考古研究所：《北宋皇陵》，中州古籍出版社1997年版，第84页。
[3] 河南省文物考古研究所：《北宋皇陵》，中州古籍出版社1997年版，第453页。
[4] 河南省文物考古研究所：《北宋皇陵》，中州古籍出版社1997年版，第256页。
[5] 河南省文物考古研究所：《北宋皇陵》，中州古籍出版社1997年版，第510页《奉修园陵之记》（参见《民国巩县志》卷一八）。

六椽五铺下昂作事,四铺(转)角,二厦头,步间修盖,平柱长二丈一尺八寸。副阶一十六间,各两椽四铺下昂作事,四转角,步间修盖,平柱长一丈。"据此有的学者曾对后陵献殿进行过复原研究[1],现在由于曹后陵献殿遗址的发现,则为这种研究提供了可靠的依据。又徽宗政和年间"奏告诸陵上宫"中记载:"前一日,都监常服帅其属诣陵,辟宫殿门,升殿行扫除于上,降扫除于下,设神御座于殿上,当中,南向……陈香案及供奉之物于座前。讫,阖宫殿门。"[2]。文中所提之殿即献殿,据此似可认为,熙陵、定陵陵台前发现的青石板,泰陵陵台前发现的石香炉底座等,均应是在献殿祭拜"行礼"时的祭祀用具。总之,上述情况表明,熙陵时或已置献殿;而《修奉园陵之记》则可确证定陵时已有献殿。

五 皇堂

(一) 元德李后陵皇堂的清理[3]

宋代文献将帝后陵的地宫称皇堂[4],李后陵皇堂南接甬道,平面近圆形,穹顶,直径7.95米,高12.26米(图1-2-6)。壁用砖平砌,以泥勾缝,壁厚0.95米。周壁砌抹角倚柱10根,柱高2.65米,宽0.19米,隐出壁面0.05—0.07米,柱间距1.65米。柱间有阑额,柱头上水磨砖砌仿木四铺作斗拱,为无跳的扶壁重拱,仅在栌斗口内出一假昂头,在第二层泥道拱处又出一耍头(图1-2-8)[5]。"耍头锋面刻人首、人身、两手合掌、鸟腹、鸟脚、背有翅之迦陵频伽之一"[6]。斗拱和素方均用红白两色刷饰[7],拱眼壁有墨线勾勒的盆花图案。斗拱以上砖雕椽及望板两重,其上砖雕屋檐之筒瓦、瓦当和重唇板瓦;瓦当饰莲瓣纹,板瓦唇部线刻枝蔓[8]。屋檐以上砌砖逐层内收至顶部,顶部中心有边长0.1米,深约0.3米的近方形孔,东和北部各有一个盗洞。屋檐以上2.4米的高

---

[1] 冯继仁:《巩县宋陵献殿的复原构想》,《文物》1992年第6期。
[2] 冯继仁:《巩县宋陵献殿的复原构想》,《文物》1992年第6期,引《政和五礼新仪》卷十。
[3] 河南省文物考古研究所:《北宋皇陵》,中州古籍出版社1997年版,第311—318页。
[4] 《宋会要辑稿》第二十五册,礼二九之二六:乾兴元年七月"七月礼仪院:'玄宫上字理合回避,请只以皇堂为名',从之"。
[5] A. 郭黛姮主编:《中国古代建筑史》第三卷,中国建筑工业出版社2003年版,第183页。
B. 河南省文物考古研究所:《北宋皇陵》,中州古籍出版社1997年版,第311页对斗拱有详细描述(包括尺寸)。
[6] 郭湖生、戚德耀、李容淦:《河南巩县宋陵调查》,《考古》1964年第11期。
[7] 河南省文物考古研究所:《北宋皇陵》,中州古籍出版社1997年版,第317—318页。文中说:拱的表面涂暗红色,斗面上红、白两色粉刷。相邻两组斗拱斗面施彩有别,并相互间隔使用。如栌斗、交互斗和齐心斗边部刷白经,中间红心,散斗则在白地上绘红框,或在框内朱绘小瓣花卉。
[8] 河南省文物考古研究所:《北宋皇陵》,中州古籍出版社1997年版,第318页。文中说:瓦当、重唇板瓦皆灰色,两层望板和椽头上刷白色,并在望板的白地上涂有红色。

地宫东半部展开图

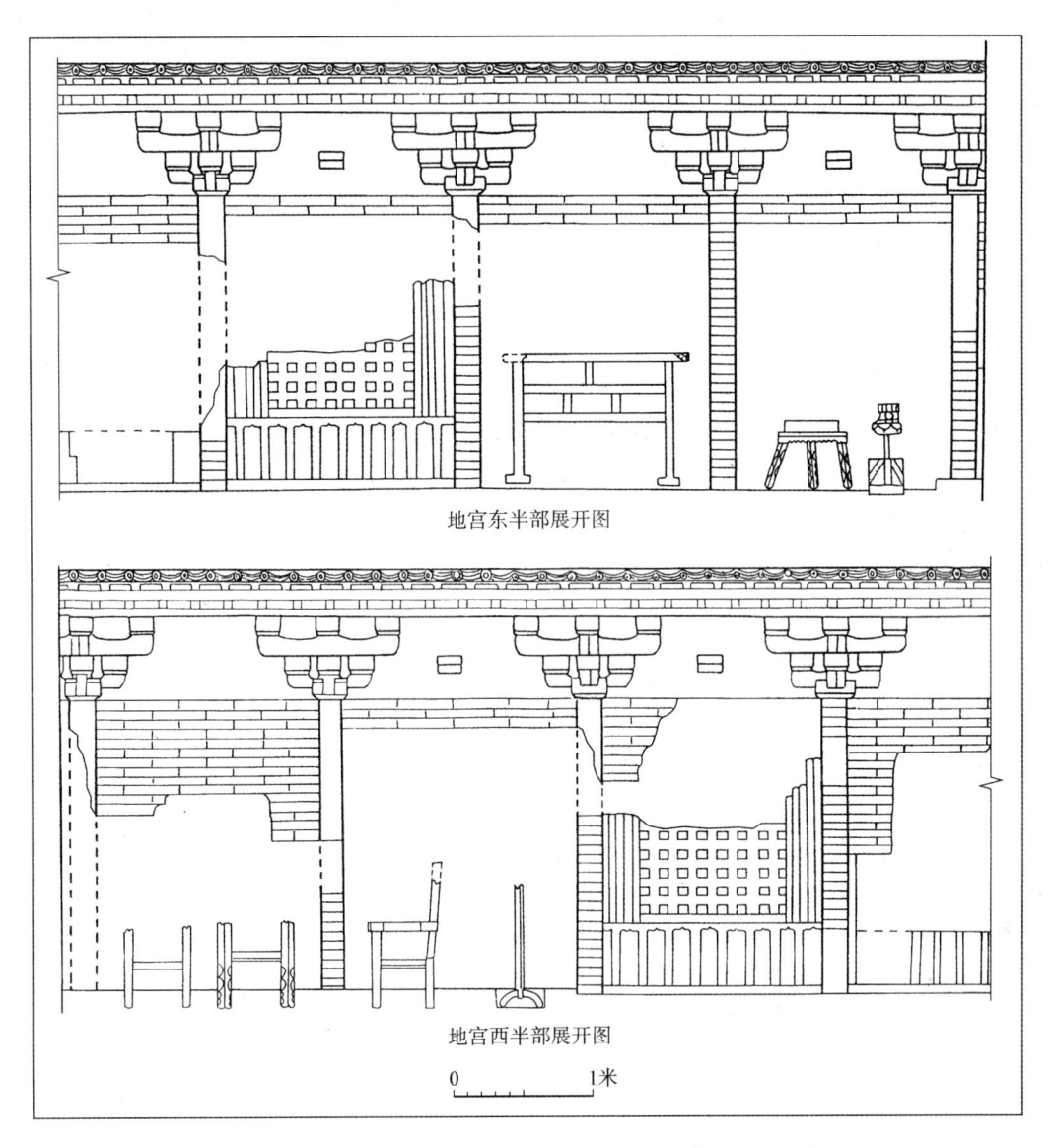

地宫西半部展开图

0　　　1米

图1-2-8　北宋帝陵元德李皇后陵地宫壁展开图
(采自《北宋皇陵》)

度内，绘壁画。"最下接近屋檐处用红、黑、青灰色绘宫室楼阁，线条粗率，但可辨版门（门钉可数）、直棂窗、挟屋、四注屋顶及鸱尾等形，惜剥落过半，漫漶不清。宫殿楼阁之间，绘有粉白朵云，云气以上则为青灰色之苍穹，混然一片直至于顶"[1]。楼阁图之上直至穹顶，表面涂青灰，上绘5—8厘米的白粉圆点，象征星辰[2]。自穹顶东南隅向上斜贯穹顶至西北隅，用白粉绘宽0.25—0.4米的银河一道。皇堂立柱之间壁面宽1.51—1.71，

---

[1] 郭湖生、戚德耀、李容淦：《河南巩县宋陵调查》，《考古》1964年第11期。
[2] 河南省文物考古研究所：《北宋皇陵》，中州古籍出版社1997年版，第510—511页。"修奉园陵之记"载杨后陵"阅皇堂于中□，绘星宸之躔次"。

北壁最宽达2.02米。壁面上残存砖雕三组，第一组在皇堂北部三个壁面上，雕出假门和假窗。第二组在皇堂西部两个壁面上，雕出桌、椅和灯檠。第三组在皇堂东壁两个壁面上，雕出衣架、盆架和梳妆台（图1-2-8）。砖雕表面刷白粉、衣架、桌、椅和灯檠上涂红色。北部三壁的边框涂暗红色，梳妆台的盒面上和衣架两端龙首上施金粉。皇堂南端为券门，券四重，券门外重毁。券门内侧突出壁面，形成门框。券门内顶部，置一虎形之雕刻物。门框经白粉刷饰[1]，门外接甬道。

皇堂底部南端与甬道平接，铺边长36厘米，厚5厘米的方砖（多被拆去）。皇堂底部之中偏北置石棺床，南北长4.7米，东西宽7.9米，高出皇堂底面0.62米。棺床南部四块条石砌成（东侧第二块最大，长3.2、宽1.3、厚0.75米；西端一块最小，长0.6、宽0.3、厚0.75米），皆隐入皇堂底面0.13米。棺床南面呈须弥座式，方涩上线刻二方连续缠枝花卉，束腰上饰剔地卷草纹，合莲上线刻小瓣覆莲。以上单组连续花卉，组成一横长画面[2]。棺床北部上面铺长方石块，仅存中间一块，长0.82米，宽0.7米，厚0.45米。皇堂内填土厚达7米，上部杂有大量宋代砖块和近现代瓷片。其底部2米厚的积土内散见玉册、瓷片和石函盖等遗物；西南隅平置一石蜡烛座[3]，棺床南约1米处发现人的肋骨和肢骨数段。

皇堂顶部之上填土夯筑，夯层厚12—24厘米，夯窝直径4—6厘米，夯土内置木骨。木骨分两种，下部三层置圆木，南北向平置，直径0.06—0.12米，间距0.8—1.4米。底层5根，在地表下4.2米；第二层7根，在第一层之上0.95米；第三层7根，在第二层之上0.9米；圆木无，仅余孔洞。另一种为方形松木，残木尚存。在最上一层圆木之上约0.6米处，有三层相互叠压的方形松木。最下一根方木东西置，长12米，边宽0.35米。方木下垫三或四层平砖，砖间距0.1—0.8米，方木两端嵌入南北向砖墙内。砖墙13层，高0.82米，宽0.38米，平砖南北向顺砌，向北一直延伸至陵台内（似专用承托方木）。该方木之上叠压4根南北向松木，这层松木宽0.15米，高0.25米，间距1.85—2.05米。再上又叠压一层东西向松木，松木宽0.2米，高0.35米，南北向间距1.1米。在陵台南面的封土断崖上，仍见有多层松木孔洞，未再直接叠压，似间隔使用。松木一般0.15米见方，间距0.6—1.2米，较下层松木略小（图1-2-9）。此外，清理者在陵台外围1.5—3米处，还发现挖建皇堂时的长方形口，南北长25米，东西宽22.5米，据此清理者对皇堂

---

[1] 郭湖生、戚德耀、李容淦：《河南巩县宋陵调查》，《考古》1964年第11期。
[2] 河南省文物考古研究所：《北宋皇陵》，中州古籍出版社1997年版，第317页图二八五。
[3] 河南省文物考古研究所：《北宋皇陵》，中州古籍出版社1997年版，第318—337页。介绍了出土遗物，如皇堂内的玉册、越窑青瓷、定窑白瓷、粗白瓷、黑瓷等瓷器；石蜡烛座，石函盖；各种铜饰、铁器、木饰等。墓道中白瓷碗、铜钱、石杵、瓦当和有字砖等。在墓道上部扰土层中出有龙纹方砖、瓦当、脊兽、嫔伽头像和万字栏板等建筑构件。以上详细情况，请参见原文。

营建顺序作了初步推测[1]。

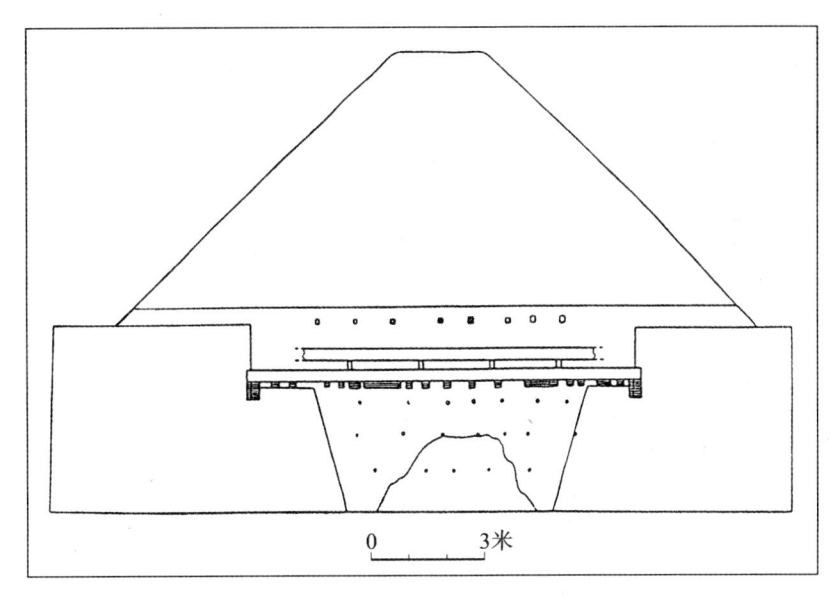

图1-2-9 北宋帝陵元德李皇后陵陵台南部立面图
(采自《北宋皇陵》)

(二) 皇堂的形制结构

下面依据元德李后陵皇堂的清理，部分帝后陵皇堂的调查资料和有限的文献记载，对帝后陵皇堂的形制结构略作五个方面的探讨。

1. 皇堂深与鹿巷隧道之长

据表1-2-9文献记载孝惠贺后、孝明王后、孝章宋后、章惠杨后陵皇堂深均45尺（约合14.4米），与元德李后陵皇堂清理深度15米基本相合（以调查墓道北端深为皇堂之深，下同）。由此可见，景祐三年（1036）祔葬定陵的章惠杨后之前除章献明肃刘后陵外，后陵皇堂深度大体以45尺为率。表1-2-9文献记载章献明肃刘后陵皇堂深57尺（约合18.24米），据此慈圣光献曹后陵调查估计皇堂深约15米，似误（其墓道长为元德李后墓道长2倍余，但深度又同于李后陵，似不合情理，估计深度当与刘后陵相近）。宣仁圣烈高后陵文献未记皇堂深度，但文献记载其山陵依章献明肃刘后陵和慈圣光献曹后陵故事，所以其皇堂之深或与刘后和曹后皇堂相近。表1-2-9文献记载钦圣宪肃向后陵和钦成朱后陵皇堂均深69尺（约22米），打筑6尺（约1.92米），明用63尺（约20米）。上述情

---

[1] 河南省文物考古研究所：《北宋皇陵》，中州古籍出版社1997年版，第314页，清理者推测皇堂营建顺序是："先自地面下挖一个略呈甲字形的土坑，并把南部挖成长斜坡，作为墓道；北部的长方形坑周壁则留有多重二层台。在土坑的北部用砖垒砌甬道和墓室，然后向土圹内填土，进行夯筑直至地面。再于墓室顶上堆土，逐层夯筑以成陵台。最后窆棺陈器，封门并回填墓道。"

表1-2-9　文献所记皇堂和随葬品概况

陵		皇堂尺寸	皇堂形制结构	随葬品	备注
安陵	宣祖昭宪杜太后	皇堂下深57尺（约18.24米），高二十九尺（约30.32米）《宋史》《宋会要辑稿》第三十册礼三七之一		《宋史》卷一二二《礼二五》："进玄宫有铁帐帐幕梓宫，藉以楼梠褥，铁盆、昭宪后花钗、翟衣、十二神、当野、当圹用自然漆灯、赠玉、祖思、地轴及留陵刻漏等，并制如仪"。"宣祖赠册"迁置陵内。其皇堂赠玉、镇玉、疏竟、宝，并加以珉玉、药玉、绶以青锦。安陵中玉圭、药玉、剑佩、玉宝等皆用于玻玉、孝惠陵内用珉玉、药玉	《宋会要辑稿》第二十七册礼二之二，四所记随葬品与《宋史》《礼二五》略有差异
	孝惠贺后孝明王后	《礼二六》："皇堂之制，下深四十五尺"（约合14.4米）		《宋会要辑稿》第二十五册礼二九之二，三："中书省言：'制造衷谧二副，用之阶玉"，从之"。参见该文后之注释	
昌陵	太祖	皇堂下深四十五尺			
	孝章宋后	《礼二五》："皇堂深百尺，方广八十尺"（分别合32米、25.6米）		参见《宋史》卷一二二《礼二五》	《宋史》皇堂"并如孝明园陵制度"
熙陵	太宗	《宋史》卷一二二《礼二五》："皇堂之制，深八十一尺，方百十尺"（分别合25.92米、44.8米）			
	章穆郭后				
定陵	真宗	《宋会要辑稿》第二十一册礼三七之七："皇堂之制，深八十一尺，合九尺之数，今请用一行之九，合九尺之数，今请用一行之数，今请止百四十尺。并从之"		《宋史》卷一二二《礼二五》："陈先帝服玩、玉匣、含、楼应人梓宫物于延庆殿。""观人皇堂议及天书……帝服御玩之具。帝于永定陵奉安"。第二十五册礼二九之九，宜十册礼二九之九，还记有"砚格笔状书径"等	《宋史》卷一二六《礼二六》："但可安厝，不必宽广，其棺椁等事，无得镂刻花样，务今坚固"

续表

陵		皇堂尺寸	皇堂形制结构	随葬品	备注
定陵	章献明肃刘后	《宋史》卷一二三《礼二六》："司天监详定山陵制度。皇堂深五十七尺"（合18.24米）。《宋会要辑稿》第二十八册礼三二之四，三七之七同			
昭陵	仁宗		《代富弼上神宗皇帝论永昭陵疏》：永昭陵"以巨木架石为之屋，扩中又为铁梁，不百年必当损坠。扩木为肯，大止数寸，重且万斤，三十年，度不盈尺，异日以亿万钧之石，自高而坠，其将奈何"。"厚陵始为栴木藏"，"奉皇太后合栴木藏，有铭封皮匣纳之扩中者皆出于蔡中，人莫得而知也"。并建议撤去铁罩，因得撤去铁罩，用厚陵石藏之制"	《宋会要辑稿》第二十册礼二九之三，"诏哀谥册造"，"遵先帝遗制"，"山陵一切除用定陵一切除用定陵所礼九之三七，"皇堂上启除明器之外，金玉珍宝一切屏去"。清，康熙，《读礼通考》卷九十一，"昔者伏见仁宗皇帝葬于昭陵，范祖禹说，有铭封皮匣纳之方中者甚多，皆出于蔡中，人莫得而知也"	见程颐，程颢：《二程文集》卷四，《宋史》《礼二五》："梓宫并用定陵故事"；"命务坚完，毋过华饰"
厚陵	英宗	见下项	《宋朝事实》卷十三："英宗梓"石藏"，"石藏一丈一尺，深阔一丈，盖条石各长一丈，十四木寸厚"。皇堂方三丈三尺，深阔一丈三尺，隧道长四百七十尺。程大昌《演繁露》：英宗石藏为四壁，积材木于其上，以皇石覆之。神宗念皇堂木有时而朽，更令就地为石梓，以藏梓宫……仍于平地上布方木及盖条石	《宋朝事实》卷十三：永厚陵"梓宫升石梓西首，御夷床不及地一尺而止。已时一刻，布方木及盖条石。下置珠网花结于御座上，乃下置珠网花结于盖板下，前置时果及五十味食，别置人形子四壁。祖明尊位于十二辰，设衣冠绶佩，别置人形子四壁。祖明尊位于十二辰，设衣冠绶佩，笔砚，弧矢甲胄，然后设孤矢甲胄，生玩好之物，乃然漆灯，阖石门，楷拚毕，闭其国石门，投钥于内，缺其方木及盖条石中央，乃徒复土九锹，司徒以铁索，立石柱于中央，紫以铁索，实隧门以塞门	《宋会要辑稿》第二十册礼二九之四，四九，山陵制度"戒从省约"
	宣仁圣烈高后				《宋史》卷一二三《礼二六》："园陵制度，务遵俭省。余如章献明肃皇太后故事"。"诏园陵依慈圣光献太皇太后之制"

续表

陵		皇堂尺寸	皇堂形制结构	随葬品	备注
裕陵	钦圣宪肃向后	《宋史》卷一二三《礼二十六》："皇堂之制，方二丈五尺，石地六深一丈，明高二丈一尺"。《宋会要辑稿》礼三三之二五："皇堂开掘下深三十九，二十九册礼三十礼三之二七，方二丈五尺，石地宫深一丈，明高二丈一尺，鹿巷长七十二尺"		参见《宋会要辑稿》第二十九册礼三三之二七	《宋会要辑稿》礼三三之二四："山陵'依元丰二年慈圣光献皇后山陵故事'"
	钦成朱后	《宋会要辑稿》第二十九册礼三三之四五："今来园陵皇堂用四十五尺，依朝旨参酌增损丈尺等，其修砌皇堂地宫鹿巷厢壁火口土闇在四十五尺内，明在三十六（六十三）尺，打筑六尺，开筑法开掘阴晟等状，依经法开掘阴晟，明用四十五尺。今来阴阳官胡晟等状（该）载外，除别无典礼该载外，即别无防碍，奉所状内事理，除别无典礼该载外，即别无防碍"			《宋会要辑稿》第三十册礼三三之四九："参用建中靖国元年园陵并前后故事，增损施行"
泰陵	哲宗				《宋史》卷一二三《礼二十五》："诏山陵制度，并如元丰"。《宋会要辑稿》第二十五册礼二九之六八："山陵制度务从俭约"
	昭怀刘后				《宋史》卷一二三《礼二十六》："可依钦成皇后及开至皇后故事，参酌裁定"

况表明，自章献明肃刘后陵开始，临朝听政诸后山陵皇堂深度加深[1]。而向后和朱后陵，由于皇堂内建地宫，又使皇堂加深至69尺，明用63尺。

帝陵皇堂之深见表1-2-9，其中熙陵皇堂深百尺（约合32米），与调查深30余米基本相合[2]。定陵皇堂之深81尺（约合25.92米），与调查深超过25米大体相近。昭陵皇堂深文献无载，调查深约28米。由于昭陵用定陵故事，28米深应是调查估计较大的近似值，昭陵皇堂深很可能与定陵同为81尺。厚陵皇堂深文献记载63尺（约合20.16米），仅相当于向后和朱后陵皇堂明用的63尺，这个深度应与厚陵改用石椁有关。裕陵、泰陵皇堂深度文献缺载也无调查资料，估计当与厚陵皇堂深度相近（参见后文）。看来帝陵皇堂深度的较大转折在厚陵之时。

从表1-2-9厚陵《宋朝事实》卷十三记载来看，文献所记鹿巷和隧道系分指甬道与墓道而言。诸帝陵墓道长只定陵（长135米，合422尺）、昭陵（长127米，合397尺）、泰陵（长76米，合238尺）有调查资料。文献仅记厚陵鹿巷长83尺（约26.56米），隧道长470尺（约150.4米），是鹿巷隧道总长为553尺，约合176.86米。谨按上述资料，可知厚陵之前帝陵墓道很长，而厚陵墓道更长则似与其采用石椁有关（将石椁运至皇堂，墓道坡度当缓，故墓道加长）。泰陵墓道短又可能与采用石地宫有关（参见后文），裕陵墓道长或与之相似（泰陵用裕陵制度）。

后陵墓道长，考古调查仅有元德李后陵（墓道长37.3米，约合117尺；甬道长9.1米，约合28.4尺；两者之和为46.4米，约合145尺），慈圣光献曹后陵（长111米，约合347尺）资料。文献记载只有向后陵鹿巷长（72尺，约合23米），朱后陵鹿巷长在45尺之内（表10）。此外，《修奉园陵之记》记章惠杨后陵"隧道亘乎百步"[3]。上述情况似表明，元德李后陵之后，墓道已加长；而向后陵采用石地宫之后，墓道又在缩短。

2. 皇堂平面呈圆形和方形

考古清理的元德李后陵皇堂平面圆形，从表1-2-9来看，除元德李后陵之外诸帝后陵平面多呈方形。但是，永厚陵陪葬的魏王赵頵墓和燕王赵颢墓，均砖砌，墓室平面为圆形[4]。据此似可认为，元德李后陵之后，圆形墓室或仅用于王墓。

3. 皇堂砖结构与石结构

考古调查证实，熙陵和元德李后陵皇堂均砖砌，宣仁圣烈高后陵皇堂石砌[5]。

---

[1] 表1-2-9文献记载，向后山陵"依元丰二年慈圣光献皇后山陵故事"。光献皇后陵祔葬昭陵，以昭、厚陵例，此时尚未出现石地宫，故上述记载似不是指皇堂结构和深度而言。光献皇后陵皇堂深度，恐怕仍如章献刘后陵皇堂深57尺。

[2] 傅永魁：《宋陵》，文物出版社1982年版。

[3] 河南省文物考古研究所：《北宋皇陵》，中州古籍出版社1997年版，第510—511页。

[4] 河南省文物考古研究所：《北宋皇陵》，中州古籍出版社1997年版，第198、199页，第200页图一七八。

[5] 熙陵、高后陵皇堂结构，见河南省文物考古研究所：《北宋皇陵》，中州古籍出版社1997年版，第458、459页。

从表1-2-9文献记载来看，昭陵皇堂已"以巨木架石为之屋"，至厚陵及其以后则"于平地垒石为椁"。又据《永定陵修奉采石记》记载：营建永定陵时采运砌皇堂石27377段[1]。以此与永泰陵采"取大小石两万七千六百余，视元丰八年盖增多五千二百七十有二焉"相比[2]，永定陵皇堂显然已经石砌，其结构当与昭陵相近。永定陵皇堂深广（深81尺、方140尺）与熙陵皇堂深广（深百尺，方广80尺）差异之大，应与永定陵皇堂向石结构转化有关。总之，永定和永昭陵是北宋帝后陵皇堂从砖结构过渡到石结构之始，而厚陵之后的帝后陵皇堂，则已形成较规范化的石结构。

4. 铁罩、石椁（石藏）与石地宫

祔葬定陵的章惠杨后陵"梓宫周以七楹"[3]，此后表10的昭陵"圹中又为铁罩"（其性质若椁）[4]，厚陵改为石藏，就地为石椁。向后和朱后陵又改为石地宫（石地穴）。从表1-2-9厚陵条《宋朝事实》卷十三和《演繁露》的记载来看，厚陵的石椁置于皇堂地面之上。表1-2-9记向后陵皇堂下深69尺，填筑6尺（明用63尺），石地宫深1丈，明高二丈一尺，朱后陵与之基本相同（以此证之，裕陵和泰陵亦应采用石地宫）。可见石地宫在皇堂地面以下深1丈，地面上明高二丈一尺，此种结构与燕王赵颢墓石室全部在墓室地面以下不同[5]。上述铁罩、石椁、石地宫的演变和发展，直接影响到前面所述墓道之长短、皇堂由砖结构向石结构之转化。

5. 皇堂顶部结构

元德李后陵皇堂平面圆形，穹庐顶，其上堆土夯筑陵台（见前述情况）。熙陵皇堂方形，下方上尖（穹顶），顶绘天象图，其下绘宫殿楼阁[6]。昭陵皇堂石壁上架木枋覆卷石（表1-2-9），厚陵以下皆如是（表1-2-9），其上夯筑陵台。由此可见，北宋帝后陵大体以定、昭陵为界，此前为穹顶，以后则石壁架木覆石为顶。

综上所述，可知帝后陵皇堂除元德李后陵平面呈圆形外，余者似均为方形。帝陵皇堂形制结构发生较大变化约在定、昭陵之际，以此为界，帝陵皇堂已由砖结构砖向石结构，皇堂由穹顶变成架木覆石为顶，由梓宫覆铁帐转而圹中为铁罩，继而发展为石椁和石地宫。厚陵及其以前诸陵墓道长，此后墓道缩短；以厚陵为界，帝陵皇堂由深变浅。后陵变化规律不太明确，据已知资料，祔葬厚陵的宣仁圣烈高后陵及其以后诸后陵皇堂已改石

---

[1] 河南省文物考古研究所：《北宋皇陵》，中州古籍出版社1997年版，第506页附录一，1。

[2] 见河南省文物考古研究所：《北宋皇陵》，中州古籍出版社1997年版，第513、514页附录一之10"永泰陵采石记"。元丰八年指永裕陵。

[3] 河南省文物考古研究所：《北宋皇陵》，中州古籍出版社1997年版，第510—511页。《修奉园陵之记》记载杨后陵"王（玉？）座虚其四丈，梓宫周以七楹"。

[4] 《宋史》卷一百二十二，礼志二十五记载：安陵"进玄宫有铁帐覆梓宫"。

[5] 河南省文物考古研究所：《北宋皇陵》，中州古籍出版社1997年版，第199页。说：赵颢墓室平面圆形，其中部向下石砌方室，其上盖条石，该条石又为上层墓室铺地石。第460页认为，永厚陵石椁应建于皇堂地面以下，如赵颢墓室上下两层结构。此说值得商榷。

[6] 河南省文物考古研究所：《北宋皇陵》，中州古籍出版社1997年版，第458页。

砌，祔葬裕陵的向后和朱后陵采用石地宫。祔葬安陵、昌陵、熙陵的后陵，以及祔葬定陵的杨后陵，皇堂深均45尺；祔葬定陵的章献明肃刘后陵及其以后诸后陵皇堂则变深（章惠杨后陵除外）。元德李后陵之后诸后陵墓道加长，后陵改石地宫后墓道长度似又有变化（可能缩短）。

六 下宫

下宫又称寝宫，北宋帝陵下宫置于上宫的西北部，其中安、昌、熙三陵下宫位于上宫西北，祔葬的后陵之南；永定陵以下五陵下宫则后移于祔葬的后陵之北（表1-2-10、图1-1-2—图1-1-5）。下宫为供奉陵主灵魂和日常起居之所，置殿陈设陵主御容衣冠，守陵宫人朝暮上食，四时祭享，驻卫兵护奉。同时下宫也是大行皇帝下葬前灵驾（棺车）及仪仗临时停顿之所，以候吉日吉时发赴葬地[1]。皇帝上陵祭祖还有下宫之祭[2]，所以下宫是北宋帝陵的重要组成部分。诸帝陵下宫大都残存南神门狮，地面遗迹多已无存。下面根据考古调查钻探、试掘资料结合文献记载，略作介绍。

（一）永昭陵下宫之钻探试掘概况[3]

1986年6—8月，曾对永昭陵下宫遗址进行调查、钻探和试掘（图1-2-10）。下宫在永昭陵上宫北335米，慈圣光献曹后陵北神门外约90米处。地面仅存一对南门狮，余者遗迹无存[4]。经钻探，除下宫北墙基外，其余三面均见残墙基，下宫平面呈长方形，南北长约163米，东西宽约130米，方向185°。

1. 宫墙基与门址

经考古钻探，东墙中间61米长一段墙基明显，宽约4.5米。西墙南端77米一段有明显砖基界线，其中长25米、宽2米墙基尚可见三竖一横砌砖。南神门狮间距9.3米，其南1.5米处发现二方上马石，间距13米。门狮北10米余有青石块三块，西侧两块1米见方，南北对置，相距2米；东侧石块呈L形，边长1米，距西侧石块7米。残存三块青石处，

---

[1] A.《宋会要辑稿》第二十五册，礼二九之二七真宗永定陵条："今请灵驾先于上宫神墙外壬地新建下宫奉安，俟十月十二日申时发赴丙地幄次，十三日申时掩皇堂。"

B.《宋会要辑稿》第三十一册，礼三七之一五哲宗永泰陵条："奉安梓宫于永泰陵之下宫。"

[2]《宋史》卷一百二十三，礼志二十六，上陵之礼记载：景德四年（1007）正月，真宗朝拜三陵，"既至，斋于永安镇行宫，太官进蔬膳。是夜，漏未尽三鼓，帝乘马却舆辇伞扇，至安陵，素服步入司马门行奠献礼，诸陵亦然。又诣下宫。凡上宫用牲牢、祝册，有司奉事；下宫备膳羞，内臣执事，百官陪位"。上宫之祭（献殿）由品官助祭，以太牢三牲为供，读祝文，为公祭。下宫之祭，由太监行事，供奉饮食，如宫内之私祭。

[3] 傅永魁、刘洪淼：《河南巩县宋永昭陵区的考察》，载《考古学集刊》8，科学出版社1994年版。

[4] 傅永魁、刘洪淼：《河南巩县永昭陵区的考察》（载《考古学集刊》8，科学出版社1994年版）说：南宋绍兴已未（1139年6月），南宋陕西分画地界使郑刚中，赴陕西与金交涉地界路过巩县，他在《西征道里记》记载目睹永昭陵下宫的状况是："其号下宫者，乃酌献之地，已无屋，而遗基历历可见。余陵规模皆如此。"

似为宫门遗址。

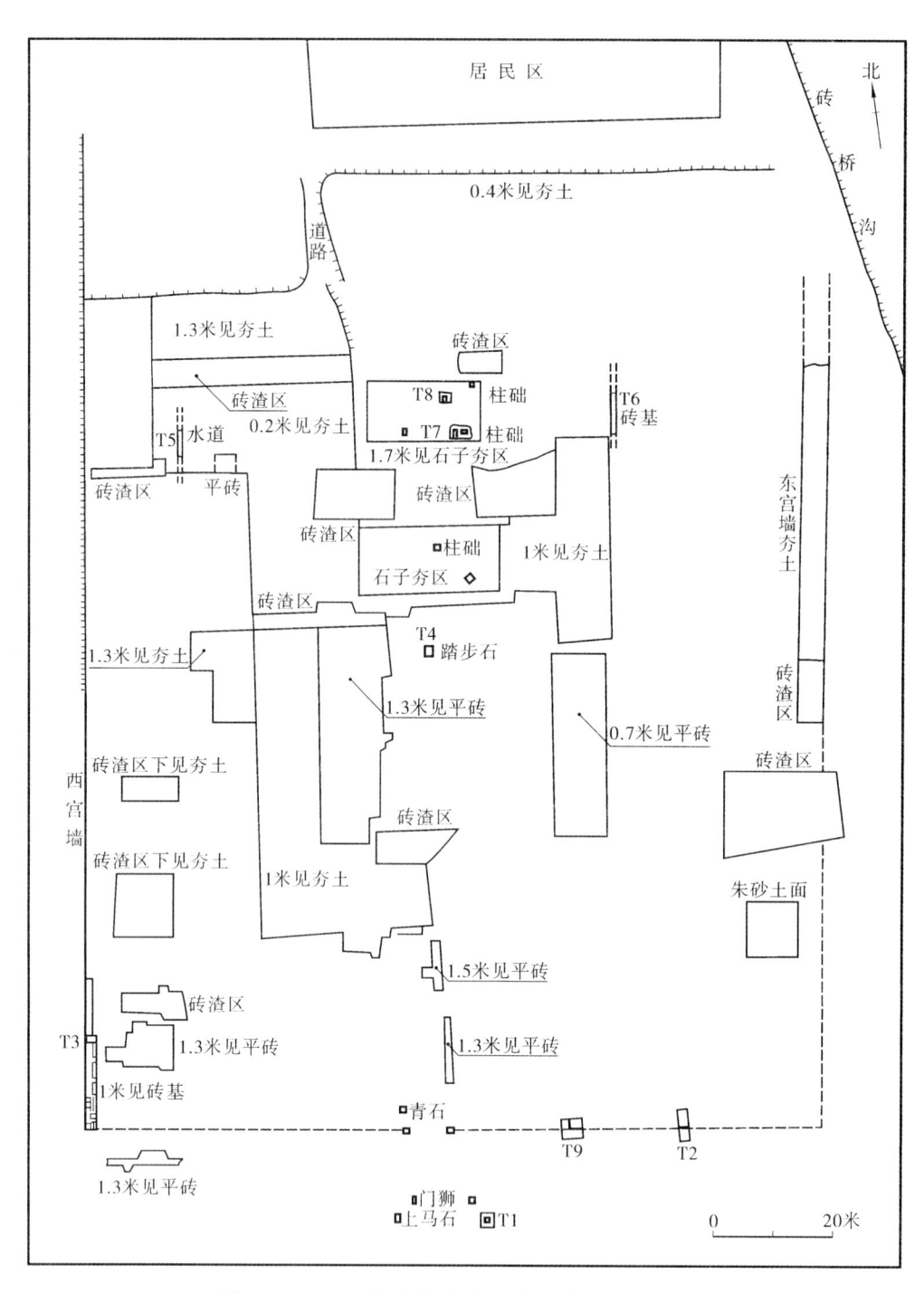

图 1-2-10　北宋帝陵永昭陵下宫钻探平面图
（采自《考古学集刊》8，第149页）

2. 殿址

在宫内中轴线上，从南神门狮向北约百米发现一东西长25米，南北宽11米的夯土殿基，夯土厚 1.3 米左右，夯层下垫石渣层。在台基中间偏北和近东南角处各发现一方青石柱础，在夯土台基石渣层也发现柱础。台基南约 9 米，深 1.8 米处发现一 2.5×2 米的青石板，或是殿前踏步石。

上述殿基之北 14 米，发现第二座殿基。殿基东西长 20 米，南北宽 10 米，夯土坚硬，台基厚 1.7 米，夯层下垫河卵石。台基东端和南侧偏西处发现五方 1 米见方的青石柱础。殿基南 4 米处两侧，有砖铺地面残迹，铺砖残迹东西间距 13.5 米，此处似连接南北殿基的柱廊残迹。总的来看，南北殿基总体平面呈"工"字形。

3. 东西庑、庭院与东西侧院

上述二殿基东西两侧各与南北向夯土台基相连。东侧台基南北残长 67.5 米，宽 9.5 米，北部与南部殿基相连处宽 17 米。西侧台基南北残长 111 米，宽 10—36 米不等。台基南端东折，与东侧夯土台基南端相呼应，如此在殿基之南则形成庭院。而东西两侧南北向夯土台基，似为殿基两侧东西廊庑基址。廊庑基址与东西宫墙之间，发现有不规则的夯土区、砖瓦区、平铺砖地面等残迹，上述区域应是下宫东西两侧院之所在。

此外，宫门内中轴线上向北 7 米，又往北 4.5 米处，均发现铺砖道路残迹。

4. 试掘与出土遗物

在南宫门东，东距东神墙 20 米处开探方（T9），发现方砖铺地、散水和砖墙基。该探方向东开探方（T2），清理出宫墙一段，长约 2 米，残宽约 0.57 米，残高 0.3 米，墙外有方砖散水坡。在宫内西北角距北崖线 22.5 米，距西宫墙 17 半处开探方（T5），清理出地下水道。水道残长 2 米余，小砖砌壁，平砖铺底，横顺砖砌水道盖。水道为 0.2×0.2 米，南高北低的地下水道。宫门狮南 1.5 米处开探方，清理出完整上马石一件。

试掘所出遗物，除前已提到的上马石、柱础外，还有万字勾栏栏板[1]、瓦当、羽人残件、吻兽残件、铭文瓦片（正面有阴文"范文""张玉"字样）、三彩枕片、木雕龙头、透雕铜饰和铜钱（锈蚀）等[2]。

(二) 下宫的形制

《宋朝事实》卷十三记载："英宗梓宫至永厚陵，馆于席屋。从韩公下视，宫有正殿，置龙輴，后置御座。影殿置御容，东幄卧衹帛，后置御衣数事。斋殿旁，皆守陵宫人所居；其东有浣濯院，有南厨、厨南陵使廨舍，殿西副使廨舍……灵驾至，仪仗转趣园西殿中。"正殿为皇帝拜谒诸陵时"下宫备膳羞，内臣执事，百官陪位"之"行事"所在。前述南部殿基即为正殿遗址，后面殿基则为影殿遗址。《政和五礼新仪》卷十"奏告诸陵下宫"陈设条说："又设告官席位于阶东，陪位官席位又于其南，并西向，北上设太祝位于庭中之南。"所谓庭就是前述殿基南之庭院，即供百官列位、拜祝之用的院庭。下宫遗迹无存，

---

[1] 《宋会要辑稿》第三十一册，礼三七之三〇记载：大中祥符五年十月，三陵副使言："山门、角阙、乳台、鹊台勾栏损腐，宜用柏木制换，帝以用木为之不久，命悉以砖代之。"

[2] 下宫钻探清理，还参考了河南省文物考古研究所《北宋皇陵》，中州古籍出版社 1997 年版，第 168 页。

目前研究较少。有的学者根据前述记载，并结合有关文献，曾对下宫做出平面复原示意图（图1-1-7），可供参考[1]。关于北宋帝陵其他下宫调查情况，请参见表1-2-10。

表1-2-10　　　　　　　　　　帝陵下宫考古调查概况

陵	位置	尺寸	遗迹	遗物	备注
安陵	孝惠贺后陵神道之西，淑德尹后陵之东南，东南距安陵上宫约300米（图1-1-2）	南北长约165米东西宽约130米	在下宫西南部地表下0.7米，发现当时地面和铺地砖等遗迹		《宋会要辑稿》礼三七之三四，记元丰元年曾"修造"安陵下宫
昌陵	上宫西北约350米（图1-1-2）	南北约165米，东西宽约135米		残存南门狮一对，二狮间距8.5米	
熙陵	上宫西北，祔葬后陵之南，石狮东南距上宫西北角阙约75米（图1-1-2）	南北约150米，东西约125米	考古钻探，发现北墙夯土墙基	南门狮一对，间距7.7米	
定陵	章献明肃刘后陵北，南门狮距刘后陵北神门石狮52米（图1-1-3）	南北约170米，东西约140米	位于土岗上，较刘后陵园高5米，似存南墙残迹	南门狮一对，已位移	
昭陵	上宫北335米，慈圣光献曹后陵北神门外90米（图1-1-4）	南北长约163米东西宽130米	详见正文	南门狮一对，间距9.3米。遗址北中部柱础石2方，南门外掩埋上马石二方	进行过考古调查，钻探和试掘
厚陵	宣仁圣烈高后陵北70米，东南距上宫270米（图1-1-4）		修路破坏后的断层，可见百余米夯土层。北侧壁纯黄褐土夯筑，夯层厚15—18厘米，残高0.5—2.2米。南侧壁为夯土、河卵石、砖瓦片层间筑，残高1—2.5米	南门狮一对，下身埋于地下。修路破坏后的断面可见两方柱础石和7个柱础石坑	《北宋皇陵》未记下宫范围尺寸
裕陵	祔葬向后、陈后后陵之北，西邻显恭王后陵。南门狮南距钦慈陈后陵北门狮24米（图1-1-5）	南北约150米，东西约130米		南门狮一对，间距9.3米。狮之南两侧探出上马石二方	

---

[1] 冯继仁：《北宋皇陵建筑构成分析》，《考古学研究》1994年第00期。该文所作宋陵下宫平面示意图，见本书图1-1-7。

续表

陵	位置	尺寸	遗迹	遗物	备注
泰陵	昭怀刘后陵北略偏西，在刘后陵北神门外约55米处（图1-1-5）	南北约150米，东西约135米		出土青石柱础较多	地面遗迹无存 以上诸陵下宫资料据《北宋皇陵》

第三节 北宋帝陵石雕

一 北宋帝陵石雕概况

（一）石刻种类和数量

北宋帝陵是宋代石雕的宝库，数量巨大。但是，北宋灭亡后，北宋帝陵屡遭劫难，石雕被破坏和流失者较多，已难精确统计宋陵石雕数量。此处所言石雕，以石象生为主，还包括上马石、柱础等各种有纹饰的雕刻构件。《北宋皇陵》一书，在实地调查基础上，最新的统计为帝陵现存石象生395件，另有上马石12件，其中残缺不全者33件；后陵现存石象生336件，其中残缺不全者51件。陪葬墓尚存石象生69件，其中残缺不全者19件。此外，书中还收集帝陵碑刻少许，统计的墓志75方，墓记碑41通（少数已散失）[1]，仅上所述总数已近千件（928件）。

北宋帝陵的石雕，数量、组合和规制较明确者，只有帝后陵的石象生及相关的上马石等。帝陵上宫石雕永昭陵之前（永安陵除外）完整者均为60件[2]，其中神道石象生46件，从南向北依次为望柱2、象2、驯象人2[3]、瑞禽石屏2[4]、角端2[5]、马4、控马

---

[1] 河南省文物考古研究所：《北宋皇陵》，中州古籍出版社1997年版，第22—24页表三、四、五；附录一北宋皇陵碑刻录文；附录三北宋皇陵出土墓志、墓记录文。

[2] （宋）李攸：《宋朝事实》，中华书局1957年版卷十三，"英宗葬永厚陵"条中记"石人物六十事"。

[3] 河南省文物考古研究所：《北宋皇陵》，中州古籍出版社1997年版，第455页，"象与驯象人"条引《宋史》仪卫志六，"宋卤簿，以象居先"，"每象，南越军一人跨其上，四人引……"，认为象与驯象人"显然是'宋卤簿以象居先'的反映"；"象旁所立者，应是随从驯象来宋的'南越军人'，我们称之为'驯象人'"。

[4] 河南省文物考古研究所：《北宋皇陵》，中州古籍出版社1997年版，第455页"瑞禽石屏"条说，"有学者称之为鸾鸟或马首禽"，"宋皇陵的禽鸟石屏仿之唐代，但其形象变化较大"，"在排列位置上，它居象之后而在角端之前，也应寓有'嘉瑞'之意，因此我们仍称之为瑞禽。由于瑞禽不宜刻制圆雕，而是浮雕于石屏上，将其称为瑞禽石屏似更贴切些"。

[5] 河南省文物考古研究所：《北宋皇陵》，中州古籍出版社1997年版，第455页"角端"条说，"最初有学者依据《营造法式》称之为'獬豸'，但书中的獬豸图像与实物差距甚远"，且其寓意"也与列于陵墓前的神兽不合，因此可以否定。今学者多引《宋书·符瑞志》，'角端者，日行万八千里，又晓四夷之语，明君圣主在位，明达方外幽远之事，则奉书而至'，将其称为角端"。

官8、虎4、羊4、客使6[1]、武官4、文官4、武士2件（图1-3-1、1-3-2)[2]。

1. 永裕陵石像生全景

2. 永熙陵东列石像生

图1-3-1　北宋帝陵石象生
（采自《北宋皇陵》）

---

[1] 河南省文物考古研究所：《北宋皇陵》，中州古籍出版社1997年版，第455—456页"客使"条，引有关文献后说：宋人对外国使者，一般称作客使或蕃客。
[2] 河南省文物考古研究所：《北宋皇陵》，中州古籍出版社1997年版，第456页"武士"条说，"有学者称之为禁卫军士，或镇陵将军"，"但史料中尚无镇陵将军之名"。依据其形象和雕像的守门性质，"我们称之为武士"。

若加上南神门外上马石二则为48件。此外，南神门内和陵台前各有两身宫人，宫城四神门外各置一对石狮，加在一起共60件。帝陵下宫南神门外置一对石狮，与前述相加为62件[1]。自仁宗永昭陵以下，又在下宫南神门外加置一对上马石[2]，这样帝陵石刻总数又达64件。后陵石刻总数为30件，尺寸也较帝陵变小[3]。

帝后陵石象生的结构，可分为像体、连座、底座和土衬四大部分。其中望柱两层石座，上马石为单层石座，余者均三层石座。上层石座与像体连为一体，故暂称连座。中间和下层石座可称底座和土衬。像体与连座中部往往有方形卯榫，使两者稳固结合。连座和底座表面磨光。土衬石当时埋入地下，其四侧面保留粗加工时的凿痕。石象生所用石材，均取自今偃师市大口镇白瑶村"栗子岭"采石场。

（二）雕镌技法[4]

《营造法式·石作制度》规定，对石料有六道加工工序。即"一曰打剥——用錾揭剥高处"，用錾子凿去石面上的突起部分。"二曰粗搏——稀布錾凿，令深浅齐均"，用錾凿

---

[1] 河南省文物考古研究所：《北宋皇陵》，中州古籍出版社1997年版，第454页引《永定陵奉采石记》碑文有"侍从人物象马之状六十二"，认为永定陵上、下宫乃同时修建，故六十二之数似应包括上宫、下宫的石雕像数目。

[2] 郭湖生、戚德耀、李容淦《河南巩县宋陵调查》（《考古》1964年第11期）说，"永裕陵乳台旁有上马石一，镌云龙纹"，此为孤例。

[3] 《宋会要辑稿》第二十八册，礼三二之四、五记载了安葬章献明肃刘皇后时后陵的石象生数量及尺寸，文中说：明道二年四月"十日，太常礼院言：'准诏同司天监祥定山陵制度。……宫人二，高八尺，阔二尺五寸，厚二尺；土衬二，长四尺，阔三尺五寸，厚六寸；座二，长三尺五寸，阔三尺，厚八寸。文武官四，身高九尺五寸，阔二尺五寸，厚二尺；土衬四，各长四尺，阔三尺，厚六寸；座四，长三尺五寸，阔二尺五寸，厚八寸。羊四，高六尺五寸，阔六尺，厚二尺五寸；土衬四，长七尺，阔三尺五寸，厚六寸；座四，长六尺五寸，阔二尺五寸，厚八寸。虎四，高六尺五寸，阔五尺，厚三尺；土衬四，长六尺五寸，阔二尺五寸，厚六寸；座四，长六尺，阔三尺五寸，厚八寸。马二，长一丈，头高六尺，厚三尺五寸；土衬四（二），长七尺五寸，阔四尺五寸，厚八寸；座二，长七尺五寸，阔四尺，厚八寸。把马官四，高八尺五寸，阔二尺五寸，厚二尺；土衬四，长五尺五寸，阔三尺，厚六寸；座四，丈（长）五尺，阔二尺五寸，厚八寸。望柱二，长一丈四尺，径二尺五寸；土衬二，方四尺五寸，厚六寸；座二，方三尺。狮子八，高六尺五寸，阔五尺，厚三尺；土衬八，长六尺五寸，阔五尺，厚六寸；座八，长六尺，阔四尺，厚八寸"。《宋会要辑稿》礼三三之二五、二六记建中靖国元年（1101）安葬钦圣宪肃向皇后时的石象生尺寸较章献明肃刘皇后陵石象生尺寸略小，即"一宫人二个，各身高八尺，背阔二尺三寸。一狮子八个，各高六尺一寸已上至六尺六寸以下，胸开（阔）二尺七寸。一文武官四个，各身高九尺以上，九尺三寸以下，背阔二尺七寸。一羊四个，坐高六尺一寸，胸阔二尺三寸。一虎四个，坐高五尺六寸，胸阔二尺二寸。一马二匹，各高五尺三寸，头尾长九尺，鞍辔事件全。把马官四个，各身高八尺，背阔二尺二寸。一望柱二条，各高一丈三尺二寸，径围七尺八寸"。上述两后陵神道石象生数目相同，尺度也相差无几（参见《北宋皇陵》附表三）。

[4] 雕镌技法以下部分，主要参考张广立《宋陵石雕纹饰与〈营造法式〉的石作制度》（载《中国考古学研究》二，科学出版社1986年版）一文。

粗凿石面，去掉凹凸不平之处。"三曰细漉——密布錾凿，渐令就平"，进一步细加工，使石面平整。"四曰褊棱——用褊錾镌棱角，令四边周正"；"五曰斫作——用斧刀斫作，令面平正"，"如素平及减地平钑三遍，然后磨礲；压地隐起两遍，剔地起突一遍"。"六曰磨礲——用沙石水磨，去其斫文"，使石面平整光滑，至此雕刻前的成型加工告成。然后，《营造法式》又说"并随所用描华文"，"磨礲毕，先用墨蜡，后描华文钑造"。从"栗子岭"采石场发现的情况判断，其上述六道工序当在采石场完成，"描华文钑造"的半成品亦主要在采石场完成[1]，运到陵区后才正式雕刻细部，完成作品。在永定陵下宫出土两件柱础，形制大小相近，一件雕刻精细完整，另一件则粗糙尚未最后完工[2]，即是上述情况的反映。

关于雕镌技法，宋陵主要石雕的形体为圆雕，其细部雕镌《营造法式·雕镌制度》记载有四种。一是"剔地起突"，即雕刻部位或纹饰在石面上突起较高，雕刻的最高点参差错落，不在一个平面上。雕刻的各部位或突起，或重迭交错，或透雕，有空间感和立体感。这种方法现代称为高浮雕或半圆雕。北宋帝陵人物和动物的局部表现形式，望柱柱础和柱顶的宝装莲花、仰覆莲、联珠纹、摩尼珠纹；雕龙的上马石，石象生的带形边饰等均采用此种雕镌手法。瑞禽石屏则是"剔地起突"技法的代表作。

二是"压地隐起"，此法相当于现代的浅浮雕。雕刻纹饰突起较低，各部位最高点不超过边框的高度或与装饰面轮廓线大体平齐。北宋帝陵石象生局部构件的纹饰和边饰，常用这种方法雕刻出各种深浅相差少许，互相重迭穿插，有一定深度感，隐起圆润的立体花纹。如永熙陵象背鞯褥上的怪兽纹（图1-3-3之1）[3]，永昭陵武士绣抱肚（捍腰）上的云鹤纹等[4]（图1-3-3之3）。

---

[1] 中国社会科学院考古研究所洛阳汉魏故城考古队、偃师县文物管理委员会《河南巩县宋陵采石场调查记》（《考古》1984年第11期）文中说："溪边有弃置柱础石二，皆为半成品，由礩、础两部分构成，礩作方形，础似圆柱。一柱础礩部埋于土中，础外露，直径约75厘米；另一柱础置乱石间，礩每边长75、础直径约65、通高约60厘米。"又"有一长方形石料的一端，錾刻出眼鼻的轮廓线，似欲作虎一类石兽；另一大型长方形石料，长、宽分别在二米和四米以上，其表面正处于修整中，大约有一半已经剥去表层，形成平整的石面"。

[2] A. 傅永魁、刘洪淼：《河南巩县宋永昭陵区的考察》，载《考古学集刊》8，科学出版社1994年版。
B. 河南省文物考古研究所：《北宋皇陵》，中州古籍出版社1997年版，第168页。

[3] A. 河南省文物考古研究所：《北宋皇陵》，中州古籍出版社1997年版，第67页，图四六之1，第179页图一五八。
B. 张广立：《宋陵石雕纹饰与〈营造法式〉的石作制度》，载《中国考古学研究》二，科学出版社1986年版，图八。

[4] A. 河南省文物考古研究所：《北宋皇陵》，中州古籍出版社1997年版，第80页图六二，第153页图一三一、第154页图一三二。
B. 张广立：《宋陵石雕纹饰与〈营造法式〉的石作制度》，载《中国考古学研究》二，科学出版社1986年版，图四。

图 1-3-2 北宋帝陵石象生（客使、宫人、石狮）

1. 客使（永熙陵东列南数第一号） 2. 宫人（永熙陵陵台前西列） 3. 石狮（永熙陵上宫南方西列）

（采自《北宋皇陵》）

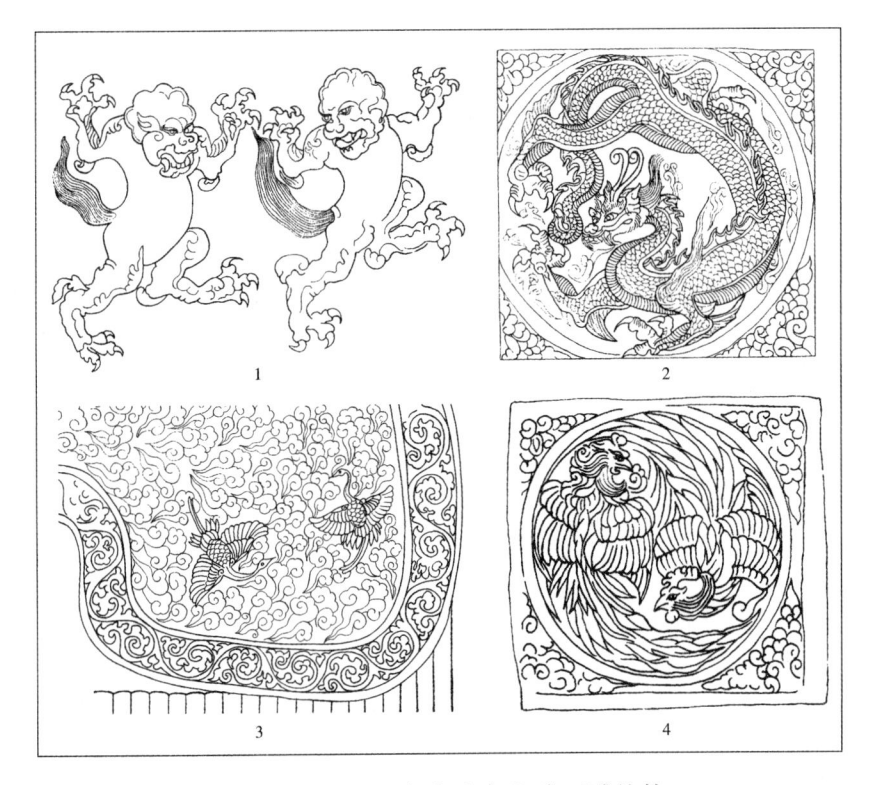

图 1-3-3 北宋帝陵永熙陵石雕纹饰

1. 象鞯褥上的怪兽纹 2. 望柱基部的团龙纹 3. 武士后甲右侧云鹤纹 4. 望柱基部的双凤纹（团凤纹）

（采自张广立《宋陵石雕纹饰与〈营造法式〉的石作制度》）

三是"减地平钑",相当于现代的平雕或平浮雕。其特点是凹、凸的雕刻面都是平的,且两个雕刻面各自处在两个不同高度的平面上。此法可派生出丰富的变体,如将"地"斫砟成小麻点或带状纹,有的在凸起面的纹饰上加刻阴线纹,有的将装饰面各部位的纹饰外轮廓线均刻成如剪影般的楞角,突出立体感,故又称"剪影式"凸雕。如北宋帝陵望柱柱身和底座的纹饰,多采用以刀笔在纹饰上加刻阴线的"剪影式"凸雕方法。形成阴影整齐而有规律,明暗效果显著而又简练的特殊风格。又如永熙、永昭、永厚、永裕、永泰陵等石象生的纹饰,均以近似线雕的方法雕成,即在由地纹衬托出的主纹的外轮廓线周围,向主纹所在方向以斜坡状刀法,钑去地子,以清晰突出主纹。这种雕法似有若无,粗看像线刻图,细看才知是减地平钑的一种。

四是"素平",相当于现代的线雕。其特点为饰物表面平滑,无大的起伏,上面雕有粗细相等、深浅一致的,或粗细不等、深浅不一的阴纹。阴纹线条类似绘画中的铁线描,纹饰即由这些线刻组成,是一种介于绘画与雕刻之间的雕刻形式。其效果类似绘画中的白描,素雅恬淡。如永熙陵上马石东、西侧的缠枝牡丹和翼马[1],望柱基部的团龙、团凤(图1-3-3之2、4)[2],明德李后陵石香炉外壁的忍冬纹边饰及宝相莲瓣等[3]。

总之,北宋帝陵的石象生,人物和动物的体部以圆雕为主,各局部纹样则根据部位和需要以上述之一种方法为主,或两种或多种方法相互配合雕刻而成,其雕刻技法已相当纯熟。

(三) 主要纹饰题材

宋陵石刻的纹饰题材,大体而言,主纹有龙、凤、珍禽、瑞兽、怪兽、人物,各种宝相花和各种牡丹花等。地纹有水浪、宝山、花卉和各种云纹等。角饰有宝相花、折枝牡丹、小云纹等。边饰有忍冬、蕙草、缠枝牡丹、宝相花、宝山、云纹和条带纹等。宋陵石雕纹饰凡主纹简素者,边饰多华丽;反之主纹华丽者,边饰则多简单。《营造法式·石作制度》规定:"其所造华文制度有十一品:一曰海石榴华,二曰宝相华,三曰牡丹华,四曰蕙草,五曰云纹,六曰水浪,八曰宝阶(原注曰:'以上并通用'),九曰铺地莲华,十一曰宝装莲华(原注曰'以上并施之于柱础')。或于华文之内,间以龙、凤、狮、兽及化生之类者,随其所宜,分布用之。"上述题材在宋陵石刻纹饰中均多有反映,看来宋陵石雕纹饰与《营造法式》的华文制度的规定是有密切关系的。宋陵石雕纹饰主要表现在望柱,象、上马石及一些石象生的连座和底座上,现将其主要纹饰题材简述如下。

1. 龙纹

北宋帝陵石雕纹饰以龙纹为主要题材,集中表现在各陵的望柱上。如永昌陵望柱,八个棱面花纹皆平浮雕("减地平钑"),各面纹饰题材分三组。第一组四个棱面雕刻云龙

---

[1] 河南省文物考古研究所:《北宋皇陵》,中州古籍出版社1997年版,第81页文,第86页图六九。

[2] 张广立:《宋陵石雕纹饰与〈营造法式〉的石作制度》,载《中国考古学研究》二,科学出版社1986年版,图九。

[3] 河南省文物考古研究所:《北宋皇陵》,中州古籍出版社1997年版,第91页文,第99页图八三。

纹，其中两面为一构图单元。每单元有两条龙，龙三爪、双角、鳞身、长尾，下面为一条向上的攀龙，上面一龙回首观望（图1-3-4之2）[1]。永熙陵望柱八个棱面，每一棱面为一构图单元，皆以缠枝海石榴花作地纹，每隔一个棱面雕刻两条攀龙。龙三爪，长唇直角，鳞身蛇尾[2]（图1-3-4之1）。望柱基部刻团龙纹，龙齐唇卷角（图1-3-3之2）[3]。永昭陵望柱八个棱面为一完整构图单元，以卷云纹为地，主纹为张口、长唇、舌在獠牙间上扬，三爪的飞龙。保存较好的三个棱面上刻三身完整的龙纹，下面的两龙身向下，龙尾向上，龙首昂起，长鬣在双角之后飘动（图1-3-5之1）[4]；上面一龙头上尾

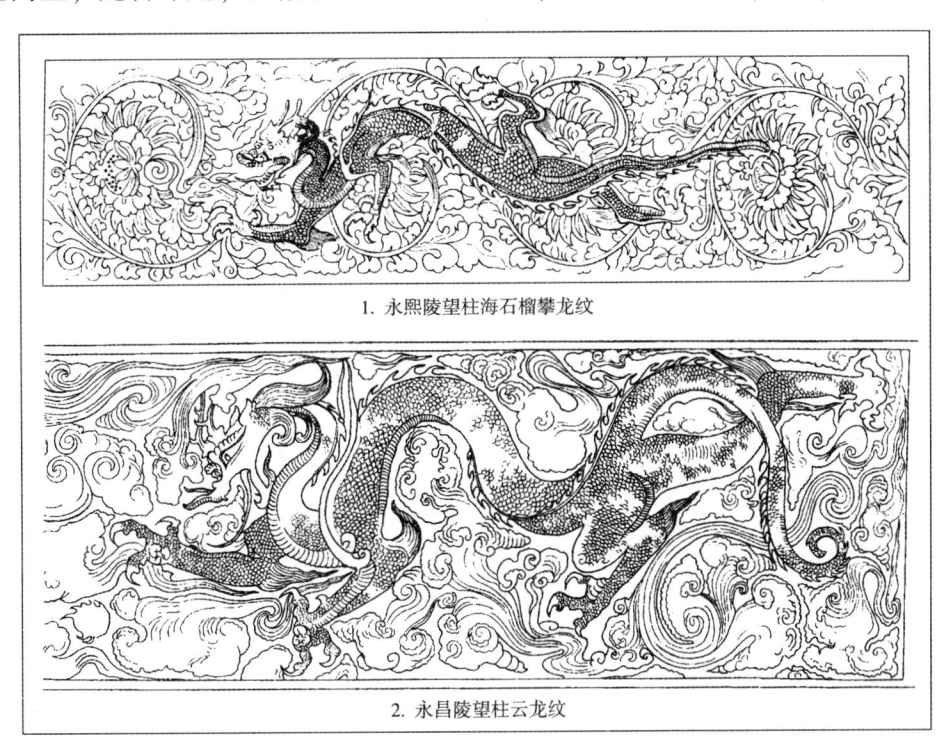

图1-3-4 北宋帝陵永昌陵、永熙陵望柱龙纹
（采自张广立《宋陵石雕纹饰与〈营造法式〉的石作制度》）

[1] A. 河南省文物考古研究所：《北宋皇陵》，中州古籍出版社1997年版，第36页图一七，第37页图一八。
B. 张广立：《宋陵石雕纹饰与〈营造法式〉的石作制度》，载《中国考古学研究》二，科学出版社1986年版，图七之1。

[2] 张广立：《宋陵石雕纹饰与〈营造法式〉的石作制度》，载《中国考古学研究》二，科学出版社1986年版，图九，1。

[3] 张广立：《宋陵石雕纹饰与〈营造法式〉的石作制度》，载《中国考古学研究》二，科学出版社1986年版，图九，2。

[4] A. 河南省文物考古研究所：《北宋皇陵》，中州古籍出版社1997年版，第137页文，第139—141页，图一一七、一一八、一一九。
B. 张广立：《宋陵石雕纹饰与〈营造法式〉的石作制度》，载《中国考古学研究》二，科学出版社1986年版，图一〇。

下；柱基壸门内雕折枝牡丹或折枝菊花。永厚陵望柱八个棱为一完整构图单元，现在保存的三个棱面于卷云地纹上雕三身完整的龙，龙首分别向上或向下，有三爪五爪之别，非常生动（图1-3-5之2、3）[1]。永裕陵望柱每面为一构图单元，地纹为繁缛硕大的宝相缠枝牡丹花，主纹为三身头上尾下的攀龙（上面二龙一足四爪，一足三爪）（图1-3-6之1、2）[2]。除望柱外，永熙、永裕、永泰陵上马石也雕龙纹[3]。永昭陵柱础上雕龙水纹，

图 1-3-5 北宋帝陵望柱龙纹

1. 永昭陵望柱龙纹　2、3. 永厚陵望柱的两个云龙纹

（采自张广立《宋陵石雕纹饰与〈营造法式〉的石作制度》）

---

[1] A. 河南省文物考古研究所：《北宋皇陵》，中州古籍出版社1997年版，第173—174页文，第176—178页图一五四、一五五、一五六。

B. 张广立：《宋陵石雕纹饰与〈营造法式〉的石作制度》，载《中国考古学研究》二，科学出版社1986年版，图一一。文中说："按现存可见的每两棱面有三条龙来推算，这一整柱上当有十二条龙纹。"

[2] A. 河南省文物考古研究所：《北宋皇陵》，中州古籍出版社1997年版，第209页文，第212—214页图一九〇、一九一、一九二。

B. 张广立：《宋陵石雕纹饰与〈营造法式〉的石作制度》，载《中国考古学研究》二，科学出版社1986年版，第264页，图一二。

[3] 河南省文物考古研究所：《北宋皇陵》，中州古籍出版社1997年版，第87页图七〇；永裕陵上宫上马石，第224页文，第227—231页图二〇五、二〇六、二〇七、二〇八、二一〇；永裕陵下宫上马石，第245页文，第247—248页图二二四、二二五，第250页图二二七、二二八；永泰陵第271—272页文，第273页图二五〇，第274页图二五一，第276页图二五三、二五四。

侧面雕宝山纹和海涛纹（图1-3-6之3）[1]。

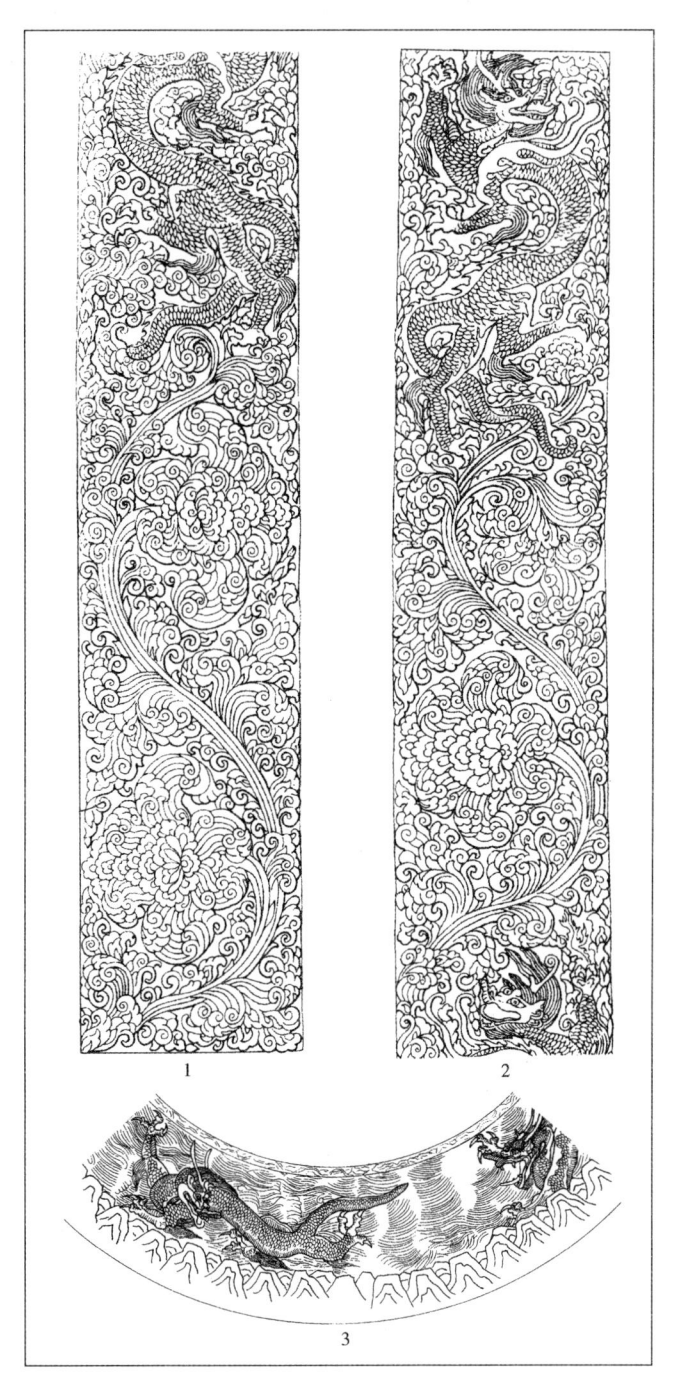

图1-3-6　北宋帝陵永裕陵、永昭陵望柱及柱础龙纹
1、2. 永裕陵望柱的缠枝宝相牡丹攀龙纹　3. 永昭陵柱础的龙水纹
（采自张广立《宋陵石雕纹饰与〈营造法式〉的石作制度》）

---

[1] 张广立：《宋陵石雕纹饰与〈营造法式〉的石作制度》，载《中国考古学研究》二，科学出版社1986年版，图一三。

2. 凤纹

凤纹少于龙纹，亦主要雕于望柱上，造型较优美。如永昌陵望柱的云凤纹（图1-3-7之1）[1]，永熙陵望柱八个棱面间隔雕双攀龙纹和双翔凤纹，望柱基部亦间隔雕团凤纹[2]（图1-3-3之4）。永定陵与永熙陵大同小异，其区别一是永定陵望柱基部雕单凤，下面加一条横忍冬纹带，永熙陵则为双凤纹无忍冬纹带；其二永熙陵望柱棱面上雕攀龙纹，基部雕团凤纹，若棱面雕翔凤纹，基部则雕团龙纹[3]。永定陵望柱棱面雕翔凤纹，基部雕团龙纹；棱面雕攀龙纹，基部雕团凤纹。此外，永熙陵祔葬的两李后陵亦雕凤纹（尾呈梭状树叶形）[4]。

3. 珍禽瑞兽纹

珍禽瑞兽纹，以各帝陵的瑞禽石屏雕刻的最精彩（详见后文）。其他如永熙陵上马石一侧雕翼马[5]、象背鞯褥上雕怪兽（见前述）、武士抱肚上雕狮兽纹[6]、元德李后陵望柱基部雕奔鹿[7]。永定陵象底座正面缠枝牡丹花中雕一对瑞兽（身似鹿，头顶肉芝）（图1-3-7之2）[8]，永厚陵象背鞯褥上雕小熊（见前述）等。此外，永熙陵武士后背革带的带銙上雕形态各异的人物形象[9]。

4. 牡丹纹

宋人喜爱牡丹，故宋陵中牡丹花纹较多。可分缠枝牡丹、折枝牡丹、宝相牡丹等数种，其构图均较灵活。如永熙上马石东西两侧面雕缠枝牡丹[10]，永熙陵象底座四面雕缠

---

[1] A. 河南省文物考古研究所：《北宋皇陵》，中州古籍出版社1997年版，第35页。
B. 张广立：《宋陵石雕纹饰与〈营造法式〉的石作制度》，载《中国考古学研究》二，科学出版社1986年版，图七，2。

[2] A. 河南省文物考古研究所：《北宋皇陵》，中州古籍出版社1997年版，第58页。
B. 张广立：《宋陵石雕纹饰与〈营造法式〉的石作制度》，载《中国考古学研究》二，科学出版社1986年版，图九。

[3] A. 河南省文物考古研究所：《北宋皇陵》，中州古籍出版社1997年版，第107页。
B. 张广立：《宋陵石雕纹饰与〈营造法式〉的石作制度》，载《中国考古学研究》二，科学出版社1986年版，第258—262页文。

[4] 河南省文物考古研究所：《北宋皇陵》，中州古籍出版社1997年版，第89、91页文，图七六—七九拓本漫漶。

[5] 河南省文物考古研究所：《北宋皇陵》，中州古籍出版社1997年版，第81文，86页图六九。

[6] 河南省文物考古研究所：《北宋皇陵》，中州古籍出版社1997年版，第75页文，第81页图六三、第80页图六二、第83页图六五。

[7] 河南省文物考古研究所：《北宋皇陵》，中州古籍出版社1997年版，第89页。

[8] 张广立：《宋陵石雕纹饰与〈营造法式〉的石作制度》，载《中国考古学研究》二，科学出版社1986年版，图一四，1。

[9] 河南省文物考古研究所：《北宋皇陵》，中州古籍出版社1997年版，第75页文，80页图六一。

[10] 河南省文物考古研究所：《北宋皇陵》，中州古籍出版社1997年版，第81页。

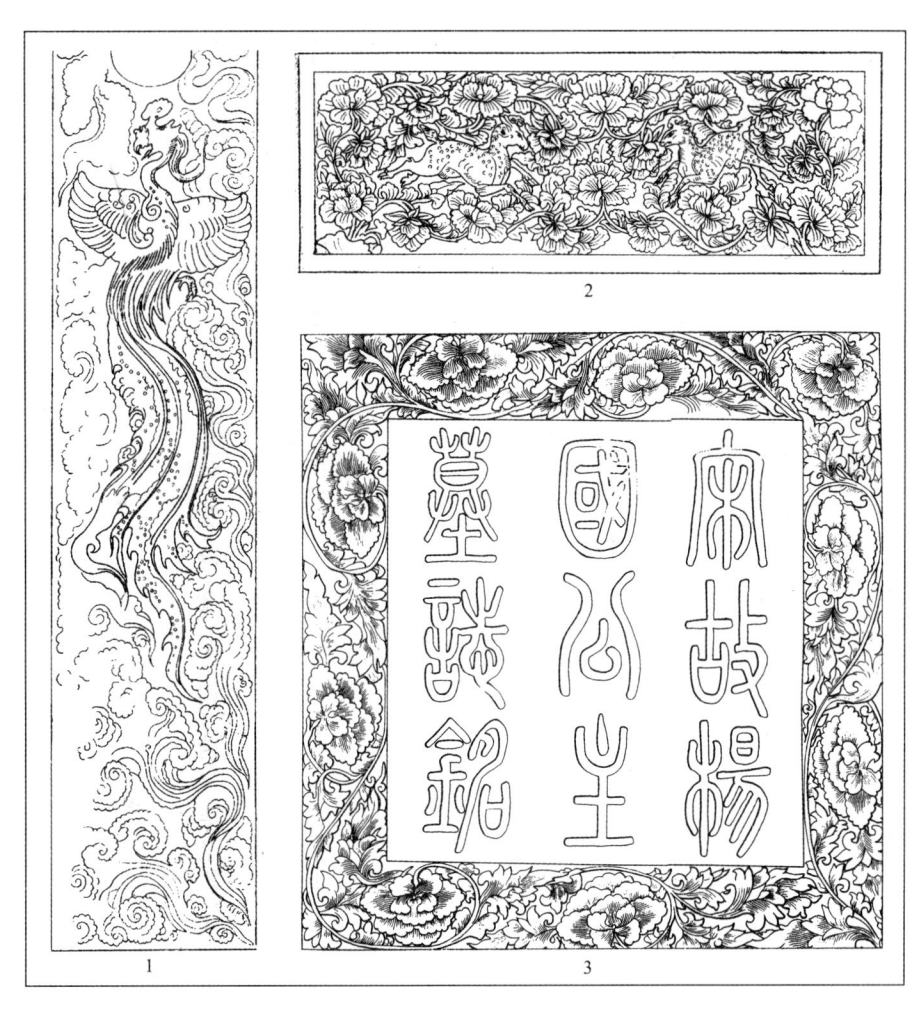

图 1-3-7 北宋帝陵石雕纹饰（一）
1. 永昌陵望柱的云凤纹 2. 永定陵象座正面缠枝牡丹瑞兽纹 3. 宋故杨国公主墓志铭盖缠枝牡丹纹
（采自张广立《宋陵石雕纹饰与〈营造法式〉的石作制度》）

枝牡丹[1]，永定陵东列石象座正面雕缠枝牡丹[2]。缠枝牡丹有的是一条缠枝，一缠到底。如永泰陵的宋故杨国公主墓志铭盖的边饰，左下方生出一枝，依次向上，向左、向下、向右蔓延，直至首尾相接（图1-3-7之3）[3]。有的是两条、三条或四条分别缠绕。

---

[1] 河南省文物考古研究所：《北宋皇陵》，中州古籍出版社1997年版，第58页。

[2] A. 河南省文物考古研究所：《北宋皇陵》，中州古籍出版社1997年版，第107页文，文中称"缠枝花卉"。
   B. 张广立：《宋陵石雕纹饰与〈营造法式〉的石作制度》，载《中国考古学研究》二，科学出版社1986年版，文中称缠枝牡丹。

[3] 张广立：《宋陵石雕纹饰与〈营造法式〉的石作制度》，载《中国考古学研究》二，科学出版社1986年版，图一五。

如永定陵象底座上的牡丹左右各生出两枝，以基本对称的图形，分别向中间缠绕[1]（图1-3-7之2）。折枝牡丹，如永裕陵望柱基部壶门内雕有折枝牡丹[2]，永裕陵上马石四角以压地隐起法雕四朵折枝牡丹[3]（图1-3-8之1）。在宋修奉园记碑座的三面，莲瓣壶门内雕牡丹纹（图1-3-10之5）。宝相牡丹下文有说。

图1-3-8 北宋帝陵石雕纹饰（二）
1. 永裕陵上马石的折枝牡丹角纹　2. 永昭陵柱础的宝相花角纹　3、4. 宋陵墓志的蕙草纹边饰
（采自张广立《宋陵石雕纹饰与〈营造法式〉的石作制度》）

---

[1] 张广立：《宋陵石雕纹饰与〈营造法式〉的石作制度》，载《中国考古学研究》二，科学出版社1986年版，图一四，1。

[2] 河南省文物考古研究所：《北宋皇陵》，中州古籍出版社1997年版，第209页文，第215页图一九三。

[3] A. 河南省文物考古研究所：《北宋皇陵》，中州古籍出版社1997年版，第224页文，第228—230页图二〇六、二〇七、二〇八。
B. 张广立：《宋陵石雕纹饰与〈营造法式〉的石作制度》，载《中国考古学研究》二，科学出版社1986年版，图三，2。

5. 各色宝相花

宝相花的特点是将某些自然形态的花朵，进行综合性艺术处理，使之更加丰满壮实，璀璨繁丽，是我国较普遍使用的一种传统纹样。宝相花的种类较多，在宋陵中有数种。其一，宝相海石榴花，如永昌陵望柱基部雕宝相海石榴花[1]（图1-3-9之1），永定陵望柱上则以缠枝海石榴花作地纹[2]。其二，宝相花，如永昌陵望柱基部宝相花（图1-3-9之3），永昭陵下宫出土柱础四角雕四朵不同的宝相花（图1-3-8之2）[3]，曹后陵望柱上雕有缠枝宝相花[4]（图1-3-10之1、2）。其三，宝相牡丹花，如永昭陵望柱基部雕有宝相牡丹[5]（图1-3-9之5），永厚陵衬葬的高后陵望柱上雕宝相牡丹[6]（图1-3-10之3），永裕、永泰陵望柱上雕有宝相缠枝牡丹花等[7]。其四，宝相莲花，如永昌陵望柱基部宝相莲花[8]（图1-3-9之2）。其五，宝相菊花，如永昭陵望柱基部的宝相菊花[9]（图1-3-9之4）；永厚陵望柱基部宝相菊花（图1-3-10之4），昭陵衬葬曹后陵望柱基部宝相菊花（图1-3-10之6）等[10]。

---

[1] A. 河南省文物考古研究所：《北宋皇陵》，中州古籍出版社1997年版，第35页文。
B. 张广立：《宋陵石雕纹饰与〈营造法式〉的石作制度》，载《中国考古学研究》二，科学出版社1986年版，图二，1。

[2] A. 张广立：《宋陵石雕纹饰与〈营造法式〉的石作制度》，载《中国考古学研究》二，科学出版社1986年版。
B. 河南省文物考古研究所：《北宋皇陵》，中州古籍出版社1997年版，第107页称"缠枝宝相花"。

[3] 张广立：《宋陵石雕纹饰与〈营造法式〉的石作制度》，载《中国考古学研究》二，科学出版社1986年版，图三，1。

[4] 张广立：《宋陵石雕纹饰与〈营造法式〉的石作制度》，载《中国考古学研究》二，科学出版社1986年版，图一。

[5] 张广立：《宋陵石雕纹饰与〈营造法式〉的石作制度》，载《中国考古学研究》二，科学出版社1986年版，图二，5。

[6] 张广立：《宋陵石雕纹饰与〈营造法式〉的石作制度》，载《中国考古学研究》二，科学出版社1986年版，图一六。

[7] 河南省文物考古研究所：《北宋皇陵》，中州古籍出版社1997年版，第209、256页。

[8] A. 张广立：《宋陵石雕纹饰与〈营造法式〉的石作制度》，载《中国考古学研究》二，科学出版社1986年版，图二，2。
B. 河南省文物考古研究所：《北宋皇陵》，中州古籍出版社1997年版，第35页，只提到望柱柱础"刻宝相牡丹和海石榴花纹图案"。

[9] A. 张广立：《宋陵石雕纹饰与〈营造法式〉的石作制度》，载《中国考古学研究》二，科学出版社1986年版，图二，4。
B. 河南省文物考古研究所：《北宋皇陵》，中州古籍出版社1997年版，第137页称"折枝菊花"。

[10] A. 张广立：《宋陵石雕纹饰与〈营造法式〉的石作制度》，载《中国考古学研究》二，科学出版社1986年版，第278页图一九。
B. 河南省文物考古研究所：《北宋皇陵》，中州古籍出版社1997年版，第174页称永厚陵望柱基部花卉为折枝菊花或折枝牡丹。第166页曹后陵望柱基部花卉称缠枝牡丹或缠枝菊花。

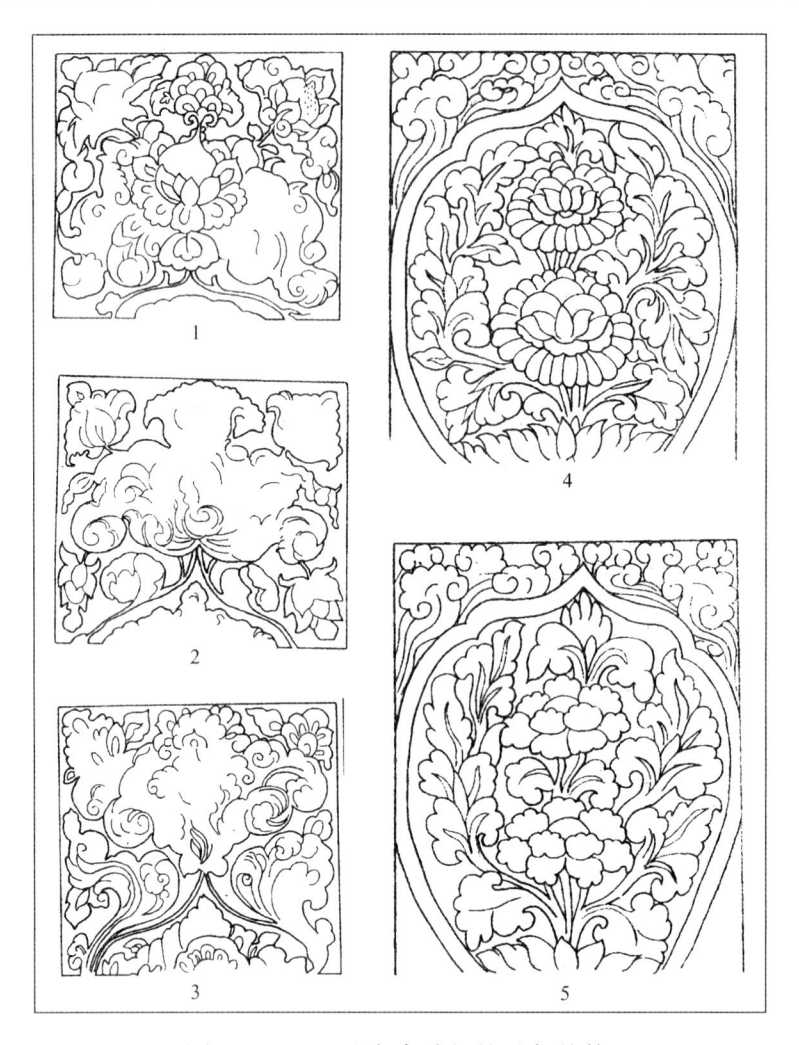

图 1-3-9　北宋帝陵望柱基部纹饰

1. 永昌陵望柱基部的宝相海石榴花　2. 永昌陵望柱基部的宝相莲花　3. 永昌陵望柱基部的宝相花　4. 永昭陵望柱基部的宝相菊花　5. 永昭陵望柱基部的宝相牡丹

(采自张广立《宋陵石雕纹饰与〈营造法式〉的石作制度》)

6. 莲花、云纹及其他纹饰

各陵望柱基座雕宝装莲花，望柱柱头多雕仰覆莲花纹。此外，还有铺地莲花。云纹较多，有些前面已经提到，不赘述。另外还有蕙草纹[1]（图1-3-8之3、4）、水波纹和宝山纹等[2]。除上所述，个别石人像还见有着色痕迹[3]。

---

[1] 张广立：《宋陵石雕纹饰与〈营造法式〉的石作制度》，载《中国考古学研究》二，科学出版社1986年版，图三之3、4。

[2] 张广立：《宋陵石雕纹饰与〈营造法式〉的石作制度》，载《中国考古学研究》二，科学出版社1986年版，图一三。

[3] 郭湖生、戚德耀、李容淦《河南巩县宋陵调查》(《考古》1964年第11期) 说："在永厚陵石人像上残留有朱红及石绿等色彩，可能石人物原皆曾着色。"

图 1-3-10 北宋帝陵石雕纹饰（三）
1、2. 仁宗曹后陵望柱的缠枝宝相花　3. 英宗高后陵望柱的缠枝宝相牡丹　4. 永厚陵望柱基部的宝相菊花
5. 宋修奉园陵记碑座侧面莲瓣壶门内的牡丹纹　6. 仁宗曹后陵望柱基部的宝相菊花
（采自张广立《宋陵石雕纹饰与〈营造法式〉的石作制度》）

二 北宋帝陵石象生的艺术特色

(一) 帝陵石象生是从属于陵寝规制的独立石雕艺术体系

帝陵石象生及其雕镌艺术是帝陵的主要构成要素之一，自其产生之日起，就是与帝陵共生、共存、共荣的一种特殊的石雕艺术。因此，其艺术表现形式和特点受帝陵性质强力制约。首先，帝陵石象生必须绝对服从帝王的灵魂观念，丧葬礼仪和宗法秩序。所以帝陵石象生强调造型庄重、内涵准确，要求石象生的造型、装饰和表现手法体现的理念必须完全符合帝陵这个主题，必须与帝陵的庄严、肃穆、沉郁和神秘的氛围协调一致，并重在烘托此种氛围。故帝陵石象生不仅要形似，更要神似之中的深厚底蕴。其次，帝陵石象生必须服从帝陵整体布局的需要。因此，帝陵石象生必须按照要求逐步规范化，其题材、造型、规格、姿态、数目、配列有定，使之完全被控制在程序化、模式化的框架之内。此外，帝陵石象生均置于空旷的原野上，属于大地艺术范畴。这种特定的场所就要求帝陵石象生必须达到远视效果与近前仰视效果，以及石象生群与周围景观、所在部位和场景的协调统一。因此，帝陵石象生必须突出组合阵容的宏大，突出配置的对称和错落有致的序列，突出石象生个体的体量，突出石象生轮廓的准确、简洁和概括，突出雕刻线条的表现力，突出石象生不同部位不同题材的特点。这样就要求雕刻家和雕刻工匠在特定的框架和限定的时间内，运用各种雕刻技法和表现手法，在整体和细部上作相应的艺术处理，从而又为帝陵石象生艺术的发展提供了一定的创作空间。上述情况，是帝陵石象生艺术与宫苑和一般世俗石雕艺术的相异之处。由此而形成的帝陵石象生艺术的独特理念、表现手法、审美取向和艺术标准，使帝陵石象生发展成为独立的石雕艺术体系。北宋帝陵石象生雕镌艺术，正是沿着上述规则和轨迹发展到空前的高度。

(二) 北宋帝陵石象生的艺术特色

帝陵石象生在唐陵已初步形成较完整的序列和体系，北宋帝陵石象生在此基础上，又有新的重要发展。唐陵石象生浑厚、雄壮、豪迈，注意大的形体关系，不拘于局部细微变化，讲求结构、线条，注重体量，追求阳刚之美，用总体的动态设计表现出宏大的气魄和健美的神韵。就此而言，北宋帝陵石象生远逊于唐陵石象生。但是，北宋帝陵石象生根据需要既继承了唐陵石象生的某些优良传统，又勇于开拓创新，形成了具有时代特点的新的艺术风格，将中国帝陵石象生艺术推向更高的发展阶段。北宋帝陵石象生的艺术特色，概言之，大致有以下诸点。

第一，北宋帝陵石象生已经序列化，形成完整的体系。其中特别是神道两侧石象生雕刻，较好地体现出群体和整体美，突出了秩序、韵律与和谐美的艺术效果。

第二，把握石象生整体与局部的关系较到位，重视局部艺术处理与整体艺术效果相辅相成的关系。

第三，石象生构图造型较准确，较注意不同题材不同部位石雕间的尺度和比例关系。

第四，石象生镌刻技法较纯熟，刀法洗练，线条准确流畅，表现手法多样、细腻。以不同的视角不同的透视方法，表现不同题材不同部位的石雕，形成较好的视觉效果。

第五，石象生的装饰纹样题材丰富，并与相关的石雕题材融为一体，构图严谨生动，表现力强。

第六，石象生突出了写实风格，各种人物雕像和虎羊等，犹如真实人物和动物的写生；神化的动物也可看到某些动物原型的影子；大量的花卉、纹饰和图案，亦撷取于现实生活中的形象加以变化。

第七，石象生寓动于静，其形象的情和势，神韵和内在气质相融相通，形神兼备，一些精品栩栩如生。

第八，合理运用艺术夸张手法。比如人物加大头部的比例。横立的动物加大身长或身高的比例。以人物而论，若人物头部按人体正常的7：1制作，那么参拜者在狭长的神道中近前仰视，就须用很大的视角才能将全像包括进去，由于视点距头较远，头显得很小。为改变这种强烈的透视视差，当时的雕刻家们自觉或不自觉地应用了透视规律，利用视觉的错觉，将头的比例夸大（北宋帝陵石人像身高与头的比例一般在4.2—4.8：1；永熙陵最大，为3.7—4.1：1；永裕陵最小，为5—6.92：1）。这样在狭长神道中看到的人物就显得比例匀称，视觉舒适，效果和谐。这是北宋帝陵石象生雕镌艺术的重要成就之一。

但是，在前述八点之外应当指出北宋帝陵为"七月葬期"所限，时间紧迫，加之雕刻工匠众多，技术水平差距很大，所以北宋帝陵石象生优劣不同，即使同一陵内的石象生水平也参差不齐。总体而言，北宋帝陵石象生在造型浑厚、力感强烈，气势雄伟上，与唐陵石象生还有较大的差距，这是北宋帝陵石象生艺术的美中不足和主要的缺憾。

除上所述，北宋七帝八陵的石象生又各有特点，其情况概述如下。

1. 永安陵石象生

宋初全国尚未统一，石象生无定制。从永安陵和祔葬的后陵残存的石象生来看，石象生瘦小、质朴、不注重细部刻画。残存的马、虎、狮等雕像腹部不透雕，石座不磨光。总的来看，有晚唐五代石象生艺术遗风。

2. 永昌陵石象生

见图1-3-11。开宝八年宋灭南唐，次年太祖崩。太祖永昌陵石象生奠定了北宋帝陵石象生的规范、序列和体系，宋代石象生艺术特色已露端倪。永昌陵石象生形体大于安陵，但在七陵中其形体仍属最瘦小者。在雕刻技法上，昌陵石象生刀法简练，纹饰疏朗，开写实和注意细部雕刻之先河，石象生连座和底座开始磨光。石象生有凝重感，但缺乏生气，神韵不足，较呆板。

3. 永熙陵石象生

见图1-3-1之2、1-3-2、1-3-12。石象生体量加大（在七陵中占第二位），较粗壮浑实。人物雕像头大身粗，服饰质感较强，面部丰腴，突出表情刻画，在静穆肃立之中透出威严和哀戚之情。宫人眉清目秀，表现出女性之美。动物体量较大，轮廓简洁清晰，面部刻画有神有情，富于活力，有动感。石雕刀法细腻，线条流畅，既着力把握整体，又注意精雕细刻；纹饰题材较多（出现动物纹），富于变化，写实性增强，注意突出神韵。该陵石象生在七陵中雕工最精，石望柱、石羊、武士等均为上乘之作。

1. 马与控马官（东列南数第二组）　　2. 武官（东列）

3. 角端（东列）　　4. 石羊（东列南数第二号）

图 1-3-11　北宋帝陵永昌陵石象生

（采自《北宋皇陵》）

1. 马与控马官（东列）

2. 武士（西列）

3. 武士（东列）

图 1-3-12　北宋帝陵永熙陵石象生

（采自《北宋皇陵》）

4. 永定陵石象生

见图1-3-13。永定陵石象生是永熙陵石象生的延续和发展，体量小于永熙陵，人物的身材和脸型较永熙陵瘦，表情于呆板中露出哀戚之情。石象生风格与永熙陵相近，但刀法简洁，线条疏朗。

1. 客使与文武官（西列）

2. 角端（西列）

3. 瑞禽石屏（东列）

图1-3-13　北宋帝陵永定陵石象生

（采自《北宋皇陵》）

5. 永昭陵石象生

见图1-3-14之3、4。永昭陵石象生在七陵中体量最大，人物雕像高大，有的略显臃肿，脸型较长，表情呆板，衣纹表现力强，可显示出体态的变化。动物雕像体较长，雕像石座均不刻花纹。总的来看，石象生缺乏力度，雕工较糙。

1. 永厚陵角端（东列）

2. 永厚陵客使（东列南数第一号）

3. 永昭陵马与控马官（东列南数第一组）

4. 永昭陵驯象人（西列）

图1-3-14 北宋帝陵永厚陵、永昭陵石象生

(采自《北宋皇陵》)

1. 永裕陵武士（西列）　　2. 永裕陵瑞禽石屏（西列）

3. 永泰陵文官（东列南数第一号）　　4. 永泰陵石象（西列）

图 1-3-15　北宋帝陵永裕陵、永泰陵石象生

（采自《北宋皇陵》）

6. 永厚陵石象生

见图1-3-14之1、2。永厚陵石象生体量小于永昭陵，石象生形态较永昭陵发生变化。人物雕像体态修长，面容清瘦，表情含蓄而呆板。动物雕像身长体瘦，有动感（如角端），较注意细部刻画，象和角端可分出雌雄，动物纹饰生动。总的来看，永厚陵石象生在风格上仍有永昭陵遗风。

7. 永裕陵和永泰陵石象生

见图1-3-1之1、1-3-15。永裕和永泰陵石象生特点很接近，永裕陵石象生体量大于永厚陵，永泰陵石象生体量小于永厚陵，在七陵中仅略大于永昌陵。二陵石象生在七陵中最为精细，雕刻技法娴熟，形神兼备。动物雕像造型、姿态、细部刻画，神韵和动感的表达俱佳。人物像体态修长、苗条，面相俊秀，五官刻画准确，衣纹与体形相结合；表情各异，着重刻画各种不同人物的精神状态和风度，生动传神。除瑞禽神兽外，余者突出写实、逼真。永泰陵在细部刻画，写实和表现动感方面更胜永裕陵。二陵石象生与永熙陵石象生相比，缺乏力度、壮健和豪迈气魄。但是，从雕刻技法和表现手法上看，二陵石象生则为宋陵石象生艺术的精彩总结。

综上所述，可指出以下6点。第一，七帝八陵石象生各有特色，各有时代特点。第二，永熙陵石象生是北宋早期三陵（安、昌、熙）的代表作，也是北宋七帝八陵石象生中的精品。第三，永定陵石象生是上承永熙下启永昭的过渡类型。第四，永昭陵石象生在七帝陵中体量最长，雕工糙，缺乏力度，石象生水平远逊于永熙，也不如永定陵。第五，永厚与永昭陵埋葬时间仅差4年，永厚陵石象生也有永昭陵遗风，但从石象生体量、人物和动物形态上看，已较永昭陵发生明显变化，其体量和动物形态（如石屏、角端）有向永裕陵过渡之势。第六，永裕、永泰陵石象生风格和特点极为接近。在七帝八陵中，二陵的石象生是仅次于永熙陵的精品。

三 北宋帝陵石象生的型式与分期

(一) 型式

北宋帝陵神道石象生保存较好，现以各帝陵线图较全的望柱、象、驯象人、瑞禽石屏、角端、马、文武官、武士为例，略分型式。

1. 望柱

除永安陵外，余七座帝陵均有望柱，下面依其柱顶、柱头的变化分为三型。

A型：永昌、永熙、永昭、永厚陵望柱

A型望柱，柱顶雕仰覆莲，中间束腰，柱头覆钵塔式。依柱顶、柱头的变化和柱身、柱基、底座图案的差异，分为四式。

Ⅰ式：永昌陵望柱

见图1-3-16之1。永昌陵望柱通高540厘米，八个棱面，棱面宽27—32厘米。柱头覆钵塔式，雕折枝莲花和折枝牡丹，一鸟栖于花丛中[1]，塔尖较高呈弧形。柱顶与柱头相接的束腰处雕纹饰，上下雕仰覆宝装莲瓣。柱身向上略收杀，八个棱面纹饰分三组。第一组四个棱面雕云龙纹，其中两个棱面为一构图单元，每面雕二龙，下为攀龙，上面一龙回首观望。第二组两个棱面雕云凤纹，一面为一构图单元，各雕二凤，与龙体相对。第三组两个棱面，一面为一构图单元，各雕缠枝牡丹。柱基雕宝相牡丹和海石榴花等图案，底座雕宝装莲花。

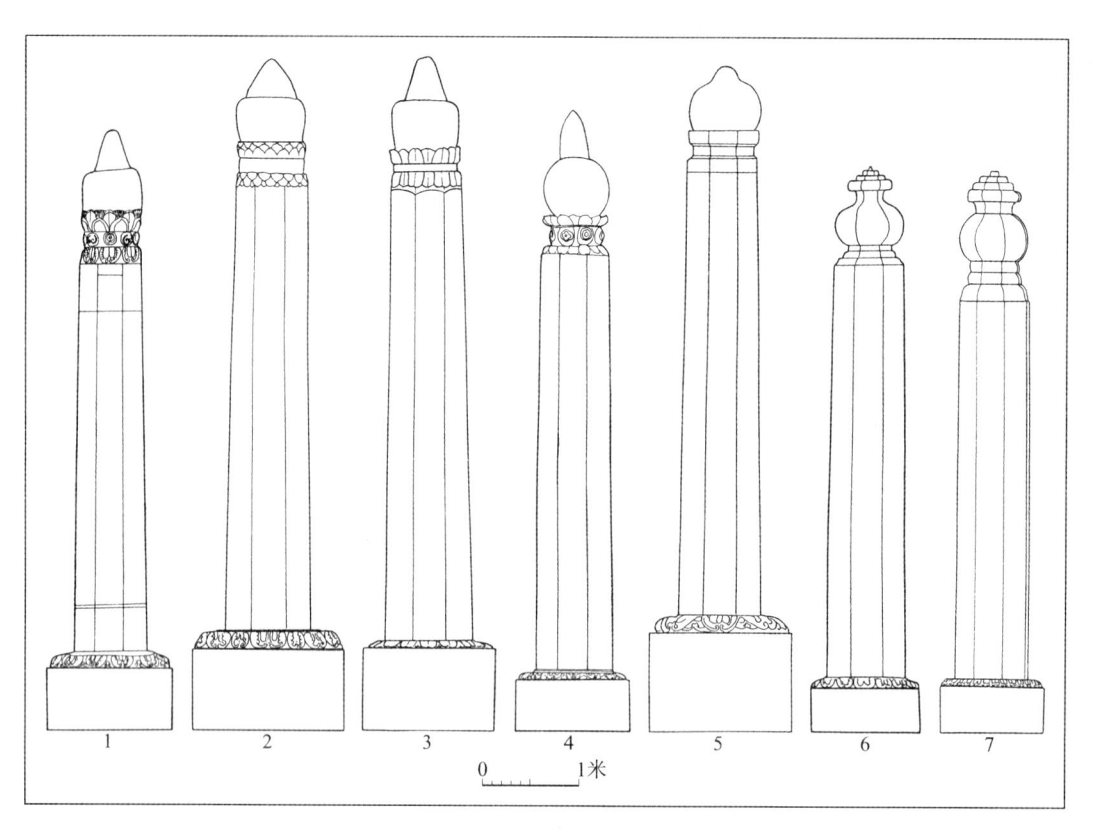

图1-3-16 北宋帝陵望柱立面图

1. A型Ⅰ式（永昌陵东列） 2. A型Ⅱ式（永熙陵东列） 3. A型Ⅲ式（永昭陵东列） 4. A型Ⅳ式（永厚陵西列） 5. B型（永定陵西列） 6、7. C型（6. 永泰陵西列，7. 永泰陵东列）

（分型分式线图，均采自《北宋皇陵》）

Ⅱ式，永熙陵望柱

见图1-3-16之2。永熙陵望柱高588厘米，八个棱面，棱面宽32—37厘米。柱头覆钵塔式，较Ⅰ式加宽增大，塔尖较Ⅰ式宽，呈锐角。柱顶与柱头相接处束腰，上下雕双层仰覆莲瓣。柱身向上略收杀，八个棱面每面为一构图单元，分雕三条攀龙或三只飞凤。柱基雕团龙、团凤纹，其配置与柱身龙凤纹相错，底座雕缠枝牡丹。

---

[1] 河南省文物考古研究所：《北宋皇陵》，中州古籍出版社1997年版，第41页，图二二拓本。

Ⅲ式：永昭陵望柱

见图1-3-16之3。永昭陵望柱通高602厘米，八个棱面，每面宽32—36厘米。柱头覆钵塔式，较Ⅱ式高，覆钵壁较直，塔顶部略斜平。柱顶与柱头相接处束腰较Ⅰ、Ⅱ式窄，上下雕仰覆莲瓣。柱身向上收杀较明显，八个棱面形成一个完整的构图单元。在保存较好的三个棱面雕三条龙。柱基雕折枝牡丹或折枝菊花，底座雕宝装莲瓣。

Ⅳ式：永厚陵望柱

见图1-3-16之4。永厚陵望柱通高580厘米，八个棱面，每面宽28—32厘米。柱头覆钵塔式，覆钵略呈球形，塔顶高、窄、尖。柱顶与柱头相接束腰较宽，雕纹饰，上下雕仰覆莲瓣（以上略同Ⅰ式）。柱身较前述望柱变细，向上略收杀。八个棱面为一个构图单元（同Ⅲ式），柱面严重风化。在西列望柱南、西和西南三面上雕三条龙，有的龙出现五爪（一般为三爪）。柱基雕折枝菊花或折枝牡丹，底座雕宝装莲瓣（同Ⅲ式）。

B型：永定陵望柱

见图1-3-16之5。永定陵望柱通高558厘米，八个棱面，每面宽32—36厘米（同永昭陵望柱面宽）。柱头桃形，柱顶与柱头相接处束腰较宽，上下无仰覆莲瓣。柱身向上略收杀，八个棱面每面为一构图单元（同A型Ⅱ式），八个棱面相间雕双攀龙和双飞凤。柱基分雕团龙和团凤纹，其配置与柱身龙、凤分别对应。底座雕宝装莲花。

C型：永裕、永泰陵望柱

见图1-3-16之6、7。永裕陵望柱通高528厘米，八个棱面，每面宽28—33厘米。柱顶迭涩状，柱头八棱宝瓶式。柱身变矮、细，向上略收杀。柱身一个棱面一个构图单元（同B型），雕三条头上尾下的攀龙。基部雕折枝牡丹或宝相花，底座雕宝装莲瓣。

永泰陵望柱通高524厘米，八个棱面，每面宽28—30厘米，其形制与永裕陵望柱基本相同，而略有差异。如永泰陵望柱柱顶三层迭涩较永裕陵高，且每层迭涩肩部略呈弧状。永泰陵宝瓶最大腹径在中部（永裕陵宝瓶最大腹径在肩下）。永泰陵宝瓶颈较永裕陵宝瓶颈粗，宝瓶盖纽较永裕陵宝瓶盖纽大且粗。每个棱面为一构图单元，亦雕三条头上尾下的攀龙。柱基雕折枝宝相牡丹，底座雕宝装莲瓣。

以上七座帝陵望柱，通高排序（从高到低）为永昭、永熙、永厚、永定、永昌、永裕、永泰陵。八个棱面每面宽的排序（从宽到窄）是永熙、永定和永昭、永裕、永厚、永昌、永泰陵。

2. 象和驯象人

(1) 象

根据体态和装具形制变化可分四型。

A型：永昌陵象

见图1-3-17之1。象身长299厘米，高234厘米（东列，西列无图），身长是身高的1.27倍，体型短粗。鼻直垂，悬于底座之上，鼻端略内卷。象牙细小，内斜相对，小耳下垂。腿较细，裆窄小。细尾较短，直垂。象身上部最高点在背中部，项略低于背，溜臀。工字形络头雕长方形饰，无垂缨。鞦（或秋）系缨铃。背部置高装莲座，座下有云形装饰，下垂短系带。鞯褥双层，上窄下宽，下端呈弧形。小莲花尾套，两侧各有二系带与鞯相连。

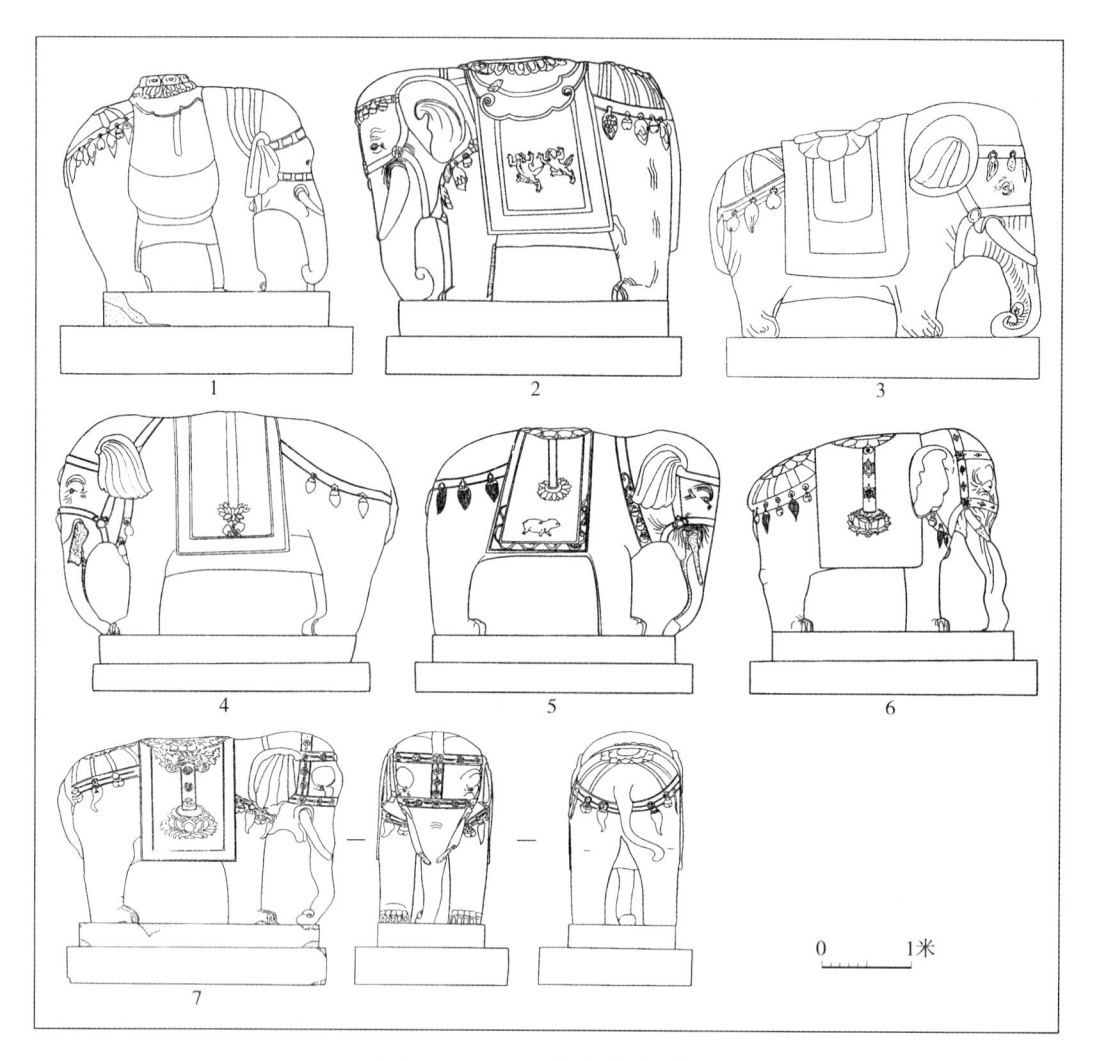

图 1-3-17　北宋帝陵石象
1. A 型（永昌陵东列）　2. B 型 I 式（永熙陵东列）　3. B 型 II 式（永定陵西列）　4. C 型 I 式（永昭陵东列）　5. C 型 II 式（永厚陵东列）　6. D 型 I 式（永裕陵西列）　7. D 型 II 式（永泰陵东列）

B 型：永熙、永定陵象

体形较大，鼻较粗，直垂触连座，鼻端内卷弧度较大。象牙粗大，左右弯于鼻前，大耳略后摆。腿短粗，裆低平，略大于 A 型，粗尾下垂。络头有缨饰，背置大朵莲花，鞯褥多层，长方形，宽大。莲花尾套较大，连座和底座雕纹饰。依象的形态，装具和纹饰差异分两式。

I 式：永熙陵象

见图 1-3-17 之 2。石象东列身长 363 厘米，高 266 厘米；西列象身长 360 厘米，高 282 厘米（西列无图）；身长分别是身高的 1.36 倍和 1.27 倍。象牙于鼻前相接，长粗尾直垂。象身背部较平，背中部置大朵宝装莲花座，座下有双云纹。双层鞯褥直角长方形，两侧各雕一对小兽。大莲花尾套，系带较多。络头上梁满雕缨饰、竖中梁和下梁雕花饰，鞅鞦缨铃较密。连座、底座四面均线雕缠枝牡丹。

Ⅱ式：永定陵象

见图1-3-17之3。西列（东列无图）象身长350厘米，身高258厘米，身长是身高的1.35倍。象牙于鼻前相对，鼻下端略前伸，鼻端内卷一个甜瓜（？）。腿短于Ⅰ式，裆较Ⅰ式低平。尾较Ⅰ式细小，略曲，侧摆。象背最低点在中部，头微抬，臀略溜。背置大朵铺地莲花座，中间有孔，莲座下垂短系带。鞯褥三层，素面。络头上梁雕缨，中间雕花饰。似无鞅，鞦缨铃少于Ⅰ式，尾套小于Ⅰ式且系带少。东列石象连座正面雕缠枝牡丹，花丛中有一对奔兽，其余三面仅雕缠枝花卉。

C型：永昭、永厚陵象

体型较B型瘦长，长鼻较细，中部内曲，鼻端触连座微内卷。象牙细，残。耳小于B型，下垂。腿较B型细高，裆较B型高宽。尾细小，侧摆（似分别向左右侧摆）。象体上部最高点在背中部，最低点在项部，臀部弧状斜溜。络头缨少无纹饰，鞅绕颈项，系铃，鞦两侧各雕缨三朵，无尾套。鞯褥双层，长方形，较B型窄、短，鞯褥上垂莲花蹬。依象的形态、装具和纹饰差异分两式。

Ⅰ式：永昭陵象

见图1-3-17之4。东列（西列无图）象身长381厘米，高244厘米，身长是身高的1.56倍。头略前伸，络头中梁与上下梁相接处垂缨。背无莲花，鞯褥无纹饰，鞯褥下垂长系带莲花蹬。

Ⅱ式：永厚陵象

见图1-3-17之5。东列（西列无图）石象身长324厘米，高225厘米，身长是身高的1.44倍。体型小于Ⅰ式，头略内倾，络头无中梁，上下梁中部垂缨，残象牙置于鼻前。腿较Ⅰ式细高，裆大于Ⅰ式；尾向左侧摆。背雕铺地莲花，中间有小孔（直径20厘米，深9厘米）。鞯褥双层之间雕缠枝忍冬纹，背垂短系带莲花蹬，蹬下雕一行走状小熊。

D型：永裕、永泰陵象

体型小于C型和B型，略大于A型。长鼻中部和下部曲，鼻端触连座微内卷。耳略大于C型，下垂。象牙较C型略粗，残。腿较高，裆略窄于C型。细尾，曲而侧摆。象身上部略呈坡形，最高点在头顶部，背部次之，项部略凹，臀斜溜。络头密雕花饰，鞅系缨铃。背部雕大朵铺地莲花，鞯褥长方形，其上垂宽系带大莲花蹬，系带雕花饰。鞦系缨铃，大莲花尾套。依体态、装具和纹饰差异分两式。

Ⅰ式：永裕陵象

见图1-3-17之6。西列（东列无图）石象身长315厘米，高226厘米，身长是身高的1.39倍。尾似较短（图上无明确显示），背雕铺地莲花，中间有圆孔；鞯褥两侧雕饰花边（图上无显示），络头下梁中间垂饰，鞅鞦缨铃较密。尾套莲花单层，有外缘，系带较多。

Ⅱ式：永泰陵象

见图1-3-17之7。东列（西列无图）石象身长318厘米，高254厘米，身长是身高的1.25倍。鼻端弯曲少于Ⅰ式，鼻端似内卷甜瓜（？）。尾长于Ⅰ式，曲摆至右腿侧。背雕双层铺地莲花，鞯褥双层，窄于Ⅰ式。蹬大于Ⅰ式，蹬之系带上端与背部莲花间有大朵花饰。鞦鞧缨铃较Ⅰ式稀，尾套莲花双层，无外缘，系带少于Ⅰ式。

（2）驯象人

根据身材、体态、服饰、装束差异分四型。

A型：永昌、永熙陵驯象人

卷发束巾，脸型较圆，瞋目，衣圆领，腰束带，足穿圆头履，手曲于胸腹间持物，依体态、发式、饰物、持物和身材之别分三式。

Ⅰ式：永昌陵驯象人

见图1-3-18之1。仅存西列驯象人，身高222厘米，宽72厘米，身高是身宽的3倍。驯象人卷发齐项，束巾头后打结，深目圆睁。着圆领齐膝短袍，腰束带（绳状），带端结于腹前飘垂，足穿高鞡靴。右臂曲于胸前，握拳，左手腹前执杖。

Ⅱ式：永熙陵西列驯象人

见图1-3-18之2。西列驯象人身高256厘米，宽84厘米，身高是身宽的3倍，身材较Ⅰ式高大。卷发齐项，束巾头后打结，巾端分向两侧下垂。面部颐颔较大，大眼瞋目，耳饰环。似上衣下裳，上衣圆领半臂，下裳垂足，露圆头覆。有捍腰，腰束带，腹前打结后带端长垂，有腕饰，左手在上，右手在下，在胸腹前合持长柄镐，镐头在左肩处，残。

Ⅲ式：永熙陵东列驯象人

见图1-3-18之3。驯象人身高280厘米，宽95厘米，身高是身宽的2.94倍，身材较Ⅰ式、Ⅱ式高、宽。卷发披肩，束巾头后打大花结。脸圆丰腴，瞋目圆睁，大耳饰环，项圈垂饰。着圆领半臂过膝袍服，腰束带，袍服前襟提挽于腰间。似穿裤，下露圆头履。右手在上，左手在下，于胸腹间斜持长柄镐，镐头在右肩处。

B型：永定陵驯象人

见图1-3-18之4、5。东列驯象人身高262厘米，宽72厘米，身高是身宽的3.63倍；西列驯象人身高264厘米，宽76厘米，身高是身宽的3.47倍，身材较瘦。驯象人卷发披肩，包巾额前饰花，头后巾带打结下垂。脸较长，颧骨略高，眼睑下垂作静穆状。大耳饰环，颈戴联珠项圈。上身裸，斜披络腋，臂饰钏（西列，东列无）。小臂曲于腰际，手于胸腹间半握（东列右手在上、左手在下；西列左手略在上，右手略在下），持物缺，有腕饰。下身穿过膝短裙，有捍腰。西列驯象人腰束带，腹前结大花，带端下垂（东列不清楚）。裙下赤腿，有腕饰，跣足。背后自披肩发际下垂长帛，项下和臀部结大花，长帛下垂近足跟处。东列、西列驯象人略有区别。

C型：永昭陵驯象人[1]

驯象人身材高大，短卷发，无发饰。脸型长圆，下颔较宽，双目作静穆状。大耳，无项圈。着圆领紧袖及地长袍，下露圆头履。腰束革带，有带饰，腰下袍服衣纹呈长弧形。双手置于胸腹间，持物。依头部形态、身材、持物的差异分两式。

---

[1] 永厚陵缺西列驯象人，东列驯象人仅残存上半身，略。

第一章 北宋帝陵　105

图1-3-18　北宋帝陵驯象人

1. A型Ⅰ式（永昌陵西列）　2. A型Ⅱ式（永熙陵西列）　3. A型Ⅲ式（永熙陵东列）　4. B型（永定陵西列）　5. B型（永定陵东列）　6. C型Ⅰ式（永昭陵东列）　7. C型Ⅱ式（永昭陵西列）　8. D型Ⅰ式（永裕陵东列）　9. D型Ⅱ式（永泰陵东列）

Ⅰ式：东列驯象人

见图1-3-18之6。驯象人身高290厘米，宽102厘米，身高是身长的2.84倍，身材高大魁梧。短卷发，头后发在项上，颐颏较大，耳无饰。袍服宽肥，双手相迭于胸腹间合持长柄镐。

Ⅱ式：西列驯象人

见图1-3-18之7。[1]

驯象人身高292厘米，宽94厘米，身高是身宽的3.1倍，身材较Ⅰ式略高而瘦。短卷发，头后束成数绺，脸型小于Ⅰ式，有络腮胡须，耳饰环。袍服较Ⅰ式瘦，双手于胸前合托荷叶盘，盘内盛犀角，作供奉状。

D型：永裕、永泰陵驯象人

身材较瘦小，卷发披肩，束巾。脸型较长，颏较C型窄，耳穿环。圆领紧袖及地长袍，下露圆头履。腰束带，有带饰，衣纹略呈弧状。双手合持镐。依发式、装束和持物分两式。

Ⅰ式：永裕陵驯象人

见图1-3-18之8。东列驯象人（西列缺），身高210厘米，宽72厘米，身高是身宽的2.9倍。驯象人脸左半部毁，卷发披肩、掩耳、束巾。腰束饰带，双手合持长柄镐，镐头残缺。

Ⅱ式：永泰陵驯象人

见图1-3-18之9。东列驯象人（西列缺）身高226厘米，宽84厘米，身高是身宽的2.69倍，身材较Ⅰ式略胖。卷发束巾，头后打结，巾带下垂，耳饰环。有捍腰，后面以云头连接。腰饰带下垂蹀躞带，双手合持短柄镐，镐头在右手斜上方。

3. 瑞禽石屏

瑞禽石屏整体呈长方形屏状，地纹雕宝山，主纹雕瑞禽并辅雕小兽。瑞禽马首，龙身（身雕鳞纹）或鸟身（身雕羽纹），鹰爪，凤尾（或略似凤尾）。据屏顶形状，瑞禽、小兽、宝山纹形制的差异分四型。

A型：永昌、永熙陵石屏

圭顶，屏缘平或较平，有连座，宝山纹粗疏。禽体较小，翅半展，尾未开，驻足山石上与头探出洞口回首小兽对视。依圭顶形状，石屏侧面、背面和连座有无纹饰，禽体形态的差异分两式。

Ⅰ式：永昌陵石屏

见图1-3-19之1、2。圭顶宽、两边斜杀较缓、边较短。石屏背面、侧面、连座无纹饰。宝山纹写意式，稀疏。瑞禽双爪并立于石屏下部一侧的山石上，身雕大片鳞纹（东列，西列漫漶），尾羽叶状，大尾或呈常态（东列），或上卷（西列），未开。瑞禽与头已探出洞口回首小兽对视[2]。东列石屏高214厘米，宽174厘米，高是宽的1.2倍；西列石屏高220厘米，宽172厘米，高是宽的1.27倍。

---

[1] 河南省文物考古研究所《北宋皇陵》（中州古籍出版社1997年版，第138页）说：西列驯象人"手捧犀角作贡奉状，与列于石羊之后的客使完全相同，由于是近年从它处移来重立，我们颇怀疑该雕像属于永厚陵，属于永厚陵缺佚的西列南数第一号客使"。

[2] 傅永魁《河南巩县宋陵石刻》（载《考古学集刊》2，中国社会科学出版社1982年版）文中说：永昌陵"东列的瑞禽刻羊首，是宋陵中仅有的一件"。

图 1-3-19 北宋帝陵瑞禽石屏

1. A型Ⅰ式（永昌陵东列） 2. A型Ⅰ式（永昌陵西列） 3. A型Ⅱ式（永熙陵西列） 4. B型Ⅱ式（永定陵东列） 5. C型（永昭陵东列） 6. D型Ⅰ式（永厚陵东列） 7. D型Ⅱ式（永裕陵西列） 8. D型Ⅱ式（永泰陵西列）

Ⅱ式：永熙陵西列石屏

见图1-3-19之3。圭顶窄，高，两斜边长。石屏前、后、两侧通体雕宝山纹，层峦迭嶂；连座和底座上雕缠枝牡丹纹。瑞禽双爪立于石屏下部略近中间的山石上，身雕细小的鳞纹，尾向上束卷，回首与头已探出洞口的小兽对视。石屏高312厘米，宽190厘米，高是宽的1.64倍，显得较Ⅰ式窄而高。

B型：永熙陵东列、永定陵石屏

该型的特点是宝山纹弧顶，屏体四面雕宝山纹，分两式。

Ⅰ式：永熙陵东列石屏[1]

东列石屏宝山纹弧顶，其余形制大体同西列石屏。

Ⅱ式：永定陵东列石屏

见图1-3-19之4。宝山纹弧顶，屏体四面雕较碎小的宝山纹，连座无纹饰。禽体较大，几乎占满屏体下部屏面，双爪立于屏体下部中间山石山，展翅，身雕细密鳞纹，大尾，尾羽呈忍冬状，开屏，回首侧转与在洞口抬头仰望的小兽对视。石屏高290厘米，宽216厘米，高是宽的1.34倍（西列，《北宋皇陵》无文字资料，无图）。

C型：永昭陵东列石屏

见图1-3-19之5。宝山纹平顶，屏体长方形，四面雕宝山纹，屏体边缘较平齐，山纹细腻，立体感较强，连座无纹饰。瑞禽在屏体中上部飞翔俯冲，斜向在洞口惊恐回首的小兽。禽身雕鳞纹，展翅，羽纹精细，大尾在空中飘扬，尾羽长叶状。东列石屏高318厘米，宽214厘米，高是宽的1.48倍，屏体高宽。

D型：永厚、永裕、永泰陵石屏

宝山纹顶，屏体长方形，通体雕宝山纹，宝山纹粗犷，屏体边缘山峰凸起。禽体较大，双爪叉开立于山石上，身雕羽纹，双翅一展一半展，大尾向上。禽与小兽对视。依宝山纹、禽、兽的形态差异分两式。

Ⅰ式：永厚陵东列石屏

见图1-3-19之6。宝山纹大而深，瑞禽双爪叉开立于屏体中部靠下的山石上，尾上卷，尾羽长条状，略曲。禽首侧转，张口似怒吼，直对山洞口张口作惊恐状的小兽。东列石屏高274厘米，宽177厘米，高是宽的1.26倍。

Ⅱ式：永裕、永泰陵石屏

见图1-3-19之7、8。宝山纹写意式，山纹较浅。禽体大，横向充满屏体，禽腿较Ⅰ式长，双爪略分前后叉立于石屏下部，大尾上卷，开屏，羽根有羽刺。禽首侧转与洞口回首小兽对视。永裕陵西列石屏高229厘米，宽169厘米，高是宽的1.35倍；永泰陵西列石屏高243厘米，宽170厘米，高是宽的1.42倍。

4. 角端

角端，独角。上唇长，外卷或内卷。狮身，有鬣毛、翼翅、长尾。依体态，翼、尾和有关部位差异分三型。

---

[1] 河南省文物考古研究所：《北宋皇陵》，中州古籍出版社1997年版，彩版五，2。

A型：永昌陵角端

身量较小，昂首，合口，露獠牙，上唇外卷，颔下垂毛，腮侧耳下刻纹饰。背较平，尾摆至臀侧。前腿上部至背之间有翼翅，束翼，较宽，后腿上部有斜云纹，走姿。依体态，鬣毛、腮侧纹饰、绒毛的差异分为两式。

Ⅰ式：东列角端

见图1-3-20之1。头略昂，腮侧耳下纹饰呈蜘蛛网状，鬣毛分披两侧，胸垂绒毛。身长266厘米，高208厘米，身高是身长的1.27倍。

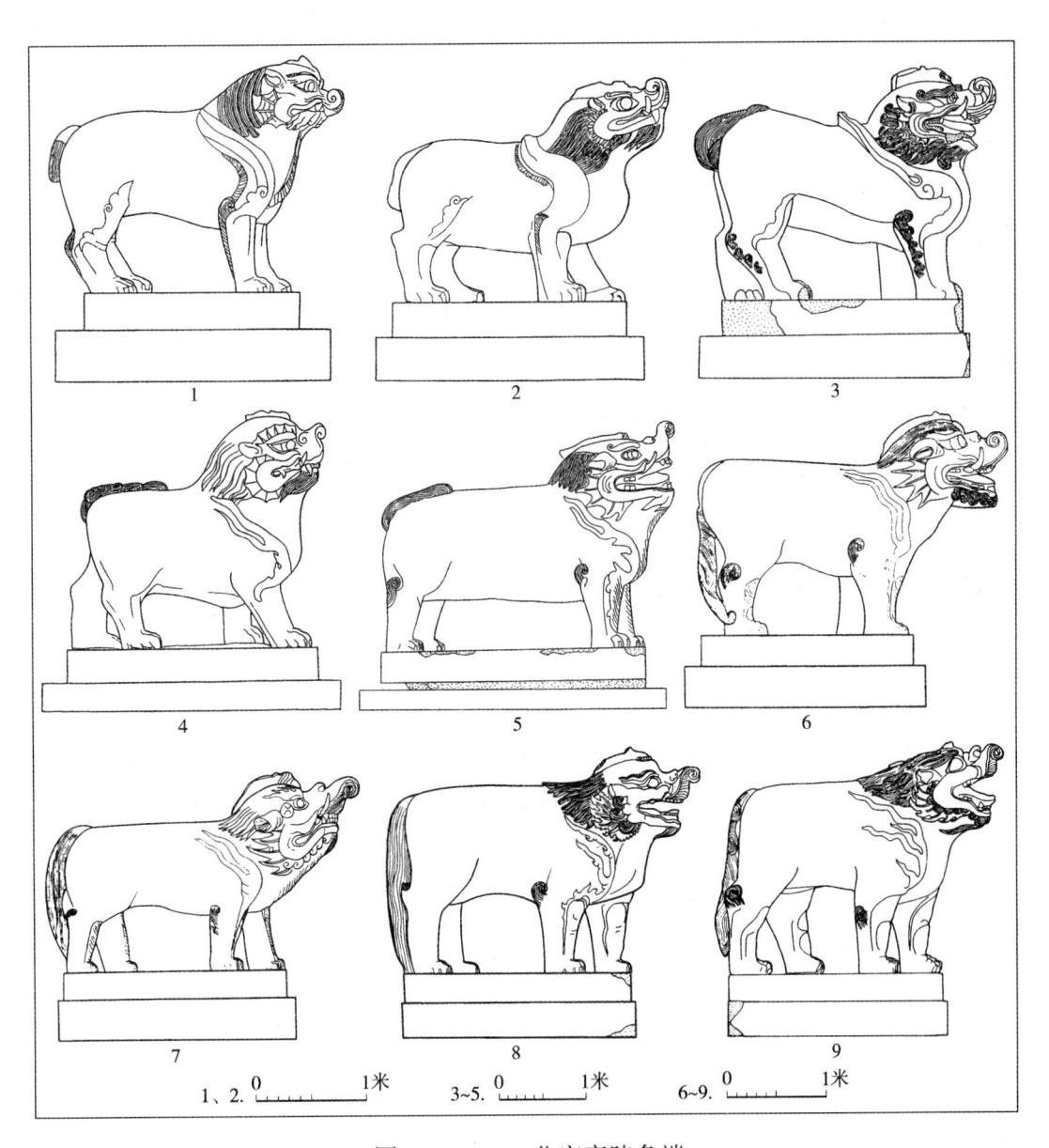

图1-3-20 北宋帝陵角端

1. A型Ⅰ式（永昌陵东列） 2. A型Ⅱ式（永昌陵西列） 3. B型Ⅰ式（永熙陵西列） 4. B型Ⅱ式（永定陵西列） 5. B型Ⅲ式（永昭陵西列） 6. C型Ⅰ式（永厚陵西列） 7. C型Ⅰ式（永厚陵东列） 8. C型Ⅱ式（永裕陵东列） 9. C型Ⅲ式（永泰陵东列）

Ⅱ式：西列角端

见图 1-3-20 之 2。昂首，挺胸，腮侧纹饰细齿状，披鬣，胸无绒毛。身长 256 厘米，高 200 厘米，身长是身高的 1.28 倍。

B 型：永熙、永定、永昭陵角端

该型的共同特点是昂首，盘尾，下颏垂绒毛，翼翅较 A 型细小，走姿。依体态、上唇、腮后纹饰，鬣、翼翅等的变化分三式。

Ⅰ式：永熙陵西列角端

见图 1-3-20 之 3。昂首、挺胸，张口，露獠牙，上唇外卷，腮后纹饰略呈齿轮状，浓卷鬣毛后披。臀高背低，尾横盘于臀之上部。翼翅根部较宽，略呈云纹状，翼翅在背部合拢处细窄，高于背部。前后腿上部雕涡卷纹。身长 342 厘米，高 252 厘米，身长是身高的 1.35 倍。

Ⅱ式：永定陵西列角端

见图 1-3-20 之 4。昂首、挺胸，合口，露獠牙，上唇内卷，腮后纹饰略呈团扇形，鬣毛分绺后披。身长比例较短，背平，尾向上纵盘于臀至背中部。翼翅较短、细，上部分双叉略呈火焰状，腿刻浅绒毛纹。身长 280 厘米，高 262 厘米，身长是身高的 1.06 倍。

Ⅲ式：永昭陵西列角端

见图 1-3-20 之 5。头略昂，张口，露獠牙，上唇内卷，腮后纹饰略呈大齿轮状，鬣毛在头项间斜垂。身长背平，尾纵盘于臀部之上。翼翅略同于Ⅱ式。腿上端后部有少量卷涡纹，腿前部绒毛细密。身长 328 厘米，高 250 厘米，身长是身高的 1.3 倍。

C 型：永厚、永裕、永泰陵角端

该型的共同的特点是走姿、垂尾、背平，腮后纹饰大而尖，鬣毛后披，颏下垂绒毛，翼翅火焰状，前后腿上部有卷涡纹，腿前部有绒毛。依体态和上述诸点的变化，分为三式。

Ⅰ式：永厚陵角端

见图 1-3-20 之 6、7。东列角端身长背平，体瘦。昂首，合口，露齿和獠牙，上唇内卷。腮后纹饰大，呈连续的尖刺状，尖刺略上挑。鬣毛少而短，呈绺状后披于项部。翼翅似火焰分双叉，较短，长尾下垂侧摆至腿部。身长 309 厘米，高 188 厘米，身长是身高的 1.6 倍。西列角端与东列角端大同小异，即头前伸，张口，唇上卷，腮后纹饰尖刺未上挑（较直），鬣毛在头顶部后披，翼翅细长，体较胖。身长 310 厘米，高 205 厘米，身长是身高的 1.5 倍。

Ⅱ式：永裕陵东列角端

见图 1-3-20 之 8。永裕陵东列角端与Ⅰ式的差异是体型较高胖，腮后纹饰底部雕涡卷纹，尖刺纹细密，略曲向上。鬣毛浓密后披于项部，翼翅较Ⅰ式细小，呈火焰状。长尾中部略曲，下垂抵连座。身长 307 厘米，高 214 厘米，身长是身高的 1.43 倍。

Ⅲ式：永泰陵东列角端

见图 1-3-20 之 9。该式与前两式的差异是体型较短粗，下颏垂长绒毛，腮后纹饰略小于Ⅰ式而大于Ⅱ式，鬣毛浓密且长，后披于头顶和背之前部。翼翅分叉多，较长，曲有动感，更似火焰。粗长尾，梳卷下垂，尾端侧摆至腿之下部。身长280厘米，高226厘米，身长是身高的1.27倍。

5. 马

依马体形态和马具形制的差异，分三型。

A型：永昌、永熙、永定陵（东列，南数一号）石马

马头基本处于常态，平视，马体上部最高点在马头顶部，口衔镳。鞯无缨铃，鞦带末端压在鞯褥侧，鞦垂饰少，络头横带在马面中间。鞍前后桥坡度较小，高差不大。鞍覆垫布，鞯褥垂至马腹下。马尾垂至连座。根据体态、装具的变化分四式。

Ⅰ式：永昌陵西列南数二号石马

见图1-3-21之1。马体矮、瘦，马身比例较长。缰绳搭在颈上；鞍较小，前桥略高于后桥；鞯褥窄，垂至马腹下。鞦带有饰纹，胸前系铃，带端与鞯褥中上部连接，鞦侧垂一短条带，鞦带和条带有饰纹；马尾柱形抵连座。该陵四匹马的身长242—300厘米，高180—220厘米，身长是身高的1.34—1.36倍。

Ⅱ式：永熙陵东列南数二号石马

见图1-3-21之2。马体较Ⅰ式高大肥壮，身长与身高之比例较适中。头平视，头顶颈项披鬃。络头两侧带与中间横带曲线相接，缰绳中曲向上接前鞍桥。鞍前后桥高度相近，中间弧度略深于Ⅰ式，底较平。鞯褥宽于Ⅰ式，上窄下宽垂至马腹下，鞍上垫布于鞯褥中下部打竖结，结旁露方圆形马镫。鞦、鞦形制同Ⅰ式，马尾雕尾毛抵连座。该陵四匹马的身长298—342厘米，身高243—260厘米，身长是身高的1.22—1.31倍。

Ⅲ式：永定陵东列南数一号石马

见图1-3-21之3。马体与Ⅱ式相近而略肥，马腿粗壮，头略高，臀部较圆。头项间披鬃较Ⅱ式短，络头形制略同Ⅰ式，缰绳与鞍前桥下部相接，鞦前胸系大铃，鞦带无饰，鞦带末端与鞯褥中部相接。鞍前后桥均内坡，两者高度相近，鞍底弧度较大。鞯褥较Ⅱ式宽大，鞍垫布至马腹处打横结，无镫。鞦侧有三带形垂饰，马尾略同Ⅰ式而略粗。

Ⅳ式：永定陵东列南数二号石马

见图1-3-21之4。该马基本同于Ⅲ式，其差异是马腿较Ⅲ式细，鬃稀疏，马头顶部、颈项、背部间高差很小，近平。鞍小于Ⅲ式、鞍底略深、平。鞍无垫布，鞍下部在鞯褥外，末端圆弧形，其下系环形马镫。鞦侧三垂饰带间距大于Ⅲ式。永定陵四匹马身长270—350厘米，身高230—253厘米，身长是身高的1.17—1.38倍。

B型：永昭（东列，南数一号）、永厚陵（东列，南数一号）石马

见图1-3-21之5、6。马体较瘦，马身较长；马尾略细，雕尾毛，抵连座。颈项无鬃，络头横带在马面下部与嘴角近齐平。鞯褥在鞍下，鞍较小，前桥较直，后桥向内坡度大，下端略呈弧形，下系莲花马镫，鞍上无垫布。鞦侧垂三条直饰带，饰带中间长两侧短，饰带间饰缨。永昭、永厚陵石马略有差异，永昭陵石马头处于常态，马体上部高差不大，缰绳在鞍的前桥下，鞦胸前饰大缨或铃，鞦端在缰绳下端相距很近。永厚陵石马，体较前者瘦长，头高、颈细，头与背之间高差大，马腿较前者细。缰绳和鞦末端相合与鞍前桥相接，鞦胸前无缨铃，鞍较小，后桥坡度大，鞍下端弧形大于前者。永昭陵四匹马，身

长336—340厘米，身高220—227厘米，身长是身高的1.49—1.52倍。永厚陵四匹马，身长298—316厘米，身高204—248厘米，身长是身高的1.27—1.46倍。

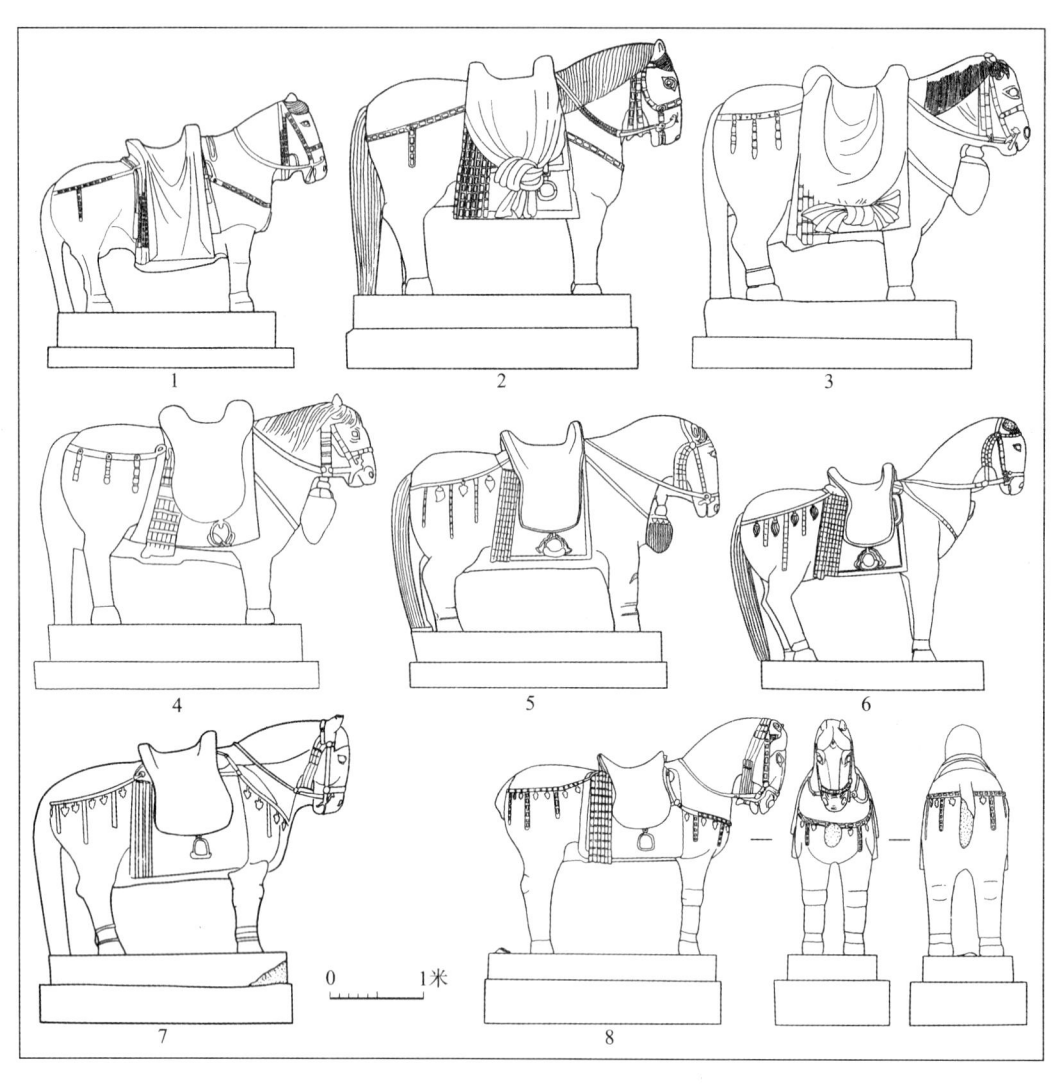

图1-3-21 北宋帝陵石马

1. A型Ⅰ式（永昌陵西列南数二号） 2. A型Ⅱ式（永熙陵东列南数二号） 3. A型Ⅲ式（永定陵东列南数一号） 4. A型Ⅳ式（永定陵东列南数二号） 5. B型（永昭陵东列南数一号） 6. B型（永厚陵东列南数一号） 7. C型（永裕陵东列南数一号） 8. C型（永泰陵东列南数二号）

C型：永裕（东列，南数一号）、永泰陵（东列，南数二号）石马

见图1-3-21之7、8。该型马体较瘦小，头略低，无鬃，马尾柱形抵连座。络头略同B型，缰绳搭在颈项后部，鞧胸前系铃或缨，鞧端在鞍前桥下。鞦鞴垂带饰，带饰间有双缨。鞯褥略方，其上置小鞍，鞍下系方圆形马蹬。两陵石马略有差异，永泰陵较永裕陵石马略瘦，体较长，颈项高，马腿高，鞍前桥低，后桥高坡度大，鞍下端弧度大，马蹬下部无较大底托。永裕陵马四匹，身长290—310厘米，身高208—244厘米，身长是身高的

1.27—1.39 倍。永泰陵马四匹，身长 260—300 厘米，身高 204—244 厘米，身长是身高的 0.98—1.22 倍。

6. 文官

文官依据冠和服饰（包括胸带、腰带、帛带、佩剑、佩玉等）的变化，分为三型。

A 型：永昌、永熙、永定陵文官

该型文官头戴进贤冠，胸束帛带，无腰带，背后垂一条长帛。根据冠的结构、纹饰、袍服领和袖、身前后长帛变化，及有无佩剑佩玉和体态情况之差异，分三式。

Ⅰ式：永昌陵（西列，南数二号）文官

见图 1-3-22 之 1。身材较瘦小，进贤冠有窄梁，贯笄，额上冠饰呈圭形，无冠带。脸型较圆，髭须较浓密。交领宽袖长袍，袖胡过膝。胸束帛带，胸前帛带下垂长帛，帛端三角形。背后于胸带下垂长帛至足跟，帛带与胸带相接处和腰下处打花结，帛端开衩。双手胸前执笏，无佩剑和佩玉。身高 323 厘米，宽 88 厘米，身高是身宽的 3.67 倍。

Ⅱ式：永熙陵（东列，南数一号）文官

见图 1-3-22 之 2。身材较Ⅰ式高大，头与身之比例较大。进贤冠通体雕纹饰，贯笄，冠带结于颔下。脸型较方，髭须稀。圆领（下似有方心）宽袖长袍，袖胡长及小腿。胸束帛带，胸前帛带下垂结花，长帛垂至足尖处，帛端分衩。背后圆领下结花，花下分垂两条短帛抵胸带。胸带下垂长帛，胸带下和腰下结花，其下左右分衩飘向两边，长近足跟处。身左侧佩剑，左袖口上露直剑柄。双手执笏于胸前，两腋下沿身两侧各垂两组长玉佩。文官四身，身高 390—402 厘米，宽 110—116 厘米，身高是身长的 3.46—3.54 倍。

Ⅲ式：永定陵（西列，南数二号）文官

见图 1-3-22 之 3。身材较Ⅱ式微高略肥大。进贤冠，粗梁、无纹饰，冠带结于颔下。脸方圆，无髭须。圆领宽袖长袍，圆领较Ⅱ式简单而略小，袖胡长及小腿。胸束帛带，下垂至双足之间。背后圆领下结花，下垂两条短帛，末端分衩。胸带下两帛分别略下垂结花后合一，下垂至足跟处，末端分衩。身左侧佩剑，腋下身体两侧各垂三组长玉佩。双手执笏于胸前，笏较Ⅰ、Ⅱ式之笏略长，笏的上部抵下颔处。身高 404 厘米，宽 104 厘米，身高是身宽的 3.8 倍。

B 型：永昭（东列，南数一号）、永厚陵（东列，南数二号）文官

见图 1-3-32 之 4、5。身材修长，体型略小于Ⅰ、Ⅱ、Ⅲ式。头戴三梁冠，额上冠饰团花，贯笄，冠带结于颔下。脸型长圆，无髭须。圆领（永昭小圆领，永厚大圆领）宽袖长袍，袖胡或垂至膝下（永昭）或垂至小腿（永厚），无胸带，腰束带。身前腰带下垂结花长帛，垂至双足间。身后腰带下垂三组长帛，永昭陵文官两侧长帛各结花两朵，中间长帛结花之下有环，三长帛花和环间横向对称。永厚陵两侧长帛各结花三朵，中间长帛上下结花，中间连环，三长帛花、环横向对称。腋下体侧各垂三组相互连接的玉佩，体左侧佩剑（二陵文官佩剑形制略有差异）。双手执笏于胸前，笏头略呈弧形。永昭陵四身文官，身高 374—382 厘米，宽 94—110 厘米，身高是身宽的 3.97—3.47 倍。永厚陵文官四身，身高 315—329 厘米，宽 84—93 厘米，身高是身宽的 3.75—3.53 倍。

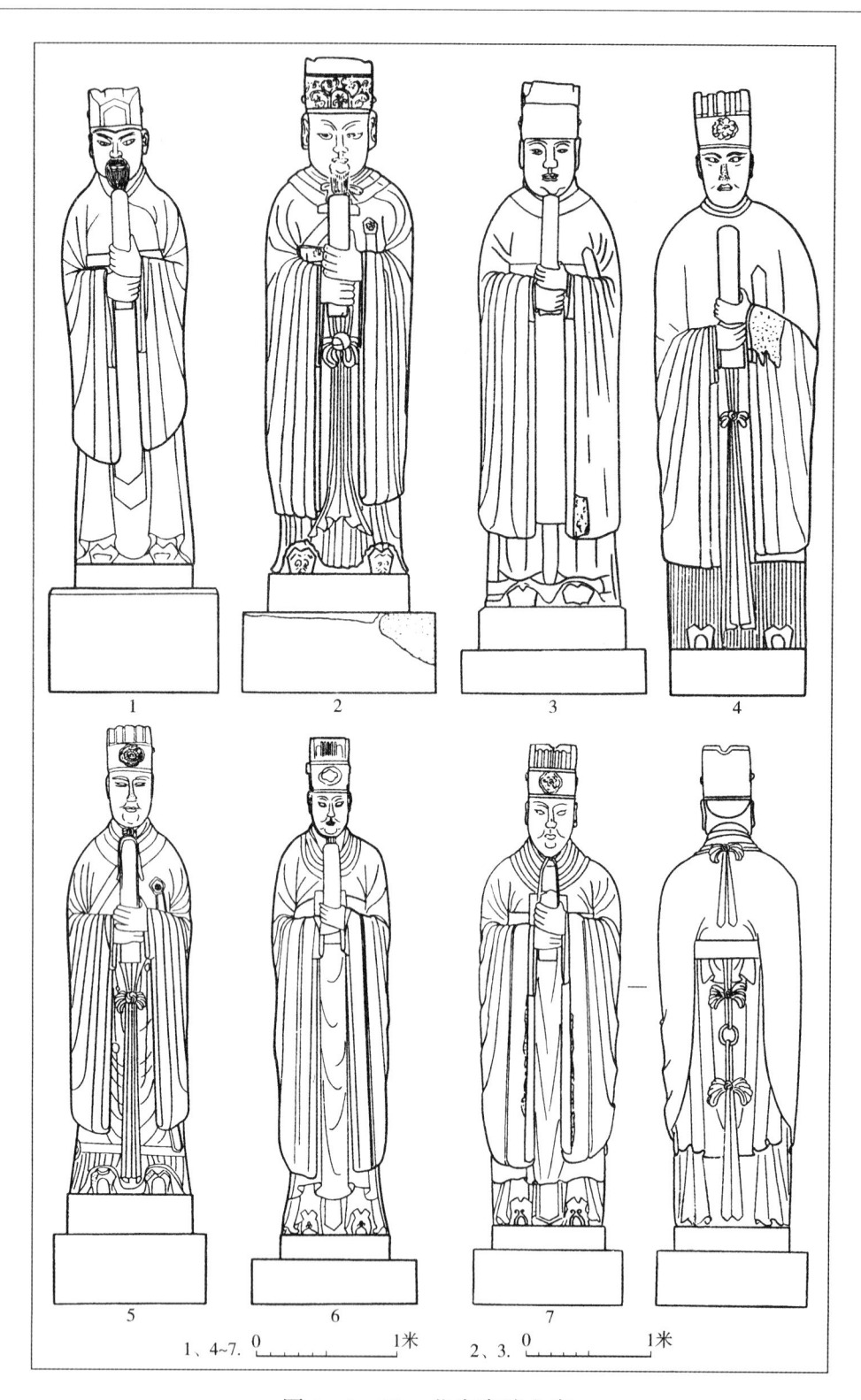

图 1-3-22 北宋帝陵文官

1. A型Ⅰ式（永昌陵西列南数二号） 2. A型Ⅱ式（永熙陵东列南数一号） 3. A型Ⅲ式（永定陵西列南数二号） 4. B型（永昭陵东列南数一号） 5. B型（永厚陵东列南数二号） 6. C型（永裕陵西列南数一号） 7. C型（永泰陵东列南数一号）

C型：永裕（西列，南数一号）、永泰陵（东列，南数一号）文官

见图1-3-22之6、7。该型文官身材与永厚陵文官相仿而略大，永泰陵文官体较宽，永裕陵文官头的比例显小。文官头戴五梁冠，冠前有菱形冠饰，贯笄，冠带结于颔下。脸型长圆，无髭须。圆领宽袖长袍，袖胡下垂长于B型。胸束帛带，无腰带，胸前帛带下垂长帛至双足间。身后圆领下结花垂两条短帛带；胸带下垂长帛，上部结双花，花间连环。永昭陵文官体侧无佩玉，永泰陵文官体侧垂三组玉佩，末端以玉饰连接。无佩剑，双手执笏于胸前，笏板略小于B型。永裕陵四身文官身高306—340厘米，宽84—90厘米，身高是身宽的3.64—3.77倍；永泰陵四身文官身高318—333厘米，宽85—102厘米，身高是身宽的3.74—3.26倍。

帝陵神道上之武官，除双手拄剑，不执笏外，其余变化规律基本同文官。

7. 武士

武士着甲胄，双手执钺或双手拄钺。依甲胄形制和武士形态变化分五型。

A型：永昌陵武士

身材较矮，胄无纹饰，顶无缨座，项顿窄小。仅上臂有小披膊，无捍腰、无鹘尾、无胸护，腰下膝裙两片，甲叶长条形。依胄、胸甲、披膊和武士形态差异分两式。

Ⅰ式：永昌陵东列武士

见图1-3-23之1。胄覆钵形，有纵梁和横梁，护耳下垂，短窄顿项齐肩。头与全身比例较大，脸较圆，瞋目，有髭须和连腮胡须。胸甲似束带，上臂披膊及肘。腰束带，腹前垂结花长帛，下端分衩。双手腹前合执长柄板斧。身高360厘米，宽112厘米，身高是身宽的3.21倍。

Ⅱ式：永昌陵西列武士

见图1-3-23之2。西列武士与东列武士基本相近，主要差异是胄无梁，护耳大，外翻，顿项宽短披肩，胄有带结于颔下。上身略左倾，脸微侧，竖目，浓髭须。上臂披膊短小，胸甲有纵带，无横束带，胸甲和背甲以肩带扣联。腰束带，腰带下长帛于裆前结花后分两条垂向左右。双手于腰前拄钺。身高332厘米，宽126厘米，身高是身宽的2.63倍。

B型：永熙陵武士

见图1-3-23之3、4。胄深覆钵形，顶有柱形缨座，胄前面饰凤翅纹，胄下顿项护耳、围颈、披肩，颈下结带，通肩披膊及肘。胸甲和背甲以肩带扣联，胸甲纵带与胸腹甲间横带连接，纵带雕纹饰，其左右各有一菱形胸护，内雕纹饰。腰束带，下露弧形鹘尾，其前从腰带下垂长帛，长帛上部结花后分别飘向左右两边。鹘尾外的捍腰束于腰带内，捍腰两片，后面两片合围迭压，外缘圆角，前面两片分遮大腿，外缘方角，捍腰雕动物和卷云纹等纹饰，较复杂。顿项、鹘尾鱼鳞甲叶，余为长条形甲叶。甲缘均雕纹饰，腰带上雕形态各异的人物。东列武士双手于腰前拄钺，武士身高416厘米，宽132厘米，身高是身宽的3.15倍。西列武士双手于腹前执长柄钺，武士身高422厘米，宽128厘米，身高是身宽的3.31倍。

图 1-3-23 北宋帝陵武士

1. A型Ⅰ式（永昌陵东列） 2. A型Ⅱ式（永昌陵西列） 3. B型（永熙陵西列） 4. B型（永熙陵东列）
5. C型（永定陵西列） 6. D型（永昭陵东列） 7. E型Ⅰ式（永裕陵东列） 8. E型Ⅱ式（永泰陵东列）

C型：永定陵西列武士

见图1-3-23之5。体型较B型瘦高，头与身之比例小于B型。胄圆深，周饰团花，桃形缨座较高，两侧垂护耳，顿项披肩，通肩披膊至肘的上部。胸甲背甲以肩带扣联，无纵甲带，无胸护，胸束带。腰束带，下露直边短鹘尾，长帛于腰带下结花后分左右下垂。腰带内束素整片捍腰，后面中间呈窄云纹状，两侧呈长方形，围向腿前。顿项、鹘尾鱼鳞甲叶，余为长条甲叶，甲叶上有连缀痕迹。膝裙甲叶较大，甲缘无纹饰。东、西列武士分别拄钺和执钺。西列武士身高434厘米，宽126厘米，身高是身宽的3.44倍。

D型：永昭陵东列武士

见图1-3-23之6。[1]

身材较C型略显矮胖。胄较C型浅，周饰团花，有额饰，中间起脊，缨座正视略呈球形，较大，护耳扇形向后，顿项齐肩，胄带结于颔下。披膊齐肘，肩披帛。胸甲和背甲以肩带扣联，胸束带中间有环，纵甲带穿胸带环与腰带连接，纵甲带两侧各有一圆形兽面胸护。腰束饰带，带于腹前略下垂，无鹘尾，长帛于腰带处结花下垂。短捍腰一整片，束于腰带内，捍腰后部较窄，两侧云头纹，其下以略呈三角形的云纹连接，前面弧状，仅围至腿侧。顿项、胸甲、腹甲山字形甲纹，余为窄长条形甲叶。捍腰缘雕缠枝纹，面雕云鹤纹，余无纹饰。东列武士双手于腹前拄钺，身高430厘米，宽136厘米，身高是身宽的3.16倍。西列武士执钺，身高421厘米，宽152厘米，身高是身宽的2.76倍。

E型：永裕（东列）、永泰陵（东列）武士

胄较浅，周雕纹饰，缨座较高大，护耳小向后侧立，顿项围肩。通肩披膊，捍腰边缘云纹形，腰束饰带。顿项山字纹，余皆竖长条形甲叶。依武士脸型体态、胄和甲的差异分两式。

Ⅰ式：永裕陵东列武士

见图1-3-23之7。身材高大，脸型圆，较丰满。胄之护耳在耳际，内刻竖条纹，上部尖，顿项围肩，颈下打结。胸束带，中间有环扣。胸甲有绳状纵甲带，下与胸带环扣连接。腰带束捍腰，捍腰整片，两侧呈三角形，背后较宽，两片呈云头状与捍腰上部下垂之长方部分相接，两片分遮大腿侧和大腿前两侧，捍腰边缘弧曲，素面。腰带下长帛结花垂至连座，无鹘尾。双手于腹前扶钺。残存二身武士，身高434—443厘米，宽144—154厘米，身高是身宽的3—2.87倍。

Ⅱ式：永泰陵东列武士

见图1-3-23之8。身材较Ⅰ式矮瘦，脸型长圆。与Ⅰ式的差异主要是胄前面饰团花，护耳在耳际之上，顿项护耳围颈肩。胸甲纵甲带两侧各有一梅花形胸护，背甲有纵甲带。腰带下露流苏鹘尾，其前腰带处有大环，环下各垂长带，尾端系珠饰。捍腰略同Ⅰ式，但边缘饰较密的云头纹。背甲有山字形甲纹，长条甲叶较Ⅰ式细小。双手于胸腹间拄钺。残存二身武士，身高394—398厘米，宽144厘米，身高是身宽的2.73—2.76倍。

---

[1] 永厚陵武士残，略。

(二) 分期

1. 型式归纳

表1-3-1　　　　　　　　　　　　　　石象生型式归纳

陵名	望柱	象	驯象人	瑞禽石屏	角端	马	文（武）官	武士
永昌	AⅠ	A	AⅠ	AⅠ	AⅠ东，AⅡ西	AⅠ	AⅠ	AⅠ东，AⅡ西
永熙	AⅡ	BⅠ	AⅡ西，AⅢ东	AⅡ西，BⅠ东	BⅠ	AⅡ	AⅡ	B
永定	B	BⅡ	B	BⅡ	BⅡ	AⅢ东1，Ⅳ东2	AⅢ	C
永昭	AⅢ	CⅠ	CⅠ东，Ⅱ西	C	BⅢ	B	B	D
永厚	AⅣ	CⅡ	残	DⅠ	CⅠ	B	B	残
永裕	C	DⅠ	DⅠ	DⅡ	CⅡ	C	C	EⅠ
永泰	C	DⅡ	DⅡ	DⅡ	CⅢ	C	C	EⅡ

据上表归纳如下：第一，永昌陵独占A型的1种，独占A型Ⅰ式的5种，A型Ⅰ、Ⅱ式共存且独占者2种（角端、武士）。第二，永熙陵无A型和A型Ⅰ式，独占A型Ⅱ式5种，独占A型Ⅲ式1种，独占B型1种，独占B型Ⅰ式3种；其中A型Ⅱ、Ⅲ式共存1种（驯象人），A型Ⅱ式与BⅠ式共存1种（石屏）。永熙陵与永昌陵相比较，两者不同型的4种，同型不同式的5种。第三，永定陵独占A型Ⅲ式2种，独占A型Ⅳ式的1种，独占B型2种，独占B型Ⅱ式3种，独占C型一种；其中A型Ⅲ、Ⅳ式共存（马）。永定陵与永熙陵相比较，两者不同型的3种，同型不同式的6种。第四，永昭陵独占A型Ⅲ式1种，B型2种，独占B型Ⅲ式1种，独占C型1种，独占C型Ⅰ式2种，独占C型Ⅱ式1种，独占D型1种；其中CⅠ、Ⅱ式共存（驯象人）。永昭陵与永定陵相比较，两者不同型的8种，同型不同式的1种；其中望柱A型Ⅲ式与永昌、永熙陵同型不同式。第五，永厚陵独占A型Ⅳ式1种，B型2种，独占C型Ⅰ式1种，独占C型Ⅱ式1种，独占D型Ⅰ式1种。永厚陵与永昭陵相比较，两者不同型的2种，两者同型（不分式）的2种，同型不同式的2种。其中望柱A型Ⅳ式与永昌、永熙、永昭陵望柱同型不同式。第六，永裕陵C型3种，独占C型Ⅱ式1种，独占D型Ⅰ式2种，D型Ⅱ式1种，独占E型Ⅰ式1种。永裕陵与永厚陵相比较，两者不同型的6种，同型不同式的2种。第七，永泰陵C型3种，独占C型Ⅲ式1种，独占D型Ⅱ式3种，独占E型Ⅱ式1种。永泰陵与永裕陵相比较，两者同型3种，同型同式的1种，同型不同式的4种，无不同型者。

除上所述，再指出三点：第一，北宋帝陵同陵同种石象生的体量和形象，同列中不完全相同，不同列中则有一定差异。第二，《北宋皇陵》一书，提供的石象生线图和图版不全，本书仅按已有的线图排队，故不能将石象生的全部型、式均反映出来。但是，由于神道有代表性的石象生大都分型分式，因而是可以作为有关分析探讨之基础的。第三，不同陵的同种石象生，除有别外，体量也有较大差异，本书石象生中提供的尺寸和同类石象生相关比较的倍数，可供比较各陵神道石象生从高到低、从胖到瘦的序列，以及各陵间石象生体量变化关系之参考。

2. 分期

上述神道石象生同型者，是指其有共同的主要特征，在宏观上相近似，有内在联系，反之则分为不同的型。同型不同式，是同中求异，主要是反映局部与微观上的差别和变化。其中个别同型不同式者，已达分型的临界点（但尚不够分型条件），此种情况在一定程度上则具有型的意义。上述北宋七座帝陵，永昌陵太祖葬于977年（太平兴国二年），永熙陵太宗葬于997年（至道三年），永定陵真宗葬于1022年（乾兴元年），永昭陵仁宗葬于1063年（嘉祐八年），永厚陵英宗葬于1067年（治平四年），永裕陵神宗葬于1085年（元丰八年），永泰陵哲宗葬于1100年（元符三年）。七陵埋葬时间按上述序列先后分别相距20年、25年、41年、4年、18年、15年。据此似可认为，上述埋葬序列前后相接的陵间，其在神道石象生上的型、式差异，则应具有分期意义。下面拟对诸陵神道石象生的型式略作分析，以验证之。

永昌陵石象生均属A型，A型Ⅰ式者均为独有，武士和角端A型Ⅰ、Ⅱ式亦为独有。此种情况表明，永昌陵的石象生应独处于一个发展阶段。

永熙陵望柱、马、文官均A型Ⅱ式，与永昌陵A型Ⅰ式相对，表明其已发生变化。永熙陵的象与驯象人为同一组合，象B型Ⅰ式，驯象人A型Ⅱ、Ⅲ式，分别与永昌陵的A型和A型Ⅰ式相对；说明此种情况的式也具有分期意义。又瑞禽石屏为A型Ⅱ式和B型Ⅰ式，与永昌陵的A型Ⅰ式相对，亦属上述同类性质。永熙陵角端B型Ⅰ式，武士为B型，分别与永昌陵的A型Ⅰ、Ⅱ式相对，较永昌陵同类石象生已发生型的转变。永熙陵与永昌陵相比较，永熙陵的变化以同型不同式的变化为主，型的变化为辅，说明两陵石象生间的内在联系还是较多的。上述情况结合永熙陵较永昌陵晚20年判断，永熙陵的石象生当属于不同于永昌陵的另外一期。同理，按照前述型式的归纳和总结，永定陵较永熙陵晚25年，当为一期。永昭陵较永定陵晚41年，两者石象生同型不同式1种，余均不同型，应为一期。永厚陵石象生残缺，其残存者与永昭陵石象生同型的2种，同型不同式的2种，不同型的两种。其中同型不同式者，可明显看到有从永昭陵向永厚陵过渡的性质。不同型者则与永裕陵同型不同式（石屏、角端），又有向永裕陵过渡性质。以此结合永昭、永厚二陵石象生体量差异大，艺术特点有别来看（详见前述情况），两陵埋葬时间虽然差四年，但二陵仍应各为一期。永裕陵与永厚陵相比较，二陵不同型的6种，同型不同式的2种，未有相同型式者，由于二陵埋葬时间相差18年，故其当各为一期。永泰陵与永裕陵相比较，二陵同型的3种，同型同式的1种，同型不同式的4种，无不同型者；其间同型不同式的同类石象生的差异也不是很大，故二陵应同为一期。

根据上述分析，北宋七座帝陵神道石象生可分为六期，即一期永昌陵石象生，二期永熙陵石象生，三期永定陵石象生，四期永昭陵石象生，五期永厚陵石象生，六期永裕、永泰陵石象生。由此可见，北宋帝陵四个陵区，西村陵区分为二期（若加上永安陵则为三期），蔡庄陵区永定陵自为一期，孝义陵区分二期，八陵陵区为一期[1]。

第四节 阴阳堪舆对宋陵的主导作用

晋代郭璞《葬书》、唐代由吾公裕之《葬经》和僧一行《葬经》，至北宋初仍颇为流行。到仁宗朝时，王洙等又奏敕撰《地理新书》[2]。这是北宋唯一官修的阴阳堪舆术书，它汇录了前代以来诸多葬俗葬术，对北宋皇室和民间影响很大。因而司马光说："今人葬不厚于古，而拘于阴阳禁忌则甚焉。"[3]。其中尤重"岁月"之利和"方位"之吉与否[4]，所以《地理新书》中的"五音姓利"和"昭穆贯鱼葬法"与宋陵的关系最大。

一 五音姓利

所谓"五音姓利"，《地理新书》卷一记载，人的姓氏可分为宫、商、角、徵、羽五音，以此分别对应土、金、木、火、水五行，据此以定所需的阴、阳宅应处的风水地理形

---

[1] 河南省文物考古研究所《北宋皇陵》（中州古籍出版社1997年版）结语论述了北宋帝陵石象生的分期。文中首先介绍了郭湖生、戚德耀、李容淦《河南巩县宋陵调查》（《考古》1964年第11期）一文分早晚两期的意见，两期以永厚陵为界，详见调查原文。其次文中论证了分早、中、晚三期的理由。文中说早期为永安、永昌、永熙、永定陵；中期为永昭、永厚陵；晚期为永裕、永泰陵，详情请参见原文。按以前的宋陵石象生之分期，均未按照考古学方法进行分型、分式、分期。上述早期的永昌、永熙、永定之石象生，从本书分型分式和型式之归纳来看，永昌、永熙、永定三陵石象生的区别是主要的，故将三陵石象生同归一期是值得商榷的。永昭、永厚陵石象生区别也具有分期的意义。

[2] （宋）王洙等撰：《地理新书》，集文书局影抄金明昌三年本1985年版。

[3] 司马光：《温国文正司马公文集》卷七一"葬论"篇，"今人葬不厚于古，而拘于阴阳禁忌则甚焉"；"今之葬书乃相山川冈畎之形势，考岁月日时之支干，以为子孙贵贱、贫富、寿夭、贤愚皆系焉，非此地非此时不可葬也"。《四部丛刊》初编，上海书店1989年版。

[4] A.《宋会要辑稿》第二十七册，礼三一之一三：孝惠皇后改卜安陵时，"符灵龟之吉兆，命青乌之相者改卜园陵，茂植松槚"。

B.《宋会要辑稿》第二十七册，礼三一之一六：孝章宋后薨，"初议卜陪葬永昌陵，司天言：是岁在未，阴阳所忌，故权攒于涉台"，两年后才祔葬永昌陵。

C.《宋会要辑稿》第二十五册，礼三一之三〇，明德皇后薨，司天监言："准诏与翰林天文克择阴阳官，以诸家葬书同选定园陵岁月、方位，缘今年岁在甲辰，不利动土，须俟丙午年十月方吉，请止于今年闰九月二十二日就西北壬地权攒。"见前注《温国文正司马公文集》卷七。

D.《宋会要辑稿》礼二九之五六：英宗之葬"兴动土工"，"奏于阴阳书及国音"。

势[1]。宋室皇帝姓赵为角音,宋代又称"国音"。"东方木,其气生,其音角,其虫苍龙。"[2],即角音对应木行,木主东方,阳气在东。因此,角姓宜选东来之山地,在东山之西作茔域[3];角姓之地宜"西有江河水,北来南去"[4],或言"其水北来西过,流归南是也"[5];角姓之地势,应是东高西下为最佳,南高北低亦好,即"东高西下为之角地","南高北下为之征地,角姓也可居之"[6]。若同时具备这两种地势,则必是西北低垂,东南仰高(图1-4-1)。《地理新书》卷七又说五音各有五向,角音大利向(最吉)为壬向,安坟坐丙穴;小利向(次吉)为丙向,安坟在壬穴;自如向(再次吉)为庚向,安坟坐甲穴(图1-4-2);粗通向(不佳)为乙向;凶败向(最凶)为甲向,后二者属不吉之向,不宜安坟穴[7]。故角姓之穴安在茔地的丙、壬二地为佳,而壬向(丙位)则为最上吉。由于北宋皇室笃信于此,故宋陵的形势和布局产生了许多与前代有别的重要特点。比如:

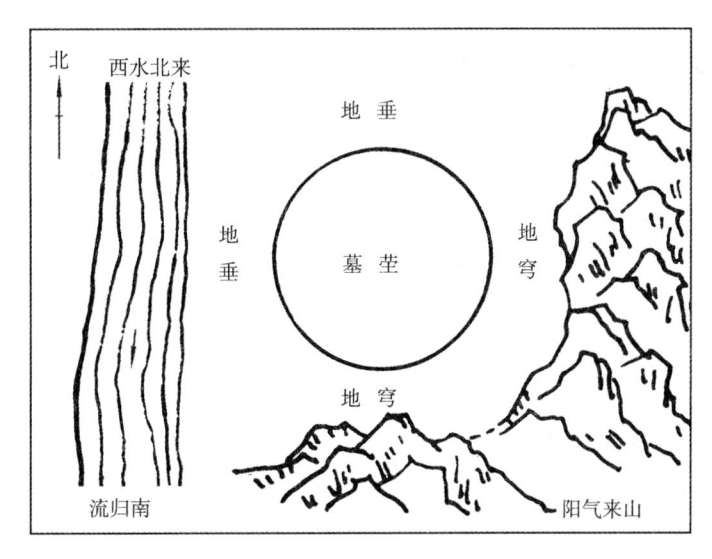

图1-4-1 角姓木行所利地理形势图

(采自冯继仁《论阴阳勘舆对北宋皇陵的全面影响》)

---

[1] (宋)王洙等撰:《地理新书》卷一,"五行定位"篇说:"人,生则有居室,终则有兆域,举其姓氏,配之以五行,因其盛衰以错于地,五行变然后吉凶生,吉凶生然后利害明,圣人使民就利违害,是以谋及卜筮占相焉。"
[2] (宋)王洙等撰:《地理新书》卷一,"五行定位"篇。
[3] (宋)王洙等撰:《地理新书》卷七"五音利宜"篇"五音所宜"条:"角姓宜东山之西,为东来之山地。"
[4] (宋)王洙等撰:《地理新书》卷七"五音利宜"篇"五音地脉"条。
[5] (宋)王洙等撰:《地理新书》卷八,"山水凶忌"篇"五音大水流势"条。
[6] (宋)王洙等撰:《地理新书》卷一,"五姓所居"篇。
[7] (宋)王洙等撰:《地理新书》卷七,"五音利宜"篇之"五音大利向""五音小利向""五音自由向""五音粗通向""五音凶败向"诸条。

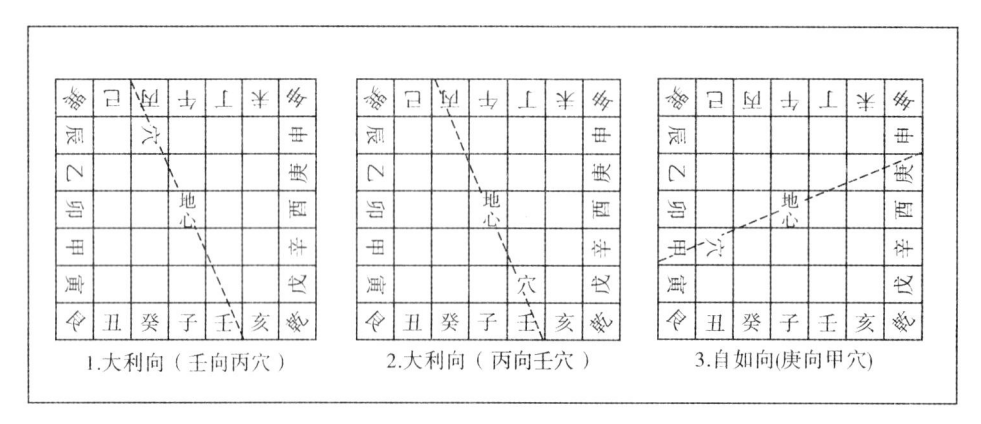

图 1-4-2　角音尚向
(采自冯继仁《论阴阳勘舆对北宋皇陵的全面影响》)

(一) 陵址选在巩县，陵园位于山阴，地势南高北低

宋初太祖曾有迁都洛阳之意，后来洛阳一直是北宋的西京。将宋陵选址在巩县，正在西京之东偏南，符合"国音"有利方位。而巩县"永安诸陵，东南地穹，西北地垂，东南有山，西北无山，角音所利如此。七陵皆在嵩少之北，洛水之南，虽有岗阜，不甚高，互为形势。自永安西坡上观，安、昌、熙三陵在平川，柏林如织，万安山来朝，遥辑嵩少。三陵柏林相接，地如平掌"(具体山川形势和其他因素，见前述陵区"位置与地理环境")[1]。上述情况正合宋室赵姓的最佳茔域条件。

(二) 各陵地面均南高北低

各陵地面均高南北低，从鹊台、乳台，经神道至上宫宫城高度逐渐斜降，陵台则置于全陵低凹处。其中永定陵位于岗地顶部偏西，陵园形势起伏不大，其余诸陵陵园从南向北均有数米至十余米的落差，有的陵陵台顶面甚至不高于鹊台地面[2]。上述按"五音姓利"南高北低说建陵于倒坡地形上，致使从神道鸟瞰上宫，一览无余，毫无气势和深远之感。这种反传统，违背常识的做法，不仅是中国古代帝陵中的孤例，而且在中国古代建筑选址上也极为罕见。为弥补这种严重的缺欠，宋陵的设计采取了从南向北建筑体量逐渐增大加高（如南神门、献殿），神墙内陵台四周广植松柏，使之成为全陵绿化重点（故称柏城）等措施，以烘托上宫宫城和陵台的尊崇地位。其次，将陵台下面两层包砖，陵台各立面修排水道，来减轻雨水倒灌冲刷，雨潦淤积之弊。

(三) 择吉地，下宫、后陵和陪葬墓依次置于上宫西北，尊卑有序

宋真宗崩，司天监与"京城习阴阳地理者三五人偕行"，选陵址"相度皇堂"[3]。此

---

[1]（南宋）赵彦卫：《云麓漫钞》卷九《丛书集成初编》，商务印书馆1935年至1937年版。
[2] 郭湖生、戚德耀、李容淦：《河南巩县宋陵调查》，《考古》1964年第11期。
[3]《宋会要辑稿》第三十二册，礼三九之二三。

后，乾兴元年"八月六日，司天监言：'太宗梓宫先于丙地内奉安，按经书：壬、丙二方皆为吉地。今请灵驾先于上宫神墙外壬地新建下宫奉安，俟十月十二日申时发赴丙地崛次，十三日申时掩皇堂'。"[1]。以此结合上述宋陵调查资料，可知宋陵下宫均建于上宫西北壬地。从而在方位和制度上更加突出了以祭祀朝拜为主题的仪礼（皇帝先入上宫，在献殿举行隆重祭奠仪式，而后帝遣官谒下宫，参见前述情况），降低了日常供奉陵主的下宫在礼仪制度中的地位，这是中国帝陵陵寝制度的一次重要的变革。

"既得吉土，须尊卑有序"[2]，帝陵尊于后陵，故所有后陵均葬于上宫的西北部，或上宫、下宫之西北（图1-1-2—图1-1-5），只是不同时期位置略有变化而已。皇后不管何姓，均按皇帝角音布穴（君权至上，夫为妇纲封建传统之体现）。同一兆域内，晚建的后陵在首建后陵西北部。皇室陪葬墓集中葬于后陵西北部，陵区内寺院亦建于帝陵上宫西北部。即各陵兆域内以上宫为准，其余设施从东南（丙地）向西北（壬地）依次排列。

（四）七帝八陵相对集中，布局整齐划一

北宋七帝八陵均葬于东西约13公里，南北约12公里的帝陵陵区之内，并集中配置在四个相邻的较小的陵区，内在联系较密切。诸陵的朝向、建制、形制布局、各构成部位的方位关系，在"五音姓利"的制约下，达到了统一的效果。

二 "昭穆贯鱼"葬法[3]

《地理新书》卷十三"冢穴吉凶"篇"步地取吉穴"说，"凡葬有八法，步地亦有八焉"，"八曰昭穆，亦名贯鱼，入先茔内葬者，即左昭、右穆，亦名贯鱼"。北宋时仍为左昭右穆，但按五音说每音所利方位不同，故五姓之昭穆穴与先茔祖穴（尊穴）所处方位相异。角姓祖穴居茔地丙位，昭穆二穴在祖穴之北，昭穴占西北壬位，穆穴占东北甲位，"左穴在前，右穴在后，斜而次之，如条穿鱼之状"（图1-4-3）[4]。"角音人分丙穴为尊，壬穴为次，甲穴为卑"[5]。从北宋八陵来看，西村陵区三陵，以安陵（宣祖）为尊穴，永昌陵（太祖）在西北称昭，永熙陵（太宗）未在东北甲地称穆，而复在永昌陵西北称昭，这是因为太祖太宗为兄弟所致[6]。永定陵单独存在[7]，自为一个陵区。孝义陵

---

[1] 《宋会要辑稿》第二十五册，礼二九之二七。
[2] （宋）王洙等撰：《地理新书》卷三《冈原吉凶》篇。
[3] 本节依据冯继仁：《论阴阳勘舆对北宋皇陵的全面影响》，《文物》1994年第8期。
[4] 《地理新书》卷十三"冢穴吉凶"篇"步地取吉穴"条之"昭穆葬图"旁注。
[5] 《地理新志》卷十四"阡陌顷亩"篇"坐穴次序"条。
[6] 冯继仁《论阴阳勘舆对北宋皇陵的全面影响》（《文物》1994年第8期）一文说：太宗为太祖之弟，非父昭子穆关系。所谓"父为昭，子为穆，千古不刊之典"，"第不在兄后，子不为父孙"，宗法制度极严。又引《宋史》卷一〇六《礼九》，太宗祔庙时因非太祖之子，而和太祖"同位异坐"。故太祖太宗同位于昭，而不是太祖在昭，太宗在穆，以维宗法次序不乱。
[7] 冯继仁《论阴阳勘舆对北宋皇陵的全面影响》（《文物》1994年第8期）中，对永定陵位置进行了分析，可备一说。

区以永昭陵为尊穴，永厚陵在壬位充昭。八陵陵区以永裕陵为尊穴，永泰陵在其西北为昭位。上述情况表明，北宋八陵既不是以整体，也不是以三代为准实行昭穆葬[1]，而是以一个小陵区为单位按实际情况处之。据《宋会要辑稿》第三一册礼三七之五四记载，太宗明德李后园陵"正在永熙陵壬地，如贯鱼之形"。《宋会要辑稿》第三一册三七之七四、七五记载：高宗宪圣慈烈吴后陵"系在永思陵正北偏西祔攒，相视其地，土肉黄润，三男旺盛，秀气所聚，委是高阜，依得昭穆次序"。由此可见，后陵亦须仿照昭穆葬法（这是后陵在帝陵西北的根本原因），所以帝陵当然应按"角姓昭穆贯鱼葬"法。但是，因为北宋八陵占地甚广，穆穴之地或"迫隘"，或风水欠佳等原因[2]，所以八陵才视实际情况选

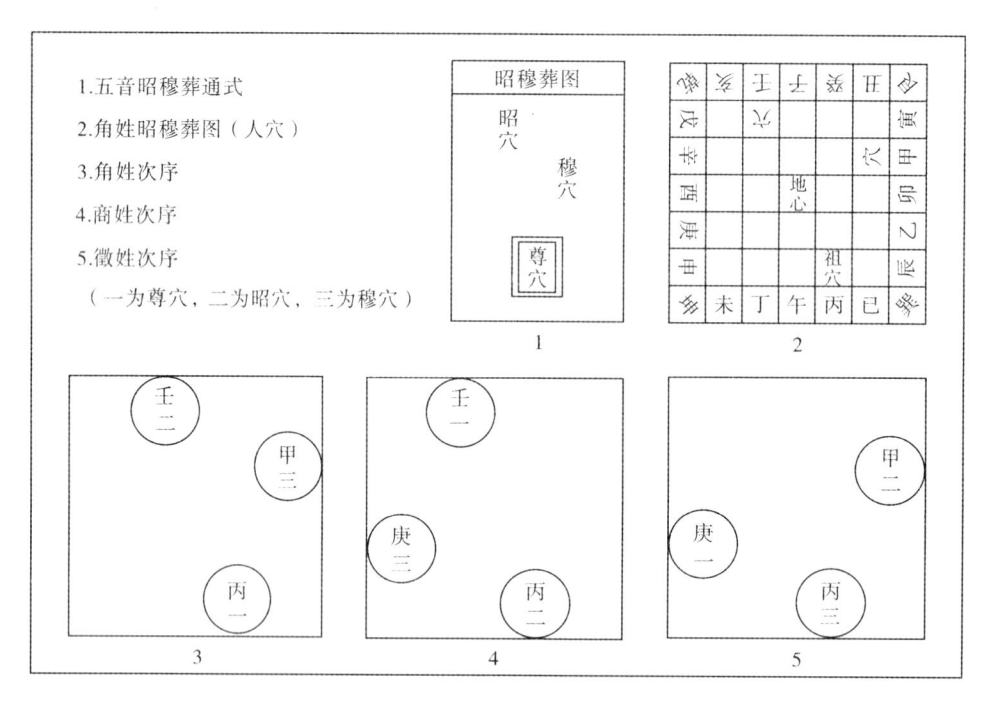

图1-4-3 昭穆（贯鱼）葬图解及穴位尊卑次序示意图
（采自冯继仁《论阴阳勘舆对北宋皇陵的全面影响》）

---

[1] A. 郭湖生、戚德耀、李容淦《河南巩县宋陵调查》（《考古》1964年第11期）已经分析八陵总观之，不合角姓贯鱼葬说。又指出贯鱼葬法"乃指同一茔域（兆域）而言。不同兆域之间，似不拘于此法，且一陵所占地位甚大，为选择有利地形，亦不可能拘于此法"。又该文说，"兆域，每陵占有一定地域，称'兆域'"。
B. 冯继仁《论阴阳勘舆对北宋皇陵的全面影响》（《文物》1994年第8期）一文说：角姓昭穆贯鱼葬法，系指一昭一穆共三代之葬，而非七代或八代之族葬。因此，"不能将'八陵'统笼在一起，而应以三代一组去分析"。但作者依此法去分析北宋八陵，亦未得出完整的昭穆贯鱼葬法模式。

[2] 冯继仁《论阴阳勘舆对北宋皇陵的全面影响》（《文物》1994年第8期）一文，对"陵域甚广，该为穆穴之地风水（地理、地势或地脉）未必上佳"，"该为穆穴之地可能'迫隘'"有较详细的分析。

吉地分成四个陵区。其中只有西村陵区置三陵，但太祖太宗又是兄弟；蔡庄陵区只永定陵；余二陵区均只有二陵。因此，北宋八陵四个陵区不可能形成完整的昭穆贯鱼葬法。这是除蔡庄永定陵一区外，余三区均只有尊穴和昭穴，晚建的帝陵均位于早建帝陵之西北的主要原因。实际上此种态势，仍是按角姓昭穆贯鱼葬法变通而为之的结果。

三　据阴阳，用吉尺

诸陵按阴阳说取吉尺，据学者研究，《地理新书》所载吕才说，在下曰阴，入地三、五、九、十五……二十三……三十九、四十五、四十七、五十三、五十七……六十三、六十五、六十九尺，俱为吉尺。据此七十七、八十三、八十九、九十三、九十九、一百零五尺皆为吉尺（八十一尺不为吉尺）。又说在上曰阳，向上三、九、十一、十七、二十一、二十三、二十七、二十九、三十三、三十九、四十一、四十七、五十一、五十三、五十七、五十九、六十三尺等俱为吉利丈尺[1]。然后研究者又根据文献记载和调查资料，对地宫下深，陵台上高，上宫其他丈尺进行分析，指出上述丈尺"大多遵循吕才之说，所以出现许多以一、三、五、七、九为个位数的丈尺，而较少有个位为零的'整尺寸'"[2]。本书前述"帝后陵各构成部位的形制和尺度"所述帝后陵各构成部位的丈尺，绝大多数与之相合（见前述情况）[3]。但是，极少数也有不合者。比如《宋会要辑稿》礼二九之二

---

[1] 冯继仁《论阴阳勘舆对北宋皇陵的全面影响》（《文物》1994年第8期）一文引吕才说表述如下："'吕才云：在下曰阴，阴从戊起。入地一尺得戊，二尺得己，三尺得庚……'，即将地穴下深丈尺同十个天干对应，深一尺为戊、三尺为庚、五尺为壬、七尺为甲、九尺为丙、十尺为丁。周而复始，十一尺为戊、十三尺为庚，等等。同时又把这些丈尺与'建除十二地祇'相配：入地一尺为建、二尺为除、三尺为满、四尺为平、五尺为定、六尺为执、七尺为破、八尺为危、九尺为成、十尺为收、十一尺为开、十二尺为闭。亦终而复始，十三尺为建、十四尺为除、十五尺为满，等等。再将天干与建除十二地祇（即地支）相配成对，共出60种组合，规定'过甲、庚、丙壬合满，定、成、开吉'。即：三尺为庚满，五尺为壬定，九尺丙成、十五尺壬满……二十三尺庚开……三十九尺丙满、四十五尺壬成、四十七尺甲开、五十三尺庚定、五十七尺甲成……六十三尺庚满、六十五尺壬定、六十九尺丙成……俱为吉利丈尺。依此法，七十七尺甲定、八十三尺庚开、八十九尺丙定、九十三尺庚成、九十九尺丙满；一百零五尺壬成，皆为吉。"又说："'吕才云：在上曰阳，阳从甲起数，高一尺为甲，二尺为乙，三尺为丙……七尺为庚……九尺为壬，一丈为癸'。周而复始用之，并同样配以'十二地祇'：一尺为建、二尺为除……同样规定'甲、庚、丙、壬与满、定、成、开合者吉'。即：三尺丙满、九尺壬成、十一尺甲开、十七尺庚定、二十一尺甲成、二十三尺丙开、二十七尺庚满、二十九尺壬定、三十三尺丙成、三十九尺壬满、四十一尺甲定、四十七尺庚开、五十一尺甲满、五十三尺丙定、五十七尺庚成、五十九尺壬开、六十三尺丙满……等俱为吉利丈尺。"

[2] 冯继仁：《论阴阳勘舆对北宋皇陵的全面影响》，《文物》1994年第8期。

[3] 本书北宋帝陵各构成部位调查资料尺度依据河南省文物考古研究所《北宋皇陵》（中州古籍出版社1997年版）一书，换算以1宋尺＝0.32米。冯继仁《论阴阳勘舆对北宋皇陵的全面影响》（《文物》1994年第8期）一文所用调查资料尺度，依据河南省文物考古研究所《北宋皇陵》（中州古籍出版社1997年版）一书以前的早期资料，宋尺换米制的标准也与本书不同。

四记载：真宗葬时，司天监主簿候道宁状："按由吾《葬经》，天子皇堂深九十尺，下通三泉；又一行《葬经》，皇帝下深81尺，合九九之数，合请用一行之说。"诸如此类者，或按前例依其他经法而定丈尺。也就是说，北宋帝后陵各构成部位的尺度，均有各自的阴阳依据[1]。

第五节　帝后陵随葬品、明器神煞与镇墓法

一　北宋帝后陵随葬品概况

北宋帝陵未发掘，清理的元德李后陵被盗，故北宋帝后陵随葬品的真确情况尚不明晰。现以文献所载安陵、定陵、钦圣宪肃向后陵法物为例，略述之。

《宋史》卷一二二《礼二五》记载：安陵"凶仗用大升舆、龙楯、鹅茸纛、魂车、香舆、铭旌、哀谥册宝车、方相、买道车、白幰弩、素信幡、钱山舆、黄白纸帐、暖帐、夏帐、千味台盘、衣舆、拂纛、明器舆、漆梓宫、夷衾、仪椁、素翣、包牲、仓瓶、五谷舆、瓷甀、辟恶车。进玄宫有铁帐覆梓宫、藉以樱桐褥、铁盆、铁山用然漆灯。宣祖衮冕、昭宪皇后花钗、翟衣，赠玉。十二神、当圹、当野、祖明、祖思、地轴及留陵刻漏等，并制如仪"。又记"宣祖谥册、谥宝旧藏庙室，合迁置陵内。改葬之礼，与始葬同。几筵宜新，明器坏者改作。凡敛衣、敛物并易之。其皇堂赠玉、镇圭、剑佩、旒冕、玉宝，并以珉玉、药玉，绶以青锦。安陵中玉圭、剑佩、玉宝等皆用于阗玉。孝明、孝惠陵内用珉玉、药玉"[2]。

《宋会要辑稿》礼二九之二〇—二一真宗永定陵记载："少府监言：'检会永熙陵法物，比永昌陵[3]凶仗又增辟恶车、重车、象生辇、逍遥子各一，刻木殿直、供奉各五十

---

[1] 冯继仁《论阴阳勘舆对北宋皇陵的全面影响》（《文物》1994年第8期）说："当然并非所有尺寸都合乎吕才或一行的葬术，这与宋陵所依诸家经法（而非一家）其说各异有关。所以每每营陵，都要参'去年故例'，查阴阳书，'参酌增损丈尺'。但无庸置疑，宋陵地宫、陵台等丈尺的制定都是有其各自的阴阳依据的。"又说："而八十一尺为戊成，不为吉尺，这与一行之说相异。同样，由吾以为吉的九十尺、八十尺在此亦吉尺。另外，一百尺为丁平，非吉尺（又未见一行、由吾之说中有述），故而永熙陵之深'百尺'，颇疑为'百五尺'（105壬成）之遗误或九十九尺（丙满）之粗计。"按105宋尺约合33.6米，99宋尺约合31.68米，与调查资料言熙陵皇帝深30余米亦相合。

[2] 《宋会要辑稿》第二十一册，礼三一之三、四所记与《宋史》卷一二二《礼二五》略有不同。如"赠玉一包，牲舆三，仓瓶舆、五谷舆各一，招幡二十，衣物舆，音声队、白幕像生车檐、驮马二十，羊二圈，器物五十，刻木控鹤官、内人各二十，神御帐一床，倚四副，屏风、掩障、宫城、园苑各一，恶车三"，为《宋史》卷一二二《礼二五》末礼。

[3] 永昌、永熙陵法物史无明载。

人，控鹤官、马步军队各五百人，六尚内人各十人，音声队、白幕像生器物五十床，椅二十副，驮马各三十，羊群五，茶藏、食藏、屏风、掩障、神御帐、宫城、园苑各一，令请如永熙陵修制'，从之。(永定陵)又添造凉车、毡帐、引驾象、大辇各一。瓷甀添七、瓦甀添十四，纱幪大小四百五十，聚盖青黄各十，从物白藤檐子、驾头、扇筤各一，供奉官、殿直各五十人，六尚内人四十人，内弟子、控鹤官、殿侍、当从物及下茶酒者，钧容及西第二班执乐者、带甲马步军各二百人，入内院子三十人，金甲将军二人，五坊三十人，翰林、御厨、仪鸾司、祗候库、武德司、亲事官、内六班各五十人，清道四人，御马二十匹，散马五十匹，带甲马二匹、并鞍辔、控鹤官、驼百头，羊五圈、圈百口，果子杂花各二十株，金银器物各一舆，金银酒器各五十，食奁二十副，兀子一十副，酒瓮二十副，茶檐四副，龙床、踏床各二，仰观、伏听、清道、蒿里老人、鲵鱼各一，招幡子六十，赠作五十舆，衣服三百五十舆，琴院各六事，碁局二副。又内出大小御侍十人，朱漆椅桌各十，逍遥子、平头辇各一，并赴陵下。"

《宋会要辑稿》第二九册礼三三之二四，钦圣宪肃向后陵："大行皇太后山陵一行法物，欲依元丰二年慈圣光献皇后山陵故事。大昇舆一百五十人，楯车挽士二十人。哀册车、谥册车、谥宝车、鹅茸蘂车、魂车、香车、重车、城门外梵铭旌车、买道车、方相氏、金、四目、黑衣朱裳、执戈扬盾载于车。自哀册车已下，并驾牛，驾士二。常服、白幰弩、素信幡、钱山昇二。黄白纸帐二、暖帐夏帐各一，千味台盘一，衣物昇，佛纛二。挽歌三十人，铎八，翣八，花钗礼衣一副，漆梓宫夹衾一障，梓宫翣十二柄，十二时辰各一。当圹、当野、祖明、祖思、地轴、赠玉一段。刻木控鹤官二十人，刻木内人二十人。像生器物五十事，屏风一，掩障一，像生床椅四副，音乐队，神御帐一，宫城一，园苑一，苞牲舆三，盖并一䍐，仪郭一并车，苍瓶昇一，招幡子二十个，玉口昇一，像生驼二十，像生马二十，像生车檐、羊群二口，白幕恶车三乘……"

以上乃安陵、定陵（涉及昌陵和熙陵）和祔葬裕陵的钦圣宪肃向后陵（涉及附葬昭陵的慈圣光献曹后陵）之法物情况。除此之外，永昌陵用阶玉制哀谥册二副[1]。永熙陵，"诏翰林写先帝常服及绛纱袍、通天冠御容二，奉帐坐，列于大升舆之前，仍以太宗玩好、弓剑、笔砚、琴棋之属，蒙组绣置舆中，陈于仗内"，"余并如昌陵制"[2]。永定陵"陈先帝服玩及珠襦、玉匣、含、襚应入梓宫之物于延庆殿，召辅臣通观"；"观入皇堂物，皆生平服御玩好之具"。"帝与辅臣议及天书"，"宜于永定陵奉安"[3]。如此等等，结合前述情况，基本可反映出北宋帝后陵法物之概况（此外，还有些情况，参见后文）。按文献多见北宋帝后陵"戒从省约"，"务遵俭省"之说，仁宗崩其昭陵文献更记"遵先帝遗制，

---

[1]《宋会要辑稿》第二十五册，礼二九之二、三：中书省言"制造哀谥册二副，用阶玉，从之"。文后详述谥册形制（略）。又同书，礼二九之三七、三八，记仁宗昭陵，"诏哀谥册条依干兴故事，用阶玉制造"。
[2]《宋史》卷一二二《礼二五》，太宗永熙陵。
[3]《宋史》卷一二二《礼二五》，真宗永定陵。

山陵各从俭约。皇堂上宫除明器之外，金石珍宝一切屏去"[1]。即使如此，上述帝陵法物仍十分可观。

二 明器神煞

明器（即冥器，或称盟器）泛指随葬品，北宋帝后陵的随葬品除前述者外，《宋朝事实》卷十三还较详细记述了永厚陵随葬品配置情况。文中说："梓宫升石椁西首，御夷床不及地一尺而止俟。巳时一刻，乃下置珠网花结于上，布方木及盖条石，及设御座于盖下，前置时果及五十味食，别置五星十二辰及祖思、祖明尊位于四壁。又设衣冠剑佩、笔砚、弧矢甲胄，凡平生玩好之物。又设缯帛缗钱，然后设册宝，乃然漆灯，闭柏门。置逍遥于麓巷，阖石门，缺其阈之中央，留人于内，搘掂毕，匍匐而出，锁其门，投钥于内。司徒复土九锸，立石柱于中央，萦以铁索，乃以都护排防累石以塞门，实隧以土。"[2]该文及前述北宋帝后陵随葬品中，有一部分属于阴阳迷信之物称神煞。金元时期《大汉原陵秘葬经》与北宋《地理新书》有一定关系[3]，该书"盟器神煞"篇所记"天子山陵用盟器神煞法"的神煞部分，在前述北宋帝后陵随葬器中也多有反映。举其要者，第一，当圹、当野、祖明、祖思、地轴。《秘葬经》记载，"埏道（墓道）口安当圹当野二人，长三尺五寸"，"祖司、祖明，长三尺，安后堂"；"地轴两个，长四尺，安东西界"。据研究当圹、当野、祖明、地轴在唐代为明器中的四神，当圹和当野为二镇墓俑，祖明和地轴为二镇墓兽[4]。《宋朝事实》记永厚陵祖思祖明置于四壁，其他帝后陵资料则未记当圹、当野、祖思、地轴安置方位和形状，故其在宋陵中究为何种明器尚不清楚。第二，十二辰和五星，《秘葬经》记"十二元辰，本相，长三尺，合三才，按于十二方位上"；"岁星长三尺，安东方。太白星长四尺，安墓两界。荧惑长三尺二寸，安南方。辰星长三尺二寸，安北方。镇星长三尺五寸，安墓心"。十二辰俑唐墓出土较多，按方位配置。岁星即木星，太白星即金星，荧惑即火星，辰星即水星，镇星即土星，中国古代天文学称"七政五星"。前述永厚陵资料言"别置五星十二辰及祖思、祖明尊位于四壁"，其中十二辰和五星或与《秘葬经》所言方位相近，但其形状不明[5]。第三，方相、仰观、伏听、蒿里老人、鲵鱼。《秘葬经》记载，"方相长三尺五寸，五彩结之，有四眼，手秉挩权"；"仰观伏听，长四尺三寸，安埏道中"；"蒿里老翁长五尺九寸，安西北角"。钦圣宪肃向后陵资料，"方相氏，金，四目，黑衣朱裳，执戈扬盾载于车"，其形态与《秘葬经》所记不同

---

[1]《宋会要辑稿》第二十五册，礼二九之三八。

[2]（宋）李攸：《宋朝事实》，中华书局1957年版。

[3] 徐苹芳《唐宋墓葬中的"明器神煞"与"墓仪"制度》，《考古》1963年第2期。

[4] 徐苹芳《唐宋墓葬中的"明器神煞"与"墓仪"制度》（《考古》1963年第2期）按《唐六典》卷二五"甄官令"条已记有当圹、当野、祖明、地轴。

[5] 据报道，江苏溧阳元祐六年李彬墓出土二十余件神煞俑，见镇江市博物馆、溧阳县文化馆《江苏溧阳竹箦北宋李彬夫妇墓》，《文物》1980年第5期。江西宋墓出土四神十二辰俑和神煞俑，见江西省文物管理委员会《江西彭泽宋墓》，《考古》1962年10期；彭适凡、刘玲：《江西分宜和永丰出土的宋俑》，《考古》1964年第2期。

(唐代多用荆竹编制)[1]。仰观、伏听、蒿里老人、鲵鱼在宋陵中情况不明，一些宋墓中所出遗物似与此有关[2]。第四，仓瓶和五谷舆及其他。《秘葬经》记公侯卿相墓"棺南安仪瓶，高一尺九寸。正南偏西安五谷仓，高二尺二寸"。宋陵仓瓶和五谷舆当与之同类。此外，永定陵资料中的金甲将军似与《秘葬经》中棺后镇殿将军相近（南唐李昪、李璟陵后室各出身披甲胄、一执圭形盾，一执圆形盾的武士，与镇殿将军方位合，宋陵金甲将军当与之相关）。永定陵资料中"钧容及西第二班执乐者"，大致相当于《南唐二陵发掘报告》中供奉内廷的伶人和舞人俑。

三　镇墓法

前述北宋帝后陵随葬品中的神煞，即属镇墓之列。此外，北宋帝后陵中还专有镇墓之

---

[1] A. （北宋）李昉《太平广记》（中华书局1961年版）卷三七一"窦不疑"条："今京中方相编竹，太原无竹，用荆作之。"
B. 宿白《白沙宋墓》（文物出版社1957年版）之注183说，"大棺车及明器以下陈于柩车前"，"灵车后方相车，次志石车（九品无），次大棺车、次明器"。
C. （清）徐乾学《读礼通考》（台湾商务印书馆1983年版）卷九十六，丧具二，方相条，引《周礼·夏官·方相氏》："掌蒙熊皮，黄金，四目，玄衣朱掌，执戈扬盾。"钦圣宪肃向后陵方相氏形象与之相同。

[2] A. 徐苹芳《唐宋墓葬中的"明器神煞"与"墓仪"制度》（《考古》1963年第2期）认为，四川成都跳河宋墓中有所谓"伏俑"，身平伏地下，昂首观望。四川广汉宋墓中亦发现绿黄釉伏俑，身平卧，两肘支地，歪首作伏听状，二俑似仰观、伏听。
B. 彭适凡、唐昌朴：《江西发现几座北宋纪年墓》，《文物》1980年第5期。其中1972年2月在进贤县发现的一座砖石结构夫妇合葬墓中，作者称有"明器神煞"瓷俑。其中的跪仪俑、仪鱼俑或属伏听、鲵鱼之类。
C. 蒿里，乃指人死后灵魂所归之处。蒿里老人，又称蒿里老公、老翁等。南唐李昪陵，后室出土一件头戴风帽，脸上有皱纹，颔下有长须，身穿圆领长袍，两手叉于胸前的老人，即属蒿里老人之列。
D. 1972年3月江西彭泽县北宋元祐五年墓出柏木人一具，其上墨书："殁故亡人易氏八娘移去蒿里父老天帝使者元皇正法使人迁葬恐呼生人明敕柏人一枚宜绝地中呼讼。"见彭适凡、唐昌朴《江西发现几座北宋纪年墓》，《文物》1980年第5期。
E. 徐苹芳《唐宋墓葬中的"明器神煞"与"墓仪"制度》（《考古》1963年第2期）中说：《秘葬经》记公侯卿相墓中于棺东按仪鱼，疑即鲵鱼。唐墓中多发现鱼形俑，如山西长治北石槽唐墓中发现的兽首鱼身，前有两蹄的俑或人首鱼身俑，调露元年王深墓中发现的人首鱼身下有四足的俑，这种形象很接鲵鱼传说（《酉阳杂俎》前集卷十七："鲵鱼如鲇，四足长尾……声如小儿。"）。南唐二陵发现13件人首鱼身俑，有的戴道冠状帽，颈下刻鱼鳞，脊骨突出，两边各有一鳍；有的光头不戴帽，两侧有显著的鱼翅，与山西唐墓人首鱼身俑大体相同。在北宋墓中，江西彭泽庆历七年刘宗墓发现一作鱼形、一作人首鱼身形俑，分置于墓室左右壁龛中，极可能是永定陵的鲵鱼或《秘葬经》中的仪鱼。

法，如永定陵皇堂以五精石镇墓[1]。镇墓石出现较早，至唐代五合镇墓石各以青、白、赤、黑、黄代表东、西、南、北、中五方五帝[2]。《重校正地理新书》卷一四，记宋代"但以五色石镇之于塚堂内。东北角安青石，东南角按赤石，西南角按白石，西北角安黑石，中央安黄石，皆须完净，大小等，不限轻重"。四川彭县（今彭州市）宋墓腰坑上置两块镇墓石，其中之一上的文字有"五土之精"（即五方五石），"镇压寿堂之内"，"兼附亡室杜氏道喜娘子幽室一所"等语，从中可看出受当时道教的影响[3]。《秘葬经》记天子山陵神煞法，除用岁星、太白星、荧惑、辰星、镇星五星外，又记"五方五帝，长五尺五寸，镇五方界"；记公侯卿相墓中以五精镇石五方折五星；记大夫以下至遮人则"镇墓五方五精石，镇五方"。上述情况表明，北宋帝陵五精石镇墓法既与阴阳有关，又似与道教有一定关系。从前述东汉、唐、宋至金元五精石镇墓情况中，对我们理解北宋帝陵五精石镇墓法或有帮助，但其五精石镇墓法的具体方位和形态仍不清楚。

除上所述，北宋帝后陵还有地面以上镇土问题。《宋会要辑稿》礼三七之一二记载：元丰四年大臣奏言，"闻祖宗朝尝于永熙陵东西三男位筑堤以镇土，已获感应。今可于永厚陵及濮安懿王园东寅卯辰三位天柱寿山行镇土之术，仍乞于镇上（土）堤逐方位以珍宝玉石为兽埋之"；"诏送提举司天监所集官定，本所奉于阴阳书及国音别无妨碍，从之。其镇土事，令众官详定，申中书"。此外，永昭陵等也有镇土记载[4]。据考古调查资料，在永裕陵之向后陵和永泰陵的刘后陵四方，发现鼠、牛、羊、兔石雕，均深埋一米许，这些石兽或即是前述镇土所埋之兽[5]，应属厌胜性质。

---

[1] 《宋会要辑稿》第二十五册，礼二九之二五：乾兴元年六月"二十五日，内降镇墓法，五精石镇墓法，令山陵修奉司委在彼祗应人，将阴阳文字看详，如得允当，即依逐件事理，候至时精洁镇谢"。

[2] 徐苹芳《唐宋墓葬中的"明器神煞"与"墓仪"制度》（《考古》1963年第2期）中说：东汉熹平二年镇墓石，中有五方五帝之辞，但所表示的意义与唐以后的镇墓石不尽相同。唐景龙元年武三思镇墓石一方（咸阳博物馆藏），原有五块，此块为南方三炁丹天文。西安唐至德三年寿王第六女清源县主墓内发现五合镇墓石，各以青、白、赤、黑、黄代表东、西、南、北、中五方五帝，镇文辞句与武三思墓中发现的基本相同。此种镇墓石皆出自当时道家的《太上灵宝洞玄灭度五练生尸经》中的"安灵镇神"天文。按中国古代神话中五方之天帝，即五方神。《周礼·天官·大宰》"祀五帝"，唐贾公彦疏："五帝者，东方青帝灵感仰，南方赤熛怒，中央黄帝含枢纽，西方白帝白招拒（亦作矩），北方黑帝汁（亦作叶）光纪。"

[3] 四川省文物管理委员会《四川官渠捻唐、宋、明墓清理简报》（《考古通讯》1956年第5期）镇墓石之一曰：赵公明，字都□，□□□□之中，镇压寿堂之内，□禁□忌，五土之精，转祸为福，改灾为祥。伏乞□佑男生胡□寿堂遐龄，兼附亡室杜氏道喜娘子幽室一所，各引旺气入穴。一枕来岗，永远千福，□外邦于他方，纳吉祥□□□。

[4] 傅永魁、刘洪淼《河南巩县永昭陵区的考察》（载《考古学集刊》8，科学出版社1994年版）引《邵氏见闻录》："永昭陵东北山……旧以兆域南地十顷，以陵之艮，巽筑堤以镇土。"

[5] 傅永魁：《河南巩县宋陵石刻》（载《考古学集刊》2，中国社会科学出版社1982年版）中说："调查中在永裕陵的向皇后陵园四周，还首次发现石雕鼠、牛、羊像各一件。同时在永泰陵刘皇后陵发现石雕兔一件。各像通身雕成迭山峰形状的方座和不规则的山形座。上端伏卧着形象逼真的鼠、牛、羊、兔，表面施各种颜色的粉绘。这些文物的发现和出土地点，均在陵园四方，深埋一米许。可知每个帝后陵都有设置，是按死者生、死、年、月、日和年龄，将十二属相分置四方，埋在地下的。"按其最后的说法，未提供证据，仅供参考。此外，该文又说："宋宗室右监门世昌墓志的四边雕刻十二个人物像，可能是十二属相，是宋陵中第一次发现。"

综上所述，明显可见阴阳堪舆术对北宋诸帝陵选址，各帝山陵选陵园及其与地势的关系，各帝陵园诸建筑构成的方位和尺度，陵园的形制布局，同一陵园帝后陵穴（包括陪葬墓）的定位，以及帝后陵随葬品中的明器神煞等，均起主导作用，影响甚大。此种情况，在中国历代帝陵中表现最为突出，是北宋帝陵的重要特色之一。

第六节　北宋帝后陵的主要特点及其与前代帝陵的比较

一　北宋帝后陵的主要特点

北宋帝后陵与阴阳堪舆相关的主要特点，已如前述。除此之外，其他主要特点拟据前面介绍的情况，简略归纳如下。

第一，如前所述，北宋七帝八陵陵名皆以"永"字打头，诸陵集中分置，各陵建置、朝向、布局相同，规模相近，八陵共享一个陵邑，有四座禅院，形成了一个内在联系密切、完整的帝陵陵区体系。因而七帝八陵在特定的范围内，从宏观鸟瞰，在统一、规整的定式之中，突显出诸陵纵横排列有序，错落有致的效果，充分体现出七帝八陵在总体上的群体美、秩序美、韵律美与和谐之美。这是北宋帝陵总体布局的重要特色。

第二，北宋诸陵未依山而建，但仍依前代传统称山陵（以四方覆斗状陵台比附山），后陵称园陵，听政称制的皇后陵亦称山陵。

第三，各帝陵自有兆域，兆域以"封堠"为界标，其间围以篱寨，帝后宫城又分围棘寨。

第四，各陵帝、后陵和陪葬墓之间的方位，各主要构成部位的规模、体量、尺度，石象生（包括相关的石刻）的种类和数量等，有严格的规定，等差明显，尊卑有别，充分体现出森严的封建等级制度。

第五，诸陵帝、后同茔而葬，不同穴。陪葬墓仅限于皇子、皇孙、未出阁的公主及与诸王合葬的夫人等。

第六，诸陵神道南端设鹊台和乳台，乳台三出阙。神道较短，其两侧的石象生各陵间在体量、尺度和细部形象上有变，但石象生的种类、数量和位置有定，配置程序化，高低起伏有致，排列紧凑，整体性强，因而营造出神道应有的庄严、肃穆和神秘的氛围。

第七，帝后陵宫城方形，四面开神门，门外置双狮，南神门外有阙庭和铺屋。宫城四隅有角阙，神门有门阙；角阙和门阙均三出阙，其上有楼阁式建筑。

第八，帝后陵陵台在宫城正中，方形覆斗状，帝陵陵台三层（奇数为阳）、后陵陵台再层（偶数为阴）。帝陵陵台下两层包砖，台体涂朱，设排水道，台底周缘有散水（后陵陵台大致相同），陵台前置献殿。

第九，各陵兆域内植柏种树，层层绿化，形成完整的绿化体系，故陵区又称"柏城"。

第十，北宋诸陵遵循《周礼》所谓"天子七个月而葬"的传统，生不营圹（不营寿陵），帝崩后为"七月葬期"所限（个别的超过七个月，见表1-1-1）[1]，这可能是诸陵规模较小的原因之一。诸帝、后陵皇堂，熙陵及其以前砖筑，木梓宫；定陵、昭陵过渡到皇堂石筑，至厚陵皇堂石筑用石椁，尔后则改为石地宫。

总之，北宋帝陵以上宫为主体，以陵台为核心，上宫制如宫城之朝，下宫制如宫城之寝。神道前置乳台如阙，其前又置鹊台。神道两侧石象生前段以象为首，后置瑞禽神兽；中段以马为首，后置去邪的虎羊；后段则如帝生前出行仪仗行列。后陵和陪葬墓则严格按照宫中等级制度配列。凡此，均"事死如事生"，其陵寝制度皆拟如皇帝生前宫禁之制。

二 北宋帝陵与前代帝陵的比较

前面介绍了北宋帝陵形制布局的主要特点，这些特点有其独特之处，但并非全是独创。为明确北宋帝陵形制布局主要特点产生的原因，有必要将其纳入秦汉至隋唐帝陵形制布局体系之中略作比较。

（一）陵址、陵区、陵名、陵邑与禅院

1. 陵址与陵区

秦自迁都咸阳后，有渭北毕陌陵区，渭南秦东陵区和始皇陵区。西汉主要陵区在咸阳原上，九帝帝陵西自兴平市南位乡，东至高陵县马家湾乡，东西一线排列约百里。此外，在汉长安城东南还有文帝霸陵、宣帝杜陵（以及薄太后南陵和史皇孙奉明园）。东汉亦分两大陵区，一在洛阳东南，一在洛阳西北。唐代十八陵在渭河以北乾县、礼泉、泾阳、三原、富平、蒲城6县境内，东西相距约150公里。上述各代帝陵陵址的共同特点是距都城较近，各陵散置，相距较远；主要帝陵多在都城之北，除唐陵外余者均有二或三个陵区。但是，应当指出这种陵区是指诸陵所占的一片很广的地区而言，实际上并未形成相对集中、较紧凑、具有整体性的陵区。

北宋帝陵与上述情况相比迥然不同。其一，北宋只有一处帝陵陵址，帝陵远离都城开封府，选在陪都洛阳之东偏南的巩县。其二，北宋七帝八陵及祔葬的皇后陵，均集中在东西长约13公里，南北宽约12公里的范围内。其三，北宋七帝八陵相邻或毗连，排列有序，组合明确，在整体之中又分成四个小陵区。其中除永定陵自为一个小陵区外，其余三个小陵区二或三座帝陵（西陵陵区）为一组合，陵位均按昭穆贯鱼式排列。其四，七帝八陵区域内有共同的禅院和陵邑（参见后文）。其五，七帝八陵朝向和形制布局相同。因此，北宋帝陵在中国帝陵史上首次真正形成了完整的陵区体系，这个特点对明清帝陵有较重要的影响。

---

[1] A.《宋会要辑稿》第二十七册，礼三一之三一，明德皇后条："诸庙既及七月，即合依时荐享。"

B.《宋史》卷一二二《礼二五》，神宗葬事："祔庙而后即吉，财（才）八月矣。而遽纯吉，无所不佩，此又礼之无渐也。"

2. 陵名

战国晚期仅个别国君陵墓有专名，如秦惠文王"公陵"，秦悼武王"永陵"。入汉以后，帝陵始有专名。西汉多以地名为陵名（如长陵、安陵因长安得名，阳陵因位于弋阳县得名，平陵因位于平原乡得名，茂陵因位于茂乡得名，霸陵因灞水得名等），到唐朝则据皇帝尊号、谥号选与之相应的吉利、祥顺、平和、美好的褒义词做陵名。如高祖"献"陵、太宗"昭"陵、中宗"定"陵、睿宗"桥"陵、玄宗"泰"陵、德宗"崇"陵、穆宗"光"陵等，后世历代帝陵取陵名多遵此原则。由于汉唐及其以后帝陵皆以单字名陵（其间魏晋南北朝宋、齐、陈诸陵有双字陵名），因此后世历代诸陵与之同名者较多。

北宋初宣祖改卜陵于永安镇附近，其陵称"安陵"，太祖时陵名起用复字，自此以后诸陵名皆以"永"字打头，称"永某陵"。从宣祖安陵与汉惠帝安陵，太祖永昌陵与汉成帝昌陵陵名相同来看，宋初起陵名似参照了西汉帝陵陵名，并仍遵循以地名为陵名的原则。此后，真宗定陵、仁宗昭陵、哲宗泰陵又与唐之定、昭、泰陵同名，反映出自太宗起诸帝陵名似与唐代定陵名传统有关。当然，宋代诸帝陵名无论与汉代还是唐代帝陵同名，其取义均不尽相同。但是，从中仍可看出北宋诸帝陵起陵名的原则，乃是汉唐定陵名传统之滥觞。

3. 陵邑与禅院

《后汉书·东平宪王苍传》记载："园邑之兴，始自疆秦。"秦始皇十六年"置丽邑"，其遗址在始皇陵北2.5公里刘家村东。西汉宣帝及其以前诸陵均置陵邑，成帝后罢置陵邑。当时陪葬帝陵的达官显贵、皇亲国戚墓附近则置园邑。陵邑只限于帝陵，或未与先帝合葬的皇帝之母后陵，以及死时未以帝陵礼仪入葬的皇帝父母的陵墓。西汉总共置11座陵邑，陵邑多分布在帝陵北部或东部。西汉之后直至唐代不置陵邑，唐代仅规定"每陵取侧近六乡以供陵寝"[1]。前已介绍，北宋"永安镇特建为县"，"营建城邑，充奉山园"为陵邑。可见北宋又恢复了秦汉建陵邑的传统，其差异是北宋诸陵共享一座陵邑。

帝陵置寺院始于东汉明帝，《洛阳伽蓝记》卷四说："明帝崩，起祇洹于陵上。自此从（以）后，百姓冢上或作浮图焉。"最早的实例见于北魏文明太后冯氏永固陵前建造的"思远浮屠"[2]。唐代十八陵未建寺院，北宋帝陵则遵循东汉北魏之先例，在陵区建七帝八陵分别共享的四大禅院（见前述情况）。

（二）上宫宫城

战国时期国君陵墓大都外环隍壕，有的修内、外两重隍壕。从河北省平山县战国中山国国王譻陵墓所出兆域图铜版来看，其陵墓有内外二重围墙，平面呈东西矩形，南墙正中开门。其他如河南省辉县固围村魏国王陵，河北省邯郸赵国王陵考古发掘，均发现陵墓外有墙垣残迹。说明战国时期陵墓外已由环隍壕逐步过渡到围墙垣。

秦统一中国后，始皇陵有双重城垣，平面南北长方形，方向坐西面东，从遗迹推测似

---

[1] 《旧唐书》卷二五，《礼仪五》。
[2] 大同市博物馆、山西省文物工作委员会：《大同方山北魏永固陵》，《文物》1978年第7期。

有门阙和角阙[1]。入汉以后，诸帝陵外围墙垣一重[2]，称"陵园"，平面近方形（一般边长410—430米，墙夯筑，高10米左右）。陵园四面开门，景帝阳陵以后四门外十米余置双阙（三出阙），上面当有建筑。其中长陵、安陵和杜陵司马门外无阙，但其门道两侧均夯筑台基，称"台门"，又称"塾"[3]，文献记载门有塾则无阙，这种门亦称为阙[4]。汉承秦制，陵园坐西朝东，以东门为陵园正门。

唐代诸陵，除献、庄、端、靖四陵建于平地外，余者均"依山为陵"。其共同特点是陵园封土台外围筑墙垣，平面大体呈方形（"以方为贵"，如乾陵东、西、南、北四墙长各为1583米，1450米，1438米，1450米。建于平地诸陵围墙约500米见方），坐北朝南。据考古资料，墙体一是以石条为墙基，其上夯筑，高似在5.7—8米左右，墙顶覆双坡式板瓦，墙身涂白或朱。二是墙体全部夯筑，仅在四角和四门处加石条墙基，墙基处砖砌散水。墙四隅自乾陵起用角阙，平面方形或圆形，角阙上有建筑（如乾陵角阙周围残存有砖、瓦、瓦当和石渣等）。四面围墙各开一神门（分以朱雀、玄武、青龙、白虎名之），"依山为陵"者，神门不完全对称，乾陵出现阙楼式门[5]。四神门外置石狮一对（献陵置虎，自乾陵起狮取代了前代的天禄、辟邪和虎），玄武门外加置石马，乾陵南神门附近加石人二身[6]，四门石狮外较远处立双阙。诸陵围墙范围称"上宫"，上宫南门内置献殿[7]。

---

[1] 徐卫民：《秦公帝王陵》，中国青年出版社2002年版，第363页。

[2] 刘庆柱、李毓芳：《西汉十一陵》，陕西人民出版社1987年版，第174页。说："据文献记载分析，西汉帝陵应该至少是按重城垣设计的。"

[3] 《十三经注疏》，中华书局1980年版，《礼记·礼器》，孔颖达《正义》说："两边筑阇为基，基上起屋，曰台门。"《三辅黄图》（三秦出版社1995年版）说："塾门，外舍也。臣来朝君，至门外就舍，更熟详所对之事。"

[4] 《汉书》卷二十七上《五行志第七（上）》："永光四年六月甲戌，孝宣杜陵园东阙南方灾。"据西汉宣帝杜陵和孝宣王皇后陵园发掘资料，无阙的司马门址中间为门楼主体建筑，门楼有左右塾，门楼两翼辅以左右配廊。左、右塾各分为内外，中间隔墙。

[5] 陈安利《唐十八陵》（中国青年出版社2001年版），第27页说：据乾陵勘查报告（贺梓城、王仁波：《乾陵》，《文物》1982年第3期）《乾陵》，"从残存于地面的门址看，门阙均为三出阙……门楼为土木结构，楼基和墩台均系夯筑，外用砖包砌，墩台上建楼"。1971年发掘的唐懿德太子李重润墓，"号墓为陵"，其墓道两壁上绘有完整的阙楼和城墙图。1995年发掘的桥陵陪葬墓惠庄太子墓园南门即阙楼式。

[6] 傅熹年主编：《中国古代建筑史》第二卷，中国建筑工业出版社2001年版，第421页。陈安利《唐十八陵》（中国青年出版社2001年版）第60—61页：在朱雀门石狮北，献殿南，东西各有石座一件，由残留人足分析，应为石人，或是内官。

[7] A.《旧唐书》卷三七，《五行志》：元和"八年，三月丙子，大风，拔崇陵上宫衙殿西鸱尾，并上宫西神门六载竿折……"上宫指陵墓外方城，四面门称神门。
B.《新唐书》卷二〇〇《韦彤传》："唐昭陵因山为坟，建献殿于山上……"
C. 陈安利：《唐十八陵》，中国青年出版社2001年版，第31页，据《礼泉县志》引《昭陵志》载："高力士于太宗献殿见小梳箱一……"同书第44页说：昭陵"献殿位于朱雀门内，正对山陵"，"现存殿址范围约四十米见方"。同书第55页说：乾陵，献殿在"朱雀门内，殿址平面呈长方形，东西长63米，南北宽11.8米"。按元，李好文《长安图志》（《经训堂丛书》本）中，参宋游师雄有关著述所录《唐昭陵图》《唐乾陵图》与《唐建陵图》中均绘有献殿。

文献记载陵墓外有二重墙垣，《长安图志》所载《唐昭陵图》《唐乾陵图》均墙垣两重。现已在乾陵上宫内城垣外发现外城垣遗迹[1]。此外，前述《唐乾陵图》在上宫外城垣西墙外，略对青龙门还标有"乾陵铺"。

据上所述，唐代诸陵上宫的形制是由秦汉帝陵陵园发展而来的。北宋帝陵上宫的方向同于唐代帝陵上宫，形制则与之大同小异。上宫、神门、角阙、献殿等称均取自唐代帝陵。宋代帝陵上宫形制的主要变化，一是规模远小于唐陵上宫（也小于汉代陵园）。二，北宋帝陵上宫四角阙已改为曲尺形并三出阙，上有楼阁式建筑。三，北宋帝陵四神门有三出阙阙台，据前述永定陵西神门发掘资料看，该陵神门形制上源似可追溯到前述汉代陵园"台门"形式，很可能是从前述唐代阙楼式神门直接发展而来。四，北宋帝陵上宫神墙涂朱，尚未见涂白者（唐陵神墙已出现涂朱）。五，北宋帝陵上宫东、西、北三神门外置一对蹲狮，南神门外置一对走狮。六，北宋帝陵将唐乾陵南神门附近石人，移到南神门内。七，北宋帝陵四神门外无土阙，南神门外置两阙庭，阙庭或由唐陵南神门外双阙演变而来。八，北宋帝陵上宫宫城外围棘寨，棘寨应是唐陵上宫外城垣的简化形式。九，北宋帝陵上宫宫城外也有铺，位置不详。上述情况表明，北宋帝陵上宫宫城的形制结构，在唐代已形成了完整的模式，北宋帝陵宫城只是在此基础上稍有取舍，一些部位的形制结构略有变化和发展而已。因此，可以说北宋帝陵上宫宫城的形制结构与唐陵上宫宫城是一脉相承的。

（三）陵台

殷周时期墓葬"不封不树"，无坟丘。春秋晚期孔子之世已出现坟丘[2]，至战国时期则普遍流行，由于当时"以大为贵"[3]，所以坟丘越修越高大。自赵肃侯十五年（公元前335）"起寿陵"[4]，君主之墓始称陵。所谓陵即坟丘堆成高阜[5]，时人将其比作高山，故又称山陵[6]。由于特别高大的封土是君主独尊的特权，所以陵和山陵就成为国君墓葬

---

[1] 陈安利：《唐十八陵》，中国青年出版社2001年版，第52页。说：乾陵上宫内城垣外又发现外城遗址，"新发现的外城遗址走向大体与内城平行，两者间距二百二十米左右。它东西宽约一千七百五十米，南北长约一千九百八十米，墙体主要为夯土结构，现地面可见残存墙基高3—4米"。

[2] 《十三经注疏》，中华书局1980年版，《礼记·檀弓上》孔子说："古也墓而不坟，今丘也。东西南北之人也，不可以弗识也，于是封之，崇四尺。"

[3] 《十三经注疏》，中华书局1980年版，《礼记·礼器》："有以大为贵者，宫室之量，器皿之度，棺椁之厚，丘封之大，此以大为贵也。"

[4] 《史记》卷四三，《赵世家》。

[5] 《十三经注疏》，中华书局1980年版，《尔雅·释地》："大野曰平，广平曰原，高平曰陆，大陆曰阜、大阜曰陵。"

[6] 《墨子·节葬下》（上海古籍出版社1997年版）：当时王公大人墓葬，"垄虽凡山陵"，孙诒让《墨子间诂》（上海书店出版社1992年版）："大意盖为丘垄之高如山陵耳。"《吕氏春秋·安死》（上海古籍出版社1995年版）："世之为丘垄也，其高大若山。"

的专称，甚至将国君去世也讳称"山陵崩"[1]。"山陵"秦汉时又称山，如始皇陵直称"骊山"，[2]汉高祖长陵别称长山等。

封土的形状最初较多[3]，后来坟丘以方为贵，"堂"形（覆斗形）成为陵之封土的主流，少数为"坊"形（长方形）[4]。秦惠文王陵（公陵）和秦悼武王陵（永陵）封土已呈高大的覆斗形（前者封土高11.8米，底边长78米，顶边长48米；后者封土高12.3米，底边长71米，顶边长14米）。始皇陵文献记载高50余丈，周回五里余"[5]，为帝陵封土体量之最[6]。其现存形状呈覆斗形，中腰部有一缓坡状阶梯，顶部为一平台[7]。汉代帝陵封土底和顶部近方形，立体呈覆斗状（一般底边长170米，顶边长50米，高约30米。武帝茂陵封土边长230米，高达46米），汉代又称"方上"。其中个别帝陵封土呈长方形（坊形，如惠帝安陵，平帝康陵封土）。少数帝陵封土上中部内收成台（如平陵、康陵，以及渭陵和延陵等），似仿"山"形所致[8]。西汉时帝后陵封土，以及王侯和庶人封土均有等差[9]。唐代高祖献陵、敬宗庄陵、武宗端陵、僖宗靖陵，"封土为陵"（余者

---

[1]《战国策·赵策四》（商务印书馆1958年版）记触龙见赵太后说，"一旦山陵崩（指赵太后），长安君何以自托于赵"；《战国策·秦策五》（商务印书馆1958年版），吕不韦游说秦王后之弟阳泉君时也有"王之春秋高，一旦山陵崩"之语。高诱注："山陵，喻尊高也。崩，死也。"

[2] 赵康民：《秦始皇陵原名丽山》，《考古与文物》1980年第3期。

[3]《十三经注疏》，中华书局1980年版，《礼记·檀弓上》记载："孔子之丧，有自燕来观者，舍于子夏氏。子夏曰：'……昔者夫子言之曰：吾见封之若堂者矣，见若坊者矣，见若覆夏屋者矣，见若斧者矣，从若斧者焉，马鬣封之谓也。'"

[4]《十三经注疏》（中华书局1980年版）《礼记·檀弓上》记载："孔子之丧，有自燕来观者，舍于子夏氏。子夏曰：'……昔者夫子言之曰：吾见封之若堂者矣，见若坊者矣，见若覆夏屋者矣，见若斧者矣，从若斧者焉，马鬣封之谓也。'"

[5]《汉书》，卷三六，《楚元王传》。

[6] 徐卫民：《秦公帝王陵》，中国青年出版社2002年版，第113页。说："始皇陵高50丈，约合今115米余，原封土底边近方形，南北515米，东西485米。现存封土已缩小，其高因周围地势高低不一，有76、73、71、46、43米等说。"第364页又说，"经实测，原封土堆的底部近似方形，南北长515米，东西宽485米，现存封土南北长350米，东西宽345米，封土顶部的平台东西长24米，南北宽10.4米"，封土高"仍有70多米"。

[7] 刘庆柱、李毓芳：《西汉十一陵》，陕西人民出版社1987年版，第160页。

[8] 刘庆柱、李毓芳：《西汉十一陵》，陕西人民出版社1987年版，第160页。文中引《尔雅·释山》，指出古代认为有的山是有层台的。

[9] 刘庆柱、李毓芳：《西汉十一陵》，陕西人民出版社1987年版，第161—162页。说：高祖和吕后陵封土规模基本相同。西汉中期景、昭、宣帝之后陵，封土一般高24—25米，底边长150米，顶边长45米，小于帝陵封土。西汉晚期后陵封土明显变小。《周礼·冢人》郑玄注引《汉律》："列侯坟高四丈，关内侯以下至庶人各有差。"徐卫民：《秦公帝王陵》，中国青年出版社2002年版，第64页，引清代学者研究，诸等级"似皆以五尺为差"。又说诸侯王的坟丘高于列侯，大致在五丈到八丈之间。

"依山为陵")。四陵封土覆斗状，献陵封土高19米，底边东西130米，南北110米；其余三陵封土高15—20米，底边40—60米。此外，陪葬乾陵的懿德太子李重润墓和永泰公主墓，两者均"号墓为陵"，其封土覆斗形有二层台（李墓封土底边56.7米，宽55米，高17.9米；永泰公主墓封土底边长56米，高14米）。

据上所述，可知北宋帝陵陵台依秦汉和唐代帝陵封土方形覆斗式，只是规模小（与唐代封土为陵的庄、端、靖陵封土底边长相近，但高度相差较多，又宋帝陵陵台和汉陵封土坡度均40度左右[1]），立面有三层台。此三层台式似由战国平山中山王墓封土三级台阶状[2]，以及前述始皇陵封土中腰缓坡状阶梯、汉陵少数帝陵封土上中部内收成台，唐代懿德太子墓和永泰公主墓封土二层式逐步演变而来。"三层"或使其形更似山，或以"三""山"谐音与其形"三层"相结合，而寓"山陵"之意[3]。北宋帝陵陵台"涂丹"，修排水道，下两层外皮包砖，陵台底部砖铺散水等则为新发展（此种情况秦汉和唐代帝陵封土尚未发现）。北宋后陵陵台规模和高度与帝陵陵台的等差，诸王大臣等封土的差别，亦遵循汉唐之传统。此外，北宋帝陵陵台前南神门内置献殿，也同于唐代（见前述情况）。唯陵台前置二身宫人，则前所未见。

（四）鹊台、乳台、神道和石象生

唐乾陵最南端置鹊台二，对峙；其北约2350米在对峙的乳峰上筑双阙，后来称为乳台。此后唐陵多置鹊台和乳台，基本成为定制。以鹊台作为进入封域的标志，乳台双阙为陵园之门阙，其内为柏城。乳台北至朱雀门长约650余米，称神道，两侧置石象生。上述规制的宏观框架和乳台三出阙的结构，均为宋陵所承袭。

所谓神道即陵园或宫城正南门之南的大道，神道的特点是置华表（石柱、望柱）和石象生。华表初为木制，功能以"表识衢路"为主，或作界标（此外，还有其他说法）。战国时期燕昭王陵前已置华表，西汉亦有之，但此时并未形成神道。东汉时用石柱作华表，墓前置华表始流行，同时墓前设石阙，置石兽，至此墓前形成神道，并以华表作为神道之标志[4]。

---

[1] 陈安利：《唐十八陵》，中国青年出版社2001年版，第35页。说："现存陵台坡度，献陵20度48，靖陵28度16，恭陵东西坡37度34，南北坡45度。而宋陵和汉陵均为40度左右。"按残存情况，未必能证明当初如此。

[2] 《中国大百科全书·考古卷》，中国大百科全书出版社1986年版，第366—367页。"平山中山王墓"条，记1号墓封土三级台阶，第一级内侧有砾石散水，第二级有壁柱和柱础，第三级可复原一座周绕回廊。

[3] 《北宋皇陵》，中州古籍出版社1997年版，第451页。说："北宋皇陵、把陵台封成'三层'的形状，可能寓有'山陵'之意。"

[4] A.（北宋）李昉等撰：《太平御览》卷一百九十八"华表"条，记载"燕昭王墓前华表"。中华书局1960年版。
B. 《汉书》卷九十二，《游侠·原涉传》记载原涉扩大先人坟墓，"买地开道，立表，署曰'南阳阡'"。《汉书·淮南衡山济北王传》记载，淮南厉王墓上置华表。
C. 杨宽：《中国古代陵寝制度史研究》，上海人民出版社2003年版，第147页。引《后汉书·中山简王焉传》李贤注："墓前于道建石柱以为标，谓之神道。"因此，"石柱上往往题刻有'某某官职某某的神道'字样"。又例举山东、汉琅邪刘君墓、北京石景山汉幽州书佐秦君墓石柱，指出柱顶方石上有"神道"刻文。

在这之后经南北朝之延续和发展，到唐乾陵时华表（石柱）柱身八棱形，通体雕卷草纹饰，此后遂成为帝陵和少数太子、公主墓才能使用的神道标志物[1]。北宋承袭唐制，称望柱，其形制在唐代基础上又有发展和变化（见前述情况）。

帝陵石刻出现较晚，西汉帝陵无石刻，东汉只光武帝陵前有少量石刻。人臣墓葬，西汉时仅霍去病墓和张骞墓等出现石刻。东汉人臣墓葬有石刻者逐渐增多。石刻的种类有石柱、马、象、虎、羊、驼、狮、牛、天禄（鹿）、辟邪、麒麟、石人（有柱剑石人）、碑等[2]。魏晋南北朝陵和墓的石刻较少，晋和南朝梁时对人臣墓地石刻还有一定限制[3]，但帝陵仍有石刻，如北魏孝庄帝静陵有双手握剑石人，南朝陵前神道旁有麒麟或辟邪等[4]。总之，南北朝及其以前陵和墓的石刻数量少，无定制，帝王和人臣石刻种类无严格区分。

入唐以后，自乾陵起神道石刻基本形成定制。其神道石象生排列自南而北（乳峰双阙间起）为华表2、翼马2、鸵鸟2、石马10、牵马人10、柱剑石人20、无字碑1、述圣记碑1、王宾像（又称蕃酋像）61，共百余件[5]。中晚唐泰陵至靖陵不见石碑（仅乾陵、定陵有碑），蕃像数量减少，翼马等多左牡右牝，布局对称。桥陵以狮豸代替翼马，建陵及其以后复用翼马。从泰陵起柱剑石人分左文右武，文臣持笏，武臣柱剑[6]。乾陵以后诸陵神道石象生现存数量不一[7]。此外，人臣神道石象生与帝陵迥然不同，并有严格的等级制度。如皇族乾陵陪葬墓中懿德太子墓和永泰公主墓"号墓为陵"，石象生有石人2、石柱2（陵园门口有石狮2）；不称陵的章怀太子墓只有羊2。陪葬昭陵的长乐公主墓有石柱2、石虎2、石羊2、石人2。三品以上官员墓石人2、石虎2、石羊2；五品以上官员墓石人2、石羊2件[8]。帝陵神道无石虎、石羊，人臣墓以石羊、石虎为主，多有石人。上述等级制度，为北宋所承袭和发展（见前述情况）。

北宋帝陵神道石象生在乳台之后为望柱2、象2、驯象人2、瑞禽石屏2、角端2、马4、控马官8、虎4、羊4、客使6、武官4、文官4、武士2，共46件。唐乾陵石象生若不

---

[1] 杨宽：《中国古代陵寝制度研究》，上海人民出版社2003年版，第147—150页。介绍的南北朝石柱和唐代石柱状况。

[2] A. 杨宽：《中国古代陵寝制度史研究》，上海人民出版社2003年版，第78—85页。
   B. 李毓芳：《唐陵石刻简论》，《文博》1994年第3期。

[3] A.《宋书》卷一五《志第五·礼二》记载：建安十年魏武帝令禁立碑，晋武帝咸宁四年诏禁立石兽、石表。
   B.《隋书》卷八《志第四·礼仪四》，记载萧梁时规定"凡墓不得造石人兽碑，唯听作石柱，记名位而已"。

[4] A. 杨宽：《中国古代陵寝制度史研究》，上海人民出版社2003年版，第85—87页。
   B. 李毓芳：《唐陵石刻简论》，《文博》1994年第3期。

[5] 按乾陵神道原有石象生数说法不一，若去掉石碑，应为107件。

[6] 李毓芳：《唐陵石刻简论》，《文博》1994年第3期。

[7] 陈安利：《唐十八陵》，中国青年出版社2001年版，第184—187页。"唐陵石刻一览表"。

[8] 杨宽：《中国古代陵寝制度史研究》，上海人民出版社2003年版，第89—90页。

计碑和蕃酋（前已说明乾陵之后蕃酋和碑不是定制，其中蕃酋以后或有，但人数已大为减少），亦为46件。唐宋帝陵神道石象生之间主要差异在种类上。宋陵石象生比唐陵多象2和驯象人2，虎4、羊4、武士2件；无碑。汉、宋卤簿"以象居先"[1]，虎羊有驱除鬼怪的去邪作用[2]，武士守卫神道和宫城南门[3]。以上诸种石刻东汉至唐代之前已经出现（参见前述情况）[4]，虎（唐献陵宫城门口置虎）羊前已说明唐代人臣墓用多之。其次，宋陵石象生以瑞禽石屏代鸵鸟，角端代翼马并与唐代桥陵代替翼马的獬豸相近，以客使代蕃酋，上述替代与被替代者意义大体相同[5]。再次，北宋帝陵马减为4，控马官减为8人（一马二控马官），文武大臣（乾陵时为柱剑石人）减为4人。从石象生排列上看，唐代帝陵华表之后分两组，即翼马、鸵鸟神兽瑞禽为前组，石马即仗马之后为仪仗行列的文武大臣（或柱剑石人）。北宋帝陵望柱后分为三组，一以卤簿居先的象与驯象人为首，后置瑞禽神兽性质的石屏和角端（如唐之翼马、鸵鸟，但位置已互换）；二以仗马或仪马为首，后置有去邪作用的虎和羊（唐无）；三为传统仪仗行列的客使、文武官和武士。据上所述，拟指出5点。第一，帝陵神道石象生的组合与序列，至唐陵才形成较完整的体系。但此时诸陵石象生并未统一和规范化，各陵石象生的种类和数量也有一定差异。第二，北宋帝陵石象生在总数上大体同唐陵，在种类上较唐陵有增，有置换，在同类同种石象生的数量上较唐陵减少。总体而言，宋陵石象生与唐陵基本仍属同一范畴。第三，北宋帝陵石象生的种类范畴，在宋代以前均已出现。就此而言，北宋帝陵石象生与秦汉以来是一脉相承的。

---

[1]《宋史》卷一四八，《仪卫六》，"卤簿仪服"条，"自汉卤簿，象在最前"，"宋卤簿，以象居先"。

[2] A.《风俗通》（《封氏闻见记》卷六、《太平御览》卷九百五十四引）说："墓上树柏，路头石虎。《周礼》'方相氏葬日入圹，驱魍象'，魍象好食亡者肝脑，人家不能常令方相立于墓侧以禁御之，而魍象畏虎与柏，故墓前立虎与柏。"

B. 杨宽：《中国古代陵寝制度史研究》，上海人民出版社2003年版，第87页。注②，关于神羊"能别曲直"，能用角触杀有罪之人的论述。

[3] A. 杨宽：《中国古代陵寝制度史研究》，上海人民出版社2003年版，第83—84页。说：东汉乐安太守墓前有两个石人，双手持立剑，胸前分刻"汉故乐安太守麃君亭长"，一刻"府门之卒"，负警卫之责。

B. 河南省文物考古研究所：《北宋皇陵》，中州古籍出版社1997年版，称武士，以前述亭长之类对照，此说或可成立。

[4] 杨宽：《中国古代陵寝制度史研究》，上海人民出版社2003年版，第79—86页。

[5] A.（唐）封演撰：《封氏闻见记》，中华书局1958年版。卷六，羊虎条："后汉太尉杨震葬日，有大鸟之祥，因立石鸟像于墓。"唐代国外多贡鸵鸟，陵前置鸵鸟，其意或与之相同。宋瑞禽石屏，鸟的形象仍似寓"嘉瑞"之义的瑞禽，意义相同。

B. 东汉官僚墓葬前发现有头上独角，肩有翼、头有鬣毛、项下有须的神兽，南朝皇帝陵前有肩附翼的神兽。以上见杨宽《中国古代陵寝制度史研究》，上海人民出版社2003年版，第152—153页。唐桥陵代替翼马的獬豸（说法不一，有人认为是有翼的麒麟）和宋陵之角端均头上有角、肩有翼，形象与前述相类。此类石雕像名称，历来说法不一，但其为神兽之属，则是共识。

C. 唐乾陵等陵前置众多蕃酋像，是唐代远拓西域和频繁的中外交流的反映。宋代将其简化为客使，实为国宾。这是北宋国力衰微，仅与周边诸国通使的反映。

第四，北宋帝陵神道较唐陵大为缩短，石象生的间距也变小。第五，宋陵以唐代神道石象生为基础，使其神道石象生在内涵上更加完整，组合更加丰富而明确，对称布局更加规整，排列更加有序和紧凑。综上所述，可以说宋陵神道石象生既是唐代模式的承袭和发展，也是自汉代以来石象生演变过程的总结和完善化，故其在中国帝陵神道石象生发展史中占有重要地位。

（五）下宫与后陵宫城

1. 下宫

商周墓葬"不封不树"，在墓上建"享堂"（如妇好墓）。墓葬起高大封土之后，逐渐将"享堂"性质的建筑移到墓侧称"寝"。秦东陵已发现寝便殿遗址[1]，始皇陵在封土北侧偏西发现寝殿遗址（近方形，南北62米，东西57米），南距封土53米；寝殿遗址北之内城西半部发现便殿遗址（遗址范围南北长670米，东西宽250米）；在内、外城两墙垣中间发现食官遗址（范围南北长约1000米，东西宽约180米）[2]。便寝为寝殿之别殿[3]，"食官"则是园寺吏舍建筑。西汉帝陵因秦建寝殿[4]，将秦之寝殿、便殿、食官合而为一，在陵北建"寝园"（参见下文）。约从汉景帝起寝园移到陵园之外，一般在帝陵东南。从汉宣帝杜陵寝园来看，在寝园一组建筑内寝殿居西，平面由秦之方形变成长方形；便殿位于东，南部多分布寺舍之类建筑。西汉皇后陵亦有寝园，如吕后和高祖陵寝园同在陵北东西一线上。后陵寝园形制与帝陵寝园相似，但规模较小，较简陋。东汉时明帝节陵、章帝敬陵、和帝慎陵、顺帝宪陵的寝殿均在帝陵之东[5]。由于东汉明帝"率百官而特祭于陵"，实行上陵礼，确立了以朝拜祭祀为主要内容的陵寝制度[6]。至魏晋南北朝因当时特殊的历史背景，陵寝制度则属衰退期[7]。到了唐代，因昭陵寝宫失火而移到山下南偏西18里重建，改称"下宫"（在山下，相对上宫而言）[8]。唐陵下宫在陵南偏西，

---

[1] A. 蔡邕：《独断》，中华书局1960年版："古不墓祭，至秦始皇出寝，起之于墓侧，汉因而不改。故今陵上称寝殿，有起居衣冠象生之备，皆古寝之意也。"

    B. 徐卫民：《秦公帝王陵》，中国青年出版社2002年版，第4页，认为秦东陵已发现寝便殿遗址，其出现早于始皇陵。

[2] 徐卫民：《秦公帝王陵》，中国青年出版社2002年版，第122—129页。

[3] 《三辅黄图》："又立便殿于寝侧，以象休息闲晏之处。"三秦出版社1995年版。

[4] 蔡邕：《独断》，中华书局1960年版。

[5] 刘庆柱、李毓芳：《西汉十一陵》，陕西人民出版社1987年版，第189页。

[6] 杨宽：《中国古代陵寝制度史研究》，上海人民出版社2003年版，第38—44页。

[7] 杨宽：《中国古代陵寝制度史研究》，上海人民出版社2003年版，第44—52页。

[8] A. （宋）王溥：《唐会要》，中华书局1998年版。卷二十一，"陵议"记载：贞元十四年诏："昭陵旧寝宫在山上，置未多年，曾经野火烧爇，摧毁略尽。其宫寻移在瑶台寺侧。"

    B. （宋）宋敏求《长安志》卷十六，中华书局1991年版。"太宗昭陵"条记载："寝宫在山，元无井泉，百姓供水劳弊，后经野火，徙瑶台寺侧，葺行宫。贞元十四年欲就寺侧修复之，以移改旧制。"又说："下宫至陵十八里。"

    C. 昭陵下宫遗址已发现，东西约237米，南北约234米，略呈方形。

多数距陵五里，也有距陵三、四、七、八、十里者[1]。

据上所述，可知北宋帝陵下宫之制可溯源至秦之寝殿和汉之寝园，但下宫之称和形制则源于唐，宋帝后陵共享一座下宫亦源于唐（因唐多帝后合葬）。唯北宋帝陵下宫位置不同于前代，而位于上宫之北偏西处（见前述情况）。

2. 后陵宫城

古代夫妻不合葬[2]，到西周时一些大墓已出现夫妻异穴合葬，春秋战国时期夫妻异穴合葬则较普遍，一些王公陵墓亦采用此制（如河北平山县中山王一号墓，秦惠文王陵等）。西汉帝陵承袭战国王陵夫妻合葬同茔不同穴制[3]。西汉初高祖陵和吕后陵同一陵园，从文帝开始帝后在同地各筑一相邻的陵园，一般帝陵在西，皇后陵在东，分称"西园"和"东园"。皇后陵封土形状同帝陵，吕后陵封土与高祖陵封土规模基本相同。景、昭、宣帝时皇后陵封土规模小于帝陵封土（后陵封土一般高24—25米，底边长150米，顶部边长45米左右），西汉晚期后陵封土较帝陵明显变小。皇后陵陵园一般边长330米，小于帝陵陵园（一般边长410—430米），其形制同帝陵陵园。此后到隋文帝陵则帝后"同坟异穴"[4]，至唐代基本上实行帝后合葬制。一般而言，唐代皇后先薨皇帝后崩，多合葬；反之，皇后晚于皇帝去世，与皇帝合葬的机会就较小。北宋帝后陵采用战国秦汉以来"同墓不同穴"合葬制（宣祖与杜太后合葬的安陵除外），后陵同西汉后陵另立陵园（宫城），陵台二层与汉皇后陵封土同样低于帝陵陵台和封土的规制，陵园（宫城）也均与帝陵陵园（上宫）形制相同而较小，等差明显。其差异主要是北宋后陵不另立陵名，与帝陵名称相同，并统称为"园陵"（临朝称制的后陵亦称山陵），在宫城外围棘园；后陵不另立下宫（与帝陵共享一个下宫），后陵位于帝陵上宫之西北部，在形制布局上完全从属于帝陵。

（六）其他

1. 陪葬墓

国王君主死后陪葬之风由来已久[5]，秦统一中国后帝陵均有陪葬之制。始皇陵陪葬

---

[1] A. 《长安志》卷十六、十八、十九、二十。
B. 唐陵下宫形制不明。据（唐）杜佑《通典》（中华书局1996年版）卷116，"礼"76，"开元礼纂类"18，"皇帝拜陵"条记载："皇帝至寝宫南门……皇帝入内门，取东廊进至寝殿东阶之东南。"可知寝宫有南门、内门、寝殿、东（西）廊。
C. 《唐会要》卷二十，"陵议"，"陵旁置寝是秦汉之法"；"是以今之制置，里数不同，各于柏城，随其便地"。

[2] 《十三经注疏》（中华书局1980年版），《礼记·檀弓》："季武子成寝，杜氏之葬在西阶之下。请合葬焉。许之，入宫而不敢哭。武子曰，合葬非古也。自周公以来，未之有改也。"

[3] 《史记》卷四九《外戚世家》，《集解》引《关中记》："汉帝后同墓，则为合葬，不合陵也。诸陵皆如此。"

[4] 《隋书》卷二，高祖下。

[5] 商代有殉葬，到西周已出现陪葬墓。（宋）宋敏求《唐大诏令集》卷六十三："诸侯列葬，周文创陈其礼。"商务印书馆1950年版。

墓分布在封土之东侧、西侧及西北角，陪葬者以皇帝宗室成员为主[1]。西汉帝陵陪葬墓数量多，规模大，已趋制度化。多数陪葬墓分布在帝陵之东，少数在帝陵之北。陪葬墓主要在帝陵东门外大道两侧，距帝陵东司马门越近地位越高。陪葬者为重臣、皇亲国戚和妃嫔宫人等。早期重臣"赐葬"陪葬墓多，中、晚期外戚陪葬墓多。皇帝的"夫人"分十四等，"五官"以上的"夫人"陪葬司马门内，其下者陪葬司马门外[2]，少数"夫人"葬于茔域内[3]。此外，还有陪葬墓墓主子孙的祔葬墓[4]。陪葬墓均夫妻"同茔不同穴"，陪葬墓封土"以爵等为丘封之度"，封土规模大小有严格的等差。地位显贵的达官和皇亲国戚墓葬附近还允许建园邑和祠堂[5]。

唐代帝陵陪葬墓初唐时遵循汉代制度[6]，如献陵陪葬墓均在帝陵之东或东北方向，陪葬者宗亲多于大臣[7]。太宗昭陵陪葬墓约187座[8]，创帝陵陪葬墓数量之最，也是初唐陪葬制度集大成者。昭陵将陪葬墓改在帝陵东南方，此后诸陵多遵此制。陪葬者以功臣墓为主，"于昭陵南左右厢"埋葬[9]，并允许子孙从葬（从汉制）[10]；宗室墓较

---

[1] 徐卫民：《秦公帝王陵》，中国青年出版社2002年版，第158—162页。

[2] 刘庆柱：《西汉十一陵》，陕西人民出版社1987年版，第157页。说：这里的司马门不是帝后陵园的司马门，位置待考。

[3] 刘庆柱、李毓芳：《西汉十一陵》，陕西人民出版社1987年版，第157页。说：高祖戚姬、景帝栗姬、成帝马氏二倢伃等均葬在其帝陵附近（茔域内）。

[4] 刘庆柱、李毓芳：《西汉十一陵》，陕西人民出版社1987年版，第221页。据《汉书·哀帝纪》记载："祔葬之礼，自周兴焉。"如周文王葬于"毕"，其子周公旦死后，"从文王"亦葬于同地。汉承此制，如周勃葬长陵，其子周亚夫葬周勃冢南。指出西汉帝陵陪葬墓中，还有一排排或一组组分布颇有规律的陪葬封土墓，这些墓当属祔葬墓。

[5] 汉代陪葬墓情况，刘庆柱：《西汉十一陵》，陕西人民出版社1987年版，第210—221页。

[6] A.《旧唐书》卷三《太宗下》：贞观十一年二月，赐功臣密戚陪葬诏中说："佐命功臣，或义深舟楫，或谋定帷幄，或身推行陈，同济艰危，克成鸿业，追念在昔，何日忘之……汉氏使将相陪陵，又给以东园秘器，笃终之义，恩意深厚，古人岂异我哉！自今以后，功臣密戚及德业佐时者，如有薨亡，宜赐茔地一所，及以秘器，使窀穸之时，丧事无阙。"
B.（宋）王溥：《唐会要》卷二十一：贞观十一年十月，太宗诏曰："诸侯列葬，周文创陈其礼，大臣陪陵，魏武重申其制。去病佐汉，还奉茂乡之茔。夷吾相齐，终托牛山之墓。斯盖往圣垂范，前贤遗制，存曩昔之宿心，笃始终之大义也。皇运之初，时逢交泰，谋臣武将等，先朝特蒙顾遇者，自今以后，身薨之日，所司宜即以闻，并于献陵左侧，赐以墓地，并给东园秘器。"

[7] 陈安利：《唐十八陵》，中国青年出版社2001年版，第245页。

[8] 《长安志》记昭陵陪葬墓165座，考古调查为187座。

[9] A.（宋）宋敏求《唐大昭令集·功臣陪陵诏》说：文武大臣"于昭陵南左右厢"埋葬。商务印书馆1959年版。见下注。
B. 陈安利：《唐十八陵》，中国青年出版社2001年版，第253页。说：至少龙朔二年前比较严格按"文武左右"排列，以后则略有交叉。254页说："昭陵陪葬墓等级分明，排列规律。"

[10] 《唐会要·陪陵名位》记载："旧制，凡功臣密戚请陪陵葬者，听之。以文武分为左右而列。若父祖陪陵，子孙从葬者亦如之。"按此乃遵汉制。

少。乾陵是唐代陪葬制度的重要转折点，此后陪葬制度走向衰落。乾陵现存17座陪葬墓中，宗室墓显著增多（王墓3、废太子墓2、公主墓4），余下的功臣墓也未按左文右武排列[1]。乾陵之后的定、桥、泰、建诸陵，陪葬的几乎都是宗室墓[2]，至晚唐陪葬墓则基本废除[3]。诸陪葬墓只有该帝子女（太子、王、公主）可在柏城内陪葬[4]，一般陪葬墓只能在柏城之外封域内。各陪葬墓封土规模、石刻种类和数量等，亦有严格的等级制度[5]。

北宋帝陵沿袭秦汉以来的陪葬制，陪葬者仅限于"皇子、皇孙、公主之未出阁者，及诸王夫人之早亡者"。这个规定与始皇陵和唐乾陵以后的情况相近，但更严格。陪葬者自有墓园，其封土和石刻种类与数量按严格等级制度执行，陪葬墓均以一个帝陵为一区集中埋葬，凡此均与前代基本相同。但陪葬墓葬于帝陵西北的后陵西北部，无大臣墓和外戚墓[6]，皇后以下妃嫔等不陪葬，出阁公主郡主葬其夫祖茔，皇室中三代以下旁系子孙及其夫人等称"卑丧"另有陪葬区等，则形成了与前代有别的陪葬制度。

2. 兆域与柏城

宋以前诸帝陵兆域范围很广，如东汉诸帝陵周围堤封多在十余顷以上，大者二、三十顷，明帝甚至堤封七十四顷五亩[7]。唐代诸陵封内多在40里左右，太宗昭陵达120里[8]。唐代诸陵区最外立界标称"立封"，封内即封域[9]。北宋帝陵所占地域远小

---

[1] 陈安利：《唐十八陵》，中国青年出版社2001年版，第242页，第297—299页。

[2] 陈安利：《唐十八陵》，中国青年出版社2001年版，第242—243页，第298—299页。

[3] 陈安利：《唐十八陵》，中国青年出版社2001年版，第242页、243页、299页。

[4] 《通典》卷一百一十六，"礼"七六，"开元礼纂类"十一，"皇帝拜陵"条："若有太子、诸王、公主陪葬柏城内者，并于寝殿东廊下所司至祭。"中华书局1996年版。

[5] A. 陈安利：《唐十八陵》，中国青年出版社2001年版，第245—323页。介绍献、昭、乾陵陪葬墓情况。
B. 杨宽：《中国古代陵寝制度史研究》，上海人民出版社2003年版，第75—78页，第87—91页；第252—258页附表六。

[6] 宋陵无大臣墓、无外戚墓陪葬，似与宋建国后加强封建专制主义中央集权有关，其宗旨即是强君弱臣，"分化事权"，"以防弊之政，作立国之法"，因而才出现上述情况。只有昭宪皇太后之妹，被"追封齐国太夫人，陪葬安陵"，这是北宋帝陵中唯一陪葬的皇亲墓，仅此特例而已。
河南省文物考古研究所：《北宋皇陵》，中州古籍出版社1997年版，第460页。结语中说："所谓'包拯墓'、'寇准墓'等现存墓碑晚至清代，有关史料最早见于《明一统志》和明嘉靖《巩县志》等志书。"

[7] 杨宽：《中国古代陵寝制度史研究》，上海人民出版社2003年版，第238—240页，附表二东汉陵寝规模表。

[8] 杨宽：《中国古代陵寝制度史研究》，上海人民出版社2003年版，第245—248页，附表四唐代陵寝规模表。

[9] （宋）王溥：《唐会要》，中华书局1998年版，卷二十一，"诸陵杂录"：开元"二十三年十二月三日敕：诸陵使至，先立封，封内有旧坟墓不可移改，自今以后，不得更有埋葬"。

于前代诸帝陵（见前述情况），但其兆域封堠界，植篱寨当从唐代帝陵"立封"演变而来。

我国墓葬自古就有植树传统[1]，始皇陵文献记载"树草木以象山"[2]，"山成山林"[3]，"龙盘虎踞树层层"[4]。西汉帝陵则广为种柏[5]，唐代诸陵同样种柏，故又称柏城[6]。宋代诸陵植树种柏，亦称柏城，显然是前代传统之延续和发展。

3. 营陵时间与北宋帝陵的规模

北宋遵《周礼注疏·冢人》，"天子七月而葬"之法，帝生不造寿陵，崩后以"七月葬期"为限建陵入葬，故陵的规模小，远逊于唐陵，这是目前主要的看法。因此，有必要与唐陵略作比较。唐十八陵中，太宗昭陵营建约13年，高宗乾陵前后营建达23年[7]。高祖献陵是李渊崩后才营建的，至其入葬约5个月[8]。该陵陵园略呈方形，东西467米，南北470米，封土（陵台）高19米，底边东西130米，南北110米；神道长575米，宽39.5米[9]。乾陵以下诸陵史籍大都未记载开始营建时间，从崩至葬大致4个月（睿宗）、5个月（中宗、宪宗、武宗）、6个月（代宗、宣宗）、7个月（顺宗、敬宗、文宗、懿宗、僖宗）、9个月（德宗）、10个月（穆宗）、11个月（玄宗、肃宗）数种[10]。其中顺宗李诵于805年1月即位，于806年1月崩，在位仅一年，不可能预造

---

[1] A. 《商君书·境内》（《四库全书荟要》本，天津古籍出版社1998年版）："小夫死，以上至大夫，其官级一等，其墓树级一树。"

B. 《吕氏春秋·安死》，上海古籍出版社1995年版："世之为丘垄也，其高大若山，其树之若林。"

[2] 《史记》卷六，《秦始皇本纪》。

[3] 《汉书》卷五一《贾山传》。

[4] 徐卫民：《秦公帝王陵》，中国青年出版社2002年版，第364页。引唐许浑《途经始皇墓》诗。

[5] 刘庆柱、李毓芳：《西汉十一陵》，陕西人民出版社1987年版，第217页。说：汉代帝陵下至一般墓葬均植柏树。霸陵稠种柏树，汉代规定盗伐诸陵柏树者弃市。又引《风俗通义》记载汉昭帝时，"长安诸陵柏树枯倒者，悉起生叶"。

[6] A. （宋）王溥：《唐会要》卷二十一，"诸陵杂录"："贞元六年十一月十八日，敕：诸陵柏城四面合三里内不得葬。如三里内一里外旧茔须合祔者，任移他处。"见前注《通典》卷一百一十六，《唐会要》卷二十所言"柏城"。

B. 陈安利：《唐十八陵》，中国青年出版社2001年版，第42页。所言植柏问题。

C. 刘庆柱、李毓芳：《西汉十一陵》，陕西人民出版社1987年版，第217页。说：唐代诸陵附近柏树环绕。

[7] 陈安利：《唐十八陵》，中国青年出版社2001年版，第19—22页。

[8] 陈安利：《唐十八陵》，中国青年出版社2001年版，第36页。引《通鉴纲目》说："初诏山陵依汉长陵故事……（虞）世南又奏：'汉天子即位即营山陵，远者五十余年，今以数月之间为数十年之功，于人力有所不逮'……"

[9] 陈安利：《唐十八陵》，中国青年出版社2001年版，第36—41页。

[10] 陈安利：《唐十八陵》，中国青年出版社2001年版，第20—21页。

寿陵。李诵于806年7月入葬，其间约7个月应为营丰陵期限（依山为陵，唐陵应有结构设施一应俱全）。敬宗李湛于824年即位时仅16岁，于826年12月遇害时18岁，故其生前不会予造寿陵。敬宗庄陵建于平地，陵园方形，东西490米，南北480米；封土高17米，底边长57米（唐陵应有结构设施一应俱全）[1]。末帝僖宗李儇，873年即位时12岁，时遇黄巢起义，881年逃亡成都，885年返长安。后李克用进逼长安，886年被劫持到宝鸡，888年二月才回长安，三月病死，年仅27岁。上述情况表明，僖宗生前不可能予造寿陵，其死至入葬约7个月当为营建靖陵时间。该陵建于平地，陵园南北485—510米，东西480米，封土残高8.6米。该墓较简陋，棺床使用旧碑石料[2]。上述情况表明，唐陵中营建5个月、7个月者，其规模亦远超过北宋帝陵。甚至末帝僖宗在战乱和财政极度困难情况下，其陵之规模仍超过北宋帝陵。有鉴于此，看来"七月葬期"（永定及其以下诸陵达8个月）虽然是北宋帝陵规模小的重要原因之一，但也不尽然。首先，北宋七帝八陵所在区域范围和地形地貌就限定了北宋帝陵不可能像汉唐帝陵那样大面积铺开；加之北宋以阴阳堪舆主导帝陵布局，在北宋帝陵区域内，符合各陵兆域、陵址落位等条件者少，从而也限定了帝陵的规模。其次，面对上述情况，北宋诸陵形制布局整齐划一，大小相近，表明北宋依据具体情况是有统一帝陵规制的，因而限定了帝陵的规模。此外，北宋与强大的汉唐王朝无法比拟，北宋仅占据中国半壁江山，财力有限，外患不断，也不允许其大规模地营建帝陵。如所周知，北宋都城开封府也是在前代基础上扩建增筑而成，何况帝陵乎！

4. 堪舆

堪舆（"堪天道"，"舆地道"）俗称风水[3]，其源于商周时期的卜地相宅，春秋战国时期产生了"卜其宅兆而安厝之"（《孝经》）的做法，与选择墓地联系起来[4]。秦汉时期堪舆说兴起，魏晋南北朝时期堪舆说逐渐形成体系至唐代又有很大发展[5]。现在研究

---

[1] 陈安利：《唐十八陵》，中国青年出版社2001年版，第105—110页。

[2] 陈安利：《唐十八陵》，中国青年出版社2001年版，第125—130、128页。说：靖陵棺床竟用陪葬乾陵的唐礼部尚书左仆射豆卢钦望，中书令户部尚书杨再思的墓碑做成。

[3] 风水还有"风角""青乌""形法""地理"等称。

[4] 春秋战国时期，堪舆选墓地重在地理环境功能上。如《墨子·节葬》认为，理想的墓地是"下毋及泉，上毋通臭"。《吕氏春秋·节丧》说："葬浅则狐狸扞之，深则及于水泉。故凡葬必于高陵之上，以避狐狸之患，水泉之湿。"

[5] 汉代将堪舆说中的望气观象与选择墓地相结合，如《汉书》卷二五上，《郊祀志第五上》记载："长安东北有神气，成五彩，若人冠冕焉，或曰东北神明之舍，西北神明之墓地。"因而汉帝陵在长安城西或西北部。东汉时又与世俗目的相结合，如《后汉书》卷四五，《袁安传》，记安为其父选墓地，书生乃指一处云，"葬此地，当世为上公"，"于是遂葬其所占之地，故累世隆盛焉"。魏晋南北朝时期，墓地堪舆说发展成"生气说"和"地形说"，至唐代则形成理气派和形势派。

者多认为始皇陵至汉唐帝陵遗址、落位均与堪舆有很密切的关系[1]。但是，从已知资料来看，秦汉至唐代帝陵与堪舆的关系，受堪舆制约的程度，堪舆对帝陵形制布局的主导作用，均远不如北宋帝陵[2]。可以说北宋帝陵在前代帝陵利用堪舆术的基础上，使堪舆术成为北宋帝陵选址落位和布局的决定因素。其对《地理新书》所言的堪舆术迷而不返，走火入魔，已达空前绝后之地步。

综上所述，通过北宋帝陵与前代帝陵的比较，最后可指出二点。第一，通过上述比较，明显可见北宋帝陵有一部分是依据汉代帝陵制度，也有少量魏晋南北朝帝陵之遗风。但是，总体来看，北宋帝陵各主要构成部位，以及其名称和形制结构，神道石象生的种类、数量和配列程序等，均承袭唐代帝陵。上述情况表明，北宋帝陵乃是与秦汉至隋唐帝陵一脉相承，共处于一个帝陵发展体系之中。就此而言，北宋帝陵并无独创之处。第二，通过上述比较，显而易见，北宋帝陵的独特之处主要在于阴阳堪舆术主导了帝陵的布局和陵台、皇堂及各主要相关部位的丈尺，因而才形成了一些与前代帝陵迥然不同的特点。这些特点前已说明有违反科学，违背常识和影响气势之处，产生了一些弊端。故至此秦汉隋唐以来的帝陵体系已走入末路，这是明代改弦更张，另辟蹊径，创新帝陵体系的重要原因之一。

结束语　北宋帝陵的发展阶段

北宋七帝八陵陵主的埋葬时间，文献有准确记载。各陵形制布局又整齐划一，帝陵石

---

[1] A. 徐卫民：《秦公帝王陵》，中国青年出版社2002年版，第10、11页。认为始皇陵选址与风水有关。

B. 刘庆柱、李毓芳：《西汉十一陵》，陕西人民出版社1987年版，第143、145页认为汉帝陵选址与风水有关。第145—149页还认为汉帝诸陵实行昭穆葬制。

C. 《隋书》卷四八《杨素传》记载杨素为文帝择陵域吉地，素"欲使幽明俱泰，宝祚无穷，以为阴阳之书，圣人所作，祸福之理，特须审慎。乃遍历川原，亲自占择，纤介不善，即更寻求，志图吉壤，孜孜不已……遂得神皋福壤，营建山陵"。

D. 帝陵选址历来重视地形和山势。如河北满城西汉中山王刘胜墓开于半山，因山为陵，主峰左右有稍低对立小山，宛如双阙。东晋建康诸陵以其南的牛头山为"天阙"。唐乾陵在梁山主峰，其南有双乳峰对峙，峰山筑阙，再南筑鹊台。从鹊台向北约三千米，步步登高，仰望乾陵高出云天，气势恢宏，形胜颇佳。唐代诸陵大多选在渭河北岸的冈阜与平原相交接地带，背倚高山，河川襟带，生态环境和地貌形态良好，这是与利用风水选陵址有密切关系的。文献记载选陵址有阴阳官介入，如《旧唐书》卷一七二，《令狐楚传》记载，他为山陵使修宪宗陵时，"亲吏韦正牧、奉天令于翚，翰林阴阳官等同隐官钱，不给工徒价钱……"皇帝对风水非常重视，如前述之乾陵，最初武则天就诏令大术士袁天罡等为高宗选陵址。《新唐书》卷九一，《姜謩传》附姜庆初传说，他为驸马，后任太常卿，奉命"修植建陵"，"误毁连冈，代宗怒……赐死。建陵使史忠烈等皆诛"。北宋七帝八陵除永裕、永泰陵略偏西外，余诸陵正对少室主峰，其前金牛、白云两山对峙如双阙，其势若唐之乾陵，形胜颇佳。唯地势南高北低，则为北宋皇室信奉"五音姓利"使然。

[2] 北宋帝陵与堪舆术的密切关系见正文所述，宋代之前诸陵尚未见到与堪舆如此密切的资料。

刻的题材、种类、数目和配列也有定制，看来似乎无必要再谈北宋帝陵发展阶段问题。其实不然，北宋七帝八陵之营建前后近150年，在如此长的时期内，诸陵石刻型式和特点是有变化的，帝陵皇堂结构也有较大的变化，由是才提出北宋帝陵发展阶段问题。

北宋帝陵神道石刻前已分型、分式、分期，并简述了各陵石刻的特点。帝陵皇堂尚未发掘，前面根据考古调查资料和有限的文献记载，已指出帝陵皇堂结构前后的若干变化。下面以此为主，结合神道石刻分期，拟初步提出帝陵的发展可分为四个阶段。第一阶段，永熙陵及其以前的昌陵和安陵，皇堂砖筑，穹顶；神道石象生属一、二期（安陵神道石象生未在此分期序列）。第二阶段，永定陵皇堂似已石筑，永昭陵皇堂，"圹中又为铁罩"，"以木为骨"，顶架木覆石。二陵皇堂似已由砖筑过渡到石筑，神道石象生为三、四期。第三阶段，永厚陵皇堂石筑，用石椁，自此以后皇堂由深变浅，神道石象生属五期。第四阶段，永裕和永泰陵，皇堂石筑，用石地宫，墓道由长变短，神道石象生为六期。

以上四个发展阶段仅供参考，其较准确的发展阶段，只有待帝陵皇堂及相关部位发掘之后，在资料整理和综合研究的基础上才能定论。

第二章　南宋帝陵攒宫

南宋九帝（1127—1279），其中恭帝赵㬎1276年降元，同年恭帝兄益王赵昰即帝位于福州，是为端宗，1278年殂于碙州。此后恭帝弟卫王赵昺立，1279年蹈海死。余六帝均权厝于会稽上亭乡上皇村宝山（宝山又称上皇山，因南宋攒宫所在，亦称攒宫山，在今绍兴市东南约18公里），统称攒宫[1]。由于徽宗也攒于宝山，故宝山共有七座帝陵攒宫，此外还有部分皇后攒宫[2]。

第一节　宝山攒宫概况与各帝陵攒宫的相对方位

一　概况

宝山北有雾连山，南有新妇尖山，山势雄伟，风景秀丽，陵区即坐落在二山呈合抱之势的较平坦之地（图2-1-1）。这里面积不大，故"陵域相望，地势殊迫"[3]。

绍兴元年（1131）四月，哲宗皇后孟氏（隆祐太后）薨，原拟仿北宋旧制营建山陵，但因金人南侵，高宗暂避越州，所以太后遗诰"择近地权殡，俟息兵归葬园陵。梓取周身，勿拘旧制，以为他日迁奉之便。六月，殡于会稽上亭乡。"[4]；"上尊号曰昭慈献烈

---

[1] 攒、欑 通用。（清）徐松：《宋会要辑稿》，中华书局1957年版，第三十一册，显仁皇后园陵条，礼三七之七二的记述。《宋会要辑稿》攒、欑两用，《宋史》亦攒、欑两用。
[2] 关于皇后祔葬，《宋史》卷一二三，《礼二六》，孝宗成肃皇后夏氏条，按规制解释说："伏睹列圣在御，间有诸后上仙，缘无山陵可祔，是致别葬。若上仙在山陵已卜之后，无有不从葬者。其他诸后，葬在山陵之前，神灵既安，并不迁祔。惟元德，章懿二后，方其葬时，名位未正，续行追册。其成穆皇后，孝宗登极即行追册，改殡所为攒宫，典礼已备，与元德、章懿事体不同，所以更不迁祔。"
[3] 周必大：《思陵录》卷下。周必大和《思陵录》详见后文注释。
[4] A.《宋史》卷一二三，《礼二六》，哲宗昭慈圣献皇后孟氏条。文中记"攒宫方百步，下宫深一丈五尺"。
　　B.《宋史》卷二四三，《后妃下》，哲宗昭慈圣献孟皇后条记载：后"遗命择地攒殡，俟军事宁，归葬园陵"，"殡于会稽上皇村"。

皇太皇","三年，改谥昭慈圣献"[1]。此为南宋攒宫之始和攒宫名称之由来。

图 2-1-1　浙江省绍兴市南宋帝陵攒宫陵区示意图
（采自《康熙会稽县志》）

绍兴五年四月，徽宗崩于五国城，"十二年八月乙酉，梓宫还临安"，"十月掩攒，在昭慈攒宫西北五十步，用地二百五十亩。十三年，改陵名曰永祐"[2]。徽宗显肃郑皇后柩与徽宗梓宫同还，"与徽宗合攒于会稽永祐陵"[3]。高宗宪节邢皇后崩于五国城，高宗闻后谥懿节，"绍兴十二年八月，后梓宫至，攒于圣献太后梓宫之西北"[4]。徽宗贤妃韦氏

---

[1]《宋史》卷二四三，《后妃下》，哲宗昭慈圣献孟皇后条。
[2] A.《宋史》卷一二二，《礼二五》。文中前记绍兴九年正月，"宰臣秦桧等请上陵名曰永固"。
　　B.《宋史》卷二二，《徽宗四》记载：赵佶崩于五国城后，"遥上尊谥曰圣文仁德显孝皇帝，庙号徽宗"。绍兴"十三年正月己亥，加上尊谥曰体神合道骏烈逊功圣文德宪慈显孝皇帝"。
　　C. 刘毅《宋代皇陵制度研究》（《故宫博物院院刊》1999年第1期），文中注⑦说："《南村辍耕录》等书云绍兴永祐陵为空陵。《辍耕录》且引孙阳语，谓二帝陵在高丽。按徽宗实未得归葬南宋，其骸骨沦落金国，确切地点已失考。"又说傅永魁、杨瑞甫有《北宋徽、钦二帝陵墓考》一文，认为巩义回郭镇易镇南原有徽宗衣冠冢和金人归葬的钦宗墓，合称"二圣冢"，文载《中原文物》1992年第4期。《故宫博物院》院刊1999年1期。该说仅供参考。
[3]《宋史》卷二四三，《后妃下》，郑皇后条。文中记高宗闻皇后崩，"谥显肃"。
[4]《宋史》卷二四三，《后妃下》，高宗宪节邢皇后条。

（高宗之母）与徽宗梓宫同归，绍兴二十九年九月崩，谥曰显仁，"攒于永佑陵之西"[1]。

赵构于淳熙十四年（1187）十月乙亥崩，"谥曰圣神武文宪孝皇帝，庙号高宗"。十五年三月攒于永祐陵篱寨之外正西北，显仁皇后攒殿近上正西南，称永思陵[2]。光宗绍熙二年，加谥"受命中兴全功至德圣神武文昭仁宪孝皇帝"[3]。庆元三年（1197）十一月六月宪圣慈烈吴皇后崩，攒祔于永思陵正北偏西[4]。

赵昚于绍熙五年（1194）六月戊戌崩，十月丙辰"谥曰哲文神武成孝皇帝，庙号孝宗"，十一月乙卯攒于永思陵下宫之西[5]，陵名永阜。庆元三年十一月辛丑，"加谥绍统同道冠德昭功哲文神武明圣成孝皇帝"[6]。开禧三年（1207）成肃谢皇后崩，攒祔于永阜陵正北[7]。

赵惇于庆元六年（1200）八月辛卯崩，十一月丙寅"谥曰宪仁圣哲慈孝皇帝，庙号光宗"[8]。同年十二月攒于永阜陵西，永思陵下宫空闲地段，陵名永崇[9]。嘉泰三年十一月壬申，"加谥循道宪仁明功茂德温文顺武圣哲慈孝皇帝"[10]。

赵扩于嘉定十七年（1224）八月丁酉崩，宝庆元年正月已丑"谥曰仁文哲武恭孝皇帝，庙号宁宗"。宝庆元年（1225）三月癸酉攒于泰宁寺山，称永茂陵[11]。宝庆三年九

---

[1] A.《宋史》卷二四三，《后妃下》，韦贤妃条。韦妃"从上皇北迁。建炎改元，遥尊为宣和皇后"。
　　B.《宋会要辑稿》第三十一册，礼三七之六九—七〇，显仁皇后园陵条。
[2] A.《宋会要辑稿》第三十一册，礼三七之二三，高宗永思陵条。按文中"正西南"应为正西偏北。参见后文注释。
　　B.《宋史》卷二十三，高宗九：高宗"十六年三月丙寅，攒于会稽之永思陵"。按十六年，误。
[3]《宋史》卷三十六，光宗，绍熙二年十一月己巳条。
[4] A.《宋史》卷二百四十三，后妃下，宪圣慈烈吴皇后条。
　　B.《宋会要辑稿》第三十一册，礼三七之七四，宪圣慈烈皇后陵条。
[5] A.《宋史》卷一二二，《礼二五》，孝宗崩条。
　　B.《宋会要辑稿》有关记载，参见后文的分析。
[6]《宋史》卷三七，宁宗一，庆元三年十一月条。
[7] A.《宋史》卷二四三，《后妃下》，成肃谢皇后条："庆元初，加号惠慈。嘉泰二年，加慈佑太皇太后。三年崩，谥成肃。"
　　B.《宋史》卷一二三，《礼二六》，"孝宗成肃皇后夏氏，开禧三年崩，殡于永阜陵正北"按孝宗夏皇后，《宋史》卷二四三，后妃下记为"成恭夏皇后"，乾道三年崩，谥安恭，其后为谢后。《宋史》卷三八，宁宗二记载：开禧三年五月，太皇太后谢氏崩，八月谥曰成肃。是"孝宗成肃皇后夏氏"误。
[8]《宋史》卷三六，光宗，庆元六年八月辛卯，十一月丙寅条；卷三十七，宁宗一，庆元六年八月辛卯，十一月丙寅条。
[9]《宋会要辑稿》第三十一册，光宗永崇陵条，礼三七之二五、二六。
[10]《宋史》卷三六，光宗，嘉泰三年十一月壬申条。
[11] A.《宋史》卷四〇，《宁宗四》，嘉定十七年八月丁酉、宝庆元年正月已丑，三月癸酉条。
　　B.《宋会要辑稿》第二十六册，宁宗条，礼三〇之八三；第三十一册，宁宗永茂陵条，礼三七之二六、二七。泰宁寺山见后文分析。

月,"加谥法天备道纯德茂功仁文哲武圣睿恭孝皇帝"[1]。绍定五年(1232)十二月壬午,恭圣仁烈杨皇后崩,六年四月壬寅攒祔于永茂陵[2]。

赵昀于景定五年(1264)十月丁卯崩,咸淳元年(1205)三月甲申,攒于永穆陵;咸淳二年十二月丙戌"谥曰建道备德大功复兴烈文仁武圣明安孝皇帝,庙号理宗"[3]。赵禥于咸淳十年(1274)七月癸未崩,八月己酉"谥曰端文明武景孝皇帝,庙号度宗";德祐元年(1275)正月壬午攒于永绍陵[4]。

二 诸帝陵攒宫相对方位

上述七座帝陵攒宫中,理宗和度宗攒宫方位不见于载籍,高、孝、光、宁四宗攒宫方位《宋史》和《宋会要辑稿》虽有记载,但多简略含混,致使论者仁智各见,人言言殊[5]。此外,上述七座帝陵攒宫,据《癸辛杂识》《南村辍耕录》等文献记载,元至元二十二年(1285)在丞相桑哥授意之下均遭盗掘,山陵被毁。明代虽曾重修,但已面目全非(后文有说)。今帝陵攒宫遗迹基本无存,更导致诸帝陵攒宫方位难定。在这种情况下,下面只能依据有限的文献记载,对理宗度宗之外诸帝陵攒宫的相对方位略作探讨(图2-1-2)。

昭慈圣献皇后攒宫邻泰宁寺,在泰宁寺之西。这座营建最早的攒宫,是探讨其他帝陵攒宫方位的基点。徽宗永祐陵攒宫,在昭慈圣献皇后攒宫北壁偏西五十步。显肃皇后攒宫在永祐陵篱寨内,位于徽宗攒宫神围之西。懿节皇后攒于昭慈圣献皇后攒宫西北,永祐陵下宫之东。显仁皇后攒于显肃皇后神围正西一十九步。以上为一组位置关系紧密

---

[1]《宋史》卷四〇,《宁宗四》,宝庆三年九月条。

[2] A.《宋史》卷二四三,《后妃下》,恭圣仁烈杨皇后条。

B.《宋史》卷四一,《理宗一》,绍定六年条,"二月丁丑,上大行皇太后谥曰恭圣仁烈皇后","夏四月壬寅,葬恭圣仁烈皇后于永茂陵"。

[3]《宋史》卷四五,《理宗五》。

[4]《宋史》卷四六,《度宗》。

[5] A. 刘毅:《宋代皇陵制度研究》,《故宫博物院院刊》1999年第1期。该文引孙中家,林黎明:《中国帝王陵寝》,黑龙江人民出版社1987年版,第235页。说:"南宋六陵呈'十'字形排列,永思陵、永阜陵、永茂陵三陵东西排列,南为永崇陵,北有永绍陵和永穆陵。"又引黄濂《中国历代帝陵》,大连出版社1997年版,第191页。说:南宋皇陵分两组,南侧一组,永思陵之东为永阜陵,永阜陵之东北为永茂陵,东南为永崇陵;北侧一组,永祐陵西南为永穆陵、永穆陵西南为永绍陵。刘文认为"上述二说均有欠妥处","《宋会要》对于南宋诸陵位次的记载是正确的。即以照慈孟后园陵为基准点,其西北为徽宗永祐陵,又西北为高宗永思陵,永祐、永思二陵之间偏南为孝宗永阜陵,永阜陵西,永思陵南为光宗永崇陵,宁宗永茂陵在昭慈园陵之侧一里许,方位不明"。以上诸说仅供参考。

B. 郭黛姮主编:《中国古代建筑史》第三卷,中国建筑工业出版社2003年版,第204页。采用的《康熙会稽县志》南宋六陵关系图,本书图2-1-1。

的攒宫群[1]，连用五穴，故《朝野杂记》叹曰："山势渐远，其地愈卑矣。"

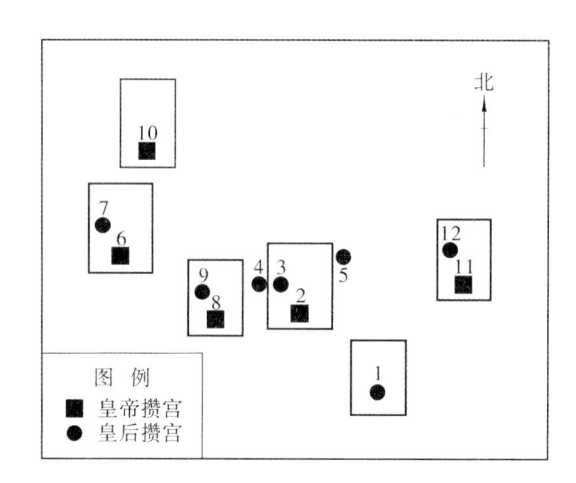

图 2-1-2　浙江省绍兴市南宋帝陵攒宫相对位置示意图
 1. 昭慈圣献皇后陵　2. 徽宗永祐陵　3. 显肃皇后陵　4. 显仁皇后陵　5. 懿节皇后陵　6. 高宗永思陵　7. 宪圣慈烈皇后陵　8. 孝宗永阜陵　9. 成肃谢皇后陵　10. 光宗永崇陵　11. 宁宗永茂陵　12. 恭圣仁烈杨皇后陵

---

[1] A.《宋会要辑稿》第三十一册，徽宗永祐陵条，礼三七之一八："泰宁寺青山园地，在昭慈圣献皇后攒宫之东。"
B.《宋会要辑稿》第三十一册，宋缘陵裁制下，礼三七之四○："泰宁寺已改作昭慈献烈（即昭慈圣献）皇太后修奉香火。"
C.《宋会要辑稿》第二十六，宁宗条，礼三○之八三；第三十一册，宁宗永茂陵条，礼三七之二六记载：宁宗"神宫定卜，而有泰宁寺者……"，其位置在"昭慈陵侧仅一里许"。
上述 A 表明昭慈攒宫当在泰宁寺之西，B 表明昭慈攒宫应邻泰宁寺，C 则证明 A、B 之论断，参见下文宁宗永茂陵的介绍。
D.《宋会要辑稿》第三十一册，徽宗永祐陵条，礼三七之一八、一九记载："昭慈圣献皇后攒宫西北地段，寿命主山三男子孙之位，形势高大，林木郁茂，土色黄润，一带王气秀聚，宜于此地卜穴，修制攒宫。庶几山冈顺于国音，风水便于地里，乃为圣来万世之利。""昭慈圣献皇后攒宫禁地，四至各一百步。若于禁地外别立永固陵攒宫篱寨，即无妨碍。今来西北百步禁地之外，地形低下，不可安穴，分立神围。欲近北壁偏西五十步内，自南分别立永固陵外篱寨，次北偏西安穴，随地之宜分立神围，各立内外篱寨。"又记"于禁地五十步内分穴，尚离昭慈圣献皇后神围五十步外"。
E.《宋会要辑稿》第三十一册，显仁皇后园陵条，礼三七之七○记载，"今来永祐陵篱寨内，显肃皇后神围正西约一十九步"安立显仁皇后神穴。参见后面显仁皇后园陵的注释。
F.《宋会要辑稿》第三十一册，徽宗永祐陵条，礼三七之二二记载：除去"充徽宗皇帝、显肃皇后神围禁地"之外的其余地段，"充懿节皇后神围，安奉御下宫禁地"。
G.《宋史》卷二百四十三，《列传第二·后妃下》，高宗宪节邢皇后（谥懿节）条说："攒于圣献太后梓宫之西北。"
H.《宋会要辑稿》，第三十一册，显仁皇后园陵条，礼三七之七○记载："永祐陵显肃皇后攒殿正西，有地一段，土色黄润，林木荣盛，宜于此地安穴，堪充修制大行皇太后攒宫，即与国音并阴阳经书并无妨碍。今来永祐陵篱寨内，显肃皇后神围正西约一十九步以来，安立大行皇太后神围内安穴，即无妨碍。""今若于永祐陵篱寨内，显肃皇后神围正西，按视到大行皇太后攒宫神围地段，及增展西壁外篱寨封堠地等，即于典礼别无妨碍，诏依。"
上述 D 明确记载永祐陵方位；E 和 H 表明，显肃皇后攒殿神围在永祐陵篱寨内，且位于徽宗攒殿神围之西。F 和 G 表明懿节皇后神围当在昭慈圣献陵之西北，永祐陵下宫之东。H 表明显仁皇后园陵在显肃皇后神围正西一十九步。参见后文关于帝陵攒宫规模的介绍。

高宗永思陵神穴地段位于徽宗皇帝攒殿篱围之外正西北，显仁皇后攒殿近上正西向北[1]。宪圣慈烈皇后陵神穴在永思陵正北偏西，神围紧靠永思陵铺屋[2]。

孝宗永阜陵神穴，在永祐陵下宫之西南，永思陵下宫之东南[3]，成肃谢皇后攒祔永阜陵正北[4]。

光宗永崇陵神穴，在永阜陵西，永思陵下空闲地段[5]。宁宗永茂陵"至泰宁寺山标建"，似位于昭慈圣献皇后陵东北仅一里[6]。恭圣仁烈杨皇后，似攒于永茂陵宁宗攒宫之

---

[1] 《宋会要辑稿》第三十一册，高宗永思陵条，礼三七之二三记载：高宗"神穴地段，系在徽宗皇帝攒殿篱围之外正西北，显仁皇后攒殿近上正西向南，乞差官覆按施行"。按，据前述对显仁皇后攒宫方位之分析，高宗神穴地段当在显仁皇后攒殿正西向北，即偏西北，而不可能是"正西向南"。

[2] 《宋会要辑稿》第三十册，宪圣慈烈皇后条，礼三四之三〇；第三十一册，礼三七之七四记载：该皇后"神穴系在永思陵正北偏西祔攒"；"按行使司言，攒宫地段分立神围，缘永思陵铺屋果木等有碍，乞行奏告，去拆，从之"。

[3] A.《宋会要辑稿》第二十六册，孝宗条，礼三〇之一〇；第三十一册，孝宗永阜陵条，礼三七之二五记载：孝宗"神穴在永祐陵下宫之西南、永思陵下宫之东南那趋向南石板路上，乞差官覆按，施行"；"改命孙逢吉按行，乞那趱（zǎn）向南石版路上比前所定增上一尺，委实高厚，可以安建。既而艾等覆按为是，乃从之"。因此，永阜陵应在永祐、永思二陵下宫之间偏南。

B.《宋会要辑稿》第二十六册，孝宗条，礼三〇之一七记载："攒宫按行使司言，相视到分立神穴，神围，所有永祐陵西篱寨铺屋及果木等，有碍打量索路合行，奏告……除去，从之。"据此判断，永阜陵似更靠近永祐陵。

C.《宋会要辑稿》第二十六册，孝宗条，礼三〇之二三：孝成皇帝"下宫，于永思陵下宫之西修建"，永思当为永祐之误。

D.《宋会要辑稿》第二十册，孝宗条，礼三〇之一〇；第三十一册，孝宗永阜陵条，礼三七之二五记载："先是，按行使赵逾言判，太史司荆大声等相视神穴合在永思之西，缘其地土肉浅薄，虽有献者，又皆窄狭，与国音相妨，乞于永思之西向南近上安建，朝廷未以为然。"故孝宗又改穴。

[4] 《宋史》卷一二三，《礼二六》："孝宗成肃皇后夏氏，开禧三年崩，殡于永阜陵正北。"前已说明夏氏为谢氏之误。

[5] 《宋会要辑稿》第二十六册，光宗条，礼三〇之六二；第三十一册，光宗永崇陵条，礼三七之二六记载：光宗永崇陵"神穴系在永阜陵西，永思陵下空闲地段，委是国音王气秀聚之地，依得尊卑次序，可以安建"。按，永思陵下，应指下宫所在方向，即北方。

[6] 《宋会要辑稿》第二十六册，宁宗条，礼三〇之八三；第三十一册，宁宗永茂陵条，礼三七之二六、二七记载，"先是太史局周奕等，于永崇陵之下相视，迫溪无地可择，继至泰宁寺山标建"；"相视得泰宁寺山，形势起伏，龙虎掩抱，依经书于此并建大行皇帝神穴亦合"；"神宫定卜，而有泰宁寺者，素擅形势之区，名为绝胜之境，冈峦怀抱，气脉隐藏，朝揖分明，落势特达，是乃天造地设，储之数百年，以俟今日之用。非大臣阅历之久，主张之力，上以开陈两宫，下以镇压群议，则僧徒宁保其不为动摇哉。今此神穴，坐壬向丙，亦与国音为利益，伏望明饬，有司早严修奉。上谓使副曰，泰宁与昭慈相去多少？使副奏曰：昭慈陵侧仅一里许，往来最便。上曰：甚善。乃从之"。按，据上述记载，宁宗永茂陵亦曾改卜。改卜之地在泰宁寺山，近泰宁寺，郭黛姮主编《中国古代建筑史》第三卷，第203页说，"改泰宁寺，建攒宫"，误。又《宋会要辑稿》第三十一册，徽宗永祐陵条，礼三七之一八记载，"泰宁寺青山园地，在昭慈圣献皇后攒宫之东，其地系天柱寿山，低怯，亦不可用"，而昭慈攒宫西北又建永思陵攒宫，加之上述记载有"上以开陈两宫"之语，故永茂陵当在泰宁寺山，近泰宁寺，位于昭慈攒宫之东北侧一里左右。又从"下以镇压群议，则僧徒宁保其不为动摇哉"来看，泰宁寺仍然存在。

西或西偏北[1]。

南宋帝陵攒宫与北宋帝陵同样遵"五音姓利"说，以壬向（正北偏西）、丙向（正南偏东）最佳，丙地尊于壬地，实行昭穆（贯鱼）葬法。但是，由于南宋陵区狭小，因地势"迫隘""迫溪""低怯""窄狭""土肉浅薄""与国音相妨"等情况，攒宫方位时有变化，且相距较近。就帝陵而言，高宗永思陵于徽宗永祐陵篱围之外正西北，在昭位，如制。南宋诸陵应以高宗永思陵为祖穴，孝宗永阜陵当在永思陵之西偏北的昭穴，但因永思陵之西地段"土肉浅薄""窄狭""与国音相妨"，而陵攒于永祐陵下宫之西南、永思陵下宫之东南的"穆穴"，且距永祐陵下宫很近。光宗永崇陵在永阜陵西（实为西偏北），永思陵下空闲地段，"委是国音王气秀聚之地，依得尊卑次序"，如制。宁宗永茂陵按制应在永崇陵之下，因"迫溪无地可择"而改攒于泰宁寺山。从后陵来看，显肃皇后攒于徽宗神围之西北，显仁皇后攒于显肃皇后神围正西约一十九步，二后同在昭位，高宗懿节邢皇后则攒于永祐陵下官之东的穆位；宪圣慈烈皇后攒于高宗永思陵之西北，以上均"依得昭穆次序"，如制。总而言之，南宋陵区在条件允许的情况下，基本上还是按当时卜穴规制实行的。

第二节 《思陵录》所记永思陵攒宫的形制和结构

"思陵发引"，周必大"摄太傅，为山陵使"，其所记《思陵录》真实地叙述了永思陵主要构成部分的形制和结构，成为后人了解永思陵，研究南宋诸帝陵攒宫形制布局的最重要最珍贵的资料[2]。《思陵录》所记永思陵攒宫的情况如下：

一 上宫

（一）殿门和攒殿龟头殿

1. 殿门

殿门系攒殿前面的正门（图2-2-1），《思陵录》记载："殿门一座，三间四椽，入

---

[1] 恭圣仁烈杨皇后攒于永茂陵之方位史籍无载，按惯例应攒于永茂陵之西或西偏北。

[2] A. 周必大，"绍兴二十年，第进士"，累任要职。"淳熙十四年二月，拜右丞相"，"十五年，思陵发引，援熙陵吕端故事，请行，乃摄太傅，为山陵使。明堂加恩，封济国公"。见《宋史》卷三九一，《周必大传》。

B. 周必大：《思陵录》，《文忠集》卷一七三，《四库全书》本。此外，陈仲篪《宋永思陵平面及石藏子之初步研究》，《中国营造学社汇刊》第六卷，第三期，1936年9月；郭黛姮主编《中国古代建筑史》第三卷，第210—212页，均有《思陵录》录文。《思陵录》中转录了修奉使司交割上、下宫及验查上宫皇堂石藏照会各一件，这些文牒真实地记录了当时思陵攒宫建筑的概貌，弥足珍贵。本书引用时，未按《思陵录》原文顺序。

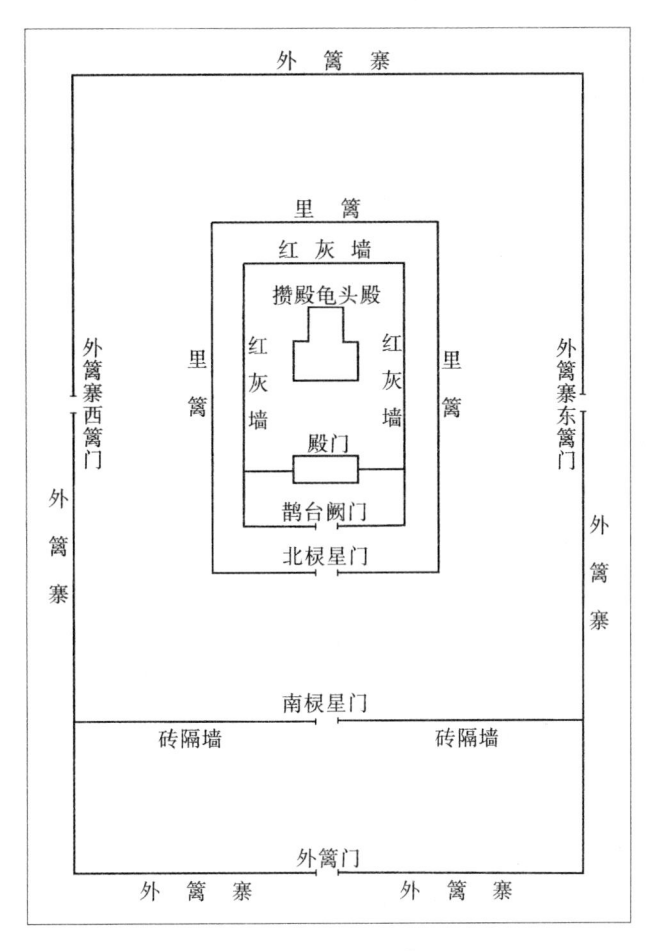

图 2-2-1　南宋帝陵攒宫永思陵上宫平面想象复原示意图

深二丈，心间阔一丈六尺，两次间各阔一丈二尺，四铺下昂绞耍头柱头骨朵子[1]。分心柱，四寸五分材，月梁栿、彻脊、明圆椽、顺板、飞子白板，直废造[2]。下檐平柱高一丈二尺，柱置（木质）在内，头顶丹粉赤白装造，矾红油造柱木。硬门三合，额、颊、地栿、门关、铁鹅台桶子，黑油浮沤钉叶段门钹。头顶铺钉竹笆，同瓦板瓦结瓦行垅，安鸱

---

[1] 郭黛姮主编：《中国古代建筑史》第三卷，中国建筑工业出版社 2003 年版，第 204 页。说，"柱头骨朵子"即柱头铺作之意。"四铺下昂绞耍头"应理解为四铺作下昂斗拱，"绞耍头"表示不同于插昂造，而以昂尾与耍头相交后上彻下平槫。

[2] 郭黛姮主编：《中国古代建筑史》第三卷，中国建筑工业出版社 2003 年版，第 205 页。说：此段文字说明山门是用分心斗底槽，彻上明造，梁栿为月梁，无天花板的构造方式。"顺板"可理解为一种望板的铺钉方式，"白板"可理解为无油饰的望板。"直废造"可理解为两坡悬山顶建筑之屋顶，《营造法式》卷五"栋"条曾有"凡出际之制，槫至两梢间两际各出柱头，又谓之屋废"，依此，屋废即屋顶之边缘，"直废造"即屋顶边缘为直线，故此只有两坡顶房屋才如是。

吻，周回山斜额道壁，洛红灰泥饰。土坯垒砌两山墙，红灰泥饰。中城砖铺砌地面，垒砌阶头，高二尺五寸，并砌散水，白石压阑石碇并前后踏道及安砌面南白石墁地"[1]。上述情况表明，该殿门为门殿，三开间，四架椽，构架用分心斗底槽，斗拱用八等材四铺作下昂绞耍头。室内用彻上明造，门扇安于中柱间。殿阶高2.5尺，前后设踏道。彩画采用丹彩刷饰[2]。殿门两侧应有东、西墙，《思陵录》未载。

2. 攒殿龟头殿

见图2-2-1、2-2-2。攒殿《思陵录》简称殿，文中说："殿一座，三间六椽，入深三丈，心间阔一丈六尺，两次间各阔一丈二尺。并龟头一座，三间，入深二丈四尺，心间阔一丈六尺，两次间各阔五尺，并四铺下昂柱头骨朵子。月梁栿绞单拱屏风柱，五寸二分五厘材。彻脊、明圆椽、顺板，内龟头连檐，四椽月梁栿，五寸二分五厘材，圆椽。厦板两转出角、四入角，飞子、白板。下檐平柱高一丈二尺，柱置（木质）在内[3]。头顶并系丹粉赤白装造法，红油造柱木。周回避风箸共一百二十扇，并勾栏子一十七间，并系矾红刷油造，及腔内出线小绞子共三十八扇，系朱红漆造，黄纱糊饰[4]。安钉鍮石叶段事件，头顶铺钉竹笆，同瓦 板瓦结瓦行坞，并安鸱吻。周回山斜额道壁子，并红灰泥饰。方砖铺砌地面，中城砖垒砌阶头，高三尺，并砌周回散水，面南墁地，白石压栏石碇踏道角石、角柱并引手勾栏子，望柱覆莲、柱头狮子"[5]。据上所述，可知殿身石阔

---

[1] 郭黛姮主编：《中国古代建筑史》第三卷，中国建筑工业出版社2003年版，第205页。说：此段除"下檐平柱高一丈二尺"外，主要讲装饰及装修情况。彩画：于柱头处用丹粉赤白装，柱身仍为"矾红油造"。门的构造，"硬门"是一种做工考究的板门，将木板用榀、透栓和剳三者契合而成，故称三合。鹅台指门轴下部石门砧上的突起物（状若鹅头），铁桶子指门轴下部所安的圆形断面的一段粗铁管，以此套在鹅台之上。屋顶构造：以竹笆为望板，用筒、板瓦结瓦，安鸱吻。山面做法：以土坯垒砌山墙及山尖部分（山斜额道壁），表面红灰泥饰。地面做法：台基高二尺五寸，上有压栏石，阶前做踏道，台基周围砌散水，南部用石墁地，门殿地面用中城砖铺砌。

[2] 郭黛姮主编：《中国古代建筑史》第三卷，中国建筑工业出版社2003年版，第205页。

[3] 郭黛姮主编：《中国古代建筑史》第三卷，中国建筑工业出版社2003年版，第205页。说：从"月梁栿绞单拱屏风柱"一语看，在正殿与龟头殿之间应设有屏风，屏风柱应为正殿的当心间后内柱，屏风即置于后内柱间，这样主殿的梁架可采用四椽栿对乳栿用三柱形式。内柱头上设栌斗，栌斗口内出单拱支承月梁，便构成"月梁栿绞单拱屏风柱"。又从"厦板两转出角、四入角"推测，"厦板两转出角"者即为两坡之悬山顶，四入角者为九脊顶，故将主殿之屋顶做成九脊顶，其后龟头部分做成悬山顶……

[4] 郭黛姮主编：《中国古代建筑史》第三卷，中国建筑工业出版社2003年版，第205页。说，"避风箸"为何物，及其具体做法待考。而"腔内出线小绞子"似指窗扇一类构件。勾栏子应指木栏干，位置在殿阶基四周。

[5] 郭黛姮主编：《中国古代建筑史》第三卷，中国建筑工业出版社2003年版，第205页。说：这里的"周回山斜额道"指何物待考。壁子可理解为山面墙壁。

三间，进深六架椽，每架椽长五尺。龟头俗称龟头殿或龟头屋，面阔和进深减小，采用四椽栿。

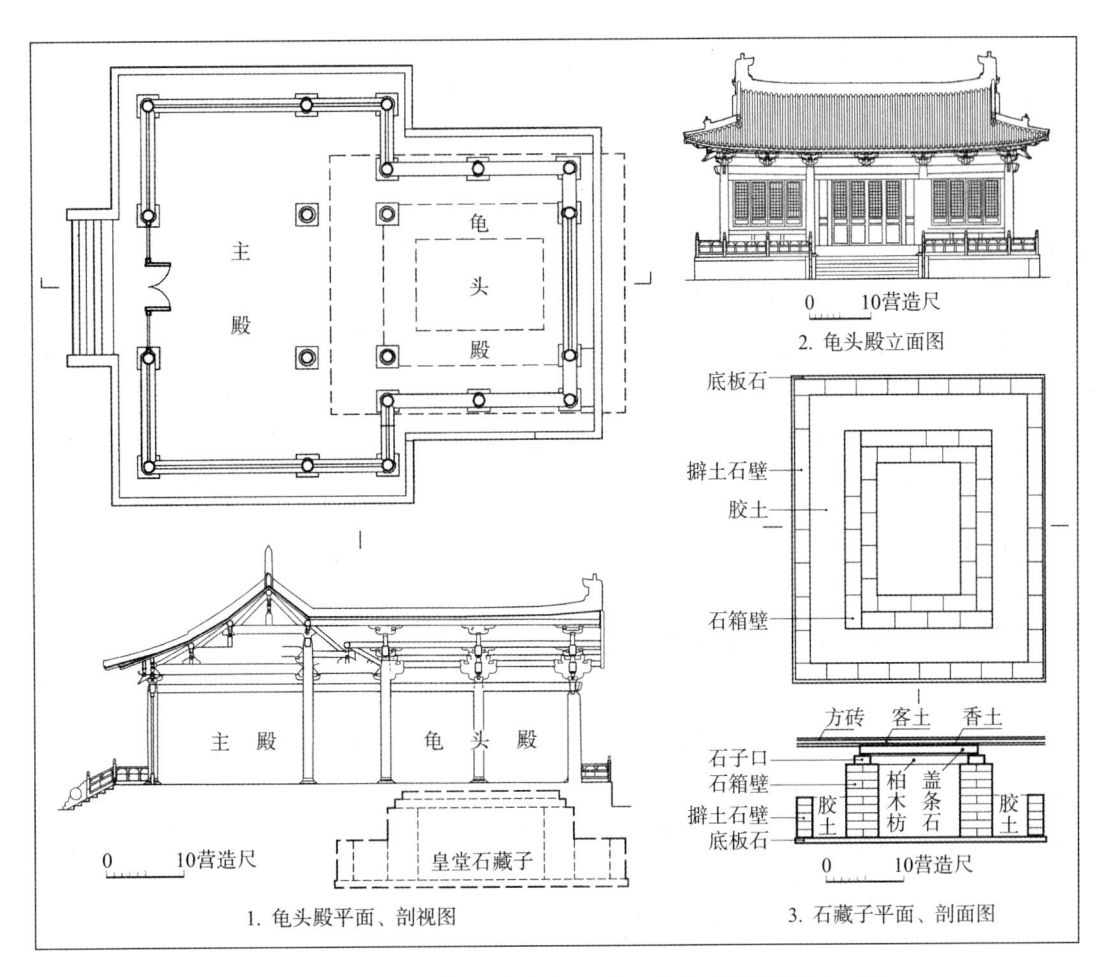

图 2-2-2 南宋帝陵攒宫永思陵上宫龟头殿复原示意图

(采自《中国古代建筑史》第三卷)

(二) 皇堂石藏子的形制和结构

见图 2-2-2 之 1、3。皇堂在龟头殿地面之下。《思陵录》记载："皇堂开通长三丈七尺六寸，通阔三丈二尺，深九尺，系里明。用擗土石五层，周回用一百六十段双石头，各长四尺、阔二尺、厚一尺垒砌。"（另一处记载"擗土石一重，厚一尺"）皇堂底部，"已将神穴心桩土末起折讫，又用底板石铺砌了"，"底板石三十段，内六段各长一丈二尺，阔三尺二寸（石藏子底部）；二十四段各长四尺，阔二尺五寸，厚八寸"。

石藏子在皇堂中间。《思陵录》记载，"龟头皇堂石藏子一座"，四壁"白石箱壁二重，共厚四尺"。箱壁"系九层双石头，各长四尺，阔二尺，厚一尺，用三百二十四段垒砌，并神穴心口已铺砌了，当用过石一段"。"用石板安砌打筑圆备，其皇堂里明深九尺，（南北）长一丈六尺二寸，（东西）阔一丈六寸。"在石箱壁与皇堂擗土石间置"胶土各阔四尺四寸"。

石藏内"椁长一丈二尺二寸，高七尺一寸，阔五尺五寸。将来四壁若下神煞并椁底及进梓宫，次进椁身并安设天盘囊网，委得并无妨碍"。"纳梓宫于中，覆以天盘囊网"后即掩攒。石箱壁上有"青石子口一十四段，石藏上压栏使用，各阔一尺九寸五分，厚八寸，长短不等"。青石压栏上铺"承重柏木枋二十二条，阔狭不等，折合阔一丈六尺二寸，长一丈二尺二寸，各厚八寸"；次铺毡条"两重，长一丈六尺，阔一丈二尺，用八六白毡四领，四六白毡八领两重，共约厚二寸"；次铺竹篾，然后用青石条掩攒讫（"青石盖条用一十条，各长一丈五尺、阔二尺、厚一尺"），上用香土二寸，（香土上用）客土六寸。然后以方砖砌地（面），其实土不及尺耳"[1]。又说："安砌盖条青石十条，高一尺，打筑铺砌砖土共厚一尺，通深一丈二尺。箱壁石用铁古字（鼓卯），并铅锡浇灌。"

按《思陵录》记载龟头殿三间，入深二丈四尺，心间阔一丈六尺，两次间各阔五尺，显然小于皇堂的进深和面阔。故皇堂施工应先于龟头殿，且皇堂石藏外周边胶土和擗土石有相当部分被压在龟头殿壁之下，其南侧则部分深入攒殿之内。

（三）红灰墙、里外篱和附属建筑

1. 红灰墙

见图2-2-1。《思陵录》记载："红灰墙周回长六十三丈五尺，止用杙笆椽，铺钉竹笆，同瓦 板瓦结瓦行垄。矾红刷造杙笆椽，红灰泥饰。围墙下脚用银铤砖垒砌隔减，并中城砖垒砌鹊台二堵。"该墙与殿门、殿之山墙一样均红灰泥饰，为殿门和殿外之围墙。红灰墙以杙笆椽为骨架，两侧铺钉竹笆，外面红灰泥饰，墙体下部砖砌墙裙，墙上端铺筒瓦板瓦为顶，南面中间砖砌鹊台阙门为出入口[2]。

2. 里篱

见图2-2-1。《思陵录》记载，"里篱砖墙系中城砖绕檐垒砌，周回长八十七丈，止用同瓦 板瓦行垄"；"东壁隔截砖墙系中城砖绕檐垒砌长四十丈"；"棂星门南北共二座，柱头上各安阀阅，并安门二扇，肘叶、门钹、桶子全，并石门砧及矾红油造柱木门户"。里篱环套红灰墙，砖筑。"东壁隔截砖墙"行文东后缺"西"字，"隔截"及墙之长度表明，其应为里篱内东西壁间的隔墙[3]。棂星门则为里篱和隔墙出入口，位于与鹊台阙门

---

[1] 据《思陵录》淳熙十五年三月戊午记事载。
[2] 郭黛姮主编：《中国古代建筑史》第三卷，中国建筑工业出版社2003年版，第204页。认为鹊台应置于里篱。红灰墙出入口为棂星门。参见后注。
[3] 郭黛姮主编：《中国古代建筑史》第三卷，中国建筑工业出版社2003年版，第205页。认为，"隔截墙"行文脱漏文字，应为"至东、西壁隔截砖墙"。又说"隔截墙"应在红灰墙内，殿门两侧。此说仅供参考。

南北对直的中轴线上[1]。棂星门的形制为两柱冲天式,柱头安阀阅[2]。

3. 外篱门和外篱

见图2-2-1。外篱门,《思陵录》记载:"外篱门一座,安卓门二扇,并矾红刷油造柱木并门,及两壁札缚打立实竹篱二十余丈,并立篱楗石。""安卓门二扇"似《营造法式》中的合版软门,门和柱刷红色,竹篱二十丈余应在外篱门两侧[3]。

外篱,《思陵录》记载,"上下宫东壁,札缚打立实竹篱七十余丈,西壁展套茨篱一百余丈";"上下宫东西两壁,各打实竹篱长二十九丈六尺,并竹篱门二座"。上述所记指外篱,外篱为环套里篱的打实竹篱,前述外篱门为外篱南面正门,外篱东西又各有一篱门。

4. 附属建筑

上宫的附属建筑,《思陵录》记有三组。第一组,"火窑子一座,作二三叠涩腰花,坐头顶显柱头,豆斗口跳骨朵子,中城砖并条砖飞放檐槽,小同瓦板瓦结瓦行垅,并三壁卷輂连门子,砖窗裹用铁索,并丹粉赤白装造";"殿前中城砖六瓣垒砌水缸四座,并设坐水大桶二只,提水桶一十只,并洒子"。火窑子和水缸等,似位于攒殿前两侧。第二组,"土地庙一座,并龟头一间,头顶并系丹粉赤白红油造柱木等,白灰泥饰壁落,并仰墐中城砖砌地面并阶头,中板瓦结瓦行垄;并面南西壁垒砌火窑子一座,土地神像共七尊,黑漆供床一张"。第三组,"巡铺屋墙里外共四间,并白灰泥饰壁落,中板瓦结瓦行垅,矾红刷油造柱木,立旌地栿,并周回檐槽,并砖砌水缸四座"。第二组土地庙的位置后文探讨,第三组巡铺屋似置于外篱墙内或外,四面应各置一巡铺屋[4]。

除上所述,《思陵录》还记上宫有"条砖砂阶东西路道,阔四丈,长四十尺",以及"上下宫诸处,白石板安砌路道长一百八十余丈",其具体位置不明。

---

[1] 郭黛姮主编:《中国古代建筑史》第三卷,中国建筑工业出版社2003年版,第204页。说棂星门为红灰墙之门,但该说无法解释棂星门南北两座的序列问题。

[2] 郭黛姮主编:《中国古代建筑史》第三卷,中国建筑工业出版社2003年版,第204页。说:依《思陵录》所记棂星门,"可知其形制为《营造法式》中的乌头门一类,由两根立柱深埋地下,称之为挟门柱,用以作为门扇的依托,这两柱冲天,上有象征旌表功绩的装饰物,即阀阅。一般此柱间门扇上作直棂下为实心拼板,中带腰花板。门扇下部置石门砧,上部应有额及鸡栖木"。关于阀阅,该文后的注释说:"阀阅,本为世宦门前旌表功绩的柱子。《玉篇》中有:在(门)左曰阀,在右曰阅。此处的阀阅装在柱头之上,即以斜木板钉其上。"

[3] 郭黛姮主编:《中国古代建筑史》第三卷,中国建筑工业出版社2003年版,第203页。

[4] 《宋会要辑稿》第二十六册,"历代大行丧礼下,孝宗",礼三〇之一七记载:"攒宫按行使司言:相视到分立神穴,神围,所有永祐陵西篱寨铺屋及果木等有碍打量索路……"同书,第三十一册,宪圣慈烈皇后陵,礼三七之七四、七五记载:宪圣慈烈皇后"神穴系在永思陵正北偏西祔葬","按行使司言,攒宫地段分立神围,缘永思陵铺屋果木等有碍,乞行奏告,去拆,从之"。上述情况表明,铺屋应在外篱寨墙内外,且四面皆置铺屋。

二 下宫

见图2-2-3。

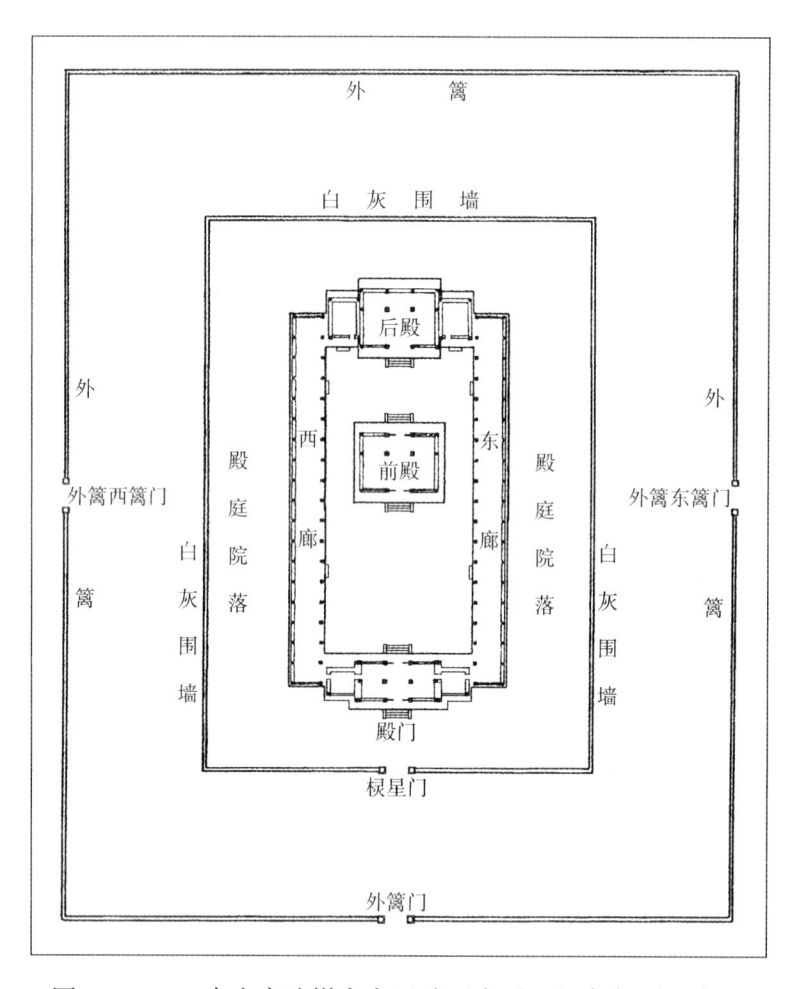

图2-2-3 南宋帝陵攒宫永思陵下宫平面想象复原示意图

(一) 殿门、前后殿、东西廊与白灰围墙

1. 殿门

殿门三开间，进深四架椽，两侧各有挟屋一间。《思陵录》记载："殿门一座，三间四椽，入深二丈，各间阔一丈四尺。重豆斗（斗）口跳，身内单拱，方直袱，彻脊，明圆椽，顺板，飞子白板，分心柱，直废造，下檐平柱高一丈四尺，柱置（木质）在内[1]。

---

[1] 郭黛姮主编：《中国古代建筑史》第三卷，中国建筑工业出版社2003年版，第208页。说："这是一座三开间，进深四椽架的两坡顶建筑，室内梁袱未用月梁，而用直袱，彻上明造，构造形制为'前后乳袱用三柱'，斗栱为斗口跳，泥道拱用单拱，分槽形式采用'分心斗底槽'。此构架中唯'下檐平柱高一丈四尺'与宋代习用的'柱高不越间广'且多低于间广之作法不同。"

头顶丹粉赤白装造法，红油造柱木，并软硬门[1]，及颊、额、地栿、门关等并黄油浮沤钉及门钑、肘叶、鹅台、桶子。头顶（屋顶）铺钉竹笆（望板），同瓦板瓦结瓦行垅，并鸱吻及周回额道山斜壁子，并红灰造作，并土坯垒砌两山墙，红灰泥饰。中城砖铺砌地面，并阶头高二尺，并砌散水及安砌白石压栏石碇，并前后踏道"。"殿门东西两挟各一间，四椽，入深二丈，各间阔一丈六尺。单豆斗直（支）替，方额，混栱、方椽、硬檐、下檐柱高八尺五寸，柱置（木质）在内。头顶丹粉赤白装造，矾红油造柱木。黑油杈子二间，头顶铺钉竹笆，白灰仰塈，中板瓦结瓦，周回壁落白灰泥饰，并土坯垒砌坯墙，用白灰泥饰，中城砖铺砌地面，并阶高一尺五寸，白石压栏石碇"[2]。

2. 前后殿

前后殿是下宫主体建筑，两殿大小、作法相同。即均三开间，每间长 14 尺，通面阔 24 尺；进深 30 尺，六架椽，每椽架平长 5 尺；下檐平柱为 11 尺，用五寸二分五厘材。两殿之差异，是后殿有夹屋。《思陵录》记载："前后殿二座，各三间、六椽，入深三丈，各间阔一丈四尺。四铺卷头，胫内绞单栱襻间[3]，心间前栿项柱，两山秋千柱，彻脊明，五寸二分五厘材，圆椽，顺板，飞子白板，柱头骨朵子，直废造，下檐平柱高一丈一尺，柱置（木质）在内。头顶并系丹粉赤白造法，红油造柱木，并板壁二十四扇，朱红漆造，出线小绞隔子四十扇，黄纱糊饰，安钉鍮石叶段事件，并矾红油造避风䈴八十扇，并勾栏子八间[4]。头顶铺钉竹笆，同瓦板瓦结瓦行垅，并安鸱吻。方砖砌地面，中城砖叠砌阶头，高二尺五寸，并打花侧砌天井子，甬路并两壁路道，及包砌水缸四座，白石压栏石碇，并踏道二座，引手勾栏子、望柱覆莲柱头狮子"。

---

[1] 郭黛姮主编：《中国古代建筑史》第三卷，中国建筑工业出版社 2003 年版，第 209 页。说：软硬门二合的构造，"在《营造法式》中有'合版软门'一类，拼板采用二合的构造，表面仍为硬门的形式，故称软硬门"。

[2] 郭黛姮主编：《中国古代建筑史》第三卷，中国建筑工业出版社 2003 年版，第 209 页。说："东、西挟为依附于殿门山墙两侧的建筑，它的进深、柱高均比殿门减小，斗栱降为单斗支替，整个建筑等级下降。其中的黑油杈子二间应指放在建筑次间前后檐柱位置的栏杆类遮挡物，似可拆卸。"

[3] 郭黛姮主编：《中国古代建筑》第三卷，中国建筑工业出版社 2003 年版，第 209 页。说，"胫内绞单栱襻间"似指柱在厅堂式构架中升高至中平槫时，与襻间方垂直正交。因此，构架可能做成四椽栿对乳栿用三柱形式。屋顶形制，按其在下宫的身份，应以厦两头造即九脊顶为宜，但依"直废造"一句，仍应为两坡悬山顶。

[4] 郭黛姮主编：《中国古代建筑史》第三卷，中国建筑工业出版社 2003 年版，第 209 页。说，"出线小绞隔子"，推测为宋代常用的方格眼式格子门、窗，其格子之棂条断面为带突起线脚者。这座三开间的建筑用 40 扇门、窗，从其每开间十四尺的尺度看，可能为前后当心间作门扇各六扇，前后两次间各作窗扇七扇，门每扇门宽 60 厘米左右，窗扇稍窄。文中"避风䈴"为何物待考。"勾栏子八间"可理解为殿前所安的石勾栏，但其"八间"不可能绕一周，似仅是殿台基之上，踏道两侧各四间。

后殿两侧各有夹屋，即"后殿东西两挟各一间，六椽，入深三丈，各间阔一丈六尺，方额、混栿、方椽、硬檐造；头顶并系丹粉赤白装造，矾红油造柱木；中城砖铺砌地面，土坯垒砌坯墙，白灰泥饰；头顶铺钉竹笆，白灰仰塈。白石压栏石碇及中城砖阶头，高一尺五寸，并案（安）卓朱红隔子八扇，黄纱糊造，鍮石叶段事件"。

3. 东西廊与白灰围墙

《思陵录》记载："东西两廊，一十八间，四椽，入深一丈六尺，各间阔一丈一尺；下檐单豆斗（斗）直（支）替，方额、混栿、方椽，硬檐造；头顶丹粉赤白装造，矾红油造柱木。中城砖铺砌地面，并砌阶头，高一尺五寸。头顶铺钉竹笆，白灰仰塈，中板瓦结瓦，白石压栏石碇，东西两下檐并系土墙三十六间（按指廊后檐墙为土坯墙），白灰泥饰。"据上述可知，东西廊各十八间，长一百九十八尺，其位置应在殿门与后殿的两挟之外侧间，并将殿门和前后殿围合成完整的长方形庭院。

上述庭院之外，有白灰墙围合。《思陵录》记载："周回白灰围墙长一百三丈六尺，上用杧笆椽，中板瓦结瓦行垅，矾红刷造杧笆椽，白灰泥饰。"其位置与上宫红灰墙相同，结构亦与之大同小异。

（二）外篱、诸门及附属建筑

1. 外篱与诸门

白灰围墙外围合外篱。《思陵录》记载："外篱门一座，安卓门两扇，并矾红刷油造及安白石门砧。"其结构与上宫外篱门应大同小异。又据前引"上下宫东壁，札缚打立实竹篱七十余丈，西壁展套茨篱一百余丈"；"上下宫东西两壁，各打实竹篱长二十九丈六尺，并竹篱门二座"。据此可知，下宫外篱的用材，形制（呈南北长方形）和结构与上宫外篱基本相同，其同样在南面设外篱门，东、西壁各设一竹篱门。

棂星门，《思陵录》记载："棂星门一座，柱头上安阀阅，并安卓门二扇，并系矾红刷油造，及钉肘叶、门钹、鹅台、桶子并石门砧。"其形制结构与上宫棂星门大体相同。这座棂星门的位置，当位于白灰围墙南面正中，与殿门、外篱门同在下宫南北中轴线上。绰楔门的位置后文探讨。

2. 附属建筑

《思陵录》所记下宫附属建筑有十项，即前后殿中夹叙的砖砌水缸四座，殿门与殿间夹叙的火窑子一座；棂星门内砖砌水缸四座，以及神厨五间与神厨过廊三间，奉使房二间及香火房二间（内有火窑子一座），潜火屋并库房四间，换衣厅三间，铺屋围墙里外五间并砖砌水缸五座，庙子一座，神游亭一座并过道门四门[1]。上述附属建筑的位置，后文探讨。

---

[1] 附属建筑具体情况，参见《思陵录》原文。

第三节　永思陵和诸陵平面形制与规模

一　攒宫建筑主要构成要素与下宫的方位

（一）构成要素

《宋会要辑稿》确指皇堂石藏为攒宫，同时又将各帝陵总称攒宫。攒宫建筑主要构成要素为皇堂石藏，又称神穴和攒宫；攒殿或称献殿，攒殿皇堂之外有神围。神围外环套内篱寨（或称内篱），再外有外篱寨（或称外篱、大篱、篱寨、篱围）、封堠，封堠外禁地种果木[1]。凡此，总称上宫。上述构成要素与《思陵录》所记完全对应，即神穴、皇堂石藏为《思陵录》之龟头殿内的神穴、皇堂石藏子；攒殿《思陵录》称"殿一座"；神围、内篱、外篱即《思陵录》的红灰围墙、里篱和以外篱门为代表的外篱。《思陵录》记载的附属建筑和下宫建筑构成情况，《宋会要辑稿》缺载。

除上所述，还有外篱寨、封堠与禁地的关系问题。从《宋会要辑稿》相关记载来看，外篱寨与封堠相连，封堠即隔一定距离置夯土墩，在封堠间置篱寨，外篱寨封堠又称"封堠界内"，或"外篱寨封堠地"，或"外篱寨封堠禁地"[2]。此外，在外篱寨封堠地外还有禁地或称禁止界，禁止界内不准动土斫果木，其范围大致在外篱寨封堠地外百步左右，禁止界内种果木[3]。

---

[1]《宋会要辑稿》有关攒宫建筑构成要素的记载，见该书礼三〇之一〇、一一、一七、一八、三五、六四、九〇；礼三四之二九、三〇；礼三七之一六、一九、二〇、二二、二三、三四、二五、二六、三九、四〇、四二、四三、四五、四六、七〇、七一等。

[2] A.《宋会要辑稿》第三十一册，宋缘陵裁制下，礼三七之四四："诸陵封堠界内，旧坟不许开故合祔。"
B.《宋会要辑稿》第三十一册，显仁皇后园陵条，礼三七之七〇，"内篱寨西外篱寨有三十五步"，"其元来西壁内篱寨至大篱寨封堠禁地七十九步，今来止有三十五步"，清楚表明大篱寨封堠禁地属同一范畴，其内即封堠界内。此外，该文之后又记有"外篱寨封堠地"，其意思同"大篱寨封堠禁地"。

[3] A.《宋会要辑稿》第三十一册，宋缘陵裁制下，礼三七之三九："攒宫大禁门户并依皇城法，百步内不许损斫果木、动土、服堋之类。令修奉所随宜添置，禁止界至封堠已种果木。"
B.《宋会要辑稿》第三十一册，徽宗永祐陵条，礼三七之一九，"昭慈圣献皇后攒宫禁地四至各一百步"；永固陵于昭慈圣献皇后攒宫禁地五十步内分穴。
C.《宋会要辑稿》第三十一册，显仁皇后园陵条，礼三七之七二："惟攒宫之地，旧占百步。"
D.《宋会要辑稿》第三十册，宪圣慈烈皇后条，礼三四之三一："缘永思陵铺屋果木等有碍，乞行奏告，去拆，从之。"

(二) 下宫与绰楔门的方位

《宋会要辑稿》第三十一册，光宗永崇陵条，礼三七之二六记载：庆元六年（1199）十一月六日，"攒宫修奉司言：今来修奉攒宫所有下宫，俟标定上宫地段毕，依永阜陵礼例于上宫之后随宜修盖，从之"[1]。据此可知，下宫当在上宫之后（北）。又《思陵录》记载，"上下宫东壁札缚打立实竹篱七十余丈，西壁展套茨篱一百余丈"，似表明上下宫前后相连，并在南北同一轴线上[2]。这样，《思陵录》所记"绰楔门一座，安卓门二扇，并矾红油造"，则似位于上下宫之间，成为连接上、下宫的相通之门。

二　永思陵的平面形制与规模

根据《思陵录》的记载，拟对永思陵攒宫的平面形制，各部位和总体规模略作初步探讨。

(一) 上宫平面形制和规模

见图 2-2-1。

1. 殿门、攒殿、龟头殿尺度与红灰墙的平面形制

《思陵录》记载，殿门三间，心间16尺，两次间各12尺，面阔共40尺；攒殿面阔同殿门；龟头殿面阔26尺。殿门入深20尺，殿入深30尺，龟头殿入深24尺[3]。红灰墙周长635尺，其长宽按1.5∶1计算[4]，面阔为125尺，合25步（125尺÷5=25步，125尺×0.32米=40米）；进深为192.5尺，合38.5步（192.5尺÷5=38.5步，合192.5尺×0.32米=61.6米），平面呈竖长方形。面积为（25步×38.5步）÷240方步=4亩；周长为（125尺+192.5尺）×2=635尺（合635尺×0.32米=203.2米）。

---

[1] 《宋会要辑稿》第二十六册，光宗条，礼三〇之六四所记与之相同。
[2] A. 杨宽：《中国古代陵寝制度史研究》，上海人民出版社2003年版，第67—68页。
　　B. 刘敦桢主编：《中国古代建筑史》，中国建筑工业出版社1980年版，第222页。
　　C. 对上下宫串联在同一轴线上，也有不同意见。如刘毅《宋代皇陵制度研究》（《故宫博物院院刊》1999年第1期）在引用《宋会要辑稿》的记载后说："可见下宫是在上宫之后，即位于上宫之北，结合北宋诸陵实例来看，出于'五音姓利'的考虑，南宋诸陵下宫仍应在上宫之北偏西。"又郭黛姮主编《中国古代建筑史》第三卷，中国建筑工业出版社1980年版，第210页。说："至于上、下宫之间相对位置，未见记载，但南宋陵寝规则仍以北宋为蓝本，因此下宫也应位于上宫之西北，择取丙壬方位。"上述二说，仅供参考。
[3] 本节均以一宋尺＝0.32厘米换算。面阔40尺×0.32米=12.8米，面阔26尺=8.32米，进深20尺=6.4米，进深30尺=9.6米，进深24尺=7.68米。
[4] 红灰墙周长635尺，按方形计算每边长为158.75尺，合50.8米。殿门和殿总进深为74尺，合23.68米，以此加上殿门与殿之间距，殿门与殿分别与南、北墙的间距综合考虑，进深158.75尺显得较短，安排较挤，故以平面长方形较合适。长方形平面以通常的1.5∶1计算，下同。

2. 里篱平面形制和规模

里篱周长870尺（278.4米），按长方形进深与面阔之比1.5：1计算，面阔为174尺（合34.8步，55.68米），进深为261尺（合52.2步，83.52米），平面呈竖长方形，面积为7.56亩。红灰墙南北壁两端距里篱东西壁各4.9步［(174尺-125尺)÷5尺=9.8步，9.8步÷2=4.9步］；红灰墙东西壁两端距里篱南北壁6.85步［(261尺-192.5尺)÷5尺=13.7步；13.7步÷2=6.85步］。

3. 外篱平面形制和规模

《思陵录》在记载里篱砖墙周回87丈后，又记"东壁隔截砖墙系中城砖绕檐垒砌，长四十丈"，该墙应为外篱东西壁间隔截墙，行文"东"字后缺"西"字，"壁"后缺"间"字，当位于外篱内南部[1]，并成为外篱面阔之标准[2]。按长宽之比1.5：11计算[3]，其面阔400尺，合80步（128米），进深600尺，合120步（192米），平面呈竖长方形，面积为40亩（80步×120步÷240方步=40亩）。里篱南北壁两侧距外篱东西壁分别为22.6步（400尺-174尺=228尺，228尺÷5尺=45.2步，45.2步÷2=22.6步），里篱东西壁两端距外篱南北壁分别为33.9步（600尺-261尺=339尺，339尺÷5尺=67.8步，67.8步÷2=33.9步）。考虑到南部置附属建筑，故外篱和里篱北壁间的距离，以及里篱南壁与隔截墙的间距亦以22.6步计之。这样里篱和外篱南壁间的距离即为45.2步［33.9步+（33.9步-22.6步）=45.2步］，隔截墙与外篱南壁的间距亦为22.6步。

4. 永思陵上宫的平面形制和规模

据上所述，永思陵上宫平面呈南北长方形。据《思陵录》记载，上宫建筑外层称外篱寨，外篱寨南面正中有外篱门，东西篱墙各有一座篱门。外篱于封堠间打立实竹篱，文献又称篱寨封堠禁地。外篱内南部有砖砌横隔墙，墙中间有南棂星门。外篱砖横隔墙内套内篱（里篱），内篱南壁正中有北棂星门。内篱环套神围红灰墙，红灰墙南墙正中有鹊台阙门。神围内中轴线上前后分置殿门，攒殿（献殿）龟头殿，龟头殿内地下为皇堂石藏。前述外篱门、南、北棂星门、鹊台阙门之间的通道，实际上可起神道作用，上述诸门与殿门和攒殿均在同一条南北中轴线上。上宫各部位的丈尺和面积已如前述，上宫总面积约40亩。

上宫的附属建筑，火窑子和水缸应置于攒殿前两侧。土地庙一组附属建筑似置于里篱

---

[1] A. 郭黛姮：《中国古代建筑史》第三卷，中国建筑工业出版社1980年版，第205页。认为：隔截墙位于殿门两侧。

    B. 隔截墙在上宫中，只有东西横向隔截才有意义。红灰墙周长635尺，里篱周长870尺，均无法容纳长400尺的横隔墙，只有放在外篱南部才合适，才有意义。

[2] 《思陵录》记外篱门两壁各札缚打立实竹篱二十余丈，亦可作为外篱面阔的参考。

[3] 《思陵录》记载，"上下宫东壁各札缚打立实竹篱七十余丈，西壁展套茨篱一百余丈"；"上下宫东西两壁各打实竹篱长二十九丈六尺，并竹篱门二座"。上述记载的70余丈和百余丈，应为上下宫共打立竹篱长度，以此加上东西壁各打实竹篱29.6丈，上下宫东、西壁总长分别为百余丈和130余丈。上述记载表明，上下宫的规模应基本相同。本书取百余丈和130余丈之平均值120丈为复原标准，即上下宫东、西壁长各600尺，这个长度亦合1.5：1的比例。

南墙与外篱砖横隔墙之间的空间内，巡铺屋前已说明外篱寨四壁内或外各置一所。

（二）下宫平面形制和规模

见图 2-2-3。

1. 殿庭院落平面形制和规模

殿门三开间，各间面阔 14 尺；东西挟各一间，每间面阔 16 尺，是殿门总面阔为 74 尺（14.8 步，23.68 米），殿面阔与之相同。两侧东西廊进深 16 尺（3.2 步，东西向尺度），两廊进深之和为 32 尺，故庭院总面阔为 106 尺（32 尺 + 74 尺 = 106 尺，21.2 步，33.92 米）。东西廊各 18 间，各间面阔 11 尺，其南北长为 198 尺（39.6 步，63.6 米）。后殿入深 30 尺，殿门入深 20 尺，东西廊与殿门和后殿相接后，殿门和后殿外露部分按其进深之半计算，即为 25 尺，故庭院总进深为 223 尺（44.6 步，71.36 米）。据上所述，殿庭院落平面呈竖长方形，其面积为（44.6 步 × 21.2 步）÷ 240 方步 = 3.93 亩；周长（106 尺 + 223 尺）× 2 = 658 尺，210.56 米。

2. 白灰围墙平面形制和规模

白灰围墙周长 1036 尺（207.2 步，331.52 米），按长宽 1.5∶1 计算，其面阔为 206 尺（41.2 步，65.92 米），进深为 312 尺（62.4 步，99.84 米），平面呈竖长方形，面积为（41.2 步 × 62.4 步）÷ 240 方步 = 10.7 亩。庭院南北壁两侧，分距白灰围墙东、西壁 10 步〔（206 尺 - 106 尺）÷ 5 尺 = 20 步，20 步 ÷ 2 = 10 步〕；庭院殿门和殿之南北壁，分距白灰围墙南北壁各 8.9 步〔（312 - 223 尺）÷ 5 尺 = 17.8 步，17.8 步 ÷ 2 = 8.9 步〕

3. 外篱的平面形制和规模

外篱按前述上宫外篱规制，面阔 400 尺，进深 600 尺，平面呈竖长方形，面积 40 亩。白灰围墙南北壁两侧距外篱东西壁 19.4 步〔（400 尺 - 206 尺）÷ 5 尺 = 38.8 步，38.8 步 ÷ 2 = 19.4 步〕；白灰围墙南北壁与外篱南北壁之间各 28.8 步〔（600 尺 - 312 尺）÷ 5 尺 = 57.6 步，57.6 步 ÷ 2 = 28.8 步〕。因白灰围墙南壁与外篱南壁间置附属建筑较多，故白灰围墙北壁与外篱北壁间距也按 19.4 步计算，这样白灰围墙南壁与外篱南壁之间距则为 38.2 步（28.8 步 - 19.4 步 = 9.4 步，28.8 步 + 9.4 步 = 38.2 步，合 61.12 米）。

4. 永思陵下宫的平面形制和规模

下宫位于上宫之后，两者规模相同，上下宫间有绰楔门联通，其平面亦呈南北长方形。下宫外篱寨南墙正中有外篱门，东西寨墙各有一篱门。外篱寨内环套白灰围墙（相当于内篱），白灰围墙南壁正中有棂星门。白灰围墙内环套殿庭院落，院落南部正中有殿门，其后置前、后殿，在殿门和后殿两侧有东、西廊，形成殿庭封闭院落。上述绰楔门、外篱门、棂星门、殿门和前后殿均位于下宫总体建筑的中轴线上。下宫各部位丈尺和面积已如前述，下宫总面积亦为 40 亩。

下宫的附属建筑，大体是前后殿间置水缸四座，殿门与前殿间置火窨子一座，棂星门内置水缸四座。其余的神厨和神厨过廊、奉使房、香火房、潜火屋、库房、换衣厅、庙子、神游亭等似置于外篱门与棂星门所在的空间内，各附属建筑配置的具体方位，目前尚难以考证。

三 永思陵以外诸帝陵攒宫的平面形制和规模

根据《宋会要辑稿》记载，可知所记诸帝陵攒宫建筑主要构成要素相同，并与《思陵录》记载完全对应；《宋会要辑稿》记载永思陵和诸帝陵攒宫皇堂石藏丈尺相同，并与《思陵录》的记载完全一致（皇堂石藏是攒宫规划设计的基准）。因此，南宋诸帝陵攒宫的平面形制应与永思陵基本相同。

关于帝陵攒宫用地面积，《宋会要辑稿》第三十一册，徽宗永祐陵条记载："知绍兴府楼炤言：奉诏打量攒宫用过人户山地，共计二百一十九亩五十七步。"[1]。此外，《宋史》卷一百二十二，"礼二十五"记载，徽宗皇帝攒宫"用地二百五十亩"，根据前述情况判断，这个用地亩数大概是包括篱寨外禁地在内的总用地亩数。通过永祐陵占昭慈皇后西边禁地 50 步建攒宫的关系换算，250 亩恰好是永祐陵攒宫包括篱寨外禁地在内的总用地亩数[2]。永祐陵包括徽宗与三后的攒宫，徽宗又是高宗的父皇，加之其他帝陵仅一帝一后或无后，故永祐陵远大于永思陵等诸陵，其规模之大属南宋帝陵攒宫中的特例。如前所述，南宋陵区窄狭，选择合适陵位较难，故诸陵多有相侵和随宜营建现象[3]。因此，永

---

[1] 《宋会要辑稿》第三十一册，徽宗永祐陵条，礼三七之二一、二二记载，"知绍兴府楼炤言，奉诏打量攒宫用过人户山地，共计二百一十九亩五十七步。除数内五十七步（亩）三角一十三步，昨系人户潜昊、韩俊良、韩遂良献，充昭慈圣献皇后攒宫禁地"；"今来将上件地段，充徽宗皇帝、显肃皇后神围并禁地。其余一百六十一亩一角四十四步，原潜昇等九名地段，充懿节皇后神围，安奉御下宫禁地"；"其先用过已买潜昊、韩俊良地五十七亩三角一十三步"；"韩俊良、韩遂良、潜昇、潜果、潜旻地段，并依充徽宗皇帝、显肃皇后、懿节皇后神围"。上述史料，目前尚难以准确解读。

[2] 《宋会要辑稿》第三十一册，徽宗永祐陵条，礼三七之一九记载，"昭慈圣献皇后攒宫禁地，四至各一百步"；"今来西北百步禁地之外，地形低下，不可安穴，分立神围。欲近北壁偏西五十步内，自南分别立永固陵外篱寨，次北偏西安穴，随地之宜，分立神围，各立内外篱寨"。礼三七之二二又记：徽宗皇帝"神围禁地"云云。据此可指出以下问题：
  A. 四至各一百步，约合 41.6 亩（100 步 × 100 步 = 10000 方步，10000 方步 ÷ 240 方步 = 41.6 亩）。
  B. 昭慈皇后禁地去掉 50 步约合 10.4 亩（50 步 × 50 步 = 2500 方步；2500 方步 ÷ 240 方步 = 10.4 亩），即永祐陵攒宫东部禁地也只有 10.4 亩。
  C. 永祐陵攒宫禁地四至也应各一百步，但东部禁地只有 10.4 亩，是其禁地总数为 31.2 亩（41.6 亩 − 10.4 亩 = 31.2 亩）。这样，永祐陵攒宫总用地亩数则为 250.2 亩（219 亩 + 31.2 亩 = 250.2 亩）。反之，250 亩 − 219 亩 = 31 亩，通过换算亦可得出相同结果。
  D. 修建永祐陵后，昭慈皇后攒宫禁地变小，以此结合后注来看，南宋诸帝陵攒宫篱寨外禁地范围，只有规制上的定数，而实际上往往根据实际情况随宜而定，所以其攒宫禁地范围并不完全一致。

[3] A. 《宋会要辑稿》第二十六册，孝宗条，礼三〇之一七记载："攒宫按行使司言，相视到分立神穴神围，所有永祐陵西篱铺屋及果木等有碍打量索路……除去，从之。"
  B. 《宋会要辑稿》第三十册，宪圣慈烈皇后条，礼三四之三一记载："按行使司言，攒宫地段分立神围，缘永思陵铺屋果木等有碍，乞奏告去拆，从之。"
  C. 《宋会要辑稿》第三十一册，显仁皇后园陵条，礼三七之七〇记载："所有显肃皇后攒殿之西分挚大行皇太后神围外，除豁二十五步安立内篱寨，西外篱寨有三十五步。缘正西俯及居民行路并昭慈圣献皇后攒宫司防守营寨，其元来西壁内篱寨至大篱寨封堠禁地七十九步，今来止有三十五步。"

阜以下诸陵的平面形制和规模虽然与永思陵相似，但也有微调或缩小规模的变化[1]。

第四节 《宋会要辑稿》有关攒宫规制的记载

《思陵录》仅提供了永思陵攒宫的形制和结构的资料，未涉及攒宫规制问题。《宋会辑稿》的有关记载中，则为了解南宋帝陵攒宫规制提供了一些较重要的线索。攒宫规制亦属南宋帝陵攒宫研究范畴，并且与研究攒宫形制布面有较密切的关系。因此，下面拟对《宋会要辑稿》所涉及到的攒宫规制问题略作探讨。

一 国音制约陵区选址与神穴定位

南宋卜选陵区和各帝陵神穴，一如北宋重"五音姓利"，皇室赵姓属角音，角音所利为壬（正北偏西）、丙（正南偏东）两向。赵姓角音又称国音，陵区与神穴均按"国音之利"进行卜选。南宋人赵彦卫在评述北宋帝陵"协于音利"之后说，"今绍兴攒宫朝向，正与永安诸陵相似，盖取其协于音利，有上皇山新妇尖，隆祐攒宫正在其下"[2]。在具体选址过程中，《宋会要辑稿》记述南宋诸帝攒宫选址均与国音有关，下举五例。第一，徽宗攒宫选址，"道士潘道璋所献会稽山龙瑞宫地，即与国音姓利相达"；又按视"昭慈圣献皇后攒宫西北地段，寿命主山三男子孙之位，形势高大，林木郁茂，土色黄润，一带王气秀聚，宜于此地卜穴，修制攒宫"，这里"山岗顺于国音，风水便于地里，乃为圣来万世之利"[3]。第二，孝宗攒宫选址，"相视神穴，合在永思之西，缘其地土肉浅薄，虽民有献者又皆窄狭，与国音相妨，乞于永思之西向南近上安建"[4]。第三，光宗攒宫选址，"相视得大行太上皇帝神穴，系在永阜陵西永思陵下空闲地段，委是国音王气秀聚之地，依得尊卑次序，可以安建"[5]。第四，宁宗攒宫选址，"相视得泰宁山，形势起伏，龙虎掩抱，依经书于此并建大行皇帝神穴，亦合"；这里有泰宁寺，"素擅形势之区，名为绝胜之境，岗峦怀抱，气脉隐藏，朝揖分明，落势特达，是乃天造地设，储之数百年，以俟今日之用"，"今此神穴坐壬向丙，亦与国音为利"[6]。第五，安恭皇后攒宫近旁山坡危，"太史局言，山破开裂处，正是国音天柱山主山及连接青龙阳气之位，依经止宜补治，不

---

[1] 参见前页注释。
[2] （南宋）赵彦卫：《云麓漫钞》卷九，《丛书集成初稿》，商务印书馆1935年至1937年版。
[3] 《宋会要辑稿》第三十一册，徽宗永祐陵条，礼三七之一八。
[4] 《宋会要辑稿》第三十一册，孝宗永阜陵条，礼三七之二五。
[5] 《宋会要辑稿》第三十一册，光宗永崇陵条，礼三七之二六。
[6] 《宋会要辑稿》第三十一册，宁宗永茂陵条，礼三七之二六、二七。

当开掘，从之"[1]。此外，甚至梓宫发引路线也要"协于音利"[2]。

上述诸点除国音外，还提出了与风水有关的主山（帝陵背屏），山势的拱卫、环抱（"龙虎掩抱"，即龙砂、虎砂抱卫）、朝揖（"朝揖分明"）之势；提出了"林木郁茂""土色黄润"和土肉厚薄问题；提出了"王气秀聚"，"气脉隐藏"，以及"形势起伏""天造地设"的自然环境等。凡此，已初步达到了攒宫选址外观山形，内察地脉，景物天成的境地。这是北宋帝陵选址所未见的新现象（开明代帝陵选址标准之先河），值得注意。此外，还有前述《宋会要辑稿》记载的南宋帝陵攒宫与北宋帝陵同样坐壬向丙，实行昭穆（贯鱼）葬法，诸陵攒宫配置方位尊卑有序等问题。

二 皇堂结构与掩攒仪式

（一）皇堂结构

见图2-2-2。《宋会要辑稿》所记皇堂结构远不如《思陵录》全面而具体，但有三点可作补充。

第一，皇堂石藏尺度。光宗"皇堂石藏照得高宗皇帝、孝宗皇帝石藏里明长一丈六尺二寸，阔一丈六寸，深九尺"修奉施行[3]。此后宁宗、理宗和度宗皇堂石藏尺度无载。宁宗庆元三年寿圣隆慈备福光祐太皇太后（宪圣慈烈吴皇后）崩，原拟"修奉攒宫并依显仁皇后体例施行。所有皇后石藏，省记得显仁皇后石藏里明长一丈四尺八寸八分，阔一丈三寸，深九尺。若依此铺砌，窃恐至期安下神杀，外椁空分窄狭，事属利害。照得高宗皇帝石藏里明长一丈六尺二寸，阔一丈六寸，深九尺……从之"[4]。以此证之，庆元三年之前皇后皇堂石藏尺度与显仁皇后皇堂石藏尺度相同，均小于高宗永思陵皇堂石藏尺度。其次，该条史料也间接地证明宁宗皇堂石藏尺度同高宗永思陵。即南宋诸帝陵攒宫皇堂石藏尺度应相同，具体尺度《宋会要辑稿》与《思陵录》所记也完全相同。皇后皇堂石藏尺度，除庆元三年宪圣慈烈皇后皇堂石藏尺度同永思陵外，此后其他皇后皇堂石藏尺度或亦如是。上述皇堂石藏里明均深九尺，属阴阳堪舆说之吉尺[5]。

第二，石藏别置石壁，打筑胶土。高宗永思陵石藏打筑胶土，"攒宫修奉使司言，攒宫石藏利害至重。二浙土薄地卑，易为见水，若不措置，深恐未便。谨别彩画石藏子一

---

[1]《宋会要辑稿》第三十一册，礼三七之四六。

[2]《宋会要辑稿》第二十六册，孝宗条，礼三〇之二三记载："太史局言，将来梓宫发引经由道路，合依淳熙十四年高宗皇帝梓宫经由去处，于候潮门直南水门两桥之间，权拆禁城，修作门户。出城取牛皮巷跨浦桥登舟，系是东南利方，于国音即无妨碍。从之。"

[3]《宋会要辑稿》第二十六册，光宗条，礼三〇之六四；第三十一册，光宗条，礼三七之二六。

[4]《宋会要辑稿》第三十册，宪圣慈烈皇后条，礼三四之二九；第三十一册，宪圣慈烈皇后陵条，礼三七之七四。

[5] A. 冯继仁：《论阴阳勘舆对北宋皇陵的全面影响》，《文物》1994年第8期。

B.《宋史》卷一二三，《礼二六》，哲宋昭慈圣献皇后孟氏条："攒宫方百步，下宫深一丈五尺。"深一丈五尺或指皇堂。此记载未见其他佐证，仅供参考。

本，兼照得厢壁离石藏外五尺，别置石壁一重，中间用胶土打筑，与石藏一平，虽工力倍增，恐可御湿。从之"[1]。其他诸帝陵石藏结构，亦如是[2]。上述史料阐明了石藏别置石壁、打筑胶土的原因，从而弥补了《思陵录》记载之不足。此外，南宋帝陵石藏打筑胶土之做法，对后代江南墓葬结构也产生了重要的影响（后文有说）。

第三，椁和梓宫进皇堂程式。如高宗永思陵，"二十二日诏，皇堂内椁，令有司用沙版随宜修制，候将来掩皇堂时，先下椁底版，俟进梓宫于椁底版上，定正讫，然后安下椁身，次将天盘囊网于椁上安设[3]。梓宫已有牙脚，止用平底，可就修奉攒宫处制造"[4]。其他帝后陵亦如是[5]，较《思陵录》所记更为详细和具体。

除上所述，《宋会要辑稿》还记有"皇堂隧道"[6]，其位置和结构不明。

(二) 掩攒仪式

掩攒又称掩皇堂，其丧礼仪式以《宋会要辑稿》孝宗条记载最详。即大升轝至攒宫，灵驾降轝升龙车辂诣献殿，行迁奠礼。有司于梓宫前陈设祭器，实设礼料。引陪位官、奉礼郎、行礼总护使于梓宫前就位，礼直官赞躬拜，总护使再拜，在位官皆再拜，举哭。次引奉礼郎、太祝太官令各就位，次引行礼总护使诣盥洗位，盥手、帨手、洗爵、拭爵，诣酒尊所跪执爵，太官令酌酒讫，诣梓宫前跪，三上香。奉礼郎奉币，行礼总护使受币、奠币、执爵三祭酒，止哭。太祝跪读祝文讫，行礼总护使再拜，举哭，在位官皆举哭。总护使复位又再拜，在位官皆再拜讫，哭止。次引总护使诣望瘗位，奉礼郎、太祝太官令重行立定，有司瘗祝币讫，退。掩攒时至，引侍中诣梓宫前，俛伏跪奏，称侍中臣某言，请哲文神武成孝皇帝灵驾赴攒宫，奏讫，有司捧迁梓宫，少傅引梓宫即攒宫毕，权退。梓宫进皇堂讫，次引将作监掩攒宫，太傅、监察御史并监掩攒宫，次引少保复土九锤。此后还有掩攒宫之礼，并如迁奠之仪（唯不用陪位官。掩攒宫行礼毕，总护使已下并易常服、黑带），然后诣虞主前行虞祭之礼，如别仪[7]。上述仪式记载详于北宋诸陵，对了解宋代掩皇堂仪式有重要意义，同时也说明献殿（攒殿）在掩皇堂过程中的重要作用和地位。

---

[1]《宋会要辑稿》第三十一册，高宗永思陵条，礼三七之二四。
[2]《宋会要辑稿》第二十六册，孝宗条，礼三〇之一一；第三十一册，孝宗永阜陵条，礼三七之二四；第三十一册，显仁皇后园陵条，礼三七之七一。并言此乃"显肃皇后攒宫故例"。
[3] A.《宋史》卷一二二《礼二五》记载：宣祖安陵"进玄宫有铁帐覆梓宫"。
   B.（宋）李攸：《宋朝事实》卷十三，记载：永厚陵"梓宫升石椁西首……巳时一刻，乃下置珠网花结于上"。"天盘囊网"似与上述置物相似。中华书局1957年版。
[4]《宋会要辑稿》第三十一册，高宗永思陵条，礼三七之二四。
[5]《宋会要辑稿》第二十六册，光宗条，礼三〇之六二；第三十册，宪圣慈烈皇后条，礼三四之二八；第三十一册，宪圣慈烈皇后陵条，礼三七之七四。
[6]《宋会要辑稿》第三十一册，徽宗永祐陵条，礼三七之一六。
[7]《宋会要辑稿》第二十六册，孝宗条，礼三〇之三五、三六。

三 随葬品

南宋和北宋一样，诸帝多遗诰丧葬"务从俭约"[1]。从《宋会要辑稿》来看，南宋诸帝陵梓宫法物的记载很简略，且基本相同。即随葬帝"生平服玩及珠、襦、玉匣、含襚"[2]，"谥册、宝并沿册宝法物，哀册并沿册法物"[3]，铭旌[4]、翣[5]、十二神[6]、神煞[7]等。凡此，均与北宋帝陵随葬品相同，但其种类和数量远少于北宋帝陵[8]。除上所述，南宋亡元初诸陵被盗掘，盗有"珠襦玉柙"等，"取宝极多"。"陵中金钱以万计，皆为尸气所蚀，如铜铁状"，"间有得猫眼异宝者"，一村翁得孟后"短金钗"；高宗陵"止锡器数件，端砚一只"；孝陵"有玉炉瓶一副，古铜鬲一只"；以理宗陵"所藏尤多"[9]。这些零星记载"挂一漏万"，尚不能真实反映南宋诸陵随葬品的情况。

第五节 南宋和北宋帝陵形制布局的比较

一 南宋和北宋帝陵形制布局相异之处

南宋帝陵攒宫与北宋帝陵的形制布局，从表象上看明显不同。比如，南宋帝陵上宫无

---

[1] 《宋会要辑稿》第二十六册，孝宗条，礼三〇之八；光宗条，礼三〇之五四；第三十一册，高宗永固陵条，礼三七之二三。
[2] 《宋会要辑稿》第二十六册，孝宗条，礼三〇之四："大殓前延庆殿陈生平服玩及珠、襦、玉匣、含襚应入梓宫之物。"《宋会要辑稿》第二十六册，光宗条，礼三〇之五六所记相同。
[3] 《宋会要辑稿》第二十六册，孝宗条，礼三〇之六；第三十册，宪圣慈烈皇后条，礼三四之二四。
[4] 《宋会要辑稿》第二十六册，孝宗条，礼三〇之五，"立铭旌，高九尺，书大行至尊寿皇圣帝梓宫"；第三十册，宪圣慈烈皇后条，礼三四之二四："立铭旌，高九尺，书大行寿圣隆慈备福光佑太皇太后梓宫。"
[5] 《宋会要辑稿》第二十六册，孝宗条，礼三〇之三〇。
[6] 《宋会要辑稿》第二十六册，孝宗条，礼三〇之一一；光宗条，礼三〇之六二；第三十册，宪圣慈烈皇后条，礼三四之二四。按，十二神属神煞范畴。
[7] 《宋会要辑稿》第三十册，宪圣慈烈后条，礼三四之二九，文中神煞写"神杀"。
[8] A. 《宋史》卷一二二，《礼二五》安陵条；太宗永熙陵，真宗永定陵条。
   B. 《宋会要辑稿》第二十五册，太祖条，礼二九之二、三；真宗条，礼二九之二〇、二一、三七、三八；第二十七册，昭宪皇后条，礼三一之三等。
[9] A. （元）陶宗仪撰：《南村辍耕录》卷之四，"发宋陵寝"，中华书局1997年版，第43—49页。
   B. 《宋史》卷一二三，《礼二六》，哲宗昭慈圣献皇后孟氏条记载，"明器止用铅锡"，此情况可与高宗陵"止锡器数件"相对应。

北宋帝陵上宫式的神道，神道上的鹊台、乳台和神道两侧的石象生；无北宋帝陵上宫式的神墙、神门、门阙、门狮、宫人、阙亭，无陵台、无北宋帝陵式的皇堂。南宋帝陵攒宫由北宋帝陵上宫宫城的方形变为长方形，宫城内从北宋帝陵献殿与陵台分置变为献殿与龟头殿和皇堂连为一体，龟头殿取代了陵台的位置；并出现火窑子、水缸、土地庙、棂星门和服务设施。南宋帝陵上宫实际上是以中轴线上的外篱门、横隔墙和内篱南北棂星门、神围鹊台阙门间的通道为神道，改变了此前历代神道的模式，（此种神道形式为中国古代帝陵中的孤例，但与西夏王陵神道有相似之处）。南宋帝陵下宫改变了北宋帝陵下宫在上宫西北并截然分离，下宫规模小于上宫的传统，而将下上宫置于同条中轴线上（下宫在上宫之北），形成规模基本相同，南北以绰楔门连通的建筑群。在具体形制上，下宫出现东，西廊庑并形成封闭式的殿庭院落；服务设施多于北宋帝陵下宫，名称亦有所变化，此外还新出现了土地庙、神游亭、火窑子和水缸等设施。北宋帝陵内、外篱寨为棘寨（或言"周以枳橘"），现地面上已无反映，文献记载也不清楚；而《思陵录》则明确记载南宋攒宫外篱寨为竹篱（南、北方之差异），内篱砖筑，并变成上下宫形制、布局和结构必不可少的有机构成部分。北宋帝陵规模远小于唐陵，南宋帝陵攒宫又较北宋帝陵规模小许多。以永思陵为例，其上宫的面积还不及北宋帝陵上宫面积之半[1]，因而南宋帝陵攒宫乃是中国古代规模最小的帝陵（不包括小的地方割据王朝之陵墓）。除上所述，南宋帝陵无北宋帝陵的陪葬墓、陵邑和会圣宫之类的建筑，佛寺设置情况也不同于北宋帝陵。

二 南宋攒宫与北宋帝陵的营建理念和规制一脉相传

南宋帝陵攒宫与北宋帝陵的形制虽然有上述种种差异，但是若将两者作内涵式的深层次的比较，就会发现他们之间相同或相似点很多，并以北帝陵的营建理念和规制为纽带，将两者紧密地连在一起。南宋帝陵攒宫正是在此基础上，沿着北宋帝陵营建理念和规制的轨迹而形成、发展和变化的。

首先，南宋帝陵攒宫陵区的选择、诸陵选址定神穴、各陵神穴配置的尊卑次序、皇堂石藏之深用吉尺（九尺）等，前已说明均受北宋帝陵早已形成的阴阳堪舆、国音和昭穆葬法的制约。南宋帝陵陵域号称回环二十里，亦比拟北宋帝陵陵域[2]。南宋帝陵与北宋帝

---

[1] 北宋帝陵上宫方形，边长150步，合240米。面积为（150步×150步）÷240方步＝93.75亩，永思陵上宫面积仅40亩。

[2] A.《宋会要辑稿》第三十一册，显仁皇后园陵条，礼三七之七二、七三记载，"惟攒宫之地，旧占百步。去冬新立四隅，四隅之内回环不啻二十里"，并将"回环二十里"之内称"陵域"。

B. 赵彦卫《云麓漫钞》（《丛书集成初编》，商务印书馆1935年至1937年版）卷九说：北宋帝陵"计一百一十三顷，方二十里云"。

按，A、B对比，可知A比附于B。但北宋帝陵陵域远大于方二十里。《北宋皇陵》第3页说：北宋皇陵陵域东西长约13公里，南北宽约12公里，总面积达156平方公里。南宋帝陵陵域或如回环二十里。

陵均将诸帝葬于同一陵域内，陵域内又分区埋葬[1]；南、北宋帝陵各陵陵名均以"永"字打头，葬期均以七个月为限[2]，均帝后同茔合葬，皇后单独起陵葬于帝陵之西北[3]，帝后共用一个下宫；各陵的形制布局均整齐划一，随葬品的种类与北宋帝陵基本相同[4]。各陵均有上、下宫、上宫均以献殿皇堂为主体建筑，下宫均以前后殿为主体建筑，上下宫均配置巡警铺屋；各陵均有内外篱寨封堠禁地，禁地广植林木[5]；陵域内均配置佛寺[6]，诸陵均未见陵碑，如此等等，不一而足。

其次，北宋皇帝崩至陵建成入葬的七个月左右暂厝，暂厝称攒，暂厝之殿称攒宫[7]，南宋帝陵攒宫即因此而名之。其攒宫上宫的神围（《思陵录》红灰墙），相当于北宋帝陵上宫宫城的神墙，攒殿即北宋陵上宫宫城内之献殿，龟头殿则相当于北宋帝陵上宫的陵台，皇堂石藏子即相当于北宋帝陵的皇堂。北宋帝陵献殿，地面遗迹无存，文献记载简略，形制不明。《思陵录》则较明确地记载了攒殿的形制布局和结构，《宋会要辑稿》又较详细地记载了在攒殿举行迁奠礼等丧礼仪式，凡此均可弥补北宋帝陵这方面之不足。至于皇堂石藏子，虽然相当于北宋帝陵皇堂，但其与北宋前期帝陵皇堂的形制结构完全不同。实际上南宋帝陵皇堂与石藏子是指四石厢壁里明深九尺，长一丈六尺二寸，阔一丈六寸部分[8]，规模很小。按北宋帝陵仁宗永昭陵已"以巨木架石为之屋"，"圹中又为铁罩"[9]；英宗永厚陵"始为石藏"[10]，作为石藏的"石椁高一丈，其凿长一丈二尺，深阔七尺，盖条石各长一丈，阔二尺，十四板"，并在梓宫上"置珠网花结"；石椁之外有

---

[1] 据本书前述情况，昭慈陵、永祐、永思、永阜、永崇陵基本为一区，永茂陵单独一区，永穆陵永绍陵为一区。

[2] 据本书前述情况，南宋诸帝葬期亦以七个月为限。

[3] 据本书前述情况，南宋帝陵，后葬者多葬于先葬帝陵之西北或北偏西，后陵攒祔亦如是。个别陵位有变化。

[4] 据文文前述情况，南宋帝陵随葬品的种类大体如北宋帝陵，只是品种和数量远少于北宋帝陵。

[5] 北宋帝陵广植松、柏、故称柏城。南宋攒宫则植果木。

[6] 《宋会要辑稿》第三十一册，礼三七之四〇记载，"礼部言，越州宝山证慈禅院，已充昭慈献烈皇太后攒宫修奉香火"；"泰宁寺已改作昭慈献烈皇太后修奉香火"，"比附诸陵体例，隶属昭慈献烈皇太后攒宫司，从之"。文中"比附诸陵体例"即比附北宋诸帝陵体例，但南宋帝陵禅院设置较少，不明之处尚多，远不如北宋帝陵四大禅院设置有规律和有完整的规制。

[7] 《宋史》卷一二二《礼二五》记载：太祖崩，"始御长春殿"，"四月十日，启攒宫"，"十二月，发引"。卷一二三《礼二六》记有"孝明皇后启攒宫"，孝章皇后"权攒于赵村沙台"。同卷，庄文太子丧礼条记载："诏故皇太子攒所，就安穆皇后攒宫侧近择地。继而都大主管所言：'太史局官等选到宝林院法堂堪充皇太子攒所'，从之。"

[8] 皇堂石藏子之外筑胶土，且龟头殿又不将其完全覆盖。《宋会要辑稿》第二十六册，光宗条，礼三〇之六四，则仅将石厢壁内里明部分称皇堂石藏。参见前文介绍情况。

[9] 程颐：《代富弼上神宗皇帝论永昭陵疏》，收在（宋）程颢、程颐《二程文集》卷四，《丛书集成初编》，商务印书馆1935—1937年版。

[10] 程颐：《代富弼上神宗皇帝论永昭陵疏》，收在（宋）程颢、程颐《二程文集》卷四，《丛书集成初编》，商务印书馆1935—1937年版。中说："厚陵始为石藏。"

"皇堂方三丈，深二丈三尺"[1]。其后钦圣宪肃向后和钦成朱后则用石地宫[2]。又北宋帝陵永厚陵陪葬墓中的燕王赵颢墓，墓室上下两层，上层砖筑，墓室平面呈圆形，穹形顶，直径近8米，高约6米。下层墓室石砌于上层墓室内之下的中部，平面方形；室内东西两侧各立一方形石柱（边长0.47、高2.6米），柱上横架方形过梁（边长0.9米），其上覆盖条石。条石南北两排，每排7块，每块长2米，宽0.8米，厚0.4米，有的条石上刻有"寿堂"字样。条石既为下层盖顶，又为上层墓室的铺地石[3]。据上所述，可知南宋帝陵皇堂石藏乃是因袭北宋永厚陵"石藏"之称，其形制则是将北宋永厚陵"石藏"形制的"石椁"和燕王赵颢墓室下层石墓室形制相结合的基础上，又按照其暂厝的目的和当地自然环境的要求而发展形成的一种特殊的形制。至于南宋帝陵椁上安设天盘囊网，大概是从北宋帝陵"铁帐覆梓宫"[4]，"圹中为铁罩"，梓宫上"置珠网花结"之类情况逐步演变所形成的一种新的形式。又南宋帝陵红灰墙即神围之门称鹊台[5]，北宋帝陵鹊台位于神道乳台之南陵区入口处，南宋帝陵无北宋帝陵式的神道和石象生，神围之外为内、外篱寨，故将象征正式进入神围（相当于北宋帝陵上宫宫城）之门筑成鹊台式阙门。

南宋帝陵的下宫，一如北宋帝陵下宫仍以前后二殿为主体建筑（正殿和影殿），并配置诸服务性的附属建筑。其主要变化是在后殿与殿门间以东西廊围合成完整的庭院，出现棂星门[6]和外篱门。此外，附属建筑较北宋帝陵下宫增多。

总之，南宋帝陵攒宫的外在形制布局与北宋帝陵形制布局相异，但其内在的营陵理念和规制却与北宋帝陵一脉相承，攒宫上、下宫的主要构成要素也与北宋帝陵相同。故可认为，南宋帝陵攒宫的形制布局乃是沿着北宋帝陵的轨迹，在新形势下突出了攒宫特质、适应当地自然条件，同时又以宋代帝陵"祖制"为主线，创造性地进行巧妙安排设计的结果[7]。

---

[1]（宋）李攸：《宋朝事实》卷十三，"英宗葬永厚陵"条，《丛书集成初编》，商务印书馆1935—1937年版。
[2]《宋会要辑稿》第二十九册，礼三三之二五、四五。
[3] 河南省文物考古研究所：《北宋皇陵》，中州古籍出版社1997年版，第199页。
[4]《宋史》卷一二三《礼二五》，记载宣祖安陵"进玄宫有铁帐覆梓宫"。
[5] 郭黛姮主编：《中国古代建筑史》第三卷，中国建筑工业出版社2003年版，第204页。说："按行文顺序，这道红灰墙应与鹊台有关，但按北宋皇陵推测，鹊台位置不应在此。从鹊台使用的材料为'中城砖叠砌'，则应将鹊台置于里篱，位置处于中轴线两侧。而红灰墙本身也应有门，这里使用的门似应为文中所谓的'棂星门'。"录此仅供参考。
[6] 文献未明确记载北宋帝陵下宫有棂星门。但是，《宋史》卷一二三《礼二六》，濮安懿王园庙条记载庙中有灵星门。
[7] 南宋帝陵攒宫的形制，与西夏陵陵园形制有某些相似之处。如：外篱寨在封堠间置篱寨，其形制与西夏陵一、二号陵在角台间筑墙形成外城相似。里篱与西夏陵五、六号陵在上宫外筑夹城的形制相似。红灰围墙相当于西夏陵宫城；红灰围墙南门鹊台阙门与北面殿门之间的态势，若西夏陵的月城；攒殿（献殿）和皇堂石藏子的位置关系，与西夏陵献殿与墓道和地宫基本相连的态势一致。西夏陵的具体情况参见本书附一西夏陵及附图。上述南宋帝陵攒宫的形制布局与西夏陵的相似之处，很值得注意，两者之间有无影响关系，是今后需要进一步探讨的问题。

从而在中国古代帝陵史中独树一帜，并对明代帝陵的形制布局产生了重要的影响[1]；其皇堂打筑胶土和石藏对后代江南大墓也有较大影响[2]。因此，那种认为南宋帝陵攒宫昙花一现，无足轻重的看法是毫无根据的。其在中国古代帝陵史中的地位和作用，随着今后研究的深入发展，必将会做出重新认定和恰当的评价。

---

[1] 对明代帝陵形制布局的影响。明代帝陵"稽古创制"，主要是参考了宋代帝陵的形制布局，其中南宋帝陵攒宫的形制布局起了较重要的作用。明太祖对南宋帝陵比较了解，据文献记载，明洪武元年，朱元璋就派工部主事谷秉彝到北平（元大都）索取理宗头骨，瘗于应天门凤台门外高座寺来之西北。次年六月，浙江省献宋攒宫图，令归葬诸帝遗骸于原穴，诸陵封土树碑，修葺上宫围墙。《国初事迹》[（明）刘辰《国初事迹》，见（明）邓士龙：《国朝典故》卷四，北京大学出版社1993年版]记载："元至元间，杨琏真珈发宋朝诸陵，以理宗首骨为饮器。太祖既得燕都，命守臣吴勉寻访到京，太祖命埋之于城角寺。及览浙江所进地图有宋诸陵，命瘗于旧穴。"（《历代陵寝备考》也记载洪武二年，"六月庚辰，上览浙省进宋陵诸图"）洪武九年设守陵户二户，令每三年地方官以香帛祀陵，并规定五百步内禁樵采。
洪武初营建明皇陵，其三重城结构，仿南宋攒宫，土城内又仿南宋攒宫建砖城。参照南宋帝陵上下宫串联在同一轴线上及上宫布置部分服务机构，皇陵取消了下宫，而将皇陵整个建筑组群沿中轴线布置，将下宫主要功能集中于皇堂，皇堂一如南宋帝陵下宫，左右有东西庑，皇堂前置燎炉（南宋称火窑子），土城正门前置棂星门，将南宋帝陵下宫附属重筑移到土城和砖城间棂星门两侧，名称也大体由两宋演变而来。如神厨、神库、斋宫（相当北宋帝陵斋宫）、混堂（大体相当南宋帝陵奉使房），具服殿（相当于南宋帝陵换衣厅），官厅（大体相当于北宋帝陵下宫陵使廨舍）等。
朱元璋营建孝陵，在明皇陵的基础上又有很大的变化，明皇陵所受南宋帝陵形制的影响，大都带到了明孝陵。除此之外，重点指出三点。明孝陵陵宫、陵宫后狭长的过渡空间，明楼和宝顶形制之出现，似与南宋帝陵攒宫形制有一定关系。即明孝陵将南宋攒殿、龟头殿、皇堂进行分解和变化，南宋帝陵攒殿演变为孝陵殿，将龟头殿与攒殿分离、进深加长变成陵宫后面的过渡空间和明楼，将石藏子移出到加长部分之外变成宝顶。其次，南宋帝陵选址，较北宋帝陵出现了新的风水理论。比如提出主山（帝陵背屏），山势拱卫，环抱（龙虎掩抱）、朝揖、土色黄润和土肉厚薄，"王气秀聚"，"形势起伏"，"天造地设"的自然环境等。凡此，后来均成为明代帝陵选址风水理论的核心部分。可以说从宋到明清帝陵选址风水理论的转化，应发端于南宋帝陵。此外，南宋帝陵攒宫以神穴心桩为帝陵上宫的基准点，明代帝陵棺床上的金井亦起同样作用，到清代不仅在吉地穴位打志桩，而且金井还成为整个陵园建筑的一个基准点。总之，南宋帝陵的形制布局，对明清帝陵形制的变化和形成有较重要的影响，甚或可以将南宋帝陵形制布局看作是明清帝陵形制演变的主源之一。

[2] 南宋帝陵皇堂石藏子筑胶土和石厢壁的做法，对后代江南大墓也有较大影响。如元至正二十五年（1365）张士城为其母建造的墓（苏州文物保管委员会、苏州博物馆：《苏州吴张士城母曹氏墓清理简报》，《考古》1965年第6期），在正方形墓室沿土坑四壁砌擗土石壁，内用青砖和夯土起两道厢壁，厢壁中央置方形石圹，在石壁、厢壁、石圹之间灌满三合土灰浆，上用石条封盖。浙江海宁至正十年（1350）贾椿墓（海宁县博物馆：《浙江海宁元代贾椿墓》，《文物》1982年第2期），墓室由两层三合土夯壁，两层砖壁和一层河沙构成，石板盖顶。凡此，均与南宋帝陵皇堂做法有异曲同工之妙。到明代江南地区从王陵到一般大墓，各种密封式隔湿防潮的墓室更广为流行。除上所述，清代帝陵为防地下水回渗，在地宫与宝城间还打柏木桩，夯实四六灰土，称厢土。此种做法，应是南宋帝陵攒宫皇堂石藏打胶土在北方地区之翻版。

第三章　辽代庆陵

第一节　辽祖陵、怀陵、显陵和乾陵简况

辽代九帝五陵，除本章将重点介绍的庆陵外，其余四陵概况如下：第一，祖陵，葬辽开国皇帝耶律亿（阿保机，在位于916—926）。天显元年（926）阿保机病逝于扶余城，享年55岁，天显二年葬祖陵[1]。祖陵在今内蒙古自治区赤峰市巴林左旗林东镇（辽上京故址）西偏北约20公里祖州故城（哈达英格乡赛勒木格山前石房子林场内，俗称石房子）之西北约2.5公里的山谷中，以祖州城为奉陵邑，置天城军节度使以奉陵寝。辽亡陵寝被金兵破坏，20世纪初以来日本人和当地军阀多次试图盗掘，未果。祖陵附近曾发现契丹大字

---

[1] A.《辽史》卷二，《太祖下》记载：天显元年秋七月，"甲戌，次扶余府，上不豫"，"是日，上崩，年五十五"，九月"丁卯，梓宫至皇都，权殡于子城西北。己巳，上谥号升天皇帝，庙号太祖。"。"二年八月丁酉，葬太祖皇帝于祖陵，置祖州天城军节度使以奉陵寝。统和二十六年七月，进谥大圣大明天皇帝。重熙二十一年九月，加谥大圣大明神烈天皇帝。"

B.《辽史》卷三七《地理志一》"祖州，天成军"条记载："有祖山，山有太祖天皇帝庙，御靴尚存。又有龙门、黎谷、液山、液泉、白马、独石、天梯之山。水则有南沙河、西液泉。太祖陵、凿山为殿，曰明殿。殿南岭有膳堂，以备时祭。门曰黑龙。东偏有圣踪殿，立碑述太祖游猎之事。殿东有楼，立碑以纪太祖创业之功。皆在州西五里。天显中太宗建，隶弘义宫。"

C.《辽史》卷七十一《后妃》记载：太祖淳钦皇后述律氏，"应历三年崩，年七十五，祔祖陵，谥曰贞烈"。

D. 20世纪初，法国神父闵宣化曾对祖陵进行过踏查。见闵宣化《东蒙古辽代旧城探考记》，收在冯承钧译《西域南海史地考证译丛》，第三卷，商务印书馆1999年版。

E. 20世纪60年代，贾州杰曾对祖陵进行较详细考察，见洲杰：《内蒙古昭盟辽太祖陵调查散记》，《考古》1966年第5期。

F. 中国社会科学院考古研究所内蒙古第二工作队、内蒙古文物考古研究所：《内蒙古巴林左旗辽代祖陵陵园遗址》，《考古》2009年第7期。

碑文残片，2005年曾经对祖陵进行考古调查和测绘，此后又陆续作些考古工作[1]。第二，怀陵，葬太宗和穆宗。太宗耶律德光于大同元年（947）四月崩于栾城，九月葬于凤山，称怀陵[2]。穆宗耶律述律于应历十九年（969）二月遇弑，祔葬怀陵[3]。怀陵在今内蒙古自治区巴林右旗岗岗庙村（怀州故址）北六里床金沟内，以怀州为奉陵邑，置怀州奉陵军[4]。床金沟山谷内以石墙围成陵园，沟口设陵门，陵园中部横砌石墙将陵园分为内外二区。山谷北端为内陵区，区内西山脚下较平缓的台地上建二陵，陵前东南约300米处分建享殿。靠南端的陵墓封土圆形，现高约5.2米，直径约32米，顶部有一大坑，直径约13米，深约0.7米，其对应的享殿残存柱础和花纹方砖。该陵之北约800米之陵不见封土，只残存一深约2.1米，直径约27米的大坑，附近残存汉白玉莲花纹柱础和牡丹纹方砖[5]。辽亡二陵遭金兵破坏，其何为太宗陵和穆宗陵已不清楚。20世纪70年代以后曾对二陵进行多次考古调查，1990年还发掘了陵区内的陪葬墓。第三，显陵，葬东丹人皇王耶律倍及其子世宗耶律兀欲（947—951年在位）[6]。陵在今辽宁省北镇县医巫闾山董家坟和龙岗村一带山谷中，置显州奉先军[7]，陵的具体情况不明。第四，乾陵，葬景宗耶

---

[1] A. 《中国考古学年鉴（2005）》，《辽代祖陵建筑钻探、测绘》，文物出版社2006年版，第154—155页。
B. 中国社会科学院考古研究所内蒙古第二工作队，内蒙古文物考古研究所：《内蒙古巴林左旗辽代祖陵陵园遗址》，《考古》2009年第7期。中国社会科学院考古研究所内蒙古第二工作队内蒙古文物考古研究所：《内蒙古巴林左旗辽代祖陵陵园黑龙门址和四号建筑基址》，《考古》2011年第1期。

[2] 《辽史》卷四，《太宗下》记载：大同元年夏四月丁丑，帝"崩于栾城，年四十六。是岁九月壬子朔，葬于凤山，陵曰怀陵，庙号太宗。统和二十六年七月，上尊谥孝武皇帝。重熙二十一年九月，增谥孝武惠文皇帝"。

[3] 《辽史》卷七，《穆宗下》记载：应历十九年二月"帝遇弑，年三十九。庙号穆宗。后祔葬怀陵。重熙二十一年，谥曰孝安敬正皇帝"。

[4] 《辽史》，卷三七《地理志一》"怀州，奉陵军"条记载，"太宗崩，葬西山，曰怀陵。大同元年，世宗置州以奉焉"；太宗崩，"后于其地建庙，又于州之凤凰门绘太宗驰骑贯狐之像。穆宗被害，葬怀陵侧，建凤凰殿以奉焉。有清凉殿，为行幸避暑之所。皆在州西二十里"。

[5] 张松柏：《辽怀州怀陵调查记》，《内蒙古文物考古》1984年第00期。

[6] A. 《辽史》卷七二，《宗室》义宗倍条记载：人皇王耶律倍投后唐，被后唐明宗养子从珂杀害，时年三十八岁。辽太宗"立石敬瑭为晋主"，"敬瑭入洛，丧服临哭，以王礼权厝。后太宗改葬于医巫闾山，谥曰文武元皇王。世宗即位，谥让国皇帝，陵曰显陵。统和中，更谥文献。重熙二十年，增谥文献钦义皇帝，庙号义宗，及谥二后曰端顺，曰柔贞"。
B. 《辽史》卷五，《世宗》记载：天禄五年秋九月癸亥，"帝遇杀，年三十四。应历元年（951），葬于显州西山，陵曰显陵。二年，谥孝和皇帝，庙号世宗。统和二十六年七月，加谥孝和庄宪皇帝"。

[7] 《辽史》卷三八，《地理志二》：显州，奉先军"本渤海显德府地。世宗置，以奉显陵。显陵者，东丹人皇王墓也。人皇王性好读书，不喜射猎，购书数万卷，置医巫闾山绝顶，筑堂曰望海。山南去海一百三十里。大同元年，世宗亲护人皇王灵驾归自汴京。以人皇王爱医闾山水奇秀，因葬焉。山形掩抱六重，于其中作影殿，制度宏丽。州在山东南，迁东京三百余户以实之。应历元年，穆宗葬世宗于显陵西山，仍禁樵采"。

贤（969—983年在位），统和元年（983）入葬[1]。金皇统五年（1145）天祚帝耶律延禧（1101—1125年在位）祔葬于乾陵旁[2]。乾陵亦在医巫闾山，在显陵附近，置乾州广德军[3]，陵之具体情况不明。

第二节　庆陵概说

一　位置和名称

庆陵位于今内蒙古自治区赤峰市巴林右旗庆州故城（察干索博罗嘎，俗名白城子）西北约25里的黑岭东南麓（图3-2-1），今名王坟沟（蒙语称"瓦尔漫哈"，有砖瓦的沙丘之意）。这一带属大兴安岭南行正干余脉，辽代称黑山、黑岭、缅山等[4]。当年圣宗驻

---

[1] A. 《辽史》卷九，《景宗下》：乾亨四年秋九月壬子，景宗崩于行在。年三十五，在位十三年。"统和元年正月壬戌，上尊谥孝成皇帝，庙号景宗。重熙二十一年，加谥孝成康靖皇帝"。
B. 《辽史》卷十，《圣宗一》：统和元年二月，"甲午，葬景宗皇帝于乾陵"。

[2] 《辽史》卷三〇，《天祚皇帝四》：保大五年八月"以疾终，年五十四，在位二十四年。金皇统元年二月，改封豫王。五年，葬于广宁府闾阳县乾陵傍"。

[3] 《辽史》卷三八，《地理志二》：乾州，广德军"本汉无虑地县地。圣宗统和三年置，以奉景宗乾陵。有凝神殿。隶崇德宫，兵事属东京都部署司"。

[4] A. 《辽史》卷三七《地理志一》，庆州条记载：庆州"本太保山黑河之地，岩谷险峻"；"在州西二十里，有黑山、赤山、太保山、老翁岭、馒头山、兴国湖、辖失泺、黑河"。
B. （宋）叶隆礼：《契丹国志》卷五《穆宗天顺皇帝》，"如京东北有山曰黑山、曰赤山、曰太保山、山水秀绝、麋鹿成群，四时游猎，不离此山"，黑山又名缅山。上海古籍出版社1985年版。
C. （宋）沈括：《梦溪笔谈》（巴蜀书社1995年版）卷二四记载："黑水之西有连山，谓之夜来山，极高峻，契丹坟墓皆在山之东南麓。"是黑山又名夜来山。
D. （金）王寂：《拙轩集》卷三："庆州北山之麓，辽山陵在焉。"
E. 巴林右旗博物馆《辽庆陵又有重要发现》（《内蒙古文物考古》2000年第2期）一文所载"太叔祖哀册文"记为"光云山"。
F. 曹建华、金永田主编：《临潢史迹》，内蒙古人民出版社1999年版。该书第12页黑山条记载：黑山，今之赛汗罕乌拉，蒙古语为美丽富饶的圣山，坐落于今之巴林左、右二旗之间北部，主峰海拔1928.9米，系大兴安岭山脉要峰，峰顶平展，周7里许，中央有一泓池水，清澈透明，不溢不枯，古称天池。夏秋之季，池周柳树成荫，山花烂漫，辽代称此山为黑山，此若泰山。契丹人死魂魄皆归于此山。"黑山，如中国之岱宗"。《使辽录》载，是辽代帝王夏捺钵之地，即夏季避暑行营。《辽史》载，"夏奈钵，无常所，多在吐尔山，道宗每年先幸黑山，拜圣宗、兴宗陵，赏金莲，乃幸子河避暑"。所云为，年行祭山，拜祖，五京轮番而来，无祭祀不得进山。

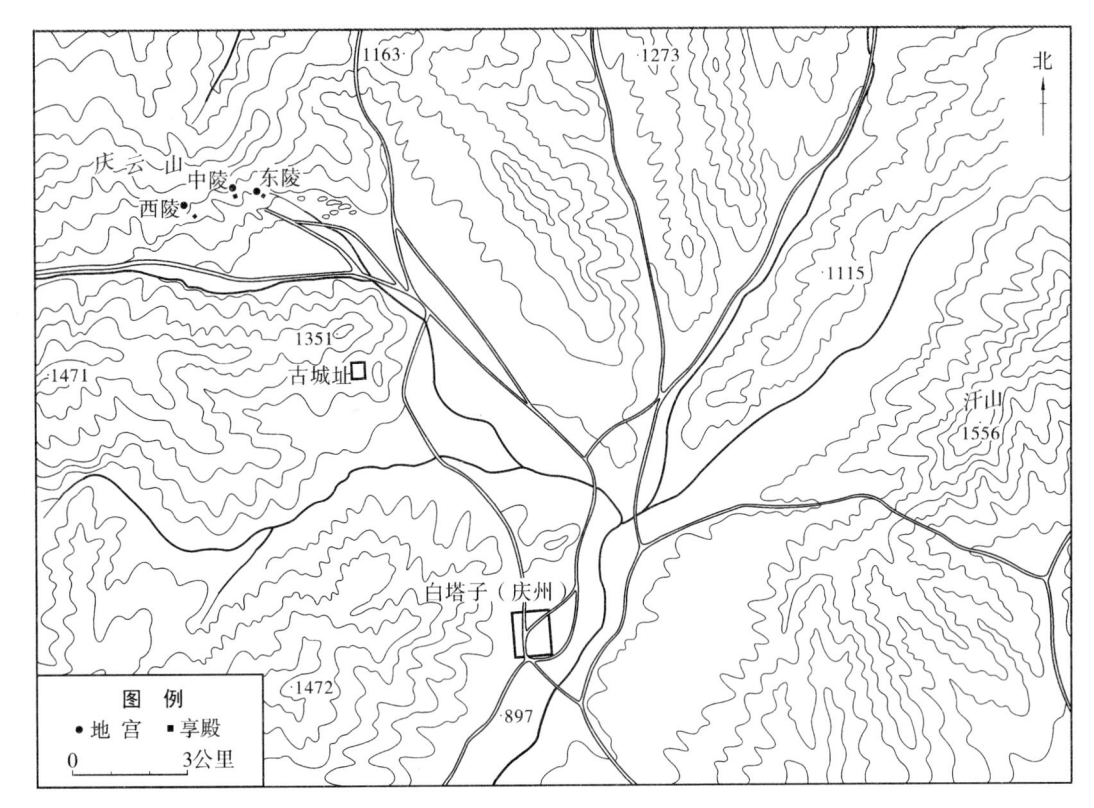

图 3-2-1　内蒙古赤峰市辽庆陵地理位置图
（采自《中国古代建筑史》第三卷）

跱黑岭、爱羡曰："吾万岁后，当葬此。"兴宗遵遗命，建永庆陵[1]。圣宗太平三年（1023）赐名永安山[2]，太平十一年（1031）六月己卯帝崩于行宫，景福元年（1031）十一月葬于庆陵，永安山改名庆云山[3]。仁德皇后死于重熙元年（1032），祔葬太祖陵附

---

[1]《辽史》卷三七，《地理志一》，庆州条。按圣宗生前自选陵址，在辽代为孤例。
[2]《辽史》卷十六，"圣宗七"：太平三年，秋七月，"丁亥，赐缅山名曰永安，是月，猎赤山"。
[3] A.《辽史》卷十《圣宗一》，圣宗"讳隆绪，小字文殊奴，景宗皇帝长子"，乾亨四年九月"癸丑，即皇帝位于柩前，时年十二"，冬十月"辛酉，群臣上尊号曰昭圣皇帝"。《辽史》卷一七，《圣宗八》：太平十一年，"六月丁丑朔，驻跸大福河之北。己卯，帝崩于行宫，年六十一，在位四十九年。景福元年闰七月壬申，上尊谥曰文武大孝宣皇帝，庙号圣宗"。
B.《辽史》卷一八，《兴宗一》记载：太平"十一年夏六月己卯（3日），圣宗崩"，辛卯（15日）改元景福。"乙未（19日），奉大行皇帝梓宫，殡于永安山太平殿"；"秋七月丙午朔（1日），皇太后（钦爱皇后）率皇族大临于太平殿"。甲寅（9日），"建庆州于庆陵之南，徙民实之，充奉陵邑"。"丁巳（12日），上谒大行皇帝御容，哀恸久之，因诏写北府宰相萧孝先、南府宰相萧孝穆像于御容殿。""丁卯（22日），谒太平殿，焚先帝所御弓矢。""八月壬午（27日），迁大行皇帝梓宫于菆涂殿。""九月戊申（3日），躬视庆陵"；"庚午，以宋使吊祭，丧服临菆涂殿"。闰十月"辛亥，谒菆涂殿，阅玄宫闿器"。"十一月壬辰，上率百僚奠于菆涂殿。出大行皇帝服御，玩好焚之，纵五坊鹰鹘。甲午，葬文武大孝宣皇帝于庆陵。乙未，祭天地。问安皇太后。丙申，谒庆陵，以遗物赐群臣，名其山曰庆云，殿曰望仙。"（转下页）

近，大康七年（1081）迁祔于永庆陵[1]。钦爱（哀）皇后死于清宁三年十二月（1057），翌年五月祔葬于永庆陵[2]。重熙二十四年（1055）八月兴宗崩于行宫，清宁元年（1055）十一月"葬兴宗于庆陵"，名为永兴陵[3]。仁懿皇后崩于大康二年（1076）三月，祔葬于永兴陵[4]。道宗崩于寿昌七年（1101），[5]宣懿皇后崩于大康元年（1075）

(接上页) C. ［日］田村实造、小林行雄：《庆陵》Ⅰ，京都大学文学部1953年版。该书216页，《文武大孝宣皇帝哀册文》："维太平十一年岁次辛未，六月丁丑朔，三日乙卯。睿文、英武、宗道、至德、崇仁、广孝、功成、治定、启元、昭圣、神赞、天辅皇帝崩于大福河之行宫。以其月八日甲申发赴庆州。八月丙丁朔二十七日壬寅殡于攒涂殿之西阶。有司定议，上尊谥曰文武大孝宣皇帝，庙号圣宗，即以冬十一月甲戌朔，二十一日甲午迁座于永庆陵礼也。"按，圣宗徽号，是陆续加上的，参见《辽史》。大福河，《续资治通鉴长编》卷一一〇记为"大斧河"。《契丹国志》卷二七，记大福河在上京之东北300里。攒涂殿营建于庆州城内，庆州城内中央土台基上残存的陀罗尼经石幢残片上有"移宫于新营庆州之攒涂殿"一句，参见《庆陵》第5页Fig4铭文。

[1] A. 《辽史》卷宗一八，《兴宗一》：重熙元年，"是春，皇太后诬齐天皇后（仁德皇后）以罪，遣人即上京行弑。后请具浴以就死，许之。有顷，后崩"。
B. （宋）李焘《续资治通鉴长编》（中华书局1993年版）卷一一〇，天圣九年元月条：记齐天皇后被杀，"以庶人礼，葬于祖州北白马山"。
C. 《契丹国志》卷八记载："重熙三年，帝因猎过祖州白马山，见齐天皇后坟塚荒秽，无又影堂及洒扫人，只空山中，孤塚侧然。因诏，于祖州陵园内，选吉地改葬，其影堂廊库等并同宣献太后园陵。"
D. 《仁德皇后哀册文》："维大康七年岁次辛酉，十日甲寅朔，八日辛酉。先谥仁德皇后萧氏发自祖州西之玄寝。迁祔于永庆陵礼也。"

[2] A. 《辽史》卷二一，"道宗一"：清宁三年十二月"戊辰，太皇太后不豫，曲赦行在五百里内囚。己巳，太皇太后崩"。"五月庚午朔，上大行太皇太后尊谥曰钦哀皇后。癸酉，葬庆陵。"
B. 《钦爱皇后哀册文》："维清宁三年岁次丁酉，十二月癸卯朔，二十七日己巳，大行太皇太后崩于中会川行宫之寿安殿。旋殡于庆州北别殿之西阶。粤明年夏五月四日癸酉，将迁祔于永庆陵礼也。"按，《辽史》记为钦哀，哀册文记为"钦爱"。

[3] A. 《辽史》卷二十，"兴宗三"：重熙二十四年，八月"己丑，帝崩于行宫，年四十"，"清宁元年十月庚子，上尊谥为神圣孝章皇帝，庙号兴宗"。
B. 《辽史》卷二一，"道宗一"：清宁元年"十一月甲子，葬兴宗皇帝于庆陵"；"名其山曰永兴"。
C. 巴林右旗博物馆《辽庆陵又有重要发现》（《内蒙古文物考古》2000年第2期）所载《大辽赠秦魏国王墓铭》称为"兴陵"。

[4] A. 《辽史》卷二三，"道宗三"：大康二年"三月辛酉，皇太后崩"，"夏六月乙酉朔，上大行皇太后尊谥曰仁懿皇后"；"甲午，葬仁懿皇后于庆陵"。
B. 《仁德皇后哀册文》："维大康二年岁次丙辰，三月丙辰朔，六日辛酉，大行皇太后崩于韶阳川之行在所。旋殡于庆州北别殿之西阶。夏六月乙酉朔，十日甲午，将祔于兴陵礼也。"

[5] A. 《辽史》卷宗二六，《道宗六》：寿隆（昌）七年春正月"癸亥，如混同江。甲戌，上崩于行宫，年七十"；"六月庚子，上尊谥仁圣大孝文皇帝，庙号道宗"。按寿隆哀册作寿昌。
B. 《辽史》卷二七，"天祚皇帝一"：乾统元年六月"辛亥，葬仁圣大孝文皇帝、宣懿皇后于庆陵"。
C. 《辽史》卷五十"凶仪·丧葬仪"记载："道宗崩，蒇涂于游仙殿，有司奉丧服。"
D. 《道宗皇帝哀册文》："维寿昌七年岁次辛巳，正月壬戌，十三日申戌，大行天佑皇帝崩于韶阳川行在所。徙殡于仙游殿之西阶。粤乾统元年六月庚寅朔，二十三日壬子，将迁座于永福陵礼也。"

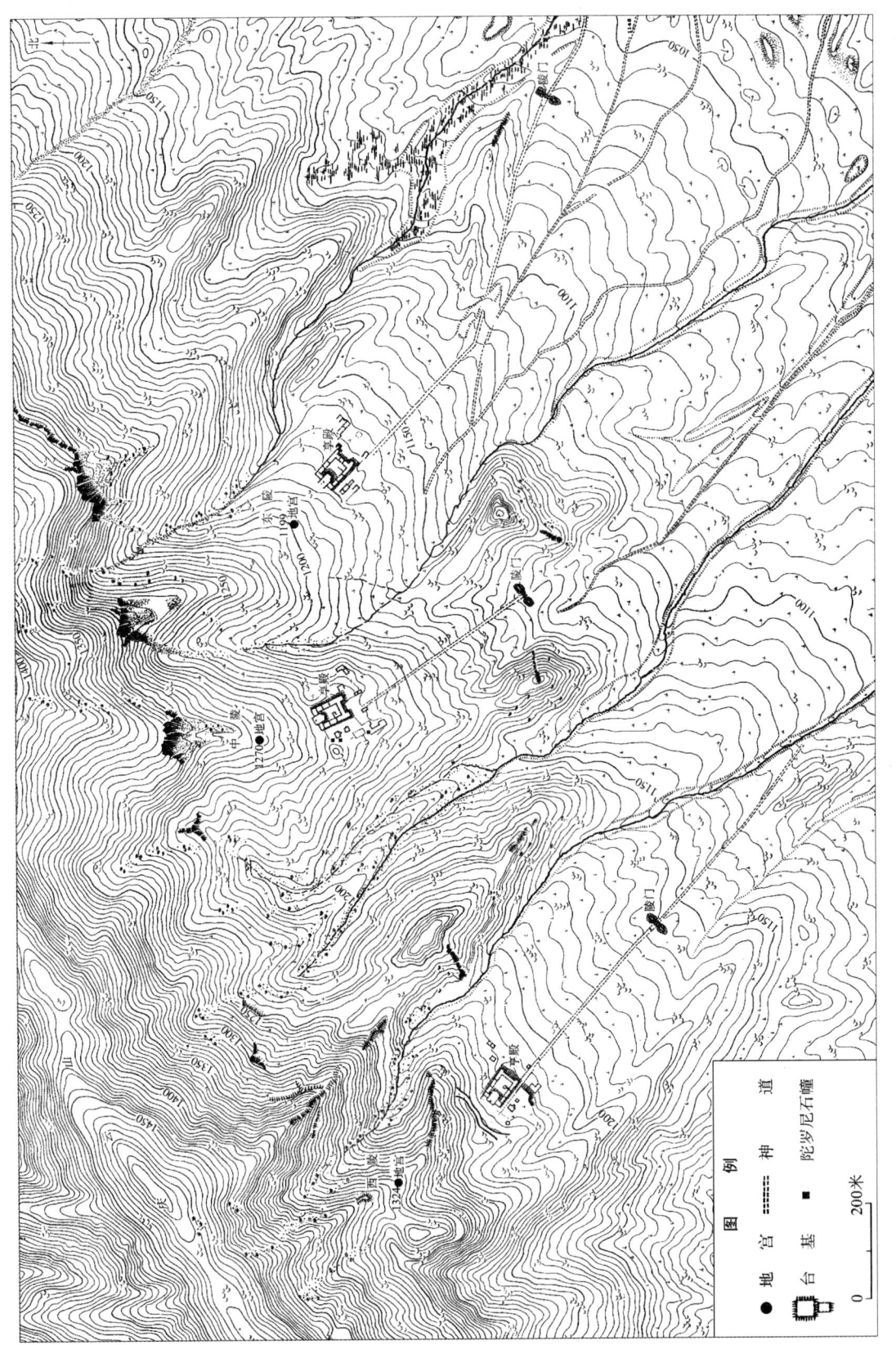

图 3-2-2 内蒙古赤峰市辽庆陵（东、中、西三陵）地形图
（采自《中国古代建筑史》第一卷）

十一月，乾统元年（1101）六月与道宗同葬于永福陵[1]。上述永庆陵、永兴陵、永福陵三陵名称见于哀册文[2]，《辽史》则统称葬于庆陵，是庆陵又是上述三陵的总称。永庆、永兴、永福三陵分别为圣宗、兴宗和道宗陵[3]，现在俗称为庆东陵、庆中陵和庆西陵，1988年庆陵被列为全国重点文物保护单位。

三陵的具体位置。庆云山顶标高1489米，其南斜面标高约1420米，南斜面有三道山脊，山谷间泉水出露成溪。这里属沙丘草地，三陵所在山麓一带溪水下流合于沙丘平地后从西向东流入白河。庆云山生长着柏树、榆树、桦树和野芍药等灌木，植被较好。东侧山脊下山麓标高1199米处置东陵地宫（后面山头与地宫水平距离约600米）；其西约640米山脊下山麓标高1270米的缓坡处置中陵地宫（后面山头与地宫水平距离270米）；，再西距中陵约1400米的山脊下山麓标高1324米较陡峻处置西陵地宫（图3-2-2）。三座帝陵地宫之上今均未见封土或其他标志物，东陵因盗掘露后室顶部破坏洞口和其前面的土坑，由此可窥见地宫部分结构。中陵遭盗掘，地宫前面残存盗掘深沟，露券顶，有盗洞。西陵残存盗坑，地宫顶部塌落，露出直径约2.5米的圆洞。三陵陵园情况后文有说。

二 庆陵的盗掘和调查

辽亡，金人焚庆陵，掘宝物，陵寝遭严重毁坏[4]。近代以来，又遭多次盗掘，下

---

[1] A.《辽史》卷二三，"道宗三"：大康元年"十一月辛酉，皇后被诬，赐死"。
B.《辽史》卷二七，"天祚皇帝一"：乾统元年六月"庚子，追谥懿德皇后为宣懿皇后"。
C.《宣懿皇后哀册文》："维大康元年岁次乙卯，十一月己未朔，三日辛酉，先懿德皇后崩于长庆川。旋附殡于祖陵。即以乾隆元年岁次辛巳，六月庚寅朔二十三日壬子，将迁座于永福陵礼也。"

[2] [日]田村实造、小林行雄：《庆陵》Ⅰ，京都大学文学部1953年版，第七章结语，对东、中、西三陵分别为圣宗、兴宗和道宗陵有较详细的考证。永庆、永兴、永福陵之名，见《庆陵》Ⅰ第六章第三节汉字哀册文的解说。

[3] [日]田村实造、小林行雄：《庆陵》Ⅰ（京都大学文学部1953年版，第七章结语，对东、中、西三陵分别为圣宗、兴宗和道宗陵有较详细的考证。永庆、永兴、永福陵之名，见《庆陵》Ⅰ第六章第三节汉字哀册文的解说

[4] A.《金史》卷二四，"地理志上"庆州条记载：庆州"北山有辽圣宗、兴宗、道宗庆陵。城中有辽行宫，比他州为富庶，辽时刺此郡者非耶律，萧氏不与，辽国宝货多聚藏于此"。
B.（宋）徐梦莘：《三朝北盟会编》，江苏广陵古籍刻印社1987年版。卷一二一所收《亡辽录》记载："天庆九年夏，金人攻陷上京路。祖州则太祖阿保机之天膳堂，怀州则太宗德光之崇元殿，庆州则望圣，望仙，神仪三殿，乾州则凝神·宜福殿，显州则安（元）安圣殿，木叶山之世祖诸殿陵寝并皇妃子弟影堂焚烧略尽，发扬金银珠玉器物。"
C.《三朝北盟会编》卷四所收赵良嗣《燕云奉使录》记载："粘罕（宗翰）兀室（完颜希尹）云：我皇帝从上京到了，必不与契丹讲和。昨来再过上京，把契丹坟墓宫室庙像一齐烧了，图教契丹断了通和底公事。"
D.（金）王寂：《拙轩集》卷三记载："庆州北山之麓，辽山陵在焉，俗谓之三殿。二十年前（太宗时代）常为盗发；所得不赀，是所谓厚葬以致寇者。叹而成诗，珠襦适足贾身祸，金椀传闻落世间，惭愧汉文遗治命，瓦棺深葬霸陵山。"

面据《庆陵》一书所述略作介绍。

第一，据传闻早在19世纪末（闵宣化1920年调查庆陵前约30年），当地百余人曾盗掘庆陵中之一陵。

第二，刘振鹭《辽代永庆陵被掘纪略》（《辽陵石刻集录》卷六）记载："民国二年（1913）林西县长某，以查勘林东垦地，道出其地，读碑文，识为辽圣宗陵，意其必富宝藏，遂于民国三年秘密发掘。"发现"比诸骸骨有委于地面者，有陈于石床者，更有用铜系罩护其全体者"。

第三，1920年5、6月间，法国天主教神父闵宣化（JOS. Mullie，又译作牟里。1909—1930年在当时的热河者内传教），到白塔子（庆州故址）附近踏察。其成果以《巴林蒙古大辽帝国的故都》为题（Les anciennes villes de I'empire des grands Leao au royaume Mongol de Barin），发表于1922年的《通报》上（T'oung Pao, Vol, xxi, pp. 177—201，1922）。文中将白塔子附近的辽陵比定为庆陵，但未提出是庆陵的证据。

第四，1922年6月，住在白塔子南方浩珀都部落的法国天主教神父梅岭蕊（R. R. L. Kerryn，1905—1939年在当时热河省内传教），盗掘了兴宗的中陵。在陵内发现汉字哀册碑石二面，契丹文字哀册碑石二面。碑文临摹发表于《北京天主教会公报》上（Le Bulletin de Catholique de Pekin Vol. 118）。契丹文哀册文发表后，引起国际东方学界的重视。

第五，传闻在梅岭蕊调查的同一年，当时任林西县县长的王士仁（铁栅）亦盗掘兴宗陵，将仁懿皇后哀册篆盖盗至林西县城隍庙存放（王士仁与梅岭蕊两次盗掘是共同进行，还是先后进行，情况不明）。

第六，1930年夏，受命于当时热河省主席汤玉麟之子汤佐荣，大肆盗掘东陵和西陵（中陵内水深，未盗）。这次盗掘有巡警介入（当时赤峰警务局长郭子权指挥），将东、西陵内木隔门割开。最终将圣宗，仁德皇后、钦爱皇后，道宗和宣懿皇后的汉文哀册5合10面，契丹文哀册2合4面（共14面），以及许多随葬品和明器，用牛车和骆驼运至承德。

第七，1930年10月，日本鸟居龙藏调查庆陵，看到汤佐荣盗掘后遗"于陵内的零散木片和一些遗物"（鸟居《満蒙を再じ探る》，104—120页"ヮール・マソハ陵墓の调查"，昭和七年）。此次鸟居对东陵壁画和建筑装饰图案进行了拍摄和记述（鸟居《辽代の壁画に就て》，国华，第四一编第九・一〇・一一・一二册，昭和六年）。1933年10月，鸟居再次调查庆陵（《辽の文化む探る》昭和11年）。

第八，1931年7月，日本东亚考古学会派遣内蒙古调查团。其中江上波夫、田村实造和摄影师田中周治一行调查了庆陵，仅对东陵进行概测和调查，未发现遗物。

第九，1934年10月，日本关野贞到庆陵调查。1935年在关野贞的倡导下，日满文化协会决定对东陵壁画进行摄影，但此项工作着手前关野贞猝逝。此后，这项工作在黑田源次和竹岛卓一指导下，于1935年9月1日完成摄影工作。

第十，日本学者为介绍庆陵遗迹、壁画和遗物，委托京都大学羽田亨编著调查研究报告。为此，需补充摄影资料和制成精确实测图，所以1939年八月又组成田村实造、小林行雄等人（包括中国的李文信）为主的调查团。这次调查以东陵为主，中陵和西陵仅进行了地面调查。其成果见田村实造、小林行雄的《庆陵》（京都大学文学部1953版）。本书即依据该报告进行介绍。

除上所述，1949年以后内蒙古考古工作者又多次到庆陵进行考古调查。

第三节　庆陵陵园遗迹及中陵和西陵的地宫形制

一　庆东陵陵园遗迹

东陵陵园仅残存享殿，陵门和神道等部分遗迹，其情况简述如下。

（一）享殿遗址群

享殿遗址群约在地宫之南偏东约200米地势较平缓的丘陵上，此处方约300米的范围内残存20余个台基遗址（图3-3-1）。享殿建筑群的台基遗迹形成面阔约68米，进深约90米的长方形平面。北部中央享殿台基面阔约29米，进深约42米，台基面平坦。其上有6列柱础石，六列柱础石除南数第4列中间少两个柱础石（减柱），余者每列均六个柱础石。此外，南数第三列中间四个柱础石及第四列两端的柱础石，又置副础石；第五列中间二柱石之前和左右各加一比前述副础小一半的小础石（图3-3-2）。第二、三列柱础石间距5.33米，其余为4.73米，（开间基本间距4.73米，建筑正中置门，通道处间距为5.33米）。享殿台基面阔五间，进深五间，方约24米（外侧柱心之间距离），享殿内似为面阔三间，进深二间，周围为回廊（前面二间，余者一间）；享殿之前为面阔24米，进深12米的月台（图3-3-1）。上述柱础石为方形花岗岩，一般边长约80厘米，最大的主础石为89×82厘米，最小为54×56厘米。柱础石面平，仅第二列西数第二个较小的础石（边长约68厘米）面上有直径约28厘米，高约1厘米的覆盆（图3-3-2）。础石面与享殿地面平，享殿用边长36厘米，厚6厘米的方砖铺地面。由于础石大小不一，故有时又随机用边长36厘米，宽24厘米长方形砖铺设地面。此外，有迹象表明，前述第四列中间缺础石部位及其附近似有砖筑和木结构结合的坛类设施。

在享殿东西两侧有朵殿遗迹，从两侧朵殿遗迹残存的柱础来看，似为面阔三间，进深二间（图3-3-1、3-3-2）[1]。东西朵殿之南各为三段廊房台基遗迹，从西廊房残存柱础判断，从北向南数第一段三间，第二段四间，第三段六间，南部东折接门址（图3-3-5）[2]。东朵殿发现辅地砖。

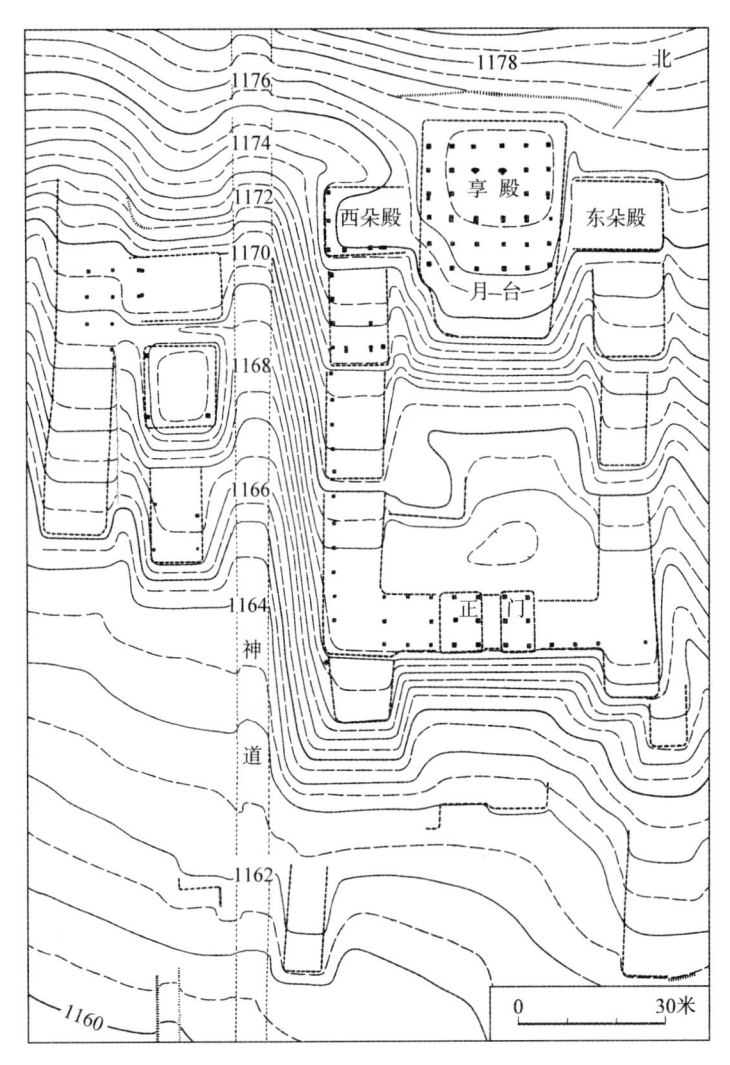

图3-3-1 庆东陵享殿遗址平面图
（采自田村实造《庆陵调查纪行》）

---

[1] [日] 田村实造、小林行雄《庆陵》Ⅰ，京都大学文学部1953年版，第119页。记述，西翼殿柱间室内平面似为正方形。又说由于享殿外侧柱与西两翼殿台基间残缺约9米，故两者如何连接情况不明。

[2] [日] 田村实造、小林行雄《庆陵》Ⅰ，京都大学文学部1953年版，第119、120页。记述，北数第一段台基廊房础石，东西柱列中央础石间距5.33米，两端础石间距2.36米（4.73米之半）。北数第一、二段台基相接部位础石间距5.33米，情况见图3-3-5，廊房础石方形，一般边长65厘米左右，其中亦有70×81厘米和53×45厘米者。

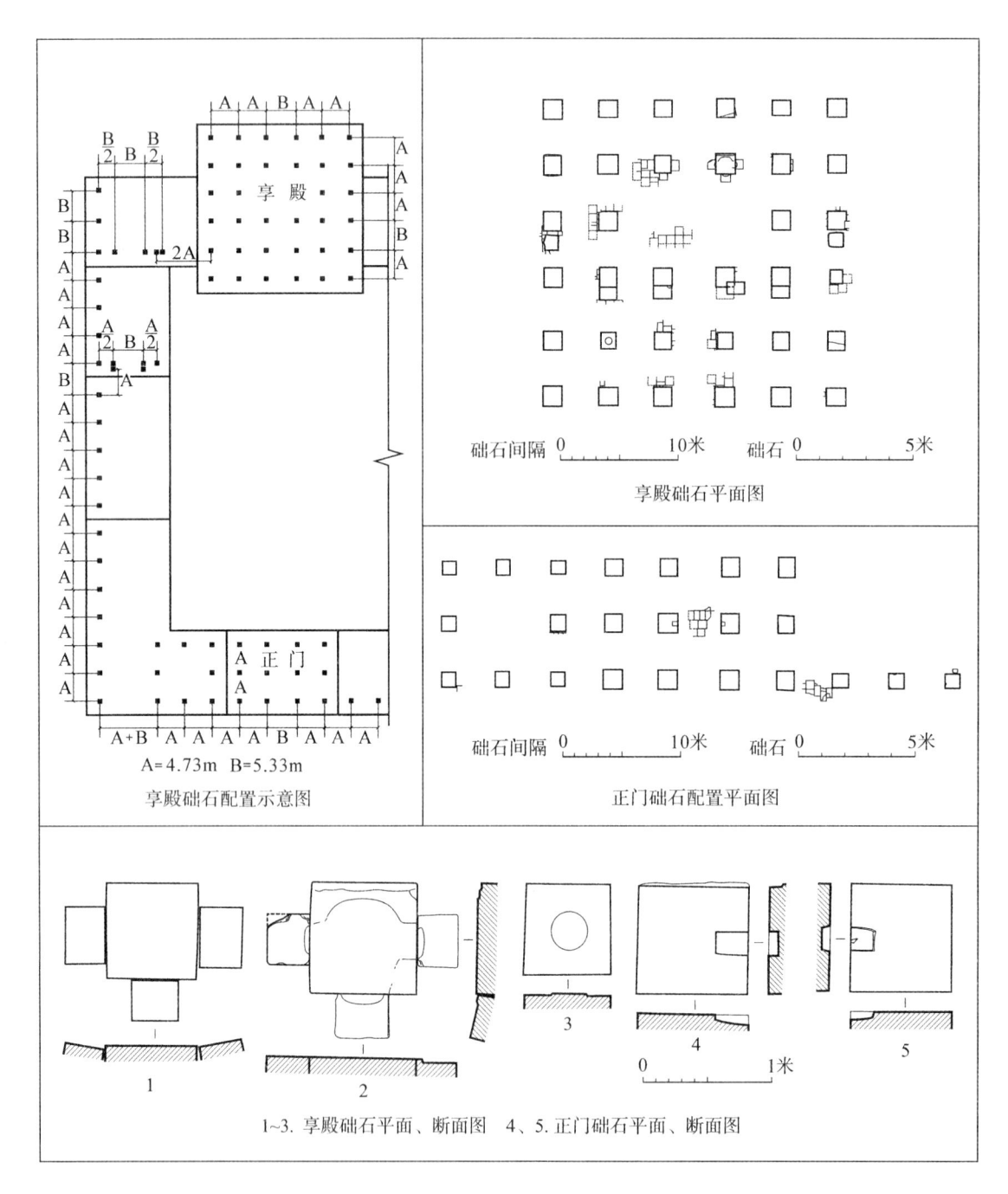

图 3-3-2　庆东陵享殿础石实测平面、断面图
（采自《庆陵》）

享殿遗址群的门址北与享殿相对（图3-3-1、3-3-2），门址台基12个柱础排列情况表明为面阔三间，进深二间（图3-3-2）。中间一列柱础的中间两个柱础有置门槛的缺口（图3-3-2），应是门的位置。在柱础石面向下约20厘米处残存部

分辅地砖[1]。门址两侧台基柱础排列同廊房，东西廊房南端又各有向南突出的短台基，（图3-3-1）[2]。

除上所述，在门址前30米的土台基有砖结构，又前约40米偏东，有宽约27米，进深21米的长方形台基，以上台基具体情况不明[3]。

（二）享殿之西夹道西侧台基群

见图3-3-1。享殿建筑群之西隔夹道与之相对为西侧台基群，该台基群沿夹道的南北方向有东西二列台基群。东列台基群有前中后三个台基，前面台基宽约10米，南北长约18米；中间台基最高，顶部平坦，方约15米；后面台基东西长约20米，南北宽约12米。西列台基宽约12米，南北长约70米，北端与东侧后部台基西侧相连接。该台基群发现少量柱础石，础石较小，一般为边长60厘米左右，柱网情况不明。西侧台基群当为陵园附属建筑遗迹。

（三）陵园门址和神道

陵园门址在享殿东南约1300米（图3-3-2），有四个台基。中间二个小台基对置，平面呈南北长方形，台基基宽约7.2米，南北长约17米，高约3.3米；顶部宽约1.4米，南北长约4米。两侧各有一大台基对置，平面略呈内宽外窄的梯形，东西基宽约30米，南北进深约22米，高约5.7米；顶部东西宽约14.7米，南北进深约4米。大台基分上下两段，高差约0.5米，外侧有约40度的坡度（图3-3-3之A）。

陵门前后地势较平坦，陵门北与神道相隔一段距离，此处或为陵门内广场。神道自享殿建筑群西侧前端从西北向东南沿丘陵斜长约1300米，神道中段两侧有护砂[4]。神道在享殿建筑群之西部分宽约三、四米（图3-2-2、3-3-1）其余路段宽度不明，结构也不清楚。

---

[1] ［日］田村实造、小林行雄：《庆陵》Ⅰ，京都大学文学部1953年版，第120页。记述，门址础石一般边长80厘米左，其中大者81×86厘米，小者76×70厘米。

[2] ［日］田村实造、小林行雄：《庆陵》Ⅰ，京都大学文学部1953年版，第120页。说：东西廊房的南端各有向南突出的短土台基（图3-3-1），未发现础石。秦大树：《宋元明考古》，文物出版社2004年版，第173页。说：陵门"两侧有角楼，边上为回廊"，文中的角楼或指此而言。按：二台基突出于回廊之外，角楼说似值得商榷。从二台基态势来看，似为二阙，即陵门翼以二阙。该形制值得注意，很可能享殿建筑群是按辽宋宫城形制营建而成。

[3] 门址之南台基情况，参见［日］田村实造、小林行雄《庆陵》Ⅰ，京都大学文学部1953年版，第121页的介绍。

[4] ［日］田村实造、小林行雄：《庆陵》Ⅰ，京都大学文学部1953年版，第123页。记述，享殿向南约600米门址之间，神道东侧有并行的从北西向东南横亘的小丘陵，门址位置选定在这种地形之前数百米。门址与地宫之北的山体相望。

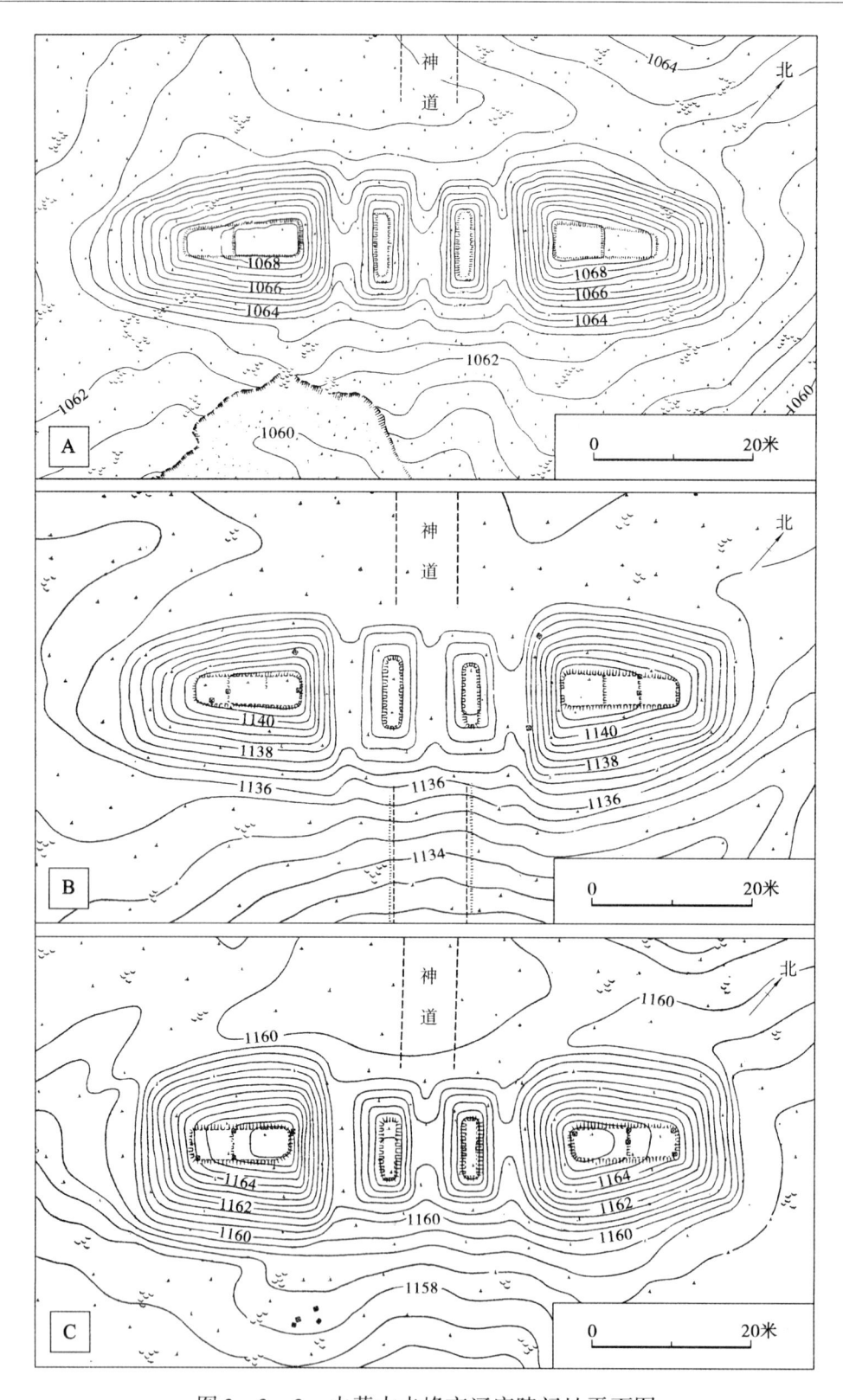

图 3-3-3 内蒙古赤峰市辽庆陵门址平面图
A. 东陵门址 B. 中陵门址 C. 西陵门址

(采自《庆陵》)

二 庆中陵和庆西陵陵园遗迹

(一) 庆中陵陵园遗迹

1. 享殿遗址群

享殿遗址群在地宫东南约 200 米的较平缓地带的东侧，其西隔夹道有西部台基建筑群。东面享殿遗址群东西约 240 米，南北约 220 米，残存大小 20 余个夯土台基。享殿遗址群的朵殿、廊庑（房）和享殿门的布局形式（图 3-2-2 中）同东陵，该遗址群前方亦散布有夯土台基。

享殿台基遗址群之西有窄夹道，夹道西紧邻夹道的西部台基群前后有两组夯土台基，后组夯土台基东与享殿台基群几乎邻接，其西北部有散倒的石经幢（后文有说）[1]。

2. 陵园门址和神道

从享殿沿坡而下约 700 米至陵园门址（图 3-2-2），门址两侧大土台基底边面阔约 28 米，进深约 25 米，高约 6 米，平面略呈梯形。台基顶部面阔约 13 米，进深约 4 米，顶面上置础石。从础石排列情况判断，其上应有面阔 6 间，进深 2 间的木构建筑。内侧二个小夯土台基平台呈长方形，底边面阔约 8 米，进深约 17 米，高约 1.8 米；顶部面阔约 2 米，进深约 8 米（图 3-3-3 之 B）。门址除发现础石外，还发现有绿釉残瓦。此外，在门址之北，似有龙、虎砂环抱[2]。

在陵园门址与享殿两侧前端之间有神道，神道直，略斜；神道至享殿前略折拐与东西土台基中间夹道前面相接（图 3-2-2）。

(二) 庆西陵陵园遗迹

享殿遗址在地宫之南，水平距离约 400 米，与地宫所在位置高差超过百米。享殿遗址群夯土台基在东侧，东西土台基群分布在东西约 200 米，南北约 160 米的范围内。享殿台基建筑群的布局形式略同东陵和中陵，其后边有二段石筑遗迹。享殿建筑群之西有夹道，夹道西侧有二个土台基（西陵台基似较东中陵略高，规模相近）。夹道西侧台基面向夹道一侧，台基有石筑遗迹（图 3-2-2）。诸台基上有少量础石出露（方形，花岗岩，边长 65 或 70 厘米，与东陵享殿廊庑础石尺寸相近），并发现绿釉和褐釉瓦残件。

陵园门址在享殿之南，两者水平距离约 660 米（图 3-2-2）。门址有四个土台基，两侧大土台基平面略呈较宽的梯形，底边面阔（东西）约 28 米，进深约 25 米，高约 6 米。顶部面阔（东西）约 4 米，进深约 12.5 米，有少量础石出露。内侧二夯土台基平面呈南北长方形，底边面阔约 8 米，进深约 15 米，高约 1.6 米。顶部面阔约 1.5 米，进深约 7

---

[1] ［日］田村实造、小林行雄：《庆陵》Ⅰ，京都大学文学部 1953 年版，第 162 页。说，石经幢倒在西部土台基后面台基西北部。第 164 页，泛言石经幢倒在前殿（享殿）遗址西北部。

[2] ［日］田村实造、小林行雄：《庆陵》Ⅰ，京都大学文学部 1953 年版，第 158 页。记述，从神道中部开始，两侧各有一条丘陵向门址方向延伸，丘陵到达门址附近结束。可见门址选定的位置，注意到了这种特殊的地形地势。

米，其结构与东陵和中陵门址略同（图3-3-3之C）。门址与享殿西侧间为神道，神道直，略斜，与享殿东、西夯土台间夹道相接，夹道似略宽于神道（图3-2-2右）。

三 庆中陵和西陵地宫概况

（一）庆中陵地宫概况

中陵地宫（哀册称玄宫，下同）除前殿与中殿直接连通，中殿、后殿和各配殿平面为八角形外，其平面形制和结构与后面将介绍的东陵地宫大致相同。地宫中室殿上部破坏，地宫内大量积水，堆积泥土和砖块，《庆陵》一书的作者当时无法实测和进行详细考察。他们根据1922年梅岭蕊测绘的平面图所标尺寸推断[1]，中殿和后殿直径约9米（30尺），中殿两配殿直径约6米（20尺），前殿两配殿直径约5.5米（18尺），从前殿到后殿全长约30米，中殿及两配殿间总宽约26米（图3-3-4），规模超过东陵[2]。

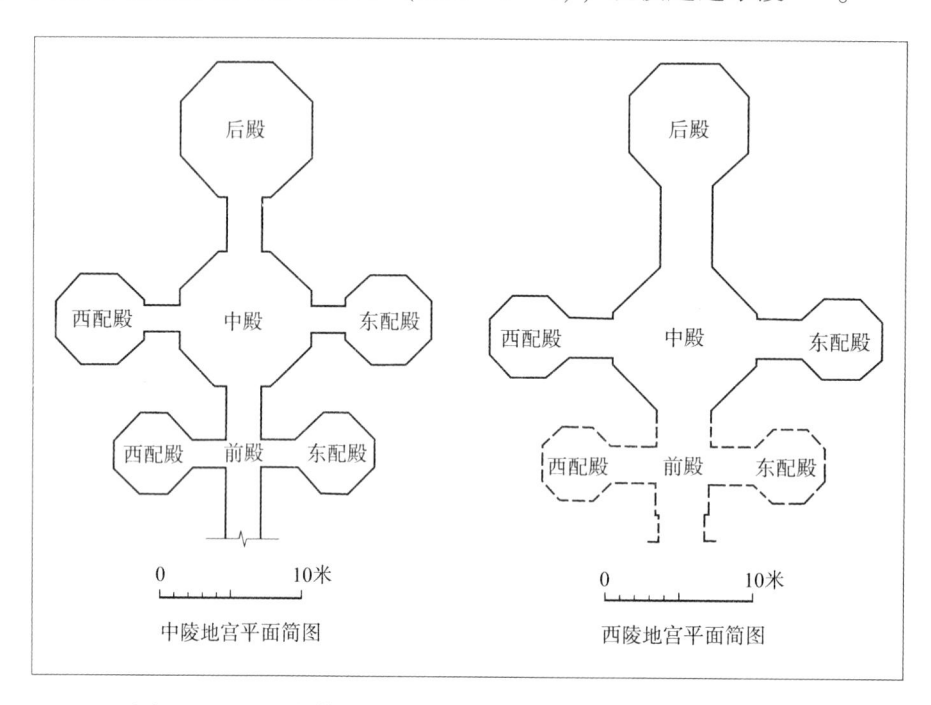

图3-3-4 内蒙古赤峰市庆中陵、庆西陵地宫平面简图
（采自《庆陵》）

地宫前殿和各通道均券顶，中殿、后殿和各配殿皆穹隆顶，其砌法与东陵稍异[3]。中殿和后殿穹隆顶顶部有盖石，后殿北壁上部有与东陵相同的矩形隧道孔。中陵地宫用砖

---

[1] ［日］田村实造、小林行雄：《庆陵》Ⅰ，京都大学文学部1953年版，第159页。
[2] ［日］田村实造、小林行雄：《庆陵》Ⅰ，京都大学文学部1953年版，第159页。说：中陵地宫规模"大约是东陵墓室规模的一倍半"。
[3] 参见［日］田村实造、小林行雄：《庆陵》Ⅰ，京都大学文学部1953年版，第160页的介绍，及图175、176、177。

的尺寸为：长38.5、宽18.5、厚6.5厘米，一面有8条绳纹。在可观察到的范围内，未发现壁画痕迹。

（二）庆西陵地宫概况

西陵地宫上部破坏，调查时地宫内积水深达腰部，利用绳梯可下到地宫室内。地宫形制与中陵相同（图3-3-4），地宫内尺寸仅略知中殿长约9.6米，后殿长约8米；中殿之西配殿长5.5米，高约4.8米（不计下面砂土部分）；中殿北甬道长约5.3米，宽约3.4米，高约4米；中殿西甬道长约2.9米，宽约2.8米，高约2.36米。中殿和北甬道砌法较特殊[1]，穹隆顶皆盖封石（图3-3-5）。从中殿后部来看，壁面残存灰泥，未发现壁画，但据鸟居早年调查照片可知有壁画[2]，地宫门上部残存瓦饰[3]。

穹隆顶盖石　　　　穹隆顶破坏口

图3-3-5　内蒙古赤峰市庆西陵地宫穹隆顶盖石和破坏口
（采自《庆陵》）

除上所述，从图3-3-4来看，所绘前殿窄长，线图形制表现不清楚，但其位置和窄长的情况似后面将要介绍的庆东陵前殿，故暂称为前殿。

第四节　庆东陵地宫形制和壁画

见图3-4-1之1。

---

[1] [日]田村实造、小林行雄：《庆陵》I，京都大学文学部1953年版，见第175、176页的介绍。
[2] [日]田村实造、小林行雄：《庆陵》I，京都大学文学部1953年版，引鸟居龙藏《考古学ょゥ见にる辽之文化图谱》第四册，第二五七图版。又《庆陵》I，第177页说：从鸟居照片来看，怀疑大部分墓室内无壁画，仅限于入口处有少量壁画。
[3] 鸟居龙藏《辽代の壁画に就て》，《国华》第四一编第九册，昭和六年。

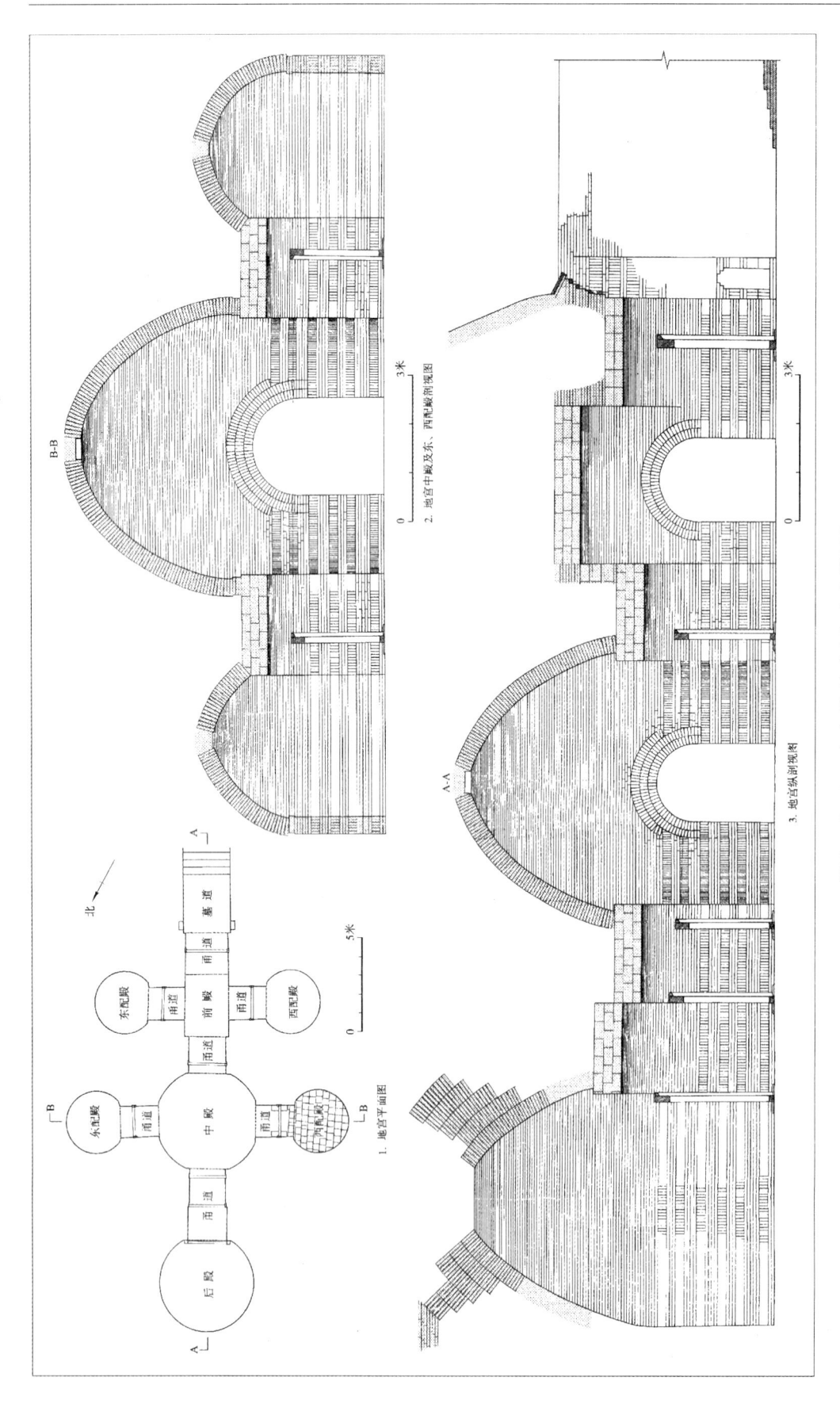

192　宋代至清代帝陵形制布局研究

图 3-4-1　庆东陵地宫平面、剖视图（采自《庆陵》）

一 平面形制

(一) 形制和尺度

东陵地宫纵轴线上配置墓道、甬道、前殿、中殿、后殿，三殿之间以甬道连通；前殿和中殿各配置左右配殿，其间以甬道连通。墓道纵长方形，无顶；前、中、后殿间甬道纵长方形，前、中殿两侧甬道横长方形，各甬道均为券顶，前殿券顶。前和中殿的左右配殿平面圆形，中殿和后殿平面分呈准八角形和圆形，均为穹隆顶。

地宫从墓门至后殿北壁全长21.2米，中殿左右配殿间距最宽，约15.5米。地表下距中殿地面深约11米，地表下至墓门处地面深约9米。地宫各部位尺度如下：墓道口宽2.86米，底宽2.58米，东侧壁残长6.50米，西侧壁残长约4.70米，墓道原长推测在20—30米之间。墓道后之甬道长2.21米，宽2.36米，高3.21米。前殿长3.27米，宽2.40米，高4.08米。前殿东甬道长2米，宽1.74米，高2.48米；前殿东配殿径3.27米，东西径2.90米，高3.48米。前殿西甬道长2.08米，宽1.77米，高2.48米；前殿西配殿径3.36米，东西径3米，高3.67米。前殿北甬道长1.98米，宽2米，高2.74米。中殿径5.60米（南北5米，东西5.30米）、高6.38米。中殿东甬道长2.09米，宽1.61米，高2.47米；东配殿径3.27米，东西径2.94米，高3.64米。中殿西甬道长2.12米，宽1.63米，高2.48米；西配殿径3.30米，东西径3米，高3.68米。中殿北甬道前窄后宽，前段长2.06米，宽1.94米，高2.80米；后段长1.85米，宽2.10米，高3.20米。后室径5.14米，南北径4.82米，高约6.50米[1]。

庆东陵残存壁画分布于墓道、甬道、前殿与东西配殿及其东西甬道，中殿与东西配殿及其东西甬道。

(二) 地宫构筑方法

地宫均用长36、宽18、厚6厘米长方形砖砌筑。地宫各殿墙壁顺丁垒砌，即从地宫地面向上顺序为长边卧砖平砌二层，短边立砖砌一层，长边卧砖平砌五层、短边立砖砌一层、长边卧砖平砌三层、短边立砖砌一层、长边卧砖平砌四层、短边立砖砌一层，共十八层（图3-4-2）形成高1.6米的直壁，为地宫各殿统一的直壁形制和高度（图3-4-1之3、3-4-3）。

地宫圆形各殿，大多以窄（短）边平砖代替长边平砖。各殿券顶以立砖起券，除墓门，前室东、西甬道两层立砖起券外，其余券顶均三层立砖起券。穹隆顶均用平砖，顶部厚度为三层平砖。但是，从后殿穹隆顶部破坏孔断面观察，孔南北缘厚五层立砖，其上置

---

[1] [日] 田村实造、小林行雄：《庆陵》Ⅰ，京都大学文学部1953年版，第16页。从墓门和后室天井坍塌处流入大量砂土、石块堆积于墓底，深约1—3米；清理时仅能见到土石较少的中室西耳室和前室东耳室的一角。墓室结构的基准面与实际水平面不一致，南部约倾斜2度，北部约倾斜1度。地宫的尺度，未能清除墓室土石而直接确认地宫高度，只是根据地宫略倾斜的基准面和地宫四壁的关系，计算出各部位的高度。

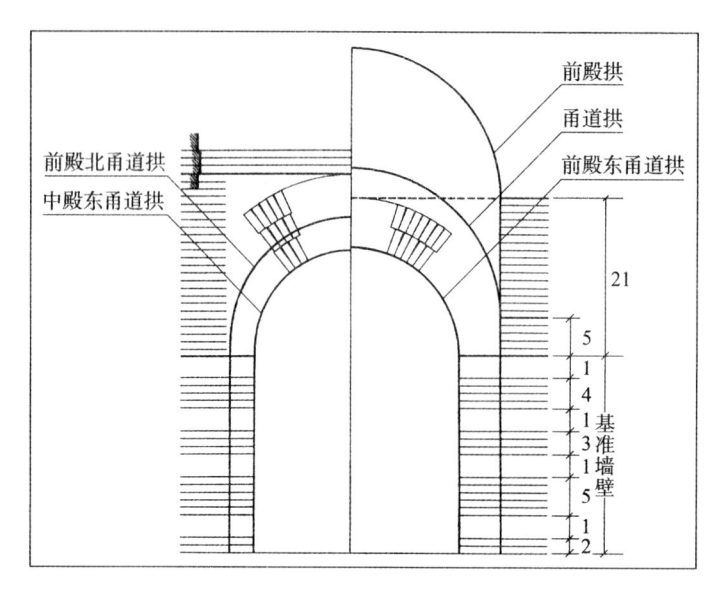

图 3-4-2　庆东陵地宫砌砖结构示意图
（采自《庆陵》）

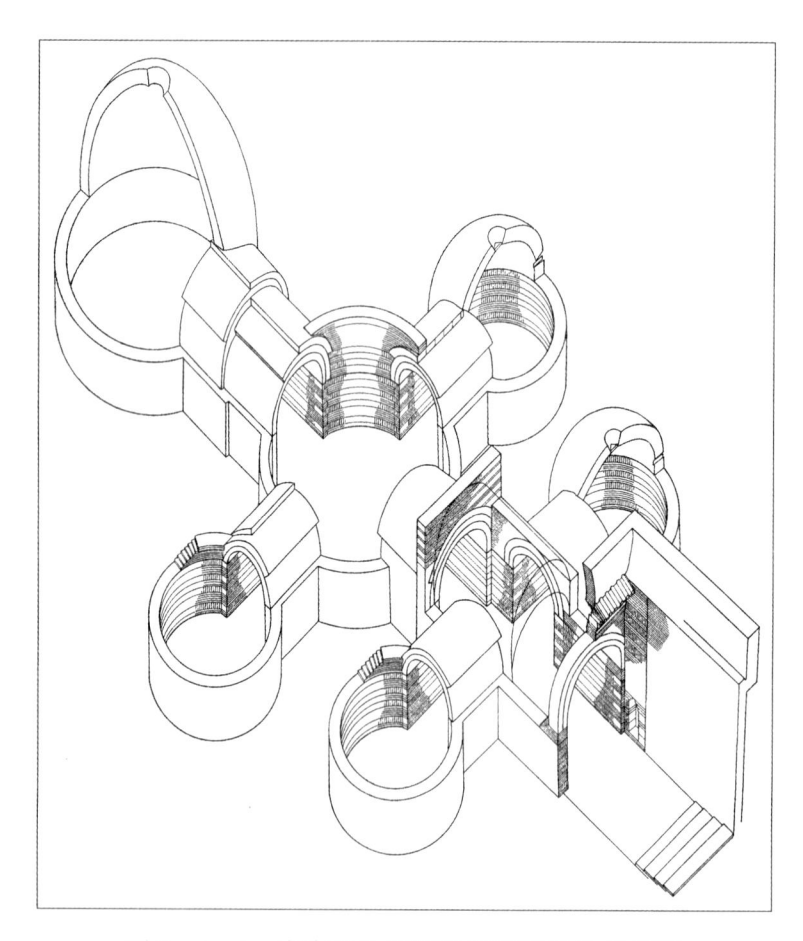

图 3-4-3　庆东陵地宫砌砖基准壁构造透视图
（采自《庆陵》）

平砖数重，上部填砖（图3-4-1之3）[1]，情况较特殊。

二　墓道与甬道

（一）墓道

1. 结构

墓道南部残毁，墓门之南长约85厘米的墓道两侧壁顺丁砌筑大型砖（36×24×6厘米）。该段之南墓道两侧壁上部约1.5米部位，用普通砖（36×18厘米）平砌，壁抹两层白灰面。墓道两侧壁顶平，宽约20厘米，壁顶之外有宽约7—8厘米的圆凹形沟，沟内抹灰泥[2]。墓道与墓门相接处之南的下部，两侧各有一个大型砖砌的小龛。龛高112厘米，宽42厘米，深27厘米；龛顶呈凸字形，顶内收，宽约18厘米，龛内抹灰泥，绘纹样，无遗物（图3-4-1之3、3-4-4之3）[3]。墓道底部地面，在墓门南约3米处残存方砖（边长约40厘米，厚6.7厘米）砌的向北面墓门斜下的台阶（图3-4-1之1、3、3-4-4之1、3）。

2. 壁画

（1）东壁人物壁画

见图3-4-4之1、3。在东壁残长约6.6米的壁面上，残存六身与真人等身立像和一匹马（图3-4-4之1的57—63，《庆陵》所记马夫，画面缺），北数第一身立像（图3-4-5之1的57号）距墓门约70厘米，位于墓道东壁小龛之南，着青袍，束赤革带，矩形镏金带扣，带左侧吊小刀，穿黑色长靴，双手于胸前合持侧立蒜头骨朵头之下部（左手在上），像高1.76米。北数第二身立像（图3-4-4之1的58号），面部淡褐色，双手合持斜立蒜头骨朵上部，像高1.77米，余同北第一身立像。第三身立像至第六身立像（图3-4-4之1的59—62号）面部漫漶，均双手合持斜立蒜头骨朵。其中北数前三身立像（图3-4-4之1的57—59号）间隔而立，后三身立像中二身在前（图3-4-4之1的60、62号），一身在两者身后中间（图3-4-4之1的61号）。六身立像均斜向北，注目陵内[4]。壁画南端残存一匹马（3-4-4之1的63号），马头向南尾向墓门，马身长2.37米，高1.6米（近实大），毛浓褐色，垂束尾，马具俱全，体态风神俊骨[5]。

（2）西壁人物壁画

在残存长约5米的墓道西壁，残存8身等身人物立像（图3-4-4之1的64—71号）[6]。

---

[1]　[日]田村实造、小林行雄：《庆陵》Ⅰ，京都大学文学部1953年版，第30页。说：后室穹隆顶部破坏孔，孔北缘三层立砖厚，孔南缘五层立砖厚，此情况与图3-4-4不合，按图3-4-4破坏孔处均五层立砖厚。

[2]　[日]田村实造、小林行雄：《庆陵》Ⅰ，京都大学文学部1953年版，第24页。圆沟似在地宫封闭前泄雨水，以保护墓道壁画。

[3]　[日]田村实造、小林行雄：《庆陵》Ⅰ，京都大学文学部1953年版，第24页. 小龛用途不明，据传中陵出土的木狗推测，小龛可能与放置这类物品有关。

[4]　参见[日]田村实造、小林行雄《庆陵》Ⅰ，京都大学文学部1953年版，第43页。表中记述东壁人物立像情况。

[5]　马具包括络头、衔、镳，缰、胸带（攀胸）、鞍、障泥、蹬、踝蹙带、鞦带。

[6]　[日]田村实造、小林行雄：《庆陵》Ⅰ，京都大学文学部1953年版，第56页。记述，距西壁人物立像群约1米处，据痕迹推测有二人头像。

北数第一身立像距墓门58厘米，在墓道西壁壁龛南，北数第一至第四身立像（图3-4-4之1的64—67号）相间而立，余四身（图3-4-4之1的68—71号）为群像[1]。壁画漫漶，北数第一身立像大致可复原[2]。

除上所述，在墓道壁画剥落处，发现还有一层白灰面壁画，即现存墓道壁面为第二次补绘[3]。现存墓道人物壁画的风格与地宫内人物画不同，其中墓道图3-4-4之1的59、62、69号人物立像衣纹描绘方法和着色为墓道人物画特有的画风。

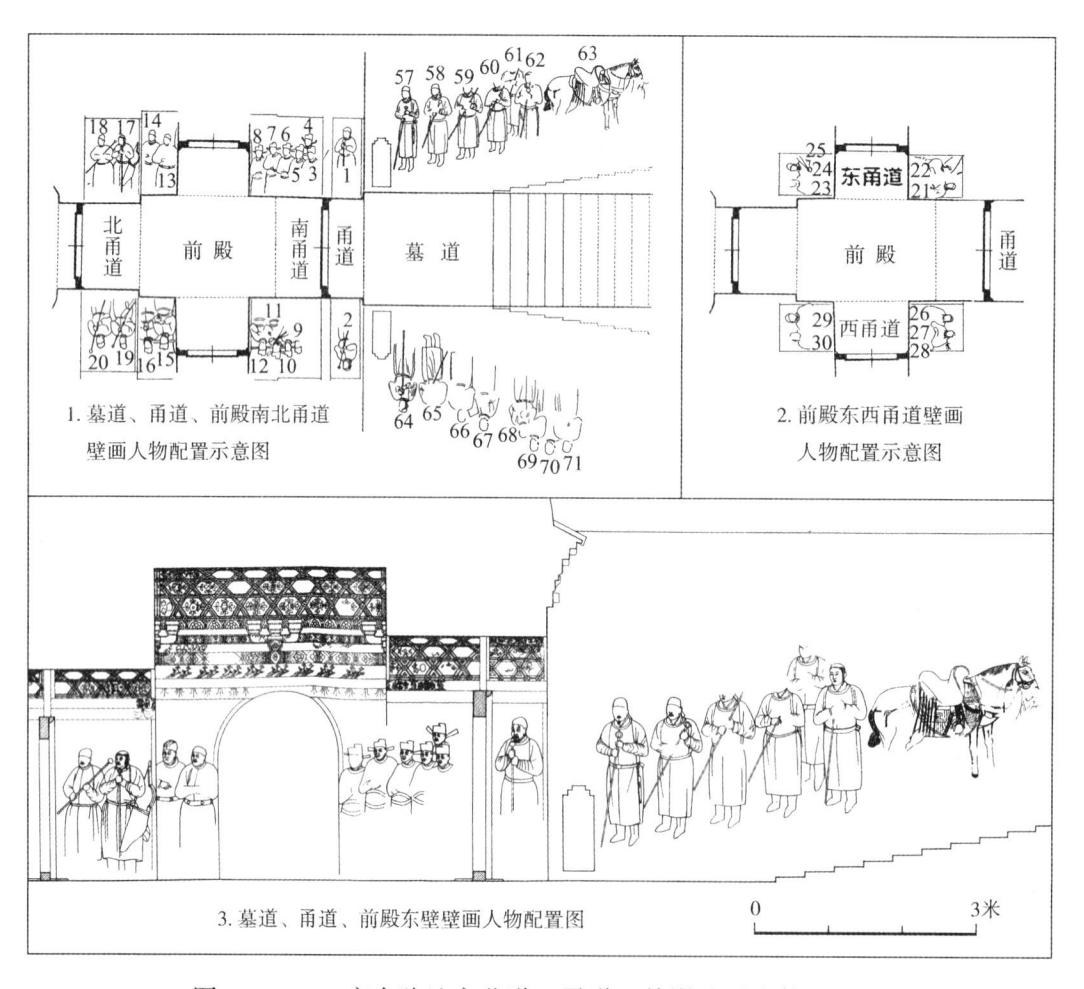

图3-4-4 庆东陵地宫墓道、甬道、前殿壁画人物配置图
（采自《庆陵》）

---

[1] 参见［日］田村实造、小林行雄《庆陵》Ⅰ，京都大学文学部1953年版，第43页。表中记述西壁残立像情况。

[2] ［日］田村实造、小林行雄：《庆陵》Ⅰ，京都大学文学部1953年版，第57页。记述西壁北数第一身立像复原情况，图像见《庆陵》Ⅱ，PIS·92、93。

[3] 参见［日］田村实造、小林行雄：《庆陵》Ⅰ，京都大学文学部1953年版，第57、58页以及第230页，前述仁德皇后哀册文的所记历史背景。

(二) 甬道

1. 形制和结构

(1) 封门砖、地宫门和木楣门

地宫门前20厘米处残存三重封门砖（因盗掘被破坏），残存部分里层最低，外层最高2.2米，均以砖的窄边立卧（以立砌为主）间筑。

地宫门位于甬道口（图3-4-1、3-4-4），券门立砖起券两层，其上为砖制仿木建筑屋顶（图3-4-5）。券门顶上有门楣（砌三层平砖），门楣上有三朵斗拱（砌三层平砖，下层呈圆角），斗拱上承托圆桁木，再上砖制仿椽檐，椽檐上砖雕筒瓦、瓦当、板瓦和滴水。斗拱之上表现圆形椽的部位砌三层平砖，表现方形椽的部位砌二层平砖。瓦顶为宽24厘米的砖制构件组合，瓦件间的接缝在板瓦中心。即板瓦、滴水和瓦当下半部之上，扣合筒瓦和瓦当上半部形成完整的瓦件。瓦当雕刻六瓣莲花式样，滴水雕刻出多重弧线纹。瓦顶檐凸出于壁面，最上层砖雕瓦当比券门壁面突出约40厘米。砖雕抹白灰、彩绘。砖雕房顶之上，于顶的两端的壁上绘鸱尾、鳞身、涂黄色，两鸱尾呈24度角斜对，鸱尾高2.9米。从地面至券门鸱尾高约7.6米，券门宽略同甬道。

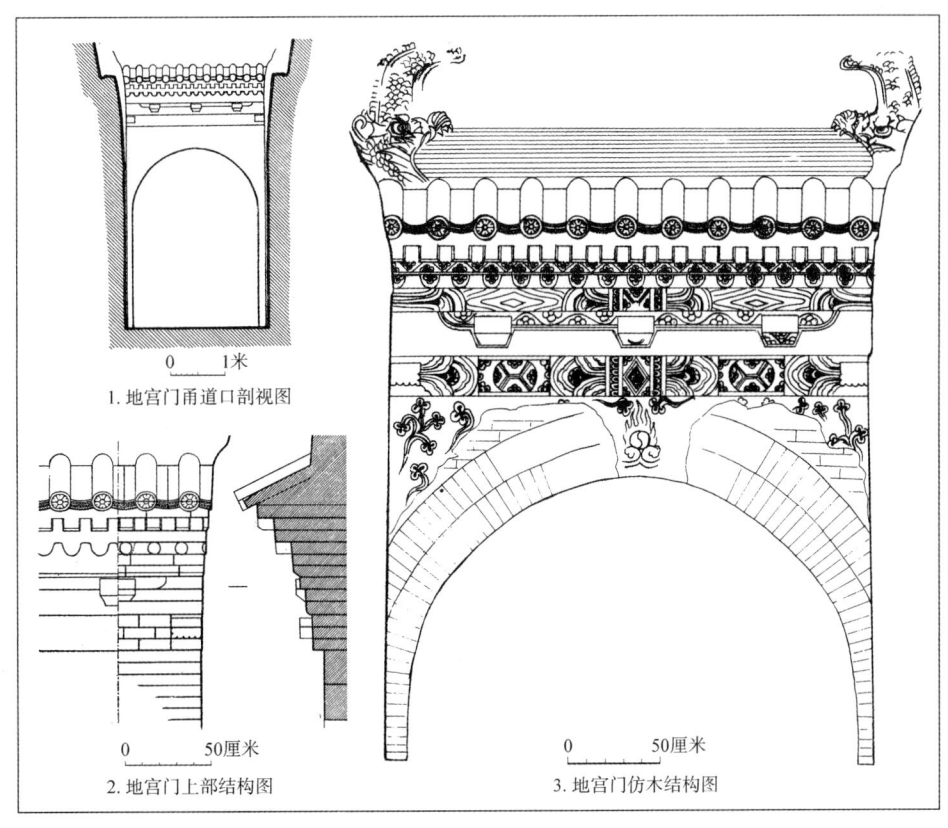

图3-4-5 庆东陵地宫门剖视图、结构图和立面图
(采自《庆陵》)

地宫门原有彩绘，多剥落（图3-4-5）。券顶中间绘云纹托火焰宝珠，两侧为双龙纹（图上无显示），云纹涂绿和青色，从采集的龙纹残片判断，龙纹为金色。门楣之下，券顶

两隅饰云纹。其他残存彩绘有朱、赤、青、绿、褐等色，纹饰漫漶。

木榙门，入地宫门后约80厘米，在甬道两侧壁残存第一道木榙门门框残迹。此外地宫内在前殿北甬道有第二道榙门，中殿至后殿有第三至第五道榙门，前殿和中殿左右甬道各有一道隔门，地宫共9道榙门（图3-4-1、3-4-6）。木榙门均被盗掘者破坏，仅存嵌入壁内的木框等残迹（在地宫中发现少量木隔门残件）。据此可大体复原出立颊（门框）、直额（门楣）、地栿（门槛）、门砧、门簪等（图3-4-7）。立颊、直额、地栿、门砧均嵌入壁内（壁上有四砖厚的纵沟）或在铺地砖内。木门髹黑漆，门簪全长70厘米，头部长16.4厘米，尾部长53.3厘米，头部和尾端髹黑漆。在榙门与券顶之间半圆形部分空缺，相对应的券顶位置有9厘米宽白灰带状痕迹，该半圆形部位原应置越额[1]。

（2）甬道结构

甬道侧壁在前述1.6米高的基准墙壁上平砌五层卧砖后起券，券顶两层立砖（图3-4-1、3-4-2、3-4-3）。甬道与前殿间平面上无分界，仅以甬道券顶低于前殿券顶为界。

2. 甬道人物壁画与装饰纹样

地宫门至第一道榙门间约75厘米的位置，东、西壁各绘一等身立像。东壁像头戴半球形胡帽，有髭须，穿圆领窄袖袍束革带（下身漫漶），双手于胸前握蒜头骨朵，左肩上部有契丹文题记（图3-4-4之1的1号，图3-4-4之3）。西壁立像髡发，右肩上部有契丹文题记，其余装束同东壁立像（图3-4-4之1的2号）。从地面至两立像头顶高2.16米[2]。

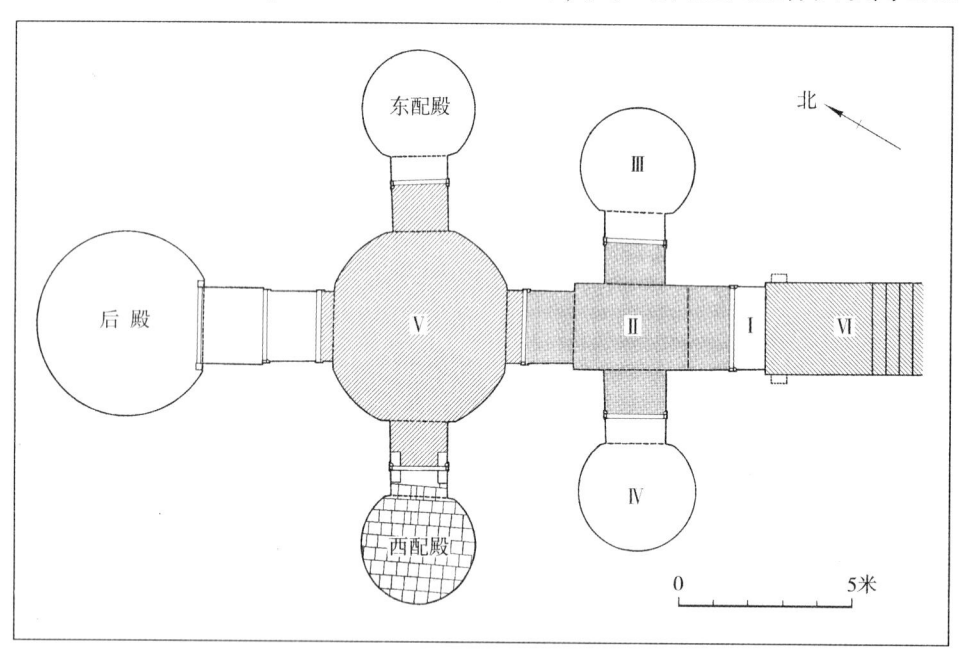

图3-4-6 庆东陵地宫残存壁画分布图
（采自《庆陵》）

---

[1] ［日］田村实造、小林行雄：《庆陵》Ⅰ，京都大学文学部1953年版，第36页。记述：在东陵墓室内采集到两面线刻龙纹漆板，推测应为越额。

[2] ［日］田村实造、小林行雄：《庆陵》Ⅰ，京都大学文学部1953年版，第44页。记述：甬道人物立像为补绘。

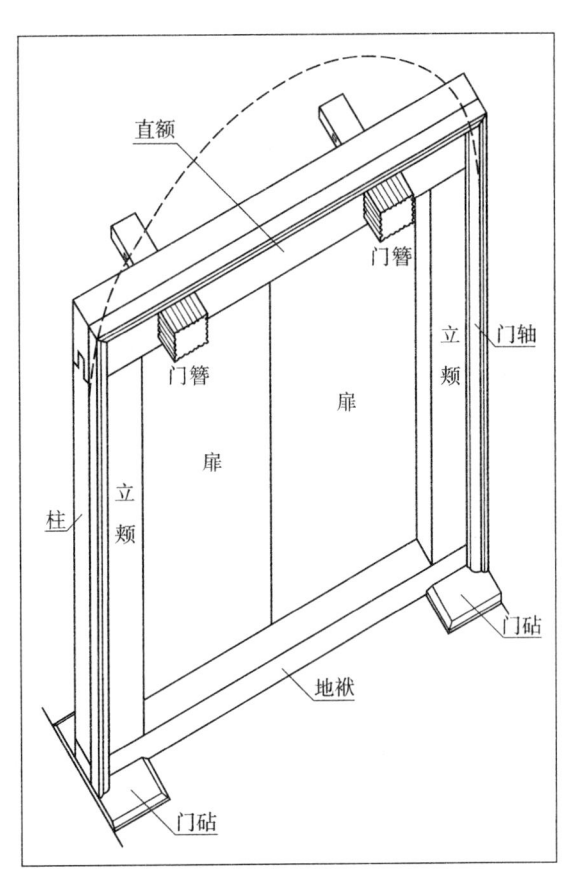

图 3-4-7 庆东陵地宫木椁门结构复原图
(采自《庆陵》)

甬道从地面向上 2.4 米于壁面上绘宽 14 厘米的牡丹花纹带（上下二个五瓣花，左右叶形，形成椭圆形的一个单元），花纹带褐地，花瓣红、花蕊青、叶绿色，上下缘白色联珠纹，花纹带之下有淡青色垂幔。花纹带之上券顶绘大六角形与小三角形相间图案，格椽带绿色、其椽浓青色、中间白色。各格椽带交点绘圆形四瓣花（轮廓线红褐色，红瓣青蕊），格内红地，六角形格内绘花草（牡丹、菊之类变形纹饰，近墓门处绘莲花莲叶）（图 3-4-4 之 3）。甬道椁门内外装饰纹样色调有别，椁门外装饰纹样似补绘[1]。

三 前殿与甬道和配殿

(一) 结构

见图 3-4-1—4、3-4-6、3-4-3。前殿于东西壁 1.6 米高的基准墙壁之上平砌 21 层卧砖后起券顶（3 层立砖），由于前殿南北壁高于南、北甬道，故前殿南北壁上部各有

---

[1] [日] 田村实造、小林行雄：《庆陵》Ⅰ，京都大学文学部 1953 年版，第 84、85 页。

一新月形的月光壁。前殿东、西、北三面甬道平面均呈长方形,东西甬道均在1.6米高的基准壁上起券顶(2层立砖),北甬道在1.6米高的基准壁上平砌两层卧砖起券顶(3层立砖)。前殿北壁与券顶无关部位一顺(长边卧砖)一丁(短边立砖)砌筑。前殿东西甬道各距东西配殿80厘米处置木楣门(向配殿方向开启),北甬道距中殿56厘米处置木楣门(图3-4-1、3-4-2、3-4-3、3-4-4)。

前殿和中殿东西配殿平面均呈圆形,其形状、大小和结构基本相同。即各配殿皆在1.6米高的基准壁上再平砌6层卧砖,其上砌两层砖厚约12厘米的凸带,凸带突出于壁面3厘米,再上短边卧砖层层内收形成穹隆顶,各配殿穹隆顶37—40层砖不等,高度也略有差异[1](图3-4-1、3-4-2、3-4-3),顶部正中圆孔不用盖石而封砖。

(二) 壁画

1. 甬道后部和前殿前部人物壁画

甬道木楣门北至前殿两侧通道口,在长约1.8米的壁面上绘汉装群像(图3-4-4之1、3)。东壁残存六身(图3-4-4之1的3—8号),西壁残存四身(图3-4-4之1的9—12号)[2]。人物像均头戴平直脚幞头,西壁11、12号人物有髭须。人物像皆穿汉服,10、11、12号人物见黑上衣,12号人物见红色中衣,3—8和12号人物见白下衣。6—8号人物束双重革带,12号人物束双重红革带。其中10和11号人物像胸部露四弦四柱曲颈琵琶的上半部。7号人物右肩上,8号人物头上,10—12号人物左肩上部书契丹文题记,漫漶。上述人物像应是奏唱汉乐的乐人像。

2. 前殿两侧壁后部和北甬道人物壁画

前殿两侧壁东西甬道口之北长约85厘米的壁面上,各绘两身立像(图3-4-4之1、3)。东壁绘两身契丹人立像(图3-4-4之1的13、14号),戴半球形黑色胡帽,右手置于胸前。在南者(13)面部约1/3剥落,双目残缺,有髭须,似老人。在北者(14)与南面立像重肩而立,较南部立像略高,穿浓褐色契丹服,上衣圆领间露中衣红色直领和下衣白直领,均束红革带,饰金具。二人左肩上部有契丹文题记,漫漶。

西壁绘两身戴幞头立像(图3-4-4之1的15、16号),在南者(15)戴平直脚黑幞头,面褐色、丰满、有髭。穿浓褐色圆领窄袖袍,束红色二重革带,双手叠于胸前(左手在上)。在北者(16)戴幞头,面褐色,长须髯,袍和带同前,双手叠于胸前。两身右肩上部书契丹文题记,漫漶。上述东西壁人像,应表示北面官和南面官群臣侍立。

---

[1] [日]田村实造、小林行雄:《庆陵》Ⅰ,京都大学文学部1953年版,第37页注5,前室东耳室壁高1.92米,室高3.48米,天井砖37层;西耳室壁高1.94米,室高3.67米,天井砖40层。中室东耳室壁高1.94米,室高3.64米,天井砖38层;西耳室壁高1.93米,室高3.68米,天井砖39层。

[2] [日]田村实造、小林行雄:《庆陵》Ⅰ,京都大学文学部1953年版,第44页。记述:前室被土石埋没,据鸟居博士照片,东壁6人,西壁也可能是6人。

前殿北甬道木榍门之南，东西壁各绘二身立像（图3-4-4之1、3）。东壁在南者（图3-4-4之1的17号），髡发，两鬓垂黑发，有髭。穿淡褐色契丹服，中衣红色，下衣白色，束茶褐色带，带扣饰金。手直握蒜头骨朵，左侧挎短弓和弓囊，形象威武雄壮。在北者（图3-4-4之1的18号），面较长，面部左上半部剥落，戴胡帽，少许髭须。穿淡褐色契丹服，露白色下衣，束红革带，斜持蒜头骨朵。两身左肩上部有契丹文题记，漫漶。

西壁在南者（图3-4-4之1的19号）戴胡帽，面较长（少许剥落），高颧骨，面相冷峻。穿褐绿色契丹服，露白色下衣，束红革带，斜持蒜头形骨朵，右腰挎箭筒和箭（矢束，其上有镞，图3-4-10之1）。在北者（图3-4-4之1的20号）略低于前者，戴胡帽，浓眉大眼，有髭须，肩较宽。穿褐色契丹服，露白色下衣，束红革带，斜持蒜头骨朵。在南者左肩上部，在北者右肩上部有契丹文题记，漫漶。上述四身立像，推测为侍卫官。

3. 前殿东甬道和东配殿人物壁画

从通道口至木榍门约1.9米壁面上，南壁绘两身立像，北壁绘三身立像（图3-4-4之2、3-4-8之1）。南壁在西者（图3-4-4之2的21号）画面剥落，仅见面向东配殿，髡发，穿褐色契丹服（图3-4-8之1）。在东者（图3-4-4之2的22号）髡发，曲鼻，有髭须，穿青色契丹服。左肩扛卷成筒状的渔网，左手下托，右手上扶，穿黑色高腰靴（表示在水中，图3-4-8之1）。北壁三身立像剥落，漫漶。在西者（图3-4-4之23）仅见绿色契丹服，右肩上部有契丹文题记残痕。居中者（图3-4-4之24），仅见胡帽，绿色契丹服。在东者（图3-4-4之25）残存部分上半身，戴胡帽，有髭须，穿绿色契丹服。左手握扁平桨状物斜倚于左肩上（图3-4-10之2）。从渔网和桨状物来看，表现的应是渔猎的捺钵生活。

东配殿平面圆形，在周壁长8.3米的壁面上绘10身立像（可辨出8人），人像以相间1米至30厘米不等的而立（图3-4-9之2）。10人中除中间者（图3-4-9之35）头戴无檐帽外，余均髡发，两侧垂鬓发。31号立像，髡发，有髭，穿绿色契丹服，露红色中衣、白色下衣，束白绢带。32号立像，髡发，有髭，穿褐色契丹服，束黑革带。33号立像，髡发，有髭，穿绿色契丹服，露红色中衣，束红革带。34号立像，髡发，有髭须，穿绿色契丹服，露红色中衣、白色下衣，束红革带。35号立像，戴无沿帽，有髭须，穿褐色契丹服，束红革带。36号立像，髡发，有髭、须、髯，穿绿色契丹服，束褐革带。37号立像，髡发，有髭，穿绿色契丹服，露白色下衣，右肩上部有契丹文题记。38号立像，髡发，有髭须，穿绿色契丹服，露红色中衣和白色下衣，右肩上部有契丹文题记。39号立像，髡发，穿绿色契丹服，束红革带。40号立像，髡发，有少许髭须，穿浓褐色契丹服，露红色中衣和白色下衣，束红革带，左肩上部有契丹文题记（图3-4-9之3）。

4. 前殿西甬道和西配殿人物壁画

从甬道口至木榍门长约1.1米的壁画上，南壁绘绘三身立像，北壁绘二身立像（图3-4-4之2）。南壁在东者（图3-4-4之2的26号），髡发，两侧鬓发垂肩自然流畅，有少许髭须,面容沉着威严。穿绿色契丹服,绿色上衣和红色中衣色调协调,双手叠于胸前。27号像居中,髡发,穿绿色契丹服,露白色下衣,双手平置胸前。在西者(28)立于27号像斜背后,仅见上半身,面部剥落,髡发,穿绿色契丹服。北壁在东者(29),戴胡帽,右手在颚下,左手平伸,穿绿色契丹服,左肩上部有契丹文题记。在西者(30),髡发,穿绿色契丹服,两手平置于胸前。

1. 前殿及东、西配殿南壁壁画立面图

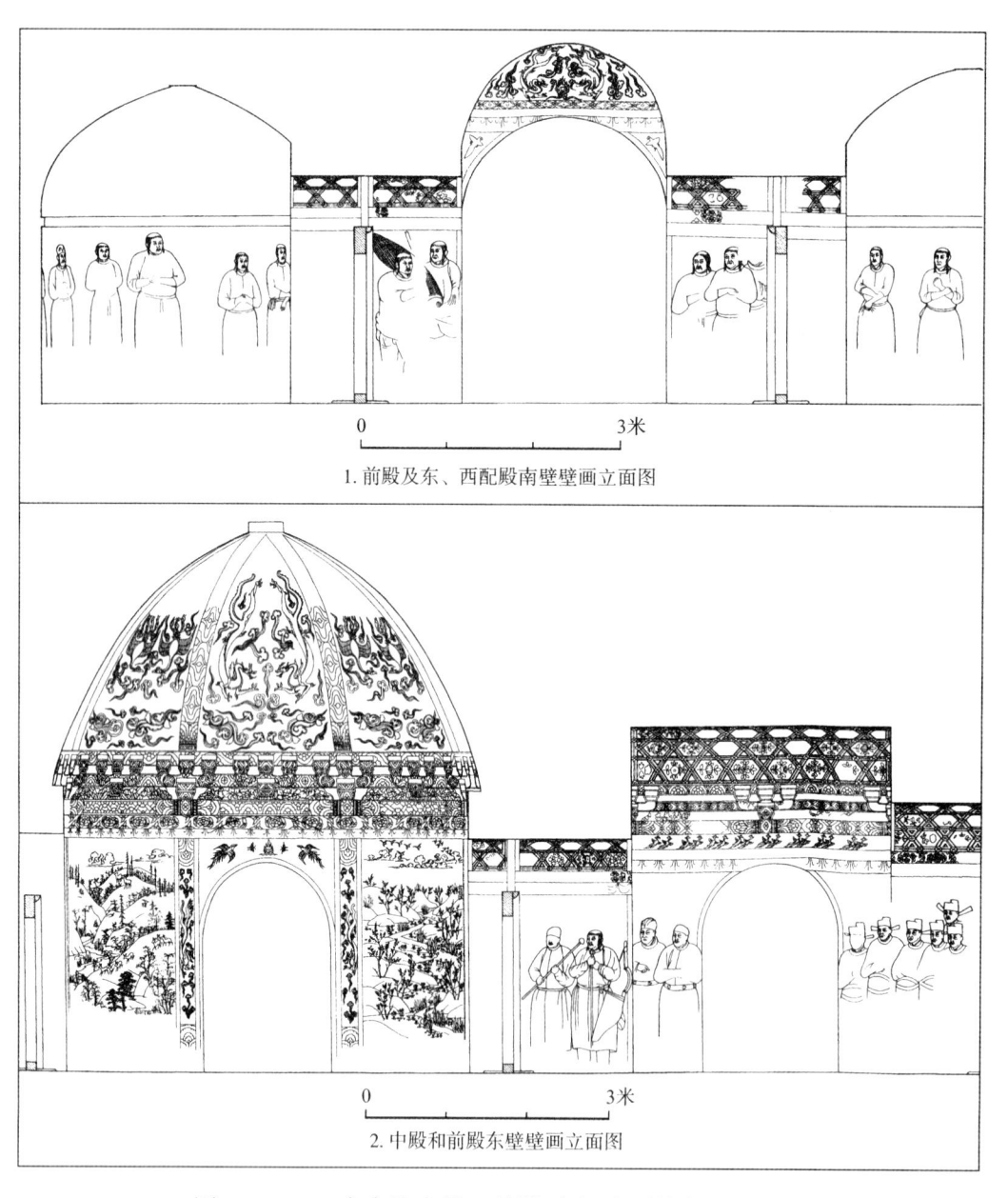

2. 中殿和前殿东壁壁画立面图

图3-4-8 庆东陵中殿、前殿及东西配殿壁画立面图
(采自《庆陵》)

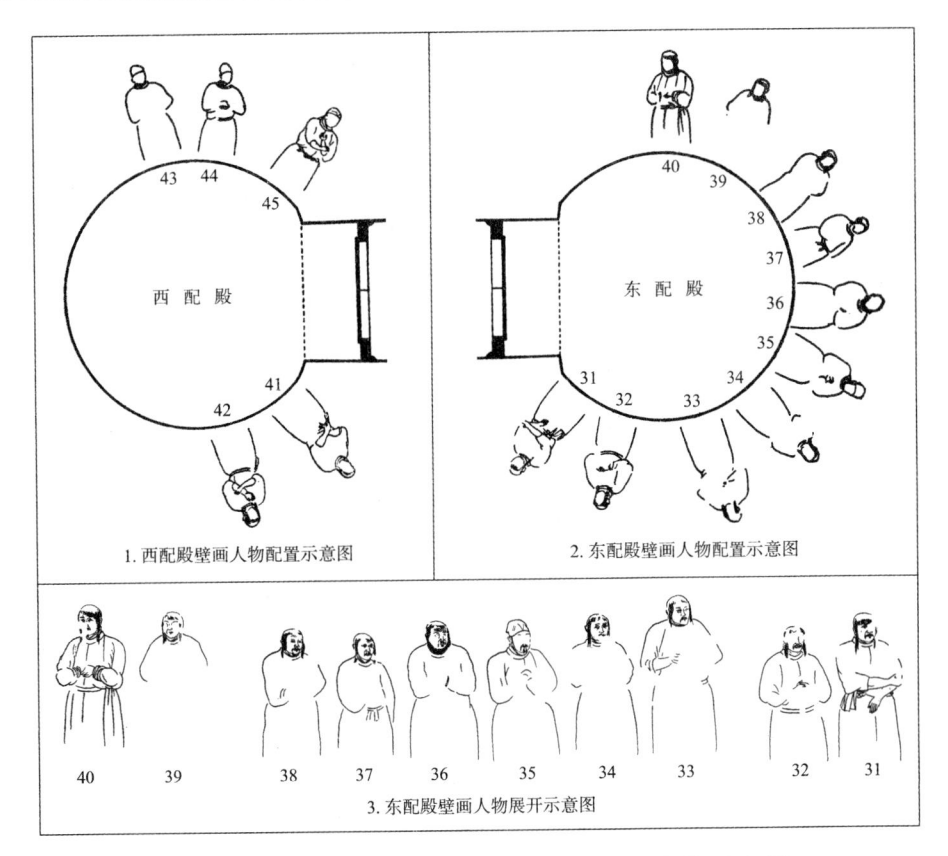

图 3-4-9　庆东陵前殿东、西配殿壁画人物示意图
（采自《庆陵》）

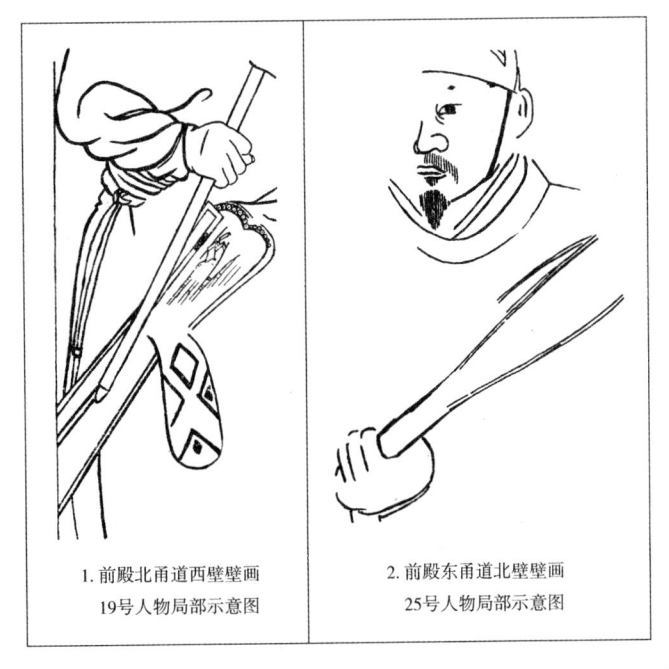

图 3-4-10　庆东陵前殿北甬道、东甬道壁画人物局部示意图
（采自《庆陵》）

图 3-4-11 庆东陵地宫前殿东西壁上部建筑壁画局部装饰纹样
（采自《庆陵》）

图 3-4-12 庆东陵地宫前殿南壁的双龙纹饰
（采自《庆陵》）

西配殿内有流沙，仅见部分残迹。图3-4-9之1的41号立像，髡发，有髭，穿绿色契丹服，露红色中衣和白色下衣，束红革带，左肩上部有契丹文题记。42号立像，髡发，有髭，穿褐色契丹服，露红色中衣和白色下衣，束黑革带。43号立像，戴胡帽，穿褐色契丹服，露红色中衣和白色下衣，束红革带，左肩上部有契丹文题记。44号立像，戴胡帽，有髭，穿绿色契丹服，露红色中衣和白色下衣，束红革带，左肩上部有契丹文题记。45号立像，戴胡帽（帽后垂幞头软脚样的纽），有髭，穿褐色契丹服，露红色中衣和白色下衣，束绿革带。面部和手有黑和红褐二重轮廓线，绘法较特殊。

(三) 装饰图案

1. 前殿

前殿券顶和所通各甬道券顶装饰纹样同前述地宫甬道券顶。东西壁从地面向上约2.6米处，在券顶天井纹样之下与东西甬道口之上宽约60厘米处绘鸟纹带和仿木建筑斗拱。下方鸟纹带，二羽凤凰为一组共九组，鸟墨线勾绘、红地，羽毛泛白，东西壁鸟纹各飞向墓门。鸟纹带上下饰白色联珠纹，联珠纹下绘绿色条带，再下为黄色垂幔（带下缺弧形）。鸟纹带之上绘三朵斗拱（一斗三升），斗拱和仿木结构彩绘（图3-4-4之3、3-4-8之2、3-4-11）[1]。

前殿南北壁，在前室券顶和南北甬道口券顶间的月光壁上绘双龙纹（北壁略低），下距室内地面约3.3米。画面下部绘宽约11厘米的七宝系纹带，带上下缘为白色联珠纹，其下缘带，再下黄色垂幔（延至甬道口两侧）。七宝系纹带之上，月光壁朱地，中间绘火焰宝珠，宝珠下绘双云纹，宝珠两侧各绘一龙头相对，龙身上举双尾相对的龙纹。龙体线描涂黄彩，宝珠之上和龙体外侧绘青绿色云纹（图3-4-12）。通甬口顶部两隅各绘一鸟，鸟头相对向甬道口券顶（图3-4-8之1）。南壁之鸟绿色，小钩喙；北壁之鸟青色，长喙[2]。

2. 前殿东、西和北甬道及东西配殿

前殿东、西甬道从地面以上2米，北甬道从地面以上2.27米，绘宽约13厘米（东西甬道）和17厘米（北甬道）牡丹纹带，下垂青幔，上部券顶绘格形天井，情况大体同前述地宫甬道天井装饰。

东西配殿顶部装饰纹样大都剥落，在周壁下距地面1.94米凸带之上宽约70厘米部位绘斗拱之类，其上穹隆顶分六区绘纹样，具体情况不明。

四 中殿与甬道和配殿

(一) 结构

见图3-4-1、3-4-3、3-4-4、3-4-10、3-4-14。中殿直径5.6米，平面东

---

[1] 仿木结构情况和彩绘，见[日]田村实造、小林行雄：《庆陵》Ⅰ，京都大学文学部1953年版，第86页。
[2] 见[日]田村实造、小林行雄：《庆陵》Ⅱ，京都大学文学部1953年版，图版PL9。

西径略大于南北径。穹隆顶半径约2.7米，高约3.1米。上述情况表明，中殿平面不是规整的圆形，穹隆顶也不是真正的半球体（图3-4-1）。中殿平面和周壁被四甬道口区划为四区（图3-4-14），殿内从1.6米的基准壁上以长卧砖和窄口立砖顺丁砌至高3米处起厚约17厘米（约3砖厚），突出于壁面约3厘米来的凸带，其上起穹隆顶（图3-4-1之2、3、3-4-2、3-4-3）。穹隆顶以69层，每层长边砖和窄口砖相间，层层收缩而成。顶部以8、9块砖围成不规则圆孔，于墓外在圆孔上封堵圆石，封石盖底面有自中心向外不规则的射线划槽。

中殿有四甬道口，各甬道券顶均三券，内侧二券皆立于基准壁上端，最上一层券位置较高，前述凸带的下端正好是中殿四甬道券顶的上缘（图3-4-1之2、3）。中殿东西甬道与前殿各甬道构造相同，东西甬道内木槅门设于距配殿约85厘米处。但中殿北甬道则有所不同，一是中殿北甬道长约是其他甬道的一倍，二是以该甬道中间为界分为前后两部分，后半部比前半部分宽15厘米，券顶比前半部分券顶高40厘米，高出部分形成月光壁。三是北甬道设三道木槅门，一道距中殿北甬道口中约40厘米，二道槅门在前半部甬道末端，三道槅门在后半部分甬道末端（图3-4-1之1、3）。

中殿东西配殿的规模和构造与前殿东西配殿基本相同（参见前述情况）。西配殿铺方36厘米的方砖，南北九列，第九列的一半已进入甬道地面，铺地砖行列方向略偏移室内中轴。在铺地砖中还混有边长30厘米或更窄的砖，故地面铺砖不规整（图3-4-1之1）。西配殿流沙较少可见铺地方砖，[1]其他各室铺地砖情况不明。

（二）壁画、影绘和装饰图案

1. 中殿周壁的壁画和彩绘

中殿从穹隆顶到周壁的装饰图案、影绘和壁画通盘构思，整体布局，环视室内仿佛置身于立体画面之中。

（1）中殿影绘壁柱和甬道券门上的绘画

中殿四甬道门两侧各绘一壁柱，共八柱。柱宽约17厘米，左右浓褐色缘带各宽约5.6厘米（图3-4-8之2）。柱内中间深红色地上绘一黄色降龙（头下、尾上），龙身上下和身侧绘蓝色晕染的朵云纹（图3-4-13之3）。柱上下端各绘一整二破花瓣，花瓣用红、绿色晕染[2]。四甬道券门顶部中央绘火焰宝珠（宝珠青色，火焰红色），宝珠下有一对绿色朵云承托，宝珠两侧各绘一蝴蝶，向宝珠对飞。甬道券门上两隅各绘一青鸟，向宝珠对飞（图3-4-8之2）。

（2）周壁四季山水壁画

四甬道券门相邻两壁柱间壁面分绘四季山水壁画，用淡彩青绿山水和"平远山水"画法表现春、夏、秋、冬四季景色。

---

[1] [日]田村实造、小林行雄：《庆陵》Ⅰ，京都大学文学部1953年版，第20页。记述，中室西耳室，揭起一地面砖，马上就有地下水涌出。

[2] 郭黛姮主编：《中国古代建筑史》第三卷，中国建筑工业出版社2003年版，第216页。

1. 天井壁画双龙纹示意图

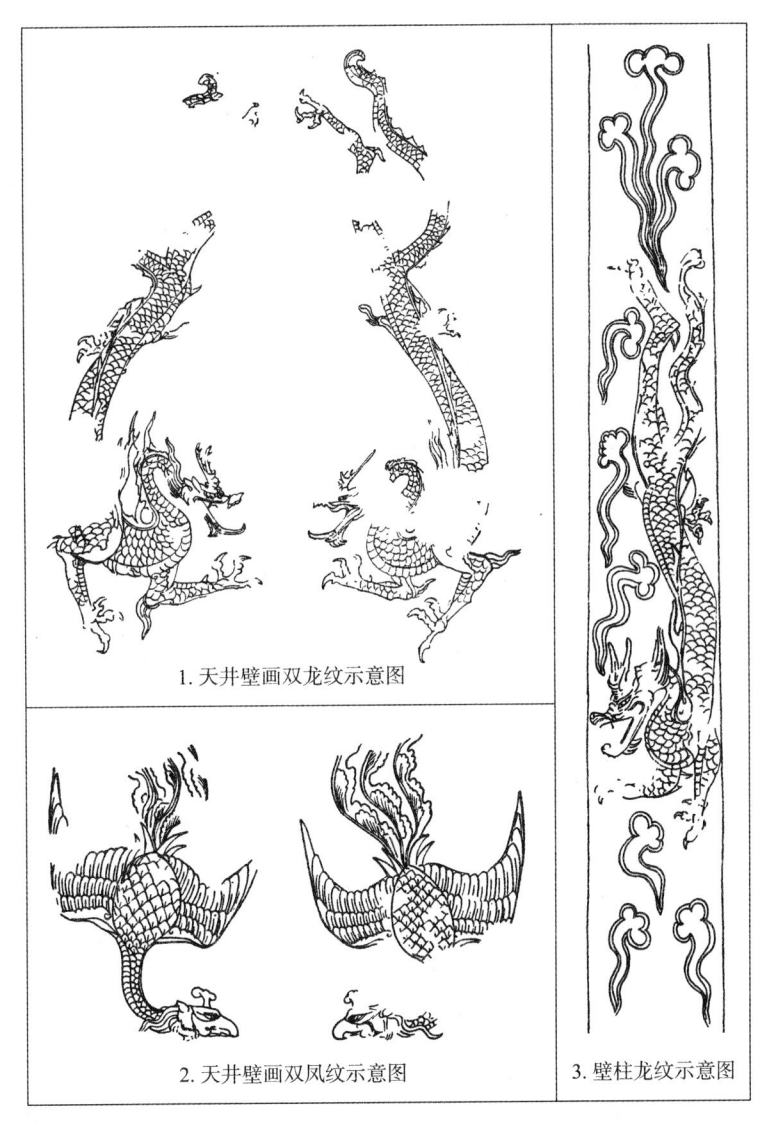

2. 天井壁画双凤纹示意图

3. 壁柱龙纹示意图

图 3-4-13　庆东陵地宫中殿壁画局部示意图

(采自《庆陵》)

东南壁春图

见图 3-4-14，还见图 3-4-15 左上。春图绘于东甬道券门和南甬道券门壁柱之间（后文将论证四季图位于四正方向，四甬道券门位于四隅），壁画下部被埋于砂土，壁画在垂幔之下，右端高 2.36 米，左端高 2.60 米，宽 1.77 米。壁画构图以山丘坡地溪水为场景，以花草树木和水鸟为主题。在低山丘和坡地之间溪水蜿蜒流淌，白花（杏花）盛开，溪水边花草和灌木丛生。在潺潺的溪水中水鸟和水禽成群，水禽（野鸭？）浮游，白鸟（天鹅？）戏水，悠然自得。天空飘着彩云（红绿黄三色），大雁成列飞向东北（北方）。画面展现出一派春意盎然景色。

西南壁夏图

见图3-4-14，还见图3-4-15右上。夏图绘于南甬道券门和西甬券门壁柱之间，画面宽1.85米，从垂幔向下至地面上堆积的冻土层高约2.40米，全高不明。构图以并列的山丘，以及山丘上鼎立的三株硕大的牡丹花为场景，以鹿和野猪为活动的主题。山坡下有一条蜿蜒流动的溪水，溪水边长着灌木，山坡上下有芍药等各色花朵。在溪水边两株大牡丹花和花草丛中，牝鹿和仔鹿或吃草，或哺乳，或卧于地上，左侧隔牡丹花外侧有三头野猪正在觅食，山上牝鹿正在行走或攀登，天空飘着云朵。以盛开的牡丹和芍药及鹿育仔等喻意夏季[1]。

西北壁秋图

见图3-4-14，还见图3-4-15左下。秋图绘于西甬道券门与北甬道券门壁柱之间，画面宽1.90米，下部埋于沙土，右端露出高度约1.90米，左端露出高设约2.27米。画面以群山，树木和山间溪水为场景，以鹿和野猪为活动主题。山上山下树木丛生，山顶上树木落叶仅余树干，山下树木除少数有半绿色叶外，多数为黄叶或红叶，有的树上还挂有紫或红色果实，左手绘三棵青松。在树丛中山坡间，牡鹿追逐牝鹿群[2]，或牡鹿引颈长鸣；下面野猪或觅食或奔跑。天空飘着彩云，大雁成列飞向西南方（南方）。画面表现出一派萧瑟的深秋景象。

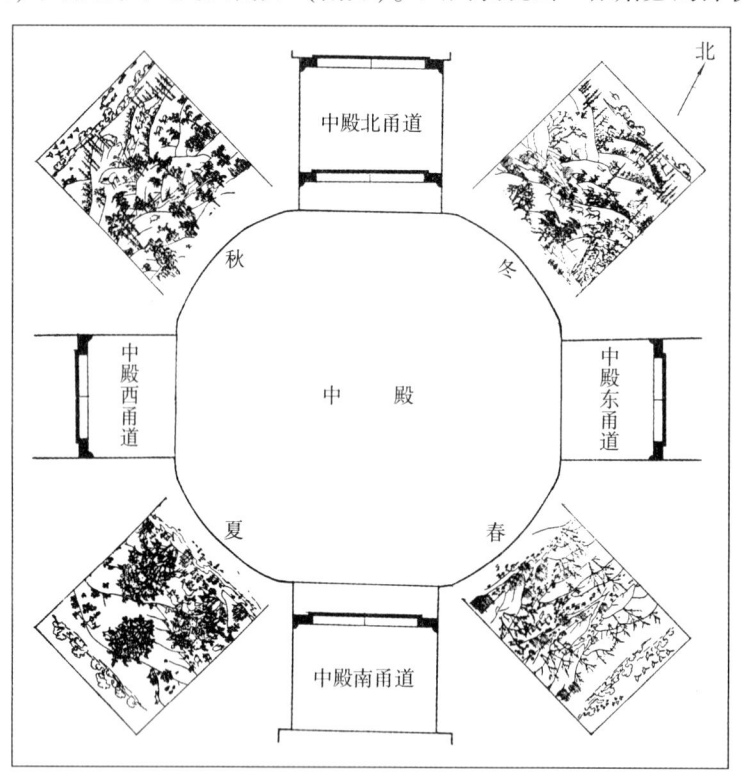

图3-4-14 庆东陵中殿壁画四季山水图配置示意图
（采自《庆陵》）

---

[1] [日]田村实造、小林行雄：《庆陵》Ⅰ，京都大学文学部1953年版，第82页注7。说：鹿于五月六月之交产仔。

[2] [日]田村实造、小林行雄：《庆陵》Ⅰ，京都大学文学部1953年版，第82页注7。说：秋季是鹿的交尾期。

图 3-4-15　庆东陵地宫中殿壁画四季山水图
(采自《庆陵》)

东北壁冬图

见图 3-4-14，还见图 3-4-15 右下。冬图绘于北甬道券门与东甬道券门壁柱之间，画面宽约 1.80 米，右端露出高度约 2.09 米，左端露出高度约 1.80 米。构图同样以山、树、灌木和溪水为场景，以鹿和野猪为活动主题。画面树落叶，溪水有冻感，鹿群作行走观望状，野猪卧于溪水边，天空飘云朵，一派寒冬景象。

2. 中殿顶部装饰图案

（1）垂幔，阑额和斗拱

中殿周壁的上部画影绘重幔、阑额、斗拱和桁等。四甬道券门两侧壁柱顶端和四季山水图顶端，接穹隆顶部下端一周宽约12厘米带赭色皱纹的黄色垂幔。垂幔之上接宽约17厘米，红线描的彩色牡丹纹带，牡丹纹两侧赭地上绘上下二叶形兰花，兰花绿色和青褐色晕染。再上以周壁上部凸带表示阑额，其与各甬道券门两侧壁柱对应部位绘方胜、箍头，左右各绘一整二破花瓣，额方心绘十字间半柿蒂图案[1]。其与四甬道券门对应部位，以大小二种半花上下交互构图；与四季山水图对应部位上下三角形对置，三角形顶点绘半花。阑额上置斗拱（均一斗三升），阑额方胜，箍头上（下与壁柱对应）各置一朵斗拱，补间铺作一朵（下与四甬道券门和四季山水图对应），共十六朵斗拱。栌斗和升面上图案以四半花形和半花形五种形式配置（图3-4-8下，图3-4-16、3-4-17）。柱头斗拱之拱面上图案，为椭圆形内以变形H字形四分，各填绘半花形，补间铺作斗拱之拱面上

图3-4-16 庆东陵地宫中殿周壁上部建筑壁画局部装饰纹样

（采自《庆陵》）

---

[1] 郭黛姮主编：《中国古代建筑史》第三卷，中国建筑工业出版社2003年版，第216页。

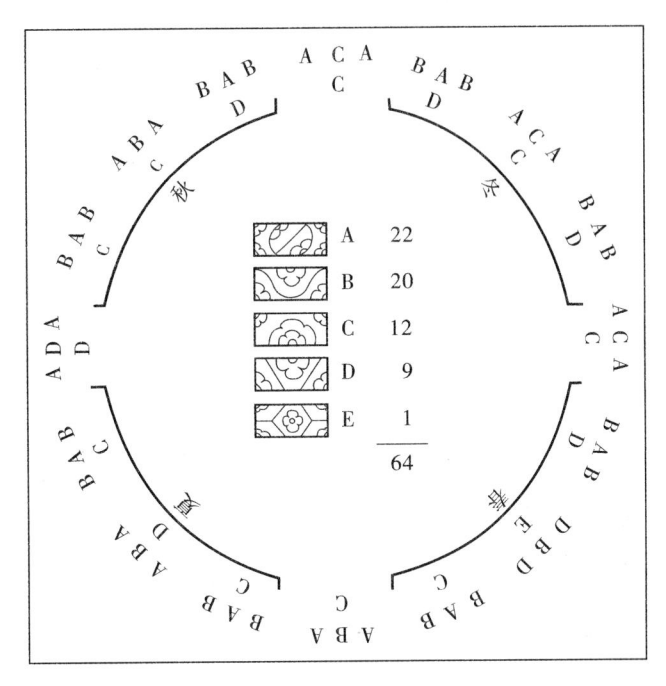

图 3-4-17 庆东陵地宫中殿斗栱五种图案配置示意图

（采自《庆陵》）

绘叶形波状图案。四甬道门上方补间铺作，连接泥道拱的素方图案为龟甲形内绘四瓣花；四季山水图上方补间铺作，连接泥道拱的素方图案为两种半花形上下交互的配置。泥道拱素方之下，阑额之上部位充作拱眼壁。两端留白色拐角，中间以深红为地，上绘铺地卷成式花卉。为衬托斗栱，在斗和升的上部和拱眼壁位置皆留白色长方块[1]。斗栱之上为桁，桁上图案以波状纹为区划，上下交互配半花形。

（2）穹隆顶阳马和所分八区图案

见图 3-4-8。自穹隆顶中心向下呈放射状绘八条象征支撑穹隆顶的骨架，今称阳马；阳马下接各柱头斗栱上面之桁。阳马下端图案是在横长方形内绘椭圆形，椭圆形内以变形 H 字形四分，各填半花形，长方形之上绘二破花瓣。端饰之上，阳马在黄地上绘青、绿相间带弧的菱形[2]。八条阳马将穹隆顶分为八区，八区上部浅红地，中间赭红地，下为深红地。八区中与四甬道券门对应部位绘双降龙纹和云纹（图 3-4-13 之 1），与四季山水图对应部位绘俯冲的双凤纹和云纹（图 3-4-13 之 2），八区下端均绘朵云纹，所有云纹皆用蓝色或绿色晕染。

3. 甬道壁画和装饰

见图 3-4-4 之 1。中殿东甬道木榀门之前，南北壁各绘二身立像。南壁二身立像靠

---

[1] 郭黛姮主编：《中国古代建筑史》第三卷，中国建筑工业出版社 2003 年版，第 216 页。
[2] 郭黛姮主编：《中国古代建筑史》第三卷，中国建筑工业出版社 2003 年版，第 216 页。

前者（图3-4-18之46），髡发、垂鬓发，面部剥落，穿绿色契丹服，露白色下衣，束褐革带，带扣镏金，红靴。靠后者（47）残存轮廓，髡发，穿淡褐色契丹服，束绿革带，黑靴。北壁二身妇人立像，靠前者（图3-4-18之48）年长，额垂双髻，穿左衽绿直领窄袖（袖较短）上衣，露红色中衣和白色下衣，有白帔肩，束白绣带，穿黑靴。其后妇人像（49）在前者背后，大半剥落，头戴黑纱帽，穿直领左衽绿衣，有白帔肩，黑靴。二立像均面侧向中室，后者似为前者侍女（？）。

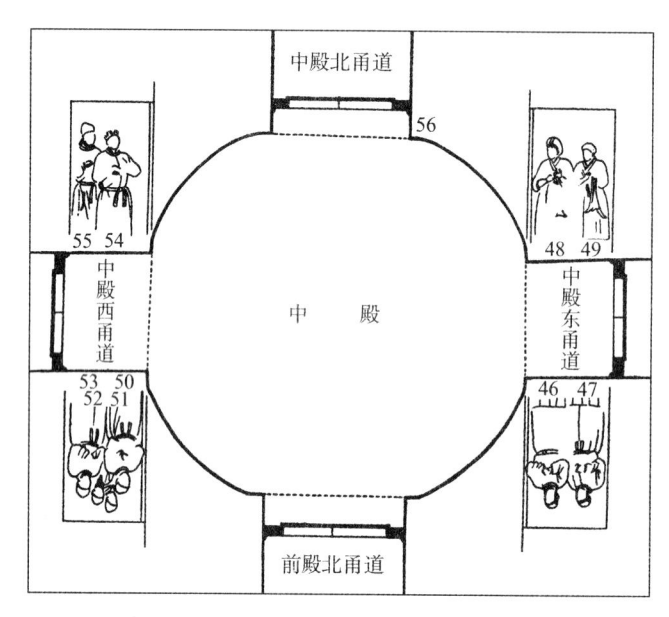

图3-4-18 庆东陵地宫中殿东西甬道壁画人物配置示意图
（采自《庆陵》）

中殿西甬道木椁门之前1.2米的壁面上，南壁绘四身，北壁给二身立像。南壁壁画剥落严重，四身立像错落而立，均头戴胡帽，前者（图3-4-18之50）穿绿契丹服，露白色下衣，束红革带。其身后立像（51）剥落严重，该立像后立像（52）有长须，穿淡褐色契丹服，露红色中衣。最后立像（53），有髭，长须，穿淡褐色契丹服，露白色下衣，束绿革带。北壁二身立像在前者（图3-4-18之54）戴胡帽，面相气质高贵。有髭和稀须，双手拱于胸前，穿绿色契丹服，露红色中衣和白色下衣，束红革带，有金饰。其身后立像（55）戴胡帽，面部漫漶，可见高鼻，髭须，穿淡褐色契丹服，露红色中衣和白色下衣，束黑革带，右腰前佩鞴。

中殿北甬道壁画漫，仅在第一道隔门前东壁见一身立像（图3-4-18之56），残存四分之一的面部和胸部。

东、西、北甬道券顶装饰同前述券顶，但西甬道格纹花瓣有复瓣与前述情况稍异。又北甬道前后段甬道间上部有中间高约40厘米的月光壁[1]。

---

[1] ［日］田村实造、小林行雄：《庆陵》Ⅰ，京都大学文学部1953年版，第94页。记述：该月光壁似与前室南北壁一样绘有双龙纹。

4. 东西配殿壁面和装饰

东西配殿湿度极大，白灰壁面严重剥落，仅顶部残存少量装饰图案，但无法推断周壁是否有人物壁画。

五　后殿的形制和结构

后殿平面圆形，顶部中央塌落，土石埋没周壁。据周壁上部推测其平面直径为5.14米，据其他殿内地面高度计算，地面到穹隆顶破坏处边缘高约6.3米。此外，穹隆顶北侧中央偏西还有一高66厘米，宽45厘米的长方形孔[1]（图3-4-1之1、3）。

后殿穹隆顶仍用窄口卧砖层层内收而成，从顶部破坏洞口断面可见顶部北侧为3砖厚度，南侧有5砖厚度[2]，其外还用平砖填充，非常坚固。后殿周壁未见白灰壁面，《庆陵》报告说，据传有木护壁，但周壁被埋于土石无法详细了解，从殿内残存木构件可略知其情况。例如，其中一弧形木构件长约80厘米，宽约15厘米，厚11厘米，两端分别做榫和卯，上下有卯槽，据其曲率推算出半径约为2.5米。木构件外侧有石灰，原应紧贴于壁面上。木弧形构件内侧可见红、白等彩绘痕迹。木弧形构件左右和上下以卯榫连接形成护壁（图3-4-19）[3]。

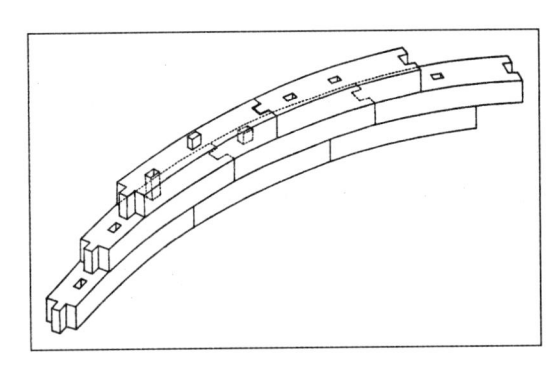

图3-4-19　庆东陵地宫后殿木护壁结构局部示意图
（采自《庆陵》）

---

[1] [日]田村实造、小林行雄：《庆陵》I，京都大学文学部1953年版，第21页。说：长方形孔，"或许属于从墓室砖壁通往外部的孔道"。第32页记载：若砖墓室完工后，"建造木质内壁并封顶，那么施工的匠人从哪里出去？是不是可以使用前面曾经提到的后室券顶方孔呢"。按，若此为出入口，似偏小。

[2] 此处所言穹隆顶北侧厚度与图3-4-4似有别。

[3] A. [日]田村实造、小林行雄：《庆陵》I，京都大学文学部1953年版，第32页。说：从残存木质部件曲率等情况来看，当时的券顶没有木质内壁。但"当木质内壁达到一定高度的时候，用木材水平构筑天井是可能的。"
B. 内蒙古自治区文物考古研究所，哲里木盟博物馆：《辽陈国公主墓》，文物出版社1993年版。该书第14页记述，后室用赤柏松制成木护壁。即用长1.5，宽0.12-0.13，厚0.15米的方木，左右分做卯、榫，在壁面上抹厚约一厘米石灰，将方木左右连贴于壁上，约11-12块方木可围一周。方木上下之间用木榫插入已凿好的长方孔眼内，上下连接15层至2.1米处时，开始起券。起券改用木板（厚0.05米，宽0.17米），连接办法同上。据此，推测东陵后室穹隆顶亦应有木质券顶。

第五节 庆陵墓志形哀册，石幢和其他遗物

一 墓志形哀册

（一）墓志形哀册的数量和形制

1. 数量

前已介绍汤荣佐盗掘的圣宗、仁德皇后、钦爱皇后、道宗和宣懿皇后汉文哀册各一合，道宗和宣懿皇后契丹文哀册各一合，共14面。此外，还有王士仁盗掘的仁懿皇后汉文哀册篆盖，上述共15面哀册，现藏于辽宁省博物馆。梅岑蕊盗掘的汉文哀册一合2面，契丹文哀册一合2面，后来闵宣化《辽之庆陵》介绍了其中的兴宗和仁懿皇后契丹文哀册文（册身），以及仁懿皇后汉文哀册文（册身）[1]。此三石下落不明，据此推测，理应有兴宗汉文哀册，圣宗、仁德皇后、钦爱皇后，则应有契丹文哀册。这些哀册当置于中殿[2]。

2. 形制

墓志形哀册白色大理石制成，册盖和册身上下相扣为一合。哀册方形（图3-5-1），册盖和册身的边长多在1.3米左右，厚约20—33厘米。哀册雕凿成形后，表面水磨抛光镌刻文字，周边和侧面线刻纹饰。册盖盝顶（覆斗形），四边斜杀，盝顶面方区内篆刻谥号，四边斜杀面中间线刻十二生肖（每面3体）。十二生肖方位固定，以上方中央为子神，据此顺时针排列各像，生肖着汉族风格衣冠执笏板，头冠之上分别卧十二生肖。册盖斜杀面间四隅线刻牡丹或龙纹等，册盖和册身侧面亦线刻纹饰（图3-5-9）。册身下部斜杀，石背面糙凿置于地上。庆陵诸哀册图像和八卦符号具体情况，参见后文介绍。

（二）现存哀册简况

1. 圣宗汉文哀册一合

见图3-5-1之1。圣宗汉文哀册，篆盖边长1.33米，高28厘米，盝顶方区边长60厘米，侧面垂直高16厘米。盝顶线刻双勾谥号"文武大孝宣皇帝哀册"，3行，每行3字。

---

[1] A. Jos Mullie, "Les sépultures de k'ing des Leao", *T'oung Pao*, Vol. xxx. 1933.
　B. 金毓黻《辽陵石刻集录》，上下册，1934年。上册收录庆陵哀册碑石拓本，下册收罗福成对契丹文的释读和解说，其中包括兴宗和仁懿皇后契丹文哀册文（参见后文注释）。

[2] 庆陵哀册石发现时已不在原位。[日] 田村实造、小林行雄：《庆陵》，京都大学文学部1956年版，第194页。说：梅岑蕊在中陵前室发现哀册石。同页注7，认为：哀册石应置中室，之所以发现于前室，是因为1922年王士仁盗掘中陵时将哀册石移动的结果。《庆陵》第10页注15，说：梅岑蕊在中陵前室发现哀册石时，哀册石放置很不规则。显然不是原位。

谥号周边线刻双凤（12羽，2羽双凤为一组）和云纹，四隅配双蝶纹（图3-5-2之3）。斜杀侧面线刻十二生肖（图3-5-3上，图3-5-4之1），每面三体，各体间边栏双竖线。此十二生肖是庆陵诸哀册中最大的，部分兽形制作时经修正。斜杀面相间的四隅雕大朵牡丹纹饰。篆盖四侧立面线刻四神图（青龙、白虎长体形，头向南，朱雀、玄武体型较小，朱雀为正面像），地纹为云纹和唐草纹（图3-5-5，图3-5-2之1、2，图3-5-6之2）。册身边长1.33米，高24厘米，侧面上端窄缘，下端斜削棱角，立面高21厘米。册身面刻哀册文，共35行，满行为36字（《庆陵》Ⅰ，第216页），周边线刻窄缘。册身立面线刻牡丹唐草纹（图3-5-6之1）。

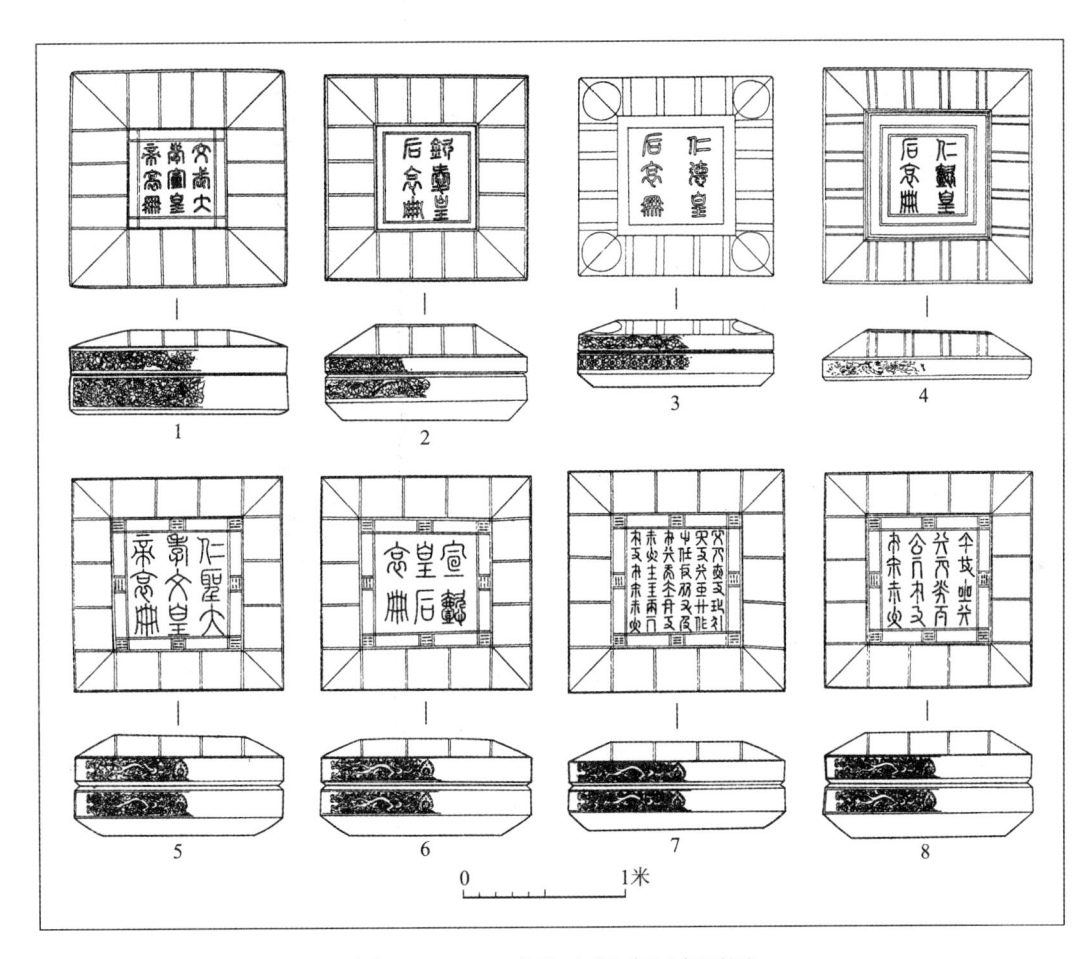

图 3-5-1　庆陵哀册碑石实测图
（采自《庆陵》）

2. 仁德皇后汉文哀册一合

见图3-5-1之3。篆盖边长1.23米，盝顶方区边长75厘米，高20厘米，盝顶侧面垂直高10厘米。盝顶线刻双勾谥号，"仁德皇后哀册"，2行，每行3字，谥号周边线刻牡丹唐草纹带（图3-5-6之3—5）。斜杀侧面线刻十二生肖，每面三体（图3-5-4之4、5），均右向，其中南边中央午马像身右向首左向（图3-5-4之4）；十二生肖间以唐草纹

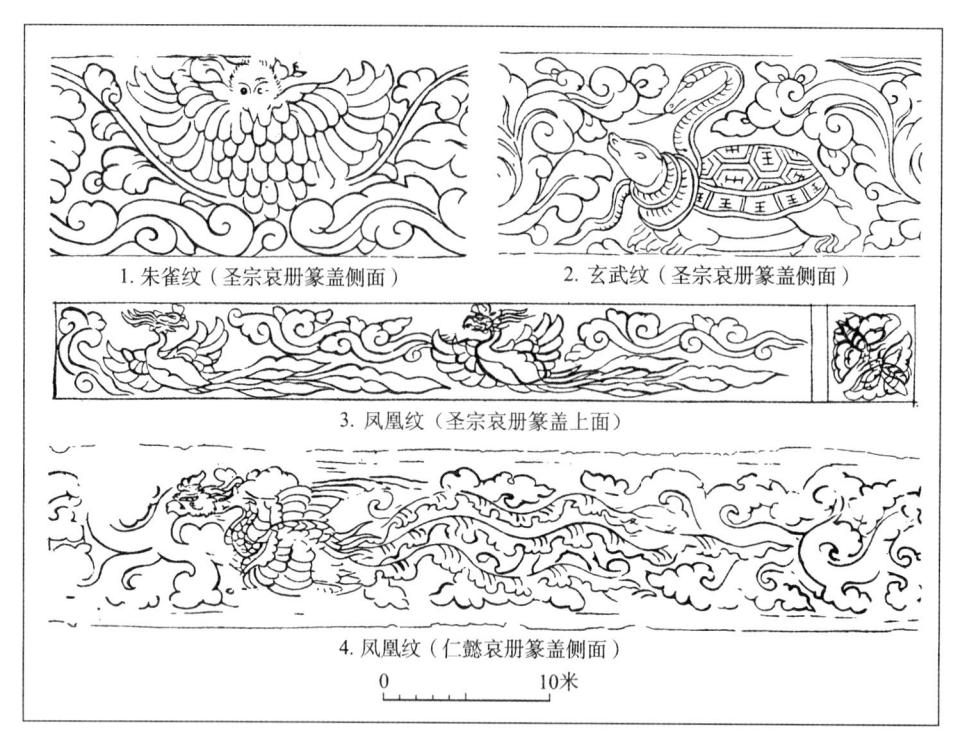

图 3-5-2 庆陵哀册朱雀、玄武和凤凰纹

(采自《庆陵》)

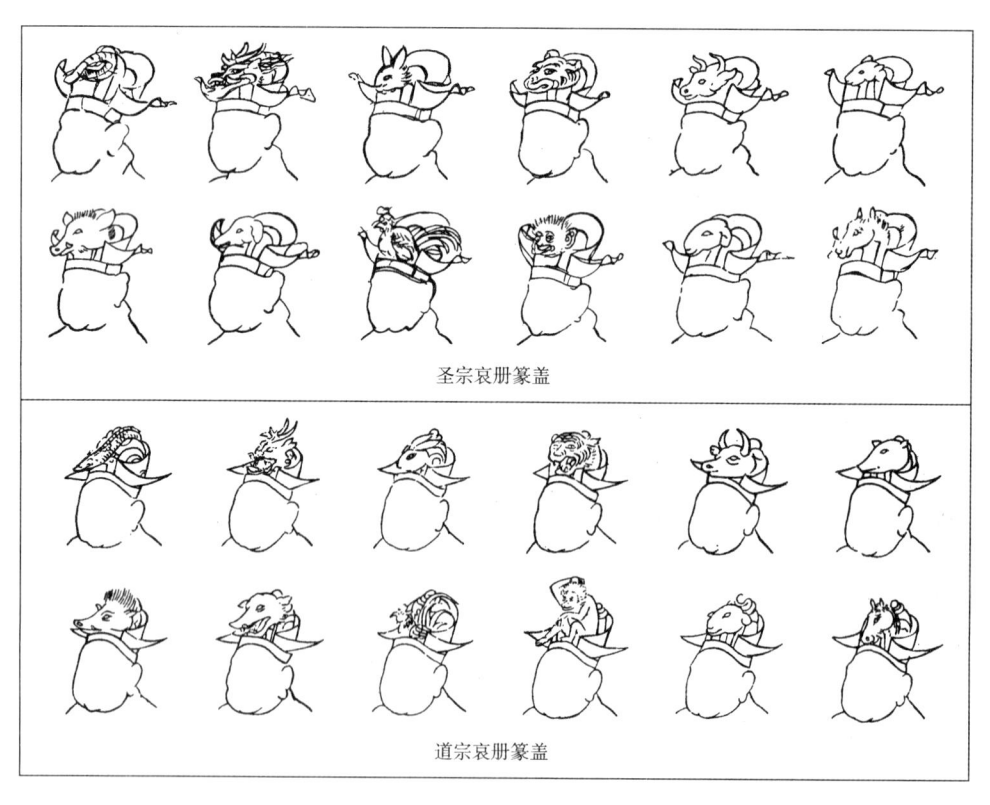

图 3-5-3 庆陵哀册十二生肖头像

(采自《庆陵》)

图 3-5-4　庆陵哀册十二生肖图像

（采自《庆陵》）

1. 青龙

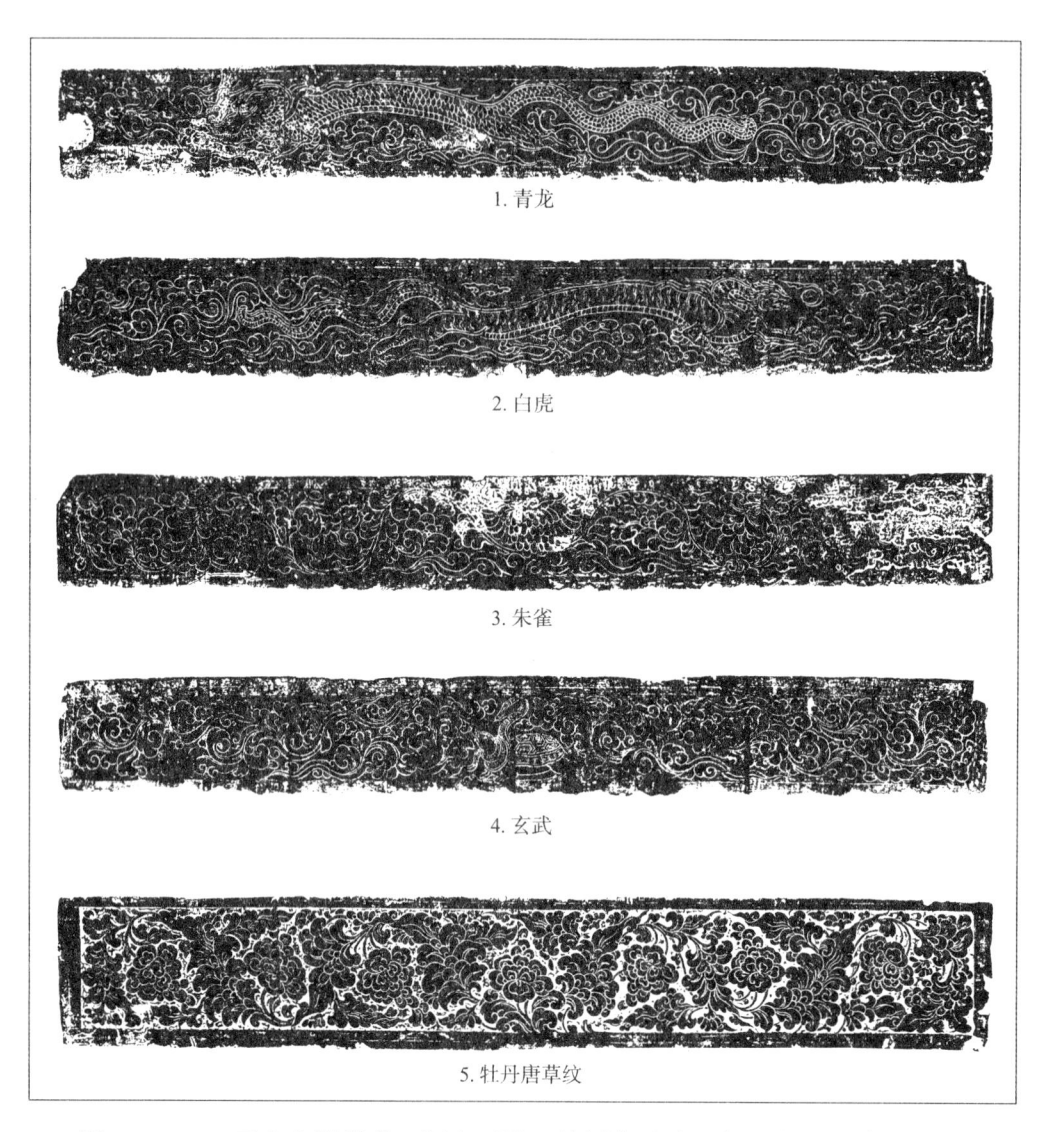

2. 白虎

3. 朱雀

4. 玄武

5. 牡丹唐草纹

图 3-5-5　圣宗哀册篆盖四侧立面的四神图像及碑石侧面的牡丹唐草纹样
（采自《庆陵》）

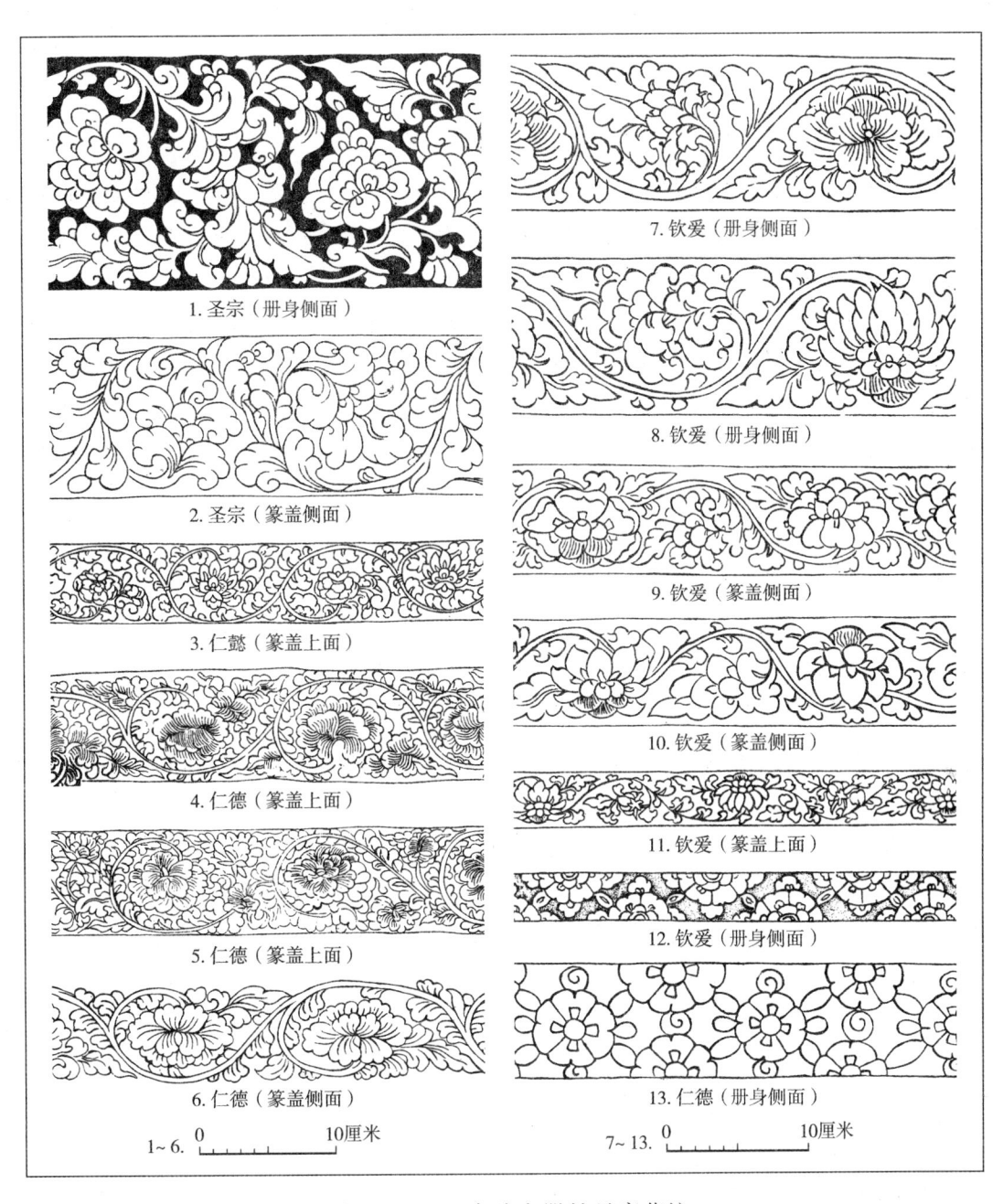

图 3-5-6 庆陵哀册牡丹唐草纹

（采自《庆陵》）

纵纹带相隔（图3-5-7之5—7）。斜杀面相间四隅各线雕团龙（图3-5-8之3），左右隅二团龙相对，四龙中二龙同形。盖侧立面刻牡丹唐草纹带（图3-5-6之6），册身边长1.23×1.24米，高21厘米，侧立面高13厘米，下面斜杀粗面置于地上。册身面边缘线刻窄直线，连续涡纹带（图3-5-7之9），哀册文26行，满行27字（《庆陵》Ⅰ，第230页），册身立面线刻四瓣花纹（图3-5-6之13）。

3. 钦爱皇后汉文哀册一合

见图3-5-1之2。篆盖边长1.27米，盝顶方区62×64厘米，高30厘米，侧面垂直高9厘米。盝顶线刻双勾谥号"钦爱皇后哀册"，2行，每行3字。谥号周边线刻牡丹唐草纹带（图3-5-9之11，S状构图），其内外线刻细云纹唐草纹带（图3-5-7之1、2、3）。斜杀侧面线雕左向十二生肖（图3-5-4之2），像间隔云纹唐草纹带。斜杀面间四隅线雕团龙纹（双龙，图3-5-8之1）。册盖立面线雕牡丹唐草纹（图3-5-9之9、10）。册身边长1.25米，高28厘米，侧身立面高15厘米，下方呈45度斜杀。册身面哀册文25行，满行25字（《庆陵》Ⅰ，第233页），周边线雕半四瓣花纹（图3-5-9之12），其外缘线刻云纹唐草纹带（图3-5-7之4）。册身立面线刻牡丹唐草纹（图3-5-6之7、8）。

4. 仁懿皇后汉文哀册篆盖

见图3-5-1之4。篆盖边长1.32米，盝顶方区76×78厘米，高32厘米，侧面垂直高13厘米。盝顶刻谥号，"仁懿皇后哀册"，2行，每行3字。其周围内侧刻云纹唐草纹带，外侧刻牡丹唐草纹带（图3-5-6之3）。斜杀侧面线刻左向十二生肖，生肖有圆形项光（图3-5-4之3），生肖之间隔云纹唐草纹带（图3-5-7之5）。斜杀面间四隅饰双龙纹（头尾相对，图3-5-8之2），篆盖侧立面饰云纹双凤纹（每面二羽长尾飞凤，图3-5-2之4），册身面哀册文33行，满行30字（《庆陵》Ⅰ，第239页）。

5. 道宗汉文哀册一合

见图3-5-1之5。篆盖边长1.30米，盝顶方区80X82厘米，高32厘米，侧面垂直高1.45（15）厘米。盝顶面刻谥号，"仁圣大孝文皇帝哀册"，3行，每行3字。谥号周边刻牡丹唐草纹和八卦图形（图3-5-1之5）。乾兑离震巽坎艮坤八卦各如方位，每面各隅和中央为八卦图形，将牡丹唐草纹带分为二区。斜杀面地纹为云纹，刻左向十二生肖像（图3-5-3下，3-5-4之6），其中申像头上之猴为坐像（图3-5-3下右3），生肖之间隔窄缘带。斜杀面间四隅雕双龙纹，云纹地（图3-5-8之4）。篆盖立面雕双龙纹，每面二龙，中间宝珠，龙头相对（图3-5-8之5）[1]。册身边长1.31米，高30厘米，侧立面高16厘米，下方斜杀。册身面镌刻哀册文36行，满行37字（《庆陵》Ⅰ，第248页），外缘双竖线册身立面双龙宝珠纹同篆盖。

---

[1] 汉文、契丹文哀册石篆盖十二生肖，龙纹形象相同。

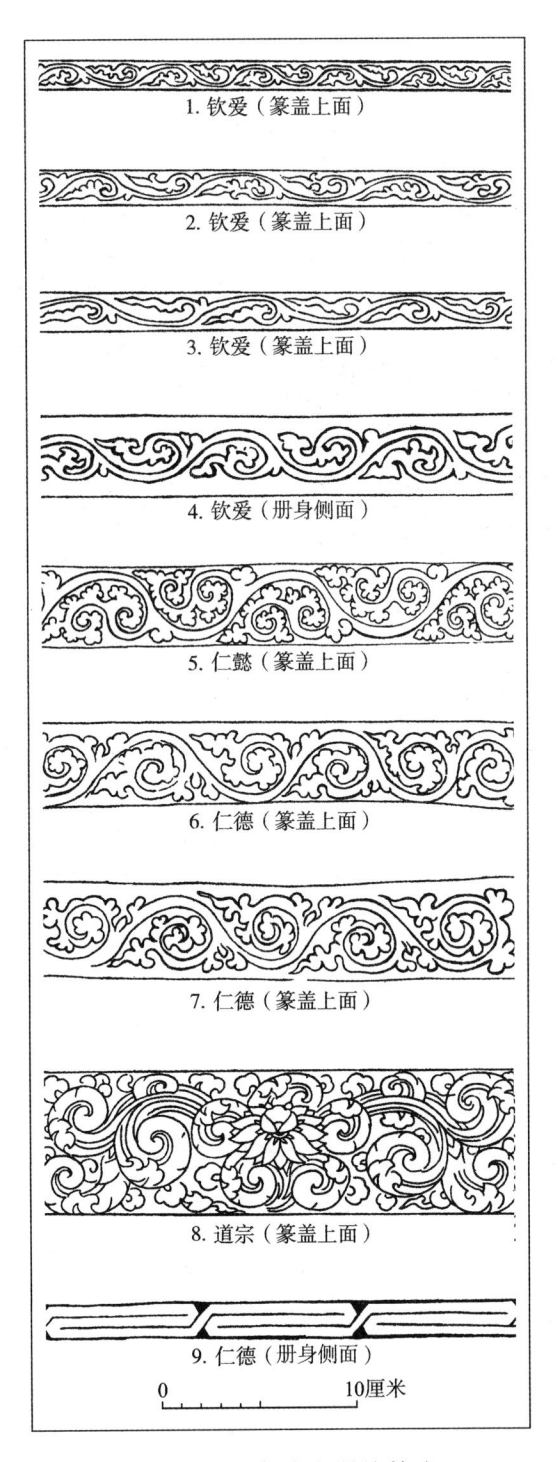

图 3-5-7　庆陵哀册纹饰之一

（采自《庆陵》）

1. 钦爱

2. 仁懿

3. 仁德

4. 道宗（契丹文碑）

5. 道宗（契丹文碑）

0　　10厘米

图 3-5-8　庆陵哀册纹饰之二

（采自《庆陵》）

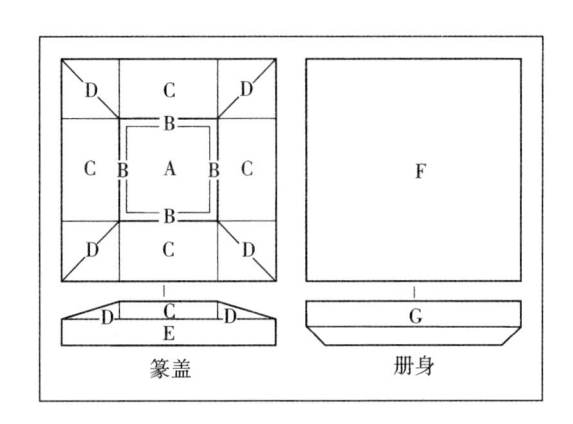

图 3-5-9　庆陵哀册纹饰位置示意图

（采自《庆陵》，图中 A、B、C、D、E、F、G 与正文《庆陵汉文哀册纹饰表》对应）

6. 宣懿皇后汉文哀册一合

见图 3-5-1 之 6。篆盖边长 1.30 米，盝顶方区边长 82 厘米，高 31 厘米，侧面垂直高 15 厘米。盝顶面刻谥号，"宣德皇后哀册"，3 行，每行 2 字。册身边长 1.31 米，高 31 厘米，侧身立面高 16 厘米，面刻哀册文 34 行，满行 32 字（《庆陵》Ⅰ，第 248 页）。哀册盖和册身纹饰同道宗汉文哀册盖和册身。

7. 道宗契丹文哀册一合

见图 3-5-1 之 7。篆盖边长 1.35 米，盝顶方区边长 83（82）厘米，高 27 厘米，侧面垂直高 13 厘米。盝顶面刻契丹文谥号，6 行，每行 6 字。册身边长 1.35 米，高 28 厘米，立面高 14 厘米，下方斜杀。册身面刻契丹文哀册文 37 行，其中 12，13，15，23，24，25，31，36，37 行有重刻现象，去掉重刻重复的字，实有 1135 字。册文以契丹小字为主（《庆陵》Ⅰ，第 257—259 页）[1]。哀册盖和册身纹饰同道宗汉文哀册。

8. 宣懿皇后契丹文哀册一合

见图 3-5-1 之 8。篆盖边长 1.32×1.31 米，盝顶方区边长 80 厘米，高 32 厘米，侧面垂直高 14 厘米。盝顶面刻契丹文谥号，4 行，每行 4 字。册身边长 1.31 米，高 33 厘米，侧立面高 17 厘米，下方斜杀。册身面刻契丹字哀册文，30 行，共 621 字（《庆陵》Ⅰ，第 257 页）[2]。册文以契丹小字为主，哀册盖和册身纹饰同道宗汉文哀册。

---

[1] 契丹哀册文考释，参见罗福成《契丹国书哀册释文考证》，收在《辽陵石刻集录》卷三、四、五，1934 年版；《辽宣懿皇后哀册释文》，《满洲学报》第 2 号，1933 年。王静如《辽道宗及宣懿皇后契丹国字哀册初释》，《契丹国字再释》，载《"中央研究院"历史语言研究所集刊》，第三本第四分册，1933 年版，第五本第四分册，1935 年版。

[2] 契丹哀册文考释，参见罗福成《契丹国书哀册释文考证》，收在《辽陵石刻集录》卷三、四、五，1934 年；《辽宣懿皇后哀册释文》，《满洲学报》第 2 号，1933 年。王静如《辽道宗及宣懿皇后契丹国字哀册初释》，《契丹国字再释》，载《"中央研究院"历史语言研究所集刊》，第三本第四分册，1933 年版，第五本第四分册，1935 年版。

以上所述汉文哀册各部位纹饰和简况,可概括为下列《庆陵汉文哀册纹饰简表》(《庆陵》Ⅰ,第197页)。

表 3-5-1　　　　　　　　　　　　庆陵汉文哀册纹饰简表

宣懿	道宗	仁懿	钦爱	仁德	圣宗			
宣懿皇后哀册	仁圣大孝宣皇帝哀册	仁懿皇后哀册	钦爱皇后哀册	仁德皇后哀册	文武大孝宣皇帝哀册	盖铭	A	篆盖方区
3行 行2字	3行 行3字	2行 行3字	2行 行3字	2行 行3字	3行 行3字			篆盖
	牡丹唐草纹,八卦纹	内云纹唐草纹,主纹牡丹唐草纹	内,云纹唐草纹。主纹,牡丹唐草纹,外,云纹唐草纹	牡丹唐草纹	双凤纹双蝶纹	周缘	B	
同道宗哀册	十二支生肖	十二支生肖有项光	十二支生肖	右向十二支生肖	十二支生肖	主纹	C	四边斜杀面
	双竖线	云纹唐草纹	云纹唐草纹	云纹唐草纹	双竖线	界缘		
	双龙纹	双龙纹	团龙(二龙)	团龙纹	牡丹花纹	四隅方区	D	
	双龙纹	双凤纹	牡丹唐草纹	牡丹唐草纹	四神纹		E	盖立面
34行 满行32字	36行 满行37字		25行 满行25字	26行 满行27字	35行 满行36字	铭文	F	册身面
	双竖线		半四瓣花纹,外云纹唐草纹	直线连续涡纹	窄缘带	四周缘带		册身
同道宗	双龙宝珠纹		牡丹唐草纹	四瓣花纹	牡丹唐草纹		G	册身立面

哀册碑石纹饰位置,见图3-5-9。

二 陀罗尼经幢和其他遗物

(一) 陀罗尼经幢

见图3-5-10。前已介绍陀罗尼石幢散倒于中陵享殿遗址西北部，残存石幢座、幢身、宝盖、上部幢身，幢顶和宝瓶无存。

幢座，八角形，高34.5厘米，宽120.6厘米，上下二层（图3-5-10之4）。下层立面每面有长38.5厘米，高13厘米的长方形框，八面相间分别浮雕兽（马、羊、犬等）和花纹（图3-5-10之4、3-5-11）。幢座上层圆形，径74.2厘米，周边雕16个花瓣（左右二弧形叶，中抱小圆形花纹，似宝装莲瓣，图3-5-10之4、8）。中央有径17厘米，深13厘米圆形卯口。

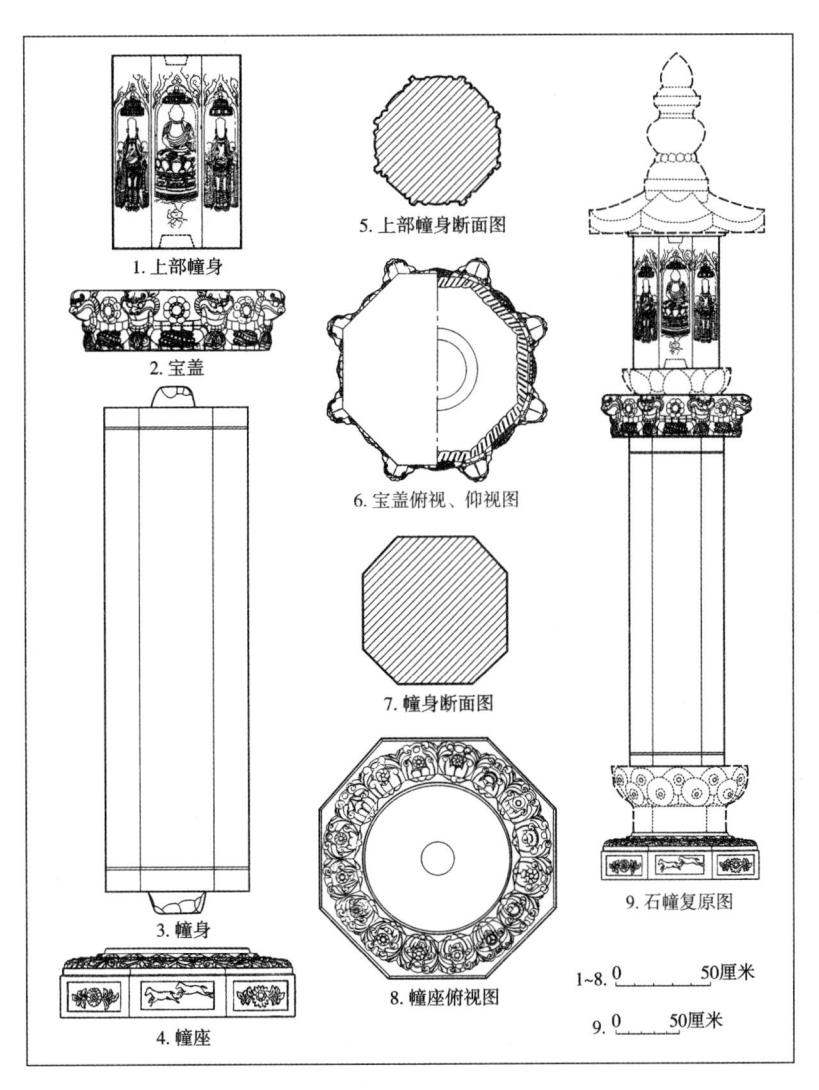

图3-5-10 庆中陵陀罗尼石幢构件图和复原图
(采自《庆陵》)

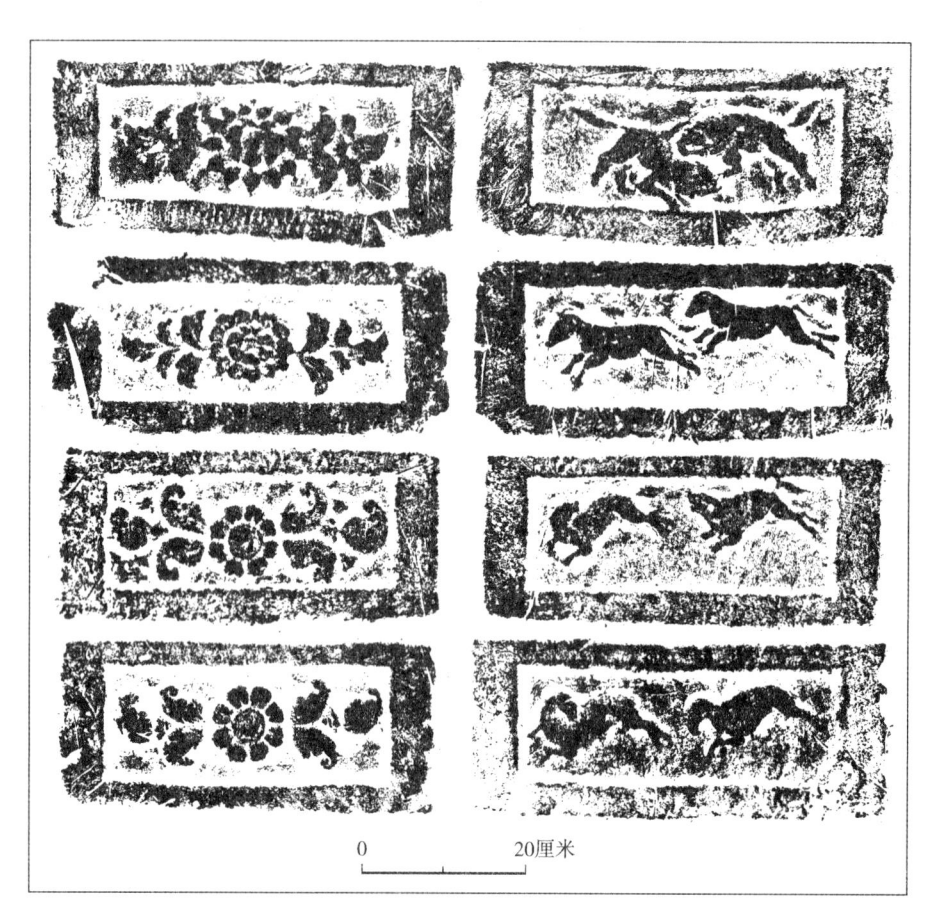

图 3-5-11　庆中陵陀罗尼石幢座侧面纹饰拓本
(采自《庆陵》)

幢身，八角形，高 244 厘米，宽 75.8 厘米，上方有高 10.6 厘米，径 24 厘米的石榫头；下方有高 12 厘米，径 30 厘米的石榫头，通高 2.67 米（图 3-5-10 之 3）。八角形幢身由宽 38.5 厘米和 26.7 厘米的宽面和窄面相间构成，各面上下端有高约 11 厘米的唐草纹带。每面刻梵文陀罗尼经，宽面 9 行，窄面 6 行，每行 54 字。

宝盖，位于上下幢身之间，扁平八角形，高 30.3 厘米，宽约 102 厘米，各面宽 42—43 厘米。八角形各棱角高浮雕兽头，向外突出约 10 厘米；八个面浮雕花纹和垂幕纹等。底面中央有径 30 厘米，深约 13 厘米的卯口（图 3-5-10 之 2、6）。

上部幢身，八角形，高 97.6 厘米，宽 65.7 厘米，各面宽 26-27 厘米，上部有径 12 厘米，深 9 厘米的卯口，下部有径 18 厘米，深 7 厘米的卯口。幢身下原有仰莲座，已无存。八面各有火焰尖拱型小龛，龛之上下线刻云纹，八龛相间浮雕 4 佛 4 菩萨。四佛在宝盖下结跏趺座于八角圆形叠涩台座上，偏袒右肩，从手印判断为东面阿閦，南面宝生，西面阿弥陀、北面不空成就佛，属金刚界四佛。四菩萨宝冠、天衣璎珞，足立于小莲踏上，左右侍立（图 3-5-12，图 3-5-10 之 1、5）。上述四件组合起来可达 4.6 米，若加上上部幢身下仰莲座，以及幢顶和宝瓶复原其高度应达 6 米左右。

图3-5-12　庆中陵陀罗尼石幢上部佛像和菩萨像拓本
(采自《庆陵》)

(二) 其他遗物

庆陵遭多次盗掘和毁坏，地宫随葬品无存，陵园建筑全部残毁，《庆陵》一书仅收集少量无关紧要的采集品。下面据此略作简要介绍，详细情况请参见原书的描述和图版。

1. 东陵遗物[1]

东陵享殿遗址群采集的遗物以瓦类居多，瓦均残，可分为筒瓦，板瓦，瓦当，滴水和条形瓦五类；此外，还有残鸱尾。其中筒瓦、板瓦、条形瓦分有釉和无釉两种，釉多为绿釉；少数为褐色釉，无釉瓦均呈黑灰色。

---

[1] 东陵遗物，见［日］田村实造、小林行雄：《庆陵》Ⅰ，京都大学文学部1953年版，第127—154页的介绍及有关图版。

享殿遗址群采集的瓷片有白瓷、青白瓷和青瓷片。大体可分为定窑白瓷、仿定窑白瓷、林东窑白瓷、青白瓷推测是景德窑镇产品，青瓷推测是余姚窑系产品。此外，还有白釉陶片（釉色似林东窑瓷片）、黑釉陶片、褐釉陶片等。除上所述，还发现有残铁钉、铁片、残铁釜足，在享殿遗址附近采集二枚"祥符元宝"（宋真宗大中祥符年间，1008—1017）。

地宫内主要是采集到少量小木构件，均残。比如，在中殿西配殿采集到斗拱、檩材、屋顶残件等约20件，这些构件均髹黑漆，有的残存金箔。据此，可复原其斗拱组合；可知有家俱残件，有的髹黑漆，其中似有胡床残件；有的似为槅门的门板，龙纹雕板残件（两面髹黑漆，一面残存金箔）推测是隔门与甬道间的槅板。此外，在中殿北甬道前部还采集到残木俑[1]，其中之一残高46.7厘米，宽14.5厘米，木雕立像，宽袖长衣，双手置于胸前，细部残毁。

2. 中陵遗物[2]

中陵重要遗物，主要是前已介绍的陀罗尼经幢。此外，在享殿遗址采集到石碾残件，瓦当、滴水和条形瓦残件和鸱尾残件，其中无釉者占多数。瓷片和陶片情况与东陵基本相同。

3. 西陵遗物[3]

在享殿遗址采集有瓦当、滴水、板瓦、筒瓦、鸱尾等残件，其中一件筒瓦上朱书"乾三年"字样（天祚帝乾统三年，1103）。这些瓦件大都有釉，缘釉为主，少量为褐釉。瓷片情况与东陵相近。除上所述，在地宫内采集的斗拱、檩材、屋顶等残件约30件，有的可复原其斗拱组合。这些构件表面刷较粗糙的褐漆，有的斗拱上残存金箔。残木件有的为家具残件，有的有雕刻，其中一件莲瓣木板可复原。

第六节　庆陵略析

庆陵东、中、西三陵仅余残迹，故只能据此略作些有限的初步分析。

---

[1] 辽代有殉人葬俗，至圣宗时仍有殉人。《辽史》卷十，《圣宗一》载：统和元年二月，"甲午，葬景宗皇帝于乾陵，以近幸郎、掌饮伶人挞鲁为殉"。到开泰七年（1018）陈国公主墓则出木俑，此后出土木俑渐多，说明以木俑代替殉人。圣宗陵地宫发现木桶，亦以代替殉人。

[2] [日] 田村实造、小林行雄：《庆陵》，京都大学文学部1953年版，第七章结语。文中说：梅岑蕊在中陵地宫发现道宗时代的清宁钱和大康钱，因而推测中陵为道宗陵。其实兴宗葬于中陵是道宗清宁元年，仁懿皇后与兴宗合葬于大康二年，所以上述钱币出现于中陵不足怪。又闵宣化提到东陵出清宁钱和大康钱。圣宗天平十一年（1030）葬永庆陵，清宁四年（1058），大康七年（1081）钦爱皇后和仁德皇后分别与之合葬，所以也不成问题，反而这一资料无法成为东陵是兴宗陵的证据。前面第三章第一节谈到东陵墓道壁画二次改绘问题，此问题是即与上面二皇后与圣宗合葬情况有关。有关中陵的遗物，见 [日] 田村实造、小林行雄：《庆陵》Ⅰ，京都大学文学部1953年版，第168—171页。

[3] 西陵遗物，见 [日] 田村实造、小林行雄：《庆陵》Ⅰ，京都大学文学部1953年版，第179—190页。

一 陵园

（一）陵址注意到风水要素

东、中、西三陵以高大的庆云山为主山作背屏，在庆云山主山前较低平的山麓点穴置地宫。三陵陵侧有溪水，诸溪水合流后横于三陵之前从西向东流。三陵所在的沙丘草地树木林立，灌木丛生，植被良好。各陵侧有低山夹峙，神道似有护砂。上述情况，基本符合帝陵选址的"觅龙、察砂、观水、点穴"原则（案山和朝山情况未见记载）。也就是说，庆陵三陵选址已注意到唐代以来帝陵选址所应具备的"负阴抱阳，背山面水"等风水要素。由于上述要素不同于宋陵以"五音姓利"为准的风水要素，故辽庆陵选址所注意的风水要素显然是受唐代影响，并有所发展（如水和护砂等）。

（二）陵园形制布局的特点及其与唐宋帝陵的关系

东、中、西三陵陵园建于山麓地带的缓坡上，现仅残存陵园门、神道、享殿建筑群基址和地宫。由于契丹人尚东[1]，故陵门、神道和享殿皆东南向[2]。从残存遗迹来看，地宫、享殿、神道和陵园门不在一条直线上。东、中陵享殿遗址群在地宫偏东南约200米，西陵则达400米，地宫脱离享殿建筑群独立存在。神道介于享殿建筑群前端西侧与陵园门之间，东陵神道长1300米，线型折曲；中陵神道长约700米，西陵神道水平距约660米，中和西陵神道线型较直。享殿建筑群分东西两组，中间隔夹道。东陵神道与享殿东西建筑群间夹道连通，中陵神道于享殿建筑群前略析拐与东西建筑群间夹道相通，西陵享殿东西建筑群间夹道较宽并向前延伸后与神道相接。上述情况，均为庆陵在中国古代帝陵陵园中独有的特点。

庆陵陵园未发现任何标志陵园范围的遗迹，未发现望柱和石象生[3]。虽然如此，但现存的陵园遗迹仍可明显看出中原地区的影响，比如陵园门三门道，两侧大台基里宽外窄呈倒梯形，此形制不排除陵园门前两侧有三出阙的可能性。神道长似唐陵神道，但其长度长于唐陵（唐乾陵神道长650余米），神道斜或曲折又不同于唐陵神道。庆陵无唐陵的陵园（宋陵称上宫）和下宫，而建享殿东西两组建筑群。东侧享殿建筑群享殿平面方形（庆

---

[1] （宋）叶隆礼：《契丹国志》卷一："其城与宫殿之正门，皆东向群之。"（宋）沈括《梦溪笔谈》："契丹坟墓，皆在山之东南麓。"

[2] 李逸友：《辽代契丹人墓葬制度概说》，载内蒙古文物考古研究所编《内蒙古东部区考古学文化研究文集》，海洋出版社1991年版。文中说，"辽代帝后陵墓的考古调查发现，太祖陵面向东南，直对上京城"，"用磁针实测，所谓'东向'，乃是东南向，是对着太阳升起的东南方，含'东向拜日'之意"。"辽代契丹人的墓向基本上是东南向。"契丹人"在搭设毡帐居住时，必须是避风向阳之处，毡帐的方向也必须如此，东向拜日的习尚于是随之产生。作为生者所居之处必须东向，为死者筑墓时择地山阳，墓向东方也必须遵循，成为世代相传的传统习尚。所谓东向，不是磁针所指的正东向，而是日出的东南隅"。

[3] 据传辽祖陵发现石羊、狻猊、麒麟、石人等。李逸友《辽耶律琮墓石刻及神道碑铭》（《东北考古与历史》第一辑，文物出版社1982年版）记述耶律琮墓正前方有一座观世音经碑，神道两侧立石羊两对、石虎一对、武吏一对、文官一对。可见辽代陵墓也有立石象生的习俗。

东陵享殿出现减柱造，是辽代的特点），前出月台，两侧设朵殿，朵殿侧出回廊围成南北长方形院落，回廊前正中辟门，门前翼以两阙（即东西廊前突出之小台基），此种形制显然源于唐宋的建筑形式。享殿建筑群，应是从唐宋帝陵上宫内的献殿演变而来，即将唐宋帝陵上宫的献殿独立出来形成功能较齐全的院落形式[1]。享殿建筑群西侧建筑群似相当于唐宋帝陵的下宫建有御容殿[2]，东西建筑群之间以夹道相隔。从中陵来看，东西两建筑群后部似相连接。也就是说，辽庆陵将唐宋帝陵上宫献殿和下宫基本合而为一，这是中国古代帝陵陵园的重要创举。在一定意义上可以说，这个创举乃是开明代帝陵陵园取消下宫，将下宫部分职能并于陵宫的形制之先河。此外，庆陵依山为陵，帝后同穴合葬仿唐陵。庆陵地宫在享殿之后独立存在，又似对明陵宝城宝顶在方城明楼之后的形制有一定的影响。庆陵陵号以"永"字打头，陵区内有陪葬墓，在陵区之外设奉陵邑（庆州城）均仿宋陵[3]。此外，中陵享殿西侧建筑群外发现经幢，说明有佛教设施，这种情况或许受到宋陵陵区设佛寺的一定影响。总之，上述情况表明，庆陵陵园的形制，当是在唐宋帝陵陵园影响下，又根据其自身的情况因地制宜加以变化的结果。

二　地宫形制

（一）圆形和八角形是辽墓中期与晚期墓室的主要形制

目前学者大体将辽墓分为三期，即建国之初的太祖、太宗、世宗、穆宗、景宗五朝为早期（916—983），圣宗和兴宗两朝为中期（983—1055），道宗和天祚帝两朝为晚期

---

[1]《辽史》卷三七，"地理志一"庆州条记载："兴宗遵遗命，建永庆陵。有望仙殿、御容殿。"《辽史》卷一八，《兴宗一》记载：十一月"丙申，谒庆陵"，"其山曰庆云，殿曰望仙"。重熙八年"秋七月丁巳，谒庆陵，致奠于望仙殿"。《辽史》卷二一，《道宗一》记载：清宁三年"五月己亥，如庆陵，献酎于金殿，同天殿"。《三朝北盟会编》卷一二一所收《亡辽录》记载："庆州则望圣、望仙、神仪三殿。"《契丹国志》卷一一，天祚纪记载：金人破坏庆州望迁、望圣、神仪三殿。上述记载殿名不一，但大体可认为东陵享殿名为望仙（望迁），永兴陵享殿名为望圣，永福陵享殿名为神仪。

[2] 前注说永庆陵有御容殿，又前面"庆陵概说"注释中说辽陵寝建有影堂。庆陵享殿建筑群西侧建筑群似为置御容殿和影堂之所，其功能略似于唐宋帝陵之下宫。

[3] 巴林右旗博物馆博物馆《辽庆陵又有重要发现》，文中说：在庆东陵区内，于主陵西南300米处发现南北向排列的两座墓葬，据墓志记载，墓1是兴宗皇帝幼子，赠秦魏国王耶律弘世夫妇墓，葬于道宗大安三年（1087），志文记祔葬于兴陵。墓2为义和仁寿皇太叔祖耶律弘本（兴宗之子）夫妇墓，葬于天祚帝乾统十年（1110），志文记："安兆于兴云山以祔先陵。"按该文以墓1"祔葬兴陵"为据，认为东陵为兴宗陵，中陵为圣宗陵，西陵为道宗陵。我们认为此说不能成立，理由如下：A.《庆陵》报告对东、中、西三陵分别为圣宗、兴宗、道宗陵进行了详细考证，已为学术界所接受。B. 该文记陪葬墓在东陵区主陵西南300米和300米外，这个距离从其行文来看是估算的概数，不足为凭。以300米外计算，已大致在兴陵东界内。C. 墓1志文记"祔葬兴陵"，墓2志文记"祔葬先陵"，墓2在墓1之北120米。两者结合，似可认为这一带可能是庆陵陪葬区，而不是专指祔葬于某陵。D. 该文以东陵为兴宗陵，中陵为圣宗陵，西陵为道宗陵，也不符合昭穆葬制的左昭右穆原则。

(1055—1125)。并认为契丹大贵族墓墓室的形状早期以方形墓室为主（延续至中、晚期）；中期以圆形墓室为主，中期后半段始出现八角形墓室；晚期以八角形、六角形墓室为主，同时仍有少量圆形墓室[1]。并进而认为，庆东陵地宫（1031）中殿、后殿和各配殿呈圆形（按此说不确，见后文），庆中陵地宫（1055）与西陵地宫（1101）中室、后室和各侧室呈八角形，三陵地宫形制完全符合上述演变规律。以上大体就是现在有代表性的看法。

（二）圆形和八角形墓室形制结构模仿契丹毡帐

契丹人居毡帐（类似今之蒙古包），宋人称"穹庐"。1973年巴林左旗哈达英格乡哈达图村出土一件契丹早期鹿纹穹庐式灰陶骨灰罐（图3-6-1），罐体圆形立壁中间开单扇门，门两侧各开一方窗。立壁与顶衔接处饰堆纹一周，穹庐顶中空，其上有圆饼形盖，此形制乃契丹人毡帐真实写照。宋人彭大雅记载契丹人穹庐说：上如伞骨，顶开一窍，谓之天窗；体用柳木织成硬圈，经用毡挽定[2]。现代蒙古包顶部用许多细木条支撑住中间环形的"套脑"，形成形如伞盖的顶部骨架，中间的环形"套脑"用以通风、采光，上面盖可调解"套脑"圆孔闭合程度的毡片。今新疆哈萨克族大型毡房，圆形周壁顶部有一向内凸出的圈梁，其上架伞骨状撑木，顶部圆孔如蒙古包，有的毡房圆壁开窗。

图3-6-1 鹿纹穹庐式陶骨灰罐
（采自《临潢史迹》）

开泰七年（1018）陈国公主墓，后殿平面圆形砖砌周壁，穹庐顶中部有九边形孔，盖一圆锥体石块，白灰灌缝[3]。前述庆东陵各圆形配殿圆形立壁顶部砌向内凸出的缘带，其上内收成穹隆顶，顶部圆孔封砖。中殿周壁绘画影作壁柱，周壁顶部向内突出缘带上托穹隆顶；顶部中央不规则圆孔上盖封石，封石底面有自中心向外不规则射线刻槽；自穹隆顶上部圆孔向下绘画影作八条放射状支撑圆顶的木骨（阳马）。后室结构同中殿，穹隆顶部圆孔破坏，在顶部北侧有长方形孔。庆中陵和西陵八角形各殿顶部皆盖封石，中陵后殿北壁上有矩形孔。上述情况表明，辽墓和庆陵地宫圆形和八角形各殿的形制结构与前面介绍的穹庐和蒙古包几乎毫无二致，因而其均是模仿契丹毡

---

[1] 辽墓分期和各期墓室形状，参见A. 王秋华：《辽代墓葬分区与分期的初探》，《辽宁大学学报》（哲学社会科学版）1982年第3期。B. 杨晶：《辽墓初探》，《北方文物》1985年第4期。C. 李逸友：《辽代契丹人墓葬制度概说》，海洋出版社1991年版。D. 秦大树：《宋元明考古》，文物出版社2004年版，第176—184页。E. 内蒙古自治区文物考古研究所、哲里木盟博物馆：《辽陈国公主墓》，文物出版社1993年版，结语第一节。

[2] 转引自政协巴林左旗委员会编：《临潢史迹》，内蒙古人民出版社1999年版，第99—100页。

[3] 内蒙古自治区文物考古研究所、哲里木盟博物馆《辽陈国公主墓》，文物出版社1993年版。

帐营建而成的。

(三) 庆陵地宫形制布局是辽墓系列中的最高等级

契丹大贵族墓以前后双室，前室左右出耳室为主。如，赤峰发现的941年耶律羽之墓，为前室长方形，后室方形，前室两侧出方形耳室[1]。法库发现的970—977年叶茂台七号墓，由甬道，方形前室两侧出圆形侧室，前室后有甬道连接圆形后室组成[2]。哲里木盟奈曼旗发现的1018年陈国公主墓，前室长方形两侧出圆形耳室，后室圆形[3]。赤峰发现的959年驸马赠卫国王墓，平面形制为方形前室，长方形中室（置棺床），横长方形龛式小后室，三室直接相通，前室左右出方形耳室[4]。此外，北京南郊发现的958年北平王赵德钧墓为前、中、后三圆室，三室两侧各出圆形耳室，共九室，属特例[5]。

上述情况表明，辽代帝陵之下的王、公、公主、驸马等人墓葬均前后二室，前室左右出耳室。（驸马赠卫国王墓，只多一个龛形小室置遗物，不是真正的三室墓）。逾制的赵德钧墓则前、中、后三室，三室左右各出耳室。据此似可认为，前后三室和二室乃是辽代帝陵和帝陵之下王、公等墓葬最大的区别。庆陵地宫只是使驸马赠卫国王墓后龛室变成真正的墓室，去掉赵德钧墓后室的左右耳室，在王公等二室墓的基础上增加中殿和左右配殿，并将其进一步规范化，使之成为辽墓系列中的最高等级而已。也就是说，庆陵地宫的平面布局形制，应是在辽墓自身发展规律和规制基础上形成的[6]。此外，《辽史·营卫志》记载，"出有行营，谓之捺钵"，捺钵即行营之意。庆东陵中室绘四时捺钵图，因而庆陵地宫

---

[1] 内蒙古文物考古研究所：《辽耶律羽之墓发掘简报》，《文物》1996年第1期。据墓志记载，耶律羽之先后被封为中台右平章事，后加封太尉、太傅、封东平郡开国公；天显二年（927）升东丹国左相，一度主东丹国政；天显十三年（938）进上柱国，兼东京太傅。

[2] 辽宁省博物馆、辽宁铁岭地区文物组发掘小组：《法库叶茂台辽墓记略》，《文物》1975年第12期。

[3] 内蒙古自治区文物考古研究所、哲里木盟博物馆：《辽陈国公主墓》，文物出版社1993年版。

[4] 前热河省博物馆筹备组：《赤峰县大营子辽墓发掘报告》，《考古学报》1956年第3期。据墓志记载，墓主人萧沙姑，曾任安国军节度使，邢洺管内观察处置等使，同政事门下平章事，赠开国公、卫国王。

[5] 北京市文物工作队：《北京南郊辽赵德钧墓》，《考古》1962年第5期。赵德钧为卢龙节度使，北平王赠齐王。赵德钧曾想与石敬瑭争帝位。未得到辽太宗许可。其死后墓葬逾制或与他争帝位的背景有关。

[6] 唐五代和北宋墓葬平面形制无与庆陵地宫形制相近者。南京发现的南唐二陵中的李昪钦陵（943），前、中、后三方形室，前、中室左右各出方形侧室，后室左右各出三耳室，后壁凹入一龛。如果去掉后室各耳室和龛，其形制与庆陵地宫相近。但当时正处于五代十国割据阶段，契丹很难与远在江南的南唐有所交往并了解钦陵形制，所以庆陵地宫形制是否受到钦陵影响，尚未可知。

的布局形制当与捺钵行营（牙帐）的布局形式有一定关系[1]。关于这个问题，将在后文中予以涉及。

(四) 庆陵地宫形制是契丹传统与汉文化相融合的结果

契丹族自兴起之日始，就与当时的中央政府和汉文化紧密地联系在一起，并在吸收汉文化的基础上创造出独特的契丹文化，逐渐形成了崭新的契丹文化传统，其中就包括了契丹丧葬问题。

契丹族建辽国之前，《北史》《旧唐书》等记载其实行先树葬后火焚尸骨葬法。从考古资料来看，在唐代契丹人已开始土葬[2]。建立辽国后，契丹人的墓葬形制主要是模仿唐代北方汉人方形墓室。由于唐代管辖契丹活动地域的营州（今辽宁朝阳）一带流行圆室墓，所以辽代早期也有少量圆室墓，到中期则成为主要的形制[3]。营州圆形墓主人多为唐朝官吏，如"大唐故人孙君"墓，有墓门，券顶甬道，圆形墓室铺砖，后部有棺床。韩贞墓有墓道、墓门、甬道，圆形主室，主室两侧有圆形耳室，主室后部设棺床。"朝散大夫墓"有券顶墓门，门影作斗拱等木结构[4]。上述墓葬的形制和结构，在辽墓的演变过程中被逐渐吸收，并形成具有辽墓特点的新形制。

八角形、六角形墓室，研究者现在大都认为出现于中期后半段，流行于晚期，并多以庆东陵地宫除前殿外各殿呈圆形为中期辽墓墓室为圆形的典型。其实庆东陵地宫中殿已呈准八角形，关于这个问题下文壁画一节，将结合中室壁画，顶部图案和哀册图像进行具体探讨。通过这个探讨，说明八角形地宫的出现是在中原地区法象天地宇宙模式影响下而自然演变形成的（然后又影响到辽代贵族墓葬的形制），与北宋多角形墓室无直接关系。

除上所述，辽墓斜坡或阶梯墓道，墓道或甬道壁设小龛，以及封门砖的情况，墓室砌砖和起券方法，影作斗拱等木结构的形制和墓葬的等级制度等，都是与晚唐以来墓葬的影响分不开的。至于墓室绘壁画，采用墓志型哀册等，更是与唐墓一脉相承。但是，不管受

---

[1] 《辽史》卷三十二，《营卫志中》行营条记载："皇帝牙帐以枪为硬寨，用毛绳连系。每枪下黑毡伞一，以庇卫士风雪。枪外小毡帐一层，每帐五人，各执兵仗为禁围。南有省方殿，殿北约二里曰寿宁殿，皆木柱竹榱，以毡为盖，彩绘韬柱，锦为壁衣，加绯绣额。又以黄布绣龙为地障，窗、隔皆以毡为之，傅以黄油绢。基高尺余，两厢廊庑亦以毡盖，无门户。省方殿北有鹿皮帐，帐次北有八方公用殿。寿宁殿北有长春帐，卫以硬寨。"从中可大体看出，三殿似南北向排列，省方殿和寿宁殿有两厢廊庑，三殿间似有帐连系。此形制与庆陵地宫布局形制多少有些相近之处。

[2] 李逸友：《辽代契丹人墓葬制度概说》，海洋出版社1991年版。

[3] 唐代营州管辖契丹人活动地域，故营州，（包括今辽宁西部，内蒙古南部和河北北部一带）流行圆形墓室当与受契丹人圆形毡帐影响有关。而契丹人在辽代墓葬中期流行圆形墓室，亦应与营州唐代圆形墓室有较密切的关系。不过契丹人改行圆形墓室，则是返本归源，生住毡房，死亦躺在毡房，这是吸收汉人"视死如生"观念的必然结果。

[4] 中国社会科学院考古研究所编：《新中国的考古发现和研究》，载《朝阳地区唐墓》，文物出版社1984年版，第585页。

晚唐以来墓葬的多少影响，辽墓的方向，形制和结构如毡帐的墓室（包括加木护板），完全契丹化的壁画，尸体的处理和葬服，随葬品组合等等方面，都具有浓厚的民族特点，始终保持着民族传统。而那些传入的唐宋墓葬因素，经过吸收消化之后，则逐渐与契丹传统相融合，在此基础上契丹人又进行再创造，形成了契丹人的墓葬体系。庆陵地宫的形制，正是这种墓葬体系确立后的必然结果。

三　庆东陵壁画

庆东陵壁画以白灰泥为地仗[1]，绘制壁画先依粉本用锐器在地仗上刻线起画稿，画稿轮廓线用墨线或红线或墨线红线兼用之[2]，然后赋彩。绘画所用颜料，属石颜料和土颜料系统[3]。

（一）壁画题材及其寓意

墓道南部残断，墓道两壁残存侍卫群像，东壁侍卫群像南绘一匹马（《庆陵》文中说有马夫，图像无），西壁侍卫群像南或绘驼车[4]。墓道壁画属地宫仪卫性质。亦象征皇帝捺钵牙帐前的仪卫[5]。

---

[1] A．[日]田村实造、小林行雄：《庆陵》，京都大学文学部1953年版。该书对壁画地仗介绍十分简略。B．内蒙古自治区文物考古研究所、哲里木盟博物馆：《辽陈国公主墓》，文物出版社1993年版，第6页。介绍：前室及墓门门额先砌砖壁面，然后抹一层约0.6厘米厚的白灰，壁画绘于白灰面上。而墓道两侧则先在土壁上抹一层厚约1厘米左右的细泥，打磨光平后再抹一层厚约0.8厘米的白垩土。白垩土经磨压，十分细腻光平，然后作画。作画前先用赭色线勾勒轮廓，或用硬木签刻底线，然后填彩。陈国公主墓较庆东陵略早，故上述情况可作参考。

[2] 《庆陵》，第101—103页。记述了不同种壁画和壁饰（包括顶部绘画）刻画画稿，以及刻画画稿采用黑、红轮廓线的几种不同情况。刻画画稿有细有粗，如人物画稿较细，除身体轮廓外，还刻画出人物的眼、鼻、口、耳、头发、眉毛、须髯、帽子、衣饰等轮廓。山水画稿则较粗，仅牡丹、水鸟、鹿群等刻画较仔细，山坡和树木略刻出大形，仅可起构图作用。《庆陵》原文介绍较多，详见原文。参见前注。

[3] [日]田村实造、小林行雄：《庆陵》，京都大学文学部1953年版，第103—105页。对庆东陵壁画所用颜料和用色情况，有较全面的介绍。如绿用石绿青，青用石钳青，红用朱、铅丹，以及墨和金等色。这些颜料涂在壁画上呈细微粉末状。详情请见原文。

[4] 张鹏：《辽代庆东陵壁画研究》，《故宫博物院院刊》2005年第3期。说："据新的考古发现还有骆驼和高轮大车。"

[5] A．《新五代史》卷七二《四夷附录第一》。"德光胡服视朝于广政殿。乙未，被中国冠服，百官常参，起居如晋仪，而毡裘左衽，胡马奚车，罗列阶陛，晋人俯首不敢仰视。"墓道两壁壁画情况，似即反映契丹侍卫，胡马奚车，罗列阶陛的情况。
B．《文物》1972年第7期，第34页。礼泉郑仁泰墓墓道两壁仪仗线图，前有2人牵马和驼（另一壁绘牛车），后5人挎刀持旒旗，后又4人人侍立，腰挎胡禄和弓韬。与此类似者还有《考古》1963年第9期，第496、497页，咸阳苏君墓道线图等。庆东陵墓道两壁壁画构图与上述情况略同，唯无持旒旗者。以此结合前述之A，可认为庆东陵墓道壁画属仪卫性质。

墓门至甬道木隔门间，两壁各绘一身前室侍卫像。前室甬道券门南，两壁各绘汉装散乐群像[1]；券门之北，东壁绘著国服的北面官契丹官员二身，西壁绘著汉服的南面官汉官二身[2]。东西甬道门与木隔门间及东西配殿，绘持渔网、桨等和体态、手势、动作各异的"应役次人"群像[3]。前殿北甬道券门与木隔门间，两壁各绘重装（有弓箭）中殿侍卫二身。上述情况表明，前殿和东西配殿重在表现跟随皇帝四时捺钵的北面和南面主要官员，以及各种应役人等扈从的盛况。据此可将前室大体比定为皇帝捺钵牙帐组群中最南边的省方殿，东西配殿似表示殿外之殿或两厢（参见《辽史·营卫志中》）。

中殿周壁于四甬道券门间分绘四季山水图，象征皇帝四季捺钵[4]。东西甬道券门与

---

[1] A. 《辽史》卷五四《乐志》："辽有国乐，有雅乐，有大乐，有散乐，有铙歌，横吹乐。旧史称圣宗、兴宗咸通音律。"散乐条记载："晋天福三年，遣刘煦以伶官来归，辽有散乐，盖由此矣。"

B.（宋）徐梦莘：《三朝北盟会编》卷一四《政宣上帙十四》，引宋马扩《茅斋自序》：阿骨打"是日已立契丹拔纳行帐，前引契丹旧合门官吏，皆具朝服，引唱舞蹈大作朝见礼仪，复入帐门，谓之上殿"。可见辽皇帝捺钵行帐前有散乐队，辽代散乐乐队，除特例外均著汉服。庆东陵散乐队，位于甬道后部与前殿东西甬道券门之南，即入帐门处。从"谓之上殿"来看，本书将前殿比作省方殿是有道理的。

[2] A. 《辽史》卷四十五，《百官志一》："辽国官制，分北、南院。北面治宫帐、部族、属国之政。南面治汉人州县、租赋、军马之事。因俗而治，得其宜矣。"

B.（宋）叶隆礼：《契丹国志》卷二三《建官制度》："其官有契丹枢密院及行宫都总管司，谓之北面，以其在牙帐之北，以主蕃事。又有汉人枢密院、中书省、行宫都总管司，谓之南面，以其在牙帐之南，以主汉事。"

C. 《辽史》卷五十五，《仪卫志一》，《舆服》条记载："辽国自太宗入晋以后，皇帝与南班汉官用汉服；太后与北班契丹臣僚用国服，其汉服即五代晋之遗制也。"

D. 《辽史》卷五十三，《礼志六》"正旦朝贺仪"条："引契丹臣僚东洞门入，引汉人臣僚并诸国使西洞的门入。"庆东陵前殿北面官和南面官分绘于东壁与西壁，与上述情况相合。

[3] 参见后文对四季山水图和捺钵的分析。

[4] A. 中国大百科全书编委会：《中国大百科全书·中国历史》Ⅱ，中国大百科全书出版社1992年版，第709页。"捺钵"条说："辽代不同时期四时捺钵的地区也有所变化和不同。大体而言，春捺钵设在便于放鹰捕杀天鹅、野鸭、大雁和凿冰钩鱼的场所，最远到混同江（今第二松花江）和延芳淀（今北京东南）。夏捺钵设在避暑胜地，通常离上京或中京不过三百里。秋捺钵设在便于猎鹿、熊和虎的场所，离上京或中京也不很远。冬捺钵设在风寒较不严酷而又便于射猎的场所，通常在上京以南至中京周围。"

B. 《辽史》卷三十二，《营卫志中》记载："春捺钵：曰鸭子河泺。皇帝正月上旬起牙帐，约六十日方至。天鹅未至，卓帐冰上，凿冰取鱼。冰泮，乃纵鹰鹘捕鹅雁。晨出暮归，从事弋猎。鸭子河泺东西二十里，南北三十里，在长春州东北三十五里，四面皆沙堝，多榆柳杏林。皇帝每至，侍御皆服墨绿色衣，各备连鎚一柄，鹰食一器，刺鹅锥一枚，于泺周围相去各五七步排立，皇帝冠巾，衣时服，系玉束带，于上风望之。有鹅之处举旗，探骑驰报，远泊鸣鼓。鹅惊腾起，左右围骑皆举帜麾之。五坊擎进海东青鹘，拜授皇帝放之。鹘擒鹅坠，势力不加，排立近者，举锥刺鹅，取脑以饲鹘。救鹅人例赏银绢。皇帝得头鹅，荐庙，群臣各献酒果，举乐。更相酬酢，致贺语，皆插鹅毛于首以为乐。赐从人酒，遍散其毛。弋猎网钩，春尽乃还。"（转下页）

木隔门间绘皇室成员（东西耳室壁画漫漶，亦应绘皇室成员）[1]。中殿北甬道壁画剥落漫漶，从残迹看应绘后室门前侍卫图像。中殿略呈准八角形，可比作省方殿北之八方公用殿（参见后文），两作圆形配殿似表示殿外之两厢。

（接上页）"夏捺钵：无常所，多在吐儿山。道宗每岁先幸黑山，拜圣宗、兴宗陵，赏金莲，乃幸子河避暑。吐儿山在黑山东北三百里，近馒头山。黑山在庆州北十三里，上有池，池中有金莲。子河在吐儿山东北三百里。怀州西山有清凉殿，亦为行幸避暑之所。四月中旬起牙帐，卜吉地为纳凉所，五月末旬、六月上旬至。居五旬。与北南臣僚议国事，暇日游猎。七月中旬乃去。"

"秋捺钵：曰伏虎林。七月中旬自纳凉处起牙帐，入山射鹿及虎。林在永州西北五十里。尝有虎据林，伤害居民畜牧。景宗领数骑猎焉，虎伏草际，战栗不敢仰视，上舍之。因号伏虎林。每岁车驾至，皇族而下分布泺水侧。伺夜将半，鹿饮盐水，令猎人吹角效鹿鸣，既集而射之。谓之'舐碱鹿'，又名'呼鹿'。"

"冬捺钵：曰广平淀。在永州东南三十里，本名白马淀。东西二十余里，南北十余里。地甚坦夷，四望皆沙碛，木多榆柳。其地饶沙，冬月稍暖，牙帐多于此坐冬，与北、南大臣会议国事，时出校猎讲武，兼受南宋及诸国礼贡。"

C.《辽史》卷三十七，《地理志一》庆州条：庆州"本太保山黑河之地，岩谷险峻"，穆宗"每岁未幸，射虎障鹰"；统和八年"圣宗秋畋，爱其奇秀，建号庆州"。

D.（宋）叶隆礼《契丹国志》卷五《穆宗天顺皇帝》："如京东北有山曰黑山，曰赤山，曰太保山，山水秀绝，麋鹿成群，四时游猎，不离此山。"

E.《契丹国志》卷二十三："每岁正月上旬，出行射猎，凡六十日，然后并挞鲁河凿冰钓鱼，冰泮，即纵鹰鹘以捕鹅雁。夏居炭山或上陆避暑，七月上旬复入山射鹿，夜半令猎人吹角效鹿鸣，既集而射之。"

F. 程大昌：《演蕃露》，中华书局2000年版。卷第三，北房于达鲁河钩鱼条："达鲁河东与海接，岁正月方冻，至四月而泮，其钩是鱼也，房主与其母皆设次冰上，先使人于河上下十里间以毛网截鱼，令不得散逸，又从而驱之，使集房帐……。鱼之将至，伺者以告房主，即遂于斫透眼中，用绳钩掷之，无不中者……"

上述情况表明，不同时期皇帝四时捺钵之地有别，四时捺钵内容也有差异。《庆陵》一书作者认为，四季山水图中的地貌与庆云山景观类似，表现的是庆云山四季捺钵情况。实则四季山水图，除秋图与庆云山相似外；余图无庆云山"岩谷险峻"奇秀之感。此外，四季山水图中有野猪，无射鹿，捕鹅雁，凿冰钓鱼等场面。因此四季山水图不是某处捺钵之地的对景写生，而是综合了四季捺钵之地的特点，重在表现四时捺钵之地场景特色的艺术创作。鹿是四季山水图的重要主题，鹿夏育儿，秋发情，冬求饵，在夏、秋、冬图中体现季节变化。同时鹿与契丹族关系十分密切，有人认为鹿是契丹文化的标志与符号。除上所述，《辽史·营卫志中》记载："皇帝四时巡守，契丹大小内外臣僚并应役次人，及汉人宣徽院所管百司皆从。汉人枢密院、中书省唯摘宰相一员，枢密院都副承旨二员，令史十人，中书令史一人，御史台、大理寺选摘一人扈从。"同时在夏捺钵和冬捺钵还要举行北、南臣僚议事会议。所以庆东陵前室契丹官员和汉人官员，以及东西甬道所绘扛渔网等人像，代表了四时捺钵契丹大小内外臣僚和各种相关应役次人扈从皇帝群体的形象。

[1] 前注秋捺钵记有皇族和房主母等，说明皇帝四时捺钵有皇室成员随从，庆东陵中室东西甬道壁画有妇人图和气质高贵的人像，结合中室四时捺钵图和顶部龙凤图案等，可认为东西甬道和耳室所绘人像应为皇室成员。

（二）中殿壁画哀册图像和顶部图案的寓意及其与中殿形制的关系

据《庆陵》报告记述，庆东陵中殿南北径5米，东西径5.30米，周壁不是正圆形。[1]中室四甬道券门和四季山水图八分中室周壁，四季山水图所在壁面略呈弧形，四甬道券门处呈直线形（图3-4-14）；从《庆陵》报告刊布的四季山水图画面观察，画面无弧面感觉，故四季山水图所在壁面的弧度应很小。鉴于上述情况，中殿不应称圆形，而是呈准八角形（图3-4-14）。从图3-4-14庆东陵四季山水画配置图来看，四甬道似位于正方向，而春、夏、秋、冬图不在正方向上。但是，若按图3-4-1、3-4-14所标地宫方向，则东、南、西、北大致分别指向春、夏、秋、冬图。此现象说明，庆东陵地宫营建时方向误差较大，其设计思想应是将四季山水图置于东、西、南、北四正方向，四甬道券门分别置于东南、西南、西北和东北四个方向，中殿准八角形平面的八边则与之分别对应。此外，中殿穹隆顶亦八分，并与周壁八分对应。其中与四甬道券门对应部分在云纹上绘云间双龙，与四季山水图对应部分在云纹之上绘云间双凤，穹隆顶顶部中央有天窗。据学者研究，自北朝到唐代墓室与墓志在形制和观念上是有对应关系的[2]，所以下面根据庆东陵中殿墓志形哀册的形制和图像，来进一步分析中殿的形制问题。

前面已经介绍，庆东陵中殿墓志形哀册册盖盝顶形，盝顶方区内线刻双勾谥号"文武大孝宣皇帝哀册"九字，3行，每行3字。方区外四边斜杀面中间，线刻十二生肖，每面3体，十二生肖方位固定，以上方中央为子鼠，顺时针排列各像。斜杀面间四隅镌大朵牡丹纹饰，册盖四立面线刻四神像。上述盝顶形哀册的形制和图像基本上承袭了唐代盝顶形墓志的形制和图像的内容，对此可大体作如下解释。[3]第一，方区内9字三三排列的谥号。北朝隋唐墓志盖上题额以9字三三布列者最为常见，这种布列所构成的图形正是方格状的太一下行九宫图（图3-6-2）[4]，该图表示"九天"（天的

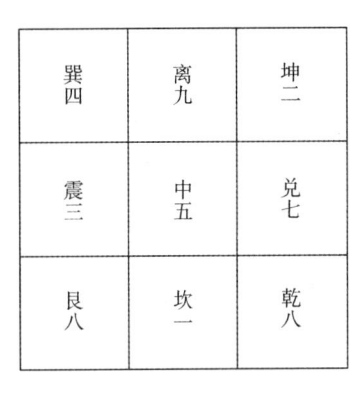

巽 四	离 九	坤 二
震 三	中 五	兑 七
艮 八	坎 一	乾 六

图3-6-2 太一下行九宫图

---

[1] 参见［日］田村实造、小林行雄《庆陵》，京都大学文学部1953年版，第17页。庆东陵墓室尺度表及第20页正文。

[2] 李星明：《唐代墓室壁画研究》，陕西人民美术出版社2005年版，第221—223页。"穹隆顶墓室建筑结构和覆斗形墓志形制所蕴涵的易学数理关系"。

[3] 李星明：《唐代墓室壁画研究》，陕西人民美术出版社2005年版，第六章第二节"法象天地的纪念碑：唐代墓志宇宙神瑞图像试探"。并参见后文墓志形哀册形制和图像与唐代墓志的比较。

[4] "九宫"图，俗称"九宫格"，由纵横各"三"数的方格网组成。太一下行九宫图，"取其数以行九宫"，以九一三七为四方，二四六八为四隅，五为中宫，经纬四隅，交络相随，均得十五的"太一九宫图"。图之中宫为太一神所居，余八宫为八卦神所居。又据《大戴礼记》（《四部丛刊》本，上海书店出版社1985—1989年版），"戴九履一，左三右七，二四为肩，六八为足，五位于中"的九宫布局，具备二仪、四象、五行、八卦之古代哲学原理，称河图或洛图（学者意见不一），图3-6-3。

中央和八方）和"九野"[1]，九宫图中间称中宫为太一神（又作泰一，太乙，天帝别称，天神中最尊者）所居，余八宫为八卦神所居。因而九宫除中宫外，其他八宫（八方）又与八卦和八个气节配属。即一为坎，居北方，冬至；二为坤，居西南，立秋；三为震，居东方，春分；四为巽，居东南，立夏；六为乾，居西北，立冬；七为兑；居西方，秋分；八为艮，居东北，立春；九为离，居南方，夏至[2]。辽圣宗墓志形哀册盖上虽无八卦符号，但到辽道宗哀册时已与八卦符号相配（兴宗哀册未见图版）。第二，十二生肖又称十二属相，十二属，十二辰，其为宇宙模式中的重要标志物之一，也是天文学上重要的时空标示系统，即与二十八宿相对应的十二辰位（图3-6-6、3-6-7）[3]。以此配合九宫代表天穹。北朝隋唐墓志志石十二生肖下方正中为子鼠，上方正中为午马，构成子午线；左侧正中是卯兔，右侧正中是酉鸡，构成卯酉线。十二生肖每面三体，按十二生肖次序顺时针排列。上述十二生肖子午线与卯酉线垂直相交形成"二绳"；将丑牛和寅虎，辰龙和巳蛇，未羊和申猴，戌狗和亥猪分别与子午线和卯酉线平行垂直相交成"四钩"（图3-6-7），此种图示所形成的子北午南，辰东酉西及四隅方向，在古代宇宙模式中用于标示大地的方位。庆东陵墓志形哀册盖上十二生肖排列，与上述原则完全相合，只是将午上子下改为子上午下而已。第三，四神（又称四灵，四象），代表周天四宫之象（四神各辖周天四宫七宿），表示东南西北四方（四正），并分别与春、夏、秋、冬四季对应（表示四时循环往复）。北朝至唐代墓志大都将四神与十二生肖相配合，体现了其模拟宇宙模式的设计观念。四神青龙、朱雀、白虎，玄武分别与十二生肖卯兔、午马、酉鸡，子鼠对应（不管子在下或在上，四神与十二生肖均保持子午位对应关系），构成一个表示空间方位和时序循环的盖天说宇宙模式。圣宗墓志形哀册，将十二生肖刻于盝顶方区外四斜面，四神刻于册盖四立面，其含义与上述情况相合。在册盖上将四神和十二生肖与周天二十八宿和四季四时观念的对应关系巧妙地结合在一起，形成法象天地的图像。第四，八卦，前已说明九宫外配八卦，八卦方位与八个节气有配属关系。九宫之北刻坎、东刻震、南刻离，西刻兑为四仲卦，与冬、春、夏、秋四季相配，四仲卦表示四方、四季。九宫西北刻乾，西南刻坤、东南刻巽，东北刻艮为四维卦。四维被当作天地之间四个门户，西北角乾卦，《说卦》曰"乾为天"，为天门，天门为出。西南角坤卦，《说卦》称"坤为母"，人生于母，为人们，人门为生。东南角巽卦，《广雅·释诂》言"巽，顺也"。巽为孟阴，阴随阳动。《易·

---

[1] 据《吕氏春秋·有始》，上海古籍出版社1995年版，《淮南子·天文训》记载，九野系指中央的钧天、东方的苍天、东北的变天，北方的玄天、西北的幽天、西方的颢天（亦称昊天），西南的朱天、南方的炎天、东南的阳天。

[2] 李星明：《唐代墓室壁画研究》，陕西人民美术出版社2005年版，第202页图6-67隋马穉墓志线描图，第204页图6-71五代冯晖墓志图像线描图，以及对二图之分析。参见本书图3-6-4、5。

[3] A. 十二生肖也用来表示岁星行二十八宿1周约12年，一年12月等，即表示时间轮回的作用。

B. 李星明：《唐代墓室壁画研究》，陕西人民美术出版社2005年版，第204页，图6-70唐代赵进城墓志盖拓本及分折。参见本书图3-6-6、7。

困》虞翻注，"巽为入"，为地门，地门为入。东北角艮卦，《序卦》说"艮，止也"，《易·观》郑玄注，"艮为鬼门"，鬼门为死。天、地、人、鬼四门作为宇宙门户分别与出、入、生、死相联系，表示宇宙间阴阳消长，万物化生，生灭循环的运动规律。圣宗墓志形哀册盝顶虽未配八卦，但九宫的八宫和十二生肖"二绳"，"四钩"则正合八卦方位，其作用同八卦，道宗等哀册上八卦符号可以为证。第五，盝顶，又称覆斗形。盝顶上隆下方，八方九宫，与表示宇宙的图像和符号相结合，上象天穹下象大地，形成盖天说的宇宙模式。

上述情况与前面分析的庆东陵地宫中殿平面呈准八角形，四季山水图大体位于东、西、南、北，四甬道券门大体位于东北、东南、西南和西北方向相结合，可以清楚地看出，中殿四季山水图分别与十二生肖"二绳"（表示北、南和东西的子午、卯酉线），四神（四正、四季）、四仲卦（坎、北方；冬，震、东方；春，离、南；夏，兑、西、秋）相对应（圣宗墓志形哀册十二生肖子在上）。中殿西北甬道门，东南甬道门，西南甬道门，东北甬道门分别与前述的四维卦天、地、人、鬼四门对应并与出生入死相联系。由此可证，前面对庆东陵中殿平面形制、四季山水图和四甬道门的方位之分析是可取的。同时也证明，庆东陵中殿准八角形平面，四季山水图的四正方位，四通道门的四维方位的形成，乃是按照墓志形哀册盝顶形制和图像的观念而刻意设计安排的[1]。

但是，从地宫形制来看，由于庆东陵地宫除前殿为长方形，中殿为准八角形外，其余诸室均呈圆形；到兴宗和道宗的中陵及西陵时除前殿外的各殿才完全变成八角形，所以庆东陵地宫尚处于圆形和八角形的过渡阶段。据此可指出三点，第一辽代帝陵地宫和大贵族墓葬墓室由圆形到八角形，是其自身发展演变规律所致，与北宋北方地区多角形墓室的影响无直接关系。第二那种以庆东陵为辽中期地宫或墓室呈圆形主要证据的看法，似应略作修正。第三辽代八角形地宫的出现，是与唐代盝顶形墓志图像理念的影响密不可分的，同时八角形又是圆形的变通，（比圆形墓室更便于影绘木结构和绘画），基本符合毡房平面呈圆形的规制。因此，它也是契丹族传统与唐代盖天说宇宙图像的理念相结合的结果。

除上可述，庆东陵中殿的圆顶本身就是形象的天穹，而其在汉族盖天说影响下对圆顶所绘的装饰图像，则使之在形似之中更富于寓意天穹的精神内涵。中殿八条影绘阳马八分圆顶，并与周壁八分对应，圆顶中央有天窗。圆顶八分之中，位于四甬道券门之上者，与前述略呈八角形周壁及墓志形哀册盝顶的四维卦对应（乾、坤、巽、艮），该部分在云纹上绘云中双龙；位于四季山水图之上者，与前述周壁及哀册盝顶四仲卦对应（坎、离、震、兑），该部分在云纹上绘云中双凤。在中殿周壁之上和圆顶之下的空档部位，则影绘斗拱等木建筑结构。上述情况，大体可反映出以下寓意。

第一，圆顶八分，顶部开天窗，象征八方九宫（天窗象征中宫）。圆顶八分与周壁八分对应，加上圆顶中央的天窗，中殿则呈现出立体的八方九宫模式。

第二，圆顶八方九宫的云纹，使之更像天穹。云中的双龙代表皇帝，云中双凤即"凤凰于飞，翙翙其羽"（《诗经·大雅·卷阿》），凤（雄）、凰（雌）分别代表皇帝和皇后，是帝后死后灵魂升天的化身。

第三，周壁与圆顶之间影作木结构建筑，表明木结构之下的周壁范围乃是毡帐居住部

---

[1] [日]田村实造、小林行雄：《庆陵》，京都大学文学部1953年版，第109页。已经提出中室四季山水图可能与四神、四方、四季有关的问题，但未作解释。

分及毡帐所在的大地。因此，宇宙模式的圆顶与象征人居环境的周壁的空间组合，乃是"天人合一"思想的反映。圆顶上代表着帝后灵魂化身的双龙和双凤，在天上俯瞰着其生时所居的人间毡账和大地，沟通了天地和人鬼（神）。

第四，代表皇帝是灵魂的双龙部分对应四维卦，辖天、人、地、鬼四门，掌管出、生、入、死，主宰宇宙万物生灭。代表皇后灵魂化身的双凤对应四仲卦和四季，主宰四时循环往复。两者结合，寓意帝后死后仍然统治着整个宇宙。

总之，中殿略呈八角形的平面形制，周壁室内及圆顶的立体形制、结构所形成的整体形象和内涵，乃是契丹族固有的毡帐形制（八方公用殿）与仿唐代墓志的哀册盝顶图像宇宙模式较完美的结合。这个结果，较隋唐方形穹隆顶墓室更符合汉族盖天说的宇宙模式。由此所构成的庆东陵地宫的整体形制，在一定程度上应是象征圣宗生前捺钵牙帐的形制和风格。

（三）壁画艺术

庆东陵残存的壁画，主要是人物画和四季山水画，此外还残存部分建筑装饰图案。从残存的壁画来看，在风格上存在差异。产生差异的原因，推测是地宫壁画绘制量大又时间有限，由于参加绘制者较多，不同种类、不同部位的壁画、壁画的不同工序，是由流派和技术各异的画家及画工分工协作完成的，因而产生差异是必然的。其次，风格上的差异也反映出，庆东陵壁画绘制工作缺乏强制性的规范要求，所以很难将壁画风格统一起来[1]。除上所述，墓道壁画及墓道后面甬道隔门外的壁画属第二次重绘，这也是产生差异的原因之一[2]。凡此，后文中将陆续谈到。

1. 人物画的寓意及其特点

人物画配置部位和排列情况前已介绍，从中可以看清楚看出，人物画均是与真人等身的立像，散乐群像和南面官着汉服戴展脚幞头，余者皆着国服（契丹服）戴胡帽或髡发。所有人物画皆斜侧面向地宫之内，依同一顺序一字排列。墓道人物画靠北者相间而立，靠南者前后两排站立（人物凡分前后排者，后排略高于前排），形成较长队列以衬托地宫之外空间的景深效果。前殿东西甬道门之南两壁绘乐工群像，烘托出散乐宏大的场面和气势。地宫南北向甬道内侍卫由一人增至二人并立，禁卫逐步森严。前殿东西甬道内两壁人物画或二人或三人前后排站立，东西配殿环周壁绘诸相间而立人物画像，以表现随皇帝捺钵"应役次人"之众多。中殿东西甬道内两壁人物画或绘二人或绘三人前后排站立，东西配殿人物画漫漶，其排列情况当与前室东西配殿人物画一样，重在表现随皇帝捺钵的皇室成员之众多。由此可见，庆东陵地宫不同部位人物画配置的数量和排列方式，是与其所在的空间、部位的功能和性质及其含义密不可分的，即应是参照皇帝捺钵行营并按照地宫有关规范而刻意安排的。

庆东陵地宫人物画面容的共同特征是头短、脸宽、颊大颧高、鼻梁直鼻翼沟较深、瞋目、眼外眥有蒙古皱璧（俗称蒙古眼）、唇厚、发黑直，近似现代蒙古人的特征。在此基础上，庆东陵残存的70余身人物画的面部均逐一刻画，以肯定的线条勾勒人物面部的轮廓和造型，以细线条精心描绘五官特征和肌内的起伏变化，重在刻画各个不同部位的人物

---

[1] 参见［日］田村实造、小林行雄：《庆陵》Ⅰ，京都大学文学部1953年版，第107页。

[2] 参见［日］田村实造、小林行雄：《庆陵》Ⅰ，京都大学文学部1953年版，第44、57、58、84、85页。

所应有的，并能够反映其当时内心世界状态的神情和性格。因而所绘人物的眼神和面部表情极具力度，似真人留影，各有特点，而非"千人一面"。人物画的身体部分，则以墨线大胆描绘各具特色的体态。在赋彩方面，大体言之，面部平涂浅黄色或浅褐色或深褐色，帽子黑色。身体部分平涂色彩浓重，上衣用绿，深褐，浅褐，黄和青等单色，中衣红色，下衣白色，革带配以红、褐、绿、黑等色。总的来看，70余身人物画的身材高矮、容貌、胖瘦、神态、服饰不一，持物种类和姿势有别，凡不持物者或双手置于胸前或作不同手势，由此而显示出不同部位的不同人物之不同身份。上述特点结合人物肩上有契丹文题记（漫漶，或剥落）判断，这些人物画当以真人写实性为基础，然后"法形其貌"加以概括提高，并"署其官爵姓名"，因而庆东陵的人物画类似署名的肖像画[1]。也就是说，这些人物画乃是皇帝生前臣僚近侍等的"写照"，以此代替真人，并以特定的位置，特定的形象和相应的题记，事死如生地再现了皇帝生前捺钵行宫中各种扈从人员的种种状态[2]。

此外，庆东陵诸人物画描绘方法和形象也存在一定的差异。前已介绍墓道残存的人物画是第二次补绘的，与地宫内人物画有别。墓道人物画的面部和衣纹的描绘已趋于程式化，仅重在表现这些人物的社会身份而已。墓道人物画用红线描绘衣纹，为地宫内人物画所不见[3]。地宫内的人物画也有一定差异，如前殿后半部东壁图3-4-4之1的14号画像描绘的面容样式较早，前殿北甬道东壁图3-4-4之1的17号画像，西甬道南壁图3-4-4之2的26号画像，中殿西甬道北壁图3-4-18之54号画像描绘的面容样式，则与宋代人物画较接近；此外，其窄袖衣纹的线描似有早晚之别，在赋彩方面也有一定的差异。又前殿东配殿图3-4-9之2的31号画像。前殿东甬道南壁图3-4-4之2的22号画像，前室西配殿图3-4-9之1的41号画像，中殿西甬道北壁图3-4-18之54号画像之面部和手，在黑轮廓线上描红线，此现象不见于其他人物画像[4]。凡此，都是应引起注意的现象。

综上所述，最后再指出6点。

其一，庆东陵壁画，无一般贵族墓葬与日常生活有关的壁画，装饰图案也与之有别，其内涵和规格远高于贵族墓葬，突显帝陵的崇高地位。

其二，人物画平布排列，略显单一和呆板；人物画像表情严肃，面向地宫之内。这种情况乃是地宫壁画规范要求所致，同时头部侧斜又便于描绘五官特征，也是庆东陵人物画

---

[1] A. 参见[日]田村实造、小林行雄：《庆陵》Ⅰ，京都大学文学部1953年版，第58、59、108页。说庆东陵人物画不是严密意义上的肖像画。
B. 张鹏：《辽代庆东陵壁画研究》。

[2] A. 参见[日]田村实造、小林行雄：《庆陵》Ⅰ，京都大学文学部1953年版，第109页。文中还认为，庆东陵人物画有代替殉死的特殊目的。
B. 张鹏《辽代庆陵壁画研究》。文中认为，庆东陵人物画，"可能是大臣们在代替真身像上自书其名，以示忠心"。

[3] 参见[日]田村实造、小林行雄《庆陵》Ⅰ，京都大学文学部1953年版，第105、106页。

[4] 人物画的差异参见[日]田村实造、小林行雄：《庆陵》Ⅰ，京都大学文学部1953年版，第105页。辽与今新疆地区较密切，黑红二重轮廓线是唐代西域佛教壁画重要特点之一，其或受西域影响。

面部表现方法使然。

其三，人物画像面部有明显的蒙古人特征，以此为底蕴，画家抓住了能深刻体现人物内在精神的外在特征，并善于捕捉其最能反映人物性格的感情和瞬间神态进行细致刻画，而将其凝固在画面上。因此，这些契丹人物画像个性鲜明，栩栩如生，并突显出契丹民族的雄武和豪迈的气度[1]。

其四，人物画像背后为空白，这种情况利于突出人物形象。由于庆东陵人物画像采用侧面造型结构，有立体感，所以人物形象犹如脱壁而出，在这种情况下，空白的背景又形成了"活化的空间"[2]，使人物富于灵性和动感，更加符合地宫再现捺钵有关场景的氛围。

其五，地宫人物画绘于壁面上，但其作用主要不是装饰壁面。[3]这些个性鲜明的人物画像不仅各与特定的位置有机结合，而且所有人物画像又通过眉目传情和体态的变化，并以地宫结构为纽带紧密地联系成一个整体，共同地再现了皇帝生前捺钵行营扈从队列的真实场景，烘托出地宫应有的仪礼氛围，因而成为地宫必不可少的重要组成部分。就此而言，这些人物画乃是地宫壁画的成功之作。

其六，庆东陵人物画吸收了唐代大型人物画的传统，比如画像以客观实体为基础，以刻画人物面部五官为形之大要，人物画像重点突出，简繁得当，墓葬人物画排列和绘制采用"活化空间"式背景（唐代皇室墓葬壁画的固定法则）等。但是，庆东陵人物画在此基础上又有进一步的变化和发展。比如，唐代人物肖像画用线具有独立审美价值，庆东陵人物画对此似乎不太在意，而是注重形象的塑造和真实性，用线之根本在于表现形的结构与变化，重在刻画人物面部五官和传神。这个特点表明，庆东陵人物画乃是以本民族传统为本位，又与唐代人物画传统相融合，而创造出唐代以来具有中华民族气派的辽代风格的人物肖像画[4]。所以庆东陵人物画就成为辽代墓葬人物壁画优秀作品中的精品，代表辽代此类人物壁画的最高水平。

2. 四季山水画的艺术特点

四季山水图上接斗拱一组建筑图案下的垂幔，四季山水图仿佛是拉开帷幕所展现的四个窗口，其所表现的是以综合皇帝四季捺钵之地实景为基础而创作的四季捺钵风光景色[5]，具有高度的概括性。四季山水图的尺寸，是根据中殿建筑比例关系，以及四甬道券门两侧

---

[1] 张鹏：《辽代庆东陵壁画研究》，《故宫博物院院刊》2005年第3期。

[2] 张鹏：《辽代庆东陵壁画研究》，《故宫博物院院刊》2005年第3期。

[3] 参见［日］田村实造、小林行雄：《庆陵》Ⅰ，京都大学文学部1953年版，第108页。文中说前室后半部东西两壁面最北端人物画像，其肘和腰之一部分，分别与前室北壁直交；各甬道内人物画在隔门之前，其后半部为空白，这些情况表明人物画像不是壁面的装饰，实际上是描绘每个人物画像立于墓室内的状态。

[4] 张鹏：《辽代庆东陵壁画研究》，《故宫博物院院刊》2005年第3期。

[5] A. 参见［日］田村实造、小林行雄：《庆陵》Ⅰ，京都大学文学部1953年版，第78、109页认为四季山水图描绘的是庆云山的四季景色。

B. 张鹏《辽代庆东陵壁画研究》（《故宫博物院院刊》2005年第3期），通过对辽代四季捺钵之地的分析，认为不是庆云山的对景写生，而是综合四季捺钵之地特点，"将四季捺钵的景色置入墓葬壁画之中，纳四季于一室"。

门柱间的比例与面积而确定的，故四季山水图之间高和宽度存在一定差异。四季山水图为淡彩青绿山水，属"平远山水"构图（有别于"高远山水"画。）其构图以树木和山石为基本元素，以云水作为连贯树石两大实体的纽带和调整画面虚实与布白的重要手段，以大雁、水禽和鹿等配合树石增强季节特点，并紧扣捺钵狩猎主题，以线条勾描表现构图中每一元素体量感和质量感[1]。从四季山水图构图来看，作画者应是站在较高的视点表现俯瞰四季山川景色[2]。

四季山水图中的山石以墨线勾描，用长线勾出轮廓，山石轮廓边上略施晕染，基本无皴。设色以平涂为主，石设丹赭，山坡刷绿色，有的刷石青。山峰间以赭石和石青、石绿明显分出阴阳向背和起伏平缓的丘陵。山石前后关系靠勾线表示，高大的山岩也以线条表现，再染以青绿。树沿山的轮廓线画出，注意到山水景物的空间层次感。山水图中树的品种多样，老树树皮的皴裂，虬枝的偃仰、树木的分布等都表现得很成功，树木的远景、近景、疏密、向背也表现的自然真实。尤其是前景树木的描绘，姿态各异，风格自然，枝叶循着生长方向交错相生，符合自然界中树木生长规律，表现出对树的造型有较严谨的概括能力。总的来看，山水图中树和动物均是以写实为基础的[3]。

四季山水图因季节和作画者的不同，在画面景色和画法也存在差异。春图，线条柔和流畅，洒脱自然。山丘浅褐色，山石起伏不大，边缘稍加晕染，似在山麓地带；溪水泛绿，水禽可分出种别和雌雄，树木较细小，画面富有立体感。夏图，运笔轻快，画面空白处有种太阳反光的效果，三角形配列的三株大牡丹干枝和叶轮廓线分明，叶双勾，以浓绿青彩填色，盛开白红花。山坡轮廓线内侧浅绿色晕染，山丘呈余斜坡状。秋图，色调浓重，山石用线刚硬，棱角分明，山体较大，山石黑或浅黑色，土坡深褐色，似表现高山深谷。落叶松线描略施彩色，灌木叶黄、红色。画面左方三棵松树，前两棵挺拔，后方一棵老松树枝干屈曲，绿叶茂盛，是秋图点睛之笔。画面中的鹿，以强有力的线条展示鹿的肢体运动。画面呈现出一种沉郁的色彩。冬图，山丘用急转倾斜的线描暗示山丘的间距，表示较远的深山意境。重点表现枯树的枝杈，山丘的茶色与枯木的或深或浅的褐色相统一，并与松树的绿色相映衬。前景中的树属蟹爪树画法（分枝枝丫向下），松树画法如秋图。画中动物，无论近景或远景都刻画细致，种属、雌雄清晰可辨。画面中似有雪意，水似结冰[4]。上述四季山水图中，春图和秋图画风不同，春图和冬图的画风又不同于夏图和秋图[5]。

---

[1] 张鹏：《辽代庆东陵壁画研究》，《故宫博物院院刊》2005年第3期。

[2] 张鹏：《辽代庆东陵壁画研究》，《故宫博物院院刊》2005年第3期。文中引《辽史·营卫志》："皇帝冠巾，衣时服，系玉束带，于上风望之。"认为"上风"即处于一个较高的可以鸟瞰的角度。

[3] A. 参见［日］田村实造、小林行雄：《庆陵》Ⅰ，京都大学文学部1953年版，第70—77页，第106页。
    B. 张鹏：《辽代庆东陵壁画研究》，《故宫博物院院刊》2005年第3期。

[4] A. 张鹏：《辽代庆东陵壁画研究》，《故宫博物院院刊》2005年第3期。
    B. 参见［日］田村实造、小林行雄：《庆陵》Ⅰ，京都大学文学部1953年版，第70—77页，第106页。
    C. 王伯敏：《中国绘画通史》上册，生活·读书·新知三联书店2000年版，第503页。

[5] A. 参见［日］田村实造、小林行雄：《庆陵》Ⅰ，京都大学文学部1953年版，第106、107页。
    B. 王伯敏：《中国绘画通史》上册，生活·读书·新知三联书店2000年版，第502、503页。

在四季山水图中，植物和动物是写实的，然而山水画的构图并非写实。以春图为例，山石和云的画法程式化，溪水似从空而降很不自然；云和大雁，溪水、水禽和岸边花草比例失衡。夏图中三株牡丹过大，其与山石、鹿和草丛，以及秋图中树木和鹿之比例亦失衡。四季山水图地形与动物之间，无视近大远小原则，山石基底画水平线也不符合现实地形情况，如此等等，是四季山水图中普遍存在的问题[1]。此外，一些研究者认为，夏图中的牡丹有唐代画风，秋图和四季图中水的画法类似宋代的水墨画[2]，夏图的构图和色彩近似花鸟画[3]，冬图前景蟹爪树属宋初李成画派的典型画法[4]。秋图和冬图中的松树画法成熟，似依唐代流行的粉本而画[5]。总之，四季山水图与唐代山水画有密切关系[6]。其构图布局、取景视角、皴染手法与现存敦煌壁画接近，大体不离晚唐以来中原山水画整体风格[7]。目前辽墓中发现的大幅山水画较少，庆东陵四季山水图可代表辽墓中山水画的最高水平。

3. 地宫内建筑图案和装饰图案模拟捺钵牙帐，是地宫的重要标志

庆东陵地宫内斗栱一组建筑图案，龙、凤、鸟、蝶等装饰图案的情况前已介绍。据此可以看出，斗栱一组建筑图案与地宫结构无直接关系，但是却反映出，辽代皇帝捺钵牙帐内似有仿木结构装饰。辽代四季捺钵，冬、夏捺钵召开北面和南面臣僚会议，其牙帐即是此时此地的朝廷，故牙帐内很可能有仿都城正式朝堂的木结构装饰。《辽史·营卫志中》所记皇帝捺钵行营诸殿"皆木柱竹榱，以毡为盖，彩绘韬柱，锦为壁衣，加绯绣额"，大概就属于此类。庆东陵地宫内绘北面官和南面官像，显然属冬夏捺钵牙帐性质，故地宫的形制和内部装饰按冬、夏捺钵行营的高规格营建，并以此代表捺钵牙帐是理所当然的。此外，庆东陵地宫中殿影绘斗栱等木结构与宋代高等级墓室内用砖影作斗栱等木结构作法（如宋代元德李皇后地宫）也较相似，说明其很可能受到此等墓葬规制的一定影响。就庆东陵地宫而言，中殿斗栱一组仿木结构装饰和见于各券顶的网格状图案（象征支撑券顶的骨架），基本上是写实性的[8]。

---

[1] 参见［日］田村实造、小林行雄：《庆陵》Ⅰ，京都大学文学部1953年版，第70、73、76、78、79页。

[2] 参见［日］田村实造、小林行雄：《庆陵》Ⅰ，京都大学文学部1953年版，第81、106、111页。

[3] 参见［日］田村实造、小林行雄：《庆陵》Ⅰ，京都大学文学部1953年版，第74页。

[4] A. 参见［日］田村实造、小林行雄：《庆陵》Ⅰ，京都大学文学部1953年版，第76页。
B. 张鹏：《辽代庆东陵壁画研究》，《故宫博物院院刊》2005年第3期。

[5] 张鹏：《辽代庆东陵壁画研究》，《故宫博物院院刊》2005年第3期。

[6] A. 参见［日］田村实造、小林行雄：《庆陵》Ⅰ，京都大学文学部1953年版，第109页。
B. 张鹏：《辽代庆东陵壁画研究》，《故宫博物院院刊》2005年第3期。

[7] 张鹏：《辽代庆东陵壁画研究》，《故宫博物院院刊》2005年第3期。

[8] ［日］田村实造、小林行雄：《庆陵》Ⅰ，京都大学文学部1953年版，第109、110页记述：由于券顶和穹隆顶结构不同，很难严密地绘制有关装饰图案，只能方便处置。如直角相交的二个壁面，装饰图案不连续，基本上以一个壁面来考虑绘装饰图案。又根据各室具体情况，各壁面上的垂幕的高度也不相同。

在装饰图案方面，庆东陵地宫内各种龙纹较多，龙的形象代表皇帝，也是帝陵的象征。其二龙戏珠的构图和龙的形象既与晚唐五代和宋初同类情况相似，又在构图上和形象上有所变化而形成辽代风格。凤代表皇后，其构图和形象同样与晚唐五代和宋初的相似，又略有区别，以此结合与之相近的辽陈国公主墓等所见凤的形象，[1]可以说也形成了辽代风格。庆东陵地宫内的鸟纹，在辽代壁画墓中较常见，形象大体雷同。庆东陵地宫中殿四甬道券门上部中央绘火焰宝珠两侧青鸟向宝珠对飞构图形式在内地出现较早[2]，在陈国公主墓等的墓门上也时有出现[3]，但庆东陵的构图中，在宝珠两侧加绘蝴蝶则很少见，其青鸟的形象也是同类壁画中水平最高的。

四　墓志形哀册源于晚唐五代的墓志形制

盝顶形墓志，盝顶中间方区题额以9字三三排列呈九宫图式的形制在北魏后期已基本定型。其中盝顶九宫图式与四神相配在北魏时已出现，与十二生肖相配至少不晚于北周时期。此后到隋唐和五代，盝顶墓志九宫图式题额与四神、十二生肖相配则成为墓志的主流形制（约占一半以上）；同时也有少数与天干地支名称和八卦符号相配的墓志。前已说明，庆陵墓志形盝顶哀册的形制及其所配九宫、四神、十二生肖和八卦符号的含义与隋唐五代墓志相同。只是隋唐五代墓志四神主要配置于盝顶四斜面，呈上朱雀、下玄武、左青龙，右白虎配列形式；十二生肖主要配列于志石四侧立面，上面正中午马、下面正中子鼠、左正中卯兔，右正中酉鸡，呈前述"二绳"，"四钩"配列形式，这种情况与庆陵哀册有别。此外，隋唐五代另有一些墓志四神和十二生肖的配置情况很值得注意。比如：

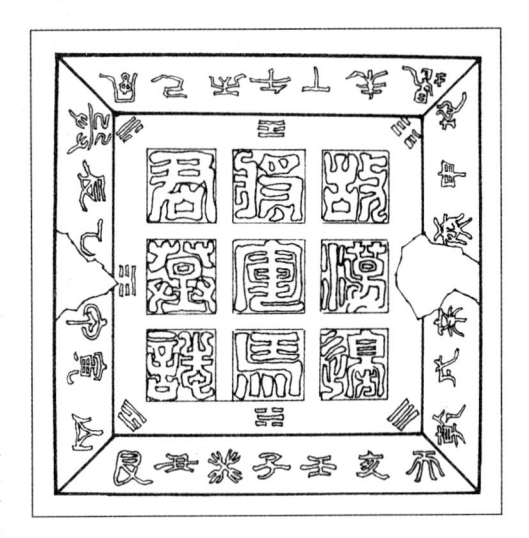

图3-6-3　隋马稚墓志盖线摹图
（采自《唐代墓室壁画研究》）

第一，隋开皇二十年（600）马稚墓志，盝顶方区外配八卦符号，四斜面刻天干地支名称（图3-6-3）[4]。

第二，盛唐以后一些志盖四斜面上刻12生肖，如天宝十二年（753）纪宽墓志，大中

---

[1] 内蒙古自治区文物考古研究所，哲里木盟博物馆：《辽陈国公主墓》，文物出版社1993年版，图二一、二二的凤图。
[2] 李星明：《唐代墓室壁画研究》，陕西人民美术出版社2005年版，第26页，图1-38磁县湾漳北朝大墓甬道南口上方壁画线图。
[3] 内蒙古自治区文物考古研究所、哲里木盟博物馆：《辽陈国公主墓》，文物出版社1993年版，图五。此外，图二三錾花银枕上也有类似图案。
[4] 李星明：《唐代墓室壁画研究》，陕西人民美术出版社2005年版，第202页，图6-67，隋马稚墓志盖线摹图。

十二年（858）董长庆墓志。墓志盝顶方区外四斜面刻十二生肖像，每面三身，四隅配大朵花形[1]。

第三，唐宋祐墓志，盝顶方区外四周按子午位刻十二地支名称，每面三地支[2]。

第四，唐赵进诚墓志，盝顶方区外刻二十八宿名称，四斜面刻十二生肖，四隅配大花形（图3-6-5）[3]。

第五，五代后周显德五年（958）冯晖墓志，盝顶方区外配八卦符号，墓志四侧立面刻十二生肖像（图3-6-4）[4]。

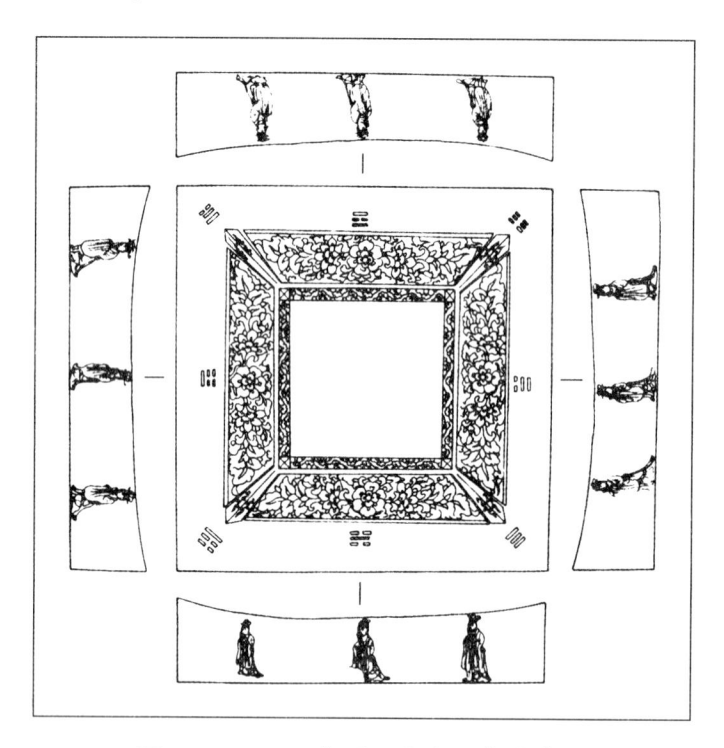

图3-6-4　五代冯晖墓志图像线摹图
（采自《唐代墓室壁画研究》）

---

[1] A. 李星明：《唐代墓室壁画研究》，陕西人民美术出版社2005年版，第200页，图6-63，北京西城区出土唐代纪宽墓志盖拓本（源自《文物》1992年第9期）。
　　B. 李星明：《唐代墓室壁画研究》，陕西人民美术出版社2005年版，第201页，图6-64，唐董长庆墓志拓本（源自《文物》1992年第9期）。

[2] 李星明：《唐代墓室壁画研究》，陕西人民美术出版社2005年版，第203页。文中说："偃师神龙二年（706）宋祯墓志盖和宋祐墓志盖的9字题额四周按子午方位刻有二十地支名称。"图6-68，唐宋祐墓志盖线摹图（源自《唐研究》第四卷，）

[3] 李星明：《唐代墓室壁画研究》，陕西人民美术出版社2005年版，第204页，图6-70，唐赵进诚墓志盖拓本（源自《新中国出土墓志：陕西·壹·上册》134页）。

[4] 李星明：《唐代墓室壁画研究》，陕西人民美术出版社2005年版，第204页，图6-71，五代冯晖墓志线摹图（源自《五代冯晖墓》，第51页。）

图 3-6-5　唐赵进诚墓志盖拓本
（采自《唐代墓室壁画研究》）

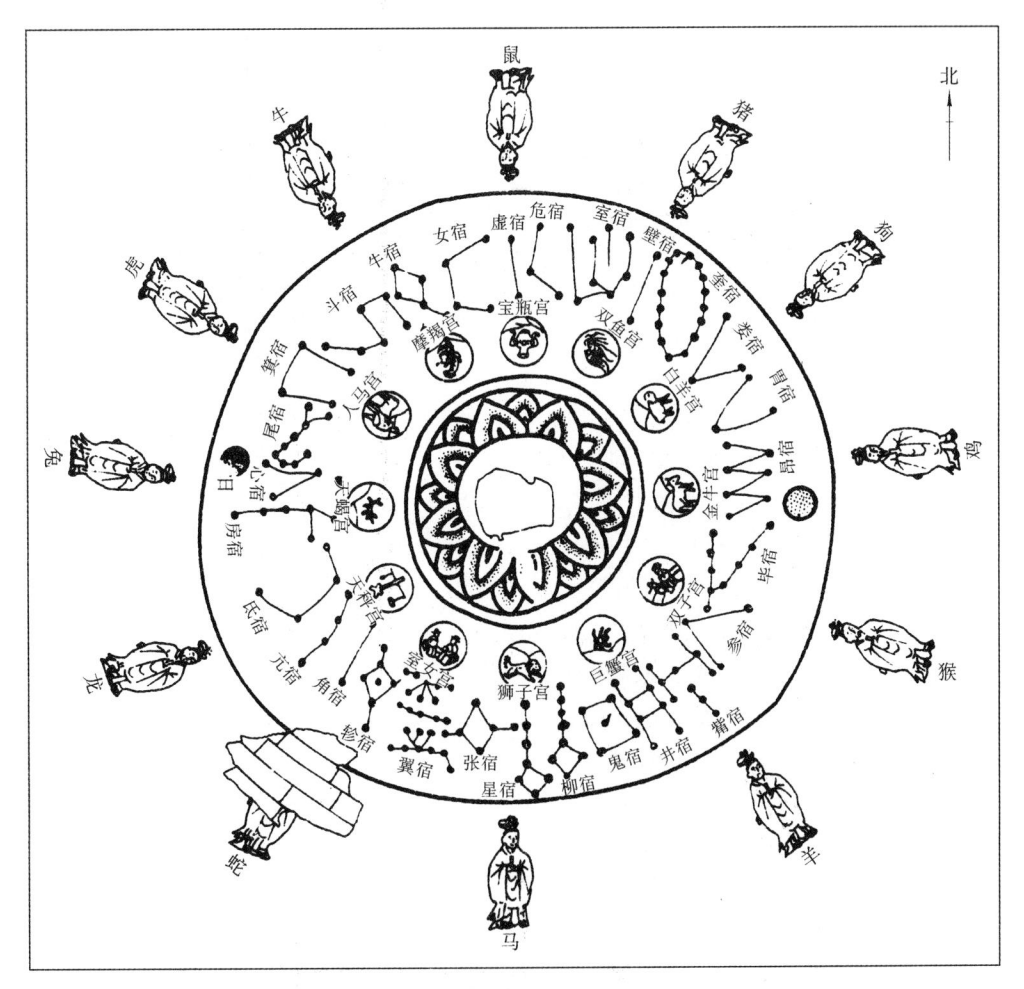

图 3-6-6　宣化辽代张恭诱墓墓室顶部天象图
（采自《唐代墓室壁画研究》）

第六，五代南唐东海徐夫人墓志，邗江太原王氏墓志，盝顶方区外刻八卦符号，又外刻十二生肖像，四斜面刻四神像（图3-6-8、3-6-9）[1]。

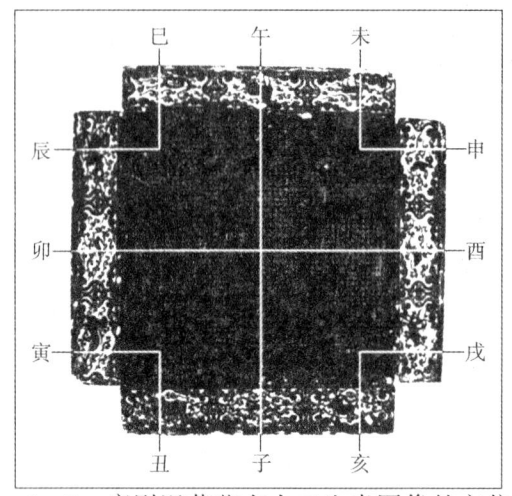

图3-6-7 唐尉迟恭墓志十二生肖图像的方位关系
（采自《唐代墓室壁画研究》）

图3-6-8 五代东海徐夫人墓志盖拓本
（采自《唐代墓室壁画研究》）

---

[1] A. 李星明：《唐代墓室壁画研究》第206页，图6-73，五代东海徐夫人墓志盖拓本。
B. 五代太原王氏墓志盖拓本。A、B源自香港科学馆：《星移物换——中国古代天文文物精华》，康乐及文化事务署2003年版，第112、113页。

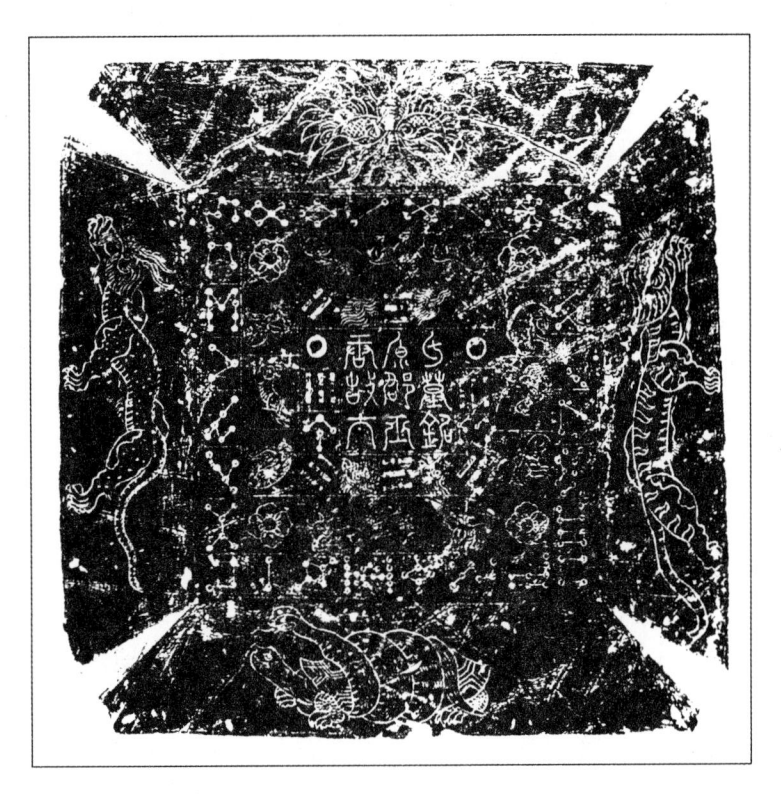

图3-6-9　五代太原王氏墓志盖拓本
（采自《唐代墓室壁画研究》）

上述情况表明，从隋开始，尤其在盛唐之后有相当一部分墓志十二生肖刻于盝顶四斜面上，并或与八卦符号匹配，或与四神匹配[1]，就此而言，庆陵哀册盝顶图像与之相同。但是，庆陵哀册盝顶方区外四斜面十二生肖子上午下，卯东（右）酉西（左），圣宗哀册四神刻于盝顶四侧立面，上玄武下朱雀，左白虎右青虎的配列形式又与之不同[2]。从庆东陵地宫来看，前已说明中殿周壁重在表现四季捺钵图像，置于中殿的哀册盝顶上具有表示方向和四季功能的十二生肖和四神像当与四季捺钵图像对应。其次，辽代改建上京后，建筑采用汉族制度，将其故有的尚东传统改为南向，墓室也大都朝向东南[3]，庆东陵地宫亦然。鉴于上述情况，所以庆东陵哀册改变了唐和五代墓志十二生肖与四神像上南下

---

[1] 李星明：《唐代墓室壁画研究》，陕西人民美术出版社2005年版。
[2] 李星明：《唐代墓室壁画研究》，陕西人民美术出版社2005年版，第197页关于十二生肖、四神配置形式及其对应关系。
[3] 李逸友《辽代契丹人墓葬制度概说》（载《内蒙古东部区考古学文化研究文集》，海洋出版社1991年版。）说：自改造扩建上京城时起，在建筑物上采用汉人制度，就是将东向改为南向，于是在营造墓室方面也逐渐受到影响，有的契丹人墓也改为南向。但这些南向的墓，很少见有正南北向的，有的是南向而略偏东，如龟山一号墓南偏东18度，北票水泉一号墓为南偏东8度。由此可见，辽代契丹人的墓基本上是东南向。

北，左东右西的传统配置模式。此外，从四神来看，其东青龙，南朱雀，西白虎，北玄武的方向关系是恒定的，圣宗哀册盝顶十二生肖子上午下，卯东酉西，四神位置也必然随之改为上玄武下朱雀，左白虎右青龙。关于四神的朝向，唐、五代和宋代墓志盝顶上的四神像，青龙、朱雀、玄武大都顺时针朝向，白虎一般逆时针朝向，青龙和白虎均朝向朱雀。但是总的来看，朱雀和玄武的朝向相对较随意，或顺时针，或逆时针，或正面，[1]而朱雀呈正面像则是更强调其在升仙方阵中的前导作用和以南为正的方向观。[2]圣宗哀册盝顶四侧立面四神的朝向完全符合上述情况。总之，前面所述种种情况，大概就是庆东陵哀册十二生肖和四神既基本按照唐和五代盝顶形墓志配置的规范，又有所变化的主要原因。至于圣宗哀册之外的其他现存庆陵哀册，无四神图像，十二生肖图像排列仍如圣宗哀册。道宗、宣懿皇后汉文和契丹文哀册盝顶方区外有八卦符号，八卦符号与四斜面十二生肖相配，亦将唐代离上、坎下，左震、右兑改为坎上、离下，左兑、右震形式。

除上所述，再从十二生肖、四神图像和纹饰来看。一般而言，十二生肖在盛唐以前多动物形象，盛唐以后多人身兽首，中晚唐则出现人物携生肖式样，人物文官扮相持笏，生肖动物或置于冠顶，或捧于手中，或携于身侧[3]。庆陵哀册十二生肖均属于文官扮相持笏，冠顶置生肖动物样式。其中圣宗哀册十二生肖像服饰有唐代遗风，此后诸哀册十二生肖服饰后面的下摆逐渐后拖，接近五代风格（图3-6-4）[4]。圣宗哀册四神像，接近晚唐五代风格（图3-6-9）[5]，圣宗哀册盝顶四隅饰大朵牡丹花纹延续唐代传统（图3-6-10）[6]。但其风格已接近五代和宋初[7]。庆陵哀册纹饰，圣宗哀册呈波状连续牡丹纹样有唐代遗风，此后诸哀册呈S形连续牡丹纹接近五代和宋代的风格[8]。圣宗哀册之外诸哀册的团龙纹接近宋陵石刻团龙纹风格[9]，道宗哀册盖立面二龙戏珠纹龙体修长，

---

[1] 李星明：《唐代墓室壁画研究》，陕西人民美术出版社2005年版。
[2] 李星明：《唐代墓室壁画研究》，陕西人民美术出版社2005年版。
[3] 李星明：《唐代墓室壁画研究》，陕西人民美术出版社2005年版。
[4] 李星明：《唐代墓室壁画研究》，陕西人民美术出版社2005年版，第204页图6-71。
[5] 李星明：《唐代墓室壁画研究》，陕西人民美术出版社2005年版，第199页图6-58；第206页图6-73、6-74。
[6] 李星明：《唐代墓室壁画研究》，陕西人民美术出版社2005年版，第200页图6-63，第201页图6-64，第204页图6-69、图6-70。
[7] 河南省文物考古研究所编《北宋皇陵》（中州古籍出版社1997年版）所收石刻纹饰拓本。
[8] A. 参见《庆陵》，第212页，图222。
    B. 河南省文物考古研究所编：《北宋皇陵》，中州古籍出版社1997年版。纹样拓本，以及张广立《宋陵石雕纹饰与〈营造法式〉的"石作制度"》（载《中国考古学研究》（二），科学出版社1986年版）文中石雕纹饰线描图。
[9] 如《庆陵》第201页图214之1、3团龙纹风格，与张广立《宋陵石雕纹饰与〈营造法式〉的"石作制度"》（载《中国考古学研究》（二），科学出版社1986年版）永熙陵望柱基部团龙纹较接近。

有似鹿的双角，形态近似南唐二陵石雕龙纹和北宋永熙陵望柱龙纹[1]。

图 3-6-10　唐赵石墓志盖拓本
（采自《唐代墓室壁画研究》）

综上所述，庆陵哀册的形制大同小异，但因其制作的年代前后相差 70 余年，仍有较明显的差异，其中尤以圣宗哀册与其他哀册差异最大。如圣宗哀册盝顶面最小，以后逐渐增大；圣宗哀册盝顶立面与哀册总高之比例最高；册身下方基本不斜杀；篆盖四斜杀面间四隅方区饰牡丹花，其余哀册均饰龙纹；仅圣宗哀册盝顶立面刻四神图像；圣宗哀册图像和纹饰主要延续晚唐风格，兼可见到五代和宋初的一定影响。圣宗以后诸哀册的图像和纹饰五代和宋代的影响逐渐加深。总的来看，庆陵哀册的形制源于晚唐五代盝顶形墓志，并结合辽代具体情况有所变化。其中以圣宗哀册形制、图像和纹饰的风格最具唐代遗风，在诸哀册中最早。仁德、钦爱、仁懿三皇后哀册的形制、图像和纹饰在庆陵哀册中居承前启后的过渡阶段。道宗和宣懿皇后哀册的形制、图像和纹饰则形成晚期风格。

结束语

契丹族自兴起之日就与中原紧密相连，特别是与唐朝的关系尤为密切。辽建国后疆域

---

[1] 南京博物院：《南唐二陵发掘报告》，文物出版社 1957 年版。二龙戏珠石雕龙纹，前引张广立《宋陵石雕纹饰与〈营造法式〉的"石作制度"》（载《中国考古学研究》（二），科学出版社 1986 年版）文，永熙陵望柱攀龙纹。

逐渐拓展至燕云等汉族地区，境内汉契人口杂居者也日渐增多，与五代各王朝和北宋交往频繁，辽国统治者为自身的发展则顺势利导，大力提倡汉文化。在这种情况下，契丹与汉文化的交流不断扩大，融合不断加深，最终使汉文化全方位地渗透到其社会肌体之中，成为辽代文化不可分割的重要组成部分[1]。庆陵的形制布局、规制和绘画等，正是在这种大背景下形成的。

前面已经较全面和具体地介绍了庆东陵的情况，从中可以清楚地看出，庆东陵的陵园、地宫之形制布局和结构，地宫内的绘画和图案，乃是目前已知的辽陵和辽墓系列中等级最高，绘画艺术水平最高而寓意又最深邃者。庆东陵地宫的形制布局与绘画、图案和哀册图像融为一体，是辽代皇权和捺钵毡房牙帐内宫殿式"朝廷"的象征，是辽代捺钵文化体系的"写照"。在庆东陵地宫内绘画、图案和哀册图像的辽代风格中，不仅可明显看出晚唐五代和宋初的影响，而且其分布位置，构图布局和象征意义也明确反映出与中原帝王有共同的丧葬观念和礼仪规制，同样都是以艺术形象来描绘皇帝地宫内的精神世界状况，表现皇帝在冥府所追求的最高境界。因此，这些绘画和图案又成为一种政治性很强的标志和符号。凡此种种情况，我们也只有在上述的大背景下去分析研究，才能深刻理解庆东陵的全部内涵乃是以契丹传统为体，以汉文化为魂，两者有机融合为一体进行再创造的真谛。只有这样，才可以大体得出较正确的结论。

现在庆陵之外的辽代诸陵，具体情况尚不明晰，对庆陵的研究也还处于初始阶段。因此，本章所述只是根据上面谈到的精神进行的一些初步尝试，提出现阶段的粗浅认识而已，故仅供参考。

---

[1] 孟古托力：《辽人"汉契一体"的中华观念述论》，载《辽金史论集》第五辑，文津出版社1991年版。文中"以炎黄子孙自视"，"以中国文化继承者自许"，"对龙的感情""反复强调'南北一家说'"，"以中国自居""以中国正统自居"等可供参考。文中还引道宗学《论语·八佾》时，对老师说"吾修文物，彬彬不异中华"（洪皓《松漠纪闻》，载《长白丛书》初集），引富弼上宋仁宗书说：契丹"称中国位号，仿中国官属，任中国贤人，读中国书籍，用中国车服，行中国法令"，接着富弼概括说：契丹"所为，皆与中国等"，"中国所有，彼尽得之"（《续资治通鉴长编》卷150。）除上所述，关于辽代与汉文化的关系，各种论述颇多。契丹在政治制度，文字和文化艺术，宗教、建筑、科技等等方面，均与汉文化有不解之缘，在此不赘述。

第四章 金代帝陵

第一节 金陵概说

《金房图经·山陵》说："房人都上京，本无山陵。祖宗以来，止卜葬于护国林之东，仪制极草创。"天辅七年（1123）八月，太祖阿骨打（改名旻）崩于部堵泺西行宫。"九月癸丑，梓宫至上京。乙卯，葬宫城西南，建宁神殿（今黑龙江省阿城会宁府遗址以西几百米处，陵冢遗迹尚存）"，无陵号。"天会三年三月，上尊谥曰武元皇帝，庙号太祖"；"天会十三年二月辛酉，改葬和陵（上京西北约50公里胡凯山，俗称老母猪顶子山）"，"皇统四年，改和陵曰睿陵"[1]。"天会十三年（1135）正月太宗（'讳晟，本讳吴乞买'，太祖之弟）崩于明德宫"，"三月庚辰，上尊谥曰文烈皇帝，庙号太宗。乙酉，葬和陵。皇统四年，改号恭陵"[2]。熙宗（"讳亶，本讳合刺"）天会十四年八月，"追尊九代祖以下曰皇帝、皇后，定始祖、景祖、世祖、太祖、太宗庙号皆不祧"；皇统四年（1144），"先世诸葬皆称陵号"[3]，始祖以下十帝陵亦葬于上京附近（具体位置不明）。皇统九年（1149）十二月，海陵王（原名亨烈，改名亮）弑熙宗，"降帝为东昏王，葬于皇后裴满氏墓中"[4]。

贞元元年（1153）海陵王完颜亮正式迁都燕京，改名中都。贞元三年（1156）三月，"命以大房山云峰寺为山陵，建行宫其麓"，于是将上京诸陵迁至金中都大房山新陵区（图4-1-1）[5]，所迁诸陵陵号均未变。

---

[1]《金史》卷二，《本纪第二·太祖》。

[2]《金史》卷三，《本纪第三·太宗》。

[3]《金史》卷四，《半纪第四·熙宗》。

[4]《金史》卷四，《本纪第四·熙宗》。

[5]《金史》卷五，《本纪第五"海陵纪"》，"贞元三年三月乙卯，命以大房山云峰寺为山陵，建行宫其麓"；"五月乙卯，命判大宗正事京等如上京，奉迁太祖、太宗梓宫。丙寅，如大房山，营山陵"；"六月乙未，命右丞相仆斯思恭，大宗正丞胡拔鲁如上京，奉迁山陵……"；九月"乙卯，上亲迎梓宫及皇太后于流沙河……"；十月"丁酉，大房山行宫成，名曰盘宁"；"十一月乙巳朔，梓宫发丕丞殿。戊申，山陵礼成"。"正隆元年七月乙酉，命太保昂如上京，奉迁始祖以下梓宫"；"十月乙酉，葬始祖以下十帝于大房山，丁酉，还宫"；"闰十月己亥朔，山陵礼成，群臣称贺"。《金史》：熙宗"贞元三年，改葬于大房山蓼香甸，诸王同兆域"。新陵区在今北京西南，距广安门约41.7公里的大房山麓，其主陵区在周口店镇龙门口村北约1公里。

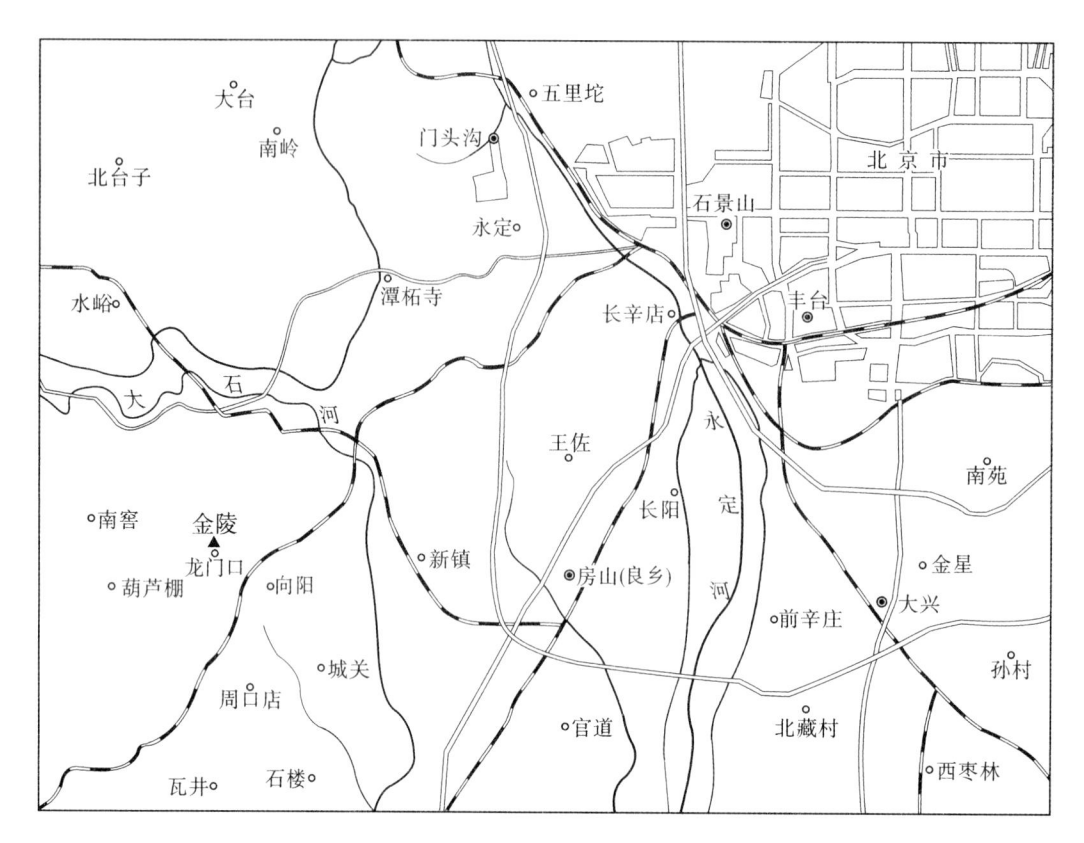

图 4-1-1 北京大房山金陵地理位置示意图

金亡后金陵状况无载。明朝时疑金陵与后金（1636年改号大清）"王气相关"，天启元年（1621）"罢金陵之祀；二年，拆毁山陵剷断地脉。三年，又建关帝庙于其地，为厌胜之术"[1]，金陵被彻底摧毁。清入关后，在金陵遗址上略加修葺，并予保护[2]。清末民国初年，以及"文化大革命"时期，金陵再遭破坏，几成废墟。

中华人民共和国成立后，即对金陵进行初步调查，历年来不断发现零星文物。1986年北京市文物研究所正式对金陵进行考古调查，2001—2003年又对金陵主陵区进行了考古勘

---

[1] （清）于敏中：《日下旧闻考》，北京古籍出版社2001年版，第2121页。清世祖《御制金太祖世宗碑》中说："惟金朝房山之陵在房山者，前我师克取辽东，故明惑于形家之说，疑与本朝王气相关，遂剷断其地脉。……明复加摧毁，且建立关庙，为厌胜之术。"第2122页清圣祖《御制金太祖世宗陵碑》："惟金朝房山二陵，当我师克取辽阳，故明惑于形家之说，谓我朝发祥渤海，王气相关。天启元年，罢金陵祭祀。二年，拆毁山陵剷断地脉。三年，又建关庙于其地，为厌胜之术。"北京市文物研究所编：《北京金代皇陵》，文物出版社2006年版，第154页，明朝又将太祖睿陵所依九龙山主龙脉的"龙头"部位摧毁，并在"龙喉"部位深凿长约18米的洞穴，内填鹅卵石，即所谓"砍龙头，刺龙喉"。

[2] （清）于敏中：《日下旧闻考》，北京古籍出版社2001年版。说："云峰山金帝陵，本朝顺治初特设守陵五十户，每岁春秋致祭"；"乾隆十六年皇上命葺金太祖、世宗二陵享殿及缭垣；工竣，亲诣展谒"。详见后文。

察、试掘和清理。2006年被列为全国重点文物保护单位。

第二节 大房山金陵封域、风水态势与分区

一 封域

金中都大房山金陵，经海陵王、世宗、章宗、卫绍王、宣宗五世六十余年的营建，形成规模宏大的陵区，封域面积达60平方公里。海陵王初建大房山金陵时无陵界，其后陆续增建各陵，遂固定封域，陵域边界沿途"封堠"（每隔一定距离立一土墩），并在封域内形成不同陵区。《大金集礼》记载，世宗大定二年（1162）界内"周围计地一百六十五里"，卫绍王大安元年（1209）又缩为"周围计地一百二十八里"[1]。据《大金集礼》的记载，诸家结合今地考证"封堠"四至大同小异。于杰先生考证，"封堠"北界东起"南

---

[1] 于杰、于光良：《金中都》，北京出版社1989年版。该书第119—121页引《大金集礼》（《丛书集成》本）卷十七至二〇中，关于金陵四周方位的记载可供参考。
"大定二年正月初七，省官刑部主事薛万亨并提点山陵涿州刺史完颜璋，同衔申取责到司天台张庆渊、魏器博、卢世明等三人状称：合自坟山西北，系奉先县所管神宁乡上冶村龙泉河为西界，为头排立封堠，沿龙泉河至南羌弧岭南，其龙泉河水正西南去，离坟山八十余里，止合于羌弧岭东南下坟。按坟山旧南界封堠，是周围四至，别无窒碍，呈省。一起自万安寺西岭为头，打量至西面尽北南郊涧口旧封堠，计地六十二里令一百四十四步。自南郊涧口旧封堠以西上冶村，按连排立，沿龙泉河南至羌弧岭密排讫，封堠一百六十个；连接至赤石峪旧封堠，计地五十八里令二百二十八步。自赤石峪口旧封堠至万安寺西岭，计地三十五里令三百步。周围计地一百五十六里三百一十二步。"
"大安元年十一月三十日，承省札奏帖，近奏差秘书监温迪罕胡土、三司知事边源检勘坟山以西银洞事云云。今据所差官胡土等检勘得止合以龙泉河为禁限西界。口口等商量，若准所申，是为相应云云。为此，于十一月二十九日闻奏过。奉圣旨：封堠立得分朗者，余并准奏行"。
"一坟山禁界，封堠四至周围地里，东至万安寺西小岭一十八里，南至黄土岭水心二十六里，西至辘轳岭二十三里，周围计地一百二十八里"。
"一坟山以西过辘轳岭，有南郊涧道隔断山势。以西过木浮岭，下至龙泉河，又隔木浮岭。其龙泉河身：阔处约五十步，窄处十余步，水深三四尺。自陵寝红排沙至此三十二里，以西又过烟熏岭松片山数重，才是接连银山。其坟山与银山不是一带山势"。
"一银山在坟山西北，其山东西形势。岭南属奉先县，有银洞五十四处；山岭北属宛平县，有银洞六十二处。两县银洞止是一山。自陵寝红排沙以西（至）最近银洞四十二里，（至）最远银洞四十八里"。
"取责到将去司天台阴阳人张庆渊等三人状称：相视得自陵寝红排沙以西，过涧，辘轳岭，已有南郊涧道隔断山势。以西，又过木浮岭，下有龙泉河，河身深阔隔断地脉，按《地理新书·五音地脉篇》：凡隔坑潭江河，地势已绝不相连。按兼山陵至此已三十二里，若将龙泉河便为禁限，西界委是别无窒碍。其东、南、北三面禁界合依原定界堠为限"。

郊涧口"，西至"神宁乡上冶村"（《大金集礼》，下同）。金时"南郊涧道"似当龙泉河一带，其"涧口"应为山之东端尽头，按地形似今东庄子、黄土坡村一带。北界依山界河（龙泉河，今大石河），北界西端"上冶村"当在龙泉河北流东拐之处南岸，即约在今长操村左近。西界北端为"上冶村"，向南经今上石堡与其南偏东杏黄庄之涧道，涧道东水泉背处山岭（大草岭以南）似即当年之"辘轳岭"。岭西今霞云岭东又一小岭，似为当年"木浮岭"。"封堠"似沿这一涧道（今水泉背以西涧道）东岸建立转向东行，为金陵西界。南界，从"辘轳岭"南麓东行，经黄山峪（今黄山店偏北），东至"万安寺岭"（今周口店以北，山口以南之水岩寺小山岭），"封堠"过其东麓为南界东端。东界，从今周口店水岩寺以东向北至今三府村以西一线"封堠"（图4-2-1）[1]。此外，另有一些考证，"封堠"四至较上述范围略大[2]。以上对金陵"封堠"四至的考证，仅供参考。

二 主陵区的风水态势

见图4-2-1、4-2-2、4-2-3。大房山金陵，主要指位于周口店镇龙门口村的主陵区。这里"西顾郊圻，巍然大房，秀拔浑厚，云雨之所出，万民之所瞻"（《金史·礼志》）；其地"峰峦秀出，林木隐映"，乃"真筑陵之处"（《大金国志》）。所谓"真筑陵之处"，除上述宏观环境外，关键是主陵区具体的风水态势使然。

金陵主陵区在大房山区，大房山主峰茶楼顶（猫儿山）海拔1307米，地接太行山，处于所谓"中华北龙"的主龙脉上。大房山主峰东行北折为连三顶（连泉顶，海拔

---

[1] 于杰、于光度：《金中都》，北京出版社1989年版，第126—128页。"金陵遗址考略"，文中还说："东界南北两端为山麓，中间为平原，陵域之东门似在这里。东界之中部无山岭，适为敞口，合于金代东向拜日之俗。""上述四界，在现代地图上经过衡量，恰好周长约为一百二十里左右，同记述较为符合。"

[2] A. 杨亦武：《大房山金陵考》，《北京文博》2002年第2期。说：大房山陵寝的四至："东界为万安寺西小岭，当是今房山街道羊头村北岭；南至黄山峪水心，当是今黄山店沟；金陵西界以龙泉河今大石河为界，此段河流北向流，当在今霞云岭、碾盘地、山川一线；北界在南郊涧口、上冶村一线，上冶村为北界最西端与西界交汇处。南郊涧口为今南窑沟北口，上冶村当在今山川村一带。又磁家务孔水洞内有金代所刻'山陵北垂'的铭文，可知此地乃为金陵北限。综合考之，金陵的北界是依山界河的，也是以龙泉河即今大石河为界的，此段大石河东向流。""大安以前金陵本以南郊涧道东岭辘轳岭为西界，而且封堠齐全。当时南界封堠立到赤石峪以东，北界封堠立到今南窑沟北口，陵区四周计地128里。根据历史情形推断，金陵第一次勘界排立界封堠多在金章宗明昌年间。"以上考证可与正文于杰考证相互对照。
B. 北京市文物研究所：《北京金代皇陵》，文物出版社2006年版。该书结语中认为："陵区禁界'封堠'四至，东界为万安寺西小岭，当在今房山街道羊头岗北岭，约9公里；南至黄山峪水心，即今黄山店沟，约13公里；西界以龙泉河（今大石河）为界，古代地名辘轳岭，当在今霞云岭、碾盘地山川一线，约13.5公里；北面磁家务孔水洞内有金代题刻'山陵北垂'的铭文，可知此处应是金陵区域北限，即以今大石河为界。"（图4-2-2）。

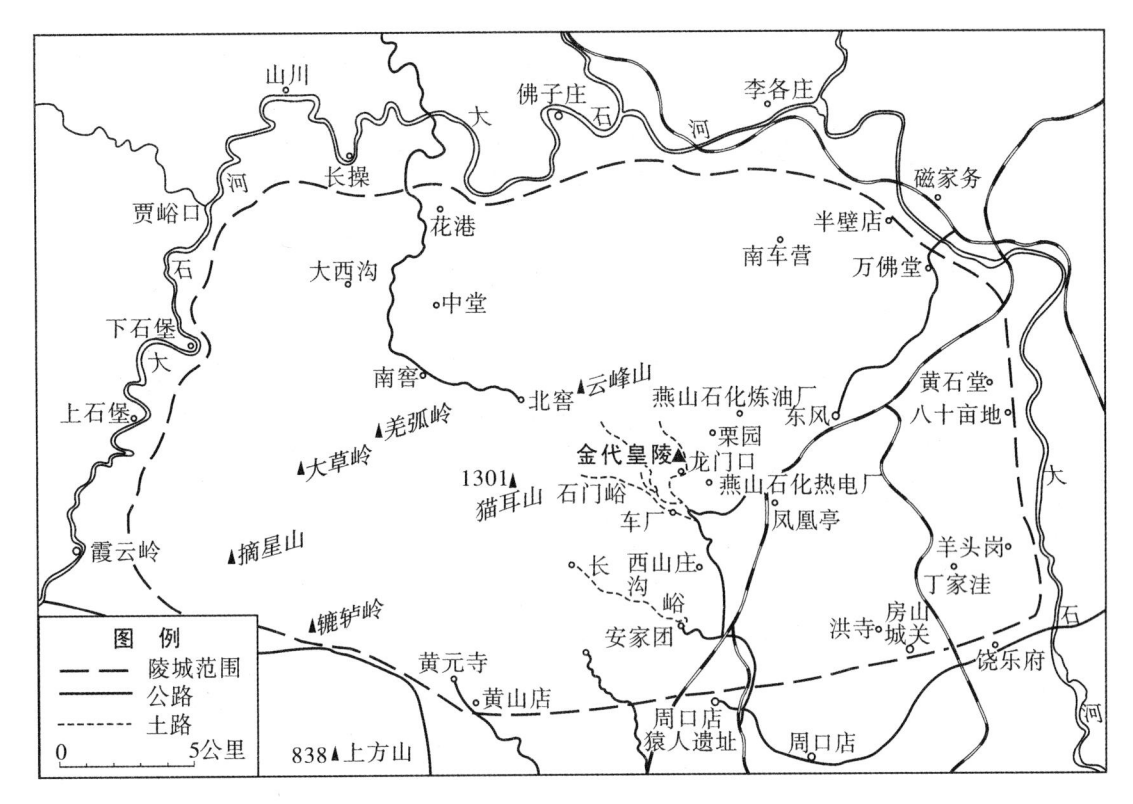

图 4-2-1 北京大房山金陵陵域范围示意图
(采自《北京金代皇陵》，略变化)

1150 米)，其下是低于连三顶并与大房山主峰相连分九脉而下的九龙山，状若"行龙"。金陵主陵区即坐落在山前海拔约 500 米，占地约 6.5 万平方米的开阔的缓坡台地上。上述情况表明，金陵以处于龙脉的连三顶和九龙山为背屏 (风水术语称主龙、主山、大帐、玄武)。连三顶符合"华盖三台，尊极帝位"之说，九龙山低于连三顶，又符合"玄武垂头"而"受葬"说，金陵的位置也符合取穴于"形止脉尽"，地"平夷如掌"的风水要求。

主陵区两侧的小山形成左右护砂 (左青龙，右白虎)，起到"山脉环护"以"藏风"的作用。同时又以九龙山对面的石壁山为"案山"，太祖陵即坐落在九龙山主脉与"案山"凹陷处的罗盘子午线上，形成"龙虎环抱，近案当前"的内明堂 (陵穴前平坦地块，风水术语称明堂) 之佳境。此外，九龙山西北侧山谷中的泉水东南流至陵前，形成水流界穴，以防生气流逝的"水砂"。

总之，上述情况表明，金陵主陵区之所以选在九门口村，正是因为这里的山水态势完全符合帝陵在风水上专注的龙、穴、砂、水与陵址相配的要求，故成为"真筑陵之处"。

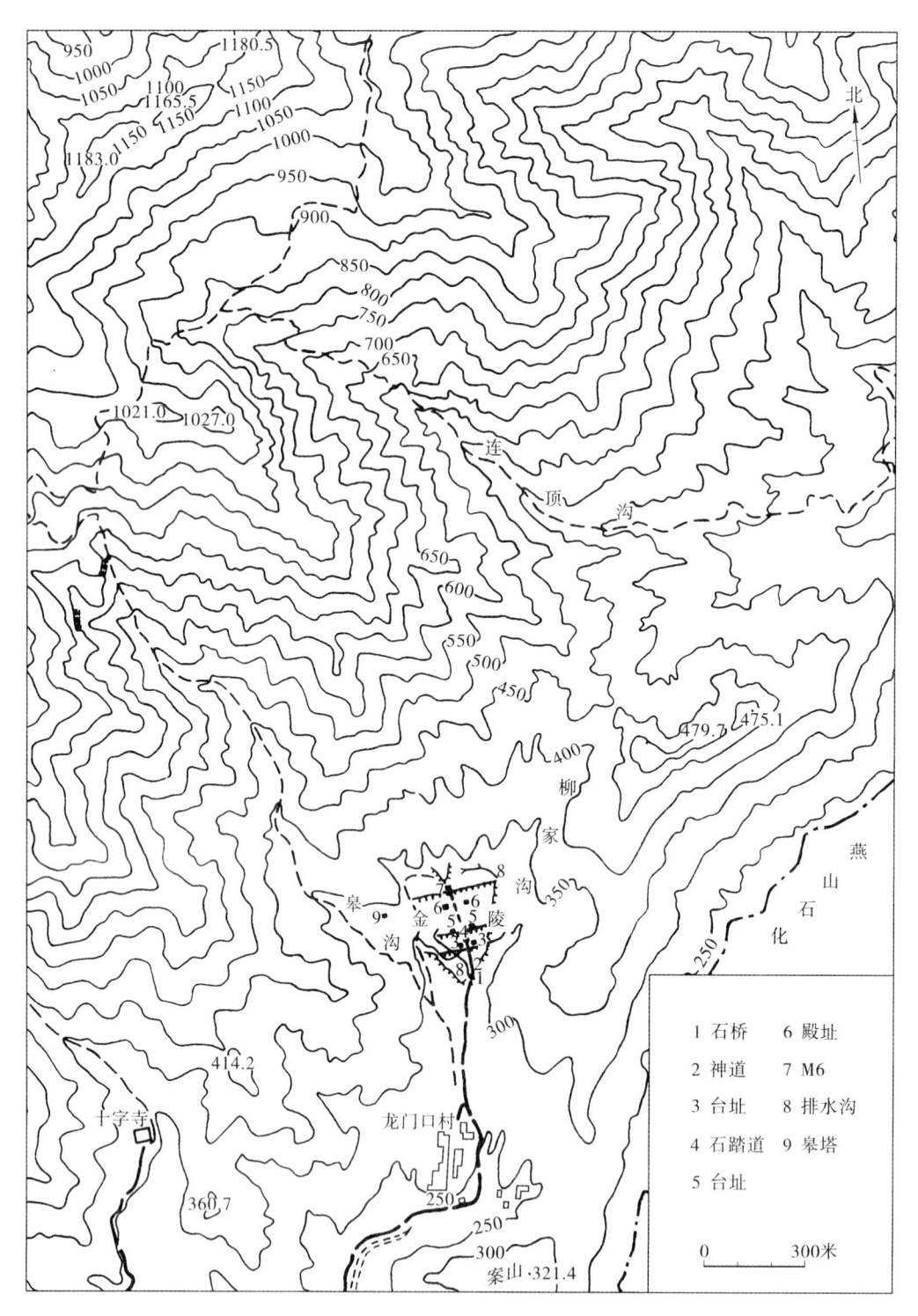

图 4-2-2 北京大房山金陵主陵区地理环境图

（采自《北京金代皇陵》）

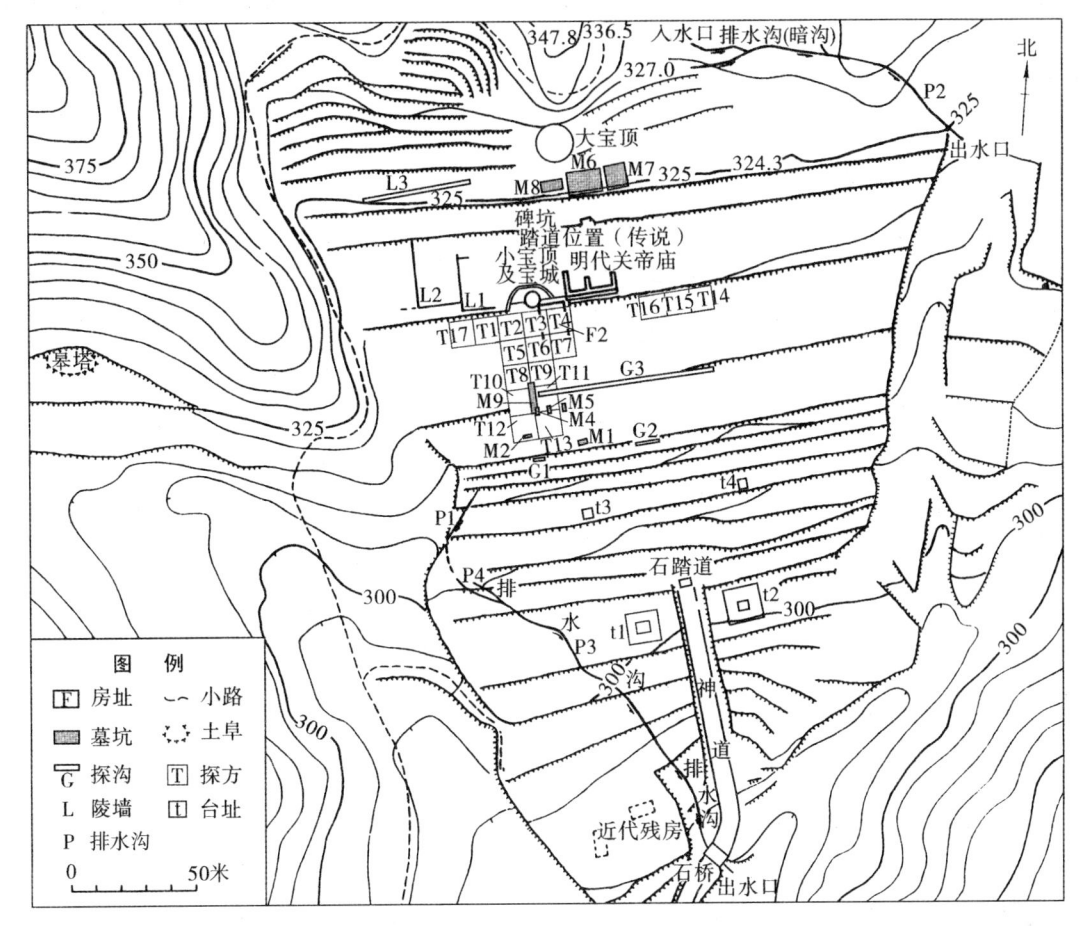

图 4-2-3 北京大房山金陵主陵区遗迹分布图
（采自《北京金代皇陵》）

三 封域内陵墓分区

大房山金陵，按皇帝、追封为帝者、始祖以下十帝、后妃、削去帝号降为王者和诸王等六种情况，分别葬于不同的区域。

（一）九门口主陵区

见图4-2-3。九门口主陵区有太祖睿陵、太宗恭陵、世宗（完颜雍）兴陵。其次，世宗父宗尧（初讳宗辅）被追尊为帝，庙号睿宗，亦葬于主陵区，称景陵。此外，海陵王篡位后，追谥其父完颜宗干为睿明皇帝，庙号德宗，葬于主陵区，称顺陵[1]。大定

---

[1] 宗干本名斡本，太祖庶长子。海陵篡位，追谥其父宗干为宪古弘道文昭武烈章孝睿明皇帝，庙号德宗，贞元三年十一月迁于大房山太祖陵区。世宗即位，太定二年（1162）除德宗庙号、改谥明肃皇帝。大定二十二年（1182），追削明肃帝号，封皇伯、太师、辽王。《大金集礼》卷四记载：将宗干"迁出顺陵，改名为墓"。据此其墓应迁入诸王兆域。

二十二年（1182）将其降为王，迁出顺陵，改名为墓。除上所述，海陵王还将叔父梁王宗弼（太祖四子，即金兀术）葬于九龙山西侧皋儿沟[1]。主陵区具体情况，后文有说。

（二）显宗裕陵和章宗道陵陵址

显宗名胡土瓦，大定二年立为太子，赐名允恭。大定二十五年（1185）亡，时年三十九岁，葬于大房山。章宗（允恭子）即位，追谥体道弘仁英文睿德光孝皇帝，庙号显宗，陵曰裕陵（祔葬皇后徒单氏，徒单氏大定四年封为皇太妃，章宗生母，明昌二年崩，年四十五，谥曰孝懿）。章宗（完颜璟，显宗嫡子。大定二十六年诏立为皇太孙，二十九年春正月即帝位。）泰和八年（1208）十一月崩，年四十一，谥宪天光运仁文义武神圣英孝皇帝，葬道陵（祔葬皇后蒲察氏，蒲察氏大定二十三年封金源郡夫人，后进封妃，崩，追谥钦怀皇后），位于裕陵东侧。上述二陵位置不明，有人推测连三顶（连泉顶）东侧山沟有花岗岩古堡（金守陵军事设施），俗称大楼，其东侧约一公里有小楼，裕陵和道陵似在大楼和小楼之间的大楼沟内[2]。这里凭大房山主龙脉，前有九龙山，后有北岭，两山夹峙，二水分流，山前直望平川，为风水胜地。

此外，金宣宗完颜珣葬汴京（开封），哀宗完颜守绪葬蔡州（河南汝南县），不在大房山金陵区。

（三）始祖以下十帝陵区

始祖以下十帝陵，即始祖光陵、德帝熙陵、安帝建陵、献祖辉陵、昭祖安陵、景祖定陵、世祖永陵、肃宗泰陵、穆宗献陵、康宗乔陵。十帝陵于正隆元年（1156）十月迁葬于大房山，葬所无载。《光绪顺天府志·地理八》"冢墓"条引《房山县志》："十王冢，在县西北十五里石门峪。""十王冢"即十王陵，石门峪在龙门口村西南约2.5公里，与龙门口隔一道山梁。石门峪有小石门和大石门，过大石门里余发现石墙和石构件

---

[1] 梁王宗弼即金兀术，太祖四子。杨亦武《大房山金陵考》（《北京文博》2002年第2期）认为，宗弼墓是唯一以王爵陪葬太祖陵的陪葬墓。并说太祖陵西侧九龙山西峪阁儿沟沟口北侧有古坟，旁边残存汉白玉残件，花岗岩阶石和金代砖瓦，为宗弼墓所在。按，该陪葬墓已超出主陵区的范围。

[2] A. 杨亦武：《大房山金陵考》，《北京文博》2002年第2期。说：连泉顶明嘉靖八年《重修连泉古刹碑》中提到此处有金章宗古墓。1986年以来，这一带发现一些金代勾纹瓦、绿琉璃瓦、汉白玉栏杆、柱顶、花岗岩柱础，在山脊上有一条石板古路，宽达2.5米。1988年、1989年在此钻探，考证认为第一地点为裕陵，第二地点为道陵。并说："有人猜测，章宗道陵当是大房山帝陵中最富丽堂皇的一座。"

B. 北京市文物研究所编：《北京金代皇陵》，文物出版社2006年版。说：金陵主陵区东侧柳家沟发现大量石质建筑构件，包括鸱吻、斗拱、台基石条等。根据现场遗迹现象和昭穆制度推测，这一带也应属于金代皇陵的范围。裕陵、道陵是否在此区域，有待今后的考古发掘。

等。现在多以为此处即十王陵区[1]。

(四) 坤厚后妃陵区

坤厚陵是世宗皇后乌林荅氏陵，并附葬世宗之妃张氏、元妃李氏、贤妃石抹氏、德妃徒单氏、柔妃大氏[2]。坤厚陵具体方位，史无明载。1972年12月长沟峪煤矿断头峪工地，于断头峪西山坡发现一组石椁墓。五具石椁呈十字排列，主墓及两侧二墓东西向，主墓东西两侧石椁为南北向。每具石椁均由六整块两面磨光汉白玉石板单榫咬合构成。正中石椁长2.9、宽1.38、高1.26米；其余四具石椁长2.45、宽1.1、高1.26米。主墓石椁内有一具红漆柏木棺，棺长2.2、宽1.25、高0.95米。棺外髹红漆并用银钉嵌錾花银片，前壁图案为四角云纹，中嵌云龙卷草，云龙上部在红漆表面贴绿织锦圆片。后壁及棺盖为卷草纹图案。主墓中出玉器11件套，即青白玉双股玉钗1件、白玉镯1件、白玉环1件、长方形白玉饰1件、三角形白玉饰1件、凤鸟形白玉饰2件、透雕折枝花白玉锁1件、透雕折枝花白玉饰2件、透雕竹枝形白玉饰1件、透雕双鹤卷草纹白玉饰1件、"政和通宝"玉钱1枚。此外，主墓淤土中残存松香棒，以及织锦残片等，残骨中残存用于尸体防腐的水银。清理者认为，断头峪石椁墓即坤厚陵陵穴，五具石椁为乌林荅氏迁出附葬世宗陵后之遗存，正中红漆柏木棺葬元妃李氏，余四椁分葬四妃[3]。

(五) 诸王兆域

贞元三年从上京所迁诸王墓，葬于大房山蓼香甸。海陵王初葬于鹿门谷诸王兆域中，

---

[1] A. 杨亦武：《大房山金陵考》，《北京文博》2002年第2期。说："石门峪是以山峪形状得名的，自车场（厂）村南西行，进入石门峪，里许山石突兀如门状，这是小石门。过小石门再里许，峪两侧双峰高耸，如雄关，这是大石门。大石门以东，南侧峪岭尚存两处用巨石垒砌的高大护墙。大石门以西，一岭西来北折，如苍龙顾首，因此，石门岭一西一北派生两峪，十帝陵坐落在北峪口以北数百米长的峪段，陵寝于山岭'苍龙顾首'处的半山间，背西面东朝向大石门。立于十帝陵东望，大石门高峻挺拔，实为入陵处的一道天然门限。"此外，文中还记述在陵区发现望柱底座、残石兽、石柱础、汉白玉栏板和石水槽等。B. 北京市文物研究所编：《北京金代皇陵》，文物出版社2006年版。第158页所记十陵区与《大房山金陵考》大同小异。

[2] 《金史》卷六十四，《后纪下》："大定十二年五月，车驾幸土鲁原致祭（按乌林荅氏在良乡投湖自杀后，先葬于宛平县土鲁原）。十九年改卜于大房山，十一月甲寅，皇后梓宫至近郊，百官奉迎。乙卯，车驾如杨村致祭。丙辰，上登车送，哭之恸。戊午，奉安于磐宁宫。庚辰，葬于坤厚陵，诸妃附焉。二十九年附葬兴陵。"又记"世宗元妃李氏……大定二十一年薨……二十八年九月，与贤妃石抹氏、德妃徒单氏、柔妃大氏俱陪葬于坤厚陵"。按，元妃张氏在大定十九年（1179）已附葬坤厚陵。

[3] 北京市文物研究所编：《北京金代皇陵》，文物出版社2006年版，第158—160页，图版五六之3、4、5。

故蓼香甸与鹿门谷属同一兆域。鹿门谷多认为在今车厂村西北十字寺沟[1]，诸王墓具体位置不明。据文献记载，宿王斜思阿补、海陵王太子光英、荣王完颜爽等也葬于诸王兆域。海陵王之父宗干削去帝号从顺陵迁出，亦改葬在诸王兆域。

（六）熙宗思陵与海陵王和卫绍王墓

《金史·熙宗本纪》记载：熙宗"讳亶，本讳合剌，太祖孙，景宣帝子，母蒲察氏"。天会十三年（1135）正月即帝位，皇统九年（1149）十二月，完颜亮弑帝，时年三十一，"降帝为东昏王，葬于皇后裴满氏墓中。贞元三年（1155）改葬于大房山蓼香甸，诸王同兆域。大定初，追谥武灵皇帝，庙号闵宗，陵曰思陵"；十九年，增谥弘基缵武庄靖孝成皇帝，"二七年，改庙号熙宗。二十八年（1188）以思陵狭小，改葬于峨眉谷，仍号思陵"。蛾眉谷大致介于康乐峪（其南为断头峪）和石门峪（北）之间，悼平皇后裴满氏（天眷元年立为皇后，为熙宗所杀。海陵弑熙宗，追谥后为悼皇后。大定间复熙宗帝号，加谥为悼平皇后）附葬思陵，思陵具体位置不明。

海陵王完颜亮，辽王宗干第二子，皇统九年十二月弑熙宗，改皇统九年为天德元年。正隆六年（1161）十一月被杀。大定二年（1162）降为海陵郡王，谥曰炀，葬于大房山鹿门谷诸王兆域。大定二十一年（1181）废为庶人，改葬于山陵西南四十里，"瘗之闲圹，不封不树"[2]，因而其墓不知所在。

卫绍王墓位置不明[3]。

除上所述，大房山金陵在山陵东端入陵处建磐宁行宫，章宗时在茶楼顶建离宫崇圣宫和白云亭。章宗大定二十九年（1189），在山陵陵园下不远处设"万宁县，以奉山陵"，明昌二年（1191）改称奉先县（元至元二十七年，改名房山县）。

---

[1]《金史》卷四，《本纪第四·熙宗》：熙宗于"贞元三年，改葬于大房山蓼香甸，诸王同兆域"。《金史》卷五，《本纪第五·海陵》：海陵王"葬于大房山鹿门谷诸王兆域中"。可见蓼香甸与鹿门谷相连，似为同一区域。又（宋）宇文懋昭《大金国志》（见崔文印《大金国志校证》，中华书局1986年版）卷三十三记载，"唯熙宗葬山阴"，故鹿门谷在九龙山太祖陵区之西侧。前引杨亦武《大房山金陵考》（北京文博）2002年第2期）认为，"鹿门峪乃是今十字寺沟确凿无疑。鹿门峪在今车场村西北，北倚三盆山，东隔一岭与九龙山太祖陵区相邻，西南为凤凰山陵区，由南而北绵延数里"。

[2]《金史》卷五，《本纪第五·海陵》《金史》卷七十六《宗干传》。《北京金代皇陵》第156页引《大金集礼》卷四《追加谥号下》。

[3] 卫绍王讳永济，世宗七子。泰和八年（1208）十一月，章宗崩，承章宗遗诏即帝位。至宁元年（1213）被弑于故邸。贞祐元年（1213）降封东海郡侯，贞祐二年（1214）四月葬。贞祐四年（1216），诏追复卫王，谥曰绍。其葬地不明，杨亦武《大房山金陵考》（北京文博）2002年第2期）推测，葬于康乐峪。1994年康乐峪峪口北侧出土一具金代石椁，或与卫绍王墓有关。

第三节 主陵区残存的遗迹

金陵主陵区在九门口村之北，位于九龙山南侧坡地[1]，陵区南北长约350米，东西宽约200米。在该范围内经考古勘探和试掘，发现和清理了仍然残存的主要遗迹。

一 主陵区残存的金代遗迹

在主陵区可以确认为金代遗迹的仅有石桥、神道、石踏道、碑亭残基址和排水沟。

（一）石桥

花岗岩石桥位于神道南端，南北长5.8米，东西宽10米。桥面平铺双层花岗岩石板，仅残存北部32块大小不等的长方形或方形石板，以及栏板和望柱下的地栿石，桥面下即排水涵洞（图4-2-3、4-3-1）。

（二）神道和石踏道

石桥北接神道，全长残存200余米，方向170°（图4-3-3）。神道顺地势而上，仅石桥至石踏道长107米地段保存较好。其中石踏道南长49米地段路面残毁，49米以上至石踏道长58米地段残存一层汉白玉石渣路面（图4-3-2），厚约1—2厘米，路面上路土厚约3—7厘米。此外，在石踏道北80余米探沟G3（图4-2-3）之北，发现铺砖神道残迹。

石桥向北107米处有石踏道[2]，残长约3米，宽5.4米，通高1米，八级台阶（图4-3-3）。每级台阶由3—4块汉白玉石条构成，长4.4米，宽0.3米，高约0.13米，逐次向上错缝砌筑。台阶平面和立面浮雕缠枝花卉图案（图4-3-4之A），台阶两侧立汉白玉石雕栏板，西侧残存一块栏板，东侧残存两块栏板。栏板高0.6米，长1.4米，厚约0.2米。栏板内侧浮雕双龙追逐图案（图4-3-4之B）[3]，外侧浮雕牡丹花卉图案（图4-3-4之C）。东侧两块栏板间石望柱与栏板榫卯相接，望柱长0.24米，宽0.16米，内外两侧浮雕花纹漫漶。栏板和望柱立于汉白玉地栿之上，在两侧栏板南侧置坐龙。两件坐龙底座（报告称覆盆式柱础）与两侧栏板相接，底座长0.5米，宽0.44米，孔径10厘

---

[1] A. 北京市文物研究所编：《北京金代皇陵》，文物出版社2006年版，附录三。
B. 王世仁《北京房山金陵清代遗迹考略》（载《北京金代皇陵》，文物出版社2006年版）中说：主陵区睿陵前台地总长270米，高差39.3米，平均坡度约14.6%（1∶0.146），这是一个既有上升态势又能舒展视野的坡度，也是便于削坎垒壁，经营建筑的地形。
[2] 北京市文物研究所编：《北京金代皇陵》，文物出版社2006年版，彩版四、五。
[3] 双龙风格与兴陵石椁龙纹图案相同。

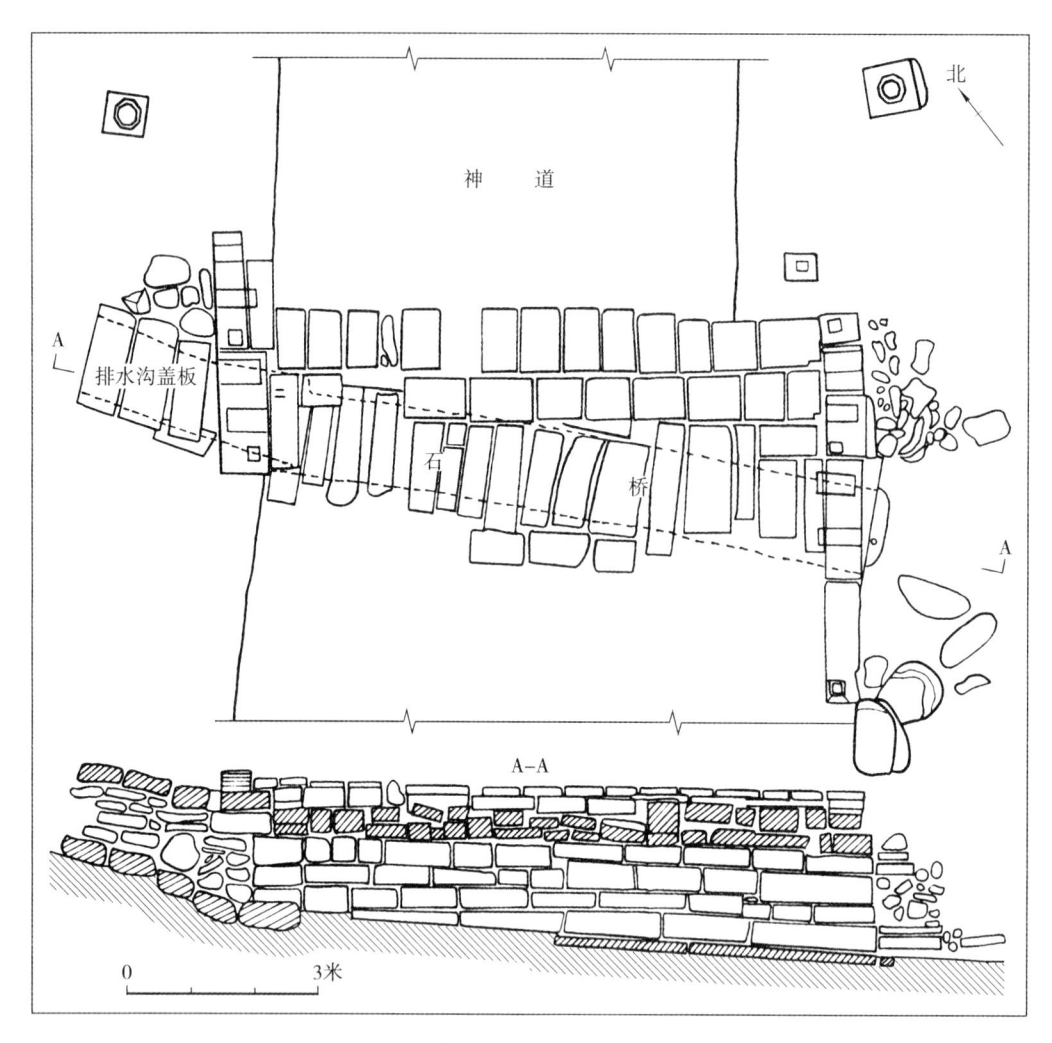

图4-3-1 北京大房山金陵石桥平面、剖视图
（采自《北京金代皇陵》）

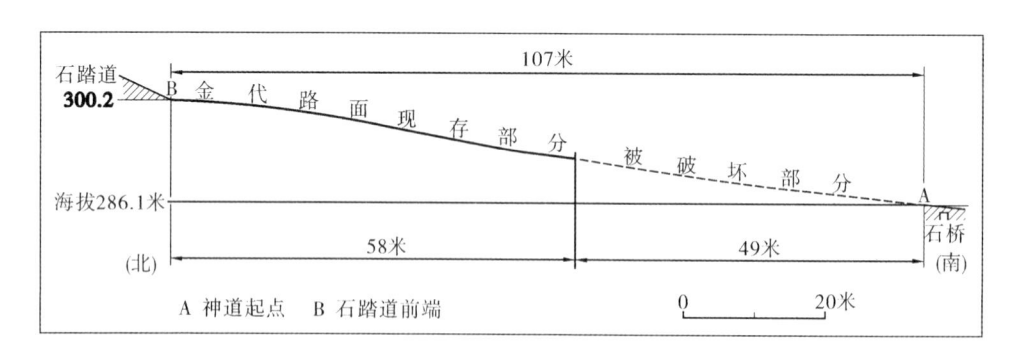

图4-3-2 北京大房山金陵神道南段纵剖面图
（采自《北京金代皇陵》）

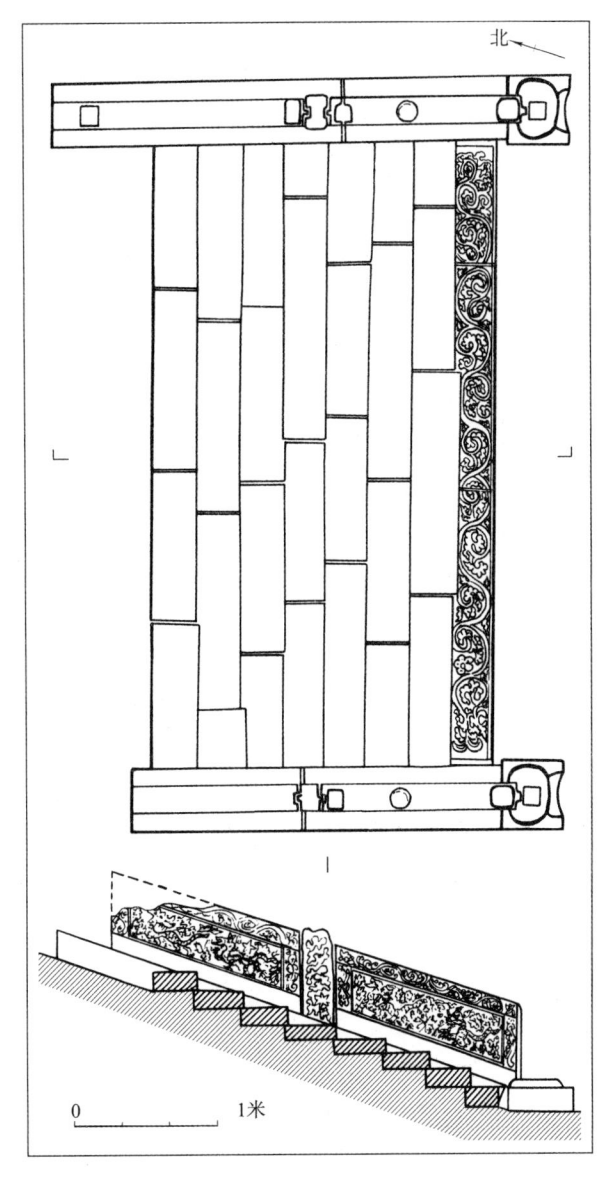

图 4-3-3 北京大房山金陵石踏道平面、剖视图
（采自《北京金代皇陵》）

米，深 10 厘米。坐龙均卧于底座前，残高皆 67 厘米左右[1]。

除上所述，神道南端与石桥相接处之东西两侧各残存一神道柱础（望柱柱础？）。东侧方形花岗岩柱础长 0.75 米，宽 0.7 米，厚 0.35 米，中心凿八棱形凹槽，直径 0.4 米，边长 0.15 米，深 0.1 米；内槽圆形，直径 0.3 米，深 0.18 米。西侧方形青石柱础，边长 0.6 米，中心凿八棱形凹槽，直径 0.4 米，边长 0.15 米，深 0.12 米；内槽圆形，直径 0.3 米，

---

[1] 北京市文物研究所编：《北京金代皇陵》，文物出版社 2006 年版，图版三中下。

深 0.16 米[1]。

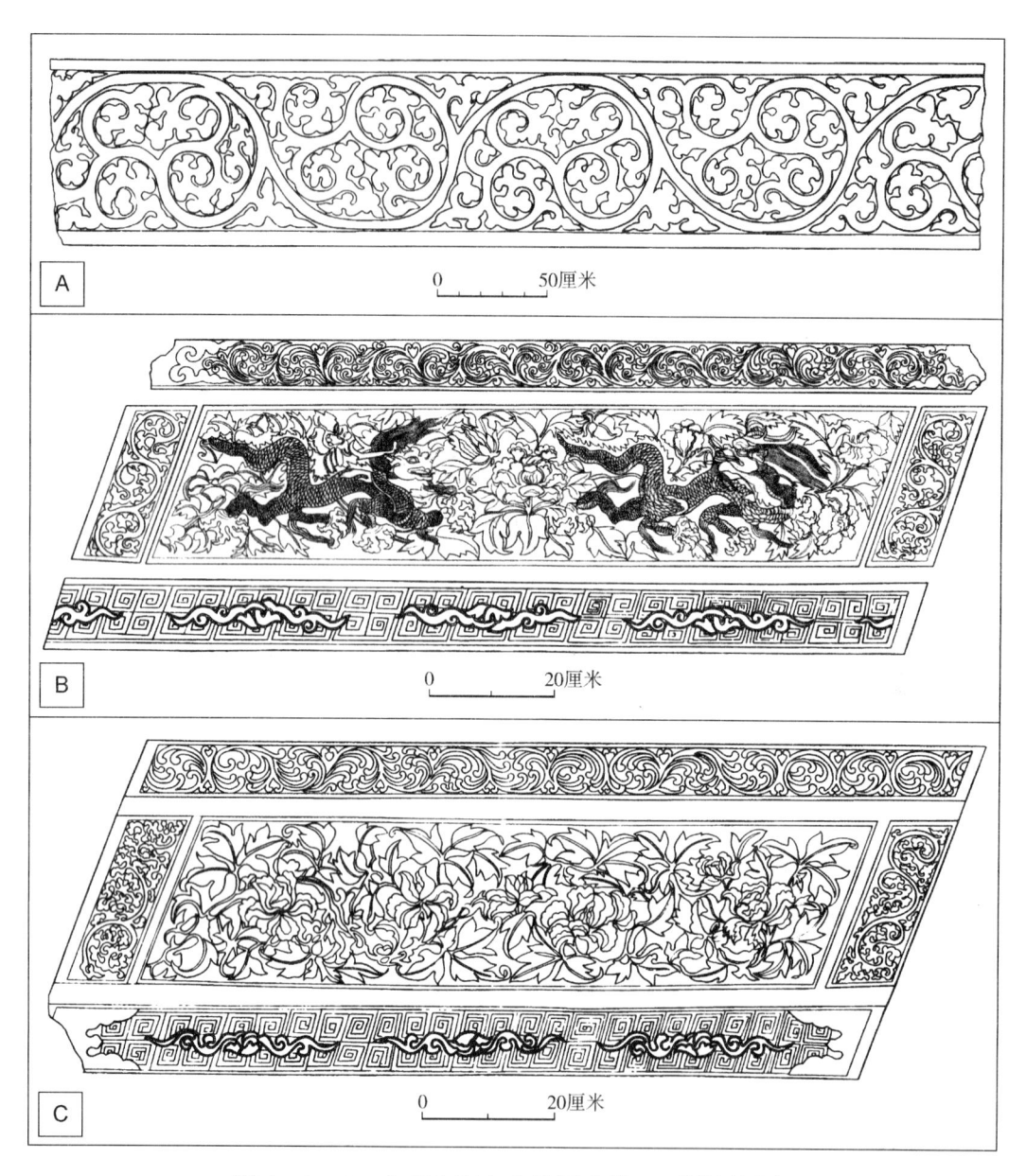

图 4-3-4 北京大房山金陵石台阶、石栏板图案
A. 石台阶缠枝花卉图　B. 石栏板内侧双龙图　C. 石栏板缠枝花卉图
（采自《北京金代皇陵》）

---

[1] 北京市文物研究所编：《北京金代皇陵》，文物出版社 2006 年版，图版三上。该报告说：西侧柱础石选材和凿刻较为精致，可能是清代修复金陵时补配的。

(三) 碑亭残基址[1]

在石踏道近北端的东西两侧各有一碑亭残基址（图4-2-3之t1、t2），残基址t1在石踏道北端西南侧，残基址t2在石踏道北端东南侧，两者对置，相距35米（两基址中心相距57米）。二碑亭残基址的原状基本相同[2]，碑亭最下为夯筑方形台基，边长22米左右，其上挖槽再夯筑方形碑亭台基，边长13.5米左右，台基四面有四出陛残迹（《报告》称墁道），碑亭台基四角残存角石基础，四角内对称残存曲尺形坚硬的夯土遗迹（原报告称护角，似为内墙墙基之遗迹）。碑亭台基中间条石铺砌长方形碑基，东西长5米左右，南北宽近4米。在西侧碑亭（t1）石碑基上发现碑身和鳌腹残块，东侧碑亭石碑基上（t2）发现鳌首和鳌背残块[3]。从碑亭台基遗迹来看，碑亭似为面阔进深各三间，副阶周匝。四出陛的形制[4]（图4-3-5）。

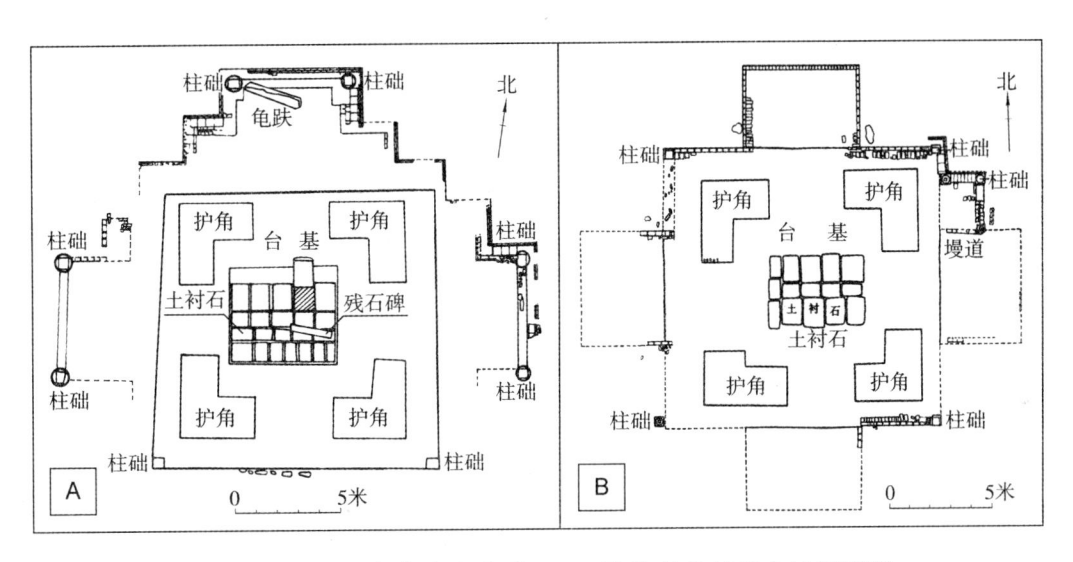

图4-3-5 北京大房山金陵1、2号碑亭残基础台址平面图
（采自《北京金代皇陵》）

(四) 排水沟

主陵区有东西两条排水沟和东侧排水暗沟，东侧在M6东北60米，三个入水口汇于主

---

[1] 北京市文物研究所编：《北京金代皇陵》，文物出版社2006年版。第41—48页对t1、t2形制的描述，结合第46、47页t1、t2碑亭台基平面图，该书彩版六、图版四、五、六，以及该报告所收王世仁《北京房山金陵碑亭原状推测》来看，金陵报告对t1、t2的文字表述，不明之处较多。因此，对t1、t2的形制难以准确介绍，详情请参见原文及其图版。

[2] 王世仁：《北京房山金陵碑亭原状推测》，载《北京金代皇陵》，文物出版社2006年版。

[3] 王世仁：《北京房山金陵碑亭原状推测》，载《北京金代皇陵》，文物出版社2006年版。

[4] 王世仁：《北京房山金陵碑亭原状推测》，载《北京金代皇陵》，文物出版社2006年版。

干沟内，依山势由西北向东南排水，全长约120米，暗沟用巨型花岗岩垒砌，保存完好（图4-2-3之P2）[1]。西侧排水暗沟，在石踏道西北约90米，由入水口小排水沟、明沟及过水暗沟构成，水从西北向东南依山势经石桥向外排水。小入水口排水沟（图4-2-3之P1）沟槽由花岗岩和石板构成，北端残断，沟上堆积中发现绿釉迦陵频迦和瓦当等大量建筑砖瓦。明沟（图4-2-3之P4）西北东南流向，花岗岩石板及花岗岩条石铺砌。暗沟（图4-2-3之P3）西北东南流向，全长160余米，部分毁坏，花岗岩条石和石板垒砌，西北段暗沟中有"乾元重宝""天禧通宝""崇宁重宝"等遗物。暗沟出水口在石桥下，花岗岩暗沟盖之上承托石桥桥面[2]（图4-3-1）。

二　主陵区不属于金陵的其他遗迹

主陵区原有云峰寺（又称龙街寺、龙城寺），毁云峰寺在其基址建陵，以后明清又在被毁的金陵之上续有修建。此外，金陵被毁后还有部分墓葬及其他遗迹，故在主陵区存在一些不属于金陵的遗迹。

（一）编号F的诸房址

F1 金陵《报告》称东侧大殿址，在T14东侧（图4-2-3），房址砖石结构，残存二间房址，有莲瓣壁龛。

F2 金陵《报告》称西侧大殿，在T3、4、6、7内（图4-2-3），砖石结构，发现壁画，F2西墙外有一南北向砖墙，南侧被世宗陵（M9）夯土和石块打破，遗址东墙南侧亦被M9打破。

F4 在T17北侧，位于T1、2之内（图4-2-3），砖石结构。F4内发现炕、火炕、烟囱，次间南部被M9夯土和石块打破。

F5 在T16内（图4-2-3），发现石墙，铺地砖和灶坑等遗迹。F6、7、8在探沟G3内（图4-2-4，F7位于主陵区神道北端），清代棂星门遗址夯土堆积之下。金代《报告》称F7为大殿遗迹，F6、8为廊庑遗迹。F8位于主陵区神道西侧，东紧邻F7，西侧被M9墓道打破。F6、F7遗迹同F8，其南遗迹无存，在F6与F7之间向北有大灶台。金陵《报告》推测，这些建筑修金世宗陵时已被拆毁。

上述房址之形制和结构，以及被兴陵（M9）墓道打破等情况表明，F1、F2、4—9号房

---

[1] 北京市文物研究所编：《北京金代皇陵》，文物出版社2006年版。第59页东侧水沟P2平、剖面图以及图版一四。

[2] 北京市文物研究所编：《北京金代皇陵》，文物出版社2006年版。第61页东侧水沟P1平、剖面图，第62页P3与P4关系图，图版一四，彩版九P2排水沟出口，第40页P2排水沟出水口立面图。

址应属原云峰寺的附属建筑。金代主陵区建于其上，这些房址与金陵的形制布局无关[1]。

F3为明代关帝庙遗址，位于太祖陵（M6）南40米，东距F1 50米，西距清代小宝顶10米[2]（图4-2-3）。

（二）M1—5石圹墓

M2—5位于T12、13内，M1在其东南（图4-2-3）。M1—3已被破坏，M4、5保存较好，M4西北角叠压兴陵（M9）墓道[3]。如所周知，在主陵区正常存在的情况下下，不可能有一般墓葬。以此结合叠压打破关系来看，M1—5的时代上限应在金元之际或其后不久。

（三）陵墙问题

经钻探和试掘，发现三道石墙遗迹。石墙L3在睿陵（M6）西侧约38米，东西残长约43.5米，宽2米，残高约1.5米，为石块垒砌的虎皮墙（图4-2-3）。石块虎皮石墙L1、L2在T1、2、17北侧，L1在小宝顶西侧，该墙向西残长约21.5米，宽约1.2米，然后墙北折约26.5米，宽约1米；L1墙拐角处之北3.5米处又向西有一道东西向石墙，宽约1.2米，向西长19.5米后北折，长约23米（图4-2-3）。

其次，在T16内（图4-2-3）北端有石块垒砌的石墙，东西长11.3米，宽0.5米，残高0.7米；东侧有南北残长4.8米，宽0.7米，残高0.8米的石墙，其南端有一段夯筑的土坯墙。西侧有斜坡式墁道顶在北墙上，墁道南北长9米，东西宽2米，两侧石块垒砌，内填杂土和石渣夯实。金陵《报告》将L1、2、3及T16内石墙均称为陵墙。

上述T16内的石墙，叠压或打破F5[4]，故应建于云峰寺被毁之后；由于小宝顶西侧宝城打破L1[5]，是L1—3应建于清代筑小宝顶之前。上述石墙，前者时代下限不明，后者时代上限不明，两者始建的时代不明。其次，所谓陵墙，应围绕陵园或陵园内的关键部位。但是，上述诸墙的位置、规模、走向均未呈现出围合态势，也未显示出与金陵形制和结构之间的组合关系，加之诸墙间的关系不明，在这种情况下，既不能断定其与金陵同期共存，更不能断定其为金陵结构的组成部分。因此，就目前已知情况而言，尚不宜将其称为陵墙。

---

[1] 房址情况，北京市文物研究所编：《北京金代皇陵》，文物出版社2006年版，第48—58页，文中对房址与金陵形制上的关系之推测，不足取。
[2] 北京市文物研究所编：《北京金代皇陵》，文物出版社2006年版，第62、63页对明代关帝庙遗址残存情况的介绍。
[3] 北京市文物研究所编：《北京金代皇陵》，文物出版社2006年版，第37页。
[4] 北京市文物研究所编：《北京金代皇陵》，文物出版社2006年版，第55页。
[5] 北京市文物研究所编：《北京金代皇陵》，文物出版社2006年版，第58页。

(四) 清代遗迹

清初对明代拆毁的金陵陵园进行了整修，并按明清帝陵陵园模式增筑部分设施[1]。凡此，经考古勘察和试掘，已发现其中主要遗址的方位和残迹，现将其简况略述如下。

1. 大、小宝顶及相关遗迹

大宝顶在太祖睿陵地宫西北约15米处（图4-2-3），宝顶仅存圆形封土残迹，直径约13米，底部用清代大方砖围砌，上部用三合土夯筑[2]。

小宝顶在世宗兴陵地宫略偏东北，位于T2、3、4北侧（图4-2-3），已发现宝城、宝顶、享殿和碑楼等遗迹[3]。

2. 棂星门和碑亭遗址

棂星门遗址位于神道北端台地上，南距石踏道约80米[4]。两座碑亭遗址，西侧碑亭遗址（t3）位于1号台址（t1）西北约40米，东侧碑亭遗址（t4）位于2号台址（t2）东北约40米（图4-2-3）[5]。

---

[1] A. 《清会典·礼部·中祀》（中华书局1991年影印版）："顺治十四年谕礼部：尔部即遣官往房山县视金陵周围，如切近处果有毁坏，即酌量修整，其关帝庙仍留存。钦此，遵旨修葺。工竣后御制碑文勒石。""乾隆十一年又谕，其令直隶总督前往相度，有应增修芟治者，即行奏闻。"
B. 清周家楣、缪荃孙：《光绪顺天府志》第二十六《地理志八·冢墓》，北京古籍出版社1987年版。记载："乾隆十六年命修葺金太祖、世宗二陵享殿及缭垣，工竣，亲诣展谒。"又引《东华续录》："乾隆十七年二月，直隶总督方观承奏，遵旨相金陵，在房山县北崇山之内。金太祖陵前地基稍宽，应增修享殿一，缭以围墙，立正门，其原有之祭台、甬路、阶砌等项并加修治。金世宗陵前地隘，应增修享殿一，并祭台、围墙、甬路等项；不能立正门，今就碑亭接连栅栏，立两角门，足符体制。"文中未提到的宝顶和碑亭，应是顺治十四年建成。
C. （清）于敏中：《日下旧闻考》（北京古籍出版社2001年版）卷一百二十三录《世祖章皇帝御制金太祖世宗陵碑文》，"谕礼臣崇官省视，修其颓毁，俾规制如初"，整修后"庙貌既存，特景仰于往昔，封壤重焕，用昭示于来兹"。同书又录《圣祖仁皇帝御制金太祖世宗碑文》，《光绪顺天府志·金石志》记该碑立于康熙二年（1663）。

[2] 北京市文物研究所编：《北京金代皇陵》，文物出版社2006年版。第67页、167页记述了残迹的情况，67页说宝顶直径15米，第167页说直径约13米。

[3] 北京市文物研究所编：《北京金代皇陵》，文物出版社2006年版。第65—67页记述了小宝顶、宝城、享殿和碑楼遗迹的形制和结构，并附遗址平面图。

[4] 北京市文物研究所编：《北京金代皇陵》，文物出版社2006年版。第68页记述了棂星门遗址的形制和结构。

[5] A. 北京市文物研究所编：《北京金代皇陵》，文物出版社2006年版，第48页。
B. 北京市文物研究所编：《北京金代皇陵》，文物出版社2006年版，第48页。附录三，王世仁《北京房山金陵清代遗迹考略》认为西碑座（t3）为顺治碑，东碑座（t4）是康熙碑。此外，文中还有对清代建筑的分析及部分复原研究并附图。

(五) 钱币窖藏

在T2（图4-2-3）金代地层中发现钱币窖藏[1]，钱币埋于土坑中，坑口直径约60厘米，深约35厘米。铜钱码放整齐，尚存用绳串联痕迹，计出西汉、唐代、北宋、南宋和金代钱币2243枚。其中以南宋绍兴年间（1131—1162）的"绍兴通宝"，金代大定十八年（1178）始铸的"大定通宝"时代最晚。金代大定二十九年（1189）更定新钞法，发行"交钞"，停止铸铜钱。这批铜钱窖藏似藏于金元之际或其后不久。

第四节 主陵区诸陵地宫概况

一 金太祖睿陵地宫（M6）

金太祖睿陵地宫位于大宝顶东南约15米处，2008年8月31日至10月发掘。地宫石圹竖穴，平面呈长方形，方向356°。地宫口东西长13米，南北宽9—9.5米；地宫底长12.1—12.4米，宽8.3—9.4米；地宫深3.6—5.2米。地宫东壁略内倾，余三壁向外略有缓坡。地宫底较平，地宫口北高南低，呈缓坡状，南北落差1.3米（图4-4-1）。地宫底夯筑黄土，夯层厚约0.2米，夯土总厚2.5米，夯土厚超过石椁顶板，其上平铺巨石。巨石有规律地码放四层，二百余块，每层巨石间填纯黄土夯实，回填第一层黄土厚约80厘米，上铺一层朱砂，其上再铺巨石（图4-4-1）。地宫回填，乃清代所为[2]。

地宫内置四具石椁，M6-1、2青石素面石椁南北向并置于地宫西侧，M6-3、4汉白玉凤纹、龙纹石椁东西向并置于地宫中部偏北，M6-3邻M6-2（图4-4-1）。M6-4为太祖汉白玉雕龙纹石椁，残存底部和部分椁盖及东椁板，椁底长3.12米。椁盖盝顶长方形，残存东部约三分之二，残长1.1米，宽1.55米，厚0.6米。椁盖内部呈凹槽状，外部剔刻团龙，盝顶坡面剔刻缠枝花纹（图4-4-2）。东椁板高1.22米，

---

[1] 北京市文物研究所编：《北京金代皇陵》，文物出版社2006年版，第131—149页。文中认为铜钱窖藏在金代中期。按金代在金中都迁都开封之前，甚至在元占领金中都之前，金陵置于有效管理之下，此时不可能在陵区地宫附近挖坑藏铜钱。此外，铜钱铸造年代下限，不等于窖藏的年代。

[2] 北京市文物研究所编：《北京金代皇陵》，文物出版社2006年版，第154页。说：清代用巨石回填地宫。又第71、72页记述，回填巨石编号30的青石上用朱砂写行书体"定州""像"三字；编号78号青石大字行书"定州"二字；编号120号青石正面写行书"定"字，侧面行书"张家"二字。又说地宫东北部发现一个盗洞，深约2米后未向下延伸。盗洞上部出土残损汉白玉雕龙栏板，雕花纹石台阶及明清建筑构件和乱石块等。

宽 1.52—1.54 米，厚 0.22 米。外壁敷松香，有火烧痕迹。椁壁正面剔刻描金团龙流云纹（图 4-4-2、图 4-4-3），内壁墨线朱地彩画，漫漶。其余三面椁板无存，椁内木棺毁，残存木棺痕迹长 2.1 米，宽 1 米，石椁底残存墨地朱纹金线勾双龙戏珠纹，漫漶。石椁被砸毁后，碎片堆积在石椁周围，未见遗物，仅在石椁上层东南角填土内发现残头骨一件[1]。

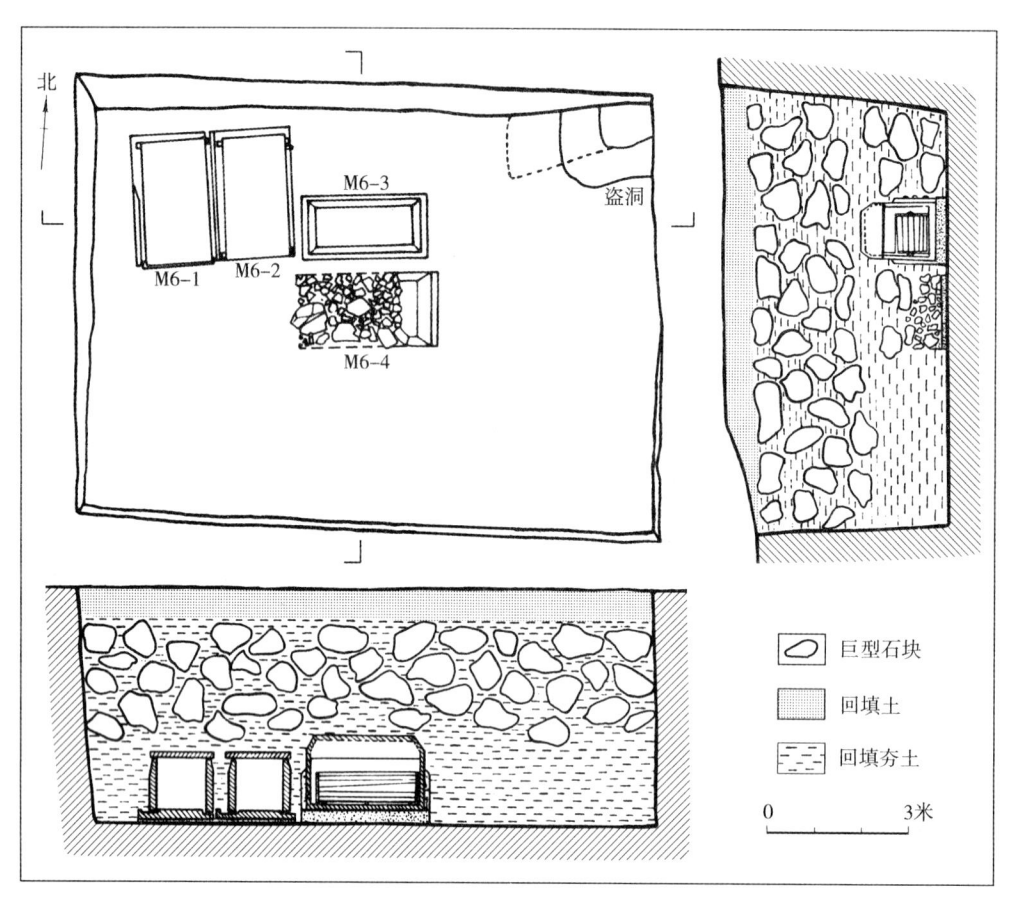

图 4-4-1 北京大房山金陵 M6 平面、剖视图
（采自《北京金代皇陵》）

---

[1] 北京市文物研究所编：《北京金代皇陵》，文物出版社 2006 年版。第 154 页记述，雕云龙纹石椁残片集中堆积在石椁底部位置，乃清代所为。又说阿骨打石椁底部正中竖置一块巨石，与其他平放的截然不同。参见该书彩版一五，M6-4 石椁残存情况，东壁龙纹细部。

第四章 金代帝陵　273

图 4-4-2　北京大房山金陵 M6-4 石椁龙纹图
（采自《北京金代皇陵》）

图4-4-3　北京大房山金陵 M6-4 石椁东壁龙纹图
(采自《北京金代皇陵》)

M6-3 为钦宪皇后纥石烈氏汉白玉凤纹石椁，南距 M6-4 龙纹石椁约 50 厘米，保存完好。长方形石椁通长 2.48 米，宽 1.2 米，高 1.52 米，东西向 56°。椁盖长方形盝顶，东西长 2.48 米，南北宽 1.2 米，厚 0.46 米，内凿凹槽，外壁陡直（图4-4-4）。盝顶长方形，长 2.16 米，宽 0.92 米，坡厚 0.09 米，顶中间雕双凤纹，四角雕卷云纹，四坡刻云纹（图4-4-5），椁盖上贴一层薄金箔，已斑驳脱落。椁身东西长 2.48 米，南北宽 1.2 米，高 1.06 米。内壁高 0.92 米，壁厚 7—8 厘米。椁外四周以松香匝敷松香高 0.7 米，厚 0.1—0.15 米（图4-4-6）。椁壁四框雕缠枝忍冬纹，东、西两端挡板正中雕团凤及卷云纹（图4-4-7），南北两侧椁壁中间雕双凤及卷云纹[1]。石椁周边"剔地起华"，描金线。椁内壁墨线勾绘纹饰，然后阴线刻并描金粉。前后两档板雕团凤和卷云纹，南北两壁雕双凤和卷云纹，有金线痕迹[2]。椁内置柏木棺一具，棺长方形，长 2.1 米，宽 0.75—

---

[1] 北京市文物研究所编：《北京金代皇陵》，文物出版社 2006 年版，图四四、四五。
[2] 北京市文物研究所编：《北京金代皇陵》，文物出版社 2006 年版，第 80 页图四六，第 81 页图四七。

0.78米，高0.68米。棺盖残落棺内，棺底残，仅木棺四壁尚立椁内。东端木棺挡板四块横向木板榫卯咬合拼成，西端木棺挡板七块木板榫卯咬合拼成；北和南侧木棺挡板分别由六块和七块木板榫卯咬合拼成（图4-4-7）。棺底仅存前、中、后三条横向穿带，穿带宽5厘米，厚3厘米，并遗有细小铁钉。木棺外髹红漆，漆外饰银片鎏金錾刻凤鸟纹，南北两侧银饰件上对称铆两个铁质棺环。棺内头骨处发现一件金丝凤冠，一件金丝帽盛子，三件凤鸟玉饰件，十枚金丝花饰[1]（图4-4-7、4-4-8）。

M6-1青石椁由六块石板拼合而成，通高1.4米，椁身南北通长2.63米。椁盖长方形，长2.6米，宽1.4米，厚0.14米，碎裂，椁盖中心部分落入椁内。南壁椁板高1.1米，宽1.08米，厚0.1—0.18米，打磨规整，两侧榫头与东西椁板咬合。北壁椁板高1.1米，宽1.1米，厚0.1—0.13米，打磨规整，两侧与东西椁板榫卯咬合。东椁板长2.38米，高1.1米，厚0.1—0.14米，与南北椁板榫卯咬合。西椁板长2.38米，高1.1米，厚0.1—0.14米，榫卯咬合同东椁壁。椁底板长2.78米，宽1.6米，厚0.16米，底板凸起高约4厘米的平台为棺床，长2.1米，宽1米，高0.04米。椁内置木棺一具，已坍塌，棺内残存大量漆片，馆外四件八角形铜环铺首落入棺内，棺内正中有骨灰，发现玉雕海东青饰件二件[2]。

M6-2石椁距M6-1石椁0.5米，形制与M6-1相同。椁内木棺一具，已坍塌，棺内残存大量漆片，木棺东、西壁各有两个铜质棺环，形制同M6-1铜环。棺内西南角遗有人

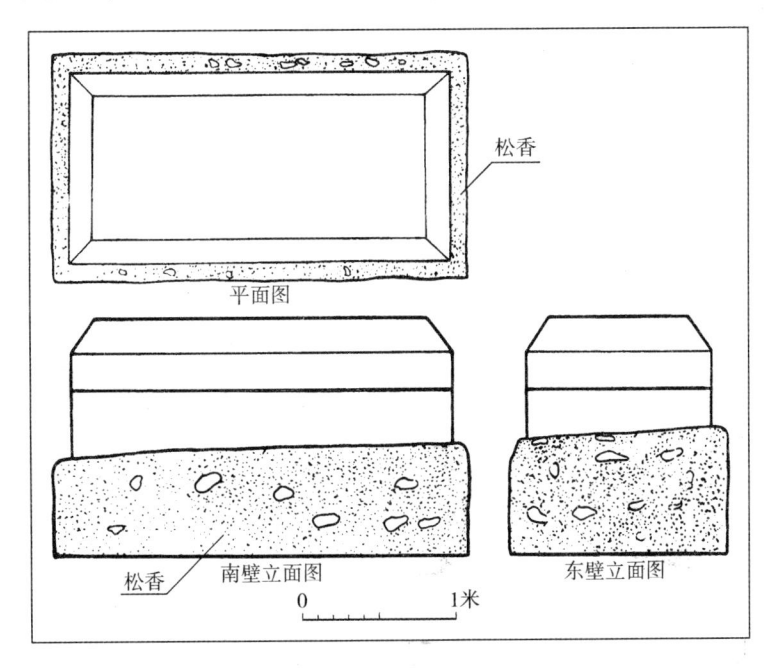

图4-4-4 北京大房山金陵M6-3石椁及外壁贴敷松香平面、立面图

---

[1] 北京市文物研究所编：《北京金代皇陵》，文物出版社2006年版，彩版一四，M6-3石椁、金丝帽盛子、玉雕凤鸟饰件、金丝花纹。图版二〇，M6-3木棺出土情况。
[2] 北京市文物研究所编：《北京金代皇陵》，文物出版社2006年版，彩版一三。

图 4-4-5 北京大房山金陵 M6-3 石椁盖凤纹图
(采自《北京金代皇陵》)

头骨和残缺的下颌骨，棺内北侧发现肢骨。头骨东侧发现两件环形竹节状金饰件[1]。

图4-4-6 北京大房山金陵 M6-3 石椁东壁凤纹图
(采自《北京金代皇陵》)

---

[1] 北京市文物研究所编：《北京金代皇陵》，文物出版社2006年版，彩版一三，M6-2竹节状金饰。按，据《金史》卷六十三《后妃上》记载，太祖皇后有四位。即圣穆皇后唐括氏，天会十三年追谥。光懿皇后裴满氏，海陵王祖母，天会十三年追谥。钦宪皇后纥石烈氏，天会十三年尊为太皇太后，宫号庆元，十四年正月丁丑卒于庆元宫，二月癸卯祔葬睿陵。宣献皇后仆散氏，睿宗之母，世宗之祖母，大定元年追谥。M6-3石椁主人为钦宪皇后纥石烈氏。

1. 石椁平面图（去掉石椁盖后）

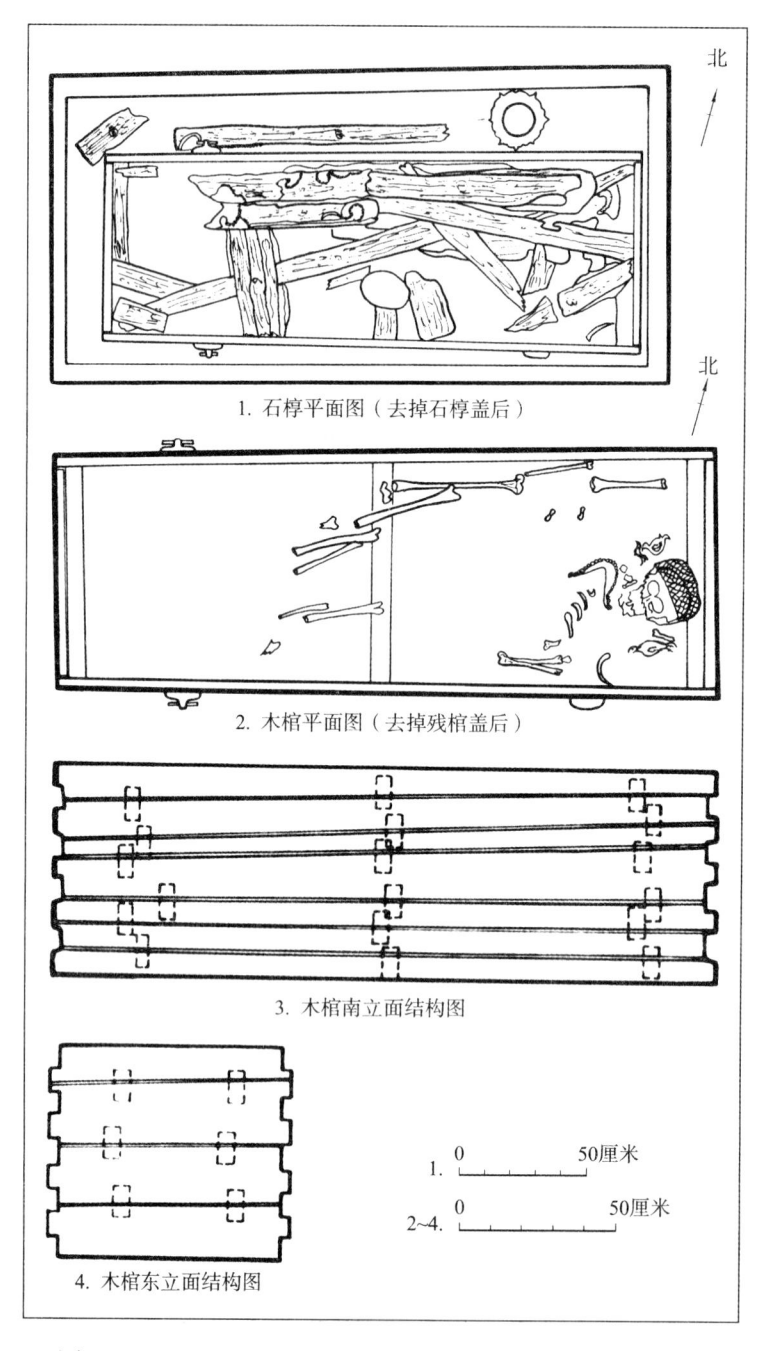

2. 木棺平面图（去掉残棺盖后）

3. 木棺南立面结构图

4. 木棺东立面结构图

图 4-4-7 北京大房山金陵 M6-3 木棺平面、立面图
（采自《北京金代皇陵》）

图 4-4-8　北京大房山金陵 M6-3 出土饰件
1. 木棺外壁装饰银片鎏金錾刻菱形纹饰　2、3. 玉雕凤鸟纹
（采自《北京金代皇陵》）

二　世宗兴陵地宫墓道（M9）

世宗兴陵地宫 M9 位于太祖陵（M6）西南约七、八十米[1]，在 T2、3、5、6、8、9、10、11、13 之中（图 4-2-3）。清理 T11 南侧石圹墓 M4 时，在 M4 墓底偏北叠压东西向青白石条[2]。向下清理发现南北向石条构筑的台阶墓道，其构筑是先在墓道两侧挖土坑，残长 17.5 米，宽 5 米。墓道上口两侧横卧木板和石板护墙[3]，然后在偏北部用青白石垒砌墓道两壁和下部台阶。墓道全长 12.8 米，方向 350°。墓道内口宽 2.9 米，深 3.3 米。墓道东西两壁用长 85—94 厘米，宽 60 厘米，厚 25 厘米的青白石平铺错缝垒砌，最深处 3.3 米，共 15 层。台面石接口处凿出元宝形石槽浇灌铁水，形成元宝形铁锭（腰铁），长 18 厘米，宽 8 厘米。台阶石长 65 厘米，宽 23—25 厘米米，台阶共 19 层，每层石台阶錾刻菱形图案。向北最底部接墓门处，用青石铺砌一段长 3.3 米的平底。墓门仿木结构，青白石雕刻门楼，残存三分之一，通高 4.5 米。屋顶雕刻瓦垄、屋檐、椽、瓦当，瓦当头雕梅花图案。垂脊前端雕昂首龙头，龙头与垂脊榫卯相接[4]。椽下双抄单下昂五铺作斗拱三朵，

---

[1] 北京市文物研究所编：《北京金代皇陵》，文物出版社 2006 年版。第 88 页记述，M9 在 M6 西南约 70 米，第 157 页记述 M9 在 M6 西南侧 80 米。世宗（1123—1180）名雍，本名乌禄，太祖孙，睿宗子。大定二十九年（1180）正月癸巳崩于福安殿，寿六十七。三月辛卯朔，上尊谥曰光天兴运文德武功圣明仁孝皇帝，庙号世宗。四月乙酉章宗遵世宗遗嘱，"万岁之后，当置朕于太祖之侧"，葬世宗于太祖陵西南侧，号兴陵。《金史》卷六《世宗上》、卷八《世宗下》。
[2] 北京市文物研究所编：《北京金代皇陵》，文物出版社 2006 年版，彩版二三，2。
[3] 北京市文物研究所编：《北京金代皇陵》，文物出版社 2006 年版，彩版二三，3、4。
[4] 北京市文物研究所编：《北京金代皇陵》，文物出版社 2006 年版，彩版二四，1、2。

其下为栏额、门框和抱柱。栏额无纹饰，残长1米，宽0.3米；门框宽0.15米，正面及两侧剔刻缠枝牡丹纹。门框两侧有倭角方形抱柱，高2.3、宽0.35米，上面雕高浮雕腾龙和云纹（图4-4-9），墓门无存。墓门前用长2.5米，0.15米见方的18根方木铺底，其上

1. 西侧抱柱云龙图　　　　2. 东侧抱柱云龙图

0　20厘米

图4-4-9　北京大房山金陵M9墓门抱柱云龙纹图
（采自《北京金代皇陵》）

纵铺两层，然后在北端横放两层长条形方木，其南侧又纵铺三层。墓门前端用纵排方木封门，火烧，已炭化。墓道南端东侧被M4打破，墓道内第一、二级台阶被破坏。在M4西侧1.6米处和M4西南隅10厘米处，发现两块长280厘米，宽32厘米，厚8厘米的铸铁板，二者形制和大小相同[1]。又在墓道外西南侧发现一条西南向东北并向下倾斜的石槽，长约9米，用花岗岩单体石槽拼接而成，每节石槽长约1.8米，宽0.5米，厚0.4米。中心凿刻宽0.2—0.3米，深0.15米左右的沟槽（图4-4-10）[2]。墓道内石槽直至墓门，揭开个别石槽上残存的石盖板，发现石槽内有铁水浇铸凝成的铁锭[3]。

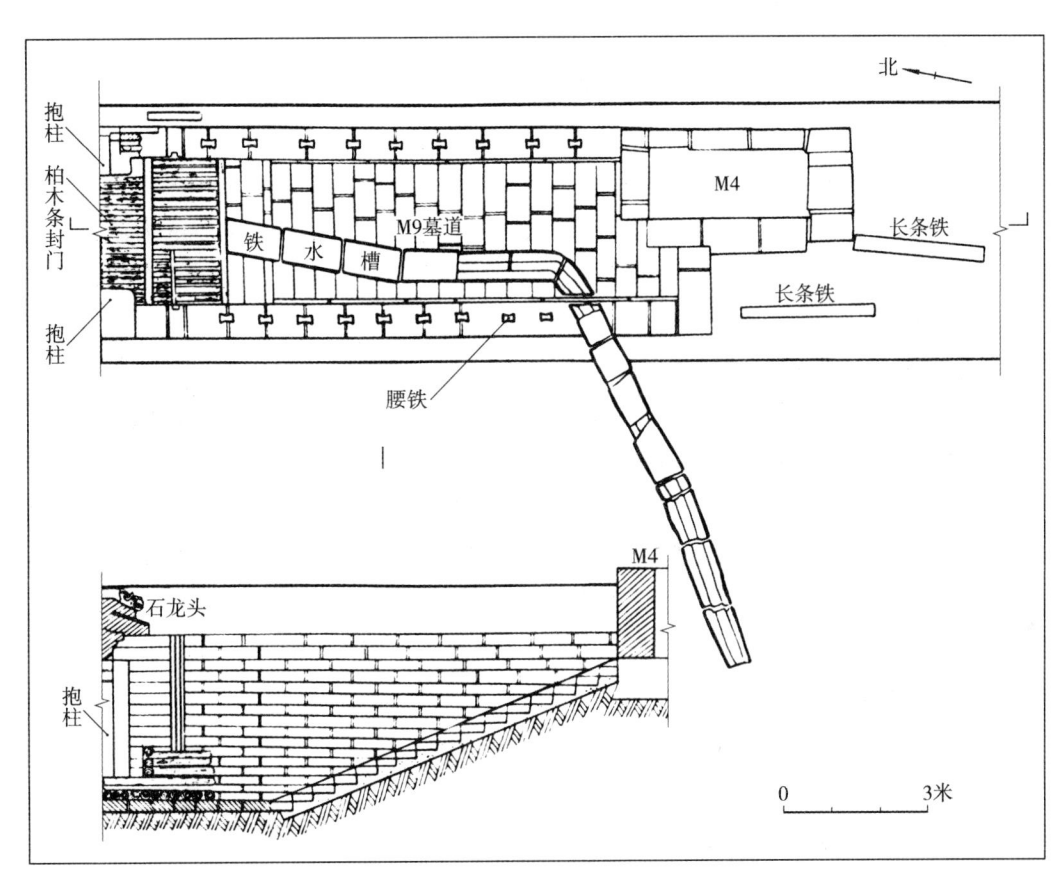

图4-4-10 北京大房山M9墓道及铁水槽平面、剖视图
（采自《北京金代皇陵》）

地宫未发掘，2001年钻探时，发现地宫护墙痕迹，由夯土夹杂木炭筑成，并在明代扰乱层下发现地宫内夯土。夯土上层素土夯成，厚约0.2米，其下铺一层石块，石块下铺素土和木炭，共发现8层素土，8层木炭，至7.8—8米深时见石条层面。

---

[1] 北京市文物研究所编：《北京金代皇陵》，文物出版社2006年版，彩版二五，1。
[2] 北京市文物研究所编：《北京金代皇陵》，文物出版社2006年版，彩版二五，2。
[3] 北京市文物研究所编：《北京金代皇陵》，文物出版社2006年版，彩版二五，4、5。

三 恭陵、顺陵和景陵地宫的方位

（一）恭陵和顺陵地宫的方位

《金虏图经·山陵》记载，海陵王毁云峰寺，"遂迁祖宗、父、叔改葬于寺基址之上，又将正殿元位佛像处凿穴，以奉安太祖旻、太宗晟、父德宗宗干，其余各随昭穆葬焉"。经考证太宗吴乞买恭陵地宫位于太祖地宫（M6）东侧1.5米处（M7，图4-2-3）[1]，方向170°。2002年11月20日，在太祖地宫东侧钻探出东西长9.5米，南北宽9米的地宫坑口，四壁石圹，凿穴而成。地宫内回填纯黄土夯实，夯层厚0.18—0.2米，夯窝直径0.06—0.08米，深0.15米，每层间夹碎石块。其南部发现一个盗洞，直径约4米，坑内发现石龟趺残件和刻有"皇""帝"等字的残石碑。地宫未发掘。

太祖地宫（M6）西侧1.5米处，钻探发现一东西长9米，南北宽5米的地宫口（M8，图4-2-3），内填素土夯实，无盗洞等扰动痕迹，地宫未发掘。现在多认为此即德宗宗干顺陵地宫[2]，大定二十二年改封宗干为皇伯、太师辽王，迁出顺陵，改名为墓。

（二）景陵地宫的方位

景陵地宫位置尚未确定。一种意见认为，在太祖地宫（M6）东南侧约50米，西距兴陵地宫（M9）70米处，用三维电阻率观测法发现一处异常，其范围长6米，宽5米，深6.5米，似为墓葬，按昭穆制度推测似为睿宗景陵地宫。另一种意见认为，1986年5月在太祖地宫西侧约10米处出土景陵碑。碑通高2.1米，宽0.86米，厚0.25米。碑阳双勾楷书"睿宗文武简肃皇帝之陵"，字口内填朱砂，镀金粉。碑首四龙吐须，龙爪托火焰珠[3]。景陵碑出土位置北侧即原顺陵地宫（M8），故很可能宗干迁出顺陵后，世宗又将睿宗完颜宗尧葬于原顺陵地宫之内[4]。

---

[1]《金史》卷三，《本纪第三·太宗》：太宗"讳晟，本讳吴乞买，世祖第四子……太祖同母弟也"天辅七年（1123）九月登基即皇帝位，改元天会，"天会十三年（1135）正月己巳，卒于明德宫，享年六十一岁。三月庚辰，尊谥号为文烈皇帝，庙号太宗。乙酉，葬于上京胡凯山和陵。皇统四年（1144）改号恭陵。五年（1145）尊其谥号为体元应运世德昭功哲惠仁圣文烈皇帝。贞元三年（1155）十一月戊申，改葬大房山，仍号恭陵"。

[2] 北京市文物研究所编：《北京金代皇陵》，文物出版社2006年版，第85页。

[3] 北京市文物研究所编：《北京金代皇陵》，文物出版社2006年版，第94页。又第88页说：碑发现于M8前4米左右，碑见该书彩版一七。

[4] 北京市文物研究所编：《北京金代皇陵》，文物出版社2006年版，第94、95页，第156、157页。完颜宗尧，初讳宗辅，本讳讹里朵。天会十三年（1135）卒于妫州，终年四十岁，葬于上京胡凯山，陪葬太祖睿陵，追封潞王，谥襄穆。皇统六年（1146）进翼国王。正隆二年（1157）追赠太师上柱国改封许王。世宗即位，追尊宗尧为立德显仁启圣广运文武简肃皇帝，庙号睿宗。大定二年（1162）迁睿宗梓宫于大房山，十月如山陵，葬于景陵。

第五节　金陵形制布局承前启后的重要地位

如前所述，金陵残毁，考古钻探和发掘所见遗迹有限。因此，本节只能以这些有限的遗迹为基础，谈点初步看法。

一　金陵形制布局的主要特点

第一，金陵选址改变了北宋的风水理念。

北宋帝陵选址以《地理新书·五音姓利》说为标准，陵园选在山阴，地势南高北低，陵台置于全陵低凹处。金陵改变了这种反传统，违背常识的做法，而专注龙、穴、砂、水与陵址相配的要求，使之成为"真筑陵之处"。

第二，陵域广阔，整体封堠，形成完整的帝陵体系，设奉陵邑。

第三，金陵分主陵区，追谥为帝者的葬区，始祖以下十帝陵区，后妃陵区，诸王兆域五个葬区，主次和等级分明。

第四，神道长于宋陵，略曲，不直对主陵。神道出现铺石或砖砌，出现桥、碑亭、石踏道。应置石象生，但情况不明，或出现石牌坊[1]。

第五，主陵区狭小，诸陵地宫置于被毁的云峰寺旧基址之上。各陵昭穆葬制较严格，地宫的间距小，排列密集。

第六，地宫凿山为圹，石圹不甚规整，有的地宫无墓道。帝后合葬，用石椁木棺，石椁雕精美的图案，尸体用水银防腐[2]，木棺用松香密封。地宫门楼仿木结构，墓道灌铁水（M9）。睿陵前有享殿遗址[3]。

第七，金陵迁葬现象较多。海陵王迁上京诸陵至大房山金陵，此后因政治原因又有多陵迁葬。

第八，金陵残存大量精美的石雕，主陵区设排水渠。

二　金陵形制布局与唐宋帝陵的承袭关系

第一，金陵选址的风水理念，延续唐代传统。

---

[1] 北京市文物研究所编：《北京金代皇陵》，文物出版社2006年版，第168页。记述："上世纪60年代中期，山道两旁还遗有石牌坊、石羊、石马等石象生"，现已无存。杨亦武《大房山金陵考》记石门峪陵区发现望柱底座、残石兽。《续通典》卷七十九《礼三十五》：《金石例》："金制诸葬仪一品官石人四事，石虎、石羊、石柱各二事。"上述情况表明，金陵神道应置石象生，石桥两侧所谓"神道柱础"，似为望柱底座。

[2] 北京市文物研究所编：《北京金代皇陵》，文物出版社2006年版，第159页。

[3] 北京市文物研究所编：《北京金代皇陵》，文物出版社2006年版，第168页。说：在睿陵所在地发现享殿基址，"明天启年间将其拆毁后，清康熙时期又将其修葺"。

第二，金陵依山为陵，凿山为圹，同唐陵和辽庆陵，用石椁木棺同唐陵。此外，与宋陵厚陵以后改用石砌地宫，用石椁，南宋攒宫用石藏和石藏子亦不无关系。

第三，金陵地宫坐北向南，同唐宋帝陵，帝后合葬同唐陵。金兴宗兴陵墓道壁石砌，筑石台阶，浇铸铁水，此现象与唐乾陵在墓道与墓门间填砌石条，用锡铁熔化灌缝相似。兴宗陵地宫有仿木结构门楼，似宋陵和辽庆陵。金陵发现鎏金面具[1]和尸体用水银防腐现象，似辽代高等级墓葬。

第四，金陵分区而葬似宋陵，但两者的分区标准和分区情况不同。金陵始祖以下十帝陵迁葬，宋陵亦有迁葬，北宋四祖陵只永安陵迁葬巩县宋陵，并与宋太祖永昌陵、宋太宗永熙陵同葬于西村陵区。金太祖睿陵，太宗恭陵（太祖四子）、德宗顺陵（太祖庶长子，追谥为帝）葬在同一区域，近在咫尺；世宗兴陵（太祖孙）葬于太祖之侧。其情况与宋陵西村陵区有些类似。金陵主陵区狭小，诸陵地宫相距很近，密度较大，此情况有些类似南宋攒宫。金陵有诸王兆域，类似宋陵陪葬墓区。

第五，金陵神道较长似唐陵，神道置望柱和石象生同唐宋帝陵。神道两侧置碑亭同唐乾陵[2]。地宫前有献殿同唐宋帝陵。

第六，金陵陵域封堆似宋陵和西夏陵，但两者均各陵单独封堆，不同于金陵陵域整体封堆。

第七，金陵残存大量精美的石雕，类似北宋帝陵。金陵设奉陵邑同宋陵和辽陵。

三　金陵形制布局对明清帝陵的影响

金陵规制和形制布局与明清帝陵有较多的相似之处。比如：

第一，金陵选址风水理念为明清帝陵承袭，并有重要发展。

第二，金陵陵域整体封堆，明清帝陵则发展为陵区整体筑陵墙（风水墙）。

第三，金陵依山为陵，帝后合葬，明清帝陵因之。此外，金太祖与多位皇后合葬，明清帝陵亦有类似者。

第四，金陵妃单建陵区，明清帝陵亦然。又金陵有的皇后与妃同葬一区，明清帝陵也有此类现象。

第五，金陵有诸王兆域，清东西陵附近也有王墓。

第六，金陵主陵区地宫建于被毁佛寺基址之上，明孝陵与之相似。金陵地宫门楼仿木

---

[1] 北京市文物研究所编：《北京金代皇陵》，文物出版社2006年版，第24页。记述，1971年在周口店坟山村一石棺墓中发现一鎏金面具。坟山属金陵主陵区范围。

[2] 陈安利：《唐十八陵》，中国青年出版社2001年版。唐乾陵有"无字碑"和"述圣碑"。该书第59页记述，"无字碑"有天会十二年（1134）"大金皇弟都统经略郎君行记"题记，从碑文得知天会年间曾对唐乾陵进行过修缮。1995年对该碑亭进行了发掘，可知碑亭原为面阔进深均三间的方亭，基址周围残存部分砖铺散水。金陵主陵区神道两侧亦各有一座碑亭，其形制与唐乾陵碑亭类似。从天会十二年题记来看，金在海陵王营建中都大房山金陵前，对唐陵已较熟悉，故金陵在很多方面继承唐陵传统就不足为奇了。此外，神道两侧各置碑亭又见于西夏陵，两者或有一定关系。

结构，明清地宫门楼亦然。

第七，金陵神道较长，略曲，神道铺石，并出现桥、碑亭、牌坊和石五供。按清修金陵有关记载，未提到修牌坊，并有"其原有祭台（石五供）、甬路、阶砌等项并加修治"之语[1]，是金陵发现之石牌坊残件和石五供遗迹[2]，原应为金陵所旧有。这样，在中国古代帝陵中，神道上出现桥、牌坊，地宫前出现石五供的重大变化即出现于金陵，而发展于明清帝陵。此外，从《北京金代皇陵》记述来看，大房山主陵区只有一条共用的神道。这个现象又开明清帝陵陵区共用一条主神道之先河。

第八，明清帝陵陵区与金陵同样设有排水沟。明清帝陵与金陵同样建先祖陵，但未迁葬（明祖陵有迁葬，但未迁至明皇帝陵区）。

综上所述，金在迁至中都前本无山陵，因而其在营建中都大房山金陵时必然要参照唐宋帝陵以创新制[3]。前述金陵形制布局与唐宋帝陵的因袭关系以及不同于唐宋帝陵的特点，正是上述情况的真实写照。迨至明代，由于元代帝陵不明，所以明代建陵就要参照唐宋辽金帝陵的形制布局，其中尤以距明最近的金陵对明陵的影响较大，这种影响通过明陵又间接地传导至清陵。比如，在前述的8点中，金陵选陵址的风水理念，陵址整体封堠，陵区共用一条主神道；神道出现桥、牌坊、碑亭、地宫前出现石五供，以及帝后合葬等，均对明清帝陵产生了深远的影响。

总之，金陵虽遭严重破坏，所见遗迹有限，但仅从已知的现象来看，仍较清楚地显示出其在唐宋和明清帝陵形制布局之间正处于承上启下的过渡阶段。因此，金陵在中国封建社会晚期帝陵形制布局的演变史中，无疑应占有较重要的地位。

---

[1]《大清会典·礼部·中祀》引《东华续录》。

[2] 北京市文物研究所编《北京金代皇陵》（文物出版社2006年版）第196、197页记述，在山头大坟前发现石供桌、一石香炉。此遗迹当为清代重设之遗存。该书第168页记述，金陵主神道遗有石牌坊。

[3] 金在天会年间曾修缮唐乾陵，可见金对唐陵是较熟悉的，参见前述陈安利《唐十八陵》（中国青年出版社2001年版）第59页。金迁中都后，巩县北宋帝陵在其控制区内，金与宋的交往频繁，金对宋陵也是熟知的。又金灭宋进入开封后，获取宋大量典籍。《金史》卷二十八，《志第九·礼一》记载，金世宗时命官参校唐宋故典沿革，开"详定所"以议礼。其中就包括"吉、凶二仪卤簿十三节，以备大葬"。以上就是金承袭唐宋帝陵形制的背景和基础。

第五章 明皇陵与明祖陵

第一节 明皇陵

一 位置、营建与保存状况

明皇陵遗址，在安徽省凤阳县城之西南，明中都城遗址南偏西约十里（图5-1-1）[1]。明皇陵是朱元璋为其父仁祖淳皇帝朱世珍，母淳皇后陈氏修建的陵寝，并祔葬朱元璋大哥、大嫂、二哥、二嫂、三哥三嫂和两个侄子[2]。

元至正二十六年（1366），三月丙申（14日），朱元璋"命故臣汪文，刘英随大军回濠州，修饬金井园寝，招集亲邻赵文等二十家看守"[3]，当月丁卯（16日）吴王朱元璋返

---

[1]《明史》卷五十八，《礼十二·山陵》："皇考仁祖墓，在凤阳府太平乡。"（明）郎瑛：《七修类稿》，上海古籍出版社2001年版。卷七国事类《皇陵碑》（洪武二年二月乙亥立，危素撰文）载："皇考五十居钟离之东乡，而朕生焉。十年后，复迁钟离之西乡。……既而复迁太平之孤村庄。"孤村庄，或写为"孤庄村""荒庄村"。夏玉润《朱元璋的出生地及少年行踪考略》（载《洪武六百年祭》，南方出版社2001年版）考证，孤庄村即今"二十营"，在今凤阳城西约5公里，其东紧连庙西、庙东，所谓"庙"即指朱元璋早年出家的于皇寺旧址。于皇庙遗址北边紧靠二十营，南边紧靠皇陵北墙。明皇陵在凤阳县城西南7公里，二十营南距明皇陵2公里。

[2] 危素《皇陵碑》载："岁甲申（元顺帝至正四年，1344年），皇考及皇妣陈氏俱亡弃，长兄与其子亦继殁。时家甚贫，谋葬无所，同里刘大秀悯其孤苦，与地一方以葬皇考皇妣，今之先陵是也。"朱元璋御制《大明皇陵之碑》（录文见王剑英《明中都》（中华书局1992年版）第108—111页）中说："皇考终于六十有四，皇妣五十有九而亡。孟兄先死，合家守丧。田主德（刘继德）不我顾，呼叱昂昂，既不与地，邻里惆怅。忽伊兄之慷慨，惠此黄壤。殡无棺椁，被体恶裳。浮掩三尺，奠何肴浆。"朱元璋之父原名朱五四，朱元璋参加农民起义，事业有成，为其父取名朱世珍。洪武元年正月，朱元璋即帝位，于南郊祭告天地后，当天即追尊皇考尊号曰淳皇帝，庙号仁祖，皇妣陈氏曰淳皇后。又追封大哥、二哥、三哥分别为南昌王、盱眙王、临淮王，其夫人均追封为妃；两个侄子分别追封为山阳王和招信王。

[3]（明）柳瑛：《中都志》，台北成文出版社有限公司1985年版，卷四。《明史·礼志》，皇考仁祖墓条："令陵旁故人汪文、刘英等二十家守视。"详见后文陵户条注释。

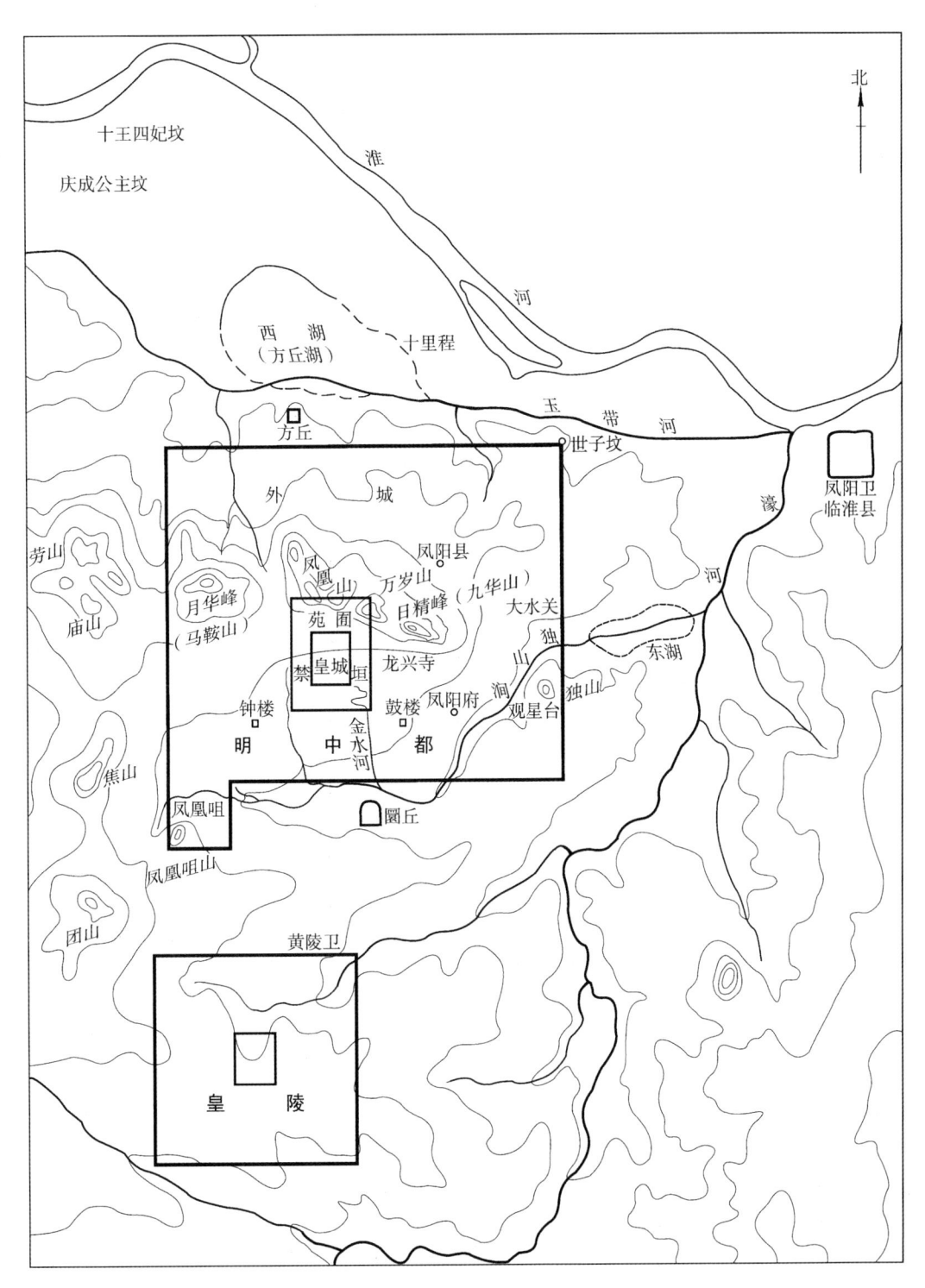

图 5-1-1 安徽凤阳明皇陵位置示意图
(采自《明中都研究》)

乡省墓，念先人始葬"礼有未备"，欲厚礼改葬。但"时有言改葬恐泄山川灵气，乃不复启葬，但增土以培其封"[1]；"姑积土厚封，势若岗阜，树以名木，列以石人、石兽，以备山陵之制而已"[2]。洪武二年（1369）二月乙亥（十日）"诏立皇陵碑"；二月丁丑（十二日）"上乃定曰英陵"，五月甲午朔（初一日）"更英陵曰皇陵"[3]；同年"命临濠府加修寝园，厚封广植"[4]，并置皇陵卫守护[5]。此外，洪武二年五月以后似曾"将筑围垣"[6]，但因同年九月诏建中都城而停建。现在有些研究者认为，这个阶段明皇陵已粗具规模[7]。

---

[1] 《明太祖实录》卷二〇（《明实录》，中央研究陵历史语言研究所校本印本，上海书店1983年版）。

[2] 危素《皇陵碑》文。此外碑文中在"姑积土厚封"之前，还有"兹欲启坟改葬，虑泄山川灵气，使体魄不安，益增悲悼"等语。

[3] 《明太祖实录》卷三九记载：洪武二年二月乙亥，"诏立皇陵碑。先是命翰林侍讲学士危素撰文，至是文成。命左丞相宣国公李善长诣陵立碑"。二月丁丑，"礼部尚书崔亮以为历代诸陵皆有名号，今仁祖陵宜加以尊名。上乃定曰英陵"。《明太祖实录》卷四二记载：五月甲午朔，"现英陵曰皇陵"。王剑英《明中都》（中华书局1992年版）第107—108页注中说："这个旧'皇陵碑'似乎很有可能曾称《英陵碑》。"

[4] （明）袁文新、柯仲炯修：《凤阳新书》（北京图书馆藏重印本）卷二。

[5] 《明太祖实录》卷四二：洪武二年五月甲午朔，"立皇陵卫"。（明）谈迁《国榷》（中华书局1988年版）卷五，《凤阳新书》卷二说，以邻人汪母子及赵文达子赵璧为世袭指挥。王剑英《明中都》（中华书局1992年版）第112—114页引《寰宇通志》凤阳府·公廨条，"皇陵卫指挥使司，在府城西南十里，洪武二年建"；"皇陵卫，在府治西南十里，洪武二年开设。旧在凤阳县太平乡，洪武十年修陵垣，迁于今地重建"。又引《凤阳新书》卷三："陵垣卫，在（皇陵）垣内，（洪武）十七年移卫于垣外东北，而祠祭署以将领焉。"指出陵垣卫，《明史·兵志》，《中都志》等均未载，不知何年开设。孙祥宽《朱元璋与明皇陵》（收在《洪武六百年祭》一书）说："洪武二年五月，皇陵粗具规模时，朱元璋诏立皇陵卫，以邻人赵文达子赵璧为世袭指挥。按明初军事编制，皇陵卫有五千六百人守护皇陵"。

[6] 孔祥宪《朱元璋与明皇陵》引明成化间陆容《菽园杂记》："皇陵初建时，量度界限，将筑周垣。所司奏民家坟墓在旁者，当外徙。高皇云：'此坟墓皆吾家旧邻里，不必外徙'。至今坟在陵域者，春秋祭扫，听民出入无禁。"引清人郑瑄《坚瓠广集》：皇陵城垣"及成，皇陵四门悬金字牌各一。其文曰：民间先世如有坟墓在陵域者，春秋祭扫，听民出入无禁，不许把门官军刁蹬。如违，以违制论。"又引《凤阳新书》卷二《刘继祖传》："洪武二年……时将筑（皇陵）周垣，（刘）英奏臣等坟墓皆在侧，请外徙。上谕：'坟墓皆旧邻里，不必徙。春秋祭播（扫），出入无禁。"此外，《凤阳新书》卷四《帝语篇·行幸叙乡党》也有类似记载。

[7] 王剑英：《明中都》，中华书局1992年版，第52页；《朱元璋与明皇陵》。

洪武七年六月戊午，"立皇陵祠祭署，以汪文为署令，刘英为署丞，专典礼事"[1]。洪武八年四月诏"罢中都役作"，同年十月乙未"筑凤阳皇陵城"[2]"洪武十一年夏四月，命江阴侯吴度督工新造皇堂"[3]，并"督建殿宇、城垣、植冢木、立华表、树石人、石兽、勒石建亭"[4]，同月朱元璋"亲制文"，"重建皇陵碑"[5]。洪武十二年闰五月，丁巳，"皇陵祭殿成，命称曰'皇堂'"[6]，至此皇陵工程告竣。此后，嘉靖十年（1531）二月丙寅，明世宗朱厚熜，又"追号皇陵山名"为翔圣山，并立碑建亭[7]。

皇陵自洪武十二年竣工后，又曾多次修缮。明成祖永乐时四次亲祀皇陵[8]，并修缮之[9]。正统、景泰、天顺年间续有修缮[10]。到成化末，皇陵已逾百年，"陵垣陵宇，年

---

[1] 《明太祖实录》卷九〇。《高皇帝御制文集》（张德信心洪武御制全书，黄山书社 1995 年版）卷六，朱元璋《赐署令汪文，刘英敕》："朕本农夫，家贫，丧父母，身当幼冲，百无所措，幸邻人汪姓者保护之；无地可葬，幸邻人刘姓者惠此葬地，以安神灵。"《凤阳新书》卷二，"祭则代上行献礼，专保山陵，奉香火，子孙世袭"；同书卷二又记：洪武八年五月，"奉旨命（刘）英祖、汪、越二氏祖等配淳皇帝、后，四时祭享"。汪文为邻母汪氏之子，刘英为村人刘继祖之子。

[2] 《明太祖实录》卷一〇一；《国榷》卷六。

[3] 《大明皇陵之碑》碑文。

[4] （明）袁文新《凤阳新书》卷四。按前引洪二年《皇陵碑》碑文已言"列以石人石兽，以备山陵之制"，故洪武十一年可能又重新进行安排而已。

[5] 《明太祖实录》卷一一八：洪武十一年四月，"是月，重建皇陵碑。上以前所建碑，恐儒臣有文饰，至是复亲制文，命江阴候吴良督工刻之"。王剑英《明中都》（中华书局 1992 年版）第 105 页记载：皇陵碑高 7 米多，宽 2 米多，基本完好。第 108—111 页录《太明皇陵之碑》文。（清）孙维龙、于万培修：《凤阳县志·拾遗》（乾隆四十年原刊）说："皇陵之碑……不知何人书，端庄劲健，全无馆阁习气。可宝贵也。"郑振铎插图本《中国文学史》评价该碑文说："《皇陵碑》却是篇皇皇大著，其气魄直足翻倒了一切的记功的夸诞的碑文。他以不文不白，似通非通的韵语，记载着他自己的故事。颇具着浩浩荡荡的威势。"陈怀仁《试析明皇陵的特点》（收在《洪武六百年祭》，南方出版社 2001 年版），引明人朗瑛《七修类稿》记载："瑛伏读御制集中《皇陵碑》文，未尝不三叹三颂而已。惜世人止知其事，而又未知太祖先已命臣下为文，述亦详矣，仍以未称而自撰，此尤见圣睿之益至也。"此外，该碑文史料价值尤为宝贵，可补文献有关记载之不足。

[6] 《明太祖实录》卷一二五。

[7] 以皇陵南约 10 公里小山善山为陵山，嘉靖十年被封为翔圣山。该山与祖陵基运山，长陵天寿山山神同祀方泽坛，位列五岳之前。

[8] 《明太宗实录》《明史》卷六，《本纪第六·成祖二》等，记载永乐七年（1409）二月戊子、十一年（1413）二月辛末、十四年（1416）十月丁丑，十五年（1417）四月丁巳朔至皇陵亲祀。

[9] 《明太宗实录》卷二三、八四、一三八记载：永乐元年（1403）九月壬辰、六年（1408）十月己卯、十一年三月乙未，均曾修缮皇陵。

[10] 《明英宗实录》记正统四年（1439）闰三月丁酉、十年（1445）九月辛未朔、十一年（1446）八月丙午；《明英宗实录》记天顺元年（1457）七月癸未、三年（1459）七月乙未等修皇陵。又（明）陈循《寰宇通志》玄览堂丛书续集卷九记载："皇陵……景泰五年诏重修。"

久圮坏"，于是进行重修[1]。至嘉靖十四年和二十三年再次重修[2]。

有明一代对皇陵甚为重视，将其视为"龙脉""皇脉"、宗社万年基本和祖宗肇基之地。朱元璋曾多次遣太子、皇子、王子祭礼皇陵，将其作为抚今追昔，教育子孙的圣地[3]。此后朱棣、朱高炽（仁宗）即帝位后，亦仿效之。皇陵每年按时祭祀[4]，规定"凡官员以公事经过者，俱谒陵"[5]。皇陵除前已述及设皇陵卫守护，祠祭署供祭祀外，还设陵户[6]、守备太监等[7]，建立一整套管理机构和制度[8]。

---

[1] 《中都志》卷四记载，"陵垣殿宇，年久专圮坏。成化丁未（二十三年，1487年），敕南京守备太监郑强，平江侯陈锐。南京兵部左侍（郎）白昂提督修造"；"始计数年之工，甫及七月而毕……且规模宏丽，制作完美，有加于前焉"。

[2] （明）袁文新《凤阳新书》卷七记载：尹令疏，"成化二十三年及我皇上嘉靖十四年，俱各钦命大臣重修陵寝"；又说："仁祖淳皇帝陵寝，宫阙殿宇，壮丽森严，实与两京诸陵及今兴都（湖北钟祥）显陵同一制度。"又据《明世宗实录》，嘉靖十四年三月辛未、十五年九月巳未、十七年四月戊午，都曾修缮皇陵。

[3] 《明太祖实录》卷一一七记载，朱元璋对往凤阳祭祀皇陵的太子说："自古帝王之兴，皆祖宗积德深厚，格于皇天，钟吉聚庆，乃生帝王，以主天下，传世无极。朕仰承于天命，抚驭万方，实由我祖考以来积德所致。每怀陵寝，瞻望中都，悲感无极，今命尔往修孝祀……"（明）夏燮：《明通鉴》，中华书局1980年版。卷六记载："洪武十一年三月定制，诸王之国皆令辞皇陵而后行"。此外，明朝还有罪宗守陵之制，使之面对皇陵，反省悔过。可见朱元璋将皇陵作为教育子孙后代的基地，使之知前辈创建帝业之由兴，"识之于心，以知吾创业不易"（《明史·兴宗孝康皇帝传》）。

[4] 《明太祖实录》卷一〇一记载，"我朝祭祀皇陵，旧仪每岁元旦、清明、七月望、十月朔、冬至日俱用太牢，遣官致祭"，"今拟每岁元旦、清明、七月望、十月朔、冬夏二至日用太牢。其伏、腊、社、每月朔、望日，则用特羊、祠祭署官行礼。如节与朔、望、伏、腊、社同日，则用节礼"。明万历《大明会典》（江苏广陵古籍出版社1989年版）记为"每岁冬至、正旦以太牢，清明、中元、孟冬以少牢，俱署官行礼。朔、望以少牢，中都留守司行礼。弘治元年，敕内官一员监护，凡官员以公事经过者俱谒陵"。

[5] 万历《大明会典》卷九〇。见前注。

[6] 初以二十家亲邻守视皇陵，皇陵建后，《凤阳新书》卷五载："洪武十一年，奉旨清查钟离土著旧民三千三百二十四户，编为陵户，分为六十四社。（社）五十户，以一人为长。每户拨给田地一庄，供办皇陵每岁时节祭祀，全免粮差。"原二十家，（明）沈士谦《明良录略》七（广百川学海本）说："无贫富，皆赐朱户，复其家，至今村上数家茅屋，柴扉上犹施朱。"孤村庄这二十家，即后来的"二十家营""二十营"之由来。

[7] 《中都志》卷三记载：宣德年间，设守备太监，派神宫监内宫"奉侍皇陵"。

[8] 孙祥宽《朱元璋与明皇陵》说：在《大明律》中有"谋毁山陵者，以谋大逆论，不分首从，俱凌迟处死"，"山陵内盗伐树木者斩，家属俱发边远充军"。《明太祖实录》卷二二八记载：洪武二十六年六月，"申严皇陵禁令，凡车马过陵及守陵官民入陵者，百步外下马。违者，以大不敬论"。

明崇祯八年（1635）正月，农民起义军攻占凤阳，焚皇陵享殿[1]，至清初更遭到严重破坏[2]。抗日战争时期，皇陵树木被日军砍伐殆尽。中华人民共和国成立后建皇陵农场、已柏树成林。1982年皇陵石刻被国务院公布为第二批全国重点文物保护单位。

二　皇陵的形制布局

皇陵除石象生外，地面建筑无存。现据《凤阳新书》的记载和《中都志》皇陵总图（图5-1-2），将其形制布局略述如下。

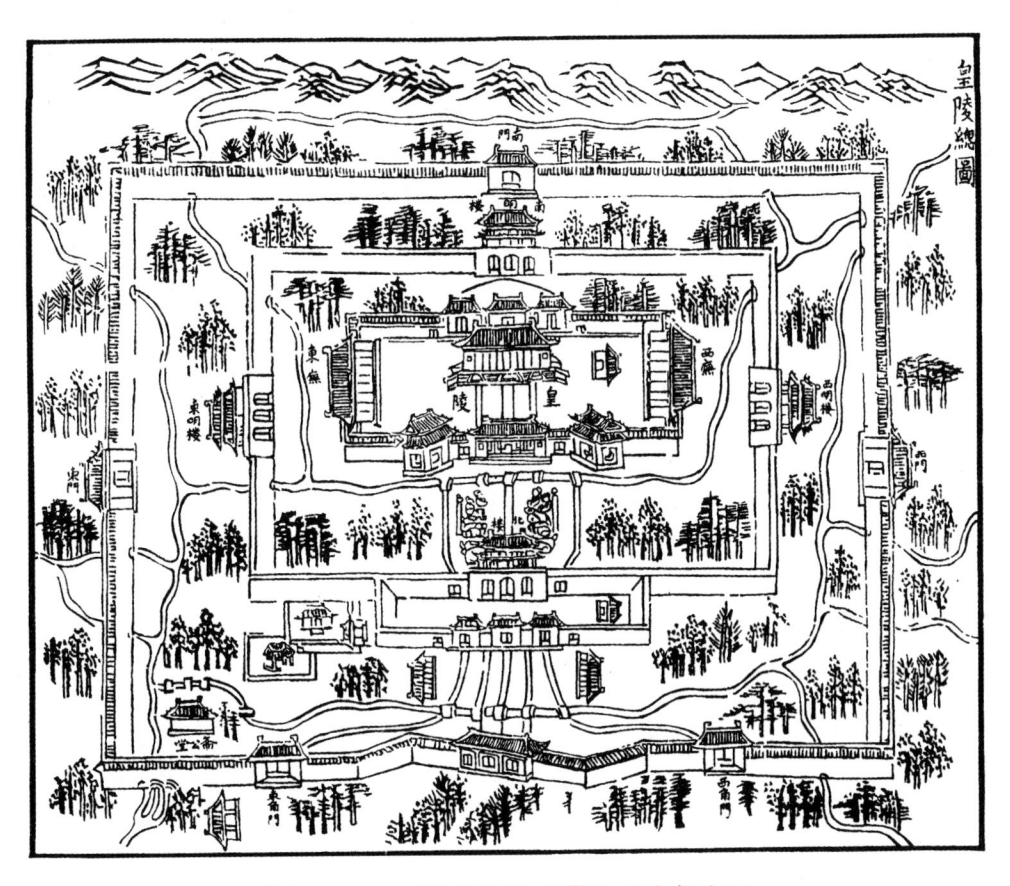

图5-1-2　明皇陵图（摹自《中都志》）

---

[1] （清）吴伟业《绥寇纪略》卷三（昭旷阁刊本）"真宁恨"：十五日，贼（指起义军）"焚皇陵享殿，其明楼钟楼簋存焉。"戴笠、吴殳《怀陵流寇始终录》（玄览堂丛书续集本）卷八，亦仅记"梦享殿"。

[2] （清）耿继志修《凤阳府志》（康熙二十四年刊），卷三五收蔡方炳《旧陵行》诗，"三十年前曾过此，苍苍墓木连云起"，"今日重来过蒿里，凄凉一片成遗垄"，"涕泗问居民，谁令成屯否？居民释末陈始末，连岁年饥不得活，有司无策救奇荒，许搬木石供粗粝。上则翻殿瓦，下则移门闼，柱梁一旦摧，台沼无留磕。呼，嗟乎！救灾奇策古所无，有司有司真良谟"。如是，致使皇陵终成废墟。

皇陵坐南面北，三城相套，主体建筑建于中轴线上。皇陵最外称土城，周长28里，四面居中各开一座三开间单檐顶的大门。北门为皇陵正门，称正红门，建门处北城墙折成Z字形，门斜向东北的中都城，门侧两边城墙展直，东西各辟一座角门。正红门前有长三里的神路，旁植松柏，直达中都城。门前两侧对称配置皇陵祭祀署官厅两座，再前置一对下马牌。东、西、南三门外置一对下马牌和值房。土城周围置十三座铺舍，土城东角门外置外值房和各衙陪祭官驻马处。土城东北角内有大水关，其北置皇堂桥，小水关四面共19座[1]。

土城之内偏南筑砖城，城墙内外砖筑，高二丈，周长六里一百一十八步。城四向开门，城台三道券，台上为五开间重檐歇山顶城楼。东、西、南门称东明楼、西明楼和南明楼。北明楼为正门称红门，红门城台两侧各开一座角门。红门之前（外）向北围成矩形平面的瓮城，其北面居中置棂星门，门为三座并列的单檐琉璃门，门两旁随墙开角门。棂星门与正红门间有跨渠红桥五座，棂星门外左右值房各十一间，砖城四门左右值房各五间。瓮城前面有具服殿、膳厨和官厅；其东有神厨、斋宫和混堂。砖城红门内中轴线为神道，两侧置石象生，从北向南依次对置獬豸（有的称麒麟）2对、石狮8对、望柱2对、石马与左右控马官各2对、石虎4对、石羊4对、文臣2对、武官2对、宫人2对，共28对（以一马二控马官为一组计算）。其中狮、虎蹲姿，羊卧姿，余者均为立像（图5-1-3、5-1-4、5-1-5、5-1-6）。石象生群南端横隔金水河，河上五座神道桥，居中的三座称御桥，两侧者称左、右旁桥，过桥向南即达皇城[2]。

---

[1] （明）袁文新《凤阳新书》卷四，"宗祀篇·皇陵"："土城一座，周二十八里，四十四社人户轮流直守，拨设皇陵卫巡绰。正红门三座，在北，向东北。神路长三里，旁植松柏，路达都城，亦设本卫巡守（《中都志》无）。东、西角门二座（《中都志》作各三间），官厅二座，即祠祭署衙门。东、西、南门各三间。直房，东、西、南门外各三间。下马牌八座，在四门外。铺舍十三座。水关、大水关一座，在土城东北角内，水从此流入出淮；小水关四面共十九座。皇堂桥一座，在大水之北。外直房四十间，在东角门外，与各衙陪祭官驻马处。"

[2] （明）袁文新《凤阳新书》卷四，《宗祀篇·皇陵》："砖城一座，里外砖筑，高二丈，周六里一百一十八步，开四门，俱有楼。城楼，四门四座，五间，重檐。具服殿六间，膳厨二间（《中都志》作'膳房'），官厅六间（《中都志》作'官厂'）。直房，四门直房左、右各五间，棂星门外直房左、右各十一间；以上俱阜瓦。棂星门三座，绿琉璃饰。红桥五座。以上十一社人户轮流看守。神厨一座，在北城门外东，二十家厨役人户看守。神厨五门（《中都志》作'五间'）。神库，南北各五间。宰牲厨六间（《中都志》无）、酒房五间（《中都地》作'六间'）、门三间（《中都志》作'神厨门'）、天池一口，鼓房一间，遇祭支更。斋宫一座，去北城门东北一里，新收人户轮流值日看守。正殿五间，穿堂三间、寝殿五间、膳厨五间、左右庑各五间、红门三间、中门五间、厢房东西各三间（《中都志》作'西厢房十间'）、角门二座，直房东西各三间（《中都志》无），红桥三座，□□阜瓦□□（《中都志》无）。混堂一座，去北城门东北二里，新收人户直守。正房五间，水池□座（《中都志》作'水池二区'）、门一间（《中都志》作'门房'）。"神道石象生、御桥见后注"皇城"条。

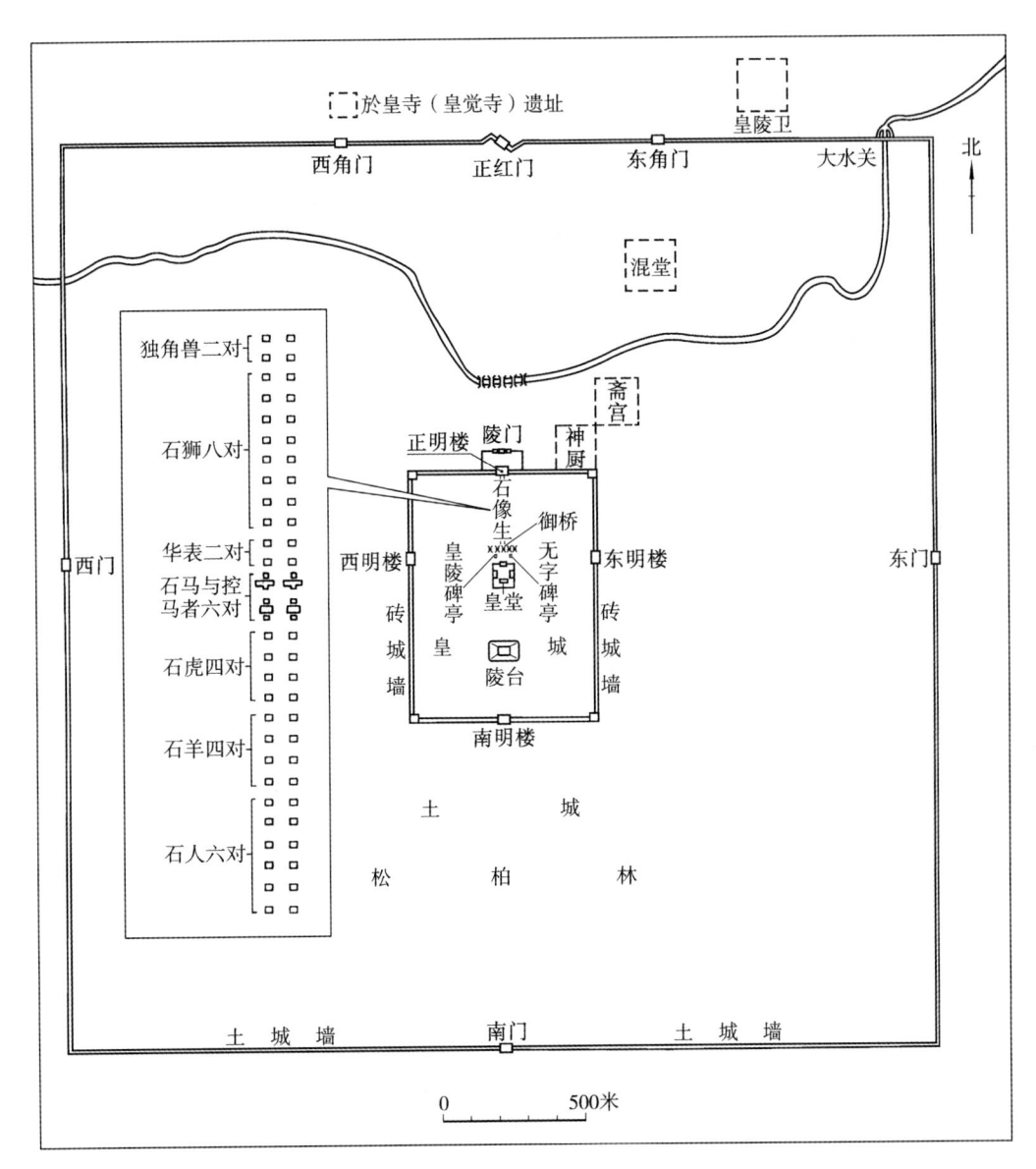

图 5-1-3　安徽凤阳明皇陵遗址平面图

(采自《明中都研究》，略变化)

图 5-1-4　安徽凤阳明皇陵神道及石象生
(采自《中国建筑艺术全集·明代陵墓建筑》)

1. 文臣　　　　2. 武臣

图 5-1-5　安徽凤阳明皇陵石象生中的文臣和武臣
(采自《中国古代建筑史》第四卷)

图 5-1-6　安徽凤阳明皇陵石象生中的华表与石狮
(采自《中国建筑艺术全集·明代陵墓建筑》)

皇城又称内城，城墙砖筑，抹饰红泥、高二丈，周长七十五丈五尺。皇城南北居中开门，北门称金门，单檐五开间（两侧随墙开角门）。金门为皇城正门，前对神道石象生，门前对峙东西碑亭。碑亭方形，三间重檐歇山顶，四向开门，亭内各置一龙首龟趺碑。东面碑身空白，称无字碑，西面碑额篆书"大明皇陵之碑"（图 5-1-7），碑身镌刻朱元璋"亲制"碑文。称御制皇陵碑[1]。进金门入皇城内，南面居中建皇堂（祭殿、享殿、大

---

[1]　"大明皇陵之碑"文，载《高皇帝御制文集》卷十四，康熙《凤阳府志》卷三八、乾隆《凤阳县志》卷十四，《光绪凤阳府志》卷十五等。徐乃昌《安徽通志金石古物考稿》（民国影印本）卷六说："《皇陵碑》拓本高一丈一尺五寸，广五尺七寸，二十六行，行五十六字，字径一寸六分，正书。"碑存，在金门遗址前，碑亭无存。孙祥宽《朱元璋与明皇陵》说：皇陵碑与无字碑形制相同，均由碑首、云盘、碑身、驼峰、鳌坐组成，通高 6.87 米，皇陵碑全文 1105 字。王剑英《明中都研究》（中国青年出版社 2005 年版）第 423、424 页说：皇陵碑碑额宽 217 厘米，厚 70 厘米，中下部篆刻"大明皇陵之碑"，宽 71 厘米，高 61 厘米。顶部雕蟠龙和云纹。皇陵碑碑文刻石宽 189 厘米，高 420 厘米，厚 63 厘米。碑文 26 行，行 56 字，字径 6 厘米，楷书，共 1101 字。碑座宽 195 厘米，高 135 厘米，厚 70 厘米，与龟趺相连。石龟高约 2 米，宽 2 米，长近 4 米。皇陵碑总高 7.37 米。

殿），皇堂九开间单檐庑殿顶，三层台基上安设石雕望柱栏板，为皇陵内最恢宏的主体建筑。皇堂左右建东西庑，各十一开间，单檐；皇堂西设燎炉。皇堂后皇城南墙居中开后红门，门三座单檐琉门并置，两旁随墙开角门[1]。后红门外与砖城南明楼之间耸立高大的覆斗形陵台[2]。

1 明皇陵碑和无字碑　　　　2 明皇陵碑碑额（螭头）

图 5-1-7　安徽凤阳明皇陵碑和无字碑
（采自《中国建筑艺术全集·明代陵墓建筑》）

三　考古调查草测皇陵三城之周长

1973 年，王剑英先生对皇陵进行了调查[3]。当时皇陵土城墙尚有部分残迹可辨，据此草测，土城呈方形，周长 14.4 公里（图 5-1-3）。明一里按 576 米计算，约合 25 明

---

[1]　（明）袁文新《凤阳新书》卷四，《宗祀篇·皇陵》："皇城一座，砖垒，高二丈，周七十五丈五尺，红土泥饰。正殿九间，丹陛三级，黄琉璃，青碧绘采。金门五间，左、右庑各十一间（《中都志》作'东西庑'）燎炉一座、角门左右二座、后红门五座（《中都志》作'后红门三座，左、右角门二座'）、碑亭左右二座。御桥五座，跨金水河（《中都志》作'御桥：正三座，左、右桥二座'）。华表并石人、石兽共三十六对，在北城门内，两旁直抵金门外御桥北止。以上具黄琉璃瓦，青碧彩绘，二十家人户轮流直守。"

[2]　陵台尺度有关记载不一，孙祥宽《朱元璋与明皇陵》说：陵台"为一椭圆覆斗式土丘，东西宽 50 米，南北长 35 米，高约 10 米"。中国建筑艺术全集编辑委员会编《中国建筑艺术全集·明代陵墓建筑》（中国建筑工业出版社 2000 年版）第 14 页说：陵为台"宽 50 米，深 30 米，高 5 米的覆斗形封土"。潘谷西主编《中国古代建筑史》第四卷（中国建筑工业出版社 2001 年版）第 189 页说：陵台"方形覆斗式，长约 140 米，宽约 90 米，高约 10 米"。

[3]　王剑英：《明中都研究》，中国青年出版社 2005 年版，第 408—428 页。

里，较文献所记"周二十八里"少三里。皇陵砖城，据部分城墙残存土埂草测，砖城平面呈长方形，东西长750米，南北1100米，周长3.7公里。文献记载砖城"周六里一十八步"，明一里为180丈，即周长为6.65明里。3.7公里约合6.42明里（3700米÷576米=6.4236明里），两者基本相合。皇堂遗址残存部分遗迹，皇堂中心位置在砖城正门内395米，离石碑中心点南240米，距砖城北门635米，距后门南门465米。

此外，凤阳县文化局、文物管理所在考古调查基础上，亦对皇陵进行了草测。即皇城正方形，周长420米；砖城平面长方形，周长3600米；土城方形，周长15540米[1]。文献记载皇城"周七十五丈五尺"，420米约合132.075明丈（明一营造尺=0.318米），较75.5丈多56.5丈。砖城3600米较前述3700米少100米。土城周长15540米，约合26.97明里，较"周二十八里"少一明里。

上述情况表明，图5-1-2明皇陵图将三城绘成横向矩形是不符合实际情况的。文献所记三城周长，土城和皇城与考古调查结果相差较大，只有砖城周长与考古草测结果大体相同。有鉴于此，皇陵三城准确周长，尚待于考古钻探和发掘才能最终解决。

四　皇陵形制布局"稽古创制"，推陈出新

（一）"稽古创制"

1127年北宋灭亡后，南宋未正式建帝陵，只建攒宫；元代帝陵情况不明。因此，明初重建帝陵时面对帝陵营建上的如此大的断层，必然要参照宋代帝陵的形制布局[2]。但是，宋陵的形制布局又是在唐代帝陵基础上发展演变而来的，所以明代最早营建的皇陵"稽古创制"，在形制布局上自然会有唐宋帝陵的烙印。其主要表现大致如下。

1. 皇陵三城环套

唐代帝陵陵台外围上宫宫城，有的陵上宫之外出现外城[3]，最外"立封"[4]。北宋帝陵上宫之外围棘寨，兆域立"封堠界"，其间植篱塞[5]。南宋攒宫龟头殿外围土筑红灰

---

[1] 安徽省凤阳县文化局、邱金强、孙祥宽《试述明皇陵的营建规模及管理》，载《世界文化遗产——明清皇家陵寝保护与发展研讨会论文集》，北京燕山出版社2007年版。

[2] 中国建筑艺术全集编辑委员会编：《中国建筑艺术全集·明代陵墓建筑》，中国建筑工业出版社2000年版。该书第14页说："《历代陵寝备考》提到，洪武二年'六月庚辰，上览浙省进宋陵诸图'。"

[3] 陈安利：《唐十八陵》，中国青年出版社2001年版，第52页。

[4] （宋）王溥：《唐会要》，中华书局1988年版。卷二十一，《诸陵杂录》：开元"二十三年十二月三日敕：诸陵使至，先立封……"

[5] A.（清）徐松：《宋会要辑稿》，中华书局1957年版。礼三七之四四，绍兴三十二年十月条记"诸陵封堠界内"事；《宋会要辑稿》礼三七之三九，高宗绍兴元年六月条："禁止界至封堠。"

B.《宋会要辑稿》礼三七之一九"篱寨"相侵条。

C.《宋会要辑稿》礼三七之二九，"棘寨内擅动土"条。参见本书第一章《北宋帝陵》。

墙，南开殿门和棂星门；红灰墙外砖筑里篱，再外为外篱[1]。上述情况表明，明皇陵的三城环套形制，应是在唐宋帝陵陵台外三重结构基础上发展演变而来的。

2. 土城、砖城四向开门

皇陵土城内仿南宋攒宫建砖城，土城、砖城四向开门，显然是承袭唐宋帝陵上、下宫四向开四神门之制。

3. 陵台的位置和形状

皇陵陵台在皇堂（享殿）之后，陵台呈覆斗状。唐宋帝陵献殿在陵台之前，秦汉唐（唐代指平地起建的帝陵）和北宋帝陵陵台呈覆斗状，明皇陵陵台与皇堂的位置关系和陵台的形状因袭之。

4. 皇堂（享殿）和神厨等的形制借鉴宋陵的献殿和下宫

皇堂的位置和作用相当于唐宋帝陵的献殿，由于皇陵取消了唐宋帝陵的下宫[2]，故将其主要功能亦集于皇堂。在皇堂内偏后设三间暖阁，称皇帝神寝，布置神床、帷幔、寝具、衣冠和册宝等，安奉朱元璋父母神主牌位；神寝前设御座和御案，供神主享纳日常馐膳和各种吉日的祭拜。皇堂左右有东西庑，皇堂前之西置燎炉[3]。以上大体相当于宋陵下宫主体建筑之功能[4]，即皇陵皇堂将宋陵献殿和下宫主要功能合二为一，并保留了南宋攒宫之下宫的东西庑和火窨子（燎炉）。北宋代帝陵和南宋攒宫之下宫附属建筑的功能，则移到土城、砖城间棂星门两侧。前已说明棂星门东侧有神厨库（有神厨、神库等、大体相当于两宋帝陵下宫的神厨）、斋宫（相当北宋帝陵斋宫，又称斋殿、斋院），混堂（供辅助管理用，或大体相当于南宋下宫之奉使房）等。棂星门之西有具服殿（南宋称换衣厅），官厅（大体相当于北宋下宫之陵使廨舍）等；棂星门则与两宋下宫棂星门同名[5]。

5. 神道和石象生

据前所述，明皇陵土城、砖城、皇城大体相当于北宋帝陵之兆域、棘寨和上宫宫城，宋陵神道在棘寨内乳台与上宫南神门之间，神道两侧置石象生。明皇陵神道在砖城、皇城两南门之间，两侧置石象生，态势略同于北宋帝陵。其差异，一是明皇陵神道较北宋帝陵神道缩短，略窄；石象生较北帝陵石象生数量增多。种类有变（如较北宋帝陵神道石象生

---

[1]（清）徐乾学：《读礼通考》，台湾商务印书馆1983年版。卷九十二所收（宋）周必大《思陵录》。参见本书第二章《南宋帝陵攒宫》。

[2] 参见本书第一章《北宋帝陵》关于北宋帝陵重视上宫献殿的殿祭，降低了下宫在礼仪制度中的地位的论述。这个情况，很可能是导致明皇陵取消下宫的主要原因之一，此后明陵则因袭之。

[3] 中国建筑艺术全集编辑委员会编：《中国建筑艺术全集·明代陵墓建筑》，中国建筑工业出版社2000年版，第14页。

[4] A.（宋）李攸：《宋朝事实》，中华书局1957年版，卷十三，下宫条。
B.《思陵录》下宫条。

[5] 冯继仁：《北宋皇陵建筑构成分析》，《考古学研究》1994年第00期。文中下宫一节及下宫推测示意图。见上注。

减少了象、瑞禽、角端、客使、武士，新增麒麟并将宋陵上宫南门外石狮、门内宫人改置于神道，皇陵武官改为宋陵武士形象，以麒麟代替角端），华表位于石狮与石马之间，石象生配置较北宋帝陵密集[1]。

6. 皇陵碑和无字碑

皇陵皇城金门前东置无字碑，西置"大明皇陵之碑"（图5-1-7）。此制似应源自唐乾陵之朱雀门前两侧的无字碑和"述圣纪碑"，明代其他诸陵无无字碑。

7. 仁祖陵加陵号

《明太祖实录》卷三十九记载："初礼部尚书崔亮，以为历代诸陵皆有名号，令仁祖陵宜加以尊号。"亮曰："加上陵号，尊归先世，考之典礼，如汉光武加上先陵曰'昌'，宋太祖加上高祖陵曰'钦'，曾祖陵曰'康'，祖陵曰'定'，考陵曰'安'，盖创业之君尊其祖考则亦尊崇其陵，既尊其陵，亦必以告礼，缘人情加先帝陵号而不以告先帝者，非人之情也，臣以为告之是。"于是洪武二年二月丁丑"上仁祖淳皇帝陵名曰英陵"，同年五月甲午朔"更英陵曰皇陵"（《明太祖实录》卷四十二）。由此可见，仁祖陵加陵号亦遵前代传统。

8. 皇陵中轴线上主要配置大体仍如北宋帝陵

皇陵中轴线上的主要配置与北宋帝陵上宫组群相比较，土城正红门约相当于宋陵鹊台位置，砖城红门约相当于宋陵乳台位置。皇陵正红门与红门间较长，也可与宋陵鹊台乳台间距比附（图5-1-2、5-1-3）。皇陵金门约相当于北宋帝陵上宫南神门；红门金门间为神道，两侧置石象生，约相当于北帝陵乳台与上宫南神门与乳台间神道和石象生群。皇陵皇城约相当于北宋帝陵上宫，皇堂约相当于北宋帝陵献殿，陵台在皇堂之后同于北宋帝陵陵台在献殿之后，唯皇陵将陵台与皇堂分开置于皇城南墙之外有别于宋陵。上述情况表，皇陵中轴线的主要配置，乃是比附北宋帝陵上宫组群配置情况，并加以变通发展而来。

---

[1] 明皇陵石象生保存基本完好，是研究明代初期石雕艺术的宝库。石象生图版见王剑英《明中都研究》（中国青年出版社2005年版）第416—423页，及中国建筑艺术全集编辑委员会编《中国建筑艺术全集·明代陵墓建筑》（中国建筑工业出版社2000年版）图版一一五。这批石象生总体来看，与北宋帝陵石象风格较接近，比如石羊与北宋永熙陵石羊较相似［河南省文物考古研究所编《北宋皇陵》（中州古籍出版社1997年版）第75页线图五五，书后彩版七，1，图版十二，3］；武官（图5-1-5之4）与北宋永裕陵武士较相似（《北宋皇陵》书后彩版六，3），与永熙陵武士也有略似之处（《北宋皇陵》第83页图六五，东列武士）；华表（图5-1-6）两种形式分别与北宋永裕陵望柱（《北宋皇陵》第211页图一八九）、永泰陵望柱（《北宋皇陵》第256页图二三四）相似等。明皇陵马与控马官（图5-1-5之2）题材源于北宋帝陵，但控马官与马的组合关系与北宋帝陵不同，造型和雕工也不如北宋帝陵。明皇陵石象生排列配置较单调，不如北宋帝陵高低错落有致，皇陵石象生人像身材较小，比例不太协调，有些臃肿，雕工较粗，凡此均与明初草创时期有关。明皇陵"大明皇陵之碑"碑额（图5-1-8）与北宋帝陵会圣宫碑碑额近似（《北宋皇陵》，彩版七，2），雕刻精致，蟠龙刚健，蟠龙间祥云烘托火焰宝珠尺度加大，火焰升腾极具张力。

(二) 推陈出新，继往开来

前述皇陵"稽古创制"，说明皇陵的形制布局仍植根于唐宋帝陵传统。本节则指出皇陵形制布局拟于中都，才是其推陈出新之本，从而使皇陵在明代诸陵中起到了继往开来的作用。皇陵形制布局的新特点，除前所述，大致还主要表现在以下几个方面。

1. 皇陵建于原葬地，未"复启葬"建玄宫

前已说明因"恐泄山川灵气"，仁祖陵仍建于原葬地，"不复启葬"，未建地宫，此种情况为前代所无。由于不建地宫，故皇陵重在地面建筑。

2. 皇陵与中都城统一规划

凤阳是朱元璋的故乡，所以在此建中都城。中都城选址落位于仁祖原葬地北十里，是因为这里是距朱元璋老家和父母葬地最近的形胜之地。两者近在咫尺，从一开始就密不可分。这样既可使朱元璋父母的在天之灵依附于中都，以应淳皇帝和淳皇后之称；又可使中都城更好地护祐仁祖陵。如此定位，乃是朱元璋封建思想和尽孝道最集中的体现，具有重要的含义。

如前所述，皇陵大规模的营建是在洪武八年罢中都之役以后。这时朱元璋以建中都的工匠为主体，重新规划营建皇陵。其有关问题，在此仅指出三点。第一，将皇陵的方向改为坐南向北，皇陵正门在北与中都城南门斜向相对[1]。使皇陵和中都城在总体规划上融为一体，从而改变了已往陵墓坐北向南的传统。第二，皇陵形制布局拟于中都。唐宋帝陵只在局部和意念上模仿都城，皇陵则基本上全方位地模仿中都城（详见下文），此种情况在中国古代帝陵中是空前的。这样在形式上就呈现出一个现实世界的大都城（中都）和阴间世界的"小都城"（皇陵）北南对峙的格局。从而使未做过皇帝的仁祖之躯既仿佛置于似若"都城"的皇陵之中，又可北望中都，以达皇脉相连，阴阳相通之目的，可谓用心良苦之至。第三，前二点是皇陵与中都城统一规划的具体体现，因而开都城与陵墓基本同步营建之先河，并为尔后孝陵和长陵所仿效。特别是明孝陵亦建都城（南京）之旁，这个情况恐怕与中都和皇陵的位置不无关系。

3. 三城、中轴线、五门、明楼、金水河、御桥等拟于中都之制

皇陵三城环套虽然源于唐宋帝陵，但其形制布局和结构已发生根本变化，这种变化主要是皇陵形制布局拟于中都所致。下面将皇陵与中都城略做些比较。第一，皇陵外城称土城，方形；中间砖城竖长方形，里面皇城砖筑、方形（土城和砖城代替了宋陵的篱寨和棘寨）。其形制基本同于中都城（中都外城原为方形，后改呈长方形，土筑。禁垣

---

[1] 王剑英《明中都研究》（中国青年出版社2005年版）第428页认为，洪武二年兴建皇陵时，它的方位是朝南的。由于在皇陵的北面兴建中都城，洪武八年至十一年大规模改建时，才改变了皇陵的方向。据此可以认为，皇陵为仁祖原葬地，位置不可变更，其墓向已无考。新修皇陵为与中都城在规划上融为一体，皇陵则改为坐南面北，由于陵体位置不可移动，故导致皇陵正门（北门）斜向中都正南门洪武门。但是，应当指出，皇陵始建时方位朝南，目前尚缺乏证据。

即相当于皇城，皇城即宫城，后改为紫禁城。禁垣竖长形，皇城方形，均砖筑），两者皇城之称和位置相同。第二，皇陵三城虽然已不见唐宋陵的角阙和门阙；但是，外城、砖城四向居中开门，砖城四门建四明楼，却如都城之制。特别是皇陵皇城正门（金门），三个门道，两侧随墙开角门，门前左右峙立碑亭。这个形制与中都城皇城午门三个门道两侧辟掖门，左右翼以两观基本相同（皇陵金门前以两侧碑亭代替两观）。第三，皇陵砖城正门前的突出部分略如中都禁垣承天门前的宫廷广场（图5-1-2）[1]，并以五座御桥代替了左右千步廊。第四，皇城金门前有金水河与御桥五座，桥与砖城红门间为神道，两侧配置文武官员像等石象生。其态势似中都城午门前御桥与承门间的部分中央衙署区（图5-1-2）[2]。第五，明南京城宫城最后形制布局之完成，亦在洪武八年罢中都之役以后。明南京城宫城承天门前有封闭式宫庭广场，前有外五龙桥（外金水桥），午门有内五龙桥（内金水桥）。前述第三和第四的御桥态势与之相近，由于明中都仅午门前有御桥，无外五龙桥，所以上述形制应仿明南京宫城。第六，皇城中间为皇堂，其位置和形制乃仿中都奉天殿之制（详见后文）。第七，皇陵从外城正红门向南直至土城南门为全陵中轴线（皇陵中轴线居中，胜于中都城中轴线略偏西），主体建筑均置于中轴线上，并在中轴线上按《周礼》"天子五门"之制置五门（正红门、棂星门、红门、金门、后红门），以上均略如中都城。第八，皇陵主体建筑皇堂和陵台按宫城前朝后寝之制配置。第九，皇陵广为采用琉璃建筑构件（北宋帝陵调查和试掘未见琉璃构件），皇城和皇堂有丹陛，用黄琉璃瓦，青碧彩绘，其制略如宫城。第十，皇陵设大水关和小水关19座，数量略多于中都城。通过上述简单的比较，清楚可见皇陵的形制布局与明中都城很相似。在中国古代帝陵中与都城形制布局如此近似者，尚无二例。

4. 皇陵以恢宏的皇堂为中心

皇城内南面居中，以最高等级建面阔九间庑殿顶皇堂（明北京宫城正殿奉天殿，即皇极殿亦面阔九间），皇堂遗址残存最大的柱础1.6米见方，一般柱础为1.3米见方，据此估计其柱径当超过一米（明北京奉天殿柱径1.06米，明长陵祾恩殿最大的金柱径1.124米，一般柱径1米左右）[3]，可见皇堂之宏伟。皇堂是皇陵的主体建筑，其位置和规格均拟于明代宫城正殿奉天殿，因而成为皇陵构成的核心。上述情况表明，皇陵突出皇堂的核心地位，并将唐宋帝陵上、下宫主要祭祀功能集于一身，实际上是突出了皇陵以殿祭为中心，这是皇陵与唐宋帝陵的主要区别之一（唐宋帝陵以陵台为中心）。此外，皇陵突出皇堂，也是对皇陵未建玄宫，陵主朱五四未做过皇帝的一种弥补，更重要的则是借此突出了朱元璋的祭祀和孝道，突出了朱元璋的地位和形象[4]，为朱元璋树碑立传。

---

[1] 王剑英：《明中都研究》，中国青年出版社2005年版，第121页，明中都午门以南设计、建筑平面图。
[2] 王剑英：《明中都研究》，中国青年出版社2005年版，第121页，明中都午门以南设计、建筑平面图。
[3] 陈怀仁：《试析明皇陵的特点》，载《洪武六百年祭》，南方出版社2001年版。
[4] 陈怀仁：《试析明皇陵的特点》，载《洪武六百年祭》，南方出版社2001年版。

5. 皇陵创新功能分区

总观皇陵的形制布局，主要有三个功能分区。一是陵寝辅助空间，或称外陵区。该区在土城和砖城之间，主要配置为祭祀活动服务的各类辅助建筑和绿化区。二是谒陵展祭的引导空间，或称内陵区。该区在砖城和皇城之间，区内主要置神道、石象生和碑亭。三是祭祀空间，即祭祀区，以皇堂为核心，包括其后的陵台（在此举行"负土盖陵"的负土礼或上陵礼）。皇堂与陵台在建筑布局上分开，在祭祀上又连为一体。

6. 其他

除上所述，皇陵的重要特点还有在皇陵外两侧建王府[1]，并将皇陵作为教育皇室子孙的圣地（参见前述情况）。

综上所述，明皇陵的砖城结构、明楼、棂星门、碑亭、皇城与皇堂、皇堂与陵台的位置关系，石象生组合、望柱位置、内外金水河与桥、水关的设置与陵区的划分等，均对明孝陵产生了较重要的影响[2]。因而前述诸种情况表明，明皇陵的形制布局在明陵发展演变进程中，具有继往开来的重要地位和作用。

第二节　明祖陵

一　位置、营建和保存状况

祖陵建于朱元璋祖父朱初一、祖母王氏的葬地，其位置在今江苏省盱眙县城之北，古泗州城北十三里淮河之滨孙家岗（朱初一居地）后的杨家墩（洪泽湖西岸）[3]，西距今管镇约10公里（图5-2-1）[4]。

---

[1] 王剑英《明中都》，中华书局1992年版，第123页"遗列侯还乡，就第凤阳"，第124页王邸分布位置图。

[2] 明孝陵的主体建筑孝陵殿组群和宝顶宝城，相当于明皇陵的皇城皇堂和陵台，其位置关系一如明皇陵。其他部分依据地形和当时的具体情况，较明皇陵作了较大的调整。

[3] 陈琳：《明祖陵的营建及其特色》，载《首届明代帝王陵寝研讨会首届居庸关长城文化研讨会论文集》，科学出版社2000年版。该文说"由于宋朝的保仪大夫杨浚、大理寺评事杨楠的坟墓葬于此，故名'杨家墩'"；"这里原是一个方圆数百丈，高丈余的漫土滩"；"公元1327年夏，朱初一病故后即埋葬于孙家岗后的杨家墩"。（明）曾惟诚：《帝乡纪略》，台北成文出版社有限公司1985年版，卷一"祖陵在州城北十三里"；（明）柳瑛：《中都志》，台北成文出版社有限公司1985年版，卷四"陵寝"，"祖陵在泗州城东北十三里"；《明会典》，江苏广陵古籍刻印社1989年版，卷九十"礼部四十八·陵寝"："熙祖陵在今凤阳府泗州城之北。"泗州原名虬宾城。

[4] 张正祥：《明祖陵》，《考古》1963年第8期。文中说："祖陵今属江苏泗洪县（按，现属盱眙县），在县东南约50公里洪泽湖的西岸。西距管镇约10公里，南望沉没在水里的泗州城遗址约6公里。"刘聿才、刘新：《明祖陵述略》，《考古与文物》1984年第2期。文中说：祖陵"东南距淮河十余里"，"建在号称'九岗十八洼'的杨家墩"。胡汉生：《明朝帝王陵》，北京燕山出版社2001年版。该书第38页说：祖陵在管镇乡明陵村境内。有的文章说，位于明祖陵镇明陵村境内，距盱眙县城约15公里。

第五章 明皇陵与明祖陵 303

　　祖陵营建的时间，一般认为在洪武十九年（或说十八年），是朱元璋继皇陵、孝陵之后营建的第三座明代陵墓[1]。此外，还有建于洪武初年说[2]，本书拟从前说。据史籍记载，洪武元年春正月乙亥，朱元璋追尊四代，"皇高祖考尊号曰玄皇帝，庙号德祖，皇高祖妣曰玄皇后；皇曾祖考尊号曰恒皇帝，庙号懿祖，皇曾祖妣曰恒皇后；皇祖考尊号曰裕皇帝，庙号熙祖，皇祖妣王氏曰裕皇后；皇考尊号曰淳皇帝，庙号仁祖，皇妣陈

---

[1] 中国建筑艺术全集编辑委员会编：《中国建筑艺术全集·明代陵墓建筑》，中国建筑工业出版社2000年版，第15页。说："万历朝《帝里盱眙县志》引《祖陵事实》指出：'洪武初年间，迷失祖陵，未知先骸厝所，遣官于泗州城西朝河坝岁时望祭'。到洪武十七年（1384）'有署令朱贵……赍捧《祖陵家图》亲赴太祖高皇皇帝御前，画图贴说，识认宗室相同'，这才找到朱元璋祖父的葬地；崇祯朝《凤泗皇陵记》说明这事是在当年十月十二日。朱元璋还'以世湮远，不轻祖，故断以德祖为肇基。而德、懿二陵经兵燹，亦失其处，故止于熙陵寝殿行望祭焉'。以后，如《明史》卷五十八，《礼十二》记载，洪武十九年（1386）八月甲辰，朱元璋'命皇太子往泗州修缮祖陵'。《明太祖实录》还提到，翌年八月癸亥又命工部修建祭殿，两年后工程告竣。"除上所述，（清）孙承泽：《春明梦余录》，北京古籍出版社1992年版。卷七十二所收明崇祯十四年，工部侍郎蒋德璟《凤泗皇陵记》中说："及高皇帝龙飞，定鼎金陵，追尊四代，已建仁祖淳皇帝陵于凤阳，因命皇太子至濠泗，祭告祖考妣于泗州。然未识玄宫所在，时向城西濒河凭吊，岁时遣官致祭。洪武十七年甲子十月十二日，宗人龙骧卫总旗朱贵，从军于外，年老始归，即画图贴说，认识宗派，指出居处、葬处，备陈灵异始末。贵故偕熙祖北渡者。上即命皇太子至泗修建陵寝，号曰祖陵。命礼部制造三祖考衮冕服瘗殿后。"

[2] 陈琳《明祖陵的营建及其特色》（载《首届明代帝王陵寝研讨会首届居庸关长城文化研讨会论文集》，科学出版社2000年版）认为，明祖陵始建于洪武初年。其理由有六：A. 文中引《明太祖御制朱氏世德碑记》说，"公元1363年3月14日，身居滁州的小明王内降制书，封赠了朱元璋祖上三代为国公"，"朱元璋祖陵如若未建，小明王何以为封？"。B. 文中引《明史·山陵》载："太祖即位，追上四世帝号，皇祖考熙祖墓，在凤阳府泗州滨城北，荐号曰祖陵，设祠祭署，置奉祀一员，陵户二百九十三。""可见祖陵建于元末，并已初具规模。"C. 文中引《明史·谒祭陵墓》："洪武元年三月，遣官祭仁祖陵。"D. 文中引《明史·山陵》载，"洪武四年建祖陵庙"，乃奉三祖于一庙。E. 如果祖陵始建于洪武十九年，"那么，《明史》、《大明会典》等正史就不会说祖陵是'熙祖陵'、'洪武初号曰祖陵'、'设祠祭署'了"。F. "洪武七年设祠祭署的'皇陵'已用黄瓦，洪武十六年的孝陵也用黄瓦。如果祖陵建于洪武十八年（或十九年）反不用黄瓦，至永乐元年工部才意识不妥，这在情理上也解释不通，故祖陵黑瓦只能看作是元末之现象。"又陈琳、毛周林《明祖陵的政治地位与经济影响》（载《世界遗产论坛·中国明清皇家陵寝学术研讨会材料汇编》，中国·南京，2004年3月，未刊。）说，"因同宗的军官朱贵寻祖父母陵赴有功，因此被任命为（祠祭署）署令"，看来陈琳又同意前注朱贵寻见迷失的祖陵之说。明初祖陵位置不明，陈琳前说似难立足。按陈之前说A，不足为凭。B、C、D所说当属于望祭，其中"荐号祖陵"，"设祭署"和陵户，建祖庙的时间则应认真结合其他有关文献进行考证（参见前注）。此外，《明世宗实录》卷一六九有"先是洪武中建泗州祖陵"之语。总之，陈琳说现在未被其他学者认同，故仅供参考。

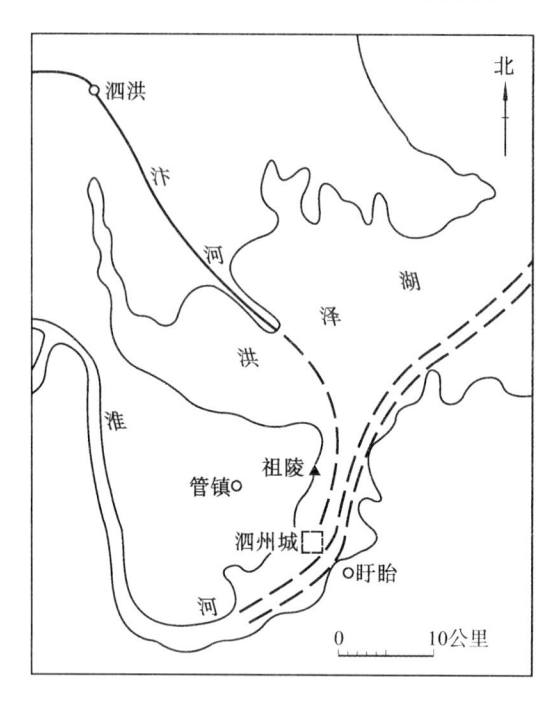

图 5-2-1 江苏盱眙县明祖陵位置图

（采自《考古》1983 年第 8 期）

氏曰淳皇后"[1]。洪武十七年十月十二日，朱元璋找到祖父的葬地后，十一月即"诏大修祖陵"[2]。由于德、懿二陵"失其处，故止于熙陵寝殿行望祭焉"。洪武十九年八月甲辰，"命礼部制德祖玄皇帝玄皇后、懿祖恒皇帝恒皇后、熙祖裕皇帝裕皇后衮冕服，命太子至泗州盱眙县修缮祖陵，葬衣冠"[3]。"葬衣冠"的祖陵玄祖陵玄宫三室在朱初一坟墓之西北[4]，并封杨家墩为万岁山。洪武十九年"设祠祭署，官奉祭祀并望祭德祖、懿祖二陵，洒扫人户九十三户"[5]。洪武二十年八月癸亥，"作泗州祖陵祭殿"[6]。

---

[1]《明太祖实录》卷二十九。文中还记有洪武元年春正月乙亥，"上祀天地于南郊，即皇帝位，定有天下之号曰：大明，建元洪武"；"先世考妣未有称号，谨上：皇高祖考尊号曰玄皇帝……"

[2]《明太祖实录》卷一百七十九。

[3]《明太祖实录》卷一百七十九。同卷又记：洪武十九年八月甲辰，"皇太子往盱眙，葬三祖帝后衣冠，加修筑，曰祖陵"。

[4] 陈琳《明祖陵的营建及其特色》（载《首届明代帝王陵寝研讨会首届居庸关长城文化研讨会论文集》，科学出版社 2000 年版）引《帝乡纪略》卷一载："懿文太子与刘青田（刘基）秘之，有深意存焉，若今之万岁山（朱元璋封杨家墩为万岁山）乃人力所培而成者，洪武十九年始制帝后衮冕，开此三圹葬之，其不动旧陵嘴者（指朱初一原葬坟墓），恐泄王气，且德、懿二祖原当招附故也。"然后该文作者指出："新建的祖陵地下玄宫位于原墓的西北，玄宫上培土为'山'，封为'万岁山'。"

[5]（明）柳瑛《中都志》卷四"陵寝"。

[6]（明）谈迁：《国榷》卷八。

永乐元年（1403），明成祖朱棣曾下旨将祖陵建筑上的黑瓦更易为黄琉璃瓦，"如皇陵制"[1]。永乐十一年添修了神厨、宰牲亭、棂星门及围墙等[2]。《明世宗实录》记载，嘉靖十年（1531）二月戊寅追封祖陵山（杨家墩，万岁山）为基运山，立"基运山碑"，"祭告碑"并建碑亭。嘉靖十三年（1534）十月己卯，"用故所积黄瓦更正殿庑，及增设陵前石仪与凤阳同制"[3]。此外，祖陵还多有修缮，直至明代晚期[4]。

有明一代，视祖陵为"肇基帝迹，发祥走运"，"承天命"的"龙脉"和"吉壤"，故很重视[5]。祖陵除"常祭"外，每当皇帝即位都遣"勋戚重臣"祭告，每次修陵工成，也遣"巡抚重臣"祭告。与皇陵一样，"凡经过官员，赴陵叩谒"，"亲王之国，经过谒陵"，"靖难"时朱棣过泗州曾谒祖陵。虽然如此，但是祖陵早期未设陵卫，到明中期才派兵马守陵[6]。由此可见，祖陵的地位当在皇陵之下。

自明朝中叶起，祖陵和泗州城就一直在洪水威胁之下，常被水淹[7]。清康熙十八年（1679），十九年大水，"泗州城陷没"，"明祖陵亦被水淹没"[8]。此后约过近300

---

[1]《明太宗实录》卷二十四。

[2]《明太祖实录》卷八十七。

[3]《明世宗实录》卷一六九："嘉靖十三年十月己卯，先是洪武中建泗州祖陵，令江南造黄瓦，以道远未至，先以黑瓦覆之。已而殿庑告成，遂不复更瓦，至皆积不用。至是奉纪，朱光道具疏请用故所积黄瓦更正殿庑，及增设陵前石仪与凤阳同制，礼部覆如其奏，上从之。"按所积黄瓦事，似指永乐元年事。

[4]《明英宗实录》卷四：宣德十年（1435），祖陵奉祀朱瑛奏："正殿神门暨两庑厨库俱年久渗漏漫溃，于是集材木、颜料，起夫匠千余名修之。"《明英宗实录》卷一六九：正统时，泗州奏，"祖陵东南原置木桥跨水，近多朽敝，不便经行，请督工修葺"，英宗诏可。前引（明）曾惟诚《帝乡纪略》卷一，记嘉靖、万历间，祖陵"经敝坏修理者凡几"，其中包括万历年间修皇城正殿等。《明神宗实录》卷三百记载，万历时有奉祀朱自新和总河尚书杨一魁题请修陵等。《明祖陵的政治地位与经济影响》说："修陵工程由南京工部，巡抚巡按和凤阳府或泗州卫的地方军政官协同负责。修陵中如有大量军官任指挥，那么陵工就役使了大量的军士。如天启元年的修陵。"

[5]《明神宗实录》卷三三六：万历时学士沈一贯就祖陵治水问题说："夫祖陵，国家王气所钟。祖陵被患，岂惟列圣龙蜕之藏不安于地下，而千万年圣子神孙托根基命于何所？"如此等等，不一而足。

[6]《明武宗实录》卷八十记载，正德元年（1511），"贼千余人自宿迁渡河攻县"，于是从中都留守司调兵护祖陵，事后撤走。此后，据《帝乡纪略》卷一记载，嘉靖年间，祖陵设守守备官一人，调泗州卫200名轮流进京的京操军保卫，"是始有兵卫焉"。万历时倭警再现，于是将负责漕运的536名运军调来，与原来的200名军士分两班守护祖陵。

[7]《中都志》卷四"陵寝"："自天顺四年（1453）以后连年河水泛滥，坟家殿宇俱被淹没。"《明神宗实录》卷二四八记载：万历二十年张贞观题奏："臣展谒祖陵，见淮水一望无际，泗城如水上浮盂，而盂中之水复满，气象愁惨，不忍睹闻。虽祖陵玄宫高耸，乃自神路至三桥，并诸仪卫丹墀，无一不被水矣。"《明神宗实录》卷二八六记载，御史夏之臣疏说："三祖真穴名旧龙咀……万历初年（高家）捻成。而金水河壅而不行，节年河流日增，玄宫之上，水且盈丈。议者既不敢言，又不敢救。初建堤以障之，而堤内之水自若也。寻又建子堤以障之，而子堤内之水自若也。寻又设水车于子堤以撤之，而随撤随盈，（旧）龙咀之淹自若也。……旧龙咀玄宫……今沉水底有年矣。"

[8] 陈琳《明祖陵的营建及其特色》（载《首届明代帝王陵寝研讨会首届居庸关长城文化研讨会论文集》，科学出版社2000年版），文中记载了康熙十八、十九年大水，泗州城和祖陵被淹情况。

年，至1963年春旱，洪泽湖水位下降，湖边大片土地露出水面，祖陵也随之重见天日。由于被大水近300年的浸泡，祖陵地面建筑已荡然无存，仅余石象生而已。1977年至1982年，江苏省考古文物工作者对石象生进行了全面整修复位，并先后被定为省级和全国重点文物保护单位，现已由文管所对祖陵石象生群和遗址进行妥善保护[1]。

二　祖陵的形制布局

据（明）曾惟诚《帝乡纪略》卷一"帝迹志·兴建"记载，祖陵规制参照皇陵，亦置外罗城、砖城和皇城三城环套。"皇城正殿五间，东西两庑六间，金门三间，左右角门二座，后红门一座，燎炉一座。砖城一座，内四门四座各三间，红门、东西角门两座，门外有先年东宫具服殿六间，直房十间，东、西、北三门直房十八间。（棂）星门三座，东西角门二座。内御桥一座，金水河一道，石仪从卫侍俱全。天池一口，井亭一座，神厨三间，神库三间，酒房三间，宰牲亭一所，斋房三间"；"周四里十步"。外罗城周长九里三十步，"外罗城内磨房一所，角铺四座，窝铺四座，砖桥一座"；"城外下马牌一座，东、西面御水堤一道，自下马桥起，至施家岗止，共长六百七十五丈五尺。外金水河堤添闸一座。城内东祠祭署一所，堂、厅、门、廊、斋房悉备，颇为完美。又署官私宅一区"。陵正南下马牌后有碑亭二，一为"基运山碑"，另一为"祭告碑"（图5-2-2）。据上所述，祖陵规模远逊于皇陵，如外罗城周长九里三十步，砖城四里十步，均小于皇陵土城周长二十八里，砖城周长六里一百一十八步；其正殿和东西庑间数也较皇陵显著缩减，砖城四门单檐三券洞门，不作皇陵明楼形制；祖陵的布局和配置亦较皇陵有些变化（参见明皇陵）。

据考古调查资料[2]，祖陵方向190度，残存的遗迹均在南北长约250米的中轴线上（图5-2-3）。石象生和华表对称配置于长约50米的神道两侧[3]。神道终端（即宫人

---

[1] 陈琳《明祖陵的营建及其特色》（载《首届明代帝王陵寝研讨会首届居庸关长城文化研讨会论文集》，科学出版社2000年版）介绍了筑堤，使祖陵与洪泽湖水隔开，以及对祖陵遗址进行考古调查和局部清理等情况。整修后，陵区四周圩堤环绕，标高16.5米的大堤长达2767米，堤内有2500米长的环堤水沟，堤内苗圃200余亩，植树5万余株，陵区内外面积达1180亩。

[2] 考古调查资料，陈琳《明祖陵的营建及其特色》（载《首届明代帝王陵寝研讨会首届居庸关长城文化研讨会论文集》，科学出版社2000年版），张正祥《明祖陵》（《考古》1963年第8期），刘聿才、刘新《明祖陵述略》（《考古与文物》1984年第期）。

[3] 神道长，据前注三篇文章所述石象生（包括华表）的间距、体宽之和估算。陈琳《明祖陵的营建及其特色》（载《首届明代帝王陵寝研讨会首届居庸关长城文化研讨会论文集》，科学出版社2000年版）说："侍从向北有一段18米的间距，为三座金水桥遗址。"刘聿才、刘新《明祖陵述略》（《考古与文物》1984年第2期）说，"石马北4米，有文臣一对"，"再向北便是金水桥遗址，过桥18米，又有文臣二对"。张正祥《明祖陵》（《考古》1963年第8期）说，"唯自石马与控马者以北，到最后的一组石人相距较远；约有18米"，"调查时地面上未见遗存"。又说据文献记载，"石象生以北还有棂星门和陵门"，金水河，桥……"周围还有陵墙，今日地面均无遗迹可寻"。

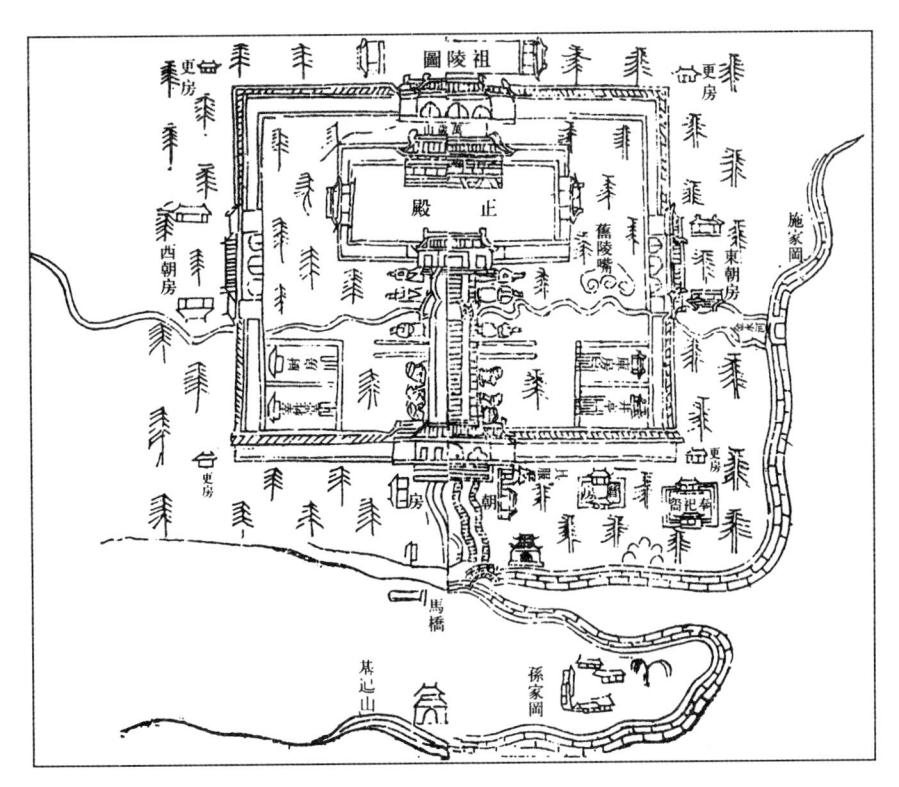

图 5-2-2 《帝乡纪略》载明祖陵图
(采自明曾惟诚《帝乡纪略》)

处)北 4 米至棂星门遗址(?,残存 4 个柱础),再北约 40 米至皇城正殿(享殿,残存 28 个石柱础),又北约 90 米至玄宫券顶。正殿遗址柱础位移,柱础覆盆式,大柱础方 1.24 米,厚 0.5 米;覆盆直径 0.95 米,高 0.17 米。小柱础方 0.81 米,厚 0.5 米;覆盆直径 0.62 米,高 0.14 米。其中一柱础上残留柱痕,直径 0.76 米。根据柱础的排列,似有减柱[1];可知正殿面阔五间,约 33 米,进深约 18 米。正殿遗址东北和西南两隅各有方形短石柱一根(角柱?),地面上残存黄、蓝色琉璃瓦片,东西两庑遗址上也残存许多琉璃瓦片。正殿遗址北 90 米处有水塘(1967 年农民挖土取砖所致),水塘下 2 米有砖券(三圹,每圹三券)和石门(高 2 米,宽 1.2 米),即玄宫所在[2]。

除上所述,由于祖陵营建晚于明孝陵,所以祖陵神道石象生群末端设棂星门,又北约 40 米至皇城正殿,再北约 90 米至陵台的态势,又明显有孝陵影响的烙印。

---

[1] 张正祥:《明祖陵》,《考古》1963 年第 8 期。
[2] 张正祥《明祖陵》(《考古》1963 年第 8 期)说:"陵西约 600 米有大孙庄……居民已迁空。这里地面上散布着很多琉璃瓦碎片,范围约有 100 米见方。瓦以黄色为主,并有龙纹的花沿和滴水;绿瓦和天蓝色瓦较少见。庄东南隅有水井一口,井壁是用明代大砖砌的。""孙大庄西南约半公里余有明陵村,村上居民多朱姓。"

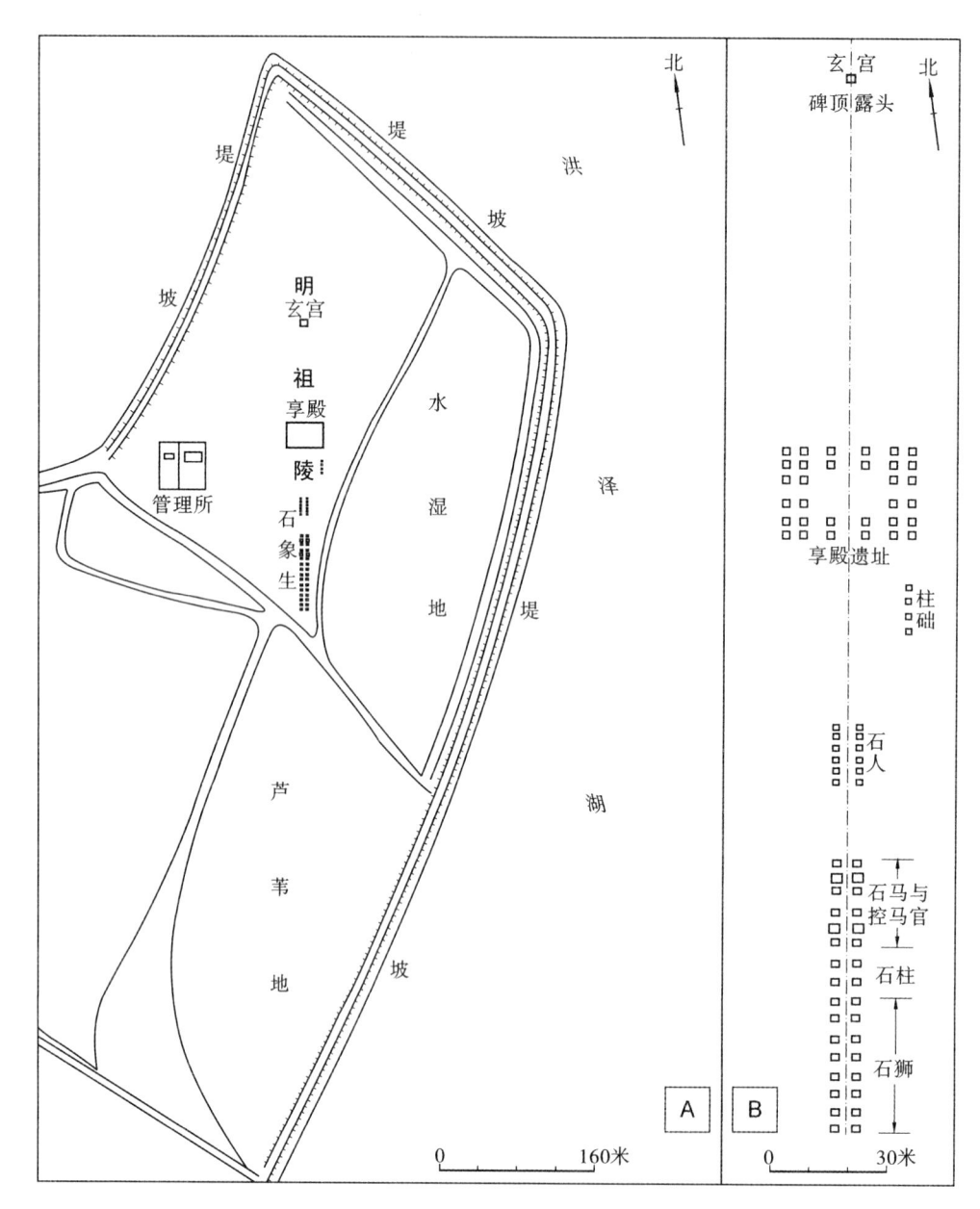

图 5-2-3 明祖陵平面图与步测示意图

(采自《考古与文物》1984年第2期,《考古》1963年第8期)

三 石象生

祖陵石象生（包括望柱）现已复位对称配置于神道两侧，从南向北依次为麒麟2对（分置神道两侧，下同）、蹲狮6对，望柱2对，控马官1对、马及牵马者1对（连体）、控马官1对，腹下刻云纹马1对，马北4米石人1对（宫人）。向北18米金水桥遗址（？），过桥文臣2对，武将2对，宫人2对（图5-2-3—图5-2-5）。祖陵石象生较皇陵少虎、羊，石象生总数亦少于明皇陵，但其配置形式仍基本同皇陵，大体"与凤阳同制"。

如前所述，祖陵石象生立于嘉靖十三年，时代较晚，因而比皇陵石象生有较突出的特点。例如，第一，神道缩短，石象生布局严谨。祖陵规模小于皇陵，石象生数量减少。在这种情况下，祖陵通过适当处理东西列石象生和各列石象生间的间距，加大个体尺度等手法，强化了石象生空间布局严谨的整体效果。第二，石象生组合推陈出新。前已说明祖陵石象生组合与皇陵同中有异，与孝陵（孝陵较祖陵多出獬豸、骆驼、象，望柱减为1对）和长陵（长陵除勋臣外，基本同于孝陵）也有差异，在明陵石象生组合中独树一帜。第三，石象生形体较皇陵石象生高大，气势恢宏。祖陵石象生的体量明显大于皇陵，如马与牵马者（二者相连）重达24.14吨，麒麟和石狮的重量也在12吨以上[1]，石象生的尺度也大于皇陵同类石象生。如此，则造就了祖陵石象生群恢宏的气势。第四，石象生造型精美生动。比如祖陵的麒麟和石狮（图5-2-3、4），造型雄壮浑厚，在艺术处理上巧于程式化的概括和夸张，透出神兽和雄狮的凛然气势。第五，石象生雕镌技法娴熟细腻。比如石马题材源于皇陵，但雕镌技法和艺术效果远胜于皇陵石马（图5-2-5）。祖陵的石马体态稳重，表情肃穆，雕镌细腻。马头五官、鬃毛，体态和肌肉刻画栩栩如生。特别是马的装具，采用浮雕，浅浮雕和线雕多种手法，写实性地细腻雕出鞍鞯、衔辔和缨饰；披于鞍上的鞯褥，底端呈弧状垂至马腹，周边精雕富于动感的流苏，褥面上精致的祥云龙凤等图案近乎刺绣般的轻盈飘逸；马腹下充满升腾的祥云，承托整个马身，呈整装待发的"天马行空"之势，点化的意境独到，堪称明陵石雕艺术中的佳作之一。第六，人物像拟于生人。祖陵的文臣、武将等人物像立于须弥座之上，比例修长，刻画细腻，好像活人一样于眉宇间自然流露出各异的悲戚之情，恰到好处地融入神道的庄重肃穆的氛围之中（图5-2-5）。第七，望柱形制别具一格（图5-2-4）。祖陵石望柱基本形制略似北宋帝陵望柱，柱身棱状浅雕纹饰，两根望柱柱头各异前后配置与皇陵望柱的情况相近。其前面望柱柱头略呈石榴状是新出现的形制，后面望柱柱头略呈桃状乃是北宋帝陵和明皇陵同类望柱柱头形状演化而来。总之，明祖陵石象生的雕镌技术精

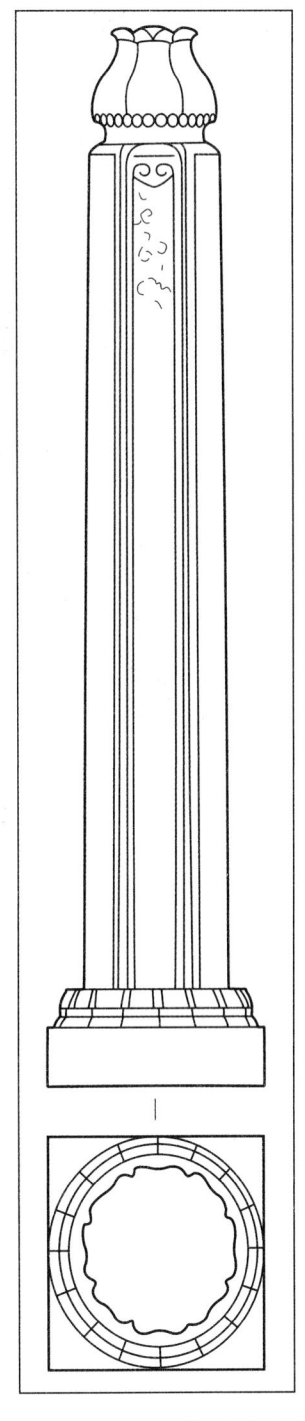

图5-2-4　江苏盱眙县明祖陵神道东侧石望柱

（采自《考古》1963年第8期）

---

[1] 刘聿才、刘新：《明祖陵述略》，《考古与文物》1984年第2期。

湛，艺术水平较高，是明代中叶陵寝石雕艺术的杰作之一。

1 文臣　　　　　　2 武臣

图 5-2-5　江苏盱眙县明祖陵石象生中的文臣和武臣
（采自《中国古代建筑史》第四卷）

第六章 明孝陵

明孝陵陵园的形制布局开一代新制，并成为尔后明清 500 余年帝陵陵园最早的范本，是中国古代帝陵陵园从秦始皇陵至北宋帝陵模式转化为明清帝陵陵园模式的里程碑。因此，明孝陵陵园的形制布局深受学术界的瞩目。但是，由于有关明孝陵的文献记载极为简略，入清以后明孝陵陵园又不断遭到严重毁坏，残存无多，故长期以来学者们对明孝陵陵园的形制布局并不全部明晰。这种状况，只是近些年随着明孝陵考古调查、发掘和研究的进展，才有所改观。在此基础上，我们现在已经有可能大致复原出明孝陵陵园的形制布局，并对与其有关的一些问题进行初步的探讨。

第一节 明孝陵的位置、营建和现状

一 位置

明孝陵是明太祖朱元璋和马皇后的陵墓，位于今南京市中山门（明南京朝阳门）外钟山之阳玩珠峰下独龙阜（北纬 32°4′，东经 118°5′），东邻中山陵[1]。孝陵东侧约 60 米处

---

[1] A. 中山陵园管理局、南京孝陵博物馆编：《明孝陵志新编》，黑龙江人民出版社 2002 年版。该书第 5 页引《肇域志》："钟山，在城东北一十五里，周回六十里。东连青龙山，西接青溪，南有钟浦，下入秦淮，北接雉亭山。"
B. 杨之水、李广锜、王能伟、马伯伦主编：《南京》，中国建筑工业出版社 1989 年版。该书第 14—16 页介绍，钟山最早称金陵山，秦汉时通称钟山，东吴时孙权避祖父讳，改称蒋山，东晋时称紫金山，简称金山。钟山在南京城东郊，是宁镇山脉中支的主峰，为南京群山之首。钟山东西长 7 公里，南北最宽处 4 公里，周围 20 余公里。山脉呈向南开口的弧形，弧曲向北突出，形似座钟。主峰北高峰居中，海拔 448 米，为南京最高峰，南朝古迹较多。第二峰偏东南，称小茅山，高 360 米，中山陵建于其南坡，明代迁建后的灵谷寺在小茅山东南麓。第三峰偏西南，高 250 米，已逼近南京城墙，历来是攻守南京必争的制高点。因太平天国时在山头筑要塞天堡城，故又称天堡山，现为紫金山天文台所在地。玩珠峰在天堡山南麓，又名独龙阜（按，应在玩珠峰下），为明孝陵所在地。李白有"钟山龙蟠走势来"的诗句，后人则将小茅山比作"龙头"，居中的北高峰比作"龙脊"，西峰天堡山比作"龙腰"，延伸入城的富贵山比作"龙尾"。
C. 中山陵园管理局、南京孝陵博物馆编：《明孝陵志新编》，黑龙江人民出版社 2002 年版。第 4 页引顾炎武《肇域志》，"山之南有冈曰独龙阜，峰曰玩珠"，同书第 6 页又说："峰之秀者曰屏风岭。后曰桂岭，碧石青林，幽阻深靓。"第 6 页引《灵谷禅林志》："青林冈即独龙岗，一名屏风岭，形如屏障。"

祔葬太子朱标，俗称"东陵"[1]，孝陵西侧建明太祖诸妃园寝。钟山之阴葬徐达、常遇春、李文忠等明代开国功臣，为陪葬区[2]，孝陵之南有东吴大帝孙权墓（图6-1-1）[3]。

---

[1] A. 朱标陵。朱标朱元璋长子，元至正十五年（1355）生于太平（今安徽当涂县）陈迪家。1364年朱标十三岁被立为吴王世子（朱元璋时称吴王），洪武元年被立为皇太子，洪武十年（1377）开始协助朱元璋处理国家政务，洪武二十五年四月病逝，终年38岁。朱元璋将太子祔葬孝陵之左，史称"懿文太子寝园"，又称东陵。
B. 《明太祖实录》卷二一七："洪武二十五年（1392），夏四月（壬子朔）丙子，皇太子薨。"《明太祖实录》卷二二〇："洪武二十五年（1392）八月（庚戌朔）庚申，祔葬皇太子于孝陵之东。"
C. 中山陵园管理局、南京孝陵博物馆编《明孝陵志新编》所收《明孝陵志》说：建文即帝位，追谥其父朱标"为兴宗孝康皇帝，所荐陵号不传"，"永乐初，皆追削"。按"靖难"后，取消朱标帝号，东陵地位不断下降，明中叶已开始破败，明后期遂成废墟。此后陵位不明，说法不一。
D. 贺云翱、邵磊、王前华：《明东陵考古纪实》（载《明孝陵志新编》，黑龙江人民出版社2002年版）。据该文介绍，从1999年5月下旬至2000年5月下旬，经考古工作者调查、勘探和清理，确知东陵在孝陵陵宫东垣以东约60米处，北依山地，南临平岗，孝陵御河即从陵园东侧流过，与孝陵在同一陵域内。东陵寝园坐北朝南，二进院落，中轴对称布置，南北纵深94米，东西总宽49.8米。第一进院落包括寝园大门，享殿前门以及环绕两侧的弧形园墙。第二进院落中心建享殿，东、西、北三面有园墙围护，寝园北300米处为宝顶。享殿前门和享殿所在高台基，黄土和卵石逐层夯筑，台基四周城砖筑台明。据实测，享殿前门基址长20米，宽13.5米，面阔三间，进深二间，残存柱础。殿前月台基址北面有三踏跺，中为丹墀。享殿基址东西长33.34米，南北宽18.7米，残高米余；面阔五间，进深三间。基址四周残存砖石构筑的散水、台阶、踏跺、路面等遗迹。享殿前月台基址东西长约18米，南北宽约10.5米，东西两侧残存台阶基础宽2.3米，长2.79米。据出土遗物判断，享殿覆绿琉璃和部分黄琉璃瓦，室内铺大方砖。东陵排水设施齐备，陵园东侧有排水明沟和过水涵道，涵道处立两排石柱，每排五根，石柱断面棱形。陵园排水系统将水汇集于第二进院落东南角，顺石涵沿从地下砖砌阴沟排到陵园东部御河中。据调查，宝城宝顶"其分布范围南北纵深300多米"。东陵与孝陵合用同一条主神道及御河桥。

[2] 孝陵陪葬区功臣墓之数说法不一，大致有十五、六位左右，其中现知墓葬方位者仅五位。
常遇春墓：洪武二年（1369）病卒，享年40岁。死后追封开平王，谥忠武，配享太庙，肖像功臣庙，位列第二。墓在南京太平门外，紫金山北麓玄武区内白马村。1956年列为江苏省文物保护单位。
徐达墓：洪武十八年（1385）卒，享年54岁。追封为中山王，谥武宁，赐葬钟山之阴，配享太庙，肖像功臣庙，位皆第一。墓在南京太平门外板仓村，1956年列为南京市文物保护单位。
李文忠墓：朱元璋外甥，洪武十六年（1383）卒，享年47岁。追封为岐阳王，谥武靖，配享太庙，肖像功臣庙，位列第三。
吴良墓：洪武十四年（1381）卒，享年58岁。赐特进光禄大夫上柱国中军都督，追封江国公，谥襄烈。
吴祯墓：吴良之弟，洪武十二年（1379）卒，享年52岁，追封为海国公，谥襄毅。
吴良、吴祯墓均在南京太平门外岗子村南京电影机械厂内，二人同肖像功臣庙，二墓已发掘。以上诸墓位置见图6-1-1。

[3] 中山陵园管理局、南京孝陵博物馆编：《明孝陵志新编》，黑龙江人民出版社2002年版，第6页。引《山陵考》："吴大帝陵，在钟山南八里，旧名孙陵岗。"又引《上元县志》："吴大帝陵在钟山之阳，今名孙陵冈。上有步夫人墩，墩侧即冢地。"按孙权墓在今梅花山（民国时期在冈上广植梅花，故名），古称孙陵岗，又名吴王坟，具体方位无考。

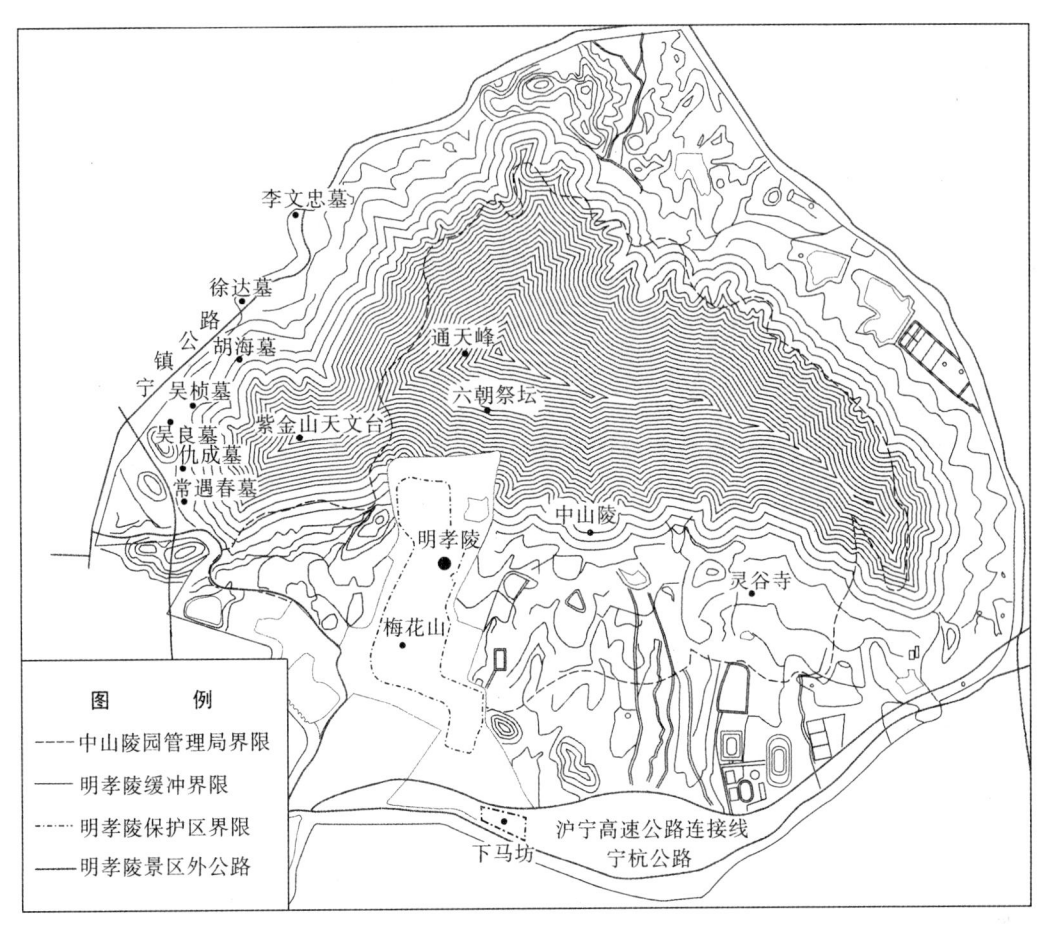

图 6-1-1　南京明孝陵位置与地理环境示意图
(采自国家文物局《明清皇家陵寝·明孝陵》)

二　孝陵营建概况

(一) 建陵前选址与蒋山寺的拆迁

玩珠峰下独龙阜一带，自古堪称"风水宝地"。吴大帝孙权陵在独龙阜前小岗上（今梅花山），独龙阜有梁代名刹开善寺（明初称蒋山寺）和高僧宝志的舍利塔[1]，以及刘宋北郊坛等。元至正二十一年（1361）二月，宋濂和刘基曾赴钟山独龙阜考察，特别推崇钟

---

[1] 梁之高僧宝志（朱姓），一天与梁武帝登钟山定林寺，走到独龙阜，宝志说此"地为阴宅，则永其后"。梁天监十三年（514）宝志卒后，梁武帝以钱二十万易定林寺前独龙阜，葬宝志大师遗骨法函，永定公主又以汤沐钱建浮屠五级，十四年在塔前空地建寺，名"开善精舍"。唐乾符中，改宝公禅院；开宝中，改开善道场。宋太平兴国，改太平兴国寺。庆历三年，府尹叶清臣奏改十方禅院。寻复寺额。明初，称蒋山寺。

山"为望秩之所在"[1]。洪武二年五月,刘基等又侍从朱元璋巡幸钟山,将独龙阜定为陵址[2]。刘基对独龙阜(岗)的"王气"深为称赏,朱元璋亦赋诗《钟山云》,赞叹道,"踞蹯千古肇豪英,王气葱葱五色精。岩虎镇山风偃草,潭龙嘘气水明星。天开万载与王处,地辟千秋永联京。咸以六朝亨替阅,前祯祯后后嘉祯";得意之情溢于言表[3]。此后,洪武九年动迁蒋山寺(实为建陵清理场地),寺迁于原寺址不远的后山(今紫霞湖南面)。寺将建成,风水先生说寺址于陵园不利,所以洪武十四年九月蒋山寺再次东迁钟山东麓(即今灵谷寺所在地,图6-1-1),建成后朱元璋赐额"灵谷寺",榜其外门曰"第一禅林"[4]。至此,独龙阜陵址场地及其周边环境业已清理完毕,为大规模营建孝陵创造了条件。

(二) 孝陵营建概况

孝陵具体营建情况,文献记载不详。大体言之,洪武二年卜选陵址后,因大规模营建中都,孝陵营建工程未正式起动。洪武八年罢中都役作后,洪武九年动迁蒋山寺,可看作是孝

---

[1] 中国建筑艺术全集编辑委员会:《中国建筑艺术全集·明代陵墓建筑》,中国建筑工业出版社2000年版,第16页。

[2] A. 中国建筑艺术全集编辑委员会:《中国建筑艺术全集·明代陵墓建筑》,中国建筑工业出版社2000年版,第9、16页。说:据"《明太祖实录》等记载,洪武二年五月乙巳,刘基又侍从朱元璋巡幸钟山,在独龙岗确定了孝陵基址"。

B. (明)谈迁《国榷》(中华书局1988年版)卷三:洪武二年五月,乙巳,上幸钟山,见农劳。由独龙阜至淳化门,始骑归。

C. (清)缪荃孙、孙煦纂《江苏省通志稿》(江苏古籍出版社1989—2003年版)卷二十,记洪武二年"五月乙巳,上幸钟山"。

按朱元璋卜选陵址的年代无明载,诸家说法不一。从洪武九年首次动迁蒋山寺,参与卜选陵址的刘基洪武四年致仕归里;洪武二年八月癸亥,诏葬开平王常遇春于钟山之阴来看,推断卜选陵址在洪武二年是有道理的。

[3] A. 中国建筑艺术全集编辑委员会《中国建筑艺术全集·明代陵墓建筑》,中国建筑工业出版社2000年版,第16页。

B. 中山陵园管理局、南京孝陵博物馆编:《明孝陵志新编》,黑龙江人民出版社2002年版,第3页。引明人张岱《梦忆》(《陶庵梦忆》)记朱元璋等卜选陵址情况说:"钟山上有云气,浮浮冉冉,红紫间之。人言王气,龙藏蜕焉,明太祖与刘诚意(刘基)、徐中山(徐达)、汤东瓯(汤和)定寝穴,各置其处藏袖中。三人合,穴遂定。门左有孙权墓,请徙。太祖曰:'孙权亦是好汉子,留他守门'。及开藏,下为梁志公和尚塔,真身不坏,指爪绕身数匝,军士輂之不起。太祖亲礼之,许以金棺椁、庄田三百六十顷奉香火,舁灵谷寺塔之。"同页又引杨义《明良记》:"高皇帝将以钟山为陵,并欲取灵谷寺,祷于宝公。撒签,其辞曰:'世界万物各有主,一厘一毫君莫取。英雄豪杰自天生,也须步步循规矩'。因是灵谷寺独存。其辞,即江东签语。"

[4] 《明太祖实录》卷一三九:洪武十四年九月,乙亥,"改建蒋山太平兴国禅寺为灵谷寺。初,太平兴国禅寺在宝珠峰之阳,梁僧宝公塔在焉。至是住持僧仲羲奏请迁之,遂诏改建于京城东独龙岗之左。既成,赐额曰'灵谷寺',榜其外门曰'第一禅林'"。

陵筹建之始。此后何时正式营建孝陵，史无明载。洪武十五年（1382）八月丙戌（初十日）马皇后薨，九月"庚午发引，是晚仍遣醴馔告谢于钟山之神，以复土故也，命所葬山陵曰孝陵"[1]。此后，洪武十五年十二月己卯（初五日），李新"以营孝陵封崇山侯"[2]，据此似可认为以玄宫为主的工程应竣工于洪武十五年八月之前，其正式营建应在洪武十四年。[3]

马皇后入葬孝陵后，续建工程仍在进行。洪武十六年五月孝陵殿落成（似不包括其配套工程)[4]，洪武二十五年四月丙子皇太子朱标病故，葬孝陵之东，史称东陵。《大明会典》规定："凡陵寝禁例。洪武二十六年（1393）令车马过陵者及守陵官民入陵者，百步外下马，违者以大不敬论。"[5]，并在陵区东南神道起点附近立"诸司官员下马"牌坊（下马坊）。在孝陵未全部建成之时，洪武三十一年（1398）闰五月乙酉（十日）朱元璋驾崩，遗诏说"孝陵山川因其故，毋改作"，当月辛卯（二十五日）葬于孝陵，谥曰高皇帝，庙号太祖[6]。"靖难"后，永乐元年五月辛卯，上太祖高皇帝尊谥曰"圣神文武钦明启运俊德成功统天大孝高皇帝"[7]，永乐十一年（1413）立"大明孝陵神功圣德碑"，建碑亭[8]。至此，孝陵工程基本告竣，前后营建孝陵共30余年。

---

[1] 《明太祖实录》卷一四七、一四八。或言马皇后谥号"孝慈"，故名"孝陵"。

[2] 《明史》卷一百三十二《李新传》。（清）夏燮：《明通鉴》，中华书局1980年版：洪武十五年十二月己卯，以营孝陵功，封中军都督府佥事李新为崇山侯。中山陵园管理局、南京孝陵博物馆编：《明孝陵志新编》，黑龙江人民出版社2002年版，第10页。"陵工兴建，掌诸工部。其督工，拟制诸端，皆敕专官司之"。参见《大明会典·工部山陵》。

[3] A. 南京博物院编：《明孝陵》，文物出版社1981年版。说：洪武十四年，朱元璋五十四岁开始营建陵墓"。

B. 王前华：《明孝陵历史与文化价值初探》，载《明代文化研究·南京专辑》，中国文史出版社2003年版。文中说，"孝陵的主体工程约从洪武十四年九月开始，到洪武十五年八月马皇后卒，九月葬入孝陵"，"其间不过一年时间"。持上述两种看法者较多。

C. 杨新华、卢海鸣：《南京明清建筑》，南京大学出版社2001年版。该书"明孝陵"条认为："洪武十四年，陵园初步建成，第二年葬入皇后马氏。"持此种看法者亦较多。按，洪武十四年九月乙亥，改建蒋山寺为灵谷寺。此举乃为建孝陵清理周边环境，故孝陵正式营建似应在洪武十四年九月之后不久。

[4] 《明史》卷六十，《礼十四·谒祭陵庙》：洪武"十六年孝陵殿成，命皇太子以牲醴致祭"。

[5] （明）李东阳纂申时行重修，明万历刊本《大明会典》（三），卷九十，江苏广陵刻印社1989年版。

[6] A. 《明史》卷三《本纪第三·太祖》，《明史》卷四，《本纪第四·恭闵帝》，《皇明诏制》，上海古籍出版社1995年版，卷三"遗诏"。

B. "大明孝陵神功圣德碑"："皇考年二十五起率师，三十有四为吴国公，三十九即吴王位，四十有一即皇帝位，在位三十一年，岁戊寅闰五月乙酉崩于西宫，寿七十一。"

C. 《大明会典》说："太祖四十嫔妃，惟二妃葬陵之东西，余俱从葬。"殉葬孝陵妃嫔之数众说纷纭，确数不明。

[7] 《明太宗实录》；《明史》卷三《本纪第三·太祖》。

[8] "大明孝陵神功圣德碑"记："永乐十一年九月十八日孝子嗣皇帝棣谨述。"

孝陵自永乐至崇祯，代有修葺[1]。此外，世宗嘉靖十年（1531）二月戊寅，追号孝陵山为神烈山，在下马坊东立"神烈山碑"，建碑亭[2]；嘉靖十七年，复增谥太祖为"开天行道肇纪立极大圣至神仁文义武俊德成功高皇帝"[3]。思宗崇祯十四年（1641）又在"神烈山碑"东立"禁约碑"，铭刻保护孝陵的诸项规定[4]。

三　孝陵的管理、毁坏与现状

（一）管理

有明一代对孝陵严加防卫和保护，据《明史·职官志》《明会典》等史籍记载：孝陵防卫，外则孝陵卫，内则神宫监。孝陵卫在朝阳门外（约在今孝陵卫镇一带），设于洪武三十一年太祖崩后，其地故隶河南清吏司，后归四川清吏司带管，有士卒五千六百名。其后稍有增损，要以专护陵寝为事；孝陵卫军，为亲军卫指挥使司，听南京中军都督府节制；孝陵神宫监隶广西清吏司，为南京守备太监所直辖。设太监、左右少监、左右监丞、典簿各一人。长随奉御无定员，掌香火、洒扫、种植、饲养诸事。又有掌印太监、辖金书、掌司及谪南种菜军人等（内宫监有罪，发孝陵种菜，名曰净军）；卫、监守护以外，南京守备官当不时巡视。锦衣卫每季亦委百户等巡禁樵采。南京太常寺每月督令铺排、厨役打扫[5]。

又《明会典》兵律和刑律规定的陵禁极严，擅入陵门者杖一百，谋毁山陵者为大逆；盗大祀神御物者为大不敬，二者皆在十恶之科；凡谋毁宗庙山陵及宫阙者，不分首从，皆凌迟处死；凡盗祭祀用具、食品、陵园树木，视其情节轻重处斩罪、杖一百、徒三年刺字等不同罪罚；凡于神烈山铺舍外去墙二十里内取土取石，开窑烧造，被火烧山及盗杀园陵鹿等，罪各有差[6]。此后，崇祯十四年"禁约碑"又刻多条保护孝陵条文。

总之，从孝陵建成至崇祯时期，由于对孝陵严加管理和保护，对诸种破坏行为严厉

---

[1] 据《明孝陵志新编》第80—82页。引《明太宗实录》《明仁宗实录》《明大政纂要》《明大政记》等记载，永乐二年（1404）、十一年（1413）、十四年（1416）、十八年（1420）、二十二年（1424）；宣德七年（1432），嘉靖十六年（1537），崇祯十四年（1641）等共修十余次。

[2] 神烈山碑嘉靖十年立，碑额篆刻"圣旨"二字，碑身中刻"神烈山"三个大字，碑东侧刻"嘉靖十年岁次辛卯秋九月吉旦"，西侧刻"南京工部尚书臣何诏侍郎臣张羽立"。后碑毁，崇祯十四年重立。

[3] 《明史》卷三《本纪第三·太祖三》。

[4] "禁约碑"落款为"崇祯十四年五月"。碑文出自中山陵园管理局、南京孝陵博物馆编：《明孝陵志新编》，黑龙江人民出版社2002年版，第255—257页。

[5] 中山陵园管理局、南京孝陵博物馆编：《明孝陵志新编》之《明孝陵志·守缮第五》，黑龙江人民出版社2002年版，第60—70页。据《大明会典》等史籍所做的归纳。

[6] 中山陵园管理局、南京孝陵博物馆编：《明孝陵志新编》之《明孝陵志·守缮第五》，黑龙江人民出版社2002年版，第71—75页。据《大明会典》等史籍所做的归纳。

惩罚，所以孝陵保存完好。

（二）毁坏

明代时孝陵主要是各种自然灾害导致损坏[1]，各朝随之进行修葺。明亡清初，孝陵遭战火破坏。清朝政权稳定后，设守陵监、陵户负责日常管理，命灵谷寺僧人主持修葺工作。是时，康熙六巡江南，五次亲谒孝陵，立碑禁樵，命曹寅（江宁织造）等监修孝陵，亲书"治隆唐宋"铭刻（详见后文）；乾隆六次南巡均亲谒孝陵，因而孝陵得到一定程度的保护。太平天国时期，清政府"江南大营"驻孝陵卫，在与太平军交战过程中，孝陵殿宇木构建筑大多毁于战火。据战后"金陵善后总局"的《禀复估勘孝陵绘具图折呈》说："旧时基址，仅存台门寝门一座，其陵之御碑亭、享殿、前后厦门、屋宇墙垣概行倾毁。"此后同治三年估勘修理，八年和十二年又陆续修或重建御碑亭、享殿、神道大石牌坊、围墙等[2]，然"已非昔日之观"。清末，宣统元年（1909）两江洋务总局道台和江宁府知府会衔立"特别告示"碑，铭刻日、德、意、英、法、俄六国文字，告示保护孝陵。进入民国以后，初期保护不善。民国十八年明孝陵划入中山陵区后，情况才有所好转，但也只能大致维持清代原状而已。

（三）现状

中华人民共和国成立以后，对明孝陵进行多次全面的文物普查、维修整治，进行了必要的清理或发掘，建立了科学记录档案，制定了《明孝陵保护规划》。1961年明孝陵被列入第一批全国重点文物保护单位，以后又陆续成立了中山陵园管理局文物处和明孝陵博物馆，具体负责管理与日常维护工作，明孝陵得到了妥善的保护。2003年7月联合教科文组织27届世界遗产大会审议决定，将明孝陵列入"世界文化遗产名录"、明清皇家陵寝·明孝陵扩展项目。

第二节　明孝陵的形制布局

见图6-2-1、6-2-2[3]。

---

[1] 中山陵园管理局、南京孝陵博物馆编：《明孝陵志新编》，黑龙江人民出版社2002年版，第102—104页，根据文献记载、汇集了孝陵主要自然灾害受损情况。
[2] 中山陵园管理局、南京孝陵博物馆编：《明孝陵志新编》，黑龙江人民出版社2002年版，第84—101页，列举了清代修孝陵的情况。
[3] 明孝陵的形制布局，主要参考了中华人民共和国国家文物局：《明清皇家陵寝·明孝陵扩展项目：明孝陵（世界遗产公约 申报文物遗产：中国）》，2001年，北京（未正式发行）。其他参考书目另注。

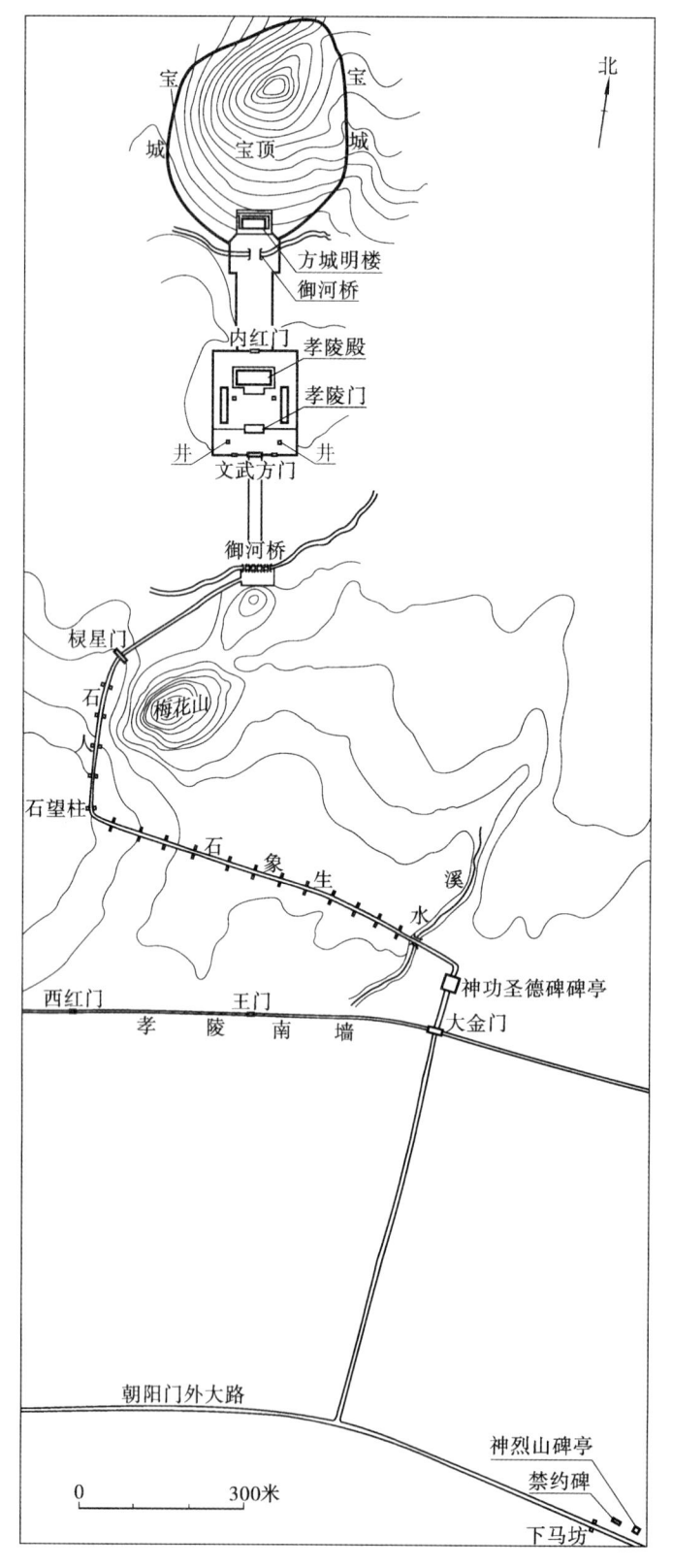

图 6-2-1 南京明孝陵总平面图
(采自《中国古代建筑史》第四卷)

图 6-2-2　南京明孝陵陵园建筑复原示意图
（采自国家文物局《明清皇家陵寝·明孝陵》）

明孝陵包括地面建筑陵园和地下建筑玄宫。本书为行文方便，下面拟将所谈陵园的形制布局简称为明孝陵。

明孝陵从下马坊至宝顶全长2.62千米，原围绕陵区的外郭城红墙周长22.54千米（相当于明南京内城墙长度的2/3，红墙已不存）[1]。陵区内有完整配套的各种建置和排水系统，"植松树十万株，养鹿千头"（鹿颈悬"长生鹿"银牌，牌上书"盗宰者抵死"）。孝陵的形制布局，拟从南向北分地段略作介绍。

一 下马坊至大金门

下马坊是孝陵入口处标志性建筑，位于今孝陵卫镇附近卫岗东麓下（东距孝陵卫镇1公里）宁杭公路旁（图6-1-1、6-2-1）。牌坊石雕，高9米，宽6米，呈一间两柱冲天式。柱横截面抹角方形，两柱前后及外侧抱以砷石（抱鼓石），柱端饰云版、云罐，内侧雕梓框，镶入大额坊，其上横刻楷书"诸司官员下马"六字（图6-2-3）[2]。下马坊东36米处

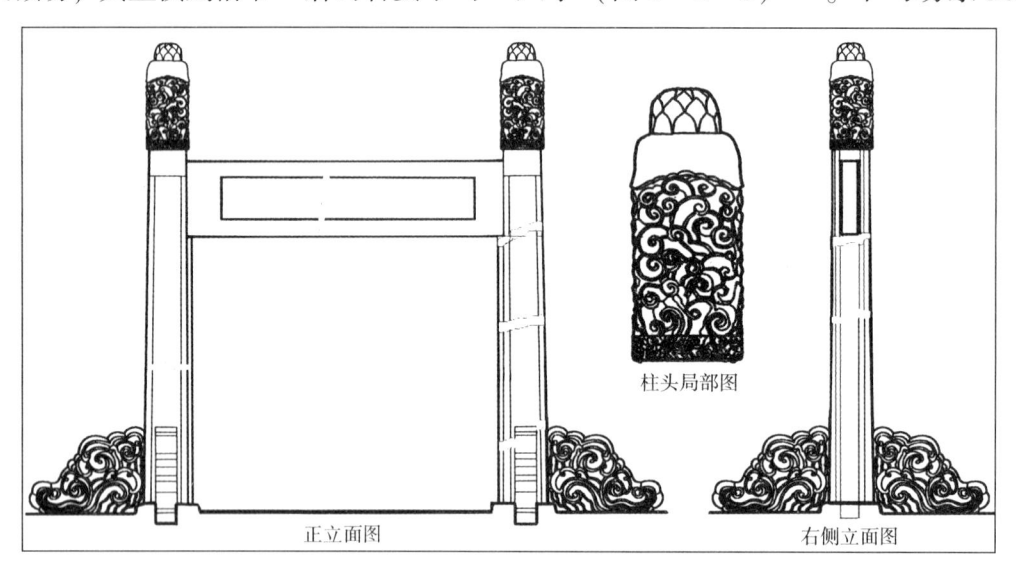

图6-2-3 南京明孝陵下马坊
（采自国家文物局《明清皇家陵寝·明孝陵》）

---

[1] A.（清）陈开虞等修康熙《江宁府志》（北京大学图书馆藏本）记载：沿山周围，缭垣四十五里，王门、西红门、后红门、东西黑门、神宫监、孝陵卫环之。

B. 查琦《明孝陵的布局及主要文物内涵》（载《明孝陵志新编》，黑龙江人民出版社2002年版）说："自大金门向两侧延伸的红墙，向西接前湖段明京师城垣，向东绕到紫金山北。大约顺今环陵路而行，形成孝陵的外郭。据《康熙江宁府志》记载，郭城周长约45里，相当于当时明京师城长度（33.676公里）的三分之二。""此外，陵域内还祔葬着部分明代开国功臣墓。"

[2] A. 罗宗真：《明孝陵》，《东南文化》，1997年第1期。文中说：下马"牌坊宽6.7米，高7.7米，方向为南偏东30°；坊上横额宽1.3米"。"现仅余坊脚两柱础，横额及枋柱因妨碍交通，已于1951年拆除。"按今已复位。

B. 查琦《明孝陵的布局及主要文物内涵》（黑龙江人民出版社2002年版）说：下马坊面阔4.94米，高7.85米。

有"神烈山"碑和碑亭[1]，该碑东去17米立"禁约碑"（图6-2-4）[2]，再东为孝陵卫卫所（约在今孝陵卫镇附近）。

图6-2-4　南京明孝陵禁约碑
（采自国家文物局《明清皇家陵寝·明孝陵》）

从下马坊向西再折北行约755米，至陵园外郭城正门大金门。大金门宽26.66米，进深8.09米，券门三洞，中门较高（高5.24米），左右侧门较低。门下部石造须弥座，束腰浮雕椀花，须弥座之上砖砌。从须弥座至挑檐石下皮，高4.91米，上部建筑残毁无存（图6-2-5）[3]。据1964年清理发现情况来看，大金门原似为单檐歇山顶[4]，覆黄琉璃瓦，椽子用绿琉璃，大门朱红双扉。大金门东西两侧残存连接外郭红墙的痕迹。

大金门正北行约70米，有"大明孝陵神功圣德碑"。碑高6.7米，龟趺座高2.08米，碑额雕九条龙，雕镌精湛，碑文朱棣亲撰，记述朱元璋生平事迹，楷书阴刻，共2746个

---

[1] 神烈山碑，高4米，宽1.4米，厚0.73米，坐北朝南。石碑亭方形，底宽6米，方向南偏西15°。亭残毁，仅残存石柱础四个，柱础方形，边长1.6米，高0.8米。碑，参见前面注释。

[2] 禁约碑，坐北朝南，卧式，碑高1.41米，宽5.21米，厚0.43米；碑额高0.40米，宽5.31米，厚0.52米；碑须弥座高0.65米，宽5.52米，厚0.74米。碑额雕二龙戏珠，碑面镌刻禁约条款。

[3] 罗宗真《明孝陵》（《东南文化》1997年第1期）说："残留的大金门长30、宽8、高9米，门共三洞，每洞宽8米，方向为南偏西20°，门的砌法和结构以及门底础石的雕琢装饰，与明故宫的午门相似。"

[4] 查珣《明孝陵的布局及主要文物内涵》（载《明孝陵志新编》，黑龙江人民出版社2002年版）推测大金门应是重檐歇山顶（见图6-2-7）。按现有单檐、重檐歇山顶两说，复原图亦有两种。

字，书法优美[1]，该碑为南京明碑之最大者[2]。碑亭（或称碑楼）平面呈方形，面阔和进深均26.86米，方向南偏西20°。碑亭顶部毁（清，咸丰年间烧毁），仅余四壁，故俗称"四方城"。四壁下部石造须弥座，束腰雕椀花，上部砖砌，四面各开一券门（图6-2-6）。从须弥座至残壁顶高8.84米，推测原顶为重檐歇山式，覆黄琉璃瓦。此外，碑亭南面正门外残存石阶一块，长2米，宽1.95米，其上浮雕精细的云龙狮球纹。石阶前有石栏杆一段，龙凤柱头，高1.90米，宽6.97米。

---

[1] 王前华整理：《孝陵石碑碑文及刻石文字》，载《明孝陵志新编》，黑龙江人民出版社2002年版。文中说，圣德碑"通高8.78米，碑头高1.90米，宽2.54米，厚1.03米；碑身高4.80米，宽2.26米，厚0.80米；龟趺高2.08米，长5.15米，宽2.54米。文中录"圣德碑"全文。

[2] A. 杨新华：《南京明清建筑》，南京大学出版社2001年版，第616页。"阳山碑材"条，引明永乐文渊阁大学士胡广《游阳山记》，"永乐三年秋，因建碑孝陵，斫石于都城东北之阳山"，"山高体里，其体皆石"，凿后"得良材焉"。文中说，阳山碑材位于南京东郊汤山镇西北阳山之巅。阳山，古称"雁门山"，海拔140米，是孔山山脉的主峰。山体由石灰岩构成，石质坚硬，富有光泽，尤其适合作柱础、石刻等石质建材，六朝以来就被人们开采利用。明永乐三年，朱棣为建孝陵碑，下令开凿阳山取碑材。得良材三块，因体积过大，无法启运，而择较小的碑材造"大明孝陵神功圣德碑"。当年遗留下的碑材由碑座、碑额、碑身三座独立的"山石"组成。碑座石材长30.35米，厚13米，高16米，底部已凿空，仅留二行石柱支撑，西北端仍与山岩相连。碑额石材呈椭圆形，在碑座石材东北约百米处。碑额高10.7米，宽20.3米，厚8.4米，通体凿有十四个凸出石面的石芽，石面凿有蟠龙头，爪、身的迹象，底部已凿空，仅留三行石柱支撑。碑身石材在碑额石材后约6米处，通体方正，横卧地面，布满凿痕，长49.4米，宽10.7米，厚4.4米，东北端与山岩相连，底部留有三行石柱支撑，其余均与山体凿离。若将三块碑材竖叠起来，其整体高度约在73米以上。1956年，阳山碑材被列为江苏省文物保护单位。

B. 季士家：《阳山碑材》，载《明孝陵志新编》，黑龙江人民出版社2002年版。文中说阳山碑材"龟趺石材，高13米，长26米，宽16.10米；碑头石材，高8.3米，长21.20米，宽8.80米；碑身石材，高（碑宽）113.20米，长（碑高）41.50米，宽（碑厚）3.90米。三块石材，除碑头石材四面与山体脱离，其上还留出用作雕刻蟠龙的头、角、爪、尾的外凸石面的14个石芽，使之初具雏形外，其余两块石材均有一端与山体相连。如果将这三块石材叠将起来，其高度达62.80米"。又说："此尺寸小于以前公布的尺寸10米多。以前均取每块碑材的最长点算为73.10米。1997年笔者把三块碑材的每块长度丈量两个点，取其中间之净数计算而得出今天的数字。"此记载较前述情况出入较大，仅供参考。

正立面图（顶部复原）

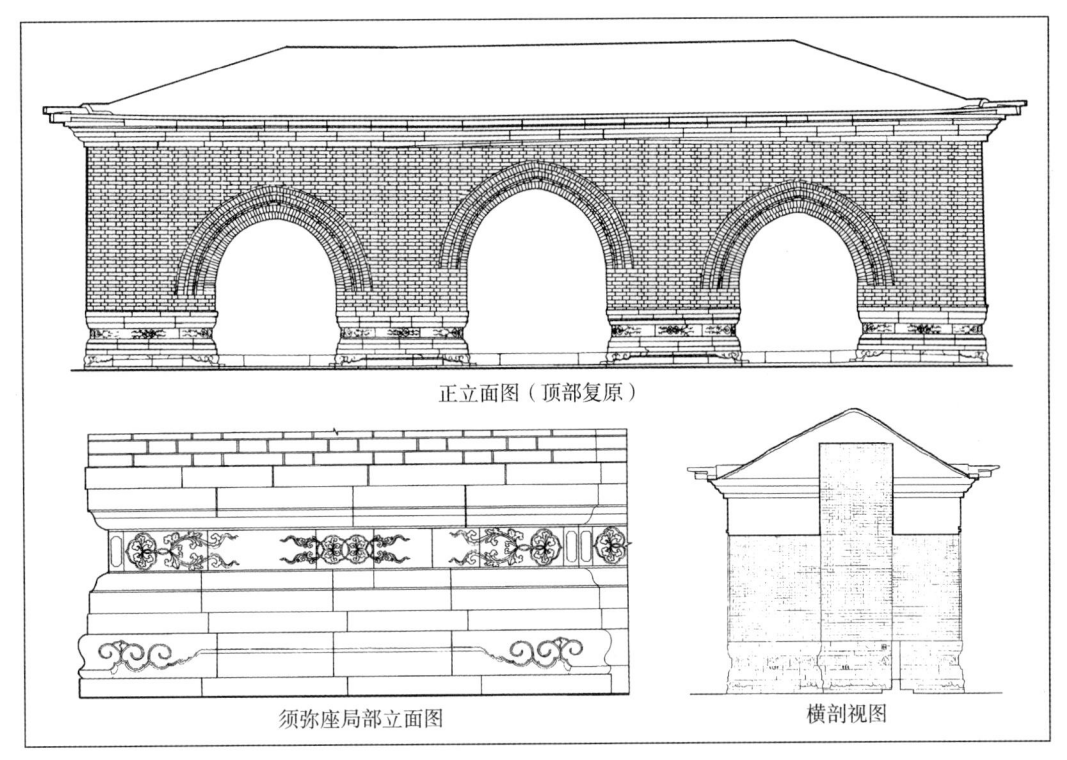

须弥座局部立面图　　　　横剖视图

图 6-2-5　南京明孝陵大金门立面、剖视图

（采自国家文物局《明清皇家陵寝·明孝陵》）

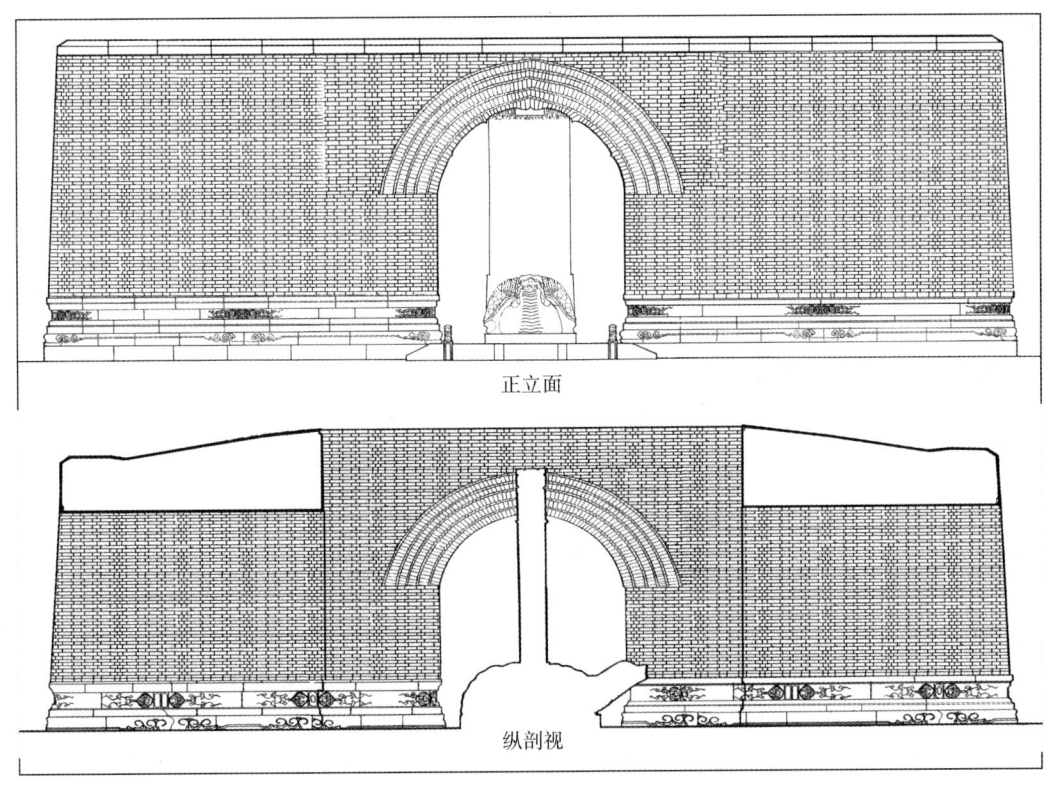

正立面

纵剖视

图 6-2-6　南京明孝陵碑楼立面、剖视图

（采自国家文物局《明清皇家陵寝·明孝陵》）

二 神道和石象生

见图6-2-1、6-2-7。从碑亭向北折西行约80米至外御河桥[1]，桥下之水通霹雳沟，斜注东涧，称御河。过桥约30米至神道起点，神道中折分为前后两段。前段自御河桥起呈东南——西北走向，长618米，地势略有起伏。神道两侧依次置狮4、獬豸4、骆驼4、象4、麒麟4、马4，共24件，均蹲坐与站立相间配置（每种4件，两蹲两立，图6-2-8）[2]。两列石兽的间距4.88—6.9米，各列石兽的间距29.8—52.50米，以间距50米左右者居多。从石兽尽处又前行约50米，神道折向正北为后段神道，长约250米。在神道折拐点上置石望柱1对（图6-2-9），其后依次立武将4，文臣4身。望柱高6.28米，两柱间距52米。两对武将，一对有须，一对无须，各高3.23—3.36米（图6-2-10）；两对文臣亦一对有须一对无须，各高3.18—3.23米（图6-2-11）；两列东西间距4.30米[3]。

---

[1] 罗宗真《明孝陵》（《东南文化》1997年第1期）说：御河桥，"桥面长15，宽7，高5米，桥面、栏杆均系近代重修，灌浇水泥，可通汽车"。

[2] 罗宗真《明孝陵》（《东南文化》1997年第1期）介绍神道前段石象生说：前段石象生，"每种两对，两跪两立，南北相向，伺立道旁。第一对为跪狮，各长2、宽1、高1.8米，方向为北偏东35°，两狮相距3.9米，其中有一小石柱，高0.5米，每边宽0.46米，为系马桩。第一对石狮至第二对石狮13.5米。第二对为立狮，各长2、宽1、高1.9米，方向同上，两狮相距3.9米。第二对石狮至第三对石獬豸51.5米。第三对为跪獬豸，各长1.9、宽0.9、高1.6米，方向同上，两獬豸相距2.9米。第三对石獬豸至第四对石獬豸50.6米。第四对为立獬豸，各长2、宽0.9、高1.8米，方向为北偏东32°，两獬豸相距3.3米。第四对石獬豸至第五对石骆驼50.5米。第五对为跪骆驼，各长3.4、宽1.4、高3米，方向为北偏东25°，两骆驼相距3.6米。第五对石骆驼至第六对石骆驼50.3米。第六对为立驼，各长3.3、宽1.4、高3.7米，方向为北偏东20°，两骆驼相距3.5米。第六对石骆驼至第七对石象50米。第七对为石跪象，各长3.65、宽2、高2.7米，方向同上，两象相距3.6米。第七对石象至第八对石象49.6米。第八对为石立象，各长3.8、宽2、高3.2米，方向为北偏东18°，两象相距3.6米，其中有一小石柱，高1.1，每边宽0.46，亦为系马桩。第八对石象至第九对石麒麟50.6米。第九对为跪麒麟，各长1.9、宽0.9、高1.65米，方向同上，两麒麟相距3.4米。第九对石麒麟至第十对石麒麟50.3米。第十对为立麟麒，各长2、宽0.95、高1.8米，方向同上，两麒麟相距3.4米。第十对石麒麟至第十一对石马49.9米。第十一对为石跪马，各长2.6、宽1、高1.9米，方向同上，两马相距3.5米。第十一对石马至第十二对石马50.9米。第十二对为石立马，各长2.3、宽1、高2.2米，方向同上，两马相距3.4米，其中又有一小石柱，高1.1米，每边宽0.4米，仍为系马桩"。按石象生两列间小石柱系民国时期所立。文中尺寸仅供参考。

[3] 罗宗真《明孝陵》（《东南文化》1997年第1期）介绍神道后段石象生说："石兽毕，行50米，神道绕过梅花南麓，折向北面。有石望柱二，作六边形，柱高6米，柱础高0.6米，方向为南偏西10°，柱六边雕刻极为工整的云纹花纹。望柱之后，直向北50米为四对石人，两对武将、两对文臣。第一对、第二对俱为武将，着甲胄、佩剑、执金吾、各长0.9、宽1.2、高3.2米，方向为南偏西10°。两石人相距3.3米。第三对、第四对俱为文臣，朝冠秉笏，俨然肃立，其大小、方向，同上。"

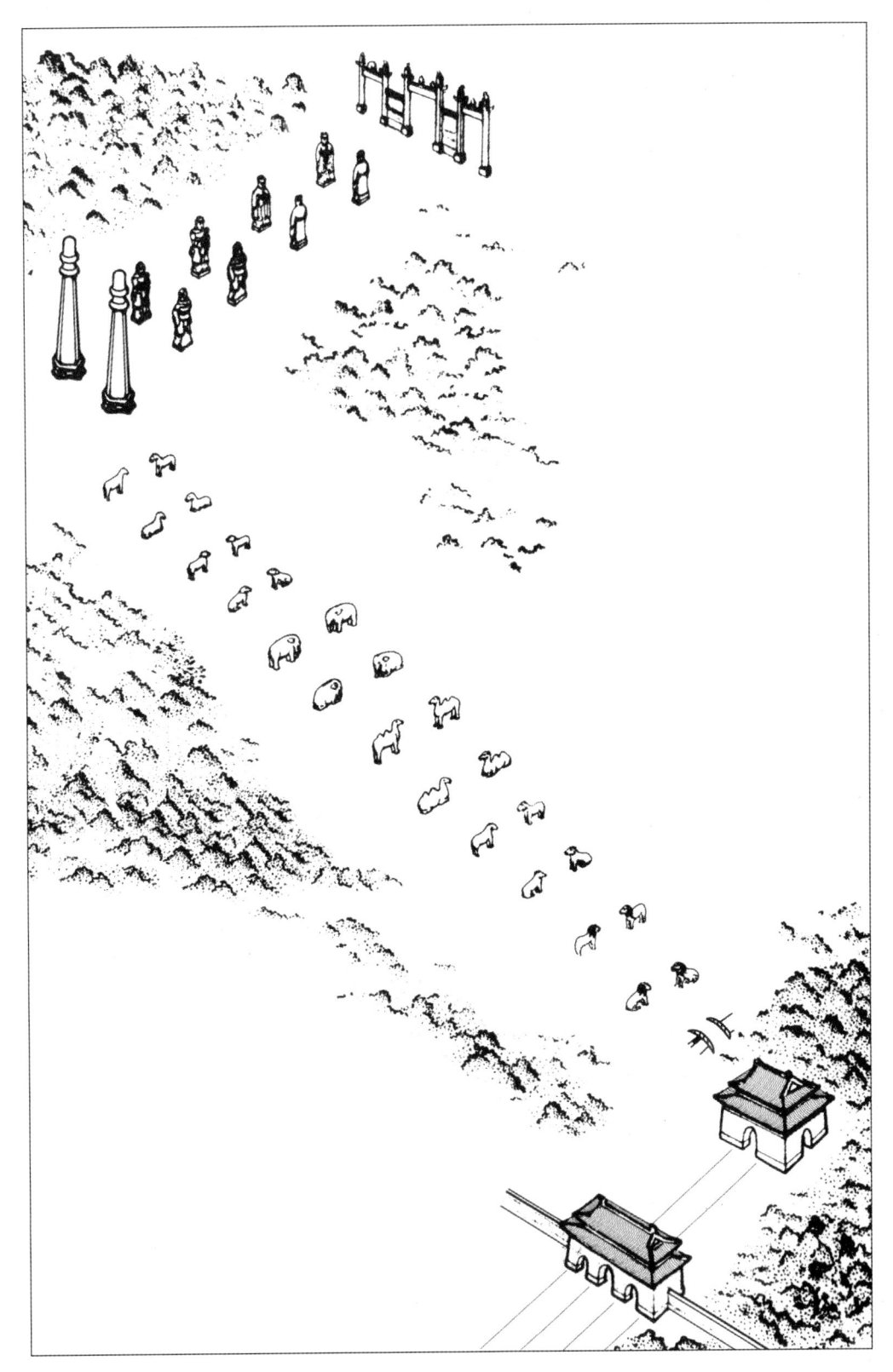

图 6-2-7　南京明孝陵神道复原示意图
(采自国家文物局《明清皇家陵寝·明孝陵》)

在文臣之后18米至棂星门，门南向，偏西20度，门毁，残存6个石柱础，8块砷石。石础侧面雕花草纹，砷石两侧浮雕云纹。推测其结构为三间两垣，面阔15.73米[1]。过棂星门，东北—西南向行275米至内御河桥。桥石构单曲拱桥，原有石桥5座（称五龙桥），现存三桥。桥身起券，两侧有螭首和护栏望柱（图6-2-12，桥面栏杆后配）[2]。桥下之水亦称御河，西注于前湖。其北200米至陵宫门。

图6-2-8 南京明孝陵石象生图
1. 石狮 2. 石狮 3. 石獬豸 4. 石骆驼 5. 石象 6. 石马 7. 石麒麟 8. 石麒麟
（采自国家文物局《明清皇家陵寝·明孝陵》）

[1] 中国建筑艺术全集编辑委员会：《中国建筑艺术全集·明代陵墓建筑》，中国建筑工业出版社2000年版，第17页。说："棂星门又叫龙凤门，用坐落在石须弥座上的琉璃影壁墙连缀三座单间两柱的石牌坊组成。四棱抹角的方柱上面贯出云版，柱顶雕成云墩，仰覆莲座和蹲龙；柱间仿照木作安设石雕大、小额枋和花版、摺柱，居中冠表石雕火焰宝珠，所以又叫火焰牌楼。"

[2] 罗宗真《明孝陵》（《东南文化》1997年第1期）说：五龙桥，"今只存三，各宽16，长8.7，高4.2米，方向为北偏东45°"。

图 6-2-9　南京明孝陵神道望柱
（采自国家文物局《明清皇家陵寝·明孝陵》）

图 6-2-10　南京明孝陵石象生武将
（采自国家文物局《明清皇家陵寝·明孝陵》）

图 6-2-11　南京明孝陵石象生文臣
（采自国家文物局《明清皇家陵寝·明孝陵》）

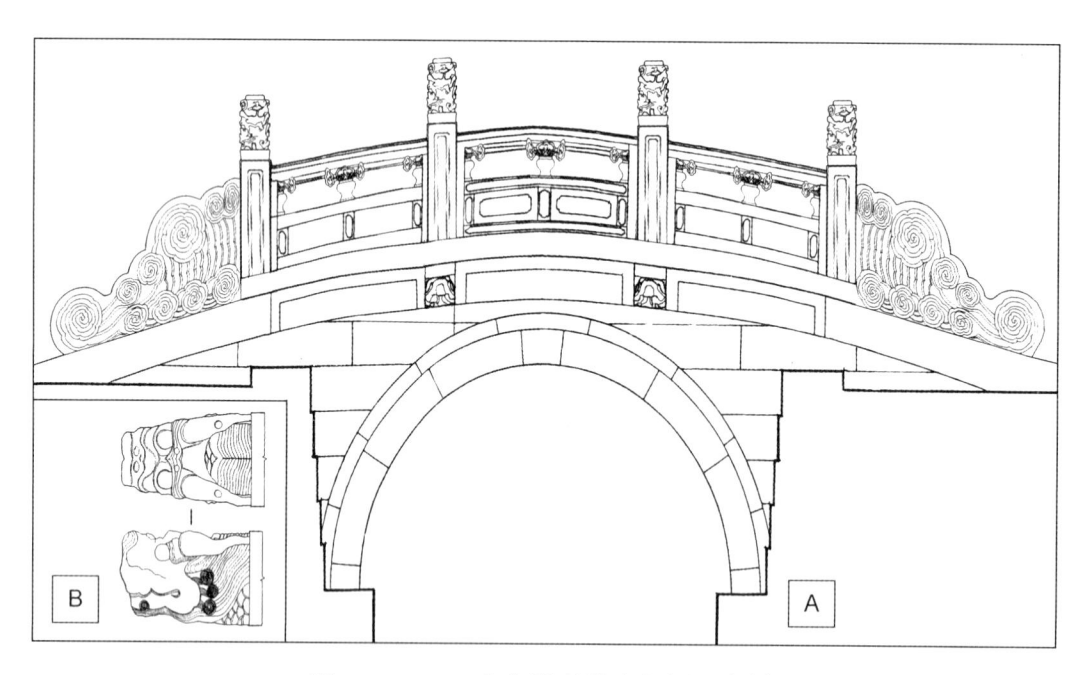

图 6-2-12　南京明孝陵内御河五龙桥
（采自国家文物局《明清皇家陵寝·明孝陵》）

三　陵宫区

见图6-2-1、6-2-2。

(一) 文武方门

见图6-2-13。

1. 文武方门概况

陵宫呈长方形院落，南北两进。从御河桥（五龙桥）北行200米至陵宫文武方门（或称金门，陵宫入口，故又称陵宫门）。文武方门五门道，中间正门单檐歇山顶覆黄琉璃瓦，高8.9米，宽27.65米，有三个券顶门洞，券顶高分别为4米（中间）和3.77米（两侧门道）。距正门东西各27.30米开掖门，称左右方门，平顶，高3.5米。门之东西砖砌陵宫围墙，高5.9米，墙身红色，上覆琉璃瓦。该门现仅残存一个门洞，上嵌青石门额，宽1.99米，高1.07米，门额阴刻填金楷书"明孝陵"三个大字，边饰云龙纹，相传为清代同治以后重修[1]。门外东侧红墙下立前述"特别告示"碑（高149、宽63、厚15厘米），左右方门俱毁。

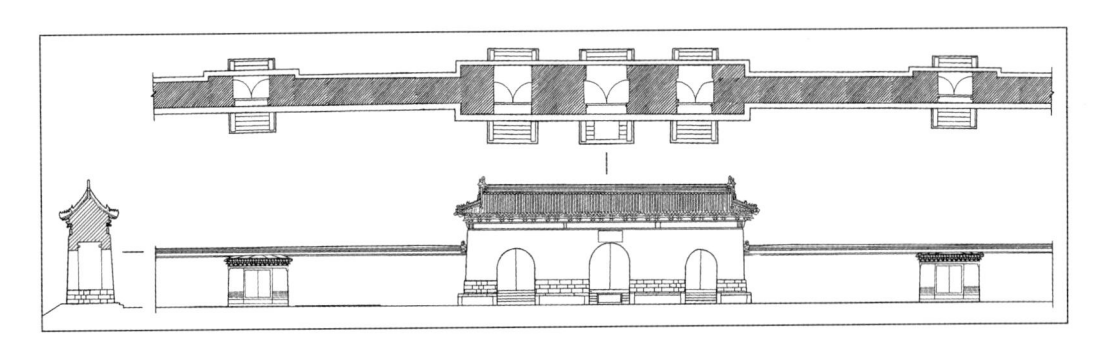

图6-2-13　南京明孝陵陵宫门（文武方门）
（采自国家文物局《明清皇家陵寝·明孝陵》）

2. 考古清理发掘简况[2]

1998年7月8—26日，考古工作者对文武方门正门三个门洞和左右方门（东西掖门）

---

[1] 南京博物院：《明孝陵》，文物出版社1981年版，第3页。又王前华《孝陵石碑碑文及刻石文字》（载《明孝陵志新编》，黑龙江人民出版社2002年版）中说：孝陵陵宫门（文武方门）门额，"青石质，边框由4块条石组成，上刻云龙纹，宽202厘米，高109厘米，上、下厚18厘米，左、右厚16厘米；中为额文'明孝陵'三字，相传为清两江总督曾国藩所书，统宽164厘米，由三块各宽54.5厘米，高73厘米的石材组成，每块上刻一字。自复建文武方门时拆下，保存在库房内"。该门额为清同治年间镶嵌的。

[2] 南京市文物研究所、南京孝陵博物馆：《明孝陵陵宫门址的发掘收获》，载《明孝陵志新编》，黑龙江人民出版社2002年版。按现在的文武方门，乃是1998年依据本次发掘和原门规制重建的。正门西门洞文中编号2，正门东门洞编号3，西掖门编号4，东掖门编号5。3、4号门道清理后状况，参见《明孝陵志新编》第177页图21、22；3号门道以下砖基结构，5号门道及门道向陵宫内延伸石板路遗迹见《明孝陵志新编》第178页图22、24。陵宫门址所出黄釉龙纹瓦当，唐宋残灰陶兽面纹瓦当，见《明孝陵志新编》第182页图25、26。

进行了清理和发掘。五个门道均北偏东5度，残存砖砌路面、门道边墙基、门枕石、门栓洞、捣当槛垫和过门石等遗迹。门道内门臼和门槛处青石铺砌，余者用砖竖砌。门道基础下为厚10厘米左右的纯黄粘土，其上砌七层砖，砖间以白灰浆粘结。中间三孔正门洞结构大致相同，平面呈"弓"式，券顶。比如，西门洞宽3.07米，深3.80米，门道两壁城砖磨砖对缝，砖为0.43×0.17×0.098米。两壁中部有深0.26米的门槽，门道外侧三块石板上有门槛残迹，门槛原宽约0.24米。门枕石长0.93米，宽0.29米，出露地面部分高0.12米，其中部开槽置门槛。门枕石上白窝平面方形，门枕石以上0.98米处壁面上有长0.32米，宽0.35米，深0.42米的门栓插孔。左右方门平面呈"］［"式，平顶（此前一直认为是券顶）。以左方门（东）为例，门宽3.33米，深2.22米，两壁平直，其余做法同上述情况。门枕石中部开槽置门槛，槽口内侧墙面上亦开出高0.4米，宽0.26米，深0.6米的门槛槽。

五个门洞均有向陵宫内延伸的路面遗迹，中门正门洞路面为后代重修，其西侧门洞和右方门（西）门洞外路面仅余少量黄土路基和砌砖。正门东侧门洞外路面无存，基础保存较好，城砖铺砌，用白灰浆粘结。左右方门外路面一直延伸至孝陵殿前门基址一线，路面铺砖之下黄黏土厚15—20厘米。左方门（东）路面保存较好，路面双层青石板铺砌，石板下两层城砖平砌，砖下垫黄土。残存石板路宽2.92米，已清理部分长1.5米。此外，在左方门（西）内侧发现散水遗迹，长约4米，用斜面特型砖砌成。散水顺墙延伸，距墙基宽约0.8米。

清理发掘所出遗物以琉璃构件为主，如脊瓦、板瓦、筒瓦、龙纹瓦当、斗拱、椽、檩等黄、黑、绿色琉璃构件。在左方门外探沟内还出土有唐代青瓷片，唐宋陶瓦当、筒瓦和板瓦，宋代青白瓷、黑瓷、青瓷（可证明开善寺之存在），明清青花瓷片等。

(二) 陵宫

1. 第一进院落及其东侧建筑基址之勘查和清理

见图6-2-1、6-2-2。文武方门内为陵宫第一进院落，其东西宽144米，南北深41.45米。院内两旁对称配置神厨、库，六角井亭和具服殿等，为服务于祭祀活动的两组辅助建筑。其中除西井亭保存较好外（井栏、井亭六角形、亭毁，仅存柱础），余者仅知东井亭和具服殿东向（具体位置不明），宰牲亭西向（残存少量遗迹）。1999年3月至2000年4月，经在东侧进行考古勘查[1]，发现神厨基址在孝陵享殿前门基址（现为碑殿）东南部，基址坐东朝西，建于高台基之上，台基上部局部破坏。经清理可知该建筑宽11.3米，面阔五间，两梢间地面上发掘出大方砖建筑遗迹；此外，神厨灶底有火烧痕迹。东井亭基址在神厨基址前方左侧，平面呈六边形，每边长3.8米，井亭柱础内外两重，保存完好。井周围铺青砖并有石板台阶通神厨。井亭中间砖井一口，井口直径0.8米，深

---

[1] 南京市文物研究所，南京孝陵博物馆《明孝陵陵宫内东侧建筑基址勘掘记》，载《明孝陵志新编》，黑龙江人民出版社2002年版。神厨遗迹基址、雀池、东井亭遗迹，见《明孝陵志新编》第190—195页图34—39。

17.5米，清理出木桶、石望柱头、栏板等遗物。此外，在神厨东侧还发现两件石雕"雀池"（贮水、食、供雀饮食），雀池由四块石料拼合而成，池长3.1米，宽1.2米，高0.25米。

2. 第二进院落及其东侧建筑基址之清理

文武方门之北34.15米与之相对者为孝陵门（图6-2-14），其两翼横墙各有一座角门。孝陵门面阔五间，单檐歇山顶，门下有须弥座台基，台基雕栏围绕，前后三出陛（三座踏跺），正面踏跺为丹陛（墀道），左右作垂手踏跺[1]。门已毁，仅存石须弥座台基，东西通阔40.1米，南北进深14.6米，台基上原有面阔22.3米的门庭，清代咸丰年间毁于战火，同治年间改为碑殿，陈列清碑五通[2]。在碑殿外东南侧，立"特别告示"碑复制碑一通。

孝陵门内为陵宫第二进院落，宽同第一进院落。从孝陵门经宽1.59米的石砌御道，北行55米至孝陵殿（图6-2-14）。殿面阔九间，进深五间，重檐庑殿顶，顶覆黄琉璃瓦，殿外门楣上高悬金榜曰"孝陵殿"。殿坐落在平面呈凸字形，前出月台的三层石雕须弥座台基上。殿内正中供奉朱元璋和马皇后神主[3]。孝陵殿清咸丰三年（1853）毁于战火，清同治四年（1865）和十二年（1873）重建，规模已大为缩小。原孝陵殿三层须弥座台基尚存，通高3.30米，底层台基东西面阔63米，进深48米；二层台基东西面阔57.8米，进深43米；上层台基东西面阔52米，进深37.5米。每层台基周匝石雕栏杆、望柱和螭首，台基前后出踏跺三道，中间为丹陛，上陛雕"二龙戏珠"，中陛雕"日照山河"，下陛雕"天马行空"。左右为垂手踏跺，月台两侧有抄手踏跺。大殿内尚存56个大石础，

---

[1] A. 中国建筑艺术全集编辑委员会：《中国建筑艺术全集·明代陵墓建筑》，中国建筑工业出版社2000年版，第18页。
B. 南京博物院《明孝陵》（文物出版社1981年版）第3页说："台基前有踏跺一道，后有三道，台基两侧原来当有墙垣向东西伸出，现今还有痕迹可见。"

[2] 碑殿陈列清代石碑五通。正中是清康熙三十八年（1699）康熙皇帝所立，碑高3.85米，上刻"治隆唐宋"四字，右上方刻"康熙岁次己卯四月望日敬书"十二个小字。中部左右二通为清乾隆皇帝谒孝陵时的题诗，高分别为2.71米和3.36米。殿内靠后二碑，东边碑高1.48米，正面刻康熙二十三年（1684）谒陵纪事，背面刻两江总督王新命等官员题名。西边一通高1.45米，正面刻康熙三十八年玄烨（康熙皇帝）谒孝陵纪事，背面刻两江总督陶岱等官员题名。其中有江宁织造曹寅（曹雪芹的祖父）的题名。后二碑均为卧碑。以上题诗、纪事、题名等录文，见中山陵园管理局、南京孝陵博物馆编《明孝陵志新编》，黑龙江人民出版社2002年版，第264—269页。

[3] 中山陵园管理局、南京孝陵博物馆编：《明孝陵志新编》，黑龙江人民出版社2002年版，第14页。说：孝陵殿"中宫奉太祖及高皇后神主。殿后为六部。永乐时所得石龟亦置殿中"。文中引魏世效《孝陵恭谒记》："殿壁黄、赤所墁，新旧参之。殿柱三十有六，去地二尺许，皆为刀斫伤，或斫柱木三分之二。"又引《肇域志》："石龟，今藏孝陵殿中。有木平台，上安二御座，乃朱红圈椅，前一朱红案，案左一红匣，贮龟于中，长可尺余，首昂，身形略似而已。右以一空匣配之。"

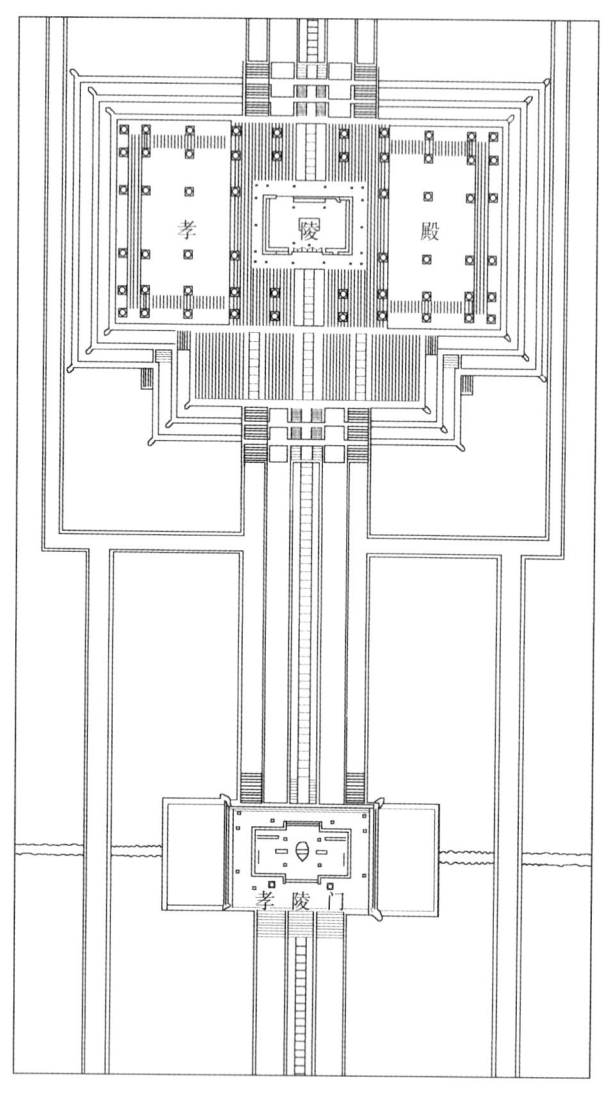

图 6-2-14 南京明孝陵孝陵门、孝陵殿平面图
（采自国家文物局《明清皇家陵寝·明孝陵》）

孝陵殿前东西各有神帛炉一，东西配殿（庑）各15间，俱毁。

1956年清理西配殿时发现柱础42个，其中6个柱础仍在原位。1999年除清理西配殿门道外，主要是清理东配殿。东配殿基址在孝陵殿基以东约5米处，坐东朝西，建于高台基之上。台基由纯净黄土和鹅卵石或块石分层间筑，每层厚约10—14厘米。台基残存最高处约1.2米，最低处已至地表。台基原用城砖筑台明，其下砖础尚存。台基南北长66.84米，东西宽10.3米，面阔十五间。进深方向有前、后檐柱和前后金柱，柱间进深分别为2米，3.3米，2米。台基上下保存全部64个柱础基坑和部分柱础及磉墩、角柱石、墙、路面、门道、散水、排水沟等。金柱柱础石95×95厘米，鼓径分别为58和64厘米。东配殿仅设一个门道，门道基址位于配殿基中部明间之前，基础砖构，上铺石板。清理发现，东配殿清代早期有过重建，规模小于明代。神帛炉基址位于东配殿前约18米处，下面基础城砖砌成，其上置石雕炉基，炉基南北长2.95米，东西宽2.22米（规格大于十三陵诸陵）。考古清理还发现了一些建筑构件[1]。

此外，在孝陵殿东侧还发现地下排水道，排水道从孝陵殿东侧绕过东配殿后墙，直达神厨西北，顺神厨北墙、东墙而行，最后到达陵宫东南角，通过一地下石雕涵洞穿出陵宫[2]。孝陵殿正北行20.40米至陵宫第三道门

---

[1] 东配殿台基以黄土和卵石隔层夯筑情况，殿基上柱础和磉墩遗存，东配殿北部柱础下磉墩基坑，东配殿砖磉墩平面结构，东配殿当心间外侧门道遗迹及砖砌台明和台基埋头遗存，东配殿台阶遗迹等，其图版分别见于中山陵园管理局、南京孝陵博物馆编《明孝陵志新编》（黑龙江人民出版社2002年版）第185页图28，186页图第29、187页图第30、31、188页图第32、189页图33。

[2] 1999年孝陵殿东侧建筑清理，见南京市文物研究所、南京孝陵博物馆：《明孝陵陵宫内东侧建筑基址勘掘记》，载《明孝陵志新编》，黑龙江人民出版社2002年版。

陵寝门，又称内红门，门三道券门，单檐歇山顶（图6-2-15），门两侧向北与后面建筑相接。

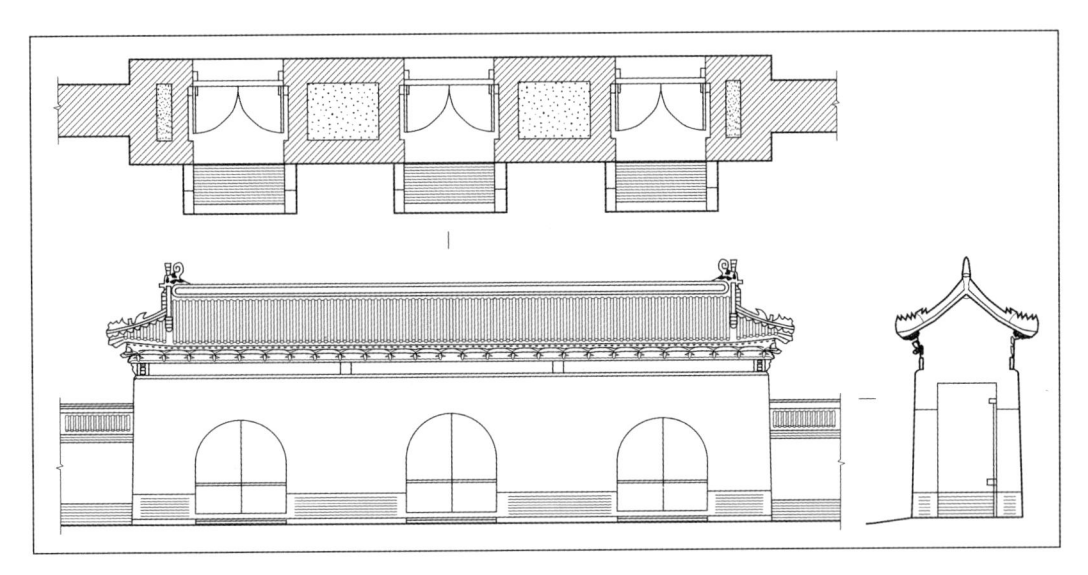

图6-2-15 南京明孝陵内红门复原示意图
（采自国家文物局《明清皇家陵寝·明孝陵》）

3. 连接陵宫和方城的过渡空间

见图6-2-1、6-2-2。出陵寝门入一南面缩窄，北端变宽的狭长院落，平面略呈长凸字形。现多将其称为陵宫第三进院落，实则是连接陵宫与宝城的过道性质（在建筑结构和功能上与陵宫无直接关系）。从陵寝门北行133.30米抵大石桥（宝城御河桥，俗称"升仙桥"），石桥单券，长57.5米，宽26.6米，两侧有石栏，螭首多残毁。桥北行约7.8米至方城，从文武方门至方城共375米。

四　方城和宝城宝顶区

（一）方城和明楼

见图6-2-16。方城是明楼的台基，大条石垒砌，平面呈长方形。正面通高16.25米，面阔60米，进深34.22米。方城下部为石造须弥座，束腰部分雕饰绶带和方胜纹等。方城两翼有高7米，长20.66米八字形砖影壁墙[1]，墙尽端向南对接前述过渡空间两侧墙壁。八字墙下部呈须弥座式，束腰及壁面四角砖雕花卉（石榴、万年青、牡丹等）。方城中间为券门，高3.86米。券门纵贯方城，券门内两壁作须弥座式，门洞内有向上的踏

---

[1] 中国建筑艺术全集编辑委员会：《中国建筑艺术全集·明代陵墓建筑》，中国建筑工业出版社2000年版，第18页。说："方城两翼还有八字琉璃影壁墙。"

踩54级。出门洞北口抵方城与宝顶间宽5.6米的夹城（哑吧院）[1]，由此向东、西有登上方城顶部明楼的台阶。

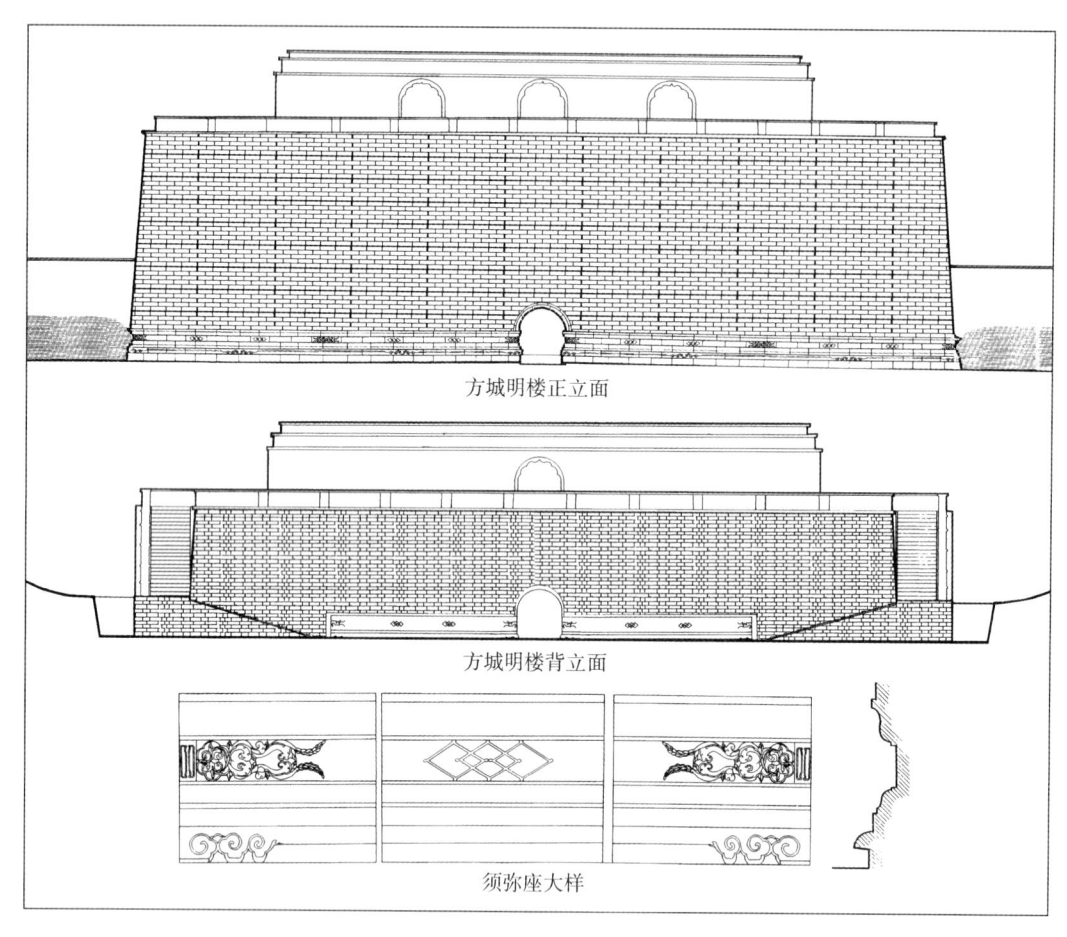

图6-2-16 南京方城明楼立面及须弥座大样
（采自国家文物局《明清皇家陵寝·明孝陵》）

明楼建于方城顶上，面阔39.25米，进深18.4米，南面开三座拱门，东、西、北各有一座拱门，方砖墁地。明楼清咸丰三年毁于战火，现仅余四壁。明楼是孝陵诸砖石土木建筑中的最高点。

---

[1] 中国建筑艺术全集编辑委员会：《中国建筑艺术全集·明代陵墓建筑》，中国建筑工业出版社2000年版，第19页。说："穿过方城门洞券，横隔在方城和宝顶之间，还有一座露天小院，宽同方城，进深为面宽的十分之一，后面是一堵条石墙峙立在宝顶前，院两旁对称建有转向蹬道，在举行上陵礼或负土礼的时候，可以由此登临方明楼和宝城宝顶。这座历代陵寝从未有过的独特院落，因为内向封闭而被喻称为哑吧院。"

(二) 宝城宝顶

见图 6-2-1、6-2-2。向北出方城门洞，面对宝顶南墙（13层条石垒砌）[1]。宝顶为圆形土丘，直径325—400米，高约70米，宝顶上树木参天。宝顶下为玄宫，葬朱元璋和马皇后。宝顶四周砖筑平面呈圆形的城墙，称宝城；宝城墙基条石垒砌，城墙长1000余米，高6.7米，宝城填土与宝城顶面大致持平。

明孝陵地下玄宫结构不明，据磁测（GPM）资料分析，可指出6点。第一，以明楼中心为界，东西两侧的基岩物性有明显差异，东侧为砂岩，西侧岩性尚未确定。据此，不排除当年工程主持者已注意到本地岩性差异界面比较有利于施工的特点，而特意将方城明楼中心恰好对着基岩物性界面的可能性。第二，在明楼东侧发现一向北斜弯的隧道状构筑物，经追踪，推断其长度大于120米。同时判断，该隧道状构筑物的入口之一位于明楼东侧的宝城墙之下（图6-2-17）。第三，据现有资料分析，可能属于玄宫构筑体的异常分布范围限于90米×50米以内，其界限约起于明楼北100米左右（自方城北侧石坎起算），终于宝顶南沿。第四，若以方城明楼为中心，则属于"玄宫"异常范围明显偏向东侧，呈北北东走向。第五，调查发现，独龙阜体表至少60%的地方是经人工修补、堆填的，宝顶上遍布的巨大卵石是当年造陵工匠搬上去的。第六，勘测证明，玄宫就在独龙阜下，前述

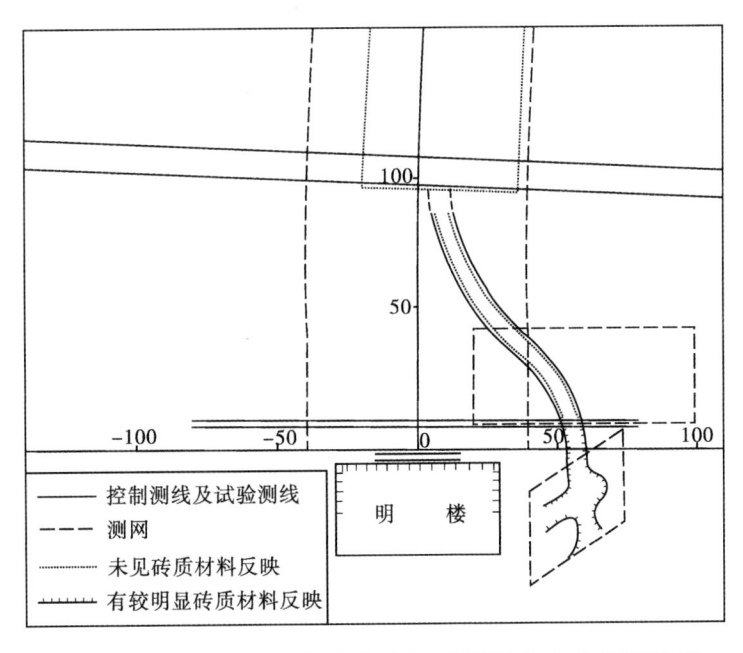

图 6-2-17　南京明孝陵玄宫探测测网分布及推断结果
（采自《明孝教陵志新编》）

---

[1] 在宝顶南石墙上，横刻"此山明太祖之墓"。据说刻民国初年，是用以回答游人询问的。

偏于宝城一侧的隧道当为墓道[1]。

五 完整配套的排水系统

南京地区雨量呈充沛，钟山岩层由北向南倾斜，主峰的雨水主要经过独龙阜陵宫和宝城区排泄，为防水患，确保安全，因而孝陵建成了完整配套的排水系统。孝陵排水系统以外御河，内御河和宝城御河为主，地面上配套建有明沟，建筑周围砖砌散水，砖石挡土墙（陵宫外挡土墙），台基上广置排水螭首；地下建巨大的泄洪涵道和排水管道（见前述情况）等。

第三节 明孝陵选址、规划设计理念之探索

前面已经介绍了明孝陵选址和形制布局的概况，那么，孝陵如此选址，如此形制布局的原因何在？我们认为这是与明孝陵选址和规划设计的理念密切相关的，故拟对此略作探讨。

一 风水术是孝陵选址的指导方针

风水（堪舆）起源甚早，到唐代之后以风水术指导选择陵或墓的位置、确定穴位，上自帝王下至百姓已形成风气，故朱元璋亦热衷于此道。前已介绍朱元璋与素谙风水之术的宋濂和刘基等，选择聚"王气"的独龙阜为陵址。所谓"王气"，简言之，即陵址具有与君主相称的祥瑞之气。钟山龙蟠，有金紫之气（云气"浮浮冉冉，红紫间之"），陵址处于四灵（青龙、白虎、朱雀、玄武）俨卫和青山绿水环绕之中，既是王气的重要表现之一。对此，朱元璋在前述的《钟山云》诗中赞咏道："踽踽千古肇豪英，王气葱葱五色精。岩虎镇山风偃草，潭龙嘘气水明星。天开万载与王处，地辟千秋永联京……"孝陵"禁约碑"中说：孝陵"祖脉发自茅山，鲜原开于钟阜。龙蟠凤翥，属万年弓剑之藏。虎踞牛眠，衍千载园陵之祚"。李东阳《重谒孝陵有述》中说，"龙虎诸山会"，"地涌神宫出"，

---

[1] 江苏省地震工程研究院、南京文物研究所：《明孝陵地下宫殿勘测记》，载《明孝陵志新编》，黑龙江人民出版社2002年版。此外，文中还说孝陵墓道偏于宝城一侧的做法，一直影响到明代后来帝陵规制，如定陵的墓道口便偏向左侧。这虽与孝陵墓道偏向右侧正好相反，但它们都避免把墓道开在方城及宝城中轴线上却是共同遵循的法则。按：一般玄宫修建在先、方城明楼修建在后。若将墓道开在中轴线上，势必影响体量很大的方城明楼的地基，这可能是墓道偏于一侧的原因。至于北宋帝陵，墓道位于中轴线上，这是因为北宋不予建寿陵，陵台前的献殿在埋葬后墓道填实时才起建，且其规模较小，较简单，故墓道对献殿地基影响不大。

"王气绕江东","云树郁葱葱"[1]。他们都点出了龙、虎、凤（按凤指朱雀，玩珠峰为玄武，在此未言）和优越的自然山水形态与陵址"王气"的关系。凡此，具体到风水理论，即是当时流行的"形势宗"（即江西之法）专注的龙、穴、砂、水等与陵址相配的种种情况，其主要表现如下（图6-3-1)[2]。

图6-3-1 南京明孝陵风水形势模式图

（采自《明孝陵志新编》）

---

[1] A. 中山陵园管理局、南京孝陵博物馆编：《明孝陵志新编》，黑龙江人民出版社2002年版，第119页。

B. 李东阳《重谒孝陵有述》（《怀麓堂集》）："龙虎诸山会，车书万国同。星躔环斗极，王气绕江东。地涌神宫出，桥分御水通。丹炉晨隐雾，石马夜嘶风。日月无私照，乾坤仰圣功。十年瞻望地，云树郁葱葱。"

[2] 参见贺云翱、廖锦汉：《明孝陵规划设计思想蠡测》，载《明孝陵志新编》，黑龙江人民出版社2002年版。

第一，如前所述，紫气钟山呈龙蟠之势，其东、中、西三峰，中峰最高。明孝陵以钟山为背屏（风水术语称主龙、主山、大帐），属龙脉之干龙，其前又有近案梅花山，上述态势符合"华盖三台，尊极帝位"之说[1]。其次，玄宫定在钟山之阳独龙阜玩珠峰前山麓间，亦合于吉穴在"形止脉尽"，地"平夷如掌"之处说[2]。

第二，按郭璞《葬书》要求，穴（玄宫）两侧须"龙虎抱卫"。孝陵宝城左右不仅有远近群山拱卫，内侧还有龙虎护砂。独龙阜之东的小山称龙山，为左砂（砂指主山周围小山），呈青龙象；独龙阜之西小山称虎山，为右砂，呈白虎象。由于"龙砂"高于"虎砂"（龙砂海拔96米，虎砂海拔89米），故陵穴略偏左（左穴）[3]。

第三，孝陵所倚玩珠峰（海拔98.8米）为玄武象。郭璞《葬书》有"玄武垂头"之说，元，郑谧注："垂头，言自主峰渐渐而下如欲受人之葬也。"玩珠峰在钟山主峰之下，山势垂伏，符合"玄武垂头"而"受葬"说。

---

[1] A. 风水术要求帝陵背后必须以高大山脉为依托，形成高峻广博的背屏，同时又要峰峦绵延起伏，势如长龙。形势宗风水术将其称为主山、大帐、玄武、耒山、耒龙、后龙，以及太祖山、少祖山、父母山等。

B. 形家风水术有"寻龙寻干"的说法。即将山脉起伏，转折聚散，变化多端之势比作神话中龙的形态，所以将山称为"龙"或"龙脉"。同时又根据山脉形态，以"树"喻"龙"。山之主脉称"干龙"，余脉称"枝龙"（干龙、枝龙又有大小之分）。明代有三干龙说，（明）刘基《堪舆漫兴》"山祖"条："昆仑山祖势高雄，三大行龙南、北、中。"中山陵园管理局、南京孝陵博物馆编《明孝陵志新编》（黑龙江人民出版社2002年版）第76—78页引明人蒋德璟《勘察皇陵纪》中说，"中国有三大干龙"均从昆仑山发脉来，"南干旺气在南京，结为钟山孝陵"；"中干旺气在中都，结为凤、泗祖陵"；"北干旺气在北京，结为天寿山诸陵"。钟山为南京群山之首，主势强，力量全，呈山川盘回的龙蟠之势，完全符合形家主山态势和干龙说。

C. 形家寻龙对星峰形态大致有二说。一"五星"说，以金、木、水、火、土五星分别象征圆、直、曲、尖、方五种峦头形象。二是以贪狼、巨门、禄存、文曲、廉贞、武曲、破军、左辅、右弼、北辰为十种星峰形势。其中北辰为天下至尊之星，又称"紫微垣星局"，非帝王不能享用。钟山多紫气，又称紫金山，符合唐杨筠松《撼龙经》，"北辰一星中天尊，上相上将居四垣，天乙太乙明堂照，华盖三台相后先；此星万里不得一，此星不许时人识；识得之时不用藏，当与皇朝镇家国"之说。参见下面注释。

D. （明）解缙等纂《永乐大典》（中华书局1998年版）卷一四二一八《相地十》引李淳风《小卷》："紫气三峰耸崒凌霄为紫气……若中峰尤高，则为三台。三台：三峰相排……"又"华盖：圆如覆釜……"前述钟山三峰形势如三台，前面近案梅花山形如覆釜之华盖。

[2] （晋）郭璞：《葬书》，上海古籍出版社1994年版。认为墓地吉穴，应定在主山之前，亦处于"形止脉尽"之地。即穴定在主山（来龙）尽端与平坦地带相交之处，孝陵玄宫位置正合此说。《葬书·外篇》认为开穴之地应"平夷如掌"。

[3] 黄妙应《博山篇·论砂》："左护的多必为左穴，右护的多必为右穴。"按，孝陵玄宫左穴（偏左），已为前述GPM资料证实。又孝陵宝城左右远处群山拱卫，内侧又有龙砂和虎砂，则反映出紫微垣星局中上相、上将等左辅右弼的星辰位置和星峰形态。

第四，独龙阜南偏西有前湖，呈朱雀象，正合"玄武低头，朱雀翔舞"之势。以此结合上述情况完全符合陵址（阴宅）在左（东）青龙、右（西）白虎、前（南）朱雀、后（北）玄武四象俨卫之中的风水要求[1]。

第五，独龙阜正前方梅花山（海拔55.1米）为"近案"（即案山，特指陵前对景的山峦，形家又称前案，案，亦称客山、朱雀）。梅花山低于龙砂和虎砂，正合风水"平低似揖，拜参之职"说。

第六，梅花山以远相对有天印山（江宁县境内，又称东山），呈俯伏拜揖之状，称"远朝"[2]。"近案"和"远朝"与陵后主山呈相迎之势。三山南北相望则形成陵寝建筑的风水主轴线。

第七，孝陵除前述的朱雀水外（前湖），陵之东、西两面还有"冠带水"，自东北向西南流淌（陵两侧之水，风水术称虾须水）。形成"小水夹左右，大水横其前"的"界穴"之势，可防生气流逝[3]。

第八，陵穴前平坦地块风水术称"明堂"，凡"龙虎环抱，近案当前"属内明堂。孝陵不仅完全符合此说，而且还南向无际的秦淮平原，形势更佳。

综上所述，孝陵以风水术作为选陵址的指导方针，"取象于地"，"外观山形，内察地脉"，故所选陵址"王气葱葱"，"景物天成"，"来龙有势，发脉悠远"，"屏帐圜列，相宜有致"，"山环水绕，活力沛沛"；使孝陵在自然景观和人文景观浑然一体之中，营造出风水术所要求的拱卫、环抱、朝揖之势，恰"容规制取具"[4]。

二　"天人合一"是孝陵规划理念的核心

所谓"天人合一"，就是强调"天道""人道""自然"和"人为"的相通、相类和统一（追索天与人的相通之处，以求天人协调，和谐与一致）。封建皇帝作为地上人间君主，死后的陵墓首要的是追求"自然"与"人为"的相通、相类和统一。因此，明孝陵

---

[1] 贺云翱、廖锦汉《明孝陵规划设计思想蠡测》（载《明孝陵志新编》，黑龙江人民出版社2002年版）一文引顾颉等主编《堪舆集成》（重庆出版社1994年版）的说法。

[2] "近案"和"远朝"，又相当于"紫微垣星局"中的太乙、天乙等星。

[3] 形家风水术既要求葬处有"山脉环护"以"藏风"，又要求有水流"界穴"，以防生气流逝。界穴水流，一是横流于穴前的朱雀水，郭璞《葬书》称为"外气横形"，唐杨筠松《撼龙经》称为紫微垣的"御沟"。二是在穴之左右的龙砂、虎砂之内的虾须水，形家又称为"小八字"。《管氏地理指蒙·远势近形》（中华书局、巴蜀书社影印1985年版）中将上述态势概括为"小水夹左右，大水横其前"。孝陵水流界穴之势与此基本相合。以上有关风水之注释，参见胡汉生《明十三陵》，中国青年出版社1998年版，第27—36页。

[4] 明孝陵与北宋帝陵同样重视以风水指导选择陵址，但明孝陵选址完全摈弃了北宋帝陵的"五音姓利"说，因而彻底避免了北宋帝陵选址的弊端，使孝陵址选出"万年吉壤"，突显孝陵气派。此外，梅花山作为孝陵的案山，在风水术中是不可或缺的，所以保留梅花山绝不仅是留孙权"守门"的问题。又，孝陵址乃是按风水术选陵址的成功范例，故此后明十三陵诸陵均按此模式变通选陵址。

选址凝聚了"比德"山水和"与山水相称"的审美理想，力图使明孝陵在建筑人文美同山水自然美的和谐交融与相互辉映中，呈现出神圣、庄严、肃穆、生生不息，永恒伟大的环境氛围，以达到"高山仰止"，"仰崇桥山"（皇帝陵在桥山），臻向"天人合一"的崇高境界。前述明孝陵"凿山为陵"与"取象于地"选陵址的种种风水构成要素，既是孝陵追求"自然"与"人为"相通的主要内涵，也是其"天人合一"理念的体现。

封建皇帝自认为"君权神授"，"受命于天"（"孝陵神功圣德碑"有"受上天之成命"，"天命皇考，诞降发祥"，"后考神圣，与天同运"之语），自称"天子"，故又极力推崇"天人合一"中的"天道"与"人道"的相通、相类和统一（天人感应）。因此，明朝开国皇帝朱元璋，无论营建都城、宫城还是陵墓，均强调"取法于天""方位在天""体象乎天"[1]。具体到明孝陵，空中垂直航拍的照片可清楚看出明孝陵陵园宝顶前的主体建筑（即从正式进入陵园的外郭城大金门开始）的总体规划布局略呈北斗七星状（图6-2-1）。其与北斗七星的对应关系大致是明孝陵的大金门（碑亭为后立不计）约位于天枢，望柱约位于天璇，棂星门约在天玑，金水桥约在天权，陵宫门约在玉衡，孝陵殿约在开阳，宝城及其内的宝顶约在摇光（图6-2-2，图6-3-2）[2]。上述情况显示出明孝陵陵园从大金门至宝顶前的主要配置的关节点，大致各占北斗七星之一的位置，其总体配置呈北斗七星之形，同时二十八宿又分围其外四方（前述青龙、白虎、朱雀、玄武四象即代表二十八宿，图6-3-3）[3]。这样，孝陵陵园宝顶前的总体平面形制则似北斗七星之形，并与中国古代二十八宿（以四象为代表）和北斗星拴在一起的特点相合（图6-3-3、6-3-4），同时古代墓葬中也不乏北斗与四象的资料（图6-3-5，图6-3-6，明代藩王地宫北斗资料见后文之注释）；说明此乃是古代以来的传统。上述情况表明，孝陵址在精心选择之后，宝顶前陵园的规制布局的总体态势确实是"取法于天"，"方位在天"，"体象乎

---

[1] A. 杨国庆：《南京明代城墙》，南京出版社2002年版。该书第三章"明代南京京城城墙的设计思想"中说：明南京城是旧城南斗与新城北斗之聚合，宫城在新城北斗的斗勺之中（详见原文）。

B. 中国古代城市规划拟南斗或北斗形不乏其例，除前述明之旧南京城区似南斗外，贺云翱、廖锦汉《明孝陵规划设计思想蠡测》（载《明孝陵志新编》，黑龙江人民出版社2002年版）还列举了西汉长安城，城南为南斗形，城北为北斗形，人呼"斗城"。温州古城也取北斗星式规划，称"斗"城。如此等等，说明中国古城"取法于天"是有传统的。

C. 明南京宫城的规划"取法于天"，宫城已毁，无规范的平面图。但可以仿明南京宫城的明北京紫禁城为例略作说明。紫禁城象天立宫：从永定门到乾清门于中轴线上置九门，喻天之九重，其间承天门、奉天门、端门等之名均系于天。宫城比作紫微垣称紫禁城，金水河比作银河，奉天殿比作帝星，华盖殿亦星名，（后改称中极，比作紫微垣的中宫）。后两宫名乾清宫、坤宁宫、法象天地。乾清宫东门称日精门，西门称月华门，后两宫左右之东西六宫象征十二星辰。如此等等，不再枚举。

[2] 贺云翱：《明孝陵规划设思想蠡测》，载《明孝陵志新编》，黑龙江人民出版社2002年版。

[3] 四象所代表的星宿是：东方苍龙，之象包括角、亢、氐、房、心、尾、箕；北方玄武之象包括斗、牛、女、虚、危、室、壁；西方白虎之象包括奎、娄、胃、昴、毕、觜、参；南方朱雀之象包括井、鬼、柳、星、张、翼、轸（图6-3-3）。

天"。关于这一点，古人早已指出明孝陵"龙虎诸山会"，"星躔环斗极"[1]，其说与我们现在通过航拍照片所看到的情况是一致的[2]。

除上所述，宝城之后的宝顶略呈圆形，喻意为天，其下面的地宫深置地上；大金门至宝城略呈北斗七星状，凡此无疑就是朱元璋早年"天为罗帐地为毡，日月星辰伴我眠"之憧憬在孝陵的再现[3]。从而充分表达了其"天人合一"，死后"魂归北斗"灵魂升天的理念[4]。但是应当指出，前述明孝陵选址的风水观和"取法于天"，"天人合一"的种种表现，最终都要落实到落孝陵形制布局与自然环境的和谐融合之中，这是明孝陵营陵理念的精髓，其既远超前代帝陵，又对以后的明、清帝陵产生了极其深远的影响。

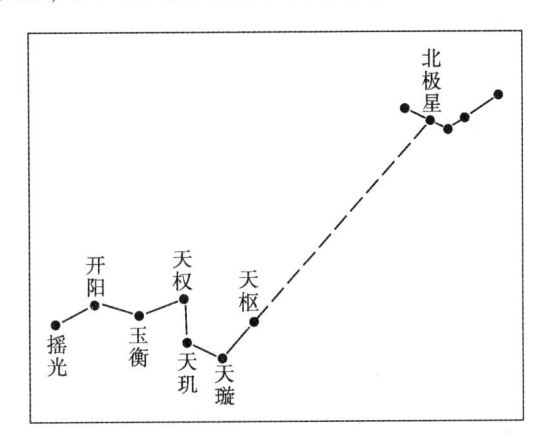

图 6-3-2　北极星及北斗星图
（采自冯时《中国天文考古学》）

---

[1] 李东阳《重谒孝陵》有述。

[2] 北斗于"天官"中负重要职责。A.《史记·律书》："太史公曰：在旋（璇）玑，玉衡以齐七政，即天、地、二十八宿，十母（十干）、十二子（十二支）、钟律调。自上古，建律运历造日度，可据而度也。合符节、通道德，即从斯之谓也。"
B.《汉书》卷二十六，《天文志第六》："斗为帝（天帝）车，运于中央，临制四海；分阴阳，建四时，均五行、移节度，定诸纪，皆系于斗。"
C.《晋书》卷十一《天文上》：北斗是"七政之枢机，阴阳的元本也，故以运乎天中，而临制四方，以建四时，而均五行也"。
上述情况表明，明孝陵的总体形制拟于北斗，当还有更深层次的含义。

[3] 诗句写于朱元璋初起之时，见《九朝谈纂》（天一阁藏本）引《冶城客记》。朱元璋非常注意天象，如《明太祖实录》卷一一五，洪武十九年七月戊寅条记载：朕"夜卧不能安席，披衣而起，或仰观天象，见一星失次，即为忧惕……"《明太祖实录》卷二六，吴元年十月丙午条：朱元璋对侍臣说："天垂象所以警乎下，人君能体天之道，谨而无失……"

[4] "魂归北斗"之理念在明代藩王坟茔中也有明确表现。比如：明益定王朱由木次妃王氏棺下用金钱排列呈北斗星座形（江西省文物队、南城县文物陈列皇：《南城县明益定王朱由木墓发掘纪实》，《江西历史文物》1982年第4期）；明益宣王朱翊鈏墓，棺下笭板上透雕七个圆孔，孔内镶金、银钱，排成北斗星座形（江西文物工作队：《江西南城明益宣王朱翊鈏夫妇合葬墓》，《文物》1982年第8期）；鲁荒王朱檀墓，笭板上雕北斗七星圆孔（山东省博物馆：《发掘明朱檀墓纪实》，《文物》1972年第5期）。

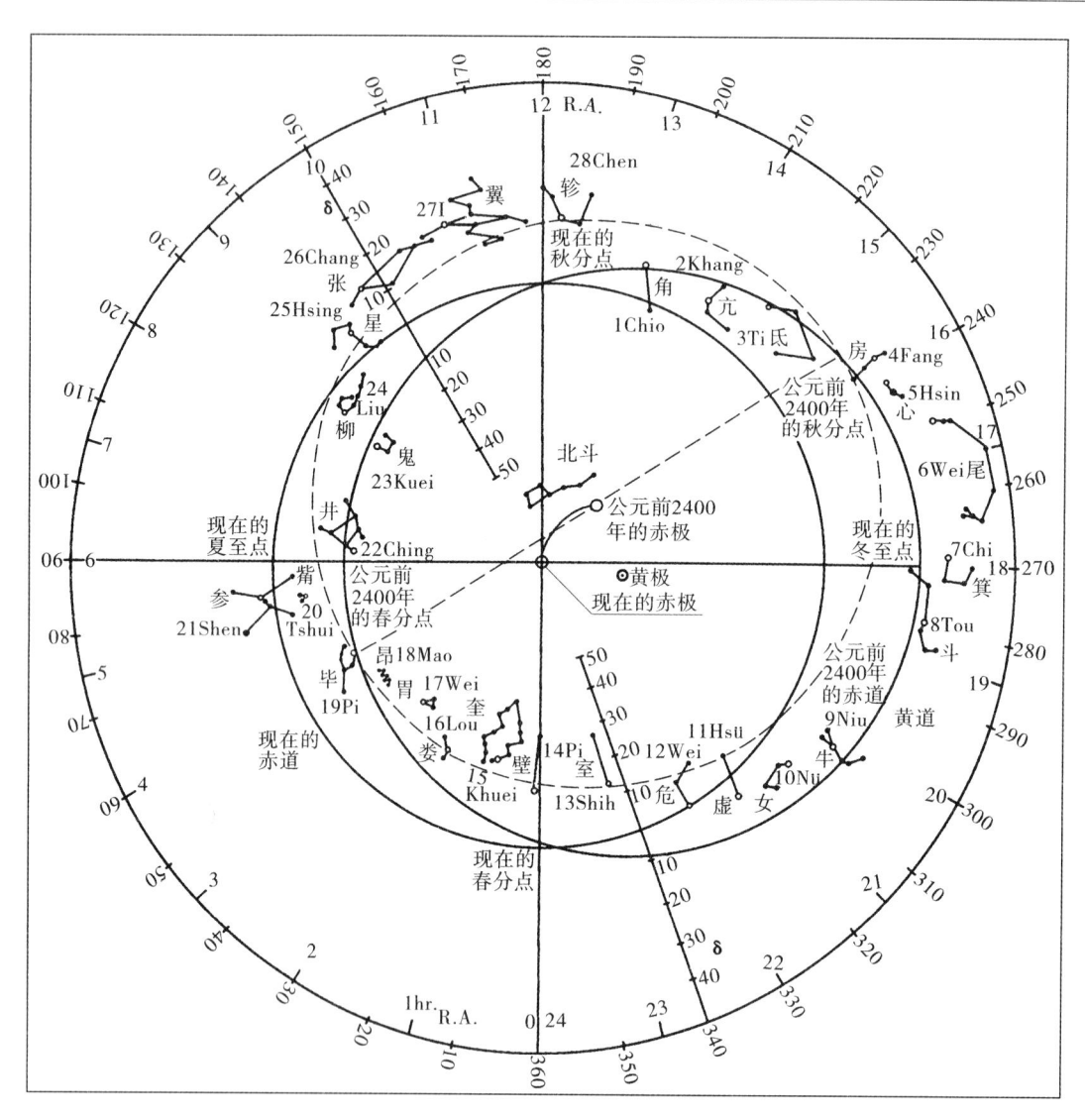

图 6-3-3　中国二十八宿北斗星图（圆圈表示距星）
（采自冯时《中国天文考古学》）

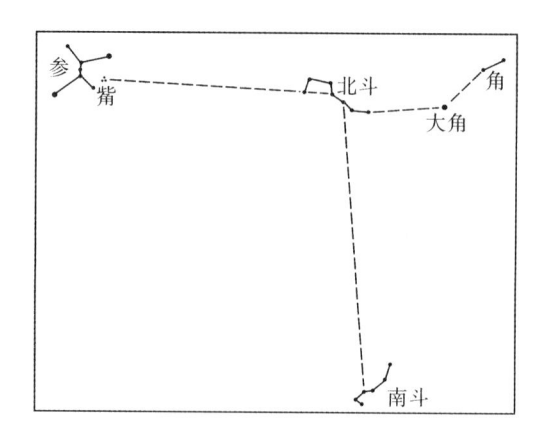

图 6-3-4　北斗拴系二十八宿示意图
（采自冯时《中国天文考古学》）

第六章 明孝陵 343

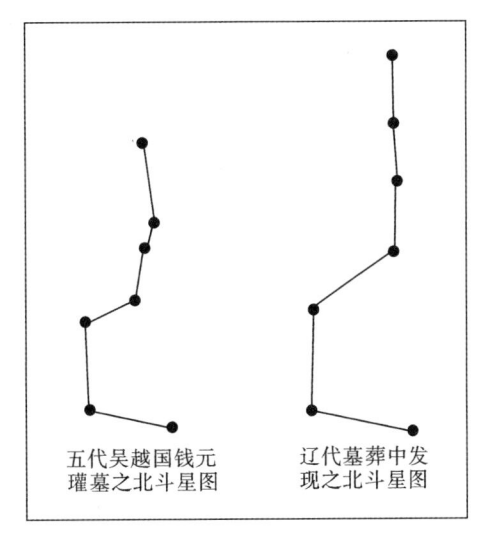

图 6-3-5 五代、辽代的北斗星图
(采自冯时《中国天文考古学》)

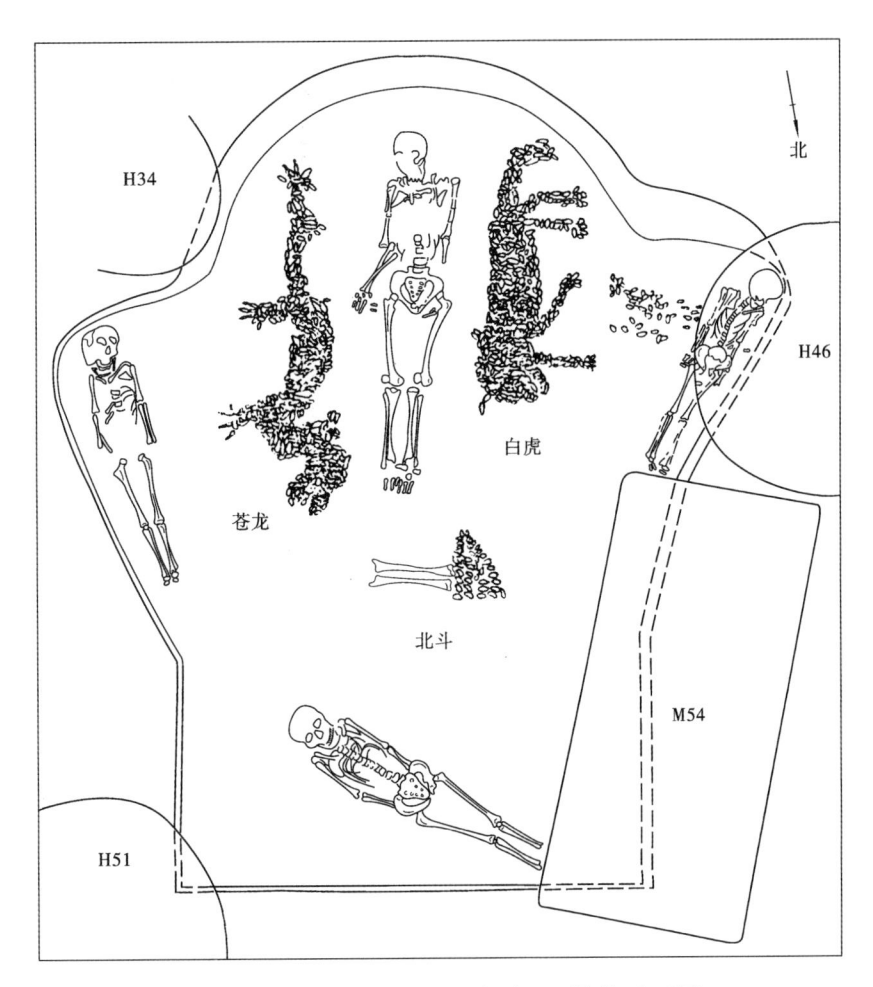

图 6-3-6 河南濮阳西水坡 45 号墓平面图
(采自冯时《中国天文考古学》)

三 礼制是明孝陵规划形制布局的法则

帝陵属于礼制性建筑，被视为"礼之具"（礼制的重要载体之一），并突出"礼辩异"（等级森严，尊卑分明）的功能。从秦汉至宋代，帝陵在这方面已逐渐形成了一套较完整的规制和法则，体现这些规制和法则的帝陵形制布局也随之不断完善和规范化。到明代初期，孝陵从本位出发，按照当时的具体情况，在继承前代帝陵礼制的基础上，又进行了必要的取舍和变化（参见前文形制布局）。总的来看，明孝陵与前代帝陵在礼制上是相通的，是前代帝陵礼制传统的延续和发展（后文有说）。

明孝陵在帝陵礼制上的主要变化有四。第一，孝陵礼制地位较前代帝陵表现的更高，其与宫城的关系更密切，形制布局仿宫城也更明确。明孝陵距明南京宫城很近，同以呈龙蟠之势的钟山为背屏（宫城以富贵山即龙尾为背屏），故朱元璋将这种态势称为"天开万载与王处，地辟千秋永联京"（引文见前面之注），使孝陵与南京和宫城在山形、地脉上联结起来，"王气"归一。此外，据《明太祖实录》记载，洪武九年正月壬年，朱元璋又诏令"王国社主用钟山石"，从而在礼制上把"望秩之所宗"的钟山"王气"与国祚直接联系起来，确立为明朝社稷之象征。上述情况表明，明孝陵在礼制上的地位远高于前代帝陵。与此相应，孝陵在表现礼制的形制布局上，也更拟于宫城（详见后文）。第二，孝陵突出了皇权至上和专制色彩（如取消皇后陵，有殉葬等），此点与宫城的表现是一致的，在孝陵形制布局中也有清晰的反映。第三，孝陵除殿祭外，又增加了"负土礼"（又称敷土礼或上土仪）[1]，从而导致孝陵陵区后部形制结构的变化。第四，前述"天人合一"的理念，也是明孝陵在礼制上的特点之一。上述诸点以及孝陵所承袭的前代帝陵礼制传统，就成为规划孝陵形制布局的法则。

总之，前面所述孝陵选址和规划设计的理念，就是导致明孝陵形制布局发生较大变化的主要原因之一。关于这个问题，除可参阅前述形制布局外，下文还将论述之。

---

[1] 负土礼：《明太宗实录》记载，永乐七年二月戊子，明成祖"谒祭皇陵，祭毕，上亲负土盖陵；于是尚书夏元吉等皆负土以从"。嘉靖·徐楷等修《承天大志》（国家图书馆藏嘉靖年间刻本）说："岁以……清明培土于（宝）顶山，著为令。"负土礼清代文献记载较详，如（清）刘锦藻：《清朝文献通考》，浙江古籍出版社2000年版，卷一五四（王礼）三十记载："乾隆……三年二月戊戌……更定清明上土仪。礼臣议言：清明节山陵增土，因沿前明旧制，但负土十三担，往来二十余次，似觉烦数……"（明）计六奇《明季北略》（商务印书馆1958年版）卷十九：崇祯间，"十二陵每陵遣三品官主祭。陪祭则六品以下二人。又，勋戚一人为担土加坟事"即指上土仪。清代上土仪，遣官素服"荷土循明楼西蹬道升方城至石栏西，以土合于一筐，恭升宝顶，跪敷土于正中"。皇帝谒行礼，路线改为"由明楼东蹬道升至方城石栏东"，余与上同。

第四节　明孝陵构成要素与配置序列源于前代帝陵

自秦汉以来，帝陵的形制布局虽然几经变化，但是其主要内涵和构成要素是大体相通的，各代帝陵形制布局间内在联系密切，发展演变关系一脉相承。具体到明孝陵，由于其形制布局较前代帝陵发生很大的变化，故论者多着眼于此，特别强调孝陵创帝陵新制，或说与前代帝陵陵园形制布局完全不同。其实明孝陵的形制布局并非凭空创新，他同样也是在承袭前代帝陵主要构成要素和配置序列的基础上发展而来。换言之，即明孝陵的形制布局乃是对前代帝陵主要构成要素和配置序列，根据当时当地的具体情况，与时俱进地重新进行排列组合，并予以变通或变化的结果。有鉴于此，下面拟将明孝陵与前代帝陵在主要构成要素和配置序列方面略作比较。

一　明孝陵在唐宋帝陵基础上"稽古创新"

唐宋帝陵坐北朝南，在中轴线上从南向北依次置鹊台、乳台、神道和石象生，其后唐陵有陵墙围成的陵园（即上宫），内置封土和献殿，山下有下宫。北宋帝陵有上宫，上宫内中间置陵台，其前建献殿，上宫之北偏西建下宫，在上宫之西北单置皇后陵上宫。明孝陵与上述唐宋帝陵中轴线上的构成要素和配置序列相比，明孝陵下马坊相当于鹊台位置（两者同为进入陵区的标志），大金门相当于乳台位置（乳台双阙为进入陵园之门，大金门作用与之相同。又下马坊至大金门与鹊台、乳台间距长亦相同），神道与石象生在大金门后相当于在乳台之后，陵宫相当于献殿，宝顶宝城相当于陵台。由此可见，明孝陵主要构成要素与唐宋帝陵相同，只是名称和形制有别而已。在配置序列上亦大同小异，其主要差异是明孝陵神道中间折拐，石望柱置于石象生群中间；陵宫与宝顶宝城分成两个建筑单元。陵宫约相当于唐宋帝陵献殿，同时将唐宋帝陵下宫的服务功能纳入陵宫第一进院落，从而将唐宋帝陵献殿与下宫的功能合一。此外，明孝陵陵宫与方城、宝城连为一体，似由南宋攒宫龟头殿演变而来。即将南宋攒宫龟头殿之殿变成竖长方形，将龟头屋面阔减小，进深加长，龟头屋内石藏子移到加长部分之外形成宝顶[1]。

除上所述，明孝陵有外郭城，陵宫一组建筑有围墙自成院落单元，宝城有城墙围绕。

---

[1] 南宋攒宫龟头殿的形制，参见 A. 陈仲篪：《宋永思陵平面及石藏子之初步研究》，《中国营造学社汇刊》1936 年第六卷第三期。

B. 郭黛姮主编：《中国古代建筑史》第三卷，中国建筑工业出版社 2003 年版。该书第五章第二节"南宋皇陵"及附图。

C. 参见本书第二章《南宋帝陵攒宫》最后注释中，关于南宋攒宫形制对明代帝陵形制之影响的论述。

上述情况，可看作是唐宋帝陵陵台外三重围护经明孝陵分解后的一种新的表现形式[1]。其次，孝陵和东陵共在同一陵区，则应是北宋帝陵集中分置的延续和发展。此外，其他诸如因山为陵（同汉文帝霸陵和唐代多数帝陵）、帝后合葬（同唐昭陵乾陵等）、功臣陪葬（同汉唐帝陵）、广植松柏（同唐宋帝陵柏城）、陵号取单名（同汉·唐和宋代帝陵）、立碑（同唐陵）、设棂星门（两宋下宫有棂星门，南宋攒宫上宫有棂星门）、陵宫有东西庑和燎炉（见于南宋攒宫之下宫）等，亦与前代帝陵多有相同之处。上述情况表明，明孝陵的构成要素和配置序列均源于唐宋帝陵，其所创新制，乃是在前代帝陵的基础上演变发展而来的。因此，应将其称为"稽古创制"。

二　明孝陵与明皇陵的比较

明皇陵（参见本书第五章）较明孝陵营建略早，均建于朱元璋之世，所以明孝陵的创新部分与明皇陵的关系更为密切。试举八点。

第一，明皇陵在中都城外南偏西，大体与中都城统一规划。明孝陵在明南京内外城间，更靠近内城垣和宫城，与明南京内城和宫城的营建大致同步，并成为明南京内外城间的重要组成部分（后文有说）。

第二，中国古代帝陵陵园三城环套始于明皇陵（明皇陵三城环套亦从宋陵陵台外三层围护发展而来），此点与明孝陵的关系，略同前述唐宋帝陵陵台外三层围护与孝陵的对应关系。明皇陵砖城和皇城砖筑，明孝陵外郭城墙、陵宫和宝城城墙亦砖筑。明皇陵最外土城正门称正红门，孝陵最外入口处称大红门。大金门一称亦与明皇陵金门有关。

第三，明皇陵砖城出现四明楼之制，正门前设棂星门。明孝陵的明楼、棂星门即在此基础上演变而来（位置有变）。

第四，明皇陵神道石象生群以望柱为界分两段配置，明孝陵神道石象生群总体态势亦如是（具体情况有变化，后文有说）。

第五，明皇陵皇城正南门前立碑和碑亭（宋陵无），明孝陵同样立碑和碑亭（位置有变，缺无字碑）。

第六，明皇陵皇城竖长方形，将唐宋帝陵献殿和下宫主要功能（不含辅助功能）合一；皇堂仿中都宫城奉天殿，两侧有东西庑，西有燎炉。孝陵陵宫基本承袭上述模式，并进一步完善化（参见前述形制布局部分）。

第七，明皇陵陵台方形覆斗状，被隔在皇城后红门之外，明孝陵将陵台改为圆形宝顶，置于陵宫后过渡空间之北，其位置之态势同皇陵。

第八，明皇陵设内外金水河与桥，明孝陵则增为三。

---

[1] 唐陵陵台外有上宫，外城、如乾陵已发现外城遗迹，最外兆域"立封"。北宋帝陵陵台外有上宫，其外围棘寨，兆域以"封堠"为界标，其间围以篱塞。南宋攒宫外篱、里篱、红灰墙环套，参见本书第一章《北宋帝陵》、第二章《南宋帝陵攒宫》。

综上所述，明显可见明孝陵神道石象生群的配列形式，陵宫主体建筑形制布局模式，陵宫与宝顶的位置关系等核心部分，基本上是按照明皇陵的模式发展形成的。其他诸如明楼、棂星门、陵立碑、金水河与桥等，亦先出现于明皇陵。因此，明代帝陵形制之变化应始于皇陵，而孝陵则基本完成了这种变化的转化，形成较完整而规范的模式，此乃明孝陵创帝陵新制之关键所在。总之，通过本节的介绍，清楚地表明，我们在谈明孝陵创帝陵新制时，是不能将其与前代帝陵传统截然分开的。否则，明孝陵创帝陵新制就会成为无源之水，无本之木，这是不符合事实，也是不符合中国古代帝陵形制布局发展演变规律的。

第五节　孝陵新制的主要特点与艺术特色

一　孝陵新制概述

明孝陵是我国现存古代帝陵中规模最大者之一，其有别于前代帝陵的主要特点有二。首先，明孝陵位于明初都城南京的内外城之间，邻内城垣，建于独龙阜的孝陵与富贵山下的宫城龙脉相连，孝陵与大规模营建南京城和宫城基本同步，统一规划（甚至孝陵外郭城墙亦与明南京内城墙同样沿地形山势修建），因而孝陵属南京城的重要组成部分，这个特点在中国古代都城和帝陵中尚无二例。其次，明孝陵废去唐宋帝陵的鹊台、乳台、上下宫（同时废去宋陵皇后陵上宫）和献殿，将这些帝陵构成要素改头换面，重新排列组合配置，形成相应的下马坊、大金门（其后为神道置石象生，同唐宋帝陵）、陵宫（将唐宋帝陵献殿和下宫功能合一），将唐宋帝陵方形覆斗状陵台改为圆形宝顶和宝城（皇帝和皇后合葬于宝顶下玄宫内）置于最后，宝城之前建方城明楼；孝陵前区自由配置，后区规整，对比强烈。这就是与前代帝陵形制布局迥然不同，并成为以后帝陵范本，在中国古代帝陵发展史晚期阶段具有里程碑意义的孝陵新制。对此，下面拟分部位略述孝陵新制的特点。

二　孝陵新制在形制布局上的主要表现和特点

（一）孝陵前区呈多次折拐的独特线型结构

从下马坊至神道棂星门后第二道御桥属孝陵前区，呈线型结构。该区有梅花山，地形复杂，因而从下马坊进入陵区后随地形绕梅花山而行，形成四处大折拐（下马坊至大金门和碑亭，碑亭至神道望柱，望柱至棂星门，棂星门至第二道御桥。图6-2-1），全长2086米，占孝陵全长（2620米）的3/4强。道路沿途树木葱郁，曲径幽深，除神道两侧置石象生外，其他部位配置稀疏。孝陵前区大金门至第二道御桥，正处于前述北斗形的斗勺部位（其曲折之状亦如斗勺）。因此，这部分的曲折，除随地形而行外，还有特意保留梅花山使之成为案山，形成斗勺的深层次的含义（参见前述情况）。

（二）神道中间折拐，石象生种类、组合、配置序列别具一格，形成新的类型

神道及神道上所置石象生的种类、数量、组合、体量、形制、配置序列、形式和线型之异同，乃是各个时期帝陵陵园特点的重要标志之一。

孝陵神道一改唐宋帝陵神道直对上宫南神门的模式，也不同于明皇陵神道介于砖城和皇城间的直线模式。孝陵神道中间折拐，以棂星门收尾，神道斜向陵宫，石象生亦随神道折拐分两段配置。此种情况，为前代帝陵所未见。

孝陵神道石象生的种类和组合较明皇陵石象生少虎、羊，控马官和宫人；狮由8对减为2对，望柱由2对减为一对，较皇陵增加了骆驼、象和麒麟。孝陵石象生除望柱一对外，其余各类石象生均为4件（不同于以前所有帝陵，更为规范化），石象生的数量由皇陵28对减为17对。在配置序列和形式上，皇陵以獬豸为首，望柱置于狮马之间，石象生群呈直线配列。孝陵石象生群以狮为首，望柱置于石兽与石人（武将）之间，并处于神道折拐点上。

明孝陵石象生群与唐乾陵石象生群相比（乾陵具代表性），同种类者只有华表（望柱）1对相同，乾陵5对石马孝陵减为2对，乾陵石人10对孝陵减为4对（文武官各2对）[1]；孝陵去掉了乾陵的翼马、鸵鸟、牵马人；乾陵石象生46件（不计王宾和碑），多于孝陵。在配置形式上，乾陵石象生直线配列，神道（650余米）短于孝陵神道（但是，乾陵鹊台至乳台约2350米，其与神道长之和大于明孝陵下马坊与神道长之和），两列石象生间距（约25米）宽于明孝陵，各列石象生间距则短于明孝陵，乾陵石象生体量多大于明孝陵。乾陵石象生配置以华表为首，其后为一组神兽瑞禽，一组石马石人（唐泰陵已出现文武官），中间无明显分界，石碑置于石象生群之后（孝陵碑置于石象生群之前）。明孝陵石象生的组合与之差异很大，配列则与之完全不同。

明孝陵石象生与北宋帝陵石象生相比，望柱1对、马2对、武官和文官各2对相同；象北宋帝陵1对，孝陵增为2对；孝陵去掉了北宋帝陵的训象人、瑞禽石屏、角端、控马官、虎、羊、客使和武士，数量由北宋帝陵46件减为34件。在配置形式上，北宋帝陵石象生直线配置，神道（150米左右）短于明孝陵，石象生两列间距（40余米）宽于明孝陵，各列石象生间距（4—5米左右）短于明孝陵，石象生体量小于明孝陵。北宋帝陵石象生配置以望柱为首，其后相继配列象和神兽瑞禽，马、虎、羊、客使、文武官和武士三组石象生，其间无分界，情况不同于明孝陵。此外，再指出两点。第一，唐宋帝陵石狮只置于上下宫神门之外，明皇陵和孝陵则将其列入石象生序列，第二，东汉时期人臣墓已出现狮、獬豸、骆驼、象、麒麟和马等[2]。金元时期《大汉原陵秘葬经》中记载[3]，帝陵

---

[1] 按，唐代桥陵以獬豸代替翼马与明孝陵同。
[2] A. 杨宽：《中国古代陵寝制度研究》，上海人民出版社2003年版，第78—85页。
    B. 李毓芳：《唐陵石刻简论》，《文博》1994年第3期。
[3] 《大汉原陵秘葬经》载《永乐大典》九十一册，卷八一、九九、十九庚，陵字内收录，中华书局1959年影印。

石象生中有骆驼。所以明孝陵石象生中的石兽种类均非原创，只是将已出现过的石兽种类进行筛选，重新组合而已。

总之，明孝陵石象生将1对望柱置于神道折拐的关节点上，前段置石兽，后段置武将文臣（武将在文臣之前亦有别于前代，并为明长陵所承袭），前后两段各类石象生数量相同；前段神道长约是后段神道长的2.5倍（618米÷250米＝2.47），两列石象生间距窄，各列石象生间距长，使石象生的配置于疏朗之中显出密集的效果，从而更加突出了神道深邃神秘的氛围。这种情况通过与前代诸陵石象生群的比较，显而易见，明孝陵石象生群无论是种类、数量、组合、配置序列和形式，还是石象生的体量，石象生两列和各列间的间距均发生很大的变化，别具一格，因而形成一种新的类型。

（三）孝陵后区仿宫城前朝后寝之制、布局规整、建筑密度大，规模宏伟

清代《康熙江宁府志》说：明孝陵的"宝城、明楼、御桥、孝陵殿、廊庑、墀道、戟门、文武方门、大殿门、左右方门、御河桥、棂星门、华表、多同大内制"。即明孝陵的规划布局乃是以南京宫城为原型。如前所述，由于孝陵在地位上和礼制上比拟宫城，故孝陵宫和宝城实如大内之前朝和后寝（后文有说）。在建筑布局上，从文武方门至宝城后墙只占孝陵南北总长1/3的地段内，却几乎集中了孝陵的全部建筑，其密度之大，各建筑单元衔接之紧密，布局之规整，规模之宏伟，前朝后寝配置之明确，均为前代帝陵所不及（首开帝陵此种配置形式之先河）。

（四）陵宫是孝陵主体建筑，是皇权的象征，布局仿宫城前朝之制

陵宫位于孝陵后区的中间部位，是孝陵举行祭祀活动之所，也是孝陵规模最大的土木结构的主体建筑。其建筑呈院落化纵向布局，第一进院落为祭祀辅助空间。北面第二进院落孝陵门如大内奉天门之制（见前述情况），门内正面孝陵殿面阔九间，进深五间，表示"九五"之尊；大殿庑殿顶覆黄琉璃瓦，殿下石须弥座台基，前后出丹陛，殿前左右置配殿（如奉天殿前左右之文武楼）。上述布局完全拟于大内奉天殿一组建筑，是大内前朝之制在孝陵的再现。这是孝陵突出殿祭，也就是突出皇权，重在表现皇权至上的必然结果。

（五）方城宝城与陵宫有机相连，制如宫城之后寝，形成孝陵的核心

孝陵殿后开内红门，内红门与方城明楼间以南向长凸字型院落连接，其态势犹如明北京紫禁城（仿明南京大内，明南京大内无规范的平面图，故以紫禁城代替之）内廷之乾清门至后寝乾清宫的御道，形成陵宫与方城间的过渡空间。方城明楼约相当于紫禁城乾清宫前月台部位，宝城宝顶则相当于紫禁城后寝一组宫殿的位置。帝陵是皇帝安息之所，故在宝顶之下葬朱元璋和马皇后的玄宫之形制恰如宫城之后寝[1]。玄宫之上的宝顶和宝城则是帝陵的标志，因而成为孝陵体量最大的核心构筑物。

（六）方城明楼、哑吧院和宝顶宝城是孝陵新制的标志

方城明楼、哑吧院和宝顶宝城为孝陵所独创，是孝陵最具特色之处，也是孝陵创新制主要的标志性建筑，并为此后明清帝陵所承袭。关于方城明楼、哑吧院和宝顶宝城出现的原因，史无明载，故历来猜测颇多[2]，这些猜测大都有一定道理。除此之外，我们认为，

---

[1] A. 据中国建筑艺术全集编辑委员会编：《中国建筑艺术全集·明代陵墓建筑》，中国建筑工业出版社2001年版，第31页。明十三陵定陵玄宫"仿九重法宫为之"，九重法宫原指宫中寝宫。定陵玄宫前、中、后三殿，就正与紫禁城中乾清宫、交泰殿及坤宁宫的布局意象吻合，左、右配殿则和乾清宫两旁居住后妃的东、西六宫位置相应。定陵"仿永陵制"的玄宫制度，永陵实际上是继承长陵以来的玄宫制度。笔者按，长陵规制继承孝陵，但孝陵玄宫形制布局是否"仿九重法宫为之"，尚无确证。

B. 从明藩王坟茔来看，现已刊布的资料中，以死于洪武二十二年的鲁荒王朱檀的墓葬资料最早。明代藩王中亲王坟茔下帝陵一等，鲁荒王茔园享堂一组建筑，院落两进，无方城明楼，无宝城，坟冢圆形，合下帝陵一等之制。其地宫平面呈T字形，前后室拱券成正交的"丁字大券"（同定陵）。以上参见山东省博物馆《发掘明朱檀墓纪实》，《文物》1972年第5期。又死于永乐二十二年的辽简王朱植地宫平面则呈十字形，与定陵玄宫相似。以此证之，明长陵玄宫当为"仿九重法宫为之"。鲁荒王地宫与辽简王地宫相比，主要是无中室两边之侧室，这种情况似乎与其严格遵循下帝陵玄宫一等规制有关。明代亲王坟茔地宫平面呈十字形者较少，明显逾制。上述情况表明，孝陵玄宫当高鲁荒王地宫一等，长陵又继承孝陵规制，所以孝陵玄宫很可能亦"仿九重法宫为之"。辽简王墓，见荆州地区博物馆、江陵县文物局《江陵八岭山明代辽简王墓发掘简报》，《考古》1995年第8期。

[2] A. 胡汉生：《明朝帝王陵》，北京燕山出版社2001年版。该书第30页说："由于玄宫之后紧贴钟山，左右又有护砂抱卫，地势所限，于是有了平面为圆形，前设一座明楼的宝城，城内的墓冢也因之取馒首自然隆起之形。因为，如果孝陵仍继续沿用皇陵砖城平面为方形，且四面各置明楼的形式，则不仅砖城的平面分布与其左右'八字'形的界水和砂山走向不相和谐，而且因陵后为高山，左右为水流，其后、左、右三面明楼及城台的设置也毫无意义。而孝陵圆形的宝城则妥善地解决了与自然地貌的关系问题。前面城台明楼之设，则起到了沟通宝城与前面殿宇的联系问题。另外，孝陵宝城左、右、后三面邻山的地理环境，又是宝城前纵深布列院落、安排殿宇的直接原因。而陵区四面环山、兆域内明堂广大的地理特点又使神道长远深邃。"

B. 胡汉生：《明十三陵》，中国青年出版社1998年版。该书第245页说：笔者认为，"孝陵之所以采取这种前方后圆的陵制体系，完全是为了与山水形势和谐相称。因为，只有这种前方后圆的陵制体系才与陵后'个'形的山脉走向，和依山建陵将'穴'定于脉止之处的做法相适宜。反之，如果继续采用以'穴'为中心，四方设门的方陵体制，则不仅陵后、陵左、陵右三面陵门的设置毫无意义（陵后、陵左、陵右紧邻山脉或水流），平面方形的陵墙与曲折的山水走向也极不适宜。基于此因，孝陵的宝城才设计成了圆形平面，且仅于南面建明楼一座"。（转下页）

上述情况出现的原因大致有六：第一，宝顶因独龙阜之势而筑。玄宫建于独龙阜地下，独龙阜自身高度远在前代帝陵陵台高度之上，若在独龙阜上建方形陵台，既不好把握高度标准，又难以营建，故在玄宫上因独龙阜就势堆土和卵石，形成圆形（前已介绍宝顶约60%的地方是在独龙阜体表上堆填的）。第二，在南京多雨地区，封土呈圆形，利于排雨水，防止雨水对陵的冲刷。同时圆形又便于在其上覆大量卵石以防盗陵。第三，明代有"负土"盖陵之礼，若在独龙阜上筑方形高陵台则难以攀顶盖土（似接受了明皇陵覆斗形陵台难以盖土的教训）。同理，哑吧院也是因"负土"礼而设（参见前述情况），方城明楼作为宝城宝顶前的标志除增加壮观效果外，亦是与"负土"礼登宝城宝顶相关的结构（参见前述情况）。第四，符合前述"天人合一"和北斗说。玄宫是朱元璋魂归北斗升天之所，宝顶呈圆形既与"天人合一"和北斗说相呼应，又实现了朱元璋孜孜以求的"天为罗帐"，"伴我眠"的夙愿。此外，也可理解为玄宫为天子灵魂升天之处，呈圆形以象天；陵宫是在世皇帝祭陵之所，呈长方形，配置如大内前朝之制以象地，所以两者呈"象天法地"的"天圆地方"的形式。第五，宝顶圆形与周围山脉形势有关。宝顶呈圆形合于周围山势氛围，且更像"山陵"。陵宫呈长方形乃是承袭皇陵，同时在布局上又与左右砂（龙山、虎山）和孝陵后区风水主轴线相适应。第六，前代圆形封土屡见不鲜[1]，可能有一定的借鉴因素。总之，前述诸点综合起来，相互作用，遂在形制上形成这种独具匠心的特点。

（七）三河三桥是孝陵功能区划的界标，又是将孝陵联为有机整体的锁钥

三河三桥（图6-2-2）为孝陵创制（皇陵为二河二桥，位置与孝陵不同），是巧妙利用自然小河与孝陵形制布局有机结合的成功之作。从孝陵总体规划来看，棂星门北第二

（接上页）C. 杨宽：《中国古代陵寝制度史研究》，上海人民出版社2003年版。第49页：北魏永固陵"有高大坟丘，基底方形，上部圆形"；第68页："从明孝陵起，开始改为圆形。这可能和六朝以后南方的帝王坟墓采用圆形有关。六朝陵墓除了那些深藏在山腰里不起坟丘的以外，起坟丘的陵墓都作圆形，不见有方形的。"第74页："《水经注·淄水》所说旧齐'四王冢'，也都是'方基圆坟'。"第77页："昭陵大多数陪葬墓都是圆锥形的。"

D. 贺云翱、廖锦汉：《明孝陵规划设计思想蠡测》，载《明孝陵志新编》，黑龙江人民出版社2002年版。说："我们甚至认为，朱元璋把陵墓从以前的方形改为圆形，陵宫做成长方形，也许还包含了'天圆地方'的涵义。"

E. 贺云翱、王前华：《明孝陵文化价值点评》，载《明孝陵志新编》，黑龙江人民出版社2002年版。文中说："孝陵继承了南方帝王陵寝制度的传统，如圜丘（指宝顶宝城）和长方形陵宫早在六朝时期已广泛见于南方帝王陵寝建筑，朱元璋发展光大了这种南方传统"。

F. 刘敦桢《明长陵》，《中国营造学社汇刊》1933年第4卷第2期。文中说："明洪武营孝陵，坟之平面，改方为圆、若馒首形。殆因长江流域，无方坟之习，洪武耳濡目染，受环境影响使然欤。"按，南唐陵墓封土即为馒首形。除上所述，笔者认为，宝顶改为圆形，应与前述朱元璋"天为罗帐地为毡。日月星辰伴我眠"思想密切相关。

[1] 见前页注〔2〕之C、E、F。

道御河和桥是南部导引区和北部主体建筑区的分界。从功能上看，孝陵恰以三河三桥为界标，将陵园分为四区。即下马坊至第一道御河御桥是进入陵区的前导部分；第一、二道御河御桥间为神道石象生区，是正式进入陵区的导引部分（略如明北京紫禁城从承天门至午门）；第二、三道御河御桥间置孝陵主体建筑陵宫，相当大内之前朝，属孝陵常规祭祀区；第三道御河御桥之北建方城明楼、宝顶宝城，相当于大内之后寝，属孝陵核心祭祀区。孝陵三桥仿大内之内外金水桥，并根据实际情况增建最后一座御桥。上述情况表明，第一道御桥直至宝顶宝城，三道御桥所分三区实比大内（这也是孝陵在礼制上拟于宫城的表现之一）。总之，无论从哪个方面来看，三道御桥都是孝陵总体规划布局的分区界标。此外，由于孝陵总体规划有意将三座御桥置于孝陵结构的关节点上，所以三座御桥又成为将陵域空间有机相连的锁钥。可以说三桥在孝陵总体规划布局中的分割和连接作用是不可替代的，因而使孝陵形成独具特色的完整布局序列。

（八）孝陵功能分区出现新变化

前面已经介绍了孝陵四个功能分区的概况，其与唐宋帝陵功能分区最大的区别是多出一个陵宫区。陵宫区始出现于皇陵，孝陵则将其规范化和体系化，这是明代帝陵在礼制上重视和突出殿祭的必然结果。其次，孝陵后区若细分，尚可分为紧密相连的陵宫主体建筑区，陵宫后的过渡区，方城明楼及其前两侧略作扩展的小院和方城之后的哑吧院区，宝顶宝城区。孝陵上述功能分区状况，是前所未见的崭新的功能分区模式。

（九）孝陵后区主轴线不是孝陵的中轴线

起于棂星门后第二道御桥的孝陵主轴线（图6-2-1），前已说明它是孝陵风水的主轴线。孝陵后区主要建筑和构筑物均位于这条主轴线上，这是风水主轴线的功能和作用使然。陵宫左右配殿等既可看作以主轴线为准对称配置，也可看作以孝陵殿为准对称配置。陵宫之后基本上不存在左右对称配置问题，特别是宝顶形制不甚规则，其中分线和中心点也不在主轴线上。所以孝陵后区主轴线虽然可看作是陵宫的中轴线，但它并不是后区真正的中轴线。就孝陵整体而言，孝陵后区主轴线与孝陵前区和外郭城无关，与传统意义上的中轴线迥异，故不宜将其称为孝陵的中轴线。

（十）孝陵开陵区共用一条神道之先河

前已介绍皇太子朱标陵墓在孝陵陵宫东垣之东约60米处，与孝陵在同一陵域内，朱标东陵无单独的神道，而是与孝陵合用一条主神道（包括与神道相连的御河桥）。此制前所未见，并为明十三陵、清东、西陵承袭之。

三　明孝陵形制布局的艺术特色

（一）形制布局与自然景观高度和谐，"一体于青山"

明孝陵规模宏伟，气势磅礴，形制布局特点独具，由此又产生了许多艺术特色。前已说明，明孝陵以堪舆（风水）山水之术指导选择陵址，在营陵理念上浸透了"天人合一"的哲学观和文化精神，因而明孝陵最大的艺术特色就是与自然景观的和谐统一，浑然一体。至于其他艺术特色，则大都是在此基础上派生或演化而来。

明孝陵静卧于青山绿水环绕拱卫之中，陵址所在地"郁葱巍焕，雄胜天开"，充满了无限的生机与活力（孝陵植松树十万株，养鹿千头，亦可看作是与此相匹配之举）。如此的胜景，均被纳入明孝陵的规划设计和布局，使之融入了生态建筑学和景观建筑学的精髓，"一体于青山"，形成了陵在景中，陵即是景的全自然之势。在孝陵人文建筑美与自然山水之美的相互渗透和交相辉映之中，尽善尽美地营造出孝陵的环境氛围。

具体言之，孝陵空间序列的各个部位，均是与自然景观完美结合的典范。比如，神道充分利用梅花山体的形状和象天法地的景象，依势创造出幽深曲折的神道与山体合一的形态；同时置于神道上的石象生形象写实，配列蹲立交替，并按神道的走势控制相应空间的坐标，使神道既庄严肃穆，又栩栩如生，而成为巧夺天工的杰作。陵宫建筑群正选在青龙（山）白虎（山）左辅右弼之间的平地上，其前接御桥和神道，后以独龙阜为背屏。如此完整而独立的空间，恰为陵宫所需。这样，周围的景观态势，不仅与陵宫协调一致，烘托出陵宫"居中为尊"，达到了突显陵宫殿祭和皇权至上的目的，而且还使方正、宏大的陵宫主体建筑群在孝陵总体规划布局中起到了稳定、均衡的重要作用，因而成为点睛之笔。孝陵的陵穴，选择在群山簇拥之下的独龙阜凿山为陵，这座在群山中的山陵体量庞大而高耸的宝顶，以"比德"山水之势雄峙于孝陵之末端，俯瞰整个陵域，臻向《诗经》所赞颂的"高山仰止，景行行止"的伟大，永恒而崇高的境界。此外，宝顶之前又建方城明楼，周建宝城，在孝陵之中形成了独立的封闭的核心构筑单元。其建筑布局的隐秘性，外观的高大、神圣和威严的气势，均达到了明孝陵形制布局的最高潮。朱元璋就安息在这样的宝顶之下，完全回归自然之中。至于三条自然小河，孝陵规划者更是独具匠心地在三河上建三桥，这样就使原本被三河切割打破的陵域空间的有序性和完整性，又相互连接为统一的整体；同时又使河与桥成为孝陵形制布局的重要结构和景致小品，将孝陵装点的更加完美，更富于生机。

上面所述，实际上是孝陵的营建者精确地把握住了陵域山水景观之真谛，将自然景观与孝陵规划设计准确结合，熟练地运用节点布局艺术，把孝陵布局结构中的关键部位置于特定的自然景观之中的结果。这样，相关的自然景观不仅极大地增强了对孝陵形制布局的烘托作用，变成了孝陵规划布局艺术的特色；而且孝陵各相关部位又可依托和配合这些自然景观，考虑形制布局和借景，造景等问题，以形成所需的环境氛围。就此而言，可以说孝陵是成功的。

（二）孝陵呈现出"形势相异""远近行止不同"的布局艺术效果

前述情况，进而言之，又是与采用风水意义上的"形"与"势"及其辩证关系，来组织处理孝陵外部空间的规划设计密不可分的。《管氏地理指蒙》指出，"千尺为势，百尺为形"（起模数作用），"远为势，近为形；势言其大者，形言其小者"，"远以观势，虽略而真；近以认形，虽约而博"；并强调"形者势之积，势者形之崇"，"驻远势以环形，聚巧形而展势","于大者远者之中求其小者近者,于小者近者之外求其远者大者,则势与形胥得之矣","形以势得。无形而势,势之突兀;无势而形,形之诡讹"。具体到孝陵陵域来说,周围远山为势,近山为形;周围诸山为势,孝陵本体为形(孝陵与自然景观的关系)。对孝陵本体而言,孝陵全部建筑组群及其远观效果为势;孝陵单体建筑、局部和细节建筑空间构成及其近观效果为形。"势"要求重视整体立意,结合自然环境,以连贯的程序,多视点地进行"形"的组合(全景布局艺术),孝陵的总体规划布局正是按此原则进行设计的。因而孝陵的全景布局气魄宏大,性格鲜明,时空序列转换流畅,并展现出"移步换形,相生为用"的特色。"形"重在单体建筑和局部空间构成的尺度宜人(不采用超人的尺度夸张),造型精美,艺术形象既符合性质要求,又丰富多彩,气韵生动,并求取"聚形而展势"。也就是说,单体建筑或某一建筑组群也有"势"与"形"和"积形成势"的问题。比如,孝陵陵宫至方城明楼一组建筑的纵深即是按"千尺为势"来确定的。而陵宫及其各单体建筑的面阔、进深、高度、轴线的起止点,庭院的围合,左右对称配置的位置等,则是按"百尺为形"来确定的。这些"形"组合起来,就成为该建筑组群之势。上述"势"与"形"及其辩证关系,就使孝陵在时空序列转换中呈现出大小、高低、长短、远近、离合、主从、虚实、动静等连续有致的变化,并使孝陵总体和局部与周围自然景观形成交相辉映和相辅相成的密切关系,产生"形势相异","远近行止不同"的完整艺术效果[1]。

除上所述,孝陵还辅以其他一些布局艺术手法。比如,在孝陵本体之外以四灵(四象、即青龙、白虎、朱雀、玄武)对景烘托得布局艺术;以曲线为辅(神道)直轴线为主(即陵宫所在的风水主轴线)前后有机结合的线型布局艺术;多点鸟瞰布局艺术(陵宫、方城明楼、宝顶宝城)等。凡此,也都是孝陵布局艺术的重要特色[2]。

(三)形成时代特征鲜明的严整布局体系

明孝陵的形制布局乃是其营陵理念的物化形式,是陵墓的性质、内涵和形式与周围自然景观的高度和谐统一,是科学性、艺术性与工匠高超技术和创造精神的完美结合,因而形成了具有鲜明时代特征的严整布局体系。这套严整布局体系,以"陵制与山水相称"为原则,有力地烘托出孝陵的神圣、肃穆和庄严;在突出陵宫主体建筑和宝顶宝城核心至尊

---

[1] 中国建筑艺术全集编辑委员会编:《中国建筑艺术全集·明代陵墓建筑》,中国建筑工业出版社2001年版,第10—11页,关于"形"与"势"的论述。
[2] 孝陵平面形制布局艺术特色与孝陵立面建筑艺术相结合,才是孝陵完整的艺术特色。但是,孝陵立面建筑大都残毁,少量残存者已面目全非,故现在只能谈孝陵平面形制布局的艺术特色。不过,从孝陵残存的立面建筑和遗物,仍可窥见孝陵的建筑规模宏伟,主要建筑使用石造须弥座台基,其护栏、望柱、螭首、踏道等均镌刻精美的纹样;屋顶当初覆各色琉璃瓦(孝陵殿覆黄琉璃瓦),用琉璃吻兽;棂星门等采用琉璃装饰。主要建筑开大跨度拱券门(其跨度远超前代),用鼓镜式柱础(为以后明清官式柱础),以及当年金碧辉煌和富于祭祀纪念氛围的各种彩绘等。这些建筑特色之残余与前述孝陵平面形制布局艺术相结合,仍可多少看出一些相得益彰的艺术效果。

地位的前提下，形成了空间序列复杂的建筑组群，以及由此演变而来的风格迥异，对比强烈的功能分区。这套严整的体系，空间序列各个环节前后呼应，互为表里，丝丝入扣、紧密结合，在统一中求变化，于共性中充分展示个性，特点独具。这套严整体系，在建筑空间和体量上从南向北，自外而内，先疏后密，疏密有间，从低到高、错落有致；使孝陵整体布局流畅、宏伟、节奏抑扬、起伏跌宕，主次分明，尊卑有别，出神入化，张弛有度，层层递进推向高潮。因此，这套严整体系具有强烈的纵深感和雄伟的气势，充分地营造出孝陵各部位所需的活力、明快、幽静、深邃、崇高、至尊、庄严、神圣、永恒和隐秘的种种氛围，令人叹为观止。所有这一切，都是与孝陵规划设计和营建者准确地把握住陵寝礼制纪念性建筑的性质，发挥聪明才智，在孝陵大规模建筑组群中创造性地运用各种布局艺术所取得的非凡成就密不可分的。

四　石象生的艺术特色

孝陵神道石象生体量较大（如石象重可达80吨，石象生尺寸见前文之注），造型厚重，风格粗犷，简朴，注重写实。石象生圆雕，线条流畅，间用减地法，装饰或无或较少，仅个别部位精雕细琢。具体言之，石狮造型逼真，肌肉，鬣毛表现突出，神态栩栩如生，是石象生中的精品。石象，写实，造型浑厚，既形似又略显神似，憨态可掬；象的耳部雕刻精细，在鼓起的耳轮内耳脉出露，若隐若现，是石象生中的精品。麒麟和獬豸，麒麟鳞甲和鬣毛雕刻较细，獬豸雕刻粗糙，两者均未充分表现出神兽应有的神态。驼与马，骆驼写实，造型较好，无装饰无细部雕刻。卧马雕塑相对较好，立马各部位不太合比例，仅马鬃雕刻较细，神态呆滞，是石象生中的败笔之作。武将和文臣，写实（对研究明初武将文臣之服饰有重要参考价值），武将甲胄雕刻精细，文臣重在表现衣纹；但人物面部形象较差，未能真切地表现出肃穆而哀戚之情。望柱（图6-2-9），柱础六角形须弥座，柱身六棱形，满雕祥云纹，柱上部双层云盘束腰，其上承托柱状云墩（云纹柱头）。望柱造型有别于前代帝陵望柱，雕刻精细，纹饰富于韵律感，也是神道石刻中的精品。该种形制是以后帝陵望柱之原型。

孝陵神道石象生的体量小于唐代乾陵，大于北宋帝陵石象生。在艺术风格上，与唐代乾陵石象生相比[1]，粗犷近似，但不如唐乾陵石象生有气势、活力和动感；与北宋帝陵石象生相比[2]，孝陵石象生的雕刻技法、精细程度，造型、精神内涵和动感等皆逊之。孝陵石象生略晚于明皇陵石象生[3]，两者风格较相近，只是孝陵石象生的体量、雕刻精细程度胜于皇陵石象生。此外，应当指出，明皇陵石象生的风格，较接近北宋帝陵石象生的风格（如羊、武官、望柱、马和控马官等），而孝陵石象生则与北宋帝陵石象生的风格明显不同。上述情况表明，明皇陵石象生的艺术风格乃是北宋帝陵石象生发展到明孝陵石

---

[1]　程征、李惠编：《三百里雕刻艺术馆唐十八陵石刻》，陕西人民出版社1988年版。
[2]　河南省文物考古研究所编：《北宋皇陵》，中州古籍出版社1997年版，书后石象生图版。
[3]　中国建筑艺术全集编辑委员会编：《中国建筑艺术全集·明代陵墓建筑》，中国建筑工业出版社2001年版，图版一、二、三、四、五。

象生的过渡阶段，即明孝陵石象生是沿着明皇陵石象生已初步形成的自身特点而向前发展，并形成完全摆脱北宋帝陵石象生艺术风格影响，而真正具有明初石象生艺术特色的石象生体系。总的来看，孝陵神道石象生整体宏大与局部精细为一体，是明初石雕艺术的代表作。但是，由于孝陵形制布局表现出极高的水平，相比之下其神道石象生的艺术水平只算差强人意而已。

结束语

明孝陵新制是中国古代帝陵晚期阶段的转折点和里程碑；是明初开国皇帝朱元璋继承传统，不拘成法，以宏大的气魄革旧立新的创举；是明初政治、礼制和丧葬观念的体现，同时也是明初科学技术，建筑规划设计理念和综合国力的结晶。由于明孝陵新制具有鲜明的时代特点和典范意义，故成为尔后明清500余年营建帝陵的范本，地位崇高，影响深远。因此，对明孝陵的研究至关重要。现在明孝陵的研究，尚处于起始的初级阶段，许多问题仍在探索之中。我们相信，今后随着明孝陵考古工作的起动和发展，研究的不断深入，明孝陵的丰富内涵和学术价值，必将更全面、更深刻、更准确地展现出来，以飨世人。

第七章　明十三陵与显陵

第一节　明十三陵概况

明十三陵在北京城之北约50公里，昌平城之北约10公里（图7-1-1）。其自然山水景观拟在长陵一节介绍。长陵之后，陵区又相继建12陵[1]，故称明十三陵。明十三陵是明朝迁都北京后13位皇帝陵墓的总称。陵区内共葬13位皇帝、23位皇后、1位皇贵妃以及数十位殉葬皇妃。此外，陵区内还有皇妃坟7座，太监墓1座，以及行宫、神宫监、祠祭署等附属建筑。现将其简况概述于后。

一　陵区边墙山口、防卫与陵区内的设施、管理和陪葬墓

（一）南面边墙山口与敌楼水关

见图7-1-1。自永乐七年于天寿山营建长陵时起，就在其周围因山筑城（时称边城），以后直至天启年间陆续建成总长约12公里的边墙（其长度说法不一）[2]。周围设

---

[1] 景泰皇帝朱祁钰，宣宗次子，英宗朱祁镇之弟，生于宣德三年（1428）。正统十四年（1449）八月，"土木堡之变"，英宗被瓦剌俘虏，同年九月朱祁钰即帝位。景泰元年（1405）八月英宗放回，被幽禁南宫（延安宫）。景泰八年（1457）正月英宗发动"夺门之变"，景泰帝被废为郕王，英宗复位。不久，于同年二月十九日景泰帝去世，享年30岁，以王礼葬京西金山。明迁都北京后，仅景泰帝未葬于明十三陵。成化十一年（1475），宪宗为其恢复帝号，改谥为恭仁康定景皇帝。南明弘光帝（安宗）朱由崧即位后定其庙号为代宗。该陵不在十三陵之内。

[2] A.（清）梁份《帝陵图说》："永乐七年营天寿，又因山为城，周遭缭贞砥设重险，络绎不绝者可六七十里"；"天寿环山数十里，山口多以十数"。国家图书馆藏抄本。
B. 刘敦桢《明长陵》（《中国营造学社汇刊》1933年第4卷第2期）说："周围八十里，明时设十口，四水门，便出入。"。
C. 胡汉生《明朝帝王陵》（北京燕山出版社2001年版）第47页：明十三陵"陵域面积约120平方公里"。
D. 中国社会科学院考古研究所，定陵博物馆，北京市文物工作队：《定陵》，文物出版社1990年版，第2页。说："陵区周围因山势筑有围墙，总长达12公里。"

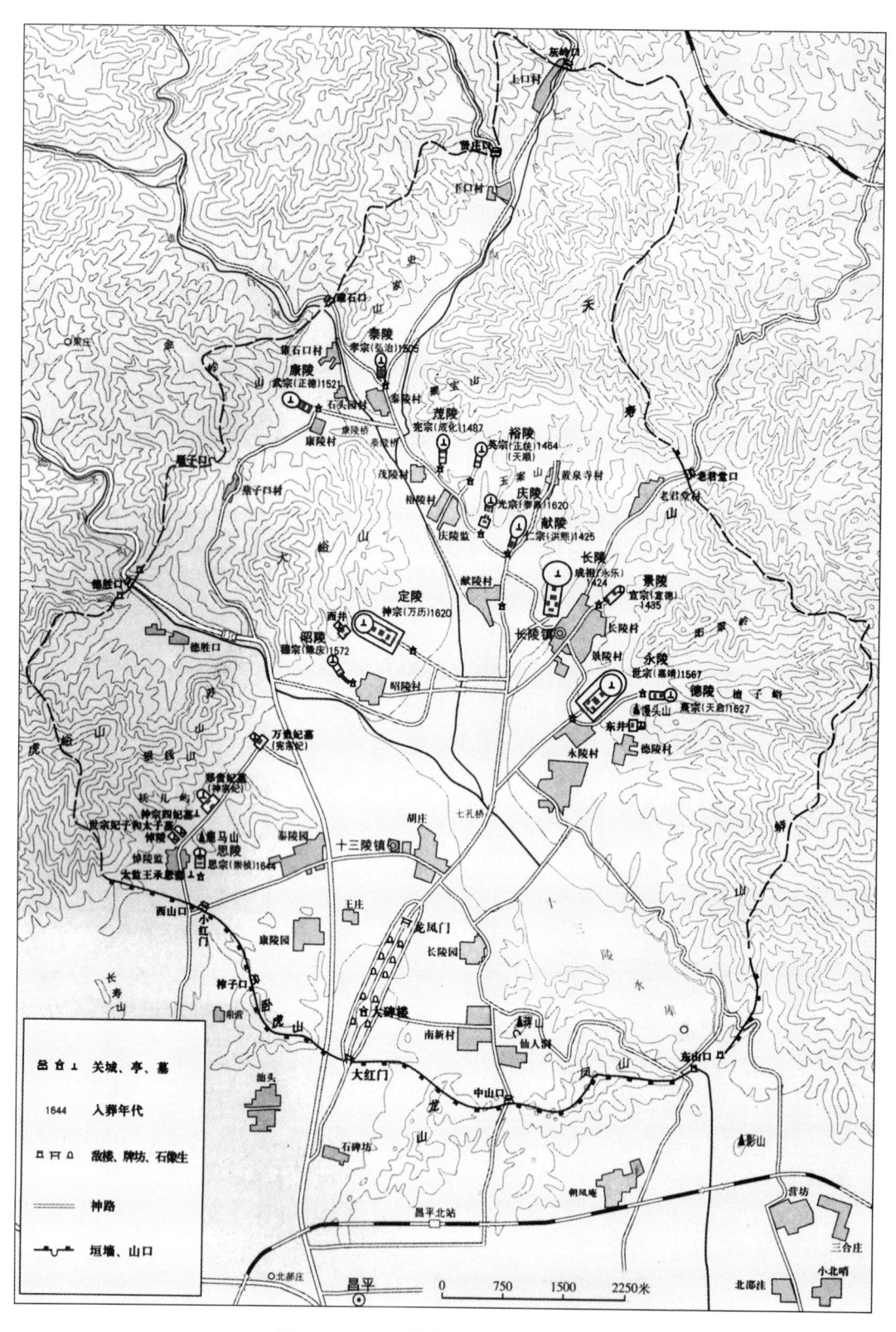

图 7-1-1 北京明十三陵平面图
（采自《中国文物地图集·北京分册》）

二门、十口，十口原"皆有垣"，"水口垒水门，山口砌城堞"[1]；十口中只有东山口内未建城垣（后文有说）。

1. 南面大、小红门

大红门是陵区入口，为皇帝、皇戚和文武大臣谒陵出入之路；小红门是陵区管理人员出入之路。二门所在地域山口较宽，川地较平，筑黄瓦红墙，墙体高大，俗称皇墙。大红门段红墙分别从大红门向西面虎山和东面龙山笔直延伸，全长约1000米。小红门段红墙，建于云彩洼山与凤凰山之间，全长约800米。墙已残毁。

2. 南面边墙山口及相关设施

南面边墙西南起自小虎峪山山腰，过五峰（云彩洼山、凤凰山、虎山、龙山、汗包山）和四座山口（西山口、榨子口、中山口和东山口），终于东南蟒山之上，全长约11000米。其中除去前述大小红门段皇墙外，余者分建于彩洼山、凤凰山、虎山、龙山和汗包山的山脊和山腰上，全长约7899米。现大都残毁，个别地段残高尚可达2米余。

（1）西山口[2]

西山口在思陵南，今小宫门村北，山口正南北，宽755.35米，沿山脊石砌边墙。西侧边墙残长893米，东侧至榨子口长1151米。西山口内小红门一道，穴墙置门。口内之东残存两座水关（间距14.35米），水关之上原建边墙。山口内两侧残存拱桥一座，桥南6.85米残存水关一座。

（2）榨子口

榨子口在西山口西约1公里，东偏南距大红门约1.5公里（或说约1865米），山口方向正东西，口宽24米。墙河卵石垒砌，灌白灰浆。南侧墙宽2.8米，残高3米；北侧墙宽2.25米，残高3.1米，墙保存较好，榨子口清代拆通以过行人。

---

[1] A.（清）梁份《帝陵图说》。
B. 以十口为界的陵区之外，还有以陵寝风水堂局相关山脉边缘为界的禁地。《明世宗实录》卷三四〇，《大明会典·礼部》"陵寝"条等记载，世宗令"于天寿山前后龙脉相当处所大书禁地界石"。此后终明之世，天寿山龙脉的禁限地界均在"北至黄花镇，南至凤凰山；西至居庸关，东至苏家口"的范围。

[2] 南面四口，嘉靖三十年（1551）之前，仅西山口筑墙垣，余三口隆庆五年（1571）前仅有块石堆砌的简易石墙。隆庆五年二月于"东自蟒山头起，西至西小红门西场头止，沿山内外，逐一踏看，栽松柏、梓楷、榆、柳等"。天启三年（1623）四月，根据大学士孙承宗的建议，于天寿山一带又"厚筑城垣"，陵区前四口城垣始完备。如《明世宗实录》卷三六九记载：嘉靖三十年正月丙申，户科给事中何光裕条上《护卫陵寝事宜》有"设险隘"条，谓西山口"已筑墙垣，宜增修高厚；东山口宜增设墩台，仍叠短墙，杂植榆柳，使堪捍蔽"。《四镇三关志》载隆庆四年栗永禄《议处善后疏略》建议，"由东山口西抵小红门一带"，"设外垣"，"为重险"。可见了小红门当在嘉靖三十年前随西山口墙垣的修筑而设。以上参见胡汉生：《明十三陵》，中国青年出版社1998年版，第225页。西山口墙垣1961年拆除。

(3) 中山口

中山口又称伽蓝口，俗称"钱粮口"（昔日陵区百姓去昌平交税纳粮之通道），西距大红门1.5公里，位于龙山与汗包山间，口南向，宽9米。大红门东约200米处边墙上残存水关（涵洞）一座，山口西边墙山石垒砌灌白浆，残墙最高2米，宽1.5米，西山口至大红门边墙长2053.5米。山口以东边墙山石平砌，灌白浆，较坚固，中山口至东山口边墙长2885米。中山口清代拆通以过行人。

(4) 东山口

东山口在大红门东北约3公里，遗址在今十三陵水库大坝位置。东山口在陵区东南角，地势较低，是天寿山水系总出口（老君堂口、灰岭口、贤庄口、锥石口、德胜口之水汇于七孔桥下，出东山口经巩华城东北入沙河）。故山口内未建墙[1]，边墙筑于敌楼外侧。山口宽1198米，山口东侧敌楼残基方形，边长16.6米，花岗岩条石砌筑，1958年在原址上建十三陵水库展览室。山口西侧敌楼遗址压在今水库大坝下（二敌楼间距364米）。二敌楼外侧边墙，1958年建十三陵水库时拆除。此外，东山口内，水库大坝之西水中有圆形小山，名平台山，成祖朱棣曾在此驻跸。嘉靖十五年命在此建亭，御题"圣迹"。万历十一年（1583）闰二月，万历帝谒陵之际择寿宫，曾登"圣迹"亭。亭清初毁，今存基址。

（二）东、北和西面边墙山口与相关设施

见图7-1-1。陵区北部，"山列东、西、北三面，山石陡峭，险不可升"，所以"因山为城，水口垒水门，山口砌城堞"[2]。

1. 老君堂口

老君堂口在长陵东北约2公里，景陵北约1公里（今老君堂村北至沙岭一带），口宽78米。山口由河谷和台地构成，台地建敌楼，关城伸向山腰（城关遗址在东水峪沟口南约100米处），边墙基保存不好。山口外地势险要，有两条通道，一条向东南通东水峪，一条东北通黄花镇，山口内西北约200米处有老君堂遗址[3]。

---

[1] A.（明）谈迁《国榷》卷七十二：东"山口之间未建边墙"，中华书局1988年版。
B.《明神宗实录》卷一四一记载万历时考虑到东山口"一遇春夏水发，冲沙滚石，漂木浮薪，势甚迅激，筑墙建桥，难成易坏……"，所以东山口内一直未建边墙，到万历十一年时才于口内两端建敌楼。

[2] 梁份：《帝陵图说》。

[3] 嘉靖十六年（1537）二月，世宗谒陵毕，北阅山场，见老君堂一带形势险要，命堵塞以防蒙古诸部南犯。经裕陵卫指挥周锦，昌平州判官孙莒等赴口丈勘，由七陵巡逻下班官军修筑拦墙五道。关口栏墙一道，"东西长一十三丈，高一丈二尺，阔厚根址二丈，收顶一丈五尺"。大沙岭口栏墙一道，"东西长三丈，沟深七尺，长一丈五尺，横阔填平二丈五尺，上墙长三丈，高一丈五尺，根址阔厚二丈，收顶一丈五尺"。西偏坡栏墙一道，"长二十丈，高七尺，阔厚一丈，收顶七尺"。小沙岭口两处，各拦墙一道，"共长一十二丈，俱高一丈，阔厚一丈，收顶七尺"。今沙岭村南公路西侧存栏墙一道。

2. 灰岭口

灰岭口在泰陵北约4.5公里（今上口村北），口宽81米，进深11.3米。西北通永宁，东北通黄花镇。永乐年间建旧城一道，敌楼一间，嘉靖十六年（1537）改建增筑[1]，城墙下砌水门，增筑东西敌楼各一座、官厅一座。自嘉靖四十五年（1566）开始，灰岭口外设鹿角榨木5层，猱头榨木南北100丈，拗马品字浮石南北100丈（浮石下有坑），水口顺河荆囤10层。灰岭口在陵区正北，在十口中军事设施最全，驻军最多。现边墙残存，水门无存，门洞拆成豁口，关城遗址保存较好。1990年6月，在上口村内发现"灰岭口"石刻匾额，旁刻"大明嘉靖十六年八月二十日立"题款。

3. 贤庄口

贤庄口又称贤张口，在泰陵北2.7公里处（下口村西），口窄仅15米，方向350度。嘉靖十五年（536）建正城一道，水门一空（孔）、西山墩一座。嘉靖四十五年以后，贤庄口外设鹿角榨木5层，猱头榨木南北14丈，荆囤5层，拗马品字浮石南北14丈。边墙保存较好，水门无存，城关遗址尚在。山水自东北流经贤庄口西侧峭壁下，合灰岭口水，经泰陵桥而入七孔桥。

4. 锥石口

锥石口在泰陵西北约1公里，今锥石口村北约0.5公里。口宽22米，西北通永宁南山及白龙潭。嘉靖十五年建正城一道、水门一空、西山墩一座。锥石口外设鹿角榨木5层，水口外鹿角榨木4层，猱头榨木南北20丈，荆囤5层，拗马品字浮石南北20丈。锥石口山石壁立，口内一巨石拔地而起，锥刺长空，或因此得名。山口西侧山势陡峭，未建边墙。东侧边墙建至山腰，总长约130米。这里是陵区水源丰沛之处，山水西北来经山口西侧，流经康陵桥下，合灰岭、贤庄二水入七孔桥。

灰岭、贤庄、锥石三口在天寿山北，山口狭窄，形势险要，有"灰岭险特倍于长城"之誉。这里既是守护陵寝的主要关口，也是保卫北京的重要门户。故上述三口边墙规整坚固，远胜其他山口。明末清兵即由此而入，继而下昌平陷北京。

5. 雁子口

雁子口又作雁门口，康陵西南约1公里，在今雁子口村之西北。口宽9米，西北向，嘉靖十年（1536）建正城一道、水门一空、东山墩一座。山口两侧残存边墙，水门毁，城遗址尚存。水西南流，合德胜口水，入七孔桥出东山口。

6. 德胜口

德胜口又名得胜口，在定陵西约3公里，昭陵西约2.6公里，今德胜口村西北。口宽25.7米，嘉靖十五年建正城一道、水门一空、拦马墙一道，东西山墩各一座。口内今有两座小型水库，南面水库大坝坝基即原德胜口关城基址。现边墙残存少许，德胜口水合雁子

---

[1] （明）王士翘《西关志》（1548年刻本），居庸卷之七，记载嘉靖年间重修灰岭口边墙说："原旧城一道，长四十五丈，高一丈二尺，增高八尺，共高二丈；原根脚厚一丈五尺，增五尺，共厚二丈；结顶一丈，上加女墙，高六尺，厚二尺，亦有砖灰垒砌，门用铁裹。墙下水门一座，高八尺，阔一丈，门扇亦用铁裹。"

口水，经昭陵南下七孔桥，会天寿山诸水出东山口。

除上所述，沿边墙内外虏马可通之处，俱发本路主客军兵种植榆柳桃杏杂树以固边险。在难于防守之处铲削偏坡，边外山坡平漫，势可驰骤，难为守者，随其高下铲成濠堑以限虏马。居庸路灰岭口起至软枣顶止土石偏坡一万三千三百六丈。

（三）陵卫与昌平城

边墙诸山口均有官军守卫，据《西关志》居庸卷二记载：属居庸路管辖的西北五口守军情况是德胜口24名、雁子口4名、锥石口14名、贤庄口31名、灰岭口139名。南面四口和东北老君堂口属天寿山守备管辖。天寿军守备始设于天顺三年（1459），其职责为"奉敕协同内守备（即守备太监），专保守陵寝，以署都指挥体统行事"[1]。天寿山陵军各陵一卫，各卫分设经历、镇抚、指挥、千户、百户、掌印官、冠带总旗等官职。陵卫军进驻陵区始于正统年间，顾炎武《昌平山水记》载："正统中调长、献、景三陵卫于中、东、西三山口及东西二营地方驻扎以护陵寝。"（东营即今南邵乡营坊村，在东山口南三里；西营为今西山口村的一部分，距小红门南二里）

景泰元年（1450）正月始建昌平城，原名永安城（今昌平城），其目的是驻扎陵卫官军。次年五月建成，十月迁县治，各陵卫营房均建于城内（在霸州、永清、良乡等县设马厂、牧马）。据隆庆《昌平州志》记载，当时八陵卫公署位置是：长陵卫领七所（即七个千户所），在州城西北谯楼之后；献陵卫领五所在州城西，谯楼南之右；景陵卫领五所，在州城东谯楼南之左；裕陵卫领五所，在州新城（今昌平城南部，后建）内东北；茂陵卫领五所，在州新城内中东；泰陵卫领五所，在州新城内东南；康陵卫领五所，在州新城内正东；永陵卫领五所，在州新城内正西。到明末陵卫增至十二所，后来的定、庆、德三陵有卫无署。昌平城内至今仍有以陵卫命名的胡同。

（四）陵区内的附属建筑与管理机构

见图7-1-1。

1. 行宫

旧行宫，在龙凤门西北芦殿坡附近（今十三陵乡政府所在地西侧）。约建成于宣德元年至五年间（1426—1430），新行宫建成，遂废（现存残瓦等）。新行宫在永陵监南，嘉靖十六年（1537）正月建，十七年（1538）二月建成，有重门及正寝二殿，正殿名感恩殿，门名感恩门，此外还有围房500余间。毁于清初，遗址高台尚存。另外在陵区之外，于巩华城（今沙河镇）建巩华城行宫（嘉靖十六年建），现已无存。

2. 殿、池、亭

在大红门内东侧建时陟殿，俗称"拂尘殿"或"弹尘殿"，为帝后谒陵更衣之所。毁于清初，遗迹无存。九龙池，在昭陵右翠屏山下，始建于永乐七年（1409）之后，成化十四年（1478）之前，为帝后谒陵毕临幸之所，遗址尚存少许残迹。圣迹亭见前述情况，龙

---

[1] 参见（明）崔学履：隆庆《昌平州志》卷六"将选"，1568年刻本。

王庙（陵区水神庙），在工部厂西，1958年拆。此外，陵区内还有长春亭（在老君堂东北）、松露殿、肃敬殿、修仪馆、饰容馆、长生亭等，位置已无考。

3. 陵区其他古迹

神仙洞（仙人洞），在蒋山东麓，洞口向东，为天然岩洞，洞门石刻楹联："蜿蜒龙脊山吞月，磊砢云根洞有天。"嘉靖三十三年（1554）修理七空桥时，管工官员为洞增加门券，遂成一道美景。山顶原建有三清殿，山下松涛飒飒，曾以"石洞松涛"列为燕平八景之一。现在洞毁，石刻楹联尚存。

今十三陵水库南的宝山，为长陵案山，明代称"天寿灵山"，是为已故帝后投放山简[1]，升度亡魂的地方。1926年和1948年在山顶上出土明代山简，共十几匣以上[2]。

4. 陵区管理机构

（1）神宫监

内官系统的神宫监，是统领各陵监的管理机构。景泰年间置天寿山镇守左监丞，最迟至天顺六年（1462）始设内守备太监一员，"专一提督各陵内外官员，守护陵寝山场"。每年清明则率各陵掌印太监入京，奏添土木，并为皇宫办进松花、黄连、茶、核桃、榛、栗等。崇祯年间，天寿山内守备太监还兼昌（昌平）、宣（宣府）等处察饬军务及昌、宣二镇军门（总督）等职。

陵区内每陵各置一监，下设掌印太监一员，佥书、管理、司香及长随内使等若干员（正统时约二、三员，成化时增为十二员）。其职责范围很广，除司香火、供洒扫、掌管陵园锁钥、保卫和维护陵园安全外，还管理各陵皇庄（香火地）、果园（或菜园）、榛厂、晾果厂、回料厂和神马厂等[3]。

（2）祠祭署

祠祭署是太常寺的派出机构，各陵皆设，负责陵寝祭祀及管理陵寝物品。各署有奉祀一员（从七品）、祀丞一人（从八品）、牺牲所吏目一人（从九品）；长陵还设有供祀左司乐一名、右司乐三名，俳长四名、色长十四名、教师十六名。各陵祠祭署下辖陵户（昭陵45名，其余各陵40名。由顺天府各州县农户佥充，以昌平最多），陵户除陵务劳作外，也

---

[1] 投放山简是道教的做法。（宋）李昉《太平御览》（中华书局1960年版）引《黄篆简文经》，"投金龙一枚，丹书玉札，青丝缠之，以关灵山，五帝升度之信封于绝岩之中"，即指此种宗教仪式。此外还有水简、土简等不同的仪式。明朝皇帝去世，例在"七七"之日，作"荐扬好事"，投放山简是其中的一种仪式。

[2] 所发现山简匣，均汉白玉雕刻而成，长方形、子母口。内放长方形涂朱石简和长10厘米左右的金龙。龙颈上套金环，下铺红棉纸，匣内还有铜钱数枚。石简正面阴刻简文，背面阴刻"云篆"（道教使用的一种文字，字体似篆而笔画多曲叠，谓由天空云气转化而成，故名）。"云篆"字体的八字符文，以"遣神役鬼"，"镇魔压邪"。

[3] （清）朱孔阳：《历代陵寝备考》，江苏广陵刻印社1990年版。卷五十引于慎行《榖城山房笔尘》说："汉唐以来，诸帝升遐，宫人无子者悉遣诣山陵，朝夕具盥栉、治衾枕，事死如生。"明代打破这个传统，以内官代替宫人，故（清）顾炎武：《日知录》，甘肃民族出版社1997年版。说："若明代之制，无车马、无宫人，不起居，不进奉，亦庶几得礼之中者与。"

负责陵园看守，享受优免部分差役的待遇[1]。

除上所述，在七空桥东河北岸（今十三陵乡北新村南）有工部厂和内监公署。工部厂是陵区内施工基地，内官公署是内宫监掌外厂衙署。工部厂西有龙王庙（水神庙）。

（五）陵区内的皇妃、太子坟与太监墓

见图7-1-1。文献记载，明代诸王、公主夭伤者并葬金山，诸妃亦多葬此。明十三陵区内所葬诸妃，均为受皇帝宠爱或生皇子者，夭折的太子则祔葬母侧。

1. 明成祖皇妃坟东西二井

东井在德陵东南馒头山之南，西井位于定陵西南，昭陵西北。二井建于何时，墓主人是谁，史籍缺载。二井原各有绿瓦周垣、重门、享殿五间、配殿左右各三间等建筑，现仅存坟冢和石碑。

2. 明宪宗皇贵妃万氏坟

万氏坟在昭陵西南约1公里处苏山脚下（今万娘坟村旁）。万氏山东诸城人，四岁选入宫内，成化二年（1466）正月生皇长子，进封贵妃。皇子未满周岁而卒，此后未再生子。成化二十三年（1487）春，"暴疾"亡，三月六日入葬。其坟园制度同东西二井，现残存周垣、园寝门、坟冢及殿基遗迹。

3. 明世宗沈、文、卢三妃坟（悼陵）

嘉靖七年（1528），帝为其原配皇后陈氏在袄儿峪前选陵址建陵。陈皇后因嘉靖七年十月帝发怒，受惊悸，坠胎而死，故该陵称悼陵（俗称大宫）。隆庆元年（1567）三月，陈氏迁祔永陵，悼陵玄宫遂虚。万历九年（1581）十月，世宗皇贵妃沈氏去世葬入悼陵，此后又有世宗文、卢二妃葬入。园寝纵长方形周垣，有享殿五间、配殿左右各三间、园寝门三间、石供案及坟冢等，现仅存残迹。

4. 明世宗四妃太子坟

坟在沈、文、卢三妃坟之左约51.5米，葬皇贵妃阎氏、王氏，贞妃马氏和荣妃杨氏。阎氏生皇长子，二个月夭亡，谥哀冲太子，葬金山。王氏生庄敬太子，年十四病亡，葬金山。嘉靖三十年十月，改葬哀冲，庄敬二太子于天寿山，祔母妃坟两侧（幼儿随母）。园寝有周垣、园寝门、照壁、石供案、石供器、坟冢五座。

5. 世宗贤妃郑氏坟

坟在世宗四妃二太子坟北约0.25公里银钱山下，坟主为世宗贤嫔郑氏，嘉靖十五年葬。追封为贤妃，谥怀荣。园寝略同四妃二太子坟，其外多一周垣。

6. 神宗郑皇贵妃及二李、刘、周四妃坟

坟位于银钱山东麓，万贵妃坟园之右。始建于万历二十五年（1597）三月，葬敬妃李氏，妃生惠王和桂王，死后追封贵妃。第二位葬入顺妃李氏，天启三年（1623）闰十月去

---

[1] 陵户劳作任务不大，又减免部分差役，所以一些富户竞相充陵户。光绪《昌平州志·祠庙记第十·曹公祠》中说："富厚之丁，半充陵户。"《中国地方志集成·北京府县志辑》，上海书店出版社2002年版。

世。第三位是皇贵妃郑氏，是神宗宠妃，万历十二年进封贵妃，十四年生福王，封皇贵妃，崇祯三年（1630）五月去世。昭妃刘氏，崇祯十五年（1642），年86岁，清顺治元年（1644）五月入葬园内。端妃周氏，生端王，去世及入葬年月不详。园寝建筑有园寝内墙、外墙、金门、享殿五间、配殿左右各三间、殿门三间、神厨三间、神库三间、石碑、石供案、坟冢一座，是十三陵陵区内规模最大的妃子坟。现残存部分墙体、殿基、石碑座及坟冢。

此外，神宗皇贵妃王氏坟位于东井左，因王氏迁葬定陵而废。光宗为太子时，妃郭氏病故，万历四十三年（615）十二月葬于长岭南（今泰园村），后迁葬庆陵，原坟废。崇祯帝皇贵妃田氏坟位于鹿马山南，崇祯帝入葬后升为帝陵。除上所述，在思陵右前方，有明崇祯帝司礼监秉笔太监王承恩墓（文献记载不一。崇祯帝崩，王承恩自缢殉节。清顺治二年四月，为旌表王承恩"殉难从死"，将其葬于思陵之旁。或言将其"葬归迁安祖茔"）。

综合本节所述，最后再指出五点。其一，明十三陵总体之四周筑边墙，设十口围护，是中国帝陵史中的创举（金陵总体四周封堠，未筑墙，其周长大于十三陵）。其二，陵区内设监、署、卫（包括各陵），管理防卫机构之全和严密前所未见。其三，陵区内建行宫、殿和苑囿等，亦始于明十三陵。其四，陵区近旁建昌平城，容纳各卫营房和指挥机构，为明十三陵首创之制。其五，陵区内陪葬部分贵妃和太子坟不见于明孝陵。此现象与北宋帝陵陪葬区的态势有些近似，但陪葬者又不相同（北宋帝陵除皇子、皇孙外，皇后以下诸妃不陪葬皇陵）。

二 陵区诸陵简况

（一）诸陵选址与陵穴配置规制

诸陵建陵前均须先卜选陵址（参加者有礼部官员、钦天监官员、辅臣、工部官员、内官、通晓风水术的其他官员等），卜选人员"外观山形，内察地脉"，所选"风水吉壤"上奏皇帝最后裁定（有的须"画图贴说，恭候圣驾亲阅钦定"），卜选陵址的基本原则同于长陵（后文有说）。如《万历起居注》记载，辅臣们将勘选陵址二处呈奏圣鉴说："看得形龙山吉地一处，主山高耸，叠嶂层峦，金星肥圆，水星落脉，取坐乙山辛向，兼卯酉二分，形如水出莲花，案似龙楼凤阁，内外明堂开亮，左辅右弼森严，且龙虎重重包裹，水口曲曲关阑，诸山皆拱，众水来朝，诚为至尊至贵之地。又看见大峪山吉地一处，主势尊严，重重起伏，水星行龙，金星结穴，左右四辅，拱顾周旋，六秀朝宗，明堂端正，砂水有情，取坐辛山乙向，兼戌辰一分。以上二处尽善尽美，毫无可议。"[1]。以后神宗亲赴二地考察，钦定在大峪山营建寿宫（当时大峪山称小峪山，神宗讳小，改大峪山）。以此为例，其余诸陵卜选陵址情况不再枚举。

---

[1] 文中主山指陵寝倚托之天然屏障的山峰；金星、水星是按五行观念来表示峰峦的圆、曲形态；辅弼、龙虎喻指主山左右环护陵寝的丘阜，也统称砂或砂山；案即案山，特指陵寝前面呈现为天然对景的山峦；明堂指山水环抱，用来安排陵寝地宫的场地。

十三陵诸陵虽分别配置于长陵之左右，但并未按《周礼》左昭右穆排列，其宗法礼制关系是通过各陵主山的主从关系来体现的。长陵右侧的献、裕、茂、泰、康五陵，左侧的景、永、德三陵，右前方的昭定二陵，均体现了这个原则。如定陵所在大峪山在长、昭二陵间，似"僭分"父陵（昭陵）之前。但从山势主从关系看，定陵主山大峪山（原称小峪山）乃是昭陵主山大峪山的余脉，故合于礼制。此外，陵址还要考虑到土质、取穴"中正"，以及是否便于营建等因素。

（二）诸陵概况

见图7-1-1。除长陵另有专节介绍外，下面介绍其余十二陵之概况。

1. 献陵

见图7-1-2。

（1）陵主简况

陵主朱高炽，成祖长子，洪武十一年（1378）七月初一日生于安徽凤阳。洪武二十八年（1395）闰九月二十一日，册立为燕王世子，永乐二年（1404）四月四日立为皇太子。永乐二十二年（1424）八月十五日即皇帝位，次年改元洪熙。洪熙元年（1425）五月十二日崩于钦安殿，享年48岁。谥[1]"敬天体道纯诚至德弘文钦武章圣达孝昭皇帝"，庙号仁宗[2]。九月六月日葬献陵。正统七年（1442）十月十八日诚孝昭皇后张氏薨，祔葬献陵。

（2）献陵位置和营建简况

献陵在长陵西侧，黄山南麓（天寿山西峰下）。仁宗临终遗诏："朕既临御日浅，恩泽未洽于民，不忍重劳，山陵制度务从俭约。"宣宗朱瞻基即位，遵遗诏建献陵。洪熙元年七月兴工，八月玄宫建成，九月初葬仁宗（先后仅三个月）。此后续建门楼、享殿、左右庑（配殿）和神厨。正统七年（1442）十二月建明楼，次年三月陵寝全部完工。陵宫面积4.2万平方米。

献陵神道从长陵神道北五空桥北向西北分出，长约1公里。近陵处建神功圣德碑亭，亭前建单空石桥一座。陵寝建筑俭朴，有十三陵"献陵最朴"之说。献陵的特点是陵恩殿与方城明楼不连属，中隔小土山。

2. 景陵

见图7-1-3。

（1）陵主简况

陵主朱瞻基，仁宗长子，建文元年（1399）二月三日生于燕王府。永乐九年（1411）十一月十日，立为皇太孙。二十二年（1424）仁宗即位，十月十一日立为皇太子。洪熙元年（1425）六月十二日即皇帝位，次年改元宣德。宣德十年（1435）正月初三日崩于乾清宫，享年37岁。谥"宪天崇道英明神圣钦文昭武宽仁纯孝章皇帝"，庙号宣宗。六月二十

---

[1] 谥，皇帝死后，依其生前事迹给予的称号。
[2] 庙号，皇帝死后，在太庙立室奉祀，特立名号，如某祖、某宗等。

第七章　明十三陵与显陵　367

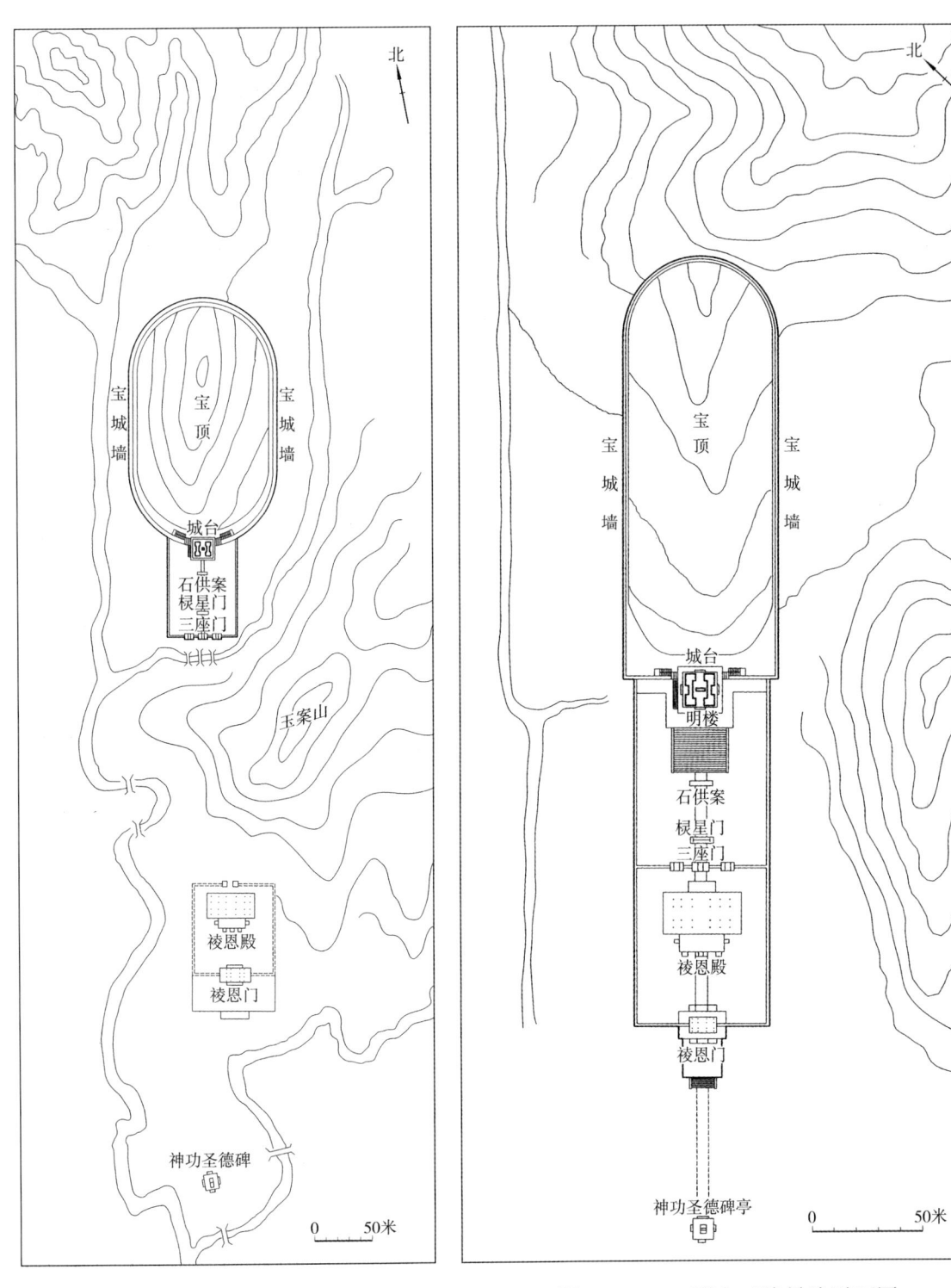

图 7-1-2　明十三陵献陵平面图
（以下诸陵平面图采自国家文物局《明清皇家陵寝扩展项目》，略变化）

图 7-1-3　明十三陵景陵平面图

一日葬景陵。天顺六年（1462）九月四日，孝恭章皇后孙氏（邹平人，十余岁入宫，宣宗即位封贵妃，"阴取宫人子为己子，即英宗也。"宣德三年三月出封为皇后，英宗立尊为皇太后），去世后祔葬景陵，"上尊谥曰孝恭懿宪慈仁庄烈齐天配圣章皇后"。

(2) 景陵位置和营建简况

景陵在长陵之东，黑山西南麓（天寿山东峰下）。宣德十年（1435）正月十一日陵寝动工兴建，六月二十一日葬宣宗。天顺七年（1463）三月十九日，陵寝全部完工，前后断续营建28年。景陵神道从长陵神道北五空桥南向东分出，长约1.5公里，途中建单空石桥一座，近陵处建神功圣德碑亭。陵寝遵献陵俭制，因地势宝城修成前方后圆形状，十三陵中"景陵最小"。陵宫面积2.5万平方米。

3. 裕陵

见图7-1-4。

(1) 陵主简况

陵主朱祁镇，宣宗长子，宣德二年（1427）十一月十一日生。三年（1428）二月六日立为皇子，十年（1435）正月十日即帝位（时方9岁），次年改元正统。正统十四年（1449）八月"土木堡"之变被瓦剌得虏，景泰元年（1450）八月被放回，被景泰帝幽居于东苑崇质宫（小南城）。景泰八年（1457）正月十六日发动"夺门之变"复辟，改景泰八年为天顺元年（1457）。天顺八（1464）正月十七日崩，享年38岁。谥"法天立道仁明诚敬昭文宪武至德广孝睿皇帝"，庙号英宗。英宗临终"遗诏罢宫妃殉葬"，结束了宫人殉葬制度。孝庄睿皇后钱氏（海州人，正统七年立为后），成化四年（1468）六月二十六日薨，九月四日祔葬裕陵，"上

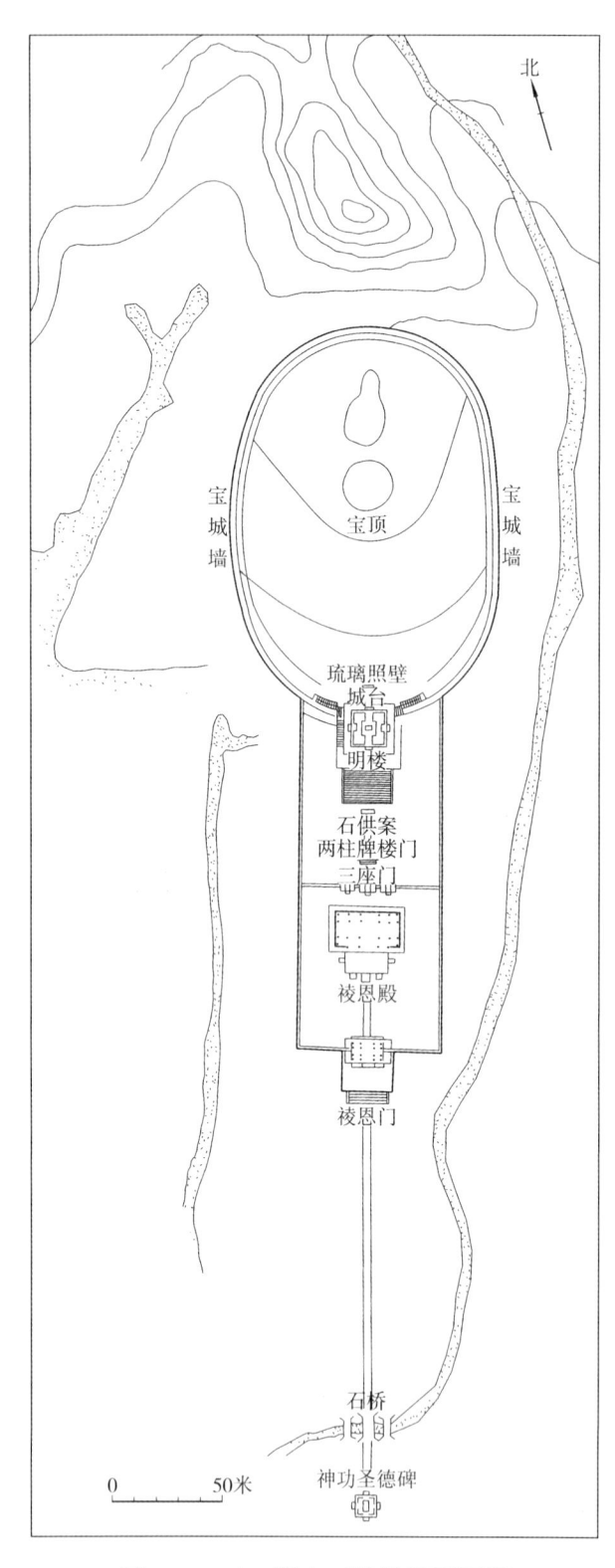

图7-1-4 明十三陵裕陵平面图

尊谥曰孝庄献穆弘惠显仁恭天钦圣睿皇后"。孝肃皇后周氏、宪宗生母（昌平人，天顺元年封贵妃，宪宗即位尊为皇太后，孝宗即位尊为太皇太后），弘治十七年（1504）三月一日薨，四月十八日祔葬裕陵，"谥孝肃贞顺康懿光烈辅天承圣睿皇后"。

(2) 裕陵位置和营建简况

裕陵在天寿山西峰石门山南麓，天顺八年（1464）二月二十九日动工兴建，著名工匠蒯祥和陆祥参与工程。二个月左右建成玄宫，天顺八年五月八日奉英宗梓宫入葬，六月二十日陵寝全部完工，前后仅用近四个月的时间。裕陵神道从献陵神道碑亭南石桥之前向西分出，长约1.5公里，途中建单空石桥两座，近陵处建神功圣德碑亭，亭北建并列单空石桥三座。陵宫面积2.62万平方米。

4. 茂陵

见图7-1-5。

(1) 陵主简况

陵主朱见深，初名见濬，英宗长子，生于正统十二年（1447）十一月二日。正统十四年（1449）八月二十二日立为皇太子，景泰三年（1452）五月二日废为沂王。天顺元年（1457）三月六日复立为皇太子，改名见深。八年（1464）正月二十二日即皇帝位，次年改元成化。成化二十三年（1487）八月二十二日崩，享年41岁。谥"继天凝道诚明仁敬崇文肃武宏德圣孝纯皇帝"，庙号宪宗。孝贞纯皇后王氏（第二位皇后，第一位皇后吴氏天顺八年废）孝宗时被尊为皇太后，武宗时被尊为太皇太后。正德十三年（1518）二月十日薨，六月十六日葬茂陵。孝穆皇后纪氏（广西少数民族土官之女，成化南征俘入宫中），孝宗生母，成化十一年（1475）六月二十八日暴死，葬京西金山。孝宗即位追谥其母为皇太后，迁葬茂陵。孝惠皇后邵氏（宪宗时为贵妃），世宗时尊为皇太后，嘉靖元年（1522）十一月八日薨，嘉靖二年二月二十五日葬于茂陵。

(2) 茂陵位置和营建简况

茂陵在裕陵之西聚宝山南麓，成化二十三年（1487）九月十九日动工兴建，十二月十七日葬宪宗和孝穆太后；弘治元年（1488）四月二十四日竣工（共七个多月）。陵寝制度大体如裕陵。茂陵神道从裕陵神道碑亭前向西分出，长约1.8公里，途中建单空石桥一座，近陵处建神功圣德碑亭。陵宫面积2.56万平方米。

5. 泰陵

见图7-1-6。

(1) 陵主简况

陵主朱祐樘，宪宗三子，生于成化六年（1470）七月三日。成化十一年（1475）十一月八日立为皇太子，二十三年（1487）九月六日即皇帝位，次年改元弘治。弘治十八年（1505）五月七日崩于乾清宫，享年36岁。谥"达天明道纯诚中正圣文神武至仁大德敬皇帝"，庙号孝宗。孝康敬皇后张氏，嘉靖二十年（1541）八月八日薨，十月九日葬泰陵。

(2) 泰陵位置和营建简况

泰陵在茂陵西北笔架山南麓（又称"施家台"或"史家山"），弘治十八年六月五日正式兴工，玄宫建成后，十月十九日葬孝宗。正德元年（1506）三月二十二日，陵园地面建筑完工。泰陵神道从茂陵神道碑亭前向西分出，长约 1 公里，途中建五空石桥一座，近陵处建神功圣德碑亭，亭后建并列单空石桥三座。陵宫面积略同裕陵。

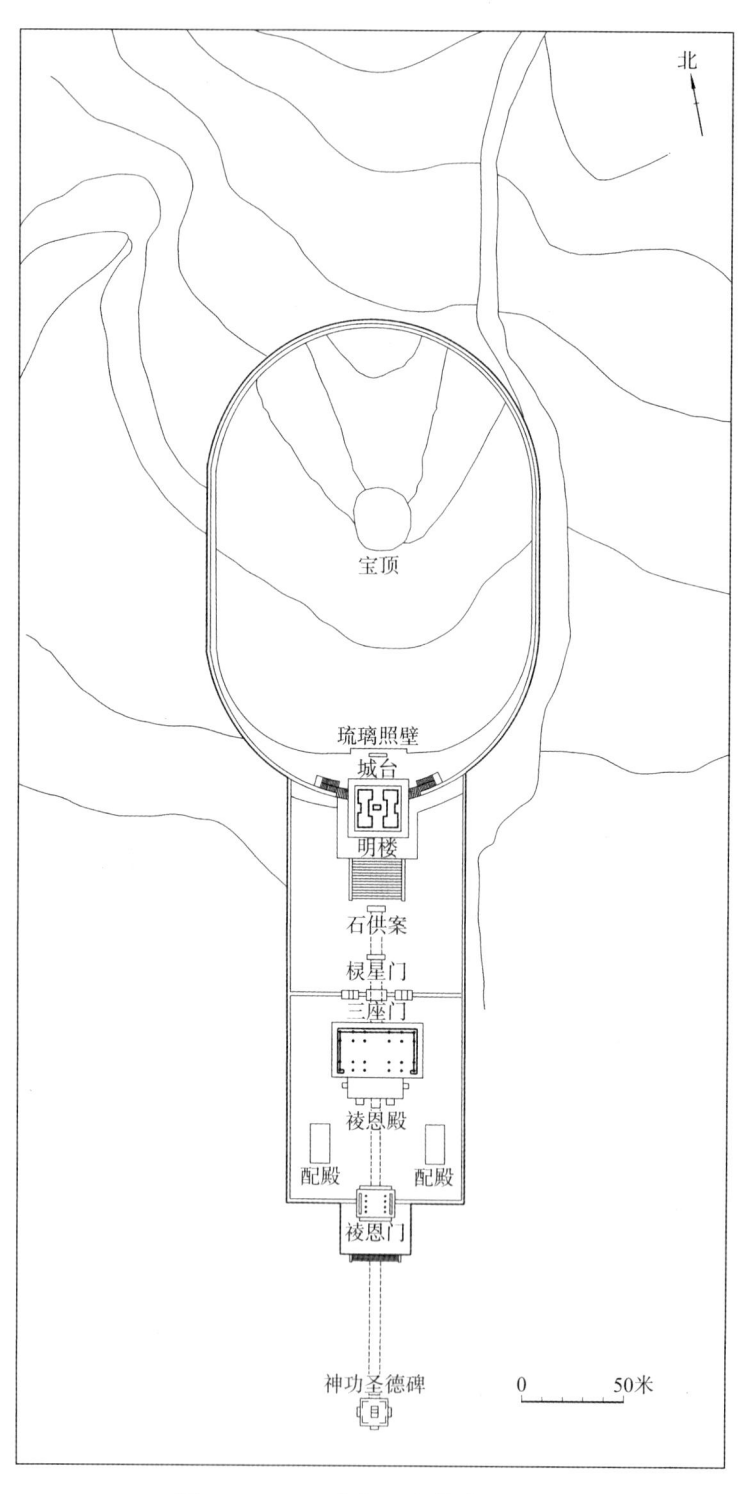

图 7-1-5　明十三陵茂陵平面图

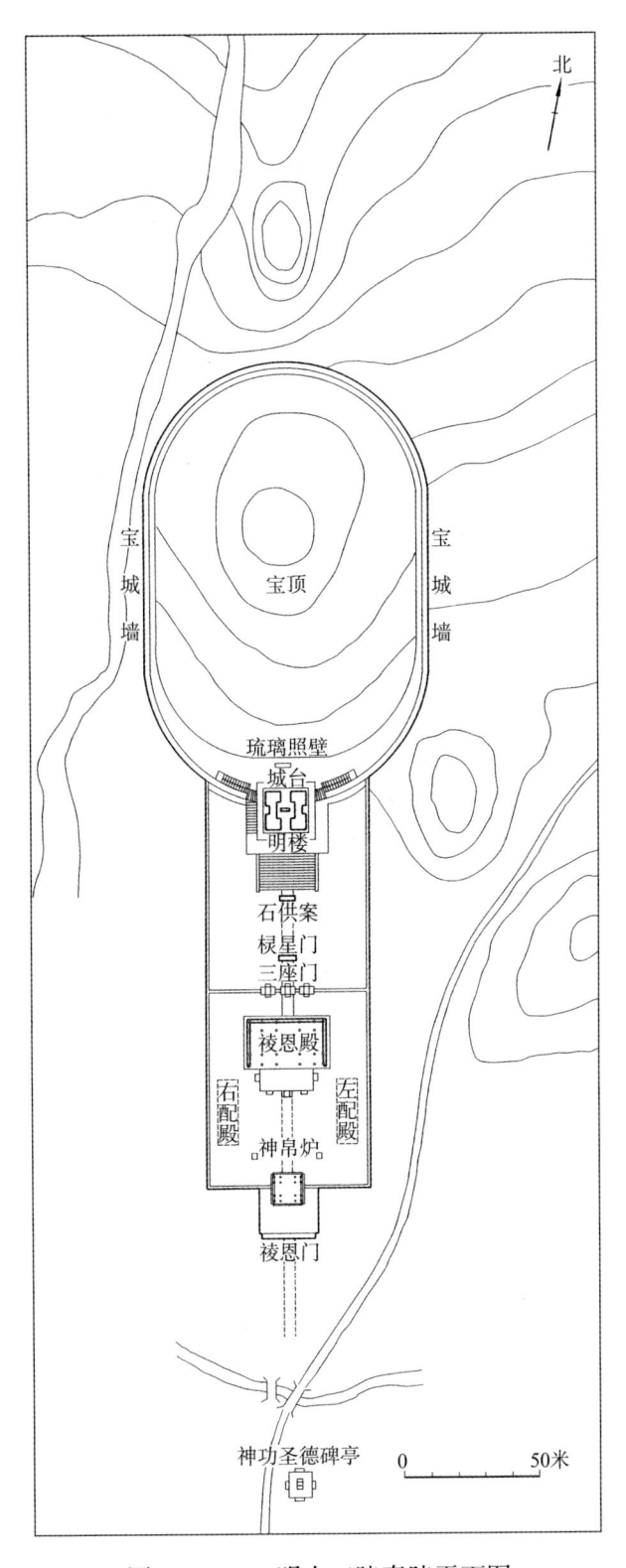

图 7-1-6 明十三陵泰陵平面图

6. 康陵

见图7-1-7。

（1）陵主简况

陵主朱厚照，孝宗长子，生于泓治四年（1491）九月二十四日。五年（1492）三月八日立为皇太子，十八年（1505）五月十八日即皇帝位，次年改元正德。正德十六年（1521）三月十四日崩于豹房，享年31岁。谥"承天达道英肃睿哲昭德显功弘文思孝毅皇帝"，庙号武宗。孝静毅皇后夏氏（后，上元人，正德元年册立为皇后），嘉靖十四年（1535）正月二十五日榄，同年三月二十八日衬葬康陵，谥孝静庄惠安肃温诚顺天偕圣毅皇后。

（2）康陵位置和营建简况

康陵位于泰陵西南，莲花山东麓（八宝莲花山，又称金岭）。陵始建于正德十六年（1522）四月三十日，九月二十二日武宗入葬康陵。嘉靖元年（1522）六月十七日，陵园竣工，制度一如泰陵。康陵神道从泰陵神道五空桥南向西南分出，长约1公里，途中建五空石桥、三空石桥各一座，近陵处建神功圣德碑亭。陵宫面积2.7万平方米。

7. 永陵

见图7-1-8。

（1）陵主简况

陵主朱厚熜，正德二年（1507）八月十日生于兴王府（朱祐析长子）。武宗崩，无子，遂以旁友入继大统。正德十六年（1521）四月二十二日即皇帝位，次年改元嘉靖。嘉靖四十五年（1566）十二月十四日崩于乾清宫，享年60岁。谥"钦天履道英毅圣神宣文广武洪仁大孝肃皇帝"，庙号世宗。孝洁肃皇后陈氏（后，元城人，嘉靖元年册立为皇后），嘉靖七年（1528）十月二日病蔓，葬天寿山袄儿峪，穆宗即位后迁葬永陵，谥曰孝洁恭懿慈睿安庄相天圣肃皇后。孝烈皇后方氏（后，江宁人，世宗第三后），嘉靖二十六年（1547）十一月十八日光，葬永陵，谥曰孝烈端顺敏惠恭诚祗天卫圣皇后。孝恪皇后杜氏（后，大兴人，嘉靖十五年进封妃），穆宗生母，嘉靖三十三年（1554）正月十一日，葬金山。穆宗即位尊谥为孝恪渊纯慈懿恭顺赞天开圣皇太后，迁葬永陵。

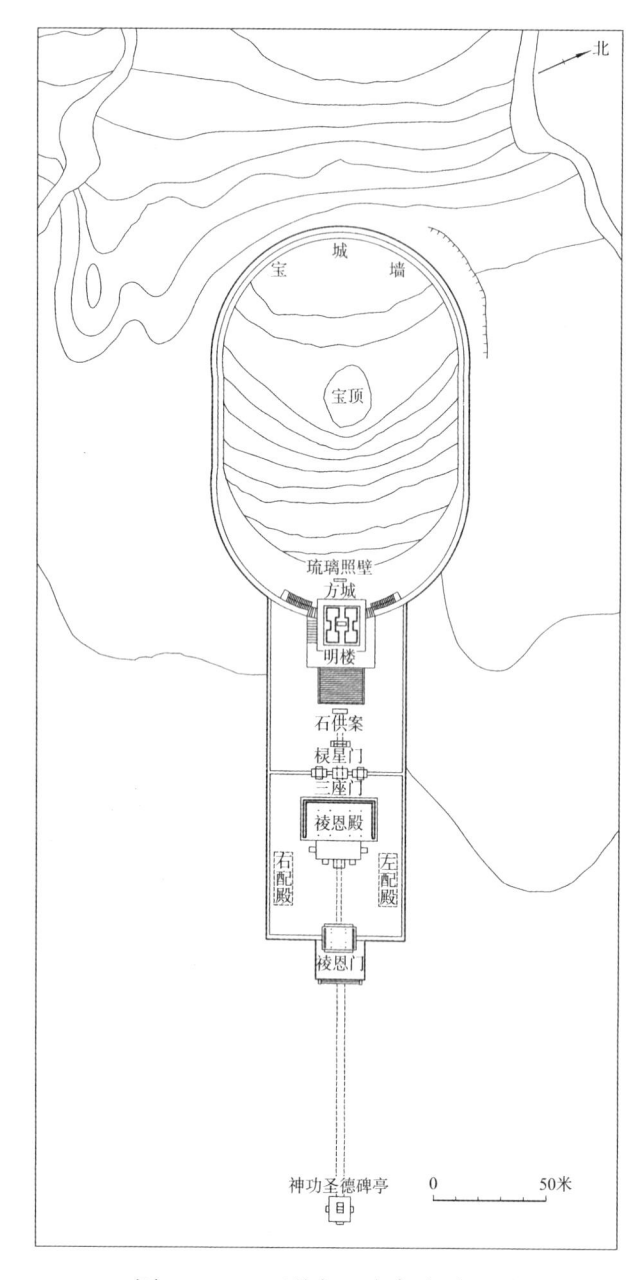

图7-1-7 明十三陵康陵平面图

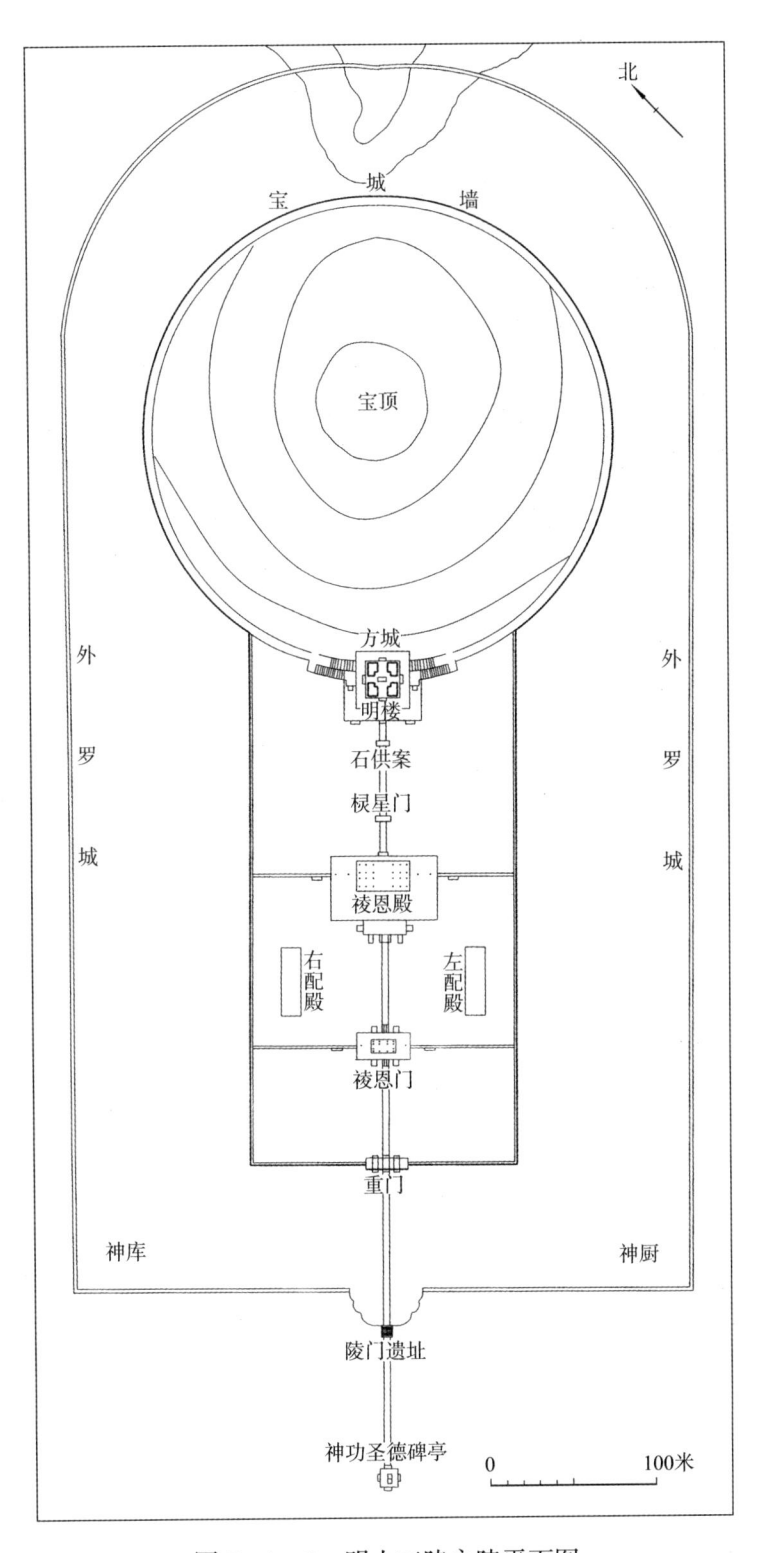

图 7-1-8 明十三陵永陵平面图

(2) 永陵位置和营建简况

永陵在阳翠岭南麓（原名十八道岭，世宗更名阳翠岭），是朱厚熜在位时营建的寿陵。卜选陵址始于嘉靖七年（1528）陈皇后去世之时，嘉靖十五年（1636）四月二十二日申时兴工，世宗亲自主持祭告长陵典仪[1]。此后，经若干年才最后竣工[2]，其规模和规制仅次于长陵。永陵神道从长陵神道七空桥北向东北分出，长约1.5公里，途中建单空石桥一座，近陵处建神功德碑亭，亭前建并列单空石桥三座。陵宫面积25万平方米。

8. 昭陵

见图7-1-9。

(1) 陵主简况

陵主朱载坖，世宗三子，生于嘉靖十六年（1537）正月。嘉靖十八年二月封裕王，四十五（1566）年二月即皇帝位，次年改元隆庆。隆庆六年（1572）五月二十六日崩于乾清宫，享年36岁。谥"契天隆道渊懿宽仁显文光武纯德弘孝庄皇帝"，庙号穆宗。孝懿庄皇后李氏（昌平人，裕王妃，生宪怀太子），嘉靖三十七年四月十三日病故于裕王府，同年七月葬京西金山丰裕口。穆宗即位追谥为孝皇后，神宗即位，上尊谥曰孝懿贞惠顺哲恭仁俪天襄圣庄皇后，隆庆六年七月神宗将其迁葬昭陵。孝安皇后陈氏，（通州人，隆庆元年册立为皇后），万历二十四年七月十三日薨，祔葬昭陵，谥孝安贞懿恭纯温惠佐天弘圣皇后。

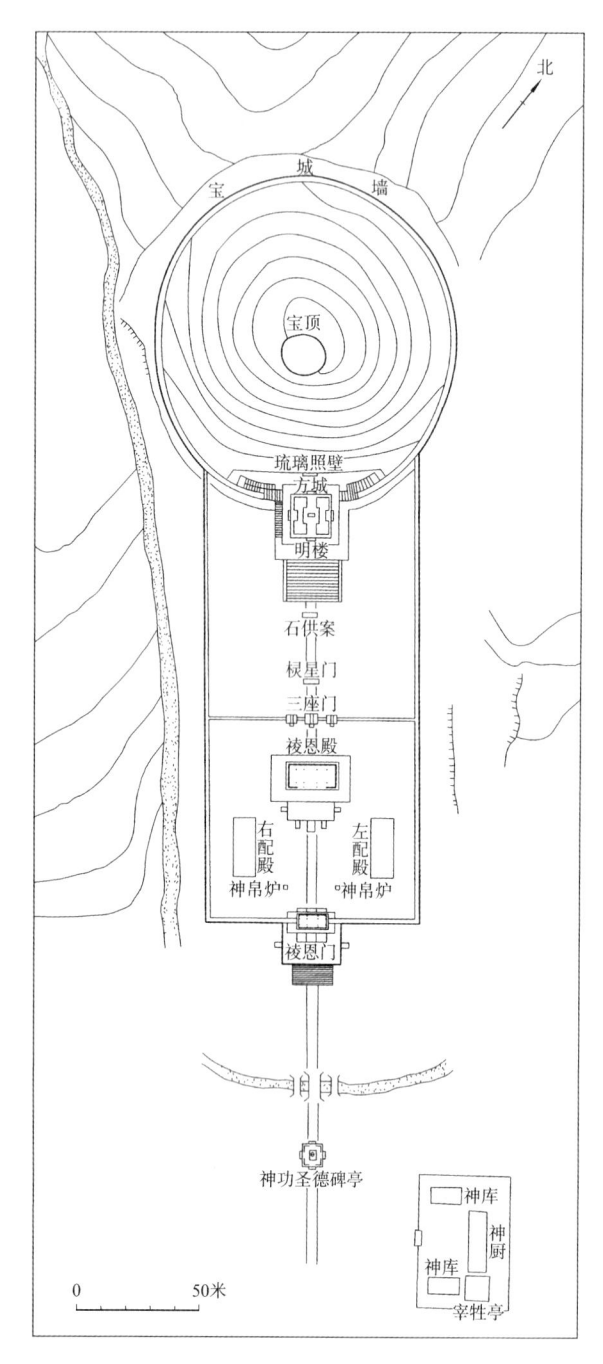

图7-1-9 明十三陵昭陵平面图

孝定后李氏（漷县人，神宗生母，隆庆元年即（1567）年三月封为贵妃，万历元年尊为皇太后），万历四十二年二月九日病故，享年70岁，葬昭陵，谥曰孝定贞纯钦仁端肃弼天祚

---

[1] 永陵动工之际，同时开工的还有其他七陵修缮工程，长陵神道甃石以及石象生加护石台等工程。

[2] 永陵竣工日期，史籍无确载。《明世宗实录》卷二五六记载，永陵工程曾暂停，嘉靖二十年（1541）十二月又再度兴工。其具体竣工日期不明。

圣皇太后。

(2) 昭陵位置和营陵简况

昭陵位于大峪山东麓,利用世宗为其父朱祐杬在天寿山营建显陵旧玄宫[1],隆庆六年(1572)八月二十二日迁孝懿李后棺椁祔葬昭陵,九月十九日穆宗葬陵内。隆庆六年六月十五日,神宗下诏在大裕山建陵园,约一年建成。万历二年发现地基沉陷,万历三年(1575)正月再修昭陵,七月竣工。昭陵神道从长陵神道七空桥北向西分出,长约2公里,途中建五空、单空石桥各一座,近陵处建神功圣德碑亭,亭后建并列单空石桥三座。陵宫面积3.46万平方米。

9. 定陵

见图7-1-10。

(1) 陵主简况

陵主朱翊钧,穆宗三子,生于嘉靖四十二年(1563)八月十七日。隆庆二年(1568)三月十一日立为皇太子,六年六月十日即帝位(年10岁),次年改元万历。万历四十八年(1620)七月二十一日崩于宏德殿,享年58岁。谥"范天合道哲肃敦简光文章武安仁止孝显皇帝",庙号神宗。孝端显皇后王氏,万历六年(1578)二月册立皇后,万历四十八年四月六日薨,十月三日葬定陵。孝靖皇后王氏(光宗生母),册立为皇贵妃。万历三十九年九月十三日病故,万历四十年七月十七日葬东井左侧平岗地。光宗即位,追谥其母为皇太后,迁葬定陵。

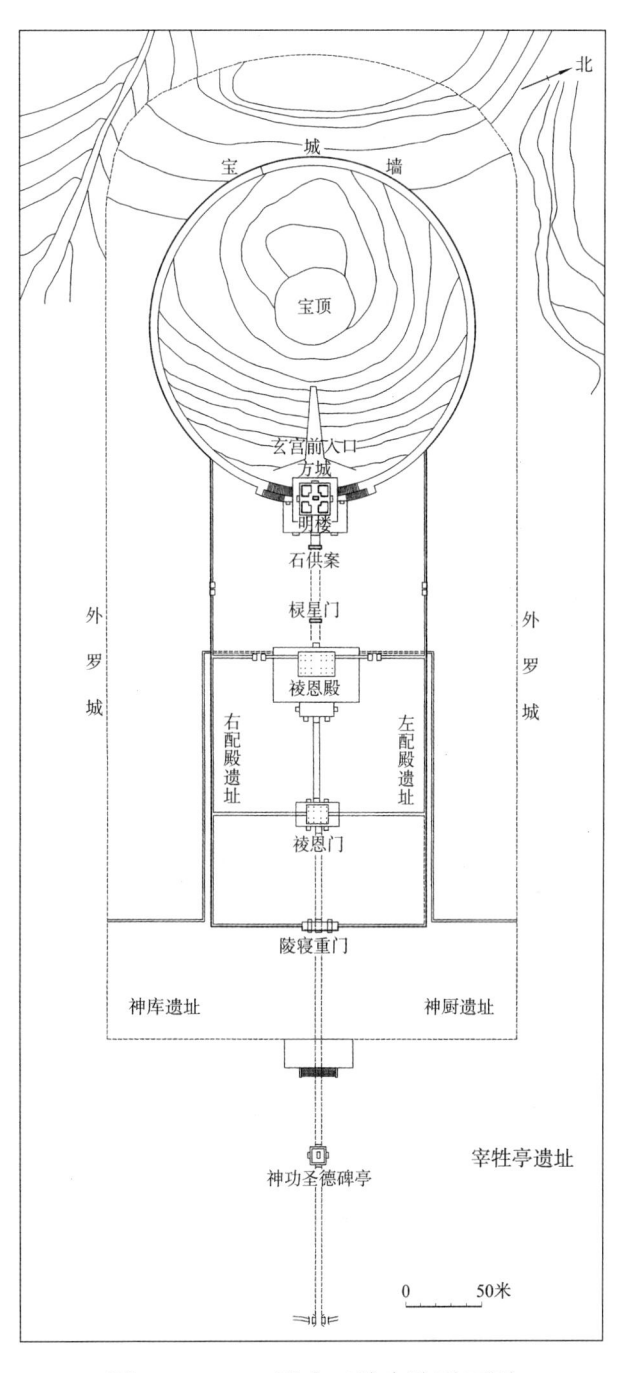

图7-1-10 明十三陵定陵平面图

---

[1] 武宗死无子,由兴献王世子朱厚熜即帝位。此后,正德十六年十月,追尊其父为兴献帝。嘉靖十七年十二月,下诏在天寿山为其父营建显陵。建好后未迁陵,玄宫遂空。

（2）定陵位置和营建简况

定陵在昭陵西北大峪山东麓，为生前所建寿陵。万历十一年（1583）初卜选寿宫址，十二年十一月六日辰时寿宫始动工，十三年（1585）三至八月间全面铺开，十八年（1590）六月竣工（神宗时年28岁）。该陵朱翊钧亲自选址，"钦定寿宫式样、丈尺"，三次现场视察，陵规模宏大，坚固华丽。定陵神道从昭陵神道五空桥西向北分出，长约1.5公里，途中建三空石桥一座，近陵处建神功圣德碑亭，亭前建并列单空石桥三座。陵宫面积18万平方米。

10. 庆陵

见图7-1-11。

（1）陵主简况

陵主朱常洛，神宗长子，生于万历十年（1582）八月十一日。二十九年（1601）十月十五日立为皇太子，四十八年（1620）八月初一日即皇帝位，九月一日崩于乾清宫，年39岁（在位一个月）。谥"崇天契道英睿恭纯宪文景武渊仁懿孝贞皇帝"，庙号光宗。孝元贞皇后郭氏，万历二十九年册立为皇太子妃，四十一年（1613）十二月二十四日去世，在宫中停尸二年。万历四十三年十二月十二日葬天寿山泰陵园后长岭之前，熹宗即位上尊谥为孝元昭懿哲惠庄仁合天粥圣贞皇后，衬葬庆陵。孝和皇太后王氏（顺天人，熹宗生母），始封才人，万历四十七年（1619）三月二十三日去世，熹宗即位上尊谥曰孝和恭献温穆徽慈谐天鞠圣皇太后，迁葬庆陵。孝纯皇太后刘氏（崇祯帝生母），淑女，万历三十八年（1610）十二月死于冷宫，秘葬京西金山。光宗即位，追封贤妃。崇祯帝即位，上尊谥为孝纯恭懿淑穆庄静毗天毓圣皇太后，迁葬庆陵。

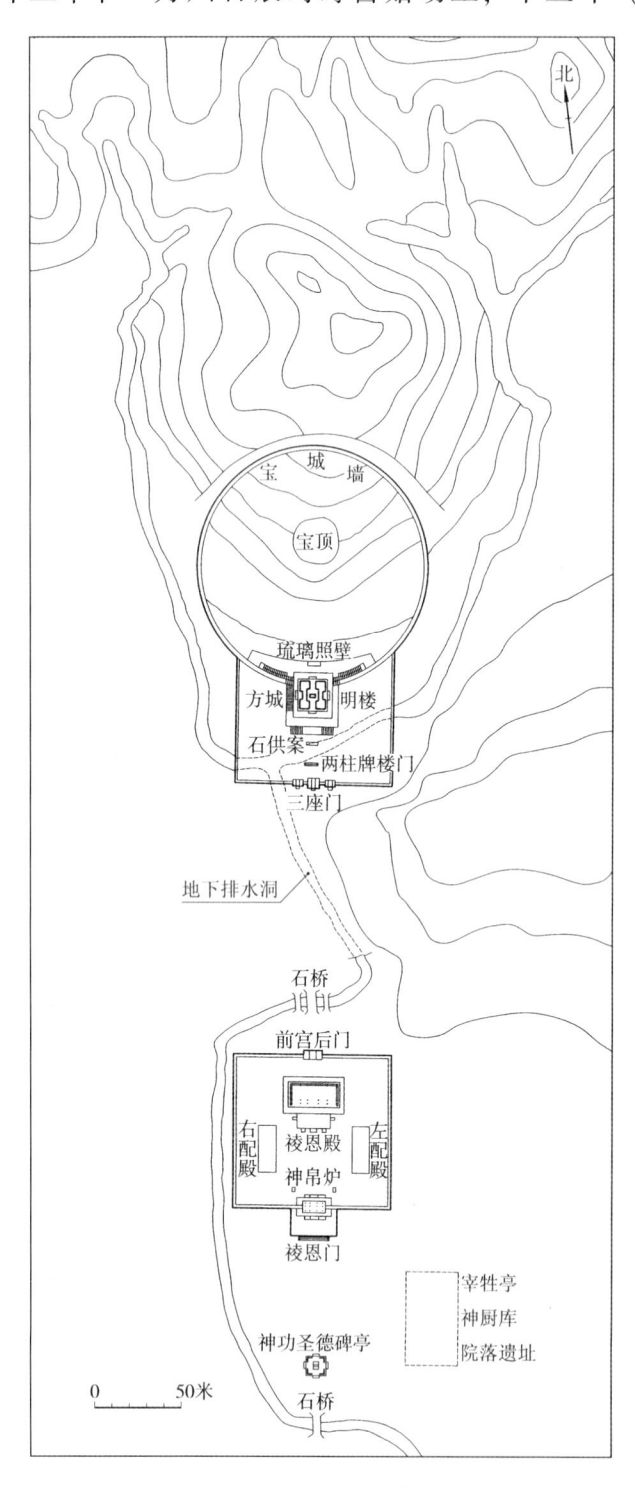

图7-1-11 明十三陵庆陵平面图

（2）庆陵位置和营建简况

庆陵在裕陵东南，黄山寺二岭南麓，又称"景泰洼"（曾建过景泰帝寿陵）[1]。庆陵于天启元年（1621）三月定穴营建，七月二十九日玄宫建成，九月四日葬光宗及孝元与孝和二皇后。天启六年六月，陵园全部竣工。陵制参酌献陵，排水系统独具一格。庆陵神道从裕陵神道小石桥西向北分出，长约20米，近陵处建神功圣德碑亭，亭前建单空石桥一座。

11. 德陵

见图7-1-12。

（1）陵主简况

陵主朱由校，光宗长子，生于万历三十三年（1605）十一月十四日。泰昌元年（1620）九月六日即帝位，次年改元天启。天启七年（1627）八月二十二日崩，年23岁。谥"达天阐道敦孝笃友章文襄武靖穆庄勤悊皇帝"，庙号熹宗。懿安皇后张氏，天启元年四月册立为后。崇祯十七年（1644），李自成起义军攻入北京，自杀，清朝将其葬入德陵。

（2）德陵位置和营建简况

德陵在永陵之东，潭峪岭西麓。陵始建于天启七年九月，崇祯元年（1628）三月八日熹宗入葬德陵。德陵工程至崇祯五年（1632）二月才最后竣工。德陵神道从永陵神道碑亭前向东北分出，长约0.5公里，途中建五空石桥一座，近陵处建神功圣德碑亭[2]。陵宫面积3.1万平方米。

12. 思陵

见图7-1-13。

（1）陵主简况

陵主朱由检，光宗第五子，生于万历三十八年（1610）十二月二十四日。天启二年（1622）九月二十二日封信王，七年（1627）八月二十四日即位于中极殿，次年改元崇祯。崇祯十七年（1644）三月十九日自缢身亡，年35岁，四月四日入葬。南明弘光政权（福

---

[1] 景泰七年（1456）二月二十一日，皇后杭氏病故，景泰帝遂建寿陵，玄宫建成后，六月十七日葬杭氏。天顺元年英宗复辟，景泰帝被废为郕王，死后以王礼葬京西金山；景泰帝寿陵被英宗拆毁。

关于京西金山景泰帝陵，清梁份《帝陵图说》中记载："景皇帝陵寝门基在玉泉山第三峰北山根六百七十八跬，小古井西北二百一十三跬。""景皇帝陵冢，无宝城、无明楼、无穹碑、不封不树，土冢隆起可二三尺，周三十跬，径十跬。方位向丙。……冢外广轮甚狭，周回皆墙，是为内墙"；"墙之外金山中峰之麓，无隙地，无平地也"。该陵陵墙呈前方后圆状，面阔方向含陵门在内共52米，进深方向最大尺度为78米。1979年列为北京市重点文物保护单位。

[2] 诸陵神道形制不一，献、景、裕、茂、泰、康陵，中间御道以城砖墁砌，两侧砌小河卵石。永、定二陵御道铺石条，两侧墁砖。庆陵御道墁方砖，两侧墁城砖。

碑亭均重檐式，四出陛，亭内神功圣德碑均螭首龟趺，无字，土衬石上刻海浪；永、定、庆、德四陵土衬石上四角处分刻鱼、鳖、虾、蟹四水生动物。

王），谥为"烈皇帝"，庙号"思宗"，后又改庙号为"毅宗"，隆武（唐王）时又定庙号为"威宗"。清军入关，初定崇祯庙号为"怀宗"，谥"端皇帝"；顺治十六年（1659）十

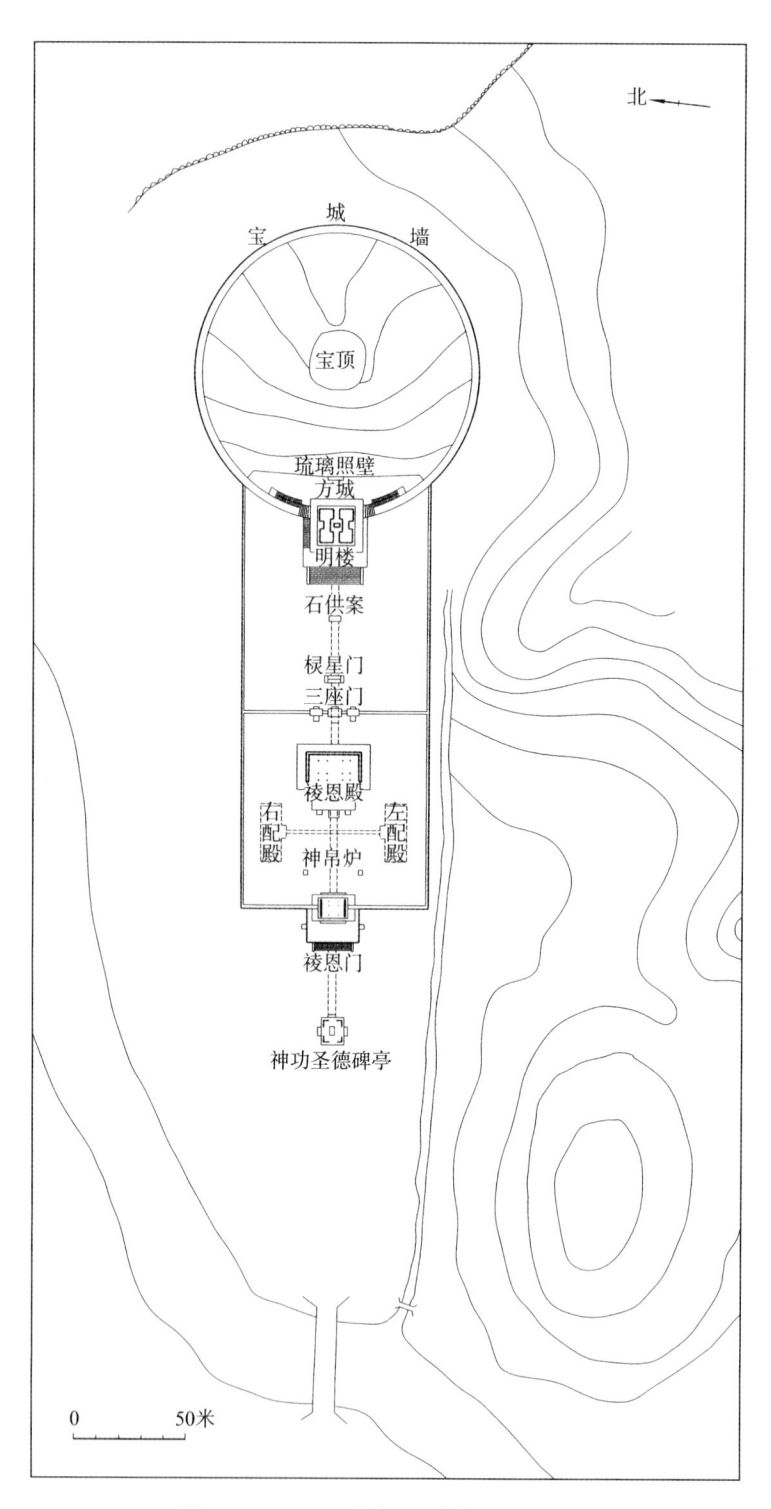

图 7-1-12 明十三陵德陵平面图

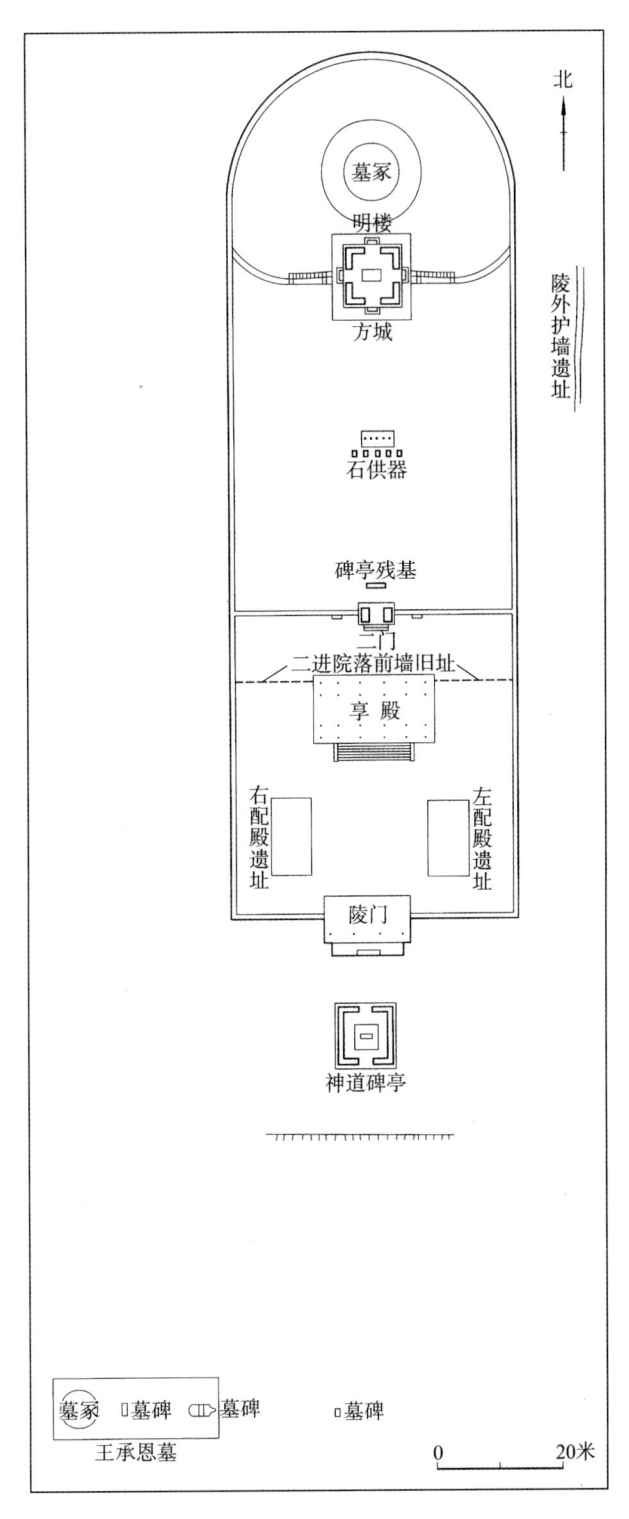

图 7-1-13　明十三陵思陵平面图

一月去其庙号，改谥为"庄烈愍皇帝"。孝节皇后周氏，崇祯帝即位册立为皇后，遵旨自缢身亡。南明政权上尊谥为"孝节烈皇后"，清朝上谥号为"大明孝敬贞烈慈惠庄敏承元配圣端皇后"，顺治十六年（1659）十一月改谥为"庄烈愍皇后"。皇贵妃田氏，崇祯十五年（1642）七月去世，十七年正月二十三日葬入坟园内。

（2）思陵位置和营建简况

思陵在陵区西南隅鹿马山（又名锦屏山或锦壁山）南麓。原为田贵妃坟，李自成大顺政权将崇祯帝后葬入田贵妃坟中。清初改称思陵，顺治元年（1644）五月改葬崇祯帝后，营建了地上园寝建筑。陵宫面积0.65万平方米。

以上诸陵陵名（又称陵号），明朝均由皇帝钦定。凡帝后停灵待葬，定陵名一般在玄宫落成之时。若待葬者为皇帝，又有玄宫始建就定陵名的。皇帝生前所建寿宫，营建时又无皇后待葬，陵名到帝或后入葬前才拟定。明代十三陵的各陵名，均与前代陵名不忌相犯，陵名单字，取义于褒扬和吉祥。

第二节　明显陵

明显陵位于湖北省钟祥市东北7.5公里的纯德山（北纬31°12′20″—31°13′00″，东经112°37′50″—112°38′09″之间），是嘉靖皇帝之父朱祐杬和母亲蒋氏的陵寝。该陵是明朝唯一由藩王坟改建而成的帝陵。

一　从兴献王坟到明显陵

朱祐杬是明宪宗朱见深的第二子，明孝宗朱祐樘的异母弟，明武宗朱厚照的叔父。朱祐杬生于成化十二年（1476）七月初二日，生母为朱见深的宸妃邵氏。成化二十三年（1487）七月十一日封为兴王，弘治七年（1494）九月十七日就藩湖广安陆州（今钟祥市）。正德十四年（1521）六月十七日辰时，朱祐杬去世，享年四十四岁，明武宗嘉谥为"献"，史称兴献王。坟园建在松林山。

正德十六年（1521）三月十四日，明武宗朱厚照崩，无嗣。于是按照明太祖"兄终弟及"的遗训，将刚袭兴王不久的朱厚熜迎往北京入继大统，同年四月二十二日登基，是为嘉靖皇帝。朱厚熜即帝位后，不顾群臣反对，在正德十六年十月初一就迫不及待地尊其父为"兴献帝"，嘉靖二年（1523）二月二十五日，兴献王坟原覆黑瓦改换黄瓦，并修神道桥等。紧接着嘉靖三年三月初一，又尊其父为"献皇帝"，母为章圣皇太后，三月十二日王坟正式更名显陵。七月二十一日，献皇帝神主奉安于奉先殿东室观德殿，上尊号"皇考恭穆献皇帝"；九月初五，改称孝宗敬皇帝为"皇伯考"。嘉靖五年（1526）九月十一日，"奉安恭穆献皇帝神主于世庙"，嘉靖七年（1528），封尊号为"恭睿渊仁宽穆纯圣献皇帝"，亲撰显陵碑文，五月二十六日礼部右侍郎严嵩奉命竖安显陵石碑。嘉靖十七年（1538）九月初一，定朱祐杬庙号"睿宗"，上尊号为"知天守道洪德渊仁宽穆纯圣恭俭敬文献皇帝"，嘉靖二十七年（1548）献皇帝神主祔享太庙，位次在武宗之上。

二　明显陵的营建

嘉靖三年更名显陵后，即着手议修显陵事。嘉靖四年（1525）四月九日，改原兴献王坟司香署为神宫监，改安陆卫为显陵卫，并添建红门和神厨。嘉靖六年（1527）十二月初四，"命修显陵如天寿山七陵之制"，开始大规模的改建工程。《大明会典·工部·山陵》记载："兴都显陵，嘉靖六年特敕修理，各项规制，俱照天寿山，添设石象生、碑亭。八年，工完。"嘉靖十年（1531）八月，尚书李时在奏文中说：显陵"园寝已经建造，殿宇巍峨，规制壮丽，视天寿诸陵无异"。期间修葺宝城宝顶，重建享殿，增建方城明楼，并在龙凤门（棂星门）前神道两侧置望柱和石象生。嘉靖十年（1531）二月二十三日，将松林山敕封为"纯德山"，建碑亭。直至嘉靖十一年十月，改建工程告一段落。

嘉靖十七年（1538）十二月初四，章圣皇太后病逝，嘉靖帝亲赴昌平天寿山，在长陵西南大峪山下卜定吉壤，营建新陵，"欲启迎皇考梓宫遣祔于此"。但是，自嘉靖三年以来，显陵北迁之议，一直遭到朝臣和章圣皇太后反对[1]，朱厚熜夙存顾忌，所以从大峪山回宫后，又决定奉母后棺椁南下合葬显陵，并"躬自往视之"。由于"启视显陵玄宫有水"，嘉靖十八年（1539）正月二十七日，嘉靖帝敕谕礼部："朕惟孝子之事亲，送终为大。矧陵寝所在，体魄攸居，必求允藏。庶亲安而人子之心亦安且尽矣。皇考显陵，昔者建造狭隘，虽尝增修，犹多未称。兹朕恭诣陵下，与诸左右大臣周览山川，更卜吉兆，重建玄宫，以安皇考、皇妣神灵于无穷，以昌厥后，永绵胤祚于百世。"二月十五日，嘉靖帝驾发京师，三月十三日帝亲谒显陵，"骑登陵山，立表于皇考陵寝之北"，亲卜吉兆，并钦定"图式"，决定在旧宝城北建新玄宫和宝城。三月十九日，启土动工祭告显陵及纯德山之神，敕工部左侍郎顾璘同内宫监袁亨督理显陵事物。三月二十一日显陵正式兴工，七月十五日新玄宫建成。闰七月二十五日，朱祐杬和蒋氏一并葬入新玄宫。

显陵玄宫建成后，续建工程仍在进行。嘉靖二十一年（1542）九月，命修显陵祾恩殿，嘉靖三十三年（1554）四月，又命改建祾恩殿"如景陵制"。嘉靖三十五年（1556）七月，诏修显陵二红门左角门，便路及御桥、墙等，扩建工程至嘉靖三十八年（1559）九月才竣工。嘉靖四十五年（1566）九月，又重修祾恩殿，十一月十八日更新圣号碑为"大明"，"恭睿献皇帝之陵"。明末显陵地面建筑大多被李自成起义军焚毁。明显陵1988年公布为全国重点文物保护单位。

三　明显陵的形制

显陵陵园见图7-2-1。[2] 占地面积约183.15公顷，其中陵寝部分占地52公顷。陵

---

[1] 参见后文有关"大礼仪"的记述。（明）顾璘等修《兴都志·典志二》卷二记载：章圣皇太后说："陵寝乃根本重地，不可轻动。"上海图书馆藏传抄嘉靖二十一年刻本。

[2] A. 明显陵形制撰写，主要依据中华人民共和国国家文物局：《明清皇家陵寝·明显陵》，中国大百科全书出版社1999年版。
B. 李斌：《明显陵建筑规制与其特点》，载《世界文化遗产——明清皇家陵寝保护与发展研讨会论文集》，北京燕山出版社2007年版。

寝配置从南向北依次如下：

纯德山碑亭：嘉靖十年敕封而建，亭平面方形，四出陛，亭毁。内供汉白玉石碑一通，通高3.59米，宽1.15米，下为须弥座，碑首篆刻"敕封"二字，碑阳刻楷体"纯德山"三个大字。

敕谕碑亭：在纯德山碑北偏东侧天子岗脚下，俗称"山曲碑"。平面方形，四出陛，内立龙首龟趺碑，坐南向北。主要记载陵区占地范围和皇庄收租田亩及管理人员姓名、人数等。

下马碑：敕谕碑北165米，新红门前左右各立一碑。汉白玉碑身两面刻"官员人等至此下马"八个楷体大字。碑身下部四隅有抱鼓石倚饿。

新红门：嘉靖十八年（1539）建，东依纯德山（图7-2-7之1），西邻外明塘，两侧与外罗城相连，为进入陵园之门户。门单檐歇山顶，面阔18.5米，进深8米，有券门三洞，左右各有披门和门房。门琉璃、砖、石结构，红墙黄瓦。

外明塘：嘉靖十八年建，位于新红门外西侧，明塘内侧与外罗城连接，北面为九曲御河出水口，明塘略呈椭圆形。

九曲御河：俗称九曲河，河从陵区东北向西南蜿蜒，贯穿整个陵区，全长1687米，砖石结构。河道宽4米，上游深约2米，下游深近3米，河床平底壁直，河底铺青石板或青砖。河道根据高差建九道拦水坝，该河是陵区内的主要排水设施。

一号御桥：入新红门沿神道弯曲前行102米，至第一座御桥，为三座并列汉白玉单孔桥。

正红门（旧红门）：嘉靖三年（1524）建，南距一号桥38米。门单檐歇山顶，琉璃、砖、石结构，红墙黄瓦。面阔18米，进深7.8米，

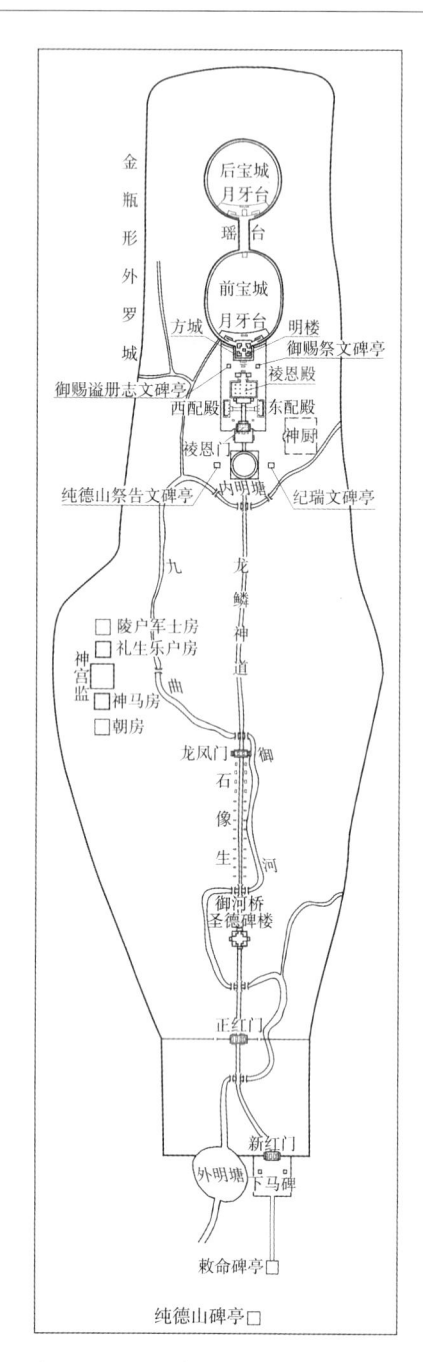

图7-2-1　湖北省钟祥市明显陵平面示意图

（采自《世界文化遗产——明清皇家陵寝保护与发展研讨会论文集》，略变化）

券门三洞，左右有披门和门房。

二号御桥：在正红门北55米处，青石三座并列单孔桥。

睿功圣德碑亭：南距二号桥41米，嘉靖七年（1528）建，俗称御碑亭。平面方形，

面阔进深约18.3米，占地334平方米，汉白玉台基，下设石须弥座，重檐歇山顶，四面各开券门（碑亭明末兵燹）。正中立龙首龟趺"睿功圣德碑"。碑首为四条高浮雕首尾交盘，头部下垂的蛟龙，龟趺石台上刻水波漩流。

三号御桥：御碑亭北41米处，形制同二号桥。

望柱和石象生：三号桥北即望柱和石象生群。汉白玉望柱通高6.5米（低于长陵望柱7.16米），方形须弥座，柱身六棱形，二层束腰云盘托圆柱形浮雕云龙纹柱头。望柱后依次置石象生狮一对、獬豸一对、骆驼一对、象一对、麒麟二对、马二对、武臣（将）二对（图7-2-2之1）、文臣一对（图7-2-2之2）、勋臣一对（石象生建于嘉靖六年）[1]。

龙凤门（图7-2-3）：石象生群后置龙凤门，门六柱三门四楼冲天式牌楼，方柱上悬出云版，上覆莲座，其上各雕一尊朝天犼。门正身立火焰宝珠，石磴，坊身有仿木额枋、花板、抱框，上额枋设门簪，方柱前后夹抱鼓石，影壁墙下设须弥座，上盖黄琉璃瓦。

四号御桥：置于龙凤门后，形制同二、三号桥。

后段龙形神道：进新红门后神道全长1368米，其中四号御桥后后段神道长290米。龙形神道中间铺石板谓"龙脊"，两侧铺鹅卵石谓"龙鳞"，外边有石牙子，俗称"龙鳞神道"。

五号御桥：龙形神道后为五号御桥，并列三座汉白玉单孔拱桥。

内明塘：五号桥后为内明塘，塘圆形，直径33米，内垣五级台阶驳岸，青石压面。

记瑞文碑亭：置于内明塘东侧，建于嘉靖十一年（1532），平面方形，西向居中开设券门，前出台阶。亭内立碑，有束腰形须弥座。

纯德山祭告文碑亭：置于内明塘西侧，建于嘉靖十一年，形制同记瑞文碑亭。

陵宫：内明塘后为陵宫，二进院落。第一进院落前为祾恩门，门面阔三间，进深二间，有月台，前后三出陛（云龙丹陛），门两侧有八字形琉璃影壁，正面绿琉璃蟠枝图案，背面双龙图案（图7-2-4），喻意藏龙护生。祾恩门外东侧置神厨、神库、宰牲亭、奉祀房、旗台等。祾恩门外西侧置神宫监一所，司香内官住房二十一间，陵户、军户直房一所，礼生、乐户直房一所，朝房一所，巡山铺一所。祾恩门内有东西配殿及左右焚帛炉（燎炉，仅存基址），东西配殿面阔五间，进深二间，前出廊。后面正中置祾恩殿[2]，殿重檐歇山顶后抱厦宫殿式，建于嘉靖四年（1525），现仅存基址。殿面阔五间，进深四间，四周有宽约2米的回廊及汉白玉雕的栏板和龙凤望柱，须弥座台基上浮雕排水龙头60个，四隅各有螭首4个，前出月台，两隅各有螭首二个。祾恩殿后为陵寝门，面阔三间，砖石

---

[1] 李斌《明显陵建筑规制与其特点》（载《世界文化遗产——明清皇家陵寝保护与发展研讨会论文集》，北京燕山出版社2007年版）引顾璘《兴都志》："又南神道对列像生，簪缨武臣二、梁冠文臣二、执瓜将军二、立马二、卧马二、立麒麟二、坐麒麟二、卧象二、卧骆驼二、坐獬豸二、坐狮二、华表二。"

[2] 李斌《明显陵建筑规制与其特点》（载《世界文化遗产——明清皇家陵寝保护与发展研讨会论文集》，北京燕山出版社2007年版）引顾璘《兴都志》："祾恩殿五间，虎座重檐歇山转角，龙井天花，俱碾玉点金。柱下皆为小龙头，四隅各为大龙头，菱花隔扇皆朱红重漆，钉以镀金铜梭叶，覆地则细方砖，涂壁则丹黄泥，檐亦铜丝罘。殿内有暖阁，隔扇如前，左隅为加上尊谥记文碑。"

1. 武臣

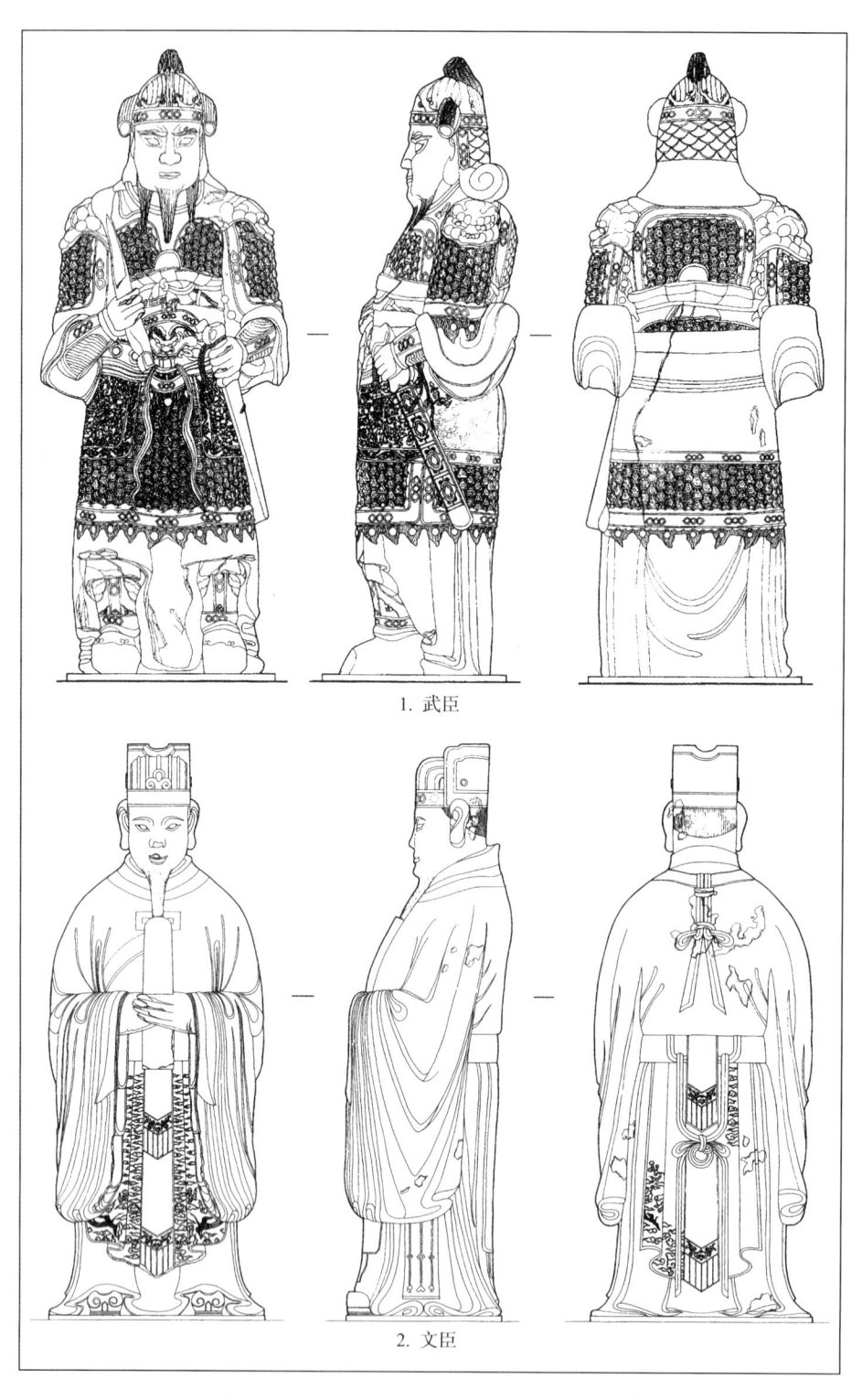

2. 文臣

图 7-2-2　湖北省钟祥市明显陵石象生
（采自国家文化局《明清皇家陵寝·明显陵》）

第七章 明十三陵与显陵 385

图7-2-3 湖北省钟祥市明显陵龙凤门（棂星门）正立面图
(采自国家文化局《明清皇家陵寝·明显陵》)

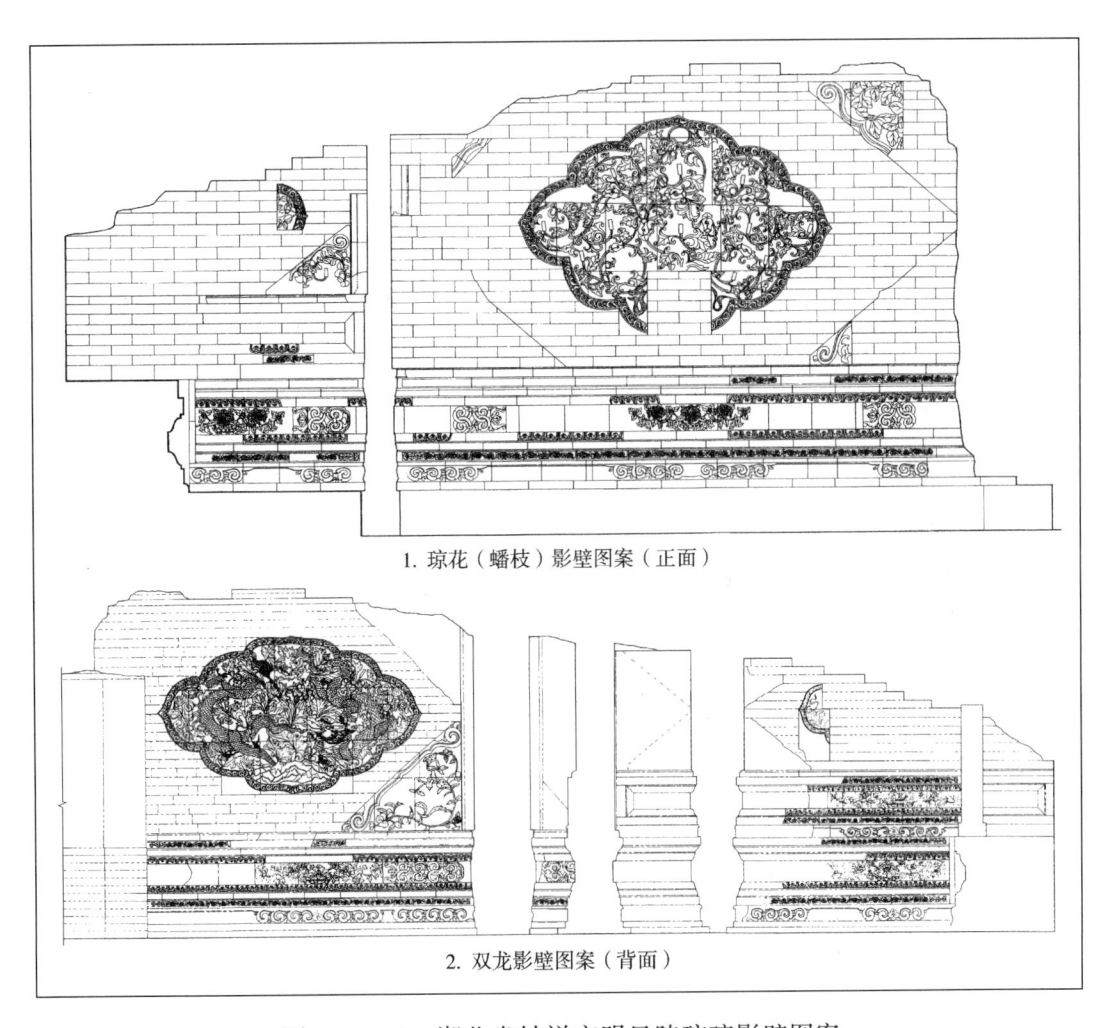

1. 琼花（蟠枝）影壁图案（正面）

2. 双龙影壁图案（背面）

图7-2-4 湖北省钟祥市明显陵琉璃影壁图案
(采自国家文物局《明清皇家陵寝·明显陵》)

琉璃结构，陵寝门内即第二进院落。陵寝门后为二柱门，现仅存石柱（通高6.65米），蹲龙戗鼓，木构无存。再后为石五供，现存供案和部分石雕供器。供案东侧置皇明御赐祭文碑亭，西侧置御赐谥册志文碑亭，均建于正德十四年（1519），皆坐南面北，前出阶，亭内立龙首龟趺碑。

方城明楼（图7-2-5）：供案后为方城明楼，建于嘉靖六年（1527）。方城面阔进深皆22.2米，设券门一道，门前有御道踏跺，方城左右各设上下坡道。方城之上边缘东、西、南三面建雉堞，背面砌女墙。方城上建明楼[1]，重檐歇山顶，下有石须弥座，面阔进深均17米，四面有券门，明楼南向双檐之间悬挂楷体"显陵"二字匾。明楼内圣号碑，通高4.69米，碑额篆刻"大明"二字，碑身镌刻"恭睿献皇帝之陵"。

前宝城：方城两侧连着前宝城，城椭圆形，东西112米，南北125米，高5.5米。宝城环道宽2米，外侧建雉堞，内侧砌女墙。宝城内为宝顶封土，其下为正德十四年（1519）所建玄宫。宝城与方城之间有月牙城（哑巴院），内有琉璃影壁一座。前宝城据城砖题刻，重建于嘉靖四至七年。

瑶台和后宝城（图7-2-6）：瑶台连接前后宝城，建于嘉靖十八年（1539）。瑶台长方形，面阔11.5米，进深40.5米，外侧各置20个雉堞及4具散水龙头。后宝城圆形，直径110米。宝城内宝顶下为嘉靖十八年所建玄宫。宝顶前有月牙城，内有琉璃影壁一座。两座宝城各有向外悬挑的螭首16个[2]。

外罗城：建于嘉靖十八年，红墙，琉璃墙顶，高6米，厚1.6米，长4730米[3]。城南北两端较窄，宽约300米，中间最宽处达464米，南北进深1656.5米。城随山势蜿蜒起伏，平面呈"金瓶"状。

此外，还有其他一些附属建筑，位置待考[4]。

---

[1] 李斌《明显陵建筑规制与其特点》（载《世界文化遗产——明清皇家陵寝保护与发展研讨会论文集》，北京燕山出版社2007年版）引顾璘《兴都志》：明楼"虎座重檐歇山转角，方梁斗科俱碾玉点金，天花顶板俱金莲水藻，檐设铜丝罩，下设白玉石须弥宝座"。

[2] 李斌《明显陵建筑规制与其特点》（载《世界文化遗产——明清皇家陵寝保护与发展研讨会论文集》，北京燕山出版社2007年版）引顾璘《兴都志》："后宝城一座，周围一百有三丈，崇一丈有八尺，基厚一丈有一尺，巅厚九尺有九寸，四面向外出水龙头十有六，据白玉石为之，即二圣玄宫所在地也。宫前照壁一座。城南联以瑶台，延十有五丈，广四丈三尺奇。台南为前宝城一座，周回一百有二十丈，崇厚如前，即先帝玄宫旧所在也。前亦照壁一座。"

[3] 李斌《明显陵建筑规制与其特点》（载《世界文化遗产——明清皇家陵寝保护与发展研讨会论文集》，北京燕山出版社2007年版）引顾璘《兴都志》："红墙一千四十七丈五尺五寸。"

[4] 李斌《明显陵建筑规制与其特点》（载《世界文化遗产——明清皇家陵寝保护与发展研讨会论文集》，北京燕山出版社2007年版）引顾璘《兴都志》，"果园一所，周回三百一十有二丈……在红墙之东"，"菜园一所，周回一百丈……在红墙之西"，"更铺八处，南一，立于黄草庙；东南一，立于神路山口；东一，立于大望城岗；东北一，立于椒园团山；北一，立于叶家冲；西北一，立于古太平寺；西一，立于马家桥；西南一，立于郭家庄；俱缭红墙而列也"。

正立面

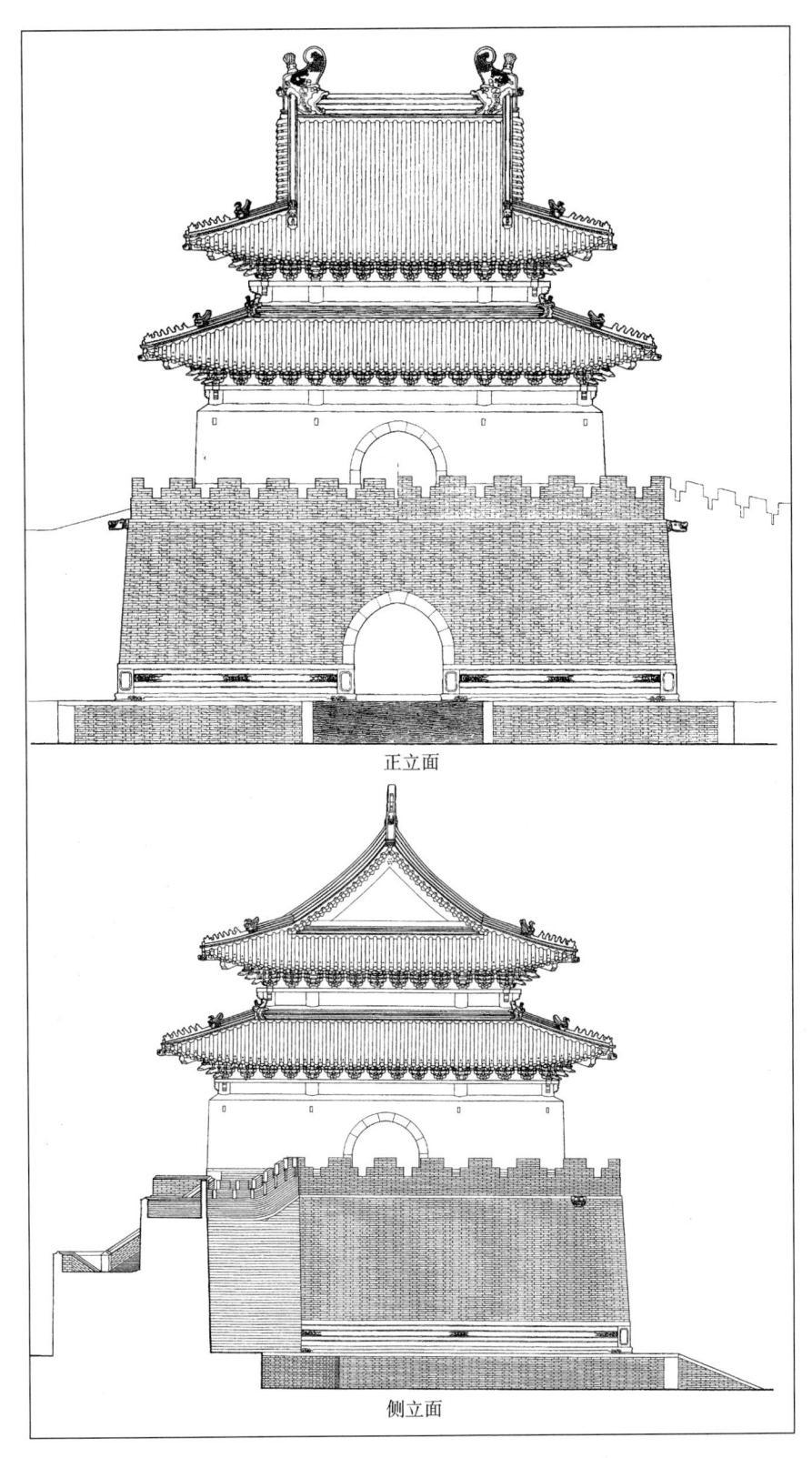

侧立面

图 7-2-5 湖北省钟祥市明显陵方城明楼正立面、侧立面图
(采自国家文物局《明清皇家陵寝·明显陵》)

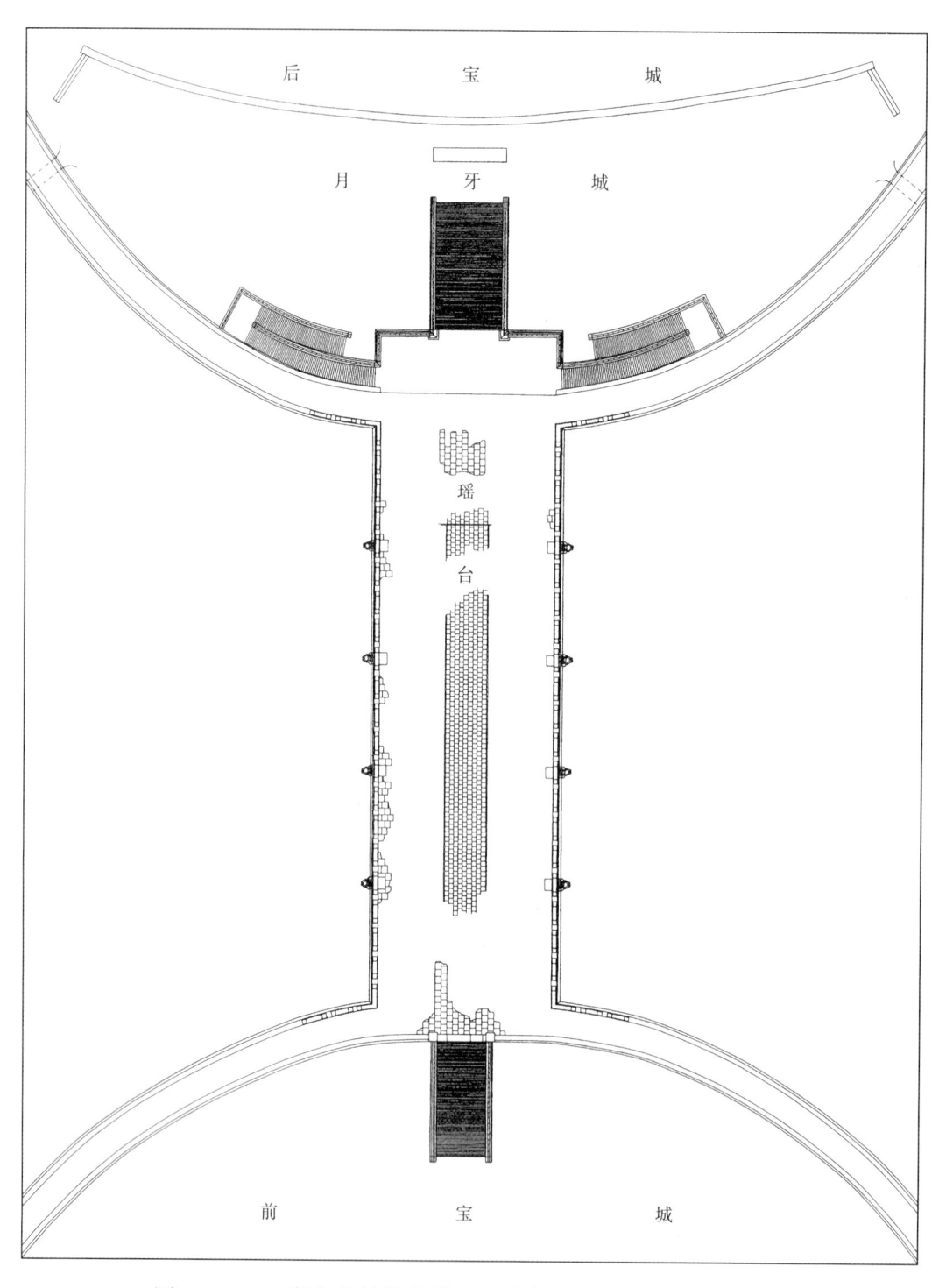

图 7-2-6 湖北省钟祥市明显陵瑶台及后宝城月牙城平面图
(采自国家文物局《明清皇家陵寝·明显陵》)

四 明显陵陵园形制布局特点

朱祐杬只是位藩王，未做过皇帝，死后建藩王坟。在其子即帝位后，朱祐杬被追尊为皇帝，因而才将原藩王坟按帝陵规制改建为显陵。上述背景，遂导致了显陵既承袭了前代明陵的规制，又保留了原藩王坟的一些特点，并在改建过程中形成了新的特点。所以显陵无论从陵主身份地位的变化，陵址位置，还是从藩王坟向陵寝的转换，以及其营建过程和最终的形制布局来看，在明陵中都是一座非常特殊的帝陵。

（一）显陵规制与前代明陵一脉相承

首先，明显陵陵园的下马碑、红门、圣德碑亭、望柱、石象生、龙凤门、陵宫、二柱门、石五供、方城明楼、宝城宝顶，以及御河御桥和碑等配置要素同前代帝陵，其配置序列也基本相同。

其次，明显陵根据"负阴抱阳"，"背山面水"原则，以松林山左峰为宝顶和玄宫依托的背屏（祖山，玄武），以左右山脉为环护的砂山（左青龙，右白虎），以前沿天子岗为案山（朱雀），九曲御河则形成陵宫两侧的虾须水，并横于陵宫之前呈环护之势，以达到"界穴"和"藏风聚气"的目的。明显陵上述风水要素所形成的风水堂局之态势（图7-2-7）同前代明陵。

此外，明显陵进而将上述风水堂局作为陵园不可或缺的构成要素和陵园布局的主要依托，使陵园完全处于山水环抱和松林掩映之中。陵园内的建筑布局则利用松林山间台地，依次配置下马碑、红门、圣德碑亭、望柱、石象生、龙凤门和桥，顺缓缓升高的山势逐步引导至方城明楼和宝顶，其间的各种配置疏密相宜，层层递进，错落有致，尊卑有序，充分体现出封建礼制秩序感和庄严、肃穆的氛围。总之，明显陵的建筑配置和建筑艺术与环境美学完美结合，如同"天设地造"，和前代明陵同样都是"陵制当与山水相称"的杰作（图7-2-8）。

综上所述，明显陵的风水堂局，主要构成要素和配置序列，以及布局艺术原则之总体态势，是与前代明陵一脉相承的。

（二）显陵形制既承袭前代明陵又有变化，特点独具

1. 陵寝前区

陵寝前区系指从新红门至陵宫前的神道部分。

（1）神道构成要素与配置序列

在明长陵以后的明代诸陵中，只有显陵神道建有红门（门前置下马碑）、睿功圣德碑亭、望柱、石象生和龙凤门等完整配置，其配置要素与明孝陵和长陵相同，配置序列则在明皇陵、孝陵和长陵基础上有所变化。首先，明显陵下马碑、新红门、桥、正红门与明皇陵下马碑、正红门（土城）、桥、红门（砖城）的配置序列相同（显陵新红门和正红门，分别相当于皇陵正红门和红门）。显陵正红门和桥后较皇陵多圣德碑和桥，石象生后多龙凤门。其次，显陵新红门位置大体相当于孝陵下马坊（显陵新红门前置下马碑），正红门

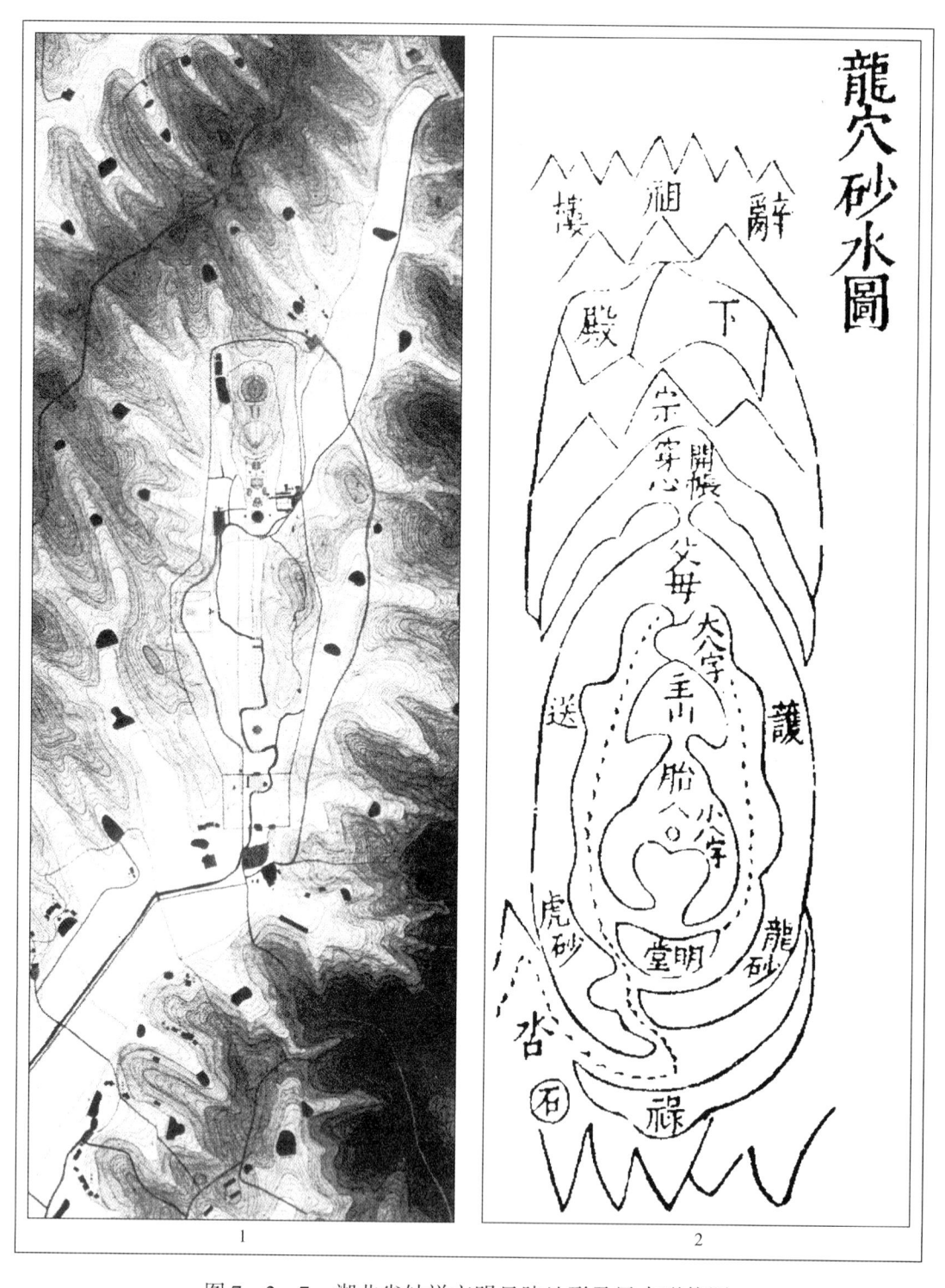

图 7-2-7 湖北省钟祥市明显陵地形及风水形势图
1. 明显陵地形图 2. 明刻本《三才图会》中表示明显陵风水意象的龙穴砂水图
(采自国家文物局《明清皇家陵寝·明显陵》)

第七章 明十三陵与显陵 391

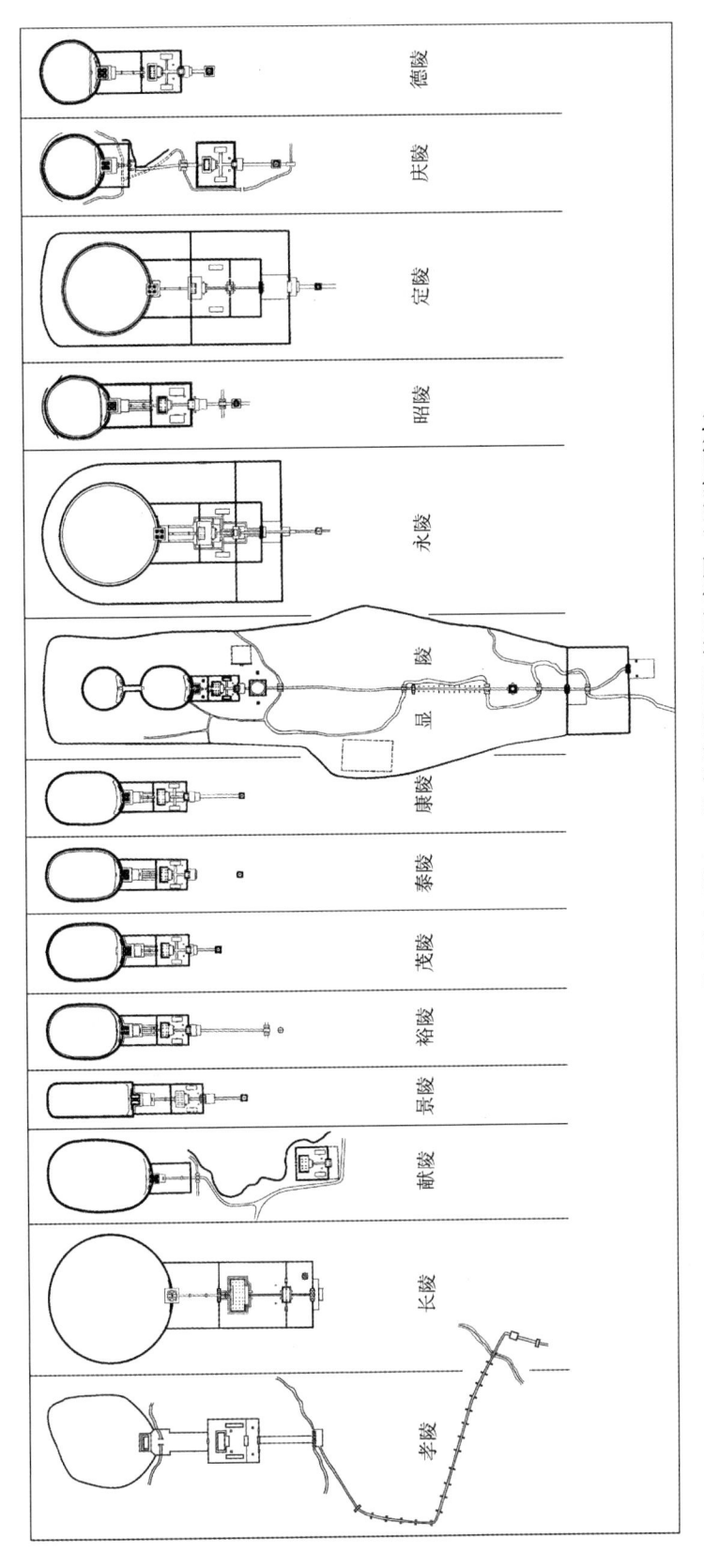

图 7-2-8 明显陵与明十三陵帝陵平面比较示意图（思陵不计）
（采自国家文物局《明清皇家陵寝·明显陵》）

和圣德碑亭相当于孝陵大金门和圣德碑亭，其后两者均置桥、望柱和石象生（两者望柱位置不同，石象生少于孝陵的十六对）、龙凤门和桥。其中除孝陵神道前曲后直，显陵神道前直后曲外，显陵和孝陵神道主要配置和态势相同。此外，与长陵相比较，显陵正红门、桥、圣德碑亭、望柱和石象生、龙凤门的配置序列如长陵（显陵龙凤门后较长陵多一桥）。显陵望柱置于石象生前同长陵，显陵石象生种类同长陵，只是狮、獬豸、骆驼、象、文臣和勋臣由长陵的两对减为一对，麒麟、马和武将各 2 对同长陵。显陵龙凤门后置二桥，较长陵少一桥。显陵神道后段龙形与长陵后段神道略曲相似。嘉靖十九年，长陵大红门前添置石牌坊，坊后置桥，其态势若显陵新红门、桥和正红门。

上述情况表明，显陵新红门、正红门的名称和二座门的配置位置似源于明皇陵。显陵正红门至龙凤门和桥的配置序列似参考了明孝陵和长陵，望柱和石象生的种类及其配置序列则本于明长陵，显陵后段龙形神道似脱胎于明长陵后段神道略曲的形式。总之，明显陵新红门后神道的构成要素和配置序列，乃是参考了上述三陵，并以长陵和孝陵为主要参考对象，在此基础上进一步创新，最终形成了上述别具一格的形式。

（2）神道主要配置之形制变化

新红门、正红门（旧红门）和龙鳞道

新红门三孔拱门，门单檐歇山顶仿长陵门（陵宫门）而非大红门，顶部饰以黄绿琉璃的柱头额枋上未置斗拱（长陵门有斗拱），用冰盘檐承挑单檐歇山顶，整体尺度也较长陵陵宫门小，以"逊避祖陵"。但新红门下为石须弥座，不同于长陵门门垛下台基陡板式。在"逊避"之中又抬高了规格，以示尊崇。新红门南如长陵大红门置一对下马碑，表明新红门的位置和作用取代了正红门（旧红门）并相当于长陵大红门。正红门形制类似新红门，龙凤门和御桥后直抵祾宫门前"如天寿山七陵之制"，但此段神道呈龙鳞状称龙鳞道，这种有别于历代明陵的形制意在突显其神圣而尊崇。

睿功圣德碑亭

形制仿长陵神功圣德碑亭（亭外无华表）而规模略小，亭中立龙首龟趺碑，圣德碑改长陵"神功圣德碑"为"睿功圣德碑"，碑阳刻世宗皇帝御制碑文。碑亭四面拱门券脸白石上浮雕精美的龙云图案（孝陵和长陵圣功碑亭未曾采用），该碑是长陵以后诸陵中功德碑亭最宏伟隆重的。

石象生

石象生十二对，少于孝陵十六对和长陵十八对，体量也相应减小。显陵石象生是长陵以后诸陵中唯一特置的，石象生中的瑞兽神态肃穆温顺，臣工情貌庄重祥和（图 7-2-2），造型精美，镌刻细腻，堪称明代中期陵寝石雕艺术的佳作。

龙凤门

形制仿长陵龙凤门（图 7-2-3），但形制简化，尺度缩小。

2. 陵寝后区

陵寝后区指神道之后陵宫至宝顶部分。

（1）陵宫

祾恩门与琉璃照壁

祾恩门面阔缩减为三间（长陵祾恩殿面阔五间），其残存的台基向南伸出月台，月台前后三出陛（献陵以后诸陵采用前后各设连面踏跺的普通台明），居中为丹陛，台基呈望柱雕栏石须弥座式样，须弥座四角各挑出石螭首，各望柱下分别悬出小螭首，形制略似长陵祾恩门。祾恩门两旁仿孝陵方城置八字形琉璃照壁（图7-2-4），为明陵中仅有的特例，也是明代同类照壁的重要遗存，具有很高的艺术价值。

祾恩殿

仅存基址，其特点是殿内遗有嘉靖七年的"加上尊谥记文碑"，嘉靖三十三年"如景陵制"在殿后加建的抱厦（仅存残迹）。台基石雕须弥座式，前置月台丹陛并周匝寻栏望柱，悬布大小螭首。

（2）方城明楼

见图7-2-5。显陵琉璃花门内二柱门、石五供，方城明楼，以及宝城、宝顶、哑巴院（月牙城）、琉璃影壁、磴道、水沟和涵洞等，均是裕陵以来的基本做法。唯方城前院落纵深缩减，石五供两旁各置一座碑亭，较前代明陵发生变化。

瑶台连接前后宝城

见图7-2-6。显陵在嘉靖十八年改建时，形成瑶台连接前后宝城形制，该形制在明陵中绝无仅有。此外，前后两座宝城外侧各有十六个白石精雕龙头，挑头沟嘴，不同以前诸陵内侧排水形式。

3. 其他

（1）金瓶形外罗城

见图7-2-1。显陵建外罗城，十三陵前七陵无，外罗城呈"金瓶"形，为明陵之孤例。

（2）内外明塘

内外明塘，其他明陵无。有的研究者认为，内外明塘，瑶台连前后宝城，金瓶形罗城的出现，似与睿宗和世宗崇信道教有关。

（3）神厨神库分置

神厨神库以九曲河为界分置，不同于其他明陵神厨神库同置在一院之中。

（4）碑亭数量多

从敕封纯德山碑亭起，已发现或文献记载的还有敕谕碑、睿功圣德碑、纪瑞文碑、纯德山祭告文碑、加上尊谥记文碑、御赐祭文碑、御赐谥册志文碑、圣号碑等共九通。其中除置于祾恩殿内的加上尊谥记文碑无碑亭外，余者均建碑亭，碑亭数量之多，远非明代其他帝陵可比。

（5）九曲河与桥

陵园内九曲御河形制特殊，是陵园内主要的给水排水设施。九曲河建有九道拦水坝，分区保留了明净的水面，净化了陵区环境。其次，九曲河又将松林山主脉（祖山）流下的水，巧妙地从陵区排出。九曲河给水排水功能之完善，体现风水理论之完美，在陵区布局艺术中的地位和作用，均远在其他诸陵之上。此外，显陵九曲河上的桥，也属明陵最多之例。

五　显陵在明陵中的地位和影响

(一) 世宗尊崇抬高显陵，地位比拟长陵

朱厚熜即帝位后，为自立嗣统体系，以使皇室旁支成为皇室正统，巩固皇权，遂仿效朱元璋追尊四世先祖为皇帝之例，而追尊其父为皇帝。此举遭到朝臣的激烈反对，引起长达三年的"皇考"之争，这个事件史称"大礼议"。围绕"大礼议"的斗争，朱厚熜最终以高压手段取得胜利，在更定大礼，称孝宗为皇伯考，追尊朱祐杬为皇考恭穆献皇帝，决定将朱祐杬藩王坟改建为显陵后，这场斗争才告结束。

鉴于上述背景，朱厚熜在营建显陵的过程中，不仅极力推崇显陵，刻意将显陵尊崇为自身昭穆体系的首陵，而且还用尽心思，想办法将显陵比拟于长陵，以及孝陵和皇陵。例如：第一，敕封纯德山。长陵所在的黄土山，成祖之世已封为天寿山。嘉靖二年，几乎同时将显陵、祖陵、皇陵、孝陵的祖山敕封为纯德山、基运山、翔圣山和神烈山，使纯德山与上述诸山呈并列之势。第二，新红门后神道的配置仿长陵之制。在此前的明陵中仅祖陵、皇陵、孝陵和长陵神道配置望柱、石象生、龙凤门等全部序列（祖陵、皇陵无龙凤门）。显陵神道不仅仿长陵之制配置上述全部序列，而且还仿皇陵在陵园前区配置双门（新红门、红门）。从而将显陵的地位置于祖、皇、孝和长陵之列，使显陵的规格凌驾于明十三陵长陵之外诸陵之上。第三，置睿功圣德碑亭。在营建显陵之前，仅孝陵和长陵置圣德碑亭。营建显陵时亦仿孝陵和长陵之制置圣德碑亭，以示显陵如同孝陵和长陵一样尊崇于其他诸陵。上述三点表明，朱厚熜实际上已将显陵置于比拟皇陵、孝陵和长陵之列，这是朱厚熜在陵寝制度上完成自己昭穆体系的重要步骤和至为关键的举措。

朱厚熜在亲撰的显陵圣德碑文中说：显陵"经营设置一如祖宗之制"[1]。"一如祖宗之制"，上述三点及前述情况表明，显陵主要是遵长陵之制，并兼及孝陵和皇陵，实际上是以长陵为祖陵。但是，在明陵必须"逊避祖陵"的规制下，显陵也只能比拟长陵规制而简化形制，缩减尺度。所以朱厚熜又使显陵营造出有别于其他诸陵的许多特点，这些独有的特点（见前述情况）结合上述三点，更加突出了显陵在形制上的特殊性，并以此确立了显陵在自己昭穆体系中首陵的尊崇地位。

(二) 显陵形制独有特点对明十三陵的影响

显陵之后，明陵形制的一些变化大都与显陵有较直接的关系。一是显陵之前的明代帝陵，因显陵的变化，而在嘉靖十年敕封祖陵、皇陵和孝陵祖山；嘉靖十五年长陵北段神道铺筑石板；嘉靖十六年，长陵之后的献、景、裕、茂、泰和康陵增置圣德碑亭；嘉靖十七年，改称诸陵享殿和殿门为祾恩殿和祾恩门；嘉靖十九年，长陵增筑石牌坊（因显陵有新红门和红门之故）；嘉靖二十一年，在长陵祾恩门前增建碑亭。此外，万历三十二年（1604）五月长陵明楼被雷火烧毁，重建后明楼内原刻"太宗文皇帝之陵"圣号碑，也按

---

[1] 显陵圣德碑文，参见胡汉生：《明朝帝王陵》，北京燕山出版社2001年版，第375—377页。

朱厚熜在位时改尊的庙号如显陵之式镌成"成祖文皇帝之陵"。二是对显陵之后明陵形制的影响。显陵之后，十三陵所建诸陵置圣德碑亭，永陵和定陵建外罗城，宝城向城外排水，如显陵之制。显陵前宝城略呈长椭圆形，形制如其前的献、裕、茂、泰、康陵。后宝城呈圆形，此后明陵宝城均呈圆形（图7-1-8—图7-1-12）。由此可见，显陵前后宝城的形状，乃是明十三陵康陵前与永陵后宝城不同形状的过渡，并成为明十三陵宝城长椭圆形与圆形的分野和界标，这是事关明陵宝城形状规制的重要变化。

综上所述，显陵规制在地位上比拟长陵，以及孝陵和皇陵，其形制独有的特色，有的还影响到明陵局部形制和某些配置的变化，并影响到永陵之后宝城形状规制的改变。因此，显陵这座特殊的帝陵，在很大程度上已经达到了朱厚熜的目的，即不仅树立了显陵对明十三陵长陵之外其他诸陵的尊崇地位，而且也起到了朱厚熜一支陵寝昭穆体系的首陵作用。

第八章　明长陵形制布局与其后诸陵局部形制的嬗变

第一节　明长陵的形制布局

一　卜选陵址与营建长陵

见图7-1-1、8-1-1。

(一) 以"形家"风水术指导卜选陵址吉地[1]

《明太宗实录》卷九二记载："永乐七年（1409）五月……己卯，营山陵于昌平县。时仁孝皇后未葬，上命礼部尚书赵羾以明地理者廖均卿等择地，得吉于昌平县东黄土山。车驾临视，遂封其山为天寿山"[2]。此外，参与卜陵址者还有曾从政，以及王侃、马文素、刘玉渊、吴永等[3]。

---

[1] 明代"江西法"形势宗成为风水术的主流，风水术士将其称为"形家"。

[2] A.（清）徐乾学：《读礼通考》，台湾商务印书馆1983年版。卷九十三，"成祖长陵"条，引《献徵录》，"永乐七年，仁孝皇后尚未葬，成祖择寿陵，久未得吉壤"，下接赵羾得吉于昌平县东黄土山事。引《世庙识余录》："天寿山名始于成祖，盖尝驻跸于此，饮酒。是日适万寿之期，群臣上寿，故名天寿。"引《燕都游览志》长陵"其地名山场，乃康家庄也。陵之左有元时康家坟存之"。永乐七年五月八日，封黄土山为天寿山。

B.（清）朱孔阳：《历代陵寝备考》，江苏广陵古籍刻印社1990年版。卷四十六，明成祖条，引顾炎武《昌平山水记》：长"陵故为康家庄。长陵之东百余步有土一邱，康老葬焉。康老者，明初以前人也。文皇帝卜斯地作山陵，曰：安死者，人之同情也，命勿去"。引叶盛《水东日记》：于"昌平东北十八里，选得吉壤，旧名榨子山"。

[3] A.《明太宗实录》卷一四〇记载：永乐十一年五月，壬寅"复论初卜吉之功，升知县王侃州同知，赏彩币三表里，钞二百锭；升给事中马文素太常博士，阴阳训术曾以政、阴阳人刘玉渊皆钦天监漏刻博士，食禄不视事；五官灵台郎吴永始以僧授，改升僧录司右阐教，各赏彩币一表里，钞百六十锭"。

B. 胡汉生：《明十三陵》，中国青年出版社1999年版。第25、26页论述了廖、曾二人为江西风水术之嫡传人。第25页引天启《衢州府志》卷十五《翼教志》，僧人吴永又作"非幻和尚"，系宝陀庵住持僧。他"谙儒书，精地理，尝应召相地天寿山，锡以金紫"。死后，成祖曾于永乐十八年遣使祭其墓。此外，该书25页注①还介绍了王贤、游朝宗参与卜地说，认为不可肯定。

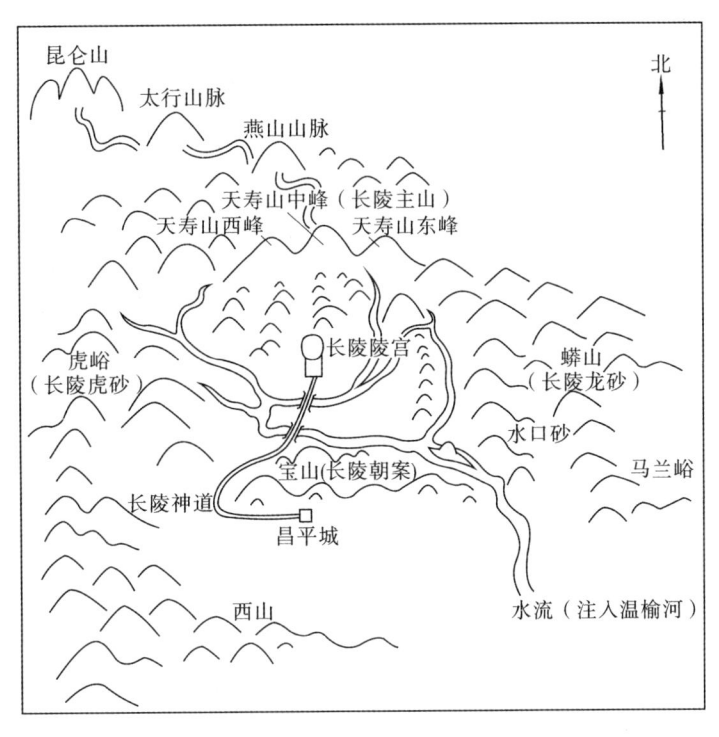

图 8-1-1　北京明十三陵长陵风水格局示意图
(采自胡汉生《明十三陵》)

所卜黄土山陵址，完全符合帝陵风水要求。如梁份《帝陵图说》称颂天寿山风水形势："崇高正大，雄伟宽宏，主势强，力量全，风气聚，水土深厚，穴道正，昆仑以来之北干王气所聚矣。内则蟒山盘其左，虎峪踞其右，凤凰翥其南，黄花城、四海冶拥其后；外则西有西山，东有马兰峪。群峰罗列，如几如屏，如拱如抱，如万骑簇拥，如千官侍从。其东、西山口，一水流伏，如带在腰；近若沙河、白水，远若卫、漳，河江若大若小，莫不朝宗。"[1]。上述乃长陵风水之大势，下面拟再具体简略言之[2]。

---

[1] A.（清）梁份《帝陵图说》卷二《天寿山》。
B. 胡汉生：《明十三陵》，中国青年出版社 1999 年版，第 28 页。介绍，古代风水术称山为"龙"，或"龙脉"，又据山脉分布形势，以"树"喻"龙"。山的主脉称"干龙"，余脉称"枝龙"，干龙、枝龙又有大小之分。引明刘基《堪舆漫兴》"山祖"条："昆仑山祖势高雄，三大行龙南、北、中。"引明蒋德璟《谒陵记》："臣奏：'中国有三大干龙……'，上曰：'这三大干龙都从昆仑山发脉来'。臣奏：'诚如上谕'。"又引（清）孙承泽：《天府广记》，北京古籍出版社 2001 年版。卷四十《陵图》，附礼部侍郎蒋德璟《谒陵记》说：中国干龙三条均起源于"山祖"昆仑山，南干龙位于长江以南，"旺气在南京，结为钟山孝陵"，中干龙在黄河、长江两大水系的相夹之处，"旺气在中都，结为凤泗祖陵"；北干龙在黄河与鸭绿江两大水系的相夹之处，"旺气在北京，结为天寿山诸陵"（图 8-1-2）。"大凡寻龙要寻干"，是明代形家的传统做法。

[2] 依据胡汉生：《明十三陵》，中国青年出版社 1998 年版，第 28—48 页。

1. 星峰形势[1]

长陵陵后主山有中、东、西三峰，万历《顺天府志》称"三峰并起，回出诸山"。三峰中以中峰最高（海拔760余米），合于紫微垣星局中"三台"的星峰形象[2]。中峰前的小山，为长陵的来山，峦头浑圆，形如覆釜，合于紫微垣的华盖峰峦形态[3]。陵前左右两翼，大峪山、虎峪山居西，阳翠岭、蟒山居左，包括陵园两侧的蝉翼护砂等（下文有说），又反映了紫微垣中上相、上将等左辅右弼的星辰位置和星峰形态[4]。陵前有水流曲折而过，如紫微垣的"御沟"[5]。再前有宝山（天寿灵山）、昌平城后山等朝案山遥相呼应（朝案山下文有说），又分别相当于紫微垣中的太乙、天乙等星[6]。此外，长陵主山主峰由高及低，山势倾斜角度越来越趋于平缓，垂伏而不高昂。郭璞《葬书》有"玄武垂头"之说，元郑谧注，"垂头，言自主峰渐渐而下如欲受人之葬也"，长陵主山之势与此正合。

2. 风水堂局中之"砂"

位于陵园左侧之山称龙砂，右侧小山称虎砂。元耶律楚材《玉弹子·审砂篇》"龙虎"条说："真气之钟，抱护蝉翅，一龙虎也；正形之止，拱揖股肱，二龙虎也；大势之中，外阳环抱，三龙虎也。"长陵"西有西山，东有马兰峪，群峰罗列，如几如屏，如拱如抱，如万骑簇拥，如千官侍从"，这些山构成了长陵"大势"龙虎。陵区群山"蟒山盘其左，虎山踞其右"，则是其"正形之止，拱揖股肱"的龙虎。陵园宝城两侧从背后主山伸展而来的层层余脉，则又是其"蝉翅"龙虎[7]。

---

[1] 胡汉生：《明十三陵》，中国青年出版社1998年版，第29—30页。说，形家寻龙，讲究山峰形象，主要有二说。一是"五星"说，以金、木、水、火、土五星分别象征圆、直、曲、尖、方五种峦头形象。二是以贪狼、巨门、禄存、文曲、廉贞、武曲、破军、左辅、右弼、北辰组成十种不同形象的星峰形势。其中北辰为天下至尊之星，又称"紫微垣星局"，非帝王不能享用。杨筠松《撼龙经》说："北辰一星中天尊，上相上将居四垣；天乙、太乙照明堂，华盖三台相后先；此星万里不得一，此星不许时人识，识得之时不用藏，留与皇朝镇家国。"十三陵中与上述形势相合者，只有长陵一陵。

[2] 《永乐大典》卷一四二一八《相地十》引李淳风《小卷》："紫气三峰崇壑凌霄为紫气……若中峰尤高，则为三台。三台：三峰相排……"又"华盖，圆如覆釜……"见前注。

[3] 见前注《永乐大典》卷一四二八《相地十》引李淳风《小卷》。

[4] 胡汉生：《明十三陵》，中国青年出版社1998年版，第29—30页。

[5] 胡汉生：《明十三陵》，中国青年出版社1998年版，第30页。引（唐）杨筠松《撼龙经》："紫微垣外前后门，华盖三台前后卫；中有过水名御沟，抱城屈曲中间流。"

[6] 胡汉生：《明十三陵》，中国青年出版社1998年版，第29—30页。说，形家寻龙，讲究山峰形象，主要有二说。一是"五星"说，以金、木、水、火、土五星分别象征圆、直、曲、尖、方五种峦头形象。二是以贪狼、巨门、禄存、文曲、廉贞、武曲、破军、左辅、右弼、北辰组成十种不同形象的星峰形势。其中北辰为天下至尊之星，又称"紫微垣星局"，非帝王不能享用。杨筠松《撼龙经》说："北辰一星中天尊，上相上将居四垣；天乙、太乙照明堂，华盖三台相后先；此星万里不得一，此星不许时人识，识得之时不用藏，留与皇朝镇家国。"十三陵中与上述形势相合者，只有长陵一陵。

[7] 胡汉生：《明十三陵》，中国青年出版社1998年版，第34、35页。

3. 取穴

长陵右侧虎砂的层数和脉身之长胜于左侧龙砂,故宝城处于偏右方向的来脉脉止之处,左有老君堂水经陵前北五空桥(空=孔)过宫锁断;其宝城中心所在地势较平坦,凡此均合风水术取"穴"之要求[1]。

4. 明堂

穴前平坦地块风水术称明堂。明堂有内外之别,凡"龙虎环抱,近案当前"属内明堂,献、庆二陵属此类。凡"山势来急,垂下结穴,龙虎与穴相登,前案高远",为外明堂,献、庆二陵之外的长陵和其他诸陵属此类[2]。

5. 朝案

陵前山脉形家称"客山"(与主山对)、"朱雀"(与主山玄武相对)。根据离穴之远近,远者称"朝"或"前案",近者称"案"或"近案"。长陵正对朝案宝山(天寿灵山),两者呈"相迎"之势,与后面天寿山主山(中峰)形成长陵风水南北主轴线。

6. 水势

形家要求葬处要有水流"界穴",防止生气流逝。长陵内各条水流在七空桥西北汇合后经陵前东南流,形成"外气横形"(郭璞《葬书》)的朱雀水。陵园两侧天寿山余脉左右伸展,与末龙之间形成小山谷,山间谷水又形成陵园两侧的虾须水[3]。这些水流在陵前和两侧随自然地势呈弯环曲折形态,符合风水术"小水夹左右,大水横其前"[4]与诸水

---

[1] 胡汉生:《明十三陵》,中国青年出版社1998年版,第31、32页。说,形家取穴主要讲究五点。其一,穴位须点在末龙的"脉止"处。穴必须承末龙的脉向而扦,是为正穴;如与来山之脉不对,为旁穴,不可取。形家认为"正者其脉方贯,偏者其气不注"。其二,有时穴后末龙峦头形象复杂,脉络的走向可能同时出现数条可供选取的情况,这时就应权衡左右砂山的层数和出脉的长短灵活掌握。一般而言,"左护的多必为左穴,右护的多必为右穴"。又"龙山先到,则减龙而饶虎,其穴必居左;虎山先到,则减虎而饶龙,其穴必居右。……穴左,则取左山为关,须右边水过宫锁断,所谓阴锁阳关也;穴右,则取右山为关,须左水过宫锁断,所谓阳锁阴关也"((宋)蔡元定《发微论·饶减篇》)。其三,穴址不但要处在"形止脉尽"之处,还应处于"二水交度"的范围内,如"大水直探穴场",两水交度的范围面当水冲,中难立穴,则应"以左右为区穴",将穴点于旁山的脉止之处,即所谓"水限山"的定穴方式(魏管辂《管氏地理指蒙三·择向第二十三》)。其四,开穴地点应"平夷如掌"[(晋)郭璞《葬书·外篇》]。其五,穴址须符合"土色光润,草木茂盛"的要求[(元)郑谧注郭璞《葬书·内篇》"土高水深,郁草茂林"句]。土色的光润程度应如"裁肪切玉,备具五色"[(晋)郭璞《葬书·外篇》]。上述五点,天寿山诸陵大都基本符合。

[2] (宋)刘谦《囊金·论明堂》。

[3] 虾须水,形家又称"小八字"。胡汉生《明十三陵》(中国青年出版社1998年版)第36页引杨益《一粒粟》:"大小八字,迹微茫。"刘基《析髓经》:"上开八字以遮风,下开八字以界穴。大八字分龙虎合,界定龙虎无扯拽。小八字分穴下合,界定真气弗漏泄。"

[4] 胡汉生:《明十三陵》,中国青年出版社1998年版,第36页。引《管氏地理指蒙·远势近形》。

"每一折潴而后泄"的要求[1]。

总之，长陵"四势完美""山川大聚"的风水形势与"外藏八风，内秘五行"的风水理论相合[2]，在明十三陵中风水最佳。此外，还有一些与长陵风水有关的问题，后文有说。

(二) 长陵营建概况

永乐四年（1406）闰七月壬戌诏"以明年五月建北京宫殿"，但永乐五年七月甲戌仁孝皇后（徐达之女）薨于南京（享年46岁，暂权厝南京。谥"仁孝慈懿诚明庄献配天齐圣文皇后"），因而改为全力营建长陵（永乐十四年长陵殿落成后，才"复议营建北京"）。

如前所述，永乐七年"择地得吉于昌平县东黄土山"。同年五月己卯朱棣驾临考察，改封山名为天寿山，遣武安侯郑亨祭告兴工，武义伯王通等督建陵寝。永乐八年（1410）九月朱棣驾临天寿山视察山陵修建情况，以后又多次予以关注。永乐十一年（1413）正月玄宫建成，荐名长陵，遂令汉王朱高煦护送徐皇后梓宫北行（正月十七日离南京），二月二十七日葬徐后于长陵玄宫。永乐十四年（1416）三月癸巳长陵殿落成[3]，赵王朱高燧奉命将徐皇后神位安奉殿内。永乐二十二年（1424）七月辛卯，朱棣病崩于亲征漠北之役途中榆木川（今内蒙古乌珠穆沁附近，享年65岁），十二月庚申葬长陵，谥"体天弘道高明广运圣武神功纯仁至孝文皇帝"，庙号"太宗"[4]。

洪熙元年（1425）四月丙辰，仁宗朱高炽御制《大明长陵神功圣德碑》。英宗宣德二年（1427）三月，陵园殿宇大体告竣（从兴建至此近18年）。宣德十年（1435）十月己酉始建碑亭（正统三年，即1438年落成），并在碑亭四隅添建华表，神道上配置望柱和十八对石象生。此后，成化元年（1465）正月乙亥增建斋房；嘉靖十五年（1536）四月神道北段铺筑石板，石象生加护石台；嘉靖十七年（1538）二月，世宗朱厚熜更天寿山诸陵殿名为"祾恩殿"，殿门名为"祾恩门"（祾，取"祭而受福"之意；"恩"字取"罔极之

---

[1] 胡汉生：《明十三陵》，中国青年出版社1998年版，第37页。引（晋）郭璞《葬书》。

[2] 胡汉生：《明十三陵》，中国青年出版社1998年版，第48页。引（晋）郭璞《葬书》。

[3] 傅熹年：《中国古代城市规划建筑群布局及建筑设计方法研究》上册，中国建筑工业出版社2001年版，第132页。说，"永乐二十二年（1424）永乐帝死，同年十二月合葬入长陵。但《明实录》又有洪熙元年（1425）十二月工部臣言长陵殿未完请增一万人助役和宣德二年（1427）长陵殿成，帝后神位奉安的记载，推测在永乐帝死后入葬时对长陵前半宫殿部分曾加修缮或扩建"，"故此殿可以认为是创建于1416年，于1427年最后形成现状"。长陵营建设计用银800余万两。

[4] 朱棣，明太祖第四子，母孝慈高皇后法（一说其生母为高丽人硕妃）。洪武三年封燕王，十三年之藩北平。建文四年（1402）六月陷都城（南京），即帝位，仍都南京城，明年改元永乐（1403）。永乐十八年，十一月"以迁都北京诏天下"，永乐十九年春正月甲子朔，"御奉天殿受朝贺"。永乐二十年三月，亲征阿鲁台；二十一年，复亲征阿鲁台。二十二年四月，又亲征阿鲁台，在班师至榆木川时，崩。

恩"意）；嘉靖十九年（1540）神道南端建石牌坊（距初营长陵131年）；嘉靖二十一年（1542）五月陵门东侧建小碑亭。万历三十二年（1604）五月癸酉长陵明楼雷火烧毁，翌年正月辛丑兴工重建，六月乙巳完工，并重建圣号碑为"成祖文皇帝之陵"[1]。

二 长陵形制布局

《大明长陵神功圣德碑》记述，"皇考遗命：山陵悉遵洪武俭制"，实则其规模仅略逊孝陵，而其总体规模和形制则居天寿山诸陵之首。下面拟从南向北分段介绍长陵的形制布局。

（一）石牌坊至大红门

石牌坊位于长陵和十三陵的起点（图7-1-1），建于嘉靖十九年，白石和青白石构筑，呈五间六柱十一楼式，通阔28.86米，主楼正脊顶部至地面高约12米，是我国现存营建时间最早，规模最大（尺度最大），造型最精美，等级最高的大型仿木结构石牌楼之一。其体量宏伟，通透空灵，雕饰华丽，雍容端庄，作为陵寝建筑空间序列的引导标志，极富艺术魅力（图8-1-2、8-1-3）[2]。

---

[1] 长陵明楼碑原刻"太宗文皇帝之陵"。嘉靖十七年改太宗庙号为成祖，为不改先朝旧题，遂于旧碑上镶嵌了刻有新庙号的木套。万历三十二年五月二十三日夜，长陵明楼雷击起火，木石俱毁，遂立新碑。改刻为"成祖文皇帝之陵"。以上参见《明世宗实录》卷二一七；《明神宗实录》卷四〇七。

[2] 石牌坊面阔五间，明间阔6.46米，次间各5.94米，稍间各5.26米，通阔28.86米。坊体六柱，下为噙口础石（底座），四周雕覆莲瓣。其上立夹杆石（高约1.58米），雕刻精美。中间两柱夹杆石四面雕云龙，顶部束腰，上下分雕仰覆莲瓣，束腰雕联珠纹。夹杆上前后各圆雕麒麟（靠山兽），两侧各雕宝山图案。侧面两柱夹杆石四面雕草龙，再侧两柱夹杆石四面分雕双狮绣球，四夹杆石顶部雕刻同前，顶上前后各圆雕卧狮，左右亦雕宝山纹。六柱方形抹角，内侧各雕梓框，其上端雕云墩，再上雕雀替（贯以三朵云饰）。雀替之上置大额枋、花板和龙门枋等。额枋和龙门枋各雕一整二破旋子彩画，一字枋心，素面。大额枋上分安雷公柱和花板，花板雕如意云。龙门枋之上两侧立高拱柱，柱间龙凤板雕云纹，其中明间龙凤板上刻有匾额，无字。再上置单额枋（雕旋子彩画）和平板枋（牌坊各部位原均有油漆彩画，现仍有残迹）。再上置斗拱，覆庑殿楼顶。顶部主楼五座（正楼），夹楼四座，边楼两座（统称小楼）。各楼庑殿顶均雕饰（五座主楼各雕正吻一对，垂兽四只，走兽十二只；夹楼及边楼正吻，垂兽数同主楼，走兽各八只），瓦垄均以勾头筒瓦坐中，反映明代官式瓦作制度（不同于清代滴水居中的做法）。诸楼中以明间主楼最高，正脊顶部至地面高约12米，次稍间主楼高度依次递减。各楼顶下仿木结构雕檐椽、飞子、檐檩，下接斗拱。其中明间主楼除雕出角科斗拱外，还雕有六攒单翘重昂七踩品字式平身科斗拱。次、稍间主楼亦雕角科斗拱，又分别雕出与明间主楼式样相同的平身科斗拱五攒。夹楼左右各雕双重博缝板组成的坠山花，博缝板之内分雕各为两攒的重翘五踩品字式平身科斗拱。边楼内侧各雕坠山花，外侧雕角科斗拱；平身科斗拱各雕一攒，作重昂五踩品字式。以上参见胡汉生《明朝帝王陵》，北京燕山出版社2001年版，第62页。

石牌坊之北明时有石桥三空，桥左右植松柏各六行；坊北行约1.25公里至龙山和虎山间高岗上的大红门（陵区总入口处，图7-1-1、8-1-4、8-1-5）[1]。大红门经历代修葺，保存基本完好。门单檐庑殿顶，黄琉璃瓦，下承石雕冰盘檐（无斗栱，结构略同明孝陵四方城）。檐下门垛面宽37.95米，进深11.75米，红墙，辟三门洞（中券门高6.15米，宽5.37米，侧券门高5.87米，宽5.04米）[2]。门洞左右各有门砧和管扇窝，门外左右两侧墙体仅各存土岗上的红墙一段。明代时红门两侧红墙随岗地坡度三次递减高度，并与龙、虎二山连成一体，红墙下辟左右掖门。大红门前左右两侧立下马石碑（图8-1-6），碑通高5.32米，下为三层石条方基座，其上碑身高4.45米，宽1.04米，厚0.38米，正反两面刻"官员人等至此下马"八个大字（陵区入口警戒标志），上下两端雕如意绦环图案；碑身下四角支护戗鼓石（又称石抱鼓，曾经后代补配）。

图8-1-2 明十三陵长陵石牌坊
（采自国家文物局《明清皇家陵寝扩展项目·—明十三陵》）

---

[1]（清）朱孔阳《历代陵寝备考》卷四十六，引《燕都游览志》："坊北石桥，桥南二乔松北瞰流泉，松柏左右列各六行。第三层自坊内行松阴中三里许至红门。"引《昌平山水记》：白石坊"又北有石桥三空，又二里至大红门"。

[2] 胡汉生：《明朝帝王陵》，北京燕山出版社2001年版，第64页。说：三券门功用不同，"中门为帝后梓宫（棺椁）、神御物等经由之门，左门（东门）为皇帝谒陵所经之门，右门（西门）则为大臣们谒陵时进入陵区所经之门"。

图 8-1-3　北京明十三陵石牌坊夹柱石浮雕
（采自国家文物局《明清皇家陵寝扩展项目·—明十三陵》）

(二) 大红门至陵宫前之神道

见图 8-1-4。

1. 碑亭和华表

见图 8-1-7。大红门内路东是"拂尘殿"遗址[1]，大红门北约 0.6 公里至碑亭（图 7-1-1、8-1-4）。碑亭平面呈正方形，重檐歇山顶，四面各辟一券门，亭壁下部有石雕须弥座，再下承以陡板式台基，台基边长各 26.51 米，四面各设礓磋台阶，亭高

---

[1]（清）朱孔阳《历代陵寝备考》卷四十六，引《燕都游览志》：入大红门内，"左为拂尘殿"，有正寝二殿，围房 60 余间，为"皇帝谒陵至此更衣"之所。"拂尘殿"又称"弹尘殿"，为俗名，正称"时陟殿"。

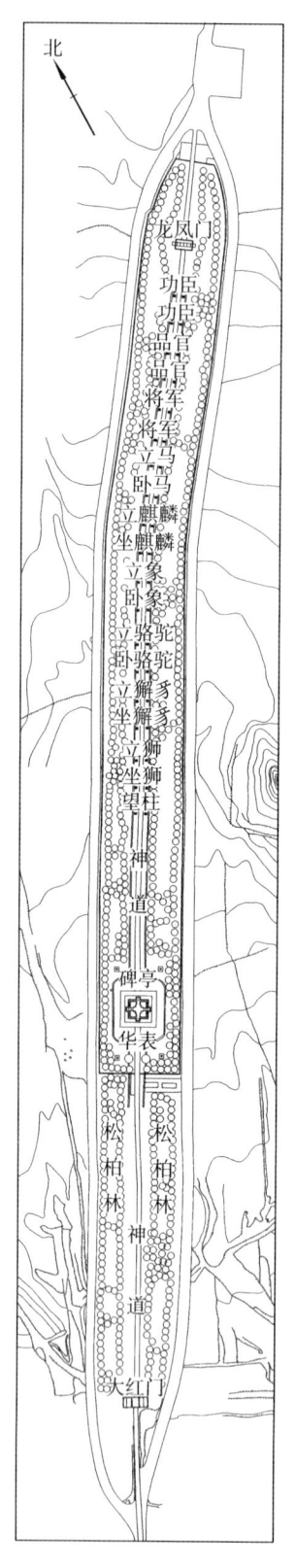

图 8-1-4 北京明十三陵长陵神道平面图
（采自国家文物局《明清皇家陵寝扩展项目·—明十三陵》）

图 8-1-5　北京明十三陵长陵大红门
（采自《世界文化遗产·明十三陵》）

图 8-1-6　北京明十三陵长陵下马碑
（采自《世界文化遗产·明十三陵》）

25.14米[1]。

碑亭内立长陵神功圣德碑，碑顶至亭内地面8.1米，碑白石雕成，通高7.91米。"螭首"（6条高浮雕交龙），中部篆额"大明长陵神功圣德碑"，碑身正面刻明仁宗朱高炽撰文，翰林学士程南云书丹的碑文[2]，落款为"洪熙元年（1425）四月十七日孝子嗣皇帝高炽谨述"。"龟趺"[3]，龟趺下长方形土衬石台上刻水波漩流。

碑亭四隅各置一华表，汉白玉雕成，各高10.81米。华表，明代文献又称"擎天柱"，四华表形制相同。下为平面呈八角形的仰覆莲须弥座，上下枋和束腰镌刻行龙。八棱柱身下端雕山崖，一条蟠龙绕柱穿云升腾而上。柱上部贯出云版，顶部为仰覆莲圆盘，束腰雕联珠，盘上圆雕蹲龙[4]。华表质地洁白，雕饰精美，造型轻灵，为上乘佳作。

2. 神道石象生和神道概况

见图8-1-4。碑亭北为神道石象生行列，长达800米，从南向北依次排列石望柱一对，石兽12对，石人6对。望柱（约在碑亭北半里许）高7.16米，柱身六边形，雕云纹，上有云龙纹柱形柱头，下有六边形须弥座式基座。石兽6种，前后依次置狮、獬豸、骆驼、象、麒麟和马。每种各两对，均前者坐（或卧），后者立，相对列置于神道两侧（图8-1-8）。坐狮高1.88米，身长2.1米，宽0.92米；立狮高1.93米，身长2.5米，宽0.78米（图8-1-9之1）。獬豸，坐者高1.9米，身长2.15米，宽0.96米（图8-1-9之2）；立者高1.9米，身长2.5米，宽0.8米。骆驼，卧者高2.6米，身长4.4米，宽1.85米；立者高2.9米，身长3.9米，宽1.1米（图8-1-9之3）。象，卧者高2.6米，身长4.4米，宽1.85米（图8-1-9之4）；立者高3.25米，身长4.3米，宽1.55米。麒麟，坐者高1.95米，身长2.2米，宽0.9米（图8-1-9之5）；立者高2米，身长2.63米，宽0.8米。马，卧者高1.9米，身长2.8米，宽1米；立者高2.2米，身长2.9米，宽0.8米（图8-1-9之6）。石兽之后置石人，前者将军像（武臣）四躯（图8-1-10），各高3.2米，宽1.2米。其后四躯文官像和四躯勋臣像（图8-1-11），各高3.2米，宽

---

[1] 碑亭内石条券顶为清乾隆五十年（1785）修葺时所增。民国及中华人民共和国成立后，曾对残坏构件进行更换或加固。其外部形制，每面各显三间。明间上下两檐各施以单翘重昂平身科斗拱八攒；次间上檐各施三攒，下檐各施五攒。

[2] 碑文录文见胡汉生《明朝帝王陵》（北京燕山出版社2001年版）第66—73页。碑其他三面原无刻文，至清代，背面刻清高宗御制诗《哀明陵三十韵》；碑身左侧刻乾隆五十二年（1787）御制诗，右侧刻清仁宗嘉庆九年（1804）御制文，以上录文见《明朝帝王陵》第73—77页。

[3] （宋）李诫：《营造法式·石作制度》，商务印书馆1954年版。"赑屃（bi xi）鳌（海中大龟）坐碑之制，其首为赑屃盘龙，下施鳌座。"清《营造算例》称刻龙的碑首为屃头，龟形碑座为龟蝠。

[4] 华表外明朝时有白石栏，后毁，仅存栏板一块，残望柱二根。栏板，寻杖之下雕三幅云及净瓶。净瓶下盘子两侧雕云龙纹的盒子心。望柱，柱身雕龙，其中一柱头残存狮尾及狮爪。1994年修葺神路时依原式配置了栏板石，望柱头雕为二十四气头式。四华表上蹲龙，南面两柱蹲龙朝南，民间称"望君出"（企盼君王走出深宫，体察民情，关心百姓疾苦），北面华表蹲龙朝北，民间称"望君归"（希望君王及早回朝理政）。由于华表蹲龙呈引颈嘶鸣状，故又称之为"望天吼"。

图 8-1-7　明十三陵长陵神功圣德碑亭及华表
（采自国家文物局《明清皇家陵寝扩展项目·—明十三陵》）

图 8-1-8　北京明十三陵长陵神道全景
（采自国家文物局《明清皇家陵寝扩展项目·—明十三陵》）

1. 立狮　　　　　　　　2. 坐獬豸

3. 立骆驼　　　　　　　4. 卧象

5. 坐麒麟　　　　　　　6. 立马

图 8-1-9　北京明十三陵长陵神道石象生
（采自《世界文化遗产·明十三陵》）

图 8-1-10　北京明十三陵长陵将军（武臣）石象生

（采自《世界文化遗产·明十三陵》）

1. 勋臣（功臣）　　　　　2. 文官（品官）

图 8-1-11　北京明十三陵长陵石象生勋臣和文官

（采自《世界文化遗产·明十三陵》）

1.15米（各石象生不同部位稍有残损，均经粘补）[1]。

石象生尽端置龙凤门（因帝后入葬山陵，必经此门，故名），即棂星门。门总宽34.65米，进深4.21米，高8.15米，为石象生终端标志。龙凤门三门并列南向，其间缀以琉璃照壁。各门呈牌坊式，两根方柱抹角，底部嵌进照壁下的石雕须弥座，前后设戗鼓石。柱间石刻梓框门簪，其上依次置小额枋，绦环板，大额枋。大额枋上部正中置火焰宝珠，故又称火焰牌坊。两柱上部凌空，两侧展出云版，顶部云墩及须弥座，其上圆雕朝向宝珠的蹲龙（图8-1-12）[2]。

过龙凤门北行约0.8公里处有南高北低的大土坡，称芦殿坡[3]。其西南有旧行宫遗址，北一里有南五空（孔）桥，又北约二百步有七空桥（南距芦殿坡约0.8公里），石桥东北有新行宫[4]，七空桥北约1.6公里为北五空桥，桥北约1.2公里抵陵宫[5]。神道随

---

[1] A. 刘敦桢：《明长陵》，《中国营造学社汇刊》1933年第4卷第2期。文中说："诸像自石柱起，每隔44.19公尺，左右各置一躯，皆白石琢成，体积大者，连基座在内，几达一千立方尺之巨。"
B. （清）徐乾学：《读礼通考》卷九十三，引《昌平山水记》："宣德十年四月辛酉，修长陵献陵，始置石人石马等于御道东西。"

[2] A. 刘敦桢：《明长陵》，《中国营造学社汇刊》1933年第4卷第2期，说："按棂星门原作灵星门，汉时祈灵星，求五谷丰登，故有是称。而灵与棂通，孔庙立之，表取士之义。宋以来寺观宫阙前，亦间用之。其施诸陵寝，首见（宋）周必大《思陵录》所载宋高宗之永思陵，其韧始或更早于此时，殊未可知。若长陵此门位于石像之后，系模效孝陵旧法也。"
B. 胡汉生：《明朝帝王陵》，中国青年出版社1998年版，第87页。说：棂星门，又作灵星门或乌头门，源于古代"乌头染"。后来这种柱出头式牌坊门被名为"棂星门"，成为象征王制的尊者之门。《永乐大典》载古赋题句："灵星名门，王者之制也。灵星垂象，王制之本也。欲知王者所法之制，当识灵星所垂之象。"《后汉书·礼仪志》载，龙星左角的星名为天田星，"号曰灵星"，则灵星为角星之宿。因"角星为天门之象"，故灵星所垂之象就是天门。古人云"圣殿之有棂星门，盖尊圣门如天门也"。这座棂星门设门三道，每道门有门枕石两块。可安门两扇，又与"灵星垂三门之象"，"设六扉而开阖"的意思相合。又说："三门之间的短垣在明朝时曾鬈黄绿琉璃瓦饰件，清代修葺改成红墙形制，1994年修葺再度建为琉璃照壁形式。"

[3] 朱孔阳：《历代陵寝备考》，江苏广陵刻印社1990年版。卷五十记载："棂星门北，五空桥南山坡号芦殿坡，当时祭陵以芦席作殿，以息群工执事者。"

[4] 徐乾学《读礼通考》卷九十三，引《昌平山水记》："棂星门北一里半为山坡，坡西少南，有旧行宫土垣一周。坡北一里有石桥五空，又北二百步有大石桥七空。大石桥东北一里许，有新行宫、有感恩殿，宫东南有工部厂及内监公署。大石桥正北二里，有石桥五空，又三里至长陵殿门。"旧行宫约建于宣德元年至五年（1426—1430）。新行宫嘉靖十六年（1537）正月建，十七年（1538）二月建成，旧行宫旋废。

[5] A. 胡汉生：《明十三陵》，中国青年出版社1998年版，第151页。说："龙凤门北的七空桥，仅残余桥墩基础。南北两座五空桥，桥栏已不存，但桥身均基本完好。两桥桥身各长49.5米，宽13米，高3米，桥洞均横券式。其中，南桥为砖券桥洞；北桥为石券桥洞，拱券石采用并列砌置法。"
B. 胡汉生：《明朝帝王陵》，中国青年出版社1998年版，第88—89页。说：七空桥"万历三十五年闰六月，该桥北面两空被大水冲毁，天启元年七月，桥身再次受到洪水的摧毁，民国十五年（1926）仅存的南面两空又被山洪冲毁。现在，新建七空桥东侧仍有残坏的桥墩保存"。
C. 刘敦桢：《明长陵》，《中国营造学社汇刊》1933年第4卷第2期。说：七空桥以北，"远望天寿山南麓，地势渐高，沿山麓西北行，路狭不平，疑非昔日御道。嗣登长坂，折东，至长陵"。

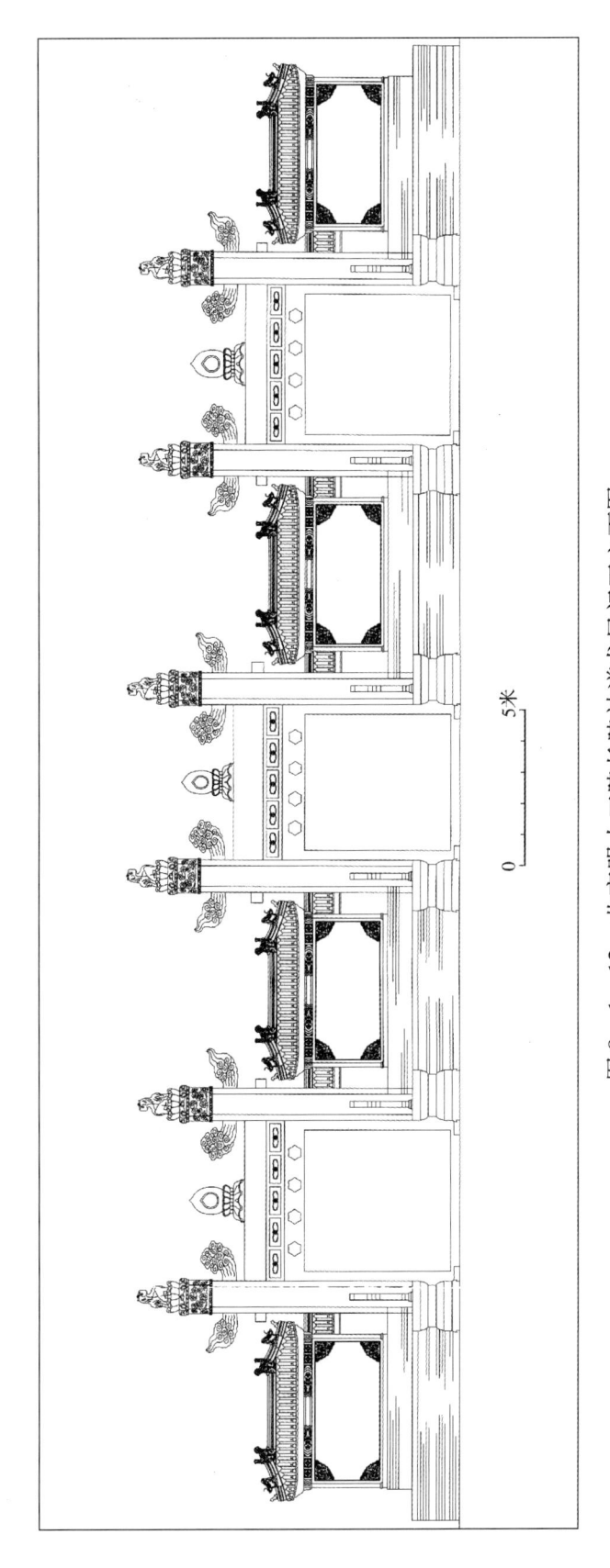

第八章　明长陵形制布局与其后诸陵局部形制的嬗变　411

图 8-1-12　北京明十三陵长陵神道龙凤门正立面图
（采自国家文物局《明清皇家陵寝扩展项目·明十三陵》）

地形呈弯曲状[1]，明时神道两侧栽松柏各六行（明亡砍伐殆尽）[2]。明嘉靖十五年（1536）所甃石路，仅存北五空桥以北一段，系青白石及汉白玉石条铺砌，路面宽4.7米，两侧阴刻内侧牙线，御路两侧砌砖无存。神功圣德碑亭前至龙凤门后的路面，旧制中间御路铺砌城砖，两侧铺碎卵石[3]。

（三）陵宫

见图8-1-13。

陵宫建筑南偏西9度，由前后相连三进院落组成，平面呈南北长方形，左侧墙长343米，右侧墙长327米（因宝城呈不十分规则圆形，故两侧墙长不一），墙高4.5米，厚1.2米（下碱部分）。墙体上身部分红墙，下碱部分磨砖对缝砌筑。墙檐采用自下而上由出檐砖组成砖砌冰盘檐（两侧墙体在修葺时改为灰色布瓦）。三进院落横墙，均为大式琉璃瓦顶。陵宫占地面积12万平方米。

1. 第一进院落

南面第一进院落东西横长方形，面阔141米，进深58米。南墙正中设陵门（图8-1-14），门单檐歇山顶，檐下额枋、飞椽、单昂三踩斗拱为琉璃构件。门面阔显五间，墙体红色，辟三券门（今对开板门，为后改）。门垛下台基陡板式，面宽25.44米，进深5.52米，高0.47米。台阶三道，中间一道前面有御路石雕（刻宝山、海水江芽及云纹，周栏以浮雕串枝式卷草图案）。陵门前月台面宽66.54米，进深13.26米，高1.22米，前存礓磉路，陵门左右有随墙式角门（已拆除砌为红墙）[4]。院内建有神厨（左）、神库（右）各五间（均毁于清代中叶），神厨之前建小碑亭。碑亭（图8-1-15

---

[1] 胡汉生：《明朝帝王陵》，中国青年出版社1998年版，第89页。说："成书于宋元之际的风水著作《大汉原陵秘葬经》就曾记有'四折曲路'之说。明人蒋平阶所著的《地理古镜歌》也有'路能界气亦能迎，当与零神一样评；大路弯环玄字体，阳神三折穴前萦；直来直去无生意，乙字弯身最有情'的说法。注者谓'路亦大关风水，生旺而弯环则吉，衰死而硬直则凶……如若直死射来，名为土箭。亦当躲避始为全美'。""陵寝建筑的设计者，在主观上虽然是为了附会迷信的风水之说"，"但弯转曲折的神道布局，在客观上确实起到了与大自然山川风貌相和谐、收敛视野、避免陵园建筑一览无余，从而造成'曲径通幽'的艺术效果"。

[2] A. 徐乾学《读礼通考》卷九十三，引《昌平山水记》说："神道自嘉靖十五年，世宗谒陵始命以石甃。自大红门以内，苍松翠柏无虑数十万株，今尽矣。"

B. 胡汉生：《明朝帝王陵》，中国青年出版社1998年版，第89页。

[3] A. 胡汉生：《明十三陵》，中国青年出版社1998年版，第151—152页。文中又说：神功圣德碑亭前至龙凤门后面的御路，20世纪30年代修筑北平至明陵公路时，改为全铺碎卵石路面。1994年整治神道环境，又改为中铺石条，两侧墁水泥砖的形制。

B. 胡汉生：《明朝帝王陵》，中国青年出版社1998年版，第89页。说：这条神道，清代文献称"总神道"。神道石象生区，1990年9月1日正式辟为旅游景点。

[4] 刘敦桢：《明长陵》，《中国营造学社汇刊》1933年第4卷第2期。说：陵"门左右联以丹垣，覆黄瓦，厚1.85公尺。自东迄西，含陵门于内，共广145.4公尺"。

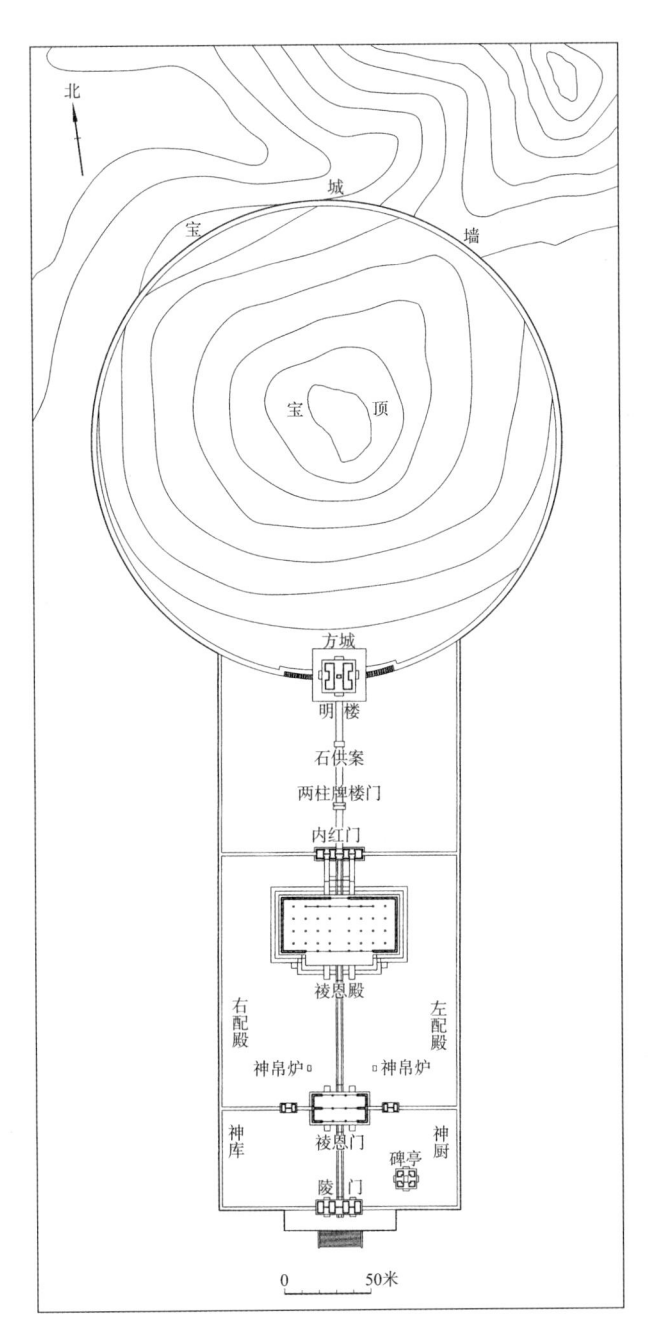

图 8-1-13　北京明十三陵长陵平面图
（采自胡汉生《明十三陵》）

图 8-1-14　北京明十三陵长陵陵门
（采自《世界文化遗产·明十三陵》）

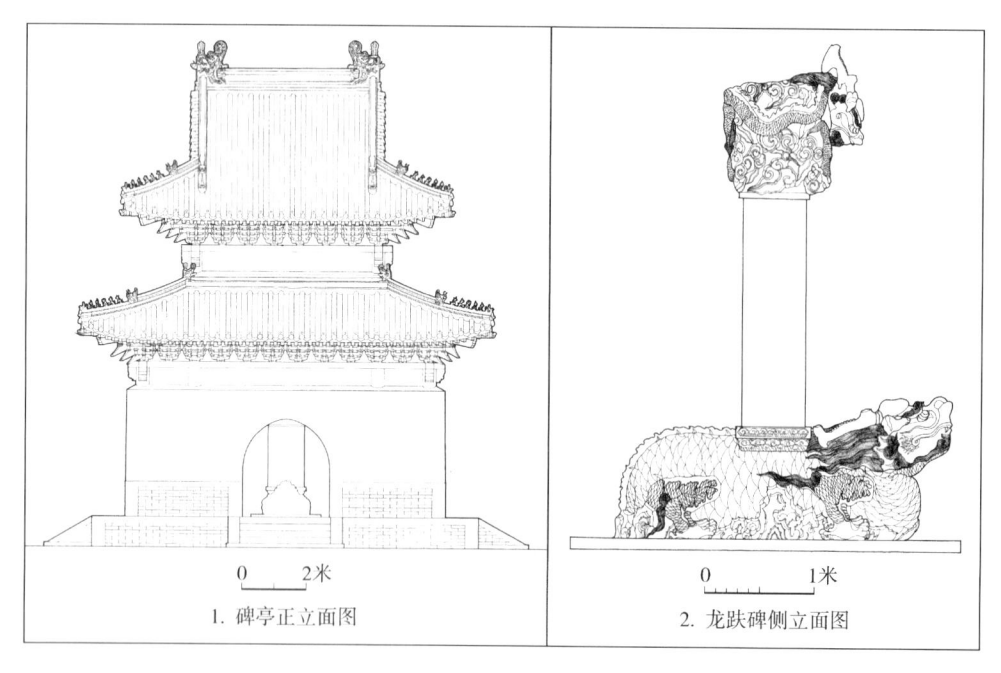

1. 碑亭正立面图

2. 龙趺碑侧立面图

图 8-1-15　北京明十三陵长陵龙趺碑亭及龙趺碑立面图
（采自国家文物局《明清皇家陵寝扩展项目·明十三陵》）

之1）落成于嘉靖二十一年五月，南向，重檐歇山顶，正脊顶部距地面高14.42米。亭身平面正方形，四壁红色各辟券门，门前设垂带式踏跺，台基四面边宽各10.48米。亭顶，上檐四面各显一间，施单翘重昂七踩斗拱；下檐四面各显三间（明间面阔同上檐），施重昂五踩斗拱；内为木构架，井口天花[1]。亭内立石碑（图8-1-15之2），碑首雕（近于圆雕）一盘龙，龙头居中南向探出碑外，碑趺仿龟趺式雕卧龙（明陵中独有的规制，清代称"龙趺碑"），碑身无字又称无字碑[2]。

2. 第二进院落

（1）祾恩门

见图8-1-16。第二进中院是该组建筑群的主体，面阔141米，进深151.2米。南面横墙中间设"祾恩门"，门单檐歇山顶，面阔五间（通阔31.44米），进深二间（通深14.37米），正脊顶部距地面高14.57米（一说14.37米）。檐下斗拱为单翘重昂七踩，其平身科斗拱耍头后尾作斜起的杆状（与宋和清代做法不同）。门内明间（面阔8.3米）、次间（面阔6米）各设板门一道，稍间（面阔5.57米）封以墙体。明间板门之上安华带式榜额，书"稜恩门"三金字（"稜"系后代修葺时误写）。门下为汉白玉栏杆围绕的须弥座式台基（无月台，台基面宽35.76米，进深18.66米，高1.57米），栏板雕宝瓶、三幅云式，望柱雕龙凤，台基四角及各栏杆望柱之下置石螭首。台基前后各有三出踏跺式台阶，中路台阶间御路上有精美的浅浮雕图案，下雕海水江芽、宝山和海马；上雕宝山、云和二龙戏珠[3]。祾恩门两侧各有一座掖门，均为随墙式琉璃花门（图8-1-17）。门庑殿顶，前后各出半坡，下为单翘单昂五踩琉璃斗拱（昂嘴多残坏），以及平板枋、阑额等。门垛四角各有琉璃柱（内侧方柱，外侧圆柱），柱间为红墙，墙面四角各饰黄琉璃岔脚，门垛下部基座为白石须弥座。门洞内上槛置四门簪，左右梓框下有门砧石（门限及门扇无存）。

---

[1] 刘敦桢《明长陵》（《中国营造学社汇刊》1933年第4卷第2期）说：陵"门内有广场，南北深56.84公尺，约为东西五分之二弱。中央御道阔5公尺，悉石砌。道东30公尺处，有碑亭，方10.54公尺。重檐歇山、下层斗拱五彩，上层七彩。四面各辟一门，中贯十字形穹窿，有巨碑本无字……"

[2] 胡汉生：《明朝帝王陵》，北京燕山出版社2001年版，第90页。说：碑文应由皇帝亲撰，但世宗迷信道教、荒淫、不理朝政，故成为无字碑（按此仅备一说）。第92—94页说，到清代碑阳刻清世祖顺治十六年（1659）满汉两种文字谕旨，碑阴刻乾隆五十年（1785）清高宗的《谒明陵八韵》诗；碑左侧刻清仁宗嘉庆九年（1804）御制《谒明陵八韵》诗，书中均录其文。

[3] 刘敦桢《明长陵》（《中国营造学社汇刊》1933年第4卷第2期）说：祾恩门"建于白石台上，前后陛三出，栏楯望柱亦白石制，琢龙凤颇工整。门东西五间，广31.44公尺，南北深14.37公尺，中辟三门。斗拱单翘重昂，单檐歇山顶"；"各部彩画，经清代修理，已非原状。榱题脊兽，亦颇毁不堪"；"门两肋，有长垣，区限南北，辟左右旁门各一"。

图 8-1-16　北京明十三陵长陵祾恩门
（采自《中国建筑艺术全集·明代陵墓建筑》）

图 8-1-17　北京明十三陵长陵掖门
（采自《世界文化遗产·明十三陵》）

(2) 祾恩殿

见图8-1-18。第二进院落平面呈南北长方形，院内后部正中与祾恩门相对是巨大的主体建筑祾恩殿[1]。殿面阔9间（66.56米），进深5间（29.12米），以象征皇帝"九五"之位。殿内柱网总面积1938平方米，正脊至台基地面高25.1米。殿仿明紫禁城奉天殿（皇极殿），是我国现存最大的木构殿宇建筑之一（也是明陵中惟一保存较好的明代陵殿）。殿重檐庑殿顶，不推山，覆黄琉璃瓦（历代修葺有更换），正脊两端置十品大龙吻。上檐施重翘重昂九踩斗拱，下檐施单翘重昂七踩鎏金斗拱。殿内大木结构为叠梁式构架体系，具有典型的明代早期特色[2]。殿内"金砖"铺地[3]，前后六排柱网排列规整，梁柱均为金丝楠木（采自四川和湖广一带深山），整材加工而成，用材粗壮。殿内32根金柱各高12.58米，柱径在1米以上。其中明间（明间面阔10.3米，次间面阔7.19米，次次间面阔7.12米）四柱最粗，左一缝前金柱底径达1.124米。殿内各木件除天花彩绘外，均露楠木本色。殿堂前檐之下，中央五间各安四抹槅扇门（明间六扇，余四间各四扇），稍间（面阔7.12米）、尽间（面阔6.68米）各于槛墙之上安装窗扇（每间四扇），门、窗格心均作正方格式。后檐之下，仅明间安装对开式板门一道，左右各置余塞。其余八间及两山

---

[1] 殿内日常陈设神榻（灵座、龛帐），帝后神牌、册宝、衣冠、御座、香案以及各种乐器，致祭时再增置陈设祭品用的正案、从案、三牲案匣等。

[2] A. 胡汉生：《明朝帝王陵》，中国青年出版社1998年版，第100—101页。说：祾恩殿已不采用宋元时期的叉手、托脚等构件，宋元时期的攀间斗拱也按照"檩、垫、枋"的组合方式由垫板代替。整体结构更趋简化，节点更趋牢固。平身科斗拱形制采用了宋元两代都没有的落金式鎏金斗拱。斗拱后尾部分均呈30°角斜向上伸，真假昂并用（上层真昂、下层假昂。假昂的昂头，从交互斗斗口处斜向下伸，没有'假华头子'雕饰，很有特色）。下檐斗拱上层昂昂尾等构件挑起的斜杆直伸至博脊枋下，并有三幅云、麻叶头、菊花头等装饰构件。它既不同于宋式真昂形式的斗拱，也与清《工部工程作法则例》的假昂式鎏金斗拱有别。此外，斗欹有䫜，角科斗拱鸳鸯交首拱的继续采用，以及斗拱比例的减少，平身科斗拱排列的相对丛密，而各间攒档在尺度上又大小不等等特点，都体现了由宋到清在法式上特点的过渡。

B. 胡汉生：《明十三陵》，中国青年出版社1998年版，第158页。

C. 傅熹年：《中国古代城市规划建筑群布局及建筑设计方法研究》上册，中国建筑工业出版社2001年版，第132—134页。"北京市明长陵祾恩殿"中说：（1）祾恩殿上檐正面中央七间与下檐同，两端二尽间比下檐缩小半间；上檐侧面进深为三间，外侧二间各深二椽半，中央一间深五椽，共深十椽，尚有《营造法式》殿堂图样中檩与柱子不对位的特点。（2）出现了重檐建筑上檐与屋架的比例符合或接近宋式，而下檐向上抬升的现象。自此殿开始，明官式的重檐建筑一直保持加高下檐柱的倾向，逐渐抬高到上檐檐口甚至上檐正心桁高一半的高度。这个现象在后面关于太和殿、保和殿部分还将看到。（3）其梁架比宋式殿堂型结构大为简化。（4）明之官式肯定源于宋元以来江南的建筑传统。（5）殿内柱网在柱头间纵横都加阑额及随梁枋形成井字格，稍后随梁枋又发展为跨空枋，形成隔架科斗拱，成为明清宫式建筑柱网一大特点。此外，还有其他有关论述（如重檐做法等），详情请参见原文。

[3] 金砖，指细料方砖，又称澄浆砖，由苏州等地专门烧制的铺地砖。

各砌为红墙。檐下斗拱、额枋彩画屡经重绘，已失原貌。殿正面上下檐间有华带式榜额，书"祾恩殿"三字（民国二十四年修葺时重新制作）。殿下有三层汉（又作旱）白玉石栏杆围绕的须弥座式台基（图8-1-19，面阔82.56米，进深45.12米），其上殿本身有一层小台基，总高3.215米[1]。台基之前三层月台（面阔25.28米，进深10.05米，高3.11米）与台基连成一体，三层台基、月台均有石雕护栏。望柱雕龙凤，栏板雕宝瓶、三幅云式（多破裂，有铁锔固定）。台基和月台角隅有角石及石螭首（较完好），每根小望柱下置小石螭首（风化严重，有残断情况）。三层月台前的三出踏跺式台阶（三出陛）保存完好，中间御

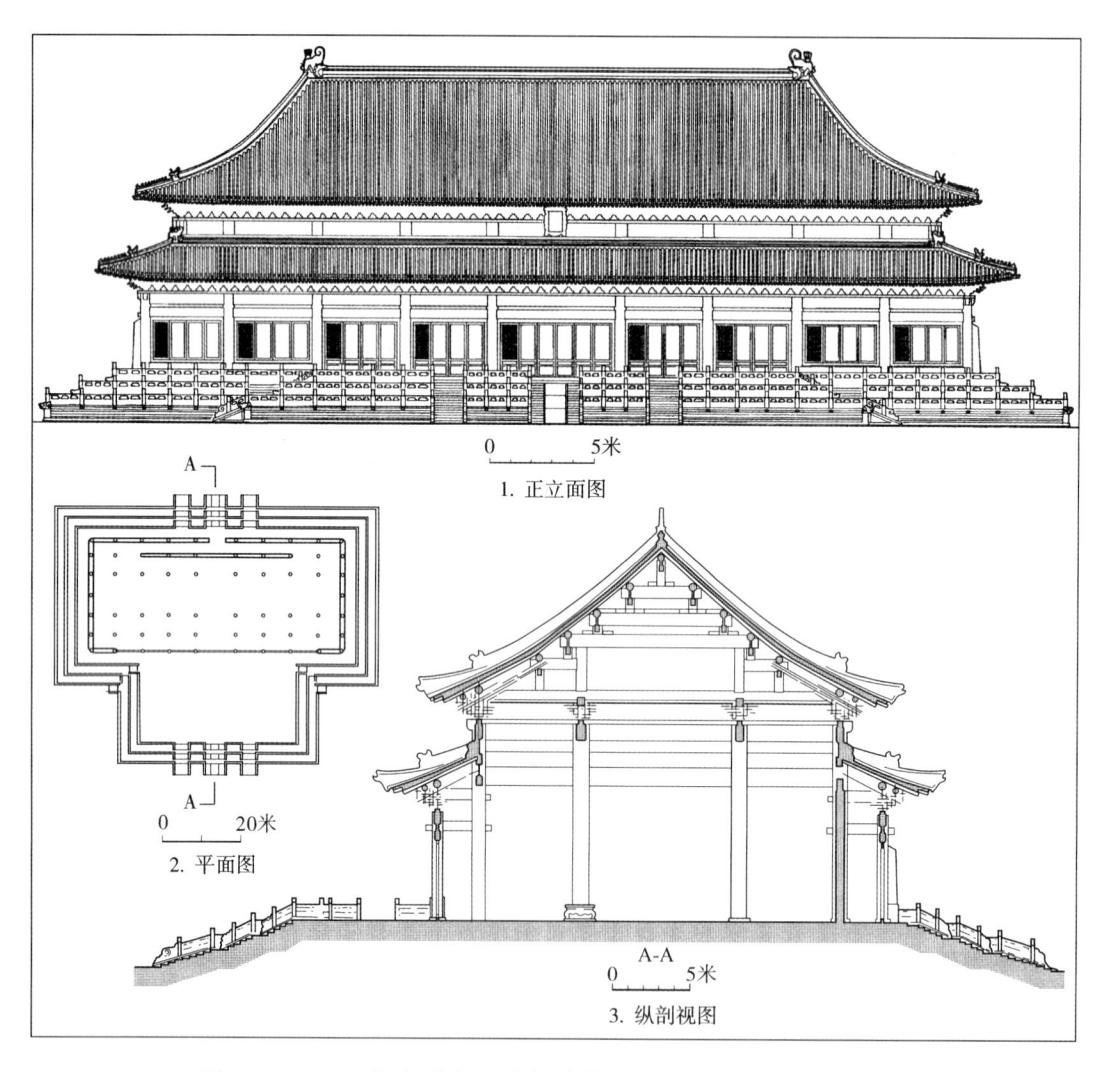

图8-1-18 北京明十三陵长陵祾恩殿平面、立面、剖视图

（1. 采自《中国古代建筑史》第四卷 2. 和3. 采自傅熹年《中国古代城市规划建筑群布局及建筑设计方法研究》下册）

---

[1] 刘敦桢《明长陵》（《中国营造学社汇刊》1933年第4卷第2期）说："台上下计三层，每层栏楯围绕，颇庄严。第一层高1.15公尺，二、三层各高0.98公尺，其上复有殿本身阶台一级，高0.105公尺，故自地面起，共高3.215公尺。"

图 8-1-19　北京明十三陵长陵祾恩殿及台阶
(采自《世界文化遗产·明十三陵》)

路石雕（稍有裂痕）由上中下三块组成。下面一块雕宝山、海水江芽、海马（二匹）及双龙戏珠（左升龙，右降龙）；中间及上面一块各雕双龙戏珠（亦左升右降），三块石雕四周各栏刻串枝式卷草纹（图 8-1-20）。月台左右两面三层旁出踏跺（二出陛，祭祀时供执事人员上下），台基后三路台阶，后面中间御路石雕同月台前中间御路雕刻图案（保存较好）[1]。总之，祾恩殿的形制和做法均属最高等级，与紫禁城皇极殿，太庙享殿相

---

[1] A. 刘敦桢《明长陵》（《中国营造学社汇刊》1933年第4卷第2期）说："殿台座前后陛三出，东西陛二出，悉砌以白石。其南面左右二陛皆碱，惟中央神路，中平外碱，平者雕二龙，镌刻颇浅，为此期之特征。"

B. 胡汉生：《明朝帝王陵》，北京燕山出版社2001年版，第101页。说：此殿历经500余年，殿宇彩画及殿内装饰都发生过变化。《帝陵图说》记载康熙年间祾恩殿"梁柱雕镂盘交龙，藻井、花鬘、地屏、黼扆、金碧丹漆之制一如宸居"。《昌平山水记》对清初殿内情况，也有"中四柱饰以金莲，余皆髹漆"的记载。到清代中叶，殿内神牌、供案等物被盗空，彩画脱落十分严重。为此，乾隆五十年（1785）下旨修明十三陵时，特命长陵等"增设龛位"。经办大臣查勘后提出处理意见："内里木植所有油什处所，年久全行脱落，露身俱系楠木，似可毋庸重加油饰，竟露楠木质地，似黄古雅。至外檐上架斗科，拟改用雅五墨。天花见色过色。下架用红土垫光油。"现在所见祾恩殿外檐彩画，是乾隆修缮之后又屡经重新油饰的彩画（在斗拱凹陷处及部分挑尖梁梁身上，还隐约可见明朝彩画痕迹）。乾隆时增设的雕龙大龛、供案、神牌等物相继被破坏。

图 8-1-20 北京明十三陵长陵祾恩殿（正面）
（采自《世界文化遗产·明十三陵》）

类似[1]。

(3) 配殿和神帛炉

祾恩殿前（南）两侧有左右配殿（又称廊庑），各十五间（清代中叶毁坏并拆除），配殿之前（祾恩门内御道两侧）各有神帛炉一座（用于焚烧祭祀所用神帛和祝版）。神帛炉各高3.8米，台基面宽2.91米，进深1.94米，保存基本完好（西帛炉因地基沉陷，炉座略有开裂）。炉单檐歇山顶，檐下施单翘三踩斗拱，再下有平板枋和阑额。炉身四角各立圆柱及马蹄磉。正面开一券门，券门饰落地式花罩，券门内砖砌小券室。花罩左右两侧各嵌两扇仿木四抹菱花格心式槅扇；其余三面砌实。炉体基座呈须弥座式，上下枋有花卉图案；

图 8-1-21 北京明十三陵长陵神帛炉正立面图
(采自国家文物局《明清皇家陵寝扩展项目·明十三陵》)

---

[1] 清高宗《哀明陵三十韵》："今观长陵，享殿曰祾恩殿，九间重檐，石城明楼，规制巍焕。虽丹青剥落，而榱栋闳壮，与皇极殿相肖，为自古所无。"录文见胡汉生：《明十三陵》，中国青年出版社1998年版，第406页。

束腰四角为玛瑙柱[1]，中部和两侧饰椀花结带图案。上下枭、上冰盘涩（位于上枭上）、下肩涩（位于下枭下）及土衬部分均为素面；圭角饰卷云图案（图8-1-21）。神帛炉通体琉璃构件组装，除少量绿琉璃外，均为黄琉璃（在历次修葺中，琉璃有部分已补换）。

3. 第三进院落

祾恩殿后东西横墙中间开券门称陵宫门（又称内红门），形制如陵门。门内即陵宫第三进院落，平面略呈南北长方形（面阔141米，进深131米），后与宝城相接。院内中间御道上前置二柱门（图8-1-22），后置石五供。二柱门又称棂星门（面阔7.84米），二白色石柱立于石鼓座上（石柱高6.98米），柱下端支护戗鼓石（在石鼓座上），柱头雕出须弥座和东西相对的仰天蹲龙。柱间木构部分是民国二十四年（1935）仿景陵制增构的。门后方城前置白石几筵（又称石祭台），俗称石五供（图8-1-23）。供案长条形须弥座式（案长7.05米，高1.03米），上下枋浮雕串枝花卉，上下枭刻仰覆莲瓣，束腰雕椀花结带图案，四角刻出玛瑙柱形。案上置石五供，中间石香炉三足鼎形（高1.18米），炉身和炉盖各用一整石雕成。炉身腹部浑圆（腹径0.87米），三足外侧雕云纹饕餮；炉耳、沿雕回纹；沿下束颈有乳钉，上刻图案。炉盖形如高装馒首，雕海水江芽、宝山、盘龙。两侧烛台形如"豆"（高0.61米，底径0.51米），烛盘下雕仰莲瓣一周，下雕云纹。外侧二花瓶（高0.58米，腹径0.53米），小口、鼓腹、实圈足，颈腹间饰环。

图8-1-22 北京明十三陵长陵棂星门正立面图
（采自国家文物局《明清皇家陵寝扩展项目·明十三陵》）

---

[1] 玛瑙柱，指在须弥座转角处做成马蹄柱形式，俗称玛瑙柱子。

图 8-1-23　北京明十三陵长陵石五供
(采自《世界文化遗产·明十三陵》)

(四) 方城明楼和宝城宝顶

1. 方城明楼

见图 8-1-24。方城建于中间御路末端（石五供之后），与宝城连为一体，南面大部分突出于宝城之外。方城平面正方形，底边长 34.86 米[1]，顶边宽 31.96 米，高 12.95 米[2]，砖砌，下有石须弥座式墙基。方城正面中间开券门，宽 3.35 米[3]，券门内北向坡道尽端置黄琉璃影壁（已无）[4]，两旁分辟券门折向东西（三门仅存门砧石和石门限，门扇和管扇无存），称扒道券。从券内踏跺往上，穿过称为上券门的出口达方城两旁[5]。从此向北可升至宝顶，向南过转向踏跺则登明楼。

方城之上前筑垛口，后筑宇墙，城台中央筑明楼。明楼方形，明楼台基高 0.94 米，

---

[1] 刘敦桢《明长陵》（《中国营造学社汇刊》1933 年第 4 卷第 2 期）记 34.76 米。
[2] A. 胡汉生：《明朝帝王陵》，北京燕山出版社 2001 年版，第 103 页。
B. 胡汉生：《明十三陵》，中国青年出版社 1998 年版，第 417 页。附表二，记方城高 10.95 米。又注〔1〕《明长陵》说："自基至女墙顶，高 14.78 公尺。"
[3] 见刘敦桢：《明长陵》，《中国营造学社汇刊》1933 年第 4 卷第 2 期。
[4] 刘敦桢《明长陵》（《中国营造学社汇刊》1933 年第 4 卷第 2 期）说：琉璃"屏后为羡道入口，下通地宫，今只存砖壁"。
[5] 胡汉生：《明十三陵》，中国青年出版社 1998 年版，第 154 页。说：券门内瓮道，"其轴线方向的部分仍为明朝时立砖墁砌的礓磜形制，但东西走向的部分已改成水泥的踏跺式台阶"。

图 8-1-24　北京明十三陵长陵方城明楼正立面及剖视图
（采自《中国古代建筑史》第四卷）

边宽 21 米，楼高 20.06 米，楼壁每边宽 18.06 米[1]，重檐歇山顶，覆黄琉璃瓦（历次修葺有补换）。上、下檐四面各显三间，上檐单翘重昂七踩斗拱，下檐重昂五踩斗拱（斗拱后尾砌于砖体内）[2]。正面上下两檐之间有华带式榜额，书"长陵"二金字。墙体涂红，四面辟券门。楼内正中立"圣号碑"（图 8-1-25），碑高 5.79 米[3]，龙首，须弥座式长方形趺，正面篆额"大明"二字，碑身正面双钩楷书"成祖文皇帝之陵"，字大径尺（明时填金、碑身以朱漆阑画云气，故又称"朱石碑"。）。现明楼东西券门已封塞[4]。

2. 宝城宝顶

见图 8-1-13。宝城（明代文献又称"宝山城"）与方城联成整体，略呈不规则圆形，纵深最大尺度 264 米，面宽最大尺度 306 米[5]。城高 7.15 米，周长近千米，城墙顶部外筑垛口（雉垛，高 1.5 米），内筑宇墙（高 0.95 米），中间马道宽 1.9 米（或说 2 米）。

---

[1] 胡汉生：《明十三陵》，中国青年出版社 1998 年版，第 417 页表二。前引刘敦桢《明长陵》记明楼边长 18 米。

[2] 刘敦桢《明长陵》（《中国营造学社汇刊》1933 年第 4 卷第 2 期）说：明楼"斗拱下层七彩，上层九彩"。

[3] 刘敦桢《明长陵》（《中国营造学社汇刊》1933 年第 4 卷第 2 期）说：朱石碑"广 1.62 公尺，厚 0.94 公尺，碑首交龙，下承矩形之台"。

[4] 胡汉生：《明朝帝王陵》，北京燕山出版社 2001 年版，第 104—105 页。说：清朝中期，明十三陵明楼凡"搁架木植者皆糟朽坍卸"。所以乾隆五十年（1785）修各陵明楼时，按永定二陵明楼起券方式，"一律改发石券"。故现在长陵明楼内为石券顶，楼顶成为砖砌实心顶结构，左右两券门亦用砖封闭。

[5] 《大明会典》卷二〇三"工部·山陵"记载："宝城，惟长陵最大，径一百一丈八尺。"江苏广陵古籍刻印社 1989 年版。

第八章　明长陵形制布局与其后诸陵局部形制的嬗变　425

图 8-1-25　北京明十三陵长陵明楼圣号碑正立面图
（采自国家文物局《明清皇家陵寝扩展项目·明十三陵》）

宝城内为宝顶（封土，下为玄宫），又称陵山，直径约300米[1]。宝顶封土外周填筑与宝城马道相平，马道内侧宇墙将城与宝顶分隔开来。邻近方城两旁的宇墙分别开石栅栏门，是登上宝顶的入口。在宇墙内侧环宝顶周边，有宽大的砖砌排水明沟、断面呈八字形，又称荷叶沟。明沟汇集宝顶上和通过宇墙下水沟门流进的马道上的雨水，再由分布在荷叶沟中的水簸箕引入埋在马道下的暗沟，从悬布在宝城垛口下的琉璃挑头沟嘴泄出，或从布置在荷叶沟中的几个吊井沟桶（排水竖井）引出宝城。

（五）附属建筑

除上所述，长陵还有一些为陵园祭祀服务和管理陵园的附属建筑。主要有陵门外左前方的宰牲亭（祭祀时宰杀牛、羊、豕），亭内有放血池[2]。陵门外右前方有具服殿（帝后谒陵更换服装或临时休息之所），殿面阔五间，东向，周围筑墙[3]。墙南有五个长方形白石槽，贮水饮雀，称"雀池"。神宫监约在宰牲亭东约0.5公里处[4]，神宫监之左有祠祭署[5]。此外，还有果园（在今长陵村），朝房（供祭祀官员歇宿，又称斋宿房）、长陵卫[6]，以及神马房等。上述附属建筑均已无存，准确方位大都无考。

---

[1] 傅熹年：《中国古代城市规划建筑群布局及建筑设计方法的研究》上册，中国建筑工业出版社2001年版，第62页。

[2] 胡汉生：《明十三陵》，中国青年出版社1998年版，第162页。说：具服殿仅存柱础坑窝及残坏石条。"据坑窝位置，知该殿为面阔五间，进深三间（通阔约23.3米，其中稍间面阔约4.5米；通进深约11.5米，其中，前后廊各深约3.5米）。"

[3] 胡汉生：《明十三陵》，中国青年出版社1998年版，第162页。说："宰牲亭只存柱础石一块，遗址已不可辨。"

[4] 胡汉生：《明十三陵》，中国青年出版社1998年版，第162页。说：神宫监仅残存一段卵石垒砌的虎皮墙，其余墙基被民房覆盖。胡汉生：《明朝帝王陵》，中国青年出版社1998年版，第106页。说：神宫监始设于天顺六年（1462），职责是"专一提督各陵内外官员，守护陵寝山场"。每年清明，则率各陵掌印太监入京，奏添土木，并为皇宫办入松花、黄连、茶、核桃、榛、栗等物。

[5] 胡汉生：《明十三陵》，中国青年出版社1998年版，第124页。说："长陵祠祭署位于陵左0.5公里处神宫监南。"

[6] A. 胡汉生：《明十三陵》，中国青年出版社1998年版，第126页。说：正统十四年（1449）以前，长、献、景三陵陵卫驻扎在东、西、中三山口及东西二营地方。景泰元年（1450）筑永安城（后改称昌平城），各陵卫衙署营房均建于城内。长陵卫在州城西北，谯楼之后。
B. 胡汉生：《明朝帝王陵》，北京燕山出版社2001年版，第107页。说：各陵卫统一听令于天寿山守备，又称昌平守备，始设于景泰初年（1450—1453）。嘉靖三十九年（1560）设昌平镇，天寿山守备归昌平镇守总兵官管辖。长陵卫，旧归南京羽林右卫，永乐二十二年改，领七千户所。隆庆年间（1567—1572），设指挥11员、千户20员、百户39员、经历1员、镇抚4员。崇祯年间（1628—1644），设掌印官1员、指挥4员、正副千户10员、百户20员、经历1员、镇抚4员、冠带总旗5员。官军原额7800名，弘治十四年（1501），官军实额2200人。

三 长陵与孝陵形制布局的比较

朱棣钦定陵寝"悉遵洪武俭制",即长陵仿孝陵规制。但是,长陵依据所在地域的山川形势,以及为使长陵建筑功能和空间艺术效果更为完备,在仿效孝陵规制的同时又进行了局部调整和创新,所以二陵也有较大的差异。下面拟从南向北农次略作比较。

第一,长陵将孝陵下马坊改为石牌坊,坊由二柱式变为五间六柱十一楼样式,坊后增设三空桥。

第二,长陵将孝陵大金门改为大红门,大红门前左右立下马石碑(孝陵下马坊功能移到陵区入口),与明皇陵相似[1]。

第三,长陵与孝陵同样在大红门(大金门)门后立圣德碑,建方形碑亭,但长陵在圣德碑亭四隅添建个四个华表。

第四,神道石象生,长陵较孝陵增加勋臣4件,将孝陵位于中间的石望柱移到首位(与唐宋帝陵相同)。

第五,孝陵龙凤门(棂星门)后有内御河桥,长陵龙凤门后有南五空桥。其差异是明孝陵三御河桥分置(圣德碑后、龙凤门后,方城前),长陵则将南五空桥、七空桥和北五空桥集中置于龙凤门与陵门中间位置。同时长陵在龙凤门北还增设了芦殿(坡)和行宫。

第六,陵宫的形制和配置长陵有较大变化。首先,长陵陵宫入口改称陵门(孝陵称文武方门),并将孝陵在第一进院内所置具服殿,宰牲亭等移于陵门外之左右,院内增设龙趺无字碑和碑亭(皇陵有无字碑[2])。其次,第二进院落,与孝陵配置相同。孝陵第二进院落之后,为狭长呈长凸字形,后与方城有八字墙连接的过渡空间。长陵则将该部位加宽与前两院相同,取消八字墙而与宝城直接,形成真正第三进院落。院内取消孝陵方城前的御桥,增置二柱牌楼门和石五供。

第七,方城明楼的变化,首先,长陵方城改为正方形(孝陵长方形),面阔仅及孝陵方城的一半,方城大部分突出于宝城墙之外(孝陵方城缩进宝城之内)。其次,方城券门通道改孝陵的直通式设哑吧院为"T"字形的通道,取消哑吧院(参见前述情况)。再次,长陵方城上明楼亦正方形,悬"长陵"榜额,有"圣号碑"。最后,长陵宝城与方城连为整体,墙顶前有垛口后有宇墙、中为马道,有排水设施,方城两侧宇墙开石栅栏门通宝顶。宝顶在结构上与宝城连为整体,有排水设施。以上均与孝陵有别。

除上所述,在风水方面,二陵总体原则相同,长陵除无孝陵北斗之形外,风水形势均强于孝陵。其次,长陵至陵宫前之神道弯曲,神道石象生均在南北一线上,无孝陵多次大折拐之势。孝陵龙凤门后御河桥直至方城前有主轴线,长陵主轴线则仅纵贯陵宫三进院落而已。以上长陵与孝陵的主要差异,则构成了长陵形制布局的重要特点(后文有说)。

---

[1] 明皇陵在外城(土城)正红门前置一对下马牌。
[2] 明皇陵在皇城正门金门(相当于长陵陵宫陵门)前左右置碑亭,东面为无字碑。

四　长陵形制布局的主要特点和艺术特色

长陵形制布局的主要特点和艺术特色，重在与陵址所处的自然山水景观和风水形势融为一体，主要表现在对"长陵新制"（指在孝陵规制基础上的变异部分）独具匠心的规划和巧妙的艺术表现形式上。下面就此略从六个方面简述之[1]。

（一）自然景观风水堂局气势宏大

长陵兆域南起石牌坊，北至天寿山主峰，纵深达10.4公里；东起蟒山之脊，西至虎峪之巅，横跨约12公里。可以说后来明十三陵范围内所有自然景观和风水堂局之优势，均尽收长陵兆域之中。就此而言，长陵自然景观和风水堂局气势之宏伟不仅远在明孝陵之上，而且堪与千古一帝秦始皇陵和唐十八陵中最雄伟的乾陵相比美[2]。因此，长陵尽"先取地理之形势，生王脉络"，以环护之妙，"紫微垣"式的风水堂局，以及"精而合宜"，"巧而得体"的规划设计，使长陵形成"帝王真宅"，达到了封建伦理道德和礼制的最高境界。

（二）形制布局与自然山水融为一体

明嘉靖朝工部尚书赵璜强调说："陵制当与山水相称，恐难概同。"这是因为各陵所在位置的自然景观和风水形势不同，所强调和重点利用的方面必然有别。长陵和孝陵依据不同的山水形势，在与自然山水融为一体方面均各领风骚。

前面梁份《帝陵图说》所言长陵自然山水大势，以及所介绍的长陵风水具体形势，都成为长陵规划设计和艺术创作的底蕴。所以外国著名学者说，"皇陵在中国建筑形制上是一个重大的成就"，"它整个图案的内容也就是整个建筑部分与风景艺术相结合的最伟大的例子"，在十三陵的门楼上，"可以欣赏到整个山谷的景色，在有机的平面上深思其庄严的景象，其间所有的建筑都和风景融汇为一体，一种人民的智慧由建筑师和建筑者的技巧很好地表达出来"[3]。所以形成中国人"由友好的大自然来引导他谒见上天与祖坟"的态势，并赞叹道："没有任何一个地方，风景会这样真正成为建筑艺术的材料"[4]；"建筑上最宏伟的关于'动'的例子就是北京明代皇帝的陵墓"，其"气势是多么壮丽，整个山谷之内的体积都利用来作为纪念死去的君王"[5]。上述的赞颂，其实看到的还只是表象，若

---

[1] A. 徐卫民：《秦公帝王陵》，中国青年出版社2002年版。
　　B. 陈安利：《唐十八陵》，中国青年出版社2001年版。
[2] 胡汉生：《明十三陵》，中国青年出版社1998年版，第252—256页。
[3] 中国建筑艺术全集编委会编：《中国建筑艺术全集·明代陵墓建筑》，中国建筑工业出版社2001年版。第8页引英国科学史泰斗李约瑟（Needham Joseph）《中国的科学与文明》。
[4] 中国建筑艺术全集编委会编：《中国建筑艺术全集·明代陵墓建筑》，中国建筑工业出版社2001年版。第8页引德国哲学家斯宾格勒（Oswald Spengler）语。
[5] 中国建筑艺术全集编委会编：《中国建筑艺术全集·明代陵墓建筑》，中国建筑工业出版社2001年版，第8页引美国城市规划权威培根（Edmund N. Bacon）的《城市设计》。

将其全部集于长陵则犹嫌不足。下面拟就此再进而言之。

(三) 长陵前区"因山增筑,庶称尽美"[1]

长陵前区,在此系指从石牌坊直至陵宫之前地段。从图7-1-1和图8-1-1可以看出,陵宫之前的风水主轴线(即天寿山、陵宫、昌平后山连线)上,大都被山体占据。因而长陵将陵宫之前路段置于风水主轴线之西山体较少较小之处,并对山体间空地进行了重点规划设计和艺术创作。

首先,在最南第一重砂山龙山和虎山外延未连部分之间建石碑坊。石碑坊呈五间六柱十一楼样式,其宏伟、壮观、华丽之姿,既补上了龙、虎山未联之阙[2],又使之作为长陵建筑空间序列引导标志,极富艺术魅力,更具陵寝纪念气氛。其次,在龙、虎山相对第一重砂山间形成自然山口,内外均无山体障护。于是在此建大红门,门两侧筑红墙沿龙、虎山蛇蜒而上;并在大红门前两旁立下马碑。大红门在龙、虎山间高地上拔地而起,气势雄浑,以此结合下马碑警示标志,使陵区入口的空间氛围更加庄严。大红门内地较空旷,于是在第二重砂山间(即康陵园村南与南新村南的两座小山)立神功圣德碑建碑亭,碑亭四隅添建四个华表。凝重的圣德碑和碑亭与造型轻灵、雕刻精美、充满向上动势的华表对比强烈,两者相合"聚巧形而展势",从而在空旷的大地上扩展了该组构筑物的心理体量。碑亭之后的空地上置整体连续的石象生行列,加大了间距的石象生群布局在左右砂山之间并东偏于较小的山峦,即呈现出《管氏地理指蒙》所说"左崇而右实,右胜而左殷"之态势,从而使两旁砂山的体量,在视觉感受效果上得了巧妙的均衡。此外,在石象生行列末端,于第三重砂山间(汗包山、蒋山与长岭之间)建龙凤门,"以络绎如门之楗(插门的木棍子)钥"[3],而成为石象生行列的底景。这样石象生行列和龙凤门既形成了"驻远势以环形,聚巧形而展势"的效果,又使神道石象生空间更显深邃和舒展。在风水术中,"龙喜出身长远,砂喜左右回旋",龙虎砂山重重包围,才更具吉意。上述诸构筑物,在如此环境之中"因山增筑",其艺术创作形式将周围环境与相应的寓意紧密结合,既弥补了砂山缺口之不足,使风水意境更加完整,又取得了极佳的景观效果,"庶称尽美"。此外,在龙凤门与陵宫前的山体空地之间,又恰当地安排了南五空桥、七空桥和北五空桥,三桥不仅实用、美学效果强烈,而且还与前面石象生行列(纵向)、龙凤门(横向)形成纵横相间(三桥纵向)虚实相接的组合形式,立体感强烈,高低起伏,层次分明,错落有致。因而使神道"移步换景",构成连续不断地有机整体。

综观上述,可见在前面国外学者所说的表象之中,实则有着风水术的丰富内涵,并充

---

[1] 中国建筑艺术全集编辑委员会:《中国建筑艺术全集·明代陵墓建筑》(中国建筑工业出版社2000年版)第10页引《明熹宗实录》中,天启朝大学士韩爌语。

[2] 梁份《帝陵图说》指出:"天寿山势层叠环抱,其第一重东西龙砂欲连未连,坊建其中以联络之,从青鸟家言,非直壮观美也。"

[3] 梁份《帝陵图说》指出:龙凤门"黄琉璃甃甓如屏也。形家言天寿山龙砂,此第三重,为门于中,以络绎如门之楗钥也"。

分反映出帝陵规划设计和建设者对"陵制与山水相称"有着极其深刻的理解和悟性，在景观建筑学和建筑外部空间设计理论方面有很深的造诣，因而在此基础上的智慧创作深刻地体现出"天造地设""天人合一"的理念，取得了杰出的艺术成就。

（四）陵宫宝城形制创新，布局艺术匠心独具

前面已经说明长陵在孝陵基础上，形制布局有所创新，因而较孝陵又形成一些新的特点。比如，长陵陵宫第一进院落将孝陵所置宰牲亭，具服殿等移至陵门之外，使第一进院落功能和空间布局更为庄重、严谨、利落。第三进院落加宽与前二进院落相同，取消孝陵的八字墙和桥，增置二柱门和石五供。从而使陵宫平面构图严整统一，强化了空间氛围，丰富了陵宫中轴线空间序列层次。方城明楼改成正方形平面，面阔减小，突出于宝城之外。这样就使之与陵宫第三进院落在形体和尺度上形成鲜明对比[1]，更加烘托出方城明楼的雄伟气势，并使陵宫整个祭祀空间充满了庄严崇高的氛围。方城T字形瓮道取代孝陵直通瓮道，增加了瓮道的神秘色彩，而明楼内置"圣号碑"则更突出了明楼的陵墓标识作用。宝城墙体宽厚，置马道、垛口和宇墙，具有实战性，加强了防卫功能（似与陵区"切近边关"有关）。宝顶在宝城内封土填满与宝城连为一体，既突出了宝顶的巍峨气势，又可与宝城相辅，在防卫上起到一定的辅助作用。前述陵宫在总体上呈南北纵长方形，其内又横长方形纵长方形相间，方城明楼正方形，宝城宝顶圆形，宝顶崇高，上述形体的变化又产生了"静"（方和长方的视觉感受是"静"）"动"（圆的视觉感受是动）相生的美学效果。

长陵与孝陵一样，陵宫和宝城宝顶均拟于宫城的前朝后寝之制[2]。孝陵明代陵宫已毁，从长陵来看，其陵宫的规划设计也是按照宫城的规制。陵宫（祾恩殿）与明紫禁城奉天殿（皇极殿）同样都置于整体院落的几何中心，并以方格网（长陵以5丈方格网为准）为基准进行布置[3]。在建筑艺术上，陵宫最突出的就是充分利用"框景""夹景"的透视效果，由前及后依次突出陵寝主体建筑正立面的完整形象，这种"于小者近者之外求其远者大者"的艺术处理方式被称为"过白"[4]。比如，在祾恩门中部，以明间两根后檐柱、额枋、雀替、台明为景框，透视祾恩殿时，就可看到祾恩殿的完整形象及殿宇上空的蓝天白云。由此可见，长陵的规划设计在处理建筑物大小、远近及视觉对比感受上，充分考虑到了景观效果。

---

[1] 从陵宫入口到方城明楼，是按"千尺为势"确定的，各单体建筑则按"百尺为形"确定。关于这个问题，参见前面《明孝陵》（文物出版社1981年版）的有关论述。

[2] 参见前面《明孝陵》（文物出版社1981年版）中的有关论述。

[3] 傅熹年：《中国古代城市规划建筑群布局及建筑设计方法研究》上册，中国建筑工业出版社2001年版，第62页。说："长陵仍循古代建筑布局的'择中'原则，以主殿祾恩殿置于前部宫院区的几何中心处"；"长陵是以方5丈的网格为基准布置的。长陵前半部宫院部分的规制和北京太庙很相似，其布置手法也与宫殿、太庙无殊"。

[4] 王其亨《风水形势说和古代中国建筑外部空间设计探析》（载《风水理论研究》第2版，天津大学出版社2005年版）引何建祺《潮汕民居研究》。

(五) 布局自由与规整结合，配置疏密高低变化，节奏跌宕

长陵前区从石牌坊至陵宫前为线型布局，线路长而弯曲，总体配置稀疏，局部密度加大。后部陵宫宝城布局规整，配置密度大，体量宏伟。前区布局自由，后区布局规整，这个特点与明孝陵是一脉相承的。

从长陵前区来看，石牌坊作为陵寝最前面的标志，形体高大，雕刻精美，牌坊夹柱石高浮雕极富动感，与牌坊及其雕刻的静穆形成鲜明对比。石牌坊至大红门1.253公里，中间只建三空桥，该路段的配置表现为"大""高""远""离""疏"，态势显"静"，这种情况适合陵寝起始路段的特点要求。大红门是陵区的入口，门体量大，宏伟；门前置二下马碑，门内不远建拂尘殿。该组配置表现为"大小""高低""主从"相辅相成，密度较大，态势庄严，形成第一个高潮。从大红门至龙凤门1.658公里，是前区重点路段，形成第二个高潮。该路段前有此区最高的圣德碑，四隅立四华表，局部配置表现为"密"和"主从"（碑主、华表从）"动静"（华表动、碑静）相依。后段配置石象生行列，表现为"高低错落"有致（望柱、龙凤门高，石象生低；石象生蹲立相间、立高、蹲低）、"远近""动静"相宜（石象生间距相近，寓动于静，望柱显静，龙凤门显动）。从龙凤门至陵宫前4.393公里，中间仅置三桥。配置表现为"远""离"和"虚实"结合，态势属"静"，这是进入陵宫前必需的氛围。

陵宫和宝城是陵寝的主体，布局规整，体量大，气势雄浑。其建筑从南向北逐步增高，体量逐渐加大，陵宫以祾恩殿最高大，到宝城明楼达到最高潮，宝城宝顶则以其庞大近似圆形的形体凝重收尾。在配置上，陵宫"主从""大小""高低"有机结合；陵宫和宝城又长方形、方形、圆形相互烘托；其整体态势庄严、肃穆，祭祀和纪念氛围强烈。上述诸种情况，既合礼制，又符合美学要求。

综上所述，长陵在与山水融为一体的前提下，本身建筑和构筑物也形成了完整的体系。这个体系以整体立意为主线，前区自由布局，后区陵宫和宝城布局规整，两者有机结合为一体。在具体的布局和配置上，则结合自然环境，多视点、多角度地按照礼制要求进行"形"的组合。这些"形"的组合，在陵区的时空序列中，坐标有定，程序连贯，其大小、高低、主从、疏密、远近、离合、动静、虚实和各异的外部形态转换流畅，节奏抑扬顿挫，体现出了"建筑是凝固的音乐"之真谛。因而陵区的不同部位，在"移步换形，相生为用"之中，营造出所需的各种氛围，产生了极强的艺术感染力。使谒陵者在领悟各个不同部位的鲜明特色和性格之中，得到美的享受。在这种连续变化有致的各种景观的引领下，谒陵者不仅形成了"至哉！形势之相异也，远近行止不同，心目中之大观也"的丰富完整而深刻的审美体验，而且其心理感受也随之不断跌宕升华，最终以极大的震撼走到帝陵礼制的最高境界，在庄严雄伟、肃穆、至尊、至大的陵宫、方城明楼、宝城宝顶之下行祭祀大礼。

（六）石象生等石雕的艺术特色

长陵神道石象生在望柱之后有狮、獬豸[1]、骆驼、象、麒麟[2]、马、将军、文臣和勋臣[3]。望柱前已介绍，诸石象生体量较大，如石象包括基座体积近30立方米（石象生等的石料采自房山县独树石厂和大石窝），石象生的艺术特色大致有二。其一，写实性强。除神兽獬豸、麒麟和经过艺术创作的石狮外，其余石兽均属写实性质。石兽中仅石狮雕颈饰和缨铃，余无任何装饰。其二，雕工精细，造型大方，多数形神兼备。石兽中五官神情、体态、鬃毛和鬣毛、鳞甲、四肢和蹄，石象的耳轮（内露筋脉）等均雕刻精细，栩栩如生（图8-1-9）。将军、文臣和勋臣完全写实（图8-1-10、8-1-11），将军的盔甲、文臣的衣饰雕镂逼真而细致；面部五官，髭须与真人无二，哀戚之情深沉有度，恰到好处[4]。总的来看，长陵石象生代表了明陵石象生雕刻艺术的最高水平，并超过了前代

---

[1] 传说獬豸为象征正义与公平的神兽。故汉朝法冠作獬豸冠，明朝都察御史常服作獬豸补。

[2] 传说麒麟为太平、祥瑞之兽。胡汉生：《明朝帝王陵》，北京燕山出版社2001年版，第81页。引明金幼孜《麒麟赞》说："麒麟，天下之大瑞也。帝王之德上及太清，下及太宁，中及万灵，则麒麟见……是则麒麟之出，必圣人在位，当天下文明之日。"此外，象寓意"太平有象"，"万象更新"，亦象征祥瑞。

[3] 胡汉生：《明朝帝王陵》，北京燕山出版社2001年版，第86页。说："史书对这三组石人的称谓却不一致。如，《昌平山水记》和《帝陵图说》将三者由前而后分别记为武臣、文臣、勋臣，而《大明会典》则又分别记为带刀执瓜将军、朝衣冠文像和朝衣冠武像。其实，这三组石人像还是分别名之为将军像、品官像、功臣像为妥。因为，石象生队伍在一定程度上是模仿帝王生前'朝会'场面设计的。在朝会场合中，只有负责御前侍卫的锦衣卫大汉将军、神枢营红盔将军等才能身着整齐的盔甲，并佩刀、执瓜或斧钺，所以这些身着盔甲的石人应作将军像。"其次，在朝会中，"无论文臣、武臣，均依品级服用朝服"，"他们只有品级的不同，没有文武的区别，故以服饰论，名为品官更为妥当"。明朝"公、侯、伯三个等级的功臣，虽亦可名之为勋臣，但勋臣只是俗称，非正式名称"，"故像生中身着'伯'一级功臣衣冠的石人像象征着帝王驾前的所有功臣"。

[4] 前两身将军左手握剑柄，右手执短柄金瓜；后两身将军佩剑、双手交叉于胸腹之间。将军头戴凤翅盔，铠甲的披膊、胸甲、护胸、护腹、捍腰、护肘、护腿；战袍、战靴、攀甲丝绦等一应俱全，完全仿真。前者着锁甲，后者着鱼鳞甲，表情威武而哀戚。按明朝典籍对将军服饰记载不详，将军像可补之不足。
文臣像均头戴七梁冠，着朝服，双手执笏恭立。《大明会典》记载在朝会时文武臣均着朝服，即"梁冠，赤罗衣、白纱中单（俱青饰领缘）、赤罗裳、青绿赤罗蔽膝、大带（用赤白二色绢）、革带、佩、绶、白袜、黑履"。一品为七梁冠，二品为六梁冠……
最后四身着朝服，但七梁冠上雕笼巾貂蝉（即笼巾上饰貂尾，明朝以雉尾代替，蝉为蝉形饰物），笼巾之上雕立笔（作二折），左侧雕雉尾（翎毛）。《大明会典》卷六一记载文武官员朝服制度："公冠八梁，加笼巾貂蝉，立笔五折，四柱，香草五段，前后用玉为蝉；侯冠七梁，加笼巾貂蝉，立笔四折，四柱，香草四段，前后用金为蝉；伯冠七梁，加笼巾貂蝉，立笔二折，四柱，香草二段，前后玳瑁为蝉。俱左插雉尾。驸马冠与侯同，不用雉尾。此四身应属勋臣中'伯'一级。"
文臣和勋臣面相圆好，于祥和中透出哀戚之情。

帝陵石象生的雕刻艺术水平（细部雕刻和内涵上不如北宋帝陵石象生，但从总体上看又超过北宋帝陵石象生；在气势上则逊于唐陵石象生）。

除石象生之外，还有石牌坊、下马石碑、圣德等碑、御路墁道、龙凤门、二柱门、石五供，以及栏板、望柱、螭首等石雕。其情况前已介绍，这些石雕与石象生组成了长陵石雕的完整系列，各种石雕的高超雕刻水平和不同的艺术表现形式对突出相应的主题，烘托陵寝氛围起到了重要作用。

总之，长陵是明十三陵首建之陵，其规模宏大[1]，选址审慎，典制完备，规划设计独具匠心，施工精到，用材考究，完善了孝陵开创的陵寝建筑制度。此后十二陵大多建于长陵左右，尊长陵为"祖陵"，并"逊避祖陵"，降低规制，缩减建筑规模，使长陵成为承上启下最具典型意义的明代帝陵。

第二节　长陵之后诸陵"逊避祖陵"及其局部形制的嬗变

长陵之后诸陵，陵宫方城明楼宝城宝顶建筑群自成一体，不再另建神道完整的配置序列。其谒陵展祭均必须通过长陵前区神道石牌坊、大红门、华表、石象生和龙凤门，以此作为各陵共用的"总神道"。嘉靖朝以后，这些帝陵虽然在祾恩门前由长陵神道直接或间接引出的神道上分别添建了功德碑和碑亭（神道碑亭）[2]，但碑亭尺度仅及孝陵和长陵神功圣德碑亭之半（大体相当于长陵门内小碑亭），功德碑也缩小尺度，且无碑文。各陵陵宫宝城宝顶建筑群的形制，则在遵长陵规制的前提下，分别程度不等地缩小规模，或变化局部形制，或简化结构。上述情况，均意在"逊避祖陵"。从而突出了长陵作为"祖陵"的主体地位，强化了各陵间的内在有机联系，使陵区形成了"统于长陵"的、尊卑有序的完整帝陵体系。总的来看，在长陵之后的诸陵中（思陵不计），献陵最简朴，景陵最小，永定二陵规模仅次于长陵，豪华精致则过之。这些帝陵因时代、陵域自然环境、当时政治背景和财力，以及有关皇帝个人因素的不同，其陵宫宝城宝顶建筑群的形制和结构在大体相同之中又各有特点和差异，下面拟就此分不同部位略述之（图8-2-1）。

---

[1] 《大明会典》卷二〇三《工部·山陵》记载，"宝城，惟长陵最大，径一百一丈八尺；次则永陵，径八十一丈；各陵深广丈尺不等"；"殿惟长陵重檐九间，左右配殿各十五间；永陵重檐七间，配殿各九间；各陵俱殿五间，配殿各五间"。按上述所记为万历以前诸陵情况，以后诸陵规模同样小于长陵。

[2] 诸陵神道形制不一，献、景、裕、茂、泰、康陵，中间御道以城砖墁砌，两侧小河卵石。永、定二陵御道铺石条，两侧墁砖。庆陵御道墁方砖，两侧墁城砖。

碑亭均重檐式，四出陛，亭内神功圣德碑亭均螭首龟趺，无字，土衬石上刻海浪；永、定、庆、德四陵土衬石上四角处分刻鱼、鳖、虾、蟹四水生动物。

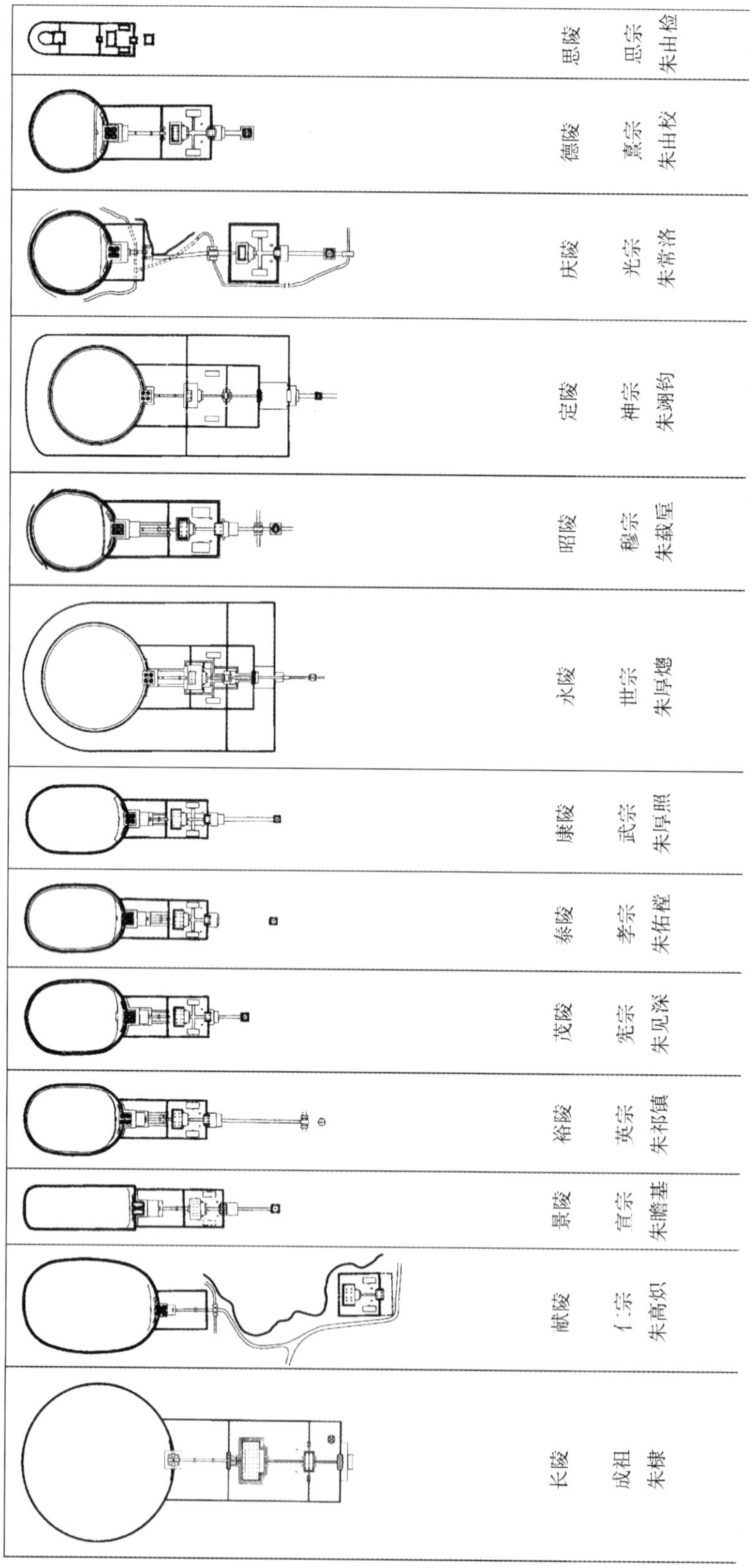

陵名	庙号	姓名
思陵	思宗	朱由检
德陵	熹宗	朱由校
庆陵	光宗	朱常洛
定陵	神宗	朱翊钧
昭陵	穆宗	朱载垕
永陵	世宗	朱厚熜
康陵	武宗	朱厚照
泰陵	孝宗	朱佑樘
茂陵	宪宗	朱见深
裕陵	英宗	朱祁镇
景陵	宣宗	朱瞻基
献陵	仁宗	朱高炽
长陵	成祖	朱棣

图 8-2-1 北京明十三陵各陵平面比较示意图
（采自《中国古代建筑史》第四卷）

一 陵宫

(一) 陵宫院落类型

长陵以后的11陵（不计思陵），陵宫院落可分为三个类型。第一，献、庆二陵陵宫两个院落分离型（图7-1-2、7-1-11）。该型去掉了长陵陵宫的陵门和第一进院落，献陵因宝城前有小山（玉案山、龙砂），而将陵宫两个院落隔小山前后对置；庆陵陵宫仿献陵[1]。两者相同之处是第一进院落后墙置一门，第二进院落左右墙接宝城，前墙建琉璃花门（一字门）三座。差异是献陵两个院落平面呈竖长方形，庆陵前院略呈横长方、后院呈方形；献陵玉案山之西置前后单空石桥两座，庆陵第一进院落后建并列单孔石桥三座。第二、景、裕、茂、泰、康、昭和德陵陵宫两个院落连体型（图7-1-3之3—图7-1-7，图7-1-9、7-1-12）。该型亦去掉了长陵的陵门和第一进院落，陵宫总平面均呈纵长方形。第三、永、定陵"量仿长陵之规"陵宫呈三进院落连体形（图7-1-8、7-1-10），有陵门，较长陵少内红门，陵宫总平面呈纵长方形，规模略大于长陵陵宫三进院落[2]。陵宫和宝城外加外罗城（定陵仿永陵），外罗城坚厚或雕纹饰[3]。

(二) 祭祀等辅助建筑配置位置

前述第一、二类陵宫，宰牲亭、神厨、神库具在陵恩门前左侧同一院中。其中献陵未设神库，余者神库各两座。永、定陵外罗城门内左侧建神厨，右侧建神库（神库一座同长陵）。以上与长陵均设于第一进院落不同。具服殿除长陵外，其他各陵未设。祠祭署献，裕、茂、泰、康、永、昭、定、德九陵建于宰牲亭左，景陵建于宰牲亭右，庆陵建于陵前石桥南。神宫监景、永、昭、德四德位于陵园左前方（同长陵），献、裕、茂、泰、康、定、庆七陵在陵右前方。

---

[1] 胡汉生：《明朝帝王陵》，北京燕山出版社2001年版。第271页。说：庆陵"陵园规制初拟一准昭陵，后来大学士刘一燝复视庆陵工程，认为：'新陵营造规制，原题比照昭陵。今相度形势，似又宜参酌献陵'。于是建成了中隔小山，前有享殿，后有明楼、宝城，两处院落的格局"。

[2] 长陵陵宫第一进院落面阔141米，进深58米；第二进院落面阔141米，进深151.2米；第三进院面阔141米，进深131米；宫墙高4.5米，厚1.2米。定陵陵宫规模略大于永陵，其陵宫第一进院落面阔145.2米，进深74米；第二进院落面阔145.2米，进深103米；第三进院落面阔145.2米，进深140；宫墙高5.31米，厚1.42米。

[3] 梁份：《帝陵图说》卷二，记永陵外罗城"垣石坚厚，壮大完固，虽孝陵所未尝有"。记定陵外罗城"墙基其石皆文石，滑泽如新，微尘不能染。左右长垣琢为山水、花卉、龙凤、麒麟、海马、龟蛇之壮（状），莫不宛然逼肖"；"覆墙黄甋瓦，刻砖为斗拱，檐牙玲珑嵌空，光莹如玉石……"

(三) 永、定陵陵门和各陵祾恩门

永、定陵有陵门，陵门左右设角门，制如长陵，规模缩小。永、定陵祾恩门五开间，形制似长陵，规模则大为缩小[1]。其他各陵均以祾恩门作为陵宫入口，祾恩门缩为三间，取消两侧随墙角门，台基均改成普通台明，前后仅设三间连面踏跺，门的规模也较长陵大为缩小。永、定陵陵宫第一进院落无建筑设施。

(四) 祾恩殿院落

永、定陵祾恩殿由长陵的九间减为七间，尺度缩小[2]，殿内的装饰似长陵的"中四柱饰以金莲，余皆髹漆"之制。永、定陵和其他诸陵殿宇台基从长陵的三层减为一层，永、定陵殿前御道雕"左龙右凤"，殿后不设左右垂手踏跺。其他诸陵祾恩殿均减为五间，平面尺度不到长陵之半。殿前中间御道庆、德陵雕"左龙右凤"，景陵雕双龙戏珠，余均雕云纹。永、定陵两院间的隔墙改移到祾恩殿两侧，以随墙琉璃门连同祾恩殿后檐明间开设的槅扇门替代了陵寝门(内红门)。其余各陵祾恩殿除景陵设内红门外，余诸陵祾恩殿均无内红门[3]，而在殿后设三座琉璃花门。祾恩殿顶，永、定陵与长陵一样均重檐，献陵单檐，余者不详[4]。永、定陵之外其他各陵殿内装饰，庆、德陵"柱饰金莲"，泰陵天花为五色板，余各陵殿内"柱皆朱漆"。陵寝门各陵均改成三座并列的单檐琉璃门(琉璃花门、花门楼或一字门)。祾恩殿的左右配殿，永陵从长陵各十五间改为九间，定陵改为七间，余者均五间[5]。

综上所述，最后再指出二点。第一，长陵以后诸陵的形制布局，基本遵长陵规制。但各陵形制和结构又多有变化，因而明十三陵各陵的形制布局又是丰富多彩的。第二，永、定二陵局部规模和结构有僭越长陵之处，但总体上还是逊避长陵的。其他各陵，因均为皇帝死后在短期内营建，规模皆较小。不仅逊避长陵，而且较永、定二陵也小得多。

---

[1] 胡汉生：《明十三陵》，中国青年出版社1998年版。第421—422页表四：长陵祾恩门五开间，通阔31.44米，通深14.37米。永陵祾恩门5间，通阔26.26米，通深11.26米。定陵祾恩门5间，通阔26.47米，通深11.46米。其他各陵祾恩门均3间，尺度更小，参见上述同表。

[2] 胡汉生：《明十三陵》，中国青年出版社1998年版。第423—424页表五，长陵陵恩殿通阔66.56米，通深29.12米。永陵陵恩殿通阔50.65米，通深27.72米。定陵陵恩殿通阔50.6米，通深28.1米。其他诸陵陵恩殿尺寸参见同表。

[3] 胡汉生：《明十三陵》，中国青年出版社1998年版，第122页及同页注②。

[4] A. 胡汉生：《明十三陵》，中国青年出版社1998年版，第122页及同页注①。
B. 中国建筑艺术全集编辑委员会编：《中国建筑艺术全集·明代陵墓建筑》，中国建筑工业出版社2000年版，第25页。说："祾恩殿的屋顶，献陵为单檐，别的帝陵均为重檐。"

[5] 《大明会典·工部·山陵》、梁份《帝陵图说》卷二、《昌平山水记》。

二 宝顶宝城和方城明楼

(一) 献至康六陵

献、景、裕、茂、泰、康前六陵（不计长陵），宝城和宝顶均"宝城小，冢半填"，填土只及宝城里的墙根，宝顶呈自然隆起形，较矮小。景陵宝城平面大体呈长方形，仅后部略呈弧形（图7-1-3），其他五陵宝城呈纵长椭圆形（图7-1-2、7-1-4—图7-1-7）。宝城上前设城垛，后设宇墙，中间为马道，均砖砌。方城，景陵方城下有高达四米的月台，前有宽大的礓磜坡道，改变了孝陵以来平地起建的传统，成为后来明代各陵及清陵方城明楼下建月台和礓磜的原型。前六陵方城均中间开券门有瓮道（甬道）通向宝城之内，瓮道直通，前后"平而不坡"，瓮道前后各一门（长陵方城券门瓮道T字形，"北高南下，如升坡拾级，"设三门道）。在方城内侧两边与宝城相接处建两折而上的转向蹬道（礓磜坡道），以登临方城明楼和宝城马道。

(二) 永陵和定陵

永、定二陵宝顶基本呈圆形（定陵纵径略长，图7-1-8、7-1-10），仿长陵宝城内满填黄土与宝城马道相平（中部夯筑，上小下大呈圆柱形）。方城和宝城联为一体，宝城规模仅次于长陵而大于其他诸陵[1]。二陵宝城和方城垛口都用磨光花斑石砌成，明楼全以砖石拱券构筑，外檐的柱、枋、斗拱、椽望和斗匾等均用青白石仿木作雕制，并敷以彩绘（其他诸陵明楼内外梁架斗拱等均为木结构）。明楼内的圣号碑，碑座呈上小下大五级的坛式（其余诸陵碑座均须弥座式），其中定陵前四级分别雕双龙戏珠、云、宝山、海浪等图案。城台实心（其他诸陵城台中心开券门），无瓮道，故于城台外左右两侧贴宝城外壁砌筑达于宝城和城台之上的礓磜路，其起始前端各砌石门楼一座。同时在方城内侧，于方城与宝城结合部位两侧，分别从宝城宇墙上各开出一座石栅栏门以升宝顶。

(三) 昭、庆和德陵

后三陵宝城内满填黄土[2]，与宝城顶面相平，宝城规模较小，平面呈近似圆形的短椭圆形（图7-1-9、7-1-11、7-1-12）。宝城和方城明楼之制如前六陵，惟德陵明楼内圣号碑碑趺雕饰图案较特殊。其碑趺上枋雕二龙戏珠，下枋雕佛、道两家吉祥宝物（其他诸圣号碑趺一般以云龙为主）。

---

[1] 长陵宝城长径264米，宽径306米；永陵宝城径252米；定陵宝城长径230米，宽径224米。
[2] 胡汉生：《明朝帝王陵》，北京燕山出版社2001年版，第204—205页。引《明神宗实录》记载，万历九年五月十五日，工部上一道奏章说："永陵宝城黄土，自嘉靖十八年以来，至今四十二年，不为不久，乃十尚亏其八。"神宗览奏后说："朕前恭谒陵寝，见昭陵宝城亦欠高厚，着一体加培（指与永陵一起），俱不许苟且了事。"作者认为这是昭陵填满黄土的原因。

三　哑吧院与宝城内排水设施

（一）前六陵

献至康陵前六陵，"宝城小，冢半填"，宝顶和方城之间围合成平面呈月牙形的哑吧院（图7-1-2—图7-1-7）。即院内正对方城洞券各建一琉璃影壁，影壁后面顺宝顶封土前缘，围砌一道两翼向后弯曲成弧形平面的砖墙，（用以栏挡和围护宝顶封土），小院形如月牙，故名[1]。进升宝顶的入口，设在月牙城两翼弧线的尽端，建石栅栏门和踏跺。其中茂陵较特殊，月牙城中段内凹，凹口两侧各建一石栅栏和踏跺以升宝顶。

前六陵月牙城两端均未与宝城连接，被环砌在宝顶和宝城墙根之间的排水明沟隔开。水沟断面呈倒八字形，宽米余，汇集宝顶雨水从宝城下的涵洞向外排出。其中献陵涵洞达22个，城砖砌券，环列于宝城墙根。其他五陵均一对涵洞，分设于哑吧院左右两边的宝城下，用大料花岗石砌成方孔。宝城马道上的雨水，都从宝城内侧宇墙下向里悬列的挑头沟嘴泄出，落到宝顶周围砖砌明沟中向外排出。

（二）后三陵

昭、庆、德后三陵从昭陵开始，三陵宝顶封土填到与宝城顶面相平，故宝顶前面的护墙的墙体也加高到和宝城相平，封土前部呈弧形的砖砌拦土墙之两端与宝城连为一体，正对方城券洞的琉璃影壁则部分砌在护墙之内，形成哑吧院（图7-1-9、7-1-11、7-1-12这种哑巴院的形制较前六陵有所改进，形制略有差异[2]）。从哑吧院两边的转向蹬道登宝城马道（同前六陵），在宝城和月牙城顶面结合部，两侧各在宝城宇墙上开一石栅栏门以升宝顶。

宝顶宝城排水系统，同样在宝顶和宝城之间砖砌排水明沟（断面亦呈倒八字形），左右两侧各设方井两眼，井上覆盖有漏水孔的水箅子，井下有暗沟前通哑巴院两侧的排水孔道。哑吧院内砖石地面中部高，两旁低，以利排水。其中庆陵还在明楼前筑平面呈"T"字形的排水涵洞，大块条石起券，券顶高3米，券宽3.5米，总长200余米。宝城两侧汇水从左右宝城墙下涵洞流入，在明楼前地下汇流排出，从地下躲过环抱于前的龙砂，然后注入砂前的排水明沟。

（三）永、定二陵

永、定二陵与长陵一样，无哑巴院（图7-1-8、7-1-10）。其宝城排水采用墙外排水螭首与墙内设排水方井结合的方式（墙内排水方井略似前述之昭陵）。

除上所述，还应指出在研究明十三陵陵寝建筑规制时，应注意清乾隆五十至五十二年

---

[1] 周围墙体称"月牙城"，城内院落称"哑吧院"。
[2] 胡汉生：《明朝帝王陵》，北京燕山出版社2001年版，第203—205页。认为：十三陵中，昭陵首创"哑吧院"之制，以后庆、德二陵沿用。

修缮明十三陵后，陵寝建筑规制发生局部改变的情况[1]。

---

[1] 国家文物局《明十三陵》第26页，记述：清乾隆五十至五十二年修缮后，明十三陵陵寝建筑规制之变化如下：长陵神功圣德碑亭，长、献、景、裕、茂、泰、昭、庆、德九陵明楼，四壁及斗拱形制未变，顶部由木构架改为条石发券结构，上下檐斗拱后尾垒砌于砖内。

长陵祾恩殿保持原有结构和形制，但殿内斗拱、梁、枋、柱等木构件上的油漆彩画，年久脱落。负责修缮的大臣认为殿内的木构件露出楠木质地反而更觉古雅，遂奏请乾隆皇帝，全部清除未予保留。

景、永、昭、定、庆、德六陵祾恩殿均拆除重建。其中永、定二陵由七大间缩为五小间，并由重檐式改为单檐歇山式顶。景、昭、庆、德四陵殿面阔间数未变，但均缩小了间量。

康、昭二陵明楼毁于明末，修缮时以按石条券顶结构重建。其中康陵明楼体量缩小，昭陵明楼上下檐斗拱均作单翘单昂五踩式斗拱，已非明朝旧制（明朝所建明楼，下檐斗拱为重昂五踩式，上檐斗拱为单翘重昂七踩式）。

献、景、裕、茂、泰、康、永、昭、庆、德九陵方城下的门洞，均用砖墙堵死，城外右侧各增筑一道上蹬方城的礓礤路。

献、景、裕、茂、泰、康、永、昭、定、庆、德十一陵祾恩门均缩小重建。其中永、定二陵由原制五间缩为三间，单檐歇山式顶形制未变；余陵面阔间数未变，但间量缩小，顶部形制由单檐歇山式顶改为硬山式。

定陵宝城垛口由花斑石组装式改为砖砌式。

思陵原无宝城明楼，修葺时在墓冢周围以单边墙形式增设了带垛口的宝城墙，并设置了方城。原置于石五供前的碑亭改建于方城上为明楼。享殿由原来的三间改建为五间，陵门一间改为三间。

各陵的配殿不仅未修缮，而且全部拆除。

献、景、裕、茂、泰、康、永、昭、定、庆、德十一陵神功圣德碑亭均拆除四壁，使石碑露天而立，围以齐胸高的宇墙。在该次修葺中，各陵的宰牲亭、神厨、神库、朝房以及神宫监等附属建筑多因取砖（运往京城，作为它用）而被拆除。

此外，民国建元之后，北平市政府用资4万元，对长陵陵宫及神道碑亭等进行了修缮，但未改变原有形制。

中华人民共和国成立后，先后对长、定、永、景、献、昭、思等陵的建筑进行修缮。恢复了长陵神道石华表四周的石栏杆，龙凤门的琉璃壁，铺设了石象生之间的石板路面。复建了昭陵祾恩门、祾恩殿、左右配殿及思陵的宝城墙和陵墙。

第九章　定陵玄宫

第一节　定陵玄宫的形制

定陵是明朝第十三位皇帝朱翊钧（万历，神宗）和孝端王皇后、孝靖王太后的合葬陵寝[1]，地处大峪山东麓（东与嘉靖帝永陵遥遥相对（图7-1-1），永陵、定陵之规模仅次于长陵，并与长陵呈鼎足之势）。定陵是朱翊钧亲选陵址予建的寿陵，正式启建于万历十三年（1585）八月，至万历十八年六月（1590）竣工[2]，历时五年（万历皇帝时年28岁），耗银2八百万两。万历四十八年（1620）七月二十一日朱翊钧驾崩，终年五十八岁，同年十月初三日葬定陵。

---

[1] 朱翊钧，穆宗第三子，嘉靖四十二年（1563）八月十七日生，母李贵妃（万历元年被尊为"慈圣皇太后"）。隆庆二年（1568）三月十一日立为皇太子，六年（1572）六月初十日即帝位（时年10岁），次年改元万历。万历四十八年七月二十一日崩于宏德殿，享年58岁。九月，上尊谥"范天合道哲肃敦简光文章武安仁止孝显皇帝"，庙号神宗，十月初三日葬定陵。神宗是明朝享国最久的皇帝，也是典型的荒淫怠惰之君。
孝端显皇后王氏，浙江余姚人，永年伯王伟女，生于京师，神宗元配。万历六年（1578）二月册立为皇后，无子。万历四十八年四月六日病薨。光宗即位，上尊谥"孝端贞恪庄惠仁明媲天毓圣显皇后"，十月初三日合葬定陵。
孝靖王太后，宣府都司左卫人，原任锦衣卫百户赠明威将军指挥佥事王朝寀女，生于嘉靖四十四年（1565）正月二十七日寅时。万历六年（1578）二月初二选入皇宫（时年13岁），初为慈宁宫宫人，侍奉神宗之母孝定皇太后。她因被万历私幸，有孕，遂于万历十年六月十六日册为恭妃，八月十一日，生皇长子（光宗朱长洛）。万历三十三年十一月十四日皇太子朱长洛喜得长子，因而王氏于翌年四月二十日晋封为皇贵妃。万历三十九年九月十三日酉时，病逝。次年七月十七日葬王氏于天寿山东井左侧的平岗地。光宗即位，议生母谥号，未果，旋死。孙朱由校（熹宗，年号天启）即位，乃上尊谥"孝靖温懿敬让贞慈参天胤圣皇太后"，随后在万历帝、孝端后棺椁入葬时，迁祔定陵合葬。

[2]《明神宗实录》卷一三二，万历十一年（1583）正月丁丑条记载：神宗谕内阁："朕于闰二月躬诣天寿山行春祭礼，并择寿宫。"此后，于万历十二年（1584）九月，卜定大峪山寿宫吉地。《明神宗实录》卷一五四，万历十二年十月己酉条记载：神宗"钦定寿宫式样，丈尺"。《明神宗实录》卷一六四，万历十三年八月己亥条记载：八月初一正式"营寿宫于大峪山"。《明神宗实录》卷二一三，万历十七年（1589）七月辛亥条记载，"寿宫就绪"，次年六月全部竣工。

安厝帝后灵柩的地宫，明代文献称"玄宫"或玄寝、"玄堂""幽宫""地中宫殿"等。定陵玄宫于1956年5月至1958年7月进行发掘，是我国首次也是迄今唯一大规模发掘的帝陵玄宫（割据小王朝陵不计）。因此，定陵玄宫对研究明代帝陵玄宫制度具有重要学术价值。

一　定陵玄宫的形制布局和结构

见图9-1-1。定陵宝城圆形[1]，内径216米，中间为掺白灰黄土夯筑的宝顶（图

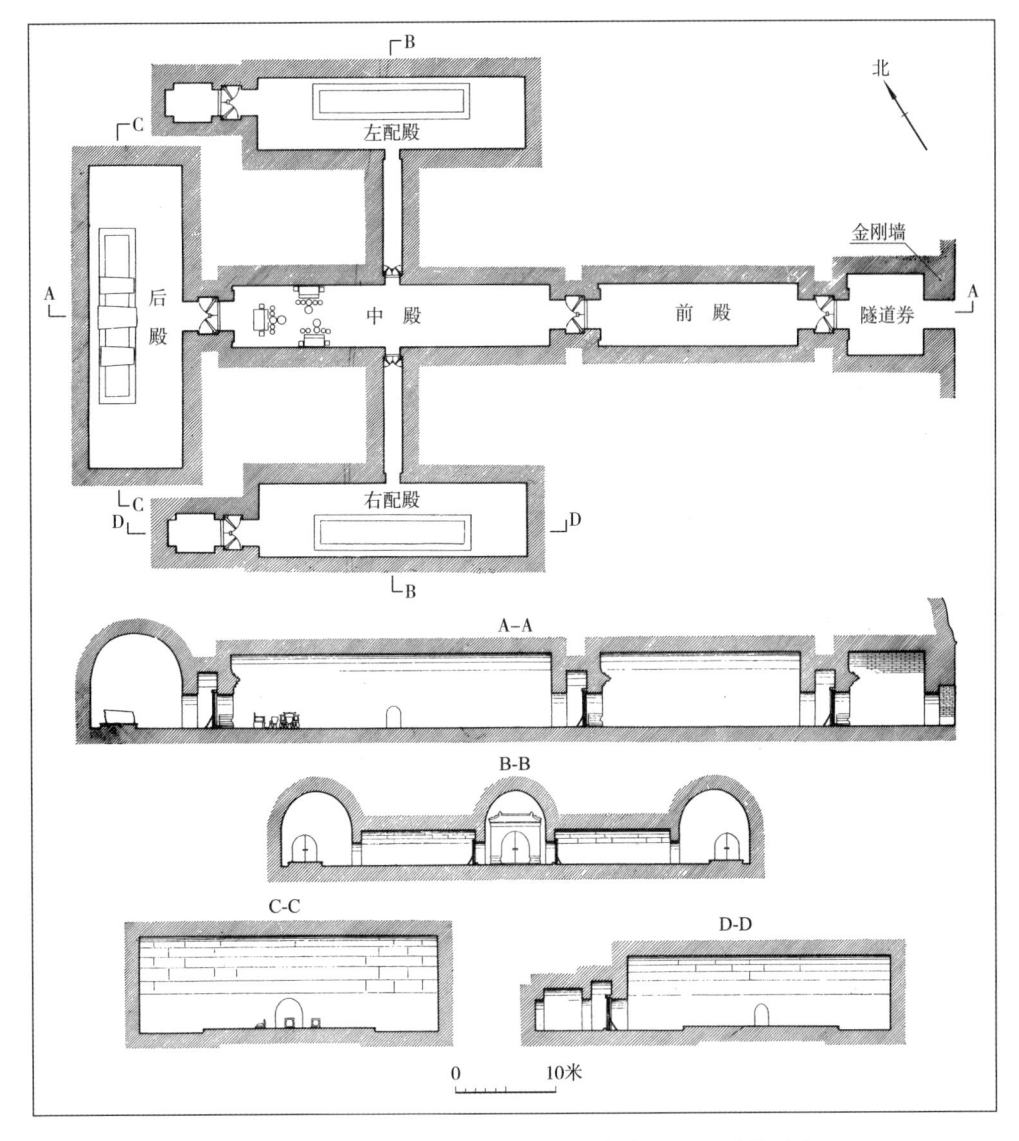

图9-1-1　北京明十三陵定陵玄宫平面、剖视图
(本章线图除另注明者外，余者均采自《定陵》)

---

[1] 在宝城城墙内侧石条上发现浅刻"隧道门""金墙前皮""宝城中""右道""左道""大中"等字（图9-1-5）。

9-1-2)。从宝顶到玄宫地面深达31.5米（约合明营造尺百尺），自明楼至玄宫后殿呈斜坡状，玄宫地面低于明楼宝城台面15.8米（图9-1-3）。玄宫纵深（玄宫连同甬道）87.34米，横展47.28米，总面积1195平方米，方位角125度。定陵玄宫由隧道、甬道、前殿、中殿、后殿和左、右配殿构成。玄宫内除甬道和部分殿铺地砖外，全部为石结构。

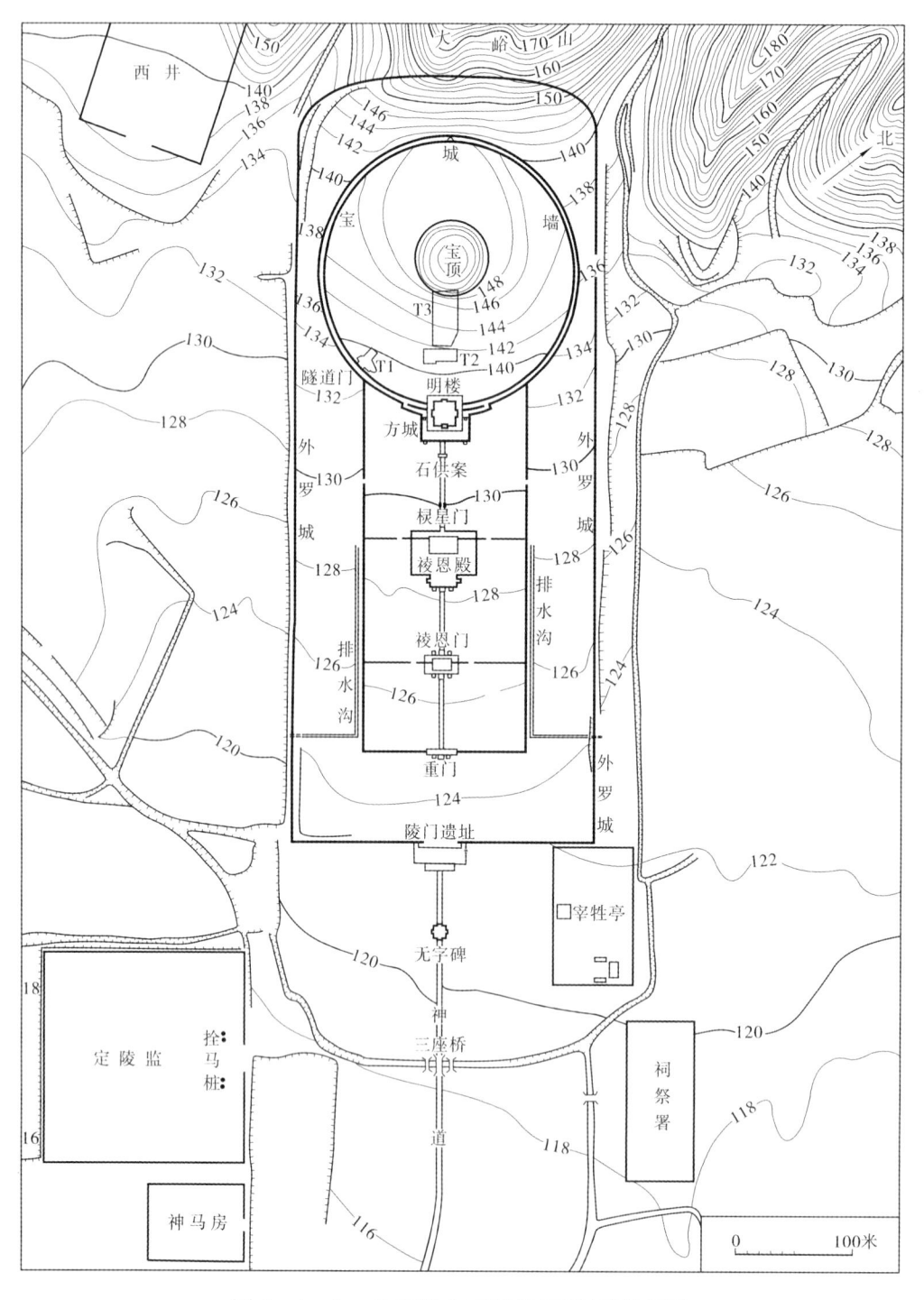

图9-1-2 北京明十三陵定陵陵园平面图

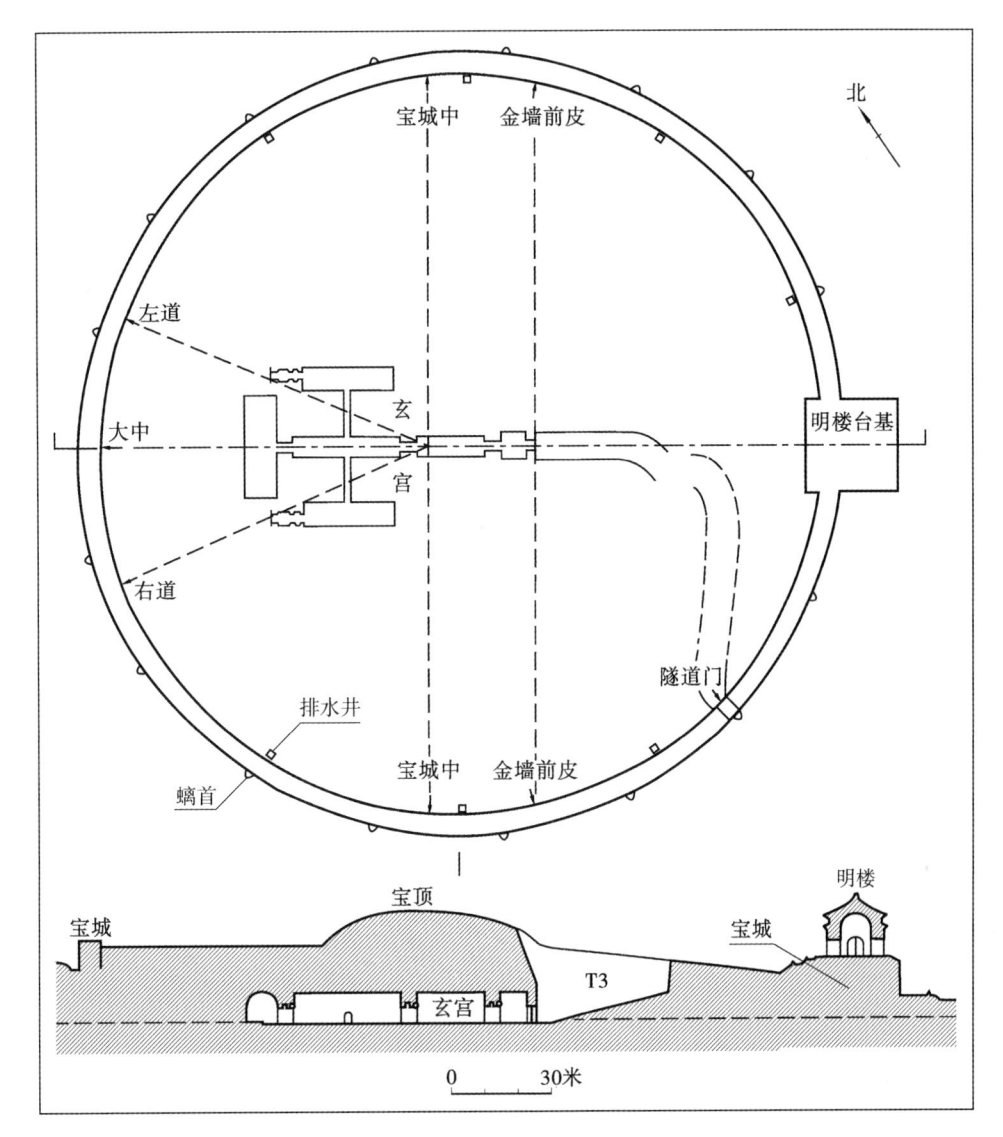

图 9-1-3　北京明十三陵定陵宝城平面、剖视图

（一）隧道

1. 隧道门

帝后棺椁进入宝城之入口设隧道门，在宝城南侧偏西，位于陵宫墙与宝城交接点稍西，外通外罗墙内陵院，内接宝城内隧道达玄宫（图9-1-3）。隧道门在宝城墙内由两道起券门洞组成，外券洞即宝城墙的券洞，其内侧加内券洞，无扇门（发掘前二门均封砌）。券洞高4.4米，横跨3.8米。宝城墙内侧在内券洞顶部正中石条上刻"隧道门"三字（图9-1-4）。隧道券洞中有石碣一座（通高1.14米，碣身高0.58、宽0.48米），上刻"宝城券门内石碣一座城土衬往里一丈就是隧道棕绳绳长三十四丈二尺是金刚墙前皮"（图9-1-5，《定陵》下，图版一八）。内券洞两侧各砖砌一道大墙，即砖隧道。

1. 石刻铭文"隧道门"

2. 隧道门全景

图 9-1-4　北京明十三陵定陵隧道门
（采自《世界文化遗产·明十三陵》）

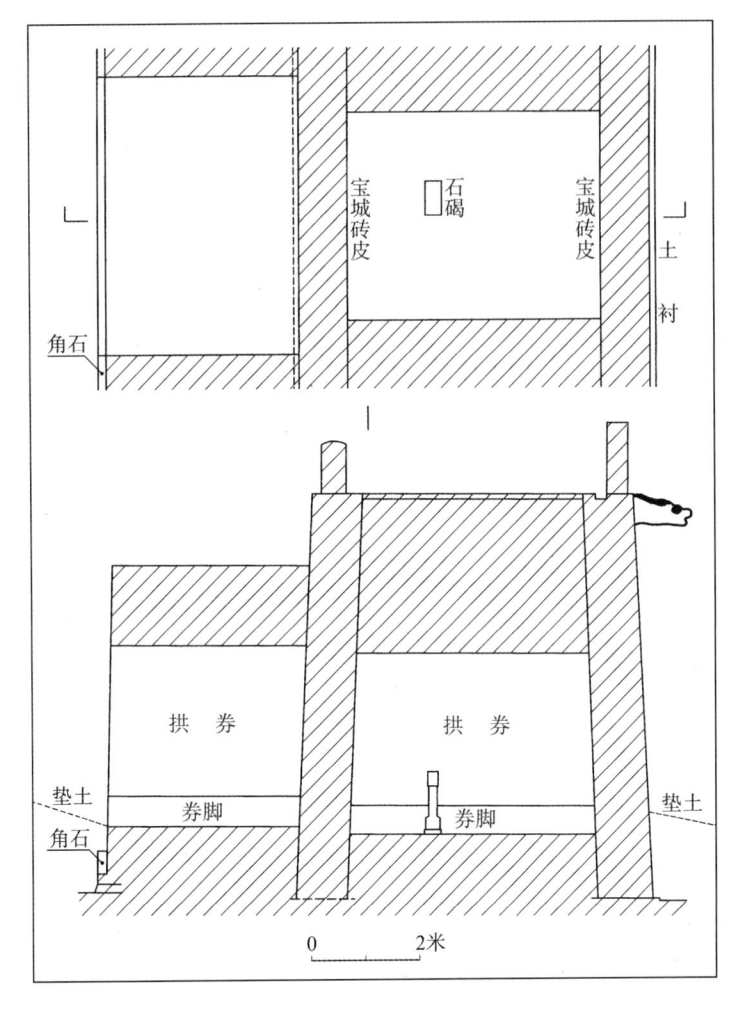

图 9-1-5　北京明十三陵定陵宝城券门平面、剖视图

2. 砖隧道和石隧道

见图 9-1-3。砖隧道从隧道门内侧开始，略有弯曲，向东北延伸，通向明楼后面。从已发掘的砖隧道南段看，隧道上距封土 1.5 米，墙面宽 2.7 米，两墙间距 8 米，高 4.5 米（31 层砖）。墙外部用大鹅卵石加灰土垒砌，隧道内上层用鹅卵石、残砖加黄土填实，下层黄土夯实（夯层 0.25 米左右），底为黄土，不铺砖石（图 9-1-6）。砖隧道近末端中部有小石碑一通（图 9-1-7），上刻"此石至金刚墙前皮十六丈深三丈五尺"（《定陵》下，图版一七）。砖隧道末端止于一道矮墙（四层城砖砌成），南端接隧道西壁，北端延伸较长，止于四块石条[1]。矮墙以西为石隧道，石隧道与砖隧道不衔接也不完全相对。

---

[1] 中国社会科学院考古研究所、定陵博物馆、北京市文物工作队《定陵》（文物出版社 1990 年版）报告说：矮墙有明显拆毁现象，当为棺椁入葬时所拆，葬后未复砌。矮墙之西，散见砖垛。又说："隧道北端砖面的拆砌现象，当为方便运土到宝顶而拆除后再砌的遗痕。同时，矮墙之设，恐也具有在宝顶覆土时起临时挡土的作用。"按，报告上述提法，并未将砌矮墙的原因及其作用说明白。

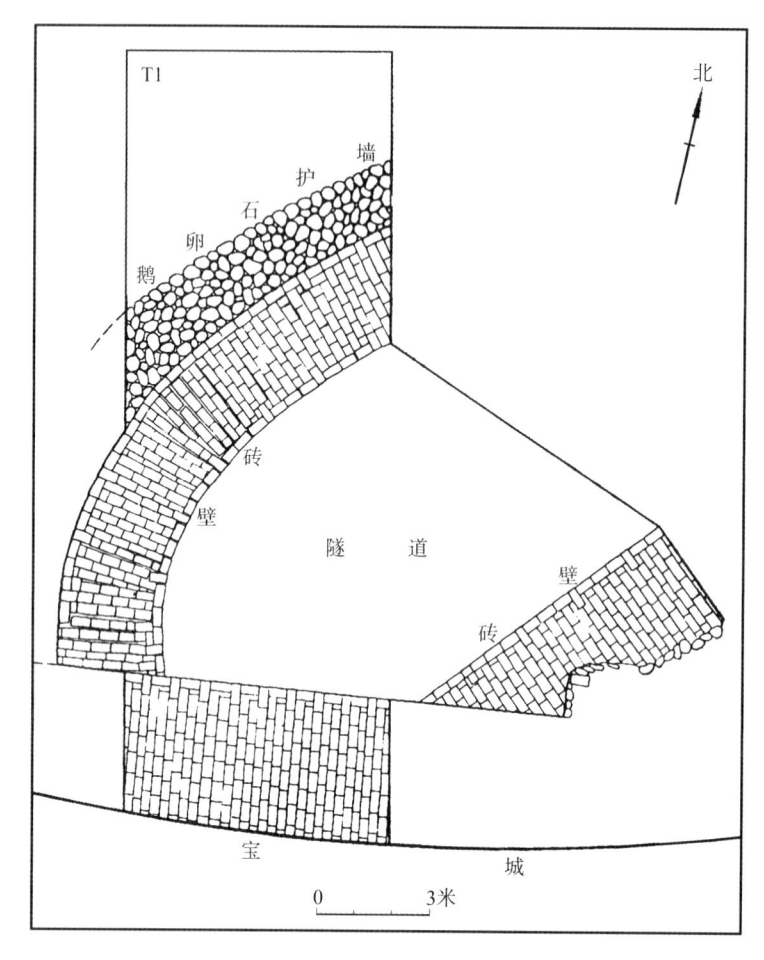

图 9-1-6　北京明十三陵定陵第一探沟中砖隧道平面图

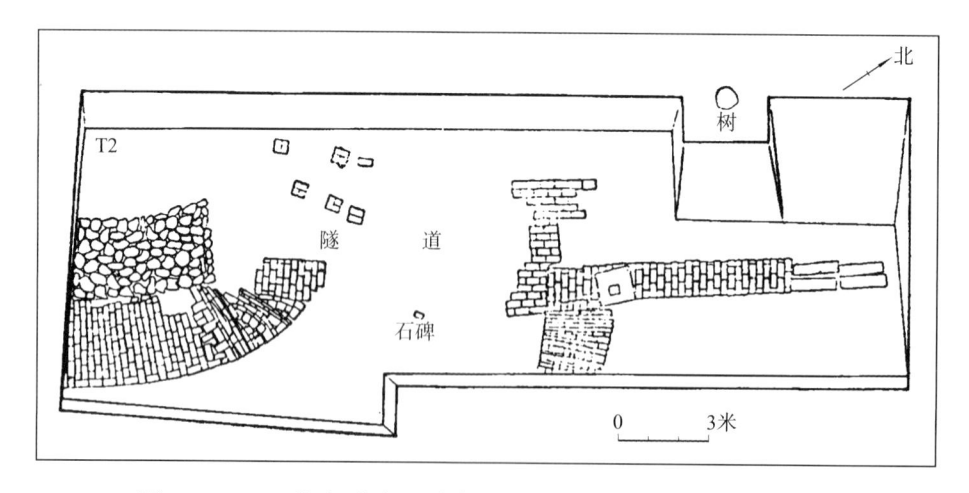

图 9-1-7　北京明十三陵定陵第二探沟砖隧道遗迹平面图

石隧道略呈东西向，西段正直，与金刚墙对接。隧道两墙用花斑石（砾岩）垒砌，顶部及西端接近金刚墙部分用城砖。石隧道长40米，两墙间距8米。隧道上顶平，下部斜坡，自东向西，由浅入深直抵金刚墙。隧道内全以黄土平夯分层夯实，夯土中有孤立的砖垛。隧道底黄土，不铺砖石（图9-1-8）。隧道两侧石条上，留有陵工墨书字迹。

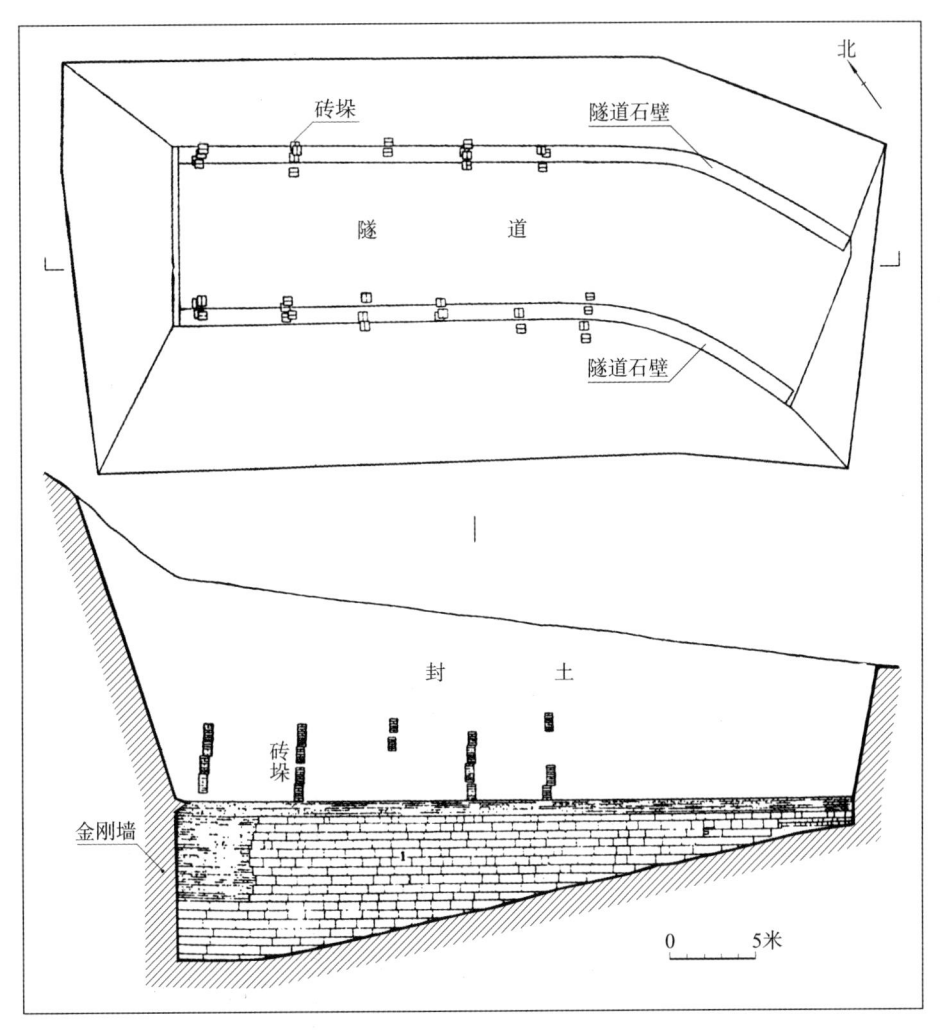

图9-1-8 北京明十三陵定陵石隧道平面、剖视图

3. 金刚墙

见图9-1-9。横在石隧道末端一堵大墙称金刚墙，墙通高8.8米，厚1.6米，墙基铺砌石条四层，墙用城砖施灰浆砌就。墙顶出檐，檐施黄琉璃瓦，金刚墙前皮与宝城两侧石块上所刻"金墙前皮"正好相对。金刚墙开口（进入玄宫孔道）上窄下宽，呈"圭"形（图9-1-11、9-1-12）。金刚墙内侧即玄宫甬道墙，设券门，城砖封砌（不加灰浆）。

| 1. 未开启前的金刚墙 | 2. 开启后的金刚墙 |

图 9-1-9　北京明十三陵定陵金刚墙
(1. 采自《世界文化遗产·明十三陵》　2. 采自国家文物局《明清皇家陵寝扩展项目·明十三陵》)

(二) 甬道 (隧道券)

见图 9-1-1、9-1-10。甬道在金刚墙内侧，玄宫石门之前，砖券，长宽各 7.9 米，南北两壁 (两侧壁) 下面各 9 层条石铺砌，上通墙起券。青石铺地，地面至券顶通高 7.3 米，双交拱券券脚高 3.06 米，拱跨 7.9 米，矢高 4.84 米，平面 7.9 米见方。甬道东壁 (前壁) 与金刚墙并列，墙下铺石条四层，上部砌砖，墙厚 0.16 米 (同金刚墙)。墙有券洞门与金刚墙"圭"字形开口相通，券洞门通高 3.33 米，双交券拱跨 2.74 米，矢高 1.58 米，券脚高 1.75 米 (图 9-1-11)。甬道西壁 (后壁) 即玄宫石门。

(三) 前殿

见图 9-1-1、9-1-10 上。甬道与前殿之间以券洞石门相通。券洞串联三道石券 (图 9-1-12)，头道石券 (罩门券) 通高 3.33 米，宽 2.77 米，双交券拱心石弧度稍尖，券脚高 1.75 米，拱跨 2.77 米，矢高 1.58 米。券石上有门楼，出檐，雕出檐、枋、脊和吻兽。檐下雕榜额，无字。门楼两边下脚雕作仰覆莲须弥座 (图 9-1-14)。中间一道石券

第九章 定陵玄宫 449

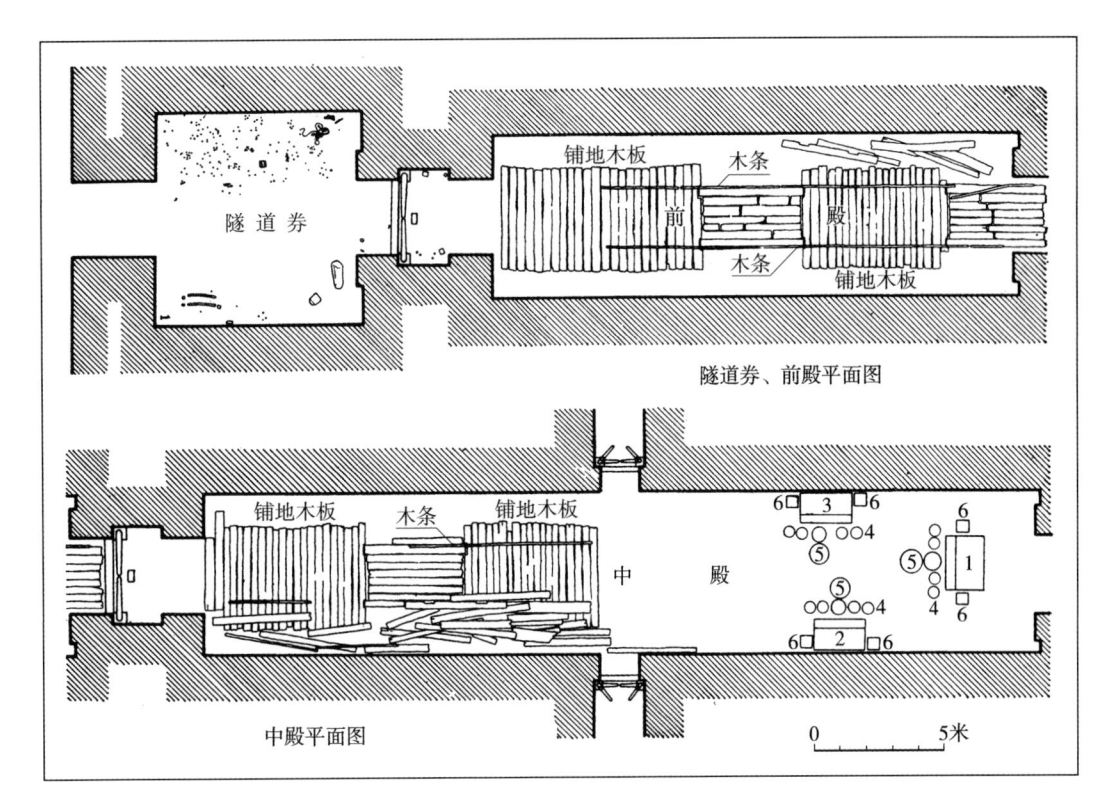

图 9-1-10 北京明十三陵定陵玄宫前、中殿遗迹、遗物分布图

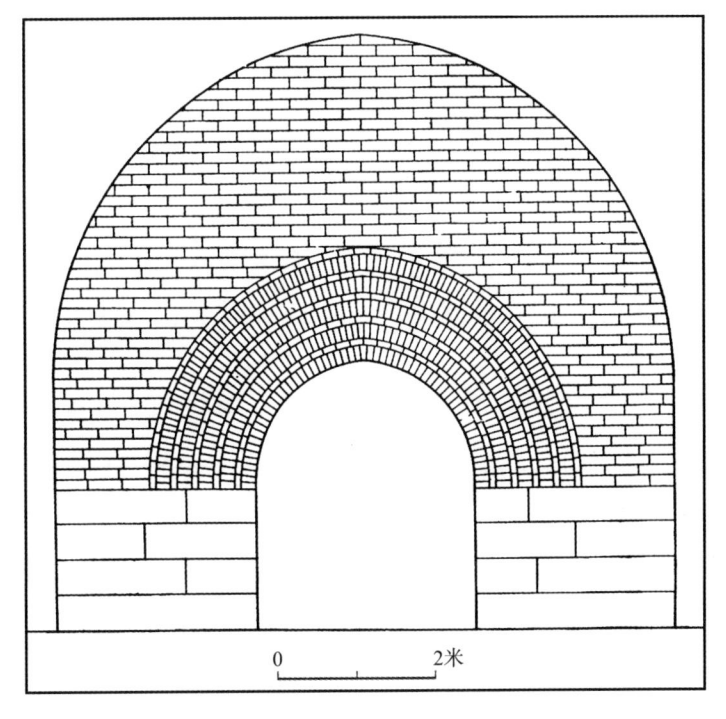

图 9-1-11 北京明十三陵定陵玄宫甬道券立面图

图9-1-12 北京明十三陵定陵地下宫殿玄宫石门券
(采自《世界文化遗产·明十三陵》)

较大，容纳门扇启闭（闪当券）。通高5.28米，宽3.56米，双交券券脚高3.53米，拱跨3.56米，矢高1.75米。双扇石门各高3.3米，宽1.7米，石门连上下门轴。石门上纵横乳状门钉各九排，共八十一枚[1]，两门相对处置衔环铺首（图9-1-13）。石门上部背面横置扁方形铜管扇（宽0.84米，厚0.3米，重约9吨），管扇两端嵌入券洞两侧壁内，露出部分长3.56米。管扇两端穿圆孔（转身眼）以套石门上轴，石门下轴半球形，置于左右门枕石的圆槽（海窝）内。石门门轴一侧厚0.4米，铺首一侧厚0.2米，这样可使重量减轻而重心偏向门轴，由此减少了门轴的力矩。石门背面还雕出凸梗，称自来石磕绊。掩闭石门时用自来石（通高1.6米，图9-1-15）上端顶住磕绊，下端落在地面凹槽内，将石门顶死（图9-1-15）。内券石尺寸同头道石券，无门楼和须弥座。

图9-1-13　北京明十三陵定陵玄宫石门
（采自《世界文化遗产·明十三陵》）

---

[1] 古代"九"是阳数中最大的数，又称"极数"，天子之制以"九"为大。故皇家建筑门钉一般都是每扇九路，每路九颗。

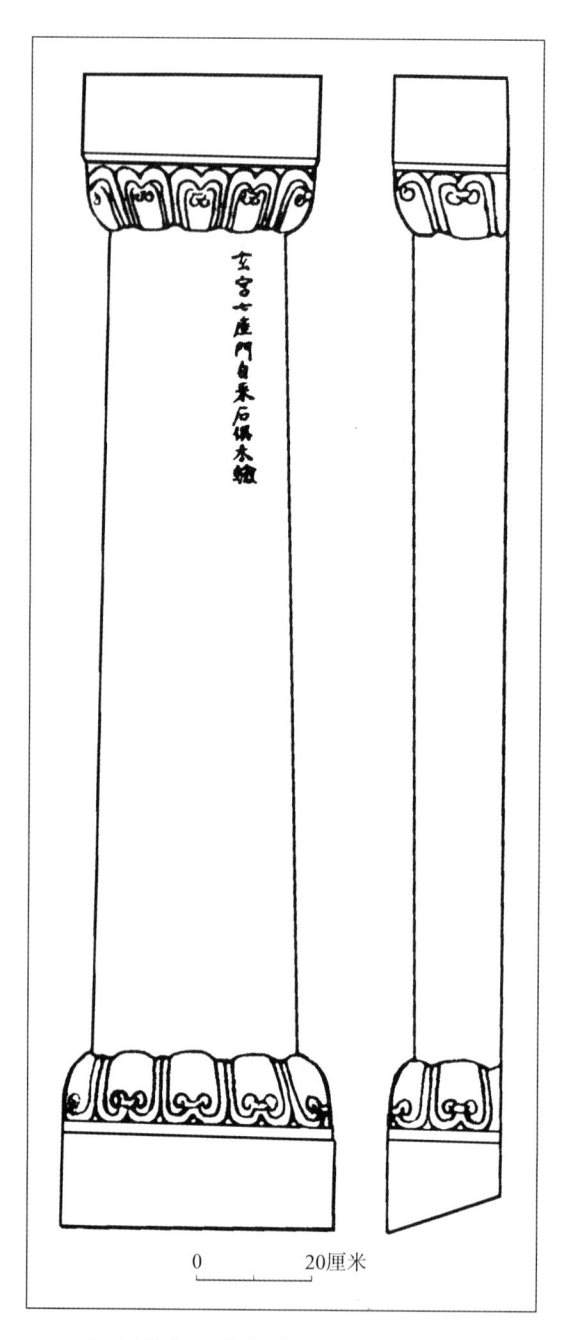

图 9-1-14　北京明十三陵定陵玄宫前殿自来石正、侧立面图

玄宫前殿平面长方形，东西长 20 米，宽 6 米，高 7.2 米。墙体（九层石条）和拱顶石构，双交券券脚高 3.97 米，拱跨 6 米，矢高 3.23 米。地面方形澄浆砖平铺（砖长、宽各 0.66 米），殿西端（后墙）即中殿石门，形制同前（图 9-1-16）。前展地面南北横铺一层黄松木板，其上又东西顺铺木条两行，用钉钉住，内侧有车轮辙迹。

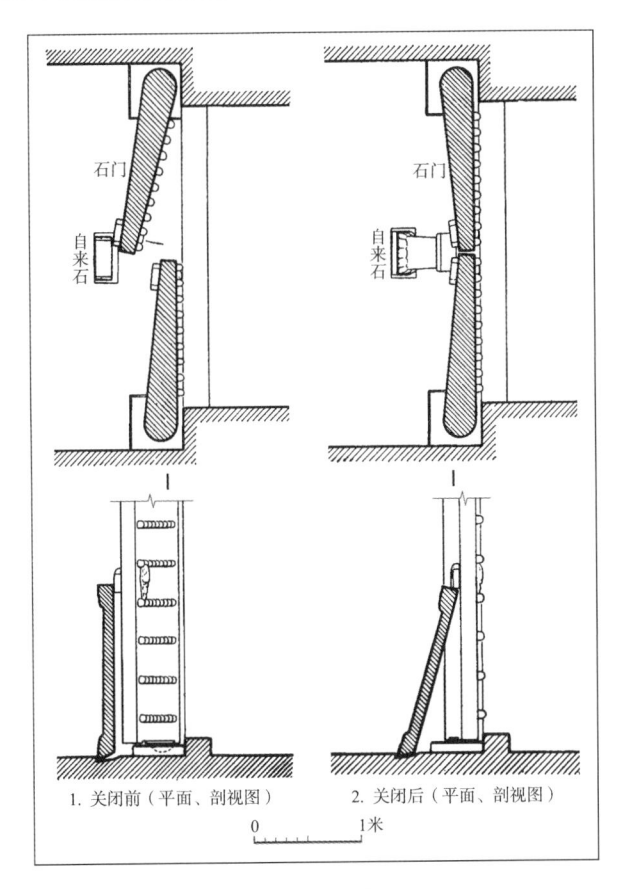

图 9-1-15　北京明十三陵定陵玄宫石门关闭示意图

图 9-1-16　北京明十三陵定陵玄宫石门打开后望前殿和中殿

（四）中殿

见图 9-1-1、9-1-10 下，图 9-1-18。中殿宽、高、墙体、拱顶，以及后墙上第三座门楼做法均与前殿相同，唯纵深（长）达 32 米（玄宫内最长者）。地面铺方澄浆砖（同前殿），南北两墙均平铺九层石条（高约 3.96 米），然后起券，情况同前殿。中殿殿门至两侧配殿券门处铺木板，情况同前殿。中殿西端（后殿大门前）呈品字形置三座椅形石雕神座（图 9-1-17），居中为皇帝神座，靠背和扶手均雕出龙头；两侧皇后神座则雕凤头（左孝端、右孝靖，图 9-1-19）。各神座前横列五件束腰圭角石雕圆座，置黄琉璃五

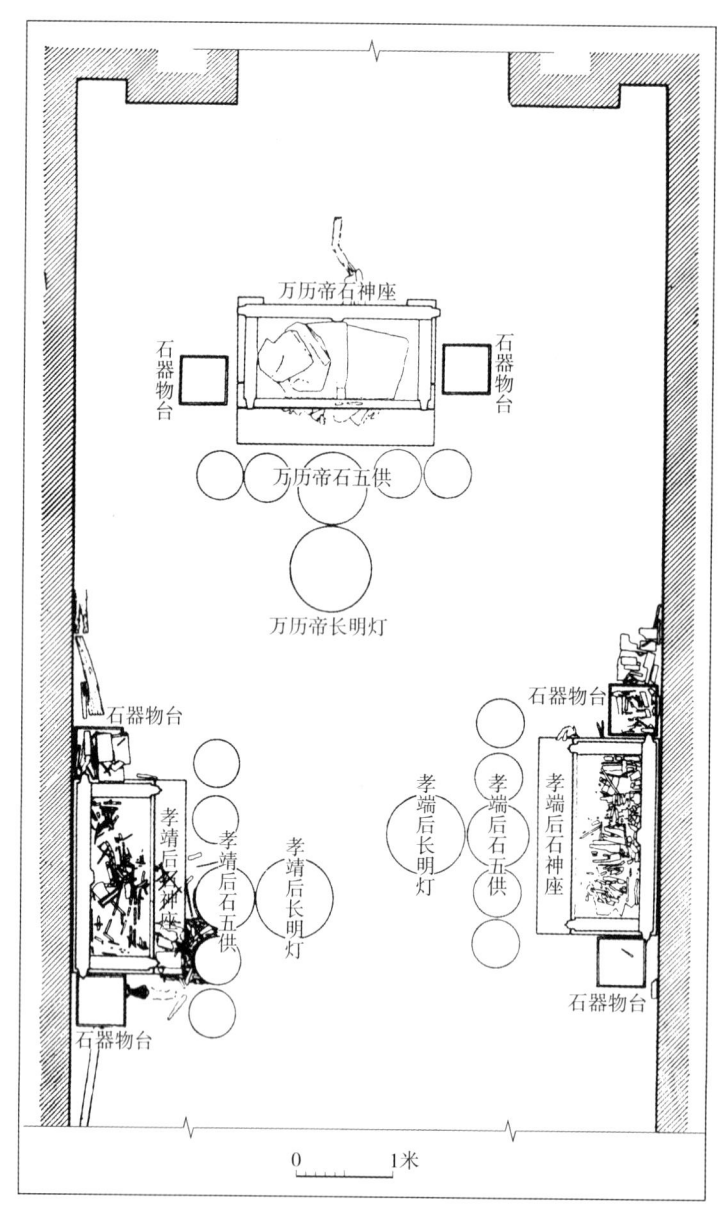

图 9-1-17 北京明十三陵定陵玄宫中殿神座分布图

图 9-1-18 北京明十三陵定陵玄宫中殿原貌
（采自《世界文化遗产·明十三陵》）

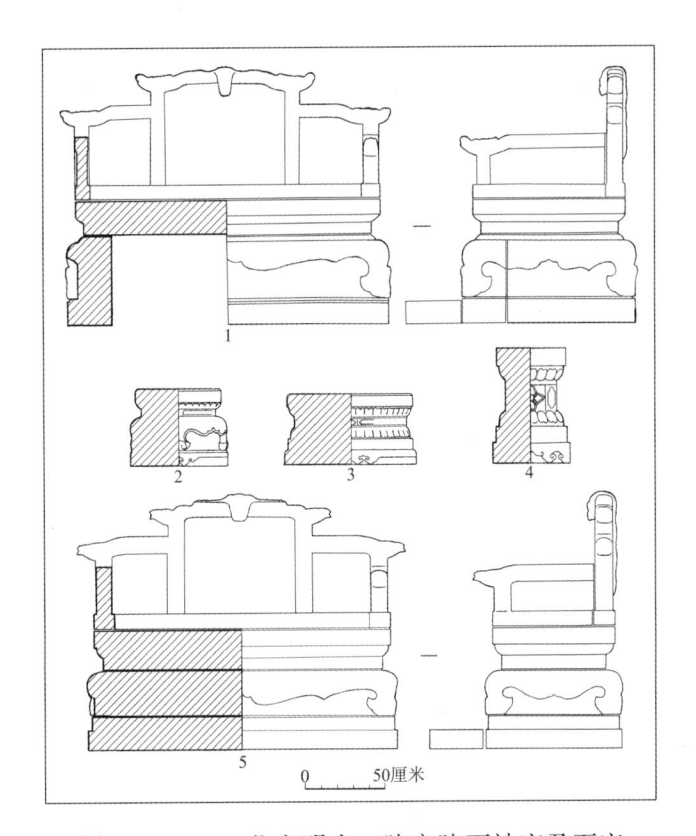

图 9-1-19 北京明十三陵定陵石神座及石座
1. 万历帝神座 2. 万历帝香炉石座 3. 万历帝长明灯石座 4. 万历帝方形器物座 5. 孝端后神座

供（香炉，《定陵》下，彩版九〇、九一；烛台和香瓶各二，《定陵》上，图二九三）。各五供前置一口储存香油和灯芯的青花云龙大瓷缸，安放在圆形石雕仰覆莲须弥座上，称为长明灯（万年灯，《定陵》上，图二九三）。各神座两侧设一对方形石雕仰覆莲须弥座，以置随葬器物。万历帝神座后即后殿石门。

（五）后殿

见图9-1-1。后殿亦称皇堂，为南北向长方形石室，长30.1米，东西宽9.1米，自地面至券顶高9.5米。墙体（两山各由21层石条砌成）和拱顶石造（拱券石均纵横联砌，计15路），双交券券脚高4.44米（十层石条），拱跨9.1米，矢高5.06米。地面铺花斑石，磨制平整，砌工整齐。后殿中部偏西设宝床（棺床），床四周作束腰仰覆莲须弥座，床面铺花斑石。棺床长17.5米，宽3.7米，高0.4米，上置棺椁三具（图9-1-20、9-1-21）。中为万历皇帝（图9-1-22），左侧（北）孝端皇后（图9-1-23），右侧孝靖皇后（各距万历帝棺椁1.2米）[1]。万历帝椁下凿南北长0.4、宽0.2米长方形孔，中填黄土，称"金井"（传说"金井"为棺椁安放之后以接"地气"，两后椁下无"金井"），宝床前铺设木板（图9-1-20）。

图9-1-20 北京明十三陵定陵玄宫后殿原貌
（采自《世界文化遗产·明十三陵》）

---

[1] 万历帝和孝端后棺楠木做成，朱漆，无纹饰，孝靖后棺松木做成，朱漆无纹饰，均头西脚东。椁大部腐朽。

图 9-1-21　北京明十三陵定陵玄宫后殿
（采自《世界文化遗产·明十三陵》）

（六）左、右配殿

见图 9-1-1。同中殿平行，左右两路对称配置一座券室，即左右配殿（亦称左右圹或左右侧穴），各有一道同玄宫中轴线十字相交的甬道及石门（券门不出檐，平墙起券）联通中殿。甬道门双交券通高 2.21 米，宽 1.43 米，券脚高 1.31 米，拱跨 1.43 米，矢高 1.9 米。券内两扇青石门，有铺首，无门钉，门高 2.2 米，宽 0.9 米，结构同前、中和后殿石门，惟尺寸较小。门内是一道石券甬道，甬道末端石券门之结构、尺寸与中殿北壁券门同，无石门。券洞甬道宽 1.88 米，高 3.46 米，双交券，连同两端券门通长 13.38 米。

左右配殿结构相同，各东西长 26 米，宽 7.1 米，地面至券顶高 7.4 米。券脚高 3.54 米，拱跨 7.1 米，矢高 3.86 米。近侧壁对甬道置汉白玉须弥座宝床，宝床长 16 米，宽 3.5 米，高 0.35 米。宝床面用澄浆砖平铺，中央部位有"金井"一个（长 0.39，宽 0.19 米）。此外，两座配殿后墙（西）各设有门洞券石门、隧道及金刚墙，外面还各有隧道，称左道和右道（通向玄宫外的隧道）。青石门尺度稍小，向配殿内开，自来石自内向外顶住石门。石门不出门楼，无门钉，其他做法都和中路石门大体相似。左右配殿无随葬品。

总的来看，玄宫以大小三十二个双心圆券（双交券）形成的筒拱构成诸殿、甬道和门户等。除甬道（隧道券）外，前、中、后三殿和左右配殿，每殿一门，加上左右配殿之"左道""右道"二门，共有"三遂"和七座石门，恰与前殿自来石墨书"玄宫七座门"

之数相合。惟三殿石券门各有门楼，配殿门无门楼。

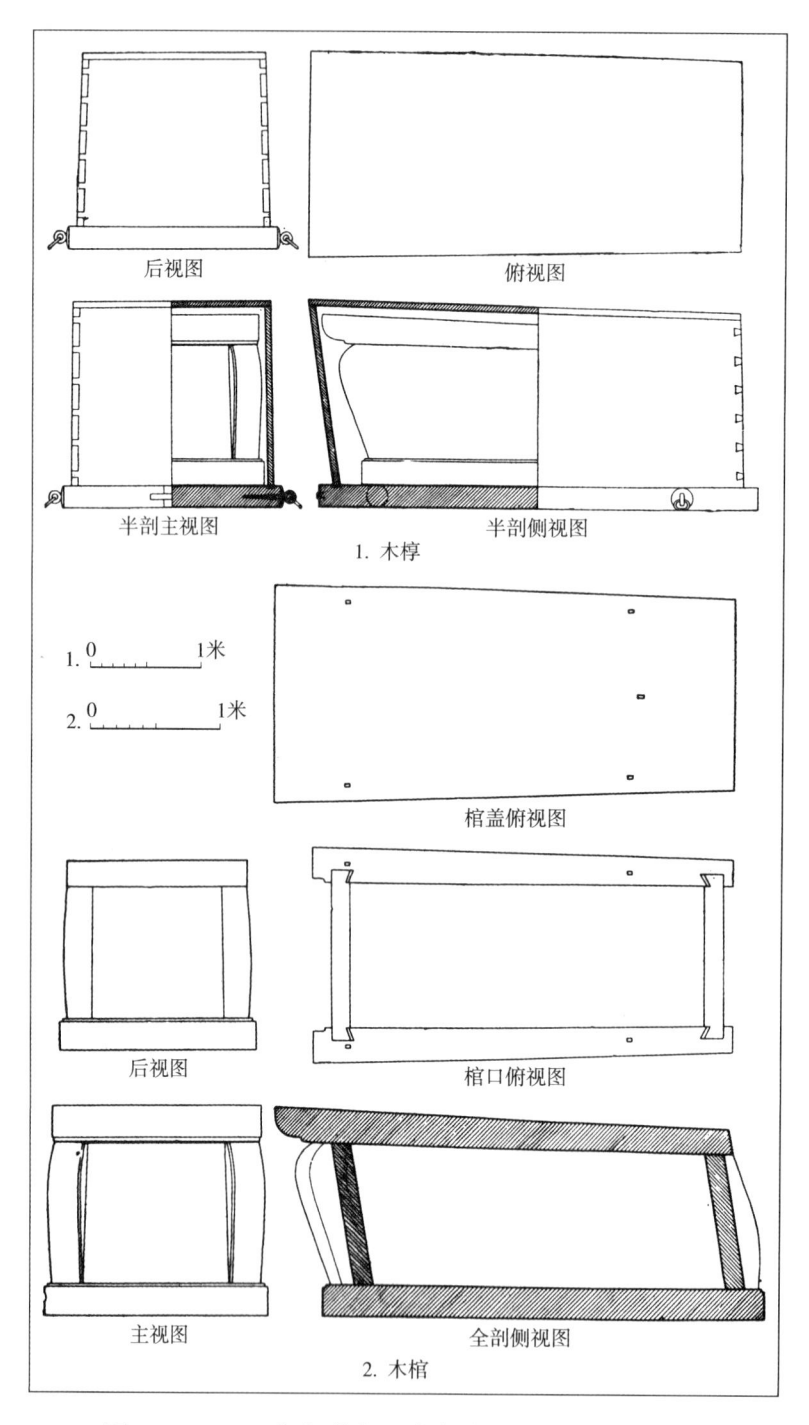

图 9-1-22　北京明十三陵定陵万历帝木椁和木棺

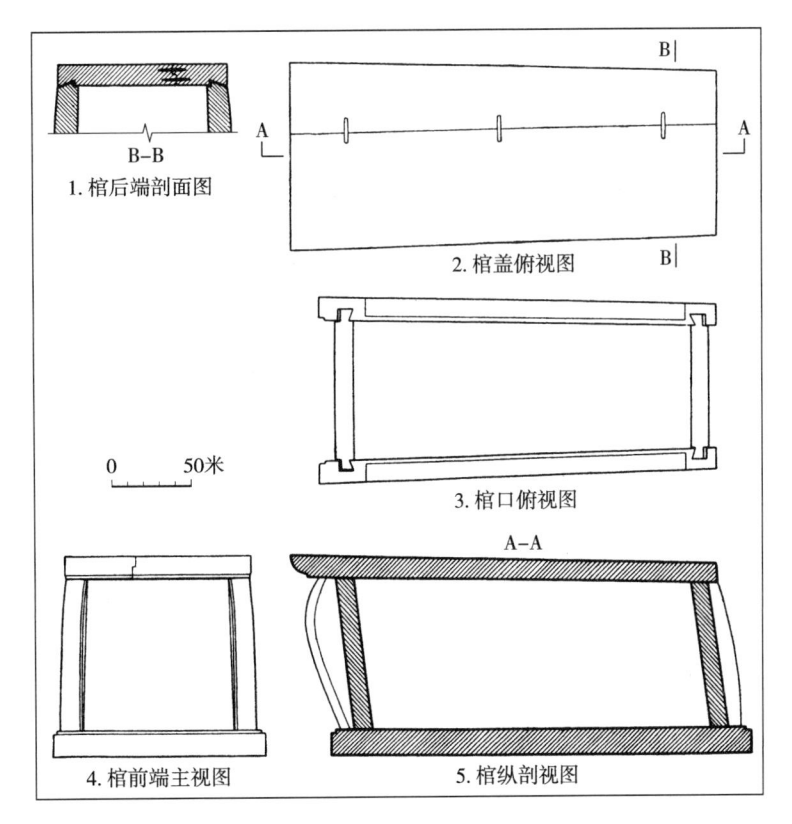

图 9-1-23　北京明十三陵定陵孝端后木棺

二　定陵玄宫与明陵玄宫规制

据文献记载，定陵玄宫肇自永陵[1]。永陵，据《世宗实录》记载，其地宫制度是"量依长陵规制"，对长陵以来"旧仿九重法宫为之"的"地中宫殿"，"稍存其制"确定的[2]。所谓法宫指路寝正殿[3]，明朝法宫或指宫城[4]，或指皇帝日常所居之乾清宫为

---

[1] A.《明史》卷二百十九《朱赓传》："帝神宗营寿宫于大峪山，命赓往视，中官示帝意，欲仿永陵制……"
B. 中国建筑艺术全集编辑委员会编《中国建筑艺术全集·明代陵墓建筑》，中国建筑工业出版社2000年版，第31页。

[2]《明世宗实录》卷一八七，嘉靖十五年五月辛未条记载，"上谒陵还，召见辅臣李时、尚书夏言于行宫，谕以寿宫规制宜逊避祖陵"，"地中宫殿器物等旧仿九重法宫为之，工力甚巨……宜一切厘去不用"；于是诸臣议奏，"其享殿、明楼、宝城，拟请量依长陵规制，其地中宫殿等项仍请稍存其制"，"得旨：'具如拟，其未尽事宜，俟朕仍往决之'"。

[3]《汉书》卷四九《晁错传》对策，"臣闻五帝神圣，其臣莫能及，故自亲事，处于法宫之中，明堂之上"，注：如淳曰："法宫，路寝正殿也。"

[4]《明臣奏议》卷十三辑正德九年（1514）张原《时政疏》："伏望陛下念祖宗付托之重，思天下仰赖之广，体圣贤善治之言，遵皇祖垂世之训，深居法宫，尊严简出……"

代表的宫城内廷建筑[1]。从明定陵玄宫来看，其居中的前、中、后三殿的配置与明紫禁城乾清宫、交泰殿、坤宁宫之布局相合，左右配殿又恰如对称配置于交泰殿两侧的东西六宫，故定陵玄宫的布局应仿紫禁城之后寝制度，而形成法宫。至于"九重"作何解释？尚无准确答案。有的研究者认为"九重法宫"源于"九宫"图[2]，但对"九重"却无解释。其实，"九重"即指天（传说天有九重）[3]，又泛指宫禁[4]；此外，还指宫门九重而喻宫城[5]。明代帝陵玄宫仿宫城内寝；玄宫内七门，加上隧道门和甬道券洞门共九座，恰如宫城"门以九重"，同时玄宫还是皇帝灵魂升天之所，故称"九重"恰如其分。

关于玄宫外部结构，万历四十三年（1615）工科给事中何中晋《工部厂库须知》卷五记载琉璃黑窑厂烧制各陵玄宫所用琉璃构件时说："各陵地宫上伏檐、下伏檐共九座。每一座吻五对，兽头八个。共吻四十五对，兽头七十二个。"据此可知，定陵之前九座帝陵（长、献、景、裕、茂、泰、康、永、昭七陵）玄宫外部结构相同，即长陵以来九陵玄宫都覆盖琉璃瓦顶并安设吻兽。"每一座吻五对"，说明九陵均由五殿组成（每殿正脊各安设一对吻兽）。"兽头八个"，五殿呈十字形分成前、中、后陵和左右配殿，这样玄宫诸殿就有四个结合部位，每个部位琉璃瓦脊上成对安设脊兽共为八个（图9-1-24）。以此结合前述情况，可知从长陵至定陵的玄宫规制均为"九重法宫"。而长陵"大明长陵神功圣德

---

[1] 《明神宗实录》卷二九五，万历二十四年乾清、坤宁二宫火灾，神宗诏书云："乾清、坤宁二宫悉被火灾……而法宫严寝一时尽灰。"同书卷二一二，记万历十七年六月刑科给事中刘为楫奏章："一曰圣躬保护宜慎，陛下静摄法宫，闻正言，见正事，接正人之时少……"

[2] 胡汉生《明十三陵》（中国青年出版社1998年版）第97—103页。论述了"九重法宫"五殿与"九宫"图案的关系。文中说"九宫"图案即"九宫格"。首先，介绍了"太一下行九宫图"（图9-1-25），图中以九一三七为四方，二四六八为四隅，五为中宫。其次，又介绍了河图洛书与九宫、八卦、五行对应关系（图9-1-26），图中按照"一六居下，二七居上，三八居右，四九居左，五十居中"方式布列。指出五殿与之对应关系，"只是占据于九宫中四正（四方）及中央五个方向之宫罢了"。但文中又未涉及"九重"问题，详情请参见原文。

[3] A. 《楚辞》，屈原《天问》："圜则九重，孰营度之？"岳麓书社2001年版。
B. 《汉书》卷二二，《礼乐志第二》："九重开，灵之斿。"师古注曰九重指"天有九重"。

[4] A. 钱起《汉武出猎》诗："汉家无事乐时雍，羽猎年年出九重。"
B. （唐）刘禹锡：《刘梦得文集》四，"逢二十学士入翰林"诗，"定知欲报淮南诏，促召王褒入九重"，上海古籍出版社1994年版。

[5] A. 古制天子所居有九门，《礼记·月令》："毋出九门。"按历代九门说法不一。《十三经注疏》，中华书局1980年版。
B. 《楚辞》，宋玉《九辩》，"岂不郁陶而思君兮，君之门以九重"，注："君门深邃，不可至也。"
C. （唐）王维：《王右丞集》二，"同崔员外秋宵寓直诗"："九门寒漏彻，万井曙钟多。"见（清）赵殿成《王右丞集笺注》，上海古籍出版社1998年版。
此外，古代传说天有九层，故九天与九重相通，亦喻宫城。如唐、王维《王右丞集》二，"和贾舍人早朝大明宫之作"诗，"九天阊阖开宫殿，万国衣冠拜冕旒"；王涯《宫词》："为看九天公主贵，外边争学内家装。"

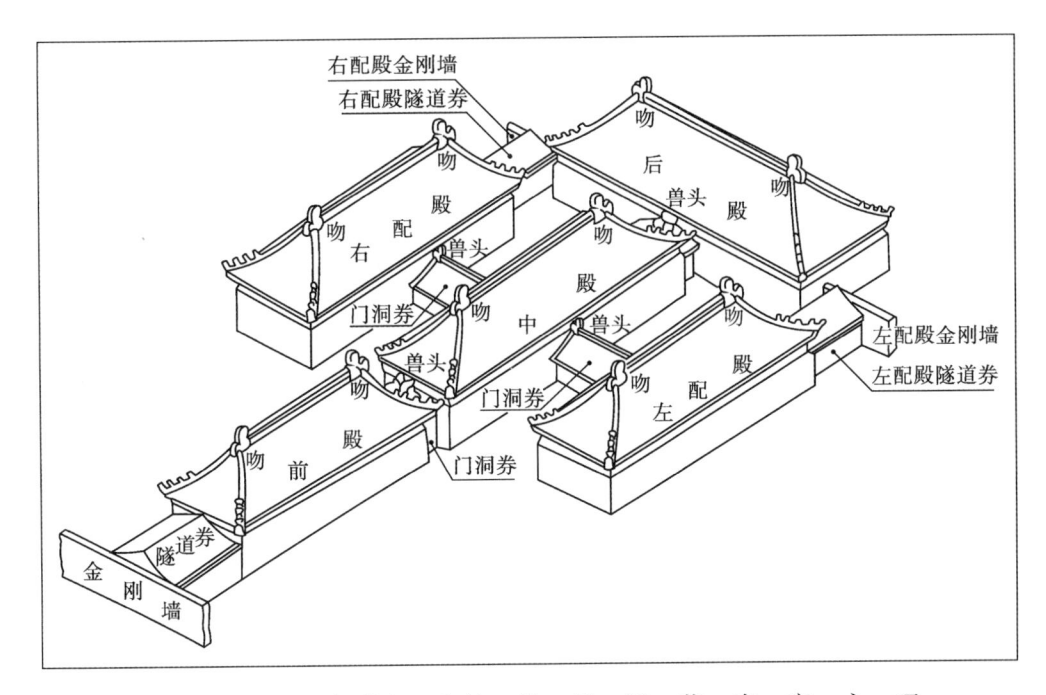

图 9-1-24　北京明十三陵长、献、景、裕、茂、泰、康、永、昭、
定十陵玄宫殿室吻、兽头分布想象图
（采自胡汉生《明十三陵》）

巽 四	行周上返紫宫　离九　阴根于午	坤 二
震 三	行半还息中央　中五	兑 七
艮 八	坎一　阳根于子	乾 六

图 9-1-25　太一下行九宫图

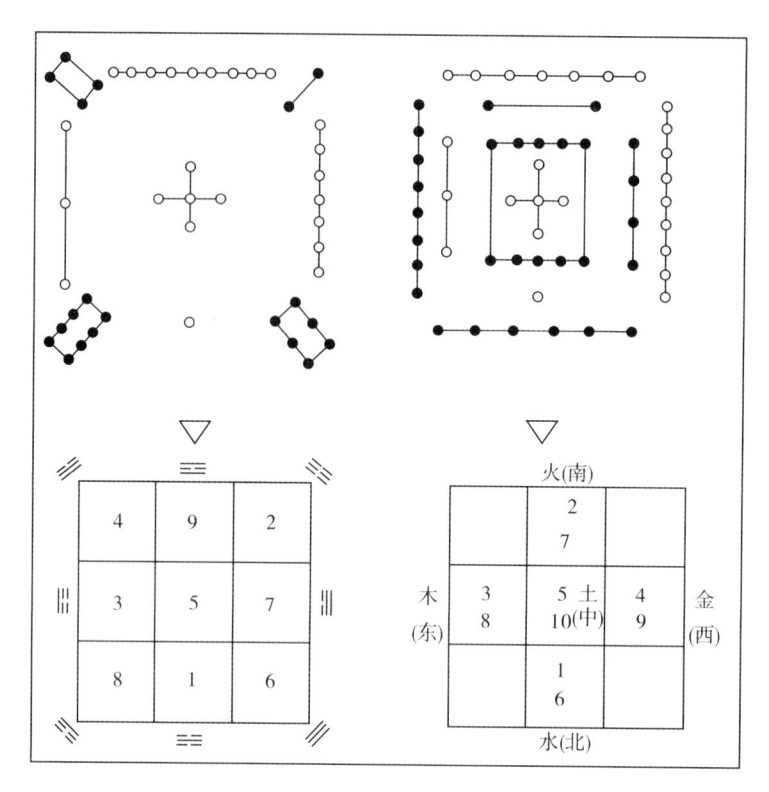

图 9-1-26　河图洛书

左图按"载九履一，左三右七，二四为肩，六八为足，五位于中"的九宫方式布局，备具二仪、四象、五行、八卦之古哲学原理。右图按"天一生水于北，地二生火于南，天三生木于东，地四生金于西，天五生土……地六成水于北与天一并，天七成火于南与地二并，地八成木于东与天三并，天九成金于西与地四并，地十成土于中与天五并"的方式布局，反映五行生成之理，实际上也是一种九宫图式。

碑"等记载，朱棣钦定陵寝建"悉遵洪武俭制"，由此可见，明陵玄宫按"九重法宫"之制应创于孝陵[1]。

定陵玄宫左右配殿空置，但亦设棺床。这个现象，据研究左右配殿原供殉葬妃嫔之用，自英宗遗诏止殉之后，诸陵左右配殿遂空置[2]。到明代庆陵时，清朱孔阳《历代陵

---

[1]《工部厂库须知》，"国立中央图书馆"影印本，1947年。关于"九重法宫"，因明陵除定陵地宫外，均未发掘，定陵宝顶未发掘，玄宫外部结构亦不明，所以孝陵、长陵至定陵之前诸陵玄宫外部结构"九重法宫"说，还只是一种推测而已。其真确情况，尚待发掘验证或订正之。

[2] 胡汉生：《明十三陵》，中国青年出版社1998年版，第105—107页。中国建筑艺术全集编辑委员会《中国建筑艺术全集·明代陵墓建筑》，中国建筑工业出版社2000年版，第31页。文中说："而祔葬后妃也正是地宫建置左右配殿的初衷。如《万历起居注》（全国图书馆文献缩微复制中心，北京，2001年）记载，朱翊钧曾想在地宫右圹祔葬敬妃李氏，阁臣们指出：'玄堂之旁制设左右侧穴，推其初意，或者以待诸妃，但从来未经祔葬'。"关于左右配殿的功用，说法不一，详见胡汉生：《明朝帝王陵》，北京燕山出版社2001年版，第163—167页。

寝备考》引明万燝《陵工纪事》说：庆陵"陵寝有后殿、中殿、前殿、重门相隔"，据此庆陵或已撤去形同虚设的左右配殿。据此似可认为，庆陵、德陵（德陵仿庆陵）和明代亡国之君朱由检思陵之玄宫规制，则不在"九重法宫"之例[1]。

第二节 《定陵》报告玄宫随葬品梳理与相关问题探讨

《定陵》报告，以近百分之八十的篇幅按原料和种类介绍定陵玄宫所出的各种遗物。在《报告》中仅第四章第二节"帝后葬式"，第三节"随葬器物分布概况"简单介绍了遗物出土态势，在第五章《出土遗物》中的不同部位分别随文略述部分遗物的大概位置。《报告》所附各层器物分布图的层次，是发掘者为记录方便而设定的，因而不能准确反映原葬遗物间的层次关系。其次器物分布图并未包括全部遗物，各图大多仅能显示最上面的可视部分，有的层次既无器物分布图，正文中也未作明确交待。《报告》书后所附器物登记表中绝大多数标注了出土位置，但语焉不详，有的出土位置与正文的记述有较大出入。凡此，均未明确涉及遗物的组合问题。鉴于上述情况，《报告》难以集中而直观地反映出全部遗物的出土位置及其间的组合关系。由于遗物的出土位置和组合关系，对研究帝陵装殓规制等玄宫丧葬制度至关重要，故有必要对《报告》的遗物部分进行梳理。即综合《报告》不同部位分散记述或图示的情况，进行对比、校勘、正误，以确定大部分遗物的出土位置，推断某些未记位置遗物的大致方位，并根据遗物层次位置关系和种类判断遗物的组合状况。按照上述步骤，本书尝试力求复原部分出土位置不明遗物《报告》中随葬情况进行梳理。但是应当指出，受《报告》资料的局限，仍有一些遗物出土情况不明。所以这个梳理结果，也只能大致反映出各种主要遗物的出土位置及其间的位置关系，大体可窥见主要遗物的组合与其间的内在关联，因而仅能为研究玄宫随葬遗物规制提供一个尚不完备，但可资利用的平台。依据这样一个平台，本书对其中一些显而易见的问题也顺便略作初步的探讨，至于更深层次的探讨和研究则尚待来日。

一 定陵玄宫内随葬品概况

定陵玄宫内随葬的丝织匹料、袍料、衣服、冠、带、佩饰、首饰、梳妆用具、金银

---

[1] （清）朱孔阳《历代陵寝备考》引（清）沈士全《健笔录》记述崇祯帝入葬情况说："隧道长十三丈五尺，阔一丈，深三丈五尺。督修四昼夜至初四日寅时，始见圹宫石门。用拐钉钥匙推开头层石门，入内，香殿三间。中间悬万年灯二盏，陈设祭品，前有石香案，两边列五彩绸缎侍从宫人，生前所用器物衣服俱大红箱盛贮。东间石寝床一，铺栽羢氈，上叠被褥龙枕等件。又开二层石门，入内通长大殿九间，石床长如前式，高一尺五寸，阔一丈。田妃棺椁在焉。"可见思陵系由田妃墓改建而成。

器、玉石器、瓷器和琉璃器、金银锭和各种钱币、铜锡明器、漆木器和木俑、武器和仪仗、谥册谥宝和圹志等，初步统计约 2648 件[1]。

（一）丝织品和衣物、被褥等

丝织品约 644 件，其中龙袍料 53 匹，整卷匹料 124 匹[2]。种类有妆花（包括妆花缎、妆花纱、妆花罗、妆花䌷）、缎、织金、锦、缂丝、纱、罗、绫、䌷、绢、改机、绒等[3]。

丝织品主要出于棺内，少数置于椁上，部分鞋、袜和袱皮出于器物箱内。万历帝椁上置丝绸袍料和匹料八匹。棺内置袍料五十一匹、匹料四十二匹、衮服五件、龙袍六十一件、衬褶袍一件、大袖衬道袍八件、中单四十件、裳一件、蔽膝二件、裤十五件、膝袜二十双、大带、绶各二件、靴五双、云履毡袜二双、袜十双、被八件、褥五件，以及珠宝袋一件、香袋二件。孝端后椁上置匹料三匹，棺内置袍料二匹、匹料四十二匹、纱袍一件、女单衣十五件、女夹衣三十五件、女丝绵袄十六件、裙三十五件、被一件、褥四件。孝靖后椁上置匹料三匹，棺内置匹料三十三匹、女单衣十四件，夹衣四十六件、丝绵袄七件、

---

[1] 本节所述，据《定陵》上（文物出版社 1990 年版）一书不同章节对遗物的归纳资料（使用原报告遗物编号）。由于玄宫内随葬品数量众多，部分随葬品腐朽难辨，很难进行精确统计。《定陵》上，第 43 页说："殿内出土各类器物共二千六百四十八件。"按这个数字不包括 1712 枚万历通宝和纽扣等；木俑大都残朽，这部分木俑未统计在内；此外，还有些零星小件未进行统计。总的来看，玄宫内各种随葬品总数当不少于五千件。除上所述，还应指出《定陵》上一书正文中不同部位对同类物品的数字，以及其与附表之间的数字，相互矛盾之处较多。故 2648 件，仅是个概数。
[2] 龙袍料全是织成形式，匹料保存较好的 95 匹有装裱。袍料和匹料出土时是成卷的，以厚草板纸作芯，卷好后用合股粗线捆扎三道，中间一道作人字形。多数在匹料中间贴有腰封，也有将腰封卷入匹料中间的。腰封白棉纸，长 30、宽 15 厘米左右。腰封上下印有栏框，框内有云龙图案，中间为一正面龙，两侧流云纹，或饰卷草纹。腰封内容因类而异，袍料墨书题记分记颜色、纹饰、质地、用途、长度等；匹料题记分记名称、产地、长度、织造年月，以及各类匠作姓名。
[3] 织物种类，妆花（在传统的织锦基础上，吸收了缂丝通经断纬技术，采用局部挖花盘织的织造方法而形成的一种丝织新品种。是明代丝织工艺的重大成就）89 匹，占出土匹料的一半。其中妆花缎 16 匹（袍料 15 匹、匹料 1 匹），妆花纱 39 匹（均为匹料）、妆花罗 30 匹（袍料 28 匹、匹料 2 匹）、妆花䌷（均袍料）。缎 26 匹，其中花缎 24 匹、素缎 2 匹。织金（为五枚缎纹组织，用金线或金银两色线织成）12 匹，其中袍料 2 匹、匹料 10 匹。缂丝 11 匹，多用作褥面。锦 2 匹、纱 8 匹、罗 10 匹、绫 2 匹（均织成袍料）、䌷（分别出自二后棺内）、改机（为经二重组织的提花织物）4 匹。

裙十二件、被五件、褥十一件[1]。

(二) 冠、带和佩饰等

冠 10 顶，其中冕冠二顶（W32、X13∶5）、金翼善冠 1 顶（W11）、乌纱翼善冠 2 顶（W167、帝头上；W49）、皮弁 1 顶（W32∶1）；三龙二凤冠 1 顶（X14∶22，孝靖后），九龙九凤冠 1 顶（X1∶2，孝端后）、十二龙九凤冠 1 顶（X15∶6，孝靖后）、六龙三凤冠 1 顶（X2∶19，孝端后）。

革带 12 条，帝尸体衮袍上系一条，帝棺内中部南北侧各 3 条，余置于器物箱内。其中玉革带 10 条（X2∶21 孝端后，X13∶2 孝靖后，X17 玉革带二条，分属二后，余属万历帝）、大礴带一条（W38）、宝带 1 条（W162）。镶珠宝金带饰 14 件，均出自帝棺内西端，大多在北侧、少数在南侧。镶宝金版 2 件（W192、193），帝棺内西端南北两侧。带钩 5 件，置帝棺内西端南北两侧，其中玉带钩 2 件（W48、187）、玛瑙带钩（W186）、木带钩 2 件（W40、W188）。

佩饰 7 副 14 件，除 4 件出于帝棺内之外（W45，45∶1；W238，238∶1），余均置器物

---

[1] 玄宫内共出衣物 467 件，其中各种衣物 385 件，被褥 34 件，用品 48 件。385 件各种衣物中，十二团龙十二章衮服 5 件（一件穿在帝尸体上，余者出于棺内南北两侧）、龙袍 62 件（1 件出于孝端后棺内，余均出自万历帝棺内）、衬褶袍 1 件（帝棺内）、大袖衬道袍 8 件（帝棺内）、中单 40 件（帝棺内，其中 16 件套在衮服或龙袍内）、裳 1 件（帝棺内）、蔽膝 2 件（帝棺内）。女衣 134 件，其中女单衣 29 件（孝靖后棺内 15 件，孝端后棺内 14 件）、女夹衣 81 件（孝端后棺内 35 件，孝靖后棺内 46 件）、女丝绵袄 23 件（孝端后棺内 16 件、孝靖后棺内 7 件）、女丝绵袍 1 件（孝靖后棺内）。裤 17 条，其中单裤 4 条、夹裤 2 条、丝绵裤 11 条。单裤与绵裤出于帝棺内，其中一条绵裤穿在帝尸上，夹裤二条二后分别穿之。裙 47 条，其中单裙 46 条、夹裙一条，出自孝端后棺内 35 条、孝靖后棺内 12 条（其中一条孝靖后尸体穿之，二条盖在尸体上）。童衣 3 件（出自 X16），大带 2 条、绶 2 条（帝棺内）。鞋 19 双（二双二后分别穿之，余出自孝靖后棺内及 X16、17 箱），靴五双（单靴 1 双、毡靴四双，帝棺内）、云履毡袜 2 双（帝棺内）、膝袜 20 双（帝棺内）、绵袜 10 双（帝棺内）、夹袜 2 双（二后穿之）、单袜 2 双（X17 箱内）、卫生巾 1 件（孝靖后身上）。
被 14 条，其中绵被 4 条、夹被 10 条；出土时三条绵被和四条夹被铺在尸体之下，余者盖在帝后尸体上。褥 20 条，其中绵褥 6 条、毡褥 2 条、夹褥 11 条、单褥 1 条，全部出自帝后尸体下。枕 3 件（帝、二后头下）、珠宝带 1 件和香袋 2 件（帝棺内）。包袱 18 件，其中单袱 4 件、夹袱 14 件，出自帝后棺内及部分器物箱。大礴带衣 1 件、玉圭袋 2 件、玉圭垫 5 件、玉圭套 2 件、套手玉圭套 8 件（以上均出于帝棺内）。谥册垫 3 副（X4∶3，X12∶19、X18∶5）、谥宝垫 1 件（X19∶3）、谥宝穗 2 对（X19∶1、4）。
刺绣品 118 件，其中衮服 3 件、龙袍 35 件（其中 7 件为龙袍料）、裳、蔽各一件、女衣 57 件、裙 2 条、膝袜 19 双。
缂丝八种 29 件，计十二章福寿如意衮服 2 件、龙云肩通袖龙襕袍一件、龙袍八团龙补 7 件、龙袍四团龙补 8 件、龙袍方补 2 件、女衣方补 5 件、毡靴护膝 3 件、膝袜一双。其中出于帝棺内 24 件、孝端后棺内 4 件、孝靖棺内 1 件。

箱内（分别装匣，与玉带同置，每副二件，交互重叠放置。即 X2：11、12 孝端后；X13：3、X13：3：1 孝靖后；X14：5、6 孝靖后；X17：4、X17：4：1；X17：5、X17：5：1 分属二后）。

玉圭 8 件，其中 4 件出自帝棺内西端胸前，即镇圭（W43）、脊圭（W44）、谷圭（W42）、素面圭（W244），与镇圭同出的有丝织玉圭垫 3 件、玉圭套 1 件、套手玉圭套 5 件、玉圭袋 1 件。与脊圭同出的有丝织玉圭垫 2 件、玉圭套 1 件、套手玉圭套 3 件、玉圭袋 1 件。余者出自器物箱内（谷圭 X2：8 孝端后、X14：10 孝靖后，X17：7 孝端后？；素面圭 X13：6 孝靖后）。

金累丝珍珠霞帔 2 件，分别出自 X2、14 箱内，与凤冠、佩饰等同出，二后各一件。

（三）梳妆用具

共 23 件，其中铜镜 2 件（W6：1，置漆盒 W6 内；D3，置漆盒 D6 上边，同出镜架 D2）、梳 4 件（牛角梳 2 件，D6：8、10，出自漆盒 D6 内；木梳 2 件，W8：1、2，出于漆盒 W7 内）、篦 8 件（玉篦 1 件，W8：3；竹篦 7 件；竹篦 D6：9 出于漆盒 D6，其余均出于漆盒 W7 内）、抿子 7 件（骨抿子 1 件，J114；竹抿子 5 件；木抿子 1 件 W8：5，分出于漆盒 D6、漆盘 W7 和孝靖后棺内）、圆刷 1 件（W8：11）。

（四）首饰

首饰共 248 件，其中簪 199 件、钗 5 件、耳坠 10 件、耳勺 3 件、金环 8 件、火焰形金饰 1 件、围髻 1 件（D112：50）、抹额 1 件（D112：48）、棕帽 4 顶（D112：51、J124、J125、J136）、网巾匣 1 件（W164）、素网巾 12 条（W164：1）、纱巾 2 条（二后各一件）、纱带 1 件（J136：14）。上述首饰属于万历帝的有 73 件簪钗，主要出于帝棺内西北角首饰匣（W14）内，少数插在帝的发髻上，绝大多数镶嵌宝石或珍珠，以 W15：12—25、39、40、64、65 等镶嵌猫眼石者为上品。此外，还有玉簪（W15：62、63）和嵌玉金簪（W15：13、36 等），琥珀簪（W15：64、65 等）和镶琥珀金簪（W15：55 等）、紫晶兔金簪（W15：26、27）、玳瑁簪（W15 共 10 件）等。属孝端后的首饰共 49 件，有簪、钗、耳坠、围髻、抹额，其中簪 44 件，金簪多镶珠宝，还有银簪 1 件、铜簪 3 件、镶珠乌木簪 2 件；首饰出于头顶后部。属孝靖后的首饰共 94 件，有簪、钗、耳坠、耳勺、火焰形金饰等，首饰两副，以簪为主，质料除金外，还有鎏金银首饰，银首饰和铜首饰，均出于头部及其附近。除上所述，另有 32 件首饰出于器物箱内。

（五）金银器（含金银锭等）

金器共 289 件，多数出自帝后棺内尸体上下覆盖和铺垫层及尸体四周，少数在器物箱内。其中万历帝 133 件、孝端后 130 件、孝靖后 6 件、X6 箱 18 件、X2 和 X14 箱各一件。计有酒注、爵、尊、执壶、壶瓶、匙箸瓶、提梁罐、带柄罐、盆、盒、漱盂、唾壶、盘、镶花梨木金碗、杯、盏、香薰、肥皂盒、匙、箸、枕顶、金锭、金饼以及"吉祥如意"和

"消灾延寿"金钱等二十五类[1]。

银器271件，计有尊、把壶、提梁罐、盆、漱盂、盘、碗、勺、肥皂盒、器盖、银锭、银饼、鎏金银钱等十三类。其中属于生活用具的前十类均出自孝靖后棺内南、北两侧[2]。

（六）铜器和锡器

铜器共65件，其中鎏金铜勺2件、鎏金铜油漂3件为实用器[3]。铜明器60件，分出于X7、27、28、29器物箱内，与之同出者还有大批锡明器。铜明器共21种，计水罐2件，水桶、水勺各三件，水盆、唾盂、唾壶各2件，盘6件，勺、漏勺、笊篱各3件，箸3双，香盒、香炉各2件，香靠、香匙各3件，烛台6件，油灯3件，剪刀2件、火炉3件，交椅、脚踏各2件。其中X7箱出水罐、水盆、香盒、香炉、唾盂、唾壶、交椅、脚踏各二件；余者均出自X27、28、29圆盒内。

锡器共370件，计有酒注3件、爵1件、瓶43件（花瓶16件、香瓶2件、柱瓶3件、酒瓶4件、梁水瓶1件、凉浆瓶1件、汁瓶3件、茶瓶3件、杏叶茶瓶1件、油瓶2件、水瓶1件、匙箸瓶6件）、壶11件（杏叶茶壶2件、唾壶9件）、酒缸3件、酒瓮3件、罐13件（水罐7件、盖罐6件）、盂13件（酒盂3件、漱口盂3件、唾盂7件）、水桶3件、水盆5件、茶钟4件、碗6件、汤鼓15件、盘79件（盘73件、圈足盘3件、托盘3件）、碟43件（茶碟14件、果碟13件、案酒碟14件、碟2件）、盏7件（酒盏3件、爵盏1件、台盏3件）、托子6件、香盒10件、粉子1件、鉴妆3件、印池2件、宝池1件、宝匣2件、香炉10件、烛台18件（烛台14件、小烛台4件）、灯台6件、宝顶1件、宝盖20件（宝盖16件、宝纛宝盖3件、红缨头宝盖1件）、红节葫芦宝珠4件、海棠花6枝、荷叶6件、莲蓬6件、慈姑叶6件、菖兰叶6件、交椅4件、马机1件（以上共36类）。上述器物分别出自X7箱和X27、28、29三圆盒内。X7箱所出唾盂、唾壶、水盆、水罐、香炉、香盒、宝匣、宝盖、交椅、马机属仪仗明器，其他为日常生活用具。X27、28、29

---

[1] 酒注2件、爵4件、尊1件（尊内插勺、漏勺各一把、匙两把），执壶5件，以上均出自帝棺内。壶瓶2件（X6）、匙箸瓶1件（W191）、提梁罐（帝棺内）、盆9件（帝棺内）、盒10件（帝棺内5件、孝端后棺内3件、X6箱2件）、漱盂7件（帝棺内3件、X6箱2件，二后棺内各一件）、唾壶4件（帝棺内）、盘1件（W39）、镶花梨木金碗4件（X6箱）、杯5件（帝棺内）、盏一件（J49）、镶珠宝桃形香薰2件（X2、14箱）、肥皂盒1件（W107）、匙4件（X6:13:1、2，此外还有前述尊内的W33:3、4）、箸2双（W191:1、X6:14）、枕顶2对（帝、孝端后枕之两端）、金锭103锭（帝79锭、孝端后21锭，3锭分别出自帝后椁内棺顶东端）、金饼1件（D166）、"吉祥如意"钱17枚（帝尸下）、"消灾延寿钱"100枚（孝端后尸下）。以上器物计算方法不同（如器物内的物品算否），数字略有差异。

[2] 前十类银器，见孝靖后棺内随葬品。银锭65锭，其中帝30锭，孝端后30锭，孝靖后5锭。除帝与二后棺盖东端各置一锭外，余均在棺内。银饼1件（D178）、鎏金银钱192枚，分出于帝和孝端后尸体下。

[3] 鎏金铜勺2件出于X2、14箱内（X2:2、X14:15），鎏金铜油漂3件，分别出自中殿帝后神座前三个油缸内。

三圆盒内所出锡明器种类、数量相同，多为生活用具，也有些陈设用器如花瓶、海棠花、荷叶、莲蓬等。这批锡明器分属于帝与二后。

（七）瓷器和琉璃器

瓷器16件，其中青花梅瓶8件（出自帝后椁外之两侧）、青花油缸3只（置于中殿帝后神座前）、青花碗一只（帝棺内W10）、青花胭脂盒1件（D6∶4）、三彩瓷觚2件（帝棺内）、三彩香炉1件（WW5）。

琉璃器15件，其中香炉3件、烛台6件、香瓶6件；均置于中殿帝后神座前（五供）。

（八）玉、石器

玉器51件，其中金托玉爵1件（W3）、金托玉执壶1件（W20）、盂1件（W30）、花丝镂空金盒玉盂2件（W5、W41）、金盖金托玉碗1件（W4）、鎏金银托双耳玉杯1件（W18）、皂盒1件（W234）、璧6件（帝后三具椁顶东端各置玉璧二件）、礼器1副3件（X11∶8）、玉坠1件（X17∶8）、八角形玉饰件1件（X17∶9）、玉料32件（帝棺内W195、余在帝后三椁外两侧及东西置27件，孝端后棺内两侧放四件）。

石器36件、全部出于中殿。其中神座3件、神座石脚踏3件、方形器物座6件、香炉石座3件，烛台、香瓶石座共12件、长明灯石座3件、石器物台6件[1]。

（九）宝石和珍珠

宝石12包313块，内有猫眼石19块，分别出自帝后棺内头部。宝石放置似有一定规律，如W233出于帝棺内西端南侧，长方形木匣内（匣朽）置红、黄、白、蓝、绿宝石各五块，宝石部分穿孔、按不同部位分别放置，匣盖外壁贴墨书纸标签"御用"二字。出于孝端后头部的五色宝石，放置次序为黄（D179，20块）、红（D181，46块、白（灰白，D182，18块）、蓝（D183，61块）、绿（D185，20块），各色宝石数量不等。孝靖后头部仅置红（J122，71块）、蓝（J123、27块）宝石，无一定规律。D182猫眼石18块似装在纸袋内，W194猫眼石出于帝棺内北侧。上述宝石大多未经加工，最大的绿宝石重25.2克、蓝宝石19.2克，小的不到1克。

珍珠四包、多残朽、难以计数。D180出于孝端后棺内西端南侧，D184出自孝端后棺内西端北侧。X20∶7、X14∶25出自器物箱内。

（十）漆木器

漆器84件，其中盒4件（帝和孝端后棺内）、木漆雕盒1件（D6∶1）、盘1件（W7）、余扣漆托盂4件（其中三件见金扣）、衣箱26件、匣23件（帝棺内3件，孝端后

---

[1] 中国社会科学院考古研究所、定陵博物馆、北京市文物工作队：《定陵》上，文物出版社1990年版，第189页。说石器30件，少石器物台6件。

棺内1件，余者出器物箱内)[1]，抬杠25件。木器较多[2]。

（十一）木俑

木人俑出自X8、9、22、23、24、25、26七个器物箱内（占全部器物箱的1/4），大都腐朽，比较完整者只有248件，其中X26保存较好，内置俑约千件以上。马俑57件，其中10件出于孝端后东端棺床下，其余47件出自X21箱，多腐朽。

（十二）武器和仪仗

武器共40件，其中铁刀1件（X20∶2）、箭34支（X20∶9箭袋30支，X20∶10箭袋内4支）、盔1顶（X20∶6）、铁铠甲1领（X20∶11）、弓袋1件（X20∶8）、箭袋2件。

仪仗37件，其中铭旌3件、幡架3件、仪仗架10副、仪仗（戟、钺、立瓜等，未计数内）、龙幢5件、玄武幢1件、幡10件（其中包括黄麾一件）、仪仗罩1件、车明器1辆、轿明器3乘。

（十三）谥册、谥宝和圹志

谥册7副，其中木谥册4副、锡谥册3副。木谥册帝、孝靖后各一副，孝端后二副。木谥册置器物箱内，孝靖后册、宝共一箱，余者册宝各一箱。锡谥册X7∶12孝端后，X7∶113和X11∶10孝靖后。其中X11∶10谥册已氧化成碎块，《定陵》报告认为是孝靖后死时随葬，而后迁祔于定陵。

谥宝4件，其中X19∶1万历帝谥宝、X3∶10孝端后谥宝、X12∶13孝靖后谥宝。另一件X10∶2谥宝残，或属孝靖后（后文有说）。出土时分置于器物箱的盝顶匣内，孝靖后谥宝谥册同置一箱，其余三件各置一箱。

圹志，1件（3016），孝靖后死时"皇贵妃"圹志。

（十四）铜钱及其他

万历通宝共计1712枚，其中残破者302枚，孝端后棺内95枚，孝靖后棺内尸下垫褥

---

[1] 中国社会科学院考古研究所、定陵博物馆、北京市文物工作队：《定陵》上，文物出版社1990年版，第300页。附表二七，漆匣及铜什件登记表：W43∶1玉圭（W43）匣、W44∶1玉圭（W44）匣、W22抿子匣、D4匣（内无物）、X2∶5匣（内有银匣、无物）、X2∶7玉圭（X2∶8）匣、X2∶13佩饰（X2∶11、X2∶12）匣、X2∶14金梅花嵌珠霞帔（X2∶9）匣、X2∶15金香薰（X2∶16）匣、X14∶7佩饰（X14∶5、X14∶6）匣、X14∶8匣（内有银匣、无物）、X14∶9玉圭（X14∶10）匣、X14∶11金梅花嵌珠霞帔（X14∶12）匣、X14∶14铜簪（X14∶6）、勺匣、X12∶11谥宝印色匣（空）、X5∶4谥册（X5∶10）匣、X12∶2谥宝（X12∶13）匣、X12∶1谥册（X12∶18）匣、X11∶3玉饰（X11∶8）匣、X1∶3凤冠（X1∶2）匣、X2∶20凤冠（X2∶19）匣、X14∶21凤冠（X14∶22）匣、X15∶2凤冠（X15∶6）匣。铜什件略。

[2] 见后殿北壁下小型木明器的介绍。

内491枚，余者均出自万历帝尸下垫褥及衣服之间。

念珠6串，三串在万历帝尸体左手处，三串出自孝端后头部北侧漆盒D5内。其中菩提子念珠4串（W169、W169：2，数珠均108颗；D5：2，数珠残存101颗，D5：1，数珠残存78颗），琥珀念珠2串（W169：1，D5：3）。

圣发和指甲3件，夹在棉纸本里，分置于帝棺内头部及左右两侧。W306、W322纸层间夹小束头发，W325在纸中间夹小束头发和指甲。

蜡烛，4支，插在帝与孝端后神座前五供的烛台上。

檀香，3根，插在帝与二后神座前五供的香炉内。

白木香，出自孝端后棺内东、西两端，形状不规整，大小不一，共重11954.5克。

木炭，出自孝靖后头部，圆棒形，大小不等，共重2511.5克。

纸钱，孝靖后尸下第三层垫褥上，大量纸钱与"万历通宝"杂置。

二 万历帝棺内装殓物品与棺椁之上和侧旁置物

（一）棺椁形制与尸体殓衣

1. 棺椁形制

万历帝棺楠木，盖、底、挡头、侧壁板均为整块板材，棺内外髹朱漆，无纹饰。棺前高后低，前宽后窄，头足两挡上窄下宽。头挡通高1.42米，足挡通高1.35米。平板棺盖长3.34米，头端宽1.48米，厚0.22米，足端宽1.35米，厚0.19米；头端下缘作半圆弧形，足端略呈斜面。棺底平板长3.33米，头端宽1.7米，厚0.22米；足端宽1.5米，厚0.21米，四周出缘。棺内另有重底，厚0.05米。棺两侧壁板上缘长3.1米，下缘长3.2米，头端厚0.22米，足端厚0.20米；前后略有弧度，头端上部前倾，足端下部后倾，头端内侧呈半圆弧形。前后内侧各作沟槽，头足两挡板作半榫插入，外侧加铁钉，横向钉住，每侧前后各三钉。棺盖前端长出壁板，两侧与壁板平齐，足端斜齐。盖上用铁钉钉住两侧壁板，每侧二钉。棺底两侧壁板，用铁钉钉住，自上而下，每侧三钉（图9-1-22之2）。

万历帝木椁（部分倒塌）略呈长方形，前高后低，前宽后窄，头端平齐，上部略前倾，足端平齐，下部稍后倾。头足两端上部略窄、下部稍宽。椁盖、底、两侧板及头足挡头皆以松木平板拼接，无弧度。内外朱漆，无纹饰，椁板内有织锦残迹，可知椁内原有织锦衬里。椁板面粗糙，似未经加工直接施漆，漆面薄而无光泽。椁头端通高1.82米，足端1.74米。椁盖长3.9米，头端宽1.8米，足端宽1.66米。头挡上缘与椁盖齐，下缘宽1.88米。足挡上缘与盖的足端齐，下缘宽1.77米。两侧板上缘分别与椁盖平齐，下缘长3.65米。盖、挡头、侧板厚均0.065米。椁底宽厚，四周出缘，长3.9米，头端宽2米，足端宽1.84米，厚0.2米。椁底两侧又各装有两个大铜环。椁两端挡头木榫榫端外宽内窄，每侧六榫；两侧板前后相应作卯，卯外窄内宽，两者相互卯合，个别木榫加铁钉。椁两侧板各三板拼接，前后挡头各用五板。板间各凿长方孔，插入木条为"暗带"联结，每板间两带，又用两端尖的铁钉钉于两板之间，每板间各四钉。木条、铁钉隐于板内，椁底四周作沟槽，使横头与侧板落于沟槽内，用铁钉从侧面斜向钉住

（图 9-1-22 之 1）。

2. 尸体状况与殓衣[1]

万历帝尸体头西脚东，仰卧，仅剩骨架。面向上，头顶微向右偏，右臂向上弯曲，手置于头右侧。左臂略内弯下垂，手持念珠置于下腹部[2]。右腿膝部以下弯曲，左腿伸直，两脚外撇。头部黑褐色长发束带，自右向后再向左、前盘绕一周，余发披于脑后，横别三枚金簪[3]。头顶和前额略脱发，八字胡须黄褐色。牙齿曾患龋齿和牙周病，有楔状缺损、氟牙症和偏嘴嚼等。骨骼测量，头顶至左脚长 1.64 米。尸体置于锦被上，锦被两边上折，盖住尸体[4]。尸身穿殓衣，情况如下。

万历帝头戴黑纱小帽作衬（已朽），然后戴乌纱翼善冠（W167，图 9-2-1）[5]。冠竹胎，细竹丝编成六角形网格状，髹黑漆，内衬红素绢，外敷黄素罗，再以双层黑纱敷面。冠顶有"前屋""后山"。后山前嵌饰二龙戏珠，二龙作升腾"行龙"状，龙尾绕于"山"后，龙之鳞身金累丝编结，龙首、鳍、爪则打制而成。二龙各嵌宝石十四块（猫眼石、黄宝石各二块，红、蓝宝石各五块），珍珠五颗；二龙之间宝珠为金制花托镶嵌珍珠。冠之"前屋"低于"后山"，二者交界处有金制镂空束带，中间束结呈长方形冠花（长5.3、宽1厘米），两侧各嵌绿宝石一块。冠后插金折角两个，折角呈圆翅形，向上弯曲，折角边缘金片折卷制成，槽内残存竹丝细纱（竹胎纱面）。折角下部为金制扁筒形插座，二插座呈倒八字形。插座正面浮雕升龙，下为三山形，龙首之上一托"万"字，一托"寿"字。插座背面饰云纹，两侧各有三孔鼻，缝缀于冠。冠沿缀饰金累丝卷草纹花边（宽0.8厘米）。冠径19厘米，通高23.5厘米，金饰件总重307.5克[6]。

---

[1] 参见《定陵》上，文物出版社1990年版，图二九、三〇。

[2] 中国社会科学院考古研究所、定陵博物馆、北京市文物工作队：《定陵》上，文物出版社1990年版，第24页。说：万历帝手拿念珠一串。第233页说：念珠"三串放在万历帝棺内尸体左手处"，即W169、169：2菩提子念珠，W169：1琥珀念珠。

[3] 中国社会科学院考古研究所、定陵博物馆、北京市文物工作队：《定陵》上，文物出版社1990年版，第24页。说：万历帝"余发披于脑后，用金簪三枚横穿别住"；其后附表二九"万历帝首饰登记表"记：万历帝发髻上镶宝金簪4枚。即W166、W166：1、2、3。

[4] 中国社会科学院考古研究所、定陵博物馆、北京市文物工作队：《定陵》上，文物出版社1990年版，第24页。说："万历帝尸体放置在一条锦被上。"按，该书第124页"被褥"条及书后附表一一，无锦被，均为缎被，疑"锦"误。附表一一，绵被及夹被登记表，W163拓黄织金妆花缎丝绵被，"万历帝棺内尸体上第一层"，可能就是两边上折盖住尸体的绵被。

[5] A. 胡汉生：《明朝帝王陵》，北京燕山出版社2001年版，第171页。引《大唐新语》记载，"贞观八年，太宗初服翼善冠"，冠名因"转脚不交向前，其冠缨象'善'字"而得。
B.《明史》卷六十六，《舆服二》记载，"皇帝常服，洪武三年定，乌纱折角向上巾"，"永乐三年更定，冠以乌纱冒之，折角向上，其后名翼善冠"。

[6] 中国社会科学院考古研究所、定陵博物馆、北京市文物工作队：《定陵》上，文物出版社1990年版，第205页文及图三〇五。《定陵》下，彩版一一二、一一三。

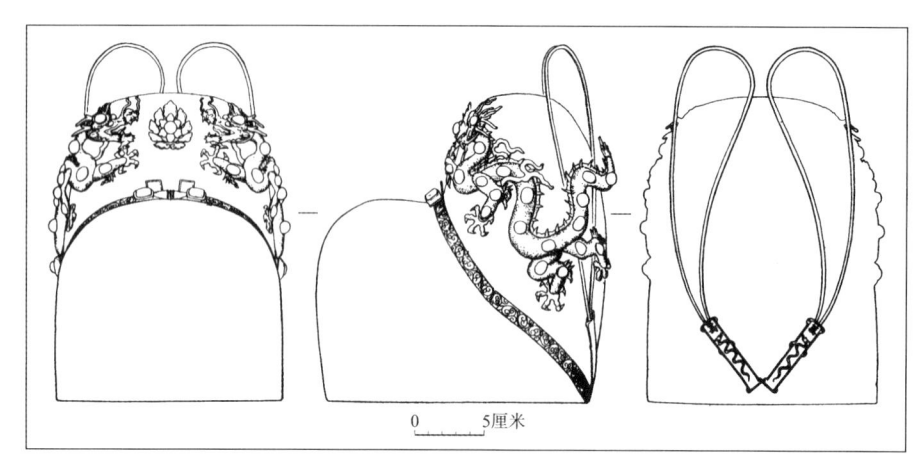

图 9-2-1 北京明十三陵定陵万历帝乌纱翼善冠 W167 复原图

身穿红七巧云纹缎绣十二章衮服（W174）[1]，内套黄四合如意连云纹缎交领中单

---

[1] A.《明史》卷六十六，《舆服二》记载：洪武十六年定衮冕之制，"衮，玄衣黄裳，十二章，日、月、星辰、山、龙、华虫六章织于衣，宗彝、藻、火、粉米、黼、黻六章绣于裳"。"白罗中单，黻领青缘襈。"洪武二十年更定，"衮，玄衣纁（浅红）裳，十二章如旧制。中单以素纱为之"。永乐三年定，"衮服十有二章。玄衣八章，日、月、龙在肩，星辰、山在背，火、华虫、宗彝在袖（每袖各三），皆织成本色领褾襈裾（褾者袖端，襈者衣缘）。纁裳四章，织藻、粉米、黼、黻各二，前三幅，后四幅，前后不相属，共腰，有辟积，本色綼裼（裳侧有纯谓之綼，裳下有纯谓之裼，纯者缘也）。中单以素纱为之，青领褾襈裾，领织黻文十三"。嘉定八年制，"衣有六章，古以绘，今当以织"，"日、月各径五寸"，"裳六章，古用绣、亦当从之。古色用玄黄，取象天地。今裳用纁，于义无取，当从古"。

B.《大明会典》（江苏广陵古籍出版社 1989 年版）卷六十《皇帝冕服》嘉靖八年定制："衣，玄色，凡织六章，日月在肩，各径五寸。星山在后，龙华虫在两袖，长不掩裳之六章。裳黄色，为幅七，前三幅，后四幅，连属如帷。凡绣六章，分作四行：火、宗彝、藻为二行；米黼黻为二行。"

C. 中国社会科学院考古研究所、定陵博物馆、北京市文物工作队：《定陵》上，文物出版社 1990 年版。记载：刺绣衮服三件，二件残碎严重，仅 W336 保存较好。第 82 页说：三件刺绣、二件缂丝衮服形制基本相同。以 W336 为例，衮服盘领、大袖、窄袖口，领右侧钉纽袢一对。全身分五大片：两袖、前片（包括大小襟）和后片。两袖各接一幅，大小襟各接一幅，两侧各打两个折，上窄下宽，无里（按 W174 有衬摆）。在后片的左右腋下各钉一系革带的袢，袢长 9 厘米，宽 2 厘米。袢侧有细缎带一对，宽 0.2 厘米，长 20—30 厘米，为一根对折。大襟与小襟的外侧各钉罗带两根，带长 40 厘米，宽 1.5—2.8 厘米。左右腋下又各钉罗带一根，宽 1.6 厘米，长 30 厘米，以便系结。袖口缘边为月白素绫，里面贴边宽 2 厘米，大襟下摆内折贴边 2.5—4 厘米（图 9-2-2）。130—131 页记载：W336 黄色卍字如意纹缎，纹样主要用彩绒抢针绣，花纹轮廓钉绒包柱线。十二团龙均为侧面升龙戏珠，下绣海水江崖，龙周围饰云纹。前胸及后背自上而下各三团龙，前胸上部团龙头向右侧，中间向左侧，下部向右侧。下摆两侧各二团龙，头向中间，背部团龙头向与胸部各团龙头向相反（图 9-2-3）。两肩各一团龙，头相对（图 9-2-4 之 3）。胸、背上部团龙蓝色，中部团龙红色、下部团龙绿色；下摆左侧团龙绿色，右侧团龙红色；两肩团龙红，绿各一。团龙内火珠红色，云红色和蓝色，江崖蓝色，海水绿色。各色团龙均以深浅变化作晕色处理。此外，左肩绣红日，右肩绣牙白色月。背部星辰饰红、黄、深蓝、白五色；山则蓝三晕色。两袖分绣华虫（雉鸡）各二，饰红、黄、蓝、绿四色。胸前和背后团龙两侧，自上而下各一行宗彝、藻（绿色）、火（红色）、粉米（红地、米白色），黼和黻（三蓝色），以上见图 9-2-4。

（W174∶1）[1]，衮服外腰束玉革带（W165）[2]。尸身穿黄缎短内衣，下身穿黄素绫绵裤

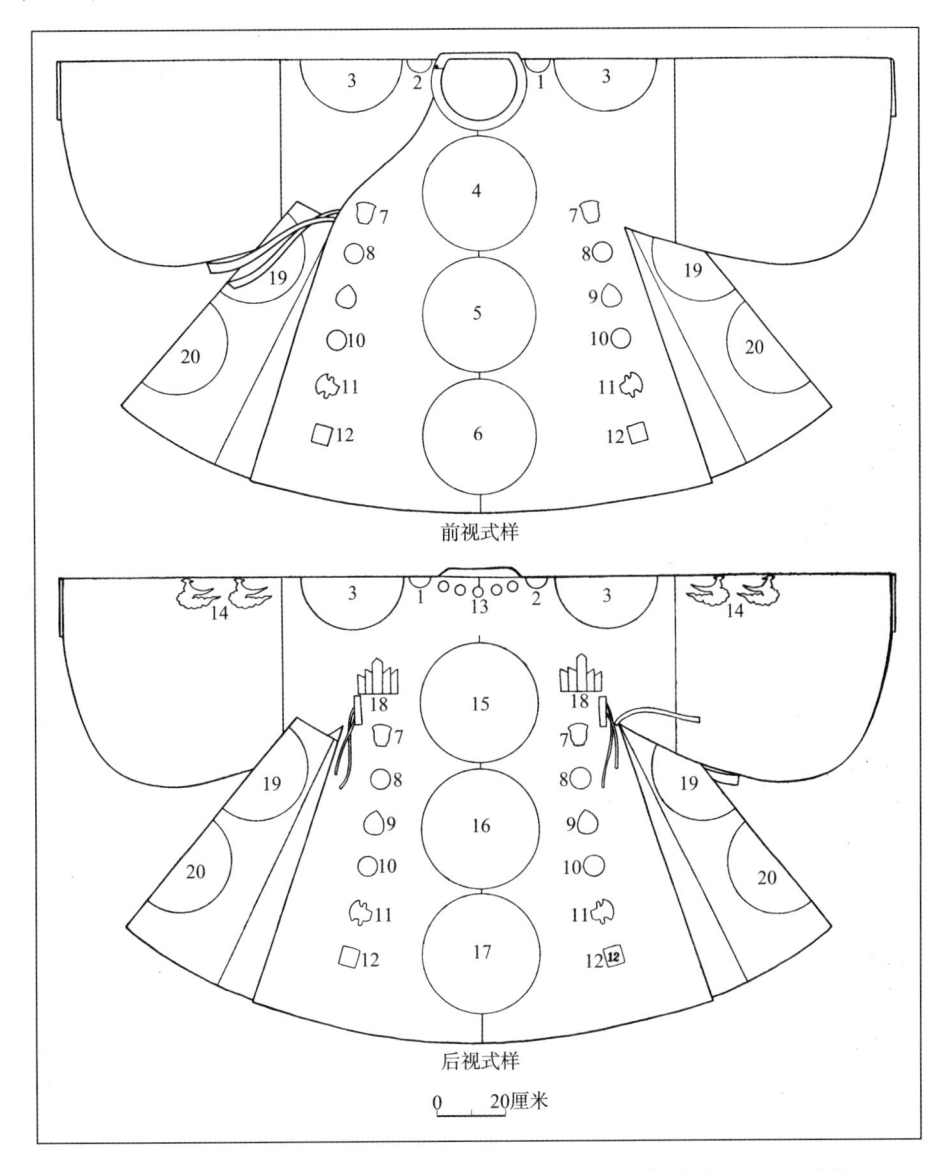

图9-2-2 北京明十三陵定陵万历帝绣十二章衮服W336式样

[1] 中单，见前注。套在冕服、皮弁服之内。帝棺内所出中单有缎、紬、绫，无纱、罗，且有夹绵之分。

[2] A. 玉革带：W165两层黄色素缎中间夹一层皮革为带，带一端缝缀鎏金铜插座，上下有方孔，中间有椭圆形孔，另一端缝缀舌形簧。革带面饰二十块羊脂玉带版，即前面正中一横长方形，两侧各一竖长条形，又其两侧各三块桃形玉版，又后各一小长条形玉版（辅条），再后各有一端呈圆弧状横长方形玉版，后面有七块横长方形玉版（图9-2-11，W165与之同）。

B. 《大明会典》卷六十《皇帝冕服》，《明史·舆服二》均未记革带形制，其中永乐三年定制皆未提到革带。故《明史》卷六十六，《舆服二》，嘉靖八年谕阁臣张璁才有"衮冕有革带，今何不用？"之语；又记"帝意乃决"。因复谕璁曰："……革带即束带，后当用玉，以佩绶系之于下。"最后记"帝乃令择吉更正其制"，"革带前用玉，其后无玉，以佩绶系而掩之"。可见革带几径变化，W165玉革带后有玉。

1. 前身下部

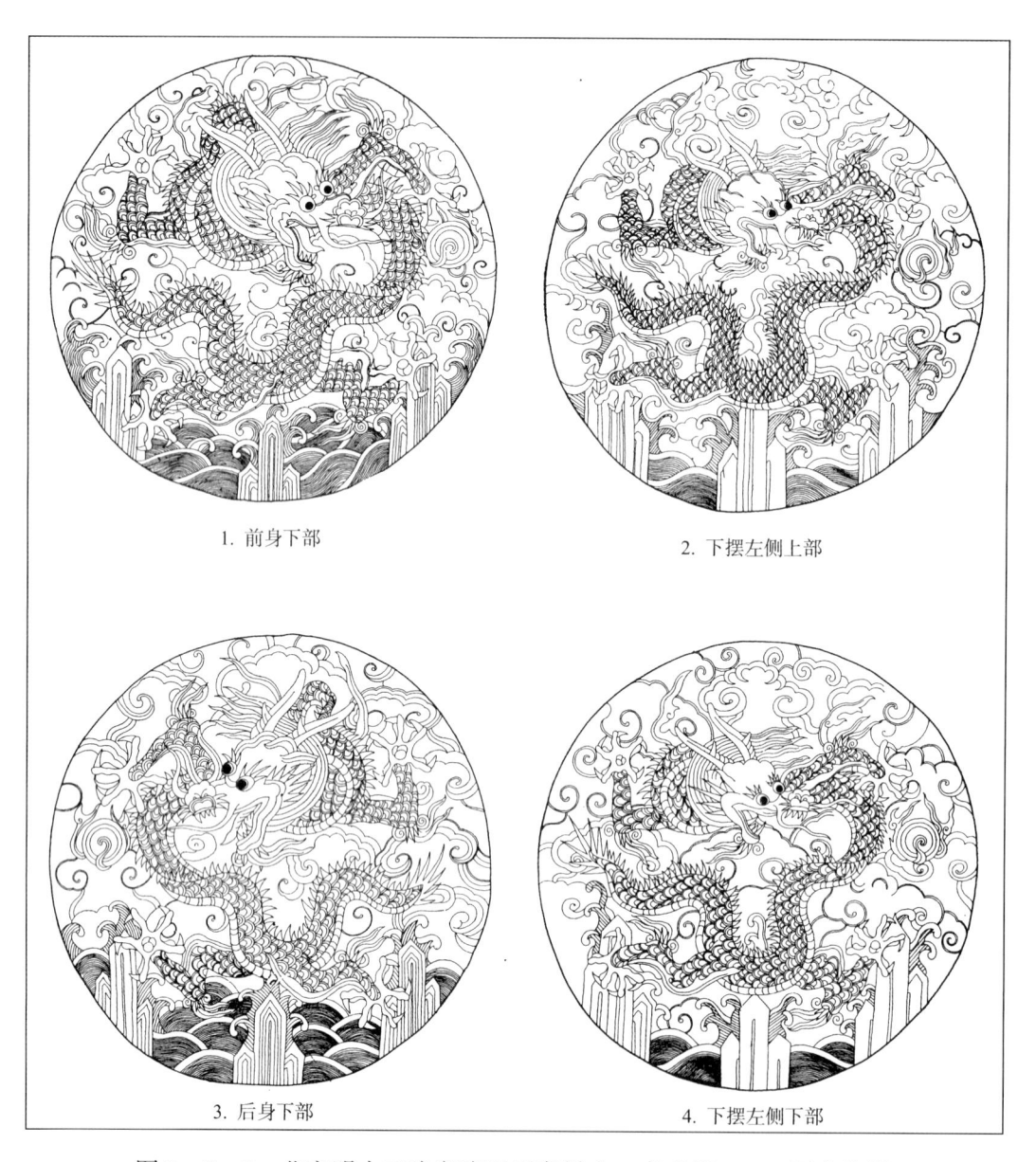

2. 下摆左侧上部

3. 后身下部

4. 下摆左侧下部

图 9-2-3　北京明十三陵定陵万历帝绣十二章衮服 W336 团龙纹样

第九章 定陵玄宫 475

图 9-2-4 北京明十三陵定陵万历帝绣十二章衮服 W336 纹样

（W172），足穿红素缎高统单靴（W170，底、面质料相同）[1]，裤脚装在靴筒内。头发横插三枚（或四枚）金簪，头下长方形枕（W176，一对，内装籽棉），两端缀方形金枕顶（《定陵》上，图二六四）[2]。左手持菩提子念珠和琥珀念珠[3]。

前述万历帝头上所戴乌纱翼善冠，与《明史》和《大明会典》所记"冠以乌纱冒之，折角向上"大致相同[4]，其具体形制则弥补了文献记载之不足。因该乌纱翼善冠有"万"和"寿"字，或专为死者制作的"寿"冠。

万历帝尸身穿的衮服呈袍式，不同于《明史》和《大明会典》所记上衣下裳样式，而与神宗（万历帝）画像袍式衮服相同[5]。从明代诸帝画像资料来看，大致以英宗之后多穿此类样式衮服（此类衮服不系佩、绶、蔽膝、大带等物）[6]，该式样不见于载籍。万历帝所穿十二团龙十二章衮服，以十二团龙为主体纹样，其他十一章（包括文献记载的裳六章）纹样分置于团龙之上下和两侧（在织造十二章纹时，改变了以前衣织裳绣定制，而统一织造方法，或缂丝或刺绣）。其中日、月、星、山、华虫所在位置与嘉靖八年定制相同。十二团龙文献不载，嘉靖八年定制龙在两袖（在两肩与袖之间）。衮袍内套中单（衮袍内均套中单），棺内所出与之同类型中单（W336：1）领面钉有绒绣黼文十三个，与文献记载相合[7]。玉革带和靴，文献无具体形制的记载；长方形的金枕顶不见于载籍。

据上所述，可知万历帝时，袍式衮服既与冕相配也可与乌纱翼善冠相配，作为郊天祀祖等大礼时的礼服，同时袍式衮服与乌纱翼善冠相配亦可做常服，薨后还可作为殓衣。而

---

[1] A. 舄，鞋之通称。《明史》卷六十六，《舆服二》记载：洪武十六年定制，"黄袜、黄舄，金饰"；洪武二十六年定制，"朱袜、赤舄"。永三年定制，"袜舄皆赤色，舄用黑绚纯，以黄饰舄首"。嘉靖八年定制"朱袜、赤舄，黄绦缘玄纓结"。
B. W170为靴，红色，其形制见《定陵》上（文物出版社1990年版），第122页。又第123页记棺内出云履毡袜W357靿与帮相接处钉黄色扁绦带两条，鞋前面缀红丝缨一对。W358云头处缀黑丝缨。看来其制与嘉靖八年定制基本相同。

[2] 中国社会科学院考古研究所、定陵博物馆、北京市文物工作队：《定陵》上，文物出版社1990年版，第161页。记载：金枕顶W176，方形，四角内弧。沙地，以金版锤打成凸纹，其上雕刻花纹。外周框内刻花瓣纹，中间为一朵变形番莲纹，莲瓣刻作如意云形，中心嵌大型红宝石一块，周围嵌珍珠十五颗，象征莲芯，四角各嵌蓝宝石一块。其中一端在枕顶背面中部残留朱色藏文三字。两端其残存红宝石一块，蓝宝石八块，朽珠十七颗。枕顶宽16.2、高16厘米（《定陵》上，图二六四）。

[3] 中国社会科学院考古研究所、定陵博物馆、北京市文物工作队：《定陵》上，文物出版社1990年版，第233页。记载：三串念珠放在帝尸左手处，其中菩提提子念珠二串（W169，W169：2），琥珀念珠一串（W169：1）。其形制见第233页，均有佛头。

[4] 明万历：《大明会典》，江苏广陵古籍出版社1989年版。卷六十"常服"条之附图。

[5] 胡汉生：《明朝帝王陵》，北京燕山出版社2001年版，第117页明神宗画像。

[6] 胡汉生：《明朝帝王陵》，北京燕山出版社2001年版。第175页的介绍，第240页明孝宗画像，第254页明世宗画像，以及第225页明英宗画像，第232页明宪宗画像，第248页明武宗画像，第265页明光宗画像，第274页明熹宗画像等。

[7] 中国社会科学院考古研究所、定陵博物馆、北京市文物工作队：《定陵》上，文物出版社1990年版，第91页。

万历帝尸身所穿内衣、裤、靴，金枕顶长方形枕，大概是万历帝生前日常所用同类物品的反映，念珠则标示万历帝生前信仰佛教。

(二) 万历帝尸体上下覆盖和铺垫物品

棺内装殓物品置于尸体之上、下及四周，尸体上覆盖约十层，尸体下铺垫约九层[1]。下面结合尸体上一至五层，尸体下三至五层和八层随葬品分布图，介绍棺内装殓物品概况。

1. 尸体上一至五层置物

《定陵》上，图四一图四四（图9-2-5）万历帝尸体上第一至第五层随葬器物件分布图，标示的仅是各层最上面的可视部分。其中图四二（图9-2-5中左）、四三（图9-2-5中右）第二、三层随葬器物分布图只有棺内两端部分，图四二第二层（图9-2-5中左）与图四一（图9-2-5上）第一层器物多有重复，两层很难截然分开。各图器物编号多有跳跃和相互参差，正文中对各层遗物无明确交待。因此，下面只能据图四一—四四（图9-2-5）结合《定陵》上一书书后附表三六"定陵随葬器物登记表"等，大体判断棺内不同部位主要置放那些器物和物品。

第一，棺内西北部。棺内最上层覆盖锦被，锦被下即"自上而下等一层"[2]。图9-2-5上棺内尸体上第一层西北部在W1袍料、W2包漆盘夹袱外，露W3金托盘玉爵、W4金托盘玉碗、W6漆盒、W7漆盘边缘、W24金执壶、W26金提梁罐、W27金盆。图9-2-5第二层，揭去第一层包漆盘夹袱后露出W7漆盘，盘上的W5玉盂、W6漆盒（盒内有铜镜W6:1，素面，直径10.2厘米）。漆盘上置W8竹抿子、木梳、竹篦等。《定陵》上一书附表三六记载，W8:1木梳、W8:2木梳、W8:3玉篦、W8:4竹篦、W8:5木抿子、W8:6—10竹篦、W8:11圆刷，以上当同为一组置于一处。《定陵》上一书附表一五"金器登记表"记载，W9金爵（附金托一个）、W25金执壶置于棺内西端北侧，故应置于前述棺内西北角金器器物群中。图9-2-5第三（含四）层，西北角上面似覆盖W12罗袍料，其下图中显示有W11金翼善冠（图9-2-6）[3]、W14首饰匣、W22漆抿子匣

---

[1] 尸体上下所置物品，大致分层放置，但发掘时已难截然分层。《定陵》上（文物出版社1990年版），第42页注释①说：尸体上下放置的器物，所分层次，只是为记录方便计，是相对而言，有些大型器物则很难分出层次。

[2] 中国社会科学院考古研究所、定陵博物馆、北京市文物工作队：《定陵》上，文物出版社1990年版，第24、第42页。该锦被报告正文和附表——均未交待。

[3] 金翼善冠（W11）。《定陵》上（文物出版社1990年版），第203页。记述：出土时装在一圆形木盒内（残朽），冠金丝编结，前屋、后山分制，以粗金丝连缀，外面用双股金丝编结成的辫形条带压缝。二折角单独编制，下部插入长方形管内。后山嵌二龙戏珠，龙身两外侧以粗金丝为骨，采用掐丝、累丝、码丝方法焊接，形成镂孔鳞状，呈高浮雕式。龙首、爪、鳍打制錾刻，火珠打制、火焰填丝而成。龙身曲屈盘绕在后山上，尾部上翘贴在二折角上，四足或曲或伸。围绕后山下沿饰卷草纹花边一周，宽0.3厘米；后山下部嵌一累丝制成的冠形帽饰。冠口略呈椭圆形，嵌有金口圈，内宽1.8，外宽0.2厘米。冠通高24、后山高22、冠高14.7、冠口径20.5厘米，重826克。该金冠结构复杂，采用多种工艺，以极细金丝编结堆垒焊接而成，孔眼匀称，不露接头，二升龙凌空而起，气势雄浑，其造型和工艺令人叹为观止。

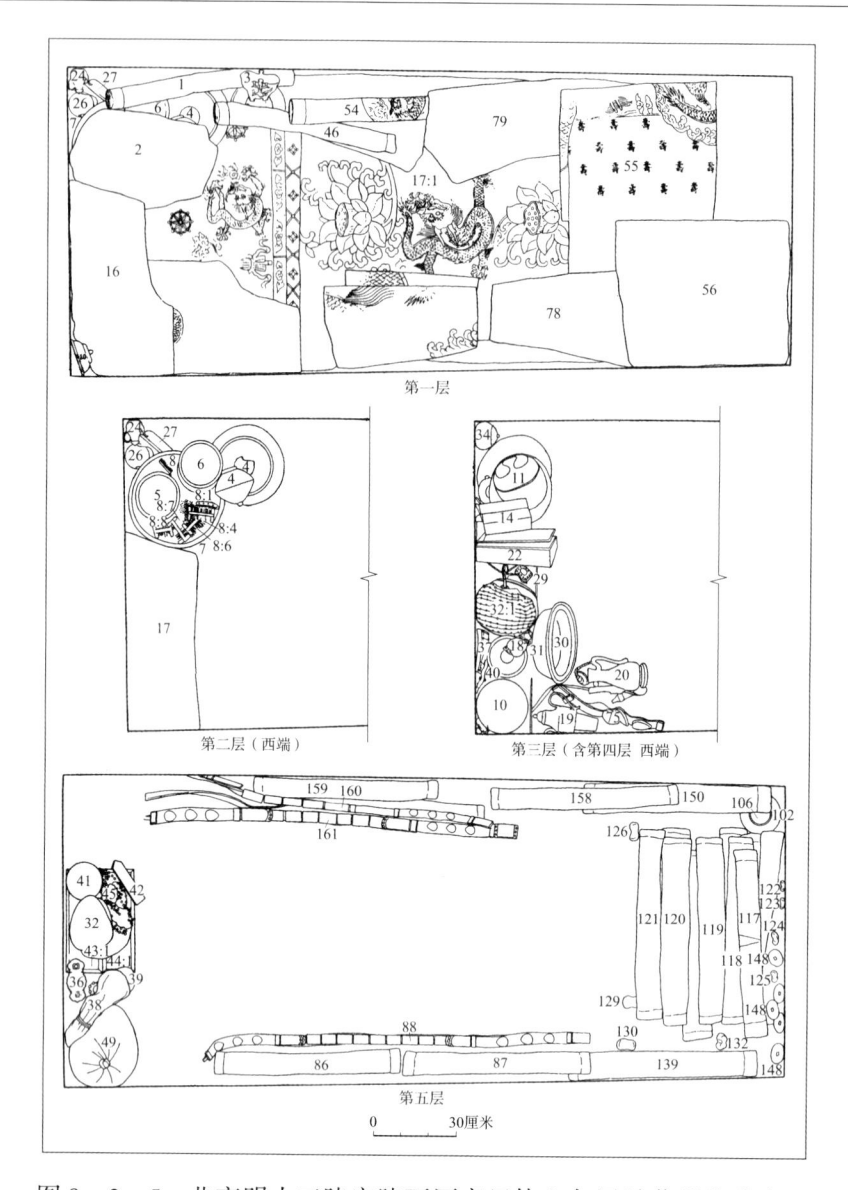

图 9-2-5 北京明十三陵定陵万历帝尸体上各层随葬器物分布图

万历帝尸体上第一层随葬器物分布图

1. 袍料　2. 包漆盘夹袱　3. 金托盘玉爵　4. 金托盘金盖玉碗　6. 漆盒　7. 漆盘　10. 青花瓷碗　16. 绛纱袍　17:1. 织金妆花缎夹被　24. 金执壶　26. 金提梁罐　27. 金盆　46、54. 袍料　55. 妆花缎衬褶袍　56. 纱袍　78. 四合云纹紬绣四团龙补交领龙袍　79. 月白绫大袖社道袍

万历帝尸体上第二层随葬器物分布图（西端）

4. 金托盘金盖玉碗　5. 玉盂　6. 漆盒　7. 漆盘　8. 竹抿子　8:1.、8:6—8:8. 竹篦　17. 八宝纹缎夹被　24. 金执壶　26. 金提梁罐　27. 金盆

万历帝尸体上第三层随葬器物分布图（西端）

10. 青花瓷碗　11. 金翼善冠　14. 首饰匣　18. 錾金银托盘双耳白玉杯　19. 金酒注　20. 金托玉执壶　22. 漆抿子匣　29. 长方形金带饰　30. 白玉盆　31. 三菱形金带饰　32:1. 皮弁　34. 金唾壶　37. 长条形金带饰　40. 木带钩　75. 玉革带

万历帝尸体上第五层随葬器物分布图（西端）

32. 冕冠　36. 金带饰　38. 大碌带（外包带衣）　39. 金盘　41. 玉盂　42. 玉圭　43:1、44:1. 玉圭匣　45. 玉佩饰　49. 乌纱翼善冠（冠外袱皮）　86、87. 匹料　88. 玉革带　102. 金盆　105. 金漱盂　117. 袍料　118、119. 匹料　120. 袍实　121. 匹料　122—126、129、130、132. 金锭　139. 匹料　148. 万历通宝（5枚）　150、158. 匹料　159. 袍料　160、161. 玉革带　105、126 图中未标示

图9-2-6 北京明十三陵定陵万历帝金翼善冠W11

（W22∶1、2竹抿子）、W34金唾壶（附金盘一个）。W13、W15∶1—65金首饰出于W14首饰匣内[1]。W33金尊、W33∶1金漏勺、W33∶2金勺、W33∶3金匙，《定陵》上一书附表一五记载出于棺内西端北侧，似当在W34金唾壶附近；又W35包金木箸又似靠近W34和W33。据上所述，可知棺内第一、二层西北部主要置金、玉（少量）和个别漆质的盛

---

[1] 中国社会科学院考古研究所、定陵博物馆、北京市文物工作队：《定陵》上，文物出版社1990年版，第195页。记述：万历帝首饰，"共73件，包括簪、钗。主要出于万历帝棺内西北角的首饰匣（W14）内。匣已残朽，匣顶有朱书'口岁口宝'四字。另外，在包裹首饰匣的绢袱上亦有墨书字迹"；"这些首饰除个别簪之外，绝大多数都镶嵌着宝石和珍珠，特别是镶嵌猫睛石的为上品"。

器、酒具、食器和食具，以及圆漆盘上所盛各种梳妆用品。第三层分两组，一是金翼善冠和首饰，二是与上层相关的食器和食具以及属日常生活用具的金唾壶等。

第二，棺内西南部（包括西端中间部分）。图9-2-5西南部W16为绛纱袍（W16：1为镶金木笏），其下为图9-2-5第二层之W17八宝纹缎夹被，将其揭开后露出图9-2-5第三（含四）层器物。即W10青花瓷碗（图9-2-5第一层已露出）、W18鎏金银托盘双耳白玉杯、W19金酒注、W20金托玉执壶、W29长方形金带饰[1]、W30白玉盆、W31三菱形金带饰[2]、W32：1皮弁（图9-2-7）、[3]W37长条形金带饰[4]、W40木带钩（《定陵》下，彩版一二九）[5]、W75玉革带（图9-2-8）[6]。《定陵》上一书附表三六之W76椭圆形金带饰或距W75玉带不远[7]。图9-2-5下，第五层西端中部至西

---

[1] 中国社会科学院考古研究所、定陵博物馆、北京市文物工作队：《定陵》上，文物出版社1990年版。第208页。记述：镶珠宝金带饰共14条，均出自万历帝棺内西端，绝大多数在北侧，少数在南侧。带饰皆花丝镶嵌，做工极细，造型多样，构图新颖，同类型中又有变化。W29长方形金带饰，《定陵》上。第209页，《定陵》下，图版二九五、二九六。

[2] 中国社会科学院考古研究所、定陵博物馆、北京市文物工作队：《定陵》上，文物出版社1990年版，第209页，嵌有猫眼石一块，及其他宝石和珍珠；《定陵》下，图版二九一、二九二。

[3] 皮弁（W32：1），A.《定陵》上（文物出版社1990年版），第205页。记述：皮弁已残坏，竹胎，以细竹丝编结成六角形网格状，上髹黑漆，内衬红绢里，面敷三层黑纱。在口里侧衬一道红素罗，宽3.3厘米；前后又各钉半圆形黑素纱垫一个，长13、宽7.8厘米。口外沿贴金箍一道（金箔），宽0.8厘米。弁前后各十二缝，每缝内钉包金竹丝一缕。缝中各缀玉珠九颗（红色三颗，白、绿、黑各二颗）、珍珠三颗。共残存玉珠二百零六颗，珍珠全部朽坏。贯簪处两侧各钉一花形圆金饰，径3.2厘米，孔径1.5厘米。系缨处两侧各钉二个花形圆金饰，径2.6、孔径1厘米。前后各钉一长方形中空金饰片，前面者长4.8，宽2.5厘米，后面者长4、宽2.2厘米。玉簪一件，顶作方形阶梯状，每边长2、高1厘米。簪为二段，粗的一段长4.5厘米，细的一段长6.5厘米。每段各有穿孔二个，孔径0.5、两孔相距1厘米，备穿线系结。系于簪两端的红色圆绦带通长115、缨长7.8厘米。结于颔下的两根红色丝绦带，各残长27、缨长7.8厘米。径复原，弁口径19、高19.4厘米。金饰件总重34.5克（图9-2-10，《定陵》下，图版二七五）。

B.《明史》卷六十六"舆服二"："皇帝皮弁服。朔望视朝、降诏、降香、进表、四夷朝贡、外官朝觐、策士传胪皆服之。嘉靖以后，祭太岁山川诸神，亦服之。其制自洪武二十六年定。皮弁用乌纱冒之，前后各十二缝，每缝缀五采玉十二以为饰，玉簪导，红组缨。其服绛纱衣……"按W32：1，以三颗珍珠代三玉珠，九玉珠仅四色。

[4] W37，见《定陵》上（文物出版社1990年版），第209页；《定陵》下，图版二九三。

[5] W40，以树根自然弯曲之形雕龙身，腹部与龙额各嵌猫眼石一块。见《定陵》上（文物出版社1990年版），第209页，彩版5，《定陵》下彩版一二九。

[6] W75，《定陵》上（文物出版社1990年版），第207页，图27，《定陵》下，图版二七八。

[7] W76，《定陵》上（文物出版社1990年版），第209页；《定陵》下，图版二九八。

第九章 定陵玄宫 481

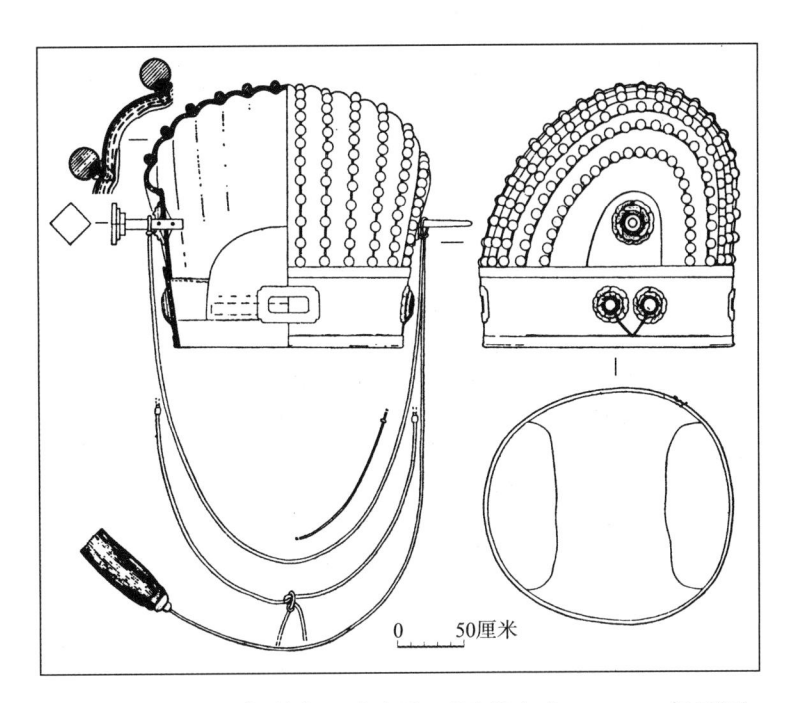

图 9-2-7 北京明十三陵定陵万历帝皮弁 W32：1 复原图

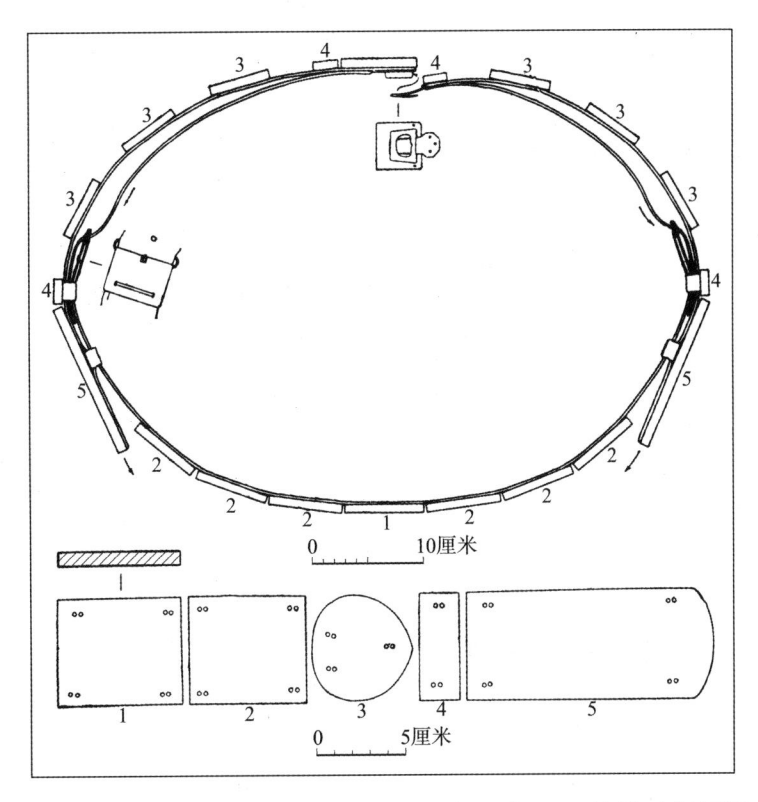

图 9-2-8 北京明十三陵定陵万历帝玉带 W75 饰件及复原图
1、2. 长方形玉版 3. 桃形玉版 4. 小辅条 5. 一端呈圆弧状的长方形玉版

南端。西端中部似有一长方形盘，其上有 W32 冕冠（图 9-2-9）[1]、W41 玉盂、W42 玉谷圭（《定陵》上，图三一一）[2]、W43：1 玉圭匣（W43）、W44：1 玉圭匣（W44）、W45 玉佩饰（一副 2 件）[3]。《定陵》上一书附表三六记载，W43 玉镇圭（《定陵》上，

---

[1] W32 冕冠。A.《定陵》上（文物出版社 1990 年版），第 203 页。记述：冕冠前圆后方，上覆冕板，前后各缀十二旒。桐木冕板长 38.7、宽 19 厘米。上面贴黑素缎一层，下面贴红素缎一层。每旒穿玉珠九颗（白色三颗，红、蓝、绿各二颗），珍珠若干（朽烂）。以五股红色丝线相系，每贯一珠结一死结，使之不相并连。旒长 17 厘米，两旒距 1.6 厘米。共有玉珠二百一十六颗。冕竹胎，以细竹丝编结成六角形网状，髹黑漆，里衬一层红素绢，面敷三层黑素纱；冕口里面衬一周红素罗，宽 3.5 厘米。前后缀以半圆形垫（黑素缎面，红素绢里），长 13、宽 9 厘米。口外缘贴金箍两道（金箔），宽 0.5 厘米。金箍两道相距 3 厘米，前面二道之间贴一长方形金饰；后面钉罗带三条，相互交叉，长 6.5、宽 0.4 厘米。两侧系带处各贴金花形饰两个（金箔），径 2 厘米。冕顶有玉衡一条，长方形，长 19.3、宽 1、厚 0.9 厘米。玉衡两端各有两圆孔，用以缝线；玉衡上部有长方形沟漕一道，长 18.1、宽 0.8、深 0.5 厘米。玉簪贯纽。簪的形制、红圆绦带、红丝带情况与前述皮弁相同。两耳部各系二玉瑱，一白一绿，白玉瑱径 1.1 厘米，绿玉瑱径 1.3 厘米。另外，两端十二旒各有一扁方形红色罗袋，收藏冕时用以装旒，宽 19.5、长 10.5 厘米。袋口一侧缝罗带二根，中间一根长 38，另一根长 22，宽均 0.4 厘米。两袋之间用中间的罗带相连。冕口长 19、宽 16 厘米，冕高 17 厘米。图 9-2-12，《定陵》下图版二七四。
B.《明史》卷六十六，《舆服二·皇帝冕服》：洪武十六年定，"冕前圆后方，玄表纁里。前后各十二旒，旒五采玉十二珠，五采缫十有二就，就相去一寸。红丝组为缨，黈纩充耳，玉簪导"。洪武二十六年定，"冕版广一尺二寸，长二尺四寸。冠上有覆，玄表朱里，余如旧制"。永乐三年定，"冕冠以皂纱为之，上覆曰綖，桐板为质，衣之以绮，玄表朱里，前圆后方。以玉衡维冠，玉簪贯纽，纽与冠武（足前体下曰武，绶在冠之下，亦曰武）并系缨处，皆饰以金。綖以左右垂黈纩充耳（用黄玉），系以玄紞，承以白玉瑱朱纮。余如旧制"。
C.《大明会典》卷六十《皇帝冕服·衮冕》：永乐三年定制，有"前后各十有二旒"，"贯五采玉珠十二。赤、白、青、黄、黑相次"之语。
按 W32 冕之形制与上述永乐三年定制大体相同。《定陵》上（文物出版社 1990 年版），第 203 页说："以 23 厘米合一周尺计算，W32 冕板长约一尺七寸，宽约八寸"，较永乐三年定制冕版广一尺二寸，长二尺四寸小许多。又冕口长 19 厘米约合八寸，宽 16 厘米约合 7 寸，冕高 17 厘米约合 7.3 寸。此外，W32 玉珠缺黄，有蓝、绿无青黑，并有珍珠。上述情况似乎表明，W32 或专为装殓制作的。

[2] W42 谷圭。《定陵》上（文物出版社 1990 年版），第 211 页。记述：W42，碧玉制，每面饰谷纹五行，共一百零八枚。圭长 23.2、宽 4.4、厚 1 厘米（图《定陵》上，图三一一之 4）。

[3] A. W45：1、2，佩饰一副二件。《定陵》上（文物出版社 1990 年版），第 209—210 页。记述："从出土情况观察，每件佩玉原都装在一个黄色纱袋内，佩钩露于袋外，袋口用丝线缝着。"（袋已朽）W45：1、2 二件玉佩形制大小相同，通长 55 厘米。"顶有玉珩一，上部有二孔，穿有黄色粗丝线于顶部结在一起，下有五孔系组，各穿玉珠十五颗，中间三组连于瑀上，两侧连于琚上。瑀下部中间一孔穿玉珠十五颗，两侧两孔穿珠各十六颗与下部玉花相连；琚下穿玉珠十九颗与下部玉花两侧各一珠相连，向下又穿珠三十二颗与玉璜相结。玉花下中中间一行穿玉珠二十一颗与珩形饰相结。两侧两行各穿玉珠二十二颗与下部玉滴相结。全佩共用玉珠二百九十一颗。玉饰件上两面有相同纹饰，除瑀上为描金牡丹花纹外，其他都是描金云凤纹"。
B.《明史》卷六十六，《舆服二·皇帝冕服》：永乐三年定，"玉佩二，各用玉珩一，瑀一，琚二，冲牙一，璜二；瑀下垂玉花一、玉滴二；琢饰云龙文描金。自珩而下系纽五，贯以玉珠。行则冲牙、二滴与璜相触有声。金钩二"。W45 与之形制基本相同。
玉佩是冠服制度中的主要佩饰之一，系于革带左右两侧。明代皇帝冕、弁服，皇后礼服均有玉佩，亲王以下至文武大臣朝服亦按等差服不同玉料的玉佩。

第九章 定陵玄宫 483

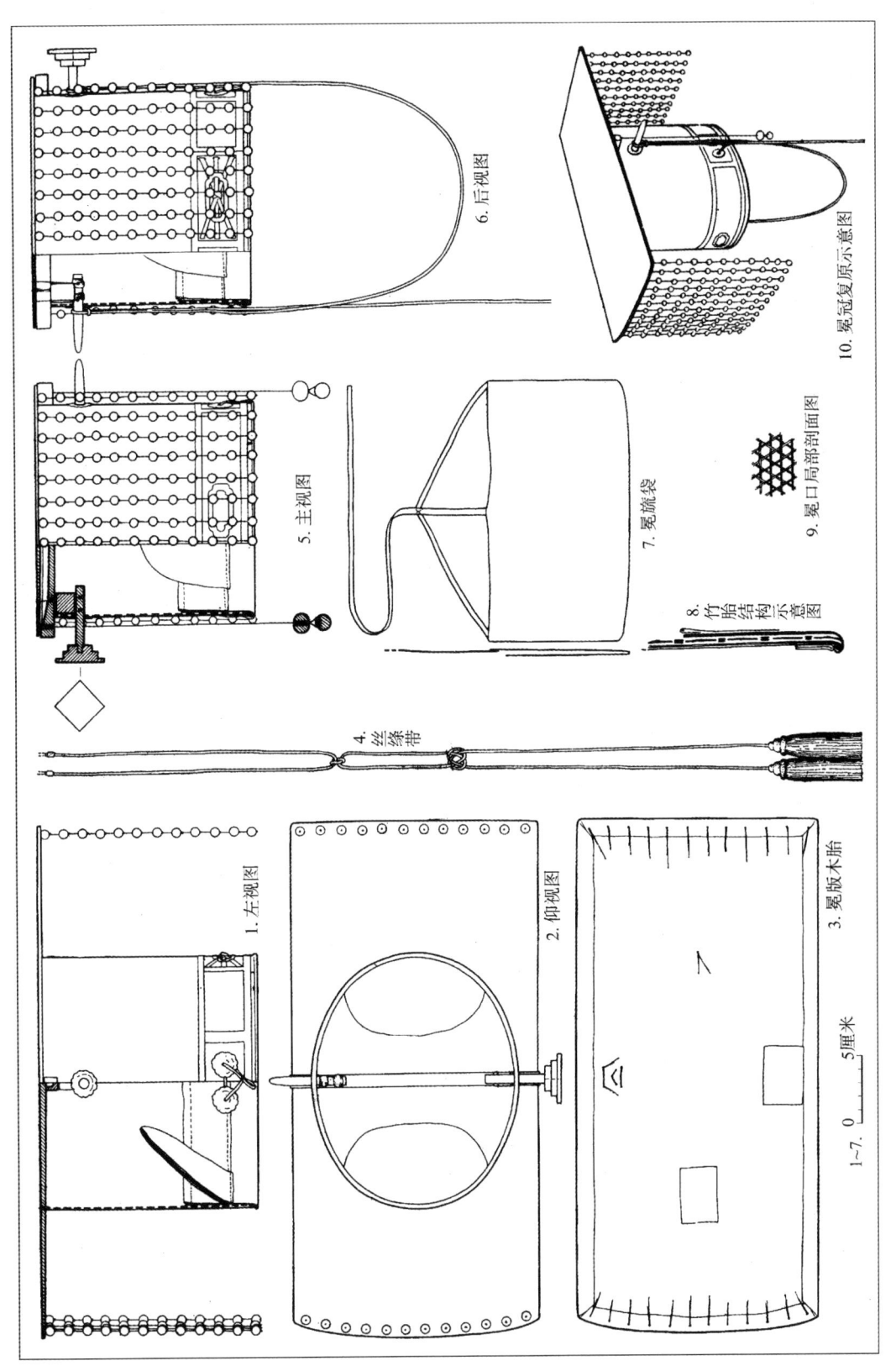

图 9-2-9 北京明十三陵定陵万历帝冕冠构件 W32 及复原图

1. 左视图 2. 仰视图 3. 冕版木胎 4. 丝缘带 5. 主视图 6. 后视图 7. 冕䌷袋 8. 竹胎结构示意图 9. 冕口局部剖面图 10. 冕冠复原示意图

1~7. 0 5厘米

图三一一之1)[1]、W43：2 玉圭袋、W43：3 织金纻丝玉圭垫、W43：4 紬玉圭垫、W43：5 绢玉圭垫、W43：6 罗套手玉圭套、W43：7 缎套手玉圭套、W43：8 缎套手玉圭套、W43：9罗套手玉圭套、W43：10 缎套手玉圭套、W43：11 玉圭套；W44 玉脊圭（《定陵》图三一一之2)[2]、W44：2 玉圭带、W44：3 紬玉圭垫、W44：4 紬玉圭垫、W44：5 罗套手玉圭套、W44：6 罗套手玉圭套、W44：7 缎套手玉圭套、W44：8 玉圭套。这是一套冕冠和玉圭、玉佩饰组合。该组之南，W36 云头形金带饰（《定陵》下，彩版一二一、一二二)[3]、W38 大碌带（W38：1 大碌带衣，《定陵》下彩版一一九)[4]、W39 金盘（W39：1 金盖、39：2 金勺）、W49 乌纱翼善冠[5]。W47 云头形金饰带，W48 玉带钩或在 W49 翼善冠旁[6]。

除上所述，《定陵》上一书附表一九，记 W67 银锭在帝棺内西端南侧，附表一五记 W68 金唾壶在帝棺内南侧，附表一六记 W69、70、71 金锭在棺内西端、W72、73 金锭在帝棺内西端南侧。从编号序列来看，上述物品似在图 9-2-5 第五层西端器物层之下。总之，帝棺内西端中部至西南隅置物多于西端北部，中部以方漆盘上盛冠、圭、玉佩等为主，其南至西南隅主要置金、玉质和个别瓷质的酒具、食具、盛器、带饰、带钩和乌纱翼善冠等。在第五层之下还置有金、银锭和金唾壶等。

第三，棺内东端和东部。图 9-2-5 棺内东部覆盖 W55 衬褶袍（《定陵》上，图一二一)[7]、W56 纱绣龙补袍。据《定陵》上一书附表一记述，W51、52、53、59 袍料，

---

[1] W43 镇圭。圭上尖下方，正面刻四山纹，描金。四山分上下左右，象征东、南、西、北四镇之山，寓意"江山在握，安定四方"。玉质洁白，长 27.3、宽 6.4、厚 1 厘米。《定陵》上（文物出版社 1990 年版），图三一一之1，《定陵》下，彩版一三二。《明史》卷六十六，《舆服二·皇帝冕服》，永乐三年定，"玉圭长一尺二寸，剡其上，刻山四，以象四镇之山，盖周镇圭之制，异于大圭不琢者也。以黄绮约其下，别以囊韬之，金龙文"。W43 长略小于一尺二寸。

[2] W44 脊圭。白玉，正面中间有脊，两端各有一道凹槽，槽内突出一条抹角圆棱或谓"双植纹"。圭长 26.8、宽 5.9、厚 0.9 厘米。《定陵》上（文物出版社 1990 年版）图三一一之2，《定陵》下彩版一三二。
《明史》卷六六，《舆服二、皇帝皮弁服》，永乐三年定，"圭长如冕服之圭，有脊并双植文"。

[3] W36 云头形金带饰，用八宝纹、嵌猫眼石，《定陵》下（文物出版社 1990 年版）彩版一二一、一二二。

[4] W38：1 大碌带，因带下有黄色绢条墨书"宝藏库取来大碌带"，故名。其质料、制法、纹饰与 W75 相同，带上嵌祖母绿二十块，《定陵》下（文物出版社 1990 年版）彩版一一九。

[5] W49 乌纱翼善冠。见《定陵》上（文物出版社 1990 年版），第 205 页。冠仅存金饰件。

[6] 从图 9-2-5、8 来看，W47.48 似在南侧较妥。

[7] W55 衬褶袍。《定陵》上（文物出版社 1990 年版）第 88 页。记述：衬褶袍形似上衣与下裳相连，中间不断，交领。下裳部分正面打有合抱褶十三个（背面残、不详）。面织金妆花缎，地纹是灵芝捧金"寿"字，仙鹤托金"寿"字；主纹上衣部分为龙云肩通袖柿蒂形，下裳部分有龙襕，饰龙戏珠、海水江崖及云纹，皆金线绞边。《定陵》下（文物出版社 1990 年版），彩版二六。

W57、58、60各种纱和纻丝似在此层下之东端。第二、三（含四）层物品，图9-2-5中右无显示。据《定陵》上一书附表一记述，匹料（纱）W83、93、94、95、96、97、98，龙袍W89：5在棺内东端；匹料（纱）W90、袍料W91、92在棺内东端南侧，匹料（纱）W99花棺内东端北侧。又《定陵》上一书附表一五记述，W61金杯在棺内东端南侧，W62金杯在棺内东端、W63金杯在棺内东端北侧、W66金带柄罐在棺内东端南侧；附表一六记述W74金锭在棺内东端南侧，从编号序列来看，以上器物和匹料等似在二至四层的东端和东部。第五层图9-2-5东北隅有W102金盆、W105金漱盂，中部向南有W122—125金锭，W148万历通宝5枚。《定陵》上一书附表一五记述，W101金筒形盒、W102金盆、W103金圆形盒、W104、105金漱盂、W107金肥皂盒在棺内东端，以此结合图9-2-5下来看，该组洗漱用具似应与W102、105相关，主要置于棺内东北隅并向南延伸[1]。此外，W108香袋、W108：1包香袋袱皮亦应与上述器物同组。《定陵》上一书附表一五记述，金方盒W134、142，金执壶W140，金漱盂W141、金筒形盒W146、金带柄罐W149在棺内东端；金杯W151、金执壶W152在棺内东端北侧。《定陵》上一书附表一六记述，金锭W143、144在棺内东端南侧，金锭W145在棺内东端，金锭W153在棺内东端北侧，以上似在五层之下，具体层位不明。

《定陵》上一书附表一和四记述，袍料W113、114、115、116、117、120，匹料（丝）W118、119、121在棺内东端，其显然与图9-2-5下W117—121袍料匹料同为一组。该组匹料W121南、北端之西分置金锭W126、129，W129之南临匹料W139有金锭W130，匹料W118、119南端之间稍南有金锭W132。此现象表明，这些金锭的位置在该组袍料匹料周围或起界标作用。《定陵》上一书附表一记述，匹料W135、136、137、155，袍料W138、154在棺内东端，以上似在图9-2-5匹料袍料W117—121之下（层位不明）。《定陵》附表一和四记述，龙袍W109、110：1、156、157及中单W156：1、157：1，匹料W150、158，袍料W159在棺内中部北侧；龙袍W110、111，袍料W112，匹料W139在棺内东端南侧。以图9-2-5下W139、150、158匹料对照，上述物品似在东部南北两侧，并有相当部分在五层之下（层位不明）。总之，二至四层东部和东端主要置匹料、袍料和袍，以及少量金盛器和金锭。五层东端东北隅以置金洗漱用具为主，东端中间以南置金锭和铜钱为主；东部置袍料和匹料，周围置金锭。五层之下，东端置金盛器、食具、漱盂、金锭；中部和东端置匹料、袍料，其南北两侧东西向顺置匹料、袍料，以及个别龙袍和中单，具体层位不明。

第四，棺内尸体之上。图9-2-5上尸体上中间为夹被W17：1，北侧为龙袍W78，南侧道袍W79[2]，道袍之西有袍料W1、46、54。《定陵》上一书附表四记龙袍W78内套

---

[1] 中国社会科学院考古研究所、定陵博物馆、北京市文物工作队：《定陵》上，文物出版社1990年版。附表三六，记W106金盆在棺内，附表一五记在第六箱内。

[2] 中国社会科学院考古研究所、定陵博物馆、北京市文物工作队：《定陵》上，文物出版社1990年版，第87页。说：大袖道袍8件，全部出自万历帝棺内，墨书标签书"大袖道袍"。八件形制相同，均交领绫面绢里丝绵袍。

中单 W78：1，附表一记匹料（纱）W77 在棺内南侧，或在此层。图 9-2-5 中左、中、右该部分二至四层无显示，《定陵》上一书附表一所记匹料（纱）W80.81 在棺内中部或属此范围。图 9-2-5 下尸体之上只显示四边之轮廓，东以匹料 W121 及其西金锭 126、129 为界，西以冕冠 W32 等之下漆盘为界；北以玉革带 W160、161 为界[1]，其北有袍料 W159；南以玉革带 W88 为界，其南有匹料 W8、87；四界之间图上无显示。《定陵》上一书附表一和四记述，龙袍 W89：1（内套中单 W89：8）、89：2（内套中单 W89：9）、89：3（内套中单 89：10）、89：4（内套中单 89：11）、89：6（内套中单 89：13）、89：7（内套中单 89：14），道袍 W82，匹料 W86、87 在棺内南侧（或言中部南侧）；龙袍 W85 在棺内中部北侧，以图 9-2-5 下之 W86、87、88 对照，上述物品似在五层中间部位，其中有的或在五层之下。

2. 尸体上六至十一层置物

《定陵》上一书说，万历帝尸体上第六至第十层主要是整卷的袍料和服饰。从该报告正文和附表来看，难以明了六至十层的具体情况。又帝尸所在可算作自上而下之十一层，该层除帝尸殓衣外，是否还有其他置物，情况不明[2]。

---

[1] 中国社会科学院考古研究所、定陵博物馆、北京市文物工作队：《定陵》上，文物出版社 1990 年版，第 208 页。说：宝带 W162 在帝棺内中部北侧；W162：1 为云头形金带饰，两者似靠近玉革带 W160、161。

[2] A. 中国社会科学院考古研究所、定陵博物馆、北京市文物工作队：《定陵》上，文物出版社 1990 年版，第 42 页。说：“第十一层为尸体所着冠带、袍服以及金带饰、带钩、镶宝金版、金锭、金器等。”按，据《定陵》上一书附图和正文、附表，文中带钩之下不在十一层。

B. 中国社会科学院考古研究所、定陵博物馆、北京市文物工作队：《定陵》上，文物出版社 1990 年版，第 24 页。说：“尸体头足处放金器和玉器，身两侧放匹料和金银锭。”按，此乃宏观而言，不是确指帝尸所在的十一层。

C. 中国社会科学院考古研究所、定陵博物馆、北京市文物工作队：《定陵》上，文物出版社 1990 年版，第 202 页。说：W164 网巾匣“出自万历帝棺内头部”，匣长方形，盖底及四壁里层为硬草板纸糊成，外面贴一层黄色素绢。在匣盖一边有金制的“别子”两个，可以插入下面壁上的套子内（形似今日线装书的封套）。匣盖上贴有长 23、宽 5.5 厘米的纸条，其上楷书“青红宝石猫眼石缨子顶”十字。匣内装有缨子顶素网巾十二条。匣长 31.7，宽 14、高 5.5 厘米。W164：1 素网巾十二件，形制、大小基本相同。围绕起来呈截尖圆锥体，系用生丝编织成菱形网格状。上口穿丝绳相系结，下部以绢制的绦带缘边，两端缀有丝绳。在绦带两端钉有宝石或猫眼石一块。每件网巾拴成一束，下端用丝绳绑住。网巾一般宽 14、下口通长 61 厘米，两端丝绳各长 35 厘米，上口丝绳长 75 厘米。《定陵》下，图版二七〇、二七一。中国社会科学院考古研究所、定陵博物馆、北京市文物工作队：《定陵》上，文物出版社 1990 年版，第 205 页。说：W167 乌纱翼善冠戴在万历帝头上，头上原载有黑纱小帽作衬（已朽）。此小帽或似素网巾。按从 W164 网巾匣编号关系来看，似在十一层。

中国社会科学院考古研究所、定陵博物馆、北京市文物工作队：《定陵》上，文物出版社 1990 年版，第 202 页。说：“成书于明末的《天工开物》诸卷插图中，工人、农民皆戴网巾。职官公服，戴乌纱帽，内施网巾以束发。”

《明史》卷六六《舆服二·皇帝常服》："洪武二十四年，帝微行至神乐观，见有结网巾者。翼日，命取网巾，颁示十三布政使司，人无贵贱，皆裹网巾，于是天子亦常服网巾""而皇帝、皇太子冠服，俱阙而不载"。故定陵所出网巾，是研究明朝皇帝网巾的珍贵实物资料。

3. 尸体下铺垫物

尸体下铺垫约九层，其中铺垫被、垫褥、毡褥共五层[1]。尸体下第一层W175红串枝莲团龙纹缎绵褥，第二层W177红素缎面毡褥[2]。尸下第三层物品见图9－2－10上，W178黄织金四合云纹缎夹被等图上未见[3]。该层物品置于南北两侧和西端，西端中间玉圭匣（W43:1、44:1。按玉圭匣在图9－2－5下尸体上第五层已露出），匣东有玉料（W195）和"吉祥如意"金钱17枚（W241），钱缝缀于W240串枝莲花缎夹褥上[4]。玉匣之南为玉佩（W238）[5]和金执壶（W196），其南贴棺内南壁顺置匹料（W255、256），匹料东接玉皂盒（W234）和宝石25块（W233）。宝石东顺棺内南壁置缂丝十二章福寿如意衮服（W232）[6]，衮服上南侧临棺内南壁置镶宝金版（W193）[7]，衮服北侧靠西置金锭（W235），衮服东南端压袍料（W252）。衮服之东，袍料（W252）之北沿褥边（W240）两侧置金锭（W215—225，236、237），接衮服东端有金爵（W226），袍料（W252），东端之北有金唾壶（W227），唾壶东贴褥边（W240）有袍料（W248）。玉匣（W44:1）东北隅和'吉祥如意'金钱之北，为镶宝金带饰（W180—185）[8]、玛瑙带钩（W186）、玉带钩（W187，《定陵》下，彩版一二八）、木带钩（W188）[9]、镶宝金带饰（W189）、金唾壶（W190）、金匙箸瓶（W191）、镶宝金版（W192）[10]，金版在前述带

---

[1] 中国社会科学院考古研究所、定陵博物馆、北京市文物工作队：《定陵》上，文物出版社1990年版，第24、42页。

[2] 中国社会科学院考古研究所、定陵博物馆、北京市文物工作队：《定陵》上，文物出版社1990年版，第270页。附表一二记述W175在帝尸体下第一层，W177"万历帝棺内尸体下第二层"。

[3] 中国社会科学院考古研究所、定陵博物馆、北京市文物工作队：《定陵》上，文物出版社1990年版，第270页。附表一一记述夹被W178"万历帝棺内尸体下第三层"。此外，在该层编号范围内W194猫眼石、W239衮服、W239:1中单图上未见。《定陵》上，附表三三记W194在棺内北侧；附表三记W239红缂丝十二章福寿如意衮服及内套中单W239:1在棺内西端北侧。

[4] 中国社会科学院考古研究所、定陵博物馆、北京市文物工作队：《定陵》上，文物出版社1990年版，第126页。记述："在褥（W240）的一端（尸体头部一端）缝缀'吉祥如意'金钱十七枚"。第270页附表一二记述，褥W240在"万历帝棺内尸体下第四层"。按，褥W240图9－2－13、14均未显示。

[5] W238玉佩一副二件，大型佩饰，形制与前述玉佩略有差异，所有玉饰件上两面均刻相同纹饰，除第二排的云朵形饰、第三排的磬形饰和下端的叶形饰上浅刻云形纹外，其他饰件上均刻云龙纹，描金，全佩共用玉珠三百七十三颗。其形制见《定陵》上，第210页，《定陵》下图版三〇一。

[6] W232衮服，见《定陵》上（文物出版社1990年版）第147页，《定陵》下彩版六六、六七，图版一三八。

[7] W193镶宝金版，见《定陵》上（文物出版社1990年版），第209页。

[8] 镶宝金带饰W180—185、189，见《定陵》上（文物出版社1990年版），第208、209页。

[9] W186玛瑙带钩、W187玉带钩、W188木带钩，见《定陵》上（文物出版社1990年版），第209页。

[10] W192镶宝金版，见《定陵》上（文物出版社1990年版），第209页。

488　宋代至清代帝陵形制布局研究

尸体下第三层（含第四层）随葬器物分布图

尸体下第四层随葬器物分布图

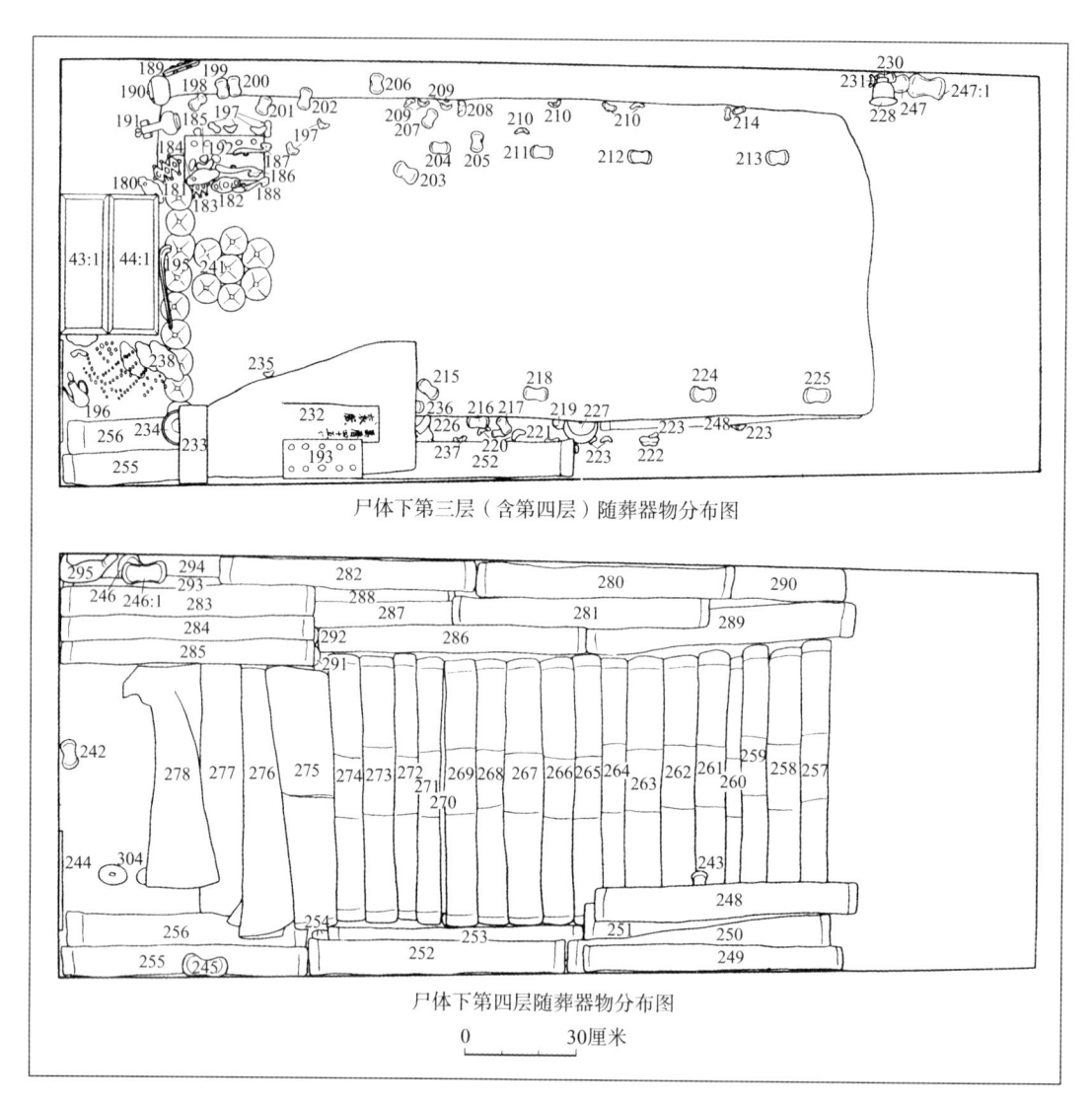

0　　30厘米

图 9-2-10　北京明十三陵定陵万历帝尸体下第三、第四层随葬器物分布图

第三（含第四）层随葬器物分布图

43：1、44：1. 玉圭匣　180—185. 镶宝金带饰　186. 玛瑙带钩　187. 玉带钩　189. 镶宝金饰　190. 金唾壶　191. 金匙箸瓶　192、193. 镶宝金版　195. 玉料　196. 金执壶　197—225. 金锭　226. 金爵　227. 金唾壶　228. 金杯　230、231. 金锭　232. 缂丝十二章福寿如意衮服　233. 宝石（25块）　234. 玉皂盒　235—237. 金锭　238. 玉佩饰　242. "吉祥如意"金钱（17枚）　247.247：1 银锭　248. 袍料　252. 袍料　255、256. 匹料

第四层随葬器物分布图

242、243. 金锭　244. 玉圭　245、246、246：1. 银锭　248. 袍料　249. 匹料　250. 袍料　251. 匹料　252—254. 袍料　255、256. 匹料　257—260. 袍料　261. 匹料　262—274. 袍料　275. 匹料　276. 袍料　277、278. 匹料　280—284. 袍料　285. 匹料　286. 袍料　287. 匹料　288. 袍料　289、290. 匹料　291—293. 袍料　294. 匹料　295. 珠宝带　304. 万历通宝

第九章　定陵玄宫　489

饰、带钩之下。褥（W240）北边缘从西向东主要沿褥内侧置金锭（W197—214），棺内贴北壁东部置银锭（W247，247：1）、金锭（W230、231）和金杯（W228）。总之，该层西端以玉匣以中心，其南置玉佩，金执壶（玉皂盒属该组），其东置玉料和"吉祥如意"金钱，其东北隅垫褥（W240）西北角置带饰、带钩、金唾壶、金箸瓶、镶宝金版等。棺内褥（W240）南北边缘置金锭和个别金器，棺内南壁西南隅向东置匹料、袍料、衮服（宝石、镶宝金版与衮服相关）。棺内北壁东部置少量银锭和金杯，棺内东部较空旷[1]。

尸体下第四层物品见图9-2-10下[2]，该层较规整，中间南北竖置、两侧东西顺置匹料和袍料，匹料和袍料竖排和横排均大体相间列置，但相间数量似无一定规律。此外，在西端和两侧置少量金锭、银锭和个别铜线、玉圭、珠宝带等。尸体下第五层物品见图9-2-11上[3]，该层以被褥、中单、袍料、龙袍为主。西端置漆盒、绵袜、圣发（包括指甲）。其东至中部被褥、袍料，下压中单和龙袍。中部至东端，下面以中单为主，东部至东端上压毡靴，万历通宝主要散置于中部至东部。关于六至七层，《定陵》上一书无器物分布图，据该书附表三六（一）万历帝棺内随葬器物登记表编号序列来看，下列物品似属六至七层。即该书附表六中单登记表中的W328黄小四合云纹䌷交领中单在棺内东端南侧，W329绿骨朵云纹䌷交领中单在棺内西端中部，W330蓝四合云纹䌷交领中单在棺内西端南侧，W331黄四合云纹䌷交领中单在棺内中部北侧，W332黄如意云纹䌷交领中单在棺内中部南侧，W333黄四合云纹䌷交领中单在棺内中部中间，W334喜鹊登梅暗花绫中单在棺内（位置不明）。W336：1拓黄卍字四合如意云纹缎交领中单在棺内西端南侧（套在W336衮服内）、W341：1黄四合云纹缎交领中单在棺内东端南侧（套在W341袍内）、W345红八宝如意纹䌷交领中单在棺内中部中间、W346黄四合云八宝纹䌷交领中单在棺内中部南侧、W347黄八宝纹亮花䌷交领中单在棺内中部南侧。该书附表四记W335黄四合云纹缎缂丝四团龙补圆领龙袍在棺内中部北侧、W338黄云纹䌷圆领龙袍在棺内东端南侧，W339黄串枝莲花罗绣团龙补圆领龙袍在棺内东端北侧，W339：1红如意纹地织金孔雀羽四团龙缎夹龙袍在棺内东端北侧，W341黄四合云纹缎交领夹龙袍在棺内东端南侧，W344红万事如意纹䌷绣四团龙补交领龙袍在棺内西端北侧，W348艾绿四合云纹罗绣龙方补交领龙袍在棺内西端南侧，W348：1红八吉祥纹罗绣龙方补交领龙袍在棺内西端南侧，W350黄四合云纹缎缂丝四团龙圆领夹龙袍在棺内西端中部。该书附表三记W336红卍字四合如

---

[1] 棺内东部空旷，《定陵》上（文物出版社1990年版）一书未交待原因。
[2] 《定陵》上（文物出版社1990年版）一书附表一六记W279金锭在棺内中部，图上无显示。
[3] 《定陵》上（文物出版社1990年版）一书附表四，W324月白万古如意纹䌷绣四团龙交领龙袍，在棺内西端北侧，W323黄四合云纹罗绣云肩通袖龙襕袍料在棺内西端中部。附表一一记W298织金妆花"江山万代富贵如意"四季花卉缎夹被在棺内西端中间。第233页记W325圣发和指甲，以上按编号序列似均在第五层。又第233页说圣发和指甲，"分别放在万历帝棺内头部及左右两侧"，图9-2-15 W306圣发有显示。

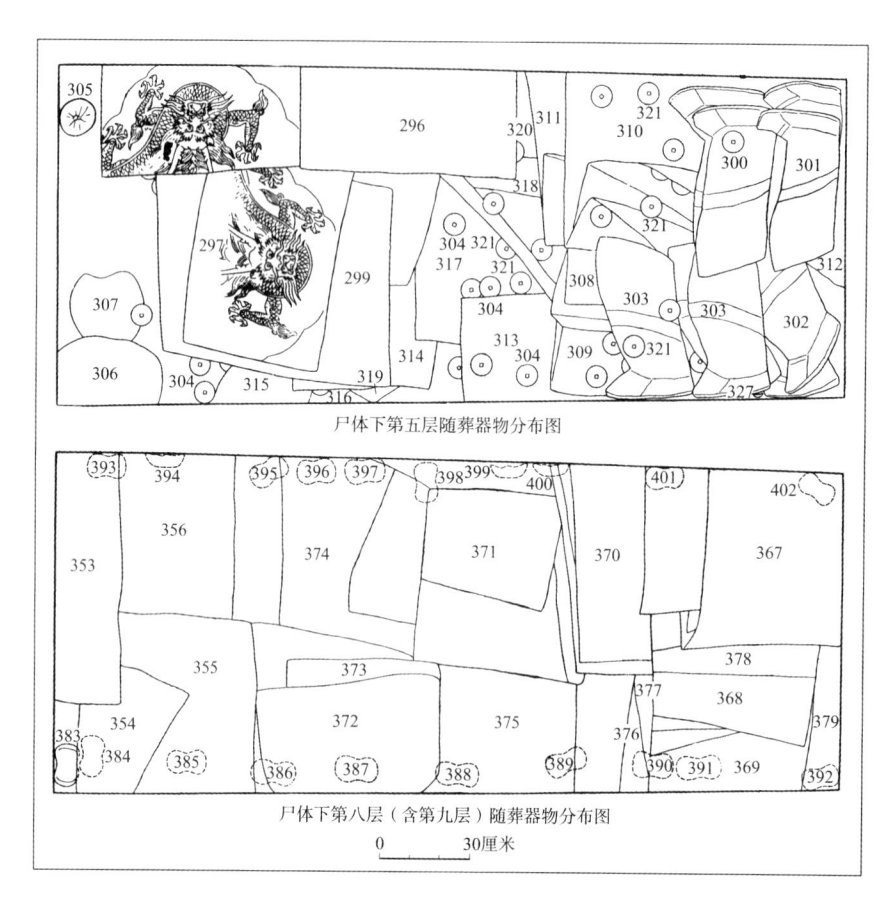

图 9-2-11　北京明十三陵定陵万历帝尸体下第五、第八层随葬器物分布图

第五层随葬器物分布图

296. 夹被　297. 夹褥　299. 袍料　300—303. 毡靴　304. 万历通宝（11 枚）　305. 漆盒　306. 圣发 307. 绵袜（10 双）　308—317. 中单　318. 夹被　319. 龙袍　320. 中单　321. 万历通宝（19 枚）　327. 金锭

第八（含九）层随葬器物分布图

353. 道袍　354—356. 龙袍　367—370. 龙袍　371. 龙袍料　372—375. 龙袍　376. 道袍　377、378 龙袍 379. 香袋　383—402. 银锭

意云纹缎绣十二章衮服在棺内西端南侧[1]。附表五记 W343 黄暗回纹万字如意云纹绫大袖道袍在棺内东端北侧，W349 浅黄素绫大袖衬道袍在棺内西端北侧，W351 浅黄素绫大袖衬道袍在棺内西端中部[2]，W352 黄素绫大袖衬道袍在棺内西端中部。该书附表八记黄素祫裤 W340：1、7、8、11、3、4、5、6、9、10、12、13 在棺内中部北侧，W340：2 在棺内东部北侧；以上均属衣服类。附表一九记银锭 W342 在棺内东部中间。

---

[1] 中国社会科学院考古研究所、定陵博物馆、北京市文物工作队：《定陵》上，文物出版社 1990 年版，第 82 页。

[2] 中国社会科学院考古研究所、定陵博物馆、北京市文物工作队：《定陵》上，文物出版社 1990 年版，第 89、90 页。

尸体下第八层（含九层）物品见图9-2-11下。《定陵》表三六万历帝棺内随葬器物登记表所记W357、358云履毡袜，附表四记W360绛红四合云纹紬绣龙云肩通袖龙襕袍料在棺内东端北侧，W359绿万事如意纹紬绣四团龙补交领龙袍在棺内东端中部，W361绿四合如意云纹紬绣四团龙补交领夹龙袍在棺内东端南侧，W362绿四合云纹紬缂丝四团龙补交领夹龙袍在棺内东端北侧，W363艾绿八宝纹暗花罗绣龙方补交领龙袍在棺内中部南侧，W364柳黄四合云纹紬缂丝四团龙补交领龙袍在棺内中部北侧，W365艾绿四合云纹紬绣四团龙补交领龙袍在棺内中部北侧，W366绿素紬缂丝四团龙补交领夹龙袍在棺内西端北侧，W366：1红四合云纹紬绣四团龙补交领夹龙袍在棺内西端北侧。W380绿四合云纹紬绣四团龙补交领夹龙袍在棺内（位置不明），W381绿四合云纹紬缂丝四团龙补交领龙袍在棺内西端南侧（W380或与之靠近）；附表一一记W382黄串枝四季花卉缎夹被在棺内最下层（九层）。底层南北两侧各置银锭十枚（图9-2-11下）。八层以置龙袍[1]、道袍为主，

---

[1] 龙袍。A. 中国社会科学院考古研究所、定陵博物馆、北京市文物工作队：《定陵》上，文物出版社1990年版，第84—88、130—132、148—149页。万历帝棺内出龙袍六十一件，保存较完整者十六件，保存大部分者三十件。在保存较好和保存大部分的四十六件中，夹袍二十七件，单袍十九件。袍面以紬料最多，共二十三件，缎面十五件，罗面七件，缂丝面一件。夹袍用里以本色素绢为主，共十八件，罗里六件，纱里三件。交领龙袍34件，圆领12件。刺绣龙袍35件，或绣于补子，或直接绣在龙袍上。纹样有二团龙纹2件，胸、背各绣一补，补内绣正面龙戏珠，祥云及寿山福海纹《定陵》下图版一二〇）。四团龙纹（W375）18件，除W375圆领外，余均为交领，纹样相同。胸、背、两袖各钉一团龙补，两肩分钉日、月。胸、背龙补绣正面龙戏珠、两袖补升龙戏珠，在龙的下部绣寿山福海、犀角、如意云、珊瑚珠等八宝纹，上面绣祥云（《定陵》下，彩版三七，图版一二一）。W369龙睛嵌小块蓝宝石。八团龙纹一件（W89：5），胸背各三团龙，两袖各一，肩绣日月。龙戏珠纹4件，胸、背纹样方补形，如W348：1，上部绣龙戏珠、祥云纹，下为寿山福海、八宝纹。通肩云龙纹10件（其中龙袍料7件），均直接绣于袍上。如W111在黄色缠枝莲暗花缎地上满绣串枝番莲纹，柿蒂形内绣龙戏珠，两袖饰直袖龙。W115在柿蒂形胸、背正面绣龙戏珠，两肩各绣一侧面龙戏珠。缂丝龙袍18件，其中通肩云龙纹1件（W157），红色的，肩通袖、柿蒂及膝襕内缂龙戏珠及四合云纹。八团龙龙纹7件，缂丝团龙预先缂制，然后钉在龙袍上。龙袍均缎地，有织金文字与缂丝补吉语文字，如"卍喜"字补（W89：2）、"万寿福喜"字补（W89：3）、"圣卍寿无疆"字补（W109）、"圣寿洪福齐天"字补（W89：6）、"万寿洪福齐天"字补。龙戏珠纹2件（W89：1），四团龙纹8件（W335、377），正面龙戏珠2件（W110：1）等。龙袍形制详情，请参见原文。

B.《明史》卷六六，《舆服二·皇帝常服》：洪武三年定，"盘领窄袖袍"。永乐三年更定，"袍黄、盘领、窄袖，前后及两肩各织金盘龙一"。嘉靖七年更定燕弁服，"服如古玄端之制，色玄，边缘以青，两肩绣日月，前盘圆龙一，后盘方龙二，边加龙文八十一，领与两祛共龙文五九。衽同前后齐，共龙文四九。衬用深衣之制，色黄。袂圆祛方，下齐负绳及踝十二幅"。

按，定陵所出龙袍纹样较多，与文献记载多不相合，大体上是在永乐三年定制和嘉靖七年更定燕弁服基础上变化的。

以及个别龙袍料和云履毡袜等[1]。最底层垫夹被，南北两侧置银锭。

综上所述，尸体以上一至五层以置各种金、玉质的酒具、食具、盛器、洗漱用具、生活用品、各种带饰，冕冠为主；还有少量龙袍、道袍、纱袍、匹料、袍料、金锭和铜钱等。六至十层以整卷的袍料和服饰为主。尸体以下，只有第三层的玉圭匣、各种金带饰、各种带钩、各种金质器皿等与尸体上一至五层相似，该层镶宝金版、玉料、宝石、"吉祥如意"金钱褥等为尸体上诸层所无，衮服尸体上诸层较少见。尸体下四层以匹料袍料为主，尸体下五层以被褥、中单、龙袍等为主，还有毡靴、袜、圣发、指甲、散置的铜钱等。六、七层以中单、龙袍、道袍、裤为主，少量衮服。八层以龙袍、道袍、银锭等为主。可见尸体上覆盖层和尸体下垫层的包含物既有较大差别，又有某些相近之处，两者在物品和器物的种类上各有侧重，互补性较强，并形成了有机的整体。

（三）棺椁上及侧旁置物

1. 棺椁上置物

见图9-2-12、9-2-13。万历帝棺盖上置织锦铭旌，锦朽，仅见"大行皇帝梓宫"金书残迹。铭旌两端木雕龙牌已跌落棺盖两端，铭旌上放铁制扁平葫芦，葫芦上有九曲须，须上又有小葫芦，下部有弯曲铁插[2]。棺盖上东端放金、银锭各一枚。

椁盖上东部置朱漆木仪仗架明器三副、木仪仗多件，均朽[3]。椁盖东端中部置匹料（8匹）和幡架[4]，椁盖中部临仪架仗置龙幢[5]，椁盖东部南侧置小袋稻子。

2. 椁侧置物

见图9-2-12、9-2-13。万历帝椁南、北两侧各置玉料四块[6]，北侧与玉料相

---

[1] 云履毡袜2双（W357、358），《定陵》上（文物出版社1990年版）一书图二〇九，其形制与《明史》卷六六，《舆服二·皇帝冕服》，嘉靖八年定制"朱袜、赤舄、黄绦缘玄缨结"大体相合。

[2] 铭旌形制，参见后文孝靖后铭旌。

[3] 仪仗架和仪仗形制，参见后文孝靖后仪仗架和仪仗。

[4] 中国社会科学院考古研究所、定陵博物馆、北京市文物工作队：《定陵》上，文物出版社1990年版，第220页。记述：从幡架WW28残存情况观察，幡架松木、朱漆，通长100、宽52、高83厘米。幡架两端支架底部呈三角形，中间立柱两侧各12厘米处有一斜撑，下部有榫插入底板内，上端与中柱相接，以铁钉钉合。支架底板长52、宽11、厚7厘米。中间立柱高83厘米，顶部呈内斜角。两支架中间连二横杆，杆长78、间距66厘米；其上各有三孔，上下相对。幡架附近幡杆长约110厘米，直径3厘米，朱漆，顶端有弯曲铁钩（木杆朽）。附近有残碎黄色绢织物，推测可能是原来挂在铁钩上的旗幡之类的丝织物。

[5] 中国社会科学院考古研究所、定陵博物馆、北京市文物工作队：《定陵》上，文物出版社1990年版，第220页。记述：龙幢5件，"分别出自万历帝、孝端后椁上仪仗架附近"。龙幢、黄色罗制成，呈长条形，筒状，两端开口，其上用深红、桔红、蓝、白、石绿五色绘云龙纹。WW27：1，长33、直径5.7厘米。

[6] 中国社会科学院考古研究所、定陵博物馆、北京市文物工作队：《定陵》上，文物出版社1990年版，第189页。玉料均为不规则的自然璞玉原料，其上或墨书文字或墨书标签，均漫漶。

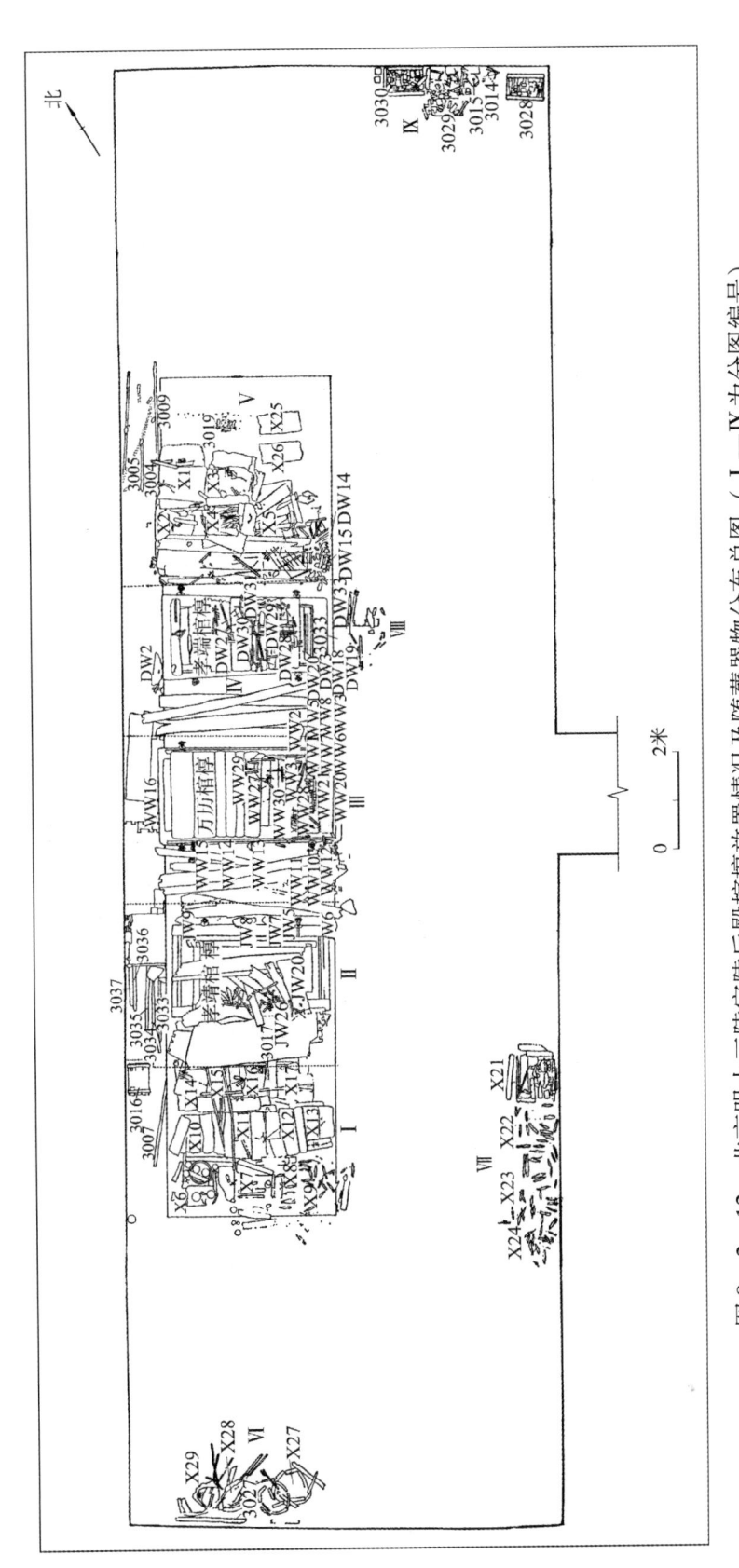

图9-2-12 北京明十三陵定陵后殿棺椁放置情况及随葬器物分布总图（Ⅰ—Ⅸ为分图编号）

X1—X17、X21—X26. 木器物箱 X27—X29. 圆形木器物盒 3004—3007、3009、3017、3027、3033—3037. 木拾杠 3013. 木马俑（10个） 3014、3015、3016. 挑杆提梁铁灯 3019. 车模型 3028、3030. 长方形木托盘 3029. 家具模型 DW14、DW15. 玉料 WW1、WW2. 青花梅瓶 WW3. 三彩瓷花瓶 WW5. 三彩瓷香炉 WW6—WW8. 玉料 DW3. 铭旌顶端龙牌 DW18—DW20. 玉料 DW27. 龙幢 WW28. 幡架 DW31. 仪仗架及仪仗 WW16. 铭旌顶端龙牌 WW12—WW15. 玉料 WW20. 玉料 WW21. 匹料 WW27. 龙幢 WW28. 幡架 WW29—WW31. 仪仗架 JW5. 青花梅瓶 JW6—JW9. 玉料 JW20. 匹料 JW26. 仪仗架 DW33. 见分图 (DW3、DW33)

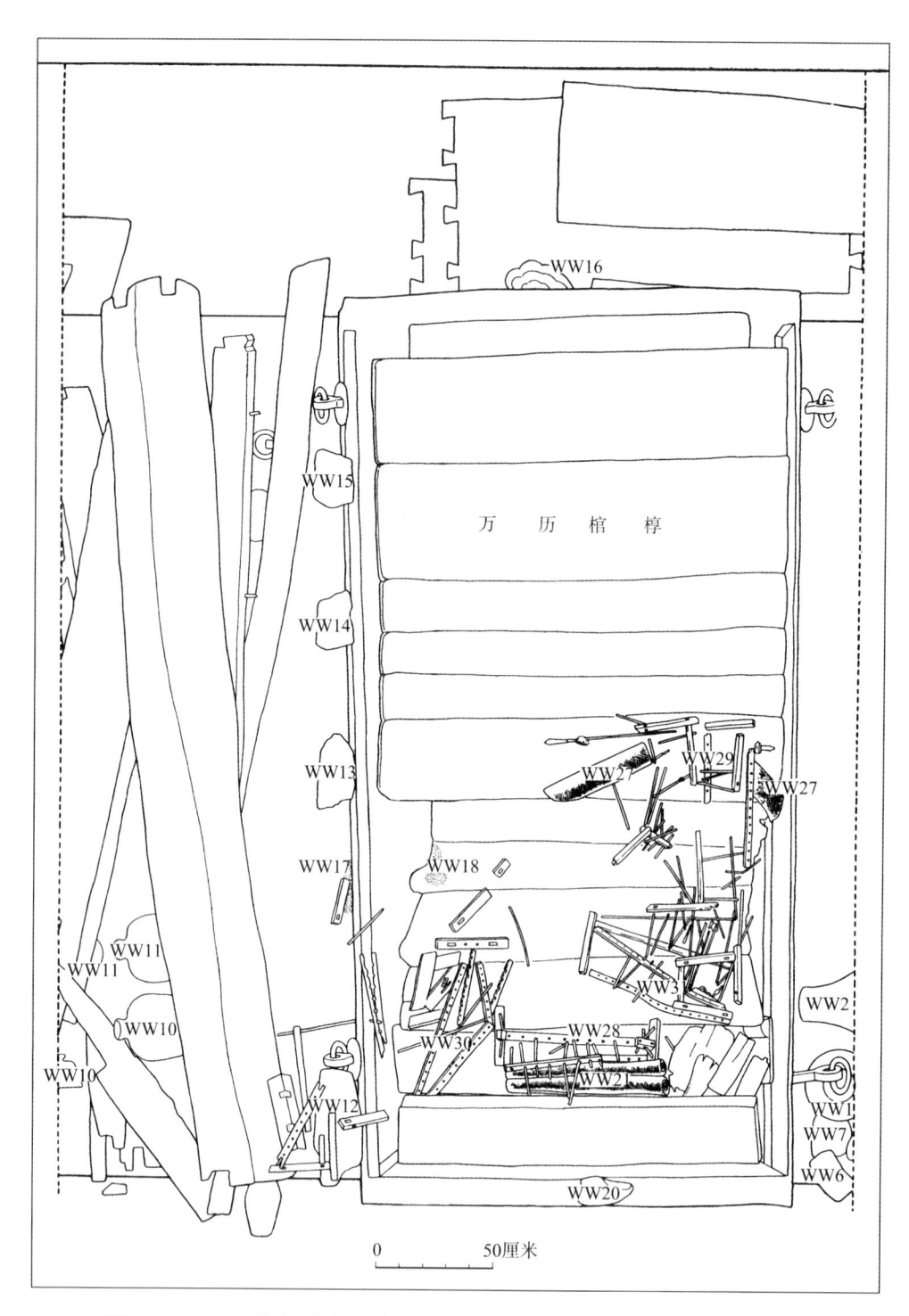

图 9-2-13 北京明十三陵定陵后殿万历帝棺椁及随葬器物分布图

WW1、WW2. 青花梅瓶　WW6、WW7. 玉料　WW10、WW11. 青花梅瓶　WW12—WW15. 玉料　WW16. 铭旌顶端龙牌　WW17. 谷子　WW18. 稻子　WW20. 玉料　WW21. 匹料　WW27. 龙幢　WW28. 潘架　WW29—WW31. 仪仗架

邻又置三彩瓷觚一对、三彩瓷香炉一件、青花梅瓶二件[1]。南侧青花瓷瓶二件，此外，还有玉璧二件（WW22、23）[2]。

三 二后棺内装殓物品与棺椁之上和侧旁置物

（一）孝端后棺内装殓物品与棺椁上和侧旁置物

1. 棺椁形制与尸体殓衣

（1）棺椁形制

孝端后棺楠木，朱漆无纹饰。棺的形制结构与万历帝棺大体相同，惟棺盖二板拼成，以三木条为"暗带"联结，棺盖下与棺侧壁板相接处有错口，棺内无重底。棺较万历帝棺略小，棺盖长2.76米，头端宽1.2米，厚0.13米；足端宽1.05米，厚0.12米。棺底长2.75米，头端宽1.38米，厚0.16米；足端宽1.15米，厚0.15米。头挡通高1.26米，足挡通高1.22米（图9-1-23）。椁朽榻，从残迹看，其形制结构与万历帝椁相同，惟尺寸略小。椁盖长3.48米，底长3.48米，头挡通高1.76米，足挡通高1.61米。椁内外朱漆，无纹饰，椁底两侧各装两个铜环[3]。

（2）尸体状况与殓衣

孝端后尸体头西脚东，面向右侧卧，仅余骨架。左臂下垂，手置于腰部。右臂直伸，被身体半压。下肢交叠，左肢在上，右肢在下（《定陵》上，图三二）。牙齿有缺失。尸体置于织金妆花缎织成被上，被两侧上折，盖住尸体[4]。

孝端后冠饰复杂。头载棕帽，上满插金簪钗（图9-2-14）。棕帽尖端镶珠宝龙戏珠大金簪（D112:1）自尖端向下插[5]，其他较大金簪多自下向上插，较小的金簪多自上向下插。棕帽主体前端插三枚镶宝玉佛字金簪（D112:20、24、29），其后分插镶宝玉寿字金簪（D112:5）和镶珠宝卍寿字金簪（D112:33），再后大致介于前两者之间插镶宝玉万寿字金簪（D1127）；以及镶珠宝玉佛金簪（D112:41）、镶珠宝"玉吉祥"金簪（D112:

---

[1] 瓷觚、香炉、梅瓶，见中国社会科学院考古研究所、定陵博物馆、北京市文物工作队：《定陵》上，文物出版社1990年版，第185—186页。《定陵》下彩版九二瓷觚，九〇、九一三彩瓷香炉，八七、八八青花梅瓶。

[2] 玉璧见《定陵》上（文物出版社1990年版）一书见附表三六，（一）万历帝棺外随葬器物登记表。

[3] 中国社会科学院考古研究所、定陵博物馆、北京市文物工作队：《定陵》上，文物出版社1990年版，第22、23页。

[4] 中国社会科学院考古研究所、定陵博物馆、北京市文物工作队：《定陵》上，文物出版社1990年版，第24、25页。

[5] 镶珠宝玉龙戏珠大金簪（D112:1）。中国社会科学院考古研究所、定陵博物馆、北京市文物工作队：《定陵》上，文物出版社1990年版，第196页。说：簪身呈半圆弧锥形，通长27.5厘米，顶长5.2厘米，宽9.2厘米，网坠长5.2厘米，镶宝石80块（其中红宝石74块，蓝宝石4块，绿宝石1块，龙头额部嵌猫眼石1块），珍珠107颗，共重171克。簪钗情况见《定陵》上，第196、197页及《定陵》有关图版。

图 9-2-14　北京明十三陵孝端后棕帽上所插簪钗平面图

112：1. A 型镶珠宝玉龙戏珠金簪　112：2. 镶宝玉花金钗　112：3. E 型 I 式镶宝玉卍字金簪　112：5. E 型 II 式镶宝玉寿字金簪　112：7 E 型 III 式镶宝玉万寿字金簪　112：11. H 型镶宝刻云龙纹金簪　112：12 C 型镶珠宝玉吉祥金簪　112：13. B 型 II 式镶珠宝玉花媒金簪　12：14. B 型 III 式镶珠宝玉花蝶金簪　112：15. G 型 I 式镶珠金簪　112：19. F 型镶宝金簪　112：20、24、29. E 型 IV 式镶宝玉佛字金簪　112：33. E 型 III 式镶珠宝卍寿字金簪

13）、镶宝刻云龙纹金簪（D112：11）等。此外，还有其他大小金簪钗数件（其中银簪1件、铜簪3件、镶珠乌木簪2件、镶宝玉花金钗1件）共47件（图9-2-14）[1]。发际有抹额（D112：8）[2]，还有围髻（D112：50）和纱巾[3]，另有金环宝石耳坠一对

---

[1] 参见《定陵》上（文物出版社1990年版）一书附表三〇孝端后首饰登记表；续附表三六（二）孝端后棺内随葬器物登记表，D112：1—39，41—45，47、49。

[2] 中国社会科学院考古研究所、定陵博物馆、北京市文物工作队：《定陵》上，文物出版社1990年版，第197页。说：抹额"带形，面用黄素缎，里用黄素纱缝制而成，中间以三层黄素纱作衬，后边接头处用铜针别上。正面缝缀菊花及叶形金饰七朵，每朵花心嵌红宝石一块，花叶点翠，叶之间缀有珍珠"。见图9-2-19及《定陵》下图版二四〇。

[3] A. 中国社会科学院考古研究所、定陵博物馆、北京市文物工作队：《定陵》上，文物出版社1990年版，第197页。记述：围髻横长方网形，上有石珠，薏米珠，下系宝石（红、蓝相间），其中红宝石九块、蓝宝石十块。上部两端连有黑色丝线，一端长34厘米，一端长27厘米。围髻长20.5厘米，宽6厘米。见《定陵》下，图版二三八。

B. 中国社会科学院考古研究所、定陵博物馆、北京市文物工作队：《定陵》上，文物出版社1990年版，第202页。记述：纱巾"分别出自孝端和孝靖后的头部，长方形，黄色细纱，已残"。

(D112：40)[1]。

孝端后上身穿黄八宝纹四合如意云纹紬绣龙凤方补方领女夹衣（D116：1），其内穿本色八宝如意云纹紬缂丝龙方补女夹衣（D116）[2]。下身穿黄缠枝暗花缎夹裤（D109）[3]，裤外有绣龙长裙[4]。足穿凤头船形黄缎鞋（D114）[5]，黄缎袜（D114：1）[6]。头枕黄素缎面长扁方形枕一对，有金枕顶（D117）[7]。

2. 孝端后尸体上下覆盖和铺垫物品

（1）尸体上覆盖物品

---

[1] 中国社会科学院考古研究所、定陵博物馆、北京市文物工作队：《定陵》上，文物出版社1990年版，第197页。记述：耳环环形，下系红宝石坠，D112：40，通长4.3厘米，环径1.9厘米，重5.6克。见《定陵》下，彩版一一〇。

[2] 中国社会科学院考古研究所、定陵博物馆、北京市文物工作队：《定陵》上，文物出版社1990年版，第108页。记述：D116，"以如意云头、双胜、金锭、古钱等八宝为地纹，以四个如意云头组成团花状纹样，中心饰一海棠花纹，寓意'如意满堂'"。第135页，D116：1，胸补左为龙戏珠，右为凤穿牡丹；背补亦为龙戏珠，凤穿牡丹，《定陵》下，图版一二九。

[3] 中国社会科学院考古研究所、定陵博物馆、北京市文物工作队：《定陵》上，文物出版社1990年版，第115页。记述：D109，"面为缠枝莲花缎，两种花型分作两排，上下相间排列，花枝叶茂。单位纹样长25.6、宽16.5厘米。绢里，腰残。右裤腿两片，左裤腿拼裆，两片加一斜尖。裤长106厘米，立裆40、裤口宽34厘米"。

[4] 绣龙长裙，《定陵》上一书正文和附表无载。

[5] 中国社会科学院考古研究所、定陵博物馆、北京市文物工作队：《定陵》上，文物出版社1990年版，第122页。记述：D114，凤头船形鞋，"凤头，圆口"，"鞋面用黄色缠枝莲花缎。底与帮相连为一片，在足尖与后跟部分缝合一起。鞋口有实针缝一周。前尖鞋口处钉一丝线鼻，穿在脚上后，袜尖部分的两根丝线穿入此鼻结在一起。后跟加有长方形提跟，长13.5、宽5厘米；附有长缎带一根，宽1.2、长78厘米，结在脚脖处"。参见下文孝靖后鞋袜图。

[6] 中国社会科学院考古研究所、定陵博物馆、北京市文物工作队：《定陵》上，文物出版社1990年版，第123页。记述：D114：1，"袜面为黄色缠枝莲花缎，裁剪分片"，"袜里用平纹紬，靿高38、口宽18.5厘米，开衩长10厘米，底长18.5厘米，尖高6.5厘米。袜带宽2—2.8厘米，每条长85厘米。参见后文孝靖后袜。

[7] A. 中国社会科学院考古研究所、定陵博物馆、北京市文物工作队：《定陵》上，文物出版社1990年版，第129页。记记述：金枕D117，"枕面及枕顶用串枝芙蓉花卉缎，面用一整幅及一片宽9厘米的面料缝合一起，两端与枕顶缝合（枕顶内附有一层硬草板纸）。另外，在枕外面套有串枝暗花缎枕套。枕两端附有金枕顶，于四角镂孔处用合股丝线钉在枕的两端。枕内填有通草片（25页说填灯草）。枕长70、高17厘米。"参见《定陵》下，图版一一五。

B. 中国社会科学院考古研究所、定陵博物馆、北京市文物工作队：《定陵》上，文物出版社1990年版，第162页。记述：金枕顶D117，"扁方形。镂孔番莲如意云纹，中间为一朵大番莲，四角各一如意云。莲花上嵌红宝石三块，绿宝石一块。每朵如意云上嵌蓝宝石一块，珍珠三颗。两端共残存红宝石六块，蓝、绿宝石各一块，珍珠多数朽坏。金枕顶四角镂孔处用合股丝线钉在枕的两端。枕顶宽19、高16.8厘米。"参见《定陵》下，图版一六一。

孝端后棺内最上层覆盖缠枝莲花缎夹被，其下覆盖十层[1]。自上而下第一层见图9-2-15，除图上已标明者外，还有D3铜镜，D5漆盒内装菩提子念珠（D5：1、2）、琥珀念珠（D5：3）；D6漆盒上盛漆雕木盒（D6：1）、金双联筒形盒（D6：2）、金八棱形盒（D6：3）、青花瓷胭脂盒（D6：4），竹抿子（D6：5、6）、牛角梳（D6：8、10）、竹篦（D6：9）；D9金盆[2]。该层西北隅置一套梳妆用具，余置女衣、女裙。第二层见图9-2-15上右，置女衣、女裙。第三层见图9-2-15下左，除金盆，金漱盂外，均为女衣、裙、袍。第四—六层无遗物分布图，似均为衣、裙和丝绵袄等（D29—57）[3]。第七层见图9-2-15下

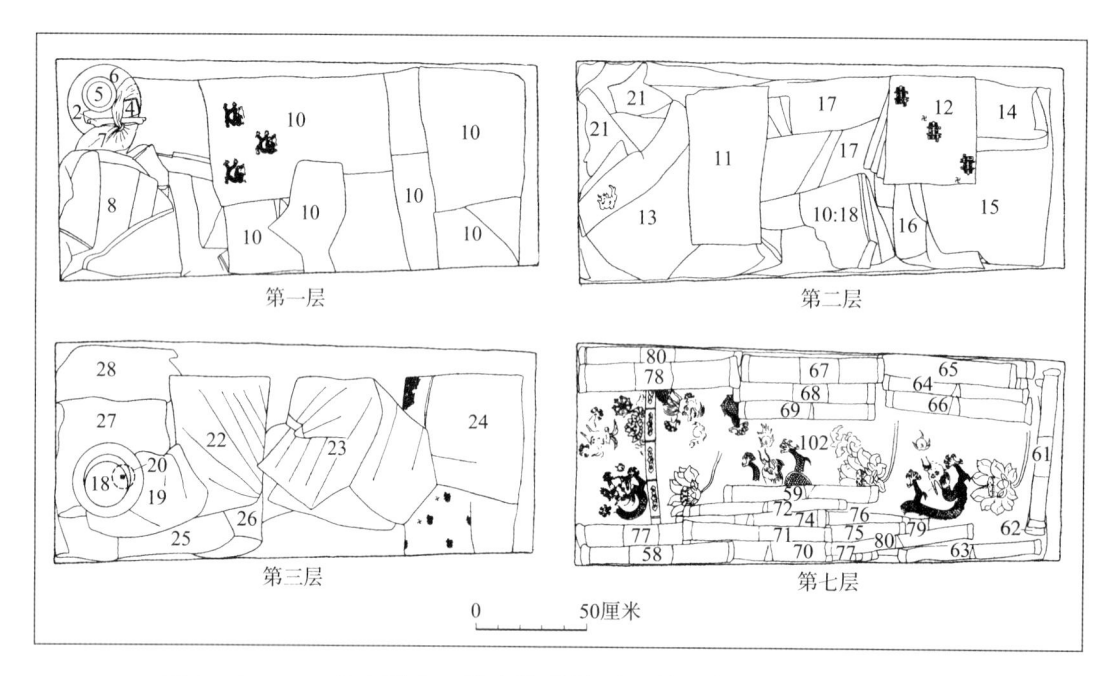

图9-2-15　北京明十三陵定陵孝端后尸体上各层随葬器物分布图

第一层随葬器物分布图
2. 镜架　4. 漆抿子匣　5. 漆盒（内装念珠）　6. 漆盒　7. 包漆盒（D6）袱皮　8. 缎女衣　10. 女衣、女裙（这一层因腐朽过甚，整层卷起共18件）

第二层随葬器物分布图
10：18. 黄素襕裙　11. 织金妆花缎龙襕裙　12. 织金妆花襕缂丝方补女夹衣　13、14. 暗花缎绣双膝襕裙　15. 织金妆花襕绣龙补女夹衣　16. 织金妆花缎女夹衣　17. 织金妆花龙襕缎裙　21. 暗花襕女丝绵袄

第三层随葬器物分布图
18. 金盆　19. 织金妆花缎裙　20. 金漱盂　22. 织金妆花缎龙襕裙　23. 紬裙　24. 织金妆花缎方补女夹衣　25. 暗花缎女夹衣　26. 织金八宝纹罗裙　27. 单面绒方领女夹衣　28. 如意云纹纱袍

第七层随葬器物分布图
58-80. 匹料　102. 缠枝莲花缎夹被（60、73图中未标示）

---

[1] 中国社会科学院考古研究所、定陵博物馆、北京市文物工作队：《定陵》上，文物出版社1990年版，第24、42页。

[2] 中国社会科学院考古研究所、定陵博物馆、北京市文物工作队：《定陵》上，文物出版社1990年版，附表三六（二），孝端后棺内随葬器物登记表；附表一五，金器登记表。

[3] 中国社会科学院考古研究所、定陵博物馆、北京市文物工作队：《定陵》上，文物出版社1990年版，附表三六（二），图9-2-22编号止于D28，图9-2-23编号起于D58。

右；八至十层无随葬品分布图，"七至十层为整卷的匹料及裹盖在尸体上的织金妆花缎织成被"（图9-2-15）[1]。

（2）尸体下铺垫物品

尸体下第一层为黄串枝梅花缎褥，褥上缝缀"消灾延寿"金钱100枚。D119夹衣、D119：1夹裙，D120夹衣、D121丝绵袄，D121：1夹衣似在此层。尸体下第二层见图9-2-16上，其中D188万历通宝共95枚（包括下层）。尸体下第三层见图9-2-16下，其

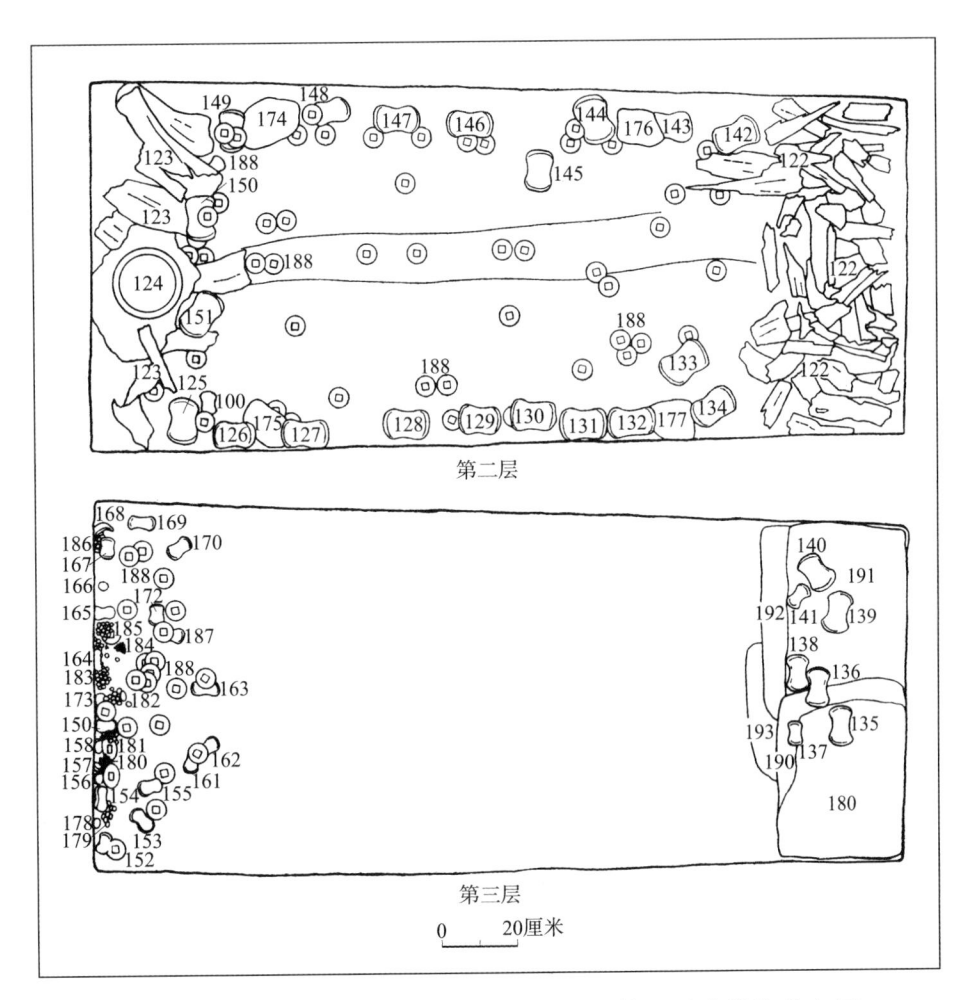

图9-2-16 北京明十三陵定陵孝端后尸体下随葬器物分布图

第二层随葬器物分布图
122、123. 白木香　124. 金圆形盒　125—134、142—151. 银锭　174—177. 玉料　188. 万历通宝

第三层随葬器物分布图
135—141、152. 银锭　153—159、161—165. 金锭　166. 金饼　167—170、172、173. 金锭　178. 银饼　179. 黄宝石　180. 珍珠　181. 红宝石　182. 猫眼石　183. 蓝宝石　184. 珍珠　185. 绿宝石　186. 红宝石　187. 金锭　188. 万历通宝　189. 黑素䌷女衣　190、191. 䌷女丝绵袄　192. 亮花䌷女绵袄　193. 织金妆花䌷女衣（159、189图中未标示）

[1] 中国社会科学院考古研究所、定陵博物馆、北京市文物工作队：《定陵》上，文物出版社1990年版，第42页。文中说：见图五二（图9-2-15），图中显示为D102缠枝莲花缎夹被。270页附表一一所记同，并记在"孝端后棺内尸体上"。故"织金妆花缎织成被"似误。

中 D179 黄宝石 20 颗、D180 珍珠 1 包（残碎）、D181 红宝石 46 颗、D182 猫眼石 18 颗、D183 蓝宝石 61 颗、D184 珍珠 1 包（残碎）、D185 绿宝石 20 颗、D186 红宝石 14 颗，D188 万历通宝共 95 枚（包括上层）。"尸体下随葬品约六层。上层垫褥上面缀有'消灾延寿'金钱，下层除服饰外，两端放有较多的白木香香料，两侧对称放玉料四块，银锭二七八枚、金锭二十枚。西端头部随葬有五色宝石，最下面又铺着多层垫褥"[1]。最下垫褥三层，即 D194 红织金妆花串枝莲赶珠龙纹缎夹褥，其下 D195 黄串枝梅花缎夹褥、最下 D196 红织金细龙绫丝夹褥，此三层加上前述三层共六层。又 D198 鎏金银钱 95 枚，散置各层垫褥上[2]。棺底有灯草痕迹[3]。

3. 棺椁上及椁侧置物

见图 9-2-17、9-2-18。棺盖上置铭旌一件（DW2，《定陵》上，图三二三）和铁葫芦一件（DW1），铭旌上金粉书写"大行皇后王氏梓宫"八字[4]。棺盖东端置金锭（DW11）、银锭（DW12）各一枚[5]。

椁盖上置仪仗架六副（DW28—33），其中可插双排仪仗的两副、单排的四副，DW28、DW30 保存稍好（《定陵》上，图三二四）[6]。仪仗与仪仗架出土时倒塌在一起，均朽，仪仗杆以箭竹制成，残存部分木制的矛、戟、钺、叉、剑、骨朵、朝天镫、立瓜、卧瓜等武器

---

[1] 中国社会科学院考古研究所、定陵博物馆、北京市文物工作队：《定陵》上，文物出版社 1990 年版，第 42 页。

[2] 中国社会科学院考古研究所、定陵博物馆、北京市文物工作队：《定陵》上，文物出版社 1990 年版，第 175 页。

[3] 中国社会科学院考古研究所、定陵博物馆、北京市文物工作队：《定陵》上，文物出版社 1990 年版，第 25 页。

[4] 定陵地宫三件铭旌，以 DW2 保存较好。《定陵》上（文物出版社 1990 年版）第 219 页。说：DW2 整体像一碑形，上下两端有木雕云龙纹木牌，中间嵌以黄色素缎，其上用金粉书写"大行皇后王氏梓宫"八字。织品朽，仅见字痕，残缺不全。织品双层，边缘缝在一起，长 300、宽约 68 厘米。铭旌顶端木牌呈云头形，用三块厚木板以铁钉钉合，两面浮雕正面龙纹，红漆地，龙纹涂金粉。上部两侧各钉铁鼻一个，二鼻之间系一弓形铁提梁。下部有沟槽一道，宽 1、深 3 厘米，中间嵌丝织铭旌，两侧贯铁钉四个。云头形木牌长 695、宽 35.5、厚 3.8 厘米，铁提梁长 21 厘米。下部木牌长方形，两端作齿形。两面浮雕有相同的云龙纹，白粉地，纹样涂金粉，上部有沟槽一道，宽 1、深 3 厘米，槽内嵌铭旌下部，两侧贯铁钉四个。长方形木牌长 72.6、宽 17.1、厚 3.8 厘米。铭旌顶钩（帝后三件，形制大小相同），钩形向上弯曲，顶端呈如意头状，下部有圆銎，可安柄，钩通长 33、圆銎径 2.4 厘米。据《明会典》《明史》记载，上自帝、后下到品官和庶人均有铭旌，送葬时撑以木杆列于仪仗之中，棺置于玄宫后，将其覆于棺上。

[5] 中国社会科学院考古研究所、定陵博物馆、北京市文物工作队：《定陵》上，文物出版社 1990 年版，附表一九、一六。

[6] 中国社会科学院考古研究所、定陵博物馆、北京市文物工作队：《定陵》上，文物出版社 1990 年版，第 220 页。文中介绍了插双排仪仗 DW28、插单排仪仗 DW30 两种仪仗架的结构，并绘复原图（图三二四）。《定陵》上一书图三六、四〇，仪仗架有的在棺床下（东）。

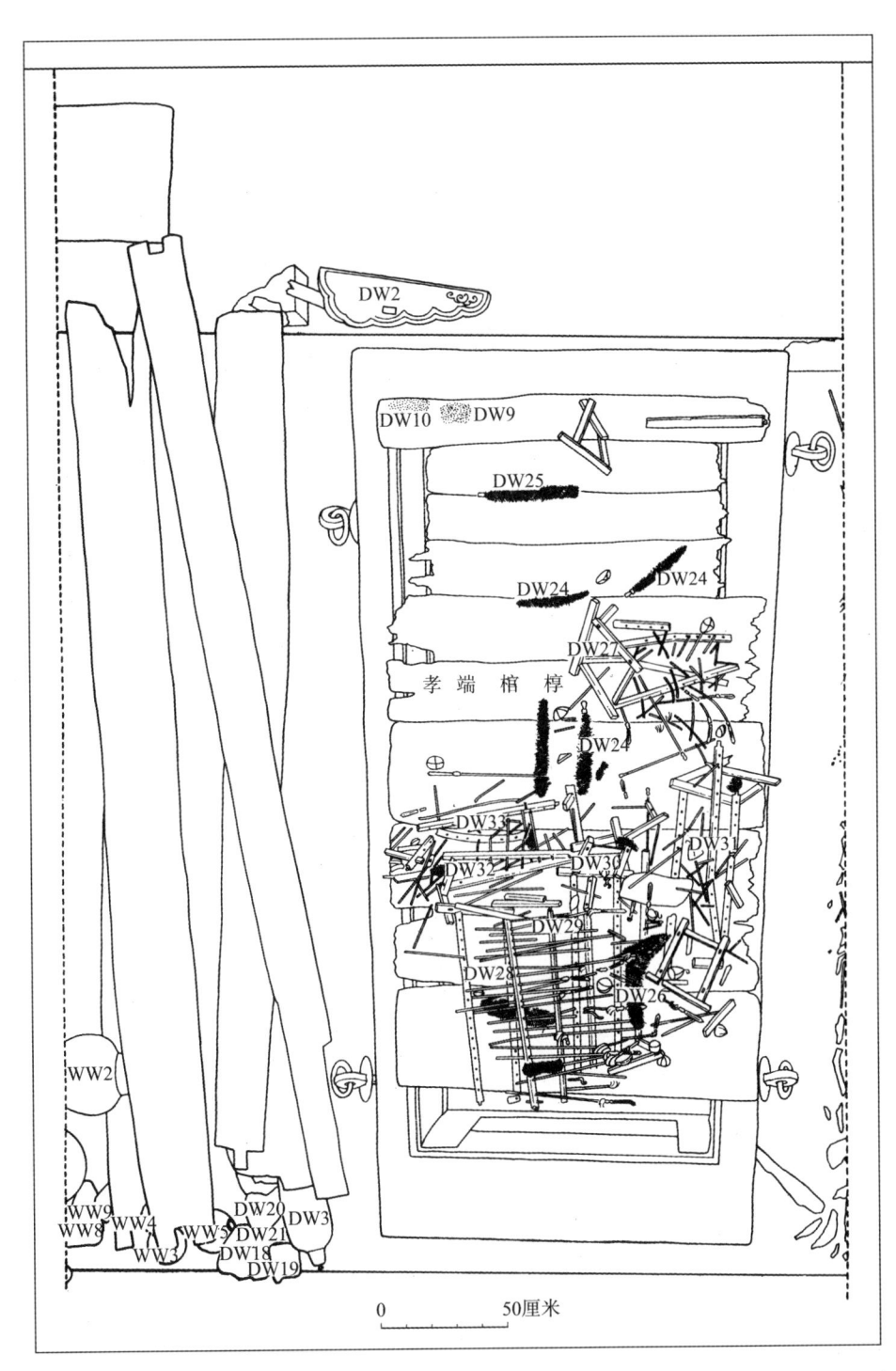

图9-2-17 北京明十三陵定陵后殿孝端后棺椁及随葬器物分布图（图9-2-12中分图Ⅳ）

WW2. 青花梅瓶　WW3、WW4. 三彩瓷花觚　WW5. 三彩瓷香炉　WW8、WW9. 玉料　DW2. 铭旌顶端龙牌　DW3. 青花梅瓶　DW9. 稻子　DW10. 谷子　DW18—DW21. 玉料　DW24. 龙幢　DW25. 玄武幢　DW26. 仪仗罩　DW27. 幡架　DW28—DW33. 仪仗架及仪仗

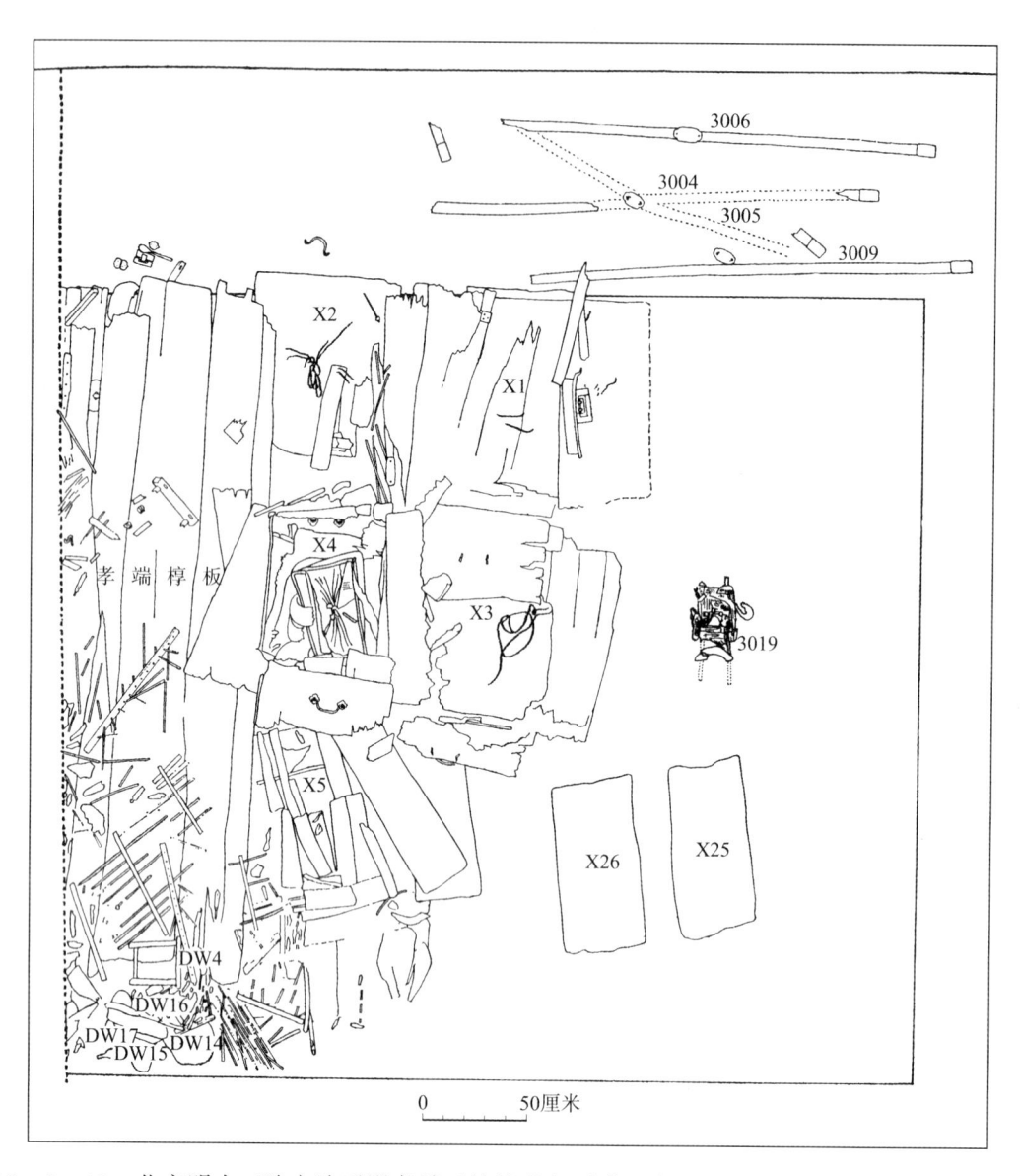

图9-2-18 北京明十三陵定陵后殿孝端后棺椁北侧随葬器物分布图（图9-2-12中分图Ⅴ）
X1.第一箱（凤冠） X2.第二箱（玉带、玉佩等） X3.第三箱（孝端后谥宝） X4.第四箱（孝端后谥册） X5.第五箱（孝端后谥册） DW4.青花梅瓶 DW14—17.玉料 3004—3006、3009.木抬杠 3019.车模型 X25、X26.第二十五、二十六箱（木俑）

的头部，头和杆髹朱漆[1]。椁盖上还置仪仗罩一件（DW26）[2]、幡架一件（DW27）[3]、龙幢三件（DW24）、玄武幢一件（DW25）[4]、稻子（DW9）、谷子（DW10）[5]等。

孝端后椁外侧棺床上南侧东端置青花梅瓶一件（DW3，《定陵》上，图二九〇），其南置玉料（DW18—21，图9-2-17）；北侧东端置梅瓶（DW4），其南侧置玉料（DW14—17，图9-2-18）。棺床东端下有匹料（DW5，暗花缎）、玉璧（DW6、7）、仪仗架（DW33，图9-2-19）[6]。

（二）孝靖后棺内装殓物品与棺椁上和侧旁置物

1. 棺椁形制与尸体殓衣

（1）棺椁形制

孝靖后棺松木，朱漆无纹饰，腐朽，棺盖板、底板、头挡与北侧棺壁均倒塌。棺的形制结构和尺寸与孝端后棺基本相同。椁腐朽倒塌，从残迹看，其形制结构与孝端后椁亦大致相同[7]。

（2）尸体状况与殓衣

尸体头西脚东，面稍向右侧卧，仅余骨架（下肢关节处显现一点筋肌）。右臂向上弯曲，手放于头下。左臂下垂，手放在腰部，下肢曲（《定陵》上，图三三、三四、三五）。牙齿曾患龋齿和牙周病[8]。尸体置于锦夹被上，两侧左右上折，盖住尸体，露头部。

---

[1] 中国社会科学院考古研究所、定陵博物馆、北京市文物工作队：《定陵》上，文物出版社1990年版，第220页。对仪仗武器头部的介绍。

[2] 仪仗罩的形制结构，见《定陵》上（文物出版社1990年版）第221页的介绍。

[3] 中国社会科学院考古研究所、定陵博物馆、北京市文物工作队：《定陵》上，文物出版社1990年版，第220页。说：幡架分别置于帝后三具棺椁的东端。图9-2-17，幡架在孝端后椁盖上中西部，与万历帝在东端异。

[4] 中国社会科学院考古研究所、定陵博物馆、北京市文物工作队：《定陵》上，文物出版社1990年版，第220页。玄武幢黄色罗制，仅残存下部。绘龟蛇和海水纹样，龟背及蛇为红地绿边，龟头及足，海水施绿色。幢残长10.5、宽3.9厘米。据《三才图绘·仪制》载，有朱雀、玄武、青龙、白虎幢的图像。幢上有笼，上系于龙头钩朱漆杆上。墓内与仪仗同出有许多铁制倒漏斗形笼罩及曲形铁钩，上面残留有罗纹丝织品及系结。据此推知这些龙幢原来也是罩在笼上系于钩上的。

[5] 稻、谷位置与万历帝椁上位置有异。

[6] 中国社会科学院考古研究所、定陵博物馆、北京市文物工作队：《定陵》上，文物出版社1990年版，附表三六（二），孝端后棺外随葬器物登记表，还记有DW8织品2件，DW13料珠，文中未交待随葬位置，图上亦无显示。此外，棺床东端下之匹料（DW5）、玉璧（DW6、7）和仪仗架（DW33）或从椁盖东端掉下来的。《定陵》上，第43页说："孝端后椁上放置匹料三匹"，可以为证。

[7] 中国社会科学院考古研究所、定陵博物馆、北京市文物工作队：《定陵》上，文物出版社1990年版，第23页。

[8] 中国社会科学院考古研究所、定陵博物馆、北京市文物工作队：《定陵》上，文物出版社1990年版，第25页。

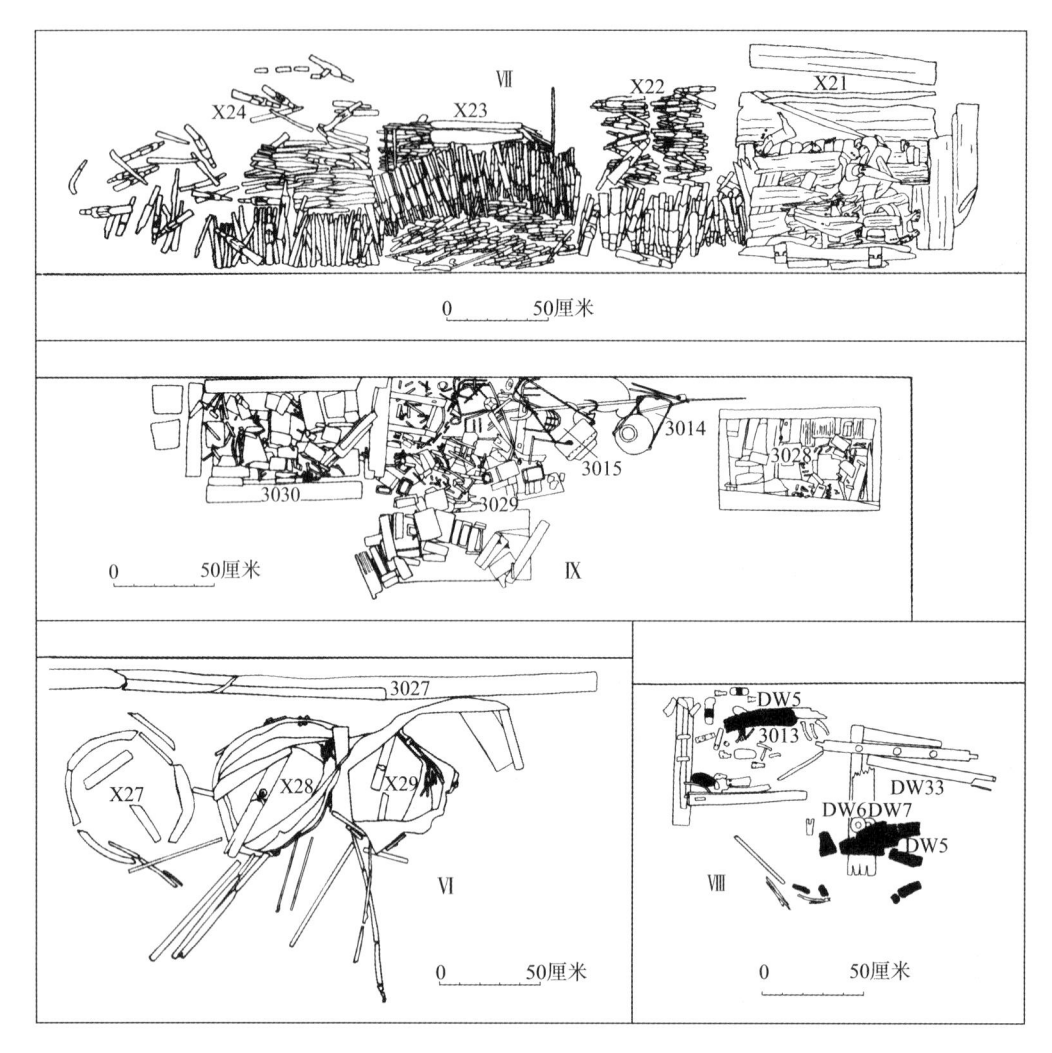

图9-2-19　北京明十三陵定陵后殿随葬器物分布图（图9-2-12中分图Ⅵ—Ⅸ）
Ⅵ　X27—X29.内装铜锡明器的圆形木器物盒　3027.木抬杠　Ⅶ　X21.内装木马俑的器物箱　X22—X24.内装木俑的器物箱　Ⅷ　DW5.残碎丝织匹料　DW6、DW7.玉璧　DW33.仪仗架　3013.木马俑（10个）Ⅸ　3014、3015.挑竿提梁铁灯　3028.长方形木托盘（内装家俱模型）　3029.家俱模型　3030.长方形木托盘（内装家俱模型）

孝靖后棕帽上及发髻上的首饰，《定陵》上一书记述不甚明晰。据《定陵》上第197—201页记述和附表三一、三二及图9-2-20来看，《定陵》上一书所记"靖饰一"和"靖饰二"序号颠倒。《定陵》上一书记孝靖后首饰两副，一副出于孝靖后棺内头部及其周围（靖饰一），其中一些无附饰的簪插在发髻上，一些较大并带有附饰的簪插在脑后所戴尖形棕帽上，但多数则已散落在头部周围，这副首饰当为孝靖后死时随葬的。另一副出于头顶西端一个棕制的帽子上（靖饰二），可能是迁时随葬的。《定陵》上一书第201、

202页记述，孝靖后随葬J124、J125、J136三顶棕帽，（未记何者戴在头上），并有纱巾J136：1（出自头部），纱带J136：14[1]。以此结合《定陵》下一书图版四四"孝靖后棺打开后情景"和图9-2-19判断，J136应为孝靖后头戴的棕冠。因此，《定陵》上一书第198页"靖饰一"及附表三一"靖饰一"应与J124、J125棕帽组合，实为"靖饰二"，置迁时随葬的；200页"靖饰二"及308页附表三二"靖饰二"应与J136及头部周围组合，实为"靖饰一"，乃是靖后死时随葬的。上述随葬首饰具体情况，见《定陵》上，一书第198—201页，附表三一、三二及图9-2-20。

孝靖后头戴棕帽（J136）和头部周围随葬首饰47件，其中金质的30件，鎏金银质的17件，无铜质首饰。器形无钗，除金耳勺3件，耳坠6件外，余者均为簪，簪之附饰无单体佛像。J124组合的首饰34件，其中金质的19件，鎏金银质的14件（包括J19鎏金银簪）铜质1件。J125组合首饰13件，其中金质1件，余均为鎏金银质。J124、J125首饰组合共47件。从J136首饰组合47件，前述孝端后头部首饰组合47件来看，J124、J125两者合为一组首饰（不是前说只插在一个棕帽上）。其器形新增铜簪和金钗各一件，鎏金银质多于金质，除金耳坠2件，火焰形金饰外，余者均为簪。簪的附饰新增立佛、玉佛、玉观音和玉寿星等，从而弥补了J136首饰之不足。

孝靖后上身穿黄折枝花卉缎圆领女夹衣（J145，《定陵》上，图一七三、一七四）[2]，以及绿卍字地折枝花果亮花䌷立领女夹衣（J146，《定陵》上，图一四六）[3]。下身穿黄

---

[1]《定陵》上（文物出版社1990年版）第202页。记载：纱带J136：14，长条形，其上横书金色梵文咒语，四字为一组，共六组半，两端各半个，共27字，形成一条装饰带。字下边绘对生叶状纹。带长83厘米，宽5.1厘米（《定陵》上，图三〇三）。

[2] 中国社会科学院考古研究所、定陵博物馆、北京市文物工作队：《定陵》上，文物出版社1990年版，第105页。说：J145，圆领、对襟、大袖。前后衣片及两袖相连整裁，两袖各接一幅。对襟处结带，带尚存二对，长21.5、宽0.7厘米。衣面纹样由折枝牡丹、莲花、月季、石榴等组成花卉图案，上下四排一个循环。衣里为缠枝扶桑暗花绫。身长68.5、通袖长198厘米，袖宽41.5、袖口17厘米，腰宽51、下摆72、衩口长24厘米。

[3] A. 中国社会科学院考古研究所、定陵博物馆、北京市文物工作队：《定陵》上，文物出版社1990年版，第97—98页。说：J146，出土时穿在孝靖后尸体上。立领、对襟、大袖、穿袖口。领口钉金扣二对，下部钉纽襻扣四对。面为卍字地折枝花卉䌷，卍字曲水纹地饰以花生、葡萄、寿桃、佛手等，寓多福、多寿、多子孙。前后片及两袖相连整裁，接袖，每袖接两片。前后片各打两个褶，上部活褶、下部缝死。领里侧加绿素䌷衬领，袖口以绢缘边，绢里。身长62、通袖长160、袖宽30、袖口15厘米，腰宽54、下摆宽62、衩口长21、领高4.2—7厘米。

B. 中国社会科学院考古研究所、定陵博物馆、北京市文物工作队：《定陵》上，文物出版社1990年版，第25页。说：孝靖后"上身着黄缎短衣三层"。除前注（1）、（2）二件夹衣外，第三件《定陵》上一书正文和附表中未见。

图 9-2-20 北京明十三陵定陵孝靖后尸体头部首饰分布图
80. Ⅱ型鎏金银环镶宝玉耳坠 96. Ⅴ型1式镶珠宝喜庆万年鎏金银簪 97. Ⅰ型镶宝仙人金簪 98. Ⅰ型鎏金银环镶宝玉耳坠 99. Ⅵ型2式镶宝梅花金簪 100. Ⅴ型镶珠宝蝴蝶金簪 101. Ⅴ型镶珠宝蜂花金簪 103. 金环镶宝玉兔耳坠 104. Ⅱ型1式镶珠宝花丝金龙金簪 105. Ⅲ型镶宝凤蝶鎏金银簪 106. Ⅱ型2式镶宝花丝金龙金簪 107. Ⅳ型2式镶宝凤鸟金簪 108. Ⅲ型镶珠宝宝塔形金簪 109. Ⅳ型3式双鸾衔寿果镶宝金簪 110. 银勺 111. Ⅰ型镶宝花蝶鎏金银簪 112. Ⅳ型镶宝双兔万字鎏金银簪 113. Ⅴ型2式镶宝祝延万寿鎏金银簪 114. 骨抿子 115. Ⅵ型1式镶宝刻龙纹金簪 116. Ⅳ型1式镶宝玉龟衔宝金簪 117. Ⅱ型镶宝玉龙顶鎏金银簪 119. Ⅴ型1式镶珠宝花蝶鎏金银簪 120. 金环镶宝玉兔耳坠 124:17. Ⅱ型镶宝玉观音鎏金银簪 125. 纱面棕帽 125:2. Ⅳ型2式镶宝玉人鎏金银簪 125:3. Ⅶ型2式镶宝玉花盆景鎏金银簪 125:7. Ⅵ型1式镶宝玉鸳鸯鎏金银簪 125:8. Ⅴ型4式镶宝蝴蝶鎏金银簪 125:10. Ⅵ型1式镶宝玉鸳鸯鎏金银簪 125:11. Ⅷ型镶宝心字形鎏金银簪 125:12. 金钗

折枝花卉缎夹裤（J159）[1]，腰束红织金妆花江山万代富贵如意缎裙（J128：1）[2]。足穿凤头船形红色缠枝花卉缎面鞋（J131）和黄色串枝牡丹纹缎面袜（J129）[3]。裆部有"卫生巾"（J160）[4]。头枕绢枕，残（J155）[5]，枕下放木炭（参见前述情况）。

2. 棺内装殓物品

孝靖后尸体上东端及东部两侧置银器和金器，情况如图9-2-21上所示。由于孝靖

---

[1] 中国社会科学院考古研究所、定陵博物馆、北京市文物工作队：《定陵》上，文物出版社1990年版，第115页。说：J159，裤面为折枝花卉（月季花、莲花、石榴、芙蓉）缎，暗花绫里，左右裤腿各二片，直缝缝合。在衩口上部两侧各钉缎带一根。裤长116厘米，立裆43、横裆56厘米，腰宽22—26.5厘米，腰围160、开衩长43厘米，裤带宽4、残长54.5厘米。《定陵》上，图一九四。

[2] A. 中国社会科学院考古研究所、定陵博物馆、北京市文物工作队：《定陵》上，文物出版社1990年版，第116页。说：J128：1，织金妆花海水江崖卍字结飘带，牡丹花托如意头，寓意"江山万代富贵如意"。

B. 中国社会科学院考古研究所、定陵博物馆、北京市文物工作队：《定陵》上，文物出版社1990年版，第25页。说：孝靖后"腰束红织锦缎裙，上又覆绸、缎裙各一件"。115页说：另有二裙盖在尸体上。即第268页续附表九所记J128红缠枝四季花卉紬裙，J158绿缠枝四季花卉缎裙。

C. 中国社会科学院考古研究所、定陵博物馆、北京市文物工作队：《定陵》上，文物出版社1990年版，第117页。说：《明会典》卷六十及《明史·舆服志二》载皇后常服有"红罗长裙"，"缘襈裙，红色，绿缘襈，织金彩色云龙纹"。"定陵出土的裙不仅数量多，而且用料种类也多样，红、黄、绿三种颜色都比较多，纹样方面既有织金妆花带膝襕的云龙纹织成裙，又有刺绣膝襕裙和一般花卉纹样的花裙，还有相当数量的素绢裙。由此看来，当时在服饰制度方面并不十分严格。"

[3] A. 中国社会科学院考古研究所、定陵博物馆、北京市文物工作队：《定陵》上，文物出版社1990年版，第122页。说：J131鞋帮两片，底一片缝合一起，在后部另绱有底，无提跟。底长10.8、宽5.3厘米。二后之鞋制作简单，用料单薄，可能是专为随葬制作的。《定陵》上，图二一二。

B. 中国社会科学院考古研究所、定陵博物馆、北京市文物工作队：《定陵》上，文物出版社1990年版，第123页。说：袜"高勒、尖部翘起，并钉有合股丝线一根，与鞋尖丝线鼻相穿结在一起"，二后袜式相同。J129孝靖后袜，里为素绢。勒残高39、口宽19厘米，开衩长11.5厘米，尖高8.5厘米。袜带宽2.2、一条长33、另一条长35厘米。《定陵》上，图二一二。

[4] 中国社会科学院考古研究所、定陵博物馆、北京市文物工作队：《定陵》上，文物出版社1990年版，第124页。说：J160卫生巾，三角形，红色暗花纱制成。出土时两角围于腰部，一角经裆部，三个角结于腹部。残长85、宽35厘米。

[5] 中国社会科学院考古研究所、定陵博物馆、北京市文物工作队：《定陵》上，文物出版社1990年版，第129页。说：J155，枕面已残，用绢缝制，两端尖，呈槜蒲形，内似填谷糠之属。枕残长55、宽22厘米。

尸体上随葬器物分布图

尸体下垫被上随葬器物分布图

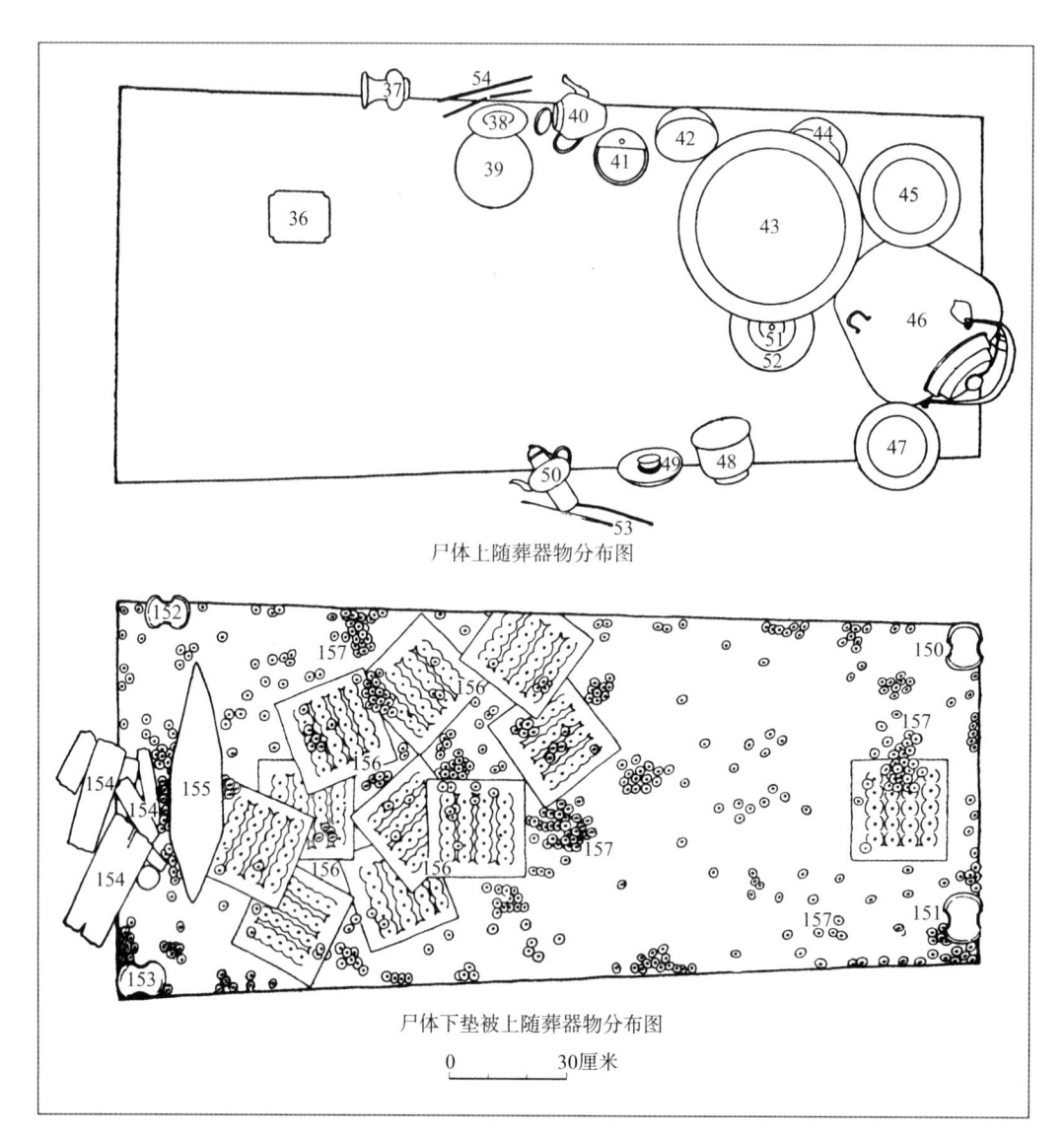

0　　30厘米

图 9-2-21 北京明十三陵定陵孝靖后尸体上、下随葬器物分布图

孝靖后尸体上随葬器物分布图

36. 银盘　37. 银尊　38. 银器盖　39. 银盘　40. 银把壶　41. 银肥皂盒　42. 银漱盂　43. 金盆　44. 金漱盂　45. 金盆　46. 银提梁罐　47. 银盆　48. 银碗　49. 金盏　50. 金酒注　51. 银器盖　52. 银盘　53. 包金木箸　54. 镶金木箸

孝靖后尸体下垫被上随葬器物分布图

150—153. 银锭　154. 木炭　155. 枕　156. 纸钱　157. 万历通宝（491 枚）

后棺腐朽，故尸体上部覆盖物保存状况较差。大体言之，棺内最上层覆盖素缎"经被"，朱书经文（漫漶），仅辨中部"南无阿弥"四字，右下方大字"华严"二字。其下至前述尸体上金银器间置匹料和衣物，金银器下又有一层匹料[1]。

尸体下垫被，褥等十一层[2]。尸体下第一层垫黄织金串枝莲花缎夹被（J148），尸体下第二层垫红织金串枝莲花缎绵被（J149），被四角分置银锭一枚。其下第三层垫褥上散置纸钱和"万历通宝"铜钱491枚[3]，西端中间置木炭（图9-2-21下）。此外，尸体下还有红缠枝莲妆花缎绵褥（J161）、红云鹤纹暗花缎丝绵被（J162）、绿穿花凤妆花缎丝绵被（J163）、红织金方龙纻丝夹褥（J164）、红织金方龙纻丝夹褥（J165）、绿八宝纹地四合云纹缎绵褥（J166）、红团花如意纹缎夹褥（J167）以及黄素䌷面毡褥（J170）等[4]。

3. 棺椁上及椁侧置物

棺盖上覆铭旌、残朽，仅见铭旌铁提梁（JW4）。椁盖上置仪仗架（JW26）及仪仗部件，谷子（JW12）、稻子（JW13）、匹料（JW26）；椁北侧置青花梅瓶（JW5）和玉料（JW6—JW9），以上见图9-2-22。此外，椁上置黄麾（JW22）1件，残存墨书"黄麾"二字，残长10厘米，宽7厘米。置告止幡4件，如JW23上部绘白色圭形，勾金边，顶端荷叶形，下部莲花，墨书"告止"二字，下部残碎。残长14.5厘米，宽6.8厘米。传教幡3件，残存"传教"二字。其中JW24残长8.5厘米，宽4厘米。信幡4件，形制同"告止"幡，残存墨书"信"字，下部残碎，其中JW25残长14.5厘米，宽6.8厘米，在椁东端置幡架[5]。

---

[1] 中国社会科学院考古研究所、定陵博物馆、北京市文物工作队：《定陵》上，文物出版社1990年版，第165页。说：尸体上覆盖物，见324页附表三六，孝靖后棺内随葬品登记表，J22—J147。其中J55∶1红素罗绣平金龙百子花卉方领女夹衣（《定陵》下，彩版四五—六三）、J55∶3红暗花罗绣"万寿"字过肩龙百子花卉方领女夹衣（《定陵》上，图二三四）、J55∶7绿暗花罗绣过看龙戏珠童子戏花方领女夹衣（《定陵》上，图二三五，A、B；《定陵》下，彩版六四）等，是难得的刺绣精品。

[2] 中国社会科学院考古研究所、定陵博物馆、北京市文物工作队：《定陵》上，文物出版社1990年版，第25页。

[3] 中国社会科学院考古研究所、定陵博物馆、北京市文物工作队：《定陵》上，文物出版社1990年版，第233页。

[4] 中国社会科学院考古研究所、定陵博物馆、北京市文物工作队：《定陵》上，文物出版社1990年版，第270页附表一一，第271页续附表一二。

[5] 中国社会科学院考古研究所、定陵博物馆、北京市文物工作队：《定陵》上，文物出版社1990年版，第221页。说："参阅《三才绘图·仪制》图，这些幡均可复原其全貌。其形制大制是在墨书下绘有金双龙或升龙纹，上部有朱丝盖，四角垂罗纹佩，系于金铜龙头钩朱漆竿上。"又《定陵》上，第220页说：幡架3件，"分别放置在帝后三具棺椁的东端"。

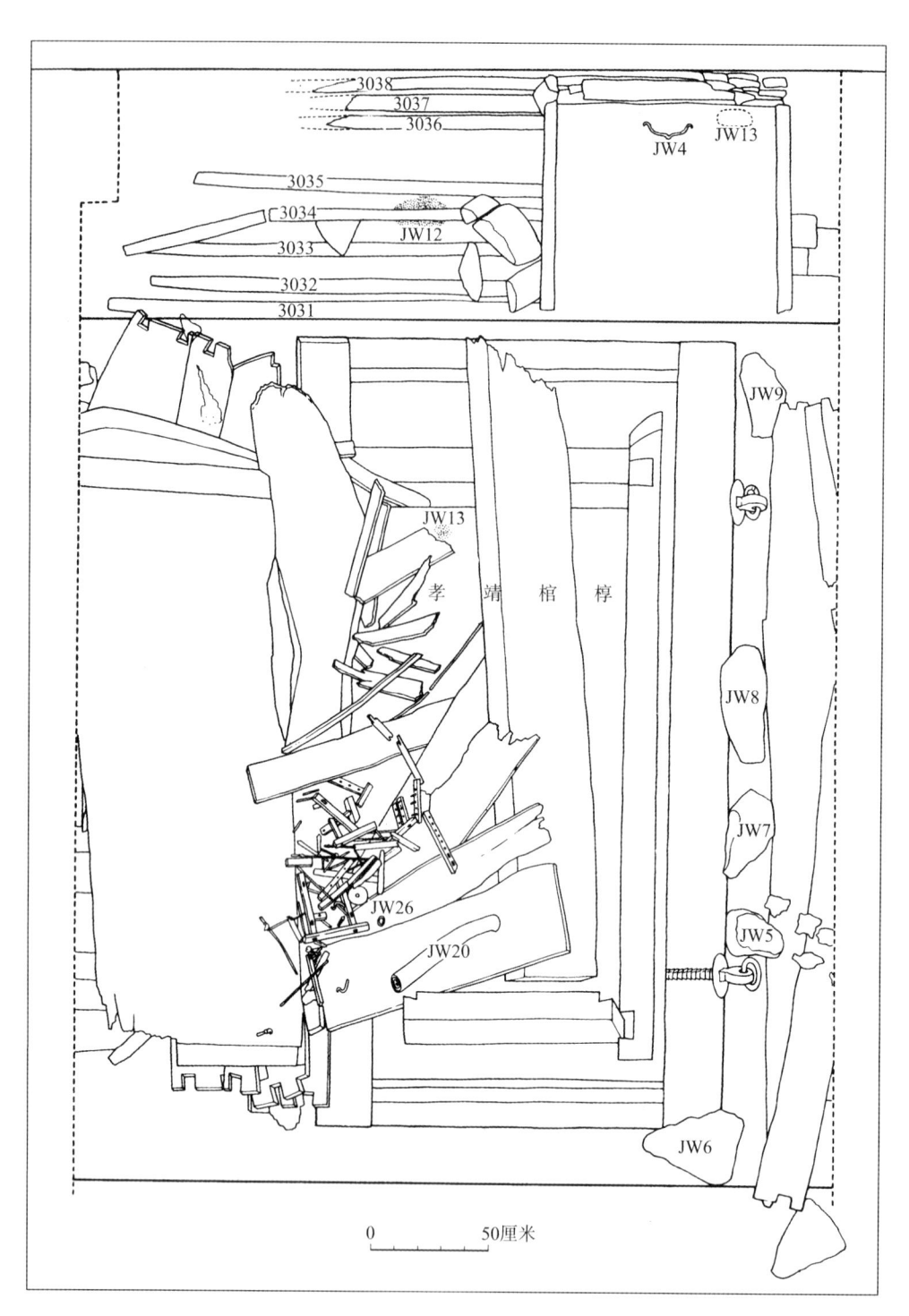

图 9-2-22 北京明十三陵定陵后殿孝靖后棺椁及随葬器物分布图（图 9-2-12 中分图Ⅱ）
JW4. 铭旌铁梁　JW5. 青花梅瓶　JW6—JW9. 玉料　JW12. 谷子　JW13. 稻子　JW20. 素缎匹料　JW26. 仪仗架　3031—3038. 木抬杠

四　棺床上及后殿和中殿置物

（一）棺床上置物

棺床上主要置二十二件器物箱[1]，其中七箱置于棺床北端，十二箱置于棺床南端，三箱置于万历帝和孝端后木椁之间。

棺床北端即孝端后木椁北侧，置七箱（X1—5、X25、X26）。X1—5箱内装孝端后凤冠二顶（图9-2-24左）、木谥册二副、木谥宝一件（《定陵》上，图三三一），以及玉圭、霞帔、玉佩饰、玉革带、金香薰、金簪等[2]。X25、26箱装木俑，多数腐朽（X：25箱11个桶保存略好，余朽；X26箱俑220个。图9-2-25，图9-2-26，《定陵》下，图

---

[1] 中国社会科学院考古研究所、定陵博物馆、北京市文物工作队：《定陵》上，文物出版社1990年版。第42、327页均称器物箱。唯第191页称衣箱，箱有长方形和方形两种，以长方形者居多。箱杉木板材、银锭榫卯和铁钉加固结合，子母口，盖内有二横带，箱底有托泥，托泥上穿二横带。衣箱什件质地有铜、铜鎏金、铁三种。其中放金器、铜锡明器，木俑和木马俑的六件衣箱什件为铁质，锈蚀严重，多数残碎。箱盖口与箱口有合页两个，前有扣吊一个和扣吊底板，扣吊上有铜锁，旁边系铜钥匙一把，箱子两侧各安一个拉手。保存较好的衣箱尺寸，一般长72—95，宽50—70，高47—74厘米左右。衣箱外壁多为朱漆素面，有的绘描金云龙纹，箱内壁为朱漆或本色地，涂桐油，裱绢里。箱底两横带外有绳索痕迹，箱上或附近有抬杠。其详细结构和什件情况，见《定陵》上第191—192页，图二九八。

[2] 中国社会科学院考古研究所、定陵博物馆、北京市文物工作队：《定陵》上，文物出版社1990年版，第327页。附表三六（四）：X1器物箱、X1：2九龙九凤冠、X1：3凤冠（X1：2）匣。X2器物箱，X2：2鎏金铜勺，X2：5漆匣、X2：6镶宝梅花金簪2件，X2：7玉谷圭（X2：8）匣、X2：8玉谷圭、X2：9金累丝珍珠霞帔、X2：10包佩饰袱皮、X12：11玉佩饰1、X2：12玉佩饰1、X2：13佩饰（X2：11.12）匣、X2：14霞帔（X2：9）匣、X2：16包镶珠宝桃形金香薰、X2：17镶珠宝花蝶金耳环，2只，X2：18系珠石金耳环，2只，X2：19六龙三凤冠、X2：20凤冠（X2：19）匣、X2：21玉革带。X3器物箱，X3：10孝端后谥宝、X3：11谥宝穗一对。X4器物箱、X4：3谥册垫1副（6块）、X4：5包孝端后谥册匣袱皮、X4：6孝端后木谥册、X4：7包孝端后谥册袱皮。X5器物箱、X5：4谥册（X5：10）匣、X5：8包孝端后谥册袱皮、X5：9包孝端后谥册匣袱皮、X5：10孝端后木谥册。

A. 九龙九凤冠（X1：2）。《定陵》上，第206页记述：冠上饰金龙九、翠凤九。正面上层九龙，中层八凤，下层绕三排珠串饰，背面上部立一凤。龙凤均口衔珠宝结，每结系珍珠二颗，红、蓝宝石各一块。翠云四十四片。冠顶以宝石和串珠组成花卉，下缘一周嵌红、蓝宝石，宝石周围饰串珠。博鬓左右共六扇，每扇饰金龙二、宝石三块，边垂珠串。冠上共嵌红宝石五十七块，蓝宝石五十八块，珍珠四千四百一十四颗。冠通高48.5，外口径23.7厘米。博鬓长23、宽5厘米。共重2320克（《定陵》下，图版二七六）。

六龙三凤冠（X2：19）。《定陵》上，第206页记述：冠饰金龙六、翠凤三。正面顶部正中一龙，口衔珠宝滴；两侧在如意云头上各饰一飞龙，口衔珠宝串饰；中层三凤，口衔珠滴，作展翅飞翔状；下层为大珠花三树。背面三飞龙并列，口衔珠宝滴，中下层为大珠花四树。冠口外沿一周嵌红蓝宝石十二块，其间饰珠花，里为金口圈。博鬓左右各三扇，插在金龙首内。每扇饰金龙一，翠云翠叶四，边缘饰串珠。冠通高35.5、口径19—20厘米，博鬓长31、宽8厘米，金口圈内宽3.7、外包边宽1厘米。所嵌宝石，红宝石七十一块，蓝宝石五十七块，珍珠五千四百四十九颗。冠总重2905克（图9-3-35上，《定陵》下，彩版一一四、一一五）。按，《大明会典》记载，皇后凤冠洪武、永乐时定制为九龙四凤冠，所出凤冠与此不合。龙、凤、珠花、翠云数量，龙用金制，凤用点翠（洪武、永乐定制为翠龙、金凤）等亦不相合。（转下页）

版三〇五—三〇九)[1]。X25 之西、X3 之北有车（3019）、轿（3020、3021、3022 三乘）木质明器（图 9-2-18，轿无显示)[2]。

在万历帝和孝端后木椁之间置三箱（X18、19、20），X18、19 箱内放万历帝木谥册（《定陵》上，图三二七）、谥宝（《定陵》上，图三三一之 1）；X20 箱内放万历帝的盔

(接上页) B. 金累丝珍珠霞帔（X2：9)。《定陵》上，第 212 页。记述：帔带形，左右两条。面织金绞丝织成料，红色，两边织金线二条，内饰圆点纹，中间织云霞和升降龙纹。里为黑素缎，中间夹平纹䌷一层。带上缀珍珠梅花形金饰。梅花金片剪成，正面以花丝圈成梅瓣，瓣内铺翠，中心穿两孔，以铜丝系珍珠一颗；花瓣上穿三孔，以合股丝线钉在带上。每条带上钉梅花形金饰五十三排，上部五十排每排钉四个，下部斜尖部分，分别钉三、二、一个，左右相叠压，各排之间自上而下依次相叠压，形成鱼鳞状，全帔共用四百一十二个。帔带宽 5.6，通长 60 厘米；金梅花直径 1.7、厚 0.04 厘米，彩版 14（《定陵》上，图三一二，《定陵》下，彩版一三三、一三四）。"帔分左右两条，较短，似不能单独使用。估计使用时可能钉在另一条丝织霞帔上以为饰"。

《明史》卷六六，"舆服二·皇后常服"，永乐三年更定，"霞帔深青，织金云霞龙文，或绣或铺翠圈金，饰以珠玉坠子，璜龙文"（《大明会典》卷六十"皇后常服"作"饰以珠，绞丝纱罗随用"）。X2：9 与之大同小异，而略显复杂。

C. 玉佩饰（X2：11、X2：12），见《定陵》上，第 211 页文。

D. 玉谷圭（X2：8），见《定陵》上，第 211—212 页文。

E. 玉革带（X2：21），见《定陵》上，第 208 页文。

F. 木谥册（X5：10），万历帝生前所赠，每版四行，最后一版三行，每行 1—11 字不等（《定陵》上，图三二八），录文见《定陵》上，第 224 页。木谥册形制结构见后文万历帝木谥册注释。

木谥册（X4：6），为孝端后孙天启帝朱由校所上。每版五行，最后一版二行，每行 1—8 字（《定陵》上，图三二九），录文见《定陵》上，第 224、227 页，谥册结构见图 81。

G. 木谥宝（X3：10），残。《定陵》上，第 229 页。记述：谥宝文曰，"孝端贞恪庄惠仁明媲天毓圣显皇后宝"，文四行，行四字。通高 15.5、长宽各 13.5 厘米（《定陵》上，图三三一之 2）。木谥宝形制，参见后文万历帝木谥宝注释。

[1] 中国社会科学院考古研究所、定陵博物馆、北京市文物工作队：《定陵》上，文物出版社 1990 年版，第 213 页。说：木俑质料为杨木、云杉、落叶松等。杉松多为小型圆木劈作两半，圆雕刻制，正面多留有杉、松节痕，杨木俑雕刻较规整。俑有大有小，扁平体、直立、拱手、多数两手隐于袖中，头戴冠，身着交领或圆领长袍（或短衣），足穿皂靴。面部敷粉，墨绘眉目、唇涂朱，依冠式不同分为八型（略）。第 214 页又说：木俑雕刻不精致，青情呆滞、很少变化。俑全部有冠饰，头戴平巾，高冠或圆帽；身着交领或园领长袍，袍为红色和黑色，少数为木本色。除 H 型 II 式俑足穿红靴外，余均穿黑靴。A 型头戴黑色高冠，俑身钞向前倾，面带微笑，显得十分恭谨，似为内臣。C、D 型俑头戴平巾者，多数显得体格壮建，仪表丰满，表情严肃。H 型 II 式俑仅三件，头载黑色红顶圆帽，身着圆领红色对襟长袍，眉目清秀，长髯垂于胸前，双手执笏，似非一般侍者。图 9-2-37，《定陵》下图版三〇九。

[2] 车、轿明器，见《定陵》上（文物出版社 1990 年版），第 221、222 页文。

（《定陵》下，图版三一一、三一二）、甲（《定陵》下，图版三一六、三一七；《定陵》上，图三一九）、刀（《定陵》上，图三一六）、箭、弓袋、箭袋（《定陵》上，图三一七、三二三）等[1]。

在孝靖后木椁南侧棺床上置十二箱（X6—17，图9-2-23），其中X6箱置金器二十一件（图9-2-27），帝与二后共有。X7箱置铜、锡明器260余件，帝与二后共有（图

---

[1] 中国社会科学院考古研究所、定陵博物馆、北京市文物工作队：《定陵》上，文物出版社1990年版，第331页。附表三六（四）：X18器物箱、X18：2谥册匣、X18：3包万历帝谥册袱皮、X18：4万历帝木谥册、X18：5谥册垫（1副9块）。X19器物箱、X19：1万历帝谥宝、X19：3谥宝垫、X19：4谥宝穗（1对）。X20器物箱、X20：2铁刀、X20：6金护法顶铁盔、X20：7珍珠（110颗）、X20：8弓袋、X20：9箭袋、X20：10箭袋、X20：11铁铠甲、X20：12箭（34支）、X20：13木矛（2支）。215页记述，34支箭，X20：9箭袋内装30支，X20：10箭袋内装4支。箭通长69、镞长1.5厘米。

A. 木谥册X18：4，《定陵》上，第222页记述；每版六行，最后一版五行，每行字数不等，多至十九字，少者二字（《定陵》上，第223页图三二七拓本）。录文见第222、224页。册文为其子光宗朱常洛于万历四十八年九初四日所上，册谥是在光宗死后举行的，册文《明实录》不载。《明实录》《明史》均记九月甲申（初十）孝孙（朱由校）上神宗尊谥，恐有误。《定陵》上，第222页记述：定陵所出四副木谥册的形制、大小基本相同。谥册长方形，檀香木制成，原木本色，不髹饰。每副谥册十版，每版背面裱丝织品两层，里层为黄素绢，外层用红色缠枝莲花缎，两端向上翻卷，包边宽1.7厘米，两侧与侧边齐，首末两版外侧也向上翻卷，包边宽2—2.4厘米。在每版两侧边，距两端5.5厘米处开矩形眼，将相邻两块册版用丝编扁绦带穿系，背面紧贴于版面上，绦带宽0.4厘米，开合如古之书帙之状（《定陵》上，图三二六）。两版之间以与谥册版大小相同的织金缎垫相隔。谥册首末两版均不刻字，首版饰以描金云龙纹，末版绘三朵四合如意云纹。自第二至第九版刻阴文正楷谥文，自左向右，直行读。每版长28、宽12、厚1厘米。木谥册形制、大小、装饰与金册颇相类（参见《明实录·太祖实录》卷二八上）。

B. 木谥宝X19：1，《定陵》上，第229页记述：印纽已残、绶带腐朽，无丝穗。刻文六行，文曰："神宗范天合道哲肃敦简光文章武安仁止孝显皇帝之宝"。其中四字者五行，三字者一行。通高14、长宽各13厘米（《定陵》上，图三三一之1）。229页又说：四件谥宝均梨木制成，不髹不梁，呈褐色。印方形，雕龙纽，纽与印可分开，以四根木钉插合一起。印刻阳文篆书。纽部穿系黄丝绶，交于龙纽上面，另用丝线结住，使绶带两端丝穗交于纽前。

C. 盔X20：6（《定陵》下，图版三一一、三一二）。盔，六瓣宽沿铁盔，通高33、帽高17，外径26.5—28.3厘米、内径17.5—19、沿宽3.8厘米。重1690克。盔顶嵌金制玄武大帝（宋真宗为避圣祖赵玄朗名，改为"真武"）坐像，盔六面嵌金制六甲神（道教神）。其形制结构，见《定陵》上，第215、216页文。该盔与《大明会典》卷一百九十二，工部十二所记"镀金护法顶，香草压缝，六瓣明铁盔"相似。

D. 甲X20：11，形制结构，见《定陵》上，第216—218页文。（《定陵》下，图版三一六、三一七）。

E. 铁刀X20：2，有鞘。见《定陵》上，第215页文，图三一六。

F. 弓袋X20：8，箭袋X20：9，X20：10，见《定陵》上，第218、219页文，图三一七、三二二。

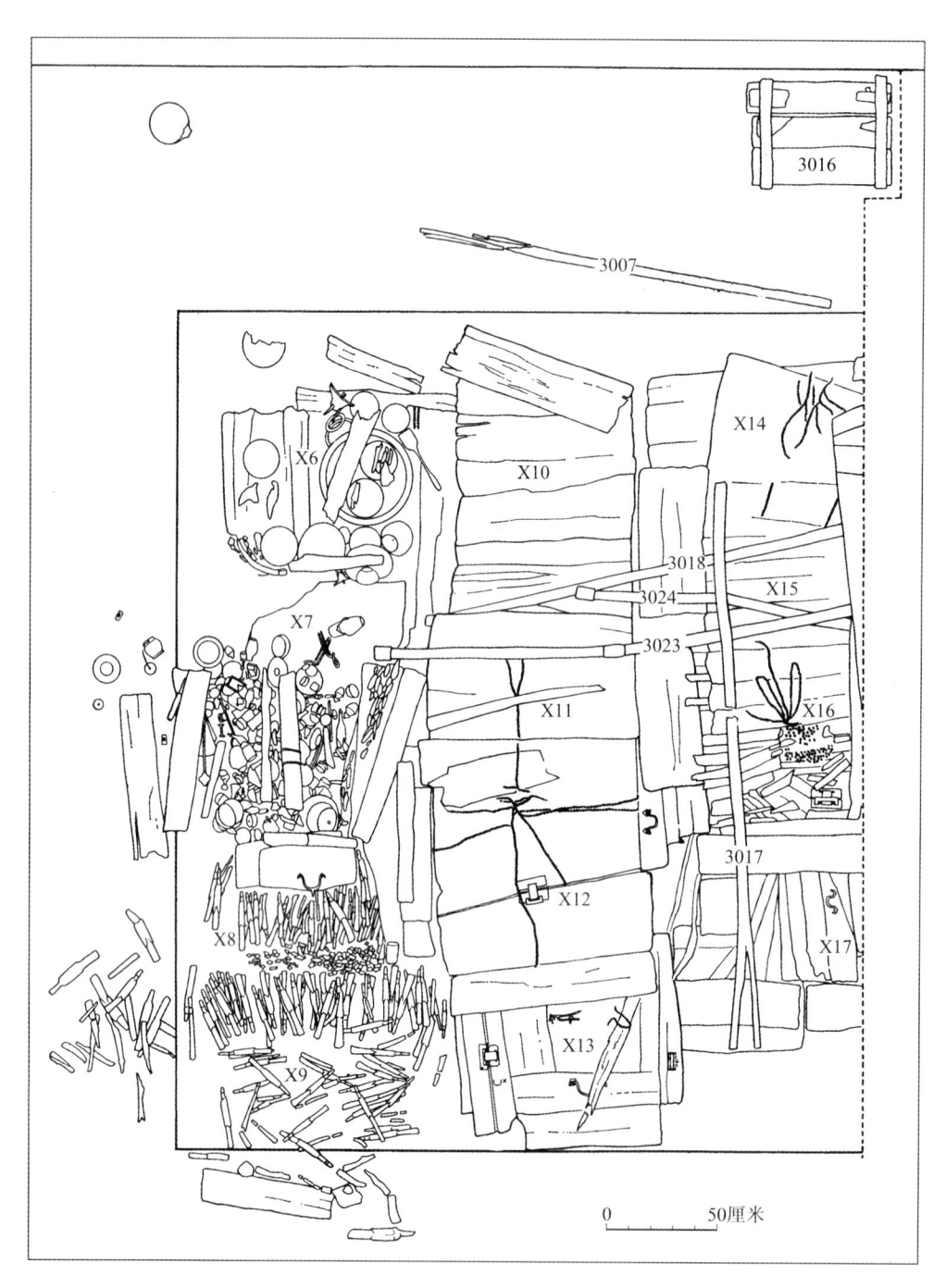

图 9-2-23 北京明十三陵定陵后殿孝靖后棺椁南侧随葬器物分布图（图 9-2-12 中分图 I）
X6. 第六箱（金器） X7. 第七箱（铜锡明器） X8、X9. 第八、九箱（木俑） X10. 第十箱（孝端后谥宝） X11. 第十一箱（孝锡谥册 X12. 第十二箱（孝靖木谥册、谥宝） X13. 第十三箱（玉带、玉佩、冕冠等） X14. 第十四箱（凤冠、佩饰等） X15. 第十五箱（凤冠） X16. 第十六箱（服饰、鞋） X17. 第十七箱（玉带、玉佩等） 3016. 孝靖后圹志 3007、3017、3018、3023、3024. 靖后木抬杠

第九章 定陵玄宫 515

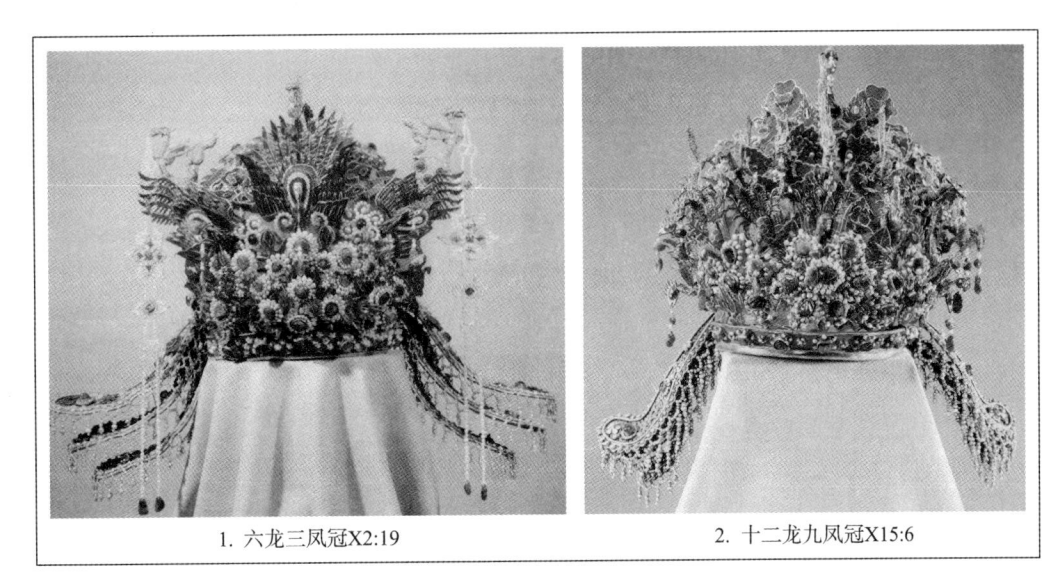

1. 六龙三凤冠X2:19　　　2. 十二龙九凤冠X15:6

图9-2-24　北京明十三陵定陵出土孝端后六龙三凤冠和十二龙九凤冠

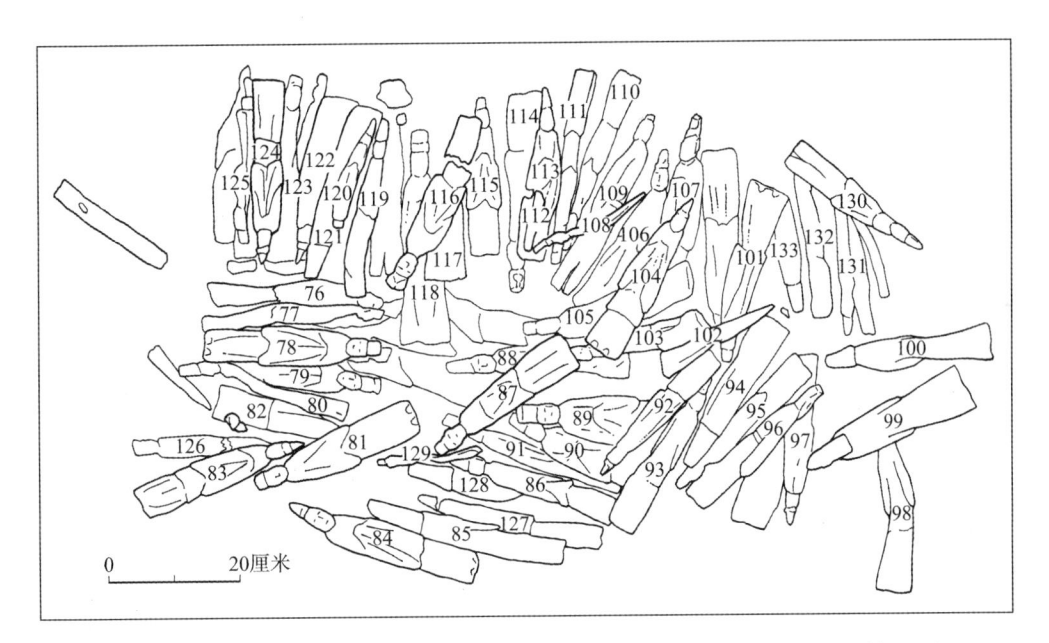

图9-2-25　北京明十三陵定陵后殿第二十六箱木俑出土情况（第二层）

76—78. C型　79. B型　80—82. C型　83—84. B型　85. D型　86. D型　87—91. C型　92. F型　93. B型　94—96. 型　97. F型Ⅱ式　98. B型　99—101. C型　102. E型　103. F型Ⅱ式　104. F型Ⅰ式　105. D型　106. E型　107. B型　108. F型Ⅰ式　109. D型　110—112. C型　113、114. B型　115. C型　116. B型　117. E型　118. C型　119. F型Ⅱ式　120. E型　121. F型Ⅱ式　122. F型Ⅰ式　123. F型Ⅱ式　124. F型Ⅰ式　125. F型Ⅱ式　126、127. C型　128、129. B型　130—133. C型

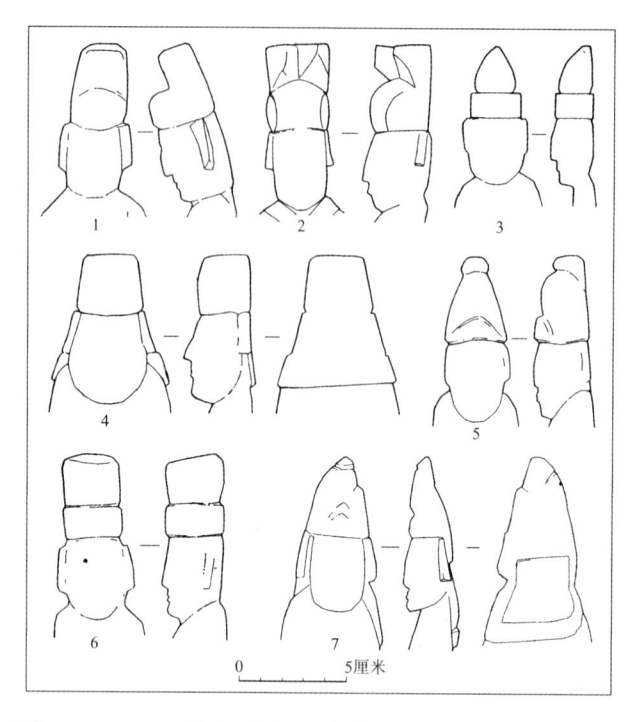

图 9-2-26 北京明十三陵定陵后殿 X26 出土木俑

1. A 型 X26：3 2. B 型 X26：129 3. F 型 I 式 X26：92 4. C 型 X26：16 5. H 型 I 式 X26：33 6. D 型 X26：105 7. H 型 II 式 X26：13

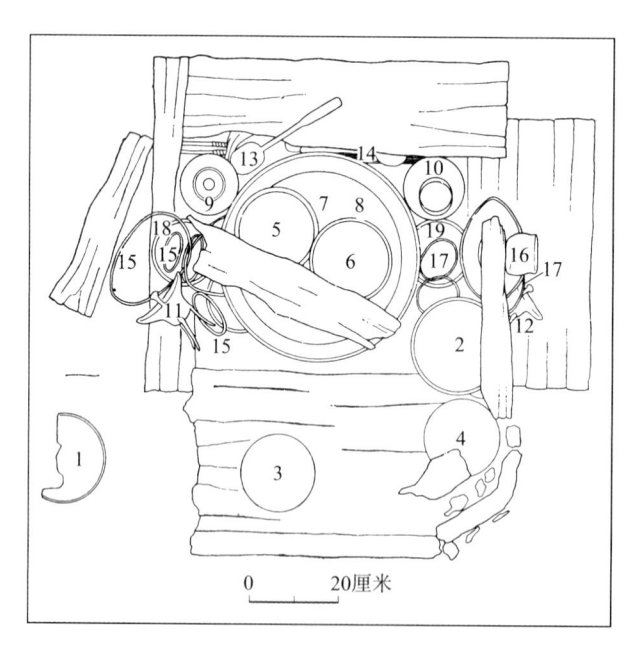

图 9-2-27 北京明十三陵定陵后殿第六箱器物分布图

1、2. 镶花梨木金碗 3、4. 金筒形盒 5、6. 镶花梨木金碗 7、8. 金盆 9、10. 金瓶 11、12. 金爵 13. 金匙（2件） 14. 金箸（2双） 15. 金扣漆托盂（盂残）（2件） 16. 金扣漆托盂 17. 金扣漆托盂（盂残） 18、19. 金漱盂

9-2-28)[1]。X8、9两箱内放木俑，箱朽（X8箱内俑残碎，X9箱内四件俑保存略好，余残碎）。X10箱内放孝靖后（？）木谥宝[2]，X11箱内放孝靖后死时锡谥册、玉礼器等[3]，

---

[1] 图9-2-39表现第一层器物，此外还有X7：117锡宝盖、X7：118锡果碟、X7：119锡汤鼓、X7：120锡漱盂、：121锡宝盖、X7：122锡唾壶、X7：123锡小烛台、X7：124锡酒盏、X7：125铜脚踏、X7：126锡花瓶、X7：127锡花瓶、X7：128锡汁瓶、X7：129锡水罐、X7：130铜水罐、X7：131锡花瓶、X7：132锡灯台、X7：133锡香炉、X7：134锡唾壶、X7：135锡唾壶、X7：136锡花瓶、X7：137锡烛台、X7：139铜水盆、X7：140锡马杌、X7：141锡花瓶、X7：142铜唾壶、X7：143铜香炉、X7：144锡酒瓶、X7：145锡酒缸、X7：146锡唾壶、X7：147锡匙箸瓶、X7：148锡水罐、X7：149锡水盆、X7：150锡油瓶、X7：151锡宝蘘宝盖、X7：152锡果碟、X7：153锡托子（2件）、X7：154锡菜碟（2件）、X7：155锡爵、X7：156锡水瓶、X7：157锡唾盂、X7：158锡碗、X7：159锡菜碟、X7：160锡宝蘘宝盖、X7：161锡汤鼓、X7：162锡香盒、X7：163锡花瓶、X7：164锡小烛台、X7：165锡汤鼓、X7：166锡茶钟、X7：167锡红缨头宝盖、X7：168锡宝盖、X7：169锡菜碟、X7：170锡红节葫芦宝珠、X7：171锡菜碟（2件）、X7：172锡匙箸连瓶、X7：173锡茶瓶、X7：174锡宝盖、X7：175锡宝盖、X7：176锡碗、X7：177锡梁水瓶、X7：178：1—3锡果碟（3件）、X7：178：4-8锡案酒碟（5件）、X7：179锡托盘、X7：180锡汤鼓、X7：181锡宝盖、X7：182锡宝蘘宝盖、X7：183锡宝盖（4件）、X7：184锡宝盖（6件）、X7：186锡宝池、X7：187锡酒盏、X7：188锡水罐、X7：189锡台盏、X7：190锡汤鼓、X7：191锡、X7：192锡茶瓶、X7：193锡香炉、X7：194锡茶瓶、X7：195锡匙箸瓶、X7：196锡酒缸、X7：197锡凉浆瓶、X7：198锡印池、X7：199锡按酒碟、X7：200锡漱盂、X7：201锡碗、X7：202锡汤鼓、X7：203锡果碟、X7：204锡杏叶茶壶、X7：205锡香盒、X7：206锡灯台、X7：207锡汤鼓、X7：208锡唾壶、X7：209锡唾壶、X7：210锡托盘、X7：211：2—3锡菜碟（2件）、X7：211：1锡按酒碟（2件）、X7：212锡案酒碟、X7：213锡果碟、X7：214锡香盒、X7：215锡盆、X7：216锡唾壶、X7：217锡粉子、X7：218锡杏叶茶壶、X7：219锡爵盏、X7：220锡托子（2件）、X7：221锡香匙箸瓶、X7：222锡杏叶茶瓶、X7：223锡唾壶、X7：224锡果碟、X7：225锡香盒、X7：226锡碟、X7：227锡汤鼓、X7：228锡汤鼓、X7：229锡唾壶、X7：230锡酒瓶。《定陵》上（文物出版社1990年版），第175页说："出自第七箱内的铜明器有水罐、水盆、香盒、香炉、唾盂、唾壶、脚踏各二件，并且在每件器物上均贴有墨书纸标签（脚踏缺标签），标明器物的名称和数量。可以推知，这些器物就是作为象征性的仪仗随葬的，而且各有两件，形制、大小相同。这说明它们是为孝端后和孝靖后各做了一套。"其分析参见后文，见图《定陵》上一书图二八四—二八七。

[2] 《定陵》上（文物出版社1990年版），第229页说：谥宝X10：2，仅存残纽，不辨其所属。第230页又说：贵妃以上，册宝并举，此残宝可能误放于孝靖后椁侧，很可能属孝端后。按，二后各有谥宝，该谥宝残，又置于孝靖后木椁南侧，故其为孝靖后迁祔前的贵妃谥宝可能性更大。

[3] 《定陵》上（文物出版社1990年版），第330页附表三六（四）：X11器物箱、X11：3玉礼器（X11：8）匣、X11：8玉礼器3件、X11：10锡谥册、X11：12包锡谥册匣袱皮。
A. 锡谥册X11：10，《定陵》上，第229页说：已氧化成碎块，"当属孝靖后死时随葬，而后迁祔定陵的"。
B. 玉礼器X11：8，第189页介绍了3件白玉礼器的形制，并说相同礼器北京西郊董四墓村的妃嫔中也有出土，"这一副玉礼器为孝靖后迁葬时带来的，而作为皇后的随葬器物中却没有。因此，推测此类器物可能为妃嫔所特有"（《定陵》下，图版二〇九）。

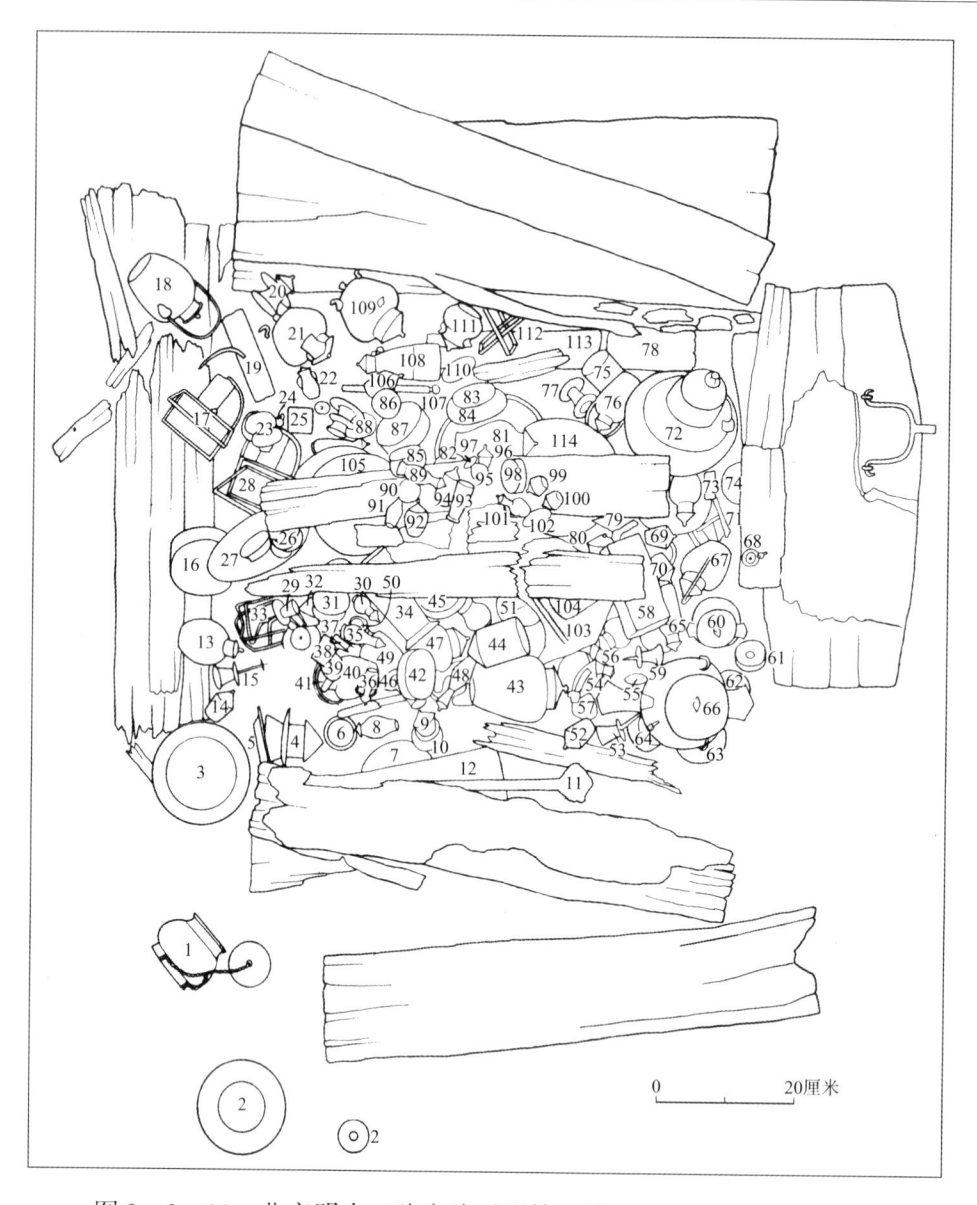

图 9-2-28 北京明十三陵定陵后殿第七箱器物分布图（第一层）

1. 铜香炉 2. 铜唾盂 3. 铜水盆 4. 锡唾盂 5. 锡盆 6. 锡酒盂 7. 锡盘 8. 锡花瓶 9. 锡茶钟 10. 锡烛台 11. 锡红节葫芦宝珠 12. 孝端后锡谥册 13. 铜唾壶 14. 锡茶钟 15. 锡灯台 16. 铜香盒 17. 铜交椅 18. 铜水罐 19. 铜脚踏 20. 锡唾盂 21. 锡香炉 22. 锡花瓶 23. 锡按酒碟 24. 锡花瓶 25. 锡印池 26. 锡果碟 27. 铜唾盂 28. 铜交椅 29. 锡小烛台 30. 锡油瓶 31. 锡酒缸 32. 锡汤鼓 33. 锡交椅 34. 锡香匙箸瓶 35. 锡花瓶 36. 锡汁瓶 37. 锡唾盂 38. 锡托盘 39. 锡菜碟 40. 锡水罐 41. 锡香炉 42. 锡香盒 43. 锡酒瓮 44. 锡鉴妆 45. 锡水盆 46. 锡酒瓶 47. 锡香炉 48. 锡酒注 49. 锡水罐 50. 锡碗 51、52. 锡汤鼓 53. 锡烛台 54. 锡台盏 55. 锡花瓶 56. 锡唾盂 57. 锡台盏 58. 锡宝匣 59. 锡小烛台 60. 锡香炉 61. 锡烛台 62. 锡菜碟 63. 锡盘 64. 锡香盒 65. 锡酒注 66. 锡香炉 67. 锡水罐 68. 锡烛台 69. 锡碗 70. 锡茶钟 71. 锡交椅 72. 锡宝顶 73. 锡酒盂 74. 锡盘 75. 锡鉴妆 76. 锡水罐 77. 锡烛台 78. 锡宝匣 79、80. 锡酒瓮 81. 锡唾壶 82. 锡烛台 83. 锡菜碟 84. 锡水盆 85. 锡看瓶 86. 锡按酒碟 87. 锡香盒 88. 锡漱盂 89. 锡酒瓶 90. 锡按酒碟 91. 锡酒盂 92. 锡唾壶 93. 锡匙箸连瓶 94. 锡鉴妆 95. 锡按酒碟 96. 锡碗 97. 锡烛台 98. 锡香盒 99、100 锡汤鼓 101. 锡酒注 102. 锡托子 103. 锡红节葫芦宝珠 104. 锡香炉 105. 锡香盒 106. 锡酒盏 107. 锡红节葫芦宝珠 108. 锡看瓶 109. 锡香炉 110. 锡菜碟 111. 锡香炉 112. 锡交椅 113. 孝靖后锡谥册 114. 锡香盒

X12箱放孝靖后木谥册、谥宝（图9-2-29，《定陵》上，图三三二）[1]；X13箱放孝靖后死时随葬的玉佩、玉革带、玉圭及万历帝冕冠（《定陵》上，图六二）等[2]；X14箱内放孝靖后凤冠、玉革带、玉佩（《定陵》下，图版一三一，《定陵》上，图三一〇）、玉圭、霞帔、金香薰、首饰等[3]；X15箱内放孝靖后凤冠一顶（图9-2-24右）[4]。X16箱放女鞋及小孩衣服等（属孝靖后）[5]。X17箱放玉佩、玉带（《定陵》上，图三〇九）

---

[1]《定陵》上（文物出版社1990年版），第330页附表三六（四）：X12器物箱、X12：1孝靖后谥册匣、X12：2孝靖后谥宝（X12：13）匣、X12：3孝靖后印色匣、X12：7包谥宝匣（X12：2）袱皮、X12：13孝靖后谥宝、X12：16包孝靖后谥册匣袱皮、X12：18孝靖后木谥册、X12：19谥册垫（1副2件）、X12：21包孝靖后谥册袱皮。
A. 木谥册X12：18，《定陵》上，第227页记述，谥册为其孙天启帝朱由校所上，每版六行，最后一版三行，每行1—18字（《定陵》上，图三三〇拓本），录文见227页。
B. 木谥宝X12：13，《定陵》上，第230页说：谥宝篆文四行，每行四宗。文曰："孝靖温懿敦让贞慈参天胤圣皇太后宝。"通高14.5、长宽各13厘米，其结构及铭文拓本见原书。

[2]《定陵》上（文物出版社1990年版），第330页附表三六（四）：X13器物箱、X13：2玉革带、X13：3玉佩饰（1副2件）、X13：4包玉革带匣袱皮、X13：5冕冠、X13：6素面玉圭。
A. 玉佩饰X13：3，文见《定陵》上，第210页，玉料质地较差，颜色灰白，玉饰上无纹饰。《定陵》下，图版三〇〇。
B. 玉革带X13：2，文见《定陵》上，第207页，《定陵》下图版二八四。
C. 素面玉圭X13：6，文见《定陵》上（文物出版社1990年版），第212页。
D. 冕冠X13：5，文见《定陵》上，第203页。仅残存金玉饰件，贯簪处花形圆金饰二个。五彩珠有玉有石，金簪贯纽。按，其是否为冕之配件存疑。

[3] 中国社会科学院考古研究所、定陵博物馆、北京市文物工作队：《定陵》上，文物出版社1990年版，第330页。附表三六（四）：X14器物箱、X14：2包玉圭匣（X14：9）袱皮、X14：3包凤冠匣（X14：21）袱皮、X14：4镶珠宝桃形金香薰、X14：5玉佩饰1、X14：6玉佩饰1、X14：7玉佩饰（X14：5、6）匣、X14：8漆匣、X14：9玉谷圭（X14：10）匣、X14：10玉谷圭、X14：11霞帔（X14：12）匣、X14：12金累丝珍珠霞帔、X14：13玉革带、X14：14铜簪（X14：16）、勺匣、X14：15鎏金铜勺、X14：16镶宝梅花金簪2件、X14：17系珠石金耳环2件、X14：18镶珠宝花蝶金耳环2件，X14：21凤冠（X14：22）匣、X14：22三龙二凤冠、X14：24红绿宝石（6颗）、X14：25珍珠（30颗）。
A. 三龙二凤冠X14：22，文见《定陵》上，第205、206页，《定陵》下，图版二七七。
B. 玉佩饰X14：5、X14：6，文见《定陵》上，第210、211页，《定陵》上，图三一〇；《定陵》，彩版一三一。

[4] A. 玉谷圭X14：10，文见《定陵》上（文物出版社1990年版），第212页。
B. 金累丝珍珠霞帔X14：12，参见前述孝端后之X2：9。
《定陵》上（文物出版社1990年版），第331页附表三六（四）：X15器物箱、X15：2凤冠袱皮、X15：4包凤冠匣（X15：2）袱皮、X15：6十二龙九凤冠，十二龙九凤冠，文见《定陵》上，第206页，图9-2-24右。按X12、X14、X15三箱为孝靖后迁祔定陵时增置的随葬品。

[5]《定陵》上（文物出版社1990年版），第331页附表三六（四）：X16器物箱、X16：2童纱衣、X16：3鞋11双、X16：4童罗衣、X16：5童织金纻丝衣。按X10、11、13、16为孝靖后死时随葬。

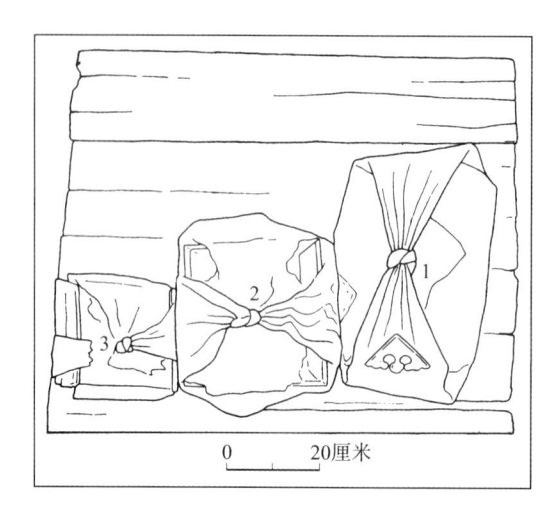

图 9-2-29 北京明十三陵定陵后殿第十二箱器物分布图
1. 孝靖后谥册匣　2. 孝靖后谥宝匣　3. 孝靖后印色匣

各二件，以及玉圭，玉饰件等，似分属孝端、孝靖二后[1]。此外，在箱上还残存木抬杠（3007、3017—24，图 9-2-23）。

除上所述，在与孝端椁对应的棺床东侧下（图 9-2-18），还有残匹料（DW5）、玉璧（DW6、7）、仪仗架（DW33），以上或从孝端后椁上掉下来的。此外；还有木马俑 10 件（3013）。在棺床西侧下地面上，与 X14 箱对应处的后殿西壁下置孝靖后迁祔表的圹志（3016 图 9-2-23，《定陵》上，图三三三（A））[2]。在与孝靖后棺椁对应处的棺床下和后殿西壁间有木抬杠（3031—3038），（图 9-2-22）。在棺床北端与后殿西壁间地面上有木抬杠（图 9-2-18），（3004—3006，3009）。

---

[1] 中国社会科学院考古研究所、定陵博物馆、北京市文物工作队：《定陵》上，文物出版社 1990 年版。第 331 页附表三六（四）：X17 器物箱、X17：1 单袜 2 双、X17：4 玉佩饰 1 副 2 件、X17：5 玉佩饰 1 副 2 件、X17：6 玉革带、X17：7 玉谷圭、X17：8 玉坠、X17：9 八角形玉饰件，X17：10 包玉带玉佩匣袱皮，X17：11 尖足云头鞋 2 双。《定陵》上，第 42 页说：X7、X17 "这两箱器物可能属于孝端、孝靖两后的随葬品"。X11、X13、X16 "这三箱当为孝靖后死时随葬器物，从东井迁祔定陵时又一起入葬的"。X12、X14、X15，"以上三箱当为孝靖后迁祔定陵后为其增置的随葬器物，大致与孝端后随葬器物相同"。
　A. 玉佩 X17：4、X17：5，2 副 4 件，文见《定陵》上，第 210 页，孝端、孝靖后各 1 副 2 件，《定陵》下彩版一三〇。
　B. 玉谷圭 X17：7，文见《定陵》上，第 212 页，图 35 之 3。
　C. 玉革带 X17：6，文见《定陵》上，第 207 页，图 96。

[2] 中国社会科学院考古研究所、定陵博物馆、北京市文物工作队：《定陵》上，文物出版社 1990 年版，第 230 页。说：圹志方形，志盖志石相合，外套铁箍两道，箍与志石间插入木楔。志石长 64、宽 63.2 厘米，志石志盖各厚 13 厘米。铁箍方框形，每道宽 6—5.8、厚 0.3、每边长 68.5—69 厘米。志盖刻篆文四行、行三至四字，文曰 "大明温肃 端静纯懿 皇贵妃王 氏圹志"。志石楷书，三十三行，每行二至三十三字。志文录文见《定陵上》230 页。志盖拓本见《定陵》上下第 231 页，图三三三（A），志石拓本见《定陵上》第 232 页，图三三三（B）。

(二) 后殿前和左右壁下置物

在后殿门之南东壁下置 X21 箱，内装马俑 47 件，多腐朽（图 9 - 2 - 19 上）[1]；X22—24 箱内为木人俑，腐朽，数量不明（图 9 - 2 - 19 上），（X22 箱内 13 件俑保存略好）。后殿南壁西端下置 X27—29 圆形木盒（图 9 - 2 - 19 下左），盒原为二或三层，内装铜锡明器 160 余件，每类多为三件，当为万历帝与二后之随葬明器[2]，圆盒附近还有木

---

[1] 中国社会科学院考古研究所、定陵博物馆、北京市文物工作队：《定陵》上，文物出版社 1990 年版，第 214 页。说：马俑杉松雕成、黑褐色、雕刻技术较差。马立姿、竖耳、刻出眼鼻口，尾用真马尾粘附。马头有皮制辔头和马缰绳，颏下有铜马衔，颈系革带，下系小铜铃六个。背有木制马鞍，鞍上有数层织金纱作鞍垫。鞍下部有椭圆形皮障泥，两侧障泥于脊背处用线连缀，障泥下部各系三个铜铃，铃间有泡缨穗，每面二个。马尾下有横皮条自两侧上连于障泥上，每侧皮条上各有泡缨穗三个。鞍两侧有铜马镫，两镫之间有皮条相连。身上所饰皮革皆红色。从三件保存较好的马俑来看，形制、大小基本相同。X21：7，高 16.9、身长 22.3 厘米；X21：13 高 17.4、身长 23.5 厘米；X21：9 高 16、身长 23 厘米。又说箱内第一层中间部分有 32 根细小的木柱，柱径 0.6、高 8 厘米。每根木柱一端都绑一道线，每柱间又用线联结在一起，可能作为象征性的栅栏之用。在箱子中部偏西有方形朱漆木柱一根，长 10、粗 1.5×1.5 厘米，可能作为象征性的"拴马柱"。按，据上所述，X21 箱内之马俑似与仪仗无关，可能比拟御马厩。

[2] 中国社会科学院考古研究所、定陵博物馆、北京市文物工作队：《定陵》上，文物出版社 1990 年版，第 331 页。附表三六（四）：X27：1—23 锡盘，X27：24 锡花瓶、X27：25 锡盖罐、X27：26 锡圈足盘、X27：27 锡柱瓶、X27：28 锡水桶、X27：29 锡盖罐、X27：30 锡花瓶、X27：31 锡烛台、X27：32 锡烛台、X27：33 锡灯台、X27：34 锡荷叶、X27：35 锡荷叶、X27：36、37 锡莲蓬、X27：38、39 锡菖兰叶、X27：40、41 锡慈姑叶、X27：42、43 锡海棠花、X27：44 铜香靠、X27：45 铜烛台、X27：46 铜盘、X27：47 铜盘、X27：48 铜烛台、X27：49 铜水桶、X27：50 铜油灯、X27：51 铜香炉、X27：52 铜箸、X27：53 铜香匙、X27：54 铜勺、X27：55 铜漏勺、X27：56 铜剪刀、X27：57 铜水勺、X27：58 铜笊篱。X28：7—29 锡盘、X28：30 锡柱瓶、X28：31 锡圈足盘、X28：32 锡盖罐、X28：33 铜油灯、X28：34 锡烛台、X28：35 铜水桶、X28：36 锡烛台、X28：37 锡灯台、X28：38 锡花瓶、X28：39 铜箸、X28：40 铜烛台、X28：41 铜香靠、X28：42 锡水桶、X28：43 铜盘、X28：44 铜盘、X28：45 锡盘、X28：46 铜剪刀、X28：47 铜水勺、X28：48 锡花瓶、X28：49 铜香匙、X28：50 铜烛台、X28：51 铜火炉、X28：52 锡菖兰叶、X28：53 锡海棠花、X28：54 锡菖兰叶、X28：55 锡海棠花、X28：56 锡莲蓬、X28：57 锡慈姑叶、X28：58 锡荷叶、X28：59 锡莲蓬、X28：60 锡慈姑叶、X28：61 锡荷叶、X28：62 铜漏勺、X28：63 铜勺、X28：64 铜笊篱。X29：1 锡圈足盘、X29：2 锡水桶、X29：3 锡盘、X29：4 锡盖罐、X29：5 锡柱瓶、X29：6 锡烛台、X29：7 铜烛台、X29：8 铜香靠、X29：9 铜漏勺、X29：10 铜笊篱、X29：11 铜勺、X29：12 锡盘 8 件、X29：13 锡盘 5 件、X29：14 锡盘 8 件、X29：15 锡盘、X29：16 锡灯台、X29：17 锡烛台、X29：18 铜烛台、X29：19 锡盖罐、X29：20 锡花瓶、X29：21 铜油灯、X29：22 铜香炉、X29：23 铜箸、X29：24 铜水罐、X29：25 铜水勺、X29：26、27 铜盘、X29：28 铜香匙、X29：29 锡花瓶、X29：30、31 锡莲蓬、X29：32、33 锡荷叶、X29：34、35 锡慈姑叶、X29：36、37 锡海棠花、X29：42、43 锡菖兰叶。以上铜烛台 6 件、铜盘 6 件、铜香靠、水桶、油灯、箸（3 双）、香匙、勺、漏勺、水勺均三件。

抬杠（3027）。后殿北壁东端下置木质小明器似房屋院落[1]，家具模型[2]，桃竿提梁铁灯二个（图9-2-19中）。此外，还有二木抬杠遗灰痕迹，在后殿石门前左侧有小型铁撬棍一根[3]。在后殿西北隅有刀、箭、弓及弓袋和木制明器[4]。

（三）中殿神座、五供和长明灯

见图9-1-17、9-1-18、9-1-19。中殿西端，正中万历帝神座、左侧孝端后神座（图9-1-20），右侧孝靖后神座，神座两侧各置一方形器物座。各神座前设黄琉璃五供，五供前又置长明灯（万年灯，《定陵》上，图二八○，《定陵》下，彩版八九)[5]。

---

[1] 中国社会科学院考古研究所、定陵博物馆、北京市文物工作队：《定陵》上，文物出版社1990年版，第42页。

[2] 中国社会科学院考古研究所、定陵博物馆、北京市文物工作队：《定陵》上，文物出版社1990年版，第194页。说："在后殿北壁下放置很多小型木明器，均已残朽。从朽痕观察，有小方凳二个、长凳一个、长条桌一个、屏风一面、脸盆架一个、长方形托盘一个。这些木器都涂有红色。在东北墙角下有长方形木盘六个，木盘长81、宽53厘米。内装家具模型，亦已残朽。能辨出形状者有小木桌一个。"二条木抬杠，"可能为抬运梓宫时所用"。

[3] 中国社会科学院考古研究所、定陵博物馆、北京市文物工作队：《定陵》上，文物出版社1990年版，第42页。说：铁灯、铁撬棍，"当是棺椁入葬时的照明用具和撬运棺椁所用的工具，葬后未经携出不属随葬品"。

[4] 中国社会科学院考古研究所、定陵博物馆、北京市文物工作队：《定陵》上，文物出版社1990年版，第42页，图上无显示。

[5] A. 神座，三件，形制基本相同，雕刻纹样不同。神座椅形，后有靠背，两侧有扶手，下设长方形脚踏。万历帝神座（2010，《定陵》下（文物出版社1990年版），图版二一四，二一五、二一八）。孝端后神座（2021，《定陵》下，图版二一六）。孝靖后神座（2030，《定陵》下，图版二一七），文见《定陵》上，第189、190页。
B. 香炉、烛台、香瓶石座：香炉石座3件，形制、纹样相同，大小略有差异。束腰形圆座，底略大于面。底下部雕出云头形四足，两足间雕饰三弯弧线纹，束腰雕绶带纹，上部雕覆莲一周。2012：2，整石雕成，别二件上下二石构成（《定陵》上，图二九一）。烛台、香瓶石座，每二件一对，共12件，大小相同，其形制、纹样与香炉石座相同《定陵》上一书图二九三。除烛台石座2010：3、2021：3为二石构成外，余均整石雕成。以上文见《定陵》上，第190页。
C. 琉璃香炉、烛台、香瓶：香炉3件，形制相同、大小略有差异。子母口、鼓腹、平底、三兽面足，两耳外侈有方孔。盖，子口、弧面微鼓，中间有圆孔以插香。2008号，通高37、口径31.3、腹径36.6、腹深23厘米，耳高1.5、宽6.1厘米；盖径31.3，盖中心园孔径14厘米（《定陵》上，图二九三）。
烛台，6件，形制相同，大小略有差异。如2017号，豆形，平沿外折、浅盘、喇叭形高圈足。盘中心凸起一柱状蜡台，其上安插方锥形铁蜡钎一个。通高22.4、盘径27、圈足高16、圈足径23.6厘米。柱状蜡台高5.5、径4.5厘米，铁钎长11.4厘米（《定陵》上，图二九三）。
香瓶，6件，形制相同、大小略异。如2015号，子母口、细颈、鼓腹靠下、喇叭形圈足，颈两侧附衔环铺首。盖扁圆形、子口，其上有六插孔，孔上下不通。通高34.5、口径10.4、腹径15、圈足径16.8厘米（《定陵》上，图二九三）。（转下页）

五 定陵玄宫葬具和随葬品略析

（一）葬具

玄宫内的葬具，即前述中殿的帝后神座、五供、长明灯、石器物座；后殿的石须弥座棺床、帝后木棺椁。石须弥座棺床出现较早，如南唐二陵、王建墓和北宋元德李后墓等，南唐二陵棺床出现金井[1]。定陵与之相比，其变化是石棺床横长形，位于后殿后部不连接殿壁，束腰上雕仰覆莲，金井横长条形。棺椁，唐代永泰公主墓、懿德太子墓、章怀太子墓等均为石椁[2]。北宋帝陵，早期在梓宫上覆铁罩，永厚陵之后改为石椁，南宋帝陵欑宫皇堂内置木棺椁[3]，定陵帝后均采用木棺椁。由此可见，定陵石棺床的位置、形制和采用木棺椁等，与前代既有因袭又有所变化。至于神座、五供、长明灯、石器物座等，因前代帝陵地宫均未发掘，尚无法比较。据现在已知情况，上述情况恐怕是明代帝陵所出现的与葬制有关的帝陵专用葬具（明代个别王陵有潜用逾制者，详见本书王坟部分）。

（二）棺内装殓物品

1. 帝后殓衣

帝后殓衣史无明载，万历帝和二后殓衣具体情况已如前述。从二后殓衣来看，二后所戴棕帽形制基本相同。均似截尖圆锥体，分上、下两部分，分别制成后套合缝制而成，在顶部及前后相接处皆留有孔，棕帽外面缝纱面。孝端后棕帽（D112：51，《定陵》上，图三〇三），里外两面分别缝两层细纱，里红色，面为黑色；孝靖后棕帽（J136）仅面缝黑

（接上页）按，每一神座前中间置香炉1件、炉两侧各置烛台1件，其外侧各置香瓶1件，均置于束腰石座上，即所谓"五供"。五供制作较粗糙，香瓶盖上插孔不通，故似为明器。

D. 方形器物座，6件，二件一对，形制、纹样相同。方形、束腰、底座略大于座面。如2011号，整块石料雕成，底座面雕云纹两朵，束腰每面雕花卉一朵，其上下雕仰覆莲。通高72厘米，面宽45、底座宽49厘米，束腰宽32.5、高19厘米。

E. 长明灯，即青花油缸，3只，形制、纹样、大小相同。如2009号，直口、深腹、平底。口部饰卷草纹一周，颈部及近底部各饰莲瓣纹一周，腹部饰云龙纹，缸的上部有"大明嘉靖年制"款。高69.7、口径70、底径58厘米。出土时油面距缸口18厘米，原油面痕迹距缸口8厘米（《定陵》下，彩版八九）。油脂经鉴定，表面为蜂蜡，厚5—6厘米，下为植物油。油面有铜漂子一个，中心有灯芯，顶端有燃烧痕迹。铜油绵鎏金，环形中空，孔内接三支架，其上竖一灯管，内插灯芯。灯芯中间八根秫秸捆扎，内插铁钎一根，外敷灯心草一周，最外裹绵纸，用麻皮相缠。灯芯下有铁坠托，以防灯芯漂移（《定陵》上，图二八〇）。

[1] 参见《中国大百科全书·考古》（中国大百科全书出版社1986年版）第501页"隋唐五代墓葬"，第347页"南唐二陵"，第373页"前蜀王建墓"条。参见河南省文物考古研究所编《北宋皇陵》（中州古籍出版社1997年版），第四章《元德李皇后陵地宫的清理》。

[2] 参见《中国大百科全书·考古学》（中国大百科全书出版社1986年版）第622页"永泰公主墓"、第609页"懿德太子墓"，第645页"章怀太子墓"条。

[3] 参见河南省文物考古研究所编《北宋皇陵》，中州古籍出版社1997年版，第459、460页。（清）徐松《宋会要辑稿》，中华书局1957年版，第三十一册，礼三七之二三、二四，永献陵条。

纱一层（另二件J124、125则只在面上缝两层黑细纱）[1]。棕帽制作简单粗糙，可能原是作为凤冠的衬帽[2]，或专为皇后死后用来插各种首饰制作的丧帽。插在棕帽上及散于其旁的首饰二后差异较大，孝靖后死时随葬首饰，在质料上金质多于鎏金银质，无铜质首饰，器形无钗。孝靖后迁祔时随葬首饰，在质料上鎏金银质多于金质，此点不如前者。只是在质料上新增铜簪，在器形新增金钗，在簪的附饰上新增立佛、玉佛、玉观音、玉寿星等，仅此可大体类似于孝端后随葬的首饰。而孝端后的47件首饰中，除3件铜簪、2件木簪、1件银簪外（无鎏金银质首饰），其余41件均为金质首饰。首饰体量之大，所用猫眼石和各种宝石之大和多；以及簪的附饰中龙和佛体形之大，并突出"十""寿""万寿""佛"等字，均远在孝靖后首饰之上，两者有明显的等差。其次，孝端后衣、裤、鞋袜、枕皆黄色（裙色不明），衣龙凤方补，内穿夹黄袜，无龙凤装饰，枕绢面两头尖，内装谷糠，无金枕顶。上述差别似乎表明，孝靖后迁祔定陵时并未完全按皇后规制理换殓衣，故上述情况乃是皇后与贵妃在殓衣上的等级差别。就二后殓衣而言，孝端后殓衣与《大明会典》卷六十所记皇后冠服不合，与皇后常服亦不甚相合[3]，孝靖后殓衣则与皇后和贵妃冠服、常服均不相合[4]。具体言之，孝端后殓衣黄色合永乐三年皇后常服之色，殓衣龙凤方补和龙方补大致合洪武三年皇后常服之制，裙绣龙合永乐三年之制，因而孝端后的殓衣大体是以永乐三年皇后常服为准而制作的[5]。孝靖后黄衣红裙合永乐三年皇后常服之色，然无龙凤和龙纹又不合皇后常服之制。按孝靖后死时为贵妃，贵妃燕居服和常服"不用黄"，但可穿红裙，故外衣用黄也不合贵妃燕居服和常服之制。从孝靖后枕头不同于万历帝和孝端后且较简单，以及孝靖后不受万历帝宠爱来看[6]，推测其死后仅按皇妃燕居

---

[1] 《定陵》上（文物出版社1990年版），第24页。记述：孝靖后棕帽"帽后侧有丝网，网有珠串"。
[2] 万历帝以黑纱小帽作衬帽，外戴乌纱翼善冠。据此推之，棕帽或为凤冠的衬帽。
[3] 《大明会典》卷六十《皇后冠服》：礼服，洪武三年定"服袆衣，深青为质，画翚赤质五色十二等，青袜、青舃以金饰"。永乐三年定，"翟衣，深青为质，织翟文十有二等，间以小轮花，红领褾襈，织金云龙文。纻丝纱罗随用"。"青袜舃，袜以青罗为之，舃用青绮，饰以描金云龙文，皂线纯。每舃首加珠五颗。"皇后常服，洪武三年定，"诸色团衫，金绣龙凤文"；四年更定，"真红大袖衣霞帔，红罗长裙"，或"衣用织金龙凤文，加绣饰"。永乐三年定，"大衫霞帔。衫用黄色，纻丝纱罗随用"；"四襈袄子，即褙子，深青为质，金锈团龙文，纻丝纱罗随用。鞠衣红色，胸背云龙文，或绣或加铺翠圈金，饰以珠"；"缘襈袄子，黄色，红领褾襈裾，皆织金采色云龙文"；"缘襈裙，红色，绿缘襈，织金采色云龙文"；"青袜舃，与翟衣内制同"。
[4] 《大明会典》卷六十，皇妃冠服。洪武三年定，"翟衣，青质绣翟，编次于衣及裳，重为九等"；"青袜舃"。永乐三年定，"大衫霞帔。衫用红色"；"四襈袄子，桃花色，金绣团凤文"；"衣，青色，胸背鸾凤云文。用织金或绣或加铺翠圈金，饰以珠。燕居服用素，除黄外，余色及纻丝纱罗随用"；"缘襈袄子，青色，红领褾襈裾，织金云凤文"；"缘襈裙，红色，绿缘襈，织金花凤文"。常服，洪武三年定，"诸色团衫，金绣鸾凤，不用黄"；或"真红大袖衣，霞帔、红罗裙、红罗褙子。衣用织金及绣凤文"。
《明史》《大明会典》卷六十，皇后冠服，永乐三年定礼服，"其大衫、霞帔、燕居佩服之饰，俱同中宫，第织金绣瑑，俱云凤文，不用云龙文"。
[5] 明万历：《大明会典》，江苏广陵古籍出版社1989年版，卷六十，皇妃冠服。
[6] 《明史》卷一一四，《后妃二·孝靖王太后传》。

素服（"除黄外，余色及纻丝纱罗随用"），著绿地䌷殓衣。迁祔定陵时，才外加黄色殓衣而已。至于皇后裤色，史无明载。从孝端后殓衣情况判断，裤当随衣色。因此，孝靖后黄夹裤亦或为迁祔时所加。

万历帝头戴乌纱翼善冠，身穿衮服，束玉革带，制如皇帝常服，其内衣、裤、靴、枕等亦同生前实物。其殓衣完全"似死如生"，在等级上高于孝端后（殓衣虽略如皇后常服，但冠、鞋均为冥服）。帝后的共同点是均有佛教色彩，万历帝的佛教印记在手中念珠上，二后的佛教印记则在首饰上。除上所述，《大明会典》卷九十"丧礼四·品官"所记之"方巾覆面""实饭含""设充耳、著握手"等，则不见于万历帝和二后（《定陵》报告未予涉及）[1]。

2. 帝后棺内装殓规制

帝后棺内在尸体之上覆盖层数，尸下铺垫层数，各层的物品，尸体头、足和两侧装殓填充物品，前面已有较详细的介绍。从中可以看出帝后覆盖、铺垫层数有别，所置物品的数量、质料、质量、品种等均有明显的等差。由此所反映的帝后棺内装殓规制，是尚待研究的重要课题之一。下面即参照《大明会典》卷九九，"丧礼四·品官"等的记载和相关情况，对此略作探讨。

第一，以衾掩尸。《大明会典》卷九九"丧礼四·品官"记载："以衾先掩足、次掩首、次掩左、次掩右，令棺中平满……"万历帝和二后尸体置于锦被上，被上折盖住尸体，头、足部位填充物品，大概就是上述记载之反映。

第二，尸体覆盖、铺垫层数。《明史》卷六十"丧葬之制"记载品官殓衣时有"衾十番"之语，说明品官尸体覆盖、铺垫被褥是分层的。万历帝和二后尸体亦分层覆盖、铺垫被褥。其层数《定陵》报告仅据清理情况分层，但始葬时按规制装殓的确切层数不明，从《报告》记述情况看均超过十层。

第三，"殓毕覆以衾"。《大明会典》卷九九"丧礼四·品官"记载："殓毕覆以衾。"万历帝和二后覆盖层最上面均覆盖锦被，亦如之。

第四，棺务令充实、不可动摇。《大明会典》卷九九"丧礼四·品官"记载，尸体置于棺内，"又揣其空缺处，卷衣塞之，务令充实、不可动摇"，"令棺中平满"。明代藩王坟墓室多见此种情况，万历帝和二后棺内装殓则以匹料、袍料等填充棺内尸体四周空缺处，完全达到了棺内充实、平满、不可动摇的程度。

上述四点，在明代藩王坟的棺内装殓中也有明确反映（详见本书藩王坟部分）。因此，上述四点应是明代上自帝后，下至藩王和品官（甚至百姓[2]）棺内装殓均应遵守的一般

---

[1] 《南昌明宁靖王夫人吴氏墓》（载《2002中国重要考古发现》，文物出版社2003年版）记述，该夫人头戴凤冠、金首饰，面盖"丝覆面"，妆金冠服，有霞帔、玉佩、谷圭等。王之夫人尚且如此，故有理由认为，其他未被发掘的明代帝陵中，皇后殓衣也不排除有服皇后冠服，帝后或有充耳、握手、覆面、实饭含者（宁献王即口含金钱，详见王坟部分）。又《明史》卷六十"丧葬之制"记载，"敛衣，品官朝服一袭"，据此推测，万历帝乌纱翼善冠配衮服，或是明代皇帝殓衣之制。

[2] 《大明会典》卷一〇〇，《丧礼五·庶人》。

原则。此外，帝棺内置圣发和指甲[1]，帝和孝端后棺内置玉料（有一定规律），帝后棺内有规律置五色宝石，帝和孝端后棺内有规律地置较多的金锭和银锭，（孝靖后棺内仅置少量银锭），帝尸下置"吉祥如意"金钱，孝端后尸下置"消灾延寿"金钱，帝和孝端后尸下置鎏金银钱，帝后棺内置大量"万历通宝"铜钱，孝靖后尸下置纸钱，孝端后棺内置白木香，孝靖后枕下置木炭等，上述诸点具体放置情况和数量前已介绍，兹不赘述。凡此，与后面将要介绍的藩王坟情况相结合[2]，可以认为是明代帝王陵墓棺内装殓的通例或规制（当然，不是每棺内全部如此）。除上所述，棺内装殓与死者有关的各种衣冠服饰和生活用品用具，则是棺内装殓规制的重要组成部分，下面既着重谈此问题。

3. 帝后棺内装殓服饰和生活用品用具之差异

据前所述，万历帝棺内装殓的衣冠服饰，有冕冠、皮弁、乌纱翼善冠（包括金翼善冠）；衮服、龙袍、中单、裳、蔽膝、革带（包括大碌带、镶珠宝金带饰、宝带、带钩等）、玉佩、大带、绶、圭（镇圭、脊圭、谷圭），以及相关的裤、膝袜、靴履和袜等相配成二套以上的皇帝冕服、皮弁服和常服（其中有些件数较多，如衮袍4件、龙袍61件，中单40件等）。此外，还有珠宝袋、香袋等。装殓的生活用品用具，主要有全套的梳妆盥洗用具，全套的金玉首饰，全套的金（还有玉、漆、瓷器等）质盛器，酒具、食器、食具，以及唾壶等。除上所述，还有代表其信仰道教的道袍8件；以及被（8）件、褥（5件）和匹料（42匹）、袍料（51匹）等。

二位皇后棺内未装殓代表其身份的冠服，常服与佩饰，只装殓一些女单、夹衣、绵袄、裙、纱袍和鞋袜等。二后各种首饰实际上插于棕帽或散于其周边，属前述尸体殓衣范畴。孝端后装殓全套的梳妆用具（包括胭脂盒、铜镜及镜架等），金器只有少量属于盥洗用具的金盆和金漱盂等。此外，还有念珠等。孝靖后棺内梳妆用具已不全，仅见抿子及金耳勺等，有银质盛器、酒具、饮器、盥洗用具（盆、漱盂），以及少量金质食具，盥洗用具（盆、漱盂）等。孝端后棺内装殓袍料2匹，匹料42匹；孝靖后棺内无袍料，仅有匹料33匹。孝端后棺内被1件，褥4件；孝靖后棺内被5件，褥11件。

总之，上述情况表明，帝后棺内装殓物品相同者较少，其间差异很大，同时二后间也存在一定的差异。这些差异，应是当时帝后或后妃（孝靖后死时为贵妃），棺内装殓不同规制的反映。

(三) 棺椁上及其侧旁置物

帝和二后棺盖之上各置一件铭旌，《大明会典》和《明史》记载，自帝、王至庶人皆

---

[1] 《大明会典》卷九九，"丧礼四·品官"，"剪须发断爪，盛于小囊，大殓纳于棺"，"实生时所落发齿及所剪爪于棺角"。《大明会典》卷一百，"丧礼五·庶人"有同样记载，看来此乃明代较流行的葬俗之一。

[2] 藩王棺内多置铜钱，金银钱，有的置纸钱，尸下垫草木灰和灯草等，但未见金、银锭和五色宝石等。按五色宝石，或是唐五代五合镇墓石（以青、白、赤、黑、黄代表东、西、南、北、中五方五帝）、北宋帝陵五精石镇墓法（似与道教有关，万历帝亦信道教）之滥觞。

有铭旌，送葬时撑以木杆列于仪仗之中，棺置于玄宫（或墓穴）后将其覆于棺盖上。此外，万历帝和孝端后棺盖上东端各置金锭 1 枚银锭 1 枚；孝靖后棺残朽严重，情况不明（《定陵》报告未载，估计亦当置金、银锭各 1 枚）。

帝和二后椁盖上置木仪仗架、仪仗（朽）、幢、幡、幡架、匹料、袍料和稻谷情况前已介绍。仪仗架残朽倒榻，仅可辨认万帝椁盖上仪仗架 3 副、孝端后椁盖上仪仗架 6 副，孝靖后椁盖上仪仗架 1 副。仪仗架上所插仪仗已难辨形制，《定陵》上一书说尚残留部分木制的矛、戟（单戟、方天戟）、钺、叉、剑、骨朵、朝天镫、立瓜、卧瓜和响节等武器的头部[1]。从现在已知的万历帝和孝端后椁上有龙幢、玄武幢、孝靖后椁上有诸幡、仪仗中有戟无斧来看，帝和二后椁上残存的幢、幡和仪仗表现的乃是略如皇帝大驾卤簿中的奉天殿丹墀和丹陛仪仗的部分情况[2]。所谓"幡架"或与诸幡有关[3]。至于椁上所置匹

[1]《定陵》上（文物出版社 1990 年版），第 220 页。按第 220 页所言矛似不属于椁顶仪仗，其位置见《定陵》下图版三一三中，矛即属 X20：13。此处所谓矛，或为"殳"之误。如《明史》卷六十四"志第四十·仪卫"记载，"午门外，刀、盾、殳、叉各置于东西"，即殳、叉相配。又《大明会典》《明史》所记仪仗无朝天镫。参见下注。

[2] A.《大明会典》卷一四〇，《兵部二十三·大驾卤簿》："洪武二十六年定。凡正旦、冬至、圣节，会同锦衣卫，陈卤簿大驾于殿之东西，须要各依次序，毋得错乱，有失朝仪。黄麾一对，绛引幡五对、告止幡五对、传教幡五对、信幡五对、龙头竿五对；戈氅十对、戟氅十对、仪锽氅十对；朱雀幢一、玄武幢一、青龙幢一、白虎幢一；金节三对、豹尾二对、羽葆幢三对；吾杖三对、立瓜三对、卧瓜三对、仗刀三对、戟十二对、班剑三对、响节十二对、龙戟三对、镫杖三对、金钺三对、骨朵三对（后略）。""永乐三年增定"部分，与上述相关者略有变化，即龙戟改为单龙戟三对、双龙戟三对，增鸣鞭四条；"戟七十二对"改为"万天戟十二对，镫杖三对改为金镫三对，羽葆幢三对改五对。此与《大明会典》卷一百八十二，《工部二》，洪武初定"大驾卤簿"基本相同，略有差异者为金镫仍称镫杖，方天戟十二对为十六对。据此可知，帝后椁上仪仗 应表现永乐三年定制，惟诸氅无反映，幢、幡亦不全，又《定陵》上，第 221 页将"黄麾"称为幡，似误。
B.《大明会典》卷一八三，《工部三·皇后卤簿》中与本书有关者为：黄麾一对、绛引幡三对、传教幡二对、告止幡二对、信幡二对、龙头竿五对；仪锽氅五对、戈氅五对、戟氅五对；吾杖三对、立瓜三对、仪刀三对、班剑三对、镫杖三对、金钺三对、骨朵三对；响节六对、羽葆幢二对"。其与"大驾卤簿"相比，无朱雀、玄武、青龙、白虎四幢，无戟和金节。
C.《明史》卷六四，"志第四十·仪卫"皇帝仪仗记载："洪武六年十月定元旦朝贺仪。金吾卫于奉天门外分设旗帜。宿卫于午门外分设兵仗。卫尉寺于奉天门及丹陛、丹墀设黄麾仗。内使监擎执于殿上。凡遇冬至、圣节、册拜、亲王及蕃使来朝，仪俱同。其宣诏赦、降香，则惟设奉天殿门及丹陛仪仗、殿上擎执云。""丹墀左右布黄麾仗凡九十，分左右、各三行"，其左二、右二行相同，即"第二行，十五：羽葆幢二、豹尾二、龙头竿二、信幡二、传教幡二、告止幡二、绛引幡二、黄麾一"。"丹陛左右，拱卫司陈幢节等仗九十，分左右，为四行"，其左二行"青龙幢一、班剑三、吾杖三、立瓜三、卧瓜三、仗刀三、镫杖三、戟三、骨朵三、朱雀幢一"；右二行前为白虎幢一，后为玄武幢一，余者同前；"皆校尉执"。据此可知，帝后椁上仪仗残存情况，应表现丹墀、丹陛仪仗中的第二行仪仗。又同卷"皇后仪仗"记载：洪武元年定，"丹陛仪仗三十六人：黄麾二、戟五色绣幡六、戈五色绣幡六、锽五色绣幡六、小雉扇四、红杂花团扇四、锦曲盖二、紫方伞二、红大伞四。丹墀仪仗五十八人：班剑四、金吾仗四、立瓜四、卧瓜四、仗刀四、镫杖四、骨朵四、斧四、响节十二……"此情况与二后椁上仪仗残存情况不同，故上述残存仪仗与皇后仪仗无关。

[3]《定陵》上（文物出版社 1990 年版），第 219—220 页记述的"幡架"，未言定名根据，只说幡架附近有残朽的幡杆约 110 厘米，直径 3 厘米，外髹朱漆，顶端安有弯曲的铁钩。附近有残碎的黄色绢织物，推测可能是原来挂在铁钩上的旗幡之类丝织物"。

料、袍料（端后有袍料、靖后无）、稻谷，以及椁侧旁放置玉块、三彩瓷瓠、三彩瓷香炉、青花梅瓶和瓷瓶，以及玉璧等，其中除随葬稻谷是前代随葬谷物传统之滥觞外，余者用意有些学者虽然多有推测，但文献无稽查考，故暂不涉及。

（四）棺床上及后殿沿壁置物

根据前已经介绍的情况，对棺床上及后殿沿壁置物略指出二点。第一，椁侧棺床上放棺内未置的代表身份的物品。在帝与孝端后椁间置万历帝谥册、谥宝（X18、X191）与属卤簿范畴的盔、甲、刀和弓箭（X20）[1]。孝端后椁北侧（X1—5）和孝靖后椁南侧（X12、14、15）置二后凤冠、谥册、谥宝、玉圭、霞帔、玉佩饰、玉革带、金香薰和金首饰等，又孝靖后椁南侧 X17 箱内的玉佩、玉圭、玉带等分属于二后。此外，孝靖后椁南侧还置其改袝定陵时迁来的 X10 箱谥宝，X11 箱锡谥册和玉礼器，X13 箱玉佩、革带、玉圭（《定陵》上一书所说之残珠，簪等，是否为冕之配件，存疑），X16 箱女鞋和童衣等。二后代表身分的冠饰等均置于棺床上，这个情况与帝之冕、冠、衮服龙袍、玉佩、玉圭、革带等皆置于棺内不同。第二，棺椁南北两端置仪仗卤簿、明器之属，并与后殿沿壁置物为同一范畴。在棺床北端置木俑（X25、26 箱）和车、轿，并与后殿北壁东端下房屋院落、家具模型等斜对。在棺床南端置木俑（X8、9 箱）和金器（X6 箱）及铜锡明器（X7 箱），东与后殿门之南侧东壁下的马俑（X21 箱）和木俑（X22—24 箱）相对，南与后殿南壁西端下的铜锡明器（X27—29 箱）相对。此外，在与孝端后椁相对的棺床东侧下，还置有匹料、玉璧、仪仗架（或从孝端后椁上掉下来的）和木马俑 10 件。总而言之，上述情况当属仪仗卤簿明器范畴[2]。《明史》卷五八"山陵"记载："明器如卤簿。"《大明会典》卷

---

[1]《明史》卷六四，"志第四十·仪卫"：宣德元年更造卤簿仪仗，"摆锡明甲一百副、盔一百、弓一百、箭三千、刀一百"。

[2] A. 木俑：装箱，多腐朽难辨形制。《定陵》上（文物出版社1990年版），第213页说：可看出大形者248件，其中 X26 保存较好，内置俑约在千件以上。从这批俑的形态、冠饰和服饰上看，"当为宫廷内府当差的宦官和皂隶以及比较亲近的内臣"。按，孝端后椁北侧木人俑邻车、轿及北壁下之房屋院落等，似与车驾出行仪仗有关。孝靖后南侧木人俑邻铜锡日常生活所用明器，显然亦属卤簿范畴。这些木俑的身份，据《明史》卷六十四，"志第四十·仪卫"中"皇帝仪仗"记载，当为甲士、校尉和内使监诸宦官等。此外，俑中有三件头戴黑色红顶圆帽，身着圆领红色对襟长袍，眉清目秀，长髯垂胸，双手执笏，似非一般侍者。
B. 马俑：棺床下 10 匹腐朽，余者装箱，可辨形制者约 47 件。由于箱内有象征马栅栏和拴马桩等设施，故似与出行无关，很可能表现的是御马厩或临时圈马之处。因其旁有众多人俑，人俑应与马俑有密切关系。《明史》卷六十四，"仪卫、皇帝仪仗"所记"典牧所设乘马于文武楼之南"，上述情况或与此有关。
C. 车、轿和房屋模型。《明史》卷六十五，"志第四十一·舆服一"记载，"永乐三年更定卤簿大驾，有大辂、玉辂、大马辇、小马辇、步辇、大凉步辇、板轿各一，具服、幄殿各一"。车、轿模型似代表诸辂辇和板轿，房屋院落模型似代表幄殿。家具模型参见前述情况，其分析后文有说。
D. 铜锡明器。据《定陵》上一书正文和附表，X7 箱内有铜水缸、水盆、唾盂、唾壶、香盒、香炉、交椅、脚踏各二件。余者为锡明器二百四十余件，其中有酒具、茶具、水器、食具和生活用具等。即酒注 3、爵 1、花瓶 10、看瓶 2、酒瓶 4、梁水瓶 1、凉浆瓶 1、汁瓶 3、茶瓶 3、杏叶茶瓶 1、油瓶 2、水瓶 1、匙箸瓶 6、杏叶茶壶 2、唾壶 9、酒缸 3、酒瓮 3、水缸 7、酒盂 3、漱口盂 3、唾盂 7、水盆 5、茶钟 4、碗 6、酒鼓 14、盘 4、托盘 3、菜碟 15、果碟 13、案酒碟 14、碟 2、酒盏 3、爵盏 1、台盏 3、托子 6、香盒 10、粉子 1、鉴妆 3、（转下页）

九十六，"丧礼·大丧礼"记载："冥器，行移工部及内府司设监等衙门成造。照依生存所用卤簿器物名件。"前述诸件明器，除文献中所常见的卤簿器物名称外，还有许多文献少见或未见的卤簿器物名称，因而丰富了卤簿明器的内涵。

余 论

第一，明代亲王地宫已发掘或清理者较多，从其残存情况来看，有几点对今后进一步研究定陵的有关问题有重要的参考价值。比如，其一，南昌宁靖王夫人墓，其夫人吴氏头戴翟凤冠，脸盖丝覆面，妆金冠服，具霞帔、玉佩，胸前置谷圭。定陵二后殓衣装束与之差异的原因何在？其二，宁献王尸体口含一枚小金钱，定陵帝后尸体为何未见口含？其三，亲王地宫中的俑均陈设展示，保存状况较好的蜀世子和蜀僖王地宫的俑，以象辂为中心按仪仗卤簿排列形式展示，宏伟壮观。定陵地宫的俑为何装箱不予陈设展示？其仪仗卤簿构成要素为何反不如蜀世子齐全？其四，亲王地宫中多有象辂，定陵玄宫为何未见辂

（接上页）印池2、宝池1、宝匣2、香炉10、烛台8、小烛台4、灯台3、宝顶1、宝盖16、宝囊宝盖3、红缨头宝盖1、红节葫芦宝珠4、交椅4、马机1（以上见《定陵》上，附表二〇，锡明器登记表）。据《定陵》上一书正文和附表二〇锡明器登记表，X27、28、29三箱有铜水桶、水勺、勺、盘、漏勺、笊篱、香靠、香匙、烛台、油灯、火炉各3件，每箱一件，箸3双，每箱一双，剪刀2件（缺一件）。锡明器每箱各有花瓶2、柱瓶1、盖罐2、水桶1、盘23（其中X29盘5）、圈足盘1、烛台2、灯台1、海棠花2、荷叶2、莲蓬2、慈姑叶2、菖叶2。上述情况可作如下分析。首先，《大明会典》卷一四〇，"兵部二十三·大驾卤簿"，永乐三年增定"金马机一、金交椅一、金脚踏一、金水盆一、金水罐一、金香炉一、金香盒一、金唾盂一、金唾壶一"。《大明会典》卷一八三，"工部三·皇后卤簿"："金交椅一把、金脚踏一个、金水盆一个、金水罐一个、金香炉一个、金香盒一个、金唾盂一个、金唾壶一人。"X7箱铜明器少马机，以铜代金，各2件。《定陵》上，第175页认为二后各一套。其次X7箱锡明器，有交椅4、水盆5、水罐7、香炉10、香盒10、唾盂7、唾壶9、马机1，缺脚踏。剩下的锡明器与《明史》卷六十"丧葬之制"给开平王常遇春明器九十事中的台盏、壶、瓶、酒瓮、烛台、茶钟、茶盏、匙筋瓶、碗、碟、粮浆瓶、油瓶大致同类，且远多于此。故X7箱内器物属明器，锡明器中较多的酒具、茶具、印池等显然属于万历帝，粉子、奁妆应属皇后，至于那些属万历帝、孝端后、孝靖后，实难细分。最后，X27、28、29三箱铜明器、锡明器各一套，几乎完全相同。铜明器与X7箱铜明器不同，锡明器与X7箱多不相同，均为X7箱铜锡明器的补充。《定陵》上，第175页认为X27、28、29分属帝和二后。据此似可认为，X7、X27、28、29之铜锡明器为帝与二后共有，在总体上代表应随葬的明器种类。这些明器的种类，远超过有关文献的记载。
E. X6箱金器，金爵2、壶瓶2、盆2、筒形盒2、漱盂2、镶花梨木金碗4、匙2、箸（筋）2、金扣漆托盂4（《定陵》上，第40页图六一，第151页金器，277页附表一五）。这些金器基本上为实用器，同类器物，帝后棺内几乎都有。《定陵》上，第42页说："6号箱盛放金器二十一件，当属万历帝随葬器物。"但X6的位置与X7相邻，故X6箱或应属帝和二后所共有。

（五辂：玉辂、金辂革辂、象辂、木辂），而仅有简单的车、轿。其五，亲王地宫内多见木翣，定陵玄宫中为何未见[1]？其六，亲王地宫椁外青花瓷瓶装黍粒，定陵帝与二后椁外诸瓷器是否也应如是。其七，亲王地宫多见木和陶质家具模型[2]，定陵玄宫亦有木家具模型，说明此类现象应是当时的葬俗之一。明代亲王地宫诸方面的情况通过与定陵玄宫的比较[3]，可知亲王地宫与之基本相类而大为简化，明显下帝陵一等。但是两者的相似性，遂导致有较强的互补性，因而上述问题在研究定陵时是应予以考虑的。此外，应当指出，明代亲王坟茔从明初延续至明末，其间也有变化。目前与定陵时代大体对应的亲王地宫保存状况不佳，难以准确对比。故上述问题是否还有时代因素或其他原因而导致差异，在今后的研究中也必须予以关注。

第二，北宋帝陵迄今尚未发掘，据《宋史》礼志二十五、《宋会要辑稿》礼二九之二〇、二一、礼三一之三、礼三三之二四等记载，可知定陵随葬品与北宋帝陵法物最大的差异，是无神煞明器，但《明史》仍记有方相[4]；其次定陵中不见翣。至于北宋帝陵其他法物中，如铭旌、旒冕、镇圭、玉宝、赠玉、花钗、常服、素信幡、仓瓶、茶藏、食藏、酒瓮、茶担、金银器物、金银酒器、食奁、兀子、千味台盘、象生器物、屏风、宫城、象生床椅桌等，定陵随葬品中大都有与之近似者。也就是说，定陵随葬品组合及其配置方位较宋陵已发生巨大变化，但其随葬品中的一些种类仍大体相同。

总之，本书前面对定陵玄宫随葬品之相关问题进行了简单的分析，其间许多问题限于资料和水平，有的仍不甚明晰，有的尚未涉及；也有言未尽意或不足，乃至错误之处。凡此，均属阶段性的初步看法，仅供读者参考而已。

---

[1] 《明史》卷六十，"丧葬之制"记载，"墙翣，公、侯六"，给常遇春明器九十事中有"翣六"。《大明会典》卷九十七，"丧礼二"记皇太后，皇后丧礼有"执翣者分列左右"之语。故定陵玄宫内或应有翣。

[2] 《明史》卷六十，"丧葬之制"条记载，给开平王常遇春明器九十事中，有"食桌、床、屏风、挂杖、箱、交床、香桌各一，凳二，俱以木为之"，"后定制，公、侯九十事者准此行之"。参见后文藩王坟茔部分。

[3] 参见本书附二《明代藩王坟》第七节"亲王地宫与定陵地宫宫的初步比较"。

[4] 《明史》卷六十，"丧葬之制"记载："方相，四品以上四目，七品以上两目，八品以下不用。"神煞主要指当圹、当野、祖明、祖思、地轴、十二辰和五星，方相、仰观、伏听、蒿里老人、鲵鱼等。

第十章 清代陵寝

第一节 关外三陵

一 永陵

(一) 营建简况

永陵在今辽宁省新宾县城西北十里，北倚启运山[1]，东南对烟筒山，前临苏子河。《钦定盛京通志·山陵》说：该陵域"形势万峰环拱，众水朝宗，龙蟠虎踞，诚万世帝王之基"，有"郁葱王气烟霭"之势，风水甚佳。其肇建年代无确考，约始建于明嘉靖年间，葬入努尔哈赤的曾祖父建州左卫指挥使福满，是爱新觉罗氏的祖坟。明万历四十四年（1616）努尔哈赤建立大金国（后金），其聚居肇兴之地赫图阿拉城（今新宾县城）升为兴京，城西北的祖坟也改称祖陵或兴京陵。明崇祯九年（1636）皇太极改国号大清，又在祖陵为六世远祖孟特穆设置衣冠冢，分别追封四位先祖为泽王、庆王、昌王和福王，故亦称"四祖陵"。清世祖福临入主中原后，追尊先祖孟特穆为肇祖原皇帝、曾祖父福满为兴祖直皇帝、祖父觉昌安为景祖翼皇帝、父塔克世为显祖宣皇帝（按，上述做法与宋陵、金陵和明陵相同）。顺治八年（1651）封陵山为启运山，随之进行了较大规模的增建。明万历十一年（1583）努尔哈赤祖父觉昌安和父亲塔克世死于战乱，曾改葬在辽阳东京陵[2]，顺治十五年（1658）将其迁回祖陵，翌年尊号永陵[3]。顺治十八年（1661）享殿定名为启运殿，门曰启运门，四祖神功圣德碑和碑亭次第落成。康熙十六年（1677）中轴线上的

---

[1]（清）曹仁虎、蔡廷衡等修：《清文献通考》，江苏古籍出版社1988年版。说：永陵"在兴京西北十里启运山，自长白山西麓一干绵亘层折至此，层峦环拱，众水朝宗，万世鸿基实肇于此"。

[2] 按，天命七年（1622）在辽阳城东八里太子河畔所建东京城竣工，遂定位都城，并在东京城东北阳鲁山坡建祖坟；天命九年（1624）将兴京祖坟中景祖以下成员迁此，称东京陵（阳鲁山，顺治八年封为积庆山）。

[3]《清史稿》卷八六：顺治"十五年移东京陵改祔兴京，罢积庆山祀。明年，尊称为永陵，飨殿、暖阁如制"。

建筑改换黄琉璃瓦，雍正八年（1730）添建右厢房，乾隆四十八年（1783）陵前木下马牌改石构，永陵规制至此完成。

（二）陵园形制布局

见图10-1-1、10-1-2。盛京三陵中永陵规模最小。其四周红墙外分设红椿木桩，距红桩二十丈外设白椿木桩，白椿木桩十里之外设青椿木桩。青椿木桩上悬挂界牌，所有闲杂百姓不得进入陵区，陵区面积约12000平方米[1]。

图10-1-1　辽宁省新宾县清永陵图
（采自《清代帝王陵寝》）

---

[1] （清）阿桂等修，刘谨之、程维岳纂《钦定盛京通志·山陵》（乾隆武英殿刻本，中国科学院图书馆藏）记载："门外，原设栅木一千四百四十八架。乾隆四十三年（1778），命展添栅木三百四十四架，共栅木一千七百九十二架。""原设红桩三十二，今增设红桩三十六，白桩六十四，青桩三十六……东西界牌四，周围界址统计二千二百八十八丈。"

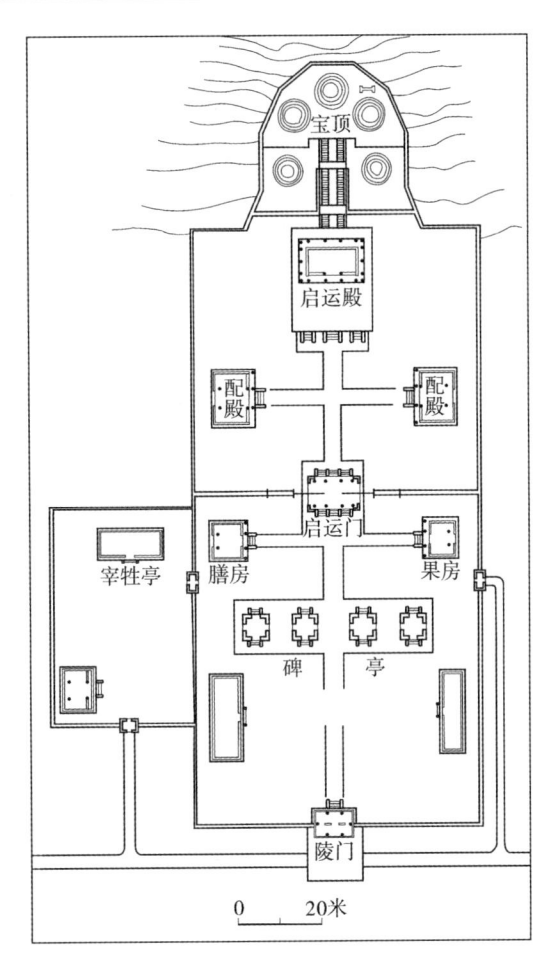

图 10-1-2　辽宁省新宾县清永陵平面图
(采自《中国古代建筑史》第五卷)

永陵建筑群按乾山巽向布局，南端立两座下马牌，用汉、回、藏、蒙、满文字镌刻"诸王以下官员人等至此下马"[1]。从此向北直抵正红门（陵门），门单檐黄琉璃硬山顶，面阔三间，进深两间，尺度卑小，台基平矮。门内梁架露明，无斗拱，明间对开栅栏门，两梢间安直棂栅栏[2]。正红门两翼延出红色风水墙，四周红墙内循中轴线区划为前院、内院和宝城，前院西红墙外接出一座跨院。

过正红门即进入前院，门内迎面横列四座神功圣德碑亭（自东向西分属努尔哈赤祖父觉昌安、六世远祖孟特穆、曾祖父福满、父塔克世）。碑亭形制相同[3]，均方三间，单檐

---

[1] 用五种民族文字镌刻体现了弘历改建时"昭我国家一统，同文之盛"的旨意。
[2] 中国建筑艺术全集编辑委员会：《中国建筑艺术全集·清代陵墓建筑》，中国建筑工业出版社2003年版。正红门见该书彩版三。又该书图版说明，第2页。说：正红门依循立栅木为城寨的满族习俗，是明清帝陵中独有的特例。
[3] 中国建筑艺术全集编辑委员会：《中国建筑艺术全集·清代陵墓建筑》，中国建筑工业出版社2003年版。彩版四圣德碑亭、彩版五碑亭细部。该书图版说明，第2页。记述：碑亭为顺治十二年、十八年分期添建的。

黄琉璃歇山顶，檐下出挑双抄单下昂斗拱，梁架露明。亭前后设拱门和踏跺，拱门券脸雕饰二龙戏珠和祥云海水江崖，角柱雕昂首挺立的坐龙，压面石雕祥云和行龙，雕饰简练明快，均敷彩绘。亭内居中立龙首龟趺神功圣德碑，碑身正面用满、蒙、汉三体文字镌刻福临的御制碑文。碑亭前面之东西两旁各配置厢房五间，东为祝版房、齐班房；西为茶膳房、涤器房。碑亭后之东西各配置厢房三间，东为果房、西为膳房。碑亭后与东西厢房间，在东、西风水墙分开东红门和西红门。西红门通西跨院省牲所，跨院内北面五间正房为省牲亭，西南隅三间小房为果楼，跨院南墙正中即省牲所正门垂花门。前院和西跨院所有建筑，全部采用当地满族民居式样的小青瓦单檐硬山顶。

碑亭北行至内院启运门，启运门尺度较小，面阔三间，周围廊，各间分别对开朱漆实榻门。台基低平，无须弥座和雕栏，中路踏跺当心丹陛石雕饰云龙图案。外檐额枋下有雀替、无斗拱，内檐梁架露明，单檐黄琉璃歇山顶（见《中国建筑艺术全集·清代陵墓建筑》彩版六。以下简称《建艺·清陵》）。门两旁各凸出一座灰瓦悬山顶的砖雕彩绘照壁，照壁有石雕须弥座，两边马蹄柱顶横贯砖额枋，墙心饰红灰，中央砖雕游龙、海水江崖和祥云，岔角为祥云和卷草（缠枝莲）图案，造型精美，色彩明丽（《建艺·清陵》，彩版六、七）。启运门北居中为启运殿（相当于关内明陵祾恩殿），殿前东西有配殿（《建艺·清陵》，彩版八、一〇），三殿均面阔三间、周围廊、单檐黄琉璃歇山顶，外檐额枋下安雀替、无斗拱，内檐梁架露明。配殿前檐明间槅扇门和梢间槛墙上的槅扇窗各四扇，西配殿内倚南山墙立高宗弘历御制《神树赋》满汉文合璧竖刻卧碑[1]。启运殿台基前月台宽大，月台展出正面踏跺和左右垂手踏跺，殿身前檐开设门窗类似配殿，后檐墙居中辟券门安对开朱漆实榻门[2]。殿内横列四座暖阁，分别供奉四祖神主（《建艺·清陵》，彩版一一）[3]。此外，内院西南隅置砖雕焚帛炉（《建艺·清陵》，彩版九）[4]。

---

[1]《钦定盛京通志》卷二一《山陵》："陵前宝顶上有瑞榆一株，轮囷盘郁，圆覆城隅。乾隆四十三年（1778），有御书神树赋，勒石西配殿。"

[2] 中国建筑艺术全集编辑委员会编：《中国建筑艺术全集·清代陵墓建筑》，中国建筑工业出版社2003年版。图版说明，第4页。说：启运殿后门向北可瞻仰宝城。据文献记载，在康熙元年启运殿内设置神牌以前，按照满族礼俗，祭祀时向例要开启这道后门，使谒陵人在殿前望陵而祭。按，明陵长、景、永、定陵祾恩殿亦有后门。

[3] A. 中国建筑艺术全集编辑委员会编：《中国建筑艺术全集·清代陵墓建筑》，中国建筑工业出版社2003年版。图版说明，第5页。说：殿内横列四座暖阁，分别供奉四祖神主，次序与前院神功圣德碑亭相同。阁内均设宝床、帷幔、衾枕等，以奉神御；宝床上又安小暖阁，专用于供奉神主牌位。四座暖阁前分设龙凤宝座一对，香案一张，黑漆楠木描金圆几及五供（内插万年松花及灵芝），香案两侧还有朝灯四对，铺地龙毯三块，均应用于日常祭祀活动。
B. 孙大章主编《中国古代建筑史》第五卷《清代建筑》，中国建筑工业出版社2003年版。该书第256页说：启运殿内四壁嵌有五彩琉璃蟠龙。

[4] 中国建筑艺术全集编辑委员会编《中国建筑艺术全集·清代陵墓建筑》，中国建筑工业出版社2003年版。图版说明，第4页。说：焚帛炉毗邻西配殿东北安设，通体青砖雕砌，单檐歇山顶。须弥座上的炉身，四角各设圆形马蹄柱，上面横贯大小额枋檐檩，挑出檐椽，无斗拱。炉身前面居中开卷门作炉口，其后和两山都是清水墙，两山尖中央各开圆孔作为烟道。

启运殿后门之北为宝城院，其面阔和进深均不及前两院之半。宝城院南面开敞，其余三面砖墙共九折，略呈马蹄形，两侧连缀内院后墙。宝城院地势升高，筑两层台地，居中踏跺安丹陛石。上层台地东北角葬肇祖孟特穆衣冠，居中葬兴祖福满，左右为景祖觉昌安、显祖塔克世；下层居东为努尔哈赤伯父武功郡王礼敦，西为努尔哈赤叔父格恭贝勒塔察篇古（《建艺·清陵》，彩版一二）。各宝顶均素土堆培，下面的地宫砖券，宽、深、高均不足一米，内安奉宝宫即骨灰罐[1]。

以上各部位尺度，清代文献有简略记载。如《钦定盛京通志·山陵》记载：永陵"启运山周围共十里，宝城高一丈三尺七寸，南北长二十九丈，东西宽二十二丈七尺，周围八十六丈一尺六寸。""启运殿坐台，高二尺九寸，四周长三十一丈九尺。""正门三楹，前有朱栏门六，缭墙三面，均高七尺八寸，东西长二十一丈六尺，南北长二十二丈三尺，周围共长六十六丈二尺。……东西红门三座……前有门一座，缭墙南面高六尺五寸，东西北均高五尺，四周共长三十三丈。"

永陵是清代最早的帝陵，其所处山川形势的自然景观，风水甚佳，形制布局也很有特点。比如：第一，永陵在清陵中规模最小，形制简约，后世改建时，出于玄烨"凝思大业艰"的意向，未添建牌坊、华表、石象生、龙凤门、二柱门、石五供、方城明楼，刻意保存了原有的质朴风貌。其总体形制因袭明陵，但具体布局较明陵有显著变化。前院横列四座碑亭，布局新颖。第二，建筑全为单檐，尺度谦和，台基平矮，梁架露明，除神功圣德碑亭外都不用斗拱，辅助建筑全为小青瓦仰砌的硬山顶。正红门设栅栏采用硬山顶，碑亭仅前后设门，碑文刻满、蒙、汉三体文字，享殿（启运殿）开后门，宝城院墙九折略呈马

图10-1-3　辽宁省新宾县清永陵琉璃瓦件示意图
（采自《中国建筑艺术全集·清代陵墓建筑》）

---

[1] A. 中国建筑艺术全集编辑委员会编：《中国建筑艺术全集·清代陵墓建筑》，中国建筑工业出版社2003年版，第17页。说：据1984年的有关发掘报告，所谓地宫实际只是宽、深、高都不足一米的狭小砖券，券内安宝宫即骨灰罐。

B. 孙大章主编：《中国古代建筑史》第五卷，中国建筑工业出版社2003年版，第256页。说：该陵均为捡骨迁葬或衣冠冢，故无地宫。

C. 中国第一历史档案馆编《清代帝王陵寝》，档案出版社1982年版，第5页。说：永陵埋葬孟特穆、福满、觉昌安、塔克世、礼敦、塔察篇古"及他们的妻室等人"。

蹄形，宝顶素土堆培，安葬四祖并陪葬郡王和贝勒等，都是清代帝陵中仅见的。第三，永陵建筑多采用清朝入关前的地方做法，除前面已提到者外，还有各琉璃吻兽的卷尾龙式样，歇山和硬山顶的山尖安设琉璃雕饰的悬鱼和腰花（图10-1-3），以及各殿宇内外檐的彩画（尤其是内檐梁架的包袱彩画）等，均具有浓郁的地域风格。总之，永陵的形制布局和建筑，生动地展现了爱新觉罗家族入主中原以前"肇运兴基"的时代特色，在清代诸陵中独树一帜。

二 福陵

（一）营建简况

福陵位于沈阳东北约11公里处的天柱山南麓，北倚沈阳地区最高的辉山，南临浑河，俗称东陵，是清太祖努尔哈赤和孝慈高皇后叶赫那拉氏合葬的陵寝。

努尔哈赤生于明嘉靖三十八年（1559），建州女真人。他初任明朝建州左卫指挥使，后多次被明朝晋级加封，从都督佥事、都督升至龙虎将军。努尔哈赤自明万历十一年（1583）起兵，经长期征战统一女真族各部落。万历四十四年（1616）在赫图阿拉城称汗，建大金国（后金），年号天命。他以所谓"七大恨"告天，誓师伐明。天命十年（1625）定都今沈阳，称盛京。天命十一年（1626）正月，努尔哈赤在宁远战役中负重伤，七月身患毒疽，八月十一日未刻，死于距今沈阳四十里的瑷鸡堡，终年六十八岁。努尔哈赤第八子皇太极继位，将努尔哈赤灵柩奉安于沈阳城西北隅。天聪二年（1628）选沈阳城东石嘴头山兴建陵寝，翌年竣工，安葬了努尔哈赤及其后妃（从东京即今辽阳迁孝慈高皇后合葬，太妃富察氏祔葬于旁）[1]，初称"太祖陵""先汗陵"。天聪九年（1635年，明崇祯八年）废除女真称号，规定只称满洲。天聪十年（1636），皇太极改国号为大清，努尔哈赤陵寝则荐名福陵。

清朝入主北京后，福陵又陆续增建。比如，顺治七年（1650）添建石象生和华表，次年石嘴头山封号天柱山，并改建隆恩殿；顺治十六年（1659）建方城和角楼。康熙二年（1663）改造地宫[2]，仿北京明陵兴建宝城、月牙城；康熙四年仿明陵添建石五供、二柱门和明楼等。康熙二十七年（1688）建立神功圣德碑亭，至此福陵的形制布局完全确定下来。

（二）陵园形制布局

见图10-1-4、10-1-5。福陵建于青、白、红三层桩木界桩内的山坡上，自南而北

---

[1] 中国建筑艺术全集编辑委员会编：《中国建筑艺术全集·清代陵墓建筑》，中国建筑工业出版社2003年版，第18页。说：按当时的满族习俗，所谓安葬就是火化遗体，将骨骸盛进宝宫即骨灰罐、供奉陵寝享殿。

[2] 中国建筑艺术全集编辑委员会编：《中国建筑艺术全集·清代陵墓建筑》，中国建筑工业出版社2003年版，第18页。说：康熙二年又改造地宫，随即葬入努尔哈赤及其后妃的宝宫。

图 10-1-4　辽宁省沈阳市清福陵图
（采自《清代帝王陵寝》）

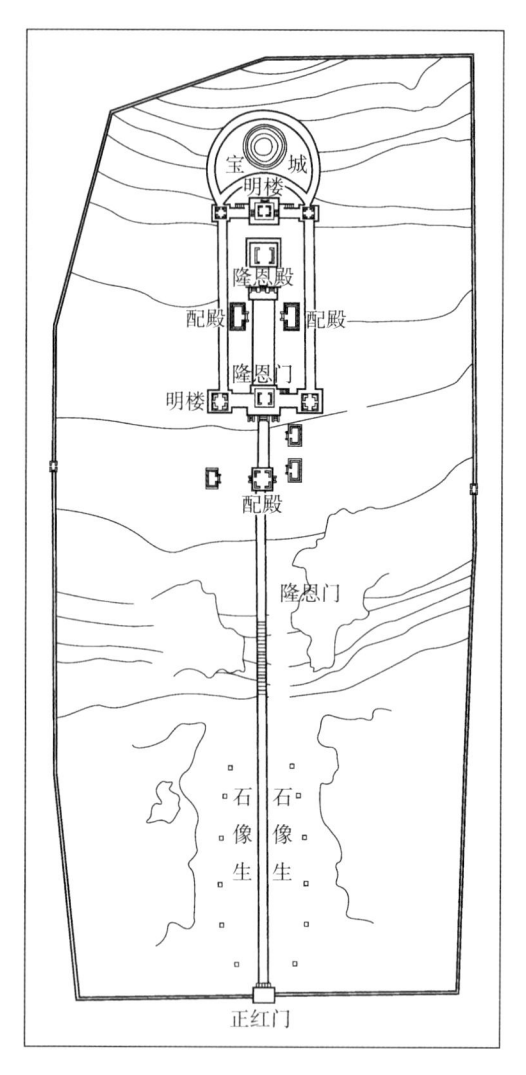

图10-1-5　辽宁省沈阳市清福陵平面示意图
(采自《中国古代建筑史》第五卷)

地势渐高。南面正中为正红门（形制不同于永陵和关内明清帝陵大红门，尺度介于两者之间），石雕须弥座台基前后各出三座垂带踏跺，红墙下肩用青砖磨砌。三座券门洞设石雕角柱、腰线和券脸，墙顶嵌以雕饰卷草图案的黄缘琉璃瓦挂落和垂莲柱，上为琉璃平板枋、斗拱和椽望，覆单檐黄琉璃歇山顶（《建艺·清陵》，彩版一六）。正红门两翼配置五彩琉璃云龙照壁（略如永陵启运门两侧照壁之制）[1]。正红门外又呈八字形配置石狮一对

---

[1] 中国建筑艺术全集编辑委员会编《中国建筑艺术全集·清代陵墓建筑》，中国建筑工业出版社2003年版。彩版一七。图版说明，第7页。说：琉璃影壁除石雕须弥座、红色墙心外，周边线枋和马蹄柱、岔角和中央花等均用琉璃构件。巨大的中央花在如意盒子内拼镶高浮雕五彩琉璃云龙，造型生动、线条流畅、色调明丽，与大红门交相掩映，形成了极强的艺术效果。

（门前，《建艺·清陵》，彩版一六）、华表一对（石狮外侧）[1]、三间四柱冲天式石牌坊一对（华表之南，东西对峙）[2]和下马牌一对（陵宫墙外侧，大致与华表相对），用满、蒙、汉文刻"官员人等至此下马"。正红门两翼联缀红色风水墙，并北折围合成长方形的陵寝外围墙，陵园平面呈长方形，南北900米，东西340米。

正红门内神道两旁自南向北次第对称配置四对石象生，即坐虎、坐狮（《建艺·清陵》，彩版二〇）、立马（《建艺·清陵》，彩版二一）、骆驼各一对[3]，石象生两端内侧各峙立一对华表[4]。石象生之北直至碑亭月台踏跺前地势升高，建一〇八级踏跺，称蹬道。蹬道两侧护墙砌做透空花砖，覆黄琉璃瓦，前后还分别设有单孔神道桥。蹬道向北直抵神功圣德碑亭（《建艺·清陵》，彩版一八）[5]，碑亭东有茶膳房，西为果房、涤品房、省牲亭和齐班房[6]。其两侧陵园围墙分开东红门和西红门（《建艺·清陵》，彩版一八）[7]。

---

[1] 中国建筑艺术全集编辑委员会编：《中国建筑艺术全集·清代陵墓建筑》，中国建筑工业出版社2003年版。彩版一五华表。图版说明，第6页。说：大红门外对称配置华表一对，形制相同，尺度小巧，造型简洁。下有束腰方座，座上立八棱形素面柱身，柱身上部各向东西贯出云版，里侧云版雕有圆盘，并凹刻楷体汉字，东侧华表为"日"字，西华表为"月"字。顶端有三层莲花圆座，座上有蹲狮朝向陵寝中轴线。与关内明清宫城和陵寝中华表采用仰覆莲须弥座和蹲龙的通行样式差异较大。

[2] 中国建筑艺术全集编辑委员会编：《中国建筑艺术全集·清代陵墓建筑》，中国建筑工业出版社2003年版。彩版一四。图版说明，第6页。：大红门前东西对峙两座三间四柱冲天式石牌坊，明间坊心竖刻满、汉、蒙文"往来人等至此下马，如违，定以法处"，故又称下马坊。牌坊四方柱下有夹杆石和戗护抱鼓石，柱顶圆形须弥座上蹲狮朝向陵寝。柱间横贯额枋及折柱花板，以双抄五踩斗拱承托椽望、博风、瓦件俱全的石雕单檐悬山顶。牌坊上下雕满各种吉祥图案，世俗色彩浓烈，但整体尺度与比例合宜，形象庄重稳定；不失为清初佳作。

[3] 中国建筑艺术全集编辑委员会编：《中国建筑艺术全集·清代陵墓建筑》，中国建筑工业出版社2003年版。图版说明，第8、9页。说：石象生均青石雕造，尺度较小。石象生下有白色石雕仰覆莲须弥座，须弥座四面雕饰具有地方特色的锦袱褡子。对照《太宗实录》和《世祖实录》有关记载可知，顺治七年七月福陵添建"卧骆驼、立马、坐狮、坐虎各一对"以及"擎天柱四，望柱二"实际就是贯彻天聪九年的既定蓝图："太祖山陵……立石狮、石虎、石马、石驼等，俱仿古制行之。"由于恪守祖制，石象生和华表虽为清朝入主中原后添置，却仍与关内正统规制大相径庭。

[4] 中国建筑艺术全集编辑委员会编：《中国建筑艺术全集·清代陵墓建筑》，中国建筑工业出版社2003年版。第20页。说：石象生两端的华表非唐宋以来通行样式，其中云龙旋绕的八楞柱上横出云版，柱顶雕呈八角宫灯，上蹲狮子，又迥异于关内明清帝陵华表的仰覆莲须弥座和蹲龙。表下三层八角束腰座下设方趺并雕满祥云、江崖、松柏、灵芝、牡丹、龙、麒麟、犀牛、天马、鱼、狮、虎、鹿、猴、鹤、如意及印玺等祥瑞图案，流溢着浓重的俚俗情趣。参见该书彩版一九神道华表细部。

[5] 中国建筑艺术全集编辑委员会编：《中国建筑艺术全集·清代陵墓建筑》，中国建筑工业出版社2003年版。彩版二二。图版说明，第9页。说：黄琉璃重檐歇山顶碑亭是康熙二十七年仿孝陵碑亭增建的，亭内龙首龟趺碑用满汉文镌玄烨御制碑文。但在周围既有建筑格局制约下，碑亭尺度小于孝陵，四隅也没有华表，而处在石像北端，位置正和关内明清帝陵相反，或因此，石象生北也没有建置龙凤门。

[6] 中国建筑艺术全集编辑委员会编：《中国建筑艺术全集·清代陵墓建筑》，中国建筑工业出版社2003年版。第20页。说：茶膳房（该书彩版二三）等一组建筑，均为宽三间、深两间、周围廊、灰瓦单檐歇山顶。

[7] 中国建筑艺术全集编辑委员会编：《中国建筑艺术全集·清代陵墓建筑》，中国建筑工业出版社2003年版。图版说明，第7、8页．说：东、西红门样式略同正红门，但尺度较小，仅一道券门，两旁照壁相应减掉了须弥座、五彩琉璃岔角和中央云龙。乾隆四十九年两红门外还配置下马牌，用满、蒙、汉文刻书"官员人等至此下马"。

神功圣德碑亭北即方城（又称陵宫），方城平面呈南北向长方形，城墙顶宽阔的马道外侧砌垛口，内侧砌透空花砖宇墙。城四隅建角楼[1]。角楼宽、深均一间，周围廊，黄琉璃重檐十字歇山顶，下辟拱门，楼上设槅扇门窗。方城正南与碑亭相对为陵宫入口称隆恩门，隆恩门门楼三重檐黄琉璃歇山顶，楼下高大的城台纵贯券门洞，设对开朱漆实榻门，城台前筑月台并展出三座垂带踏跺。城台与门洞四角各安角柱、腰线石，分别钣刻鱼龙等图案，拱门券脸雕二龙戏珠图案。券脸上横贯门楣，四边雕饰卷草和岔角花，中央凹进门额，边框镌刻莲瓣和游龙宝珠，额心用蒙、满、汉字竖题"隆恩门"[2]。城台背面两则分建蹬道，以登城楼和方城墙顶。进隆恩门，陵宫内北面居中置隆恩殿。隆恩殿宽深各三间、周围廊、单檐歇山顶，檐下设单抄双下昂七踩斗拱，各檐柱头有木雕兽面[3]。殿下有精雕成仰覆莲须弥座的台基，台基柱础和墙沿雕饰莲瓣，槛墙榻板雕花纹。台基四周展出高大石雕仰覆莲须弥座式月台，其上下枋和束腰满雕蕃草、石榴花等图案。月台周边安设在蕉叶头形望柱之间的透雕瓶栏板，分别镌刻万字福、宝相花、卷子花等各式图案，花纹间均镂空，玲珑剔透；月台四角悬挑螭首。月台前伸出三座垂带踏跺，垂带和踢板雕花纹，踏跺雕栏前部有蹲踞在方形仰覆莲须弥座上的石狮[4]。此外，踏跺前御道两旁还配置一对较大的石狮。隆恩殿前东西两侧置东西配殿（《建艺·清陵》，彩版二六），西配殿与隆恩殿前西面石狮间稍后置焚帛炉[5]。

---

[1] 中国建筑艺术全集编辑委员会编：《中国建筑艺术全集·清代陵墓建筑》，中国建筑工业出版社2003年版。彩版二五。图版说明，第10页。说：角楼的配置，既以其特立的空间感，强化了陵宫围墙即方城宛同城堡的威势，也以其优雅的形象在一片庄严的空间氛围中融注了充满人情的活泼生机，更有力渲染了隆恩门的轩昂气宇。

[2] 中国建筑艺术全集编辑委员会编：《中国建筑艺术全集·清代陵墓建筑》，中国建筑工业出版社2003年版。彩版二四、二五。第19页。说：隆恩门门楼同盛京皇宫内廷大门凤凰楼略无二致。

[3] 中国建筑艺术全集编辑委员会编：《中国建筑艺术全集·清代陵墓建筑》，中国建筑工业出版社2003年版。彩版二八。图版说明，第12页。说：隆恩殿外檐装修类似盛京皇宫大政殿及崇政殿等，红色檐柱顶部饰青绿彩绘，近似圆形的包袱内为青地金龙与如意云，上悬怒目阔鼻张口的硕大木雕兽面，旁出透空如意花板，柱侧雀替雕绘卷草纹。额枋、平板枋及檐檩等绘青绿旋子彩画，局部沥粉贴金。单抄双下昂七踩斗拱的耍头上雕龙头，两侧也有镂空如意花板。斗拱彩画以青色为主，间以绿色，边缘沥粉贴金。外檐装修有浓重地方色彩。

[4] 中国建筑艺术全集编辑委员会编：《中国建筑艺术全集·清代陵墓建筑》，中国建筑工业出版社2003年版。彩版二九。图版说明，第12页。说：福陵隆恩殿月台雕饰十分精致华丽，不仅远胜出永陵，连关内大多数明清帝陵也无以企及。

[5] 中国建筑艺术全集编辑委员会编：《中国建筑艺术全集·清代陵墓建筑》，中国建筑工业出版社2003年版。图版说明，第11页．说：隆恩殿东西配殿以及焚帛炉等布局类似永陵，也都采用黄琉璃单檐歇山顶，但不仅规模更大，檐下还都添安了斗拱，装修也更华丽，形成更隆重的空间艺术效果。东、西配殿各宽五间，周围廊，比永陵配殿分别宽出两间，台基周边也增华为石雕须弥座。配殿内部也一如永陵，不设天花，除椽望油饰红间绿色、角背、雀替等雕绘卷草图案外，柱头、梁枋等都敷满绚丽夺目的彩画。其中如五架梁，中央椭圆形大包袱内绘出蓝地金龙，点缀红、蓝、橙、绿相间的色块，各有墨线瑞符，外为白边；梁两端箍头为蓝色退晕，勾以白、黑边线；箍头和大包袱之间的红色地子上还绘有边沿沥粉贴金的硕大卷草。这些风格独特的彩画，堪称清初关外建筑彩画艺术的奇葩（原书彩版二七）。

隆恩殿北配置二柱门和石五供（《建艺·清陵》，彩版三一），紧邻方城北门。由于场地窄狭，故未建二柱门前的陵寝门（琉璃花门）。方城北门上耸立明楼（《建艺·清陵》，彩版三一、三二），明楼城台前无月台和大礓磜，但与二柱门和石五供的间距仍很局促。明楼康熙四年添建（仿明陵规制，似孝陵明楼），其黄琉璃重檐歇山顶的上檐悬挂蒙、满、汉文"福陵"斗匾。楼内居中立方趺龙首圣号碑，碑身正面用蒙、满、汉文镌刻"太祖高皇帝之陵"，明楼南与隆恩门城楼遥遥相对。明楼下贯通双心圆券形拱门之北，迎面壁立向北凹曲的月牙城（《建艺·清陵》，彩版三二），正中附砌琉璃影壁，两端同环护宝顶的宝城和方城联为一体，形成哑吧院。院两旁有上达方城明楼和宝城宝顶的蹬道，贴砌在明楼两侧方城北墙上，月牙城背后的宝顶呈圆丘形[1]。

以上各部位尺度，《钦定盛京通志》卷二一，《山陵》记载："宝城高一丈七尺一寸，周五十九丈五尺。宝顶一座，高二丈，顶长十二丈四，周长三十三丈。月牙城高一丈六尺四寸，周长二十三丈四尺七寸。正中琉璃照壁一座，方城高一丈五尺七寸，四周长一百一十三丈八尺四寸。垛口高五尺，上有角楼四座，每座二层，上层格扇各四，下层门二彩，油为饰，方城上北而明楼一座，门二，内碑一座，书太祖皇帝之陵……"又《大清一统志》卷三五记载，"宝城周五十九丈五尺"，"神道南为碑亭，外为红门缭墙，长六百一十一丈五尺"。

附：在福陵右侧为"寿康太妃园寝"，葬的是太祖妃博尔济古特氏。妃为蒙古科尔沁贝勒孔果尔的女儿，天命建元前归太祖。清初封为"仁寿宫妃"，康熙即位的当年封为寿康太妃，又称"皇曾祖太妃"，死于康熙四年（1665）十二月。寿康太妃园寝原有享殿三间，东、西还有茶膳房、果房等建筑，现已无存。

三　昭陵

（一）营建简况

昭陵在沈阳城北十里许，又称北陵，是清太宗皇太极和孝端文皇后博尔济吉特氏的陵寝。皇太极是努尔哈赤第八子，明万历二十年（1592）十月二十五日申时生于赫图阿拉城。天命十一年（1626）在盛京继后金汗位，翌年改元天聪。天聪十年（1636）四月在盛京称帝，改后金国号为"大清"，改元崇政，并在崇政殿（今沈阳故宫内）行册立礼，册立嫡福晋博尔济吉特氏为皇后，即孝端文皇后。崇德八年（1643）癸未八月初九日亥刻，皇太极在宫中猝然病死（享年五十二岁）。庙号太宗，谥号文皇帝。

皇太极崩，皇九子福临继位后，随即（1643）选吉地仿福陵起建陵寝（陵址坐落在沈阳沙土与黄土分布带的分界线上），顺治元年（1644）荐名昭陵，同年四月清兵进占北京，九月福临至京，君临全国。顺治七年（1650）七月立石象生和华表，享殿定名为隆恩殿，

---

[1] 中国建筑艺术全集编辑委员会编：《中国建筑艺术全集·清代陵墓建筑》，中国建筑工业出版社2003年版。图版说明，第13页。说：地宫连同宝顶、宝城、月牙城及哑吧院，都是康熙二年参酌晚期明陵建造的。其中，福陵月牙城向北凹曲，同明陵月牙城南凸及关内清代帝陵平直的月牙城平面相比，均呈显著反差。

次年陵山封号隆业山；同年皇太极与孝端文皇后（皇后顺治六年四月十七日崩）合葬。康熙二年（1663）又改造地宫，并葬入皇太极及皇后宝宫；次第添建宝城、月牙城、琉璃影壁，康熙四年添建明楼、石五供和二柱门等。康熙二十七年（1688）与福陵同期建立神功圣德碑亭，昭陵至此完工。昭陵是关外三陵中营建最晚、建筑规制最隆重最精致的帝陵。

（二）陵园形制布局

见图10-1-6、10-1-7。昭陵建于平地，陵园占地四百五十万平方米（"盛京三陵"中规模最大），陵园红墙之外设红、白、青三层椿木桩。

昭陵南端自南向北立下马牌、华表一对[1]、石狮一对[2]。其北跨玉带河建一道三孔半圆拱大石桥，桥北立三间四柱三楼石牌坊[3]。牌坊之北与正红门间神道两侧配置东、西小院，小院红墙，墙顶黄脊绿瓦，东院有门房、更衣亭和净房；西院有门房、省牲亭和馔造房等。院内各种建筑均安斗拱，除净房单开间单檐歇山顶外，余者均为三开间，覆黄琉璃瓦硬山顶（《建艺·清陵》，彩版三七更衣亭门房）。

三间四柱石牌坊之北对正红门和长方形方城，正红门两侧红色风水墙北折，围合成长方形陵园围墙，东西红色风水墙南端分开东、西红门[4]。正红门与神功圣德碑亭间神道两侧由南向北置华表一对（形制同石牌坊南华表），其后置石象生[5]，即狮、獬豸、麒

---

[1] 中国建筑艺术全集编辑委员会编：《中国建筑艺术全集·清代陵墓建筑》，中国建筑工业出版社2003年版。彩版三五。图版说明，第14页。记述：华表底为八边形须弥座，外环护八边形护栏，有镂花透空栏板，栏板望柱头圆雕狮子，麒麟等。华表柱身圆形，雕祥云蟠龙，云版去掉"日""月"字样，顶端仰莲圆盘上雕昂首向天的蹲龙。其形制不同于福陵，而类似于关内宫城和帝陵华表。

[2] 中国建筑艺术全集编辑委员会编：《中国建筑艺术全集·清代陵墓建筑》，中国建筑工业出版社2003年版。彩版三四。图版说明，第14页。说：石狮典制源于福陵，体量却更大，造型风格和雕镌技法也明显趋同于关内的正统做法。

[3] 中国建筑艺术全集编辑委员会编：《中国建筑艺术全集·清代陵墓建筑》，中国建筑工业出版社2003年版。彩版三六。第21页和图版说明，第15页。说：三间四柱石牌坊，各方柱前后和边柱外侧都用下设仰覆莲须弥座的巨大石狮戗护，柱里侧梓框顶出云墩。柱间联络雕满繁富图案的额枋和摺柱花板，额枋上有拔檐横贯柱顶，再贯联额枋并安设九踩斗拱，明间八攒，两梢间各六攒，上承单檐庑殿顶。梢间屋顶内侧还各束以博风板。牌坊下设大月台，向南展出宽宏的垂带踏跺，围雕栏。

[4] 中国建筑艺术全集编辑委员会编：《中国建筑艺术全集·清代陵墓建筑》，中国建筑工业出版社2003年版。正红门见彩版三八。图版说明，第16页。说：正红门的须弥座台基垂带踏跺添加雕栏，居中正面踏跺垂带前各配置石狮，两旁垂手踏跺的垂带前分设抱鼓石，石狮和抱鼓石下均安石雕须弥座。台基上的红墙下肩全部改石作，雕出圭脚。贯通红墙的三道拱门，青石精雕的券脸上方都有白石雕门额。正红门南有大月台，前出宽大的连三礓磜坡道，四条垂带下端各置卧姿石狮。东西红门规制类似福陵，其两翼的照壁加五彩琉璃岔角和云龙，见该书彩版三九。

[5] 孙大章主编：《中国古代建筑史》第五卷，中国建筑工业出版社2003年版，第257页。说：昭陵石象生的"布局呈梯形排列，愈远则对兽间距愈近，利用透视学原理以增加视觉景深，延长了神道的深邃感。"

图10-1-6 辽宁省沈阳市清昭陵图
（采自《清代帝王陵寝》）

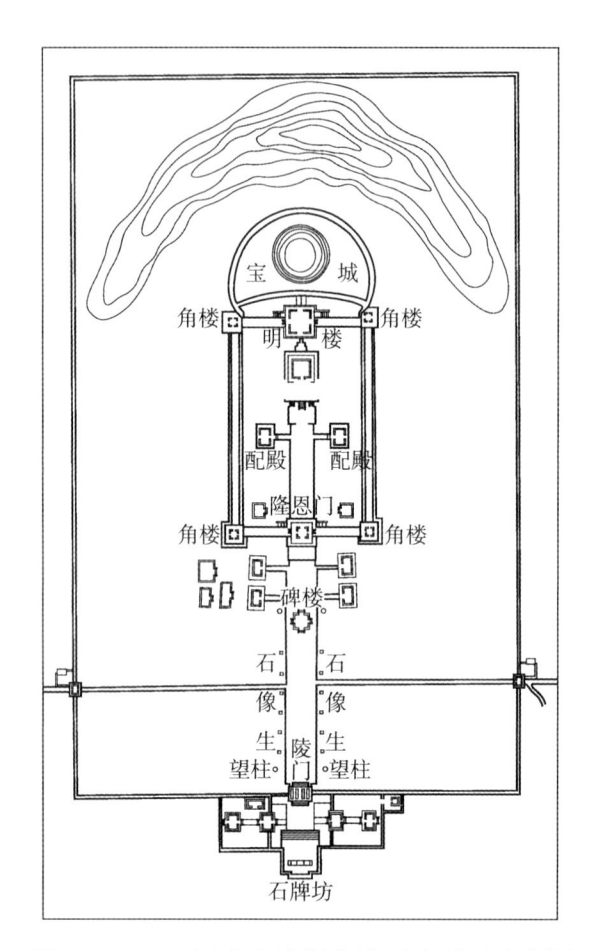

图 10-1-7 辽宁省沈阳市清昭陵平面示意图
（采自《中国古代建筑史》第五卷）

麟、马（"大白"和"小白"两匹马，象征皇太极生前最心爱的坐骑）、骆驼、象[1]各一对。石象生之后在与隆恩门相对的神道上置神功圣德碑亭，碑亭后两侧置华表一对[2]。碑亭与隆恩门之间的神道两侧，附属建筑的配置同福陵（当为茶膳房、果房、涤品房和齐班房）。

碑亭北对隆恩门和长方形方城（陵宫），方城四隅如福陵置黄琉璃重檐十字歇山顶角

---

[1] 中国建筑艺术全集编辑委员会编：《中国建筑艺术全集·清代陵墓建筑》，中国建筑工业出版社 2003 年版。图版说明，第 16、17 页。说：石象生中以獬豸代替石虎，增加麒麟和大象，共六对，在清代十三座帝陵中仅次于孝陵和裕陵。獬豸和象分别见该书彩版四〇、四一。

[2] 中国建筑艺术全集编辑委员会编：《中国建筑艺术全集·清代陵墓建筑》，中国建筑工业出版社 2003 年版。彩版四二。图版说明，第 17 页。说：碑亭形制同福陵，但石象生尽端的华表改移到碑亭北面。华表与正红门前华表的差异是华表顶端雕成下饰云龙图案的桃形望柱头，其形制为清陵中的孤例。

楼[1]。方城内北面居中为隆恩殿，形制类似福陵[2]。隆恩殿两侧对称置东西配殿[3]，西配殿后面东侧置白石焚帛炉（《建艺·清陵》，彩版四七，形制类福陵），两座配殿南各添建二层晾果楼（《建艺·清陵》，彩版四五），均宽二间，前出廊，黄琉璃单檐硬山顶。

隆恩殿北置二柱门、石五供，再北即明楼[4]。明楼北面，是康熙二年和福陵同时建造的哑吧院、月牙城、琉璃影壁、转向蹬道，以及环护宝顶的宝城等（《建艺·清陵》，彩版五〇）[5]。宝城之北为人工堆造的假山，顺治八年命名为"隆业山"（因昭陵建于平

---

[1] 中国建筑艺术全集编辑委员会编：《中国建筑艺术全集·清代陵墓建筑》，中国建筑工业出版社2003年版。彩版四三、四四隆恩门。图版说明，第17、18页。说：隆恩门形制似福陵，但城门装饰华丽，门楼立面包括檐廊在内，面阔、进深和通高尺度不变，间数却减为三开间，形成更明快的空间艺术效果。城台与门洞四隅都有石雕角柱和腰线，半圆形券洞券脸雕饰比福陵精致。青砖城台底部加设白色石雕圭脚，上沿增添带有垂莲柱的黄琉璃砖雕挂落，顶部有绿琉璃拔檐。门洞券脸和挂落之间横贯黄绿相间、雕饰云龙图案的矩形琉璃门楣，中部凹进门额，用蒙、满、汉字竖题"隆恩门"，门楣和券脸间还嵌以翔凤图案的绿琉璃砖雕。门楼三重檐黄琉璃歇山顶，城台背面左右分建蹬道，上通门楼和方城城墙。角楼见该书彩版四五，角楼黄琉璃重檐十字歇山顶，形制同福陵。

[2] 中国建筑艺术全集编辑委员会编：《中国建筑艺术全集·清代陵墓建筑》，中国建筑工业出版社2003年版。彩版四七、四八。图版说明，第19页。说：隆恩殿形制类福陵，宽深各三间，周围廊，单檐黄琉璃歇山顶，下有高大华丽的石雕须弥座式月台。隆恩殿的柱高和月台高超出福陵恩殿，月台石料由福陵的白色改成青灰色。隆恩殿月台和周边雕栏如福陵，其差异除月台加高，石料由白色改青灰色和雕饰纹样的诸多差别之外，月台四周仰覆莲须弥座的束腰加高尤为显著，其间浮雕卷子花等图案也格外硕大，在月台前向南展出的三座垂带踏跺的雕栏端部，不仅如福陵配置须弥座及蹲狮，蹲狮和望柱之间竟还增添了被福陵裁去的抱鼓石，造成美中不足的繁冗感。

[3] 中国建筑艺术全集编辑委员会编：《中国建筑艺术全集·清代陵墓建筑》，中国建筑工业出版社2003年版。彩版四六东西配殿。图版说明，第18页。说：东西配殿均采用周围廊的单檐黄琉璃歇山顶式样，由于晾果楼分担了部分使用功能，两座配殿围廊内的殿身，都由福陵的面宽五间缩成三开间，前檐明间开槅扇门，两梢间槛墙上安槅扇窗，均各四扇。在空间艺术效果上，东西配殿体量收缩，实际也有力突显了陵宫核心隆恩殿的至尊地位。

[4] 中国建筑艺术全集编辑委员会编：《中国建筑艺术全集·清代陵墓建筑》，中国建筑工业出版社2003年版。图版说明，第19、20页。说：昭陵无陵寝门，明楼城台前无月台和大礓磜，二柱门，石五供和明楼形制均同福陵（见原书彩版四九），二者都在康熙四年参照关内明陵和刚落成的孝陵规制添建的。

[5] 中国建筑艺术全集编辑委员会编：《中国建筑艺术全集·清代陵墓建筑》，中国建筑工业出版社2003年版。第21页。说：按《大清会典事例》（中华书局1991年版）记载，和福陵相比，宝城、月牙城、方城等均增崇六尺以上，隆恩殿月台也相应加高，宝顶、宝城和月牙城平面也都扩大，惟有套方形的方城和风水墙平面略为收敛。又图版说明，第20页。说：由于宝城月牙城和方城均增高六尺以上，平面相应扩大，月牙城向北凹曲的程度随之舒缓，故月牙城、宝城和方城围合而成的哑吧院也比福陵更显宽展，衍成这两座清初帝陵的重要差别之一。此外，《大清一统志》《四库全书·史部地理类》卷三十五《盛京》条记载："宝城周六十一丈三尺。"

地，故堆假山象征后龙即主山，以应风水格局）。

附：昭陵之右是"懿靖大贵妃园寝"，贵妃姓博尔济吉特氏，崇德改元创建五宫时，封为西宫（麟趾宫）贵妃，顺治九年（1652）十月尊封为懿靖大贵妃，死于康熙十三年（1674）十一月。其园寝规制，与福陵寿康太妃园寝基本相同。

（三）昭陵和福陵形制布局的比较

1. 昭陵和福陵形制布局的共同特点

昭陵大体按福陵规制营建，二陵的石象生、华表，宝城、月牙城、琉璃影壁，二柱门和石五供又同期增建，故二者的形制布局有较强的共性。归纳言之，约有6点。

第一，二陵均设外罗城（陵园围墙），南面辟正红门，两侧风水墙开东、西红门，诸门的形制基本相同。外罗城之外皆树红、白、青椿木桩。

第二，正红门前均配置石狮、华表、牌坊、下马牌等。

第三，正红门内神道两侧置石象生和华表，石象生后置神功圣德碑亭。碑亭后神道两侧有茶膳房、果房、涤品房、齐班房等附属建筑。

第四，方城即陵宫，四隅置角楼，城墙有宇墙和跺口，南面隆恩门有门楼，北面城台上建明楼；上述设施二陵的形制和结构雷同。

第五，方城陵宫内隆恩殿，东、西配殿、单焚帛炉；隆恩殿后的二柱门、石五供，配置方位相同，形制结构相近。

第六，方城明楼后的宝顶宝城、月牙城和琉璃影壁的配置和形制基本相同。

2. 昭陵和福陵形制布局的主要差异

福陵始建于天聪二年（1628），昭陵始建于顺治元年（1644），同年清入主中原，上述背景加上自然环境等区别，又导致二陵的形制布局有不少差异。比如：

第一，福陵建于山坡，风水形势好。昭陵建于平地，宝顶后人工堆主山。

第二，外罗城东西红门位置不同。福陵东西红门在东、西风水墙中间，昭陵东西红门在两侧风水墙南部。

第三，正红门前的形势和具体配置要素有变化，配置方位有别（福陵正红门外从北向南石狮一对、三间四柱冲天式下马牌坊东西对峙，下马牌一对。昭陵正红门两侧置东西小院，正红门前从北向南置三间四柱三楼石牌坊一座、玉带河桥、石狮一对、华表一对、下马牌一对。）昭陵正红门的结构较福陵复杂、精致（详见正文）。

第四，正红门后神道两侧石象生福陵四对（虎、狮、马、驼），昭陵六对（狮、獬豸、麒麟、马、驼、象），种类和数量有变。华表的配置方位不同（福陵华表在石象生两端内侧，昭陵南端华表在石象生外侧，北端华表在碑亭后两侧），形制有别（详见正文）。

第五，福陵石象生之北至碑亭有108阶蹬道，其前后有单孔神道桥，昭陵无。第六，昭陵和福陵相比，宝城、月牙城、方城等均增崇六尺以上，隆恩殿月台也相应加高，宝顶宝城和月牙城平面扩大，方城平面略收敛。陵宫配殿由五间缩为三间，隆恩门和隆恩殿结构有所变化，装饰华丽，陵宫配殿南增置晾果楼。

第二节 清东陵

一 陵区概况

(一) 位置和风水（山川）形势[1]

清东陵在河北省东部遵化市西北约70里的马兰峪，位于燕山余脉昌瑞山南麓（东经117°38′北纬40°11′），西距北京城约250里。因在北京之东而称东陵。

清东陵北以昌瑞山为主山（来龙、后龙）[2]，昌瑞山东西走向，正中主峰高高突起，两侧诸峰渐渐低斜，南麓主峰坡降至山下延伸出低矮的山脚，呈"玄武低头"，"受葬"之势[3]。陵区东侧（左）马兰峪、鲶鱼关"峰峦秀丽，势尽西朝，俨然左辅"为龙砂；西侧（右）宽佃峪，黄花山"昂日骞云，势皆东向，俨然右弼"为虎砂[4]。南面的朱雀即形如覆钟的金星山，为朝山；其北的影壁山介于靠山（主山）与朝山之间，若案横陈为案山[5]。朝山之南，象山和烟墩山对峙，其间的龙门口（兴隆口）为结咽束气的水口[6]。

---

[1] （晋）郭璞古本《葬书》说："葬者乘生气也，气乘风则散，界水则止。古人聚之使不散，行之使有止，故谓之风水。"

[2] 各陵背后之高山，形势宗风水术称龙，又称来龙、后龙。主山、大帐、玄武等。
A.（清）光绪年修《遵化通志》：东陵后靠昌瑞山，"一峰挂笏，状如华盖，后龙雾灵山自太行逶迤而来"。
B. 晏子有《清东西陵》（中国青年出版社2000年版）第9页引中国第一历史档案馆藏《宫中杂件》补二十三包记载，光绪年间选择穆宗载淳陵基时，风水官李唐、李振宇在其说帖中说："东陵龙脉，自雾灵山至琉璃屏，分为三支，中枝结聚土星，名曰昌瑞山，面朝一大金星。……从昌瑞山之左，分枝下脉，连结几穴，至玉顶山复起顶，下脉旋转有力。过峡玲珑，束气清纯。直到双山峪，又复起顶，层迭而结。……成子峪亦系雾灵山一脉所结，自琉璃屏直脉黄花山，过峡复起，层迭而下。"

[3] 郭璞《葬书》（上海古籍出版社1994年版）有"玄武垂头"之说；元郑谧注："垂头，言自主峰渐渐而下如欲受人之葬也。"

[4] 晏子有《清东西陵》（中国青年出版社2000年版）第14页，引《昌瑞山万年统志》下函卷之一。"砂"，即陵穴前后左右之山，分别以左青龙、右白虎、前朱雀、后玄武名之。

[5] 陵前对景性的山岭，近而小者称案山，远而大者称朝山。各陵主山与朝、案山均呈相迎之势，三者相连即为风水主轴线。陵寝即沿此主轴线营造建筑组群序列。

[6] （明）缪希雍《葬经翼·水口篇》：茔域内"一方聚水所总出处"即水口，或称水口山。

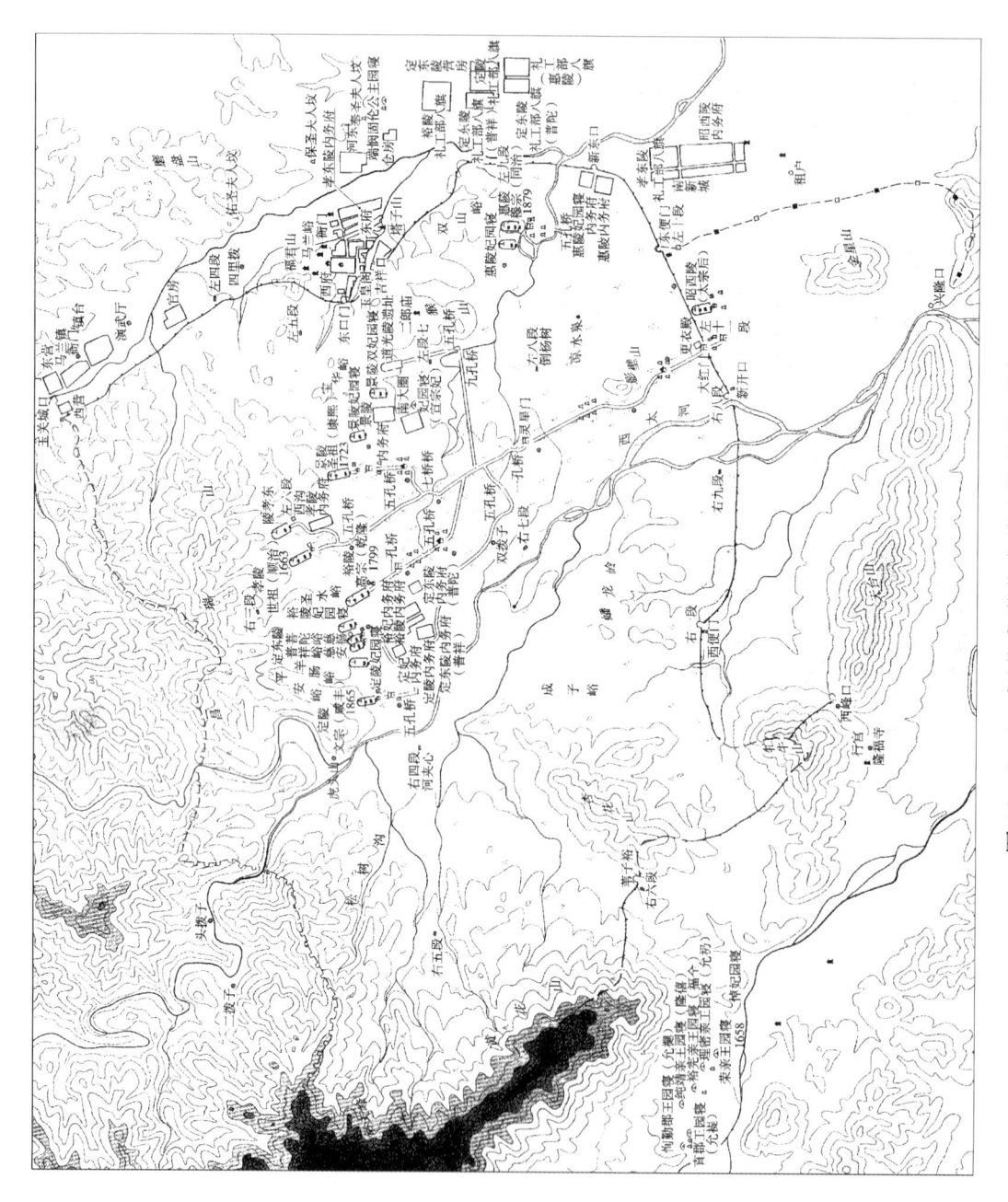

548　宋代至清代帝陵形制布局研究

图 10-2-1　河北省遵化市清东陵总平面图
（采自侯仁之主编《北京历史地图集》）

陵区东西有马兰河，西大河环绕夹流[1]，"界穴"，"藏风"[2]。总之，清东陵山川全自然之势，"返顾有情"，"龙穴砂水无美不收，形势理气诸吉咸备"，堂局辽阔坦荡[3]，其拱卫，环抱，朝揖之势"王气葱郁非常"（图10-2-1）[4]，实为不可多得的风水宝地[5]。

除上所述，陵区内诸陵还各有其自身的风水形势。此外，清陵"配合山川之胜势"，为使之"精神卓越，动人美观，弥补风水形势之不足，又往往培补后龙、案山和砂山"，以充分体现陵寝与山水交融的崇高审美意境。凡此，后文将陆续提到。

（二）陵区规模

陵区昌瑞山北称"后龙"，昌瑞山南麓陵区称"前圈"。后龙是风水来龙之地，山峦起伏，风景秀丽，从陵后的长城开始，向北经雾灵山，延伸至承德附近，西与密云县相

---

[1] 选择陵址，水法相当重要。"水随山而行，山界水而止"，"未看山先看水，有山无水休寻地"。理想的水势为左右环抱，上开下合，马兰河、西大河正合此势。

[2] 郭璞《葬书》说："葬者乘生气也，气乘风则散，界水则止。""风之为害，实为阴宅之大忌"，故陵区周围要有群山环护以"藏风"，"聚之使不散"；又要有水流"界穴"，使生气有止，防其流逝。

[3] 山水聚敛而能容纳陵寝建筑的场所称明堂。"堂局"主要指明又有关要素而言。

[4] 晏子有《清东西陵》（中国青年出版社2000年版）引（清）昭梿《啸亭杂录》卷一说：清世祖福临选定孝陵址时说：凤台山（昌瑞山）"此山王气葱郁非常，可以为朕寿宫。因自取佩韘掷之，谕侍臣曰：'韘落处定为佳穴，即可因以起工'。又引《昌瑞山万年统志》：此山"佳气团结，郁郁葱葱"。此为选陵址时"望气"之举，其情况与明太祖选孝陵址时"望气"之举相似。

[5] A. "觅龙""察砂""观水""点穴"，伴之望气、尝水、辨认土石等手段选陵址，以达到"地臻全美"之目的。《葬书》说，"三年寻龙，十年点穴"，堪舆术称葬口处为穴，点穴为阴宅选择中之核心。清孝陵即福临一掷之下定穴位，乃特例也。点穴时要结合"辨土"，参见后文清世宗，高宗选择陵址的介绍。

B. （清）刘锦藻：《清朝文献通考·王礼》，浙江古籍出版社2000年版。记载：孝陵"在遵化州西北七十里昌瑞山，本名丰台岭，亦曰凤台山。山脉自太行来，重冈迭阜，凤翥龙蟠，嵯峨数百仞；前有金星峰，后有分水岭，诸山耸崎环抱；左有鲶鱼关、马兰峪，右有宽佃峪、黄花山，千岩万壑，朝宗回拱；左右两水分流夹绕，俱汇于龙口峪，崇隆巩固，为国家亿万年钟祥福地"。

C. 王其亨：《清代陵寝风水：陵寝建筑设计原理及艺术成就钩沉》，载《风水理论研究》第2版，天津大学出版社2005年版。文中引李腾蛟撰《直隶遵化州志》卷一（乾隆五十九年刊本）说：孝陵陵寝山向南对"金星山特起一峰，丰而不肥，形如覆钟，端拱正南，有揭笏朝天之势"，北向昌瑞山主峰之"玉陛金阙，垣合紫微"，"峰宛凤翥而龙蟠，川星而斗滚"，其"前后左右，群山朝揖，众水分流，纷郁丽九光之霞，郁葱萃万年之秀"。陵域方圆数十平方公里的山川景物，殆皆由金星和昌瑞山一线相连的山向扼控，并与这山向所贯统的整个山川形势相配合。

接，东达遵化城，风水禁地绵延百余公里[1]，总面积2400余公里，均划为风水禁地。其中群山环峙的陵寝区的前圈坦荡如砥，占地48平方公里，南面以大红门为准，向东、西分别建有总长达四十余里的风水围墙，墙高九尺四寸，厚二尺八寸。此外，在后龙和前圈还利用天然沟壑伐净草木，开割防火的火道，沿火道设红桩，红桩外设白桩，白桩外设青桩，青桩之外安界石。道光时期有树官山亦划入后龙界内，立界石，在此范围内严禁采樵伐木，采石取土和烧窑[2]。整个陵区南北长125公里，东西宽20余公里，总面积2500余公里，是清陵中最大的陵区。陵区设重兵守卫。[3]

二　陵区诸帝陵的方位、陵主和营建简况

陵区内有5座帝陵，4座皇后陵，5座妃园寝，共埋葬五位皇帝，十五位皇后，一百

---

[1] 晏子有《清东西陵》（中国青年出版社2000年版）第416页引邓之诚纂《古墓琐记·守陵密记》记载：东陵陵区，"陵境东西广二百一十五里，南北延袤三百六十三里。东至鲶鱼关十五里，西至宽甸峪十五里，南至兴隆口十六里，北至分水岭二十里"。

[2] 刘富兴《清东陵区域界桩管理初探》，载《世界文化遗产——明清皇家陵寝保护与发展研讨会论文集》，北京燕山出版社2007年版。该文记述：开割后龙火道情况如下：A. 内火道（又改称中火道，火道即防火隔离带），红桩火道建于康熙二年（1663），马兰镇两营，"左营自头拨鹰窝山起至九拨杨树洼止开割火道四十一里半，右营自头拨宽佃峪起至九拨交界碑止，开割火道四十二里半……共长八十四，宽三、四十丈不等"。B. 外火道，建于雍正元年（1723）。"后龙风水禁地，左营自鲇鱼关属灵沟窝起，由大洼老厂沟、窄道子、板谷岭、黑峪关、曹家路、吉家营、墙子路、镇罗关、黄崖关、青山岭一带营汛周围开割火道一条，长三百二十里，每里安设红桩三根，共计安设红桩九百六十根，定例附近红桩不准樵采，永远遵守"。C. 里火道，建于嘉庆八年（1803），"拟请于昌瑞山后一带重开阔道三十丈，左首自左营正关城起至右营之龙洞峪止，计长一十五里余"。又同治五年（1866），"拟请自旧火道边迤南至莽牛山顶计长十里开割火道一段以十丈为限"。前圈火道，乾隆四十六年（1781），"拟于石门迤北天台山一带亦仿照后龙风水之例，每年秋间开割火道二十丈以防外边荒火"。界桩（界桩）有红桩、白桩、青桩、石碣（界石）等几种。第一，红桩，始设于康熙二年，与后龙开割内、外火道同时进行。雍正元年在外火道边缘以"每里三根"安设红桩，间距约一百六七十米不等，共安设960根。第二，白桩，乾隆七年，"拟于火道二十丈外另立白桩九百六十根"。第三，界石，乾隆七年于红桩以外扼要处所安竖界石，共十块。红桩、白桩、界石为前圈、后龙风水禁地之界标。第四，后龙扩界安竖青桩，乾隆三十五年（1720）于白桩向外扩10里共设青桩72根。乾隆四十五年（1780）添补青桩二百二十八根。乾隆六十年（1795）加添青桩八百五十八根。第五，道光五年（1822）有树官山纳入后龙界内立界石六处，上刻"禁地官山界"。以上据道光五年（1825）统计，共有"木桩一万七千七百五十一根，石碣二万一千六百六十一块"。

[3] 总兵署设在马兰关。镇标下置左、右两营。两营各设九个堆拨，兼辖遵化、蓟州、曹家路、墙子路、黄花山、余丁六营。总兵武职正二品，下置游击、守备、千总、把总、外委等武官170员，兵丁3473名。共设13座营汛和352处堆拨，分驻马兵444名，守兵2047名，另配余丁营（预备队）兵丁196名，营马458匹。光绪朝统计，马兰镇驻兵4039人，其中各陵旗兵共1035人，绿营3004人。

三十六位妃嫔。此外，陵区风水墙外，还有亲王、公主、皇子的园寝[1]。附属建筑物580座（组），现存508座（组）。东陵从顺治十八年（1661）始建孝陵，至光绪三十四年（1908）建成慈禧皇太后普陀峪定东陵止，营建活动延续了247年[2]。

（一）孝陵

福临，皇太极九子（崇德三年即1638年，戊寅正月三十日戌时生于盛京永福宫。生母孝庄文皇后），清朝入关后第一位皇帝，在位于1644—1661年（年号顺治、六岁即帝位；庙号世祖、谥号章皇帝[3]）。帝亲选陵址于昌瑞山主峰之下[4]，地处于整个陵区中心，为东陵之祖陵。福临顺治十八年（1661）辛丑正月初七日子刻崩于养心殿（出痘病死，年二十四岁，在位18年），同年营建孝陵。营建时始称"世祖章皇帝山陵"，康熙元年三月一日，尊为"孝陵"。在陵未完工之时，康熙二年（1663）六月六日，皇帝福临与孝康章皇后佟佳氏（都统佟图赖女，玄烨生母，康熙二年崩），孝献端敬皇后董鄂氏（即董鄂妃，内大臣鄂硕女。顺治帝宠妃，顺治七年即1660年卒，追尊为皇后）入葬孝陵[5]。康熙三年八月二十二日"孝陵工成"，同年十一月十九日"孝陵隆恩门成"，康熙七年（1668）正月十一日"建孝陵神功圣德碑"亭，康熙二十二年（1683）四月初四日工部题"修孝陵五孔桥甬道"。此后，又修建石象生和其他一些附属建筑。

---

[1] A. 中华人民共和国国家文物局《明清皇家陵寝·清东陵》，记述葬161人。B. 晏子有《清东西陵》（中国青年出版社2000年版）第2页记载：清东陵葬皇帝五位，皇后十五位，妃嫔、阿哥（皇子）一百三十七位。陵区东侧和西侧，还建有皇族其他成员及近臣园寝。

[2]《明清皇家陵寝·清东陵》，第133—134页记述：民国九年（1920），清逊帝溥仪将惠陵妃园寝砖券改石券。故营建活动亦可说止于1920年。

[3] 庙号谥号全称：世祖体天隆运定统建极英睿钦文显武大德弘功至仁纯孝章皇帝。

[4]（清）昭梿：《啸亭杂录》，中华书局1985年版，卷一，"亲定陵址"："章皇帝尝校猎遵化，至今孝陵处，停辔四顾曰：'此山王气葱郁非常，可以为朕寿宫。因自取佩鞢掷之，谕侍臣曰：鞢落处定为佳穴，即可因以起工'。"《清史稿·志六十一·礼（五）》所记与之大同小异。

[5] 清朝入关后，其丧葬和陵寝制度规定：皇帝死前（包括梓宫入地宫之前），先死的皇后一律与皇帝合葬，封闭地宫。以后死的皇后，在帝陵左或右侧建皇后陵，规模小于帝陵。妃嫔死后，葬入"妃园寝"。但康熙帝以后，一些死于帝前的皇贵妃，也祔葬帝陵内，此为清代丧葬陵寝制度中的特殊情况。又规定：皇帝无论崩于何处，小殓、大殓之后，必须将灵堂设在乾清宫内。乾清宫自明以来为皇帝正式寝宫，停灵于此，取"寿终正寝"之意。帝、后梓宫在乾清宫停放一般不超过27天（释服），此后移到殡宫，以择吉"奉安"。各帝殡宫不一，顺治、康熙帝殡宫在景山寿皇殿，雍正帝在雍和宫永佑殿。乾隆以后，除道光帝殡于圆明园"正大光明"殿外，余者均在景山观德殿。皇太后，皇后死后，多在慈宁宫、寿康宫、宁寿宫停灵，殡宫大都分散在北京城郊一带。帝后梓宫殡宫暂安期间，要举行多次祭祀活动，然后才能入葬地宫。

(二) 景陵

玄烨，顺治帝三子（顺治十一年即1654年，甲午三月十八日巳时生于景仁宫，生母孝康皇后佟佳氏），清朝入关后第二位皇帝，在位于1661—1722年（八岁即帝位，年号康熙、庙号圣祖、谥号仁皇帝[1]）。康熙十三年（1674）孝诚仁皇后赫舍里氏崩（辅政大臣索尼之孙女，生皇二子允礽时死，允礽即两立两废的皇太子），同年五月选陵址于孝陵东南（图10-2-1）。康熙十五年（1676）二月初十日景陵破土动工，康熙二十年（1681）二月之前地宫建成，三月孝诚仁皇后和孝昭仁皇后入葬景陵地宫[2]。此后，续建地面主体建筑[3]。康熙六十一年（1722）壬寅十一月十三日戌刻，玄烨崩于畅春园（终年六十九岁，在位61年），雍正元年（1723）九月初一日巳时入葬景陵地宫。此前已有孝诚仁皇后、孝昭仁皇后钮祜禄氏（辅政大臣遏必隆之女，康熙十六年册立为后，十七年二月卒于坤宁宫，与孝诚仁皇后同日入葬景陵）、孝懿仁皇后佟佳氏（领侍卫内大臣、承恩公佟国维女。康熙二十年晋为皇贵妃。二十八年七月初八患重病，九日立为皇后，十月十一日入葬景陵）入葬景陵地宫。孝恭仁皇后乌雅氏（生皇四子胤禛、即世宗皇帝；皇六子允祚，皇十四子允禵。初封德嫔，后晋封德妃，胤禛即位后尊为皇太后。雍正元年五月二十三日崩）卒于圣祖大丧期间，祔葬景陵。敬敏皇贵妃章佳氏（参领海宽女，生皇十三子允祥，康熙三十八年（1699）七月二十五日卒，谥敏妃，同年十月八日入葬景陵妃园寝），因允祥出力拥雍正继统，故雍正元年六月世宗追晋为敬敏皇贵妃，迁祔景陵。雍正五年（1727）闰三月二十一日，"恭建圣祖仁皇帝圣德神功碑于景陵"，乾隆十三年（1748）添设望柱一对，立姿狮、象、马、武将、文臣等五对石象生，以及牌楼门，至此景陵工程全部竣工。景陵首开清代皇帝予建陵寝和皇贵妃祔葬帝陵的先例。

(三) 裕陵

弘历，胤禛（世宗）四子（康熙五十年辛卯即1711年，八月十三日子时生于雍亲王藩邸，生母孝圣宪皇后钮祜禄氏），清朝入关后第四位皇帝，在位于1736—1795年（二十五岁即位，年号乾隆，庙号高宗，谥号纯皇帝[4]。在位60年）。乾隆七年（1742）三月

---

[1] 庙号谥号全称：圣祖合天弘运文武睿哲恭俭宽裕孝敬诚信中和功德大成仁皇帝。

[2] 《清圣祖实录》，《清实录》，中华书局1986—1987年版。卷九十五，康熙二十年二月初一日，上（圣祖）"谒孝陵举哀行礼毕，亲往仁孝皇后孝昭皇后地宫相视"。康熙二十年三月初八日，"仁孝皇后，孝昭皇后梓宫奉移龙楯，由隧道入地宫，奉安宝床"。按赫舍里氏死后，圣祖册谥她为"仁孝皇后"，雍正元年改谥为孝诚恭肃正惠安和俪天襄圣仁皇后。

[3] （清）昆冈等撰：《钦定大清会典事例》，中华书局1991年版。卷四百七十八；仁孝皇后、孝昭皇后梓宫奉移，"因享殿尚未告成，于宝顶、方城前平台上盖造芦殿"。即康熙二十年三月，景陵隆恩殿尚未建成。

[4] 庙号谥号全称：高宗法天隆运至诚先觉体元立极敷文奋武钦明孝慈神圣纯皇帝。

十七日，帝将东陵胜水峪（图10-2-1，孝陵西南，又称圣水峪），定为自己的万年吉地[1]，并从此形成了清东西陵昭穆分葬制度[2]。乾隆八年（1743）二月初十日丑时裕陵破土兴工[3]，乾隆十七年（1752）地宫等完工[4]。乾隆三十五年（1770），裕陵工程出现质量问题，罚承办官赔修，乾隆三十八年（1775）陵寝工程基本完工。弘历在位60年时传位于皇十五子颙琰，次年改号嘉庆，弘历被尊为太上皇。嘉庆四年（1799）己未正月初三日辰刻，弘历崩于养心殿（终年89岁），嘉庆四年九月十五日卯时奉安于裕陵地宫。嘉庆八年（1803），圣德神功碑亭建成，至此裕陵全部完工，前后营建历50余年[5]。地宫内祔葬孝贤纯皇后富察氏（一等公李荣保之女，弘历即位立为皇后，生皇二子即端慧皇太子永琏，皇七子永琮。乾隆十三年皇后随高宗东巡，同年三月十一日卒于德州龙舟，年37岁。乾隆十七年十月二十七日奉安于裕陵地宫）、孝仪纯皇后魏佳氏（一等公清泰女，生皇十五子，即清仁宗颙琰，为令贵妃。乾隆四十年正月二十九日卒，十月二十六日葬于孝贤皇后之东[6]。乾隆六十年颙琰立为皇太子，高宗遂封魏佳氏为孝仪皇后）、慧贤皇贵妃高氏（河道总督高斌女，乾隆十年正月二十六日卒，追晋为皇贵妃，谥慧贤）、哲悯皇贵妃富察氏（佐领翁果图女，生皇长子安定亲王永璜，乾隆十三年卒，追晋为皇贵妃，谥哲悯）、淑嘉皇贵妃金氏（上驷院卿三保女，生皇四子、八子、九子、十一子，乾隆二十年十一月十六日卒，追晋为皇贵妃，谥淑嘉）。其中皇贵妃均于乾隆二十二年十一月初二日入葬裕陵地宫。

---

[1] 晏子有：《清东西陵》，中国青年出版社2000年版，第111页。引一史馆藏《工科·建筑工程·陵寝坛庙》第一包，记述胜水峪地理形势："胜水峪系昌瑞山右一脉，龙居尊贵，砂水回环，朝案端严，罗城周密。龙翔凤舞，精气凝结于中区，星拱云联，象纬朝于宸极。百神胥护，宏开百世之模；万寿无疆，允协万年之吉。"此外，堂局至中心之处，土色纯正，为纯青色，紫色土、黄色土，这也是选为万年吉地原因之一。

[2] 中国第一历史档案馆藏《上谕档》760号记载，高宗退位一年后，于乾隆六十一年（1769年，嘉靖元年，当时宫中使用太上皇年号）十二月二十日，太上皇降谕旨："向例，皇帝登基后即应选择万年吉地。乾隆元年，朕绍登大宝，本欲于泰陵附近相建万年吉地，因思皇考陵寝在西，朕万年吉地又近依皇考，万万年后，我子孙亦思近依祖父，俱选吉京西，则与东路孝陵、景陵日远日疏，不足以展孝思而申爱慕。是以朕万年吉地建在东陵界内之圣水峪，若嗣皇帝及孙曾辈，因朕吉地在东择建，则又与泰陵疏隔，亦非似续相继之义。"为解决此矛盾，嗣皇帝则须在西陵界内造陵，"至朕孙继承统续时，其吉地又当建在东陵界内"。如此，以后"各依照穆次序，选分东西，一脉相连，不致递推递远"。如此，则为"大清无疆之福"。因而，在这以后形成清东西陵昭穆分葬制度。

[3] 晏子有：《清东西陵》，中国青年出版社2000年版，第111页。引（清）布兰泰《昌瑞山万年统志·陵寝事务考》：乾隆"八年二月初十日兴工营造"，清档案《内务府来文·陵寝事务》第2922包：乾隆八年正月初九日，钦差总理万年吉地工程事务处奏折："万年吉地所有动土开工吉期……行据钦天监敬谨择得癸亥年二月初十日甲午，宜用丑时动土吉。"

[4] 乾隆十七年十月二十七日孝贤皇后入葬地宫。

[5] 裕陵营造，耗银二百零三万两。乾隆帝是我国封建社会寿命最长，掌实权最长的皇帝。

[6] 据传，1928年军阀孙殿英盗据裕陵，打开地宫仅见一具完整女尸，即孝仪纯皇后。

(四) 定陵

奕詝，清宣宗旻宁第四子（道光十一年即1831年，辛卯六月初九日丑时生于圆明园澄静斋，生母孝全成皇后钮祜禄氏），清朝入关后第七位皇帝，在位于1851—1861年（26岁即位，年号咸丰，庙号文宗、谥号显皇帝[1]）。文宗即位之初，就在东、西陵相度陵址，中间几经变化，最后在咸丰八年（1858）定在东陵裕陵西面四里的平安峪（图10-2-1）[2]。此后定陵规制未定，又经多次反复，于咸丰九年（1859）四月十三日申时破土兴工。但因太平天国起义和英法联军入侵，工程数次停工。咸丰十年（1860）英法联军攻陷天津，八月奕詝逃往热河避暑山庄。咸丰十一年（1861）辛酉，七月十七日寅刻病崩于避暑山庄烟波致爽殿（终年三十一岁，在位11年）。九月二十三日梓宫启程，十月运至京师。同治元年（1862）九月，梓宫暂厝于东陵风水墙外隆福行宫。同治四年（1865）八月定陵建成，同年九月二十二日未时（一说辰时）梓宫奉安。此后又经年余零星修整，同治五年（1866）十二月定陵全部完工，前后历时七年半。陵内地宫祔葬孝德显皇后萨克达氏（太仆氏少卿富泰女，道光二十九年十二月十二日卒。奕詝即位追封为皇后，梓宫暂厝田村，同治元年移奉至静安庄。同治四年与文宗同时入葬定陵地宫）。

(五) 惠陵

载淳，清文宗奕詝长子（咸丰六年丙辰即1865年，三月二十三月末时生于储秀宫，生母孝钦显皇后叶赫那拉氏，即慈禧皇后），清朝入关后第八位皇帝。在位于1862—1874年（六岁即位，年号同治、庙号穆宗、谥号毅皇帝[3]）。同治十三年（1874）申戌十二月初五日酉刻崩于养心殿（死于天花，享年19岁，在位13年），于是两宫皇太后（慈安、慈禧两位皇太后）降旨在东、西陵选择万年吉地，最终选在景陵东南六里的双山峪为陵址（图10-2-1）[4]。光绪元年（1875）三月十二日午时行破土礼，八月初三日午时正式兴工，光绪四年（1878）九月完工（历时三年零一个月，耗银四百三十五万九千一百一十两

---

[1] 庙号谥号全称：文宗协天翊运执中垂谟懋德振武圣孝渊恭端仁宽敏庄俭显皇帝。
[2] 定陵选址几经变化的情况，请参见晏子有：《清东西陵》，中国青年出版社2000年版，第112—114页。平安峪地理形势，同书第113页引陆应谷到平安峪阅视结果之说帖："平安峪自昌瑞山右肩分支，特起大盖，座中抽出，脉透迤而下，结成微乳。左龙蜿蜒，右虎训俯，贴身蝉翼，牛角两砂隐约缠护，虾须、金鱼二水界划分明。灵光凝聚，穴法甚真，前天台作朝，盘龙岑作案，罗城周匝完密，毫无缺口。……立壬山丙向兼子午，收本身过堂之水，会大水出兴隆口，俱为合法，洵属上上吉地。"
[3] 庙号谥号全称：穆宗继天开运受中居正保大定功圣智诚孝信敏恭宽明肃毅皇帝。
[4] 在东陵予选出双山峪、成子峪、松树沟、侯家山、宝椅山，在西陵予选出九龙峪（金龙峪）等处。多数主张选九龙峪，但慈禧太后出于母子私情，却违背高宗所定，奕詝力图恢复的东西陵昭穆制度，执意将惠陵建在双山峪。

余）。光绪五年三月二十六日寅刻奉安惠陵地宫[1]，孝哲毅皇后阿鲁特氏（户部尚书崇绮之女，光绪元年二月二十日绝食而亡，时距穆崇崩仅70余日，年22岁）同时祔葬。

三　陵区皇后陵的方位、陵主和营建简况

（一）昭西陵

孝庄文皇后博尔济吉特氏，名本布泰，科尔沁贝勒寨桑之女，生于明万历四十一年（1613）二月初八日。天命十年（1625）二月入宫，崇德元年（1636）四月皇太极称帝，七月封本布泰为永福宫庄妃，崇德三年正月三十日生皇九子福临。崇德八年（1643）八月皇太极崩，福临即位。顺治元年尊为圣母皇太后，康熙继位后尊为太皇太后，她在顺治、康熙两朝参与政事多年，颇有影响。康熙二十六年（1687）十二月二十五日崩于慈宁宫，享年七十五岁。翌年正月，梓宫移至朝阳门外殡宫；康熙二十七年（1688）四月十九日暂厝于昌瑞山前大红门外享殿，二十二日封掩于"暂安奉殿"（图10-2-1）[2]，十月上尊谥为孝庄文皇后。孝庄文皇后梓宫暂安30余年后，雍正二年（1724）决定就地建造昭西陵[3]，十一月正式荐名昭西陵（突出其与皇太极的关系），派大臣同钦天监官相度绘图。"以昭西陵距昭陵甚远，特建碑亭"，翌年二月初三日梓宫移于享殿，拆除暂安殿，起建地宫，年底昭西陵竣工。雍正三年（1725）十二月初十日，孝庄文皇后梓宫奉安于昭西陵地宫（暂安至此时已迁延38年）。

---

[1] 晏子有：《清东西陵》，中国青年出版社2000年版，第309页。记载：穆宗及孝哲毅皇后，于光绪五年三月二十日入葬双山峪惠陵。

[2] A. 孝庄文皇后应葬于沈阳昭陵地宫，但其曾遗嘱圣祖："我身后之事，特以嘱汝。太宗文皇帝梓宫安奉已久，卑不动尊，此时未便合葬。若另起茔域，未免劳民动众，究非合葬之义。我心恋汝父子，不忍远去，务于孝陵近地安厝，则我心无憾矣。"见《清圣祖实录》卷一百三十二。

B. 孝庄文皇后生前钟爱慈宁宫东五间新宫，于是圣祖命迁建为享殿，其后建安奉殿。享殿前对称配置东西配殿，合称前殿，南端居中置宫门，周匝墙垣。工程历时四个月，"宫殿俱系皇上亲示图画，付与承修人员"（《康熙起居注》）。安奉殿在康熙之世又有"梓宫奉安处""梓宫奉安殿""暂行永设地方""暂行永设宫""暂行永设殿""暂安殿""昌瑞山寝园"等名称。该殿建成后，圣祖亲扶梓宫安厝于殿宝座之上，以土掩封门口"从今不复再睹梓宫"（《康熙起居注》）。

[3] 雍正二年，世宗皇帝以孝庄文皇后暂安于此已30余年，尚未建地宫、宝顶、宝城，典制未备，不成陵寝，欲改建为陵寝，命诸王大臣九卿等议复。康亲王冲（崇）安遵旨议奏："圣祖仁皇帝遵奉孝庄文皇后遗旨，奉安暂安奉殿，至今三十余年。圣祖仁皇帝福寿康宁，四海生民乐育，诚稀有之吉兆，允宜定为陵寝。得旨：是，着即择日兴工。"十一月初八日，清世宗为圣祖仁皇帝行三周年祀典，诣景陵隆恩殿，以孝庄文皇后奉安日期告祭于圣祖仁皇帝（见清，萧奭《永宪录》卷三。）十一月二十七日，"诸王大臣等恭拟孝庄文皇后暂安奉殿为昭西陵"（《清世宗实录》卷二六）。

(二) 孝东陵

顺治十年（1653）八月，清世祖嫡皇后被废。十一年六月立博尔济吉特氏为皇后（崇德六年即1641年十月初三日生，科尔沁贝勒绰尔济女，孝庄文皇后侄孙女），即后来的孝惠章皇后。顺治十八年（1661）圣祖即位，尊为皇太后，康熙元年十月上徽号"仁宪"皇太后。康熙五十六年十二月初六日卒于宁寿宫，享年77岁。康熙五十七年三月，上尊谥为"孝惠仁宪端懿纯德顺天翊圣章皇后"。同年四月七日奉安孝陵之东约3里的孝东陵地宫（图10-2-1）[1]，此外原已葬在孝陵外围黄花山下的福临七妃、四福晋、十七格格等同时迁祔于方城两翼[2]。孝东陵开创清代为皇后单独建陵的先例，同时孝东陵又兼做妃园寝，这是清初后陵制度草创阶段的时代特色。

(三) 定东陵

定东陵在定陵东侧二里许（图10-2-1），是两座并列的皇后陵。西边普祥峪定东陵葬咸丰帝孝贞显皇后钮祜禄氏（三等承恩公穆扬阿女，生于道光十七年即1837年七月十二日。咸丰二年二月封贞嫔，五月晋贞贵妃，十月册立为皇后），东边菩陀峪定东陵葬孝钦显皇后叶赫纳拉氏（安徽徽宁池广太道道员惠征之女，生于道光十五年即1835年十月初十日。咸丰元年入宫封为贵人，咸丰四年七月晋懿嫔，咸丰元年十二月晋懿妃、翌年十二月晋懿贵妃。穆宗载淳生母）。咸丰十一年（1861）七月咸丰帝崩，穆宗即位，钮祜禄氏被尊为慈安皇太后，叶赫那拉氏被尊为慈禧皇太后（宣统即位，尊为太皇太后）。随后慈禧太后与恭亲王奕䜣合谋发动"辛酉北京政变"，慈安、慈禧二太后遂在同治、光绪两朝一同垂帘听政。"政变"之后，于同治元年开始勘选陵址，同治五年勘定穴位[3]，同治十二年（1873）三月十九日穆宗改平顶山为普祥峪，改普陀山为普陀峪，并打桩立记，准备建陵。同治十二年八月二十日午时二陵同时破土兴工，光绪五年（1879）六月二十二日

---

[1] A. 孝东陵始建年代不详。《清圣祖实录》卷一百六十一记载：康熙三十二年（1693）十一月己巳，玄烨曾"奉皇太后阅视孝陵东旁宝城，可见至少此时孝东陵已在营造过程之中"。
B. 中国建筑艺术全集编辑委员会：《中国建筑艺术全集·清代陵墓建筑》，中国建筑工业出版社2003年版，第30页。记载：翌年二月甲子礼部等题奏："古代帝后有不合葬而自为陵者，俱就方位定名。今考惠章皇后陵即在孝陵之东，不必另立陵名，臣等恭拟孝东陵字样，仰候钦定。"经玄烨钦准，这一荐名方式，也成为清代后陵名号制度的彝宪。

[2] 祔葬诸妃情况，参见晏子有：《清东西陵》，中国青年出版社2000年版，第312—314页。第314页说："格格，在满语中是'小姐、女儿'之意，清初，后宫制度未得完备，孝东陵内所葬的'福晋、格格'，均是皇帝身边等级较低的妾。"

[3] 同治五年，命周祖培等度地势，相定穴基，勘察后写说帖二份。晏子有：《清东西陵》，中国青年出版社2000年版，第123页。引说帖记述：两处吉穴、皆为定陵一脉。迤东"普陀山山势尊严"，来龙由昌瑞山至凤台山过峡。"金星圆顶开面落脉，结咽束气，顿挫而下，结成突穴"，"左右护砂环绕，界水分明，立壬山丙向兼子平分金"，"前西平安岭为玉几案，案外金水大山为芙蓉帐"。为上吉之地。普陀山以西的平顶山，山势秀丽，由普陀山分支，结成窝穴，左右护砂回环，界水分明，立壬山丙向兼子午分金，前面平安岭为天财案，案外金水大山为芙蓉帐，堪称"上吉之地"。同治六年再次派员覆勘，再次绘图说帖，"恭呈御览"。

同时竣工（普祥峪定东陵用银二百六十六万五千余两，普陀峪定东陵用银二百二十七万多两）。光绪七年（1881）三月初十日慈安皇太后暴崩于宫中（享年45岁），同年九月十七日卯时奉安于普祥峪定东陵地宫。光绪二十一年（1895），慈禧以年久失修为借口，将菩陀峪定东陵方城、明楼、宝城、享殿、配殿、燎炉等拆除重建，隆恩门、朝房、神道碑亭、神厨库等进行揭瓦，地宫各券及台石五供等亦要维修。此次拆建维修，从光绪二十一年十一月二十四日破土，光绪绪二十二年（1896）二月二十五日正式兴工，到光绪三十四年（1908）十月才基本完成（重修仅贴金一项就耗黄金四千五百九十余两）。光绪三十四年十月二十二日（光绪帝崩后第二天），慈禧崩于西苑仪鸾殿（终年74岁），宣统元年（1909）十月初四日奉安菩陀峪定东陵地宫。菩陀峪定东陵，至慈禧奉安前不久才最后完工。

四　陵区妃园寝的方位、入葬者和营建简况

（一）景陵妃园寝

景陵妃园寝是清东陵营建最早的一座妃园寝，位于景陵之东约半里处（图10-2-1）。始建于康熙二十年（1681），初称妃衙门，雍正五年（1727）改称妃园寝。葬有温僖贵妃钮祜禄氏及其他妃嫔四十八人，此外还葬有一位阿哥。

（二）景陵皇贵妃园寝

乾隆帝即位后，为报答祖母辈的康熙皇帝的悫惠、惇怡两位皇贵妃的抚育之恩[1]，特在景陵妃园寝之东旁建园寝，称景陵皇贵妃园寝或太妃园寝，俗称双妃陵（图10-2-1）[2]。

---

[1] A. 悫惠皇贵妃：佟氏，后称佟佳氏，领侍卫内大臣、承恩公佟国维之女，孝懿仁皇后之妹。康熙三十九年（1700）立为贵妃，雍正二年（1724）尊为皇考皇贵妃，乾隆元年（1736）十一月晋为皇祖寿祺皇太贵妃。乾隆八年（1743）四月初一日卒，享年76岁，五月谥为皇祖悫惠皇贵妃，十二月十一日奉安于东侧宝顶下。
B. 惇怡皇贵妃：瓜尔佳氏，三品协领祜满之女。康熙三十九年十二月立为和嫔，五十七年（1718）十二月晋为和妃，雍正二年六日尊为皇考贵妃，乾隆元年（1736）十一月尊为温惠皇贵太妃。乾隆三十三年（1768）三月十四日卒于宁寿宫，享年86岁；五月谥为皇祖惇怡皇贵妃，葬西侧宝顶下。
C. （清）萧奭《永宪录》卷二上（中华书局1959年版）：乾隆元年弘历降谕："朕自幼令蒙皇祖抚育宫中，命太妃，皇贵妃提携看视，朕心感不忘，意欲两太妃千秋后另建园寝。可于景陵哨（稍）后择地营造，规制稍卑抑，以昭敬礼。"此后，乾隆二年五月二十日又下上谕，再次回顾二妃看顾之恩，并就园寝规制再作指示。
[2] 淳郡王弘景、工部右侍郎柏修带领钦天监副李廷耀等，到景陵附近相度，认为景陵附近稍后之处，"通体系属禁垣，龙蟠虎踞之间"不适于建造园寝。发现景陵妃园寝之东、姚家坡以西七棵树地方有一块吉壤。该处形势"龙分天皇之秀，穴应中数之尊。台星北峙，天马南骧。罗城重环，坤峰特峙。开千秋之寿域，结并美之佳城。天献真龙，人符瑞脉。亥龙右旋，丙水左转，做子山午向，庚子庚午分金，金羊癸甲为体，丙火衰去为用。敬安两位甚属合宜"，高宗阅奏折后，同意在此建造园寝。见中国第一历史档案馆藏《朱批奏折》。

该园寝始建于乾隆四年（1739），至迟到乾隆七年（1742）或八年（1743）已经完工。[1]

（三）裕陵妃园寝

裕陵妃园寝在裕陵之西约一里（图10-2-1），始建于乾隆十年（1745），乾隆十二年（1747）至乾隆十七年（1752）建成。乾隆二十五年（1760）因葬入纯惠皇贵妃，又进行大规模续建工程，仿景陵皇贵妃园寝规制添修了宝顶、宝城、方城明楼、月台和礓磋坡道等。又仿昭西陵将琉璃花门及两翼红墙改建在享殿两侧，享殿如景陵皇妃陵加设了月台和丹陛，殿前添建了东西庑（配殿）各五间。改建工程至乾隆二十七年（1762）才完成，历时二年半。乾隆三十七年（1772）园寝发生质量问题、高宗降旨查明原因赔修。该园寝葬入废后乌喇纳喇氏等共三十六人。道光二年（1822）十二月初八晋妃富察氏卒，其在乾隆时为贵人，符合她贵人身份的砖池地宫已经造好，但嘉庆二十五年（1820）十二月尊为皇祖晋妃，再尊为晋太妃，故又将砖池拆除，改用盘山青白石料垒砌池帮和池底（但仍差一道石门、金券和梓券）。

（四）定陵妃园寝

定陵妃园寝在定陵与定东陵之间顺水峪地方（图10-2-1），始建于咸丰九年（1859），即定陵开工之时，同治四年（1865）完工。修建时大量使用了宝华峪万年吉地旧石、砖料。内葬清文宗十五位妃嫔。

（五）惠陵妃园寝

妃园寝在惠陵之西的西双山峪，与惠陵仅有一道马槽沟相隔（图10-2-1）。该园寝于光绪元年（1875）八月与惠陵同时兴工，光绪四年（1878）九月告竣。民国二年（1913），逊帝溥仪对当时仍在世的穆宗二妃，晋为皇贵妃，惠陵妃园陵予留穴位均为砖券，故民国九年（1920）曾拟改建。但因经费问题，仅将砖券改为石券而已。园寝内葬穆宗四位皇贵妃。

五　帝陵陵园的形制布局

（一）孝陵

1. 总体形制布局

见图10-2-2—图10-2-4；参见《建艺·清陵》，彩版五三、五四。光绪朝《大清会典事例》对孝陵的形制布局自北向南有如下的概括记载：宝顶环以宝城。月牙城正中琉璃影壁一座。前为方城，崇墉雉堞；上为明楼，重檐覆黄琉璃；内碑一，仰覆莲座，饰金

---

[1] 晏子有：《清东陵》，中国青年出版社2000年版，第129页。又该书第60页说始建于乾隆八年。乾隆八年底佟佳氏已入葬，故此说误。此外，《明清皇家陵寝》，第69页说：景陵皇贵妃园寝，其兴工、竣工日期待考。

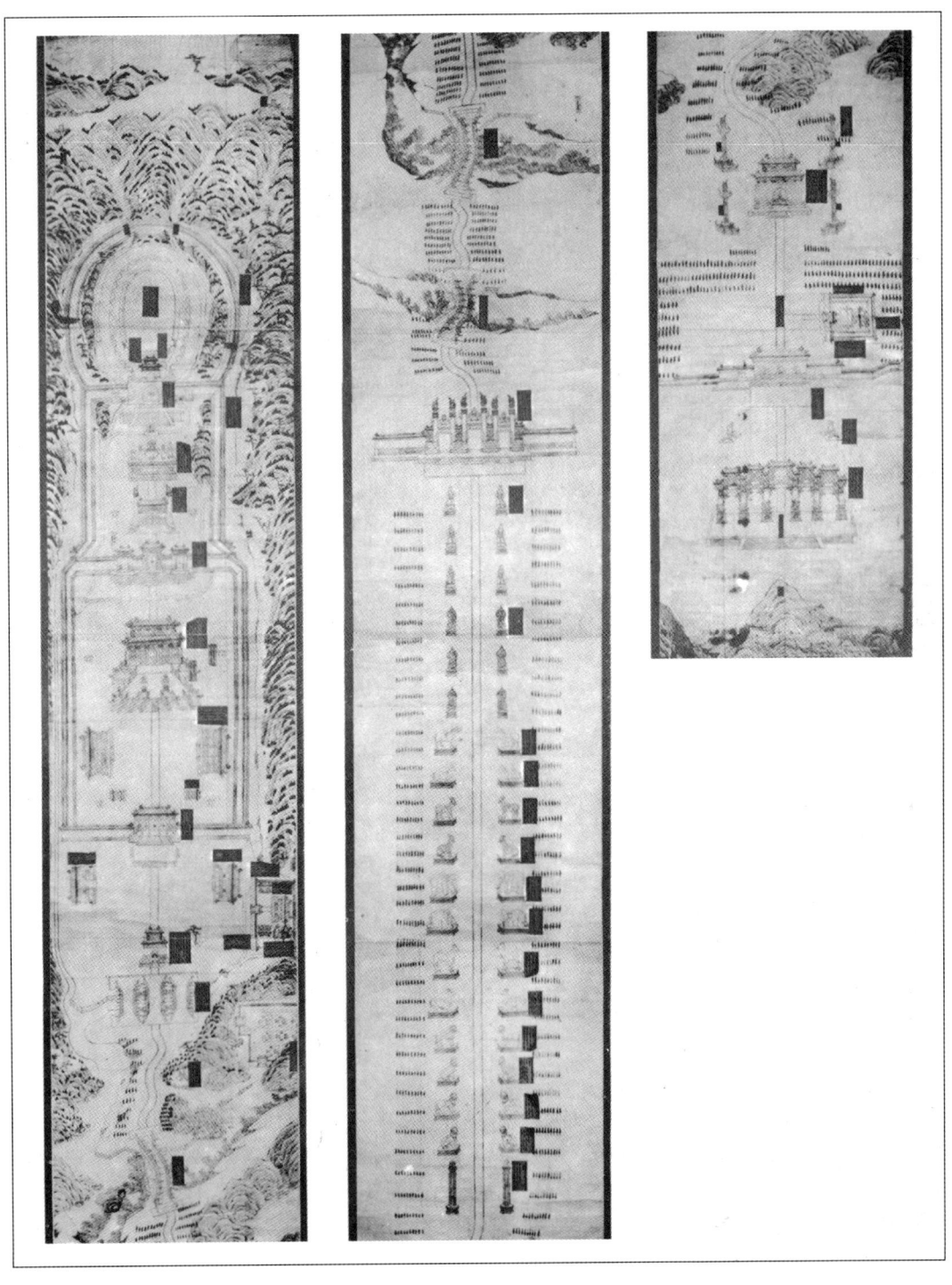

图 10-2-2　河北省遵化市清孝陵画样全图

（采自《清代帝王陵寝》）

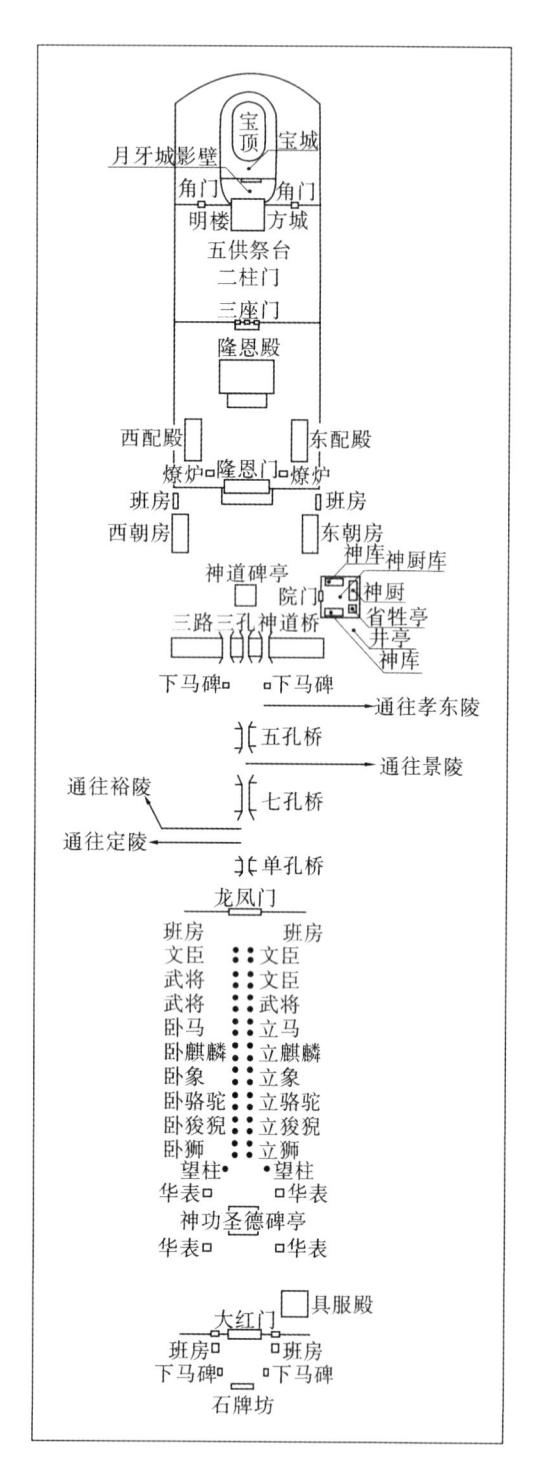

560　宋代至清代帝陵形制布局研究

图 10-2-3　河北省遵化市清孝陵
陵园平面示意图

（采自宁大川、夏连保：《清代园寝制度研究》上）

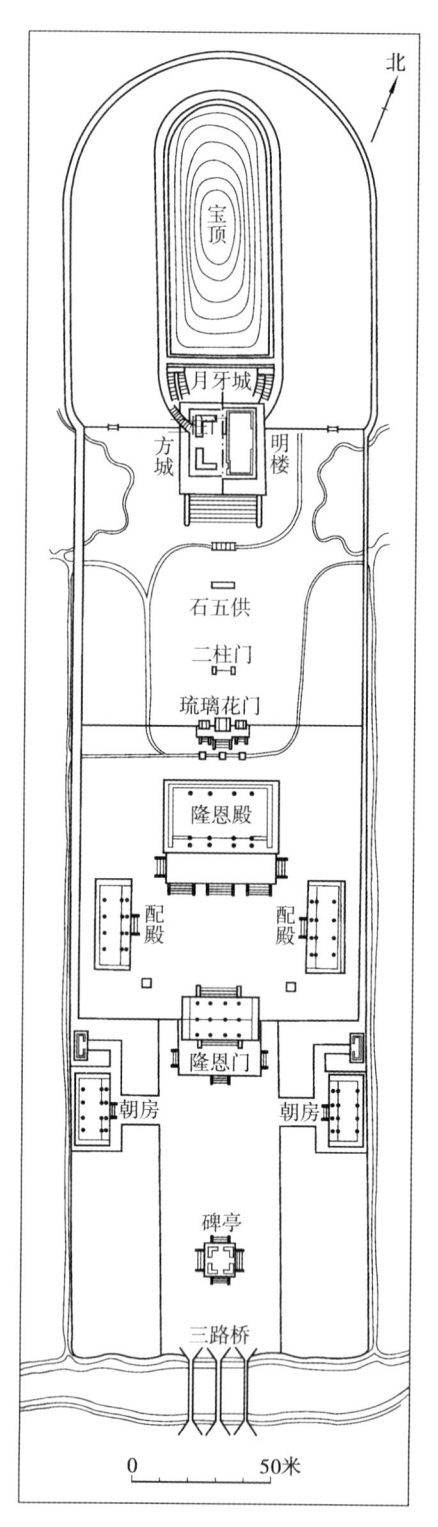

图 10-2-4　河北省遵化市清孝陵
陵园平面图

（采自《中国古代建筑史》第五卷）

字，绘五彩；下为瓮券门；门外月台。前为月牙河，中设石平桥。桥南设白石祭台，上陈石五供。其前为二柱门，石柱二，门楣阈（门坎）饰五彩，扉朱棂。又前琉璃花门三，金钉朱扉。门外玉带河一道，中建石平桥三。前为隆恩殿五间，重檐脊四下，均覆黄琉璃；内设暖阁三；外设月台，左右列铜鼎、铜鹤、铜鹿各一；崇阶石栏，凡五出陛。东、西庑各五间；燎炉各一。前中为隆恩门五间。东、西班房二，两厢各五间。东厢后设神厨五间；神库南、北各三间；宰牲亭一座，重檐气楼。南正中建神道碑亭一座，内碑一，龙趺。迤东石平桥二座，前设盘龙松架。其亭前正中建三洞石桥一，又前五洞石桥一，又前七洞石桥一，一洞石桥一。东西有下马石牌二。南中为龙凤门三，门两旁翊桓均饰以琉璃，扉朱棂。门外左右设班房各三间；前列石象生，朝衣冠介胄，文、武臣像各三对，卧、立麒麟、狮、象、马、驼、獬豸各一对，凡十有二对；望柱二。其正中建神功圣德碑亭一座，重檐，内碑一，龙趺；擎天柱前后各二，四周石栏。碑亭前设东、西班房各三间。南左有具服殿三间。前中为大红门，门前左右设班房各三间。东西对立下马石牌二。又前正中石坊一[1]。

2. 各部位的形制布局和结构

从朝山金星山经案山影壁山至昌瑞山间的距离逾8公里，其间的连线即孝陵的风水主轴线（图10-2-1，图10-2-2）。孝陵的主要建筑均配置于这条主轴在线，从石牌坊至宝城北缘长约6公里[2]。其中石牌坊到隆恩门（陵门）长约5650米为神道，陵宫长约216.7米，后面的宝城南北约134米[3]。下面分别介绍各部位的形制布局和结构。

（1）神道

见图10-2-1—图10-2-3。

神道因势随形，多有曲折。其间西绕影壁山段弧曲，龙凤门（棂星门）一孔桥间略曲，七孔桥和五孔桥处有小曲折，此后基本呈直线。神道宽约12米[4]，神道中间铺中心石，两侧砌牙石，中心石与牙石间铺砌青砖，牙石外青砖砌散水。神道铺墁的青砖多为两层，个别部位三层。下面分路段介绍神道的情况。

从石牌坊到影壁山

从石牌坊到影壁山长约1500米[5]。神道南起金星山下的石牌坊（图10-2-1、10-

---

[1] 中国建筑艺术全集编辑委员会编：《中国建筑艺术全集·清代陵墓建筑》，中国建筑工业出版社2003年版，第22、23页。

[2] 见《明清皇家陵寝·清东陵》，第63页。

[3] 5650米，216.7米，134米，系以孝陵建筑总长6公里，结合图之比例换算而来。晏子有《清东西陵》（中国青年出版社2000年版）第175页说：孝陵建筑由一条长达5600米的神道连贯起来，第177页说神道从大红门开始，第191页说孝陵神道从宝城南墙琉璃影壁开始，即神道在大红门与琉璃影壁之间，此说与本书不同。《中国古代建筑史·清代建筑》第260页说：从石牌坊到陵园门的主轴线长5.5公里。

[4] A. 中国第一历史档案馆编：《清代帝王陵寝》，档案出版社1982年版，第23页。
B. 孙大章主编：《中国古代建筑史》第五卷，中国建筑工业出版社2002年版，第260页。

[5] 《明清皇家陵寝》，第63页。

2-2，参见《建艺·清陵》，彩版五五、五六、五七)[1]，石牌坊五间六柱十一楼，面阔31.35米，高12.48米，全部用巨大的青白石构筑而成。石牌坊明间面阔5.05米，两次间面阔4.4米，两稍间面阔3.7米（指柱间面阔）。明间两柱夹柱石四周浮雕云龙戏珠图案，夹柱石柱顶部南北各圆雕卧麒麟一只（共四只）。两次间夹柱石四周均浮雕一草龙[2]，两稍间夹柱石四周各浮雕双狮戏球图案，次间和稍间夹柱石顶部南北各圆雕卧狮（共八只）。牌坊上部仿木结构，梁枋雕刻旋子彩画；摺柱、花板上浮雕祥云；斗拱、椽飞、瓦垄、吻兽、云墩、雀替均石料雕制，做工精巧。牌坊下的地面铺条石，其外砖铺海墁，包缘镶牙石[3]。石牌坊之北，东西对峙下马石牌一座[4]。

石牌坊北二百四十米至大红门（图10-2-2、10-2-3，参见《建艺·清陵》，彩版五八)[5]，大红门面阔37.99米，进深11.15米，黄琉璃单檐庑殿顶。三座拱券门洞，中间门洞宽5.51米，高5.94米，两侧门洞均宽5.08米。高5.7米。门洞内地面有石门坎、门砧石，中间前后各置海水江崖丹陛石一块。此外，大红门两侧各建角门一座，宽2.88

---

[1] 王其亨《清代陵寝风水：陵寝建筑设计原理及艺术成就钩沉》，载《风水理论研究》第2版，天津大学出版2005年版。文中说：自石牌坊循陵寝中轴线南延1500米至金星山。

[2] A.《明清皇家陵寝》，第64页称草龙。
B. 晏子有《清东西陵》（中国青年出版社2000年版）第176页说：是龙首牛鼻凤尾异兽，衬以蔓草图案，此异兽或称"摩羯龙"。

[3] 中国建筑艺术全集编辑委员会编：《中国建筑艺术全集·清代陵墓建筑》，中国建筑工业出版社2003年版，第23页。说：石牌坊"除宽、高稍增，从底部噙口石、夹杆石，直到顶部勾头坐中的庑殿顶即所谓枋子瓦片，都惟妙惟肖地仿自（明）长陵"。

同书图版说明，第22页记述石牌坊下部构造和雕饰说："石牌坊通体用细润的白色石料建造，自稍间到明间逐间加宽增高。东西并列的六根抹角方柱下部，前后各护以夹杆石，左右凸出厢杆，组成方形断面的柱墩，墩底用两大块凹字形平面的噙口石围合。同时，噙口石四边镌饰莲瓣，柱墩四面分别浮雕双狮绣球或翔龙瑞云等吉祥图案，墩顶仰覆莲座上各圆雕卧狮或麒麟等靠山兽。"

同书图版说明，第23页记述石牌坊上部构造和雕饰说："牌坊各柱墩往上，柱内侧凸出梓框和云墩，柱间联络雕出雀替的小额枋和摺柱、绦环板、模贯柱头的大额枋上对置雷公柱，夹设花板，束以额枋和平板枋，枋上覆单翘重昂斗拱承挑的庑殿顶共五座，统称正楼。各柱头上还以单翘单昂斗拱托出带博风板的小庑殿顶共六座，两端叫边楼，中间四座称小楼。柱间及额枋雕饰一字枋心的旋花彩画图案。各屋脊安设石雕吻兽。瓦垄均以筒瓦坐中，袭自明代官式瓦作制度，不同于雍正朝以后板瓦滴水居中的做法。"

[4] 晏子有：《清东西陵》，中国青年出版社2000年版，第176、177页。说：下马牌石青白石雕成，基座正方形，宽2.5米，高0.5米。牌身长方形，宽1.05米，厚0.26米，高4.1米。下部有四块抱鼓石捧戗，牌身刻满、蒙、汉三种文字，汉文为：官员人等至此下马；满蒙文字意义相同。各陵下马牌均与此相同。

[5] 中国建筑艺术全集编辑委员会编：《中国建筑艺术全集·清代陵墓建筑》，中国建筑工业出版社2003年版，第14页。

米，进深2.89米，高3.77米[1]。从大红门开始，两侧砌筑风水墙，东侧风水墙过东便门后于近新东口南边北折与长城相接；西风水墙过西便门后向西北达黄花山南麓止，风水墙全长四十余里（图10-2-1）[2]。大红门内神道东侧置具服殿一座（图10-2-2类似明代长陵的拂尘殿，即时涉殿，供谒陵皇帝休憩），殿三间，单檐歇山琉璃瓦顶，殿后有硬山如意房（即厕所、又称净房），周匝红墙（面阔21.7米，东西向进深35.2米），西墙中央面向神道开门，门单檐歇山黄琉璃瓦顶，朱红大门，门两侧有角门一座[3]。大红门前，下马石牌北各有班房一座，均三间，布瓦卷棚顶[4]。

神功圣德碑亭（亦称大碑楼，图10-2-2、10-2-3，参见《建艺·清陵》，彩版五九、六〇）在大红门北500余米，亭重檐歇山顶覆黄琉璃瓦，鸱吻两面各安铜镀金见广识大，如意拉扯，檐头安铜帽钉。上檐四面各显三间，下檐四面各显五间。亭身平面方形，红墙，下设石须弥座（边长28.76米，高1.1米），四面辟拱门，亭内顶部井口天花，绘莲花水草。拱门地面铺青白石，亭内地面铺金砖。台明铺青石，其外四周铺砖，并各砖砌一道斜礓磋。碑亭全高九丈九尺九寸（30余米）[5]，亭内居中置巨大的龙首龟趺碑。碑趺长5.15米，宽2.4米，高2.03米；碑身高6.7米，宽2.18米，厚0.73米。碑趺土衬石水盘四角各刻水涡，内有鱼、鳖、虾、蟹四水族。碑身磨光，龙首碑额篆刻"大清孝陵神功圣德碑"，碑身阳面以满汉文字刻清圣祖玄烨亲撰的碑文[6]。距碑亭四角约80米各

---

[1] 晏子有：《清东西陵》，中国青年出版社2000年版，第35、36页。说：帝后梓宫和妃嫔金棺入葬，都须经过大红门西侧角门进入陵区。因梓宫和金棺宽大，故须将角门拆大，然后再进行补砌。

[2] A. 晏子有：《清东西陵》，中国青年出版社2000年版，第177、178页。说：1928年大红门被北洋军阀拆毁，顶部无存，1979年复原。大红门东西两侧风水墙，目前各残存百余米。
B. 中国建筑艺术全集编辑委员会编：《中国建筑艺术全集·清代陵墓建筑》，中国建筑工业出版社2003年版。图版说明，第23页孝陵大红门及过白记述：大红门为孝陵和东陵门户，厚硕的红墙纵贯三道拱门，上肩彩绘石雕枭混托出雄大的单檐黄琉璃庑殿顶，两翼逶迤风水红墙。从大红门南向北望，大红门端庄持重的百尺近形中，三道拱门形成简洁有力的"过白"景框，主从有序，洗炼明快地透现出门北千尺以外神功圣德碑亭及四隅华表的远景画面，产生了引人入胜的空间艺术效果。

[3] 晏子有：《清东西陵》，中国青年出版社2000年版，第178页。说：具服殿于1928年前被人拆除，只存部分残余。1993年在原地基上恢复了正殿三间和净房一座，以及正面墙垣、大门和角门，但未油饰，梁枋未施彩绘。

[4] 晏子有：《清东西陵》，中国青年出版社2000年版，第177页。说：下马石牌和班房，1928年被军阀拆毁，中华人民共和国成立后恢复。

[5] A. 中国建筑艺术全集编辑委员会编：《中国建筑艺术全集·清代陵墓建筑》，中国建筑工业出版社2003年版，第24页，图版说明。
B. 晏子有：《清东西陵》，中国青年出版社2000年版，第180页。

[6] 晏子有：《清东西陵》，中国青年出版社2000年版，第179页。说：神功圣德石碑于光绪年间焚毁，重修时对碑重新刻制。第180页说：碑竖立于康熙七年（1668）正月十一日。景陵以后神功圣德碑亭改称圣德神功碑亭，取"祖有功而宗有德"之意。

立一华表（擎天柱），华表"高二丈五尺，径四尺二寸；座高五尺二寸，径八尺七寸。四周石栏，各高五尺五寸，各面广一丈四尺七寸"[1]。表柱底部设八边形仰覆莲须弥座，枋子和束腰镌刻行龙。八棱形表柱地纹刻祥云和海水江崖，主纹雕升腾的蟠龙。表柱上部贯华美的云版，顶端圆形仰覆莲须弥座上圆雕蹲龙，昂首向天。表柱周匝雕栏，狮子头望柱，透瓶栏板的盒子雕饰云龙[2]。

神道石象生和龙凤门（图10-2-2、10-2-3，参见《建艺·清陵》，彩版六一、六二）。

神功圣德碑亭以北，神道向西弧曲绕过影壁山后，神道展直并缓缓升起，在长约800米（一说望柱至龙凤门长近870米）的神道两侧置望柱二[3]和一组石象生（清代陵寝中规模最大，最具特色者），即次第置卧立狮、獬豸（或称狻猊）、驼、象、麒麟、马各一对，武将文臣各三对，共十二对（仿明长陵，石象生数量多于明长陵）[4]，以极强的韵律感和节奏感，构成严整有序的纵向仪仗队列。石象生北原有左右班房各一座[5]，其北置龙凤门。龙凤门由三座单间冲天式火焰石牌坊，以及连缀四堵下设石雕须弥座的琉璃照壁组成（参见《建艺·清陵》，彩版六三）。龙凤门台明宽39.69米，进深5.48米，高0.34米。琉璃照壁上覆琉璃瓦，下有斗拱、椽等构件，照壁贴琉璃，正面中心饰正团龙，背面饰荷花鸳鸯。照壁须弥座高1.25米，面阔6.15米，进深3.55米。龙凤门两侧四棱方柱有梓框，上架小额枋、绦板和大额枋，中门大额枋上正中置火焰宝珠（故又称"火焰牌楼"）。石柱上饰云版，顶部各置一蹲龙。龙凤门牌坊轻灵通透，照壁金碧流溢，立面舒展，对比鲜明，节奏生动。从南向北望，昌瑞山陵宫建筑群的远景画面，引人入胜地切入牌坊"过白"的景框之中（参见《建艺·清陵》，彩版六三）。从而强化了作为谒陵引异

---

[1] 见《钦定大清会典事例》卷九百四十三。
[2] 晏子有：《清东西陵》，中国青年出版社2000年版，第180页。说：华表周围栏板和栏柱及华表柱身，共雕刻各种姿态的龙97条。
[3] 晏子有：《清东西陵》，中国青年出版社2000年版，第180、181页。记述：望柱通高7.17米，柱身六棱形，每面宽0.65米，周身浮雕祥云。
[4] 石兽下均有须弥座，分上下两块。卧狮身长1.85米，高1.65米。立狮身长1.85米，高1.65米。卧狻猊身长1.9米，高1.62米。立狻猊身长2米，高1.75米。卧驼身长2.8米，高1.7米，立驼身长2.9米，高2.2米。卧象身长3.4米，高1.9米，立象身长3.4米，高2.65米。卧麒麟身长1.85米，高1.5米，立麒麟身长2.1米，高1.75米。卧马身长2.8米，高1.35米，立马身长2.75米，高1.85米。武将三对，规制相同，身披甲胄、甲饰四团正龙补服，前后胸、左右肩各一团（亲王才准使用），头顶战盔，左挎刀，身高2.6米。文臣三对、规制相同，头戴貂帽，脑后垂发辫，身佩香囊，前后胸方补子上有仙鹤一只，颈挂朝珠一百零八颗，双手捻朝珠，左挎刀，文职正一品装束，身高2.6米。石象生雕刻手法有明代遗风，线条粗犷，重写意和神似，不刻意追求形似。
[5] 晏子有：《清东西陵》，中国青年出版社2000年版，第182页。说：石象生北原有班房二座，与大红门前的规制相同。早年被毁，现复建西侧班房。班房豆渣石台基，布瓦卷棚顶。面阔9.45米，进深3.1米，建筑面积42.57平方米。

序列终端标志的龙凤门与陵寝主体的有机联系。

从一孔桥到五孔桥（图10-2-2、10-2-3）。

龙凤门北置一孔桥[1]，其北置七孔桥。七孔桥属等及最高的一种，清东陵仅孝陵有一座。该桥青白石桥面十三路，长111.6米，宽9.1米，两侧石望柱124根、石栏板122块[2]，抱鼓石4块。七孔拱券，中间拱券高3米，跨度5.25米，两侧各拱券依次缩小，桥墩豆渣石砌成。再北置五孔桥[3]，五孔桥之北东西两侧砂山上置石下马牌各一座（结构和文字，与大红门南的下马牌相同）。

五孔桥北至隆恩门之前（图10-2-2、10-2-3）。

五孔桥北至隆恩门之前长近650米[4]，五孔桥后置神道桥，桥三路三孔，中路宽3.13米，长24.2米，东西两路桥略窄[5]。桥北置孝陵神道碑亭（图10-2-2—图10-2-5，参

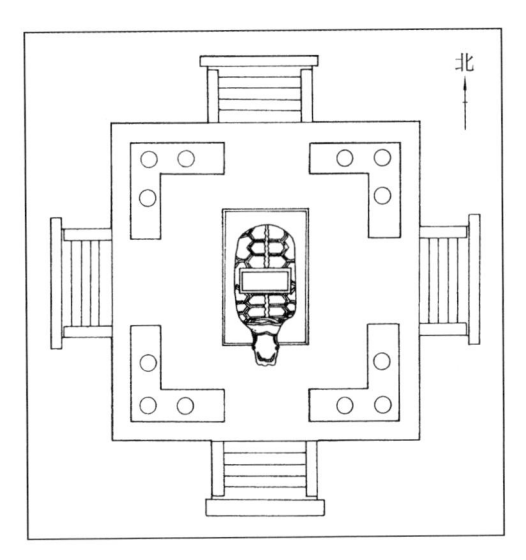

图10-2-5　河北省遵化市清孝陵神道碑亭平面示意图
（采自《清东西陵》）

---

[1] 晏子有：《清东西陵》，中国青年出版社2000年版，第182页。记述：一孔桥桥面为汉白玉石十一路，下为半圆形拱券。桥早年损坏，20世纪90年代初修复，修复后桥面每侧望柱十二根、栏板十一块，抱鼓石二块；桥宽9.78米，长16.8米，拱跨度4.3米，桥洞矢高2.3米。

[2] A. 晏子有：《清东西陵》，中国青年出版社2000年版，第182页。说：七孔桥又名五音桥，因其栏板敲击时可按宫、商、角、徵、羽顺序发出声音，故名。又说：七孔桥每侧望柱六十二根、栏板六十一块。

B.《明清皇家陵寝》，第65页说：七孔桥两侧安设栏板126块，石望柱128根。

[3] 晏子有：《清东西陵》，中国青年出版社2000年版，第182页。记述：五孔桥每侧望柱六十二根，栏板六十一块，桥面石十一路，其结构和质料，与前二座桥相同。

[4]《明清皇家陵寝》记述五孔桥至宝顶长约1公里。据图10-2-6之比例，减去隆恩门至宝顶之长度，约剩650米。

[5] 晏子有：《清东西陵》，中国青年出版社2000年版，第183页。说：中华人民共和国成立前神道桥石栏、望柱已毁，1991年重修。

见《建艺·清陵》，彩版六四），碑亭重檐歇山顶，形制与神功圣德碑亭大致相同，但规模较小。亭内居中竖龙首龟跌神道碑（与神功圣德碑形制基本相同），碑额篆刻"大清"二字，碑阳竖刻满、蒙、汉三体"世祖体天隆运英睿钦文显武大德弘功至仁纯孝章皇帝之陵"，右下角篆刻"康熙尊亲之宝"。神道碑下矩形水盘雕饰海水江崖，四角雕鱼、鳖、虾、蟹四水族（参见《建艺·清陵》，彩版六五）。孝陵神道碑亭的设置及其形制成为尔后帝、后陵神道碑亭之先范[1]。

神道碑亭四周为青砖铺砌的广场，地势北高南低。碑亭东侧建神厨库一座（图10-2-3）[2]，碑亭北广场东西建朝房各一座（图10-2-3、10-2-4）[3]，朝房北建班房，东西各一座[4]，碑亭北对隆恩门，至此神道结束。

（2）陵宫

见图10-2-3、10-2-4。

陵宫前院

陵宫前后两进院落，前院以隆恩门为入口。隆恩门面阔五间，进深两间，单檐歇山顶，三门。中门面阔2.68米，两侧门面阔2.31米。台基面阔22.5米，进深11.6米。月台面阔23.73米，进深11.45米，高0.64米。隆恩门内无天花板，仅安天花支条。中门上槛匾额书满蒙汉三体"隆恩门"字样[5]。从隆恩门分心石北望，明间后檐柱、雀替、额枋和台明形成轮廓优雅的"过白"景框，隆恩殿映衬其中，景象完美（参见《建艺·清

---

[1] 明陵无神道碑亭。孝陵神道碑亭在神道桥北与以后各陵位置不同。晏子有：《清东西陵》，中国青年出版社2000年版，第185页。说：神道碑亭，于1992年进行修缮。

[2] 晏子有：《清东西陵》，中国青年出版社2000年版，第185、186页。说：孝陵仿明昭陵将神厨、库、省牲亭集中建于一院内，改变了关外三陵分建形式。神厨库方形院落，面阔45.4米，进深10.65米，将神厨、神库、省牲亭集中在一个院落内。神厨坐东朝西、面阔五间，南北对建神库二座，各为五间。神厨单檐硬山顶，内有灶台、大锅三口。东南角建省牲亭，重檐歇山顶，面阔、进深均三间，东侧有灶台，西侧地面置铜海一口（供制作祭品宰杀牛羊时褪毛之用）。神库单檐歇山顶，黄琉璃瓦。1966年将东神厨和南神库柱础以上部分拆除，北神库和省牲亭破损严重，1992年起对北库和省牲亭进行了修复。省牲亭即宰牲亭。

[3] 晏子有：《清东西陵》，中国青年出版社2000年版，第186页。说：朝房面阔五间、进深三间，有前廊，单檐硬山顶，覆黄琉璃瓦。东朝房是茶膳房，供祭祀时烧制奶茶用；西朝房是饽饽房，祭祀时用来制作各种面食。1991—1992年，东西朝房落架大修。

[4] 晏子有：《清东西陵》，中国青年出版社2000年版，第186页。说：东西班房，三间，布瓦卷棚，原只存遗址，与朝房同时修复。

[5] 晏子有：《清东西陵》，中国青年出版社2000年版，第187页。记述：隆恩门梁架单步架、双步架、三步架代桃尖梁，四角各有一抹角梁，承托角科由昂后尾。斗拱外部为三踩蚂蚱头，以木雕如意云头代替斗拱中的"升"。平身科明间六攒，次间四攒，稍间二攒，山面每间四攒。有平身科五十二攒，柱头科十攒，角科四攒。前檐柱、檐柱、中柱、角柱各四根，山柱二根。檐柱柱身上部安雀替，承托额枋。梁枋施金钱大点金旋子彩画。隆恩门残破严重，1991—1992年挑顶维修。

陵》，彩版六六）。

进隆恩门直对隆恩殿（图10-2-6，参见《建艺·清陵》，彩版六六）。隆恩殿面阔31.67米（五间），进深17.65米，重檐黄琉璃瓦歇山顶，隆恩殿正面上下檐间匾额书满蒙汉三体"隆恩殿"字样。殿内依北壁中间建三间暖阁，内设神龛，龛座东南西三面石须弥座，座面铺金砖，龛内原设宝床、衾褥、供设神牌[1]。殿内顶部井口天花，绘金莲、翠草图案；支条为蘂花燕尾图案[2]。隆恩殿台基面阔33.72米，进深18.62米。殿周围绕汉白玉石栏杆，栏板七十六块，望柱八十一根，抱鼓石十块。月台南面出三踏跺，中间踏跺九级，丹陛一块，浮雕龙凤、海水江崖、蔓草花纹图案。东西两边踏跺各一，均八级。月

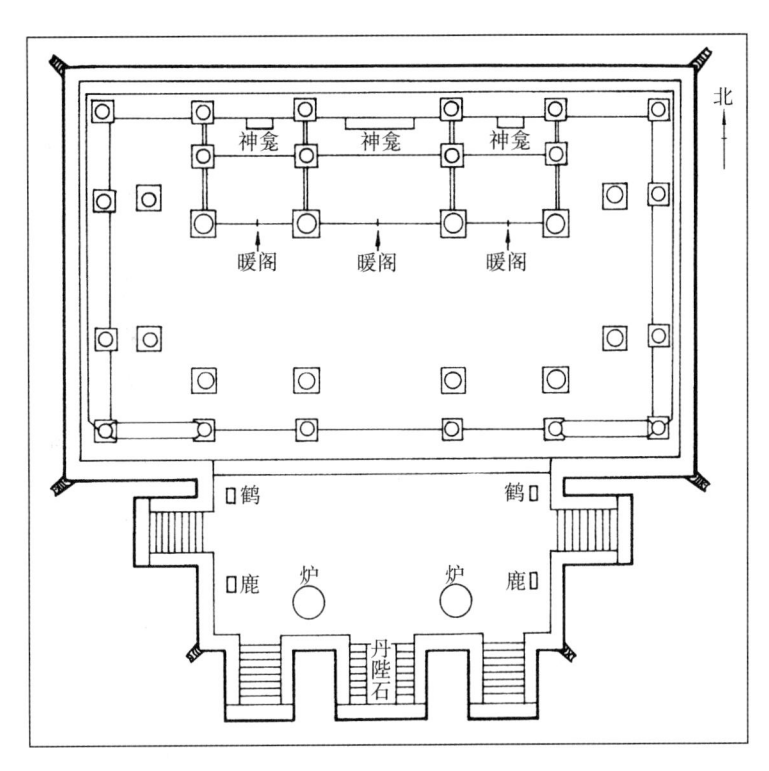

图10-2-6　河北省遵化市清孝陵隆恩殿平面示意图
（采自《清东西陵》）

---

[1] 晏子有：《清东西陵》，中国青年出版社2000年版，第188、189页。记述：东间暖阁内供奉陵图二轴，青玉、白玉碗各一件，外设楠木条桌一张，上陈金花黑漆匣内置孝陵所生蓍草三百根。清朝统治者认为陵寝生蓍草是大吉祥之事，故终清之世，蓍草一直供奉于殿内。中暖阁供奉世祖章皇帝、孝康章皇后神牌，西暖阁供奉孝献皇后神牌。

[2] 晏子有：《清东西陵》，中国青年出版社2000年版，第190页。记述：隆恩殿梁架，上檐三架梁、五架梁、七架梁、桃尖梁、桃尖随梁枋。下檐挑尖梁、穿插枋、跨空枋、十一檩、加挑檐檩共十五檩。檐部用大小额枋、优额垫板、平板枋、斗拱、桃檐椽，均为檩、板、枋一料三件。用柱共三十四根，殿内用金柱十八根（图10-2-8少二根），其中贴金柱四根，沥粉贴金蔓草西蕃莲花图案。斗拱，上檐七踩单翘双昂蚂蚱头。下檐五踩斗拱，外部双昂蚂蚱头，内部单翘菊花头、麻叶头。

台东西两侧各有八级抄手踏跺一座。月台上安设铜鼎式炉二件、铜鹿二只、铜鹤二只，取鹿鹤（六合）同春之意。

隆恩殿前左右两侧置东西配殿（参见《建艺·清陵》，彩版六七），均面阔五间、进深三间，单檐歇山顶，前有廊。配殿台基面阔27.52米，进深10.88米。东配殿存放祝版制帛，逢隆恩殿大修，也用来供奉神牌；西配殿是喇嘛念经之所。

隆恩殿前，隆恩门后，东西配殿之前侧旁各置燎炉（焚帛炉）一座，通体黄琉璃件构成（参见《建艺·清陵》，彩版六七）[1]。孝陵陵宫建筑材料，多为拆卸明嘉靖年间西苑清馥殿的木料[2]。

陵宫后院（图10-2-3、10-2-4）

隆恩殿后有玉带河建石平桥三座，其北横亘红墙，墙中部并列三座琉璃花门作为进入陵宫后院的入口，称陵寝门或三座门[3]。门内纵列二柱门和石五供，二柱门为冲天式牌坊（参见《建艺·清陵》，彩版六八），两根白石抹角方柱对峙，石柱下部有石鼓座，前后支承戗鼓石；柱顶雕出须弥座和仰天蹲龙，柱间联贯木构额枋、摺柱和透雕的帘笼花板；平板枋上出桃十攒七踩品字花头科斗拱，两端封以博风板，承托着单檐黄琉璃悬山顶[4]。二柱门宽2.07米，上下槛间高2.49米[5]。

石五供（石几筵、石祭台），仰覆莲须弥座式白色石雕案，案上陈石五供（参见《建

---

[1] 晏子有：《清东西陵》，中国青年出版社2000年版，第187页。记述：燎炉单檐歇山顶，正面有小门。炉身四面琉璃隔扇为六角菱形花形式。前面四扇后面六扇，两山各四扇。五踩斗拱。内设生铁火池三格，顶棚、火墙板、坎框均生铁制作。圭角面阔2.98米，进深2.15米。燎炉在陵寝大祭时为烧化祝版制帛和金银锞子的地方。两燎炉1980年重修。

[2] A. 中国建筑艺术全集编辑委员会编：《中国建筑艺术全集·清代陵墓建筑》，中国建筑工业出版社2003年版。图版说明，第25、26页。说：在修缮工程中发现隆恩殿、神道碑亭等构件题记表明，孝陵的陵宫建筑，实际是顺治十八年（1661）拆卸明嘉靖朝在北京太液池西岸经营的清馥殿建筑群，运用其构材而经营起来的。

B. 晏子有：《清东西陵》，中国青年出版社2000年版，第190页。记述：孝陵建筑物所用建筑材料，是将明嘉靖年间在西苑内修造的清馥殿拆未利用的。清馥殿是明世宗用来做道场的地方，故其建筑物纹饰多采用道教题材。这一图案，由于清世祖孝陵率先使用，所以后世清帝后陵普遍使用，成为清帝后陵天花板统一的纹饰。同书第193页说：从1981年起，对隆恩殿、东西配殿、隆恩门进行全面维修。

[3] 晏子有：《清东西陵》，中国青年出版社2000年版，第190页。记述：三座门单檐歇山顶，每门前后有一座二级垂带踏跺。门南有月台，前为踏跺，中门九级，二旁门八级。中门宽3.15米，进深3.04米；二旁门各宽2.82米，进深2.41米。中门有琉璃椽飞、斗拱，上身镶中心花与岔角花。其他帝后陵有的两角门镶岔角花，或无有。

[4] 中国建筑艺术全集编辑委员会编：《中国建筑艺术全集·清代陵墓建筑》，中国建筑工业出版社2003年版，第27页，图版说明。

[5] 晏子有：《清东西陵》，中国青年出版社2000年版，第190页。

艺·清陵》，彩版六九)[1]。其北有月牙河，中设石平桥一座。

(3) 方城明楼和宝顶宝城

方城明楼

见图10-2-3、10-2-4、10-2-7。方城坐落在高大的月台之上，月台前有礓磜坡道（宽21.2米，进深9.18米）。方城平面方形，城身下部有石雕须弥座，顶部东西南三面筑雉堞（东西各六垛、南九垛和四个角垛），北面筑宇墙。城身、雉堞、宇墙澄浆砖砌筑，雉堞和宇墙下有青白石擎檐阶条。城身顶部东西两侧各有出挑的沟嘴，沟嘴与雉堞内的荷叶沟相通。城台上中央屹立方三间的明楼（参见《建艺·清陵》，彩版六九），四面红墙各辟券洞门，安槅扇门。外檐柱头、额枋、平板枋露明，出桃斗拱，承托重檐黄琉璃歇山顶。上檐南面悬挂木质斗匾，用镏金铜条竖嵌满（居中）、蒙（左）、汉（右）文"孝陵"字样。明楼内顶部井口天花，居中耸立圣号碑。碑有方形仰覆莲须弥座（上下枋刻龙戏珠图案，下枋刻杂宝），碑身涂朱砂，碑首前后雕二龙戏珠图案，正面篆额"大清"二字；碑阳镌刻满、汉、蒙文"世祖章皇帝之陵"，碑文填金（参见《建艺·清陵》，彩版七一)[2]方城下贯通门洞券，门口以石雕须弥座及券脸构成罩门券，有朱漆实榻门，门有镏金铜钉帽和兽面铺首；门洞券北口安槅扇门（无券脸石）。此外，方城两翼增设带有角门

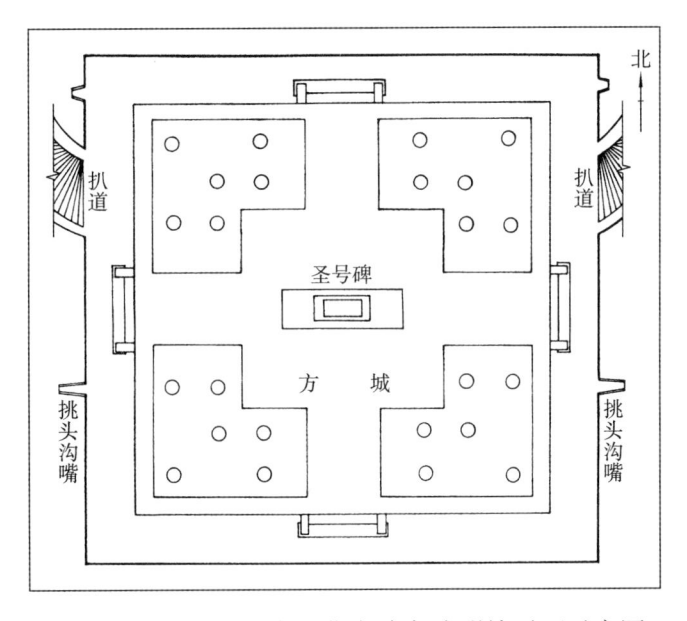

图10-2-7 河北省遵化市清孝陵明楼平面示意图
(采自《清东西陵》)

---

[1] 晏子有：《清东西陵》，中国青年出版社2000年版，第191页。记述石五供较详，可参阅。文中说石五供上枋面阔5.92米，进深1.59米，高1.3米；香炉高1.32米。烛台高0.7米，花瓶高0.68米。烛连火焰及灵芝花已无存。

[2] 晏子有：《清东西陵》，中国青年出版社2000年版，第191页。说：孝陵神功圣德碑亭、神道碑亭和明楼内的碑上，均用"康熙尊亲之宝"方篆章一枚。

的卡子墙，衔接陵宫后院两侧的进深红墙[1]。

出方城门洞券北口至哑吧院（又称月牙城，参见《建艺·清陵》，彩版七〇），哑吧院位于方城与宝顶之间。宝顶前面对门洞券北口砌两端与宝城相接的砖墙，居中砌琉璃影壁[2]。哑吧院内东西地面各有一青白石沟漏，院东西两侧在方城两翼并贴附宝城内壁筑两折而上明楼的礓磜蹬道，蹬道外侧筑宇墙。哑吧院平面呈矩形（与明代月牙形不同）[3]。

宝顶、宝城和罗圈墙

见图10-2-2—图10-2-4。月牙城影壁墙后即宝顶，地宫券顶上夯三合土，形成北高南低，南北狭长的长椭圆形宝顶。宝顶外环护宝城，平面亦呈南北长椭圆形，南端接方城。宝城与月牙城同高，澄浆城砖砌筑[4]。宝城下部向外展出石台基，称泊岸。宝城顶部内侧砌黄琉璃瓦顶宇墙，宇墙南部分设东西石栅栏门（栅栏门各两扇，以青白石雕镂而成），以登宝顶。外侧宇墙砌雉堞（垛口）一百零九个，雉堞与宇墙间为宽2.62米的马道（平墁城砖），马道两侧宇墙下铺设排水明沟（荷叶沟），通向悬出宝城外的石雕挑头沟嘴[5]。宝城之外有罗圈墙包围宝城，罗圈城后部弧圆，两侧壁较直，南与陵宫东西墙相接，墙外用豆渣石砌更道（兵丁巡逻之道）。罗圈城是清代帝陵的重要特点之一。

（二）景陵、裕陵、定陵和惠陵

孝陵是清代帝陵中规模最大，体制最完备者，其陵园的形制奠定了尔后清代诸帝陵陵园的规制。但是，孝陵以后各帝陵，因时代和地形地势之差异，以及各个皇帝不同意向的作用，陵园形制布局和结构也有一些变化，下面重点介绍其变化部分。

1. 景陵

见图10-2-8、10-2-9；参见《建艺·清陵》，彩版八〇。景陵在孝陵之东约5里，

---

[1] 晏子有：《清东西陵》，中国青年出版社2000年版，第193页。说：陵宫共有三道横墙，一是隆恩门左右，二是陵寝门左右，三是方城左右。墙上身以城砖糙砌，抹红泥，下肩干摆。磨砖冰盘檐，墙帽覆六样黄色琉璃瓦，墙角安设吻兽。

[2] 晏子有：《清东西陵》，中国青年出版社2000年版，第191页。说：琉璃影壁上身城砖灰砌，抹饰红泥，并嵌有中心花、岔角花，顶部正脊一道，垂脊二道，安吻兽。下肩是琉璃砖砌成的须弥座。

[3] 哑吧院呈矩形，参见后文注释。

[4] 晏子有：《清东西陵》，中国青年出版社2000年版，第192页。说：宝城基座由豆渣石垒砌，青白石压面，城身细澄浆砖干摆。

[5] A. 中国建筑艺术全集编辑委员会编：《中国建筑艺术全集·清代陵墓建筑》，中国建筑工业出版社2003年版。图版说明，第28页。说：孝陵与明陵不同的是，"顺应风水地势，孝陵的宝城沿山向即陵寝中轴线往东北偏斜约十度角，平面大幅收窄呈所谓的长圆式，月牙城也相应缩短并展直，哑吧院由明陵的月牙形平面衍成矩形"。

B. （清）光绪《钦定大清会典事例》记载：孝陵宝顶外，"环以宝城，高二丈四尺，周环六十三丈"。

其神道在七孔桥之北与孝陵神道相接，东行约300米后北折。景陵仿效北京明陵汇聚天寿山并"逊避"长陵之制，尊孝陵为祖陵，初建时裁减了陵前引导空间序列（未建神功圣德碑、华表、望柱、石象生、龙凤门等），以此突显孝陵的祖陵地位（同明十三陵），成为尔后清代帝陵逊避祖陵的先范。

图 10-2-8　河北省遵化市清景陵图
（采自《清代帝王陵寝》）

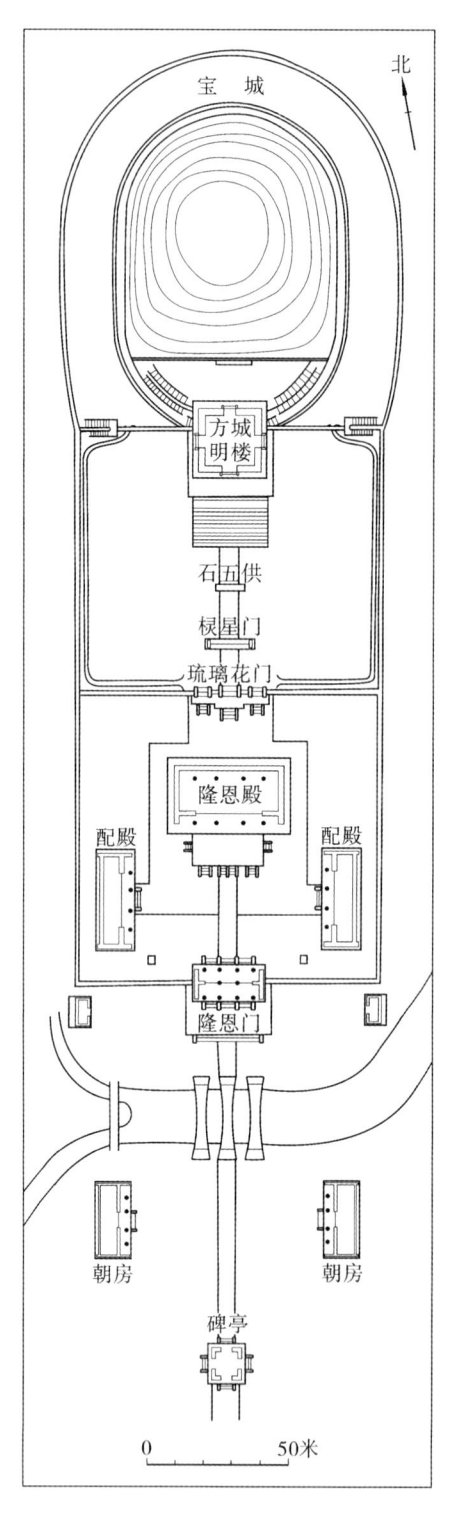

图 10-2-9 河北省遵化市清景陵陵园平面图
（采自《中国古代建筑史》第五卷）

雍正五年（1727）在五孔石桥南增建圣德神功碑亭和华表，亭内并列竖立两座巨大的龙首龟趺碑，一刻满文，一刻汉文[1]。

圣德神功碑亭北为青白石桥面的五孔桥（宽约10米，长约百米，规模与孝陵七孔桥相近），其两侧栏板望柱与孝陵基本相同（参见国家文物局《明清皇家陵寝》，彩版29）。乾隆十三年（1748）在五孔桥北蜿蜒的神道两旁，又添设望柱一对，立狮、象、马、武将、文臣五对（参见《建艺·清陵》，彩版七八、七九），其体量和数量均不及孝陵石象生，兽与石座一体雕刻，石象生的造型由孝陵写实性的雄放趋向程序化的精丽[2]。同时并将孝陵石象生北端的龙凤门改建成五间六柱冲天式牌楼门（参见《建艺·清陵》，彩版七八）[3]。此外，由于地形原因，神厨库未如孝陵建于神道碑亭之东，而是建于石象生后段之东[4]。以上雍正朝和乾隆朝增建的圣德神功碑亭、华表、望柱、石象生、牌楼门，改变了景陵营建的初衷，突破了明十三陵长陵之外各帝陵不再分设的成宪，尔后清代各陵多有仿效，遂形成明清帝陵的重要差别之一。

神道碑亭在牌楼门后神道桥前（位置与孝陵异），此种配置为以后各帝陵所仿效；神道碑亭的形制基本同孝陵。三路三孔石券神道桥在隆恩门前，桥南东西两侧置朝房，朝房南靠外侧置东西下马石牌（形制同孝陵），神道桥北隆恩门东西两侧置班房，以上配置方位与孝陵异。

---

[1] A. 晏子有：《清东西陵》，中国青年出版社2000年版，第193页。说：圣德神功碑亭，1952年7月毁于雷火，顶部无存，碑也残损。
B. 中国建筑艺术全集编辑委员会编：《中国建筑艺术全集·清代陵墓建筑》，中国建筑工业出版社2003年版。图版说明，第30页。说："在御制碑文的同时，胤禛还特地下旨强调：'圣祖仁皇帝在位六十余年，功德隆盛，文章字数甚多，一碑不能尽载，建立二碑，一刻清文，一刻汉文'。"

[2] 中国建筑艺术全集编辑委员会编：《中国建筑艺术全集·清代陵墓建筑》，中国建筑工业出版社2003年版。图版说明，第31页。说：石象生趋向程序化的精丽。"其中如大象，原来细眯的小眼改雕成凤眼，筋脉自然的大耳演变为如意卷纹，还添束了宽厚的辔带和雕满云龙图案的鞯韂，承托华美的宝瓶，寓意着康熙朝以来国家'太平有象'的盛世景象。与此同时，石雕文臣、武将的形象也变得文质彬彬，朝服宽大华丽，服饰上的细节如龙纹则由四爪改为五爪龙，十分真实地反映了清代朝服制度的演变"。

[3] A. 中国建筑艺术全集编辑委员会编：《中国建筑艺术全集·清代陵墓建筑》，中国建筑工业出版社2003年版，第24页。说：五间六柱冲天式牌楼门，"不啻为明长陵以来二柱门式样的扩展和创作：顶端雕出须弥座和仰天蹲龙的白石抹角方柱，从两根增至六根，柱高和开间自明间向两边递减；各柱前后及两根边柱外侧均支护戗鼓石，却都取消了石鼓座；各柱间的槛框上横贯木构大小额、折柱、花板及平板枋，以花头斗拱桃托黄琉璃悬山顶，除了各随开间广窄不同外，都和二柱门的相应做法略无二致"。
B. 晏子有：《清东西陵》，中国青年出版社2000年版，第194页。记述："早年景陵牌楼门东第二根石柱倒地，柱身摔成三截，导致中间和东次间门楼坠地倒坏。"1978—1979年修复了门楼。

[4] 晏子有：《清东西陵》，中国青年出版社2000年版，第194页。记述：神厨库内门楼残破，顶部无存。1966年10月，将南北神库及东神厨拆除，仅余基础。省牲亭尚存，但墙壁坍塌。

景陵陵宫建筑序列，以及隆恩殿、配殿、燎炉、琉璃花门、二柱门、石五供、方城明楼（参见《建艺·清陵》，彩版八一——八三）等，形制如孝陵，但较孝陵略有变化。如隆恩殿（参见《建艺·清陵》，彩版八一）进深较孝陵略大，琉璃花门（参见《建艺·清陵》，彩版八二）的结构也有变化[1]；宝顶和宝城"因沿前明旧制"和地形原因，由孝陵的细长椭圆形扩展为略呈宽椭圆形，哑吧院也随之变成月牙形（参见《建艺·清陵》，彩版八四）[2]。

总之，景陵陵园的形制布局和结构，在孝陵基础上又有所变化。这些变化对后世清代帝陵陵园多有较大的影响，因而景陵陵园的形制布局和结构在清代帝陵陵园中，具有承先启后的重要地位。

2. 裕陵

见图10-2-10、10-2-11。裕陵神道前端与孝陵龙凤门北神道连接，背倚昌瑞山右翼的胜水峪，遥向东南以金星山为朝山，此山向即裕陵的风水主轴线。裕陵陵园建筑规制逊避孝陵而效尊景陵，同时也多师心自用进行了一些增建和变化。

裕陵的神道"配合山川之胜势"，绕山有三处较大的曲折，配置也较景陵有所变化。圣德神功碑亭，依景、泰陵之例成造[3]，结构与孝陵和景陵基本相同（参见《建艺·清陵》，彩版九三）[4]。亭内高6.64米，内立双碑（东碑满文，西碑汉文。参见国家文物局

---

[1] 中国建筑艺术全集编辑委员会编：《中国建筑艺术全集·清代陵墓建筑》，中国建筑工业出版社2003年版。图版说明，第32页，说：琉璃花门，两座旁门"门垛下由石雕须弥座改为清水砖下肩，垛墙撤掉琉璃礤科柱、中心花和岔角等，仅抹饰红灰，檐下裁去琉璃额枋和斗拱，简化成冰盘檐。结合前后地势高差，各花门前还建有高大的月台并展出垂带踏跺，端庄华丽中又透现出雄劲刚健的气势"。

[2] 中国建筑艺术全集编辑委员会编：《中国建筑艺术全集·清代陵墓建筑》，中国建筑工业出版社2003年版。图版说明，第33页。说："景陵宝城由孝陵长圆式平面扩成圆形，围合在方城和宝城之间的哑吧院，也因为封档在宝顶南面的月牙城相应展长而由孝陵的矩形平面衍成月牙形，趋同晚期明陵规制。据《清朝文献通考》等记载，康熙初年'因沿前明旧制'规定'每岁清明于各陵上土'的上土仪，先要'取洁土储筐'于哑吧院，届时遣官素服'荷土循明楼西磴道升方城至石栏西……恭升宝顶，跪敷土于正中'；皇帝行礼略同，不过改由'东磴道道升至方城石栏东'。"

[3] 中国第一历史档案馆藏《录副奏折·礼仪陵寝》卷三记载：乾隆五十二年（1787）北京明陵修葺竣工之际，于同年三月十一日降旨，"将来圣水峪建立圣德神功碑时，即仿照新修前明长陵碑亭式样发券成造，其规模大小不得过于景陵制度"，以取代旧制安设井口天花的木结构。但仁宗仍维持祖制，决定"恭照景陵圣德神功碑楼式样建立"。

[4] 晏子有：《清东西陵》，中国青年出版社2000年版，第196页。记述："碑亭台明每面长29.9米，高1.12米，礓磜面阔5.84米，斜进深4.97米。碑亭面阔墙身圭角至圭角25.9米，墙厚为8.27米。券洞面阔5.19米，檐墙下肩须弥座高1.34米。"碑亭于清末的1908—1909年大修，以后残破。中华人民共和国成立后多次修缮。

图10-2-10　河北省遵化市清裕陵图
（采自《清代帝王陵寝》）

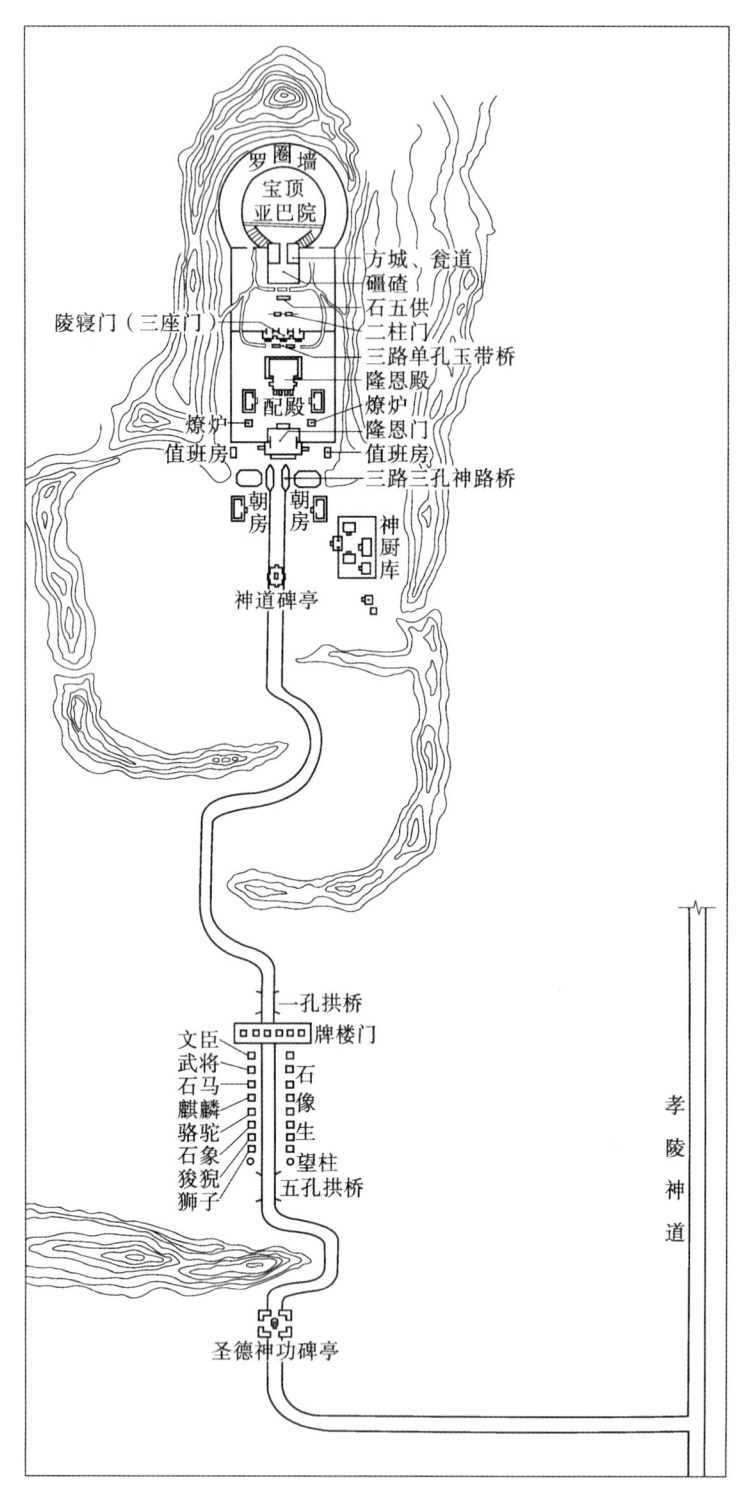

图 10-2-11　河北省遵化市清裕陵陵园平面示意图
（采自《清东西陵》）

《明清皇家陵寝》，彩版33）[1]，碑亭四隅立华表[2]。碑亭后神道东绕砂山后北折至五孔桥[3]，桥后神道展直置六方望柱一对（形制与孝陵、景陵基本相同），其后置石立狮、獬豸（有的称狻猊）、骆驼、象、麒麟、马、武将、文臣各一对，共八对（参见国家文物局《明清皇家陵寝》，彩版32，《建艺·清陵》，彩版九五）[4]。石象生后立五间六柱冲天式牌楼门（参见《建艺·清陵》，彩版九六），形制同景陵牌楼门；牌楼门后至一孔桥[5]。桥后神道分绕东、西小山，神道略呈S形，其后展直经神道碑亭至隆恩门前。此段之配置，除神厨库置于神道碑亭东侧外，余与景陵相同。神道碑亭的特点是四道拱门增设了青白石券脸，并浮雕佛花、蕃草和飘带等图案（参见《建艺·清陵》，彩版九七）。亭和龙首龟趺碑的形制与景陵及孝陵基本相同，碑上刻满（中）、汉（右）、蒙（左）三体"高宗法天降运至诚先觉体元立极敷文奋武孝慈神圣纯皇帝之陵"字样，碑右下角有方形章一枚，篆刻"嘉庆尊亲之宝"。神道碑亭东西之外林中立下马石牌，形制同孝陵。碑亭之北两侧置东西朝房[6]，东朝房和碑亭之东置神厨库[7]。东西朝房之北至三路三孔神道桥[8]，桥北陵宫墙两侧置班房（形制与孝、景陵同）。

陵宫（参见《建艺·清陵》，彩版九八）的形制布局同景陵[9]，但较景陵陵宫有变

---

[1] 仁宗御制碑文，著名书法家成亲王永瑆书写。龟趺水盘未刻四水族，碑身顶雕一层云托（天盘），碑头蟠龙（六龙）式样，碑额（圣旨堂子）刻满汉二体"大清"字样。

[2] 《明清皇家陵寝》，第65页。说："每根华表由须弥座、柱身、云版、承露盘和蹲龙组成。柱身上雕刻着一条腾云驾雾的蛟龙，屈曲盘旋，奋力升腾，寓动于静，栩栩如生。八角须弥底座和栏杆上亦雕满了精美的行龙、升龙和正龙，一组华表上所雕的龙竟达98条之多。"

[3] 晏子有：《清东西陵》，中国青年出版社2000年版，第196页。记述：五孔桥，宽9.12米，两翼宽18.13米，桥身弧长85.95米。桥洞中孔宽6.13米，矢高3.28米，次孔宽5.49米，矢高3.02米，稍孔宽4.84米，矢高2.58米。

[4] A. 晏子有：《清东西陵》，中国青年出版社2000年版，第197页。记述：望柱形式与孝陵、景陵相同，通高7.55米。石狮身长1.98米，高1.55米。狻猊身长1.96米，高1.67米。骆驼身长2.86米，高1.55米。麒麟身长2.1米，身高1.73米，马身长2.91米，高1.98米；武士身高2.56米，文臣身高2.72米。

B. 中国建筑艺术全集编辑委员会编：《中国建筑艺术全集·清代陵墓建筑》，中国建筑工业出版社2003年版。图版说明，第38页。说：裕陵石象生数量不及孝陵，却比同期补建石象生各五对的景、泰陵多出麒麟、骆驼和獬豸各一对，实际成为孝陵之外石象生最多的清代帝陵。弘历同期在裕、景和泰陵建的望柱和石象生，无论总体规模还是程式化特色浓烈的精美雕工，均堪称清代陵寝之冠。

[5] 晏子有：《清东西陵》，中国青年出版社2000年版，第197页。记述：汉白玉一孔拱桥，桥长16米，宽7.73米，矢高约1.2米，1992—93年修缮。

[6] 东西朝房的形制结构，参见晏子有：《清东西陵》，中国青年出版社2000年版，第199页。

[7] 神厨库的情况，参见晏子有《清东西陵》，中国青年出版社2000年版，第198、199页。

[8] 神道桥的情况，参见晏子有《清东西陵》，中国青年出版社2000年版，第199页。

[9] 隆恩门、东西配殿、隆恩殿、陵寝门、二柱门、石五供等情况，参见晏子有《清东西陵》，中国青年出版社2000年版，第199—202页。

化，主要表现在以下三个方面。其一，隆恩殿尺度增大，胜过清代所有帝陵，隆恩殿内暖阁东间改成佛楼，此后遂成定制[1]。其二，陵寝门前仿孝陵建玉带河，河上三座单孔石桥的透瓶雕栏和龙凤望柱之桥栏两端安设圆雕蹲龙（参见《建艺·清陵》，彩版九九），为清代帝陵中的特例。此外，玉带河两侧还各置便桥一座。其三，在方城明楼前与石五供之间，结合风水地势和院内外排水需求，仿照孝陵添建了月牙河与三座小石平桥，从而更好地烘托出方城明楼的气势。裕陵方城明楼、哑吧院、宝顶宝城（参见《建艺·清陵》，彩版一〇〇、一〇一）等均仿自景陵。

3. 定陵

图10-2-12、10-2-13。定陵在陵区最西端平安峪，南面遥对天台山。其神道与孝陵神道一孔桥之北相接，西行建五孔石平桥和涵洞[2]，神道向西北曲折，在石五孔拱桥南神道向北展直[3]。五孔石桥南未建圣德神功碑亭和华表，桥北神道两侧置望柱一对，石狮、象、马、武将、文臣各一对（参见《建艺·清陵》，彩版一一六）。其后置五间六柱冲天式牌楼门（参见《建艺·清陵》，彩版一一七），形制同景、裕二陵[4]。牌楼门后地势陡峭，故利用地势高差，横向加修两层高大的跌落泊岸（大料石泊岸十段、山石泊岸四段）和六座宽大的礓磜坡道（参见《建艺·清陵》，彩版一一八）。其北置神道碑亭（参见《建艺·清陵》，彩版一一八），形制同景、裕陵，亭内神道碑刻满（中）、蒙（左）、汉（右）三体"文宗协天翊运执中垂谟懋德振武圣孝渊恭宽仁端敏显皇帝之陵"字样，碑右下角刻有"同治尊亲之宝"篆印。神道碑亭东西较远处各有下马石牌一座（其中一座使用宝华峪吉地旧料），神道碑亭之东置神厨库。神道碑亭后置神道桥，桥后置东西朝房[5]和东西班房（与景裕陵不同，与清西陵慕陵相同）。

陵宫的布局和结构较东陵前代诸陵有所变化（参见《建艺·清陵》，彩版一一五），一是隆恩殿折中慕陵取消了隆恩殿四周的雕栏，以及台基左右两面和后部的望柱栏板，同时结合地势高差，相应加高了石雕须弥座式的台基和月台（高度同裕陵，超过关内清代其

---

[1] 中国第一历史档案馆藏《工科题本·建筑工程·陵寝坛庙》第二包记载：乾隆十年（1745）二月十七日奉上谕："隆恩殿内四角添安金柱四根；明间内照旧安设宝龛、宝床；东次间成做仙楼，下安设宝座；西次间床龛帐幔按仪制陈设。"仙楼供奉佛像，又称佛楼，仁宗昌陵率先仿效，以后则为清代帝陵定制。

[2] 五孔石平桥情况，见晏子有《清东西陵》，中国青年出版社2000年版，第203页。同页记述涵洞在新太村所辖自然村南场村之南，在神道下，仅只一孔。

[3] 晏子有：《清东西陵》，中国青年出版社2000年版，第203页。记述：五孔石拱桥，宽十一路条石，每侧有栏板二十一块，望柱二十二根，抱鼓石二块。青白石造成，桥下拱券有吸水兽（螭首，下同）。

[4] 据档案记载，定陵牌楼门的六根柱的顶端雕有须弥座和仰天蹲龙的抹角方柱，支护石柱的戗鼓石，以及其他相关石构件，都取自被旻宁废弃的宝华峪遗址。

[5] 晏子有：《清东西陵》，中国青年出版社2000年版，第204页。说：1966年10月，将西朝房和西配殿拆除，尚存基础。1984年至1989年4月底，对定陵十四座带屋顶的建筑物进行全面维修。

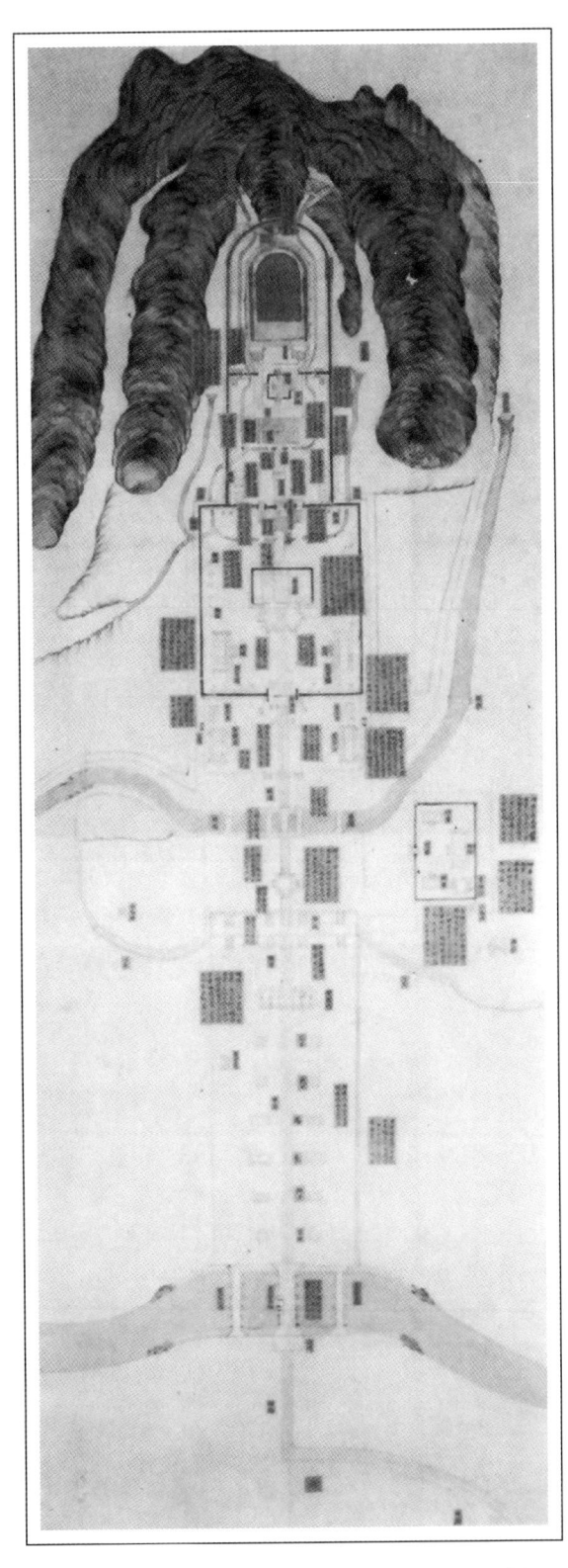

图 10-2-12　河北省遵化市清定陵图样
（采自《清代帝王陵寝》）

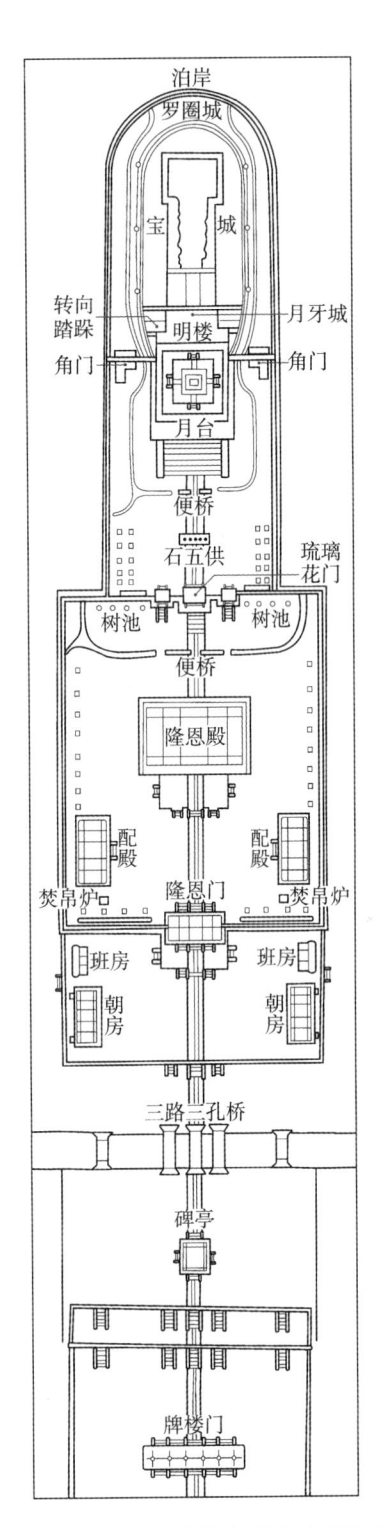

图 10-2-13　河北省遵化市清定陵
陵园平面示意图
（综合有关线图合成）

他帝陵近两尺。参见《建艺·清陵》，彩版一二〇）。殿内置仙楼供佛像，一如裕陵。二是陵寝门的面阔墙下身以青白石垒砌，改变了前代用城砖垒砌的惯例[1]。三是撤去了二柱门，四是陵宫后院两侧院墙内收，陵宫前后院平面变成凸字型。

方城明楼前顺应地势，月台前的礓䃰改成二层跌落，两旁添安雕栏（参见《建艺·清陵》，彩版一一八、一二一）；明楼四面拱门破例增设白色券脸石（参见《建艺·清陵》，彩版一一八、一二一），宝城仿孝陵呈长椭圆形[2]。哑吧院仿孝陵呈矩形（参见《建艺·清陵》，彩版一二二），其左右通宝城的转向蹬道，也随之由景、裕陵的圆弧形平面改成如孝陵的两折直线形式（下层由南向北，上层由北向南），此后诸陵砖砌转向礓䃰蹬道改为石台阶。

清宣宗旻宁按东、西陵昭穆葬规制，在清东陵宝华峪建陵，用七年时间建成，但将孝穆成皇后葬入后，因地宫浸水而拆除废弃，转而在清西陵建慕陵，其形制布局和结构发生较大的变化[3]。咸丰帝奕詝即位后选陵址，依父子分葬规定（按原规定宣宗应葬东陵，文宗应葬西陵），在清东陵选陵址，恢复了被旻宁扰乱了的昭穆葬制度。同时，定陵的形制布局，在恢复祖制的前提下，也参照慕陵的形制进行建造。如前述定陵未建圣德神功碑亭和华表，撤去隆恩殿两侧和背面的雕栏，撤二柱门，方城前的二层跌落台阶加雕栏（慕陵无方城，但五供后为如是做法），陵宫后院收窄前后院平面呈凸字型等，均仿慕陵。同时，定陵营建还大量使用宝华峪遗址的材料[4]。总之，定陵的形制布局既归复祖制，又有较多变化，对以后帝陵的形制有较大影响。

4. 惠陵

见图10-2-14，参见《建艺·清陵》，彩版一三七。清文宗载淳惠陵在陵区最东端双山峪，陵园形制仿定陵，但比定陵减去神道和石象生[5]。陵园最南端建五孔石桥，桥北约50米置东西石望柱（参见《建艺·清陵》，彩版一三八），望柱围正方形狮子头望柱雕栏（与关

---

[1] 晏子有：《清东西陵》，中国青年出版社2000年版，第204页。
[2] A. 晏子有：《清东西陵》，中国青年出版社2000年版，第204页。说：1985年夏定陵宝城坍塌，冬季将坍塌的宝城外皮城砖拆除，进行维修。
　　B. 中国社会科学院图书馆藏《平安峪万年吉地工程备要》卷一《遵旨查勘平安峪吉地形势详较各陵制度谨拟规模尺寸绘图具说恭折覆奏》记载：定陵"由志桩处至龙虎砂山脚前，进深三十九丈，面阔十八丈。若仿照宝华峪宝城圆式，所有罗圈墙至琉璃花门，按九道券规模进深敷用，而面阔较窄，拟仿照孝陵宝城长圆式规制修建"。
[3] 参见清西陵慕陵情况。
[4] 据中国建筑艺术全集编辑委员会编：《中国建筑艺术全集·清代陵墓建筑》，中国建筑工业出版社2003年版，第27页。说：据档案记载，经营定陵时曾不遗余力地拆刨利用宝华峪旧料，竟占整个工程大件石作及各式用砖四分之一以上。这样做既可节省拮据不堪的财政开支，又更有利用掩盖宝华峪遗址，顾全皇考旻宁"节俭之名"。
[5] 北京大学图书馆藏《惠陵工程记略》记载：光绪元年（1875）四月初七日，两宫皇太后降懿旨："惠陵现在择吉兴工，除神路、石象生毋庸修建外，其余均照定陵规制。"

外昭陵同，不同于关内各帝陵)[1]。其北紧邻望柱立五间六柱冲天式牌楼门，西面有班房一座，牌楼门之东置神厨库[2]（参见《建艺·清陵》，彩版一三九）。牌楼门北神道碑亭，由于地势平敞，牌楼门和神道碑亭同建在一宽阔的大月台上（参见《建艺·清陵》，彩版一三九）。神道碑阳刻"穆宗继天开运受中居正保大定功圣智诚孝信敏恭宽明肃毅皇帝之陵"，右下角无篆字印章。神道碑亭北至三路三孔神道桥[3]，东西朝房和班房在隆恩门外东西两侧。

隆恩门（残），五间，月台前有石磰礅左右各设踏跺一座，石阶五级。东西燎炉和东西配殿，残。隆恩殿残，殿内柱、梁构架与定陵一样均仿裕陵（参见《建艺·清陵》，彩版一四〇）[4]。殿后琉璃花门残，形制如定陵，其特点是月台高出各帝陵约一倍，在陵寝门前玉带河北侧设水沟门（排除地宫内渗水的龙须沟外口称水沟门），用方三尺整件青白石雕制，迎面浮雕精美的龙凤呈祥图案（定陵水沟门对称配置在方城前月台两旁的玉带河侧壁。参见《建艺·清陵》，彩版一四一。惠陵水沟门图案比慕、定陵圆孔形水沟门讲究）。无二柱门，石五供上的五供残缺。陵宫后院东西墙内收，前后院平面呈凸字形如定陵。

---

[1] 因地下水位过高，筑基困难，故石望柱北移牌楼门前，并加雕栏。
[2] 牌楼门已残，班房仅余基址。南北神库只存台基，东神厨、省牲亭残。
[3] 神道桥，残。
[4] 中国建筑艺术全集编辑委员会编：《中国建筑艺术全集·清代陵墓建筑》，中国建筑工业出版社2003年版。图版说明，第57页。说：惠陵隆恩殿内的柱、梁构架也像定陵那样仿裕陵，进深由孝陵、景陵及泰陵、昌陵的九檩增大到十一檩，内檐安设的井口天花，也从里拽斗拱的井口枋上相应降低到额枋分位，以至天花遮掩了额枋上的里拽拱形成了明显不同于孝陵、景陵、泰陵和昌陵的室内空间效果。

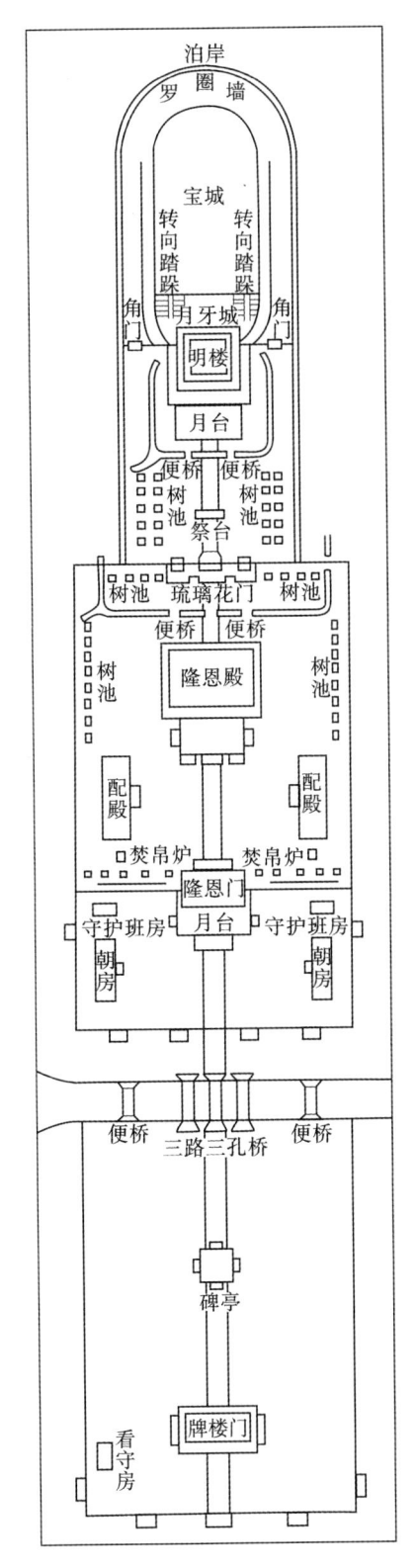

图 10-2-14　河北省遵化市清惠陵陵园平面示意图
（采自《清东西陵》）

从琉璃花门"过白"中可透视方城明楼（参见《建艺·清陵》，彩版一四二），方城前的马尾礓礤二层跌落式样，两旁有望柱雕栏。明楼（天花板和天花支条无存）拱门安青白石券脸，明楼碑身涂朱砂，碑身正面刻满、汉、蒙三体"穆宗毅皇帝之陵"，右下角无朱红篆字印章；碑仰覆莲须弥座四面各雕饰有三角形的锦褡（包袱褡子。形制同定陵，此前明楼碑无锦褡。参见《建艺·清陵》，彩版一四三）。方城隧道门和隧道券洞所对琉璃影壁残破，方城券洞门北哑吧院两侧转向蹬道为石台阶（二段台阶各十六级）。上述方城明楼和哑吧院以及宝顶和宝城的形制，均同定陵，充分反映出清代后期帝陵建筑的程式化特征。

六　皇后陵园的形制布局

（一）孝东陵

见图10-2-15；参见《建艺·清陵》，彩版七二。孝东陵在孝陵之东约3里，该陵是清朝入关后所建首座皇后陵。由于此前无可参考实例（明代无皇后陵），所以孝东陵比照帝陵而规制减杀，不建神功圣德碑亭和华表，不设望柱、石象生、龙凤门和神道碑亭，隆恩殿后无玉带河与桥，裁去二柱门，以及其他形制较帝陵出现的变化等遂创一代新制，成为尔后皇后陵的先范。

孝东陵神道从孝陵神道五孔桥北引出，至孝陵内务府圈西沟村折向东北，至三孔桥之南折向正北展直[1]，抵一路三孔神道桥[2]。桥北神道两侧分置东西朝房（面阔五间，进深三间，前有一间走廊，覆黄琉璃瓦）和东西班房[3]；神道桥之东置神厨库（形制同帝陵）。

隆恩门面阔五间，进深两间，单檐歇山顶，覆黄琉璃瓦；门下有须弥座台基，门前有礓礤式月台和踏跺[4]。门后东西各有燎炉一座（形制同帝陵），东西配殿各五间[5]。隆

---

[1] A. 晏子有：《清东西陵》，中国青年出版社2000年版，第48页。说：孝东陵未建下马石牌。
　　B. 中国建筑艺术全集编辑委员会编：《中国建筑艺术全集·清代陵墓建筑》，中国建筑工业出版社2003年版。图版说明，第29页说：孝东陵"树立下马牌"。此说似误。
[2] 晏子有：《清东西陵》，中国青年出版社2000年版，第210页。记述：神道桥桥身长29.44米，宽5.5米，每侧栏板十三块，望柱十四根，柱头火焰状，抱鼓石二块。桥青白石建成，桥面七路条石铺墁。桥下分水尖为豆渣石。桥西有九孔平桥一座，在西朝房后的马槽沟上有三孔平桥一座。
[3] 晏子有：《清东西陵》，中国青年出版社2000年版，第211页。记述：东西朝房面阔18.05米，进深6.77米；台基面阔19.47米，进深8.76米；单檐硬山顶，柱和梁架基本同孝陵。朝房残破，已维修。两班房早年被毁，1992年复建西班房。
[4] 晏子有：《清东西陵》，中国青年出版社2000年版，第211、212页。记述：隆恩门须弥座台基面阔19.2米，进深9.41米，高0.86米。前有月台以礓礤与地面相连。东西两侧礓礤长1.4米，宽3.58米；正面礓礤长1.65米，宽17.88米。月台前后各有三座相连的踏跺，有垂带。1928年，隆恩门匾额、门扇全失，建筑亦残，中华人民共和国成立后维修。
[5] 晏子有：《清东西陵》，中国青年出版社2000年版，第13页。记述：东西配殿台基面阔20.14米，进深6.51米，高0.95米。配殿面阔17.03米，进深7.18米。梁架结构同帝陵。1928年后残破，1993—1996年维修。

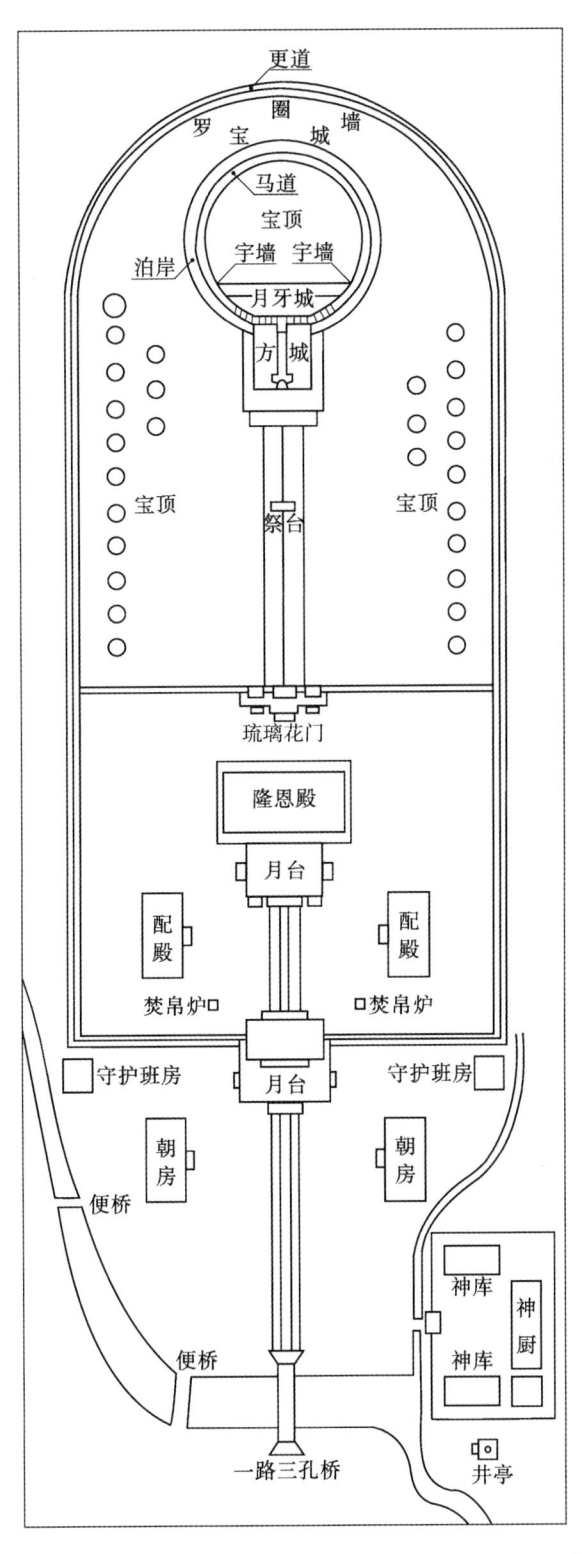

图 10-2-15　河北省遵化市清孝东陵陵园平面示意图
（采自《清东西陵》）

恩殿面阔五间，重檐歇山顶，重檐间悬匾，匾上有铜镀金满蒙汉三体"隆恩殿"字样。月台及隆恩殿周围以栏板、望柱围护[1]。殿后为陵寝门和石五供[2]。总之，陵宫建筑群的隆恩门、隆恩殿、东西配殿、燎炉、陵寝门和石五供等，均参照孝陵和景陵规制建成。

方城明楼和宝城（参见《建艺·清陵》，彩版七四、七五）一组建筑较帝陵规模显著缩减并局部改易，方城两翼未设卡子墙和角门，陵宫两侧陵墙向后延伸与罗圈墙直接衔接，使陵寝门后至罗圈墙内成为同一院落。在陵寝门与方城间的两侧各葬十四位妃嫔[3]，宝顶圆形（无月台和踏跺），三合土夯筑，外抹红泥、刷红浆（为以后妃嫔宝顶采用）。方城与宝城连为一体，无哑吧院。方城建在台基上，正中券洞门安大门两扇，券洞尽头即宝顶前金刚墙（挡券影壁墙），墙两旁券洞内各建一扒道，分设踏跺上达宝城和明楼。扒道上下两段，砖砌台阶，下段有券洞，上段无券洞，两段中间有一平台置水漏。方城顶部外侧砌垛口（雉堞），内（北）侧砌宇墙，马地道面砖墁，墙身澄浆砖干摆，东西两侧各出挑一挑头沟嘴[4]。明楼规制同帝陵，有"孝东陵"匾额，明楼碑刻"孝惠章皇后之陵"，均满蒙汉三体[5]。

宝顶正圆形，三合土夯筑，外围宝城。宝城内侧砌宇墙（黄琉璃墙帽），外侧砌五十五个垛口（雉堞），两者之间为马道。宝城东西两侧各有三个豆渣石制挑头沟嘴；宝顶前东西各有一圆形竖井漏孔[6]。

宝顶下葬孝惠章皇后，方城前两侧葬七妃，四福晋、十七格格[7]。从清代皇后陵来

---

[1] 晏子有：《清东西陵》，中国青年出版社2000年版，第213页。记述：隆恩殿台基上部为月台，月台东南、西南角各有苍龙头一只（螭首）。正面三出陛，中一路龙凤陛阶石，上刻并排龙凤。陛阶石左右各有踏跺一座，石阶十级；另二座踏跺为十级。月台东西各一踏跺，均九级。月台上原设鼎式炉二座，现仅存石座。

[2] 晏子有：《清东西陵》，中国青年出版社2000年版，第214页。记述有陵寝门的形制结构和尺寸，可参阅。

[3] 孝东陵方城前两侧葬七妃：恭靖妃、悼妃、淑惠妃、贞妃、端顺妃、宁悫妃、恪妃。其中悼妃、恪妃、贞妃先暂安黄花山下悼妃陵内，康熙五十七年与孝惠章皇后同时入葬孝东陵，余四妃亦同时入葬孝东陵。四福晋：笔什赫额捏福晋、唐福晋、牛福晋、塞母肯额捏福晋。十七格格：京及格格、捏及格格、赛宝格格、迈及尼格格、厄音珠格格、额伦珠格格、梅格格、兰格格、明珠格格、布三珠格格、阿母巴偏五格格、阿济格偏五格格、丹姐格格、秋格格、瑞格格、朱乃格格、卢耶格格，共二十八位。

[4] 晏子有：《清东西陵》，中国青年出版社2000年版，第214页。记述：方城月台面阔19.83米，进深15.83米，高2.55米。方城下石须弥座宽16.5米，高1.45米，青白石质。宝城残破。

[5] 晏子有：《清东西陵》，中国青年出版社2000年版，第50页。记述：明楼碑方形须弥座，上枋刻二龙戏珠图案，下枋刻杂宝，上下枭仰覆莲瓣。

[6] 宝城残，1988年进行局部维修。

[7] （清）梁份《帝陵图说》记明长陵时，提到明世宗嘉靖十五年礼臣奏章称："帝后合葬，诸妃陪葬，古今经常之制也，窃以诸妃陪葬，义不当由隧道，但于外垣之内，宝城之前，明楼之下，左右相向，以次而袝，遮合礼制。"对此，时世宗虽批准"着为定制"，但却未实行。此说或对孝东陵有一定影响。

看，除慕东陵由妃园寝改建较特殊外，其余后陵均与妃园寝分离。因此，孝东陵兼容妃园寝的形制，乃是清代后陵中仅有的特例。

（二）昭西陵

见图10-2-16，参见《建艺·清陵》，彩版五一。昭西陵在陵区大红门之外东侧，北部近抵风水墙，地方偏狭，不便扩展，故布局局促。加之孝庄文皇后身份特殊，昭西陵又由暂安殿改建而成，所以形成一些有别于其他帝后陵的特点。

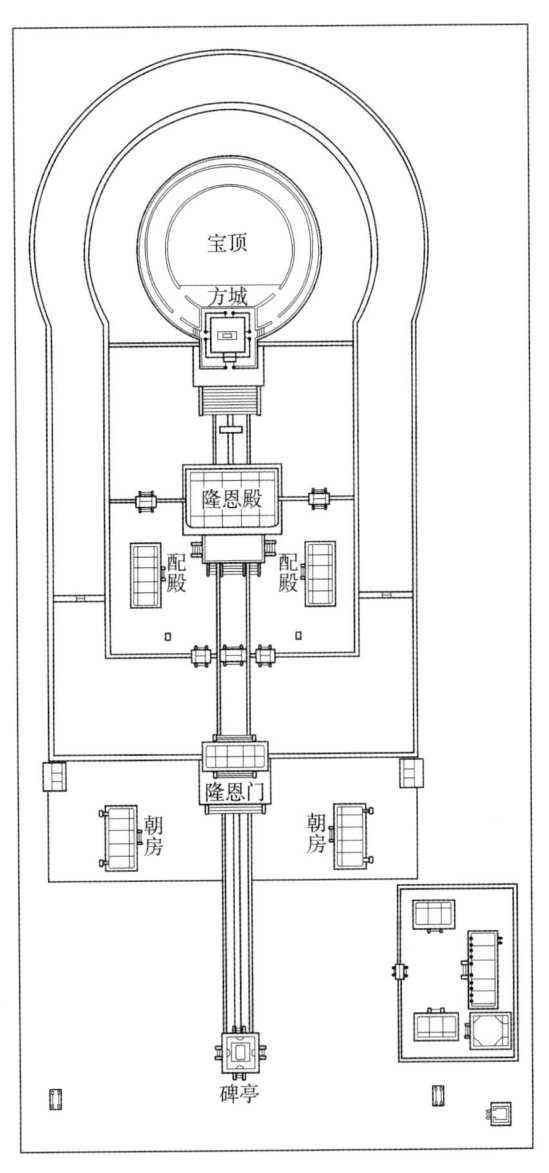

图10-2-16　河北省遵化市清昭西陵陵园平面示意图
（采自《中国建筑艺术全集·清代陵墓建筑》）

其选址出于近依孝陵，并和盛京昭陵遥相隶从的意向，所以才选在孝陵风水墙外，自成一区。"以昭西陵距昭陵甚远，特建碑亭（神道碑亭）"，碑刻满蒙汉三体"孝庄仁宣诚宪恭懿至德翊天启圣文皇后之陵"[1]。碑亭前东西两侧较孝东陵增加下马牌，碑亭之东置神厨库（形制同孝陵，已残毁无存）。神道碑亭北置东西朝房和班房（仅余基址），隆恩门（仅存基址）与碑亭相对。隆恩门两侧壁北折，形成前方后圆的外围墙。隆恩门北设三座琉璃花门（昭西陵独有，现仅存门垛），其两侧壁北折与罗圈墙相接，形成内围墙，昭西陵内外二道围墙（已残破）为清陵中的孤例[2]。进琉璃花门，左右燎炉二座（仅存基础）和东西配殿（只存台基），正北中轴在线置隆恩殿（仅存基础和部分后檐，高不足1米）。隆恩殿由暂安殿（慈宁宫新居）改建，重檐黄琉璃庑殿顶（清陵中仅此一例）[3]。按清陵惯例，在隆恩殿北应建陵寝门和卡子墙，但因北近风水墙不便拓展，故将卡子墙移到隆恩殿两侧，各置一角门通后院，形成独特格局。隆恩殿后置石五供（形制较其他陵低矮），其后为方城明楼（参见《建艺·清陵》，彩版五二）。方城下月台前砖砌礓磋较陡峭（较其他帝后陵月台低），方城券洞砌二级台阶，通宝顶前金刚墙，其转向蹬道形制同孝东陵。方城两翼同其他帝后陵，仍设横红墙分置角门。明楼重檐歇山顶[4]，满蒙汉三体"昭西陵"匾额早年丢失，明楼碑形制同前，碑阳刻"孝庄文皇后之陵"。昭西陵宝顶圆形，夯筑，顶部隆起，面积较小。宝城圆形，形制同孝东陵。

（三）定东陵

见图10-2-17，参见《建艺·清陵》，彩版一二四。定东陵在定陵之东，是慈安皇太后普祥峪定东陵（西）和慈禧皇太后菩陀峪定东陵的合称（东）。由于二太后长期垂帘听政，关系相互制衡，遂导致二陵同时选址、同时开工，同时竣工，二陵平列，规制相同[5]。成为清代最晚，集清代历代帝后陵寝许多特点之大成，规制最完备、规模最宏大的皇后陵。菩陀峪定东陵重修后，更成为清代最奢华的皇后陵。

定东陵的规划设计，曾参照以往帝后陵拟定多个方案[6]，均被否定。最后钦准建两

---

[1] 神道碑亭在晚清定东陵效尤之前，为后陵中的特例。碑亭早年毁。因地势关系，昭西陵未建桥，也无其他帝后陵所有的后帐和东西砂山。

[2] 从图10-2-16来看，内外围墙之间，与东西配置殿相对处亦有卡子墙和角门。

[3] 晏子有：《清东西陵》，中国青年出版社2000年版，第209页。据《昭西陵录》记载，隆恩殿外月台上置铜鼎式炉一对，铜鹿一只，铜鹤一只。殿内暖阁三间，中间设神龛、宝床，龛内悬帷幄，安奉神牌。暖阁外设宝座、供桌、五供、香几、酒桌、群灯、帛版桌及幔帐壁衣、围桌、椅帔、灯罩、桌套等软片。又记，隆恩殿1959年9月22日夜坍塌。

[4] 晏子有：《清东西陵》，中国青年出版社2000年版，第209页。说：明楼于20世纪60年代曾进行维修。

[5] 慈禧定东陵虽重修，但因清代宗法礼制严苛，其建筑格局和规模仍与慈安定东陵保持一致。

[6] 起先群臣提出"同陵同穴"说，即为二太后建一个共同的陵寝，将二人葬入一个共享的地宫穴位。后又主张"同陵异穴"，仿照景陵贵妃园寝，在同一陵园中东西并列两组地宫、宝城、方城明楼和石五供；前面的隆恩殿、东西配殿、燎炉、隆恩门、班房、朝房、神厨库和井亭，神道碑亭、下马牌等则统一配置；隆恩殿两翼仿昭西陵配置面阔墙，分辟琉璃花门仿昭西陵，各与方城明楼相对；神道碑仿昭西陵，碑亭内并立二座龙蝠碑，分属两位皇后。

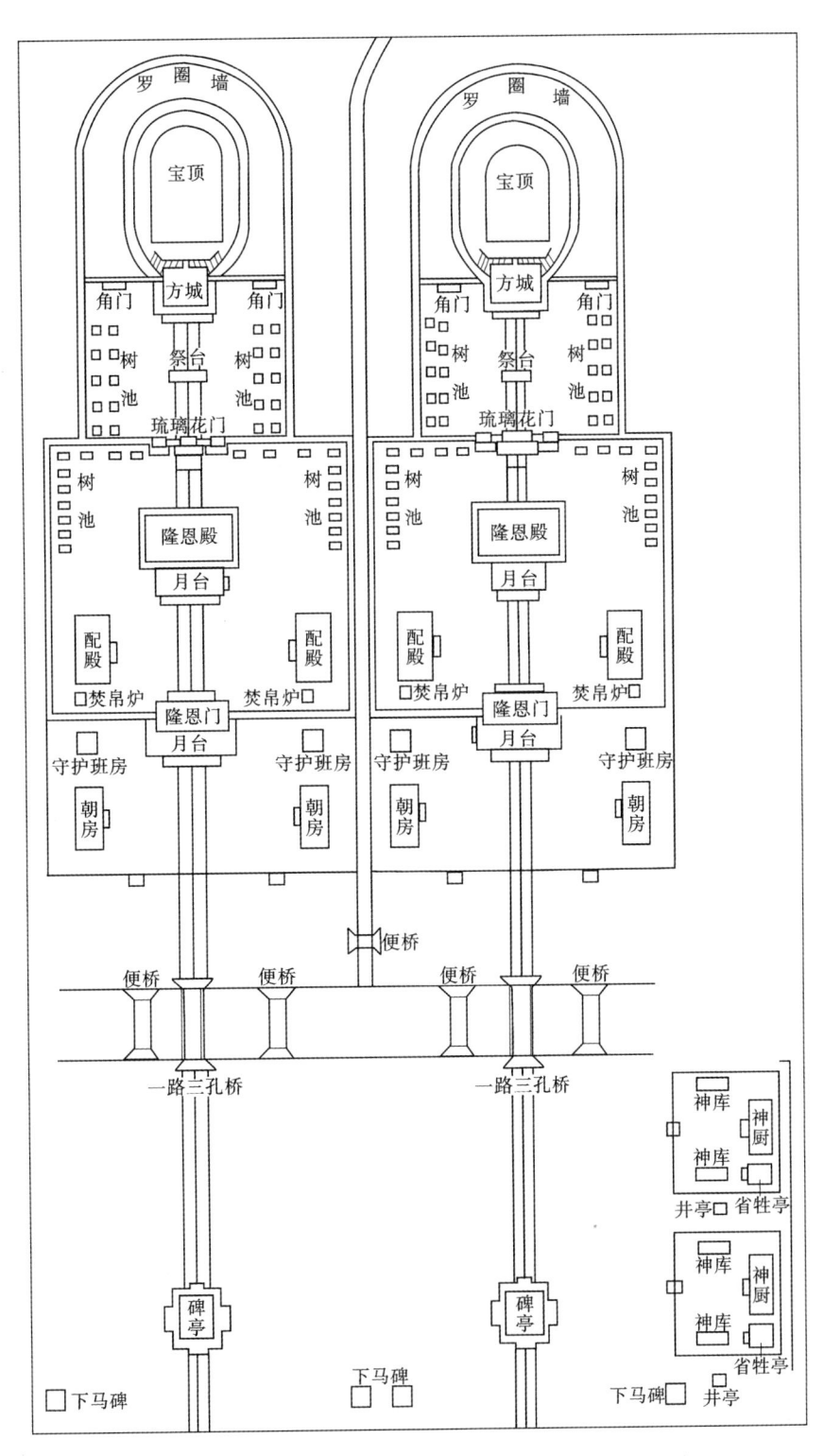

图 10-2-17 河北省遵化市清定东陵陵园平面示意图
左慈安陵 右慈安陵
(采自《清东西陵》)

座平列相互独立的后陵，中隔马沟槽，建筑参照孝东陵和泰东陵。因受地势限制，宝城仿定陵为长圆式，与陵宫共同形成凸字形平面。隆恩门与神道碑亭间横隔河槽，曾参照景陵、裕陵、慕陵和定陵。神道桥三孔石拱桥居中、两边置平桥，仿自昌西陵和慕东陵。由于位置狭窄，又将两组神厨库和井亭南北配置（北—慈禧，南—慈安）。从而形成格局独特的两座平列而独立的皇后陵。此外，二陵兴建过程中，还曾移穴[1]、垫土[2]和培砂（图10-2-18）[3]，也是有别于他陵之处。

定东陵的建筑序列，自定陵五孔桥南引定东陵神道，神道后部的展直部分，最南立下马牌[4]，其后立神道碑亭（参见《建艺·清陵》，彩版一二六）[5]，菩陀峪神道碑亭之东置二后神厨库和井亭[6]。碑亭北神道桥（单孔）[7]，再北神道两侧置东西朝房

---

[1] 晏子有：《清东西陵》，中国青年出版社2000年版，第12页。引《菩陀峪万年吉地工程备要》记载：定东陵定穴之后，为照顾二陵间的位置关系，将普祥峪定东陵志桩下移一丈五尺二寸，西移四尺七寸五分；菩陀峪定东陵志桩上移七尺四寸，东移八寸，两穴始平。

[2] 晏子有：《清东西陵》，中国青年出版社2000年版，第125页。记述：同治十二年（1873）八月二十日动土兴工，为垫平低洼之处，从陵区红墙南口子门外的南新城西旁的二十五庙三分庄头地上挖取五尺厚的黄土运至工地。仅挖运银就耗三千七百九十一两有余。

[3] 晏子有：《清东西陵》，中国青年出版社2000年版，第10页。记述：清高宗建裕陵时，大臣奏报"左右砂并近案稍低，应酌量培补，令微高以配山川形势"。但培砂工程量最大的是光绪元年（1875）在定东陵东西南三面的培砂之举。当时工程已接近完成，但"吉地正南一带系裕陵大小圈，墙内房脊林立，均正对两处宫门"；又因东西两侧砍伐树木，使裕陵妃园寝、定陵妃园寝围墙"尽皆显露"，"恐不足以重尊严，遂决定将修筑两陵时挖出的积土及废弃物料，于陵寝东西两侧堆长十八丈、宽二丈、高一丈的蝉翼砂山各一道，又在东侧和南侧培筑了五段相互联结总长为一百九十一点七丈的外砂山，与西侧新培外砂山一同拱卫陵寝，使环境得到改善"（《菩陀峪万年吉地工程备要》）。

[4] 晏子有：《清东西陵》，中国青年出版社2000年版，第215页。记述：慈安陵下马牌青白石质，牌身两面刻有满蒙汉三体"官员人等至此下马"字样，牌身下有四块抱鼓石支戗。慈禧下马牌汉文刻"官员至此下马"，比前者少"人等"二字，满蒙文字与前者同。

[5] 立下马牌建神道碑亭逾祖制。昭西陵前已说明，因特殊原因而立下马牌、建碑亭。以后所建泰东陵、昌西陵和慕东陵仅置下马牌，未建神道碑亭。此外，神道碑亭还像乾隆朝以来帝陵那样，增添了雕刻精美吉祥图案的青白石券脸。晏子有《清东西陵》（中国青年出版社2000年版）第216页说：神道碑亭重檐歇山顶，制同昭西陵。1973年神道碑亭进行屋顶翻修。碑亭内立碑一统，上镌"孝钦慈禧端佑康颐昭豫庄诚寿恭钦献崇熙配天兴圣显皇后"，满蒙汉三体。慈安神道碑亭形制同前。

[6] 晏子有：《清东西陵》，中国青年出版社2000年版，第215页。说：南、北分别为慈安和慈禧神厨库，厨库单檐歇山顶，覆琉璃瓦，有实榻门二扇。慈安神厨库大门二扇丢失，1961年省性亭焚毁。1957年装神厨库大门，修复门楼，目前南北神库及东厨保存完好。慈禧神厨库，1957年维修。

[7] 晏子有：《清东西陵》，中国青年出版社2000年版，第216页。说：神道桥为一孔桥，券洞上有吸水兽，望柱头龙凤相间。拱桥东西各一座平桥，青白石构建。桥面五路条石，每侧有白石实心栏板。桥北泊岸一道，并排三座踏跺。保存较好。

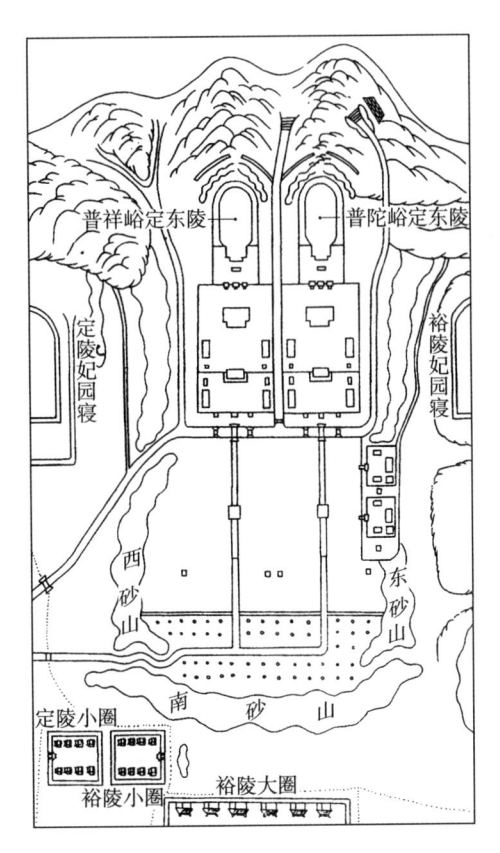

图 10-2-18　河北省遵化市清定东陵堆培砂山地盘糙底
(采自《风水理论研究》)

和班房[1]，正中隆恩门[2]。菩陀峪定东陵陵宫三殿和方城明楼重修，下面以此为代表略作介绍。

菩陀峪定东陵三殿用料考究、做工精细，装修豪华[3]。三殿外墙通体磨砖对缝，顶部束以万福流云图案的砖雕拔檐；配殿前檐两端的廊心墙雕作万字锦，周匝回文、串珠及缠枝莲花的砖雕边框等，均是清陵中仅见的孤例（参见《建艺·清陵》，彩版一二七）。三殿内墙面逐间嵌以精美的雕砖，四角雕盘长绶带，中心雕五福捧寿（总面积逾 228 平方米）；雕砖全部贴金，凹处用黄金，凸出部分用赤金，璀璨夺目（参见《建艺·清陵》，彩版一二八，国家文物局《明清皇家陵寝》，彩版 45）。殿内木构架（柱梁、天花等）全

---

[1] 晏子有：《清东西陵》，中国青年出版社 2000 年版，第 216 页。说：朝房、班房保存完好，东西朝房 1973 年油刷过。

[2] 晏子有：《清东西陵》，中国青年出版社 2000 年版，第 216 页。说：隆恩门 1973 年油刷过。第 215 页说：隆恩门 1974 年装修槛框，保存完好。

[3] 该段介绍，参见《中国建筑艺术全集·清代陵墓建筑》（中国建筑工业出版社 2003 年版）图版说明第 50—55 页。

部采用名贵的黄花梨木，利用红褐色天然纹理磨光，不做地仗，不敷颜料，直接饰以金龙和玺等最高等级的沥粉贴金彩画（参见《建艺·清陵》，彩版一二八，国家文物局《明清皇家陵寝》，彩版44、45）。三殿六十四根露明柱子，全部盘绕半立体的镀金蟠龙。隆恩殿周围雕栏，望柱均雕彩云翔凤；柱身明面雕饰海水江崖和升龙；透瓶栏板两面雕海水江崖和龙凤呈祥图案（回首翔凤居前上方，后下方游龙）。月台正面踏跺、垂手踏跺及两侧抄手踏跺前有抱鼓石，下雕海涛祥云腾龙（翘首仰望），石鼓中央雕灵山上展翅俯瞰的飞凤（参见《建艺·清陵》，彩版一三〇，国家文物局《明清皇家陵寝》，彩版42）。殿前丹陛石以高浮雕加透雕的技法，将丹凤凌空、蛟龙出水（凤在上、龙在下，与一般龙凤左右排列不同）的神态刻画得惟妙惟肖；其边框在缠枝西番莲纹样中加进团寿、佛手和仙寿等吉祥图案，更臻玲珑剔透，使之成为清陵丹陛石中最为精美的杰作（参见国家文物局《明清皇家陵寝》，彩版43）[1]。隆恩殿前高大的石雕须弥座月台上左右对称陈设铜鼎、铜鹿、铜鹤各一对（参见《建艺·清陵》，彩版一三一）[2]。总之，三殿装饰金碧辉煌，精美绝伦，此种情况在中国古代帝后陵中独一无二，就是在皇宫大内也极为罕见。

  菩陀峪定东陵隆恩殿后的琉璃花门（参见《建艺·清陵》，彩版一三二）[3]，仿定陵及嘉庆朝以前清东西陵帝后陵通制。其与众不同的是左右旁门虽照旧缩减尺度，但却如中门（神路门）一样，在门腿（门垛下）置石须弥座，门腿上身嵌砌琉璃磉科柱、中心花和岔角，檐下安设琉璃双额枋和斗拱，堪称清代陵寝中最豪华的陵寝门。石五供[4]、方城明楼（参见《建艺·清陵》，彩版一三三）的形制基本同前述后陵，即石五供北方城明楼耸立在前出宽大礓䃰坡道的高大月台上，方城与宝城连为一体，两翼横亘红墙分设角门。但由于结合风水地势，宝城改成长圆形，方城明楼平面相应内收，明楼四拱门加白券脸石，整体比例修长，精巧别致。方城与宝顶间未设哑吧院，方城门洞券北端封砌挡券影壁墙，两侧对称配置扒道券，入口下券门内设踏跺，上口安实榻木门，开在方城侧壁，称上券门，门外转向平台北另设旋转踏跺通向宝城、宝顶和明楼。方城两翼向后环护的宝顶宝城、马道、外宇墙垛口、内宇墙及石栅栏门、荷叶沟、桃头沟嘴等仿帝陵。与其他后陵的主要区别是，在方城和宝顶之间用两道宇墙隔出一个封闭小院（相当于帝陵哑吧院）较特殊（参见《建艺·清陵》，彩版一三四）。

---

[1] 晏子有：《清东西陵》，中国青年出版社2000年版，第215、216页。说：1954年10月揭瓦东西配殿，所用瓦件系从昭西陵东侧农田挖出。1973年东西配殿和隆恩殿油刷门窗隔扇。殿内天花板大都被盗，仅余四块半。1992年复制隆恩殿内四根明柱上的蟠龙，将铜镀金改为铜龙镀钛金。

[2] 晏子有：《清东西陵》，中国青年出版社2000年版，第215页。说：铜鹿、铜鹤、铜鼎皆失，现仅余四个石座。

[3] 晏子有：《清东西陵》，中国青年出版社2000年版，第215、216页。说：陵寝门墙垛上的琉璃花残缺，三座大门已失，于1974年装槛框、安大门。

[4] 晏子有：《清东西陵》，中国青年出版社2000年版，第216页。说：鼎式炉炉顶、连烛火焰及灵芝花均失。

七 妃园寝的形制布局

(一) 景陵妃园寝

见图 10-2-19。园寝在景陵东偏南约 1 里,是清东、西陵营建最早的妃园寝[1]。园寝南端竖木下马桩一对,北为单孔石桥,其东侧建单孔石平桥[2]。桥北园寝门称宫门,三开间单檐歇山顶,门两翼展红墙,北折后与弧圆形罗圈墙相接形成园寝院墙[3]。宫门前东西配置班房各三间,厢房各五间,均灰瓦硬山顶[4]。宫门内居中为五开间单檐歇山顶享殿[5],殿东南置一绿琉璃燎炉(无存,无东西配殿)。殿后横贯卡子墙,中间琉璃花门,左右开随墙角门[6]。门内之北宝顶五十座,排列有序[7]。宝顶三合土夯成,分别设

---

[1] 晏子有:《清东西陵》(中国青年出版社 2000 年版) 第 127 页。记述:景陵妃园寝营建时,曾用过清世宗九凤朝阳山所备砖石。又说景妃园寝随着葬入人员增多,建筑有过一些变化,详见原文。

[2] 晏子有:《清东西陵》,中国青年出版社 2000 年版,第 64、220 页。记述:桥长 15.4 米,宽 4.3 米,桥券跨度 2.35 米,矢高 1.35 米。桥面五路青白石,桥洞砖券,券脸无龙头。桥两侧有石栏板和望柱,每侧望柱八根,火焰望柱头,栏板七块,抱鼓石二块。栏板单勾栏,掏寻杖,做净瓶如意云子,栏板两侧做盒子方心。栏板和望柱有缺失。单孔平桥两路石渣石条组成,无栏板。桥长 6 米,宽 1.62 米,孔宽 2.2 米。

[3] 晏子有:《清东西陵》,中国青年出版社 2000 年版,第 64、222 页。记述:宫门地铺方砖,边沿铺青白石。因地势较低,台基前后无垂带踏跺和礓磜。台基前有月台,地面铺方砖,露明为砍细澄浆砖,压面及埋头均为青白石,前有三级踏跺。宫门残破,构件残缺,1992—93 年落架维修,未油漆。

[4] 晏子有:《清东西陵》,中国青年出版社 2000 年版,第 222 页。说:东西厢房单檐歇山布瓦顶,现仅存台基。东西班房单檐卷棚布瓦顶,仅存台基。

[5] 晏子有:《清东西陵》,中国青年出版社 2000 年版,第 222 页。说:享殿面阔五间,进深三间。殿内暖阁三间,阁内设神龛供葬入妃子神牌。享殿山墙及后檐墙上身,城砖砌,外皮抹红泥,提刷红浆,内抹黄泥、提刷黄浆。下肩及前坎墙为砍细澄浆砖干摆。地面铺金砖,殿前月台铺砖,前有一踏跺。享殿残破,早年拆除,仅余后檐墙和东西山墙下半部,殿内存神龛座。

[6] 晏子有:《清东西陵》,中国青年出版社 2000 年版,第 222 页。说:琉璃花门,中门面阔 2.9 米,进深 2.9 米。单檐歇山顶门楼,绿琉璃瓦,无椽飞,冰盘檐以绿琉璃砖砌成。门前后各有三级踏跺,门前建月台,台下垂带踏跺一座。月台面阔 7.2 米,进深 2.52 米,高 0.89 米。东西随墙角门,面阔 1.96 米,墙厚 1.29 米。三座门门扇无存,中门楼无存。门前石活闪错,角门坎框全失。

[7] 晏子有:《清东西陵》,中国青年出版社 2000 年版,第 316 页。记述:园寝后院有七排五十个宝顶,葬贵妃一人、妃十一人、嫔八人、贵人十人、常在九人、答应九人、阿哥一人,计四十九位,有一个空券。第 320 页记述:七排从南向北,左东、右西,第一层二位,左为马贵人,右为僖嫔。第二层四位,左起端嫔、定妃、熙嫔、良妃。三层五位,十八阿哥、成妃、襄妃、宜妃、平妃。四层七位,为纯裕勤妃、惠妃、温僖贵妃、顺懿密妃、慧妃、荣妃、宣妃。五层十券九位,尹贵人、谨嫔、空券、伊贵人、布贵人、新贵人、通嫔、静嫔、穆嫔、色常在。第六层十一位,文贵人、蓝贵人、常常在、瑞常在、袁贵人、贵常在、徐常在、石常在、常贵人、勒贵人、寿常在。七层十一位,尹常在、路常在、妙答应、秀答应、庆答应、灵答应、春答应、晓答应、治答应、牛答应、双答应。其中温僖贵妃钮祜禄氏,太师果毅公遏必隆女,孝昭仁皇后之妹,康熙三十四年九月八日入葬。慧妃博尔济锦氏,康熙二十年奉安,入葬最早。皇十八子允祄康熙四十七年卒,葬于生母顺懿密妃墓之旁。四十八妃等,部分人有传、多数仅有名目、事迹无考。详情参见《清东西陵》第 316—321 页的介绍。此外;图 10-2-14 所示,与上述情况略有出入。

月台和垂带踏道，大小不同。园寝各建筑和墙垣均覆绿琉璃瓦。

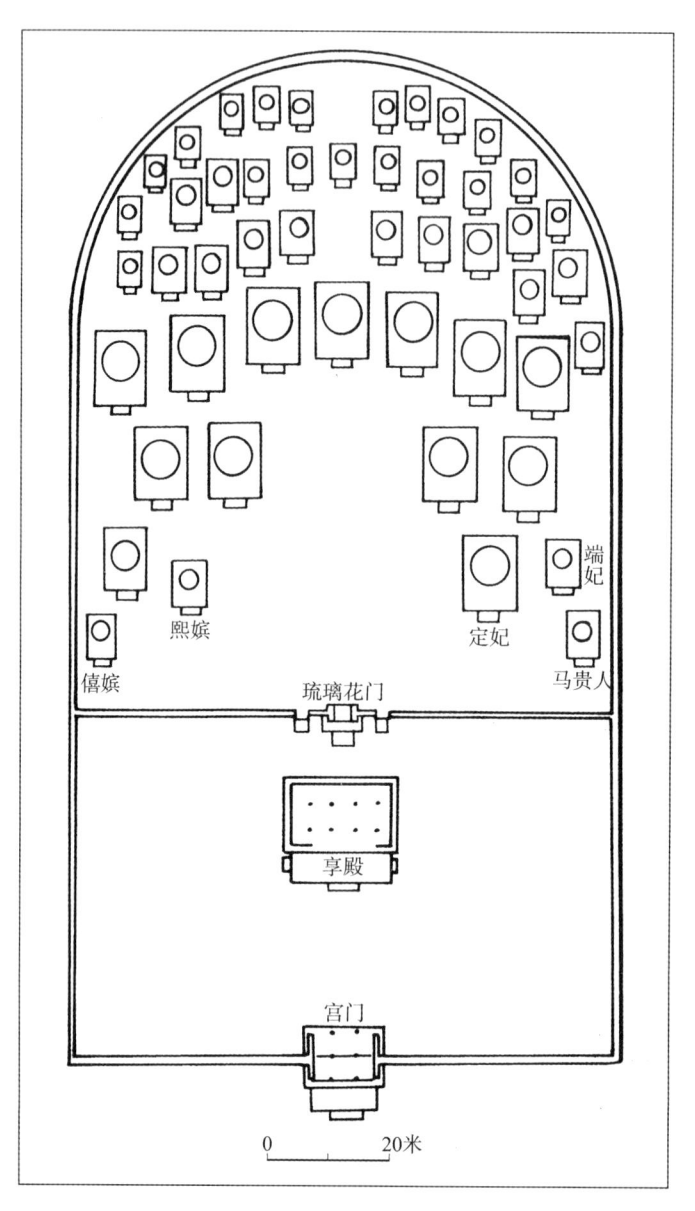

图 10-2-19　河北省遵化市清景陵妃园寝平面图
（采自《清东西陵》）

景陵妃园寝对以后所建妃园寝的规制产生了重要的影响，如后建的妃园寝均在帝陵左右，以明隶属关系；此后园寝均依景陵妃园寝之例命名。园寝内按皇贵妃、贵妃、妃、嫔、贵人、常在、答应等不同等级排位次，分建石券、砖券、砖池等不同类型的地宫和宝顶、月台、尊卑次序严明（皇帝钦定位次），此后遂成定制。上述情况表明，景妃园寝的形制和格局，已成为以后妃园寝的先范。

(二) 景陵皇贵妃园寝的形制布局

见图10-2-20。景陵皇贵妃园寝又称景陵双妃园寝（内葬玄烨贵妃佟佳氏、和妃瓜尔佳氏）、景陵太妃园寝（乾隆时尊封二妃为太皇贵妃），位于景陵之东约二里，景陵妃园寝东南。由于弘历感激两位太妃自幼养育之恩，故在已有景陵妃园寝的情况下，仍为之另建园寝，从而成为清代妃园寝中唯一的特例。为此，弘历先后下旨，"于景陵稍后附近处敬谨相度，择地营造，其规制稍加展拓，以昭朕敬礼之意"；"另建园寝皆有加于皇贵妃定制"[1]。所谓"规制稍加展拓"，与景陵妃园寝相比，享殿前加接月台，踏跺中央安砌精雕丹凤朝阳图案丹陛石，殿前添建绿琉璃瓦歇山顶东西配殿各五间。"有加于皇贵妃定

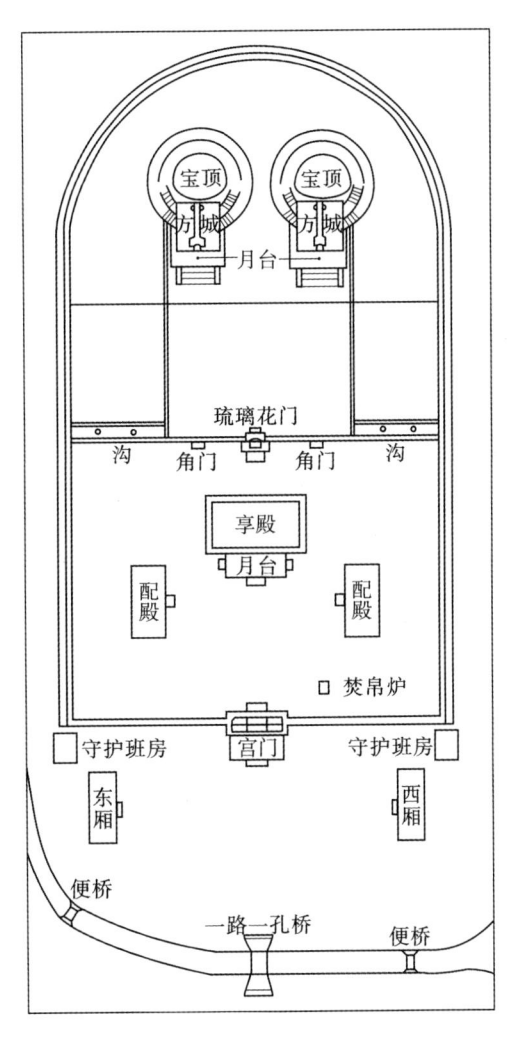

图10-2-20 河北省遵化市景陵皇贵妃园寝平面示意图
（采自《清东西陵》）

---

[1] 中国建筑艺术全集编辑委员会编：《中国建筑艺术全集·清代陵墓建筑》，中国建筑工业出版社2003年版，第34页。

制"，主要是在东西并列的两座地宫之上加大宝顶，环砌宝城（同样有马道、宇墙、垛口、挑头沟嘴），其前建方城和单檐绿琉璃歇山顶明楼，内立石碑。以上均仿后陵，只是规模和建筑尺度缩减，黄琉璃改绿琉璃而已。因此，景陵皇贵妃园寝乃是清代妃园寝中规格最高的一座。

景陵皇贵妃园寝形制布局序列大致如下：最南端对峙下马桩，其后是单孔汉白玉拱桥，两侧建单孔石平桥[1]。桥北约50米至宫门[2]，宫门檐柱上的雀替挑出三伏云拱子为清妃园寝中的特例[3]。宫门两侧红墙北折接罗圈墙，形成园寝院落，围墙外有石砌更道。宫门前东西两侧分置东西厢房和班房[4]。宫门内东侧（左）置绿琉璃焚帛炉一座，正对宫门居中置享殿，享殿除月台前置丹凤朝阳和海水江崖丹陛石外，其形制同景陵妃园寝[5]。享殿前之东西各置配殿一座[6]，享殿后横贯面阔红墙（卡子墙），中间置琉璃花门，左右开随墙角门[7]。门内北部并置二妃宝顶、宝城和方城明楼（参见《建艺·清

---

[1] 晏子有：《清东西陵》，中国青年出版社2000年版，第217页。记述：单孔青白石拱桥，桥面五路条石，每侧栏板七块、望柱八根、抱鼓石二块。桥身长15.8米，宽4.8米，桥洞砖券，券脸无吸水龙头，跨度0.38米。1982年维修，保存较好。东侧平桥，桥墩、桥面豆渣石，桥面五路条石，地伏以上青白石。每侧青白石栏板三块、抱鼓石二块。桥长8.5米，宽3.95米。东侧平桥以二块豆渣条石铺成，无栏扳。

[2] 晏子有：《清东西陵》，中国青年出版社2000年版，第61、217页。记述：宫门单檐歇山顶，面阔三间，进深二间，大门三槽，每槽两扇。台基周围建青白石须弥座，其前有月台，铺青砖，台前有五级垂带踏跺；须弥座北有六级垂带踏跺。宫门梁架为单步梁、双步梁、三步梁带挑尖梁，四角各有抹角梁，梁枋上饰金钱大点金旋子彩画。宫门柱十二根。1928年宫门无存，门钉和天花板全失。1982年维修，重做宫门。宫门较后陵收缩两间，制同景陵妃园寝。

[3] 中国建筑艺术全集编辑委员会编：《中国建筑艺术全集·清代陵墓建筑》，中国建筑工业出版社2003年版，第35页，图版说明。

[4] 晏子有：《清东西陵》，中国青年出版社2000年版，第61、217页。记述：东西厢房面阔五间、进深二间，前后出廊，布瓦硬山顶。台基长17.72米，宽7米，高0.3米；厢房面阔16.55米。梁架饰雅伍墨旋子彩画。房后各有烟囱二个。1963、1982年两次维修。班房单檐硬山布瓦卷棚顶，面阔三间，进深一间，房后有门，并有一小院。现仅存遗址。

[5] 晏子有：《清东西陵》，中国青年出版社2000年版，第61、62、217、218页。记述：享殿单檐歇山顶，面阔五间、进深三间。台基面阔26.4米，进深14.3米，高0.97米。月台面阔16.11米，宽5.83米，高0.78米。享殿内有暖阁三间。享殿坍塌，仅存东西山墙和后檐墙。享殿月台前丹凤朝阳图案丹陛石雕刻精美，为妃园寝中所仅有。

[6] 晏子有：《清东西陵》，中国青年出版社2000年版，第61、217页。记述：东西配殿面阔五间，进深三间，前有走廊。台基面阔19.03米，进深9.42米，高0.7米；配殿整体面阔14.67米。1982年维修，保存较好。

[7] 晏子有：《清东西陵》，中国青年出版社2000年版，第62、219页。记述：享殿后面阔墙一道，有三座园寝门。中门单檐歇山顶、绿琉璃门楼，无椽飞，门楼用绿琉璃砌成冰盘檐子。门垛下肩砍细澄浆砖干摆，有腰线石，以上城砖灰砌，涂红泥，提刷黄浆。门前最下有七级踏跺，上为月台，再前有三级垂带踏跺通园寝门。月台长7.16米，宽3.19米，高1.28米。门面阔2.9米，进深2.85米，门垛宽1.42米。两侧角门无门楼，门上有过木，门宽1.8米。三座门上坎尚存、下坎及门框、门扇全无。1982年维修。

陵》，彩版九〇）[1]。

（三）裕陵妃园寝的形制布局

见图 10-2-21。裕陵妃园寝在裕陵西约一里，乾隆十七年建成，形制布局与景陵妃园寝基本相同。乾隆二十五年（1760），弘历宠妃纯惠皇贵妃苏佳氏卒，为葬苏佳氏翌年仿景陵双妃园寝对已建成的妃园寝实施增建工程。原园寝南端下马桩、单孔拱桥和石平桥[2]、东西厢房[3]、班房、宫门[4]，以及宫门与单孔石桥间较长的甬道，宫门内燎炉等[5]，均维持原状。主要的变化是为苏佳氏地宫添建宝顶（废后乌喇那拉氏葬于苏佳氏

---

[1] A.《清高宗实录》卷四七：高宗下旨说："淳郡王等所奏太妃园寝规制朕已览悉，着照所奏行。向来妃园寝之例，俱用月台。今修建太妃园寝着仿照方城式样，上建碑楼，其酌量简小，用绿色琉璃瓦料。"
  B. 晏子有：《清东西陵》，中国青年出版社 2000 年版，第 62、218、220 页。记述：二妃方城东西并列，形制规模相同。方城下有月台，月台面阔 15.3 米，宽 3.93 米，高 1.26 米，前有宽 13 米的礓磜。方城方形，墙身四面露明均砍细澄浆砖干摆，下肩四面为青白石须弥座。方城上沿，东、西各三垛雉堞，南五垛雉堞，四角各一垛雉堞；北面砌宇墙，东西两侧各有一挑头沟嘴。方城下部正中有券洞隧道，南口有券脸石，原有大门两扇，已失。门洞券向后至金刚墙，分向东西有扒道通方城，达明楼和宝顶。
  二方城上明楼形制规模相同，均单檐绿琉璃歇山顶，四面各显三间，基座正方形，四面各开一券洞，无券脸石。明楼内用柱十六根，梁架为三架梁、五架梁。井格天花板上沥粉贴金，绘翠草金莲图案。地铺金砖，四门前各有一座二级踏跺。二明楼内各立朱砂碑一统，形制相同。碑座方形须弥座，上枋刻二龙戏珠，下枋刻杂宝，上下枭刻仰俯莲瓣。碑额刻满汉二体"大清"字样，碑阳刻满汉二体字贴金，东明楼碑刻"慧惠皇贵妃园陵"，西明楼碑刻"惇怡皇贵妃园寝"。
  二妃宝顶形制相同，三合土夯筑，呈北高南低圆丘状，体量大于一般妃园陵而小于后陵宝顶。宝顶下脚砖砌流水沟，有六个水沟眼，其外环砌宝城。宝城有豆渣石基座，城身砍细澄浆砖干摆，顶有宇墙、雉堞、马道，东、西、北面半圆，南端东西各有一石栅栏门，宝城东西各有二挑头沟嘴。
  1963 年全面维修东西朝房、东西配殿、宫门和两座明楼。1981 年翻修两座明楼，1982 年修石拱桥和燎炉、东西配殿、园寝门、方城、明楼。
[2] 晏子有：《清东西陵》，中国青年出版社 2000 年版，第 223 页。记述：单孔拱桥，青白石构筑，一孔，桥面五路条石。东侧豆渣石平桥，桥洞三孔。
[3] 晏子有：《清东西陵》，中国青年出版社 2000 年版，第 223 页。记述：东西厢房现仅存基础。
[4] 晏子有：《清东西陵》，中国青年出版社 2000 年版，第 223 页。记述：宫门面阔三间、进深二间，绿琉璃单檐歇山顶。基座后有踏跺，前有月台，月台前有青白石砌礓磜。
[5] 晏子有：《清东西陵》，中国青年出版社 2000 年版，第 223 页。记述：甬道中心部位以方砖铺墁，两侧为城砖立墁。燎炉在东侧，一座，绿琉璃构件，单檐歇山顶，炉内以生铁构成火池。保存较好。

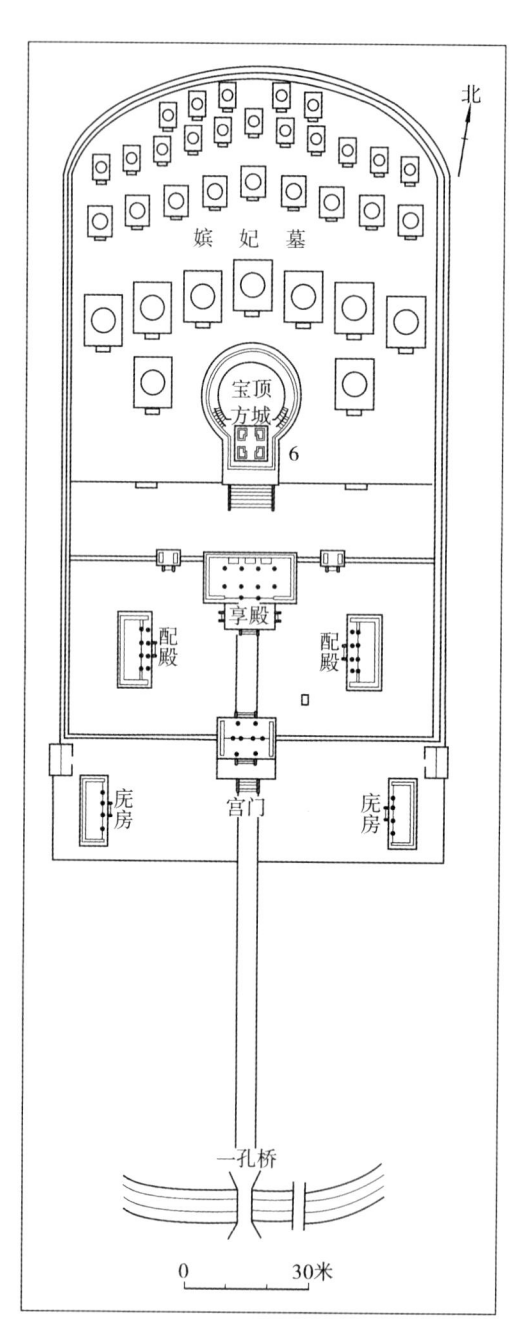

图 10-2-21　河北省遵化市清东陵裕陵妃园寝平面图
（采自《中国古代建筑史》第五卷）

左侧）、宝城、方城明楼、月台和礓磜坡道（参见《建艺·清陵》，彩版———）[1]；享殿添建月台和丹陛[2]，殿前添建东西庑（配殿）[3]。由于添建方城明楼等，后院场地局促，于是仿昭西陵将原在享殿后的卡子墙移到享殿后墙两侧[4]，因而与妃园寝形成明显的差别。经过上述变化，裕陵妃园寝遂与景陵双妃园寝同样成为清代妃园寝中等级最高的园寝。

纯惠皇贵妃宝顶两侧及后部有圆形小宝顶三十四个[5]，均三合土夯筑。其中纯惠皇贵妃宝顶东侧为容妃和卓氏（俗称香妃）宝顶（参见《建艺·清陵》，彩版——三）[6]，

---

[1] A. 中国建筑艺术全集编辑委员会编：《中国建筑艺术全集·清代陵墓建筑》，中国建筑工业出版社2003年版。图版说明，第44、45页。说：纯惠皇贵妃的地宫，予定在前排正中显赫位置上，改建时地宫外部又增崇宝顶、环护宝城，前面耸立方城和单檐绿琉璃歇山顶的明楼，内立石碑，连同宝城马道、宇墙垛口、挑头沟嘴、石栅栏门、转向踏跺、扒道券、方城门洞券、方城月台和马尾礓磜等，相关规制均和景陵双妃园寝雷同。

B. 晏子有：《清东西陵》，中国青年出版社2000年版，第225、226页。记述：明楼内石碑以朱砂涂红，碑额篆刻满汉二体"大清"字样，碑阳刻"纯惠皇贵妃园寝"；亦满汉二体。明楼早年残破，1965年拆除顶部，1980—81年对顶部复原。宝顶三合土夯筑。

[2] 晏子有：《清东西陵》，中国青年出版社2000年版，第224、225页。记述：享殿单檐歇山顶，面阔五间，进深三间。文中较详细记述了其梁架结构。月台城砖铺砌，台面墁青白石。1980年修缮，修缮时以水泥构件代替木构件。

[3] 晏子有：《清东西陵》，中国青年出版社2000年版，第223页。记述：东西配殿面阔五间，进深二间，前有走廊。西配殿1979年揭顶修缮；东配殿残破，1965年拆除，仅余基础。

[4] 晏子有：《清东西陵》，中国青年出版社2000年版，第225页。记述：享殿两侧卡子墙各有一随墙角门，无门楼。

[5] 晏子有：《清东西陵》，中国青年出版社2000年版，第325、326页。介绍，裕陵妃园寝除第一排居中葬纯惠皇贵妃和废后乌喇那拉氏外，其余诸妃嫔等排列如下：第一排纯惠皇贵妃宝顶左为颖贵妃，右为嫔贵妃。第二排七座宝顶左起容妃、豫妃、忻贵妃，居中庆恭皇贵妃、舒妃、愉贵妃、循贵妃。第三排九座宝顶（宝顶开始变小），左起惇妃、芳妃、恂妃、慎妃、仪嫔居中、诚嫔、恰嫔、恭嫔、白贵人。第四排十一座宝顶，左起金贵人、宁常在、新贵人、福贵人、张常在、秀贵人、揆常在、瑞贵人、慎贵人、武贵人、平常在。第五排（最后）五座宝顶，左起寿贵人、顺贵人、陆贵人居中、鄂贵人、晋妃。文中说，一般等级较高者应葬于居中靠前的位置，位置均由皇帝钦定。但妃嫔的级别经常发生变化，故入葬时位置错动。

[6] 容妃和卓氏，世传香妃，台吉和札麦女。初入宫为贵人，乾隆二十七年封容嫔，三十三年晋容妃，五十三年（1788）四月十九日卒，九月二十五日奉安。其葬地传说有三，一在北京陶然亭中，一在新疆喀什，一在裕陵妃园寝。近年通过地宫发掘和研究，大多认为葬于裕陵妃园寝内。

中国建筑艺术全集编辑委员会编：《中国建筑艺术全集·清代陵墓建筑》，中国建筑工业出版社2003年版。图版说明，第45页。说：容妃葬于纯惠皇贵妃宝顶东侧。其宝顶用城砖砌成矩形月台，周匝阶条石，前出四级青白石垂带踏跺，四周铺墁砖散水，台上偏北用小夯灰土筑起顶端略尖的圆台形宝顶，外部挂麻抹饰所谓包金土，底部环护青白石边沿，称为钵盂沿子。其排位与前注[4]不同。

此外较著名的还有晋妃宝顶等[1]。

(四) 定陵和惠陵妃园寝的形制布局

1. 定陵妃园寝的形制布局

参见《建艺·清陵》，彩版一二三。定陵妃园寝在定陵与定东陵之间的顺水峪，其初规划设计时曾拟按景陵皇贵妃园寝规制，添建宝城、方城明楼和朱砂碑，并作有多种布局方案[2]，但最终仍按景陵妃园寝规制营建。该园寝保存状况一般[3]，内葬清文宗妃嫔十五人，宝顶三排[4]。

2. 惠陵妃园寝的形制布局

见图10-2-22，参见《建艺·清陵》，彩版一四四。惠陵妃园寝在惠陵西侧西双山峪，园寝开工前因慈禧太后偏爱淑慎皇贵妃[5]，故横加干预。曾下旨拟仿景陵双妃园寝建宝城、方城明楼，并像慕东陵那样绕以围屏墙，甚至添加帝后陵才有的石五供，享殿前

---

[1] 晋妃富察氏，主事德克精额女。乾隆时为贵人，嘉庆二十五年尊为皇祖晋妃，再晋为晋太妃。道光二年（822）十二月初八日卒，三年四月二十六日奉安，为裕陵妃园寝中最后一位入葬者。其地宫原已按贵人建砖池，尊为太妃后砖池与她的地位不合，故须改建，改建问题见前文注释。

[2] 晏子有：《清东西陵》，中国青年出版社2000年版，第131页。记述：按景陵皇贵妃园寝制定多种方案，归结起来，主要是在享殿后的卡子墙上，东西各建一座琉璃花门，正对后面的方城明楼。两座方城明楼东西并列，尺寸和形制皆同景陵皇贵妃园寝和裕陵妃园寝。两座方城明楼之外，绕围屏墙一道，将方城、宝城与其他妃嫔的宝顶隔开。为使前院与其他妃嫔宝顶相通，还拟在两座琉璃花门之东西卡子墙上各开随墙角门一座。此种设计，略与孝静成皇后慕东陵形式相似。

[3] 晏子有：《清东西陵》，中国青年出版社2000年版，第226—228页。记述：园寝南端一孔拱桥，石券脸上有吸水兽，其东有三孔豆渣石平桥一座，两侧有豆渣石实心栏板；桥北砖墁广场。东西厢各一座，单檐硬山顶，布瓦，面阔五间，进深三间，前有廊。班房布瓦卷棚顶，面阔三间，进深一间，房后有小院。宫门面阔三间，进深二间，前有月台。燎炉残破。享殿面阔五间，进深三间，单檐歇山顶。殿前月台有踏跺，东西踏跺各一座。月台与享殿基座，台明砌青白石条。享殿后卡子墙上有三门，中门有绿琉璃单檐歇山顶门楼，正脊有吻兽，垂脊及岔脊置跑兽。中门楼和门无存，只余冰盘檐子和过木；东西角门之门亦无存。园寝后院建宝顶三排，一排五座，二排六座，三排四座。园寝围墙之北，建砖挡水坝一道。

[4] 晏子有：《清东西陵》，中国青年出版社2000年版，第326—329页。介绍了园寝所葬皇贵妃二、贵妃二、妃四、嫔四、常在三的情况。其宝顶排列为：第一排东起婉贵妃、玫贵妃、庄静皇贵妃居中，端恪皇贵妃、云嫔。第二排东起吉妃、璹嫔、璷妃、容嫔、玉嫔、僖妃。第三排东起珣常在、庆妃、鑫常在、玶常在。

[5] 淑慎皇贵妃富察氏，刑部侍郎凤秀女。载淳选妃时，慈禧有意立为皇后，但慈安太后等反对。富察氏同治十一年封慧妃，十三年晋封皇贵妃，又晋封敦宜皇贵妃，光绪二十年晋封敦宜荣庆皇贵妃，三十年正月卒。光绪三十一年（1905）九月二十日奉安，追谥淑慎皇贵妃。

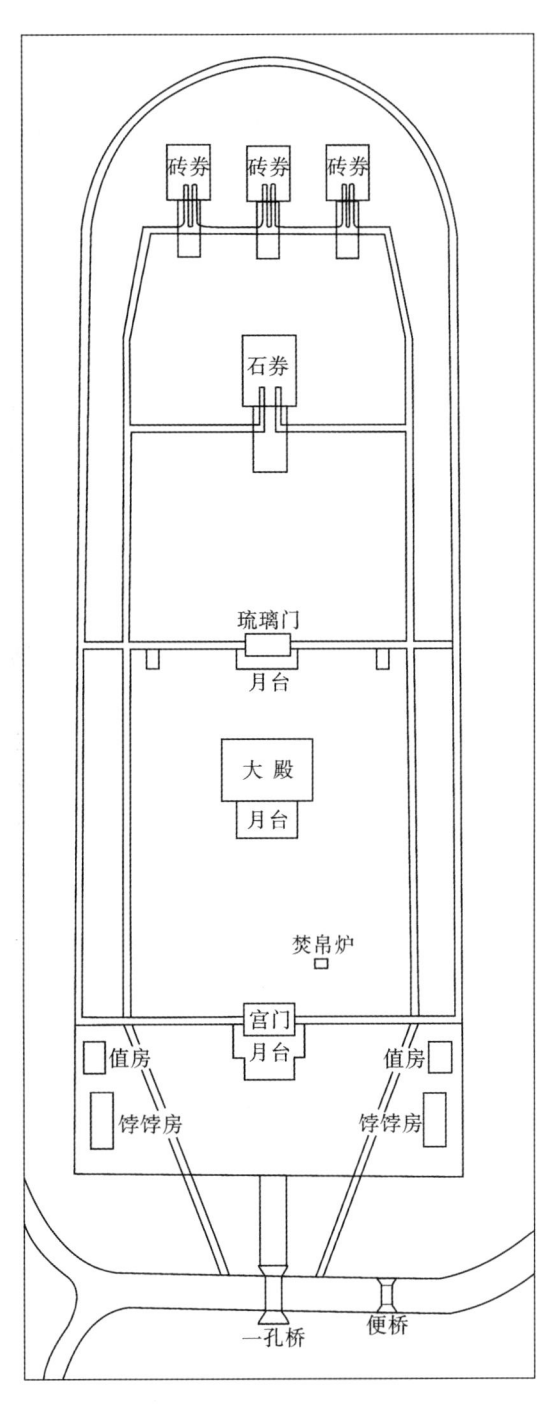

图 10-2-22　河北省遵化市清惠陵妃园寝龙须沟地盘样
（采自《清东西陵》）

建东西配殿[1]。经诸臣谏净，才决定按祖制仿定陵妃园寝规制[2]。惠陵妃园寝除因后院券座（宝顶）少[3]，罗圈墙略收缩外，其形制布局与定陵妃园寝基本相同[4]。

第三节 清西陵

一 陵区山水胜势

清西陵在今河北省易县城西约 30 里，位于泰宁镇的永宁山下（东经 115°13′—115°25′，北纬 39°20′—39°25′），东距北京二百四十余里，因在清东陵和北京之西，故称清西陵（图 10-3-1）。

---

[1] 晏子有：《清东西陵》，中国青年出版社 2000 年版，第 132、133 页。引北京大学图书馆藏《惠陵工程记略》，列举慈禧所下谕旨。如谕旨惠"妃园寝所有券座，着分为两层，前一层石券一座，加罗圈墙一道，后一层砖券三座，外罗圈墙一道"，又谕"着醇亲王前往太妃园寝，敬谨详查一切规制，回京时绘图贴说覆奏"。醇亲王赴景陵皇贵妃园寝覆勘进图后，慈禧下旨称"所有石券一道，着照太妃园寝修建，并添设石五供。其砖券三座，罗圈墙二道，着仍遵前旨办理"。

[2] 晏子有：《清东西陵》，中国青年出版社 2000 年版，第 133 页。记述：遭诸臣抵制后，在开工前慈禧才下旨"所有现修妃园寝，前经谕令添修宝城、方城、明楼暨台五供，罗圈墙，均着撤去，仍修石券一座。其砖券三座着往前挪，外罗圈墙并着收小"。此后，恭亲王又面奉谕旨："现修妃园寝，着毋庸添修配殿，一切规制均照妃园寝修建。"（《惠陵工程记略》）

[3] 惠陵妃园寝有券座（宝顶）四座，分前后两排。晏子有：《清东西陵》（中国青年出版社 2000 年版）第 220、329—331 页介绍，前排宝顶一座，宝顶径 6.78 米，宝顶台基东西面阔 10.18 米，进深 13.37 米，前有五级踏跺，宝顶居中，葬淑慎皇贵妃。后排三座，东起第一座宝顶直径 5.15 米，台基东西面阔 7.85 米，进深 12.95 米，台基前踏跺一座，石阶无存，仅余两侧垂带石；内葬恭肃皇贵妃。居中宝顶直径 4.30 米，台基东西面阔 6.36 米，进深 8.30 米，内葬献哲皇贵妃。最西一座宝顶直径 4.30 米，台基东西面阔 6.40 米，进深 8.30 米，台基前三级踏跺一座，内葬荣惠皇贵妃。四座宝顶红泥脱落，露城砖。

[4] 晏子有：《清东西陵》，中国青年出版社 2000 年版，第 228—230 页。介绍：惠陵妃园寝，最南端有一东西向小河，河上建平桥，桥在正中甬道之南稍偏东。桥身七路豆渣石，桥洞三，栏板失。海墁甬道前端建一路一孔石拱桥，桥面宽 4 米，长 15 米，栏板、望柱、抱鼓石有失。桥东有豆渣石三孔平桥一座，保存较好。宫门前班房无存，1996 年复建。宫门前月台面阔 15.51 米，进深 5.8 米，月台前有石礓䃰。宫门台基面阔 14.17 米，进深 5.15 米。宫门面阔三间，有实榻大门三座（今存者为后补，与原规制不同）。宫门顶残，木构架基本完整。宫门内东侧燎炉无存。享殿五间，面阔 23.04 米，进深 4.85 米。台基面阔 23.86 米，进深 16.24 米。月台面阔 13.13 米，进深 5.15 米，月台前及东西各有石踏跺一座，均高三级。屋顶残，斗拱较完整。享殿后卡子墙一道，三座园寝门。中门面阔 2.96 米，进深 2.84 米，有单檐歇山顶，绿琉璃瓦门楼，已残。门前月台面阔 6.38 米，进深 1.6 米，以高十四级石踏跺与地面相连。角门无门楼，只有一根过木，门簪犹存，面阔 2.79 米，前无月台，以高十四级踏跺与地面相连。园寝围墙北端外侧，有两道青白石筑的挡水坝。

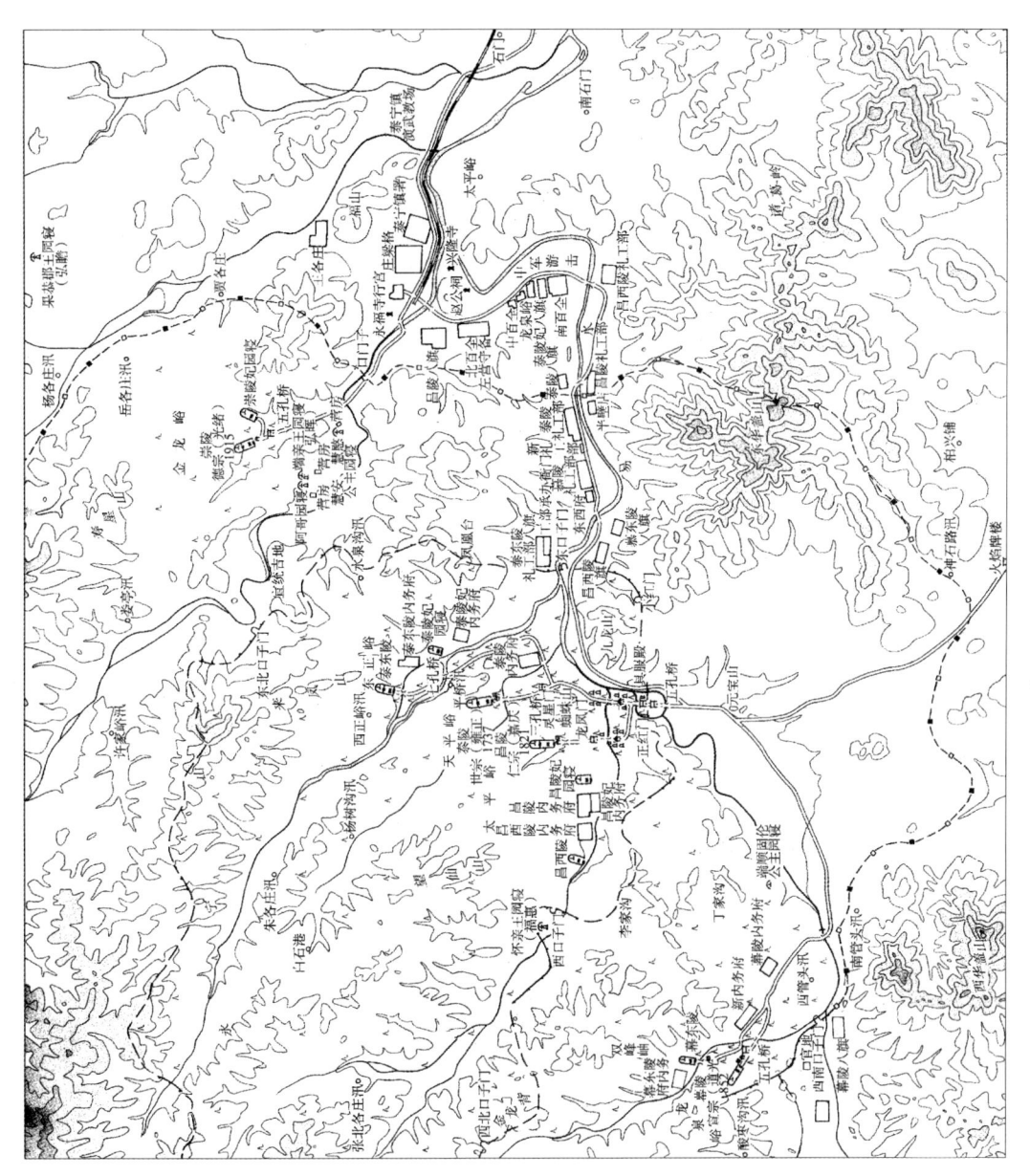

图 10-3-1 河北省遵化市清西陵总平面示意图
（采自《北京历史地图集》）

清西陵的范围，北起奇峰岭，南到大雁桥，东至梁各庄，西抵紫荆关；周边设红桩、白桩和青桩，青桩外又辟二十里官山，陵区周界二百余里（面积小于东陵）[1]，陵园建筑面积约5万平方米，402座建筑（包括千余间殿宇，百余座石雕建筑）。其内有四座帝陵[2]、三座皇后陵、三座妃园寝，共葬四位皇帝，九位皇后，五十七名嫔妃等。此外，在泰陵东6公里的张各庄村还有端亲王、怀亲王、公主、阿哥等园寝（图10-3-1）。在泰陵东6公里的梁格庄西建西陵御用寺庙（永福寺），以及行宫。

清西陵地处丘陵，四面环山（如永宁山、来凤山、大良山等），"襟带百川"。《清朝文献通考·王礼》说：泰陵"在易州三十里永宁山，本名太平峪。山势自太行来，巍峨耸拔，脉秀力丰，峻岭崇山远拱于外，灵岩翠岫环卫其间。前有白涧河（易水）旋绕，而清、滱、沙、滋诸水会之；后则拒马河漾流，而胡良、琉璃、大峪诸水会之，信天设之吉地也"。在如此山高水长的幽境之中，泰陵以永宁山为后龙，蜘蛛山为案山，元宝山为朝山，易水横其前（朱雀水），其南有九龙山和九凤山，以及东、西华盖山对峙，形成左右砂缠绕之势。因此，泰陵乃"乾坤聚秀之区，为阴阳和会之所，龙穴砂水，无美不收，形势理气，诸吉咸备"，其"山脉水法，条理详明，洵为上吉之壤"[3]。而西陵陵区，"北障阴山，四五十里外形成一大围"，"主峰泰宁山崇峦突出"[4]，该山形胜"龙蟠凤翥，源远流长，左右回环，前后拱卫，实如金城玉笋"；"迄下山岗无数，如手之有指，每两岗间平坦开拓处，诸陵在焉，花之瓣，笋之箨，层层包护"[5]。整个陵区山川景观呈现开帐、拱卫、宾主、朝揖之势，水脉则东西分流，汇集于前方，堂局开畅辽阔，树木葱郁，气势宏伟。因此，西陵区诸陵和园寝均处于"山苞川拱"的风水胜境之中。

二　陵区帝陵陵园的形制布局

（一）泰陵

1. 位置、陵主和营建简况

（1）位置和陵主

泰陵在清西陵永宁山南麓天平峪（图10-3-1），陵内合葬清世宗胤禛及孝敬皇后乌

---

[1] A. 中国第一历史档案馆：《清代帝王陵寝》，档案出版社1982年版，第58页。
B. 中国建筑艺术全集编辑委员会编：《中国建筑艺术全集·清代陵墓建筑》，中国建筑工业出版社2003年版。图版说明，第58页说：清西陵"周界七十二公里"。

[2] 晏子有：《清东西陵》，中国青年出版社2000年版，第3页。记述：清朝末代皇帝溥仪，曾在清西陵旺隆村选好万年吉地，从宣统二年（1910）起施工年余，进行了地宫开槽奠基、修建明楼、宝城等工程。辛亥革命后，溥仪逊位，工程停止。1994年，溥仪骨灰埋葬在清西陵境内"华龙皇家陵园"之内。按，溥仪于1967年10月17日病故于首都医院，先葬于北京市八宝山公墓。

[3] 《清世宗实录》卷八九，雍正七年十二月条。

[4] 晏子有：《清东西陵》，中国青年出版社2000年版，第8页。引冯建逵《清代陵寝的选址与风水》。

[5] 晏子有：《清东西陵》，中国青年出版社2000年版，第14页。引（清）孙鼎烈《永宁山扈从记程》。

喇那拉氏，祔葬敦肃皇贵妃年氏。

胤禛，圣祖仁皇帝玄烨四子，母为孝恭仁皇后乌雅氏，康熙十七年（1678）十月三十日寅时生。康熙六十一年（1722）十一月二十日继皇帝位（时年四十五岁），翌年改为雍正元年。雍正十三年（1735）乙卯八月二十三日子刻崩于圆明园（终年五十八岁），同年十一月弘历为父皇上庙号，尊谥："世宗敬天昌运建中表正文武英明宽仁信毅睿圣大孝至诚宪皇帝。"乾隆二年（1737）三月初二日，奉安泰陵地宫。

孝敬宪皇后乌喇那（纳）拉氏，管步军统领事、内大臣、赠承恩公费扬古之女。康熙时圣祖赐册，以乌喇那拉氏为雍亲王嫡妃（康熙三十六年生皇长子赠端亲王弘晖）；雍正元年十二月立为皇后，九年（1731）九月二十九日崩（终年五十余），十二月谥为孝敬皇后。高宗即位，于雍正十三年十一月加上尊谥，"孝敬恭和懿顺昭惠佐天翊圣宪皇后"（嘉庆四年（1799）五月加上"庄肃"二字，二十五年（1820）十二月加上"安康"二字）。乾隆二年三月祔葬泰陵。

敦肃皇贵妃年氏，湖北巡抚、加太傅、一等公年遐龄女（原授一等公、抚运大将军、川陕总督年羹尧之妹），世宗在藩邸时之侧妃。康熙五十四年（1715）生皇四女，五十九年（1720）生皇子福宜，六十年生皇子赠怀亲王福惠，雍正元年五月生皇子福沛；同年十二月册封贵妃。雍正三年（1735）十一月病危，晋皇贵妃，当月二十三日卒。世宗赐谥号为"肃敏皇贵妃"（敦肃）[1]，乾隆二年三月初二日祔葬泰陵[2]。

（2）营建简况

陵址从东陵九凤朝阳山下迁至西陵天平峪

雍正五年（1727）闰三月初十日，派总兵官李楠、钦天监监正明圆等人去东陵勘查龙脉[3]，选定孝陵和景陵东侧的九龙朝阳山下（山在遵化城东北的长城脚下，西临马蹄峪、蔡家峪、甘家峪、罗文峪，山水环绕，东偏南为九泉山，正南以龙山为远朝）为陵址，并随之为营建万年吉地准备建筑材料。但在正式开工之前，又认为陵址不甚理想。胤禛说："此地近依孝陵、景陵与朕初意相合。乃精通勘舆之人再加相度，以为规模虽大而形局未全，穴中之土又带砂石，实不可用"[4]，于是将陵址迁至易州泰宁山（永宁山）天平峪（太平峪）万年吉地[5]。

---

[1] 晏子有：《清东西陵》，中国青年出版社 2000 年版，第 336 页。注②引《清高宗实录》乾隆元年九月乙未谕："敦肃皇贵妃年氏金棺应居右，比考敬宪皇后梓宫稍后。"此外，《易州志》《九朝东华录》等，亦记为敦肃皇贵妃，故认为年氏谥号应为"敦肃"。

[2] 晏子有：《清东西陵》，中国青年出版社 2000 年版，第 336 页。说：清，萧奭《永宪录》卷三所记"后之祔葬泰陵，无肃敏也"，误。认为肃敏皇贵妃确实葬于泰陵内。

[3] 《雍正朝起居注》第二册第 1106 页。

[4] 《清世宗实录》卷八九，雍正七年十二月条。文中所说穴中带砂石，实不可用，乃风水术中"辨土"之术。

[5] 接注[4]"实不可用"之后，又记"今据怡亲王、总督高其倬奏称，相度得易州境内泰宁山（永宁山）天平峪万年吉地，实乾坤聚秀之区，阴阳合会之所。龙穴砂石，无美不收，形势理气，诸吉咸备等语。朕览此奏，其言山脉水法，条理详明，洵为上吉之壤"。

但是，将陵址迁至易州永宁山下，有违典制，胤禛也表示永宁山与孝陵和景陵"相去数百里，朕心不忍"。大臣们为迎合雍正帝遂奏："易州及遵化州地界与京师密迩，同居畿辅，并列神州，其地实未遥远。"此后，雍正帝降旨："大学士、九御等，引据史册典礼陈奏，朕心始安"[1]。最终将陵址定于永宁山天平峪。从而开辟了清朝入关后的第二个陵区。这个变化打破了在同一陵区昭穆葬制度，为弥合违典之嫌，高宗反复权衡之后，于乾隆六十一年（1796）十二月谕旨：自他以后，"嗣后万年吉地，当各依昭穆秩序在东西陵界内分建"（即"父东子西，父西子东"）[2]。这样，泰陵便成为清西陵的主陵[3]。

清西陵泰陵的营建

泰陵的营建大体可分四个阶段。第一阶段，圈地备料[4]。第二阶段，营造泰陵陵园主体建筑。雍正八年（1730）八月十九日兴工，乾隆元年（1736）九月二十六日陵园工程告竣[5]。第三阶段，乾隆二年九月初七日，"恭建世宗宪皇帝圣德神功碑亭，乾隆六年（1741）七月初二日完工"[6]。第四阶段，乾隆朝营造石象生群和石望柱，其完工日期似

---

[1] 晏子有：《清东西陵》，中国青年出版社 2000 年版，第 18 页。引《清世宗实录》卷八九说：胤禛一方面表示，新陵址与孝陵、景陵"相去数百里，朕心不忍"，一方面又命群臣从典籍中寻找迁新陵的依据。群臣详查之后奏，"寻议，历代帝王营建之地，远或千里，近亦二三百里，地脉之呈瑞，关乎天运之发祥。历数千百里蟠结之福区，自非一方独擅其灵秀。今泰宁山太平峪万年吉地，虽于孝陵、景陵相距达数百里，然易州及遵化州皆与京师密迩，实未遥远"，下接"朕心始安"。

[2] A. 中国建筑艺术全集编辑委员会编：《中国建筑艺术全集·清代陵墓建筑》，中国建筑工业出版社 2003 年版，第 58 页。图版说明。
   B. 中国第一历史档案馆藏《上谕档》760 号记载：自乾隆及后世诸帝，"各依昭穆次序，选分东西，一脉相连，不致递推递远"。

[3] 参见本书清东陵，二陵区诸帝陵的方位和营建简况，裕陵的注释。

[4] 晏子有：《清东西陵》，中国青年出版社 2000 年版，第 135 页。引陈宝蓉《清西陵纵横》记述：建陵前首先清理居民和圈地。在建陵区域，将一百五十二里的周界钉立红桩，强令将十九处村庄夷为平地，占用山厂二百处，拆毁大量民房，砍伐大量树木，圈用大量土地。在建陵过程中，共计圈占土地八十三顷六十八亩五分七厘四毫八丝。详情请参见原文。圈地后即开始备料，同书第 136 页据中国第一历史档案馆《工科·建筑工程·陵寝坛庙》等记载，指出楠木从江南、浙江、湖广、广东等处采办，杉木由江南、浙江、湖广、江西采办，铁梨木由广东购觅。据乾隆二年统计，共采办楠、杉木九千九百一十四根，泰陵竣工后，尚余整根香楠木四百一十件，并将其运往东陵，以备修造时应用。所用金砖则行文江南，临清砖行文山东备办。

[5] A.《清高宗实录》卷二七记载：乾隆元年九月二十六日，办理泰陵事务"和硕恒亲王弘晊等奏泰陵工程告竣"。
   B. 中国第一历史档案馆《工科·建筑工程·陵寝坛庙》记载：乾隆二年闰九月十九日，钦差总理太平峪工程事务处议奏万年吉地地宫各券地面铺墁金砖。按，乾隆二年三月初二日，世宗梓宫已奉安地宫，说明此时地宫工程已经完工，故此条史料系年或误，仅供参考。

[6] 中国第一历史档案馆《内务府末文·陵寝事务》第 1993 包：乾隆六年七月初八日钦差总理泰陵圣德神功碑工程事务处具题："泰陵圣德神功碑亭于七月初二日合龙，工程告竣，理合具题。"

在乾隆十三年（1748）之前[1]。

2. 泰陵陵园的形制布局

见图10-3-2、10-3-3。西陵陵区最南端置火焰牌楼，自此北行经五孔石拱桥进入泰陵。泰陵占地面积8.47公顷，海拔382米。在五孔石桥北依次配置石牌坊、大红门、具服殿、大碑楼、七孔石拱桥、望柱、石象生、龙凤门、三路三孔石桥、小碑亭、神厨库、东西朝房、东西班房、隆恩门、焚帛炉、东西配殿、隆恩殿、三座门、二柱门、方城、明楼、宝顶等建筑（参见《建艺·清陵》，彩版一四六）[2]下面分别介绍各部位的形制布局和结构。

（1）神道

见图10-3-2、10-3-3。从南端五孔石拱桥至隆恩门前的神道，前段一路七孔石拱桥南呈直线，桥北至龙凤门间绕蜘蛛山呈向东呈弧曲状，龙凤门北至隆恩门前呈直线；南北段直线部分不对直。

从五孔石拱桥至石牌坊

泰陵南端，青白条石构筑五孔石拱桥，桥身长87米，宽10.94米（参见《建艺·清陵》，彩版一四六）[3]。五孔石拱桥北置三座石牌坊（参见《建艺·清陵》，彩版一四八、一四九），正面东西向一座，两侧南北纵向各一座，呈品字形配置，在大红门前形成门字形广场[4]。三座石牌坊形制、尺寸相同，牌坊高12.75米，台基面阔38.1米，进深8.9米；牌坊整体面阔31.9米，进深2.6米；牌坊中间面阔5.07米，次间面阔4.45米，稍间

---

[1] A. 《清世宗实录》卷八九记载：泰陵兴工前，世宗谕旨：今泰宁山太平峪万年吉地，"一应工料等项，俱着动用内库银两办理，规模制度，务从俭朴。其石象生等件需用石工浩繁，颇劳人力，不必建设，着该部遵行"。

B. 中国建筑艺术全集编辑委员会编：《中国建筑艺术全集·清代陵墓建筑》，中国建筑工业出版社2003年版，第25页。说：据乾隆十三年《工部则例》记载，弘历补建了五对石象生和一对石望柱。其情况后文有说。

[2] A. 前引国家文物局《明清皇家陵寝·清西陵》，第144页说：从五孔石拱桥，"便开始了西陵最长的神路——2.5公里长的泰陵神路"，沿神路往北至宝顶。按，隆恩门之北不属神道范畴。

B. 孙大章主编：《中国古代建筑史》第五卷，中国建筑工业出版社2003年版，第265页。说："自大红门至终端宝城的泰陵轴线共长2.5公里。"

[3] 晏子有：《清东西陵》，中国青年出版社2000年版，第230页。记述：五孔石拱桥，桥面九路青白石条铺墁，每侧栏板三十七块，望柱三十八根，抱鼓石二块。桥孔券脸上有吸水石兽。单勾栏栏板，华板两面刻盒子枋心，掏寻杖，做净瓶如意云子。火焰望柱头，下为莲瓣状巴达马。五孔，桥中孔矢高4.9米，两侧桥孔依次降低。桥保存完好。

[4] 孙大章主编：《中国古代建筑史》第五卷，中国建筑工业出版社2003年版，第265页。说："这种门字形布局的牌坊是乾隆时期惯用手法，如景山寿皇殿前，雍和宫门前皆是如此布置。"

图 10-3-2 河北省易县清泰陵图
（采自《清代帝王陵寝》）

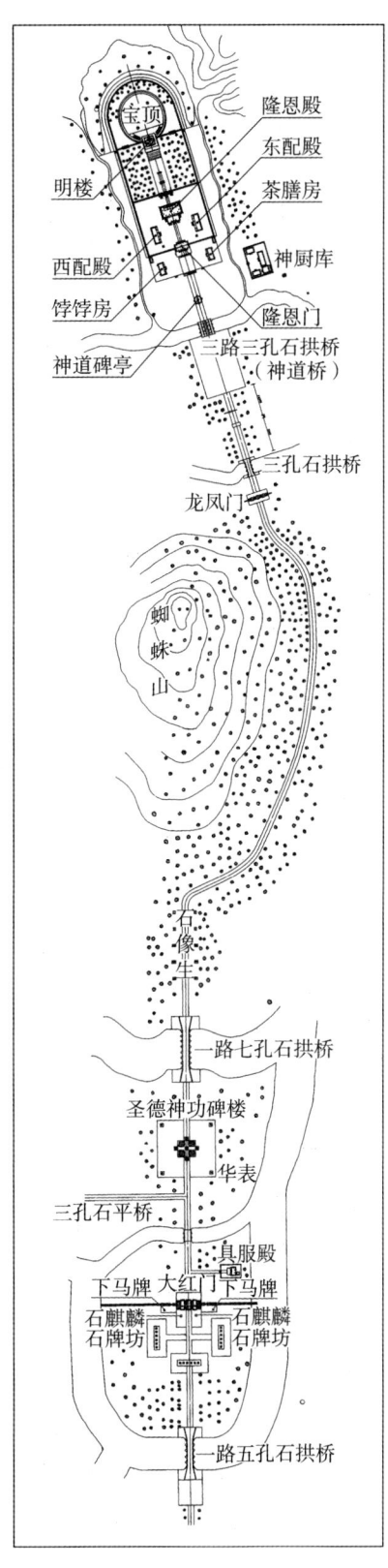

图 10-3-3　河北省易县清西陵泰陵总平面图
(采自《明清皇家陵寝》)

面阔3.78米。石牌坊均五间六柱十一楼,气势雄伟[1]。

石牌坊北至大红门及麒麟、下马牌和具服殿

《清高宗实录》卷三十七记载:泰陵"大红门正在龙蟠虎踞之间,护北面随龙生之旺气,纳南面特朝环抱之水,前朝后拱,天心十道,实天造地设门户"[2]。大红门除平面略大,檐高稍小外,形制与孝陵基本相同(参见《建艺·清陵》,彩版一五〇)。大红门拱券门洞三座,庑殿顶,覆黄琉璃瓦,整体面阔34.8米,进深11.35米,高13.3米。三座门洞,中门面阔5.53米,券洞高6.15米,两次门面阔5.1米,券洞高5.7米。拱券式门洞内有木质上门坎,石制下门坎和石门墩,各有木门两扇,每扇门均高4.5米,宽2.3米,厚0.16米,有纵横各九路铜门钉(中门木门尚存,余二门已斜倚、糟朽)。中门前后各有长1.29米,宽0.55米陛阶石,雕寿山福海、龙凤呈祥图案。大红门两侧各有随墙角门一座(原木栅栏门,已失),其东西两侧有长达四十二里的风水围墙[3]。

大红门前东西对置石雕麒麟(参见《建艺·清陵》,彩版一五〇、一五一),通高3.15米,麒麟高1.58米;基座高1.57米,长2.2米,宽1.57米。麒麟蹲踞在高大的石雕仰覆莲须弥座上,引首向南,雕工细腻,造型精美,程序化特征明显,是乾隆时代石雕艺术的杰作(此种配置,乃是明清帝陵中的孤例)。此外,在大红门随墙角门前侧,对置满、蒙、汉三体"官员人等至此下马"的下马石牌,牌身下戗四块抱鼓石(参见《建艺·清

---

[1] A. 中国建筑艺术全集编辑委员会编:《中国建筑艺术全集·清代陵墓建筑》,中国建筑工业出版社2003年版。图版说明,第60页。说:泰陵石牌坊"同孝陵及明长陵石牌坊相比,除组群布局的空间敛聚效果更强,气势更隆重而外,在同类石牌坊中既属最高,细部构成也并不一致。其中,前后安设夹杆石的柱墩明显加高,顶部靠山兽相对减小,柱墩四面雕饰更别出机杼,明间雕作祥云五爪龙式样,次间为三爪夔龙流云图,稍间改成麒麟青松,构图和雕工均不如孝陵丰满雄劲。此外柱头、额枋及花板上密布图案,因镂刻甚深而凹凸显著,倍显繁富"。又说:"泰陵石牌坊的单体形制以孝陵及明长陵为蓝本,细部做法却颇多变异。最显著的是牌坊的石雕屋顶即枋子瓦片,五座正楼均呈庑殿式样;正楼间各柱头上的夹楼为带有博风板的悬山顶,也称桃山做;两根边柱上的边楼则为裹侧挑山、外侧庑殿;所有屋顶的石雕瓦垄都以滴水居中。值得重视的是,与孝陵及明长陵一律雕成庑殿顶,并以筒瓦坐中大相径庭的这类做法,以至相关比例构成,都正契符著名清代匠籍《牌楼算例·五间六柱十一楼石牌坊分法》。"

B. 晏子有:《清东西陵》,中国青年出版社2000年版,第231页。记述:石牌坊的"结构形式与雕刻,均与清东陵孝陵的石牌坊基本相同。但是其额枋与龙门枋上,雕刻二龙戏珠花纹,与孝陵的雕旋子彩画不同"。又引《刘敦桢文集》二载《易县清西陵》:石牌坊"皆五间六柱十一楼,以青花石缔构,气概极雄伟。唯坊之比例及花纹雕琢,非特不逮明长陵远甚,即视清东陵石坊,亦为拙劣"。

[2] 孙大章主编:《中国古代建筑史》第五卷,中国建筑工业出版社2003年版,第265页。说:"大红门左右有九龙山、九凤山为神道辅翼,行进中两跨流水,自然环境雄伟壮观,是天造地设的陵区入口景观。"

[3] 中国建筑艺术全集编辑委员会编:《中国古代建筑艺术全集·清代陵墓建筑》,中国建筑工业出版社2003年版。图版说明,第61页。说:大红门"凝重的红墙纵贯三道拱门,墙顶石雕冰盘檐绘饰紫、绿、蓝、红相间黑白线的竖纹彩画,覆单檐黄琉璃庑殿顶"。风水墙早年被毁,无存。

陵》，彩版一五〇）。上述情况表明，在大红门前，配合大红门山水秀聚之势（"配合山川之胜势"），呈品字形配置三座石牌坊拱揖陵区入口，使空间氛围更加严整而宏壮。顺应此种严整的空间布局，又在大红门前破例置石麒麟，置陵区警戒标志下马石牌，从而更映衬出大红门的庄严和神圣。

大红门内神道东侧建具服殿（更衣殿、更衣亭），平面呈东西向长方形，周匝红墙，西墙开辟单檐琉璃门（有御路接神道），左右分设随墙门。院内东月台上朝西坐落三间七檩单檐歇山式便殿，后檐墙偏南设门，直对一间五檩硬山顶如意房（净房，即厕所）。房顶和墙顶均覆黄琉璃瓦。

三孔石平桥，圣德神功碑亭和七孔桥

大红门北约百米，与之直对有三孔青白石平桥一座（两侧为实心栏板），其北距大红门千尺之外耸立泰陵前区引导空间的主体建筑圣德神功碑亭（俗称大碑楼，参见《建艺·清陵》，彩版一五三）。碑亭坐落在 94 米×94 米广场正中，亭高 26.05 米，正方形，重檐歇山顶，亭下有须弥座。形制和规模类似景陵，碑亭尺度略逊于孝陵。碑亭四面券门上饰洁白的券脸石，上部及两面刻缠枝西番莲，下有海水江崖，为前所未见的增华。碑亭内设井口天花，仿景陵于亭内中央竖立两座龙首龟趺大石碑（碑龟趺下为石雕水盘，刻海水江崖图案，四角水涡内刻鱼、鳖、虾、蟹四水族）。碑阳额书"大清泰陵圣德神功碑"，满汉二体，汉文篆字。碑身刻高宗亲撰碑文，东碑满文，西碑汉文（制如景陵）。碑亭四隅各立高约 12 米的华表（参见《明清皇家陵寝》图版 53），柱身雕升龙一条，柱身顶部有云版、天盘、上各圆雕蹲龙一只。碑亭北建七孔拱桥（参见《明清皇家陵寝》，彩版 50），桥身长 107 米，宽 21 米[1]，桥洞矢高 4.9 米。桥面砌铺十三路条石，每侧栏板四十七块，望柱四十八根，桥下有豆渣石桥墩，券脸上有吸水兽（清帝陵拱桥券脸上雕吸水兽始于此，吸水兽即螭首）。该桥是清西陵最大的桥，也是陵区唯一的七孔桥。

七孔石桥北至龙凤门

过七孔石桥后，乾隆时于直行神道两侧置望柱一对和石象生五对。望柱形制同于孝陵和景陵（参见《建艺·清陵》，彩版一五四），石象生从南向北分置狮、象、马、武将和文臣，形态基本同于景陵（参见《建艺·清陵》，彩版一五五）。然而，武将文臣像基座上，雕海水江崖和"卍"字（寓意"江山万代"），则为清代帝陵中所仅见。

石象生群北，迎面横卧蜘蛛山[2]，以此为陵前区底景，"甬道系随山川之形势盘旋修理"，即神道东绕呈弧曲状。神道绕蜘蛛山后，在近神道展直的转折点置龙凤门（参见《建艺·清陵》，彩版一五七，《明清皇家陵寝》图版 56），为六柱三门四壁三楼形式，周身饰黄绿琉璃，壁心是鸳鸯荷花图案，（图 10-3-5）其形制大致同孝陵。

---

[1] 晏子有：《清东西陵》，中国青年出版社 2000 年版，第 233 页。说：七孔桥，桥身长 105.2 米，宽 10.94 米，桥洞矢高 4.9 米。

[2] A. 晏子有：《清东西陵》，中国青年出版社 2000 年版，第 234 页。说：蜘蛛山为人工堆成。
B. 蜘蛛山在大红门北约 700 米，七孔石桥北约 200 米。

龙凤门北至隆恩门前

过龙凤门后抵三孔拱桥，桥面铺十三路条石，复侧栏板十三块，火焰柱头望柱十二根，每侧桥头有抱鼓石二块。三孔拱桥北过悠长的松墙抵三路三孔神道桥（参见《明清皇家陵寝》图版58），桥身长24.3米，宽4.3米，中孔矢高3.3米，三桥之间以栏板和望柱相连接形成整体。每路桥形制相同，均三孔石券，券脸上雕石螭首，桥面皆铺七路条石，柱头雕龙凤图案。

在三路三孔神道桥北神道上置神道碑亭（参见《建艺·清陵》，彩版一五八）[1]，其形制与景陵基本相同，但比景陵增加了券脸石，券脸石上雕西番莲枝蔓。亭内碑一统，碑额镌满汉二体"大清"二字，汉字篆体。碑阳刻"世宗敬天昌运建中表正文武英明宽仁信毅大孝至诚宪皇帝之陵"，满（居中）、蒙（居左）、汉三体字，汉字右下角有方形"乾隆尊亲之宝"篆章。在神道碑亭之东建神厨库，从神道至神厨库的马槽沟上架一孔青白石平桥。神厨库平面呈南北长方形，其内建南北神库和神厨及省牲亭（图10-3-6）。神厨库之外有井亭，黄瓦盝顶，四柱飞檐，亭顶露天，井口直径1.5米。在神道碑亭之北的泊岸上建东西朝房，朝房面阔五间，进深三间，前有走廊，有一斗二升交麻叶式斗拱。东西朝房之北外侧建东西班房。再北至隆恩门前（图10-3-4）。

前述龙凤门的布局，巧妙结合风水地势，利用神道由曲展直的空间转折，直接以形取胜。它一方面与其北的诸建筑序列密切、紧凑有机地相连，逐渐由纵向构图变为横向画面，强化展现出空间转换的效果；又透过火焰牌坊柱门

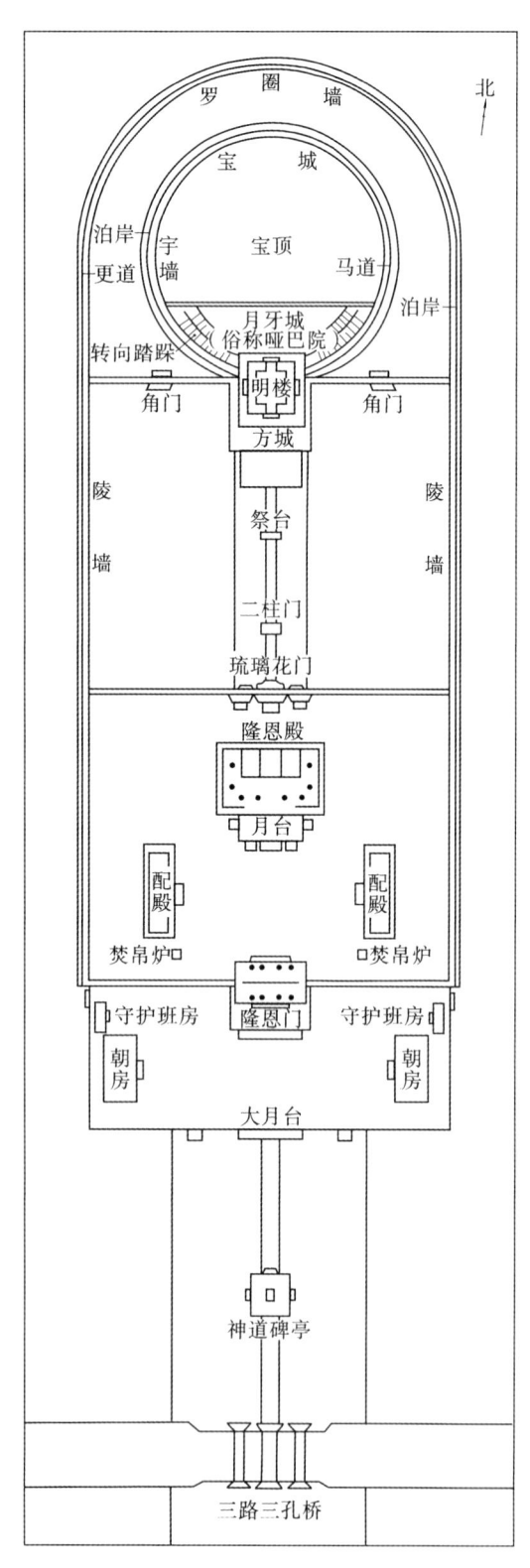

图10-3-4　河北省易县清泰陵陵园平面示意图
（采自《清东西陵》）

[1] 晏子有：《清东西陵》，中国青年出版社2000年版，第234页。说："三孔桥与神道碑亭之间有一道东西向的砂山，实为泰陵的近案。"按在已刊布的平面图中无显示。

构成简洁有力的过白景框，映出后部建筑群近形的丰姿和远势的气魄（参见《建艺·清陵》，彩版一五七）。其空间意境，既符合"配合山川之胜势"的创作理念，又形成了陵寝空间组织程序中重要仪门难得的艺术效果，达到了出神入化的境界，堪称匠心独具的杰作。

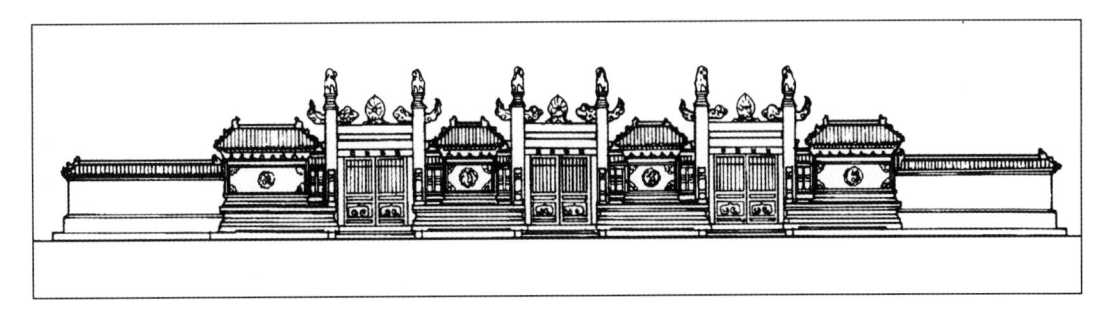

图 10-3-5　河北省易县清西陵泰陵龙凤门立面图
（采自《中国古代建筑史》第五卷）

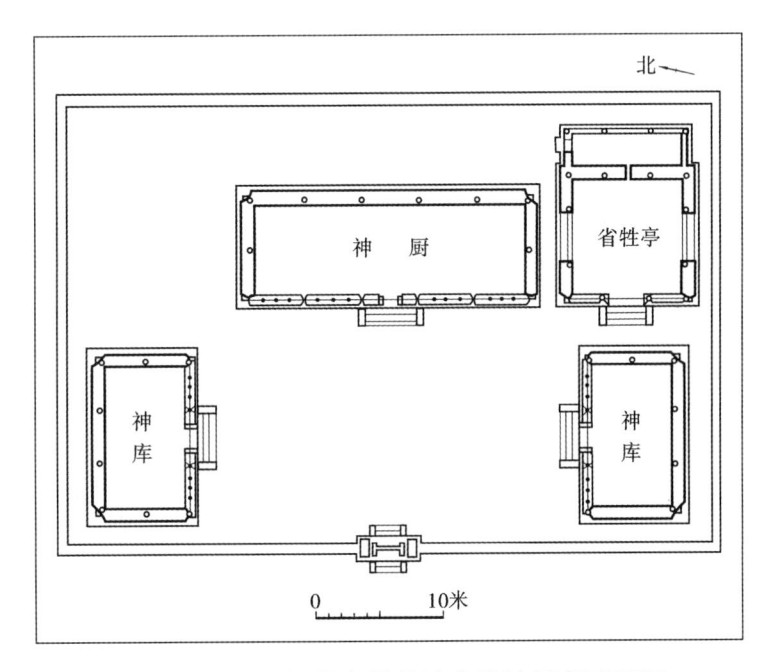

图 10-3-6　河北省易县清泰陵神厨库平面图
（采自《清东西陵》）

（2）陵宫

见图 10-3-4；参见《明清皇家陵寝》图版 57。

陵宫前院

陵宫入口隆恩门建于月台上，月台前有石礓磙。隆恩门面阔五间，进深二间，重檐歇山顶，三踩单昂斗拱，覆黄琉璃瓦。门有天花支条，中门上悬铜镏金、满蒙汉三体"隆恩门"匾额。隆恩门两侧壁北折，以高大朱红围墙形成结构谨严的陵宫两层院落。

隆恩门内庭院砖石墁地，院内的东西燎炉（高4米，长3米，宽2.13米，饰黄琉璃）、东西配殿、居中建于石雕须弥座高台上的隆恩殿之形制布局均仿景陵。隆恩殿前周匝雕栏须弥座式大月台上（参见《建艺·清陵》，彩版一五九），按孝陵以来规制对称陈置鼎式铜香炉一对（参见《建艺·清陵》，彩版一六〇），铜鹿和铜鹤各一对（已失）。隆恩殿内金砖铺地，明间四根金柱沥粉贴金饰海水江崖和缠枝宝相花，其余各柱漆红。天花周边斗拱露明，大梁及随梁间安隔架斗拱，梁枋饰金钱大点金彩画，枋心饰"江山一统"和"普照乾坤"。殿内偏北居中三间暖阁，槅扇门内设弧形仙桥达石雕须弥座上的木神龛，龛挂帷幔，安宝床，铺衾枕。中间明间供奉世宗神主牌位，外挂织金九龙黄锦缎幔帐。东次间供奉孝敬宪皇后神主牌位，西次间供奉敦肃皇贵妃神主牌位，幔帐织金九凤。暖阁前东为金漆盘龙宝座，西为金漆御凤座，前置供案，案上陈珐琅五供，旁立薰炉、朝灯和龙亭等（参见《建艺·清陵》，彩版一六一），以供祭祀使用。隆恩殿北的卡子墙正中辟陵寝门（三座琉璃花门），门单檐歇山顶，覆黄琉璃瓦。中门略大，门垛下有须弥座、施琉璃中心花和岔角花；冰盘檐子为琉璃砖。左右二门无琉璃花和琉璃冰盘檐子。

陵宫后院

出陵寝门入陵宫后院，依次置二柱门、石五供和方城明楼的前面部分。二柱门的二根石柱雕蹲龙，中为夹山顶（制略同单间牌楼门），彩画漫漶。二柱门和石五供（下面须弥座宽6.43米，厚1.66米，高1.47米）的形制仿景陵（参见《建艺·清陵》，彩版一六二）。

（3）方城明楼、哑吧院和宝顶宝城

见图10-3-4。

方城明楼

（参见《建艺·清陵》，彩版一六二、一六三）

方城（长宽各20.55米，高15.4米）明楼及带有随墙角门的卡子墙仿景陵，但方城前月台的台明全部砌青白石，则为清代帝陵中的孤例。明楼方三间，四面红墙各辟一双心券门洞，安菱花槅扇门，墙顶斗拱挑出重檐黄琉璃歇山顶。正面上檐悬满汉蒙三体镏金"泰陵"木质斗匾。明楼内藻井天花吊顶，楼内中央竖圣号碑（明楼碑）。二龙戏珠碑首刻满汉二体"大清"字样；碑身髹朱砂，镌刻满蒙汉三体填金"世宗宪皇帝之陵"字样，碑右下方有"乾隆尊亲之宝"篆章一枚；碑下有方形仰覆莲石雕须弥座。

哑吧院（参见《建艺·清陵》，彩版一六三）

方城明楼后部的哑吧院即包括月牙城、琉璃影壁和转向蹬道仿景陵，但平面尺度加大。如月牙城比景陵展长三丈余，因而成为清代帝陵中规模最大的哑吧院。

宝顶宝城和罗圈墙

宝顶宝城圆形，建筑形制结构仿景陵，但宝顶宝城高度略降，径围增大（面积为3600余平方米，宝城周长超过景陵十六丈余），由此又导致哑吧院的扩大。罗圈墙的形制结构同孝陵和景陵。

综上所述，泰陵的形制布局总的来看，其陵宫建筑群、圣德神功碑亭和华表、望柱和五对石象生等，均仿景陵规制。蜘蛛山北以龙凤门为陵区前后分界，仿自孝陵。泰陵碑亭等雕石券脸、石拱桥券洞龙门券雕螭首，方城前月台台明砌青白石，大红门外置一对石麒麟和品字形配置的三座石牌坊，宝顶宝城呈正圆形，哑吧院扩大等则为其独有的特点，其"配合山川之胜势"的布局艺术也有独到之处。总之，泰陵是清西陵建置最早的主陵，陵园形制布局虽仿孝陵和景陵，但也多有变化，因而成为清代东西陵中规模最宏伟，体制最完备的帝陵陵园之一。

(二) 昌陵、慕陵、崇陵陵园的形制布局

1. 昌陵

(1) 位置、陵主和营建简况

位置和陵主

昌陵在泰陵西南二里的太平峪（图 10-3-1）。该陵址是乾隆帝为贯彻东西陵昭穆葬制度，在其退位为太上皇之后钦赐给颙琰的。

昌陵合葬清仁宗颙琰及孝淑皇后喜塔腊氏。颙琰清高宗弘历第十五子，乾隆二十五年（1760）十月初六日丑时生于圆明园的"天地一家春"，母为贵妃魏佳氏（后追封孝仪纯皇后）。乾隆三十八年（1773），颙琰被以缄名方式内定为储君，乾隆六十年（1795）正式立为太子，嘉庆元年（1796）正月初一日受高宗内禅即帝位（时年36岁）。嘉庆二十五年（1820）七月二十五日戌刻病逝于热河避暑山庄（终年61岁，在位25年），停灵于澹泊敬诚殿内。八月十二日梓宫开始返京，二十二日抵京师，停放于乾清宫，九月初十日移到景山观德殿暂安。十月，旻宁为大行皇帝上庙号：仁宗；尊谥："受天兴运敷化绥猷崇文经武孝恭勤俭端敏英哲睿皇帝。"（道光三十年即1850年，五月文宗又加上"光裕"二字）道光元年（1827）三月二十三日，仁宗梓宫奉安昌陵地宫。

孝淑睿皇后喜塔腊氏，原任总管内务府大臣、副都统、追封承恩公和尔经额之女。乾隆三十九年（1774）高宗赐册为皇子嫡福晋，四十五年（1780）生皇二女，四十七年（1782）八月生皇二子绵宁（宣宗皇帝），四十九年（1780）生皇四女庄静固伦公主。嘉庆元年正月以太上皇旨意立为皇后，二年（797）二月初七日病逝，梓宫停放于静安庄，五月谥孝淑皇后。嘉庆八年（1803）十月十七日，梓宫奉安昌陵地宫。道光、咸丰累加谥，曰孝淑端和仁庄慈懿光天佑圣睿皇后。

营建简况

昌陵开工于嘉庆元年（1796），完工于嘉庆八年（1803），营建情况《清实录》未详载。嘉庆十三年（1808），昌陵多处发现渗漏等质量问题，明楼、殿、碑亭作法也不如式，故相应部位重修。甚至在嘉庆二十五年九月初五日仍督办相关修缮事宜，六日"定仁宗睿皇帝山陵名曰昌陵"，十一月初八日又派员承办昌陵隧道、琉璃景壁、龙山石、自来石、册宝石几等项工程。此后，道光元年（1821）六月，确定在昌陵五孔桥南神路正中，距五孔桥二十二丈五尺，子山午向建圣德神功碑（方位甚吉）；道光十一年（1831）二月二十二日宣宗"恭阅昌陵大碑楼"[1]。

---

[1]《清宣宗实录》卷一八四。

（2）陵园形制布局

见图 10-3-7、10-3-8。昌陵尊泰陵为主陵，从图 10-3-7、10-3-8 和相关记载来看，昌陵陵园的形制布局除陵前未建石牌坊、大红门、具服殿等外，其形制布局、配置序列和规模既仿泰陵，又有一些独自的特点。比如：其一，昌陵圣德神功碑亭前有与泰陵相接的神道，这是清西陵中唯一有神道与主陵相接的帝陵。其二，昌陵圣德神功碑亭和华表是清代帝陵同类碑亭和华表的终结之作（参见《建艺·清陵》，彩版一七五、一七六），其规制虽与前代帝陵同类建筑一脉相承，但也有超越之处。如碑亭规模尺度略同孝陵，然而檐高加大，规模也逾其他帝陵，亭内双碑尺度则超过所有帝陵。华表的径围和高度，以及雕镂的深度则为清代帝陵中所仅见[1]。其三，昌陵陵园地势平坦，无其他帝陵那样的影壁山或蜘蛛山，故圣德神功碑亭之北仿泰陵规制的五孔大石桥，望柱（一对）和狮、象、马、武将、文臣五对立姿石象生及仿泰陵的龙凤门，向北坦荡直行，一气呵成抵陵宫建筑群（图 10-3-7，参见《建艺·清陵》，彩版一七七)[2]。其四，隆恩门亦采用过白手法，但其结构于单檐黄琉璃歇山顶下，桁檩和檩枋之间均安设垫板，两梢间各以扒梁承托踩步金梁而形成歇山构架，则与其他帝陵隆恩门或园寝宫门檩下不用垫板，歇山构架采用挑金造的通行做法有明显区别[3]。其五，隆恩殿的形制规格仿泰陵（参见《建艺·清陵》，彩版一八〇），其与泰陵隆恩殿的差别有二。一是据内务府档案记载，昌陵隆恩殿"东次间暖阁内，遵旨依裕陵隆恩殿内仙楼式样成做，楼上安供佛像、供案，下安设宝床"，不同于泰陵隆恩殿。二是殿内地面铺墁花斑石（紫花石，每块 62 厘米见方），磨光烫蜡，若宝石般绚丽，与其他帝陵铺墁金砖不同。其六，据《大清会典事例》记载，二柱门、石五供和方城明楼的面阔、进深和高度都超过前代帝陵（参见《建艺·清陵》，彩版一八二）。如二柱门的面阔和高度分别比前代帝陵二柱门增大六尺以上，为清代最大的二柱门。由于嗣后各帝陵不建二柱门，它又成为清代陵寝中最末一座二柱门[4]。其七，昌陵宝顶、宝城、哑吧院、月牙城、琉璃影壁，两翼的转向蹬道等的形制和规模仿裕陵，故与泰陵也有一定的差异（参见《建艺·清陵》，彩版一八三)[5]。

---

[1] 中国建筑艺术全集编辑委员会编：《中国建筑艺术全集·清代陵墓建筑》，中国建筑工业出版社 2003 年版。图版说明，第 70 页。

[2] A. 晏子有：《清东西陵》，中国青年出版社 2000 年版，第 237 页。说：昌陵与泰陵相同，神道碑亭前有砂山一道，神道至此随之蜿蜒起伏，从而在视觉上收到了步换景移效果。按此说在已刊布的平面图中无显示。
B. 中国建筑艺术全集编辑委员会编：《中国建筑艺术全集·清代陵墓建筑》中国建筑工业出版社 2003 年版。图版说明，第 71 页说：龙凤门北至陵宫建筑群，"无论各单体建筑的基本规制或是整体布局形式都直接仿自泰陵，以致这两组毗邻的陵宫建筑群竟相似到了难分轩轾的罕见地步"（参见《建艺·清陵》，彩版一七〇、一七九）。

[3] 中国建筑艺术全集编辑委员会编：《中国建筑艺术全集·清代陵墓建筑》，中国建筑工业出版社 2003 年版。图版说明，第 72 页。

[4] 中国建筑艺术全集编辑委员会编：《中国建筑艺术全集·清代陵墓建筑》，中国建筑工业出版社 2003 年版。图版说明，第 73 页。

[5] 中国建筑艺术全集编辑委员会编：《中国建筑艺术全集·清代陵墓建筑》，中国建筑工业出版社 2003 年版。图版说明，第 73 页。

2. 慕陵

(1) 位置、陵主和营建简况

位置和陵主

慕陵在泰陵西南约十二里的龙泉峪（图 10-3-1），合葬清宣宗旻和孝穆皇后钮祜禄氏、孝慎皇后佟佳氏、孝全皇后钮祜禄氏。

旻宁为仁宗第二子，乾隆四十七年（1782）八月初十日寅时生于撷芳殿中所，生母为颙琰嫡妃喜塔腊氏。嘉庆四年（1799）四月初十日仁宗密定皇储，缄其名于匣中。嘉庆十八年（1813）九月，因其镇压冲入紫禁城的起义军有功，仁宗特旨封为和硕智亲王。嘉庆二十五年（1820）八月二十七日即帝位（时年 39 岁），以明年为道光元年（1821），并将御名由绵宁改为旻宁。道光三十年（1850）正月十四日薨于圆明园慎德堂（在位 30 年），终年六十九岁。咸丰二年（1852）三月初二日，宣宗梓宫奉安慕陵地宫。庙号谥号全称为"宣宗效天符运立中体正至文圣武智勇仁慈俭勤孝敏宽定成皇帝"。道光时期，1840 年爆发鸦片战争。

孝穆成皇后钮祜禄氏，一等子、户部尚书、赠三等公布彦达贽女。嘉庆元年（1796）十一月奉仁宗赐册，立为绵宁嫡福晋。嘉庆十三年（1808）正月二十一日卒，暂安于王佐村，嘉庆二十五年（1820）宣宗即位，追封为孝穆皇后。道光七年（1827）九月二十二日正式入葬清东陵宝华峪万年吉地地宫。道光八年九月，宝华峪地宫渗水，九年五月丁酉孝

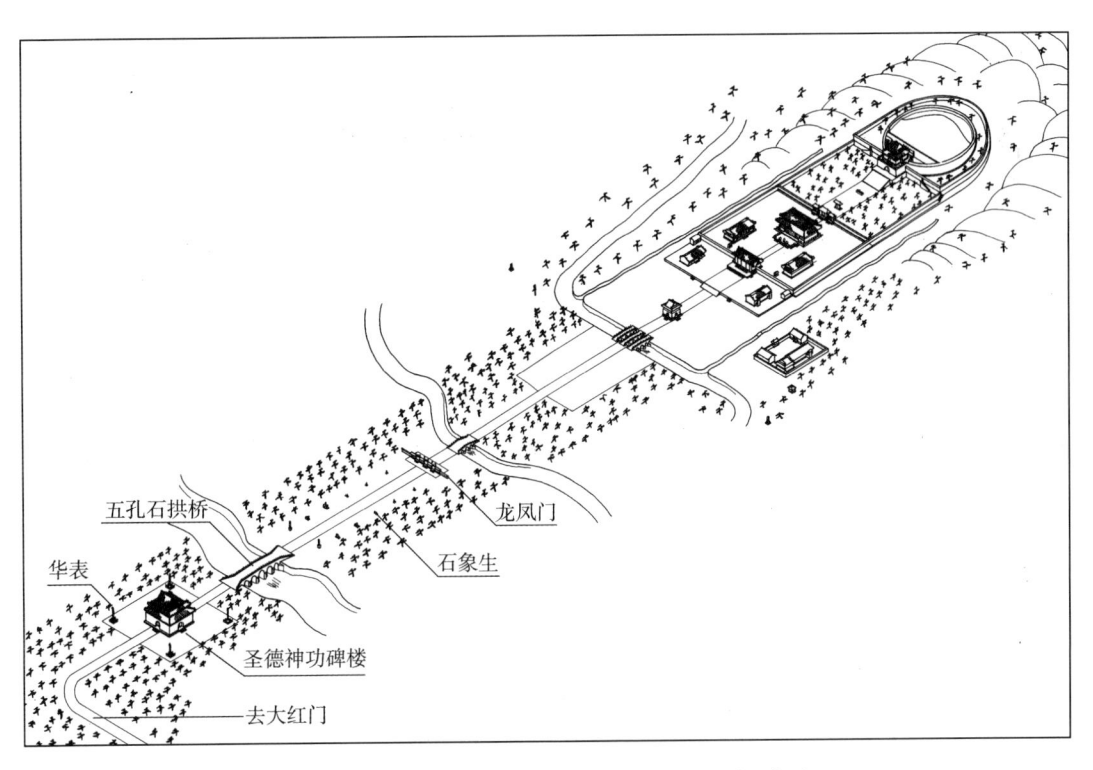

图 10-3-7　河北省易县清西陵昌陵鸟瞰图

（采自《明清皇家陵寝》）

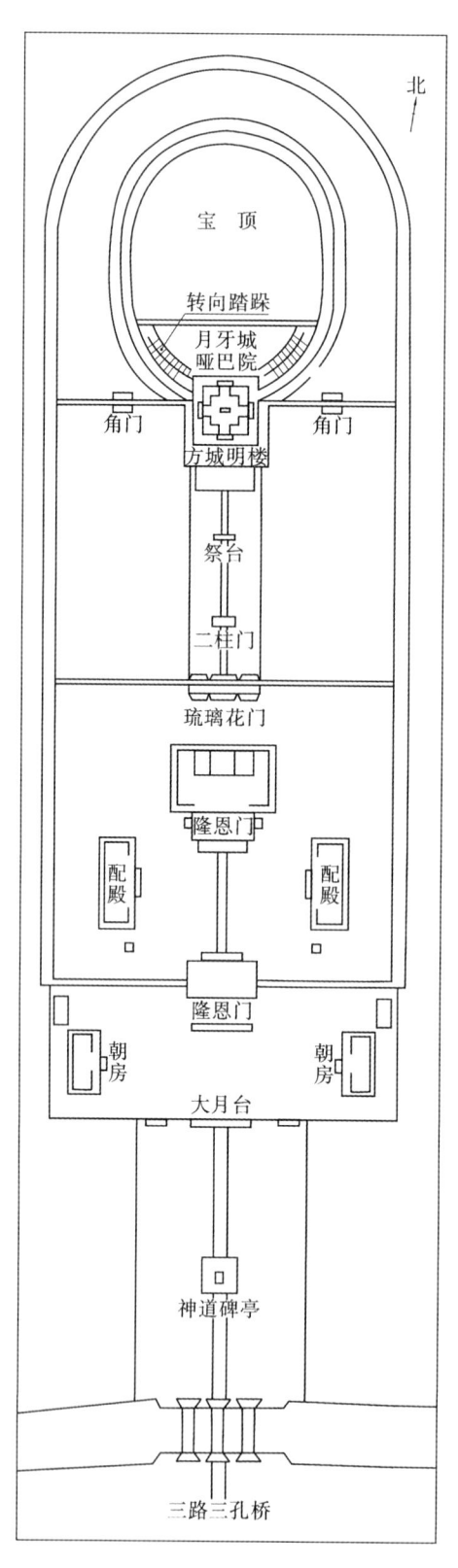

图 10-3-8　河北省易县清昌陵平面示意图

（采自《清东西陵》）

穆皇后梓宫从地宫启出，暂安于宝华峪正殿。道光十五年（1835）十二月乙丑，迁葬清西陵龙泉峪地宫。道光三十年（1850）九月，文宗加上尊谥，"孝穆温厚庄肃端诚孚天裕圣成皇后"，咸丰十一年（1861）穆宗加上"恪惠"二字，光绪元年（1875）六月又在"恪惠"后加上"宽钦"二字。

孝慎成皇后佟佳氏，世袭三等承恩公、追封一等公舒明阿女。嘉庆十三年钮祜禄氏死后，仁宗赐册佟佳氏为皇子绵宁继妃。嘉庆十八年（1873）生皇长女端悯固伦公主，道光二年（1822）十一月册立为皇后。道光十三年（1833）四月二十九日崩，七月谥为孝慎皇后，道光十五年（1835）十二月乙丑，与孝穆成皇后同时葬入龙泉峪地宫。经咸丰、同治、光绪三朝累次上谥，全称为"孝慎敏肃哲顺和懿诚惠敦恪熙天诒圣成皇后"。

孝全成皇后钮祜禄氏，二等侍卫、世袭二等男、赠一等承恩侯、晋赠三等承恩公颐龄女。嘉庆十三年（1808）二月二十八日生，道光初年入宫，封全嫔。道光三年（1822）十月册晋全妃；五年（1825）二月生皇三女端顺固伦公主，四月晋全贵妃；六年（1826）生寿安固伦公主，十一年（1831）六月生皇四子奕詝。道光十三年（1833）晋皇贵妃摄六宫事，十四年（1834）十月立为皇后。道光二十年（1840）正月十一日崩，终年三十三岁。宣宗赐谥孝全皇后，当年十一月梓宫奉安于龙泉峪地宫。经咸丰、同治、光绪三朝累次上谥，全称为"孝全慈敬宽仁端悫安惠诚敏符天笃圣成皇后"。

陵址从东陵迁至西陵

旻宁初遵守东西陵昭穆葬制度，选清东陵绕斗峪为万年吉地。道光元年（1821）十月十八日卯时绕斗峪破土兴工，二年（1822）三月五日改绕斗峪为宝华峪，道光七年（1827）完工（同年九月孝穆成皇后入葬）[1]。道光八年九月，发现地宫浸水，遂废。道光十一年（1831）二月，又在西陵选龙泉峪为万年吉地，重新营建陵园。

西陵龙泉峪陵园营建简况

龙泉峪万年吉地在道光十一年（1831）十一月初八日酉时，于丁壬二方动土兴工（使用了宝华峪万年吉地拆卸下来的木料）[2]。道光十五年（1835）九月初二日，宣宗亲

---

[1] A. 晏子有：《清东西陵》，中国青年出版社2000年版，第141页。记述：按宣宗意见，"宝华峪"万年吉地，宝城内月台，以及碑亭要酌量裁减。对传统的地宫作法，也进行了改动。将地宫券顶上瓦琉璃瓦起脊，金券内镌刻经文、佛像，以及陵寝门内的二柱门，全部裁掉。石象生量为收小，大殿举架落矮。基本上体现了宣宗"一切工程务从朴实"的思想。

B. 中国建筑艺术全集编辑委员会编：《中国建筑艺术全集·清代陵墓建筑》，中国建筑工业出版社2003年版，第26页。记述：宣宗下旨，宝华峪万年吉地要"黜华崇实"，"但只是简化地宫装修，撤掉二柱门而已，其它建筑规制仍一如景陵"。

[2] 《清宣宗实录》卷二一九记载：道光十二年九月十一日，宣宗谕马兰镇总兵特登额等，宝华峪东西朝房、神厨库、省牲亭、妃衙门、享殿、宫门，均着于闰九月二十七日起陆续拆卸。其碑亭及礼部衙署、内务府大小营房，八旗营房，着于明岁择日拆卸。其各处拆卸木植，统行运至龙泉峪工次，以备建盖各座之用。

"诣龙泉峪阅视宝城及妃园寝",十二月十一日孝穆、孝慎二后梓宫奉安于龙泉峪地宫,道光十六年(1836)龙泉峪万年吉地竣工。道光三十年(1850)六月,礼部遵旨在慕陵神道碑亭正面镌刻满蒙汉三体宣宗谥号。咸丰元年(1851)七月二十日,为便于宣宗梓宫奉安,又督办"慕陵隧道工程",同时在院内搭候时芦殿、院内外支搭戗桥。

(2) 陵园形制布局

见图10-3-9、10-3-10。宣宗标榜节俭谦抑,在营造陵园上"黜华崇俭",追慕关外先祖陵规制"敬绍先型,谨遵前制",并"以节经降旨,概从樽节,俾世世子孙,仰体此意,有减无增"[1]。准此,宣宗自出机杼,又具体确定慕陵规制,较前代帝陵形制变化

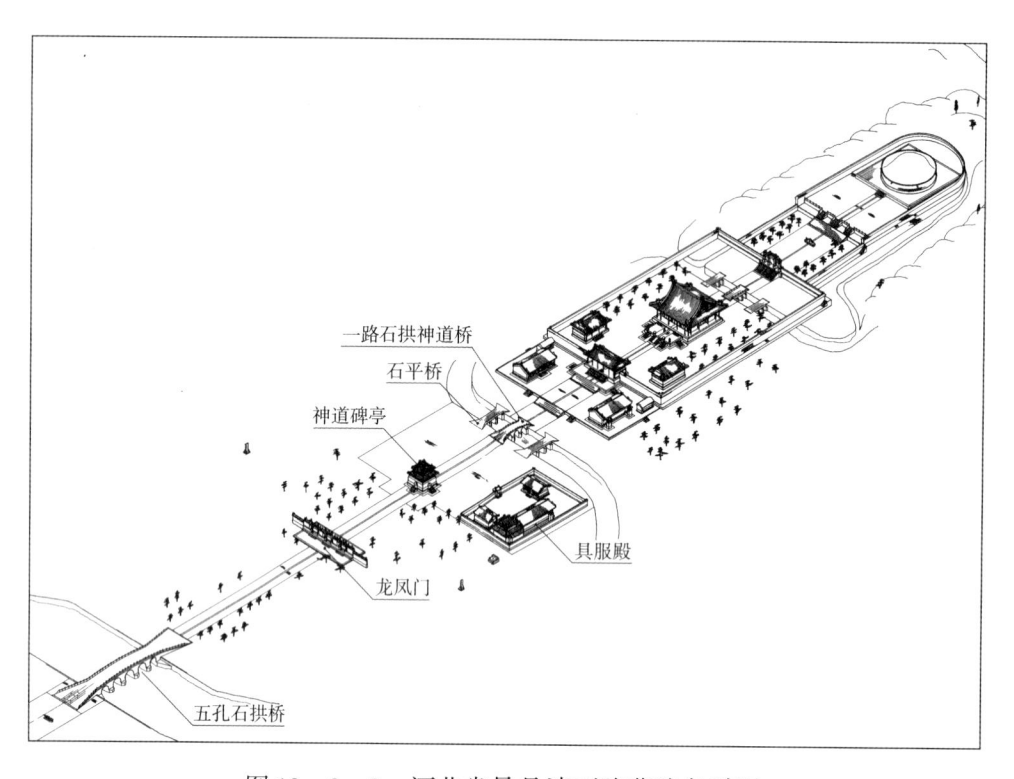

图10-3-9　河北省易县清西陵慕陵鸟瞰图
(采自《明清皇家陵寝》)

---

[1] A. 晏子有:《清东西陵》,中国青年出版社2000年版,第142页引《清宣宗实录》卷一八四,记述龙泉峪万年吉地开工前,下旨"将来建立规模,因地制宜,一切俱从俭约,以副朕之素志"。

B. 孙大章主编:《中国古代建筑史》第五卷,中国建筑工业出版社2003年版,第282页。引《东华续录》道光六:"朕于嘉庆二十三年随侍皇考仁宗睿皇帝巡幸盛京,恭谒祖陵,瞻仰桥山规制,实可为万世法守。朕敬绍先型,谨遵前制……是以节经降旨,概从樽节,俾世世子孙,仰体此意,有减无增。"

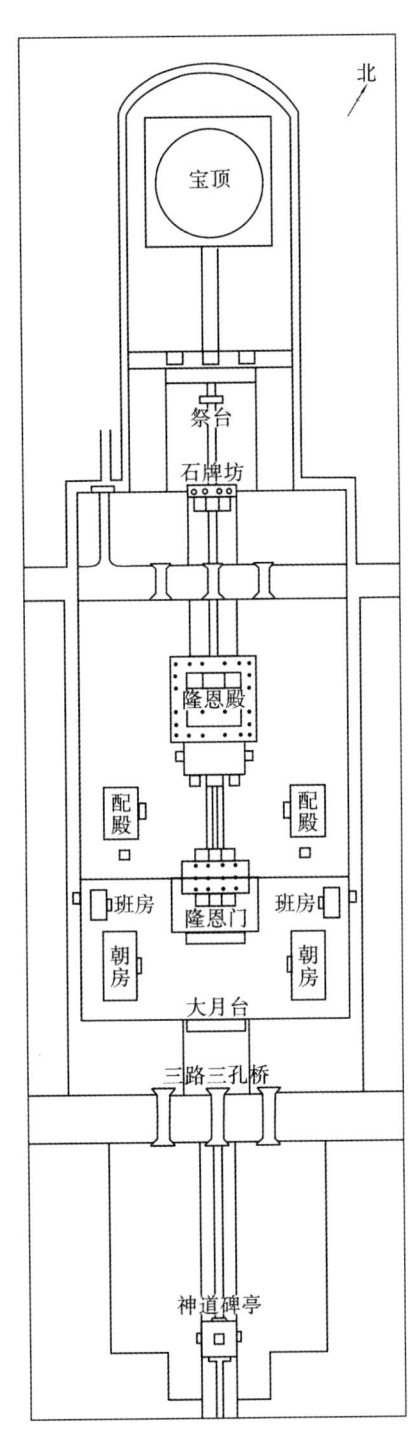

图0-3-10 河北省易县清慕陵平面示意图
（采自《清东西陵》）

很大[1]，故慕陵的形制布局在清陵中最为特殊。其表现大致如下：

第一，禁建圣德神功碑亭和华表[2]，裁掉望柱和石象生，以致慕陵陵园南部前区仅有五孔石拱桥（券脸上有螭首）和仿自昌陵的龙凤门（参见《明清皇家陵寝》图版68，《建艺·清陵》，彩版一九一、一九二）[3]；以及龙凤门北两侧的下马石牌[4]，门北的神道碑亭（参见《建艺·清陵》，彩版一九一）[5]与亭东侧的神厨库和井亭[6]。

第二，神道碑亭后的神道桥，由传统的三路拱桥变为一路拱桥，拱桥的东西两侧又各建一无栏石平桥[7]。桥北泊岸上建东西朝房和东西班房[8]。

---

[1] 晏子有：《清东西陵》，中国青年出版社2000年版，第142页引一史馆藏《上谕档》夏季档，记述慕陵开工前，旻宁曾下谕："酌改宝城规制，方城明楼，穿堂诸券，琉璃花门，石象生俱着撤去，大殿三间单檐，成伏甬路不必接至大红门。至地宫、宝顶、月台、丹陛并建石碑楼一座，俱照所议办理，宫门前着建一路三孔桥。其太监营房毋庸建造。"并叮嘱"该承办大臣等务当抑体朕意，概从樽节，以副朕黜华崇俭之初志"。

[2] 中国建筑艺术全集编辑委员会编：《中国建筑艺术全集·清代陵墓建筑》，中国建筑工业出版社2003年版，第27页。说："道光三十年旻宁临终前，以鸦片战争失败丧权辱国，愧对祖宗，遗命严禁建立圣德神功碑亭和华表。"此后清代帝陵不再建圣德碑亭。

[3] 在清东西陵中，世祖孝陵仿明长陵建龙凤门，圣祖景陵建四柱三门冲天式牌楼，世宗泰陵建龙凤门，高宗裕陵仿景陵建冲天牌楼门，仁宗昌陵建龙凤门。宣宗在东陵宝华峪万年吉地建五间六柱冲天式牌楼门，陵址迁到西陵时则仿昌陵建龙凤门。为此，《清宣宗实录》卷二四一记载旻宁特地谕命：景陵牌楼门，"嗣后俱着书写龙凤门，以昭画一"。上述情况表明，牌楼门和仪凤门在陵寝仪礼功能上基本相同。慕陵龙凤门过白映视神道碑亭，龙凤门间的琉璃照壁富丽堂皇。

[4] 下马石牌的形制同其他帝陵。

[5] A. 龙凤门之北置神道碑亭。晏子有：《清东西陵》，中国青年出版社2000年版，第239页。记述：慕陵神道亭规模小于前代诸陵，碑亭须弥座正方形，面阔、进深均12.60米，高1.25米；碑亭面阔进深约8.65米，四面券洞门宽2.21米，门前各有八级踏跺。券洞门上有券脸石，上刻缠枝西番莲。亭内石碑碑阳刻满蒙汉三体"宣宗效天符运立中体正至文圣武智勇仁慈俭勤孝敏成皇帝"谥号，碑阴刻嗣皇帝奕詝亲撰碑文。按，清代其他帝陵碑文均刻于圣德神功碑，是慕陵神道碑将其他帝陵神功碑与神道的作用合于一体。此现象，在清陵中绝无仅有。

B. 中国建筑艺术全集编辑委员会编：《中国建筑艺术全集·清代陵墓建筑》，中国建筑工业出版社2003年版，图版说明，第76页说："旻宁还曾含混遗谕'着于明楼碑上镌刻大清某某皇帝清汉之文，碑阳即可镌刻陵名'；但慕陵营建时已遵旨罢建方城明楼，嗣皇帝奕詝最终只得'撰成慕陵碑文一篇……镌于隆恩门外碑石'即神道碑阴。"第80页说："清文宗奕詝继统后曾派员核查前朝各陵规制，拟出改建宝城和添建方城明楼的方案，但受各种因素制肘，最终并未实现。"

[6] 神厨库和井亭，形制同前代帝陵，参见晏子有：《清东西陵》，中国青年出版社2000年版，第246页。

[7] 晏子有：《清东西陵》，中国青年出版社2000年版，第240页。记述：一路拱桥，桥面铺墁五路条石，有栏板、望柱和抱鼓石。东西两侧平桥，汉白玉桥身，五孔，桥面五路条石，无栏板。

[8] 东西朝房和班房规模和形制同其他帝陵，其形制见晏子有：《清东西陵》，中国青年出版社2000年版，第240页。

第三，陵宫内的建筑彻底改制，隆恩门[1]内除东西燎炉形制同其他帝后陵外（燎炉已无存），第一个变化是东西配殿规模变小，面阔由传统的五间缩为三间[2]。外墙通体磨砖对缝（此前其他帝陵墙身挂灰刷红），露明的柱梁、斗栱、雀替等大木结构，以及天花、门窗槅扇等小木装修，全部采用金丝楠木，一律不施油饰彩绘，充分利用楠木本色和纹理，平磨水磨缯光烫蜡（其雕龙情况，参见后文），形成优雅的艺术效果。

第四，陵宫内第二个最大的变化是隆恩殿的形制和装修。隆恩殿由传统的五间重檐歇山顶，改为三开间单檐歇山顶；由传统的正面开门又增加在两山中部各辟大门两扇；石雕须弥座台基和月台撤除栏板望柱和各转角螭首，殿周设回廊（参见《建艺·清陵》，彩版一九五）[3]。殿内金丝楠木做成的大木结构和装修，磨砖对缝的外墙做法，同前述的配殿。内檐装修（参见《建艺·清陵》，彩版一九六），明间四根金柱（传统做法是沥粉贴金成海水江崖和缠枝宝相花）和其他各柱及所有槅扇、天花等，均利用楠木本色缯光烫腊不施彩画。内檐墙底层用木楞胎骨构成方格网，裱糊麻布、黄绢及高丽纸、再钉上铜丝幪网，外挂明黄色云绘缎衣，做法特殊。东暖阁内未建乾隆朝以来的仙楼，而仿泰陵安设神龛和宝床[4]。隆恩殿及东西配殿，全部雀替、天花板，所有的三交六椀菱花槅扇中的裙板和绦环板上，用高浮雕透雕手法，雕出上千条云龙（仅殿内就有木雕龙714条），三殿

---

[1] 晏子有：《清东西陵》，中国青年出版社2000年版，第240页。记述：隆恩门建在石须弥座上，台明压面用条石，台面铺金砖。前后各连三座垂带踏跺，均高6级。前有月台一座，正面有石礓磜，东西各有一座踏跺。隆恩门面阔五间，进深二间，单檐歇山顶。中间及两次间共装实榻大门三槽（中门大），装修格井天花支条（无天花板）。中门上悬挂斗匾，上有满（中）、蒙（右）、汉三体"隆恩门"镀铜金字。

[2] 晏子有：《清东西陵》，中国青年出版社2000年版，第241页。记述：东西配殿规模小于其他帝陵，面阔三间，进深二间，有前廊（面阔11.15米，进深9.04米），台基高1.27米，面阔12.15米，进深10.71米，台基面铺条石，其下露明以砍细澄浆砖干摆，台基前设六级石踏跺。

[3] 晏子有：《清东西陵》，中国青年出版社2000年版，第241、242页。记述：隆恩殿整体面阔、进深三间，殿四周没回廊，周围有明柱。殿面阔19.45米，进深18.12米，单檐歇山顶，覆黄琉璃瓦。殿前面有槅扇门三座，计六扇。东西面各辟大门两扇，每扇大门的裙板上雕刻龙形图案，上部及窗户为六角菱花。殿下有石须弥座台基，面阔23.87米，进深25.33米，高1.59米。须弥座前月台面阔16.63米，进深9.65米，高1.42米。月台前正中设龙凤丹陛石，左右各有九级踏跺一座，月台左右又各置九级踏跺一座。月台石须弥座，台面城砖立墁，台上左右置鼎式铜炉一座（炉身已失），月台左侧立石幢一座，上刻清宣宗御制诗二首及自作注释，右侧立日晷一座。殿台基和月台台基，均较以前各帝后陵寝规制简单，裁撤了六个台基角上用青白石雕刻的苍龙头（螭首）。

[4] 晏子有：《清东西陵》，中国青年出版社2000年版，第42页。记述：隆恩殿内建暖阁三座，每座暖阁内有神龛一座，神龛建在石须弥座上。中暖阁内供奉宣宗成皇帝神牌，西暖阁内供奉孝穆成皇后、孝慎成皇后、孝全成皇后神牌；东暖阁内则存放宣宗谕旨。该谕旨在咸丰初年被刻于陵院内隆恩殿后石坊额枋的阴面上（后文有说）。

共有木雕龙 1318 条[1]，形成"万龙聚会，龙口喷香"的气势（参见《建艺·清陵》，彩版一九七），美轮美奂，堪称明清帝陵中独具特色的珍品。隆恩殿月台上陈一对铜鼎，裁去铜鹤和铜鹿，破例在月台东南隅添置四注攒尖顶石雕方幢，西南隅添增有座石雕日晷。

第五，隆恩殿后有玉带河（河面宽，两端贯通院墙），建平桥三座（均青白石，桥面五路条石），中路平桥有栏板（刻如意净瓶云子、盒子枋心）、望柱（柱头刻龙凤）和抱鼓石，为其他帝陵所无；左右石平桥无栏板和望柱。桥北卡子墙上的陵寝门，由传统的琉璃花门改建为三间四柱三楼的石牌坊门（参见《建艺·清陵》，彩版一九八）。牌坊中门上板枋刻满（中）、蒙（左）、汉（右）三体"慕陵"二字，上板枋阴面刻宣宗道光十五年（1835）予留在隆恩殿东暖阁内的谕旨，"敬瞻东北，永慕无穷，云山密迩。呜呼，其慕与？慕也"（参见《清东西陵》第 245 页图版），清文宗据此将该陵定名为"慕陵"。该牌坊比例精审，镌雕细致，清雅玲珑[2]。

第六，石牌坊后的陵宫后院大幅收窄，陵宫形成前宽后窄的凸字形，开一代新制[3]。后院未建二柱门，仅设石五供（参见《建艺·清陵》，彩版一九九）[4]。

第七，石祭台后无方城明楼、哑吧院和琉璃影壁，仅在方形月台上仿泰陵建圆形宝

---

[1] A. 晏子有：《清东西陵》，中国青年出版社 2000 年版，第 242 页。记述：隆恩殿内装修不施彩画，直接在金丝楠木上涂烫，门窗、隔扇、梁柱、雀替、藻井等处，均雕有云龙和蟠龙。天花板一改祖陵金莲水草图案，全部采用楠木雕龙。九百余块楠木天花板上，每块雕刻云龙戏火珠纹饰。这些龙头采用高浮雕与透雕相结合手法，将龙头处理得高出平面半尺有余。

B. 中国建筑艺术全集编辑委员会编：《中国建筑艺术全集·清代陵墓建筑》，中国建筑工业出版社 2003 年版，图版说明，第 79 页说：仅隆恩殿内龙头悬垂的凸雕天花板就多达一千零六井。又说："据相关档案载，为此，大木和楠木雕銮匠共耗用了五万五千八百七十多工，平均一尺见方用工竟达二十四个。旻宁'概从樽节'真相也由此可见一斑。"

C. 国家文物局《明清皇家陵寝》，第 148 页说：隆恩殿、东西配殿三座建筑木构架均采用珍贵的金丝楠木构成，殿内外均不施彩绘，而以楠木本色为基调，其无花、裙板、绦环板、雀替等处用高浮雕和透雕手法雕刻上千条云龙、游龙和蟠龙（仅隆恩殿内就有木雕龙 714 条），三殿共有木雕龙 1318 条。

[2] A. 晏子有：《清东西陵》，中国青年出版社 2000 年版，第 244 页。记述：石牌坊门上覆三座庑殿顶，其瓦件、斗拱、椽枋、额枋等处，均仿木结构作法，以青白石雕刻。左右二门的板枋上刻龙凤呈祥图案，每组一龙（中）二凤，夹柱石顶部各有一只圆雕蹲龙，头向中门。牌坊通体面阔 12.2 米，中门面阔 2.21 米，次门面阔 1.92 米。两侧面阔墙内地面上有两个水沟眼，水沟眼有一金钱状水漏向院外排水。门前台基有踏跺三座，每座台级 15 级，台面以澄浆砖立墁。

B. 中国建筑艺术全集编辑委员会编：《中国建筑艺术全集·清代陵墓建筑》，中国建筑工业出版社 2003 年版，图版说明，第 79 页将前注的蹲龙称靠山兽。按陵名、孝陵等均在明楼南面悬匾，内书满蒙汉三体"孝陵"等字。因此，该陵牌楼门书陵名很特殊。

[3] 晏子有：《清东西陵》，中国青年出版社 2000 年版，第 246 页。说："自慕陵以后，清朝皇帝陵院都改为前段宽，后部收窄的形式。"此后，"遂成一代规制"。

[4] 石五供尺度、形制，见晏子有：《清东西陵》，中国青年出版社 2000 年版，第 244 页。

顶和宝城（参见《建艺·清陵》，彩版二〇〇），形制略似妃园寝宝顶[1]。宝城外有罗圈墙[2]。

除上所述，最后再指出二点。其一，旻宁一向标榜节俭慎行，但上述陵宫三殿情况表明，其非但未节俭反而很奢华；旻宁不顾东西陵昭穆葬规制在西陵建陵，亦未慎行。其二，旻宁希望以后诸帝效仿慕陵规制[3]，然而后代帝陵既受其较大的影响，却又部分归复祖制，并形成新的特点。故慕陵改制，总体言之，只是昙花一现而已。

3. 崇陵

（1）位置、陵主和营建简况

位置和陵主

崇陵在泰陵之东偏北十里许的金龙峪（图10-3-1），合葬德宗载湉和皇后叶赫那拉氏，是清代最末一座帝陵。

载湉，是醇亲王奕譞（宣宗第七子，咸丰帝之弟，穆宗堂弟）之子，同治十年（1871）辛未六月二十六日子时生于太平湖醇亲王府槐荫斋，毋为慈禧太后之妹叶赫那拉氏。同治十三年（1874）十二月五日清穆宗薨，无子嗣，慈禧太后将年仅四岁的载湉接入紫禁城，次年正月二十日立为皇帝，改元光绪元年（1875）。此后，光绪九年（1883）法国侵略越南（签订了《越南条约》），光绪二十七年（1894）中日甲午战争（签订《马关条约》），面对列强的威胁，载湉于光绪二十四年（1898）四月二十三日至八月初六日实行变法（"戊戌变法"，又称"百日维新"）。八月初六日慈禧皇太后重新"训政"，载湉被囚禁在瀛台。光绪二十六年（1900）爆发义和团运动，随后不久八国联军侵入北京，载湉在慈禧太后胁迫下逃往西安。光绪二十七年（1901）十一月二十八日返回京城，光绪三十四年（1908）十月二十一日酉刻薨于瀛台涵元殿，终年三十八岁。光绪三十四年十二月，梓

---

[1] A. 晏子有：《清东西陵》，中国青年出版社2000年版，第244、245页。说：石祭台后为一座月台，前有石礓磜一道。月台面阔（长度与陵寝门卡子墙相等）45.4米，高1.60米。月台前有踏跺三座、高均十二级，各有栏板，望柱和抱鼓石。其上建38.47米见方的方形月台，因地势南高北低，月台迎面高1.56米，北面高0.94米，月台前有十级踏跺一座。圆形宝顶建于白石须弥座上，座直径32.09米，宝顶上部原有等距离排列生铜制挑头沟嘴六个（被盗后以石质挑沟嘴代替）。

B. 中国建筑艺术全集编辑委员会编：《中国建筑艺术全集·清代陵墓建筑》，中国建筑工业出版社2003年版。图版说明，第80页。记述：建宝顶的月台十二丈见方，高五尺，四周阶条连同陛板整体凿成，称混沌阶条，台前居中安设十级垂带踏跺。台中央的圆形宝城直径十丈，高一丈三尺，尺度仅及其他帝陵的一半。宝城下肩设石雕须弥座，墙身和顶端宇墙用城砖磨砌，扣黄琉璃瓦脊；城顶不能登临。高九尺五寸的圆丘状宝顶周边环铺石雕荷叶沟，汇集雨水从悬在宝城外的六件黄铜挑头沟嘴泄出。

[2] 清陵罗圈墙后部一般呈半圆形，慕陵罗园墙后部仅略呈弧线。

[3] 晏子有：《清东西陵》，中国青年出版社2000年版，第44页。说：旻宁"恳切地希望他的子孙们都效仿慕陵规制。这一点，在其所作的御制诗中有明显的流露：'岂敢上沿诸制度，或成后有一规模'"。

宫从紫禁城运到西陵梁各庄，停在行宫内。宣统元年（1909），末代皇帝溥仪上庙号、尊谥："德宗同天崇运大中至正经文纬武仁孝睿智端俭宽勤景皇帝。"载湉薨后三年清亡，中华民国二年（1913）旧历十一月十六日申刻梓宫奉安崇陵地宫。

孝定景皇后叶赫那拉氏，桂祥之女，慈禧皇太后亲侄女。同治七年（1868）正月初十日生，光绪十五年（1889）正月立为皇后。宣统元年，溥仪为之上徽号"隆裕皇太后"，民国二年（1913）二月二十二日病崩于北京故宫。1913年旧历四月三日梓宫运至西陵梁各庄行宫，当年十一月十六日与德宗梓宫同时奉安崇陵地宫。

营建概况

德宗生前未建陵[1]，宣统元年（1909）闰二月十七日崇陵动土开工[2]，工程时断时续[3]。清亡，由民国政府出资"修德宗崇陵"[4]，民国二年（1913年春）续建崇陵，直到1915年才最后竣工[5]。

（2）陵园形制布局

见图10-3-11、10-3-12。光绪三十四年（1908）十二月丁卯，宣统皇帝谕内阁：崇陵"着照惠陵规制，敬谨兴修"；宣统元年（1909）正月壬寅，又再次重申"崇陵规

---

[1] A.《清实录·宣统政纪》卷一记载：光绪三十四年（1908）十月乙亥，宣统皇帝谕，"大行皇帝尚未择有陵寝，着派溥伦、陈璧带领堪舆人员，驰往东西陵敬谨查勘地势，绘图帖说，奏明请旨办理"，报告"附近西陵之金龙峪，地势宽平，系属上吉之地"，于是定为万年吉地。

B. 据研究德宗生前已选定万年吉地。光绪十三年（1887）三月十二日，德宗奉慈禧皇太后，在翁同龢等大臣陪同下，选定清西陵九龙峪为万年吉地，并将其改名为金龙峪。后因德宗与慈禧皇太后母子失和，发生"戊戌政变"等原因，一直未建陵。直到德宗与慈禧皇太后先后驾崩，才由宣统下旨在金龙峪建陵。德宗生前选下万年吉地事，参见晏子有：《清东西陵》（中国青年出版社2000年版）第144页；国家文物局：《明清皇家陵寝》，第153页。

[2] A.《清实录·宣统政纪》卷八：宣统元年二月初一日谕内阁："钦天监奏：崇陵工程动工吉期二月初八日卯时吉。"

B.《清实录·宣统政纪》卷八、卷十记载，崇陵工程又改择于宣统元年闰二月十七日。崇陵动土之日，由承办工程事务处将开挖出来的吉土，以及确定基址时所用的志桩、金星宝盖等敬谨收藏。

[3] 崇陵工程时断时续情况，参见晏子有《清东西陵》，中国青年出版社2000年版，第145、146页。

[4] 国家文物局：《明清皇家陵寝》，第153页。记述：清室在逊位时与中华民国政府签订的八项优待条款之中特意指出："清德宗崇陵未完工程如制妥修，其奉安典礼，仍如旧制，所有实用费用，均由中华民国政府支出。"

[5] 崇陵完工日期，中国第一历史档案馆《清代帝王陵寝》（档案出版社1982年版）第80页说：完成于1913年。《明清皇家陵寝》，第148页说："完工于1915年。"中国建筑艺术全集编辑委员会编《中国建筑艺术全集·清代陵墓建筑》（中国建筑工业出版社2003年版）第28页说："直到中华民国四年即一九一五年才告完竣。"

制，恭照惠陵规制"[1]。故崇陵无圣德神功碑亭、华表、石象生和二柱门，其形制布局酷似惠陵，但其风水形势远胜惠陵，因而崇陵陵园整体空间效果比惠陵更严谨，气势更宏壮。

崇陵无通往主陵的神道，最南端建五孔石拱桥，两侧建石平桥[2]。桥北约200米处，神道两侧置石望柱（形制如惠陵。参见《建艺·清陵》，彩版二〇八）[3]。其北轴线上置五间六柱冲天式牌楼门（参见《建艺·清陵》，彩版二〇九）[4]，成为清西陵中的孤例

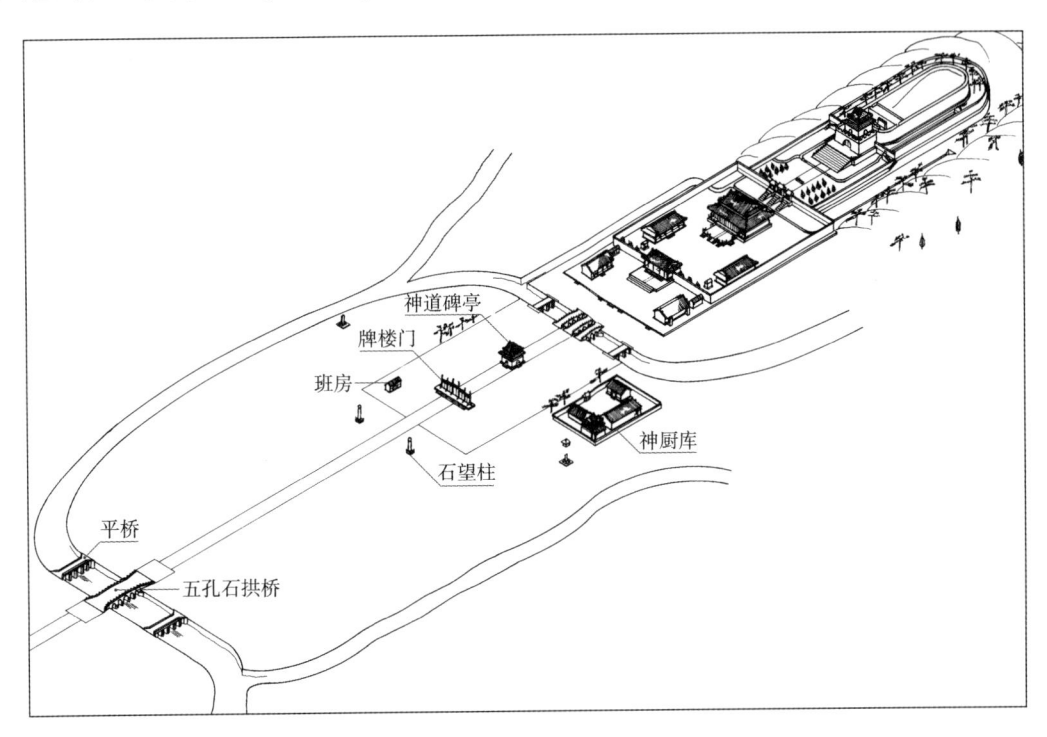

图10-3-11　河北省易县清西陵崇陵鸟瞰图
（采自《明清皇家陵寝》）

---

[1] 晏子有：《清东西陵》，中国青年出版社2000年版，第144页。按，崇陵名号，亦定于光绪三十四年。

[2] 晏子有：《清东西陵》，中国青年出版社2000年版，第247页。记述：五孔石拱桥，南北端有引桥，以澄浆砖铺墁。桥身通体汉白玉构筑，桥面十一路条石，桥面每侧栏板二十一块、望柱二十二根，抱鼓石二块，柱头火焰形，五个拱券都有吸水兽。石拱桥两侧各有一座豆渣石五孔石平桥，桥面五路条石，每侧方形实心栏板七块，最外抱鼓石一块。

[3] 石望柱形制和尺寸，参见晏子有：《清东西陵》，中国青年出版社2000年版，第247页。

[4] 晏子有：《清东西陵》，中国青年出版社2000年版，第247页。记述：牌坊面阔22.2米，中间宽4米，两次间宽3.48米，稍间各宽2.97米。牌楼下有青白石台基、台面、压面、陡板，台基面阔24.5米，进深5.9米，高0.63米，前后各有一石礓磜，宽均19.8米。牌楼石柱四棱状，每根柱顶有一只蹲龙。柱间建单檐歇山五座门楼，楼的梁架均由上额枋、掏花板、下额枋、平板枋、斗拱正心檩、挑檐檩等构成。斗拱为七踩品字斗拱，掏花板中间镂空。梁架上饰金钱大点金旋子彩画（已脱落）。

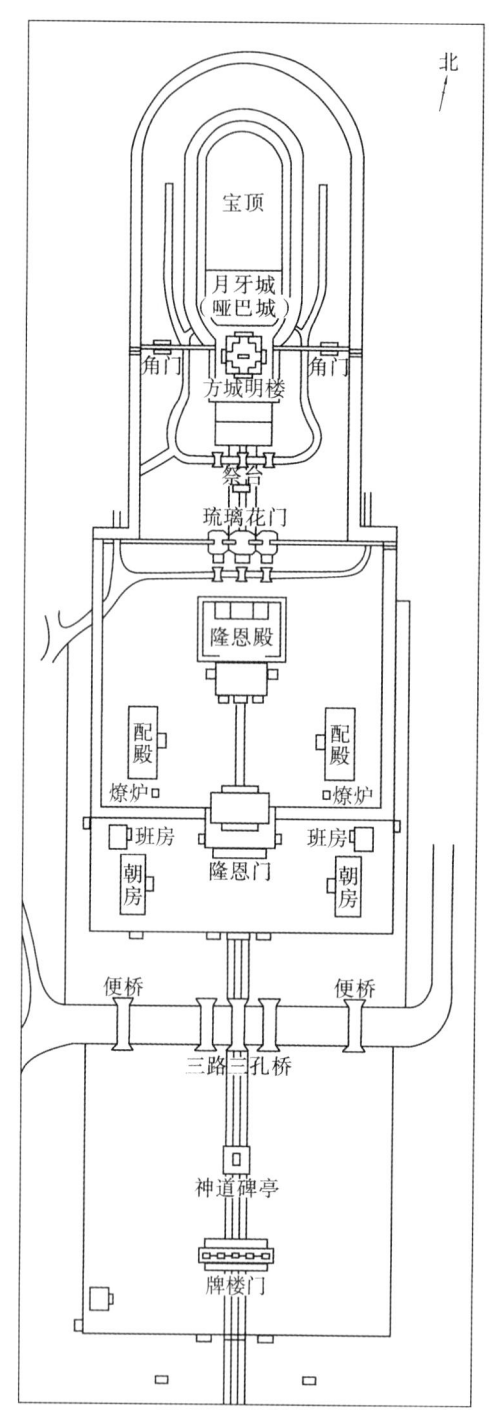

图 10-3-12 河北省易县清崇陵平面示意图
(采自《清东西陵》)

(清西陵其他帝陵均置龙凤门)。牌楼门西南角处有一座班房,其情况同惠陵。牌楼门略北之东西各竖一下马石牌,东下马石牌北为井亭,井亭北为神厨库。牌楼门北轴线上置神道碑亭[1]，亭北三路三孔石拱桥（参见《建艺·清陵》，彩版二一〇），东西各有一座三孔石平桥[2]，桥北泊岸上建东西朝房和班房[3]。

陵宫隆恩门面阔五间，单檐黄琉璃歇山顶（参见《建艺·清陵》，彩版二一〇）[4]。门内有东西燎炉，东西配殿[5]。隆恩殿的形制如定陵和惠陵，台基及月台上的雕栏只做到两山前檐。殿内构架用质地坚硬的铜藻、铁藻木、称铜梁铁柱。殿内结构采用裕陵进深十一檩的结构形式，上下檐的井口天花都封至额枋部位，故不能像孝陵、景陵、泰陵和昌陵那样看到里拽斗拱。殿内四根金柱采用沥粉贴金盘龙流云图案，为清帝陵中的孤例（其他帝陵通用缠枝宝相花式样。参见《建艺·清陵》，彩版二一二）。殿内三暖阁同其他帝陵，东暖阁仙楼（佛楼）保存完整（参见《建艺·清陵》，彩版二一三）。殿之檐下增设通风孔，殿外散水又宽又陡[6]。

---

[1] 晏子有：《清东西陵》，中国青年出版社2000年版，第249页。记述：碑亭重檐歇山式，规模和体量同其他帝陵。碑亭台基正方形，面阔10.63米，高0.71米。碑亭正方形，面阔8.83米。券洞有券脸石，上刻缠枝西番莲，门洞宽2.22米。亭内竖碑一统，龙首额上有满蒙汉三体"大清"字样，碑身阳面刻"德宗同天崇运大中至正经文纬武仁孝睿智端俭宽勤景皇帝"（亦满蒙汉三体）。在汉字右下角有"宣统尊亲之宝"篆印一枚。

[2] 晏子有：《清东西陵》，中国青年出版社2000年版，第250页。记述：三路三孔石拱桥，青白石构筑，桥面七路条石，中桥地伏内宽4.15米，东西两桥宽3.22米。三桥均有栏板、望柱和抱鼓石，望柱头刻龙凤。拱桥东西侧各有一座三孔青白石平桥，桥下分水尖为豆渣石，每侧有长方形实心栏板五块，上刻盒子枋心，有抱鼓石三块。

[3] 晏子有：《清东西陵》，中国青年出版社2000年版，第50页。记述：桥北有泊岸一道，高0.35米，泊岸前有石踏跺五座，均三级。泊岸上建东西朝房，面阔五间，进深三间，前有廊。其后建班房二座，形制同其他帝陵。

[4] 中国建筑艺术全集编辑委员会编：《中国建筑艺术全集·清代陵墓建筑》，中国建筑工业出版社2003年版。图版说明，第84页。说：隆恩门面阔五间，单檐黄琉璃歇山顶式样，内檐也按传统铺设天花支条，同样不设天花板，上部梁架也因此按露明做法绘饰旋花点金彩画（参见《建艺·清陵》，彩版二一一）。用镏金铜条嵌出满、汉、蒙文"隆恩门"字样的木斗匾，就悬挂在明间天花支条的门额前。此外，按相关档案及画样，隆恩门内左右扇面墙前，原来还曾援例陈设仪仗弓箭架和枪架各一座，以及带座金漆八角形朝灯各一对。

[5] 晏子有：《清东西陵》，中国青年出版社2000年版，第250页。说：东西配殿各五间，前有廊，毁于火，仅余墙垣。20世纪90年代修复。

[6] A. 中国建筑艺术全集编辑委员会编：《中国建筑艺术全集·清代陵墓建筑》，中国建筑工业出版社2003年版。图版说明，第85页。

B. 国家文物局：《明清皇家陵寝》，第148页。

C. 中国第一历史档案馆：《清代帝王陵寝》，档案出版社1982年版，第80页。

D. 殿内东暖阁仙楼，中国建筑艺术全集编辑委员会编《中国建筑艺术全集·清代陵墓建筑》，中国建筑工业出版社2003年版，图版说明，第85页。说：从乾隆朝起，隆恩殿东暖阁均设仙楼，供奉佛像（佛楼），遗存实物以昌陵和崇陵最完整。崇陵东暖阁分上下两层，底层正面抱框间安有五抹菱花槅扇六扇，内有活动楼梯可上达二层佛龛。龛前有檐廊，雕饰如意纹样的挂檐板上安设琵琶栏杆，龛前欢门牙子上挑出带有垂莲柱的帘笼花板，顶覆雕满菱龙蕃叶的毗卢帽，龛内供奉金银玉翠制作的佛像。

隆恩殿后有玉带河，河上建三座平桥（无栏板），其北建琉璃花门三座[1]，门内之北置石五供（形制同其他帝陵。参见《建艺·清陵》，彩版二一四），五供之北玉带河上建三平桥。桥北为方城明楼（参见《建艺·清陵》，彩版二一四），方城建于月台上，月台前砖砌礓磜（两侧有栏板和望柱），中段设缓步台。方城中门门洞大门两扇，每扇门钉纵横各九路（81枚）。门北面对琉璃影壁（有长方形图案，以荷花荷叶为花心，四角为岔角花），月牙城呈长方形（不同于裕陵等的月牙形）。月牙城东西扒道改为石台阶（裕陵等为砖砌礓磜），分上中下三段，下段由南向北，石阶十七级；中段折向南，石阶十六级；上段通方城，石阶三级。方城上建明楼，重檐黄琉璃歇山顶，明楼顶天花板纵横十三路，共一百六十九块，上绘金莲水草图案，梁枋施旋子大点金彩画。明楼内石碑螭首额题满蒙汉三体"大清"二字，碑身刻满蒙汉三体"德宗景皇帝之陵"，右下角有"宣统尊亲之宝"篆章。碑趺方须弥座，上刻云龙海水图案。最后面的宝顶宝城和罗圈墙呈长圆形，形制略同定陵和惠陵。

三 陵区皇后陵陵园的形制布局

（一）泰东陵

1. 位置、陵主和营建简况

泰东陵在泰陵之东约三里的东正峪（图10-3-1），内葬清高宗生母孝圣宪皇后钮祜禄氏。孝圣宪皇后，一等承恩公凌柱女（其曾祖父为太祖时名臣巴图鲁赠弘毅公额亦都），生于康熙三十一年（1692）十一月二十五日。康熙四十三年（1704）十三岁时，赐雍亲王为王府格格，五十年（1711）八月生弘历。雍正元年（1723）十二月世宗晋其为熹妃，不久又晋熹贵妃。雍正十三年（1735）清高宗弘历即位后，尊世宗遗命，追尊为皇太后，十二月上徽号"崇庆皇太后"，乾隆元年（1736）七月移居慈宁宫。乾隆四十二年（1777）正月二十三日，崩于圆明园春仙馆，终年八十六岁。高宗上尊谥，"孝圣慈宣康惠敦和敬天光圣宪皇后"（嘉庆四年（1798）加上"诚徽"二字，二十五年（1820）加上"仁穆"二字）。乾隆四十三年（1778）四月孝圣宪皇后梓宫奉安泰东陵地宫。

泰东陵之前虽已建孝东陵和昭西陵，但皇后是否单独建陵问题尚无定论。乾隆元年九月世宗皇帝梓宫奉安前，礼部等请示是否为她予留分位，弘历仰承母后（即后来的孝圣宪皇后）懿旨，"不必予留分位"[2]，于是才决定单独建陵。孝东陵营建过程不详[3]，大

---

[1] 晏子有：《清东西陵》，中国青年出版社2000年版，第252页。记述：琉璃花门单檐黄琉璃歇山式门楼，三座门下各有月台，月台15级踏跺，月台面澄浆砖立墁。中门墙身嵌琉璃花，两侧花门无琉璃花。

[2] 《清实录·高宗实录》卷二六记载：孝圣宪皇后懿旨："世宗宪皇帝梓宫安奉地宫之后，以永远肃静为是。若将来复行开动，揆以尊卑之义，于心实有未安。况有我朝昭西陵、孝东陵成宪可遵，泰陵地宫不必予留分位。"

[3] 晏子有：《清东西陵》，中国青年出版社2000年版，第148页。说：泰东陵的修建，在清朝史料中很少见到有关记载。不见修建过程和完工日期。

致始建于乾隆二年（1737），完工于乾隆四十二年（1777），历时40年[1]。

2. 陵园形制布局

见图10-3-13。泰东陵是清西陵第一座皇后陵，是清朝正式决定建皇后陵之始，在

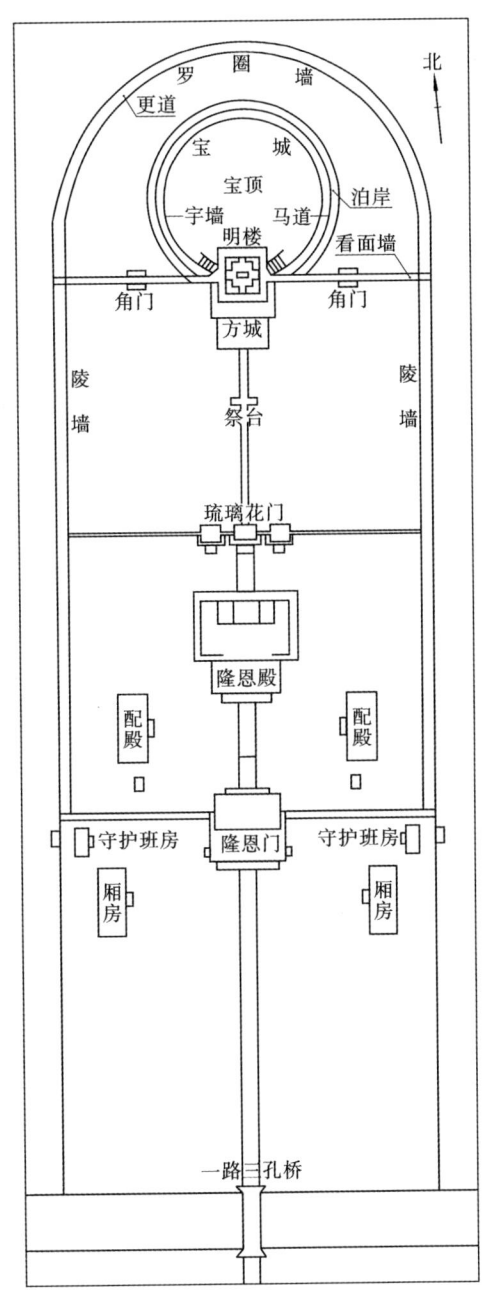

图 10-3-13　河北省易县泰东陵平面示意图
（采自《清东西陵》）

---

[1] A 晏子有：《清东西陵》，中国青年出版社2000年版，第148、149页。
　　B. 参见《明清皇家陵寝》，第149页。

清西陵三座皇后陵中占地面积最大（占地3.73公顷，29座建筑），规制最完备。

泰东陵最南端建六孔石平桥，从此弯曲向北抵三孔神道桥[1]，桥北东西两侧立下马石牌（形制同其他帝后陵），东下马石牌北有井亭，井亭北有神厨库（现仅存北库），神道通往神厨库的马槽沟上建平桥。东西朝房、东西班房保存较好。隆恩门面阔五间，单檐歇山顶（斗匾已失）。门内东、西燎炉基本完整（内有铁炉膛），东西配殿面阔19.04米（五间），进深7.82米（西配殿居中安方桌，上陈喇嘛塔，对面墙上悬挂佛像），单檐黄琉璃歇山顶。隆恩殿仿孝东陵，但尺度相应增大（殿台基面阔29.6米，进深20米，殿前月台面阔17.2米，进深8.36米），形制同孝东陵，月台上除铜鼎式炉外增设铜鹿、铜鹤各一对。隆恩殿后琉璃花门同孝东陵，亦无随墙角门。琉璃花门后置石五供（无二柱门），其北耸立方城明楼，两侧有随墙角门（仿昭西陵，孝东陵无角门）[2]，宝顶宝城圆形[3]，罗圈墙半圆形。

（二）昌西陵

1. 位置、陵主和营建简况

位置和陵主

昌西陵位于昌陵西南的望仙山南麓（图10-3-1），安葬仁宗颙琰的孝和睿皇后钮祜禄氏。孝和睿皇后，礼部尚书、三等承恩公恭阿拉女，生于乾隆四十一年（1776）十月初十日，乾隆年间高宗赐册为皇十五子仁宗潜邸侧福晋，乾隆五十八年（1793）生皇七女，六十年（1795）六月二十二日生皇三子惇恪亲王绵恺。嘉庆元年（1796）正月仁宗登极，册封为贵妃，次年（1797）遵太上皇敕谕，以钮祜禄氏继位中宫，先封为皇贵妃，十月行册封皇贵妃礼，六年（1801）四月立为皇后，十年（1805）二月初九日，生皇四子瑞怀亲王绵忻。嘉庆二十五年（1820）七月二十五日仁宗崩后，下懿旨立绵宁"即正尊位"[4]。

---

[1] 晏子有：《清东西陵》，中国青年出版社2000年版，第253页。记述：三孔神道桥，青白石构筑，桥面铺十一路条石，每侧栏板十一块，龙凤柱头十二根，抱鼓石二块，券脸石上有吸水兽。

[2] 晏子有：《清东西陵》，中国青年出版社2000年版，第255页。记述：方城瓮洞口木质大门尚存，洞内地面斜坡状，铺墁磨细金砖。正面砖砌金刚墙一道，东西两侧分建扒道，有磨细金砖台阶通宝城。明楼重檐歇山顶，有满蒙汉三体"泰东陵"匾，朱砂碑螭首有满蒙汉三体"大清"二字，碑身正面刻满蒙汉三体"孝圣宪皇后之陵"字样，右下角有"乾隆尊亲之宝"篆章。碑阳浮雕升龙，每侧四条。跌座长方形，上枋刻二龙戏珠，下枋刻杂宝，束腰绾花结带，上下枭雕仰覆莲瓣。

[3] 晏子有：《清东西陵》，中国青年出版社2000年版，第255页。记述：宝顶正圆形，围以宇墙，其南端东西各有一副石栅栏门。

[4] 仁宗密定绵宁为皇储，钮祜禄氏不知，仁宗崩于避暑山庄后，七月二十九日下懿旨送到避暑山庄。《清史稿·宣宗本纪一》记载：懿旨言"大行皇帝龙驭上宾，皇次子智亲仁孝聪睿，英武端醇，见随行在，自当上膺付托，抚驭黎元。但恐仓猝之中，大行皇帝未及明谕，而皇次子秉性谦冲，予所深知。为降谕旨，传谕留京王大臣，驰寄皇次子，即正尊位"。

于是宣宗先后六次为她上徽号。道光二十九年（1849）十二月十一日崩（终年74岁），道光三十年正月奕詝即位，三月为钮祜禄氏上尊谥："孝和恭慈康豫安成应天熙圣睿皇后"。（九月又加上"钦顺"二字；咸丰十一年（1861）十月穆宗载淳加上"仁正"二字）咸丰三年（1853）二月二十六日，梓宫奉安于昌西陵地宫。

营建概况

据《清宣宗实录》记载，宣宗生前已选定昌西陵址[1]。咸丰元年二月二十日昌西陵兴工，九月暂停工。次年春开工，文宗在二月丙午日亲自阅视昌西陵工程。咸丰二年八月二十七日完工，咸丰三年（1853）二月十九日"昌西陵"匾额悬于陵寝门中座琉璃花门之上（文宗御书），二月二十六日孝和睿皇后梓宫奉安昌西陵地宫，六月二十四又修理桥岸等。

2. 陵园形制布局

见图10-3-14。昌西陵营建期间正值太平天国起义之时，时局不稳，财政困难，又加上慕陵改制的影响，故昌西陵为清代后陵中最简陋者之一（另一座是慕东陵）。

昌西陵最前端的三孔神道桥（券脸有螭首），其后的下马牌、井亭和神厨库，东西朝房和班房，形制如其他后陵，尺度略有收缩。其后的陵宫和宝顶一组建筑，则规制简化，体量减小。比如：第一，隆恩门和东西配殿由其他皇后陵的五间缩减为三间，面阔、进深和高度等尺度显著减小，远逊于其他后陵。燎炉尺寸略有收缩。第二，隆恩殿面阔仍为五间，但尺度都大幅度收小[2]。两稍间则窄到只能象征性地安设一片菱花槅扇窗；殿下的台基和前部月台由石雕须弥座式简化成低矮的普通台明，周围撤去雕栏，月台前去掉两边垂手踏跺，居中正面踏跺无丹陛石。月台上仍置铜炉二、铜鹿和铜鹤各一只。殿顶由重檐歇山式改为单檐歇山式，殿内藻井彩绘丹凤展翅（不同于其他后陵绘三朵莲花衬以十八个金点的水浪花纹）。第三，隆恩殿后增设玉带河，中间有安设罗汉栏板的石平桥，左右建无栏石平桥，成为清代后陵中的孤例。第四，陵寝门较其他皇后陵三座单檐歇山式琉璃花门变化很大，仅保留居中的神路门，且面阔收小四分之一，无琉璃斗拱，门额嵌青白石刻"昌西陵"陵号（其他后陵为悬挂在明楼南檐的陵号斗匾）。中门两侧御路门简化成随墙角门。第五，石五供后无方城明楼，而为一横贯陵院东西的泊岸（长75.76米，高1.42米），正面设踏跺三座（十级台阶）。泊岸北部中央置方形月台（面阔、进深均17.57米，

---

[1] A.《清宣宗实录》卷四七六记载：道光三十年正月十二日，宣宗谕旨："昌陵迤西择有佳壤，地基宽广，山川气势环抱，本拟为大行皇后吉地，今谨定为昌西陵。"

B. 晏子有：《清东西陵》，中国青年出版社2000年版，第150页。据一史馆藏《新整内务府文件·修建工程》2959包（转引自王其亨《清代后陵建筑制度沿革》，载《清代皇宫陵寝》紫禁城出版社1996年版）记载："恭照修建昌西陵，原拟在昌陵妃园寝迤南……实有砂水情形，而附近均无堪用地基，谨查有望仙山地势土脉高厚，主山端正，对岸得势，宜立癸山丁向，甚属合局，实堪建立昌西陵。"

[2] 晏子有：《清东西陵》，中国青年出版社2000年版，第257页。记述：隆恩殿整体面阔17.61米，进深13.51米；明间面阔4.8米，次间面阔4.2米，稍间面阔1.7米。台基面阔18.79米，进深15.3米，高1.1米，较孝东陵须弥座台基面阔少11.21米，进深少7.85米。月台面阔13.15米，进深6.35米，高0.95米。

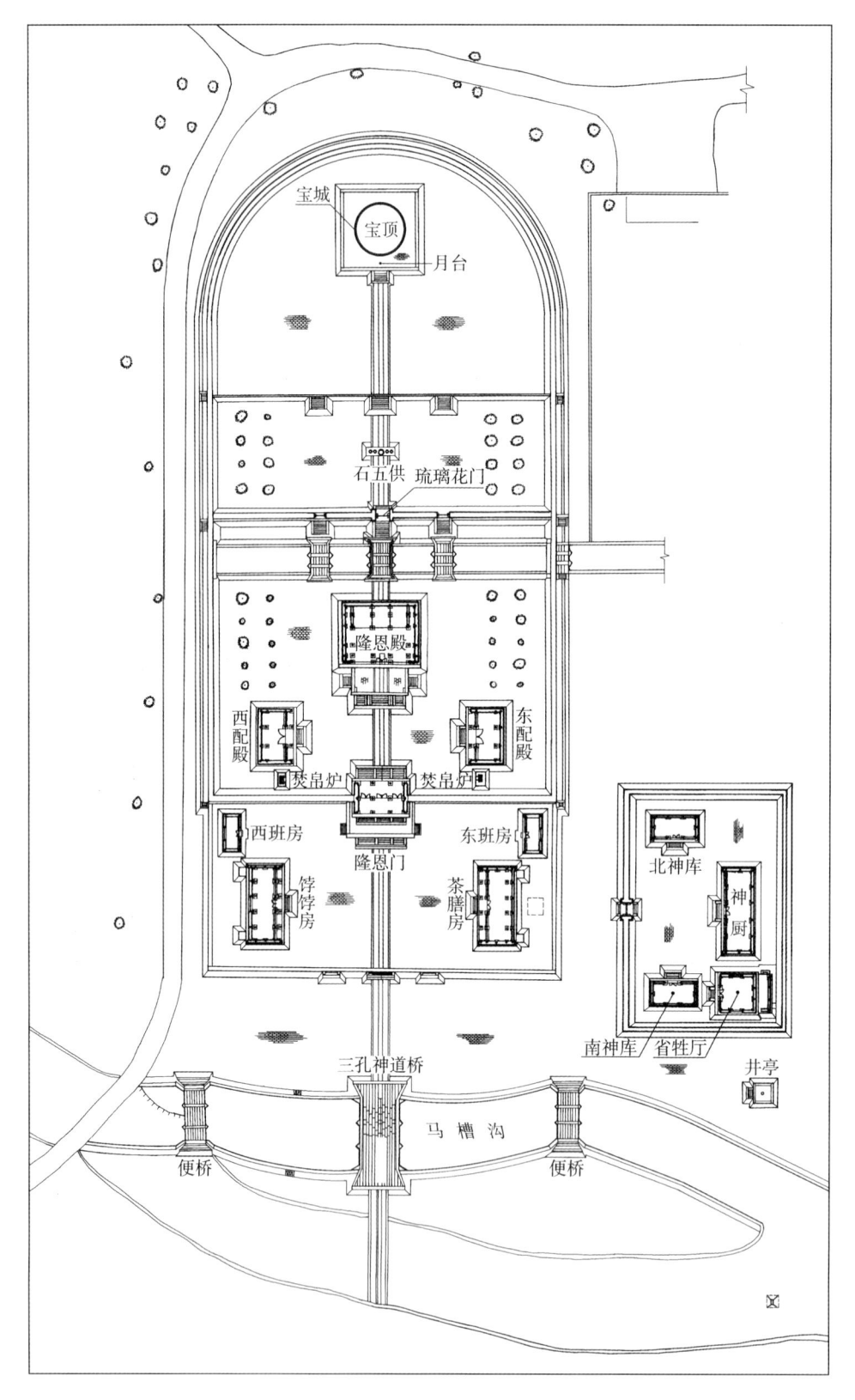

图 10-3-14 河北省易县清西陵昌西陵总平面示意图
(采自《明清皇家陵寝》)

高1.1米），前出垂带踏跺（高六级）。月台上置圆形宝顶，其外城砖砌宝城（周长不及其他后陵宝城的三分之一），宝城下有石须弥座（直径11.21米），宝城上部设六只汉白玉挑头沟嘴，以排泄雨水。第六，环抱宝城的宇墙呈圆弧形与陵宫两侧壁连接，此弧形城砖磨缝砌筑的宇墙（琉璃瓦脊，无马道、不能登临，但环铺荷叶沟外通黄铜挑头沟嘴以排泄雨水）形成回音壁，是中国陵寝建筑中的孤品。

（三）慕东陵

1. 位置、陵主和营建简况

位置和陵主

慕东陵在慕陵东北的双峰岫（图10-3-1），葬有旻宁的孝静皇后博尔济吉特氏及十六位妃嫔。博尔济吉特氏，刑部员外郎、追封三等承恩公花良阿女，生于嘉庆十七年（1812）五月十一日。初入宫赐号静贵人，道光六年（1826）十二月晋静嫔，翌年四月晋静妃，道光十四年（1834）十一月晋静贵妃，道光二十年（1840）十二月晋皇贵妃。宣宗崩，奕詝晋尊静贵妃为皇考康慈皇贵太妃。咸丰五年（1855）七月初一日，文宗尊其为皇太后。咸丰五年七月初九日崩，文宗上谥号："孝静康慈弼天辅圣皇后。"同年七月二十一日孝静皇后梓宫由慈宁宫奉移到绮春园迎晖殿暂安，十月二十五日卯时，梓宫从京师发引，二十九日到西陵。因慕东陵尚在改造中，故十一月一日暂安于慕陵隆恩殿。咸丰七年（1857）四月二十日申时，梓宫奉安于慕东陵地宫。博尔济吉特氏生皇二子奕纲、皇三子奕继、皇六子奕䜣、皇六女寿恩固伦公主。同治元年（1862）加上尊谥为"孝静康慈懿昭端惠弼天辅圣成皇后"[1]。

除上所述，孝静成皇宝顶围墙外，还葬有庄顺皇贵妃乌雅氏、彤贵妃舒穆鲁氏、佳贵妃郭佳氏、成贵妃钮祜禄氏；和妃那拉氏、祥妃钮祜禄氏、珍妃赫舍里氏、常妃赫舍里氏，以及嫔四人、贵人四人。

营建简况

起初，宣宗在清东陵建宝华峪万年吉地，同时亦在其东南起建妃园寝。后宣宗改在清西陵建万年吉地，则在其东北双峰岫重建妃园寝[2]。当时孝静皇后为皇贵妃，在妃园寝中予留分位居前排正中位置。因皇贵妃博尔济吉特氏曾抚养奕䜣（其母孝全成皇后早逝），故其崩后，被文宗（奕詝）尊为皇太后，按理应另建山陵。但因慕妃园寝为皇考亲定位次，嗣皇帝不便更改，加之文宗与恭亲王奕䜣兄弟二人为皇太子之位有过暗中争斗和当时的财政困难（当时正处于两次鸦片战争之间），所以文宗决定改造慕陵妃园寝，升格为皇

---

[1] 孝静皇后崩时，文宗所上谥号，不系宣宗谥。咸丰十一年（1881）十月，皇六子恭亲王为两宫皇太后发动的"北京政变"立大功，故将孝静皇后神牌升入太庙，同治元年加上尊谥，谥号中加上宣宗谥号"成"字。孝静成皇后不是宣宗生前所立皇后，其子又未即帝位，故上述情况，则为清朝绝无仅有的一个特例。

[2] 晏子有：《清东西陵》，中国青年出版社2000年版，第51页。记述：慕陵妃园寝"始建于道光十二年，道光十六年与慕陵同时竣工"。

后陵寝（又称"妃祔后葬"）。改造工程于咸丰元年二月二十日开工，咸丰五年定为"慕东陵"[1]，咸丰七年（1857）闰五月壬辰隆恩殿完工，工程全部告竣。改造工程，主要是将绿琉璃瓦改为黄琉璃瓦，按皇后陵规制添建下马牌、神厨库、燎炉、东西配殿、三座门、石祭台、宝城以及宝城后加筑围墙一道"以崇体制"（参见后文）。

2. 陵园形制布局

见图10-3-15、10-3-16。慕东陵最前端两侧置下马牌，东下马牌北添建井亭和神库[2]。神道前有三座平桥（相当于神道桥），神道砖墁（无中心石和两侧牙石，仍如园寝旧制），隆恩门前有东西朝房（面阔五间、进深二间）和东西班房。隆恩门利用妃园寝宫门改覆黄琉璃瓦，门内添建二座燎炉和东西配殿，配殿三开间（面阔12.06米，进深8.9米），单檐歇山顶（似昌西陵，逊于以前各后陵）。隆恩殿利用妃园寝享殿改造而成，仅改覆黄琉璃瓦，仍为五开间单檐歇山顶（面阔24.5米，进深16.46米），低矮的台基前加接月台（面阔14.4米，进深5.74米）和垂带踏跺（未改成石雕须弥座式样，也无雕栏），月台上置一对铜鼎，东隅置铜鹤一只，西侧置铜鹿一只。隆恩殿后无玉带河与石桥，

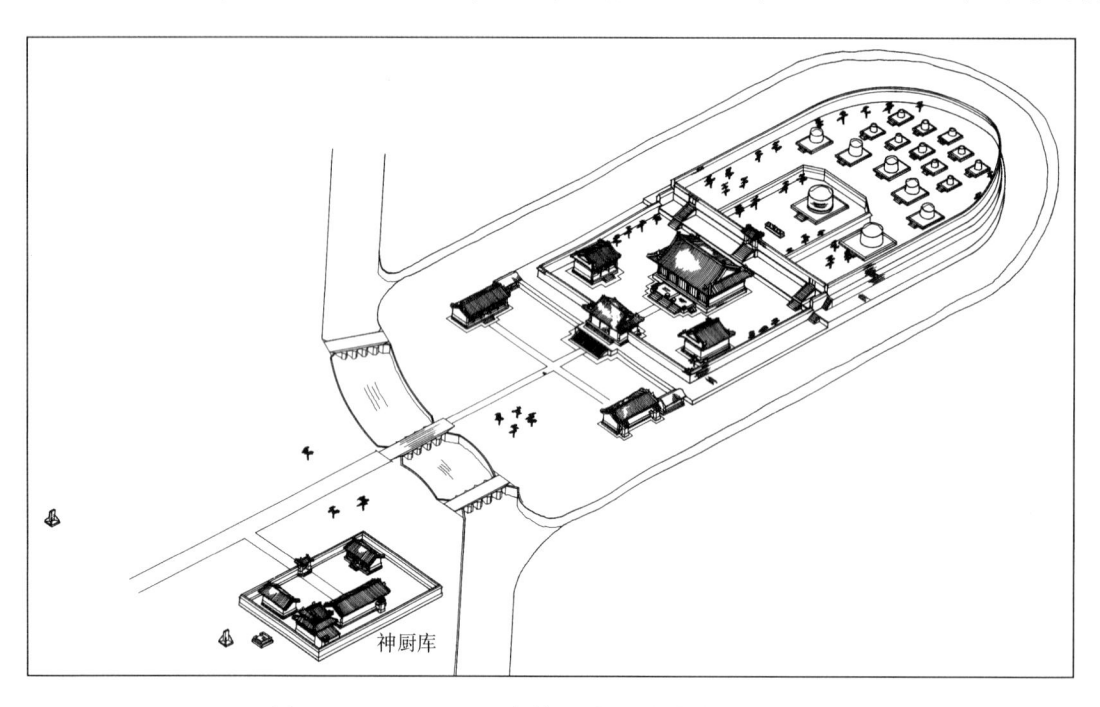

图10-3-15 河北省易县清西陵慕东陵鸟瞰图
（采自《明清皇家陵寝》）

---

[1]《清文宗实录》卷二二七：咸丰五年八月戊戌，文宗下旨内阁："慕陵妃园寝，为皇考钦定位次，即为大行皇太后灵爽所凭，自应恪守成规藉安慈驭。"为此，遂决定"将慕陵妃园寝恭定为慕东陵"。

[2] 神厨库和井亭形制，参见中国建筑艺术全集编辑委员会编：《中国建筑艺术全集·清代陵墓建筑》，中国建筑工业出版社2003年版。图版说明，第81页。

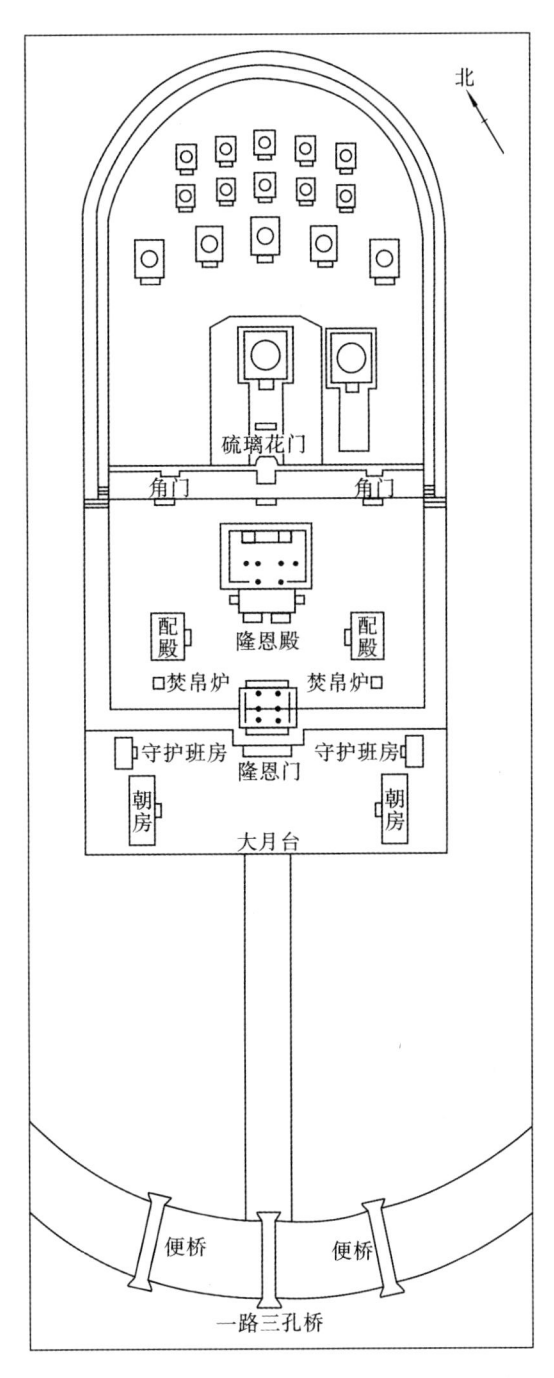

图 10-3-16　河北省易县慕东陵平面示意图
(采自《清东西陵》)

其后中门两侧各开一随墙角门（通诸妃宝顶）。陵寝门面阔墙前有一道长度同面阔墙，宽 6.53 米的月台。

添建陵寝门。陵寝门居中为单檐歇山顶琉璃花门，面阔小而无琉璃斗拱，"慕东陵"名号石匾嵌在门额中间；陵寝门中门后建围屏墙（梓罗圈墙）[1]，形成一座长方形，墙后两端抹角的单独小院与其他妃嫔宝顶分开。院内前部添建石五供，位于院中后部方形台基上的宝顶加修石券宝城，宝城磨砖对缝砌筑，下有青白石须弥座，上起宇墙，并有六只黄铜挑头沟嘴排泄雨水（形制略似慕陵宝顶）[2]。孝静成皇后宝顶围墙外东侧置顺皇贵妃乌雅氏宝顶（宝顶下有须弥座，系由孝静成皇后原宝顶下撤出后安此）。孝静成皇后宝顶围墙之北，置三排宝顶，分葬其余十五位妃嫔。

慕东陵与孝东陵均为后妃混葬，但两者形成的原因和建筑形式各不相同。孝东陵因国家初创，规制未备所致。慕东陵则是因博尔济吉特氏地位前后变化造成的，其规制逊于孝东陵。慕东陵以孝静成皇后宝顶宝城为中心，妃嫔园寝在围墙之后的形式，为清代后陵中所仅见。

四　陵区妃园寝的形制布局

（一）泰陵妃园寝

泰陵妃园寝在泰陵东南二里的杨树沟（图10-3-1），营建年代与泰陵相同。其形制基本同景陵妃园寝，仅规模略缩减，布局处理也与景陵妃园寝基本一致（如宫门与享殿"过白"中展现的空间联系）。其与景陵妃园寝的主要差别，一是宫门前的班房收小为两开间。二因园寝前后两院地势高差较大，故在享殿之后，琉璃花门所在卡子墙前以长方城砖铺设一道与卡子墙平行等长，宽3.5米的月台，台前中间有一道礓礤。此点与景陵和其他帝陵妃园寝形成局部差异。三是所葬妃嫔少，宝顶排列不同。宝顶二十一座（不及景陵妃园寝的一半），前后三排排列，前排宝顶五座（皇贵妃、妃、嫔）、中排宝顶九座（贵人、常在）、后排宝顶七座（常在、格格）；宝顶前、中、后排依次缩小。其中以前排中部纯懿皇贵妃耿氏宝顶和月台尺度最大，设垂带踏跺五级。两旁或往后，妃型宝顶及月台尺度次之，踏跺四级；再次是三级踏跺的嫔型宝顶；最末是常在型，踏跺两级[3]，呈现出明显的等级差别。

---

[1] A. 中国第一历史档案馆：《清代帝王陵寝》，档案出版社1982年版，第75页。引《列朝后妃传稿》下，咸丰帝对军机大臣曰："至将来大行皇太后奉安，即拟以慕陵妃园寝作为山陵，惟宝城之后，必须筑墙一道，以崇礼制，至围墙亦须有路可通。"
　　B. 晏子有：《清东西陵》，中国青年出版社2000年版，第152页。将上注时间系于咸丰五年七月丙辰。

[2] 晏子有：《清东西陵》，中国青年出版社2000年版，第151页。记述：道光十二年九月，宣宗命在园寝中添建石券一座；十月十五日，又降旨命将妃园寝前层中座石券宝顶按照龙泉峪宝城式样改修宝城一座。但尚未兴工、宣宗崩，文宗于咸丰元年二月二十日开工，完成此项工程。

[3] 中国建筑艺术全集编辑委员会编：《中国建筑艺术全集·清代陵墓建筑》，中国建筑工业出版社2003年版。图版说明，第70页。

（二）昌陵妃园寝

昌陵妃园寝在昌陵西南，位于昌陵与昌西陵之间（图10-3-1），与昌陵同时建成。昌陵妃园寝建筑规模较泰陵妃园寝收小约三分之一，但建筑物数量与泰陵妃园寝相同，享殿及其前建筑也遵照泰陵妃园寝规制。享殿两侧类似裕陵妃园寝，两侧横设卡子墙并各开随墙角门（比裕陵妃园寝琉璃花门简朴）。卡子墙北面增设一道绿琉璃瓦扣脊的宇墙，中央开门，铺墁磡磉通墙内大平台，为清代妃园寝中仅见的特例。大平台上依尊卑次序分四排置十八位妃嫔的宝顶和月台，实葬者为十二位妃嫔[1]。第一排仅知裕皇贵妃刘佳氏宝顶一座；第二排石券宝顶五座（妃），已葬入四位；第三排砖券八座（嫔），已葬入五位；第四排砖池四座（贵人），已葬入二位。

（三）崇陵妃园寝

见图10-3-17。崇陵妃园寝在崇陵东一里，营建于宣统元年（1909）至民国四年（1915）。其形制布局和规制依惠陵妃园寝，园寝门北并排建宝顶两座，德宗温靖皇贵妃（瑾妃）宝顶在东，和恪顺皇贵妃（珍妃，二妃为他他拉氏两姊妹）宝顶在西。是清代最末一座妃园寝。

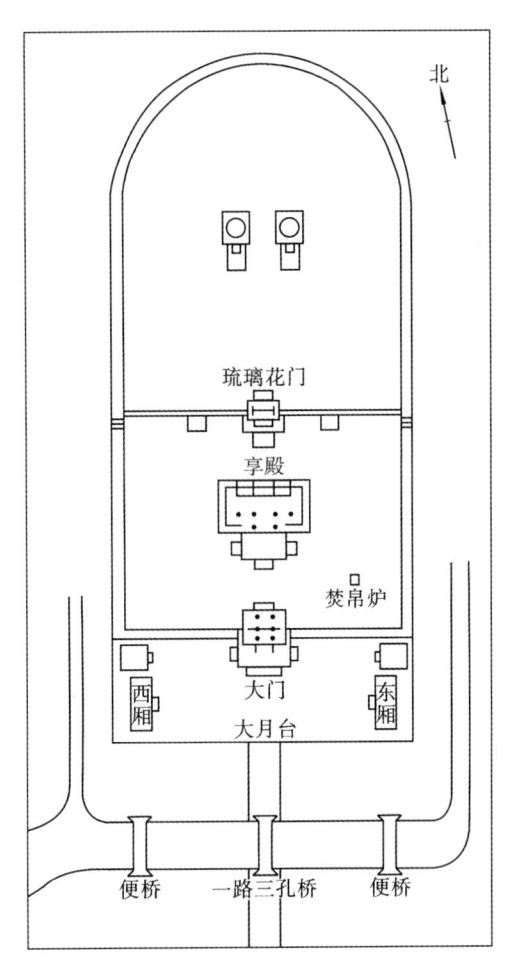

图10-3-17 河北省易县崇陵妃园寝平面示意图

（采自《清东西陵》）

---

[1] 晏子有：《清东西陵》，中国青年出版社2000年版。第357页。说：昌陵妃园寝所葬人数，各书记载不一。第357页引《畿辅通志·易州志》记十二位。而一张年代不详的陵图记已建十八座宝顶或砖池。但文中所记实葬人数为12位。

第四节　清陵地宫的形制和结构[1]

一　帝陵地宫的形制和结构

见图10-4-1之B，图10-4-2之A，图10-4-3—图10-4-6。清东、西陵九座帝陵中，裕陵（图10-4-1之B，图10-4-2之A）和崇陵地宫已经开放，以此结合相关档案和样式雷画样，可知裕、昌、定、惠、崇五陵地宫的形制为九券四门式布局；孝、景、泰三陵地宫多数学者认为亦如是，只有慕陵地宫形制较特殊。慕陵之外的八陵地宫的形制大致如下[2]。

（一）隧道

见图10-4-3—图10-4-5。隧道是进入地宫的通道，隧道自方城门洞中部地面向北斜铺礓磜坡道，穿过哑吧院抵月牙城下。隧道两侧三角形立面墙称象眼墙，上面敞口，葬礼前覆盖穿堂板以防雨水。入葬后掩闭地宫[3]，砌砖填平隧道，表面铺墁御路石，并倚附月牙城外壁砌筑一座琉璃影壁（式样和明代后期帝陵雷同），以隐蔽地宫入口。

（二）九券和地宫顶部结构

见图10-4-3—图10-4-6。进入地宫，沿地宫中轴线纵贯九道双心圆券形筒拱，从外向内依次为隧道券、闪当券、罩门券、头层门洞券、明堂券、二层门洞券、穿堂券、三层门洞券和金券。其中明堂券和金券为主券（象征前朝后寝），拱轴同地宫中轴线及其他各券垂直。九券中以金券规模最大，明堂券次之，闪当券、门洞券最小。地宫最前面的隧道券，自月牙城外缘下斜，面宽与坡度均类似外部隧道；隧道券南端安砌青白石券脸，其他部位均用澄浆砖砌筑（隧道砖券）。皇帝梓宫奉安后，券脸下封砌青白石影壁，壁后附

---

[1] 本节主要参照中国建筑艺术全集编辑委员会编：《中国建筑艺术全集·清代陵墓建筑》，中国建筑工业出版社2003年版，第36—47页。

[2] A. 中国建筑艺术全集编辑委员会编：《中国建筑艺术全集·清代陵墓建筑》，中国建筑工业出版社2003年版，正文，第36—42页，图版说明，第41—43页、第86页。
B. 晏子有：《清东西陵》，中国青年出版社2000年版，第162—172页。按：已刊发的地宫数据中，几乎均未欠尺度数据。
C. 按，清东陵在1928年、1945年和1949年发生三次大规模盗掘，除清世祖孝陵外，余者大都被盗掘。清西陵崇陵和崇陵妃园寝的瑾妃于1938年被盗。故这些清陵地宫的形制为世人所知。

[3] 中国建筑艺术全集编辑委员会编：《中国建筑艺术全集·清代陵墓建筑》，中国建筑工业出版社2003年版，正文，第40页。记述："帝后入葬时，隧道铺设木轨，以龙𬨎车装载梓宫并保持水平，由拉引龙须牵绳、安撒自行木及垫木等夫役牵引，缓缓下行进入地宫，奉安宝床。"

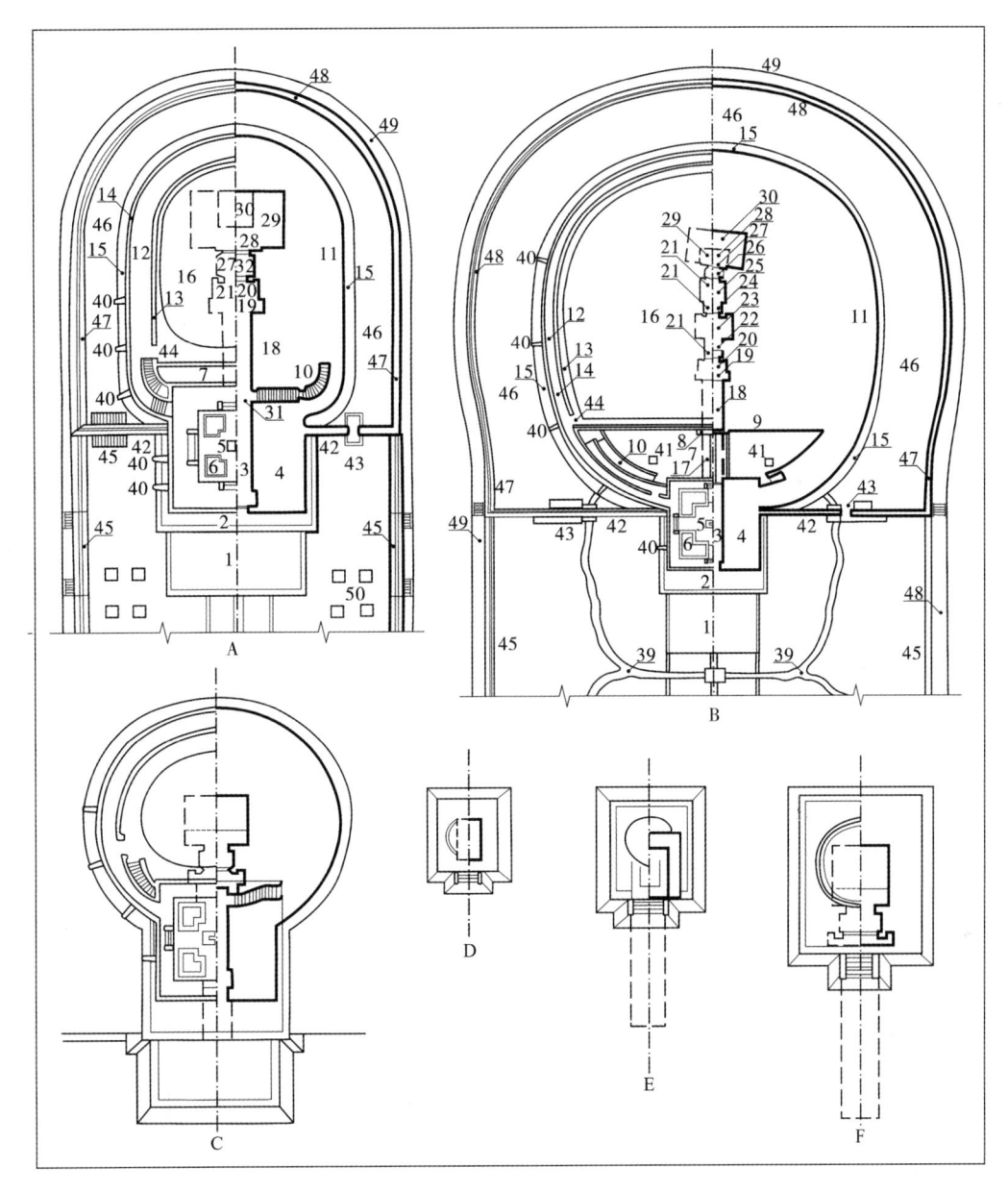

图 10-4-1　清代陵寝六种类型地宫平面示意图

A. 后陵地宫（菩陀峪定东陵）　B. 帝陵地宫（裕陵）　C. 皇贵妃园寝地宫（纯惠皇贵妃园寝）　D. 常在型地宫·砖地　E. 嫔型地宫·砖券　F. 妃型地宫（裕陵妃园寝容妃园寝）

1. 礓磜　2. 方城明楼　3. 方城门洞券　4. 方城　5. 明碑　6. 明楼　7. 哑吧院　8. 琉璃影壁　9. 月牙城　10. 转向踏跺　11. 宝城　12. 马道　13. 宇墙　14. 宝城垛口　15. 宝城台基泊岸　16. 宝顶　17. 隧道　18. 隧道券　19. 闪当券　20. 罩门券　21. 门洞券石门　22. 头层门洞券　23. 明堂券　24. 二层门洞券　25. 穿堂券　26. 三层门洞券　27. 金券石门　28. 金券闪当　29. 金券　30. 宝床　31. 方城扒道券　32. 门洞券　33. 梓券　34. 垂带踏跺　35. 月台　36. 砖券　37. 砖床　38. 夸池　39. 玉带河　40. 挑头沟嘴角　41. 七星沟漏　42. 方城雨边面阔红墙　43. 角门　44. 石栅栏门　45. 花门雨边进深红墙　46. 宝城院　47. 宝城院进深红墙　48. 罗圈墙　49. 更道泊岸　50. 树池

（采自《中国建筑艺术全集·清代陵墓建筑》）

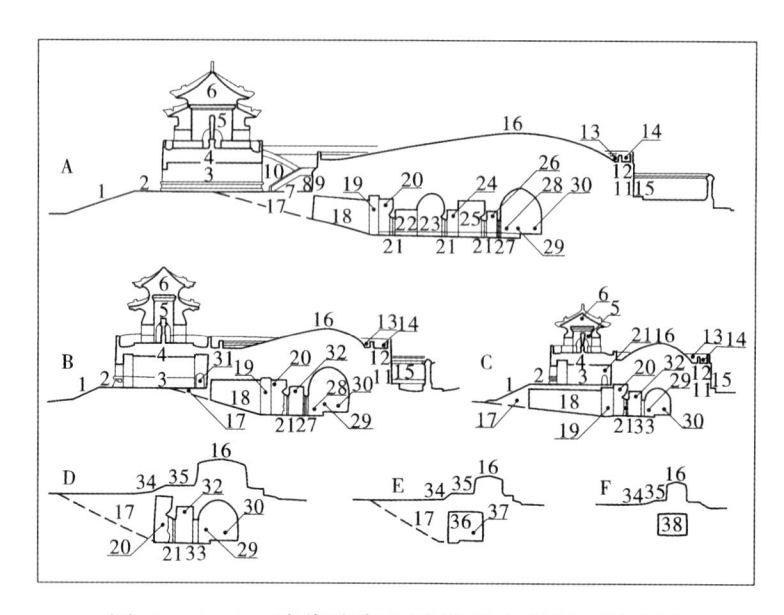

图 10-4-2 清代陵寝六种类型地宫剖面示意图

A. 帝陵地宫（裕陵） B. 后陵地宫（菩陀峪定东陵） C. 皇贵妃园寝地宫（纯惠皇贵妃园寝） D. 妃型地宫（裕陵妃园寝容妃园寝） E. 嫔型地宫·砖券 F. 常在型地宫·砖池

1. 礓磜 2. 方城月台 3. 方城门洞券 4. 方城 5. 明楼碑 6. 明楼 7. 哑吧院 8. 琉璃影壁 9. 月牙城 10. 转向踏跺 11. 宝城 12. 马道 13. 宇墙 14. 宝城垛口 15. 宝城台基泊岸 16. 宝顶 17. 隧道 18. 隧道券 19. 闪当券 20. 罩门券 21. 门洞券石门 22. 头层门洞券 23. 明堂券 24. 二层门洞券 25. 穿堂券 26. 三层门洞券 27. 金券石门 28. 金券闪当 29. 金券 30. 宝床 31. 方城扒道券 32. 门洞券 33. 梓券 34. 垂带踏跺 35. 月台 36. 砖券 37. 砖床 38. 砖池

（采自《中国建筑艺术全集·清代陵墓建筑》）

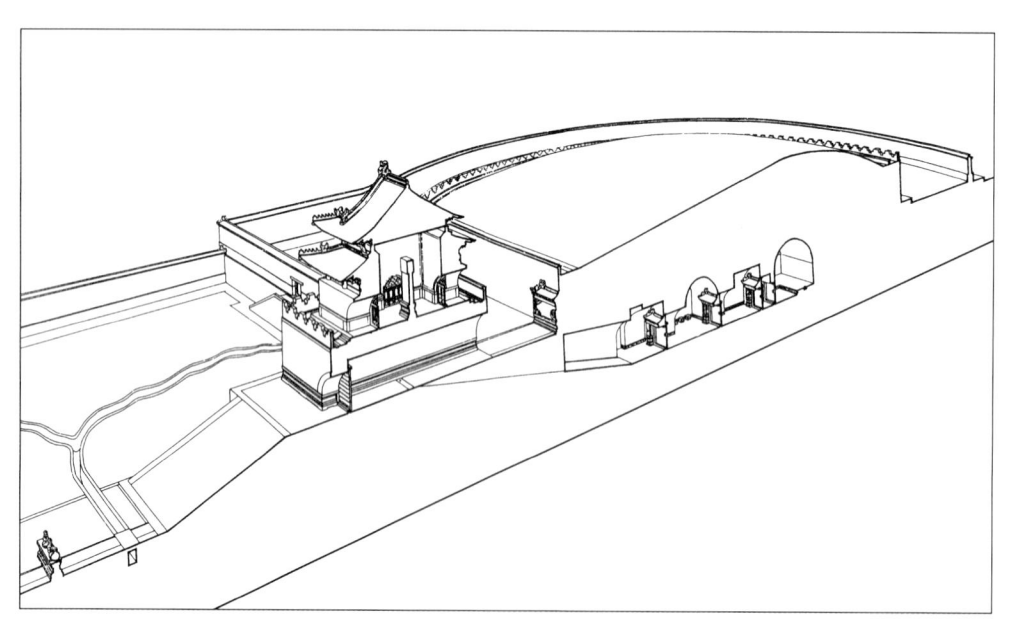

图 10-4-3 清东陵裕陵地宫（纵剖）透视图
（采自《中国建筑艺术全集·清代陵墓建筑》）

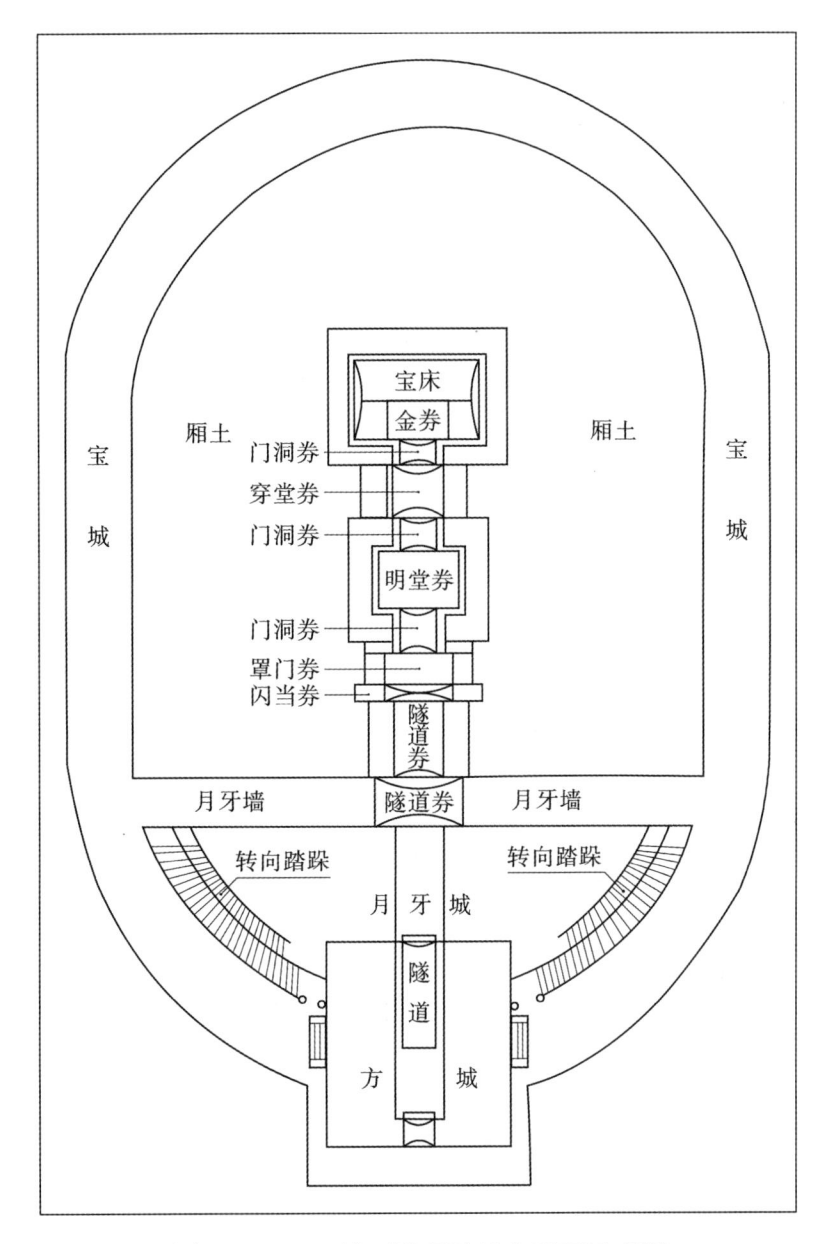

图 10-4-4　清西陵昌陵地宫平面示意图
(采自《清东西陵》)

砌一道挡券砖墙。隧道券北，过渡性的闪当券加宽增高（进深很短），地面铺墁青白石，平水墙（侧墙）及券顶用澄浆砖，称闪当砖券（根据宝顶封土范围大小，可调整隧道券、穿堂券的长短）。裕陵以后的定陵、惠陵和崇陵的隧道券和闪当券平水墙皆有青白石下肩。上述砖券顶均五券五伏，城砖立、卧相间各五层。闪当券以北，地宫各券自地面到券顶全

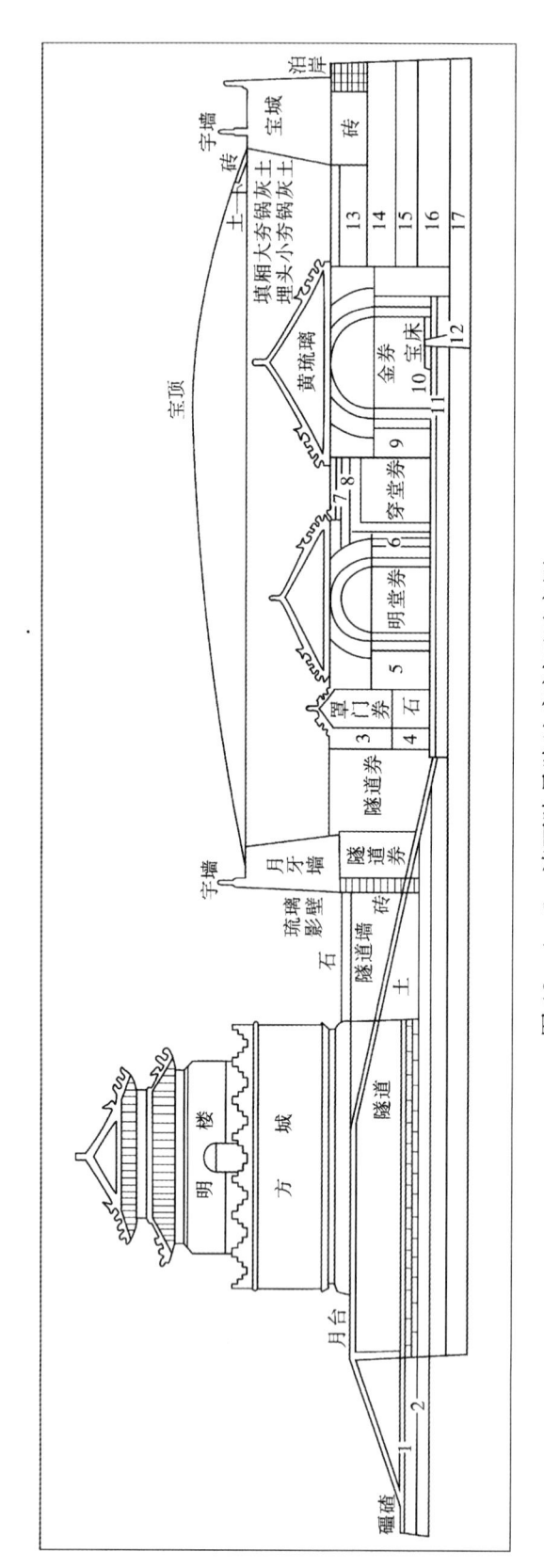

642　宋代至清代帝陵形制布局研究

图 10-4-5　清西陵昌陵地宫剖面示意图
（采自《清东西陵》）

1. 背底砖　2. 小夯锅灰土　3. 闪当券　4. 砖　5. 头层门洞券　6. 二层门洞券　7. 砖　8. 石　9. 三层门洞券　10. 金井　11. 海墁石　12. 吉土　13. 埋头小夯锅灰土　14. 跳蹬小夯锅灰土　15. 举溜小夯锅灰土　16. 地脚小夯锅灰土　17. 地脚小夯锅灰土

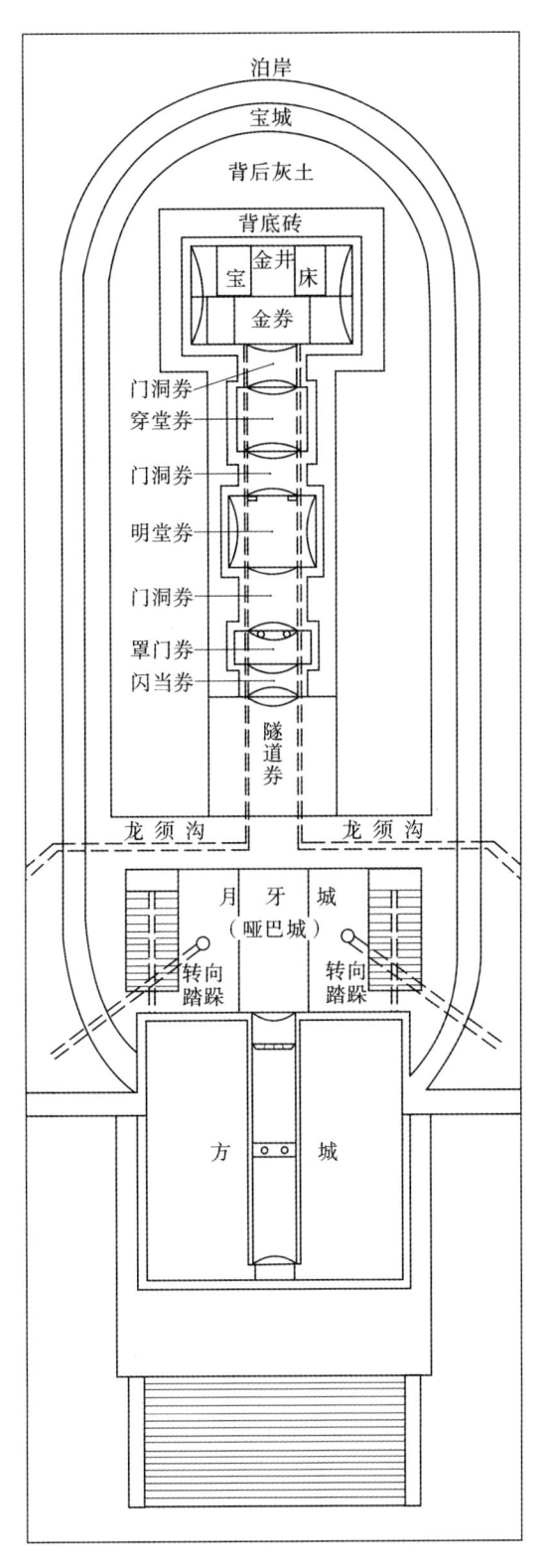

图 10-4-6　清西陵崇陵地宫平面示意图
（采自《清东西陵》）

部用青白石精工建造，统称石券[1]。石券安装后，其上又砌多层伏券砖。所有砖券、石券上部均用城砖砌筑蹬券以及屋顶。早、中期帝陵地宫在其上覆黄琉璃瓦和吻兽等，形成重檐歇山式殿顶，再覆筑小夯灰土的宝顶。自道光慕陵始，则不再覆琉璃瓦和吻兽，改用城砖糙砌成蓑衣顶。

（三）四重石门

见图10-4-7、10-4-8。四重石门依次安设在三重门洞券和金券前，分别称为门洞

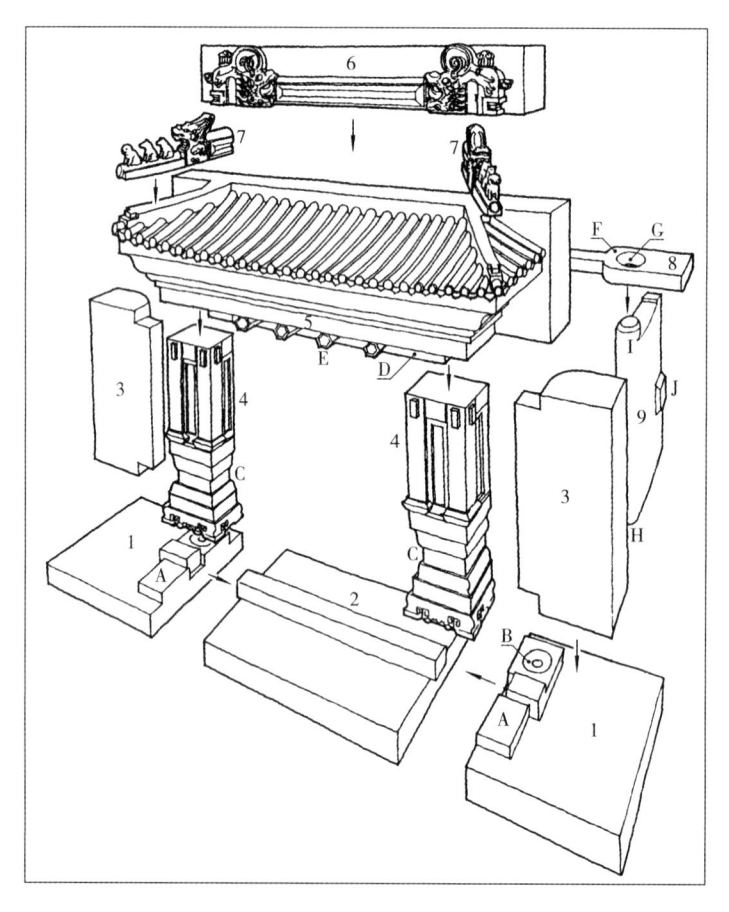

图10-4-7 清陵门洞券石门的构成

1. 脱落槛　2. 中槛　3. 门框　4. 马蹄柱　5. 枋子门簪瓦片　6. 正脊吻兽　7. 垂脊狮马垂兽　8. 门洞券小铜扇　9. 门扇

A. 门枕　B. 海窝　C. 须弥座　D. 门上槛　E. 门簪　F. 弧矢　G. 转身眼（弧矢眼）　H. 下轴　I. 上轴　J. 自来石磕绊

（采自《中国建筑艺术全集·清代陵墓建筑》）

---

[1] 中国建筑艺术全集编辑委员会编：《中国建筑艺术全集·清代陵墓建筑》，中国建筑工业出版社2003年版，第40页。说："各石券则都用青白石料在所谓样制券坑里精心预制，图案雕饰更要先用木板刻样，奏准后依式雕镌；为了避免接缝损害画面，构件组合和图案布局要周密安排，最终达到严丝合缝的地步。"

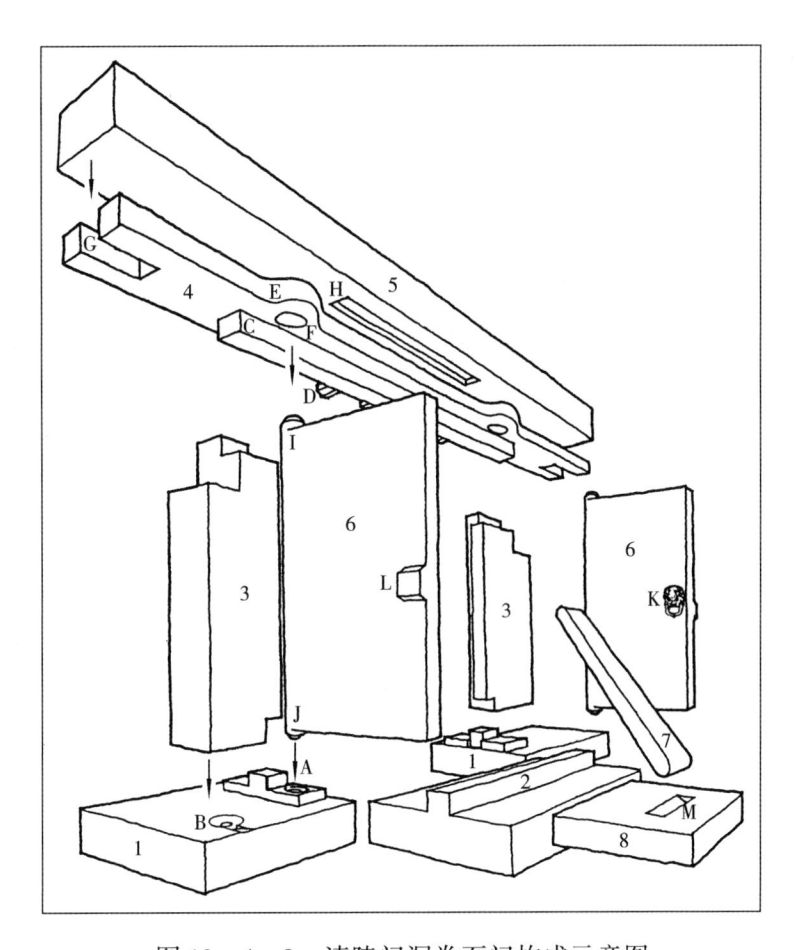

图 10-4-8　清陵门洞券石门构成示意图
1. 脱落槛　2. 中槛　3. 门框　4. 大铜管扇　5. 过梁石　6. 门扇　7. 自来石　8. 海墁石
A. 门枕海窝　B. 金券龙须沟眼　C. 迎风（门上槛）　D. 铜门簪　E. 弧矢　F. 转身眼（弧矢眼）　G. 拉扯石卡口　H. 阴检榫槽　I. 上轴　J. 下轴　K. 下轴　K. 兽面仰月　L. 门扇自来石磕绊　M. 自来石磕绊
（采自《中国建筑艺术全集·清代陵墓建筑》）

券石门和金券石门。三座门洞券石门形制相同，即门两侧门框内立呈须弥座承马蹄柱状的门对，上横枋子瓦片即有连带门槛、门簪、瓦垄和脊饰的单檐屋顶。门背面安装巨大的黄铜管扇，两端设圆形转身眼，同下槛门枕海窝对位，以管束两扇厚重的石门枢轴启闭转动（参见《建艺·清陵》，彩版一○二，裕陵地宫明堂券石门）

金券石门是在金券前壁居中凿出矩形槛框，两侧有凹进内壁的空当，称金券闪当，可纳入两扇石门。门上槛及门簪与黄铜管扇合铸，无枋子瓦片。葬礼后所有石门一律掩闭，用自来石封顶门扇。

（四）宝床、金井、龙山石和龙须沟

金券内石雕须弥座式宝床，是地宫和整个陵寝的核心。宝床横依金券北壁安设，奉安帝后梓宫少者，宝床呈矩形平面，称正面宝床。奉安帝后梓宫多者，呈凹字形平面，即正

面宝床两翼添安垂手宝床（图10-4-4、10-4-6）。

金井即宝床中央所凿直径四寸九分的圆孔，"风水"术将其定为万年吉地的主穴（图10-4-4、10-4-10），其作用是"直通地中，以交流生气"，为陵寝中最神秘之处。金井确定后，帝后或亲自视察，投入金玉宝器；帝后安葬时围绕金井还有隆重的仪式，由亲王或重臣将兴工时所掘金井"吉土"置入金井，加金井盖（图10-4-9）[1]。皇帝梓宫正置金井上，两旁分置皇后或皇贵妃的灵柩，各棺椁四角分别夹精雕彩绘的龙山石（卡棺石，参见《建艺·清陵》，彩版一〇七裕陵地宫宝床及龙山石），帝后棺椁有的镌刻藏文经咒[2]。

地宫内安设多个石雕须弥座式的方形宝册座，用来安置帝后宝册的木匣。其安设位置，或如裕陵置于明堂券左右两边，或如慕陵（图10-4-13）崇陵分置金券正面宝床前两翼。

从昌陵起，接受宣宗宝华峪万年吉地地宫渗水的教训，始在地宫设排水暗沟，称龙须

---

[1] A. 王其亨：《清代陵寝地宫金井研究》，载《风水理论研究》第2版，天津大学出版社2005年版。文中说：慈禧太后曾亲自到菩陀峪定东陵察看金井，将价值连城的珍珠手串等投入金井，还多次派大臣前往定东陵，在金井中安放过大量金玉宝器。地宫建成后，帝后安葬前，金井穴眼用浮盖覆盖。入葬时，金井内覆入点穴时初掘的吉土，并撤去浮盖，盖上金井盖，然后奉棺椁于金井上方。金井浮盖，为正方形石板，六面做细占斧，上面及四周扁光，水磨光亮。金井盖凿作圆形，径与穴眼略同，上面凿流云、坐龙、出爪牙、剔鳞甲、撕鬃发，做工十分精细（图10-4-9）。

B. 金井在卜选万年吉地、陵寝工程设计和施工中有十分重要的作用，后文有说。

[2] [法]王微：《乾隆裕陵棺椁藏文经咒释读》，《故宫博物院院刊》2006年第1期。文中说：1928年7月，裕陵地宫被军阀孙殿英掘开，毁棺扬尸。直到1975年，裕陵地宫才被真正打开，目前有三个外棺（其中有乾隆的外棺）和一个内棺（即淑嘉皇贵妃的内棺）已与公众见面。在乾隆外椁和淑嘉皇贵妃内棺上雕刻有藏文经文。乾隆外椁绘画装饰多已脱落，故经文仅有部分发现。即外椁西侧有三行手书藏文金字，为西天王的陀罗尼与《五保经》，其第三行可确定为"吉祥偈文"。淑嘉皇贵妃内棺棺体，内棺前档刻18行《三聚经》，此经又名《菩萨戒过犯忏悔仪轨》，公元8世纪不空法师仅翻译其中一部分名为《三十五佛名礼忏文》，此本与刻在棺上的忏悔文内容一致，但所刻为佛经的藏文译文。内棺左邦镌刻18行藏文《普贤菩萨行愿王经》。内棺右邦，刻18行经文，是《菩提行经》第十品。内棺后档，损坏严重，可看出格鲁派创始人至尊宗喀巴所写的《开头和结尾的祈祷词》的四句经文。内棺棺盖表面，刻《佛顶尊胜陀罗尼》。内棺棺盖左侧刻写3行经文，前两行镌刻《菩提道场庄严陀罗尼经》，第三行是另一陀罗尼。内棺棺盖右侧，刻写3行，为《佛顶放无垢光明入普门观察一切如来心陀罗尼经》。内棺棺盖脚端和头端，脚端3行为《秘密舍利箧陀罗尼》，头端前2行经文出处不明，第3行是《普明大日如来陀罗尼》。其具体分析和解释请参见原文。又文中引徐广源《裕陵地宫洞开始末》，《紫禁城》2003年第3期）一文："我曾多次进入地宫考察，发现乾隆皇帝的内棺与其它帝、后、妃内棺有所不同。其它内棺内的雕漆藏文经文、花卉图案均为阴刻，惟乾隆内棺和所有文字及图案均为阳刻，而且技艺高超，精美绝伦，实为一件不可多得的剔红艺术珍品。遗憾的是从1977年底开始，这具内棺被套上了外椁，人们很难一睹它的艺术风采了。"

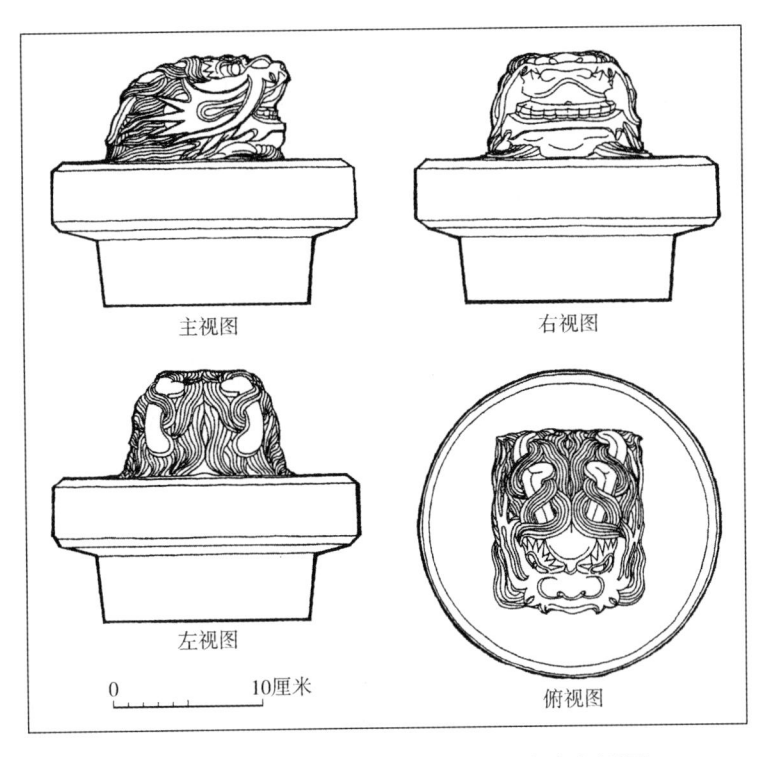

图10-4-9　清西陵崇陵地宫金井盖实测图
(采自《风水理论研究》)

沟。龙须沟花岗岩雕刻，断面方形，中央凿径七寸的圆孔，自金券闪当券向南，左右平行埋设在地宫的地面之下。与此对应，金券闪当券和南面各石券的地面或壁脚，还对称凿有共七对直流龙须沟的排水孔，称龙须沟眼。龙须沟出地宫后通陵院东西两侧的马槽沟，或通入方城前的月牙河内（前面有说），以排泄地宫内的渗水（图10-4-6、10-4-10、10-4-13）。

(五) 地宫装修

清代帝陵地宫露明的砖作，全部用砍磨澄浆城砖干摆对缝灌浆砌成，做工精致素雅。露明的石作全部用质地细润的青白石精心雕造，无图案的部分也都占斧扁光或水磨光亮。从现在已知的裕陵和昌陵来看[1]，其地宫内雕刻装饰基本相同，精美绝伦。以裕陵地宫为例，裕陵地宫（进深五十四米，面积三百七十二平方米），各石券底部皆精雕成仰覆莲须弥座，墙面、券顶及门扇周边均雕饰卷草纹样。除罩门券外，各石门的门对和门楣，都

---

[1] 中国建筑艺术全集编辑委员会编：《中国建筑艺术全集·清代陵墓建筑》，中国建筑工业出版社2003年版。图版说明，第73页。说：按相关档案记载，昌陵地宫曾参照裕陵，在"石券内镌刻五方佛、天王佛及八大菩萨等佛像，并陈设八宝、香几、宝盆、海螺、铃杵各种花纹等……平水墙、月牙墙并券顶周围及券脸、门对等处镌刻番字、梵字经文等"。

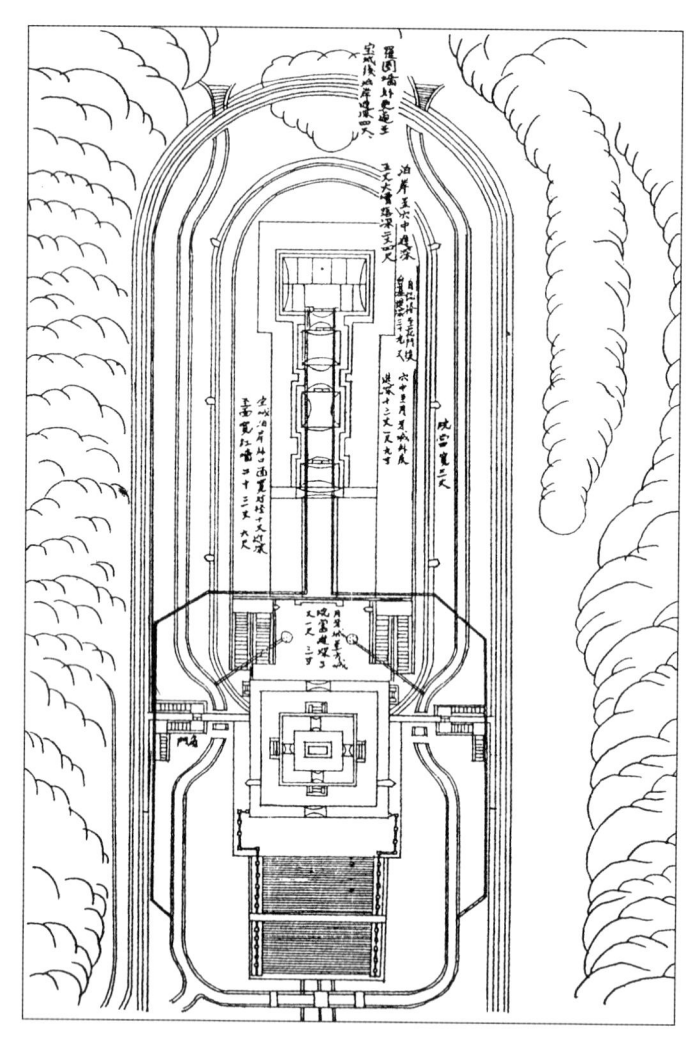

图 10-4-10　清东陵定陵地宫龙须沟平面示意图
(采自《清东西陵》)

满雕藏传佛教的各式佛像、吉祥图案，以及藏、梵文经咒（图 10-4-11）[1]。四重石门门扇高浮雕八大菩萨立像，头层石门东扇为文殊菩萨（图 10-4-12，参见《建艺·清陵》，彩版一〇三文殊雕像），西扇为大势至菩萨，二层石门东扇为观世音菩萨，西扇为地藏菩萨；三层石门东扇为除盖障菩萨，西扇为虚空藏菩萨；金券石门东扇为慈氏菩萨，西

---

[1] 中国第一历史档案馆藏《宫中朱批奏折·工程类》朱33，卷四三至四四记述："应刻之四大天王、三十五佛以及狮子、宝塔、五供、八宝、盆花、香几等项花纹，俱已遵照该工交发画样敬谨刻做完竣。惟石门八扇该工现今办料，应刻之八大菩萨俟明春初即行成造，夏间可以报竣。"地宫券顶、墙上镌刻的藏文及兰扎体梵文经咒，《朱批奏折》记述："奉派职等监刻金券内各平水墙并诸座券顶、门簪、门对等处之西番字体经文共计小西天（番）字二万九千四百六十四字，大西天（梵）字六百四十七字。"兰扎体是元、明、清三朝常用来写佛经咒的一种梵文字体。

扇为普贤菩萨。各门扇背面，顺次雕饰法螺、法轮、宝伞、盘长、宝盖、金鱼、宝瓶、莲花等八吉祥（佛八宝）图案。

图10－4－11　清东陵裕陵地宫剖视图
（采自《中国建筑艺术全集·清代陵盖建筑》）

头层门洞券两壁，分别浮雕坐姿四大天王（四大金刚，图10－4－11），其中东壁南侧为西方广目天王毗留博叉，北侧为多闻天王毗沙门；西壁南侧为增长天王毗琉璃，北侧为持国天王多罗吒（参见《建艺·清陵》，彩版一〇四持国天雕像）。券顶雕饰多个金刚杵组合的吉祥图案。二层门洞券顶，东西对称镌刻喇嘛塔一座，两侧饰佛花，珊瑚和飘带。

明堂券北壁左右浮雕须弥座及蹲狮，狮背驮宝瓶，瓶内盛莲花与金刚杵（喻意大乐修行境界）。侧壁上部月光墙雕饰佛八宝、宝盆供果（图10－4－11），券顶雕五方佛[1]及佛花。

穿堂券两侧壁精雕两组"五欲供"（图10－4－11，参见《建艺·清陵》，彩版一〇五，五欲供），即在宝瓶、法杵、莲花、祥云顶端分别浮雕明镜、琵琶、涂香、水果、天衣，以示人的色（眼观明镜见色）、声（耳由琵琶听声）、嗅（鼻自涂香嗅香）、味（舌藉水果尝味）、触（身从衣服得到感触）五种欲念，而摒弃这五种欲念，人即可进入极乐世界。穿堂券顶镌列二十四佛[2]，周围雕饰法轮、金刚杵、莲花等图案（图10－4－11）。

---

[1] [法]王微《乾隆裕陵棺椁藏文经咒释读》（《故宫博物院院刊》2006年第1期）中说：《朱批奏折》所记三十五佛就是《三十五佛礼忏文》中的五佛（见前述）。通过释读券顶较高处藏文，可知穿堂券上的诸佛是三十五佛中的二十四佛，却无释迦牟尼。西面墙上是从金刚不坏佛到清静佛的前12位佛。东墙上的是清净施佛到莲花光游戏佛的后12位佛。另11位佛，头道石门上面的周匝庄严功德佛，第三道石门上面的宝华游步佛，金券石门上面的宝莲花善住须弥山佛。余8尊佛，从财功德佛至善游步佛在明堂券的券顶上，均在五方佛外围，用很小的藏字刻出其名字。

[2] [法]王微《乾隆裕陵棺椁藏文经咒释读》（《故宫博物院院刊》2006年第1期）中说：《朱批奏折》所记三十五佛就是《三十五佛礼忏文》中的五佛（见前述）。通过释读券顶较高处藏文，可知穿堂券上的诸佛是三十五佛中的二十四佛，却无释迦牟尼。西面墙上是从金刚不坏佛到清静佛的前12位佛。东墙上的是清净施佛到莲花光游戏佛的后12位佛。另11位佛，头道石门上面的周匝庄严功德佛，第三道石门上面的宝华游步佛，金券石门上面的宝莲花善住须弥山佛。余8尊佛，从财功德佛至善游步佛在明堂券的券顶上，均在五方佛外围，用很小的藏字刻出其名字。

金券内东西月光墙中心雕佛坐像、宝盆与供果，周匝佛八宝（图 10-4-12，参见《建艺·清陵》，彩版一〇六裕陵地宫金券月光墙）。券顶雕珊瑚、宝珠和火焰簇拥的三朵大佛花。金券闪当内雕宝盆、供果和火焰、宝珠。

图 10-4-12　清东陵裕陵头层门洞券北立面图
（采自《中国建筑艺术全集·清代陵墓建筑》）

上述图案外镌布密宗经咒，梵文共六百四十七字，藏文二万九千四百六十四字[1]，皆阴刻，佛像及图案均浮雕。总之，裕陵地宫雕刻以佛教内容为中心，紧扣不同部位的性质突出相应的不同题材，各具特色，使整个地宫宛若西天梵境。所有的雕刻布局精审，技法纯熟细腻，形态逼真生动，气势宏伟，是现在已知中国古代帝陵地宫中仅见的精品。

裕陵昌陵之后，自旻宁下谕裁撤地宫经文佛经起，帝陵地宫石券不再雕饰，但除慕陵外其他帝陵地宫石门的门扇仍雕八大菩萨立像（如崇陵）。

---

[1] 晏子有：《清东西陵》，中国青年出版社 2000 年版，第 168 页。据一史档案馆《内务府未文》陵寝事务 2931 包记载，裕陵地宫喇嘛写经文、用工雕刻一项，就历时三年多，耗银一万零一十七两五钱五分。昌陵地宫与裕陵地宫形制基本相同，由于有裕陵地宫做借鉴，写经雕刻用工不足一年，用银仅九千八百六十一两五钱五分。参见前面注释。

(六) 地宫地面

雍正十二年（1734）《工部工程作法则例》规定，帝后陵和妃园寝、各殿内地面细墁金砖[1]。营建泰陵时，乾隆二年（1737）闰九月十九日，钦差总理太平峪工程事务处称，"万年吉地地宫，前经料估用青白石海墁地面，今经大学士、公马尔赛等议奏：各券地面铺墁金砖。奉旨：着照所议行"[2]。

除上所述，慕陵地宫是清东、西陵中最简约的帝陵地宫（图10-4-13、10-4-14）。慕陵地宫裁减了闪当券、明堂券、穿堂券；仅有隧道券、罩门券、门洞券和金券，穿堂券改为极短的梓券，两座门洞券及对应的二道石门，各券尺度也相对缩小，故地宫长度大为缩短。门洞券和金券闪当分别安石门，石门门扇不雕菩萨像。金券内倚金券后壁安设由五大件青白石组雕的矩形宝床，宝床金井有雕镂流云坐龙的穴眼盖，其上置旻宁梓宫，三位

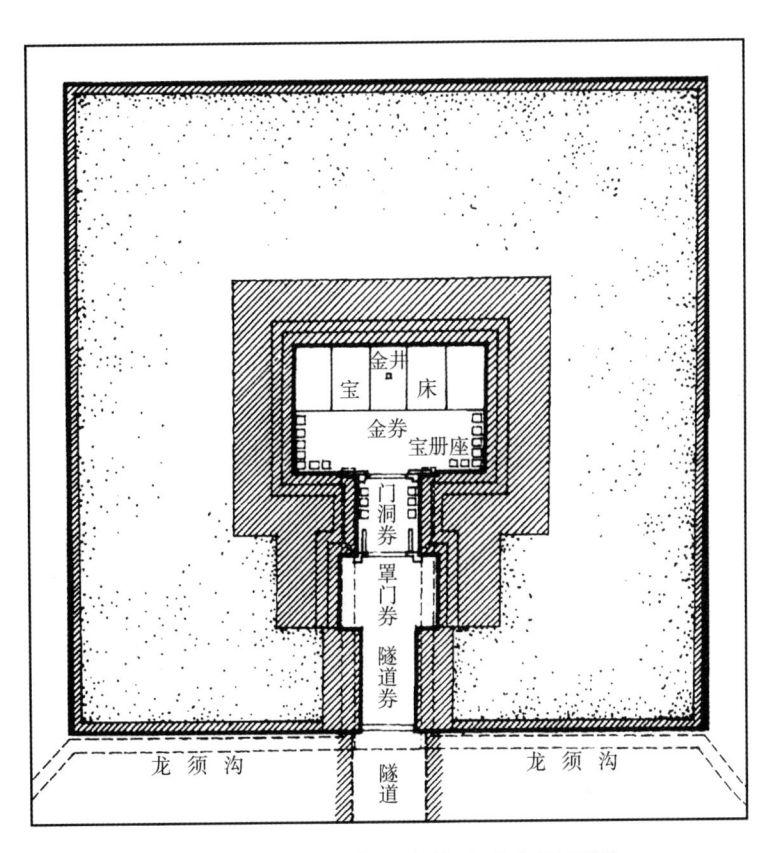

图10-4-13　清西陵慕陵地宫平面图
（采自《中国古代建筑史》第五卷）

---

[1] 晏子有：《清东西陵》，中国青年出版社2000年版，第102页。
[2] 晏子有：《清东西陵》，中国青年出版社2000年版，第137页。地宫墁金砖做法，后文有说。按，泰陵之前帝陵地面的做法不详。

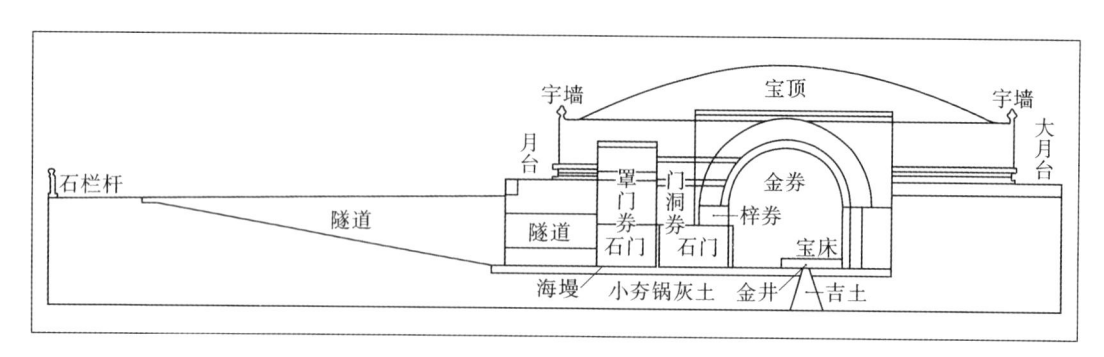

图 10-4-14　清西陵慕陵地宫剖面示意图
（采自《清东西陵》）

皇后灵柩在其左右两旁。在金券前部和门洞券两翼有十八尊石雕须弥座式宝册座。地宫顶用城砖糙砌成蓑衣顶，然后以三合土夯实成圆形宝顶。地宫地面均呈水平面且做法相同，地宫下左右平行埋设两道龙须沟，自金券闪当穿经门洞券、罩门券和隧道券，直通陵墙外的马漕沟，各券地面还对应设置了共三对龙须沟眼。地宫隧道在月台前缘之外，长八丈，隧道下斜坡度为每丈一尺七寸。

二　皇后陵和妃园寝地宫的形制与结构[1]

（一）皇后陵地宫的形制和结构

1. 昌西陵和慕东陵地宫

见图 10-4-15、10-4-16。昌西陵和慕东陵建于两次鸦片战争之间，其地宫和陵园规制格外简约。二陵地宫的形制，据相关档案和样式雷画样可基本明了。

地宫入口在月台前缘，其外有砖砌敞口隧道，自南向北下斜通地宫。皇后梓宫奉安毕，入口前砌筑挡券砖墙，隧道填封，铺墁砖石甬路并接砌月台垂带踏跺。地宫内从外向内，沿轴线依次配置罩门券、门洞券、梓券和金券，金券拱轴同其他各券轴向相垂直。罩门券砖砌，其他各券都用青白石构筑。石门一重，设在门洞券前。金券内依后壁安设青白石须弥座式宝床，中间有金井，上置梓宫。在门洞券两翼，分设一座青白石须弥座式宝册座。又罩门券和金券前两隅，各于地面青白石海墁凿有龙须沟眼，门洞券两侧壁脚掏鱼门洞，通地宫外的龙须沟。以上二后陵的规制，类似后文所述的皇贵妃地宫。

2. 菩陀峪定东陵地宫

见图 10-4-1 之 A，图 10-4-2 之 B，图 10-4-17。清东陵孝钦皇后（慈禧皇太后）菩陀峪定东陵地宫，是清代后陵中唯一开放的实例（1928 年被盗，1978 年开放）。定

---

[1] 本节主要参考中国建筑艺术全集编辑委员会编：《中国建筑艺术全集·清代陵墓建筑》，中国建筑工业出版社 2003 年版，第 43—47 页。

东陵营造之初，孝东陵、昭西陵、泰东陵等地宫已"无案可查"[1]，故参考慕陵、慕东陵

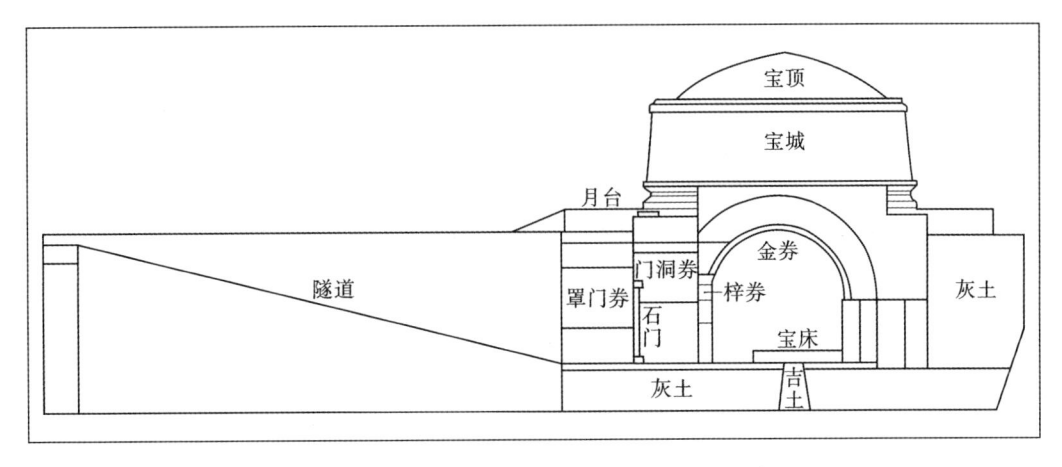

图 10-4-15　清西陵昌西陵地宫剖面示意图
（采自《清东西陵》）

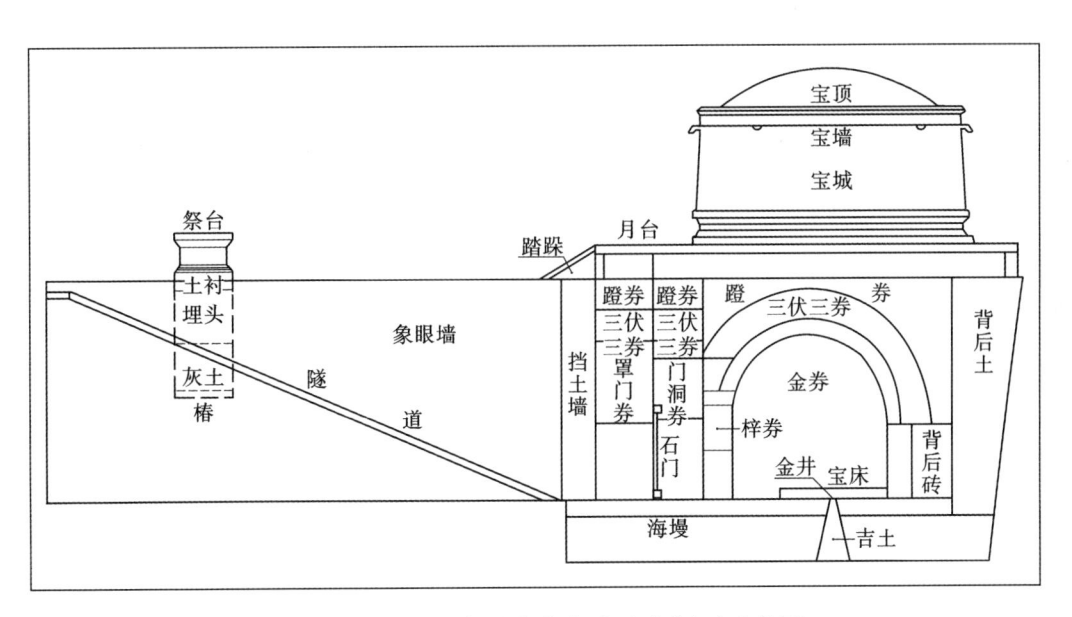

图 10-4-16　清西陵慕东陵地宫剖面示意图
（采自《清东西陵》）

---

[1] A. 中国建筑艺术全集编辑委员会编：《中国建筑艺术全集·清代陵墓建筑》，中国建筑工业出版社 2003 年版，第 44 页。说："样式雷有关画样和烫样及《菩陀峪万年吉地工程备要》等档案表明，在定东陵经营初期，孝东陵、昭西陵、泰东陵等地宫已'无案可查'，曾参考昌西陵、慕东陵及慕陵地宫拟定多个方案，钦定方案则仿照慕陵并增设了一道闪当券。"
B. 晏子有：《清东西陵》，中国青年出版社 2000 年版，第 172 页。说：菩陀峪定东陵地宫五券二门，"从档案上看，菩祥峪定东陵地宫也是如此"。又说："而未知之孝东陵、昭西陵、泰东陵等三处后陵，从地面上建筑物的距离来看，地宫建筑形式与此当无有较大的区别。"

和昌西陵地宫拟定多个方案，钦定方案则仿慕陵地宫。但增设一道闪当券[1]。

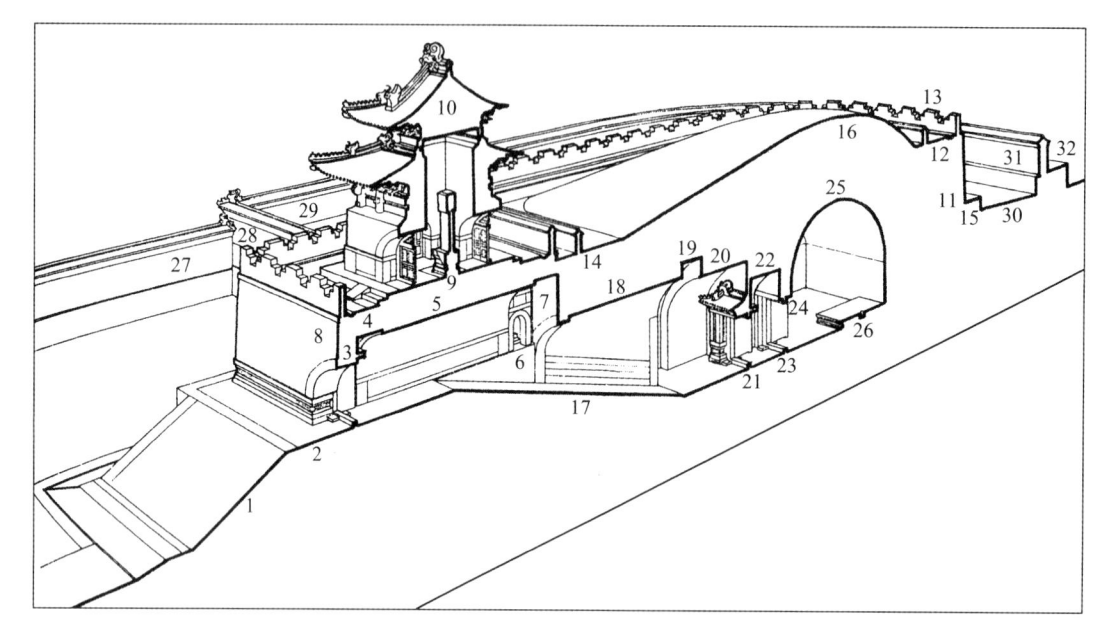

图10-4-17 清东陵定东（慈禧陵）陵地宫及金井位置纵剖透视图

1. 礓䃰 2. 月台 3. 方城罩门券 4. 方城南门洞券 5. 方城北门洞券 6. 扒道券下券门 7. 挡券影壁墙 8. 方城 9. 明楼碑 10. 明楼 11. 宝城 12. 宝城马道 13. 宝城垛口 14. 宇墙 15. 宝城泊岸 16. 宝顶 17. 隧道 18. 隧道券 19. 闪当券 20. 罩门券 21. 门洞券石门 22. 门洞券 23. 金券石门 24. 金券闪当 25. 金券 26. 宝床及金井 27. 花门院进深红墙 28. 方城两边面阔墙 29. 宝城院进深墙 30. 宝城院 31. 罗圈墙 32. 更道泊岸

（采自《风水理论研究》）

菩陀峪定东陵地宫，隧道自方城门洞中部地面向北下斜，隧道内铺墁石礓䃰，延至方城门洞券尽端的挡券影壁墙下与地宫隧道券衔接。隧道券的宽度和坡度及地面做法类似隧道，其南口即地宫入口安砌青白石券脸。梓宫奉安后，券脸下封砌青白石影壁墙，前部再用细澄浆城砖干摆灌浆，每隔三层横设通长拉铁一根，砌成挡券影壁墙，墙前隧道填砌砖石，上面墁成方城门洞券内地面。

隧道券北依次为闪当券、罩门券、门洞券石门和门洞券门，金券石门、金券闪当和金券，共五券二门。隧道券和闪当券地面、下肩皆用青白石，券顶用澄浆城砖砌成，其他券座全部用青白石构筑。金券内依北壁安设青白石须弥座式宝床，孝钦皇后梓宫置于宝床中央圆形金井之上。金券南面两隅，各置两尊青白石宝册座。地宫两重石门的四扇门扇有兽面仰月铺首，无菩萨像。门洞券石门形制略似帝陵地宫石门，但门对上枋子门簪瓦片雕成单檐歇山顶（不同于裕陵、崇陵的庑殿式顶），檐下雕出三踩斗拱及麻叶云头，拱眼壁刻

---

[1] A. 见上注A。
B. 晏子有：《清东西陵》，中国青年出版社2000年版，第125页。说：定东陵二皇后地宫，清朝廷屡次有谕旨明确给予指示："万年吉地地宫尺丈规模，着照慕陵。"

火焰宝珠，檐椽和飞椽头镌作寿字和万字纹，檐口勾头刻画祥云，滴水雕饰蝙蝠（参见《建艺·清陵》，彩版一三五定东陵地宫门洞券石门），凡此均比帝陵精致。金券石门，上面横贯黄铜管扇，露明为门上槛，前出四个门簪，皆刻镂祥云龙凤纹。管扇以上的月光石，精雕海水江崖流云和游龙翔凤图案（参见《建艺·清陵》，彩版一三六定东陵地宫金券石门月光石），其精美程度亦胜过帝陵。

为排除地宫内渗水，金券闪当两边地面各凿圆形龙须沟眼，门洞券在南侧壁掏鱼门洞或云洞，罩门券前两侧地面凿出钱纹透孔（又称古老钱或轱辘钱眼），以上均与地宫两侧埋设的龙须沟相通，龙须沟又通陵墙外的马槽沟。

（二）规制最高的妃地宫：皇贵妃园寝地宫之形制结构

乾隆初年，参照后陵规制，"有加于皇贵妃定制"，营造了景陵双妃园寝，其后又为他的纯惠皇贵妃营造了同类地宫。此种地宫乃是清代妃嫔地宫的特例，成为清代最高等级的妃嫔地宫。纯惠皇贵妃地宫现已开放，地宫的形制结构大致如下。

纯惠皇贵妃地宫（图10-4-1下之C，图10-4-2之C）位于裕陵妃园寝后院前排正中，地宫入口在方城月台前缘，隧道券纵贯于月台之下，隧道券向北下斜坡度为每丈七寸五分。棺椁入葬掩闭地宫石门后，入口封砌为月台前马尾礓磋。隧道券向北依次有闪当券、罩门券、门洞券和石门、梓券、正券，正券拱轴与其他各券轴向垂直。隧道券、闪当券、罩门券及其墙体、地面用城砖磨砖对缝构筑；其他各部位均青白石（石占斧扁光）构筑。正券后部安设通宽青白石（五大件）棺床，正面雕作须弥座，棺床中央凿气土眼（相当于帝后陵的金井），上面置皇贵妃棺椁，棺椁前后有卡棺石。皇贵妃地宫床左方，安放弘历废后乌喇那拉氏灵柩。

地宫内装修主要是门洞券石门，石门两翼立须弥座马蹄柱式门对，上面横贯柱子瓦片，即用整件巨石雕出带有上槛、门簪、额枋、冰盘檐、勾头滴水和瓦垄的单檐庑殿顶，屋顶安装石雕屋脊、吻兽、垂兽及狮、马等走兽（参见《建艺·清陵》，彩版一一二纯惠皇贵妃门洞券石门）。枋子瓦片背后，设有黄铜管扇，支承两片大石门扇。门扇铺首精雕兽面仰月，迎面水磨光亮。

前已说明景陵双妃园寝和裕陵妃园寝地面建筑参照清代前期后陵，惟等级逊于后陵，尺度缩减。从裕陵妃园寝纯惠皇贵妃地宫形制结构，及其与前述菩陀峪定东陵地宫相比较来看，此类皇贵妃地宫亦逊于后陵地宫一等。

（三）妃园寝地宫的形制和结构

清代内廷图档将妃园寝地宫通称石券图10-4-18、10-4-19，除前述乾隆时期三座皇贵妃地宫外，清代历朝皇帝的皇贵妃、贵妃、妃园寝地宫均属此类。其中只有裕陵妃园寝中容妃和卓氏地宫已经开放，实测资料表明，这座地宫规制与清代后期同类地宫雷同，具有代表性[1]。

---

[1] 中国建筑艺术全集编辑委员会编：《中国建筑艺术全集·清代陵墓建筑》，中国建筑工业出版社2003年版，第46页。

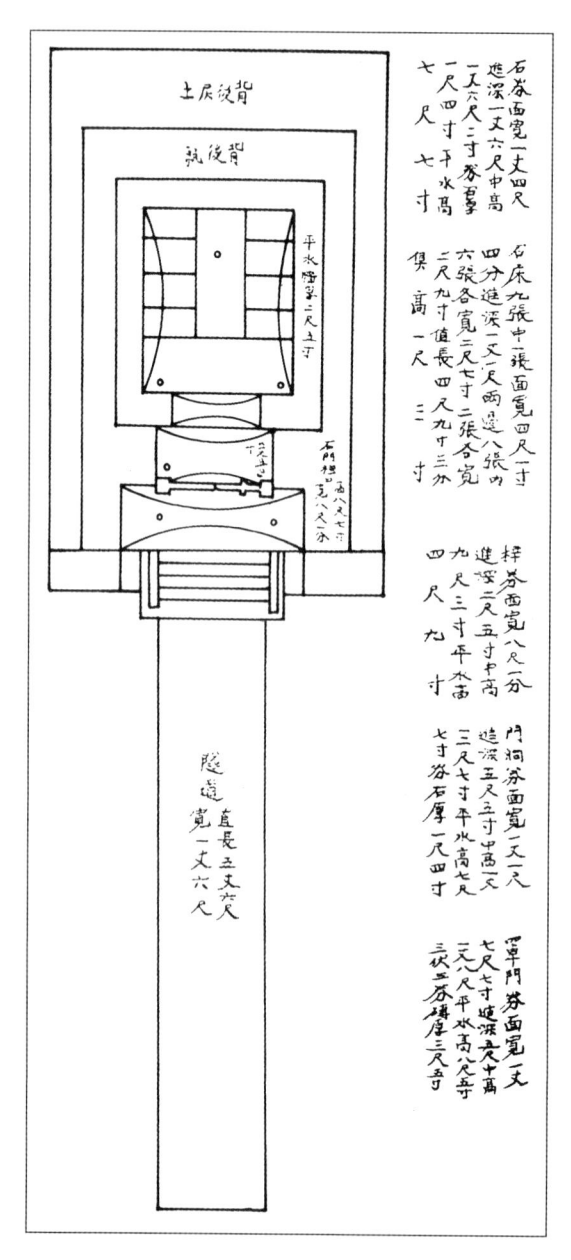

图 10-4-18 清妃园寝福地石券地盘样

(采自《清东西陵》)

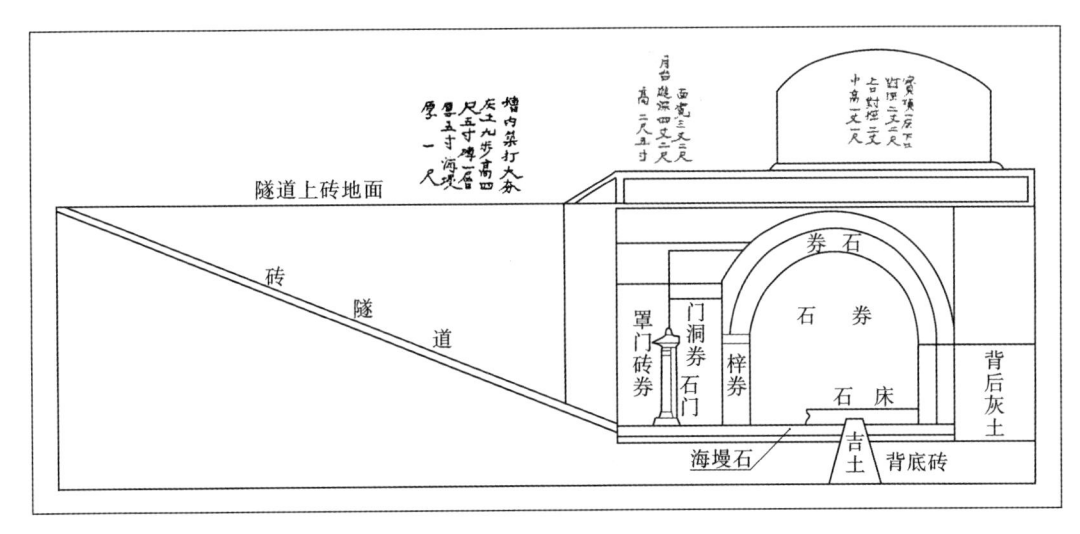

图 10-4-19　清妃园寝福地石券（妃型地宫）剖面示意图
（采自《清东西陵》）

据清代有关图档（图 10-4-1 之 F，图 10-4-2 之 D，参见《建艺·清陵》，彩版一一四容妃地宫），容妃地宫由月台南的敞口隧道通入，隧道坡度每丈下斜三尺，安葬后夯填，铺墁散水并安砌月台前踏跺。地宫内自南向北依次为罩门券、门洞券石门、门洞券、梓券、石券，石券拱轴同其他各券垂直。罩门券券顶、墙体和地面用城砖构筑，其余部位均用青白石构筑（形制做法类似前述皇贵妃地宫）。石券后部安设通宽青白石棺床，正面雕成须弥座，棺床中央凿气土眼，其上安奉容妃棺椁[1]，棺椁前后有条形卡棺石。该地宫无龙须沟，道光之后同类地宫均在石券、门洞券内凿一对沟眼，通入地宫海墁下的龙须沟，将渗水排出地宫。

（四）妃园寝中嫔砖券的形制结构

见图 10-4-1 之 E，图 10-4-2 之 F。在清代有关档案中，将嫔、贵人、答应等予建的茔穴通称为砖券（图 10-4-20）。入葬时虽有的晋封级别已加尊为妃或贵妃，仍安葬于砖券内[2]。砖券尚无开放的实例，据清代档案图籍来看，砖券月台前有敞口下斜的隧道，地宫为一南北轴向筒拱，内部全部用新样城砖构筑。后部随券形封砌月光墙，倚墙用城砖砌筑棺床，侧面用砍细澄浆砖砌须弥座，床面铺墁金砖，棺床中央有气土眼，其上安奉棺椁，棺椁前后有卡棺石。砖券前部敞口隧道，安葬后封砌档券墙，隧道填平，铺一层盖面黄土，再安砌月台前的垂带踏跺和周围散水。据清代有关档案记载，自康熙到清末，砖券规制相同。道光朝以后，各砖券也设龙须沟，因空间狭小，券内地面仅有一对沟眼通龙须沟。

---

[1] ［法］王微《乾隆裕陵棺椁藏文经咒释读》（《故宫博物院院刊》2006 年第 1 期）记述：香妃即容妃的棺木上刻写阿拉伯文《古兰经》金字。
[2] 清德宗的珍妃，光绪二十七年封为皇贵妃，因清末经费奇绌，故也只建砖券，成为特例。

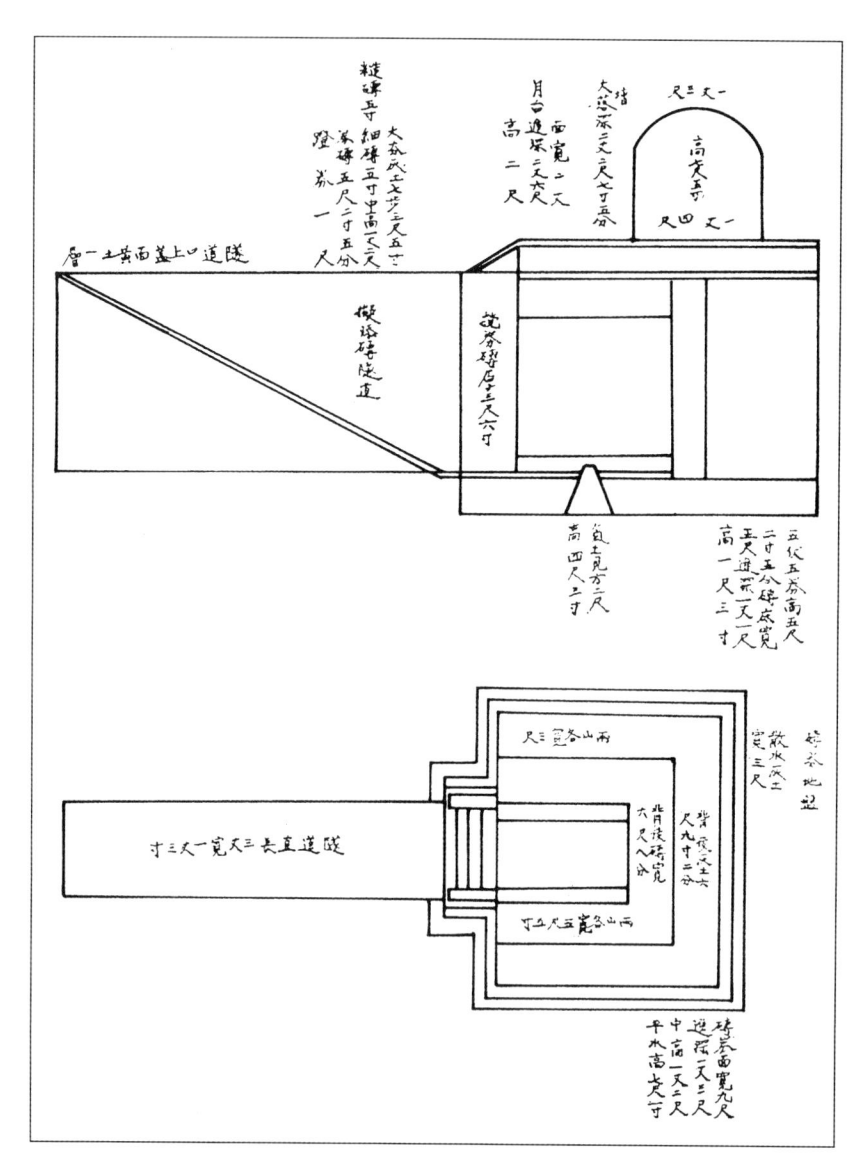

图 10-4-20　清砖券立样、砖券地盘样
（采自《清东西陵》）

（五）妃园寝中常在砖池的形制结构

见图 10-4-1 之 D，图 10-4-2 之 F。清代档案图籍将常在地宫称砖池，即就地掘穴，用低档次城砖砌成敞口长方形池，池宽五尺五寸，长一丈五尺，深六尺三寸。城砖平墁池底，中央留气土眼。无棺床、无龙须沟，无隧道，棺椁入葬从池口垂直吊下，故又称天落池。入葬后池口覆盖厚一尺五寸的豆渣石（即花岗石板），称棚盖石，其上平砌城砖厚二尺左右，再夯筑提留盖面黄土一步厚七寸，然后筑宝顶。常在砖池是营建妃园寝时按常在等级予建的，安葬时若常在晋为答应、贵人或嫔，仍按原定常在规格入葬。其中个别者或例外用青白石改建，但规格却无变化。

第五节　清代陵寝工程概述

明代及其以前历代的陵寝工程，官方典籍记载十分简略或无记载；陵寝地面建筑除明陵保存较好外，余者残存无几，甚至仅剩部分石象生和封土，帝陵的地宫正式发掘者也只有明定陵地宫。因此，对明代及其以前历代陵寝工程所知甚少，陵寝建筑艺术也只能就明陵的遗存而论之。降至清代，情况为之一变。一是清东、西陵陵园地面建筑大都保存下来，并对部分帝陵和后陵地宫进行了清理。二是清代遗存有大量陵寝工程的"画样"（规划设计图，图10-5-1—图10-5-3、10-5-8）和"烫样"（图10-5-4）[1]，其中仅嘉庆朝以来陵寝建筑的样式雷画样就超过六千件[2]。此外，还有《工程做法》（施工设计说明）、《销算黄册》（经费决算）、《工程备要》和《工程纪略》（相关旨谕、奏折、章程等的汇编）等大量档案资料。以上两者结合，较翔实地反映出清代陵寝从选址、规划、设计到施工，以及建筑艺术方面的情况，下面拟就此略作介绍。

一　风水术主导卜选万年吉地是营建陵寝的基础

清代"国家定制，登极后选建万年吉地"[3]，例由皇帝钦派亲王和重臣，率钦天监及精通风水的官员、术士与负责陵寝规划设计的样式房匠人协同进行；期间甚至福临、玄烨、弘历、旻宁、奕詝和载湉等皇帝，以及慈禧太后等还曾躬亲参与。由此可见，卜选万年吉地乃清代陵寝经营的头等要务。

清代卜选万年吉地承袭明代传统，以风水术（山水之术）的"形势宗"（江西之法）之风水理念为主导，利用罗盘仪到陵区各处相度勘察，"观四面之山峦，望两旁之水势"，

---

[1] 清代乾隆年间始在内务府营造司下设样式房，负责设计图纸，制作烫样，主持的匠人约相当于现代的建筑师。又设算房，负责估工算料，核实经费等项工作，主持的匠人约相当于现代的会计师。"样式雷"，系指雷发达（生于明万历四十七年，卒于康熙三十二年，即1619—1693）于清初供役内廷，此后其子孙雷金玉、雷声澂等前后200余年皆供职样式房任掌案职务。可以说清代宫廷大工皆出雷氏之手，故同行将这个家族称为"样式雷"。"画样"，即在规划设计时根据地盘所绘建筑物草图和修改后绘出的详图。重要的建筑，还要按百分之一或二百分之一比例制成模型，进呈内廷，以便审定。这种模型以草板纸热压制成，故名"烫样"。样式雷烫样做工精巧，台基、瓦顶、柱枋、门窗、花罩，以及床榻桌椅，无不具备，有的模型还可拆卸，烫样皆涂饰彩色。烫样是了解清代建筑和设计程序的重要资料，画样的有关情况后文有说。中国建筑艺术全集编辑委员会编《中国建筑艺术全集·清代陵墓建筑》（中国建筑工业出版社2003年版）第10页说：仅嘉庆朝以来陵寝建筑的样式雷画样就超过六千件。

[2] ［法］王微《乾隆裕陵棺椁藏文经咒释读》（《故宫博物院院刊》2006年第1期）记述：香妃即容妃的棺木上刻写阿拉伯文《古兰经》金字。

[3] 清档案：《内务府末文·陵寝事务》道光二年秋七月，绵课等奏恭建万年吉地折。

以"望势""寻龙"和"查穴"为中心，仔细考察龙、砂、穴、水、明堂、近案和远朝的关系。按照风水理论，吉壤应背后龙山重岗、开屏列帐，左右护砂，环抱拱卫[1]，近案似几（"案如贵人几席，可俯而凭也"），远朝如臣（"朝如人臣面君，敬对而拱拜也"），水脉分流（"风水之法，得水为上"，"来宜曲水向我，去宜盘旋顾恋"，"未看山时先看水，有山无水休寻地"），堂局（明堂，即穴区附近四至之地）宽厚、土质优良，陵区负阴抱阳、藏风聚景、树木葱郁（"陵寝以风水为重，荫护以树木为先"）。只有具备上述完美自然景观，良好的生态环境和工程地质条件，才能进而在山脉尽端的山坡或高阜（山势停留不再延伸之处）点穴（图10-5-1、10-5-2、10-5-5）。即根据山向、地势将准

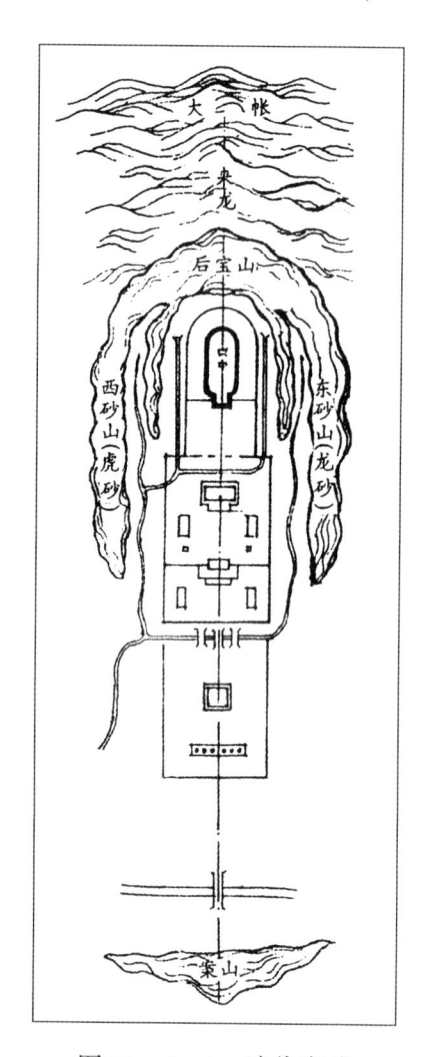

图 10-5-1　清代帝陵
　　　　　　风水模式图
（采自《风水理论研究》）

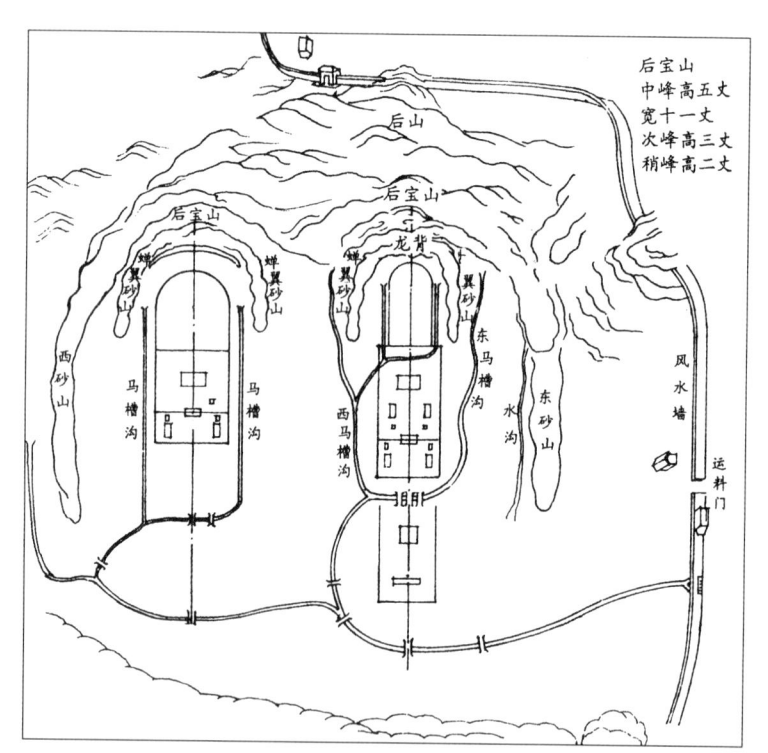

图 10-5-2　清东陵惠陵及妃园寝
　　　　　　风水形势图（样式雷画样）
（采自《风水理论研究》）

---

[1] 来龙左右，必须有起伏顿错而下的砂山，一重或两重，对穴区形成环抱、拱卫，谓之左辅右弼，又称左右护砂，或龙虎砂山。其内小者，称蝉翼或牛角砂山（状如蝉翼或牛角）。参见图10-5-1、10-5-2。

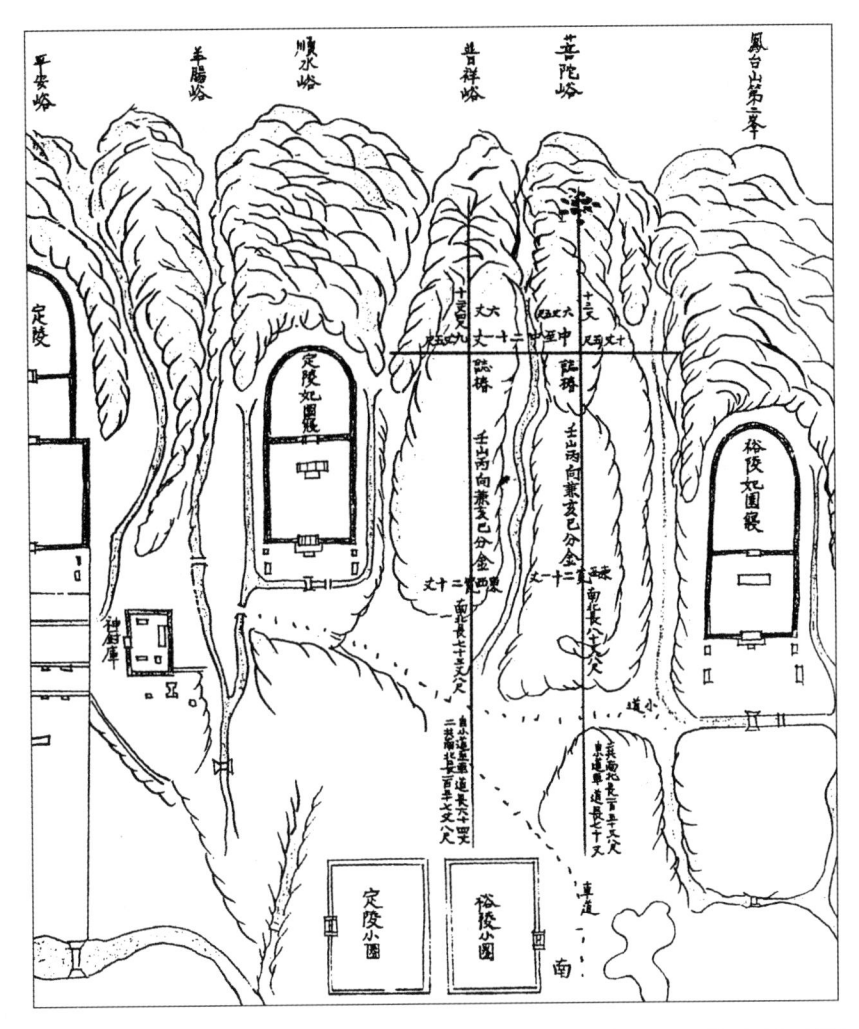

图 10-5-3　清样式雷《清东陵定东陵普祥峪、菩陀峪地势丈尺画样》
(采自《风水理论研究》)

图 10-5-4　清东陵定东陵地宫模型（烫样）
(采自《中国建筑艺术全集·清代陵墓建筑》)

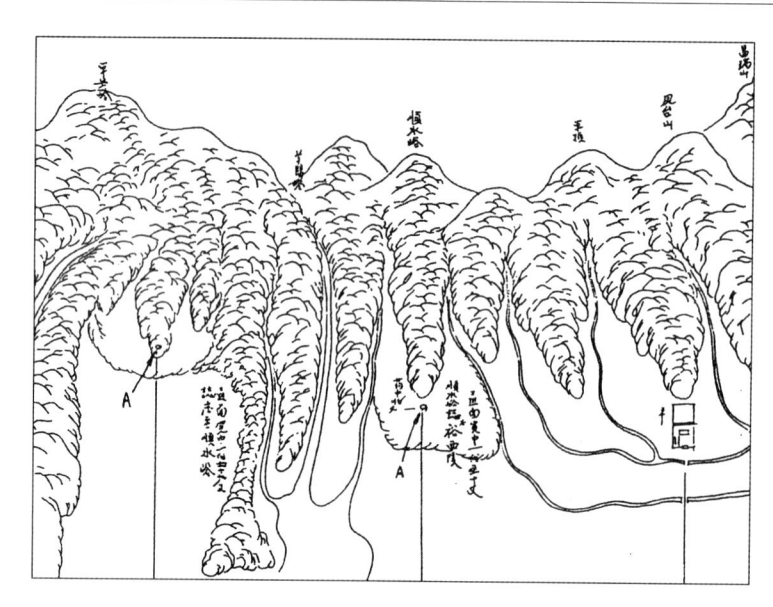

图 10 - 5 - 5　清样式雷《平安峪、顺水峪点穴志桩图》
图中箭头所指 A 处均为穴中，西为定陵，东为定陵妃园寝
（采自《风水理论研究》）

备选作地宫基址的区穴中央挖一探井称穴中，又称金井，金井的深度以能判明地宫地面所在水平面的地质情况为限。金井后部另挖一探井称样坑（测土层厚度，土质优劣、水位高低，以作定穴和设计的参考），用以判明和确定地宫基础的合宜深度；穴中前方一定距离树立志桩（图 10 - 5 - 6A、B）；此外穴中两翼地势低下处也挖有探井。经过周密勘探，综合考虑各种相关因素，在不断分析、权衡之后判断适宜作为陵寝基址的称有穴（反之称无穴）。有穴基址亦称吉地，吉地按方位、景观和工程地质条件综合评价，又分上吉、中吉、下吉，帝后陵寝均选在上吉之地。最后选定落脉结穴的最佳之处称定穴[1]，由风水官员和样式房匠师绘图样，贴签注说称"说帖"，呈奏皇帝御批。经皇帝钦定的帝、后陵址称"万年吉地"，妃嫔及其他皇室成员园寝称"福地"。

龙脉来向和穴位间的方向，是确定陵寝轴线方向的决定因素。其次，底景与对景的权衡，"返顾有情"，"前后照应"，"左崇而右实，右胜而左殷"等风水理论原则，也是确定轴线方向的关键之一（图 10 - 5 - 7）。轴线方向按罗盘上八干四维十二支的二十四山向，"分金立向"，一般按"负阴抱阳"以"南向为尊"，"南为正向"（"非正向不可用"）。但根据具体环境条件可适当偏移，或地宫轴线与地上殿座轴线形成微小角度[2]；龙脉主峰也不一定正对建筑群轴线，只取其大致方向，以维护环境气势为原则（自然山体的微小变

---

[1] 陵寝选址要求极高，故有"三年求地，十年定穴"之说。
[2] 王其亨《清代陵寝地宫金井研究》（载《风水理论研究》第 2 版，天津大学出版社 2005 年版，第 229—244 页）注释说：已知情况中，裕陵中轴线较特殊，金券中轴线同整个地宫中轴线即陵寝中轴线呈 8°15′30″夹角相交。经实测分析，可能是安奉棺椁的山向，同整个陵寝山向不一致所造成。棺椁山向正对北面大帐三相连山峰正中一峰，而陵寝山向却遥对南面金星山。

化使景色更有情致)。清代各陵实际多采用南偏东或南偏西,惠陵和崇陵是癸山丁向和癸山巳向,其妃园寝都是子山午向;裕陵、定陵、定东陵都是壬山丙向;上吉之地的成子峪的山向是辛山巳向,大概与慕陵方向相同,也偏向东南(图10-5-7)[1]。此外,基址的方向(山向),还必须合于宗法礼制的要求,并与周围已有陵寝保持相宜的联系,能够统贯山川景物构成的主从、朝揖、拱卫等秩序,强化其礼制象征,否则就要舍弃或作调整[2]。

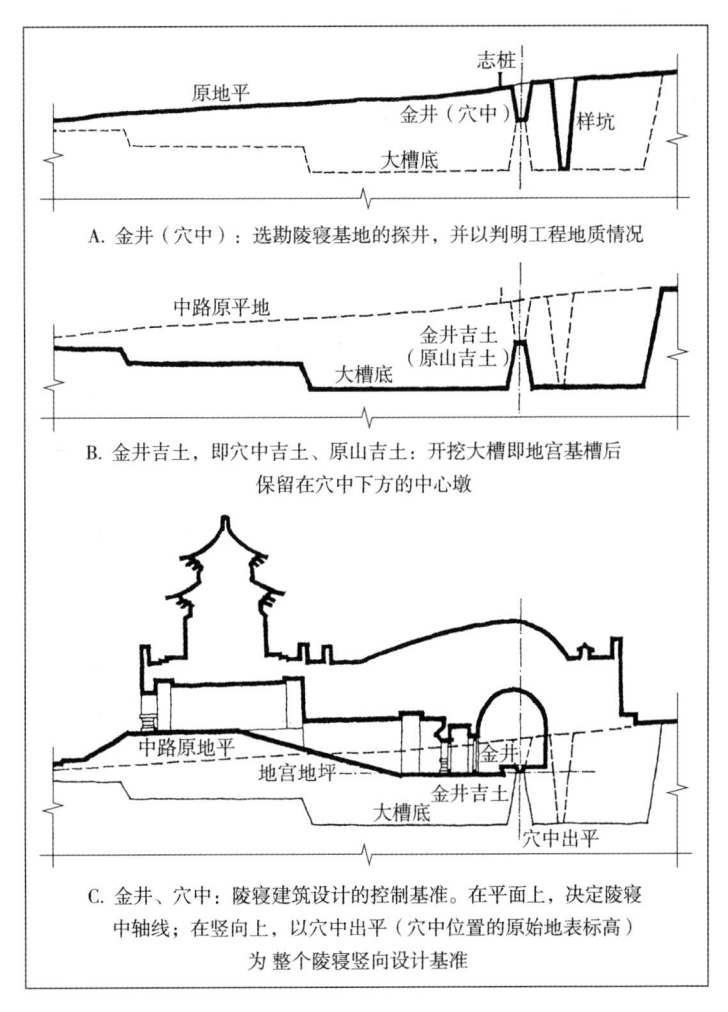

图 10-5-6 金井及其在陵寝建设各阶段的功用示意图
(采自《风水理论研究》)

---

[1] 冯建逵:《清代陵寝的选址与风水》,载《风水理论研究》第2版,天津大学出版社2005年版。
[2] 王其亨《清代陵寝地宫金井研究》(载《风水理论研究》第2版,天津大学出版社2005年版)中说:"例如为慈安、慈禧太后选择陵址时,曾先后勘察过成子峪、普陀山、松树沟、羊肠峪等多处风水地势,其中如成子峪虽然有'龙旺穴真'的极佳条件,但'因不与定陵一脉,且在大西河以西,将来神路极难会合'而舍弃。""又如普陀山、平顶山选定为慈禧、慈安万年吉地,最初拟定的山向,一为壬山丙向子午分金,一为壬山丙向兼子午分金,有高下之分,难以平衡慈禧和慈安之间的微妙关系,因此又统一调整为壬丙兼亥巳分金而趋平列"(图10-5-3)。

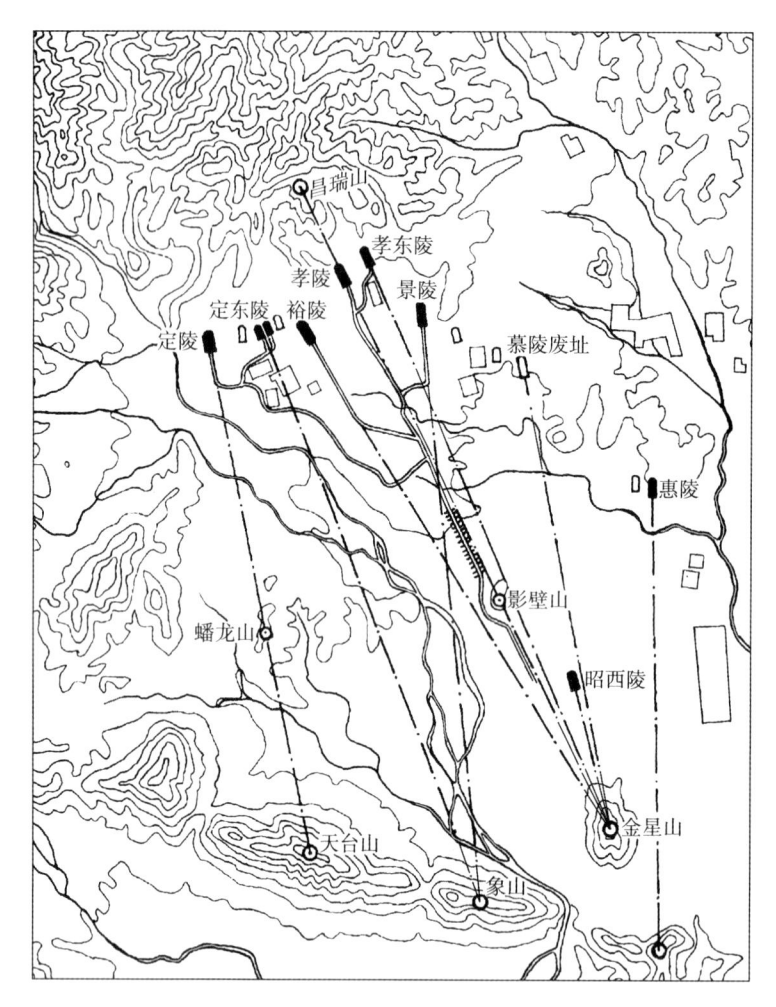

图 10-5-7 清东陵诸陵案山朝山分析图
(采自《中国建筑艺术全集·清代陵墓建筑》)

上述卜选万年吉地的程序全部完成后，才能对陵寝进行具体规划设计和施工，因而成为营建陵寝的头道工序和基础。

二 规划设计

(一) 金井是陵寝规划设计的基准[1]

清代陵寝规划设计以金井为控制地宫和陵寝建筑组群布局的基准点，而进行平面设计和竖向设计的。在平面上，设计时将穴中（金井）的位置转换为地宫宝床正中金井位置，以此规定地宫中轴线，并成为整个陵寝轴线的关键控制点（图10-5-8、10-5-9）。在竖向设计上，以金井下底标高作为地宫地平设计标高，据此规定地宫基础挖深及其础结

---

[1] 王其亨：《清代陵寝地宫金井研究》，载《风水理论研究》第2版，天津大学出版社2005年版。

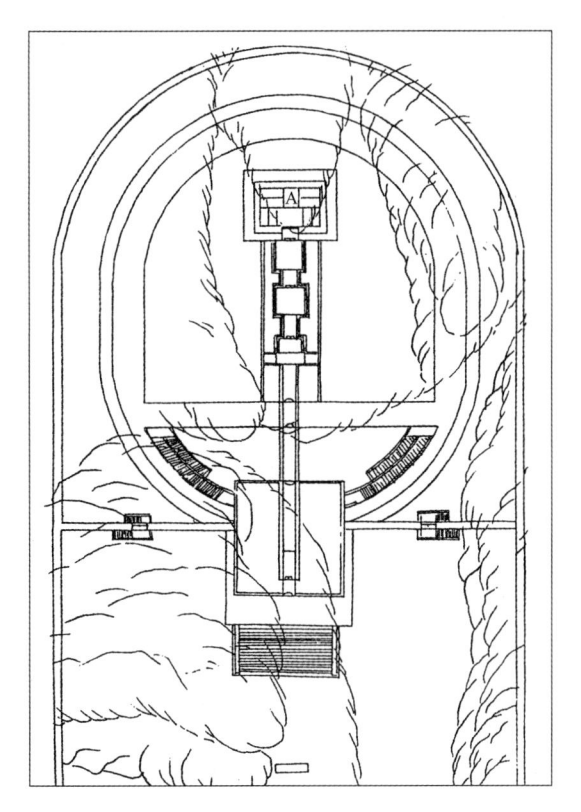

图 10-5-8　清样式雷《清东陵慕陵废址宝华峪万年吉地地盘样》（局部）

A 处为金井

（采自《风水理论研究》）

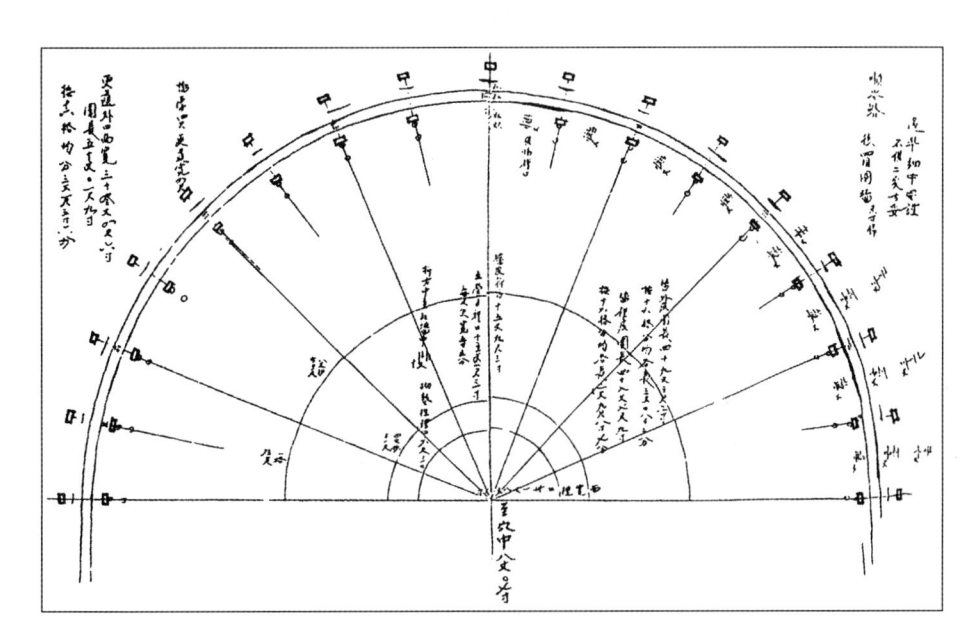

图 10-5-9　清样式雷《清东陵定陵妃园寝顺水峪后罗圈墙尺寸》

图中后罗圈墙设计尺寸及控制施工的线敦设置，均以穴中为基准展开

（采自《风水理论研究》）

构层次（如基槽底标即大槽底、灰土基础步数等）；整个陵寝地面高程、坡降（排水坡度，称合溜尺寸）、各殿座地基填挖高度亦依穴中标高展开。陵寝轴线地面高程，以穴中所在位置的原始地面标高为基准，称穴中出平（地面高出穴中地平的称上平，低者称下平），这是控制整个陵寝建筑竖向设计的基准（图 10-5-5、10-5-6A、B、C，图 10-5-10，图 10-5-11）。金井之所以定在地宫尽端，是因为金券在陵寝典制中的特殊地位，及其工程质量的特殊重要性使然。此外，从工程上来看，地宫内各券座平面和剖面结构复杂，地宫宝城后部呈圆形，是设计和施工必须重点控制之所在（图 10-5-9）[1]。

(二) 规划设计与施工图样

从大量样式雷画样来看，清代陵寝建筑外部空间设计是用传统的模数网方法完成的。陵寝建筑组群平面均以地宫金井（穴中）为基准点，循陵寝轴线（山向）按五丈或十丈间距布置"平格"，即经纬网格。然后又参照"千尺为势、百尺为形"和"聚巧形而展势"等原则，整合各建筑及组群的构成（图 10-5-12）；个体及组群的竖向设计也用同类方法以来推敲（图 10-5-10、10-5-11）。通常木结构建筑只绘有柱网平面的"地盘样"和梁架剖面的"立样"。先绘草图，反复修改后绘详图。详图种类约七、八种，如平面图、局部平面图、总平面图、透视图、平面与透视结合图、局部放大图、装修花纹大样图等。一般按 1/100 或 1/200、1/300 比例绘制，分别称一分样、二分样、三分样。此外，为充分表达地宫等繁难的构造层次和复杂的空间形体，其中也有类似现代投影图的阶梯剖、曲面展开的旋转剖、等高线以至"图层"等。

为严格控制施工，又绘有"开刨大槽尺寸样"（图 10-5-13）。"安活地盘砌墩抄平撣线样"等多种施工图，还有直观记录工程各阶段进展的"已做现做活计图"的鸟瞰图。具体做法尺寸，按工种、材料详细开列在《工程做法》中，施工时由"掌握尺寸匠"运用"丈杆"和"退讨"等量具加以排布，准确而便捷地制作安装。

总之，清代康熙朝以后，官式建筑结构和工艺逐步走向标准化、定型化，大木作形成高度模数化体系。土作、石作、木作、瓦作、彩画作、搭彩作等匠作分工明细，并在雍正十一年（1733）颁布的《工程做法则例》中，对各类官式建筑的做法和工、料都详加规度。在此基础上，则使建筑规划设计事务相应简化，使之迅速发展起来。清代建筑设计及施工图样，底蕴深厚，翔实地展示出清代建筑哲匠的杰出创造才能和精湛技艺，充分展现了清代建筑工程图学的卓越成就。就陵寝建筑的规划设计和施工设计来说，在明代及其以前的陵寝中，迄今尚未见到如此的图样或相关的记载。

---

[1] 王其亨：《清代陵寝地宫金井研究》，载《风水理论研究》第 2 版，天津大学出版社 2005 年版。

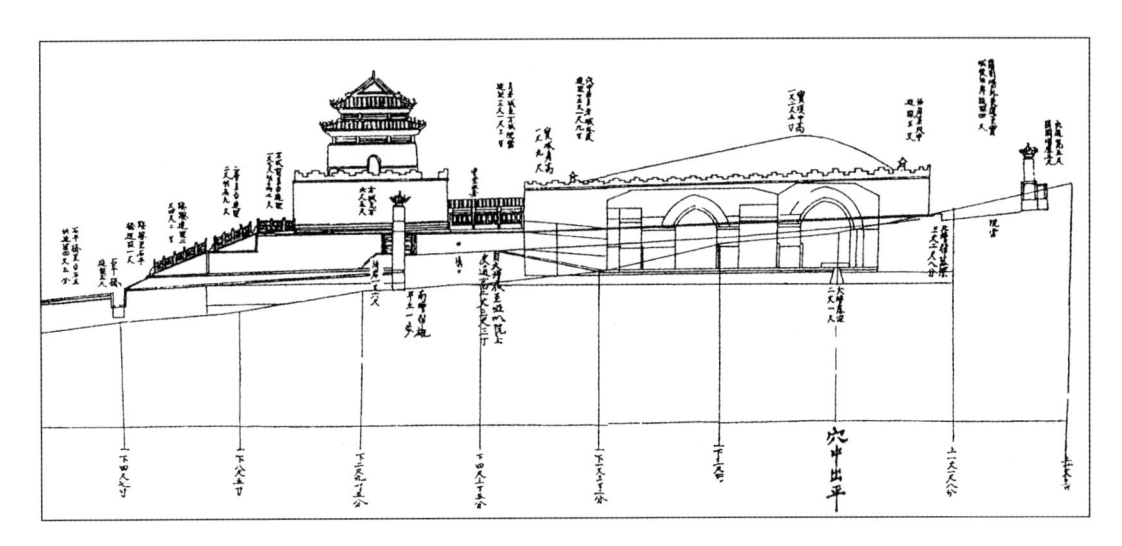

图 10-5-10　清样式雷《遵照呈览准烫样并按平子合溜尺寸埋头砖灰中立样》
（清东陵定陵设计图局部）

（采自《风水理论研究》）

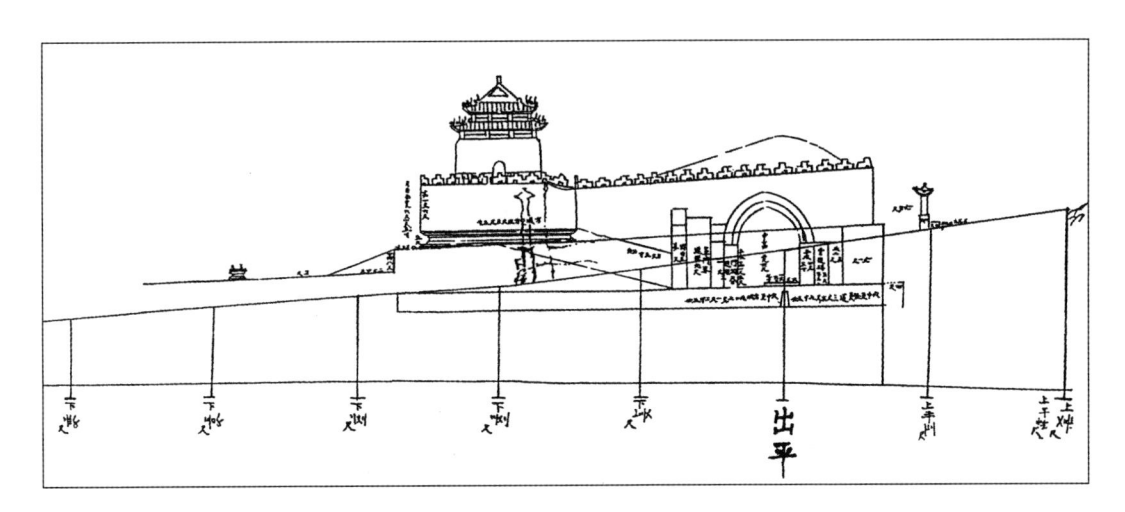

图 10-5-11　清样式雷《普祥峪自志桩出平中一路立样》
（清东陵慈安陵设计图局部）

（采自《风水理论研究》）

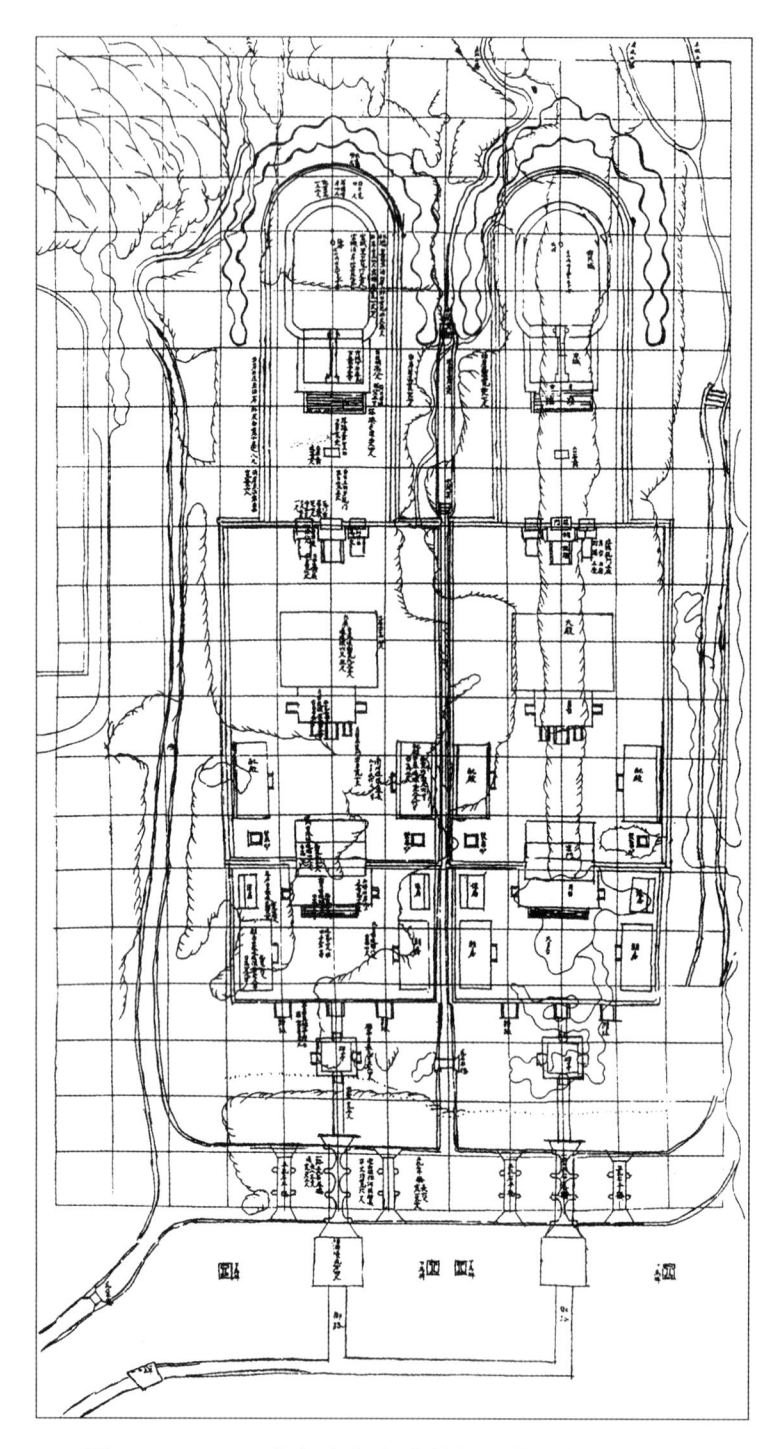

图 10 - 5 - 12　清东陵定东陵约拟地盘平格丈尺糙底

清代样式雷：普祥峪菩陀峪万年吉地约拟规制地盘丈尺全分样糙底（采自中国国家图书馆）同治十二年慈安、慈禧的定东陵设计方案图之一在风水地势画样上地宫金井（穴中）为基准点，按山向确定中轴线，前后左右以五丈间距展成经纬格网即"平格"；再按典制并依循风水"形势"说"千为势，百尺为形"的尺度构成原则，推敲陵寝建筑群和各单体建筑的空间布局（竖向设计亦然）。

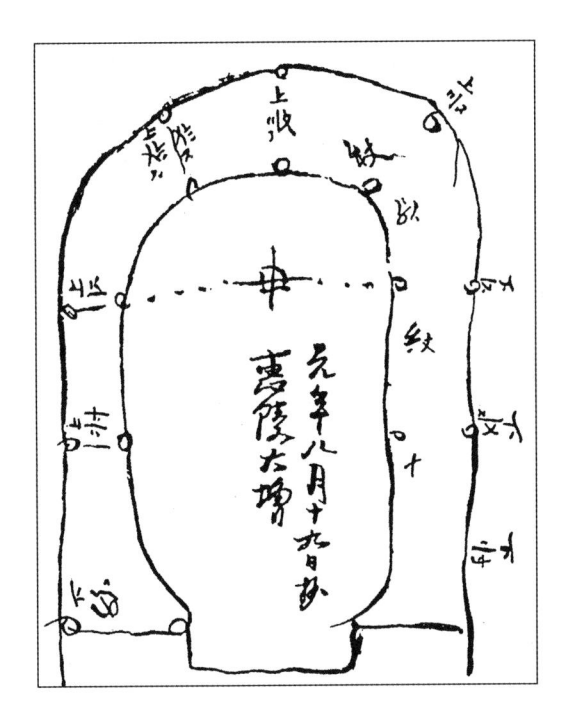

图 10-5-13　清样式雷《光绪元年八月十九日抄惠陵大槽草样》
说明：图中画有十字的方墩，即保留在大槽中的原山吉土或金井吉土，控制着大槽平面灰线和刨深尺寸。
（采自《风水理论研究》）

三　陵寝工程

（一）地宫工程[1]

陵寝建筑设计御览钦定后，由礼部钦天监刻漏科择吉日良辰，经皇帝批准定下兴工动土时日。届时，行典礼，祭告山神、后土之神、司工之神，然后开挖地宫基槽，称大槽。陵寝工程从此进入施工阶段。

大槽开挖前，要用杉槁、席笆缚扎大罩棚荫护整个大槽；以志桩出平权衡高程，确定施工灰线尺寸[2]。大槽开挖后，志桩和点穴时挖掘的探井不再保留。大槽例由穴中向四外展开刨挖，在穴中正下方保留"金井吉土"（或"原山吉土""穴中吉土""金井本山吉

---

[1] 地宫施工凡与金井有关者，均参照王其亨《清代陵寝地宫金井研究》（载《风水理论研究》第2版，天津大学出版社2005年版）一文的介绍。

[2] A. 王其亨：《清代陵寝地宫金井研究》，载《风水理论研究》第2版，天津大学出版社2005年版。说：志桩出平实质上是穴中出平的一种特殊形式，因为志桩是根据穴中确定的，志桩同穴中的距离是确定的，志桩出平和穴中出平可以换算。大槽开挖，志桩不复存在，志桩出平必须由穴中出平取代。
B. 中国国家图书馆藏样式雷图文件，187包《普祥峪、普陀峪中一路灰线尺寸略节》："志桩中往后六尺，系石床一半、金井分位。"

土"；妃园寝则称"气土"）。"金井吉土"的形制，即穴中正下方于基槽原土层中留下一个底大上小的方台，顶部有一小段呈圆柱状（图10-5-14）。金井吉土的下底面尺寸，至迟在乾隆朝营建裕陵以前已成定制，如乾隆七年六月工部议奏："臣等考之规制，其正中之处应留吉土长伍尺伍寸，宽三尺六寸以为金井。"[1]。金井吉土上皮为穴中探井之下底，在设计中定为地宫地平控制标高，金井吉土的下底即大槽底的标高（图10-5-6C）。由于各陵大槽挖深不同，金井吉土全高各陵也不相同（图10-5-14）。金井吉土是地宫基槽和整个陵寝轴线上自原土层中留下的唯一标志，它不仅作为设计基准的保留标志，而且在施工全过程起着定向、定平的控制作用。从量度大槽开挖深度、土石方量，到大槽挖齐后确定基础及地面工程各个构造层次的平面位置和高程，以及安设龙须沟，砌筑各券定位线墩等，均以金井吉土未控制，以达到设计要求（图10-5-13）；地宫以外，沿轴线展开的

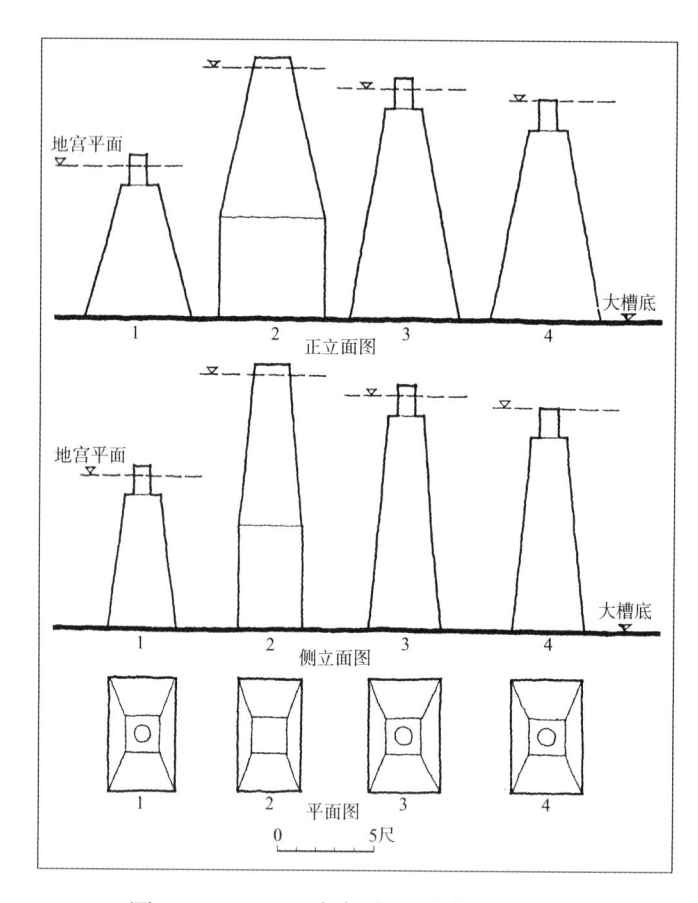

图10-5-14　清帝陵金井吉土形制图

1. 定陵金井吉土（据《定陵地宫土作销算黄册》推算复原）　2. 菩陀峪定东陵金井吉土（据《菩陀峪万年吉地地宫土干什么销算黄册推算复原》）　3. 惠陵金井吉土（据《惠陵地宫土作销算黄册》推算复原）　4. 崇陵金井吉土（据《崇陵工程约估做法册·地宫土作》推算复原)

（采自《风水理论研究》）

---

[1]　清档案《工科题本·建筑工程·陵寝坛庙》第二包《乾隆七年六月工部议奏》。

各建筑物平面位置和高程，亦如是。由于金井吉土在陵寝施工全过程中的关键作用，故其一经形成就专门缚扎保护吉土架子和吉土罩棚予以保护（图10-5-15、10-5-16）[1]。此外，兴工初掘金井吉土时还要将吉土装入黄绫布袋内，妥加保管[2]。

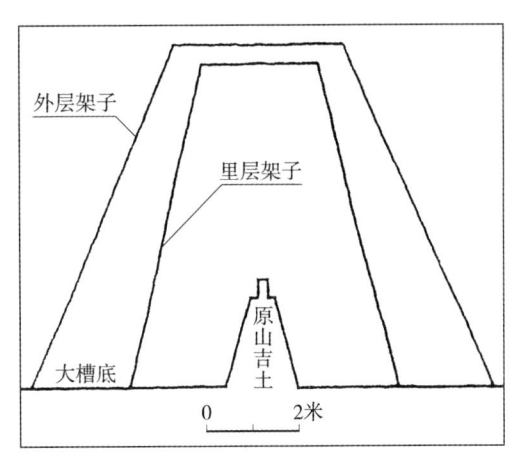

图10-5-15　保护金井吉土架子剖面图
（据《定陵地宫搭彩作销算黄册》复原）
（采自《风水理论研究》）

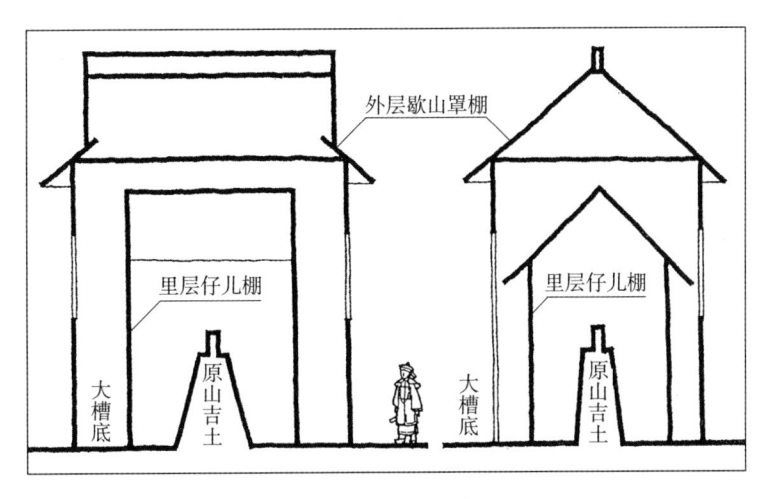

图10-5-16　金井吉土罩棚剖视图
（采自《风水理论研究》）

[1] 保护吉土架子，共两层、围以席笆，用于大槽刨挖之时。大槽刨就，则在覆盖整个大槽的大罩棚内，用杉槁、席笆缚扎吉土罩棚、荫护金井吉土。罩棚里外两层，里层两坡顶，称仔儿棚；外覆较大歇山式罩棚，起脊、饰雀替、开门窗挂竹帘，制作精细。冬季休工，罩棚可御寒、防止金井吉土由于冻融而损坏。在冬季金井吉土有时还用城砖临时围砌以资保护。
[2] 王其亨：《清代陵寝地宫金井研究》，载《风水理论研究》第2版，天津大学出版社2005年版。说：1980年清理发掘崇陵地宫时，在金井中还出了入葬时用黄绫布包着置入金井的黄土约半斤。

在地宫宝床施工时，于宝床正中央凿圆形透孔，金井吉土上段圆柱套进宝床下底垫石的透孔中（宝床底垫石上平与地宫地面同一标高，亦是金井吉土顶面标高，底垫石上面安砌宝床），形成金井，也称"罩吉土金井"（图10-5-17），透孔则称金进透眼或穴眼。穴眼有二个盖，均青白石雕制。一为穴眼浮盖或金井浮盖，盖为正方形石板，六面做细占斧，上面及四周扁光，水磨光亮，帝后安葬前用之。另一件称穴眼盖或金井盖，圆形，径与穴眼略同，上面凿流云、坐龙、出爪牙、剔鳞甲、撕鬣发，做工十分精细（图10-4-9）。帝后入葬时，撤去浮盖，将兴工时初掘的吉土覆入金井[1]，盖上金井盖，然后安奉梓宫。围绕金井的工程完了，即在地宫基槽内夯筑灰土基础[2]，其上地面海墁石或铺金砖[3]，安龙须沟（图10-4-7）[4]。地面上砌青白石平水墙（立面墙）并接安青白石券石，以掺和糯米汁、白矾水的石灰浆砌筑，桐油石灰勾缝，石料间以铁锔、铁银锭固定；在平水

---

[1] 王其亨：《清代陵寝地宫金井研究》，天津大学出版社2005年版。

[2] A. 孙大章主编：《中国古代建筑史》第五卷，中国建筑工业出版社2003年版，第273页。说：地宫基础十分重要，一则须负担券体及宝顶封土的荷载，二则须防止地下水回渗，故在基墙槽下皆打下一丈至一丈五尺的柏木桩，桩上用四六灰土夯筑基底，每步虚铺七寸，夯实后为五寸，称作一步灰土，而且要分两次捣筑成活，夯层薄，土质密，称之为小夯灰土。灰土施工有严格的施工程序；即虚铺灰土后要经过纳虚，满打流星拐眼，分活，次加活，次冲活，又次跺活等程序的反复夯打，然后在夯土面上洒水闷土，再次用登皮夯、旋夯方法进一步打实，最后打横、竖、蹁各一次，找平，才算完成一步灰土土工。上面继续夯打第二步时，应在下步灰土面层泼洒糯米汁及水，以增强夯土层间附着力。一般灰土工以一平方丈为度，称一槽，按此组织配备人力。各槽之间的接茬部分要缩磴，用横竖交错的马连垛夯法，以加强槽间的连接。地宫建筑的填厢灰土及券顶灰土可用大夯灰土，即虚铺一尺，夯实为七寸，灰土比例仍为四六灰土。陵工灰土作法与其他官式建筑灰土一致，但施工要求更严格。
B. 王其亨：《清代陵寝建筑工程小夯灰土作法》，《故宫博物院院刊》1993年第3期。文中说："纳虚"即用脚将虚铺灰土依次踩平。"流星拐眼"，即用木柄铁钻的"拐子"，将虚土拐钻成眼，眼位密布，不成行成列。"分活"即按一尺二寸一道钻制拐眼。"加活"即用木夯夯打灰土，夯头打出海窝，二夯打成银锭，三夯打平余土。"冲活"即第二遍夯打，程序如前。"跺活"即第三遍夯打，夯距加密，程序如前。"登皮夯"即夯体斜下，要将土皮蹬开。"旋夯"即夯夫跳跃而打，随打随转。"碢"为铁质饼形夯具，周围穿绳十六条，由十六人牵绳举碢，击打土面，令平，称"打塘底"。

[3] 晏子有：《清东西陵》，中国青年出版社2000年版，第137页。泰陵条记述、乾隆二年闰九月十九日，钦差总理太平峪工程事务处称，"万年吉地地宫，前经料估用青白石海墁地面，今经大学士、公马尔赛等议奏：各券地面铺墁金砖。奉旨：著照所议行"。其做法是，地宫各券海墁俱用贰尺金砖，金砖之下先用临清砖平墁贰层，以保证与原定海墁铺墁青白石相平。并将原定海墁下用旧样城砖背底三层，改用临清砖背底三层。加上平墁二层，共用临清砖五层。铺墁地宫地面，估需二尺金砖四百七十三块，临清砖一万二千五百十九块。因恐临时不敷使用，遂由工部转行各有关省份，照数烧造，以便应用（一史馆藏档案《工科·建筑工程·陵寝坛庙》）。

[4] 慕陵以后的帝后陵安龙须沟，以青白石凿成。

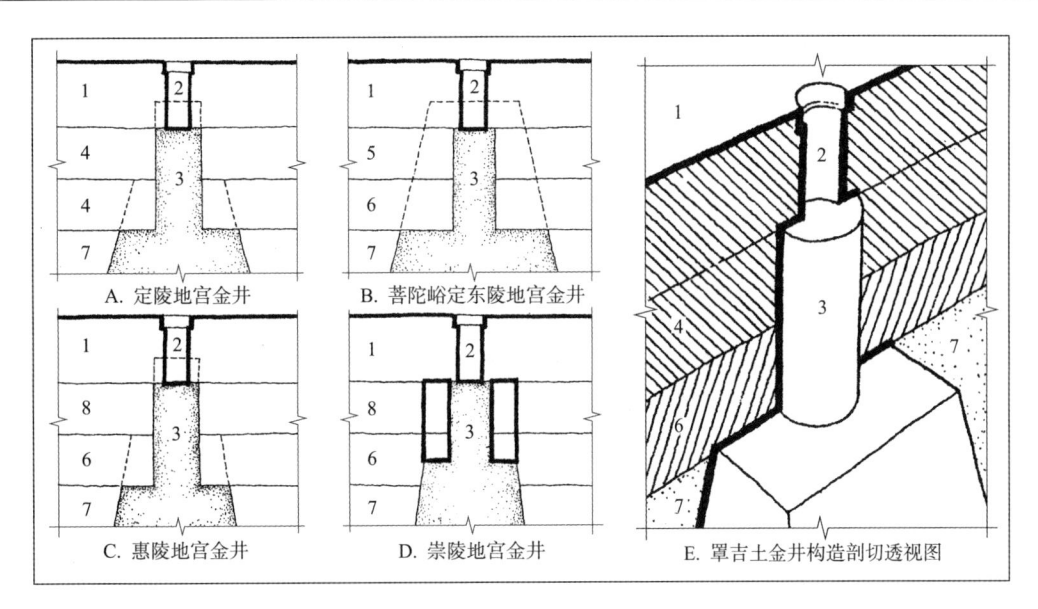

图 10-5-17 清陵地宫罩吉土金井结构示意图

各陵地宫宫罩吉土金井构造（据各陵工程簿本推算复原）

1. 青白石宝床 2. 金井透眼 3. 金井吉土（原山吉土） 4. 青白石宝床底垫 5. 青白石海墁 6. 海墁背底豆渣石 7. 小夯灰土 8. 豆渣石宝床背底

(采自《风水理论研究》)

图 10-5-18 清样式雷《清东陵惠陵后宝山培补龙脉画样》

(采自《风水理论研究》)

墙砌成一定规模后青白石宝床安位。地宫各券中，金券须将拱心石（龙门石）予留一块，"遵照钦天监选择吉期，即将金券所溜（留）券石一块敬谨合龙"，这是陵寝建造中一个大型典礼。地宫各门券按安青白石门，门扇錾佛像，菩萨开光（全工未完成之前择吉日开光），安铜管扇、安石瓦片（石门楼，有瓦垄）。砌背后石（各券砌成后，其上接砌豆渣石），砌背后砖（背后石料以后接砌背后砖，图10-4-6、10-4-16）[1]，覆琉璃瓦（昌陵以前地宫券顶上均琉璃瓦顶，慕陵之后改为砖砌蓑衣顶），打背后土（图10-4-6、图10-4-16琉璃瓦顶或蓑衣顶之上，夯筑小灰土，称填镶土）。然后接砌城身（券顶之外用城砖砌宝城），接砌女墙（宝城城身之上用澄浆砖砌女墙和雉堞）。宝城城身内以夯筑小灰土，抹掺灰泥背三层筑宝顶，其上抹包金泥（抹金红色泥土）。此后接砌方城明楼，在明楼内竖立碑座。砌罗圈墙（此前为运料方便，不砌墙），至此地宫和陵寝后部工程基本完工（图10-4-3）。此外，在地宫内还要安设册宝石座（图10-4-13）。

（二）清理地面和地面基础工程[2]

陵园内地面兴工前须砍伐树株，铲除草皮，全局顺溜（将地面大体找平），丈量灰线（用灰线作标记），详细抄平（灰线确定后，须将铲出的高处与垫土的洼处，待清晨时通过水平详细抄出。清宫档案将其称为全工第一关键）。成砌线墩（地面铲除净尽，灰线重新丈量，砌筑线墩。将所有的中线以及高低尺寸全部用墨线画于线墩上，注写清楚，作为工程准绳）、各座刨槽（按划定的灰线，在各座建筑物基础部位刨槽，高亢之地撤土，低洼之处垫土）、筑下桩丁（在建筑物基础之下安设柏木桩丁，木桩径大者称桩、小者为丁。崇陵隆恩殿地基柏木桩长一丈五尺，小头直径五寸。柏木桩用铁锅筑下，柏木丁用铁锤筑下）、安掐当石（桩丁筑毕，将过长部分锯去，只留下五寸桩、丁头，然后用河光石在桩丁间掐紧，使之更为坚固）、灌桃花浆（河光石填充完毕，灌灰浆，固定河光石），夯打小灰土（地宫、殿座、桥座等，待所灌灰浆荫干后，接打小灰土。小灰土情况见前述地宫部分），夯打大夯灰土（陵园内所有地面均夯打大夯灰土，以便平整划一，铺砖），起挖样土（小夯每筑一层，都在废槽之处挖一块夯土作为土样进呈。但小夯最底和最上层不必起挖土样。地面大夯灰土不起挖土样）。砌底垫石（小夯灰土全部筑成后，其上砌豆渣石为底垫石，每砌一层随之灌足灰浆）、砌埋深石（即底垫石之上垒砌的豆渣石，因不露明，故称埋深石）、砌压面石（压面石露明，大体上殿宇、方城、明楼、圣德神功碑楼台基、地宫各券的地面等重要部位用青白石，围墙外马道露明处用豆渣石）。此外，还有刨挖客土

---

[1] 郭黛姮主编：《中国古代建筑史》第五卷，中国建筑工业出版社2003年版，第273页。说：地宫墙外衬砌城砖砖墙，券顶的砖券一般为五券五伏，类似城门券洞。

[2] 晏子有：《清东西陵》，中国青年出版社2000年版，第94—107页。据《惠陵工程备要》卷二，对帝后陵修建兴工次序之介绍。下面地面建筑工程亦参见此文。

(建筑物之内的称槽土，从外地运来的称客土），即从其他地方运来黏度适宜，含砂量适中的黄土，用来垫高陵寝各段低洼之处。

(三) 地面建筑及其他工程

地面基础完工后，接续地面建筑工程。即砌各座磉墩，安柱础石（各座压面石安齐后，接砌豆渣石磉墩，其上安青白石柱础石），尊吉竖柱（隆恩殿竖柱，遵钦天监所选吉时，敬谨将各建筑物立柱安于柱础之上）、尊吉上梁（各殿上梁亦须遵照钦天监所选吉时）、大殿上梁（即安装隆恩殿明间脊檩，应遵照钦天监所定吉日，"亦钜典也"）。然后接砌墙身（用澄浆砖砌各建筑物墙身）、接钉椽望（柱梁安妥贴后，用松木、杉木为椽木和望板，钉于房背之上）、苫灰泥背（以灰土混合之泥苫于椽望顶背之上）、瓦琉璃瓦（灰泥背苫妥，用铁排子轧实，其上覆琉璃瓦片）、安瓦帽钉（以铁钉穿过琉璃瓦钉于椽望上）。接安窗棂、门扇、天花，供奉宝匣[1]，大殿合龙（宝匣安放妥当后，大殿合龙）。各座油饰（饰红漆、彩画）、接钉檐网（各建筑物油饰后，檐部安网、防止鸟筑巢）。细墁金砖（各殿内细墁金砖），地面墁砖（帝后陵园和妃园寝地面上，一律细墁澄浆砖）。接砌面阔、进深各墙（城砖砌，下肩澄浆砖干摆，上身城砖糙砌。墙帽覆琉璃瓦），抹饰墙垣（各墙上糙砌城砖抹红泥，提刷黄浆），风水墙下修涵洞。

安设石五供，碑亭内成砌水盘、碑趺安位，碑身安位（为工程中较大的典礼），牌楼门竖立青白石柱，接安抱鼓石。竖立望柱、接安柱杆（只惠陵、崇陵望柱有围护栏杆），建石象生（各陵建的时间不一），立下马牌。

马槽沟上建桥，安装板石（桥座下的底垫石），砌河底石（河床内桥座之外的石料），砌河泊岸（马槽沟两侧以豆渣石砌泊岸），砌抱角山石（泊岸尽头处接砌抱角山石），安金刚墙（装板石上接砌，此为桥座下基础，有分水金刚和雁翅金刚之分），接安桥券、砌背后石（桥券上砌豆渣石）、砌背后砖（背后石上砌大糙砖），接安仰天（砖石砌齐，安装桥面青白石，称仰天），接安栏板、接安栏杆，安如意石（即桥翅上栏杆外所安之石），下铁银锭（河底石砌齐后，在接缝处安铁银锭、灌浆，以防豆渣石走错）。此外，还修井亭和神厨库、大圈（帝陵内务府当差人居所）、小圈（妃园寝当差人居所）等。

除上所述，由于陵区山川自然景观不能十全十美，故多有人工加以修、补、填、挖，

---

[1] 晏子有：《清东西陵》，中国青年出版社2000年版，第101页。记述：将上梁宝匣安放于正脊，宝匣铜质镀金，内放五种事务。即金、银、铜、铁、锡五种金属锞子各一锭；红、黄、蓝、绿、白五色丝线各一绺；鹤虱、生地、林香、防风（或茯苓）、党参（或人参）药材各一种；五香即芸香、降香、檀香、合香、沉香；五光即高粱、粳米、白姜豆、麦子、红谷子各一合；五经，即五页经书；此五种称为上梁实物，有祈求吉祥，厌胜祛邪之意。

其中最重要的是培补龙脉，接堆砂山（包括蝉翼砂山）[1]，清东西陵的影壁山和蜘蛛山也是人工堆造。这是清代陵园的重要特点之一。又帝后梓宫奉安前也有一些小工程，如奉安前要试掩石门，吉土还位（回填兴工时所取吉土于金井）。奉安后石门永闭，成砌影壁。然后由嗣皇帝建筑碑亭，撰写碑文，至此全工告竣（还有些小工程，兹不赘述）。

第六节　清东西陵诸帝后陵陵园形制布局的比较

一　帝陵陵园形制布局的比较

（一）陵宫和宝城院形制比较

见图10-6-1。清东西陵九座帝陵的陵宫和宝城院，可分为两大类型[2]。第一个类型，陵宫前后院宽度相差不多，宝城院罗圈墙略呈半圆形与陵宫两侧壁相接。属此类者有孝陵、景陵、泰陵、裕陵和昌陵，其中景陵陵园仿孝陵，泰、裕和昌陵陵园仿景陵并部分参照孝陵，诸陵园的形制布局一脉相承。在该类型中，依罗圈墙与陵宫两侧壁相接形式和宝顶宝城形状又可分为两式。Ⅰ式，罗圈墙与陵宫两侧壁不平直相接，罗圈墙两侧壁稍宽，呈帽式与陵宫两侧壁相扣。该式又依宝顶宝城形状分为ⅠA式，即孝陵宝顶宝城呈窄长椭圆式，罗圈墙两侧壁较长；ⅠB式，即景陵和裕陵宝顶宝城略呈宽椭圆形，罗圈墙两侧壁较短。Ⅱ式，罗圈墙两侧壁与陵宫两侧壁平直相接，宝顶宝城基本呈圆形，罗圈墙两侧壁较短，属此类者有泰陵和昌陵。第二个类型，陵宫后院明显窄于前院，罗圈墙后面的弧度变小，东西壁明显收窄与陵宫后院侧壁合一，然后与陵宫前院后墙相接，平面呈凸字形，属此类者有慕陵、定陵、惠陵和崇陵。该类型中以宝城院内布局和结构的变化可分为两式，Ⅰ式，慕陵无方城明楼，在大月台上建圆形宝顶。Ⅱ式，有方城明楼，宝顶宝城呈

---

[1] 王其亨：《清代陵寝风水：陵寝建筑设计原理及艺术成就钩沉》，载《风水理论研究》第2版，天津大学出版社2005年版。文中引清档案说：清惠陵"宝城罗圈墙以外山势较低"，不得不"查明龙脉，敬谨培补"，以崇观瞻（图10-5-18）。裕陵，"至于风水应微用增培之处，查本龙龙脉入局，俱系尽善俱美之山，无需增培，惟左右阴砂并近案稍低，应酌量培补，令微高以配山川形势"。定陵，"近穴小龙虎砂环抱有情，其虎砂余气平铺而下，宜用人工开拓平正，作为明堂之地"，"隆恩殿迤东地势空阔，续修砂山以固堂局"。定东陵培堆砂山情况，后面有说。培堆砂山，系用施工废弃渣土，一举两得。

[2] A. 中国建筑艺术全集编辑委员会编：《中国建筑艺术全集·清代陵墓建筑》，中国建筑工业出版社2003年版，第22页。说：清东西陵九座帝陵可分为三种类型，一是主陵型，即清东陵的孝陵和清西陵的泰陵；二是常规型，包括景、裕、昌、定、惠、崇；三是慕陵属特例型。B. 晏子有：《清东西陵》，中国青年出版社2000年版，第35—46页。分为首陵（孝、泰）、一般帝陵、变更祖制的帝陵（慕）、向祖制复归的帝陵（定、惠、崇）。按，以上均不是严格按形制的分类。

长圆形，定、惠和崇陵均属此式。

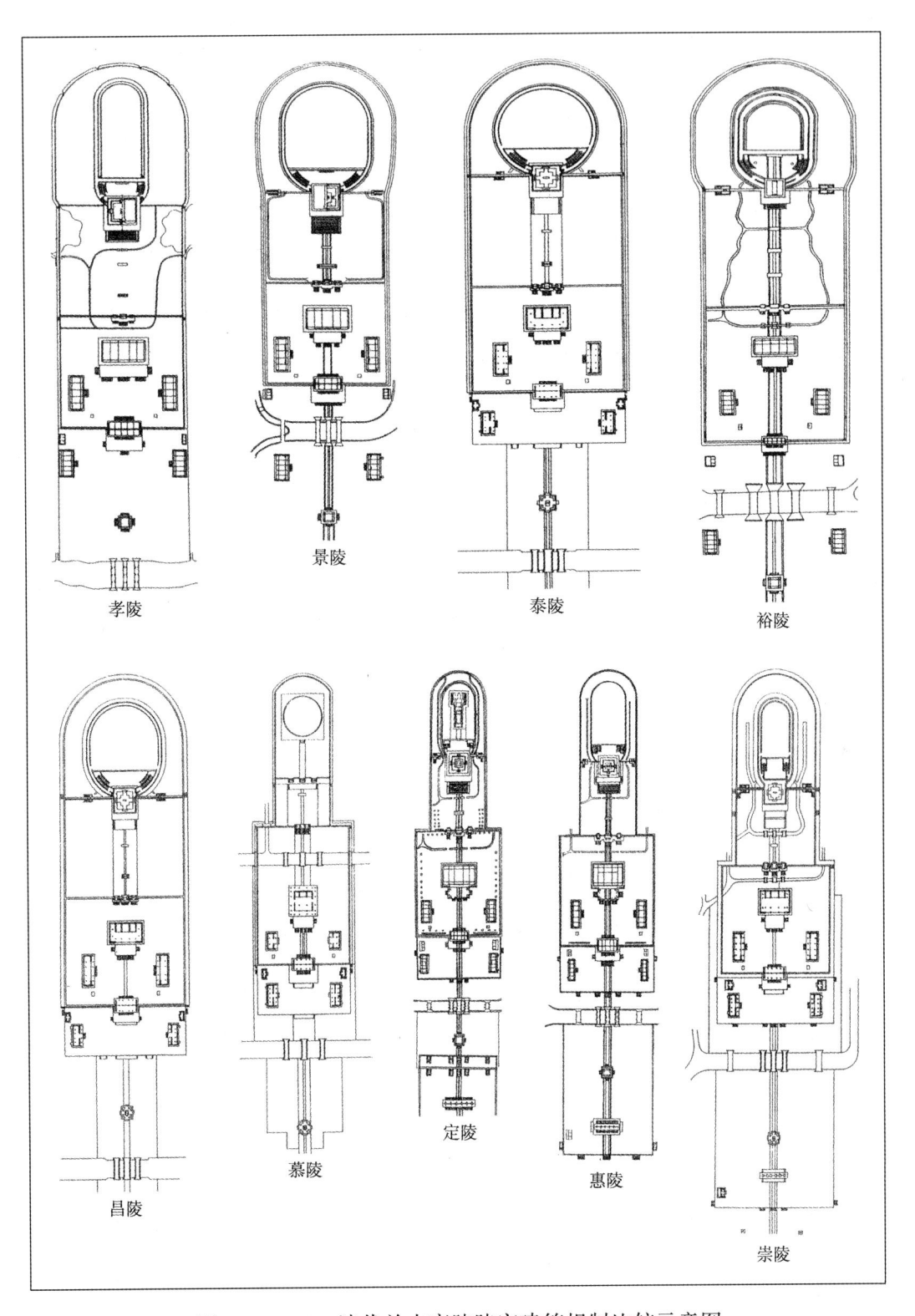

图 10-6-1　清代关内帝陵陵宫建筑规制比较示意图

据上述分析，可指出以下五点。

第一，在清东、西陵中，孝陵为首陵，其规制最完备，规模最大。由于清东陵的景陵和裕陵，清西陵的泰陵和昌陵陵园形制布局与孝陵一脉相承，故孝陵不仅是清东陵的主陵和祖陵，而且也是包括清西陵在内的清代关内诸陵的祖陵，泰陵则既以孝陵为祖陵，同时又成为清西陵的主陵。上述情况表明，清东、西陵之分与形制布局是否变化无关，主要还是雍正帝个人因素所致。

第二，在上述型式中，A 型ⅠA 式与ⅠB 式无本质区别，ⅠA 式孝陵宝顶宝城呈窄长圆形主要是地势因素所致[1]。Ⅱ式与Ⅰ式属形制变化，由于 A 型ⅠB 式的裕陵介于Ⅱ式泰陵和昌陵之间，故亦无时代意义。

第三，清东西陵诸帝陵陵园形制变化的关节点是慕陵，即 B 型Ⅰ式。慕陵陵园特殊的形制布局已如前述，慕陵的出现打断了孝陵以来陵园形制布局的发展模式，加之道光帝有意使慕陵形制创一代新制[2]，故对后代帝陵陵园形制布局有较大的影响，所以出现了 B 型Ⅱ式陵园[3]。

第四，上述陵园形制布局的型式情况表明，清东、西陵陵园形制布局的构成基本相同（清东陵：A 型ⅠA、ⅠB 式—B 型Ⅱ式；清西陵 A 型Ⅱ式—B 型Ⅰ式和Ⅱ式）。即清西陵泰陵和昌陵陵园形制布局沿用清东陵孝陵和景陵陵园模式；慕陵陵园形制出现变化后，首先影响到东陵的定陵和惠陵，而后才回归到西陵的崇陵。由此可见，清东、西陵诸帝陵陵园形制布局的演变规律相同，东、西陵是一个不可分割的整体。

第五，上述情况表明，清东、西陵诸帝陵园 A 型和 B 型的变化，代表了其发展演变的两个重要阶段，或言分为二期。

除上所述，关于陵宫内的具体配置，根据前面对诸陵陵园的介绍情况可知，孝陵、景陵、泰陵、裕陵和昌陵陵园大同小异。自慕陵陵园形制布局发生较大变化后，以此为界，定陵、惠陵和崇陵陵园配置和结构均受到慕陵的影响。三陵陵园配置和结构在前后相因中虽有一定变化，但有较强的共性，并与孝—昌陵有较大差异。这种差异除前已述者外，最主要的是慕、定、惠和崇陵均无二柱门。由此可见，诸陵陵宫和宝城院的具体配置和结构之变化，同样以慕陵为界前后分为二期，与前面的分析完全吻合。

（二）陵园前区神道的配置和结构的比较

陵宫前区神道的配置和结构在规制有定的前提下，各陵又因地制宜多有变化。可以说诸

---

[1] 中国建筑艺术全集编辑委员会编：《中国建筑艺术全集·清代陵墓建筑》，中国建筑工业出版社 2003 年版，第 24 页。

[2] 晏子有：《清东西陵》，中国青年出版社 2000 年版，第 44 页。说：清宣宗对慕陵的规制十分满意。在他的下意识中，恳切地希望他的子孙们都效仿慕陵规制。他在御制诗中明显流露："岂敢上沿诸规制，或成后有一规模。"

[3] 慕陵之后，定陵陵园形制实际上是祖制和慕陵规制的混合体，其陵宫和宝城院的平面形制如慕陵。此后，惠陵陵园按定陵规制，崇陵陵园又按惠陵规制，故自慕陵到崇陵陵园形制布局形成一脉相承的结果。

陵神道上的配置和布局，乃是清陵陵园中最富于变化和创意的部分。下面拟逐陵略作介绍。

1. 孝陵

见图10-2-2、10-2-3[1]。孝陵隆恩门以南陵园前区，从南向北的配置为：五间六柱十一楼石牌坊，牌坊之北东西两侧对峙下马石牌，其北各有班房一座。牌坊北直对大红门（有左右角门和风水墙），大红门内神道东侧置具服殿。大红门北直对神功圣德碑亭和华表，碑亭北神道绕影壁山，其后置望柱二，又次第置卧立狮、獬豸、驼、象、麒麟、马各一对，武将文臣各三对。石象生后置龙凤门（三间冲天式火焰石牌坊），向北一孔石桥、七孔石桥（东陵仅此一座）和五孔石桥，又后为神道桥（三路三孔石桥），桥北神道碑亭，碑亭与隆恩门间东西侧分置东西朝房和班房，东朝房后（东）置神厨库。孝陵前区不仅在清东陵，而且在整个清东西陵中，乃是建筑配置最多，规制最完备者。

2. 景陵

见图10-2-8[2]。景陵开清代予建陵寝之先河，尊孝陵为祖陵，因"逊避"祖陵，裁减了陵前引导空间序列，成为后代诸陵逊避祖陵之先范。但后来雍正五年建圣德神功碑亭和华表，乾隆十三年又添建望柱、石象生和牌楼门，遂改变了明代长陵之外不建此类设施的传统，成为明清帝陵陵园的主差别之一。

景陵形制布局仿孝陵，但其陵园前区形制布局变化较大。景陵神道在孝陵七孔桥之北与孝陵神道相接，其神道裁减了孝陵大红门、具服殿以南的设施，余者也较孝陵简化。神道配置从南向北为：圣德神功碑亭和华表；五孔桥；望柱和石象生，石象生间神道略曲，石象生后段东侧之外置神厨库；石象生后置五间六柱冲天式牌楼门；牌楼门后置神道碑亭；神道碑亭北为神道桥（三路三孔石桥）；神道桥南之东西两侧置东西朝房，东西朝房南外侧置下马石牌；神道桥北，隆恩门前之东西两侧置东、西班房。

关于上述配置序列，可指出6点。第一，自景陵始神功圣德碑亭改为圣德神功碑亭，亭内立满汉文双碑，此后成为定制。第二，望柱一对，石象生狮、象、马、武将、文臣五对（数量、种类少于孝陵），成为以后诸陵石象生的基本组合（另有少数陵例外）。石象生兽与基座连为一体（孝陵石象生兽与基座分体）。第三，因地势原因，神厨库置于石象生群后段东侧之外（不同于孝陵）。第四，龙凤门不同于孝陵，改为五间六柱冲天式牌楼，对以后诸陵产生重要影响。第五，神道碑亭置于神道桥南（孝陵在桥北），此后成为定制。第六，神道桥南之东西两侧置东、西朝房，桥北隆恩门前两侧置班房（孝陵朝房、班房均在桥北）。

3. 泰陵

见图10-3-2、10-3-3[3]。泰陵是西陵的首陵和主陵，陵前区自南向北配置如下：五孔石拱桥；三座品字形配置的石牌坊；中间牌坊之北对大红门，大红门两侧有角门，两

---

[1] 中国第一历史档案馆编：《清代帝王陵寝》，档案出版社1982年版，第27页。孝陵画样全图。

[2] 中国第一历史档案馆编：《清代帝王陵寝》，档案出版社1982年版，第23页。景陵图。

[3] 中国第一历史档案馆编：《清代帝王陵寝》，档案出版社1982年版，第64页。泰陵图。

翼有风水墙，大红门前蹲麒麟一对，两角门前的外侧立一对下马石牌；大红门内神道外（东）置具服殿；三孔青白石平桥；圣德神功碑亭和华表；七孔桥（西陵唯一）；望柱一对，石象生狮、象、马、武将、文臣五对；蜘蛛山，在石象生群末端，神道东绕蜘蛛山后展直；六柱三门四壁三楼龙凤门；三孔石桥；神道桥（三路三孔石桥）；神道碑亭；碑亭东边外侧神厨库；碑亭北，隆恩门前两侧东西朝房和东西班房。上述配置构成和序列态势仿孝陵，说明泰陵是按西陵主陵模式修建的。但是，泰陵始建并未建望柱和石象生，其所以如此，虽然有地理风水因素[1]，同时也表明泰陵似乎有以孝陵为祖陵，有"逊避"祖陵之意。

上述配置仿孝陵而略简化，部分建筑形制结构仿景陵，同时也自有特点。第一，前导空间以五孔石桥为首，不同于孝陵，但结构仿孝陵。泰陵石拱桥中券有螭首，开此后诸陵石拱桥置螭首之先河。第二，三座石牌坊呈品字形配置[2]，为清陵之孤例。牌坊单体以孝陵牌坊为蓝本（尺度规模超过孝陵和明长陵石牌坊），但细部做法则多变异，雕工和构图比例也不如孝陵。牌坊额枋和龙门枋上雕二龙戏珠，不同于孝陵雕旋子彩画。此外，孝陵和明长陵牌坊屋顶一律雕成庑殿顶，并以筒瓦坐中；泰陵牌坊五座正楼均庑殿顶，夹楼为带有博风板的悬山顶，边楼则里侧挑山，外侧庑殿，所有屋顶瓦垄均以滴水居中（符合清代匠籍《牌楼算例·五间六柱十一楼石牌楼分法》）。此做法成为尔后清陵的范例。第三，大红门形制结构和两侧风水墙仿孝陵，但大红门前置一对蹲麒麟则为清陵中的孤例。第四，圣德神功碑亭形制和规模似景陵，尺度逊孝陵。门洞券外饰白石券脸，开清陵此种装饰之先例，但其上雕缠枝西番莲，下雕海水江崖，为他陵所未见。第五，望柱、石象生仿景陵，其武将文臣基座上雕海水江崖和卐字、绶带图案（寓意"江山万代"），为他陵所无。第六，蜘蛛山如孝陵之影壁山。第七，龙凤门似孝陵。第八，神道碑亭的形制仿景陵，比景陵碑亭增加券脸石，其上雕西番莲枝蔓。第九，东西朝房和班房在神道桥之北同孝陵，除景、裕陵外，其他诸陵均采用此模式。上述变化中，石拱桥中券加螭首、券洞门加券脸石，屋顶瓦垄以滴水居中，为尔后清陵中之先范。龙凤门为西陵以后诸陵的主要模式，东西朝房和班房在神道桥北，此后成为裕陵之外诸陵的定制。

4. 裕陵

见图10-2-10、10-2-11[3]。裕陵神道与孝陵龙凤门北神道相接，陵前区配置序列仿景陵，为：圣德神功碑亭和华表；神道东向绕小山后展直，置五孔桥，望柱、石象生；五间六柱冲天式牌楼门；过一孔桥后神道绕东、西小山呈S形；神道展直置神道碑亭；碑亭之

---

[1] 中国建筑艺术全集编辑委员会编：《中国建筑艺术全集·清代陵墓建筑》，中国建筑工业出版社2003年版。图版说明，第62页指出，泰陵初建未置石象生，是因为"甬道系随山川之形势盘旋修理，如设立石象生，不能依其丈尺整齐安供……则于风水地形不宜安设"。但后来乾隆拘泥于孝道和典制，仍补置了石象生。

[2] 关外福陵正红门外，两座石牌坊东西对峙。泰陵三座石牌坊呈品字形配置，实际上是孝陵石牌坊在大红门南，与福陵石牌坊在正红门前对峙的结合形式。

[3] 中国第一历史档案馆编：《清代帝王陵寝》，档案出版社1982年版，第37页。裕陵图。

东外侧置神厨库；东西朝房，其两侧林中立下马石牌；神道桥（三路三孔石桥），桥北隆恩门前东西两侧置东西班房。

上述配置序列的构成要素也多有自身的特点，比如：第一，圣德神功碑亭仿景陵，但碑下水盘四角未刻四水族；华表龙纹多达98条。第二，望柱形制似景陵，石象生八对，数量不及孝陵，但比同期补建的景、泰陵石象生多麒麟、骆驼、獬豸各一对，成为孝陵之外石象生数量最多的帝陵。其望柱和石象生的总体规模、程序化特色和雕工之美，均堪称清代诸陵之冠。第三，牌楼门仿景陵，神道碑亭仿景陵，但白石券脸上浮雕佛花、蕃草和飘带等图案，比孝陵和景陵神道碑亭更精致。第四，东西朝房和班房，清东、西陵中仅景陵和裕陵分置于神道桥之南北。除上所述，由于景陵和泰陵的望柱和石象生，均为乾隆时期补建，并为景陵补建牌楼门，所以清陵突破明陵除长陵外不建此类设施之成宪，并为后代清陵仿效，成为明清帝陵重要的差别之一，实肇始于乾隆时期。

5. 昌陵

见图10-3-7、10-3-8。昌陵奉泰陵为主陵，是西陵中唯一有神道与主陵相接的帝陵。陵园前区除未建石牌坊、大红门、具服殿等外，其余形制布局一如泰陵。其中圣德神功碑亭和华表为清陵终结之作（碑亭尺度略同孝陵，但檐高加大，双碑尺度大于其他帝陵，华表径围和高度及雕刻深度为诸陵中所仅见），同时也突破了清东陵和明十三陵仅祖陵建龙凤门的成规。其他特点前面介绍昌陵时已经说明，兹不赘述。

6. 慕陵

见图10-3-9、10-3-10。慕陵陵园的形制布局最特殊，陵前区裁掉了望柱和石象生，仅配置五孔桥（券脸上有螭首）和仿自昌陵的龙凤门，此后诸陵陵园前区均首置五孔桥。龙凤门北两侧下马石牌同其他帝陵，龙凤门后神道碑亭，规模小于前代诸陵。碑亭券脸石上雕缠枝西番莲，最特殊的是碑阴刻嗣皇帝奕詝亲撰的碑文，为清陵所仅见。碑亭之东外侧置神厨库同其他帝陵，神道桥由传统的三路三孔拱桥改为一路拱桥，两侧各建一无栏石平桥。桥北置东西朝房和班房如其他帝陵，但均建于桥北泊岸上则为其特点。

7. 定陵

见图10-3-12、10-2-13[1]。

定陵陵园前区，神道与孝陵一孔桥北神道相接，过五孔石平桥神道北折展直，又过五孔石拱桥（拱券有螭首），桥北望柱一对，石象生狮、象、马、武将、文臣各一对，其后置五间六柱冲天式牌楼门。牌楼门后地势陡峭，利用地势高差横向修两层高大的跌落泊岸，有六座宽大的礓?坡道。其北神道碑亭，碑亭东西较远处各有一下马石牌，碑亭之东外侧置神厨库。碑亭后有神道桥，桥后置东西朝房和班房。

定陵陵园前区未建圣德神功碑亭和华表，神道桥北置东西朝房和班房，以上特点同慕陵。牌楼门后碑亭前修两层高大跌落泊岸和六座礓磜坡道是其独有特点，其他配置同景陵。由此可见，定陵陵园前区配置序列既回归祖制，又受慕陵强烈影响，同时也有自身特点。总的来看，其前区配置仍走慕陵开始的简化之路。

---

[1] 中国第一历史档案馆编：《清代帝王陵寝》，档案出版社1982年版，第43页。定陵图样。

8. 惠陵

惠陵陵园前区南部无神道，不与主陵神道相接。最南端建五孔石桥，桥北建望柱，其北紧邻五间六柱冲天式牌楼门，其西有班房一座，牌楼门之东外侧置置神厨库。牌楼门北置神道碑亭，碑亭北神道桥（三路三孔桥），桥北东西朝房和班房。

惠陵陵园前区仿定陵，又较定陵裁减神道和石象生，保留望柱。望柱有狮子头望柱雕栏，类似盛京昭陵望柱而与关内各陵望柱有别。其牌楼门和神道碑亭建于一个大月台上，特点独具，其他配置情况同定陵。总的来看，惠陵陵园前区配置较定陵更为简化。

9. 崇陵

见图10-3-11、10-3-12。崇陵陵园前区无通往主陵的神道，最南端建五孔石桥，两侧建石平桥，桥北立石望柱。望柱北置五间六柱冲天式牌楼门，其西南角处有一座班房。牌楼门略北之东西立下马石牌，东下马石牌北置神厨库。牌楼门北置神道碑亭，亭北神道桥，桥北泊岸上建东西朝房和班房。

崇陵陵园前区仿惠陵，五孔桥两侧建平桥是其特点，望柱有雕栏似惠陵（西陵中唯一的）。仿惠陵的牌楼门在西陵中仅此一座，改变了西陵其他帝陵采用龙凤门的格局，牌楼门西南角有班房同惠陵。神道碑亭券脸石雕缠枝西番莲，神道桥两侧建平桥，东西朝房和班房建于泊岸上，以上均同于慕陵，其中神道桥两侧建平桥又同于惠陵。

综上所述，显而易见，清东、西陵陵园前区配置构成和序列最重要变化的关节点在慕陵，并以慕陵为界形成前后两大类型。此外，清东、西陵帝陵地宫，据前面地宫一节介绍，可知除慕陵外，其他诸帝陵地宫大都是九券四门式布局。地宫顶外部结构，慕陵以前诸帝陵地宫均为重檐歇山式顶，覆黄琉璃瓦和吻兽；自慕陵始，以后诸帝陵地宫则改为用城砖糙砌成蓑衣顶。总之，通过对清东西陵陵园陵宫和宝城院总体宏观形制布局的比较；诸陵园前区配置构成和序列的比较，以及诸帝陵地宫顶外部结构的比较，均明确表现出以慕陵为界分成前后两大类型（前后二期）。此情况之出现，是与当时的历史背景密切相关的。如所周知，清朝乾隆时期达到全盛阶段，嘉庆时已逐渐衰落。发生于道光二十年（1840）的鸦片战争失败后，丧权辱国，割地赔款，国家财政十分拮据，道光帝感到"愧对祖宗"，"愧对天下百姓"。在这种情况下，道光帝修建陵寝不得不有所收敛。于是道光帝在"法祖"的幌子下，宣称"敬瞻东北"三陵，其"实可为万世法守"，并"永慕无穷"（据此命名为慕陵）[1]，故道光帝修建陵寝要"敬绍先型，谨尊前制，固不敢稍涉奢靡"[2]，提出修造陵寝须"黜华崇俭"，"概从樽节（抑制之意）[3]。慕陵就是在这种冠冕堂皇的遮羞布的掩盖下，对慕陵进行了简约处置。慕陵简约处置的具体情况前已介绍，其中有些部分即与"敬绍"东北三陵"先型"，"谨尊前制"有关。比如：第一，慕陵未建圣德神功碑亭、华表、石象生、二柱门和方城明楼，仿永陵。第二，慕陵隆恩殿、东西配殿由五间减为三间，改重檐歇山顶为单檐歇山顶，仿关外三陵；而隆恩殿撤雕栏，设回

---

[1] 见慕陵陵寝门上板坊阴面所刻"敬瞻东北，永慕无穷"。
[2] 见本章第三节清西陵慕陵条。
[3] 见本章第三节清西陵慕陵条。

廊又仿永陵。第三，慕陵宝城院南面开敞，在大月台上建圆形宝顶，罗园墙大幅收窄，与陵宫相接，平面呈凸字形，仿永陵。慕陵建成后道光帝要求后代子孙效仿，并"有减无增"[1]。由于道光之后清朝更加腐败，又发生第二次鸦片战争（咸丰元年至十年，1856—1860）、太平天国起义、中法战争、中日甲午战争、义和团运动、八国联军入侵等一系列事件，财政非常困难，所以慕陵以后诸帝陵在部分回归祖制的前提下，仍按慕陵模式走简约之路[2]。

二 后陵陵园形制布局的比较

（一）后陵陵园形制布局与帝陵的主要差异

清代东西陵帝后葬，所谓后陵系指薨于皇帝大葬之后的皇后陵。由于这些皇后被嗣皇帝尊为皇太后或太皇太后，其中有个别的贵妃和妃是嗣皇帝生母，或有其他特殊原因，亦被尊为皇太后和太皇太后。所以这些后陵实为太后陵。

后陵陵园总的来看，较帝陵陵园规模、建筑体量和尺度减小，规制降低。后陵陵园形制布局较帝陵陵园裁减了陵园前区配置序列，无圣德神功碑亭、华表，无望柱、石象生和龙凤门。除昭西陵和定东陵外无神道碑亭。后陵陵宫和宝城院无二柱门，隆恩殿除昭西陵为庑殿顶外，余者均单檐歇山顶（帝陵重檐歇山顶），隆恩殿后除定东陵外无玉带河与桥。孝东陵、昭西陵、泰东陵、普祥峪和菩陀峪定东陵仿帝陵建宝城、方城和明楼，其差异是方城尺度缩小并与宝城连为一体，无哑吧院，月牙城和琉璃影壁，方城券门不通宝顶宝城院，券门有台阶抵金刚墙，分东西隧道通宝城前石栅栏门，又折南通明楼（同明长陵，不同清代帝陵）。宝顶宝城除定东陵外均呈圆形，宝顶宝城明显小于帝陵，宝顶宝城与罗圈墙之间距大于帝陵。

（二）后陵陵园形制布局的类型

见图10-6-2。皇后陵园按葬入者构成状况可分两大类，一是后妃混合葬，即兼容妃园寝的孝东陵和由妃园寝改建的慕东陵；二是皇后陵，即暂安殿改建的昭西陵，新建的泰东陵、昌西陵、普祥峪定东陵和菩陀峪定东陵。若按后陵形制布局，七座后陵陵园可分五个类型，即昭西陵，孝东和泰东陵，昌西陵，慕东陵，普祥峪和菩陀峪定东陵。

1. 昭西陵

昭西陵陵园形制布局如前所述，其构成要素从南向北为下马牌、神道碑亭（其东神厨库）、东西朝房和班房、隆恩门、琉璃花门、左右燎炉、东西配殿、隆恩殿（殿外月台上置铜炉一对，铜鹿、铜鹤各一只，殿两侧有角门）、石五供、方城明楼、宝顶宝城。有二

---

[1] （清）王先谦《东华续录》道光六：在记载"敬绍先型，谨遵前例"后，又说："是以节经降旨，概从樽节，俾世世子孙，仰体此意，有减无增。"收在王先谦《虚受堂文集》，光绪二十六年刻本。

[2] 慕陵之后，除执掌大权的慈禧太后所修菩陀峪定东陵极尽奢华外，余者均简约处置。

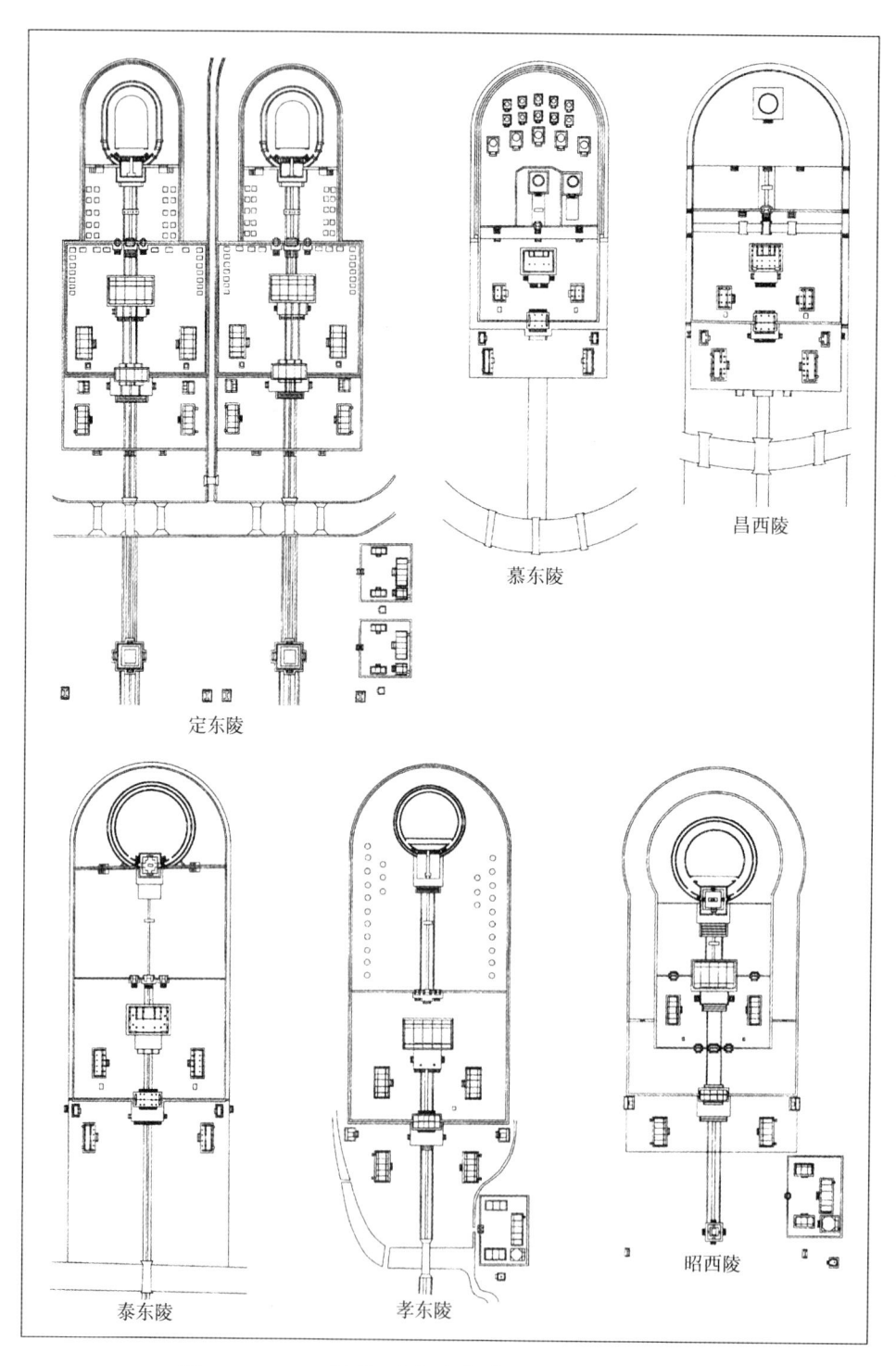

图 10-6-2 清代后陵陵宫建筑规制比较示意图

道围墙。其形制布局在清代后陵中独具特点。第一，位置特殊，选在孝陵风水墙外，自成一区，区内无所需风水要素。第二，仿帝陵置神道碑亭。第三，仿关外福陵和昭陵建外罗城，内外围墙均前方后圆，后圆部分略宽于内外墙东西墙呈帽状相扣，略如孝陵和景陵。

内外围墙间于陵宫前端有卡子墙,设角门。第四,以隆恩门为外罗城正门,以其他帝后陵作为陵寝门的琉璃花门,当作内围墙(陵宫围墙)正门,门两侧壁直抵围墙。第五,隆恩殿黄琉璃庑殿顶(帝陵为重檐歇山顶)。第六,略如其他帝后陵隆恩殿后的卡子墙和陵寝门(琉璃花门),改在隆恩殿两侧设卡子墙和角门。第七,方城券门地面安青白石踏跺,通宝城明楼的蹬道(扒道)走向略向北斜。第八,明楼为重檐歇山顶同帝陵。第九,方城两翼同其他帝后陵设卡子墙开角门。第十,宝顶宝城圆形,同关外福陵和昭陵及清西陵泰陵。以上第一到第七均为昭西陵独有的特点(其中第二,在定东陵以前为特例),因而成为清代形制布局最特殊的后陵陵园。

2. 孝东陵和泰东陵

(1) 孝东陵

孝东陵是清代最早修建的皇后陵,该陵前有神道接孝陵,其形制布局的配置:A. 裁减帝陵前导配置序列,B. 陵宫前从南向北配置神道桥,桥东置神厨库,桥北分置东西朝房和班房。C. 陵宫隆恩门面阔五间,单檐歇山顶;门后燎炉二,东西配殿(各五间);隆恩殿面阔五间,重檐歇山顶,月台和殿周以栏板、望柱围护,月台置铜炉,殿后设陵寝门。以上均参照孝陵和景陵陵宫规制修建。D. 陵寝门(琉璃花门)后为石五供、方城明楼、宝顶宝城院,该院由陵宫两侧壁向北延伸与弧形罗围墙衔接而成,其面积大于陵宫院。E. 方城明楼、宝顶宝城较帝陵规模显著缩减并局部改易。方城两翼无卡子墙和角门,方城券洞门地面为上行斜坡,尽头设金刚墙,两旁各有扒道分上下两段达方城和明楼。明楼规制同帝陵。F. 方城券门上券门外转向平台的排水沟眼,开口在平台上第一级砖踏跺下部。G. 宝顶圆形,三合土夯筑,外抹红泥刷红浆,宝城与方城连为一体,马道两侧分砌垛口和宇墙,无哑吧院。H. 宝城中部里侧宇墙内对称设置一对吊井沟眼,仿孝陵和景陵,其他后陵不见。I. 方城前两侧葬七妃、四福晋、十七格格(共28位)。

上述孝东陵陵园的构成要素和形制布局创清代皇后陵陵园规制,前述昭西陵修建时曾参照该陵,此后诸皇后陵园大都以此为准进行局部变化。孝东陵之后,除慕东陵由妃园寝改建之外,其后皇后陵均与妃园寝分离。所以孝东陵兼容妃园寝乃是清代皇后陵中的特例,反映出清代后陵制度初创的时代特色。

(2) 泰东陵

泰东陵是清代正式建皇后陵之始,其形制布局仿孝东陵,但较孝东陵规制更完备,泰东陵陵园较孝东陵的变化有四。A. 泰东陵最南端建六孔石平桥,北抵三孔神道桥,桥券脸石上有螭首,桥北增建下马石牌。B. 隆恩殿仿孝东陵,但尺度加大,月台上除置铜炉外,又增设铜鹿和铜鹤,比帝陵。C. 方城两翼仿昭西陵比帝陵加卡子墙和角门(方城券门内地面仍如孝东陵为上行斜坡)。D. 无妃嫔宝顶。

3. 昌西陵

昌西陵陵园是清代皇后陵园中最简陋者之一,该陵园最前端建神道桥(三孔,券脸有螭首),桥北立下马石牌。昌西陵陵园形制布局与前述诸后陵相比,有较大变化。A. 隆恩门和东西配殿由前述后陵的五间缩为三间,面阔、进深和高度显著减小,燎炉尺寸也略有收缩。B. 隆恩殿仍五间,但尺度很小,单檐歇山顶,殿前月台撤去雕栏和丹陛石;月台上仍置铜炉，铜鹿和铜鹤，但较泰东陵各少一只。C. 隆恩殿后增建玉带河、建三石平桥，比帝陵，为清代后陵中的孤例。D. 陵寝门仅保留中间的琉璃花门，花门面阔收小，无琉璃斗拱，门上用青白石刻陵寝名号（其他帝后陵在明楼上），中门两侧改随墙角门。E. 石五供后无方城明楼，而建一横贯陵院东西的泊岸。F. 泊岸后为大月台，月台中后部建圆形宝顶宝城，宝城下有石须弥座，宝城上部以黄琉璃瓦结顶。G. 环抱宝城的宇墙呈圆弧形与陵宫两侧相接，形成回音壁，为中国陵寝建筑中的孤品。

4. 慕东陵

慕东陵由妃园寝改建而成，陵园前区仿昌西陵添建下马牌、井亭和神厨库。神道墁砖（无中心石和两侧牙石），有三座平桥（相当于神道桥）。隆恩门由原妃园寝门改覆黄琉璃瓦，门内添建燎炉二座和东西配殿。隆恩殿将妃园寝单檐歇山顶享殿改覆黄琉璃瓦，原享殿低矮台基前加接月台和垂带踏跺（无石雕须弥座和雕栏），月台上如昌西陵陈铜炉一对，铜鹿、鹤各一只。隆恩殿后仿昌西陵添建陵寝门（形制结构和陵号石匾完全同昌西陵），门前面阔墙前建长与之相同，宽6.53米的月台。陵寝门后建围屏墙（梓罗圈墙），形成长方形后墙两端抹角的小院与其他妃嫔宝顶分开，院内前部添建石五供，位于院中后部方形台基上的孝静成皇后原按贵妃规制营造的宝顶加修石券宝城。

慕东陵是因为博尔济吉特氏先为皇贵妃时在妃园寝预留分位，其死时为皇太后，故对原妃园寝改建而成。改建时凡所改所添建部分均按昌西陵规制，改建后仍有妃园寝明显印记。慕东陵以孝静成皇后宝顶宝城为中心，其围墙外保留妃嫔园寝宝顶形式，为清代后陵中所仅见。

5. 普祥峪和菩陀峪定东陵

普祥峪和普陀峪定东陵建于清末，时代最晚，建筑规制最完备，二陵融汇此前帝后陵许多特点，成为集大成的皇后陵，堪比帝陵。其中特别是菩陀峪定东陵建筑精美、装修豪华，其他后陵陵园无与伦比。

普祥峪和菩陀峪定东陵陵园与其他后陵相比，特点独具。A. 普祥峪和菩陀峪二陵规制划一，平行并列布置，为清代后陵中的孤例。B. 二陵南端立下马牌，其后仿昭西陵置神道碑亭，碑亭仿乾隆裕陵以来帝陵增雕精美的青白石券脸（明楼拱门亦加券脸石）。C. 菩陀峪定东陵神道碑亭东，二陵井亭和神厨库南北纵列。D. 神道碑亭和隆恩门前之间神道桥隔河槽仿景、裕、慕、定和惠陵。神道桥一路三孔桥居中（券洞上有螭首），两侧建平桥仿昌西陵和慕东陵。E. 陵宫及辅助建筑仿孝东陵和泰东陵。F. 菩陀峪定东陵隆恩殿和东西配殿装修金碧辉煌、精美绝伦，为中国古代帝后陵园中所仅见。其中隆恩殿丹陛石雕刻图案异于其他后陵，是清代陵寝中最精美者。隆恩殿月台上置铜鼎、鹿、鹤各一对，仿泰东陵，比帝陵。G. 琉璃花门仿嘉庆朝以前的帝后陵，门前建高台并展出垂带踏跺，石构件和琉璃构件精美，为清代帝后陵园中最豪华的陵寝门。H. 方城券门内地面水平，扒道如前代后陵，但上券门外转向平台设青白石七星沟漏不同于其他后陵。此外，方城和宝顶间用两道宇墙隔出一个封闭小院，亦不同于其他后陵仅隔一道宇墙的做法。方城立于高大月台上，南出宽大的礓磜坡道。I. 宝顶宝城长圆形，仿定、惠陵，不同于其他后陵。因此，二陵总体布局又呈凸字型同慕、定和惠陵。

上述五个类型若进一步归纳，孝东、昭西和泰东陵的形制布局前后因袭演变关系清楚，可算作同一系统。昌西和慕东陵的形制布局较前者变化较大，昌西和慕东陵的形制布局虽不相同，但两者形制布局构成要素和主要特点却相同或近似，并均为受到慕陵的强烈影响所致（昌西陵营建晚于慕陵）。普祥峪和菩陀峪定东陵的形制布局较特殊，然而其核心部分的宝顶宝城呈长圆形，宝城院与陵宫院组合呈凸字形同慕陵，故其当与昌西陵和慕东陵属于同一系统。以此结合前述帝陵陵园形制布局变化情况来看，两者的演变规律基本相同，即同样都是以慕陵为界可分为前后二期。

除上所述，妃园寝的构成要素和形制布局明显低于后陵，其演变规律不如后陵清楚，故从略（可参见前述妃园寝的介绍）。

第七节　明清帝陵陵寝形制布局的比较

明代帝陵规制和形制布局，一改宋陵模式而开创新制，从此走上了集中国古代帝陵之大成的形制布局定型化、标准化的终结之路。清代入关之后，继承明代典章制度以标正统，清代帝陵亦基本承袭明陵规制，故明清帝陵陵寝的形制布局相同或相似之处甚多。但是，由于时代的不同和两者的民族与文化传统的差异等原因，清代帝陵又形成了自身的完备体系，因而其陵寝的形制布局也出现了不少有别于明陵的变化。所以明清帝陵陵寝既可看作是同一规制下的两个类型，又可称之为中国古代帝陵终结模式的前后两个发展阶段。如所周知，此前尚无任何两个朝代的帝陵陵寝形制布局如此大同而小异者，故其间的相因和变化关系很值得探讨。有鉴于此，下面拟以清代的孝、景、泰、裕、昌五陵为主[1]，将其陵寝形制布局与明十三陵的长陵及相关诸陵寝作些初步的对比和分析[2]。

一　明清帝陵陵区的比较

（一）陵区宏观结构和规模

在中国古代帝陵中，明十三陵首创诸帝（指迁都北京以后）均葬于同一环山城垣围护的陵区之内（图7-1-1，按，北京金陵仅在陵域边界沿途"封堠"百余里，此乃明陵城垣围护之先河）。清代帝陵在因袭明陵做法的基础上，又有较大的变化。其一，清代在河北省遵化县和易县分置东、西二陵（图10-2-1、10-3-1）。其二，清东、西陵诸陵所在区域称前圈，东陵围护前圈的风水墙后接长城，西陵风水墙后接山岑，风水墙无明十三陵城垣所筑的敌台、拦马墙等军事防御工事。其三，清陵衬托前圈的绿化山体称后龙，后

---

[1] 清代慕陵及其以后的定、惠和崇陵由于陵园形制布局变化较大，与明十三陵缺乏明显的全面对应关系，所以仅兼顾而已。至于清代的后陵，因明代无后陵，故从略。
[2] 相关比较资料，均参见前面明清帝陵的有关论述。

龙有防止界外山火蔓延的火道．火道之外分设红桩、白桩和青桩，青桩之外还有官山。总之，清陵陵区规制和结构较明十三陵完备而复杂。

明清帝陵陵区的规模，明十三陵城垣围限的陵区面积大于清东陵，明十三陵诸陵所在盆地面积略小于清东陵前圈盆地面积；清东陵后龙面积远大于明十三陵禁限面积[1]。清东陵前圈后龙面积之和更是明十三陵无可比拟，因而清东陵是中国古代占地面积最大的集群式陵区。清西陵规模较小，其今建设控制地带面积仅略相当于清东陵前圈面积[2]。

(二) 陵区风水墙内外的配置

见图7-1-1、10-2-1、10-3-1。

1. 相同或相似之处

清东西陵陵区配置大体仿明十三陵，比如：第一，清东、西陵仿明十三陵以长陵为祖陵，诸陵沿天寿山环拱长陵配置之势[3]。第二，清东、西陵如明十三陵在陵区围护风水墙。清东陵诸帝陵在风水墙内，同明十三陵。第三，清东、西陵陵区内有妃园寝，个别阿哥夭折后随母葬于妃园寝，类似明十三陵。第四，清东、西陵各陵置内务府（"掌奉祭祀奠享之礼，司扫除开阖"），其部分职能类似明十三陵各陵所置的神宫监。第五，清东、西陵陵区风水墙外设马兰镇和泰宁镇，其性质略如明十三陵南之昌平城。第六，清东、西陵陵区外设行宫，略如明十三陵在巩华城所建的行宫。第七，清东、西陵除个别陵外，均如明十三陵长、永、定三陵皇帝生前予建寿陵。

2. 相异或变化之处

第一，清西陵诸帝陵分置于风水墙内和风水墙与界桩之间，异于明十三陵。第二，明十三陵仅长陵及其左右的献陵和景陵呈昭穆葬，余诸陵各依其主山间的主从关系来体现其间的宗法礼制关系[4]。清陵则采用"东西陵昭穆葬制"，其各陵方向也不同于明十三陵。第三，明十三陵帝后合葬，无后陵。清代崩于皇帝入葬前的皇后与帝合葬，地宫封闭后不再重启。此后在世皇后均另建后陵，并以帝陵名号后缀后陵方位命名后陵[5]。第四，明十三陵除清代以皇贵妃园寝改建的思陵外，皇贵妃不与皇帝合葬。清陵皇贵妃与帝合葬之例较多。第五，明十三陵风水墙内距帝陵较远处仅有少数妃园寝，余者均葬于北京金山和

---

[1] 参见前面明清帝陵陵园范围等有关介绍。
[2] 国家文物局：《明清皇家陵寝·清西陵》。
[3] 在清东、西陵中，孝陵为首陵，其规制最完备，规模最大。由于清东陵的景陵和裕陵，清西陵的泰陵和昌陵陵园形制布局与孝陵一脉相承，故孝陵不仅是清东陵的祖陵，而且也是包括清西陵在内的清代关内诸陵的祖陵，泰陵则以孝陵为祖陵，同时又成为清西陵的主陵。由此可见，清东西陵之间有着密切的内在联系。
[4] 胡汉生：《明十三陵》，中国青年出版社1998年版，第40、41页。
[5] 按西汉帝后合葬，同茔而不同陵，后陵一般在帝陵东面。北宋帝陵帝后同茔合葬，皇后单独建陵于帝陵西北隅，不另立陵名，统称园陵。清代建后陵，是否与上述传统有关，尚有待于研究。

西山。清东、西陵承袭关外福陵和昭陵建妃园寝之先例，在帝陵附近建妃园寝，妃园寝前加帝陵名号以命名。此举打破了明妃园寝不命名和众妃嫔"同为一墓"之制[1]。第六，清东、西陵的诸后陵和妃园寝统绪分明地置于帝陵左右，形成完备的帝陵体系。这是清东、西陵的显著特点之一，在中国古代帝陵史中独树一帜。第七，清陵无明英宗前的殉葬现象。第八，清东、西陵在陵区风水墙内或外，有部分亲王、郡王、阿哥、公主园寝[2]，明陵无。第九，明十三陵陵区内有旧行宫、新行宫、工部厂、内监公署；九龙池、长春亭、圣迹亭、龙王庙（水神庙）、老君堂（道观）；投放山简处（在宝山），果园（少数在风水墙外）等。各陵附近置祠祭署、朝房、神马厂等。清陵陵区内无上述设施，清东陵在风水墙东墙外从北向南的马兰镇、马兰峪、公主园寝南和南新城附近置各陵礼、工部衙门和礼、工部八旗驻所；清西陵上述设施则置于风水墙东口子门外至界桩间及界桩东侧。清陵较明十三陵净化了陵区内的设施。第十，清东、西陵各陵宫门前置班房驻八旗兵守卫，明十三陵各陵神宫监兼守卫之职。第十一，清东、西陵陵区外行宫附近建喇嘛庙，明陵无。

二　明清帝陵陵园前区神道比较

明长陵陵宫前的风水主轴线大都被山体占据，因而长陵将陵园前区神道置于风水主轴线之西山体较少较小之处，所以长陵陵宫前神道与陵园风水主轴线（即陵宫中轴线之延长线）不相合，神道长（约7.3公里）而弯曲。神道沿途从南向北配置五间六柱十一楼石牌坊，北行12.5公里（或说1340米）至大红门，门两侧立下马石牌，大红门内东侧置拂尘殿。大红门北0.6公里置神功圣德碑亭和华表，其北置石望柱一对，石象生卧立狮、獬豸、骆驼、象、麒麟、马各二对，武臣四身、文臣四身、勋臣四身（计石兽12对、石人6对），石象生尽端置龙凤门（又称棂星门；望柱至龙凤门长达800米）。又北一里南五空（孔）桥，北行二百步七空桥，再北1.6公里北五空桥，桥北1.2公里抵陵宫。神道总体配置稀疏，仅局部密度加大。长陵之外，其余诸陵陵园前区神道较短，神道与长陵神道直接或间接相连（清代营建的思陵除外）。神道除置神功圣德碑亭（圣德碑未镌刻文字，亭外无华表），亭之前或亭后置桥外（后文有说），长陵神道的其他设置序列皆裁减（图7-1-1、8-1-2）。根据上述情况，下面对明清帝陵陵园前区神道配置序列略作比较。

清东陵祖陵孝陵陵园前区神道配置序列仿明长陵，其在朝山金星山之北次第建石牌

---

[1] 明代皇妃大都葬于北京金山和西山，据《明会典》记载，明宪宗成化年间以前，皇妃"皆为坟"，此后则"十三妃始为一墓"。嘉靖三十年，定"九妃为一墓"之制，并在金山"予造五墓，墓名九数，以次葬焉"。

[2] A. 北宋帝陵各陵均有陪葬区，分别以一个帝陵为一区集中埋葬于皇后陵西北部。陪葬者仅限于皇子、皇孙、未出阁的公主，以及与诸王合葬的夫人等。清陵亲王、郡王、阿哥、公主园寝埋葬位置与上述情况不同。

B. 清代宗室封爵和丧葬制度参照明代，只是亲王、郡王等不再驻藩外地，墓葬改称园寝，大多建在京畿，规制一如明代藩王坟，其中少数园寝建于清东、西陵附近。

坊、下马牌、大红门（两侧有风水墙）、具服殿、神功圣德碑亭和华表；神道绕过影壁山，又北顺序置望柱、石象生和龙凤门。门北相继置一孔桥、七孔桥、北五孔桥。其后置三路三孔神道桥，神道碑亭，其北对隆恩门，碑亭之东神道东侧建神库一座。上述北五孔桥之南的配置均以明长陵为蓝本（图10-2-3），只是清孝陵神道较明长陵神道显著缩短（清孝陵从石牌坊至隆恩门长约5600米），配置密度大于明长陵。清孝陵五间六柱十一楼石牌坊，自噙口石、夹杆石往上，直至筒瓦座中的十一座石雕庑殿顶，都惟妙惟肖地仿自明长陵石牌坊，但宽高增大，因而成为我国现存的最大石牌坊。大红门内东侧具服殿，位置如明长陵拂尘殿，仅规模大为缩减。神功圣德碑亭和华表，以及碑下水盘刻四水族均因明长陵，但碑文用满汉两种文字镌刻则不同于明长陵。石象生与明长陵相比，石兽种类相同，数量少（各少一对）；石人少勋臣，文武臣又较明长陵少一对；孝陵石象生各设须弥座（明陵无），文武臣着满族衣冠介胄。龙凤门北清孝陵仅将明长陵南五孔桥改为一孔石桥，清孝陵北五孔桥北置三路三孔神道桥和神道碑亭是有别于明长陵的新特点。神道碑亭的位置，大体相当于明长陵之外其他诸陵神功圣德碑亭的位置，神道碑亭前有神道桥亦仿明长陵之外其他陵中有的在神功圣德碑亭前建桥之例。清孝陵神库等，仿明昭陵将神库、神厨、宰牲亭集中于一座院落内的做法（此前零散配置于陵宫内和陵门外），而改置于陵宫外东南角神道碑亭之东侧，此后遂成定制（仅个别陵位置有微调）。明长陵陵宫外有具服殿，清孝陵无。

清景陵始仿明十三陵诸陵"逊避"长陵之制，尊孝陵为祖陵，裁减了孝陵神道引导空间序列，成为清东、西陵后代诸陵"逊避"祖陵的先范。此后，除大红门、具服殿以南设施仍裁减外，雍正和乾隆时期则分别添建圣德神功碑亭和华表，以及望柱、石象生和牌楼门，后代诸陵因之，从而改变了明长陵之外不建此类设施的规制，成为明清帝陵陵园的主要差别之一。自景陵开始，将神功圣德碑亭改称圣德神功碑亭（雍正五年添建），亭内始立满汉文双碑，此后成为定制，不同于明陵（明长陵之后诸陵圣德碑无字）。景陵神道于乾隆十三年添置望柱一对，狮、象、马、武将、文臣共五对，这是以后诸陵石象生的基本组合，石兽与基座连为一体，此后成为定制。总的来看，清代除慕、惠和崇陵外，其他陵均置石象生，自成格局。各陵石象生数量虽远不及明长陵，但其总数达60余对，则是清陵有别于明陵一大特色（按，北宋帝陵各陵均有30对石象生，数量远在清陵之上）。又景陵以五间六柱冲天式牌楼代替龙凤门，是以后诸陵的主要形式之一。神道碑亭置于神道桥南，尔后成为定制。景陵较孝陵的这些变化，也是此后清陵与明陵的主要差异之所在。

泰陵是西陵的主陵，陵园前区神道配置序列仿孝陵。在此仅着重指出，泰陵仿孝陵影壁山堆蜘蛛山，仿孝陵建龙凤门成为西陵的主要形式；仿孝陵建等级最高的七孔桥，同明长陵。此外，泰陵神道配置也有不少变化（泰陵原设计无望柱、石象生，乾隆时添建），这些变化既区别于孝陵也不同于明长陵。比如，前导空间序列首置五孔石桥，建三座石牌坊并呈品字型配置，以及大红门前置一对蹲麒麟等，凡此都是明清帝陵中的孤例。从泰陵开始，石牌坊屋顶瓦垄改为滴水居中的清代样式，成为后代诸陵建筑屋顶之通制。

除上所述，明清帝陵神道建于陵宫前砂山间和案山、朝山一线，故大都前曲后直，完全直线者少。清孝陵和泰陵堆筑影壁山和蜘蛛山为案山，皆仿明孝陵案山梅花山之态势。

其次，明十三陵除德陵未建神道外，余诸陵神道均直接或间接与长陵神道相接。清东陵与明十三陵相似，惟惠陵较远不与孝陵神道相连接。清西陵因地势关系，除昌陵外其他各陵神道皆不与泰陵神道相连接。又清东、西陵各陵陵园前置下马石牌多于明陵，且石牌上镌刻满、蒙、汉三种文字。此外，清东、西陵各陵陵园前区神道配置序列间的差异，以及慕陵以后的重要变化[1]，有些也反映出明清帝陵陵园前区神道配置的不同情况。

三 明清帝陵陵宫和方城明楼形制布局的比较

（一）陵宫[2]

明陵陵宫门称祾恩门，清陵陵宫门改名隆恩门，隆恩门前两侧分置东、西朝房[3]，朝房后各置班房，此为清陵定制，不同于明陵。清东、西陵在慕陵及其以后各陵陵宫形制和配置较以前诸陵略有变化[4]，这种清陵范畴内的变化也不同于明陵。下面拟以孝至昌陵为主与明陵进行比较。

清代孝、景、泰、裕、昌五陵陵宫形制，仿明代景、裕、茂、泰、昭、德诸陵为平面长方形二进院落（长、永、定三陵陵宫三进院落），配置亦相同，只是建筑规模和形制有所变化。如隆恩门，清孝陵隆恩门仿明长陵祾恩门仍为五间，但门的尺度缩小，无雕栏和丹陛。其情况与明长、永、定陵之外诸陵祾恩门相似（这些陵祾恩门改为三间，但尺度与清陵相近）而略有变化，即台基改为普通台明，前后展出三间连面踏跺。明陵祾恩殿长陵九间，永、定二陵七间，余陵五间；清陵改祾恩殿为隆恩殿，一律五间，并将明陵祾恩殿庑殿顶改为重檐歇山顶。明陵长、定二陵祾恩殿台基三层，永陵二层，余陵一层；清陵隆恩殿台基均一层，隆恩殿取消后门（明长、景、永、定四陵祾恩殿有后门）。有的陵隆恩殿后有河和桥，明陵无。明陵左右（东、西）配殿长陵各十五间、永陵各九间、定陵各七间、余陵各五间；清陵东西配殿均五间（清代燎炉形制和配置方位，略如明陵）。实际上清陵隆恩殿平面尺度不到明长陵祾恩殿的一半，东西配殿仅及明长陵配殿的三分之一。此外，清代各陵隆恩殿月台上仿宫城太和殿（月台上置铜炉、铜龟、铜鹤），一般置铜鼎式

---

[1] 参见晏子有《清东西陵》（中国青年出版社2000年版），中国建筑艺术全集编辑委员会编《中国建筑艺术全集·清代陵墓建筑》（中国建筑工业出版社2003年版）有关慕陵及其以后诸陵的介绍。

[2] 中国建筑艺术全集编辑委员会编《中国建筑艺术全集·清代陵墓建筑》（中国建筑工业出版社2003年版）第23页图一四清代关内各帝陵的陵宫建筑规制，潘谷西主编《中国古代建筑史》第四卷（中国建筑工业出版社2001年版）第197页图4-33、4-34，明十三陵各陵平面图。见本书各有关明清帝陵陵宫平面图。

[3] 清陵东朝房是茶膳房，供祭祀时烧制奶茶等；西朝房是饽饽房，祭祀时制作各种面食。明陵朝房在陵下或左或右，为谒陵官员斋宿之所。

[4] 参见晏子有《清东西陵》（中国青年出版社2000年版），中国建筑艺术全集编辑委员会编《中国建筑艺术全集·清代陵墓建筑》（中国建筑工业出版社2003年版）有关慕陵及其以后诸陵的介绍。见本章第三、六节。

炉二件，铜鹿、鹤各二只（个别陵略有变化），明陵无。又清陵陵寝门（琉璃花门）下有高台基，也不同于明陵。总的来看，清陵陵宫规制和建筑规模远比明长陵节制，而略近于明晚期帝陵陵宫。

（二）方城明楼和哑巴院[1]

陵寝门内的二柱门和石五供，明清帝陵相似。五供后的方城，清陵仿明陵，两者最大的差异是清陵方城两翼有卡子墙和随墙角门；一些帝陵方城前有月牙河和桥，不同于明十三陵而同于明孝陵（后文有说）。此外，清泰陵方城月台台明砌青白石，清定陵和惠陵方城顺应地势，月台前的礓磋改成二层跌落，两旁添设雕栏，也是区别之一。清陵明楼形制大体如明陵。其差异是所悬斗匾和陵号碑为满、蒙、汉三体文字，清定陵和惠陵明楼四面拱门增设白色券脸石。

明陵自昭陵起，宝顶前拦土墙与宝城墙等高，两端与宝城连为一体，在拦土墙正对方城券洞处砌琉璃影壁，形成哑巴院。哑巴院两端砌筑转向礓磋蹬道达方城明楼，在宝城和月牙城两侧顶面结合部，于宝城宇墙上开石栅栏以升宝顶。清陵中的帝陵，方城券门洞均直通哑巴院，情况基本同明昭陵，惟清定陵以后将砖砌转向礓磋蹬道改为石台阶。明长陵方城券门内瓮道呈T字形，无哑巴院，券门内尽头砌琉璃影壁，两旁分辟券门有扒道登方城明楼，清代后陵方城券门扒道采用此种形式。

四　明清帝陵宝顶宝城和地宫的比较

（一）宝顶宝城[2]

明陵宝顶，定陵黄土掺石灰夯筑，其他陵或言堆黄土。长、永、定、昭、庆、德诸陵宝顶与宝城顶平，余六陵"宝城小，冢半填"，宝顶自然隆起（思陵不计）。宝顶外筑宝城，其平面形状有圆形（昭、定、庆、德陵，长陵略呈圆形），宽长椭圆形（献、裕、茂、泰、康陵），窄长椭圆形（景陵）。宝城规模较大，如长陵宝城径101丈8尺，永陵宝城径81丈[3]，定陵宝城内径216米。清代帝陵宝城夯筑三合土，宝顶高度基本与宝城顶平，宝城形状种类同明陵，但窄长椭圆形居多（孝、定、惠、崇陵），宽椭圆形次之（景、裕

---

[1] 中国建筑艺术全集编辑委员会编《中国建筑艺术全集·清代陵墓建筑》（中国建筑工业出版社2003年版）第23页图一四清代关内各帝陵的陵宫建筑规制，潘谷西主编《中国古代建筑史》第四卷（中国建筑工业出版社2001年版）第197页图4-33、4-34，明十三陵各陵平面图。见本书明清帝陵各有关方城明楼和哑巴院平面图。

[2] 见本书明清帝陵各有关宝顶、宝城平面图。

[3] A.《大明会典·工部·山陵》，中华书局1989年版。
B. 晏子有：《清东西陵》，中国青年出版社2000年版，第27页。记述：长陵宝城周环达305丈4尺，永陵宝城周环243丈。
C. 郭黛姮主编：《中国古代建筑史》第五卷（中国建筑工业出版社2003年版）第269页。记述：明长陵宝城直径240米，平面面积45000平方米。

陵），再次为圆形（泰陵，慕陵宝顶属特例）。清陵宝顶规模明显小于明陵[1]，宝城外侧有石泊岸，宝城外围罗圈墙，墙外有供守陵兵丁巡逻的石更道，凡此均有别于明陵。宝城顶部与明陵砌雉堞、宇墙、砖砌排水明沟，宝城宇墙悬列排水的挑头沟嘴的情况类似。

除上所述，顺便简述明清两代均有的妃园寝问题。明代妃园寝多残毁，形制布局不甚明晰。据有关资料介绍，明代妃园寝有围墙、园寝门、神厨、神库、殿门、享殿、东西配殿等设施，坟冢圆形，其前有石供案。妃园寝平面大致有前长方形后圆形；前方形、后面圆形变小，两者相接平面呈凸字形。其中前长方形后圆形平面，如明十三陵四妃二太子坟，坟冢五座按前面两座、后面三座共两排配置[2]。清代妃园寝有完整规制（见前述情况），其形制似与前述明四妃二太子坟之类有一定渊源关系。

（二）地宫[3]

目前明陵仅定陵玄宫（地宫）被发掘，在清东、西陵中裕陵和崇陵地宫虽然对外开放，其形制布局的准确资料尚未刊布。因此，下面只能就已知的清裕陵和崇陵地宫情况，并结合其他陵寝地宫部分样式雷画样资料，与明定陵玄宫作一些粗线条比较。

首先，从地宫总体形制布局来看，明清帝陵地宫差异较大。明定陵地宫由五殿三隧七门构成，从金刚墙至中殿与后殿相接处呈竖长方形，后殿横长方形，中殿外侧隧道相连的两配殿为竖长方形，其总平面略呈不出头的中字型[4]。清陵地宫由九券四门二室（明堂券、金券）构成，总平面呈1字型。定陵地宫纵深87.34米，横展47.28米，总面积1195平方米。清裕陵地宫长54米，面积327平方米；清定陵地宫长38米（定东陵地宫长15米，面积为154平方米）[5]。明定陵从宝顶到地宫地面深31.5米，后殿地面至券顶高9.5米。从有比例尺的清西陵昌陵剖面图来看[6]，该陵自宝顶到地宫地面约20米，金券地面至券顶约8米。上述情况表明，平面呈1字型的清陵地宫，规模远逊于明定陵，纵深变短，券洞变矮，总体形制布局紧凑。加之清陵埋深变浅，多采用与1字型地宫相应的长圆形小

---

[1] A. 清光绪《钦定大清会典事例》记载：孝陵宝顶外"环以宝城、高二丈四尺，周环六十三丈。"

B. 孙大章主编：《中国古代建筑史》第五卷，中国建筑工业出版社2003年版，第269页。记述：清孝陵宝城平面长短轴为88米和34米，平面面积2700平方米；泰陵宝城圆形，直径67米，平面面积3500平方米；清末崇陵宝城长短轴为64米和26米，平面面积1500平方米。

[2] 胡汉生：《明十三陵》，中国青年出版社1998年版，第298—320页。

[3] 参见 A. 中国建筑艺术全集编辑委员会编《中国建筑艺术全集·清代陵墓建筑》（中国建筑工业出版社2003年版）第37页图一七，清代陵寝六种不同类型的地宫。

B. 图10-4-1—图10-4-7。

[4] 图9-1-1。

[5] A. 定陵地宫数据．见《定陵》上（文物出版社1990年版），第17—21页。

B. 清陵地宫尺度，见孙大章主编《中国古代建筑史》第五卷，中国建筑工业出版社2003年版，第282页注释⑨、⑩。

[6] 图10-4-6。

宝顶，所以清陵无论地宫挖深还是填埋和堆筑宝顶，均较明陵节省了大量的土方。

其次，从地宫结构来看。定陵隧道在宝城南侧，通外罗城陵院，隧道前段砖砌，后段石砌，两段相接处弯曲，隧道很长（仅石隧道就长达40米）。隧道末端砌砖石金刚墙[1]。清陵隧道从方城门洞中部向北斜直抵月牙城下，较明定陵隧道斜直而短。清陵地宫沿中轴线纵贯九道双心圆券形筒拱（明定陵亦双心圆拱券），从外向内依次为隧道券、闪当券、罩门券、头层门洞券、明堂券、二层门洞券、穿堂券、三层门洞券和金券（图10-4-4）；明堂券和金券即相当于定陵的中殿和后殿，省定陵的前殿。明清帝陵地宫隧道券均砖筑，形制大致相同。清陵隧券南端安青白石券脸，梓宫奉安后券脸下封砌青白石影壁，其后附砖挡券墙。这个做法与明定陵隧道末端有金刚墙，在其后的隧道券内用砖石封堵相似。清陵隧道券北有闪当券，其后各券自地面到券顶全部用青白石建造，统称石券，与定陵相同。由于清陵地宫平面呈I字型，故无明定陵后殿拱券与中殿拱券正交的"丁字大券"。如前所述，明定陵五殿三隧七门，因而明定陵券数远多于清陵（明定陵有大小32个双心圆券）。清陵地宫四门结构与明定陵地宫门相似，但做工较明定陵精细[2]。

明清帝陵地宫的后殿和金券结构差异很大。明定陵后殿横长方形，殿内中部偏西设长方形束腰仰覆莲须弥座式宝床，宝床中间凿南北长0.4米，宽0.2米的长方形金井，金井内填黄土（图9-1-1）。清陵地宫金券亦呈横长方形，但长宽比例远小于定陵。宝床依金券北壁安设，奉安帝后梓宫少者，石雕须弥座式宝床呈矩形平面，称正面宝床。奉安帝后梓宫多者，则于正面宝床两翼添安垂手宝床，平面呈倒凹字型。宝床中间有圆形金井（直径四寸九分），内回填开掘时所取金井土，有金井盖[3]。清陵地宫宝床的金井是选勘陵寝基址"点穴"之处，是清陵规划设计的基准，其构造复杂，精心保护，将中国古代帝陵"金井"的形制和功能发展到极致。此外，清代帝后陵自昌陵起，地宫内修排水暗沟（龙须沟）[4]。从现在已知的裕陵和菩陀峪定东陵地宫来看，清陵地宫壁面有大面积的雕刻装饰[5]，除装饰图案外，主要是藏传佛教的各式佛像、吉祥图案，以及藏、梵文经咒等。上述两种情况，明代帝陵无。关于地宫内的主要设施，明定陵中殿置帝后神座，五供和长明灯，清陵地宫尚未见到此类记载。又清陵地宫在金券正面宝床两翼或明堂券左右两边安设方形宝、册座，明定陵帝后宝册匣则分置于帝后梓旁宝床上。在清陵地宫宝床所置帝后梓宫，已开放的裕陵帝后棺椁上刻藏文经咒[6]，梓宫四角分别夹有精雕彩绘的龙山石（卡棺石），明定陵未见此类记载（明藩王坟地宫，有的用卡棺石）。

除上所述，再指出二点。其一，据有关研究，明十三陵玄宫按"九重法宫"之制为

---

[1] 图9-1-3。
[2] 图10-4-8、10-4-9。
[3] 图10-4-10。
[4] 图10-4-11。
[5] 图10-4-12、10-4-13。
[6] ［法］王微：《乾隆裕陵棺椁藏文经咒释读》，《故宫博物院院刊》2006年第1期。

之，玄宫顶部之上皆盖琉璃瓦顶，安设吻兽[1]。清代帝陵慕凌以前诸陵地宫之上均有重檐歇山式殿顶，覆黄琉璃瓦和吻兽（慕陵及其以后改用城砖糙砌成蓑衣顶）[2]。此现象既可证明明陵玄宫上有殿顶，覆琉璃瓦和吻兽，又反映出清陵地宫顶部做法乃是承袭明陵之制。其二，清朱孔阳《历代陵寝备考》引明万燫《陵工纪事》说：庆陵"陵寝有后殿、中殿、前殿，重门相隔"，据此现在多认为明庆陵以后玄宫已撤去左右配殿，故清陵地宫形制亦与之有明显的传承关系。

五 明清帝陵河桶和桥之比较

明清帝陵将河桶和桥作为陵园规划设计的重要组成部分，并将其作为陵园布局艺术和区划陵园分区的手段之一，这是前代帝陵陵园所未见的新因素和新特点。

明代帝陵陵园河桶和桥的配置属创始阶段，以明孝陵陵园三河三桥，将陵园区划为四区的规制最为完备（图6-2-1）。其宝城御河和桥（俗称升仙桥），为明陵所仅见（显陵不计）。明十三陵河桥对陵园基本无区划功能，陵宫内无河桥，这是与清东、西陵在河桥方面的主要差异。明十三陵自景陵开始，虾须水利用自然形势辅以入工修整（图7-1-3）。献陵和庆陵陵宫分南北二院，河桥情况相近（图7-1-2、7-1-11）。庆陵在神功圣德碑亭前置单孔石桥，水西北流经陵宫南院西侧转北，在陵宫南院北门之北置三座并列单空石桥。桥下水流向陵宫北院，此段与横贯陵宫北院前区之排水涵洞（石券，总长200余米）形成T字型。水从涵洞两侧出陵宫后北流，分夹陵宫和宝城两侧，成为排水明沟和虾须水（图7-1-11），这种情况是明清帝陵中的孤例。总的来看，明十三陵除长陵石牌坊北置三空石桥，龙凤门北置五空桥、七空桥、北五空桥外，其余诸陵桥的种类有单空、三空、五空石桥，三座并列单空石桥和石平桥等，诸陵虾须水的遗迹现在大都不甚明显。

清东陵祖陵孝陵，神功圣德碑亭前后无河桥，亭后神道绕影壁山仿明孝陵，龙凤门后三河三桥（一孔、七孔、五孔桥）仿明长陵。三路三孔神道桥下水左右分流后北折，形成陵宫和罗圈墙外两侧较规整的虾须水。虾须水又分入陵宫，形成隆恩殿后玉带河和桥，并仿明孝陵在方城前形成月牙河和桥，水又入宝城院绕宝城一周（图10-2-4）。清孝陵的河桥在承袭明孝陵和长陵河桥的基础上，形成了较完备的新规制。清东陵景陵，圣德神功碑亭后建五孔石桥，桥下水左右分流后北折与神道桥下水相连通，神道桥下水左右分流后北折形成陵宫外两侧虾须水（图10-2-8）。清西陵主陵泰陵，神道绕蜘蛛山仿孝陵，神道以四河四桥（五孔、三孔、七孔、三孔石桥）将神道分为四区，四桥下之水于东侧南北连通，四区分别形成岛状（石牌坊大红门一区）和半岛状。神道桥下之水东西分流后北折，形成陵宫至罗圈墙外侧较规整的虾须水（图10-3-2），情况略如景陵。以上三陵河桥的情况，被后代诸帝陵分别承袭或综合承袭并予以变通，在此基础上又形成了东、西陵

---

[1] 胡汉生：《明十三陵》，中国青年出版社1998年版，第97页。
[2] 中国建筑艺术全集编辑委员会编：《中国建筑艺术全集·清代陵墓建筑》，中国建筑工业出版社2003年版，第40页；
晏子有：《清东西陵》，中国青年出版社2000年版，第169、172页。

不同的特点。

首先，从清陵陵宫和宝城院来看。孝、裕、慕、定、惠、崇六陵，虾须水均从陵宫西侧入陵宫形成玉带河和桥，以及月牙河和桥（慕陵无），多数月牙河水入宝城院绕宝城一周。景、泰、昌三陵陵宫和罗圈墙外有虾须水，虾须水不入陵宫和宝城院。其次，从神道来看，孝陵神功圣德碑亭在影壁山南独立存在，泰陵圣德神功碑亭在蜘蛛山南的三孔桥与七孔桥间独立存在。景、裕、昌三陵圣德神功碑亭在五孔桥南，慕、定、惠、崇四陵无圣德神功碑亭。景、裕、慕、定、惠、崇六陵神道碑亭在前，神道桥在后；孝、泰、昌三陵神道桥在前，神道碑亭在后。上述诸桥下水东西横流，形成陵宫前的朱雀水，神道桥下水东西分流后北折形成陵宫外两侧虾须水。因此，神道桥和桥下之水是神道与陵宫的分界。此外，清西陵神道诸桥下之水东侧南北连通。上述清西陵河桥的情况，及其区划分割神道形成不同分区的功能是有别于东陵的重要特点。除上所述，虾须水是否入陵宫所形成的两个类型，在清东西陵中互有交叉，反映出清东西陵间是密切关联，互有影响的有机整体。

综上所述，在帝陵陵园中配置河桥首先出现于明陵，清孝陵河桥配置情况与明孝陵和长陵有直接关系。清东、西陵有神道碑亭和神道桥，明陵无；其位置，大体相当于明陵神功圣

德碑亭及亭前或亭后桥的方位，两者均是神道与陵宫的分界，其桥下之水又都是陵宫两侧虾须水之源。上述情况表明，清陵陵园河桥的配置显然是承袭明陵而发展的。就明清陵帝陵陵园河桥总体而言，清陵陵园河桥的数量明显多于明陵，河桶和虾须水在自然基础上多经人工

修理，远较明陵规整。清陵陵园诸桥与明陵相比，一是形制有较大差异，二是较明陵的桥规范，三是其区划和布局艺术功能远胜于明陵。总之，清陵是将河桥作为帝陵陵园必不可少的构成要素，作为陵园园林化布局艺术的主要依托和陵园布局艺术的点睛之笔，而刻意加以规划设计的。其与明陵陵园河桥的区别，又成为清陵独有的重要特点之一。

六 几点拙见

综上所述，拟指出五点。

（一）明清帝陵陵园属于同一模式

通过前面的比较，可以确认明清帝陵陵园的构成要素、形制布局框架、主要设施的配置方位基本相同，其形制布局的手段和艺术效果也大同小异，故明清帝陵陵园的形制布局属于同一模式。

（二）明清帝陵分属同一模式的两个类型

通过前面的比较，显而易见，在陵园形制布局上清陵较明陵又出现一些变化和发展。比如：第一，完善陵区结构，净化陵区风水墙内的配置（以东陵为主），形成帝陵、后陵和妃园寝统绪分明的新体系。第二，缩小帝陵陵园规模，缩短陵园轴距，增添部分新设施，布局紧凑。第三，对与明陵相应的单体建筑和建筑组群略作调整，使其形制布局更趋规范化、标准化、定型化。第四，陵园增加河桥的配置，细化了陵园的功能区划。第五，

陵园增添了神道碑亭和神道桥等设施,宝顶宝城的结构划一与明陵区别较大,宝城外增添罗圈墙,地宫形制与定陵地宫迥然不同。第六,其他变化参见前述比较情况。上述变化的详情及其他变化,前面已作介绍,兹不赘述。总之,这些变化和发展,使清陵和明陵帝陵陵园概貌基本相同的情况下,又呈现许多差异。凡此种种差异,构成了清代帝陵陵园有别于明代帝陵陵园的新特点、新规范,并形成了自身完备的体系。因此,可以说明清帝陵陵园的形制布局,乃是同一模式下的两个类型。

(三) 明清帝陵陵园形制布局基本相同的原因

1. 风水"形势宗"理论,是明清帝陵选勘陵址和规划陵园形制布局之本

明清时期均以风水"形势宗"理论为指导,按照风水"形势宗"的"觅龙""察砂""观水""点穴"等风水要素的要求选勘陵址,形成所需的风水堂局。在此基础上,明清帝陵陵园形制布局的架构和建筑组合序列,又都按照上述风水堂局进行配置。比如,明清帝陵陵园均将龙脉来向和穴位间的风水轴线,定为将来陵宫形制布局的中轴线。明清帝陵的地宫及其上的宝顶宝城建筑组群置于风水堂局的"点穴"之处;方城明楼和陵宫建筑组群置于"穴"前的"明堂"部位;陵园前区神道的诸种设施置于左右护砂、朱雀水、案山和朝山之间。这是明清帝陵陵园选址,陵园总体形制布局和建筑组群序列概莫能外的不二法则。故言风水"形势宗"理论乃是明清帝陵选勘陵址和规划陵园形制布局之本,由此所形成的定式,则是明清帝陵陵园形制布局基本相同的主要原因之一。

2. 轴线纵贯陵园主体建筑序列,是明清帝陵陵园规划设计和布局艺术的主脊

明清帝陵陵园的轴线,纵贯陵园主体建筑序列,各陵的主体建筑,均以准确相宜的尺度和空间组织在这条轴线上,形成顺序展开的富于视觉变化的空间建筑组群[1]。同时这条轴线又与相关的附属建筑有紧密的内在联系,通过轴线的贯穿与组合,使陵园建筑组群形成有机的完整体系。因此,明清帝陵陵园的轴线,自然成为陵园建筑组群总体规划设计和总体形制布局的主脊。由于明清帝陵陵园的布局艺术绝大多数都表现在轴线上,或与轴

---

[1] 本书所谓的轴线,系指帝陵陵宫的中轴线及其前面神道所在的轴线。对此,有几点当引起注意。

A. 按常规,明清帝陵陵宫中轴线应与陵园风水轴线相合,中轴线即风水轴线方向。

B. 明清帝陵中,有的宝城不甚规则(如明孝陵和长陵),此类帝陵陵宫的中轴线不是宝城的中轴线。

C. 明清帝陵神道,一般沿陵园风水轴线和陵宫中轴线方向设置。但是,因为神道位于风水的"砂""水"和案山地段,受地形制约较大,故神道往往因势随形,多有曲折,有的甚至偏离了风水轴线和中轴线方向(这是有别于前代帝陵神道的重要特点)。所以不能统言明清帝陵神道即是陵园的风水轴线和中轴线。换言之,即不能将陵宫的中轴线统称为陵园的中轴线,不宜绝对化,应具体情况具体分析。

D. 明清帝陵神道呈线型结构,是陵园重要的组成部分。因此,不管神道是否偏离了风水轴线和陵宫中轴线方向,它都是陵园前区的轴线,并成为陵区轴线布局艺术最富于变化,最具特色的主要构成部分。

线有关，所以明清帝陵陵园布局艺术又可概言为轴线布局艺术。在这条处于主脊的轴线上，建筑配置序列一气呵成。陵园前区的神道，多乘势随形，景观随势开合，线型曲直结合，配置形式既规整又较自由，曲径通幽。陵宫前至宝城以陵宫中轴线为主脊，陵宫建筑群形制规整，建筑构图"居中为尊"，形成陵园布局中的高潮。上述陵园整条轴线上的配置，既突出高屋建瓴，纲举目张的宏伟气势，又呈现出层次序列分明，连续性的变化丰富多彩，并富于节奏感的空间艺术效果。这些共性，也是明清帝陵陵园形制布局及其布局艺术基本相同的重要原因。

3. 以"千尺为势，百尺为形"为模数的建筑组群外部空间的布局艺术"[1]

风水理论中"形"与"势"两个基本概念对建筑而言，"形"系指个体、局部、细节性的建筑空间构成及其近观效果，以"百尺为形"为视距标准；"势"指建筑组群布局及其远观效果，以"千尺为势"为远观视距标准。明清帝陵陵园的形制及其布局艺术，均以风水"形势"说为指导。明清帝陵陵园神道上的各单体建筑、两侧仪树间神道的净宽，石象生配置的间距，相邻单体建筑的间距，神道两侧建筑至神道的间距；其北至陵宫等建筑群的小型广场、庭院的围合；各建筑的轴线、道路、河桶、桥座和墙垣的起止、转折或交会点构成的重要观赏点，同对应景物的近观视距等，都以"百尺为形"的模数控制。建筑单体或建筑局部空间的划分，面阔、进深和高度一般也以百尺为限。而陵宫建筑组群的纵深，则是以"千尺为势"的模数控制；陵宫内各单体建筑尺度和视距又改以百尺为率"积形成势"，"势"与"形"完美结合。从而取得既无任何尺度超人的夸张，又形成"聚巧形而展势"的艺术效果。由于明清帝陵陵园在规划设计和营建过程中，均以"势"为本，以"势"统形，并恰到好处地掌握"形"与"势"的相互转化；均用"形"和"势"来概括建筑组群外部空间组合在体量、尺度、造型，以及高下大小、远近离合、主从虚实、整体局部、动静阴阳等视觉感受效果及其内在规律，所以必然造成明清帝陵陵园建筑组群外部空间形制布局的相同或相似性。

上述三点表明，在帝陵规制，帝陵选勘陵址，帝陵陵园规划设计与布局艺术的理念和准则，控制的手段和标准等方面，明清帝陵几乎毫无二致，这是明清帝陵陵园形制及其布局艺术基本相同的主要内在原因。

(四) 清代帝陵陵园形制布局较明陵出现局部变化的原因

1. "陵制与山水相称，难概同"和因地制宜

明清帝陵"陵制与山水相称"，"遵照典礼之规制，配合山川之胜势"；但同时又强调指出"陵制与山水相称，难概同"[2]。这是由于"风水攸关"，陵园形制布局必须因势随形，因地制宜，故在统一之中又出现种种差异。前述明清帝陵宝顶宝城形状和大小的变

---

[1] 王其亨：《风水形势说和古代中国建筑外部空间设计探析》、《陵寝建筑设计原理及艺术成就钩沉》，载《风水理论研究》第 2 版，天津大学出版社 2005 年版。

[2] 《明史》卷一百九十四《赵璜传》：嘉靖"三年，显陵司香内官言陵制狭小，请改营，视天寿山诸陵。璜言陵制与山水相称，难概同，帝纳其言"。

化，以及清泰陵初建时因山川形势关系未建石望柱、石象生等均属此类[1]。此外，清《内务府来文》指出，"大殿、宫门、朝房、碑亭、三路三孔桥、石牌楼、一路五孔桥及神厨库、罗圈墙等项工程，均就地势广狭酌拟尺寸"；又记"石桥分位、去水方向系就水势曲折酌定，以成天然之势"。上述情况，是明陵之间和清陵之间陵园出现局部变异的重要原因。由于清陵较明陵更重视陵园形制布局按风水"形势"权衡和因地制宜处置，所以也成为清和明代帝陵陵园形制出现某些差异的原因之一。

2. 清陵突出框景布局艺术[2]

框景布局艺术在陵园布局艺术中，可细分为框景、夹景和过白三种[3]。明长陵等已采用过白布局艺术[4]，在清代帝陵中几乎所有坊门、券洞、柱枋梁架构图中，都可看到框景、过白或夹景布局艺术，其重视和广泛采用的程度远胜于明陵[5]。由此清代帝陵陵园的各种框景所展现出风水理论中的"积形成势，聚巧形而展势"，"形以势得，驻远势以环形"，"形乘势来，动静阴阳，相牲为用"，"形结势薄"，"势止形就"等一系列景观，丰富多彩，美不胜收（包括清陵按"返顾有情"风水理论，对陵园逆向空间序列的框景处理）[6]。这是清陵布局艺术的主要特色之一，此种布局艺术可将建筑近景与后部建筑组群及山水胜景有机联系起来，以强化组群空间序列的内在关联。体现出"近相住形，虽百端而未已"，"远以观势，虽略而真"，"形即在势之内"，"势即在形之中"等风水态势。从而在"移步换形，相生为用"，步移景易和步移景滞之中，动静相乘，形势相因，相互转换，而获取较明陵更加引人入胜的连续性综合效果，并因此产生了清陵与明陵在帝陵陵园

---

[1] 《清高宗实录》卷三十七记载："泰陵甬道系随山川之形势盘旋修理，如立石象生，不能依其丈尺整齐安供，而甬路转旋之处，必有向背参差之所，则于风水地形不宜安设。是泰陵之未议设石象生者，实由风水攸关，非典制之未备。"后来乾隆十三年，还是添建了石望柱和石象生。

[2] 王其亨：《陵寝建筑设计原理及艺术成就钩沉》，载《风水理论研究》第2版，天津大学出版社2005年版。文中对框景布局艺术进行了较细的论证，并举例说明之。

[3] 框景，即由门窗洞口、拱券、檐下柱、枋、雀替和台明等围合成框边，或其他中部空透、周边封闭的建筑以及山石、树木等围合成框边，将视线方向上的中景或远景画面框限在内，使画面构图完美。夹景，即画框或景框不完全闭合的框景形式，一般上边空缺露出天际。夹景通常由对称列于视野两翼的墙垣、柱、雕像、山石、林木以及桥梁两侧的雕栏等合同地面围合而成。过白，过白景框惯用"框景"和"夹景"，但必须在框景画面中留出一部分天空，纳阴补阳，虚实相应，灵活生动，以避免产生郁闭堵塞，密不透气的感觉。见上注。

[4] A. 胡汉生：《明十三陵》，中国青年出版社1998年版，第255、256页。
B. 王其亨《风水形势说和古代中国建筑外部空间设计探析》（载《风水理论研究》第2版，天津大学出版社2005年版）一文图6上、中明长陵棱恩门过白，明长陵内红门过白图。

[5] 王其亨《陵寝建筑设计原理及艺术成就钩沉》（载《风水理论研究》第2版，天津大学出版社2005年版）及文中图14、22、23。

[6] 王其亨《陵寝建筑设计原理及艺术成就钩沉》（载《风水理论研究》第2版，天津大学出版社2005年版）及文中图20、21、26、27。

形制布局上的差异感。

3. 清陵重视人工完善风水景观和园林化布局艺术

清代帝陵在"陵制配合山川胜势"时，还对其周围风水自然景观"因其自然之性，损者益之"[1]，"趋全避缺，增高益下"[2]，以使山川形势"剪裁小体，精神卓越，动人美观"[3]。即在风水理论指导下，用人工完善陵园的风水自然景观。比如清孝陵和泰陵分别堆筑案山影壁山和蜘蛛山，裕陵和定陵培补砂山[4]，惠陵培补龙脉（图10-5-18）[5]，定东陵堆培案山和砂山等（图10-5-19）[6]。其次，还有前面介绍的清陵增建河桥，重视河和桥的区划作用和布局艺术，使清代帝陵陵园在一定程度上改变了所承袭的明代帝陵陵园的区划构图。此外，清陵在承袭历代陵园植树绿化的基础上，更加周密设计[7]，使之走向规范化和多样化。同时又将植树绿化与河桥和砂山等风水景观密切结合[8]，采用园林化布局艺术手法[9]，丰富了陵园景观空间层次，渲染和强化了陵园庄严肃穆，灵秀

---

[1]《管氏地理指蒙》，中华书局、巴蜀书社影印1985年版。
[2] 王其亨：《风水理论研究》，天津大学出版社2005年版，第227页。引郭璞《古本葬经·内篇》。按清代陵已将王其亨先生有关著作中的许多精辟见解融入本书文中，恕不一一作注。
[3] 倪化南辑《地学形势集》，乾隆癸巳年强恕堂藏版。
[4] 清档案，《工科题本·建筑工程·陵寝坛庙》，乾隆七年六月初七日，《相度胜水峪万年吉地折》："至于风水应微用增培之处，查本龙龙脉入局，俱系尽善俱美之山，无需增培，惟左右阴砂并近案稍低，应酌量培补，令微高以配山川形势。"清档案，《内务府来文·陵寝事务》，同治四年八月十八日：定陵"近穴小龙虎砂环抱有情，其虎砂余气平铺而下，宜用人工开拓平正，作为明堂之地"；"隆恩殿迤东地势空阔，续修砂山以固堂局"。
[5]《惠陵工程备要》卷一《兴修次序》（北京大学图书馆善本部藏），"宝城罗圈墙以外山势较低"，因此必须"查明龙脉，敬谨培补"，以案观瞻。见王其亨《陵寝建筑设计原理及艺术成就钩沉》（天津大学出版社2005年版）文中图九清代样式雷：惠陵后宝山培补龙脉画样。
[6] 清档案，《菩陀峪万年吉地工程备要·元部》卷三，光绪元年七月十六日，奕訢、奕譞等，酌拟添建万年吉地东西南三面砂山增修前面横泊岸折奏，"其应堆土山，拟……堆作峨眉形。正对宫门处，垒为中高山峰，使北向宝山，南遮各圈墙房"；两侧"垒作南北土山，计高一丈以上，叠成起伏蜿蜒之形；所有东、西、南三面土山之上，均栽以松树，使菁葱茂蔚，内向朝拱，用壮观瞻"。
[7] 参见前引中国第一历史档案馆《清代帝王陵寝》（档案出版社1982年版）第79页，慕东陵树木图。
[8] 明代帝陵绿化以松柏为主，神道和陵宫植松柏和橡树，行宫、衙署植国槐。至清代更强调"陵寝以风水为重，荫护以树木为先"；"陵寝仪树，关系重大"。孝陵和泰陵两侧，"均封以树，十株为行"，各行之间，或间二丈，或间三丈。其余各陵神道两侧也都有行数多寡不等的仪树。从样式雷大量植树形势地盘画样，可反映出各类树木"按形势分植"，不同树种的配植和平面布局，均有周详设计。见下注。
[9] 清陵植树绿化、河桥、砂山等密切结合的园林布局艺术，参见中国第一历史档案馆《清代帝王陵寝》（档案出版社1982年版）第27页孝陵画样全图、第32页景陵图、第37页裕陵图、第43页定陵画样、第4页泰陵图。按，清代入关后，在紫禁城修建福宫花园、乾隆花园、在京西建三山五园等，在宫廷建筑中大建花园是清代的特点，同时也将园林化布局艺术引进陵园建筑之中。

神圣的山陵纪念氛围，取得了很高的艺术成就。上述情况，也是清代帝陵陵园区别于或胜于明代帝陵陵园之处。

4. 其他

第一，清代官式建筑与工艺走向标准化、定型化，规划设计平格模数网化（明陵已使用，但使用程度不如清陵），因而清陵建筑和形制较明陵更加规范化。

第二，从前述明清帝陵陵园形制布局比较来看，清陵的营建不仅对明十三陵进行了较全面系统的认真考察研究和总结，而且也将明孝陵包括在内（如清孝陵和泰陵分别堆筑影壁山及蜘蛛山，清陵的月牙河和桥，均与明孝陵有关）。此外，清陵的后陵、妃园寝和陪葬墓等的设置情况，以及清陵地宫的图像装饰等，亦有迹象表明似与唐宋帝陵有一定关系。也就是说，清代帝陵陵园的形制布局，乃是在全面总结明陵，甚至包括唐宋帝陵某些方面的基础上而形成的，所以其形制布局与明十三陵产生一些差异是不足为奇的。

第三，清陵地宫与明定陵地宫形制迥异，其间变化的关系和原因尚待进一步研究。但是，清陵地宫中藏传佛教图像、图案和经咒装饰，则是清代统治者崇信藏传佛教的真实反映，因而成为中国古代帝陵地宫装饰的孤例。

总之，清代帝陵虽然承袭明陵规制，但由于时代的不同，两者的民族和文化传统的差异，再加上前述情况，大概就是清代帝陵陵园形制布局较明陵出现一些变化的主要原因。

（五）明清帝陵陵园形制布局比较的意义

明清帝陵陵园形制布局比较研究的意义主要有二，其一在于明清帝陵本身。如所周知，清陵承袭明陵规制。但是，这种共识如何化作知其然和所以然，目前却仍有很大差距。就明陵和清陵的各自研究来看，现在也未达到应有的深度和高度。为改变这种状况，除分别研究明陵和清陵外，还必须对两者进行深入的内涵式的比较研究。只有这样，才能真正了解清陵承袭明陵规制的含义，才能真正区分两者的同和异，才能洞察清陵如何在明陵基础上进行变化和发展，并探究其变化的原因。只有这样，才能使明陵和清陵真正起到互证互补的作用，促使明陵和清陵的研究向纵深发展。只有这样，才能真正将明清帝陵整合起来，使之有机地融为一体，并进而确证明清帝陵是同一帝陵模式的两个类型和前后两个发展阶段；确证明清帝陵陵园是中国古代帝陵的终结模式，清陵则是这种终结模式结束和完成的定式。因此，上述的比较研究，无论对明陵和清陵，还是对明清帝陵总体而言，都是至关重要的。其二，明清帝陵是中国古代帝陵史中的最末阶段，也是秦始皇陵以来帝陵演变和发展轨迹的终端和结果，所以明清帝陵必然承载着中国古代帝陵发展演变规律的某些信息和线索[1]。由于现在明清以前的帝陵陵园或残毁，或残缺，或保存很差，地宫

---

[1] 参见拙文《明孝陵陵园形制布局及其相关问题的探讨》（载《新世纪的中国考古学——王仲殊先生八十华诞纪念文集》，科学出版社2005年版），文中将明孝陵与唐宋帝陵进行了较全面的比较，认为"明孝陵构成要素与配置序列源于前代帝陵"，"明孝陵的形制布局乃是对前代帝陵主要构成要素和配置序列，根据当时当地的具体情况，与时俱进地重进行排列组合，并予以变通或变化的结果"。故明孝陵被称为"稽古创制"。并参见本书第六章《明孝陵》第四节。

更是情况不明；只有明清帝陵陵园在总体上保存较完整（北宋帝陵陵园保存不如明清帝陵），仅有明定陵地宫和清陵少数地宫再现于世；所以明清帝陵就成为探讨诸前代帝陵与之相关联而又不甚明晰部分的基石和标本。这种情况，也要求我们必须对明清帝陵进行比较研究。只有这样，才能逐步理清明清帝陵各自与前代诸帝陵千丝万缕的联系。只有这样，才能将明清帝陵整合为一体，全面掌握明清帝陵内涵的精华和关节点，使之更容易发现前代诸帝陵积淀下来的各种因素在明清帝陵中的反映和变易的情况。只有这样，才能使明清帝陵与前代诸帝陵有机相连和接轨，将秦始皇陵到明清帝陵变成相对较完整的链条（以为中国古代帝陵形制布局形成体系奠定基础），从而起到促进中国古代帝陵研究的重要作用。

总之，本书正是本着上述目的，借鉴学界已有的研究成果，进行归纳整理和研究，对明清帝陵陵寝形制布局之比较略作初步尝试，仅此而已。其真正内涵式的深层次的比较研究，则尚待相关学者共同努力，才能不断提高，逐次达到应有的境界。

附一　西夏陵

第一节　概说

一　西夏地方民族政权的建立与灭亡

西夏，是以党项族为主体建立的国家。党项族是羌族的一支，原居今青海省东南部黄河曲一带（史称析支）。南北朝末期始见于史籍，隋末唐初活动范围逐渐扩展，与唐朝关系密切，并被唐朝两赐李姓。唐末拓跋思恭率部镇压黄巢起义，升任夏州定难军节度使，进爵夏国公，统领夏（今陕西靖边北白城子）、绥（今陕西绥德）、银（今陕西米脂）、宥（今陕西定边东）四州。入宋以后，党项首领屡受宋封。如宋太祖时李彝殷（后改殷为兴）死后赠封为夏王；太宗时赐李继捧姓名赵保忠，任定难军节度使，赐李继迁姓名赵保吉，任银州观察使；真宗时封李德明为西平王，任定难军节度使。虽然如此，但西夏却与宋朝"和""战"不断反复，西夏甚至联辽抗宋，故辽亦先后封李继迁为夏国王，封李德明为大夏国王。

西夏在与宋的战争中不断拓地，如1002年李继迁攻陷北宋灵州（今宁夏灵武），升为西平府；1020年李德明西迁怀远镇（今宁夏银州），改称兴州。1032年李德明死，子李元昊即位后废宋所赐赵姓，改姓嵬名氏，发布秃发令，升兴州为兴庆府。1034年始建年号开运，继改广运，攻宋府州（今陕西府谷），又在环州（今甘肃环县）、庆州（今甘肃庆阳）击败宋军，1036年颁行新制西夏字。天授礼法延祚元年（1038），嵬名元昊，以兴庆府为都城，正式称帝，国号大夏，又自称"邦泥定国兀卒"（"邦泥定国"意为"白上国"，"兀卒"意为"青天子"）。这时夏国的领域，"东尽黄河，西界玉门，南接萧关，北控大漠"，即今宁夏绝大部分、甘肃大部、陕西北部、青海和内蒙古部分地区已为其所有。西夏建国后改用自己的年号，建都城、立官制、定兵制、改仪服、制礼乐、造文字、设蕃学。其典章文物制度多采自宋朝，即所谓"得中国土地，役中国人力，称中国位号，仿中国官属，任中国贤才，读中国书籍，用中国车属，行中国法令"，此后西夏不断发展壮大。

元昊在称帝之初的天授礼法延祚三、四、五年，在三山口（今陕西延安西北）、好水川（今宁夏隆德东）、定川寨（今宁夏固原西北）大败宋军，七年与宋媾和。是时元昊以夏国主名义称臣，北宋每年给予西夏丰厚的"岁赐"，改所赐敕书为诏而不名，许夏国自置官属。同年，夏辽关系激化，辽兴宗亲率大军征夏，辽军溃败，夏辽议和，从此直至崇宗李乾顺之末，形成北宋、辽和西夏三足鼎立局势。仁宗仁孝即位前后直至西夏亡前不久，又形成南宋、金和西夏鼎立的局面。从1205年开始，蒙古成吉思汗不断攻夏，1227年即位仅一年的李睍在赴降蒙古时被执杀，随之蒙古军队攻陷都城中兴府（桓宗时改兴庆府为中兴府），西夏灭亡。

西夏自元昊建国迄亡，立国约190年。期间《宋史》称"夏国"，《辽史》和《金史》称"西夏"，共传十帝[1]，并追谥李继迁、李德明为皇帝。所谓"皇帝"乃西夏自称（宋和辽仅封其为王），诸帝死后葬所亦自称"陵"。实际上西夏只是割据的地方民族政权，其自称的"皇帝"和"陵"均不属正统王朝序列。但是，从西夏陵来看，其形制布局不仅比拟于帝陵，而且还多有创制，并与唐宋帝陵形制布局有承袭演变关系，进而又对后代帝陵形制布局有一定的影响。鉴于上述情况，故将西夏陵附于宋至清代帝陵之后，也一并予以介绍。

二　西夏陵概况

（一）西夏陵的位置和保存状况

西夏陵位于宁夏回族自治区银川市西35公里，地处贺兰山中段南部东麓山前洪积扇上。该洪积扇属老年性堆积，结构紧密，承载力强，适于开凿陵墓。陵区以贺兰山为背屏，东依都城兴庆府（今银川市），远眺黄河，俯视银川平原，属"上吉之地"（图附1-1-1）。

蒙古征西夏，贺兰山下是重要战场之一，使西夏陵遭到严重破坏。蒙古灭西夏后，又有组织地彻底摧毁了西夏陵。破坏后大量的砖瓦等建筑构件和夯土，在建筑物周围形成原生的倒塌堆积。此后再遭盗掘和自然破坏，部分原生堆积层被盗扰，形成二次再生堆积，西夏陵终成废墟[2]。现在西夏陵上面覆盖一层风积沙，大多数陵园只见露出地表的陵塔

---

[1]《西夏帝系表》，引自《中国大百科全书·中国历史Ⅲ》，中国大百科全书出版社1992年版，第1275页。

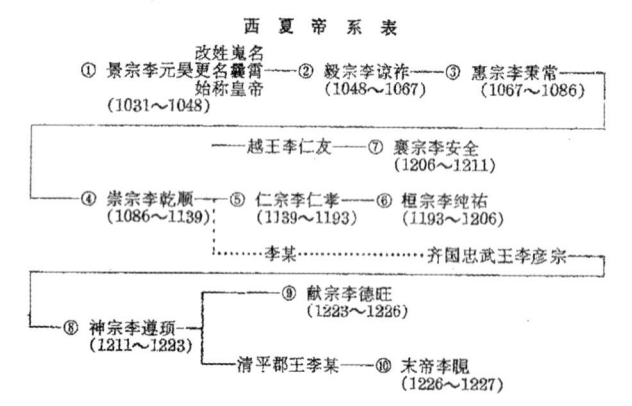

西 夏 帝 系 表

```
           改姓嵬名
①景宗李元昊更名曩霄——②毅宗李谅祚——③惠宗李秉常
  始称皇帝                 (1048~1067)      (1067~1086)
  (1031~1048)
                    ——越王李仁友——⑦襄宗李安全
                                      (1206~1211)
④崇宗李乾顺——⑤仁宗李仁孝——⑥桓宗李纯祐
  (1086~1139)    (1139~1193)    (1193~1206)
        李某————————齐国忠武王李彦宗
                    ——⑨献宗李德旺
                        (1223~1226)
⑧神宗李遵顼——
  (1211~1223)  ——清平郡王李某——⑩末帝李睍
                                  (1226~1227)
```

[2]（明）胡汝砺编纂《嘉靖宁夏新志》（宁夏出版社1988年版）该书卷七《古冢谣》，首四句云："贺兰山下古冢稠，高低犹如浮云泅。道逢古老向我告，云是昔年王与侯。"该书卷二记载西夏陵，"人有掘之者，已无一物矣"。宁夏文物考古研究所许成、杜玉冰编著《西夏陵》（东方出版社1995年版）第147页说：《古冢谣》系出自朱元璋之孙庆靖王朱㮵之子朱秩炅。看来西夏陵最迟到明初之后，已完全变成废墟。

残迹和断断续续的残垣断壁，陵园形制大体尚能依稀可辨（具体保存状况，参见表一至四）。

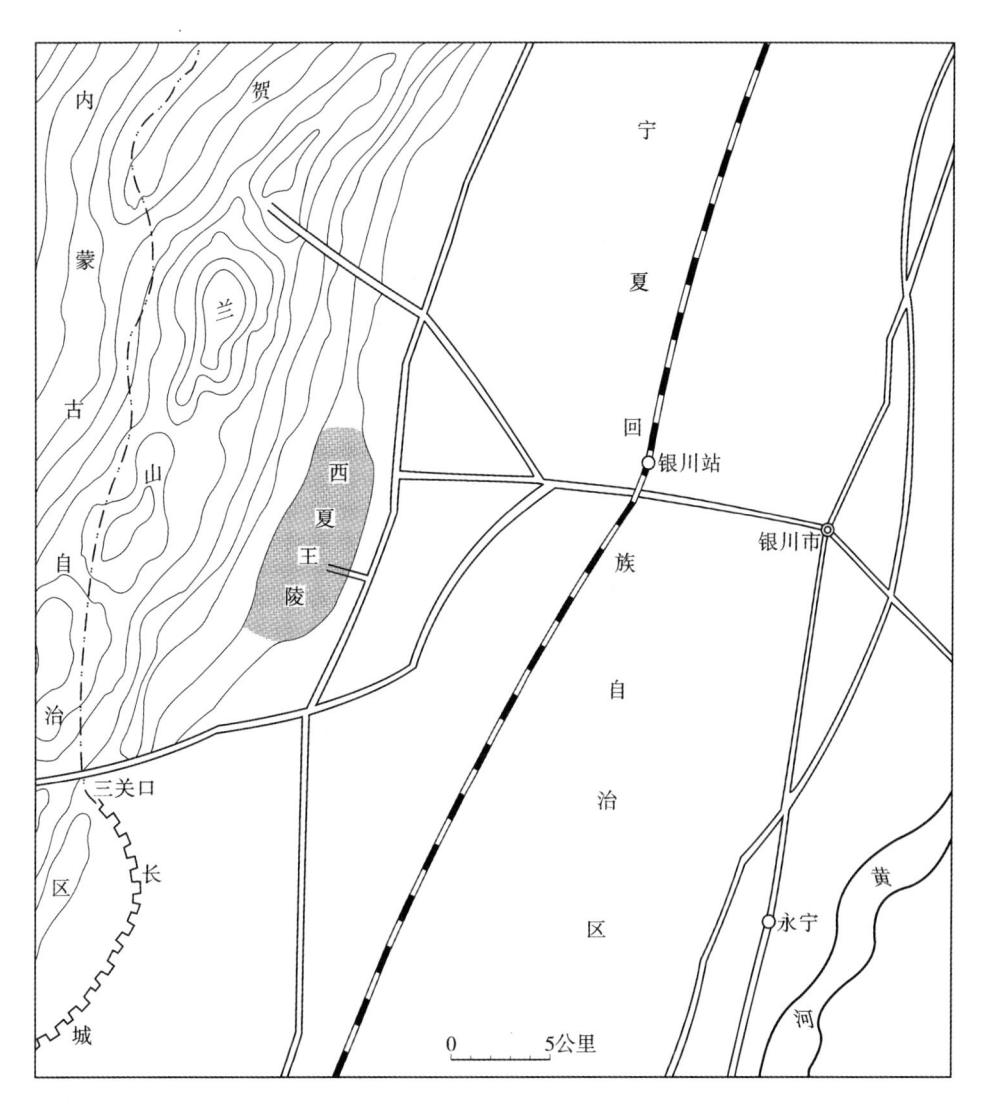

图附1-1-1　宁夏银川西夏陵区位置图
（采自《西夏三号陵》，以下除另注明者外，均采自《西夏三号陵》）

（二）西夏陵的考古工作与本书的研究

西夏陵的考古工作始于20世纪70年代。1971年宁夏博物馆在贺兰山下调查，发现今九号陵，并对碑亭进行了简单清理，出土力士碑座4个和许多残碑块。其次，还对九号陵较大的陪葬进行了编号。此后于1972—1975年，发掘了六号陵（原编号为八号陵[1]），以及M77、M78两座陪葬墓；1973年发掘七号陵碑亭[2]，1975年发掘陪葬墓M182（原

---

[1] 宁夏回族自治区博物馆：《西夏八号陵发掘简报》，《文物》1978年第8期。
[2] 参见李范文：《西夏陵墓出土残碑粹编》，文物出版社1984年版。

编 M—〇八)[1]，1976 年发掘缸瓷井两座砖瓦石灰窑址[2]1977 年发掘陪葬墓 M177（原编号 M—〇一)[3]、发掘五号陵碑亭；1986—1987 年发掘陵区北端建筑遗址[4]，1987 年发掘三号陵东碑亭。

此外，在 1987 年、1990 年和 1991 年还对整个陵区进行了较全面的调查和测绘，绘制了陵区地形图和陵墓分布图。1998 年发掘三号陵西碑亭。2000 年 5 月、10 月至 11 月，2001 年 4 月 27 日至 6 月 2 日、9 月 4 日至 10 月 27 日，对三号陵陵园进行了全面发掘。

如上所述，在 20 世纪 70—90 年代仅对西夏陵进行了考古调查，以及局部清理或发掘，考古资料较零散，且多有相互抵牾之处，因此很难准确揭示已遭严重破坏的西夏陵的形制布局。在 2000 年和 2001 年对西砟三号陵陵园进行正式的全面发掘以后，情况则为之一变。使我们有可能以三号陵科学发掘的成果为样本，重新梳理以往的考古资料，重新审视现存地面遗迹的形制和结构。有鉴于此，本书拟在整合、归纳和总结已有考古资料的基础上，研究西夏陵陵园的形制布局，分析诸陵陵园形制布局的异同，区分陵园形制布局的类型。在此基础上，进而再对西夏诸陵的陵号、年代和陵主问题，以及西夏陵陵园形制布局渊源，形制布局变化的原因和形制布局的寓意等问题略作探讨和研究。

（三）西夏陵陵区的构成

1. 四个陵区九座帝陵

图附 1-1-2[5]。西夏陵所在地段，地势平坦开阔，西高东低，海拔高度 1100—1200 米，有榆树沟、山嘴沟、甘沟、泉齐沟四大沟谷。西夏陵南起榆树沟，北讫泉齐沟，东至西干渠，西抵贺兰下，东西宽 4.5 公里，南北长 10 公里余，总面积近 50 平方公里。上述四大沟形成四个自然区域，各为一陵区，从南向北编号为一至四区。

一区在最南端，占地面积约 0.2 平方公里，有 L1、L2 二陵。L2 在 L1 西北，二陵位置南北相错。二区在一区之北，占地面积约 1.3 平方公里，有 L3、L4 二陵。L3 居东，L4 在 L3 西北，紧临山脚，二陵相距约 3 公里。三区在二区之北，占地面积约 3 平方公里，有 L5、L6 二陵。L5 居东，南大致与 L3 相对（二陵相距约 4 公里），L6 在 L5 之西略偏南，紧临山脚，L5 与 L6 相距约 1.5 公里。四区在最北端，有 L7、L8、L9 三陵。三陵被现代建筑严重破坏。L7 大半被毁，仅余陵塔和西南角部分建筑遗迹。L8、L9 除陵塔残迹外，地面建筑遗迹基本无存。L7 在南面，L8 在 L7 之北，二陵相距约 500 米。L9 在 L7 西北、L8 之西，三陵相距分别为 400 米和 280 米。

2. 陪葬墓的分布和等级与大墓举例

（1）陪葬墓的分布和等级

西夏四个陵区九座帝陵都有陪葬墓，但其陪葬墓的多寡和等差较大。根据现在已知资

---

[1] 宁夏回族自治区博物馆：《西夏陵区一〇八号墓发掘简报》，《文物》1978 年第 8 期。
[2] 宁夏回族自治区博物馆：《银川缸瓷井西夏窑址》，《文物》1978 年第 8 期。
[3] 宁夏回族自治区博物馆：《西夏陵区一〇八号墓发掘简报》，《文物》1978 年第 8 期。
[4] 宁夏文物考古研究所：《西夏陵区北端建筑遗址发掘简报》，《文物》1988 年第 9 期。
[5] 四个陵区概况，参见许成、杜玉冰：《西夏陵》，东方出版社 1995 年版，第 6—12 页。

料[1]，第一陵区陪葬墓分布在L1、L2东西两侧，约有陪葬墓65座。第二陵区陪葬墓主

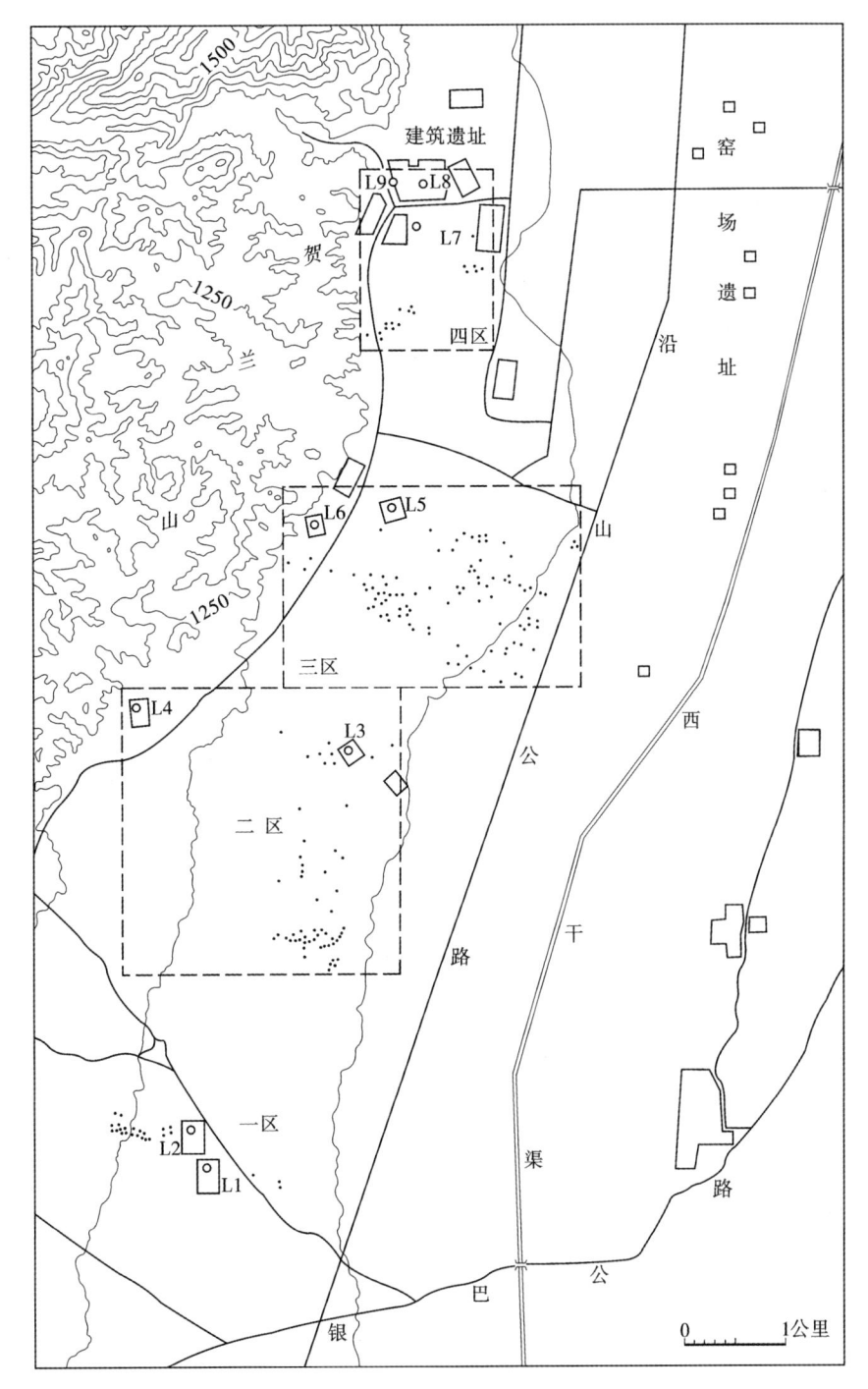

图附1-1-2　宁夏银川西夏陵陵墓总分布图
（采自《西夏陵》）

---

[1] 各陵区陪葬墓数量，依据宁夏文物考古研究所、银川西夏陵区管理处：《西夏三号陵——地面遗迹发掘报告》，科学出版社2007年版。

要分布在 L3 之西和南面（L4 目前未见陪葬墓），约有陪葬墓 62 座。第三陵区陪葬墓分布在 L5、L6 之南并向东南散布，约有陪葬墓 108 座。第四陵区已知的陪葬墓约 18 座（图附 1-1-2）。陪葬墓多有茔园，其内残存建筑遗迹。依据陪葬墓茔园的规模，结合茔园形制布局和结构，大体可将陪葬墓分为四个类型[1]。第一类型，大型陪葬墓。此类陪葬墓茔园面积多在 2 万平方米，茔园由两座碑亭或一座碑亭、月城、茔城、茔城门址、照壁、封土、外夹城（少数无夹城）组成。其中的封土夯筑，呈圆锥形塔式，高 10 米左右[2]。此外，在大型陪葬墓中也有较特殊的墓。如 M161 是西夏陵规模最大的陪葬墓，在茔城前有二阙台。M126 在茔城内有献殿，M178 夹城与茔城组成回字形，茔城四面各开一门，有二碑亭。第二类型，中型墓。茔园面积在 5000 平方米以上，茔园形制大致同一类型，但只有一座碑亭，夯筑塔式封土残高 5—10 米。第三类型，中下等墓。茔园面积在 1500 平方米以下，有一座碑亭，有茔城、门址、照壁和封土（高 5 米左右），无月城，夹城鲜见。第四类型，小型墓。茔园面积在 1500 平方米以下，有茔城、封土（残高 3 米以下），少数有门址和照壁，有的只有封土无其他建筑遗存。

在四个陵区的陪葬墓中，二区小型陪葬墓较多，三区大中型陪葬墓所占比例较大。在陪葬墓的茔城内，有的葬二或三座墓（家族墓地？）。

（2）大型陪葬墓举例

大型陪葬墓 M177、M182 经考古发掘[3]，现略作介绍。M177 位于第三陵区中部偏北，西距五号陵约 300 米，1977 年 2 月至 8 月发掘。该墓茔园面积 19800 平方米，由二碑亭、月城、茔城、门址、照壁、封土、夹城组成（图附 1-1-3）。二碑亭遗址发现汉文和西夏文残碑 101 块，月城内两侧有列置石象生台座遗迹。夯筑封土呈截顶圆锥形，略呈塔式，下部发现内外二层白灰涂敷遗迹。封土底径 12 米，顶径 5.8 米，高 12 米。该墓由斜坡墓道、甬道和土洞墓室组成（图附 1-1-4）。墓道填土高出地表，呈鱼脊状。土洞墓墓室平面略呈方形（平面图画成长方形），边长 5 米，穹顶，高 6 米。墓被盗，内葬一男三女。从出土的汉文残碑块有"天盛二年庚午秋"（天盛二年为西夏仁宗仁孝年号，即 1150年）来看，墓主人主要活动于仁宗仁孝时期，其身份尚难确定。

M182 位于第四陵区南部，南距六号陵 1700 米，东北距七号陵 700 米，1975 年 9 月至 12 月发掘。该墓茔城残，发现一座碑亭，出土汉文和西夏文残碑 349 块。茔城外涂白灰，封土在茔城内北偏西处，已风化变形，底部抹白灰二层。这是一座阶梯墓道单室土洞墓，墓道填土呈鱼脊状。墓室呈抹角方形，边长 4 米，穹顶，高 3.5 米（图附 1-1-5）。墓被盗，发现开元通宝、祥符通宝、天圣元宝、皇宋通宝、熙宁通宝等钱币。墓内有三男性骨架，发掘者认为骨架 3 为墓主人，骨架 1、2 可能是遇难的盗墓者（图附 1-1-6）。据出

---

[1] 许成、杜玉冰：《西夏陵》，东方出版社 1995 年版，第 38—72、151 页。
[2] 许成、杜玉冰：《西夏陵》，东方出版社 1995 年版。均称封土。
[3] M177、M182 的发掘情况，见许成、杜玉冰：《西夏陵》，东方出版社 1995 年版，第 72—77 页。该二墓最初称 M一〇一和一〇八号墓，见宁夏回族自治区博物馆：《西夏陵区一〇一号墓发掘简报》，《考古与文物》1978 年第 8 期；宁夏回族自治区博物馆：《西夏陵区一〇八号墓发掘简报》，《文物》1978 年第 8 期。

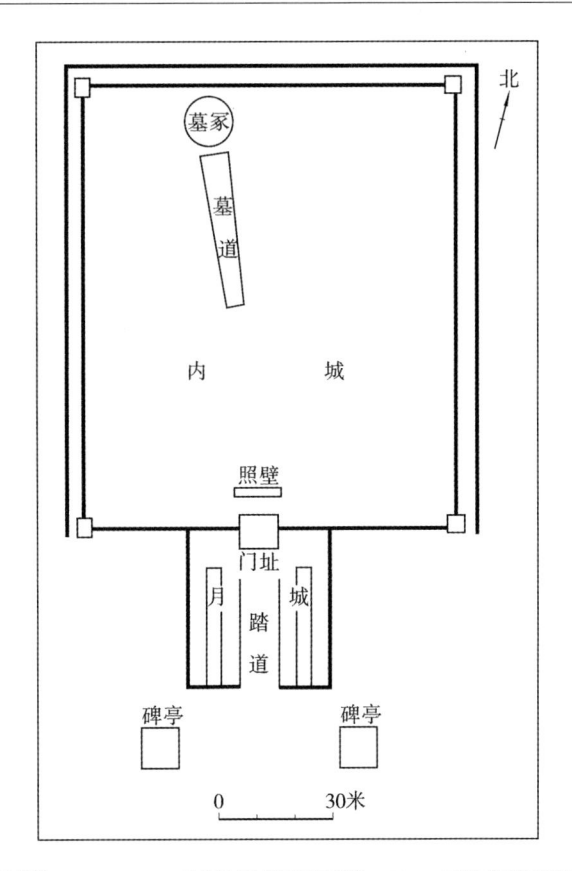

图附1-1-3　宁夏银川西夏陵 M177 墓园平面图
（采自《西夏陵》，略变化）

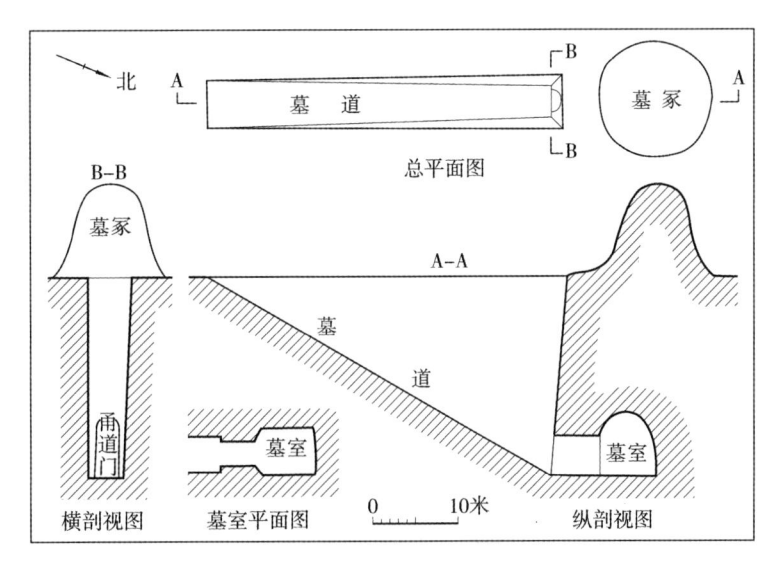

图附1-1-4　宁夏银川西夏陵 M177 平面、剖视图
（采自《西夏陵》，略变化）

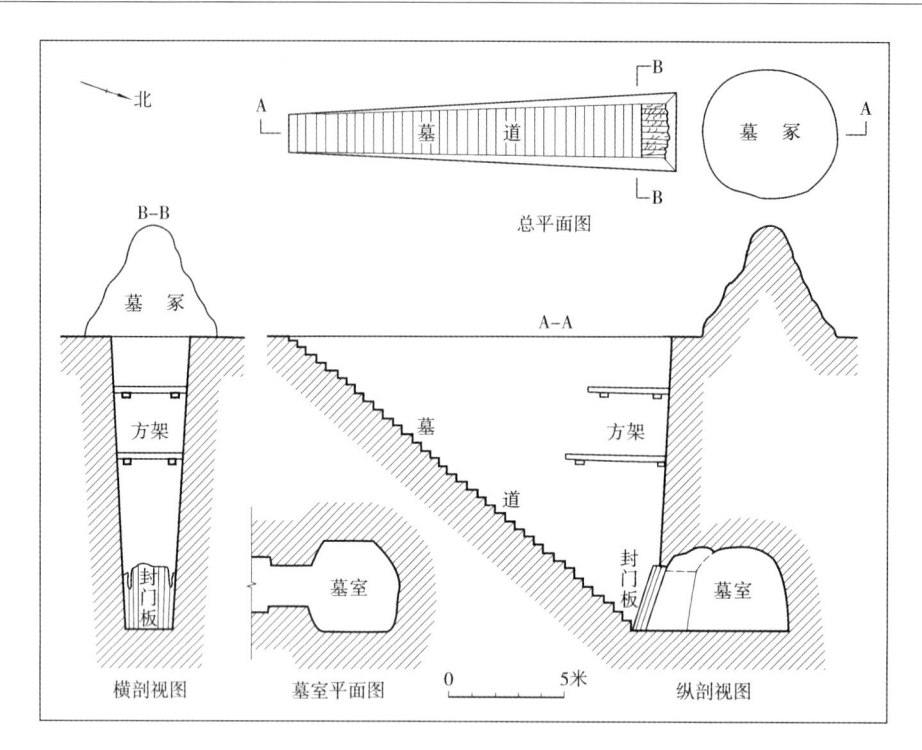

图附 1-1-5　宁夏银川西夏陵 M182 平面、剖视图
(采自《西夏陵》，略变化)

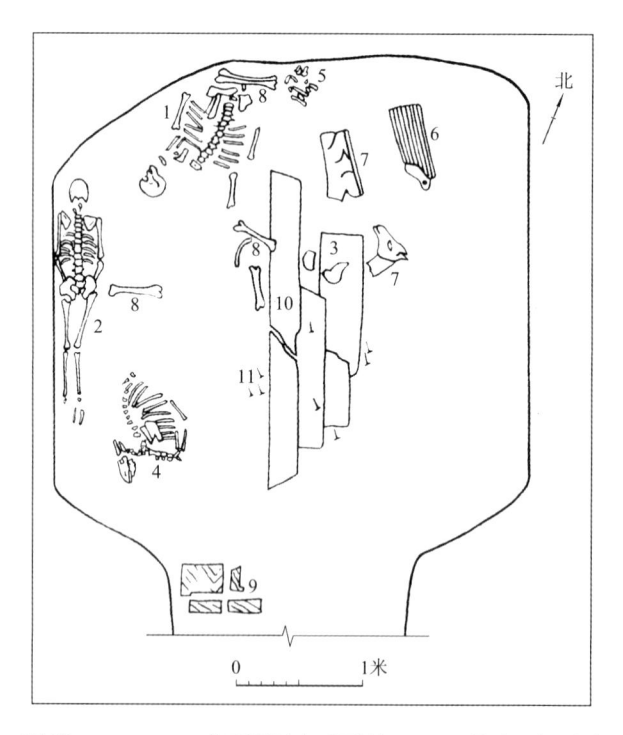

图附 1-1-6　宁夏银川西夏陵 M182 墓室平面图
说明：1. 1 号人骨架　2. 2 号人骨架　3. 3 号人骨架　4. 完整幼年骨架　5. 鸡鸭骨　6. 石狗　7. 码　8. 畜骨　9. 残门　10. 残棺极　11. 棺钉
(采自《西夏陵》)

土的汉文残碑有"尚父太师（尚）书令知（枢）密院事六……梁国正献王神道碑"，"龙老至正德三（年）谥曰忠毅公"；西夏文残碑有"太师尚书令梁国公嵬名讳安惠"等记载判断，墓主人为梁国正献王嵬名安惠，死于正德三年（1129）。

上述 M177、M182 两座墓表明，此类大型陪葬墓应属王级（或类王级），其墓葬形制布局类帝陵而下帝陵一等。

3. 建筑遗址与窑址

在西夏陵区北端有一处建筑遗址，遗址平面长方形，东西宽 160 米，南北长 350 米，遗址内残存遗迹十余处（图附 1-1-7）[1]。其次，在陵区东侧中部有一处建筑遗址，已

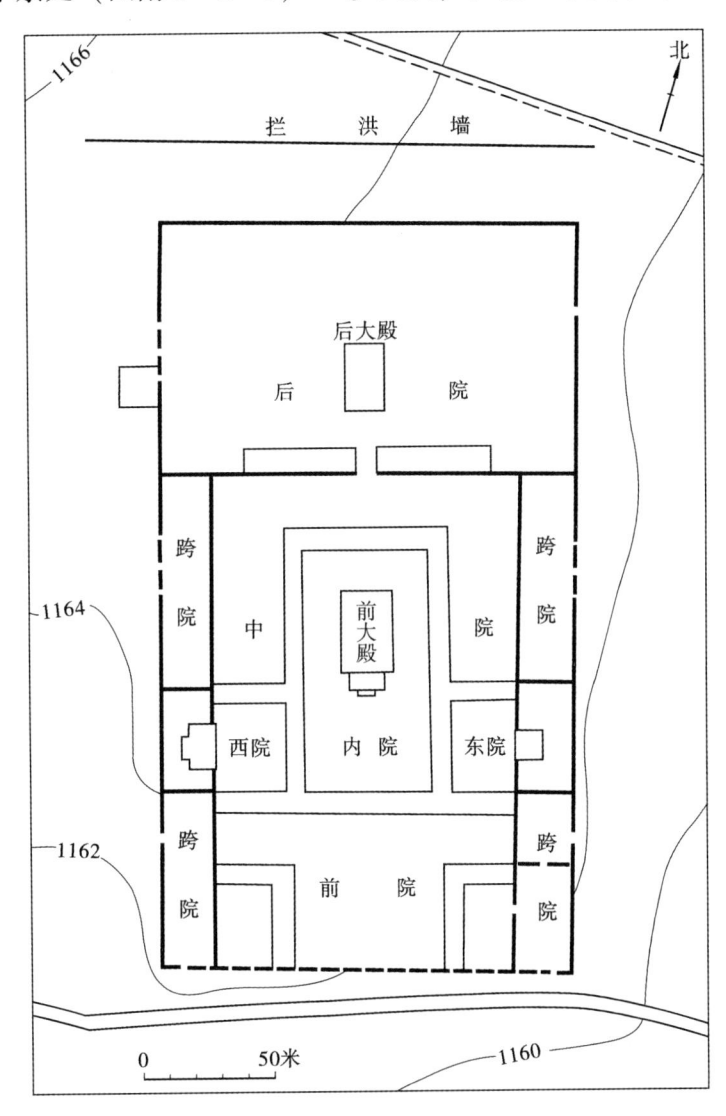

图附 1-1-7　宁夏银川西夏陵区北端建筑遗址平面图
（采自《西夏陵》）

---

[1] 许成、杜玉冰：《西夏陵》，东方出版社 1995 年版，第 77—81 页。陵区北端建筑遗址的性质，后文有说。

被破坏。此外，在陵区东部，两干渠西面一片高岗上，曾发现十余处西夏砖瓦窑址和石灰窑址[1]。

(三) 西夏陵陵园的形制布局

图附 1-1-8—图附 1-1-14。

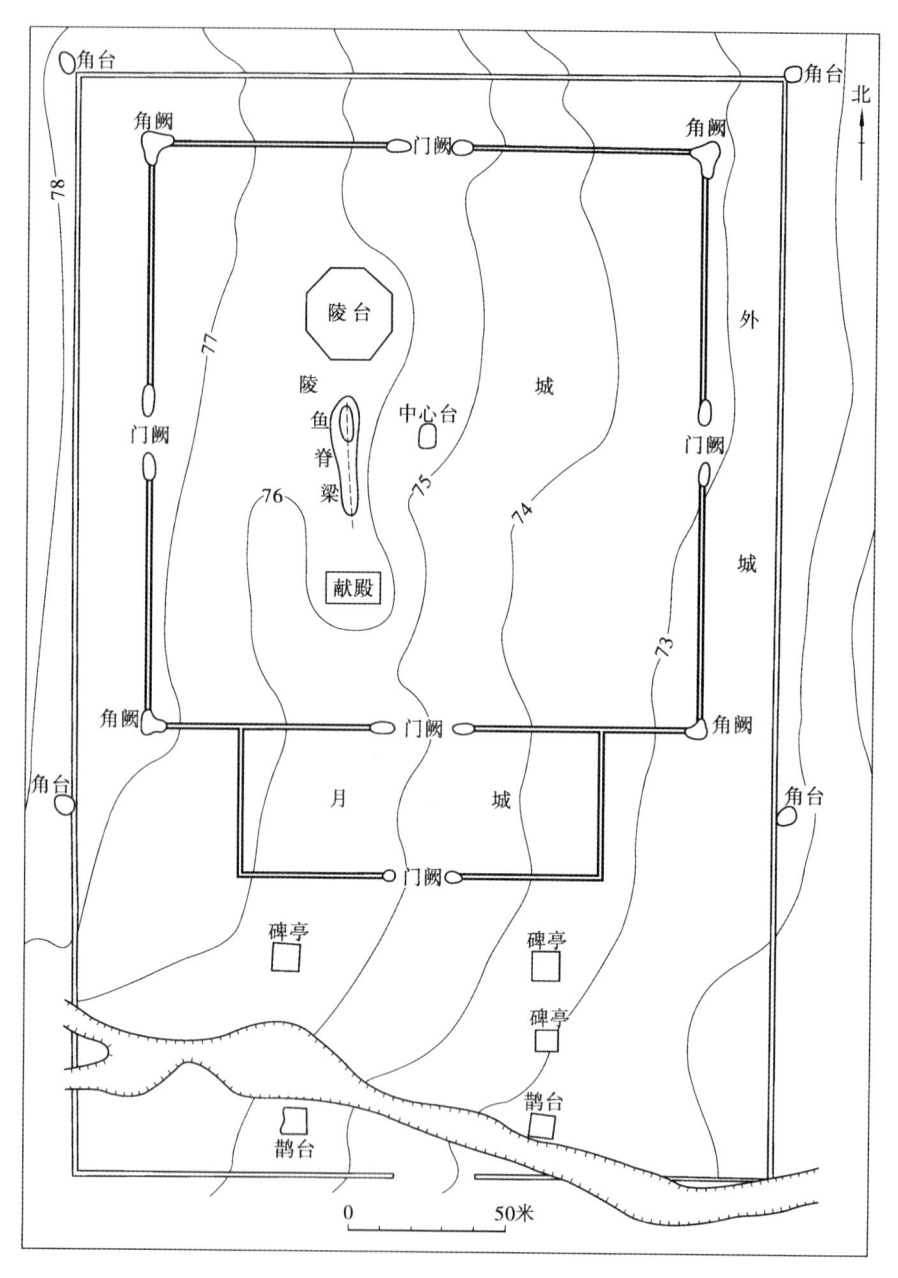

图附 1-1-8 宁夏银川西夏陵 1 号陵平面图
(采自《西夏陵》)

---

[1] 许成、杜玉冰:《西夏陵》,东方出版社 1995 年版,第 81—83 页。

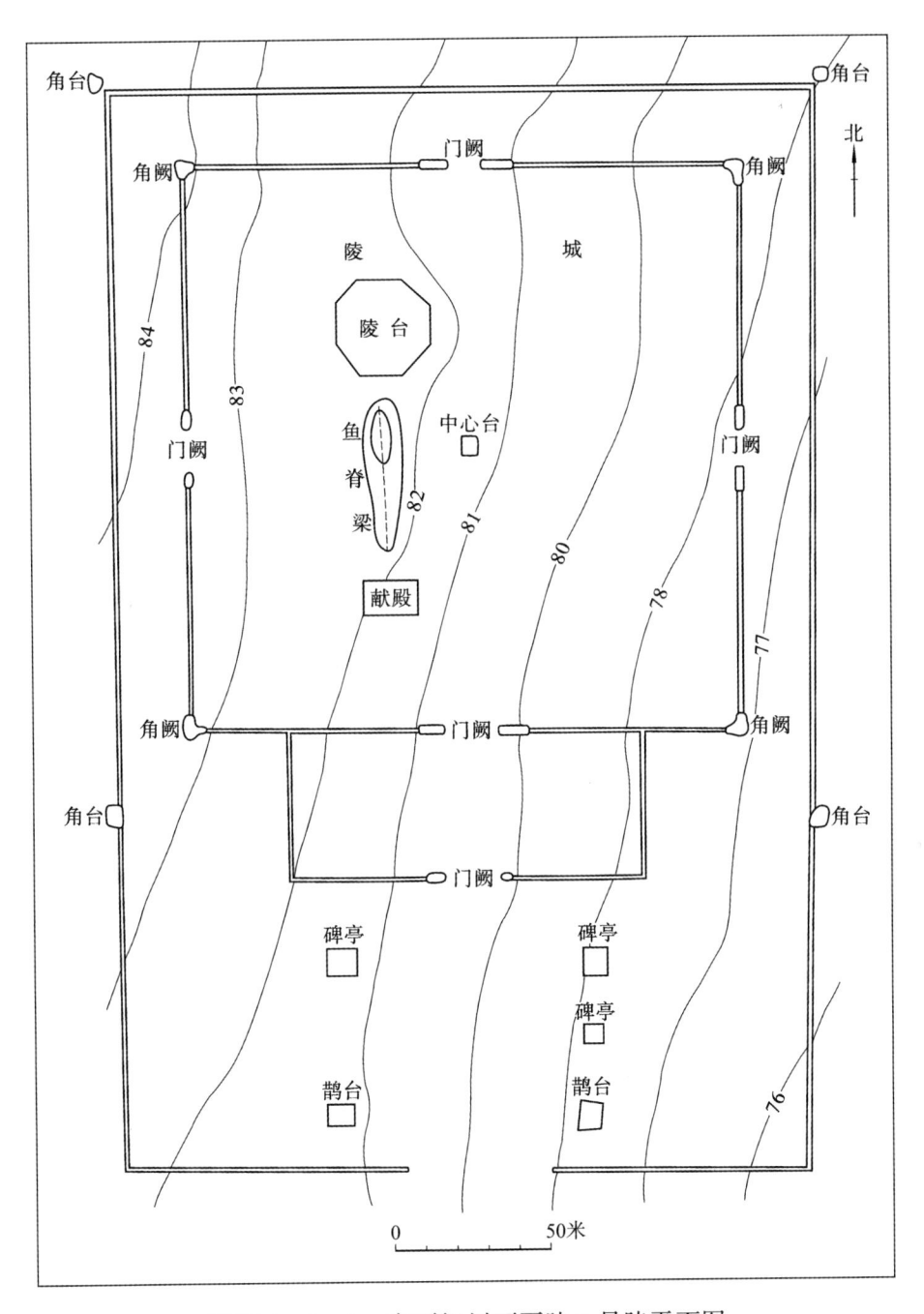

图附 1-1-9 宁夏银川西夏陵 2 号陵平面图
(采自《西夏陵》)

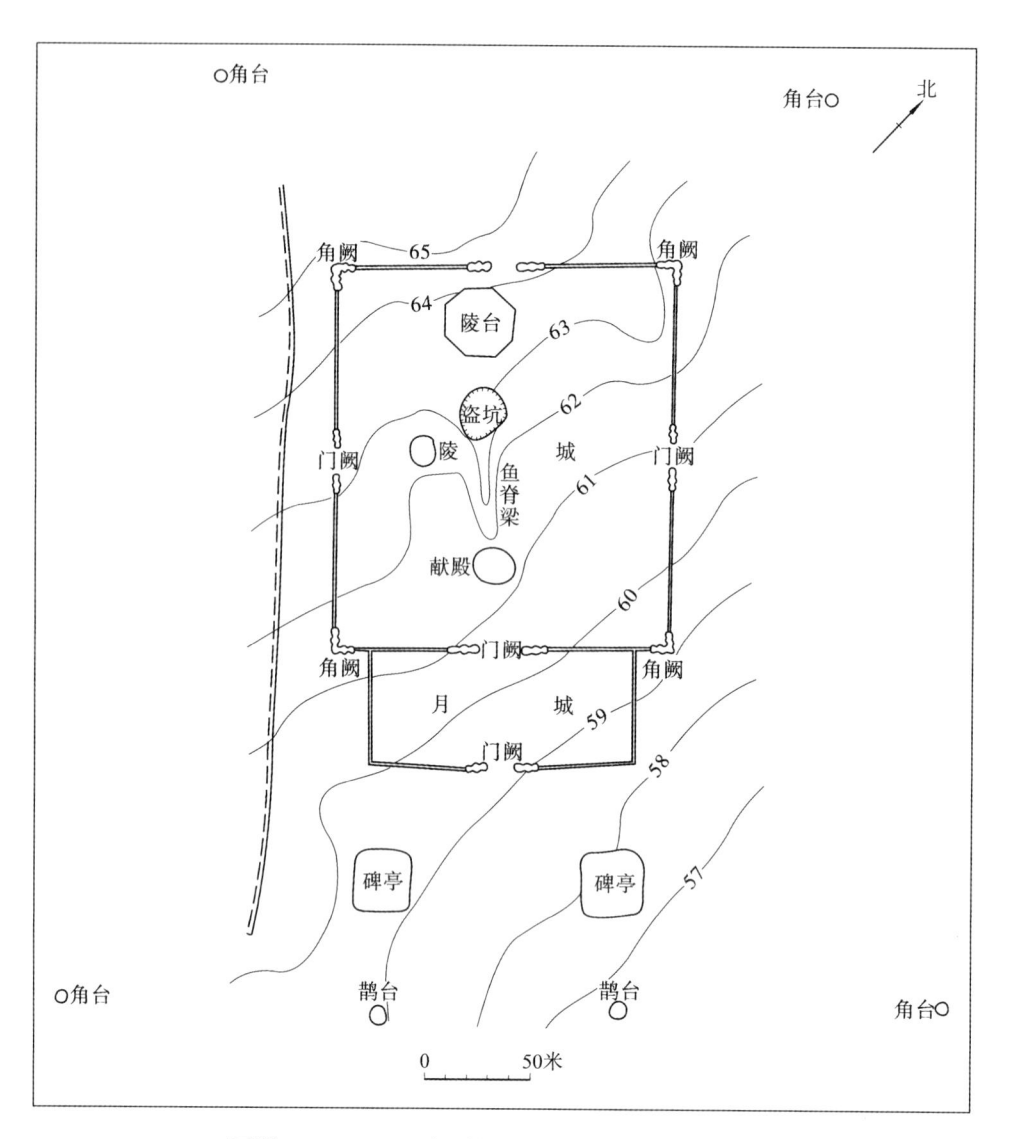

图附 1-1-10　宁夏银川西夏陵 3 号陵平面图
（采自《西夏陵》）

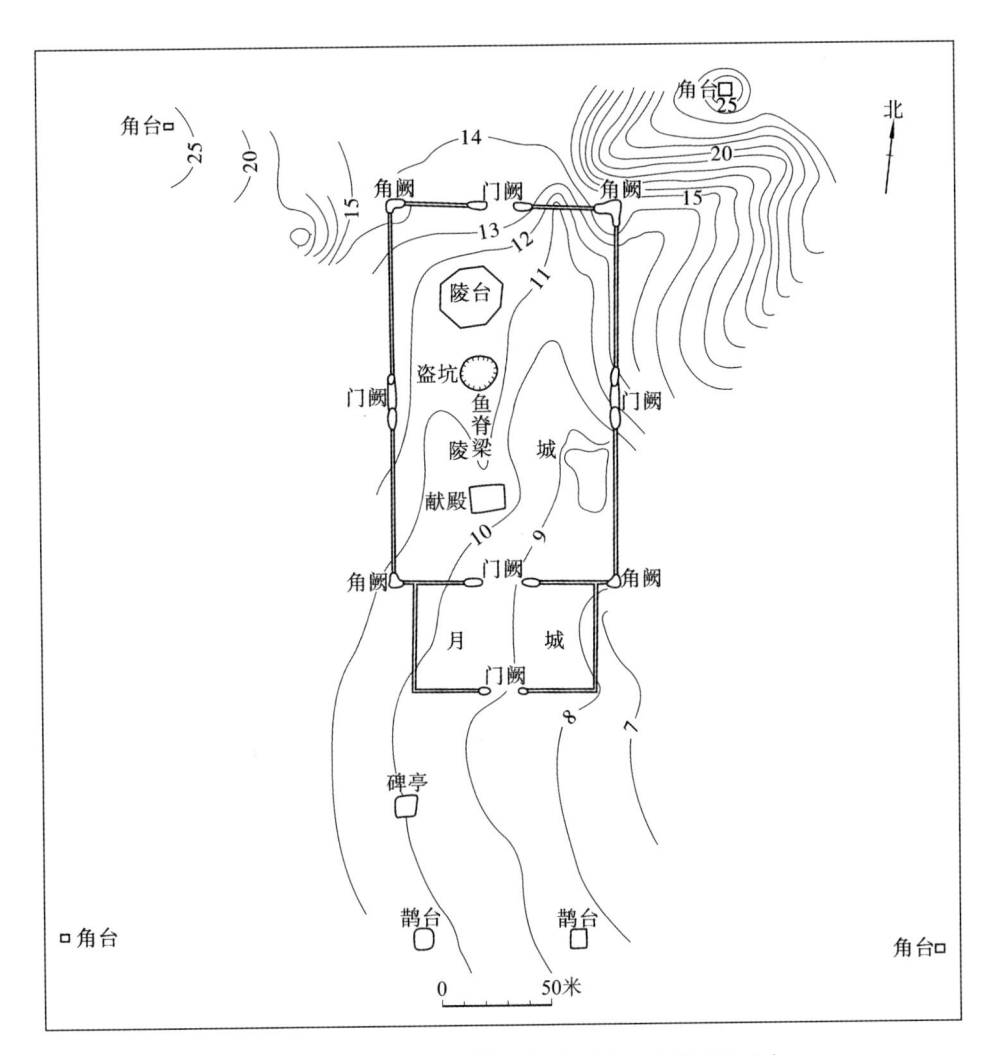

图附1-1-11 宁夏银川西夏陵4号陵平面图
（采自《西夏陵》）

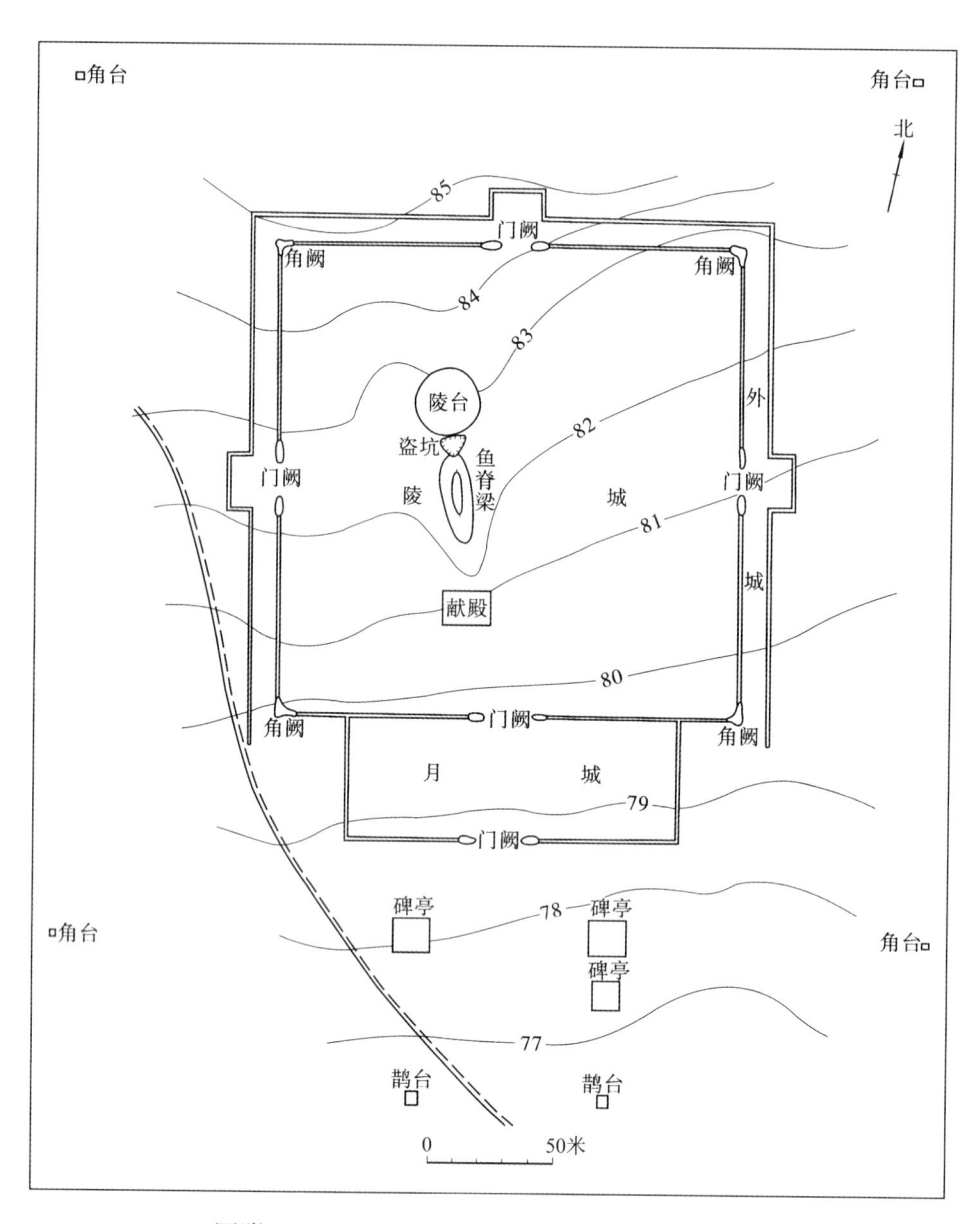

图附1-1-12 宁夏银川西夏陵5号陵平面图
(采自《西夏陵》)

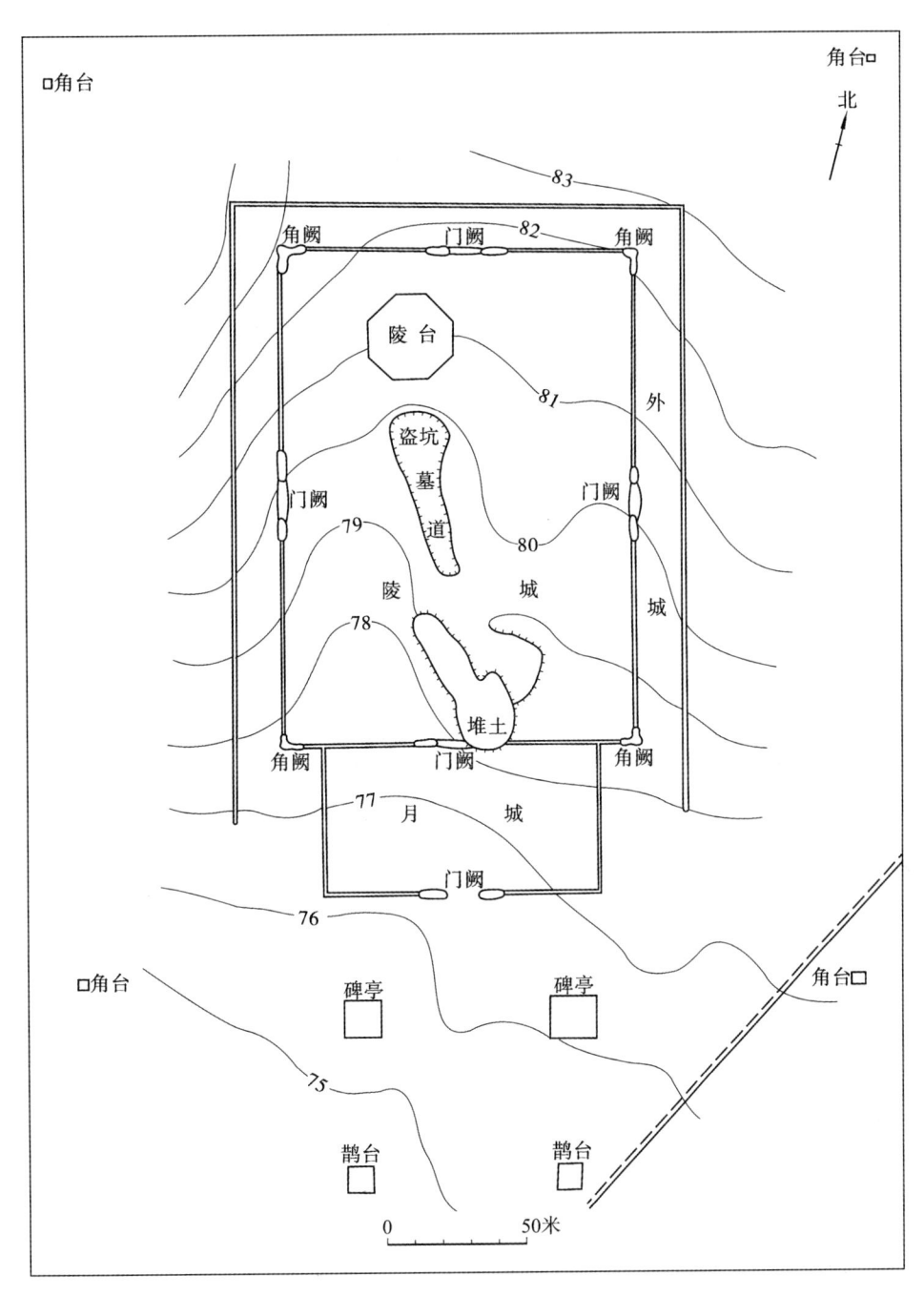

图附 1-1-13　宁夏银川西夏陵 6 号陵平面图
（采自《西夏陵》）

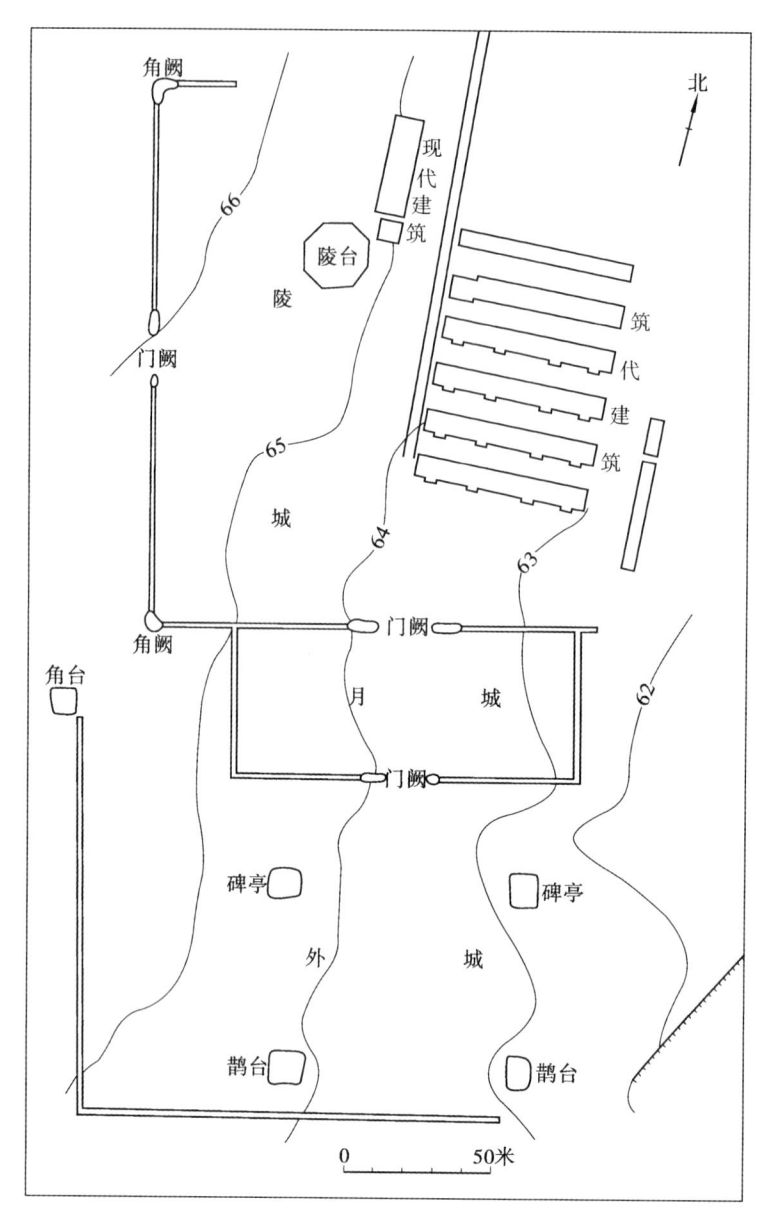

图附1-1-14 宁夏银川西夏陵7号陵平面图
（采自《西夏陵》）

1. 陵园形制布局

西夏陵的九座帝陵，形制大同小异。各陵主体配置和布局相同，即均由月城和陵城相连形成凸字形平面。月城南面中间有门和门阙，北与陵城南神门间为神道后段，其两侧置石象生台座。陵城四面神墙中间开门，有门阙，四隅有角阙。陵城内中轴线略偏西，从南向北分置献陵、鱼脊形墓道、地宫和陵塔。月城之南，神道两侧依次置二或三碑亭和二阙台。陵园外围四隅置四角台，其中有的陵以四角台为准设外城（L1、L2、L7），或在四角台之内陵城之外设夹城（L5、L6）。在西夏九陵中，八、九号陵毁，七号陵仅有部分残余，

表一　　西夏陵角台、外城和夹城的形制（图附 1—1—8、9、11—13）

陵名		一号陵（L1）	二号陵（L2）	四号陵（L4）	五号陵（L5）	六号陵（L6）
位置与方向		第一陵区南，方向175°	第一陵区，在L1西北，L2东西相距32米，方向175°	第二陵区，在L3西北，东距L3约2公里，方向160°	第三陵区，居东，南大致与L3相对，相距约4公里，方向160°	第三陵区，L6在L5之西略偏南，紧临山脚，L6与L5相距约1.5公里，方向175°
陵域面积		8万平方米	8万平方米	10万平方米	10万平方米	10万平方米
四角台	间距	四角台间距均约225米	角台位置形制同L1	北面二角台相距250米，斜距陵城两角410米，南面二角台相距400米，南北底边5	北面二角台相距340米，斜距夹城两角85米，南面二角台相距365米	北面二角台夹城两角相距280米，南面二角台相距405米，各距碑亭94米，角台南北相距420米
	形制与尺寸	大体呈覆斗形，底边长6，顶边长4，高5米	西南角覆斗形，底边6，顶边4，高约4.5米	大体呈方形，略有收分，顶部隆起，东北、西北角底边5，高5.5米	东南角台保存略好，底边长5，残高4.5米，东三座角台倒塌，残迹直径约8米，残高1—1.6米	呈覆斗形，西南角底边4.6米，顶边3.4，残高5.5，顶边3.6，东南角台底边4.7米，残高3.6，顶边3.6，西北角台底边4.8米，残高3.5，顶边5.4，东北角台底边4米
	概况	夯筑，基本完好。东北和西北角台分别在外城北部两角，东南和西南角台在外城东西墙大体在墙长1/3与1/2分界处，与月城东西墙中部相对	西南角台保存较好，余三座已倒塌	东北、西北角台保存较好，西南角台风化，东南角台被现代建筑包围，北面二角台建在高11米余的小丘上，二角台斜对，南面二角台较北面二角台宽，二角台直对，南北角台斜对	南面二角台与碑亭相对，南南角台距西碑亭140米，东南角台距东碑亭125米	角台不同程度风化，南面二角台与碑亭北缘相对
外城	尺寸	长方形340×224米，残高0.3—0.4米，墙基宽11.8米	长方形340×224米，残高0.3—0.5米，墙基宽1.8米			
	与神墙间距	外城南墙距南神墙137米，余三堵墙距东、西、北神墙均22米	同L1			
	南门宽	门道宽35米				

续表

陵名		一号陵（L1）	二号陵（L2）	四号陵（L4）	五号陵（L5）	六号陵（L6）
外城	概况	外城全部倒塌，仅存墙基，呈土垄状，外城沿墙台角台内侧，东南和西南角台距外城墙 0.5 米，外城东西墙在角台延南长 110 米	基本与 L1 相同			
	尺寸				东、西、北三墙长宽均 200 米，与三神门对应处瓮城长方形，长 23 米，宽 10 米	北墙宽 165 米，东西墙长 220 米
夹城	与神墙间距				东、西、北三墙距陵城神墙均 10 米	东、西、北三墙距陵城神墙 16 米
	概况				夹城西南开口，东西墙长略过陵城南面二角阙，外侧包砾石城墙夯筑	夹城南面开口，东西墙南端大体与月城东西墙中部偏北相对，夹城东西墙两侧散落密集的砾石块

说明：1. 三、四号陵无外城，三号陵无外城和夹城，七号陵仅存西南角台和南面部分外城墙。2. 四号陵北面二角台《报告》记相距 750 米，按报告平面图比例应为 250 米。3. 六号陵经考古清理。八、九号陵毁，夹城无套城。

附一　西夏陵

表二　西夏陵阙台、碑亭和月城的形制（图附1-1—8、9、11—13）

陵名		一号陵	二号陵	四号陵	五号陵	六号陵
阙台	位置	外城内最南面神道两侧，东西二阙台距外城墙分别为65和64米	位置同L1，二阙台外侧分距外城墙65米	神道南面两侧，二阙台分别距二角台164米	神道南面两侧	神道南面两侧
	形制与尺寸	阙台间距70米，夯筑，覆斗形，底边长8、顶边长6、高约6米	阙台间距70米，覆斗形，底边长8、顶边长6、高约6米	间距64米，覆斗形，底边长8、顶边长5、高约9米	间距70米，覆斗形，底边长8、高约6米。西阙台风化变形，高约5米	间距65米，覆斗形。东阙台底边长9、高7.7米，顶部有瓦砾遗迹，台身四周有很多桩木眼。西阙台底边长9、高8.3米，距地面0.8米处，有一周排列整齐的桩木眼。顶部有方形土坯建筑遗迹，高1.3米，内夯筑外抹白灰，周围有砖瓦遗物
	概况	仅存夯土台基，顶部有砖瓦遗物，阙台间有一洪水沟穿过，西阙台基地面抹赭红泥浆	残存夯土台基	阙台收分较大，顶部一平顶小圆头，散布成排瓦砾。阙台有成排规律，不基周围散布砖、瓦、瓦当等残件	阙台周围散布较多砖瓦残件	
碑亭	数量	3	3	1	3	2
	二大碑亭位置	阙台北40米神道两侧，二碑亭外侧距外城墙65米，北距月城21米	神道两侧，阙台北40米，二碑亭外缘城距外城墙65米，北距月城21米	仅在神道两侧发现西碑亭，南距西阙台50米，北距月城近50米（东碑亭似为工程施工破坏）	神道两侧，距阙台48米，距月城30米	神道两侧，距阙台46米，距月城37米
	小碑亭位置	中轴线东侧，东碑亭与东阙台之间，与二者间分距12.6米和20米	中轴线东侧，位于东碑亭与东阙台之间，与二者分距12.6米和20米		小碑亭位于东碑亭与东阙台之间，距二者分别为32米和9米	
	形制与尺寸	残存夯筑方形台基，大碑亭台基边长10、高2.3米。小碑亭边长7.4、高1.6米	残存方形台基，边长10、高2.5米。小碑亭边长8、高1.5米	西碑亭台基方形，边长15、高12米，四周呈缓坡状	二大碑亭间距60米，方形，边长15、高1米。二碑亭相对正中各有一踏步，宽3米，条砖立砌围边，两侧疆磋条砖平铺，中间分五级	碑亭间距60米，台基方形，东碑亭四壁五级台阶式，外包条砖。台上有一圆形建筑基址，地面铺方砖。台基正中设踏步。台基底边长22、宽21米，台石长19、宽18米，高2.4米。踏步宽7米，长

721

续表

陵名		一号陵	二号陵	四号陵	五号陵	六号陵
碑亭	概况	台基四周缓坡状，表面密布瓦砾、石雕残块等	顶部四周有石块垒砌痕迹，表面散布布瓦、石雕残件及红烧土等	台基以条砖包砌，台基上距边缘1米处有围墙遗迹，围墙内四角各有铺地。发现四角各有一柱洞，方砖铺地、瓦、滴水、木炭化。板瓦、条砖、方砖、瓦当等残件。西碑亭出土条砖63块，东碑亭出土汉文残碑26块		9.5米。出西夏文残碑300余块，汉文残碑320余块，人像石座一件，并出土大量残砖和瓦当。西碑亭直壁式、四周包砖。台基上有一踏步。台基四周铺地砖、柱础等遗迹。台基长16，宽15，高0.9米，踏步宽3.9米。出土西夏文残碑400余块，以及砖瓦、鸱吻等残件
月城	形制与尺寸	平面横长方形，北依陵城南墙，东、西三面筑墙，东西长115米，南北宽47米。南墙中间开门，门两侧残存门阙。两侧残基宽2米，略高出地面。门阙基宽3米，残长2.5米，残高1.8米	形制同L1，东西宽47米。门阙基宽3米，东门阙基残长4.3米，西门阙残长4.1米，高3—2.3米	长方形，东西长186米，南北宽50米，月城墙约2米。西门阙风化坍塌，立面呈直角梯形，基宽3板筑成，残宽6米，高3.2—2.4米。东门基宽3米，长2.5米夯土，门阙间有二排叉柱痕迹，间距1.5米	长方形，东西134米，南北长46米，门道宽18米，月城墙倒塌，门阙风化倒塌，墙基宽2米，门阙基宽3米，高均在0.5—1米之间。神道宽约7米	月城长方形，东西100米，南北宽40米，月坡墙倒塌，墙基宽2米。门阙基残长3.5米，西门阙残二版3.5米，第一板长4.1米，高3.5米，第二板长2.3米，高3.2米。东门阙长6.4米，高5—2.1米。门道宽17米，神道两侧条石台座遗迹，遗迹宽3米，从西向东间距18、8.5、30、8.5、18米，发现石雕残块
	石象生台座	神道两侧各三条台座，台基两侧台座间距约4米，神道两侧台座间距35米，余四台座间距约8米	同L1		在神道两侧各有3条石生台座遗迹，间距15米，每条台座宽4米。条形台座遗迹上都有5处红砂岩堆积，其间距8米，直径2米，两端距月城3米	
	概况	门阙周围及墙基两侧散布大量条砖、板瓦、筒瓦、滴水、瓦当等残件，月城内有石象生残块		月坡被破坏，有牧羊人土房和羊圈		

表三　西夏陵陵城的形制（图附 1-1—8，9，11—13）

陵名	一号陵	二号陵	四号陵	五号陵	六号陵
神墙	长方形，长 180 米，宽 176 米。南墙距外城 137 米，三面距外城 22 米。神墙 22 米。四面正中开门	陵城长方形，长 200 米，宽 180 米。南神墙距外城 137 米，余三面距外城 22 米，东墙南段夯筑 13 板，长 48 米，基宽 2.5 米，顶宽 0.3—0.4 米，高 3.4 米。北墙东段残存夯筑 6 板，全长 22.6 米，余者保存欠佳	陵城窄长方形，长 175 米，宽 104 米。神墙倒塌，基宽 2.5 米，残高 0.5—1 米	陵城方形，边长 183 米，神墙全部倒塌，基宽 2.5 米，有赭红墙皮，厚 1 厘米	陵城长方形，长 183 米，宽约 130 米。神墙以西墙南段和东墙南段保存较好，板筑痕迹明显。墙体呈节状，基宽 3 米，高 2.5 米
门阙	四门两侧有门阙，每阙横向三板夯土筑成，立面略呈直角梯形，内高外低，基宽 4.5 米。南门阙，西阙仅存一、二板，长 5.2 米，高 4—3.5 米。东阙仅存第一、二板，长 3 米，高 3.5 米。门道宽 16 米。西门南阙仅存一、二板，长 6.3 米，高 4—3.5 米。北阙存一、二板，残长 4.5 米，高 4—3.7 米。门道宽 12 米。北门西阙，残长 7.5 米，高 4—2 米。东阙残长 7.5 米，高 4—3.2 米。门道宽 14 米。残东门北阙残存一、二板，长 4.8 米，高 3.75—3 米。南阙残长 6 米，高 3.75—2 米，门道宽 12 米	形制同 L1，门阙基宽 9 米。南门东阙残长 5.5—4.5 米，西阙残长 5—3.5 米，高 5—4.2 米。东门南阙残长 6.2 米，高 4.5—2.5 米。北门阙保存较好，每阙夯筑四板，立面呈直角梯形，内高外低，东阙基宽 4.7 米，顶宽 2.6 米，长 9 米，高 5—3.8 米，西阙基长 7.3 米，顶宽同上，高 5—3.5 米，门道宽同东门，西门北阙残长 7.5 米，南阙残长 4.8—3.6 米	门阙基筑 4 米。南门门道开口式，门阙立面直角梯形，每阙夯筑三板，断面露出 2 根竖立木骨，底部间距 1.5 米。东门每阙残存木骨，总长 9 米，高 4.5—3 米。两门阙间有夯土台连接，台宽 4 米，长 10 米。北门门道宽 1.5 米。北门阙，总长 5.5—4 米，高 3.5—2 米，残断夯土，上露 4 根竖立木骨，西门亦有类似情况。北门，西门形制同东门，似无通行意义	门阙已风化，仅存基础。门阙基宽 3.5 米，高 0.5 米，门道宽 17 米。西门阙宽 6 米，高 4 米，高 3.5 米。北门阙长 7 米，长 12 米，东、北、西三门门道宽约 10 米	南门开口式，东阙倒塌，西阙长 8.6 米，基宽 5 米，顶宽 2.3 米，高 6.3—5.1 米。门道夯土台基宽 8 米，高 0.5 米，台基两侧各有三条踏步，宽 2.5 米，踏步两侧以条砖叠涩砌墙檐，宽 0.75 米。北门形制同南门。西门每阙长 7.8 米，高 4.7—3 米；北阙长 8.1 米，高 6.2—3.8 米。门阙基宽 5 米，顶宽 2.6 米，宽 8.7 米，基 2.5 米。台基两面各有四层台阶，每级高 0.5 米，最上一级 1.5 米。门址总长 26 米，东门形制同西门

续表

陵名	一号陵	二号陵	四号陵	五号陵	六号陵
角阙	角阙曲尺形。西南角阙西面一段残长6.6米，高4.5米，南面一段残长1.5米，高3.5米。西北角阙北面一段残长8米，西面一段残长7.7米，高5米。东北角阙，东面一段残长9.8米，高6~3米，北面一段二板，残长5米，高6~5米	形制同L1。东南角阙塌成土丘状，直径13米，高3.2米。东北角阙西南两段长均9米，高5~3.5米。西北角阙东段残长7.5米，南段残长7.8米，高4.7~4米。西南角阙东段长7米，北段长5.5米，高4.6~3.8米	东南与西南角阙大部分风化倒塌。东北角阙残存曲尺形合基，基宽3.5米，南面一段长7.2米，西面一段长3.7米（西北角阙未记载）	东南、西南角阙已风化成土丘状。东北、西北角阙残存曲尺形合基。西北角阙南面一段长6米，高3.7米，东北角阙南段长6.7米，高3.7米。东北角阙南面一段长6.2米，西面基宽5米，高3米约3米	东北角阙曲尺形，转角处最高5.5米，西面一段长12米，高4米；南面一段长4.5米，高4.9米。角阙基制同东北角阙，其余三角阙形制同东北角阙
遗物及其他	门阙角阙周围散布砖瓦残件，南神门尤为密集。遗物有条砖、板瓦、筒瓦、滴水、瓦当残件，以灰陶为主，少数为红陶，南门阙周围有琉璃装饰物及瓷制漕心瓦件	两神墙北段中部冲沟断面可见神墙两侧有一层密集瓦砾堆积，神墙基宽2.5米，有赭红墙皮，厚1~1.5厘米			门址出土大量砖、瓦、鸱吻、兽头等残件。角阙周围有砖瓦遗物

表四　西夏陵献陵、陵塔、塞道的形制（图附1-1-8，9，11-13）

陵名	一号陵	二号陵	四号陵	五号陵	六号陵
献殿	献殿在陵城内南面偏西处，正对鱼脊梁和陵墙。献陵东、南、西三面距陵城神分别为102、35和55米。献陵仅存台基，长方形，长18米，宽10米，高约1.2米，四周呈缓坡状	位置同L1，献殿东、南、西三面距神墙分别为103、35、55米。献殿台基长方形，长18米，宽11米，高米余，四周呈缓坡状	位置同L1、L2，东、南、西三面距神墙分别为50、35、35米。献殿台基长方形，长16米，宽11米，高1.2米，四面呈缓坡状	位置同前，东、南、西三面距神墙分别为98、95、66米，长19米，宽14米，南面正中设踏步，其两边以条砖平铺疆碌，下部边缘砌条石，条石上有减为平刻印连花纹铺地砖，南面踏步两侧有两条长方形台基，四周以条砖平铺台基。中间以条砖间砌，高二层，抹光，台基长15米，宽1.5米，高0.2米	位置同前，东、南、西三面距神墙分别为60、45、42米，献殿台基长方形，长19.4米，宽12米，高0.9米，台基上有铺地砖遗迹
陵塔	陵塔在陵城内北面，中轴线之西，东、北、西三面距神墙98、34、47米。陵塔八棱锥形，底部每边长13米，高23米。塔身八面九级，四周满布布木框木眼，水平方向八面每级三排，竖直方向八面每面三排，等距离排列。陵塔顶部已风化穹窿形	形制同L1，东、北、西三面距神墙分别为99、35、47米。陵塔底边长约12米。陵塔23.4米。陵塔周身陵塔柱孔，排列同L1陵塔	形制同L1，东、北、西三面距神墙分别为50、27、20米，底部台八棱锥形，夯筑，底部每边长13米，高15米。陵塔八面五级，最下一级较高	位置同前，东、北、西三面距神墙分别为104、55、54米。陵塔已破坏，仅余高约8米的土丘，直径约25米	位置同前，陵塔夯筑，八棱锥形，底部每边长12米，较高，八面七级，约4米，上部细瘦。陵塔底层砌砖每边以平砖错峰砌底层，基部部分的上部抹草泥和赭红墙皮。陵塔上部几层台阶上残存瓦、瓦当等遗物
中心台	在陵城中心，即陵城对角线交点上有一夯土基址，方形，底边长5米，高5米（在大中型陪葬中亦有发现）	有中心台，形制同L1			

续表

陵名	一号陵	二号陵	四号陵	五号陵	六号陵
墓道	墓道两端正对献陵和陵塔，位于陵城中轴线之西，方向172°。墓道鱼脊梁式，由北向南渐低而窄，最宽处12米，最高处约2米	位置同L1，方向172°，最宽处12米，最高处约2米	位置同前，方向150°。最宽处10米，最高处2.3米，残长37米	位置、形制同前，方向150°	位置同前，方向160°，全长49米。情况见正文介绍
遗物及其他	献殿遗物有条砖、方砖、花纹方砖、瓷槽心瓦、白瓷瓦，以及鸱吻、脊兽、石雕残块等，其中有施琉璃釉者，陵塔遗物大体如上		献殿台基上及周围密布一层瓦砾。陵塔上部每级台阶上都残存瓦砾，陵塔周围有大量各种砖瓦残件	献殿遗物以建筑材料为主，其中有相当数量各种琉璃装饰材料。献殿曾进行考古清理	陵塔周围出土大量瓦、瓦当、兽头，以及木炭、朽木等

三号陵陵园经正式考古发掘。一、二、三、四、五、六号陵陵园的形制布局之具体情况，参见图附1-1-8—图附1-1-13，以及表一至四[1]。

2. 墓道和地宫

西夏陵墓道和地宫，仅墓道可见地表之上呈鱼脊梁式，墓道和地宫的形制不明。由于三号陵墓道曾进行部分发掘，六号陵墓道和地宫作过考古清理，从中可窥知西夏陵墓道和地宫形制结构的概况，故拟略作介绍。

（1）三号陵墓道和地宫

图附1-1-15[2]。

三号陵地宫在陵塔前，南北总长70余米。地宫被盗，其上有一椭圆形盗坑（南北长26米，东西宽21米，深3.3米）。地宫之前墓道平面呈长条形，南北长约46米，墓道口南端宽5.6米，北端宽13.7米。墓道封土隆起土岗南北长约42米，顶宽约1米；土岗北宽南窄（北端宽9米，南端宽8米），北高南低（北端高约2米，南端高约0.4米），由北向南逐渐倾斜降低，俗称"鱼脊梁式"封土。该墓道只发掘清理了墓道南端和北端墓道口。

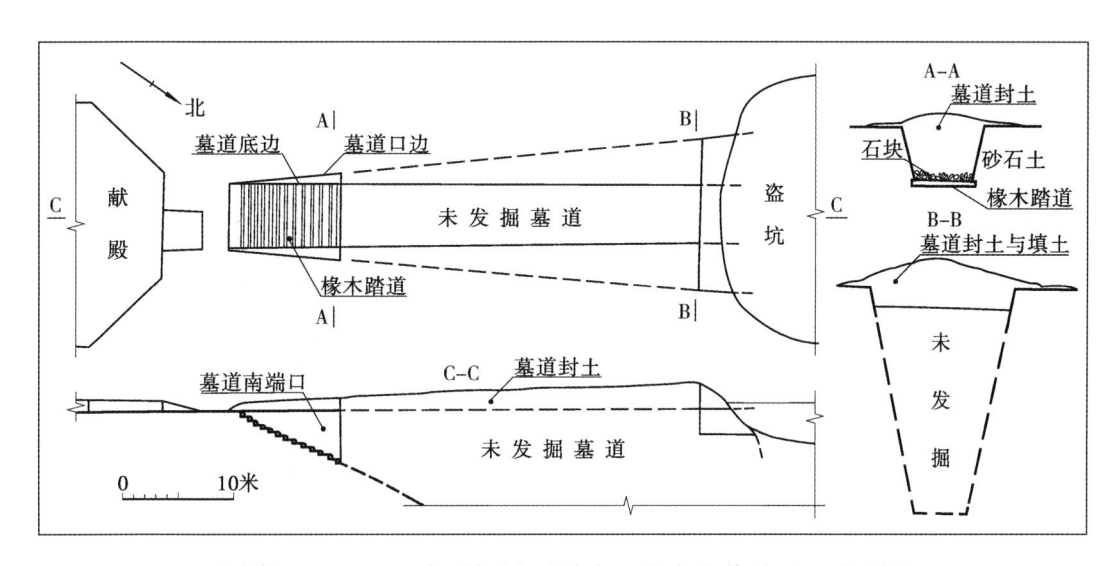

图附1-1-15　宁夏银川西夏陵3号陵墓道平面、平面图

三号陵的墓道，挖在原生碎石沙土地层中，墓道填土和封土均为碎石沙土。墓道南端与献殿北面斜坡墁道相对，两者间距1.5米。南端墓道底距地表5.1米，已发掘的部分，只有斜长11米的墓道底。墓道斜坡24°，在斜坡墓道底横置9根椽木，其两端插进墓道壁中。椽木无存，仅余印痕，椽木印痕径15厘米，间距0.6—0.8米，高差0.25—0.45米，墓道底坡两壁各有一行洞眼，深0.1—0.4米。墓道北端墓道口宽13.7米，只向下挖2米

---

[1] 表一至四，系据许成、杜玉冰《西夏陵》（东方出版社1995年版）一书记述的考古调查资料编成。

[2] 见宁夏文物考古研究所、银川西夏陵区管理处：《西夏三号陵——地面遗迹发掘报告》，科学出版社2007年版，第300—302页。

深，墓道宽 12.5 米。墓道收分较大，每深 1 米墓道壁面约内收 20 厘米。三号陵地宫被盗，未清理。

(2) 六号陵墓道和地宫

图附 1-1-16[1]。

六号陵（原编为八号陵）墓道和地宫进行了考古发掘清理。墓道北端有一不规则的圆形盗坑（在灵塔前 18 米，另一盗坑在陵塔前），墓道封土呈鱼脊梁式，斜坡墓道长 49 米（水平长度），方向南偏东 20°。墓道南端上口宽 4 米，北端上口宽 8.3 米（以未被破坏的最宽处计），南端下口宽 3.9 米，北端下口宽 4.9 米，墓道底距地表 24.6 米。墓道从入口处起，东西墓道壁各有上下二列南高北低与墓道底平行的椽洞。上下二列椽洞垂直距离 2 米，同列椽洞水平间距 0.8 米，相邻二椽洞上下间距 0.4 米。椽洞直径 0.17—0.3 米，深 0.29—0.6 米，椽洞内向下一侧洞壁填石块或碎砖，有的洞内残存朽木。在甬道前 9 米的墓道两壁下部抹草泥，其外抹一层白灰，未见壁画。

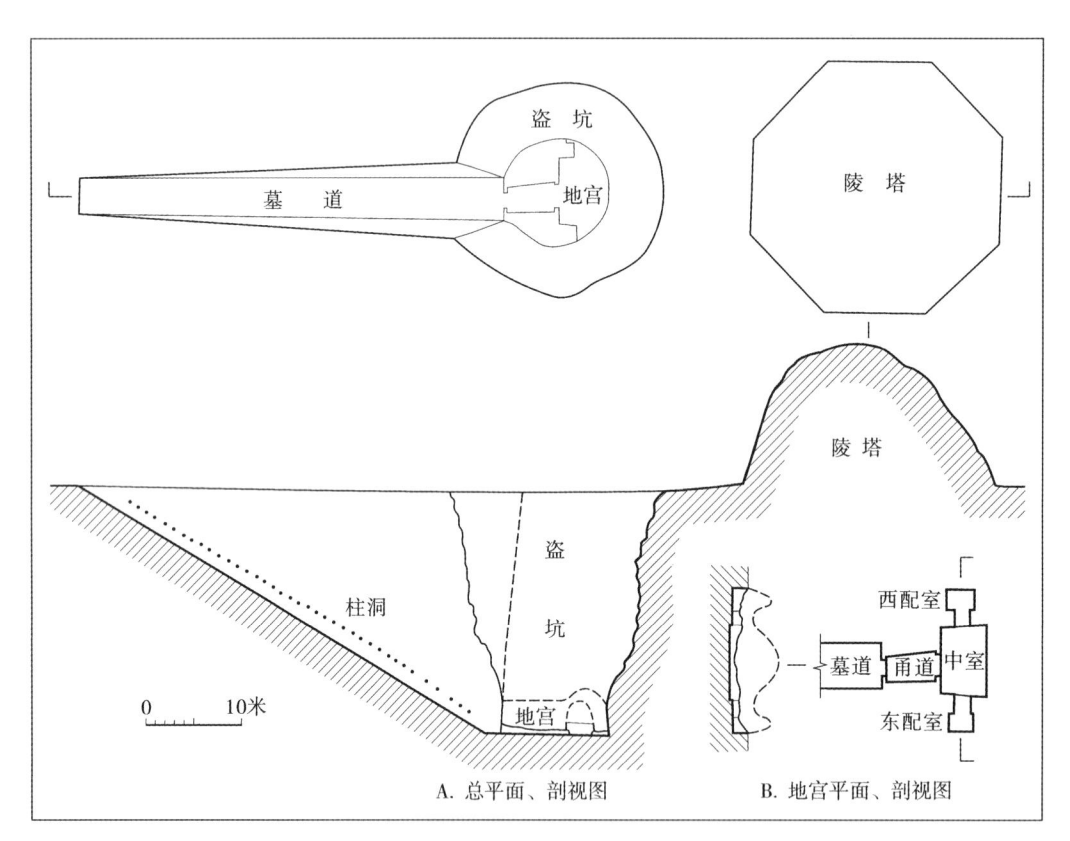

图附 1-1-16　宁夏银川西夏陵 6 号陵地宫平面、剖视图
(采自《西夏陵》，略变化)

甬道壁上部被盗坑破坏，在高 5.7 米以下残存少量土坯（甬道壁原似土坯砌筑），甬道壁下部抹草泥和白灰面。甬道门前 1.2 米的范围内，发现竖立或已散乱的圆木和朽木

---

[1] 宁夏回族自治区博物馆：《西夏八号陵发掘简报》，《文物》1978 年第 8 期。

板，圆木为松木，直径9—22厘米，有的圆木长达4米[1]。在甬道门前1.6—2.3米范围内，有三块侧立断裂的红色砂岩石板，长1.35—1.85米，一面平整，一面有凿痕，或有圆孔。另有两块石板，一在甬道门前，侧立于墓道东壁；一距甬道门4.2米，平置。上述五块石板从断痕来看，似由两块断裂而成，石板可能用于封闭甬道口。甬道门和甬道前墙已塌毁，只在靠近东西甬道壁处残存少许。在残存部分的白灰面上绘武士像，西侧武士面向甬道口，头顶绘火焰，身着战袍，手叉腰，佩剑，着护臂甲，后绘飘带，下部漫漶。武士像以蓝色线条绘轮廓，以赭红和绿色晕染。东侧武士像大体与西侧相同，画面漫漶（该壁画有内外二层，即在原壁画上又敷一层白灰面重新绘制，似二次葬时重绘）。

甬道门以北至主室被盗坑破坏，故地宫平面只能以残存的铺地砖情况略作推测。即甬道长6.2米，有边长36厘米的青灰色素面铺地方砖，甬道口宽以铺地砖范围估计可能在2.3米左右。甬道后半部铺地砖比前半部低一平砖。地宫主室比甬道低24厘米，主室与甬道之间铺地砖间断26厘米，间断处残存朽木板，个别木板上有绿色漆皮，此处原似有木门。主室地面上距地表24.86米，铺素面方砖，大部分保存完整。主室前端宽6.8米，后端宽7.8米，南北长5.6米，未见葬具，主室壁和顶无存。

主室两侧各有一配室。东配室地面比主室高16厘米，地面铺方砖，配室与主室间有长宽各1.8米的短甬道。配室宽约2米，长约3米，除西壁外，其余三壁残存，有穹窿顶。配室东北、东南二转角处残存竖立的转角木柱，东壁下部有木板印痕。西配室地面比主室高8厘米，方砖铺地，短甬道长1.8米。西配室宽约2米，长约3米。西壁残高约2米，残存护墙木板痕迹，板宽28厘米，厚4厘米。

综上所述，六号陵地宫有二次葬迹象，又经多次盗掘，地宫被毁。地宫被盗后零星遗物散见于墓道、甬道、主室和配室。因此，六号陵完整的形制和遗物不明。仅可大致看出地宫有斜坡墓道，墓道似有两层阶梯，甬道壁抹草泥和白灰面，绘壁画。甬道与主室相接处似有门，地宫土圹，穹窿顶，有主室和左右配室，似有护壁木板。

（四）西夏陵的考古工作

西夏陵的考古工作始于20世纪70年代。1971年宁夏博物馆在贺兰山下调查，发现今九号陵，并对碑亭进行了简单清理，出土力士碑座4个和许多残碑块。其次，还对九号陵较大的陪葬墓进行了编号。此后于1972—1975年，发掘了六号陵（原编号为八号陵[2]），以及M77、M78两座陪葬墓；1973年发掘七号陵碑亭[3]，1975年发掘陪葬墓M182（原编M一○八）[4]，1976年发掘缸瓷井两座砖瓦石灰窑址[5]，1977年发掘陪葬墓M177

---

[1] 韩兆民、李志清：《关于西夏八号陵墓主人问题的商榷》，《考古学集刊》5，中国社会科学出版社1987年版。该文注24。说：八号陵发掘时，推土机将墓道阶梯全部破坏，只在墓道底部才清理出两级台阶。从而基本上搞清楚墓道结构。正文中说：八号陵底部清理完整的圆木朽迹，完全可以证实是墓道阶梯台阶外沿固边用的挡木，说明西夏陵墓道有特殊结构，也表明该墓道有两层阶梯。

[2] 宁夏回族自治区博物馆：《西夏八号陵发掘简报》，《文物》1978年第8期。

[3] 李范文：《西夏陵墓出土残碑粹编》，文物出版社1984年版。

[4] 宁夏回族自治区博物馆：《西夏陵区一○八号墓发掘简报》，《文物》1978年第8期。

[5] 宁夏回族自治区博物馆：《银川缸瓷井西夏窑址》，《文物》1978年第8期。

(原编号 M 一〇一)[1]、发掘五号陵碑亭；1986—1987 年发掘陵区北端建筑遗址[2]，1987 年发掘三号陵东碑亭[3]。

除上所述，在 1987 年、1990 年和 1991 年还对整个陵区进行了较全面的调查和测绘，绘制了陵区地形图和陵墓分布图。1998 年发掘三号陵西碑亭。2000 年 5 月、10 月至 11 月，2001 年 4 月 27 日至 6 月 2 日、9 月 4 日至 10 月 27 日，对三号陵陵园进行了全面发掘。

第二节　三号陵陵园角台、阙台至月城的形制布局与结构

三号陵位于西夏陵区中部偏南第二陵区内（图附 1-2-1），坐落在贺兰山前洪积扇滩

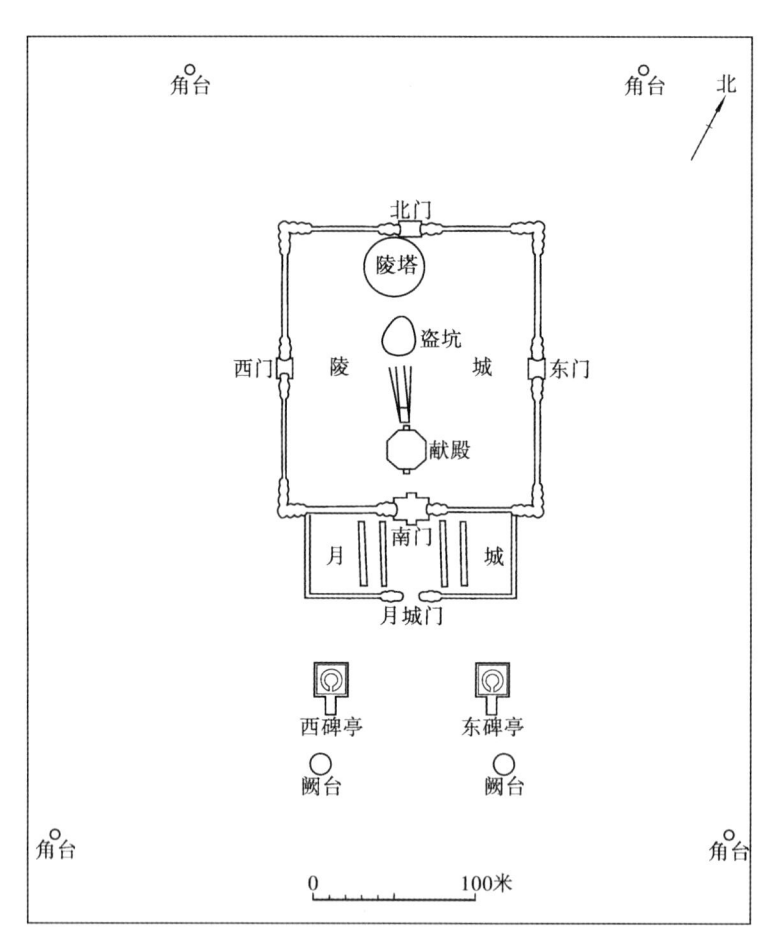

图附 1-2-1　宁夏银川西夏陵 3 号陵园平面图

---

[1] 宁夏回族自治区博物馆：《西夏陵区一〇一号墓发掘简报》《文物》1978 年第 8 期。
[2] 宁夏文物考古研究所：《西夏陵区北端建筑遗址发掘简报》，《文物》1988 年第 9 期。
[3] 宁夏文物考古研究所：《银川市西夏陵区 3 号陵园东碑亭遗址发掘简报》，《考古与文物》1993 年第 2 期。

地上，海拔 1161—1165 米，地面西高东低。该陵南距一、二号陵 3500 米，西距四号陵 1800 米，北距五、六号陵 2000 米。三号陵陵园是西夏诸陵中唯一经正式考古发掘，资料翔实，故拟对三号陵陵园从外及内，分部位做重点介绍[1]。

一　角台和阙台的形制与结构

（一）角台

图附 1-2-2。三号陵陵园外缘四隅各置一角台，东北角台至西北角台 272 米，东南角台至西南角台 407.4 米，东北角台至东南角台 463 米，西北角台至西南角台 457.6 米，四角台连线呈南宽北窄的梯形平面（图附 1-1-10、图附 1-2-2）。在四座角台中，东北和西北角台高出地面，东南和西南角台残毁，发掘后仅见基址。下面以保存较好的西北角台为例，略作介绍。

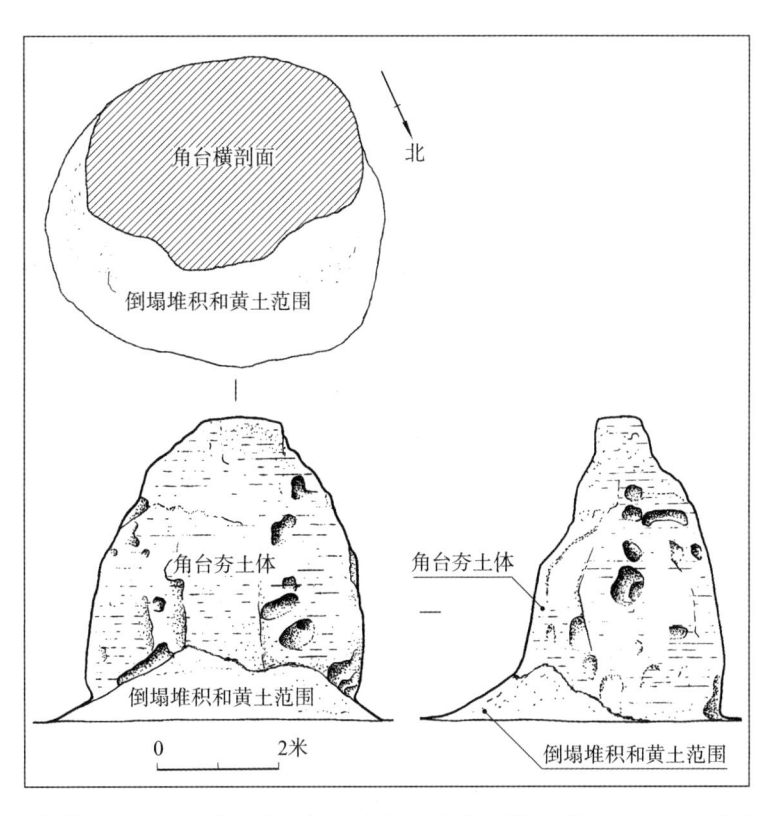

图附 1-2-2　宁夏银川西夏陵 3 号陵西北角台平面、立面图

西北角台现呈锥状椭圆形，台底南北径 3.4 米，东西径 4 米，台体自下向上内收，顶

---

[1] 本书对三号陵陵园形制布局和结构的介绍，均依据宁夏文物考古研究所、银川西夏陵区管理处：《西夏三号陵——地面遗迹发掘报告》，科学出版社 2007 年版。

端形成圆柱状小平台，台残高4.85米[1]。经考古发掘，可知角台平地起筑，夯筑前在原生砂石地面上铺垫一层黄土，略加夯打，其上用稍含细沙的黄黏土夯筑台体，角台直径7米余。角台基础夯土泛白，薄夯层（每层厚5—7厘米），夯窝密集（夯窝直径4—5厘米），夯土坚硬。基础之上用土色较深的黄灰土夯筑，夯层较厚（每层厚约8—12厘米）。在夯层中发现上下间距约85厘米的4层横向桄木痕，其直径约7厘米。从保存较好的东南边缘来看，角台基础呈圆形，残存壁面垂直，高20厘米。角台台体外抹一层厚约2—2.5厘米草泥，其外抹一层厚1—1.5赭红泥墙皮，残长19.5厘米，高6.3厘米。根据发掘现象推测，现存基础壁面较原建壁面缩进约20厘米，所以台基直径不小于7米。

（二）阙台

图附1-2-3。陵园南神门外最南端神道始点两侧对置二阙台，间距约百米（图附1-1-10、图附1-2-1），现状呈截顶圆锥体，东阙台腹径8.8米，西阙台腹径10.5米。

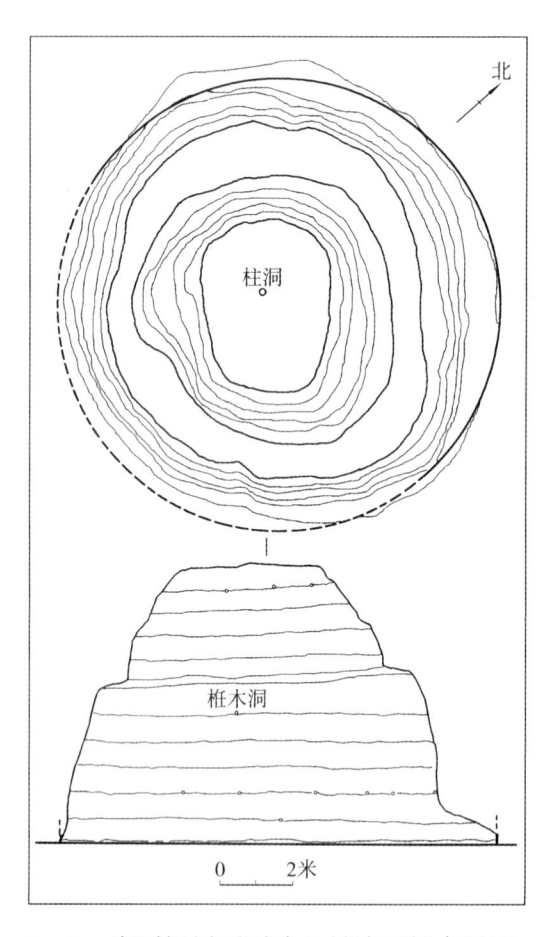

图附1-2-3　宁夏银川西夏陵3号陵西阙台平面、立面图

---

[1] 据考古调查资料，20世纪80年代中期，该角台残存底径约5米，高约5米，角台周围遍布密集的碎砖瓦和建筑构件等遗物。现在角台逐年缩小，已不见砖瓦等遗物。

二阙台平地起筑，下垫黄土，情况同角台。东阙台基础夯土厚55厘米，土质黏细，泛白，夯层薄（约5厘米），夯窝密集（夯窝直径3—4厘米），夯打坚实。基础之上夯土质较粗，含沙量大，土色浅黄，夯层厚8—12厘米。台体板筑，自下而上约夯筑10余版，每版内收约5—10厘米。台体露出很多桩木眼，圆形桩木眼内或残存朽木。经考古发掘确认，阙体底径10.8米，现存东西最大径10.6米，南北最大径9米，残高8.35米。从阙台底部向上6.7—7米处，内收一环形二层台，二层台外缘东西最大径6.8米，南北径5.1米。二层台中央凸起一上小下大的圆柱体，柱体上面直径2.8米，下面直径4.6米。柱体顶部中心有一圆形柱洞，径29厘米，残深13厘米。凸起的圆柱，似覆钵塔顶上的塔刹。清理发现台体东北侧保存较好，平面呈圆弧形，壁面垂直，残高约10厘米，壁面残存草泥和赭红色墙皮。

西阙台形制和构筑方法与东阙台基本相同[1]。经考古发掘，清理出西阙台台基圆形，直径12米，残高7.35米。从基底向上4.75米，台体内收成二层台，台宽0.6—1.4米，台面略呈坡状。二层台中央凸起一圆柱体，顶面直径2.4—2.5米，呈椭圆形，柱体下面直径约7米，高约3米。台顶较平整，顶面中央偏西有一圆洞，径20厘米，残深18厘米，洞内有少许杉木块（图附1-2-3）。

二 碑亭的形制与结构

阙台向北35米，神道两侧二碑亭对置，间距80米（图附1-1-10、图附1-2-1）。碑亭下有方形高台基，其上建圆形碑亭。现仅存夯土台基和碑亭墙基，以及亭室内圆形铺地砖和力士碑座。

东碑亭台基方形覆斗状，底边长21.5米，台顶边长约16米，高2.25米（图附1-2-4）。台基平地起筑，四壁边缘残，台基呈五级内收，第一级高0.45米，第二级高0.3米，三至五级高均0.45米，每级立面不垂直而内收8—15厘米，从台底至台面共内收40—75厘米。台基四角损坏严重，由底边的直角形至台面已变成方圆角形。四边台壁仅两侧台壁南段残存包砖，第一级台阶包砖壁残长4.1米，高0.35米，5层砖。第二级台阶包砖壁残长3.25米，高0.2米，3层砖。用长40厘米，宽21.5厘米，厚6.5厘米绳纹砖错缝顺砌，每砌一层内收1—1.5厘米，砌砖黄泥勾缝，包砖与夯土台壁间空隙填充黄泥、碎砖（以下简称填缝物）。台基南侧正中有斜坡墁道，南北长12米，东西宽8.2米，北端高2.25米，坡长13米，坡度10°。墁道铺莲花方砖，两侧壁用长方砖平铺错缝顺砌。包砖均仅存痕迹，包砖下有宽约20厘米的包砖基槽（以下简称基槽）。台面用长32—33厘米方砖磨砖对缝平铺，现仅存痕迹。

碑亭在台面中央，砖结构被毁，仅存圆形亭基，直径13.5米，环形墙基厚3米。其南面辟亭室门，门宽2.5米，门道长3米，门道南向正对斜坡墁道，方向150°。环形墙壁仅在门道两侧墙基内残存部分用长方砖和梯形砖平铺错缝顺砌或丁砌的壁砖，砖的摆放和砖间顺直接缝呈放射状（图附1-2-5）。又在西北面残存10厘米高的墙基，内外砖墙壁面

---

[1] 西阙台具体情况，参见宁夏文物考古研究所、银川西夏陵区管理处：《西夏三号陵——地面遗迹发掘报告》，科学出版社2007年版，第29、30页。

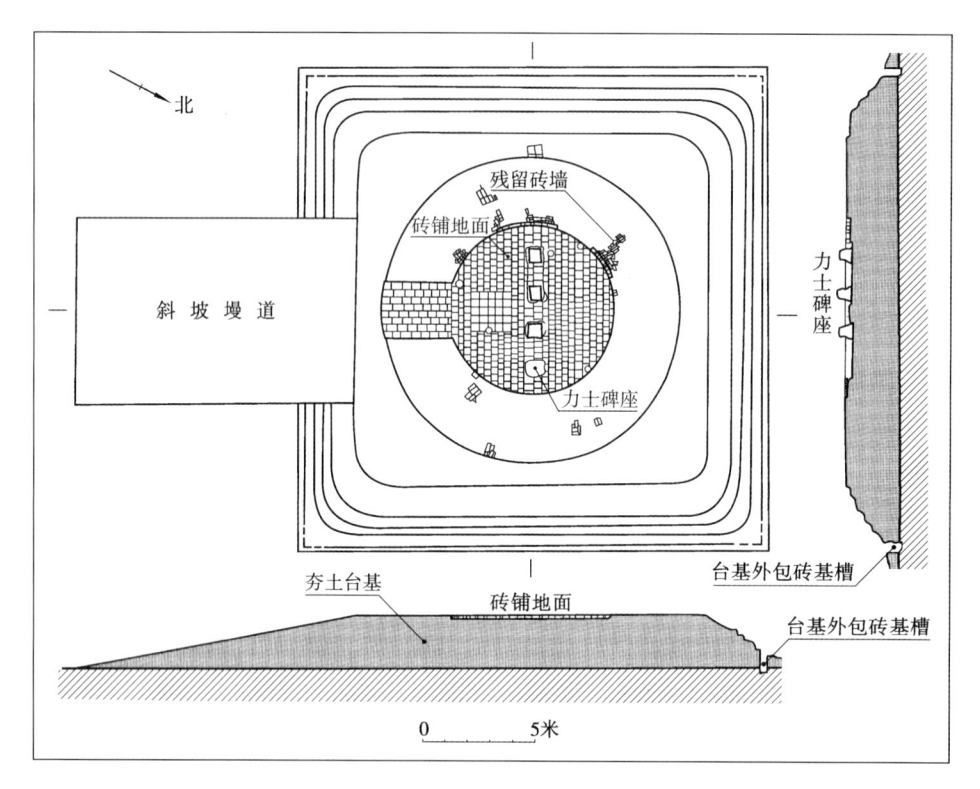

图附 1-2-4　宁夏银川西夏陵 3 号陵东碑亭平面、剖面图

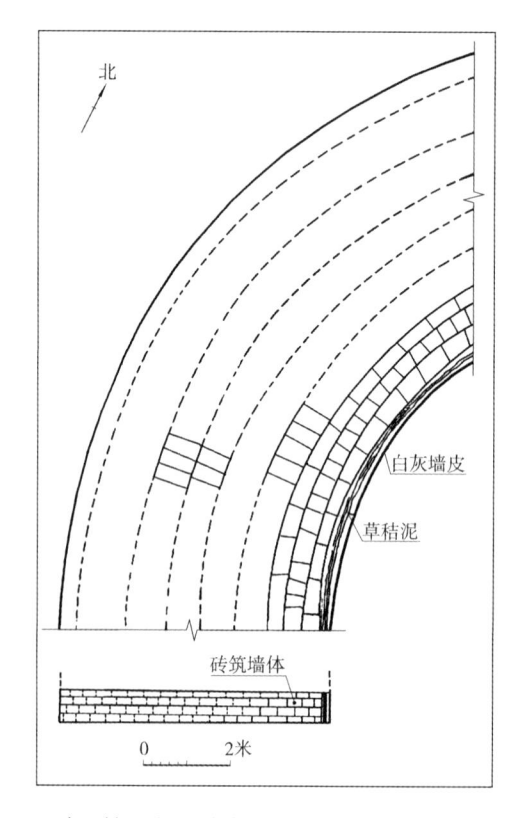

图附 1-2-5　宁夏银川西夏陵 3 号陵东碑亭西侧圆形砖墙结构图

上有白灰墙皮，部分墙面有二次修补墙皮痕迹。亭室平面圆形，直径7.5米，地面用方砖磨砖对缝平铺，仅存砖痕。在门口内以北1米处中间（碑亭南侧），用25块花纹砖，按每行5块，对缝平铺出一块方整地面。4个碑座在室内中线上横向东西排列，从西向东分别编为1—4号，4号碑座无存。碑座石质立方体，露出地表45—50厘米，正面剔地起凸半浮雕力士像。1号碑座距西壁0.93米，距2号碑座1.05米，1、2号碑座并排相齐。3号碑座与4号碑座坑间距1米，4号碑座坑距东壁0.92米，3、4号碑座（坑）并排相齐，并较1、2号碑座向南凸出5厘米，高矮也相差5厘米，2号碑座距3号碑座0.92米。碑座坑均长方形，长2.5米，宽0.75米，深0.25—0.4米，坑之间距0.7米。碑座附近出土残碑360块，绝大多数无文字。

西碑亭形制与东碑亭基本相同（图附1-2-6），台基底直角方形，至台顶逐渐变成圆弧角方形台面。四个碑亭座从东向西编号1—4号，4号碑座无存。1号碑座下或垫碎砖和木块，碑座坑内南边横置一段松木，4号碑座坑内有三根圆木（已朽）。碑座排列与东碑亭略有差异，即整体排列偏居东侧，碑座间距也不同。碑座灰砂石立方体，正面宽74—80厘米，侧面长（厚）77—86厘米，高105厘米，正面雕力士像（图附1-2-7)[1]。

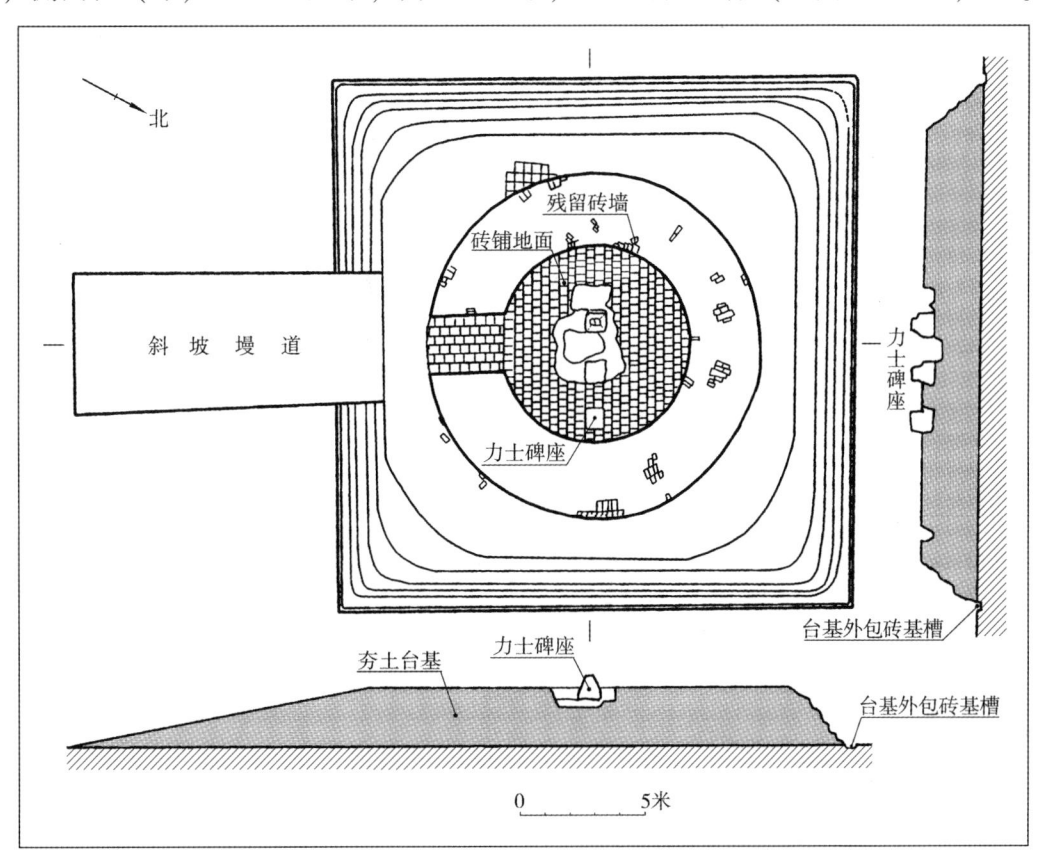

图附1-2-6　宁夏银川西夏陵3号陵西碑亭平面、平面图

---

[1] 西碑亭具体情况，参见宁夏文物考古研究所、银川西夏陵区管理处：《西夏三号陵——地面遗迹发掘报告》，科学出版社2007年版，第53—56页。

图附 1-2-7　宁夏银川西夏 3 号陵西碑亭出土力士碑座

三　月城的形制和结构

图附 1-2-1、8。月城在碑亭北 40 米，建于陵城南神门外，北接陵城。平面长方形，东西长 130 米，南北宽 52 米（图附 1-1-10、图附 1-2-1）。由门、门阙，东、西、南墙和月城内神道两侧共四排石象生台座组成（图附 1-2-8）。

（一）门阙和门

图附 1-2-8、图附 1-2-9。

在月城南墙中间月城门两侧对置门阙，每侧门阙均由 3 个相互连接的圆弧形阙体组成，以靠近门一侧的阙体最大，以后依此减小，总体平面呈三节葫芦形。阙体均被破坏，周围砖瓦等堆积厚约 1 米。每侧门阙 3 个阙连体夯筑，基础部位夯层薄（厚约 6 厘米），上部夯层厚（厚约15厘米），夯窝密集，夯窝直径3—5厘米。夯筑阙体残存零星桩木，阙体包青砖，单砖平铺错缝顺砌。包砖壁面大都无存，壁面下有宽约20厘米，深6厘米的包砖基槽。包砖壁与夯筑阙体间空隙处填充黄泥和碎砖瓦。

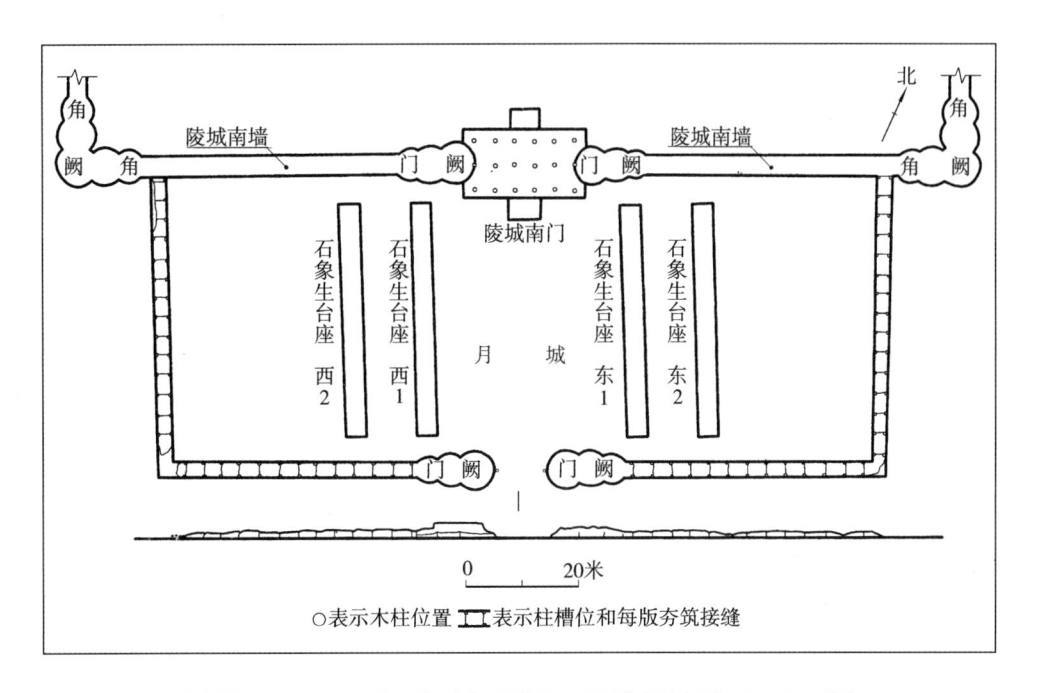

图附1-2-8　宁夏银川西夏陵3号陵月城平面、立面图

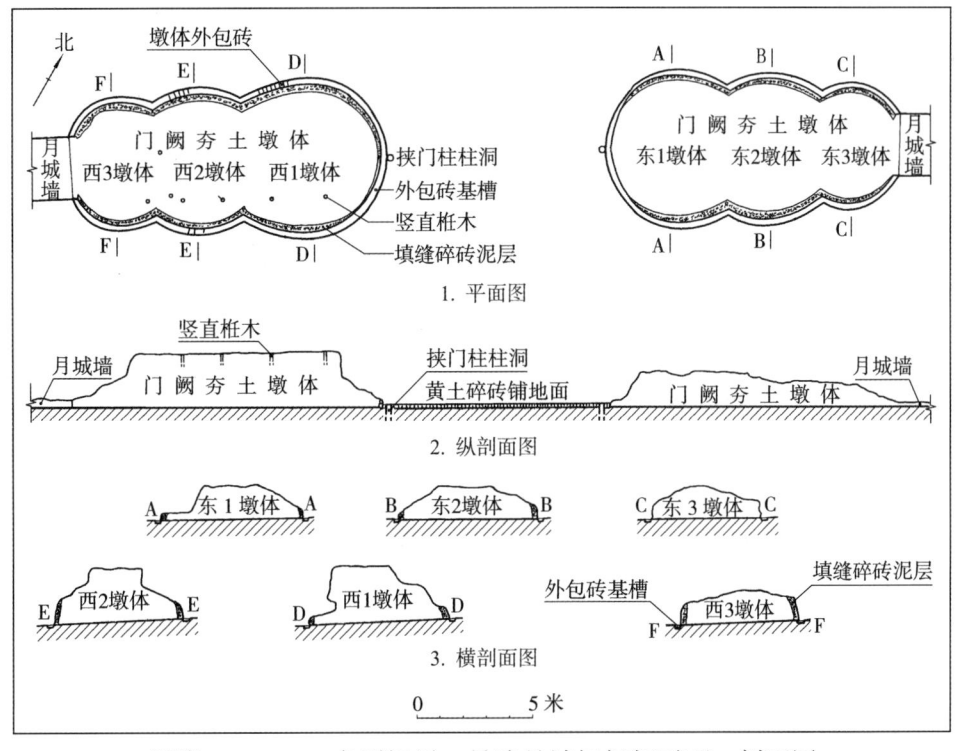

图附1-2-9　宁夏银川3号陵月城门门阙平面、剖面图

东侧门阙东西总长12.6米，残高约1.5米。东1阙体底平面近圆形，南北直径6.5米，东西宽5.3米，残高1.5米。东2阙体两侧呈圆弧形，南北最大径6.1米，南北两侧圆弧面长4.3米，与1、3号阙体连接处宽2米，残高1.4米。3号阙体南北最大径5.4米，南北两侧圆弧面长3.8米，宽3.4米，残高1.2米。西侧门阙东西总长12.9米，其形制结构与东侧门阙基本相同，唯尺寸略有差异[1]。

东西门阙之间为月城门，长方形，150°。门内外地面持平，在门道东西两侧发现2个柱洞痕迹，柱洞间距9米，柱洞径23厘米，内残存圆木朽柱。门道内地面用黄土和碎砖平铺，厚10厘米[2]。

（二）月城墙

图附1-2-8。月城北依陵城南神墙，有东、南、西三面墙体，露出地表部分很少。墙基保存较好，夯土壁面平整，略有收分。墙基大都残存草泥和赭红细泥壁面，三面墙壁内外两侧立排叉柱（仅存柱痕），内外壁排叉柱两两对立，共发现柱槽112个。柱槽形制有方形、长方形、圆角方形，以及圆形与方形或长方形套合的复合型（参见后文）。月城墙两侧铺垫一层厚约10厘米，宽1—1.5厘米的黄土，其上原应建有散水。

月城东墙长52米，墙基宽2.45—2.5米，残高0.4—1.2米，夯层厚7—11厘米。墙基两侧多残存高13—25厘米的赭红色壁面，墙基内外两侧距墙基45—50厘米有清晰的滴水线痕迹（散水部位），靠近墙基处出土大量板瓦、筒瓦、瓦当和砖等残件（墙顶应起脊覆瓦）。东墙两侧有排叉柱槽30个（每侧15个），墙两侧内外柱槽间距2.1—2.3米，左右柱槽间距3.15—3.5米。柱槽间距多是一版墙体夯筑的长度，版筑墙体接缝大都在左右对称的柱槽之间。月城西墙长52米，墙基宽2.45米，残高0.5—1.1米。共清理出柱槽30个，多数柱槽以砾石为础，个别槽底垫瓦片或土坯。在西墙外侧发现6个赭红泥浆颜料坑，用砖块砌成六角或五角形，坑口长0.45米，深0.5米，坑内淤满颜色鲜艳的赭红色矿物颜料。月城南墙以月城门为界分东、西两段，东段长47米，墙基2.45米左右，残高0.4—0.9米，发现26个柱槽（每侧13个）。西段长52米，墙基宽2.45米，残高0.5—1.1米，共清理出30个柱槽[3]。

（三）神道和石象生台基座

图附1-2-8。在月城门与陵城南神门之间长42米，宽约8米之路即后段神道。神道

---

[1] 西侧门阙具体情况，参见宁夏文物考古研究所、银川西夏陵区管理处：《西夏三号陵——地面遗迹发掘报告》，科学出版社2007年版，第75页。

[2] 宁夏文物考古研究所、银川西夏陵区管理处：《西夏三号陵——地面遗迹发掘报告》，科学出版社2007年版，第73页。判定，二柱洞应是乌头门（棂星门）两侧挟门柱栽入地内的柱洞痕迹。按，仅靠两个柱洞，就判定月城门为木结构乌头门，证据似嫌不足。

[3] 月城西墙和南墙具体情况，参见宁夏文物考古研究所、银川西夏陵区管理处：《西夏三号陵——地面遗迹发掘报告》，科学出版社2007年版，第78、79页。

铺厚约10厘米的黄土，路面略经夯打，与月城内地面持平。神道东西两侧各有两条石象生台基座，台基长条形，黄土夯筑，四周长方砖围砌，台基大部分被洪水冲毁。

东1排台基仅残存南、北两端，据遗迹判断，台基座南北长40米，东西宽3.6米，残高8—10厘米，最高残存3层包砖，台基座距神道16.8米。东2排台基座距东1排台基座9米，距月城东墙29米，北端和中部被洪水冲毁，其形制结构同东1排台基座。在东1、2排台基座及周边，共发现石象生残件194块。西1排台基座中部被洪水冲毁，据遗迹判断，基座南北长41.5米，宽3.8米，南端残高0.05米，北端残高0.2米。西2排台基座东距西1排台基座8.9米，距月城西墙29.6米，仅残存南端，残高0.03—0.05米。据遗迹判断，该台基南北长40米，宽3.6米。在西1、2排台基座及其周边发现石象生残件290块。

第三节　三号陵陵城的形制与结构

月城北连陵城，陵城平面长方形，东神墙全长（含门道、门阙和角阙，下同）180米，西神墙长180.5米，南神墙长163.7米，北神墙长164米，方向150°。四神墙中间各辟神门，门两侧置门阙，陵城四隅置角阙。陵城内中线偏西，从南向北依此置献陵、墓道、地宫和陵塔（图附1-1-10、图附1-2-1）。

一　神门和门阙

图附1-1-10、图附1-2-1。

（一）南神门和门阙

图附1-3-1。

1. 南神门台基

南神门与月城门相对，门址全长40余米，方向150°。该门在四神门中保存最差，台基高度已被削去1/3。南神门台基夯筑于两侧门阙之间，平面长方形，夯筑台基东西长20.8米，宽11.7米，残高0.9米。台基残存6层夯土（每层厚约10—15厘米），夯窝密集（夯窝径3—5厘米）。台基外包砖（用长方形或扁梯形砖，单砖平铺错缝顺砌），包砖台基东西长21.5米，宽12.2米，残高0.95米。包砖多无存，仅台基西北角包砖保存较好，余者只存宽深各约20厘米的包砖基槽。由于台基构筑晚于门阙，所以台基两侧将相接阙体约1/3包进台基之内。

台基之上残存三排柱础残迹，每排六个，个别柱础坑内尚存础石或磉墩。从柱础坑来看，南神门面阔五间，进深两间，当心间面阔3.7米，两次间和两稍间面阔皆3.5米，进深约4.3米。台基当心间两侧各建斜坡墁道，南侧墁道长3.73米，宽5.5米；北侧墁道长3.6米，宽5.2米。墁道与台基一起夯筑，墁道两侧包砖结构同台基。南侧墁道面铺莲花方砖（砖边长33厘米，厚6.5厘米），墁道前端与地面相接处，用立砖半埋地下砌出单线道。墁道两侧副子大长方砖（长50厘米，宽33厘米，厚6厘米）压边。

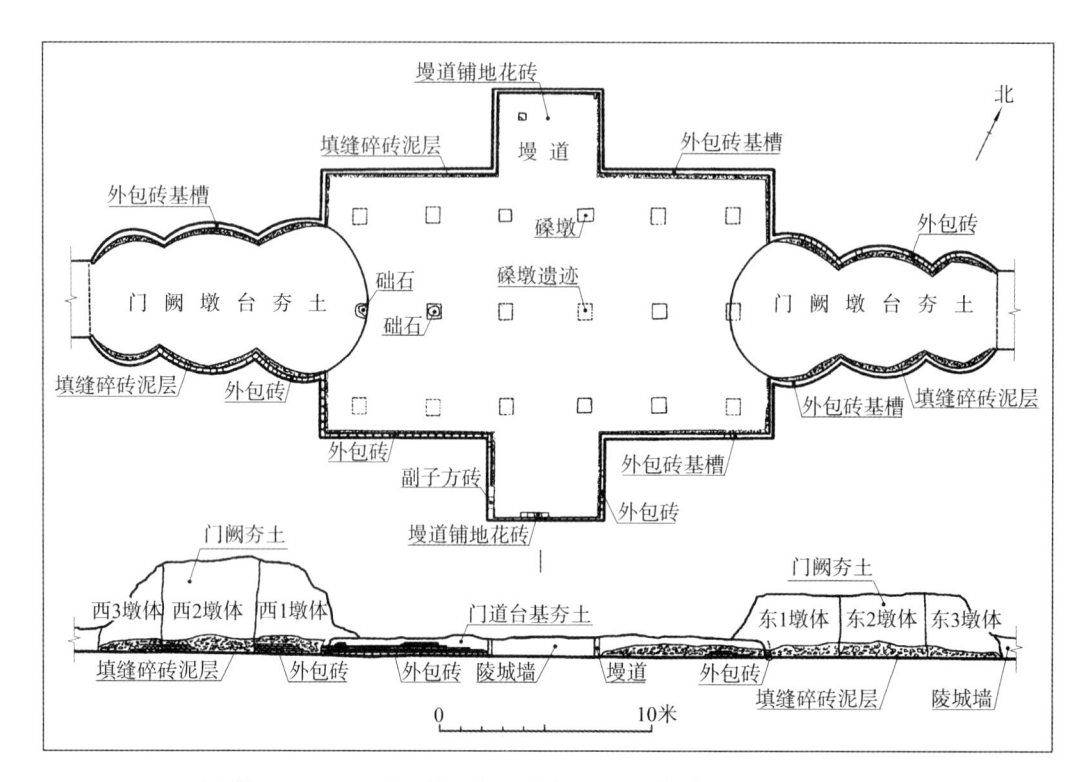

图附1-3-1　宁夏银川西夏陵3号陵南神门平面、立面图

2. 门阙

南神门两侧对置门阙，二门阙最近距离17.1米，每侧均由三个相连的弧形阙体组成，其形制和构筑方法同月城门阙。东侧门阙全长12.6米（含被台基包进部分），与南神门台基相接的东1阙体南北最大底径6.9米，包砖弧壁内外侧长均3.5米，其与东2阙体相接面宽4.5米，阙体残高1.5—3米余。东1阙体仅北壁底部残存包砖1—10层，填缝物残高0.4米，阙体西侧发现竖向柱木洞一处，朽木尚存。东2阙体南北最大底径6.4米，包砖弧壁内侧长4.6米，外侧长4.5米，与东3阙体连接面宽4.2米，阙体残高4.4米。阙体仅北壁底部残存包砖3—6层，填缝物残高0.8米。南壁中部露出两处横向柱木眼，径分别为6和10厘米。东3阙体南北最大底径5.5米，包砖弧壁内侧长3.6米，外侧长3.9米，残高4.4米。阙体仅北壁底部残存包砖3层，填缝物残高0.8米。西侧门阙全长13.1米，形制和结构同东侧门阙[1]。

---

[1] 西侧门阙具体情况，参见宁夏文物考古研究所、银川西夏陵区管理处：《西夏三号陵——地面遗迹发掘报告》，科学出版社2007年版，第97页。

(二) 东、西、北神门和门阙

1. 东神门和门阙

图附1-3-2。东神门遗址长37.6米（含两侧门阙），方向60°，仅存夯土台基。台基东侧底边长13.5米，西侧底边长13.58米，东西宽9.4米。台基上有前、后檐柱和中间隔间柱位痕迹，东门面阔三间，进深二间，总面阔10.5米，当心间面阔3.7米，两次间面阔皆3.4米，进深二间共7米，每间进深均3.5米。东神门无斜坡墁道，门道全部用土坯封堵，西和北神门情况相同。

二门阙最近距离9.7米，南门阙总长13.9米，北门阙总长13.9米。

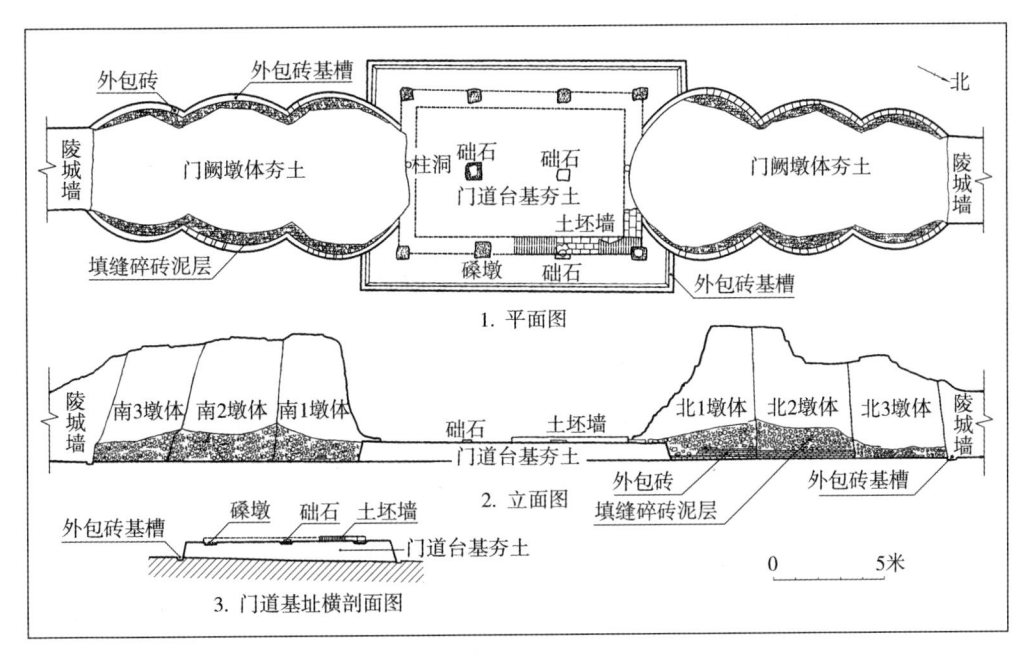

图附1-3-2　宁夏银川西夏陵3号陵东神门平面、立面、剖面图

2. 西神门和门阙

图附1-3-3、图附1-3-4。西神门台基南北长13.1米，东西宽9.5米。所在地面西北高东南低，台基东南高0.8米，西北高0.55米。台基上残存东、西檐墙，北山墙和隔墙，残存三排柱础遗迹，有的尚存柱础和磉墩。西门面阔三间，进深二间，通面阔10.55米。当心间面阔3.75米，北次间面阔3.5米，南次间面阔3.3米，进深3.5米。

二门阙间距10.4米，南侧门阙总长11.4米，北侧门阙总长13.9米。

3. 北神门和门阙

图附1-3-5、图附1-3-6。北神门全长38.2米，方向330°。神门台基北侧边长13.7米，南侧边长13.45米，东侧台基宽9.6米，两侧台宽9.2米。台边北长南短，东宽西窄，东南角和东北角以及东侧台边南北不对称，台角大于90°。西南角高0.9米，东南角高0.4米，北壁高约0.6米。台基上残存后檐墙、西山墙和隔墙，以及部分柱础和磉墩。

北神门通面阔 11.4 米，亦面阔三间，进深二间。东侧门阙全长 13.4 米，西侧门阙全长 13 米。

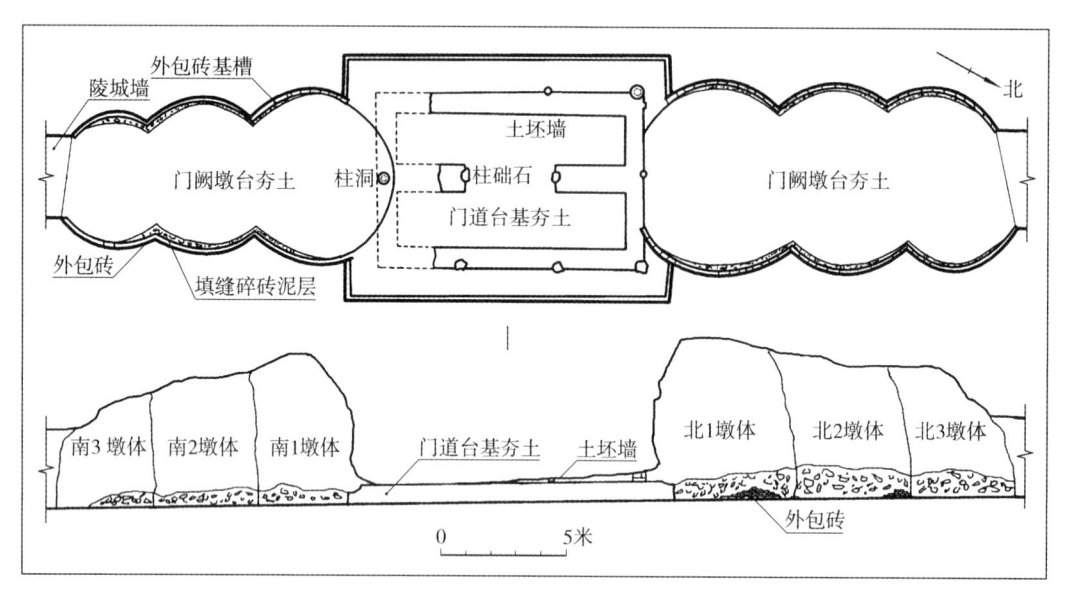

图附 1-3-3　宁夏银川西夏陵 3 号陵西神门平面、立面图

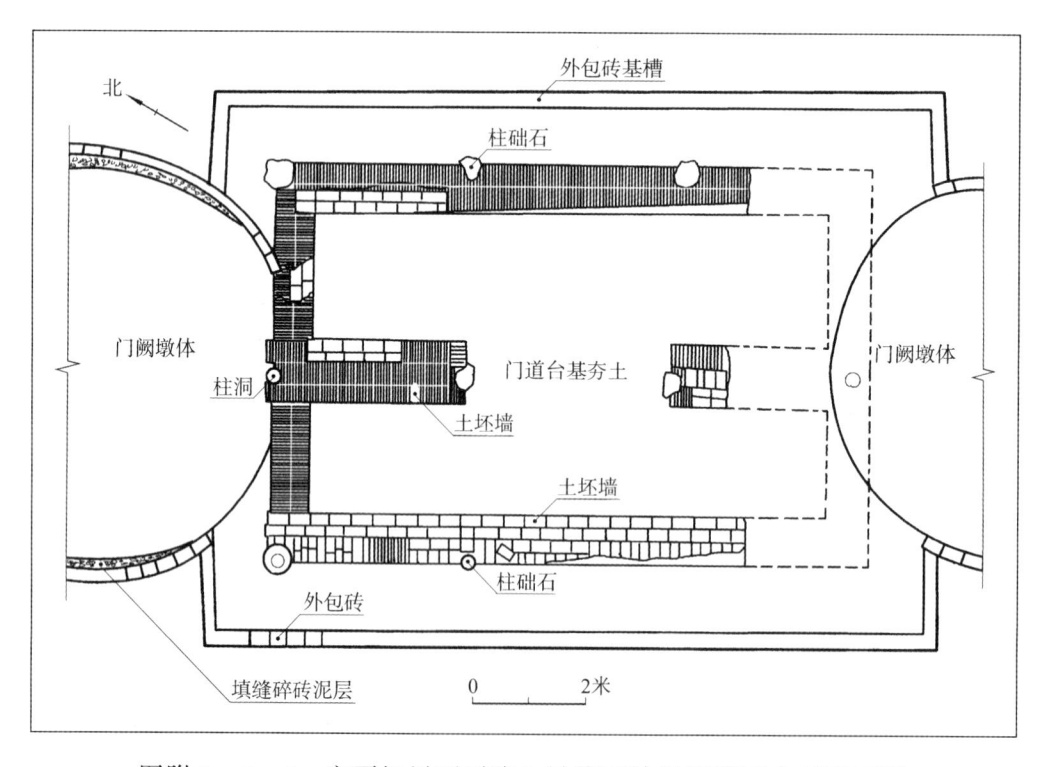

图附 1-3-4　宁夏银川西夏陵 3 号陵西神门门道屋台基平面图

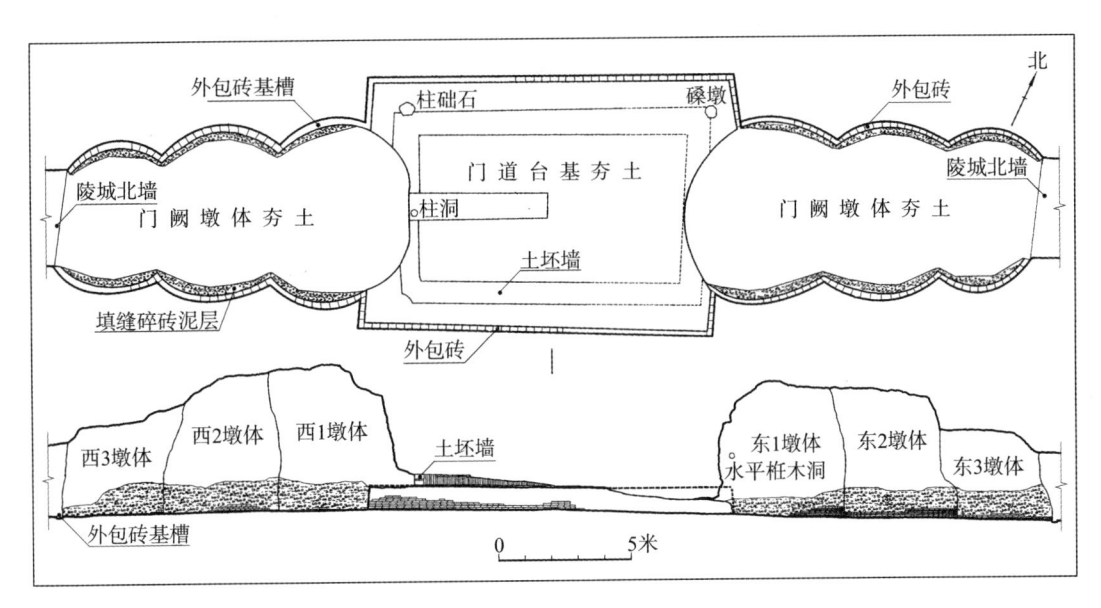

图附1-3-5 宁夏银川西夏陵3号陵北神门平面、立面图

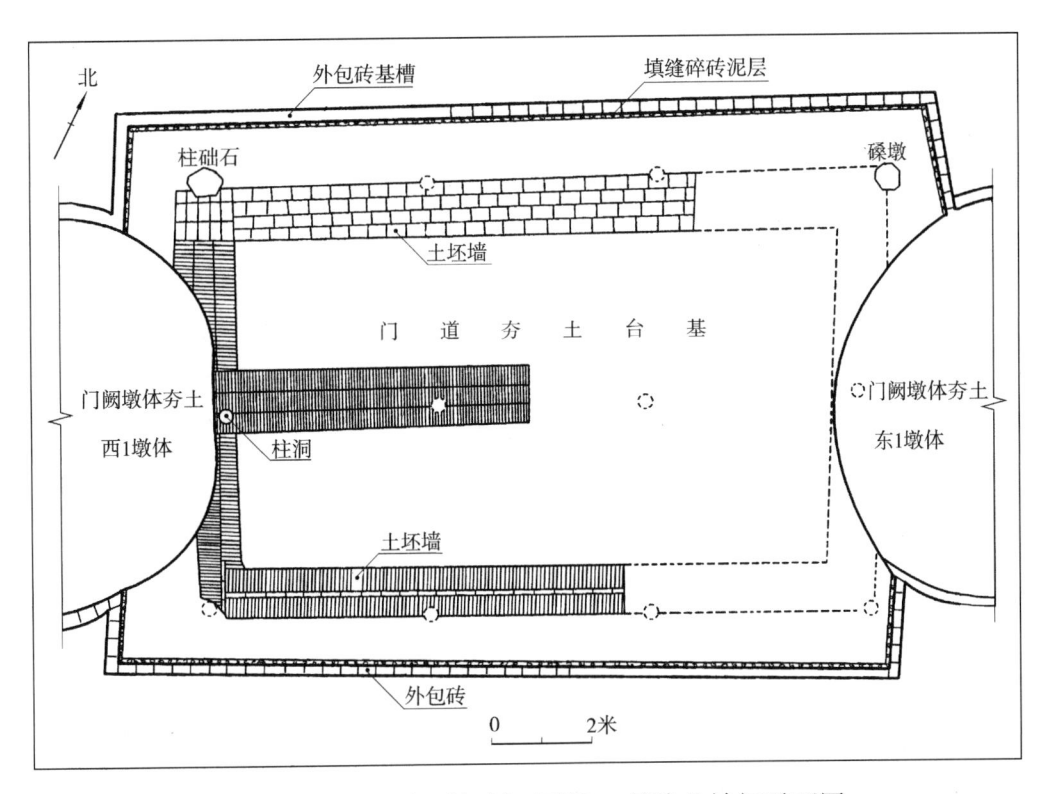

图附1-3-6 宁夏银川西夏陵3号陵北神门平面图

东、西、北神门和门阙的形制和结构,与南神门和门阙大同小异,其间具体部位和

尺寸则有差异，具体情况请参见原发掘报告[1]。上述三神门门道土坯墙封堵，无出入功能。

二 角阙

图附1-1-10、图附1-2-1。

（一）东南角阙与西南角阙

东南角阙（图附1-3-7）露出地表高3—4.8米，损坏严重。角阙平地起建，平面呈曲尺形，转角阙体最大，北1、北2阙体和西1、西2阙体分别向北向西折拐，阙体依次减小。以转角阙体外侧最远点分别向北向西实测，其东西长14.1米，南北15.1米，角阙与门阙夯筑结构基本相同。角阙用直版夯具夯筑，夯层厚0.07—0.14米，下部与上部夯层较薄，中部夯层显厚。阙体由里而外，自上而下分版、分层夯筑，各阙体相接处版缝较直。夯筑后阙体两侧略加切削，使之形成较规整的弧状壁面。阙体内有横向和竖向木骨，木骨径0.05—0.1米。此外，还发现有枋木眼。角阙内侧无包砖基槽，而是先垫平均厚约6厘米的黄土，然后在其上砌砖。又角阙内侧原碎石地表铺厚约20厘米的黄土作为陵城内地面（向陵城内黄土层渐薄），此层黄土将角阙内侧包砖底砖掩埋。在

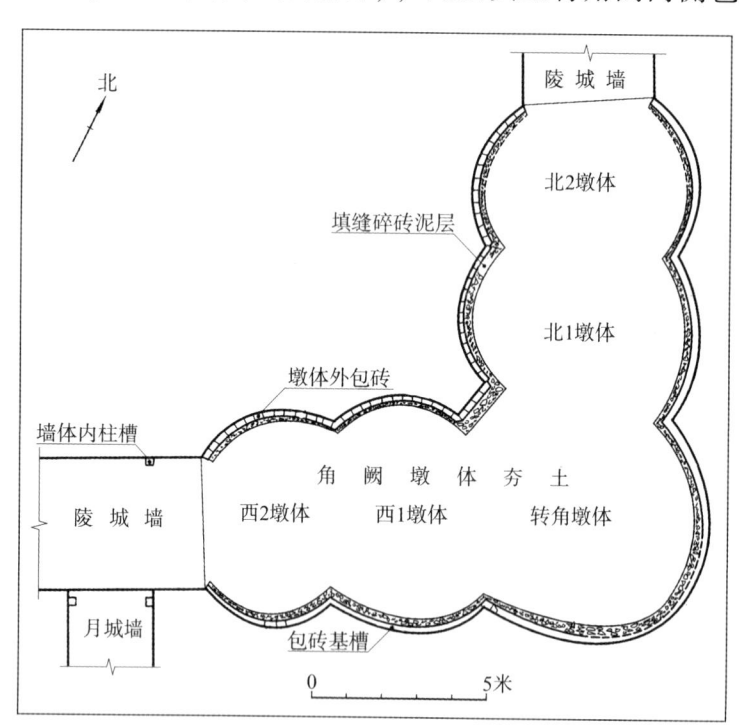

图附1-3-7 宁夏银川西夏陵3号陵东南角阙平面图

---

[1] 东、西、北神门和门阙的形制结构具体情况，参见宁夏文物考古研究所、银川西夏陵区管理处：《西夏三号陵——地面遗迹发掘报告》，科学出版社2007年版，第121—126、140—146、162—168页。

与角阙西端、北端相接处的陵城南神墙和东神墙内侧基部残存赭红墙皮，墙皮自角阙内侧包砖底部四层之上开始涂抹。角阙内外两侧以长方形和梯形砖围砌，用砖以梯形砖居多，短边向内长边向外，砌成规整的弧形壁面。包砖层层向上叠涩内收，每层砖收分1.2—1.5厘米，1米高内收分在0.2—0.25米之间。包砖与夯筑阙体间缝隙用黄泥和砖瓦块填充砌实。填缝物厚0.1—0.4米，从填缝物残存高度来看，角阙包砖高至2米余，是否通体包砖尚不清楚。角阙外侧有包砖基槽，角阙五个阙体概况如下。

转角阙体外侧残高5.5米，内侧残高5.2米，内外地面高差0.3米。以两侧残存包砖壁计，东西最大底径8.3米，顶面残宽约2米。包砖弧壁内侧长1.1米，外侧长11.6米。内侧包砖残存26层，高1.65米，包砖底垫黄土。阙体外侧平面近圆形，包砖无存，其下残存宽25厘米，深约8厘米的包砖基槽。填缝物内侧残高2.35米，厚0.2米，外侧仅西部残存一段长3.2米，高0.3—0.7米，厚0.3米的填缝物。

西1阙体最大底径6.6米，包砖弧壁内侧长4米，外侧长4.7米，残高5.2米。顶部剥蚀严重，东西残宽1.3米，顶部有不甚明显的圆柱状凸起。内侧包砖残存32层，高1—1.6米，包砖中有大量断砖，砌筑粗糙，每层收分1.5—2厘米。外侧包砖无存，仅存宽20—25厘米，深5—8厘米的包砖基槽。内侧填缝物残高1.6米，厚0.25—0.6米，外侧无存。西2阙体最大底径6.1米，残高5.1米。包砖弧壁内侧长4.3米，外侧长4米，阙体西端坍塌。内侧残存包砖17层，高1.6米，外侧仅中部基槽中残存两块包砖，其余部分仅存宽25厘米，深约5厘米的包砖基槽。内侧填缝物残高1.67米，厚0.2—0.43米，外

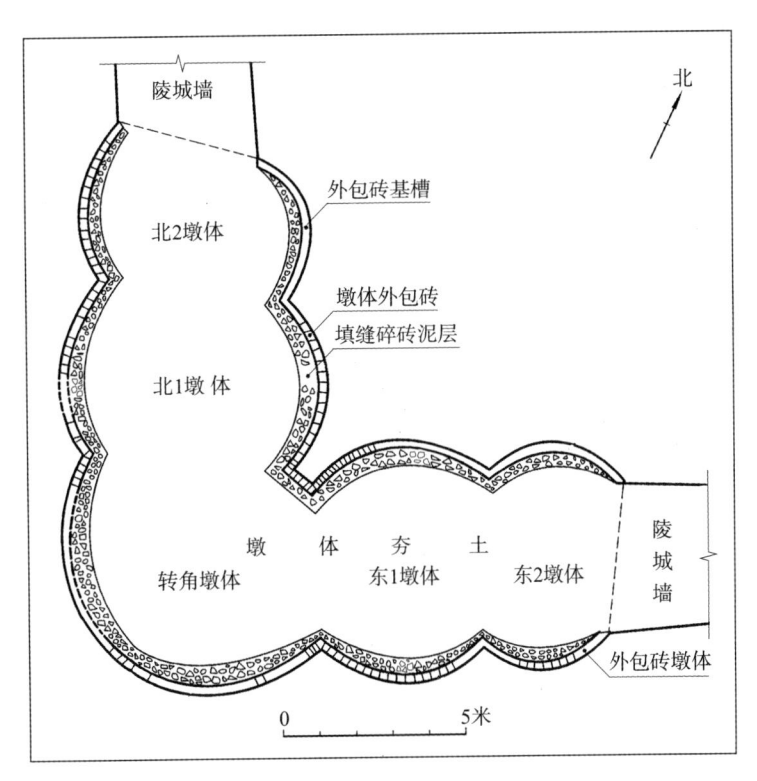

图附1-3-8　宁夏银川西夏陵3号陵西南角阙平面图

侧无存。

北1阙体最大底径7米，残高5米。包砖弧壁内侧长4.2米，外侧长4.7米。阙体内侧剥蚀严重，已不显弧壁。内侧基部残存25层包砖，高1.5米。外侧包砖无存，包砖基槽宽20厘米，深约8厘米。填缝物内侧残高1.6米，厚25—45厘米，外侧无存。北2阙体损毁严重，基部最大底径6.5米，残高4.7米。包砖弧壁内侧长4.5米，外侧长5.1米。内侧残存包砖7层，高0.42米，外侧包砖无存。内侧填缝物残高约1.5米，厚20—45厘米，外侧无存。

西南角阙部分露出地表，风化严重。角阙南侧面东西总长15.8米，西侧面南北总长15米，五个阙体的形制与结构与东南角阙大同小异[1]（图附1-3-8）。

（二）东北和西北角阙

图附1-3-9、图附1-3-10。东北角阙内侧露出地表不足1米，由7个阙体组成，西1至3阙体和南1至3阙体分别自转角阙体向西向南折拐，平面呈曲尺形。角阙外侧东侧面南北长22.1米，北侧面东西长21米。7个阙体概况如下。

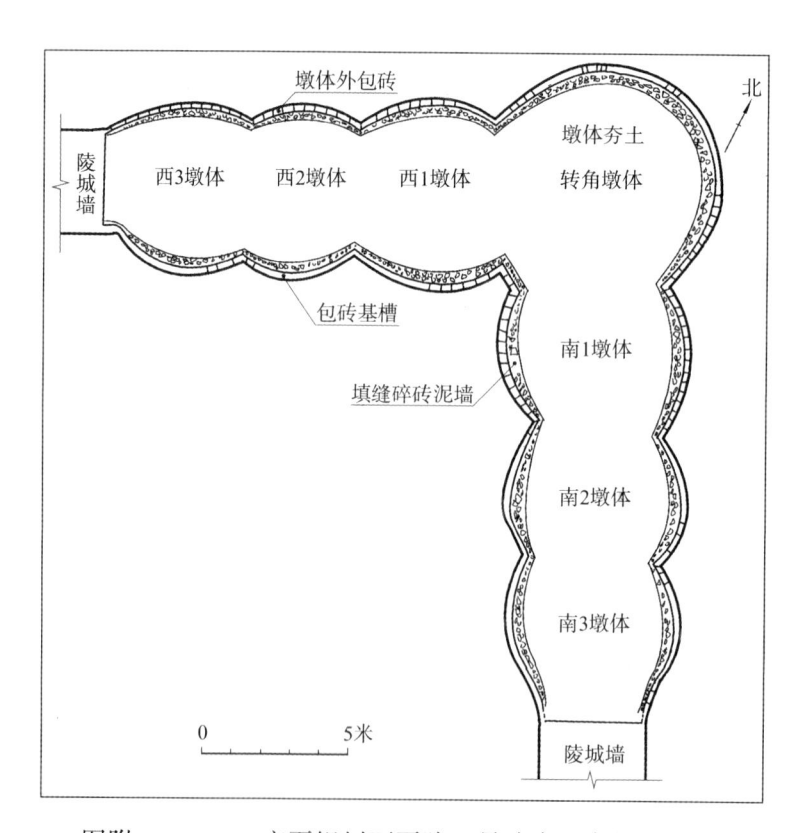

图附1-3-9　宁夏银川西夏陵3号陵东北角阙平面图

---

[1] 西南角阙具体情况，参见宁夏文物考古研究所、银川西夏陵区管理处：《西夏三号陵——地面遗迹发掘报告》，科学出版社2007年版，第198—202页。

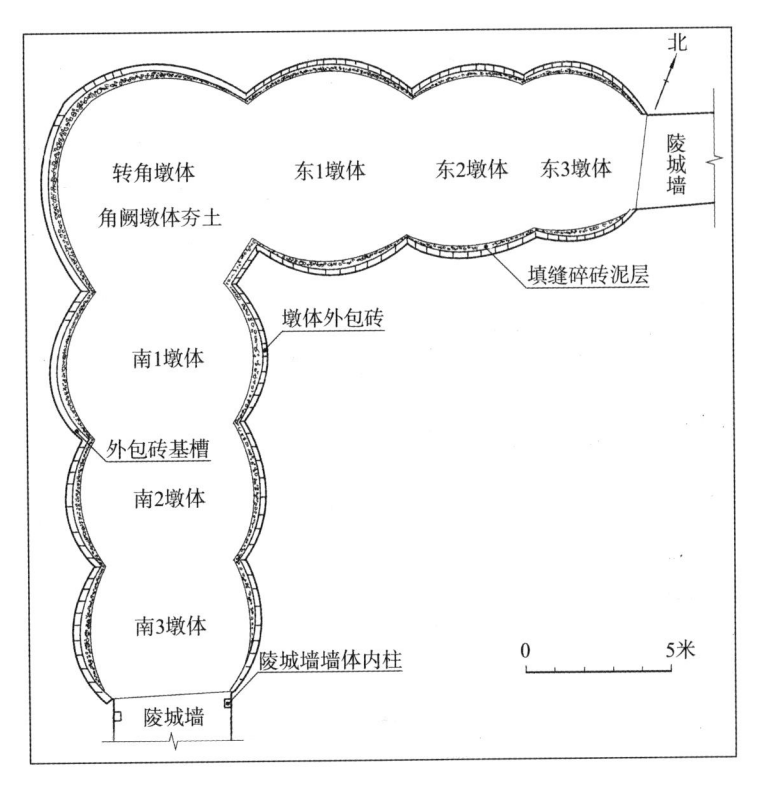

图附1-3-10　宁夏银川西夏陵3号陵西北角阙平面图

转角阙体底部平面呈不规整的椭圆形，最大底径8.7米。内侧包砖壁面呈下窄上宽的长梯形，阙体残高5.75米，底部残宽3米。包砖弧壁内侧长0.6米，外侧长14.5米。阙体夯层较规整，夯窝直径约5厘米。阙体基部残存1层包砖，内侧包砖残存14层，高0.8米，内侧转角处包砖实测每升高1米内收0.2米。外侧仅靠近南1阙体处残存两层包砖，高0.13米，其他部分包砖基槽宽0.2米，深约0.15米。填缝物内侧残高约1.3米，外侧残高约1米。

南1阙体最大底径6.5米，包砖弧壁内侧长5.2米，外侧长5.7米，残高5.35米，阙体东西残宽1.53米。内侧包砖最多残存14层，高0.9米，其中有大量断砖，每层收分1.5—2.5厘米。外侧只局部残存两层包砖，最高不过0.15米。填缝物内侧残高1.65米，外侧残高0.65—1.15米，厚0.2—0.8米。南2阙体最大底径6米，残高5.25米。包砖弧壁内侧长5米，外侧长4.7米。内侧包砖无存，包砖基槽宽0.2米，深约0.15米。外侧包砖最多残存3层，高0.15米。填缝物内侧残高1.2米，外侧残高0.8—1.1米，厚0.2—0.45米。南3阙体最大底径5.6米，残高4.4米，顶部残存二层圆台。包砖弧壁内侧长5.1米，外侧长6米。内侧包砖无存，包砖基槽宽0.2米，深约0.15米。外侧残存3层包砖，高0.15米。填缝物内侧残高0.45米，外侧残高0.8米，厚0.25—0.35米。

西1阙体最大底径6.5米，残高5.75米，顶部残存凸起的圆形平台，底径1.2米，高

0.3米。包砖弧壁内侧长6米，外侧长5.2米。阙体基部残存包砖高0.05—0.9米，内侧近转角处残存14层包砖，高0.9米。外侧近西2阙体处残存7层包砖，高0.5米，其他部位仅存包砖基槽。填缝物残存高度0.85—1.1米，厚0.2—0.35米。西2阙体最大底径6米，残高4.55米，顶部南北残宽约1米。包砖弧壁内侧长4.3米，外侧长4.2米，现存通高4.55米。内侧残存包砖2—3层，高0.1—0.15米，外侧残存包砖5—7层，高0.3—0.5米。填缝物残高0.7—1.8米，厚0.25—0.4米。西3阙体最大底径5.5米，残高4.4米。包砖弧壁内侧长4.8米，外侧长5.5米。阙体基部残存包砖高0.05—1米，内侧仅近西2阙体处残存包砖2—3层，高0.17米。外侧包砖最多残存13层，高1米。填缝物残高0.6—1.7米，厚0.18—0.3米。

西北角阙的形制和结构与东北角阙基本相同（图附1-3-10），详见原发掘报告[1]。

三 神墙

图附1-1-10、图附1-2-1、图附1-3-11。陵城神墙露出地表部分风蚀严重。神墙均平地起筑，底垫黄土，夯层厚8—10厘米，夯窝径4—5厘米，夯筑墙基宽3.5米左右。四面神墙版筑，共夯筑124版，露出桄木槽130余个，墙基内外排叉柱槽218个。四神墙以神门为界各分二段，残存草泥和赭红墙皮，有多次修补痕迹。

南神墙宽约3.6米，共夯筑28版，每版长度不一。神墙西段全长45.4米，残高1.1—3.2米，顶残宽0.9—1.6米，两侧共夯筑14版[2]。神墙东段全长46米，残高1.2—2.3米，墙体保存很差，版筑14版。南神墙发现12根竖立桄木槽，并发现几处水平桄木眼，内侧有排叉柱26个，外侧25个。排叉柱槽长方形40个、方形2个、圆形2个，椭圆形7个。柱槽内套合有圆形柱洞的6个，柱槽底部残存封闭外口所用填充物和墙皮的共22个。

北神墙东段全长43.2米，残高1.1—2.1米，共夯筑13版；西段全长42.5米，残高0.4—2.2米，共夯筑12版。北神墙有44个排叉柱槽（内外各22个），18个竖直桄木槽和几处水平桄木眼。东神墙南段全长55.8米，残高0.2—3.4米，共夯筑15版；北段全长49.8米，残高3—3.3米，共夯筑15版。神墙内侧排叉槽30个，外侧29个。西神墙北段全长50.6米，残高2.8—3.3米，共夯筑15版；南段全长56.6米，残高1.6—3米，共夯筑17版。西神墙内外排叉柱槽各32个，发现竖直桄木槽75个和几处水平桄木眼。上述三面神墙具体结构，请参见原报告[3]。

---

[1] 西北角阙具体情况，参见宁夏文物考古研究所、银川西夏陵区管理处：《西夏三号陵——地面遗迹发掘报告》，科学出版社2007年版，第232—236页。

[2] 四神墙每版夯筑情况，参见宁夏文物考古研究所、银川西夏陵区管理处：《西夏三号陵——地面遗迹发掘报告》，科学出版社2007年版，第七节"陵城墙"中的介绍。

[3] 东、西、北三面神墙具体结构，参见宁夏文物考古研究所、银川西夏陵区管理处：《西夏三号陵——地面遗迹发掘报告》，科学出版社2007年版，第251—262页。

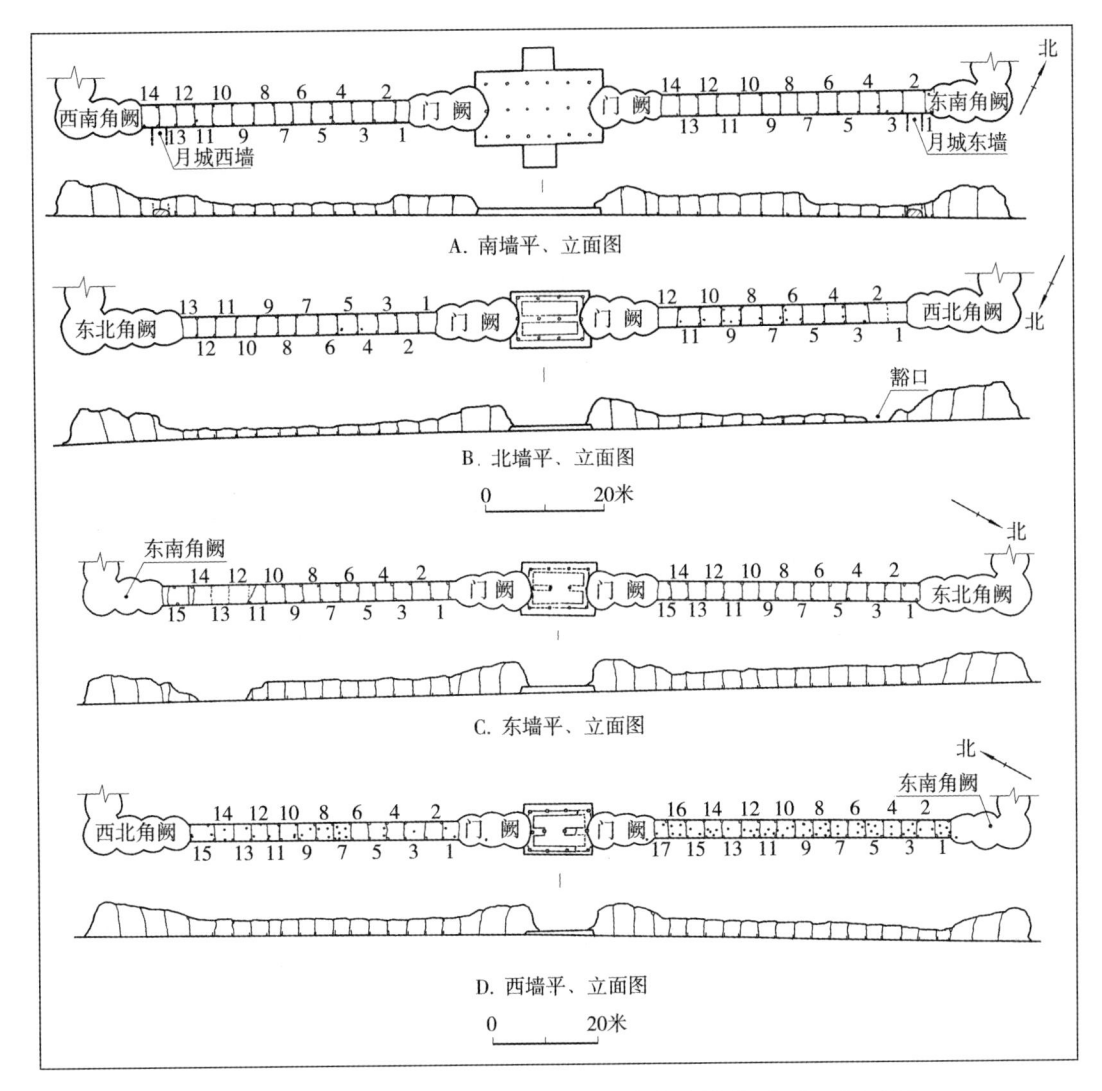

图附1-3-11　宁夏银川西夏陵3号陵陵城墙平面、立面图

说明：墙体中数字为夯筑墙体的板筑编号。

四　献殿和陵塔

图附1-1-10。

(一) 献殿

图附1-3-12。献殿在陵城南神门北10余米，方向145°。发掘前遗址呈缓坡圆丘状，高约1.6米，四周坡长3—4米，其周围散布残砖瓦，以及琉璃瓦和脊饰套兽等残件。献殿遗址由八角形台基、南北墁道和台基上的殿址组成。

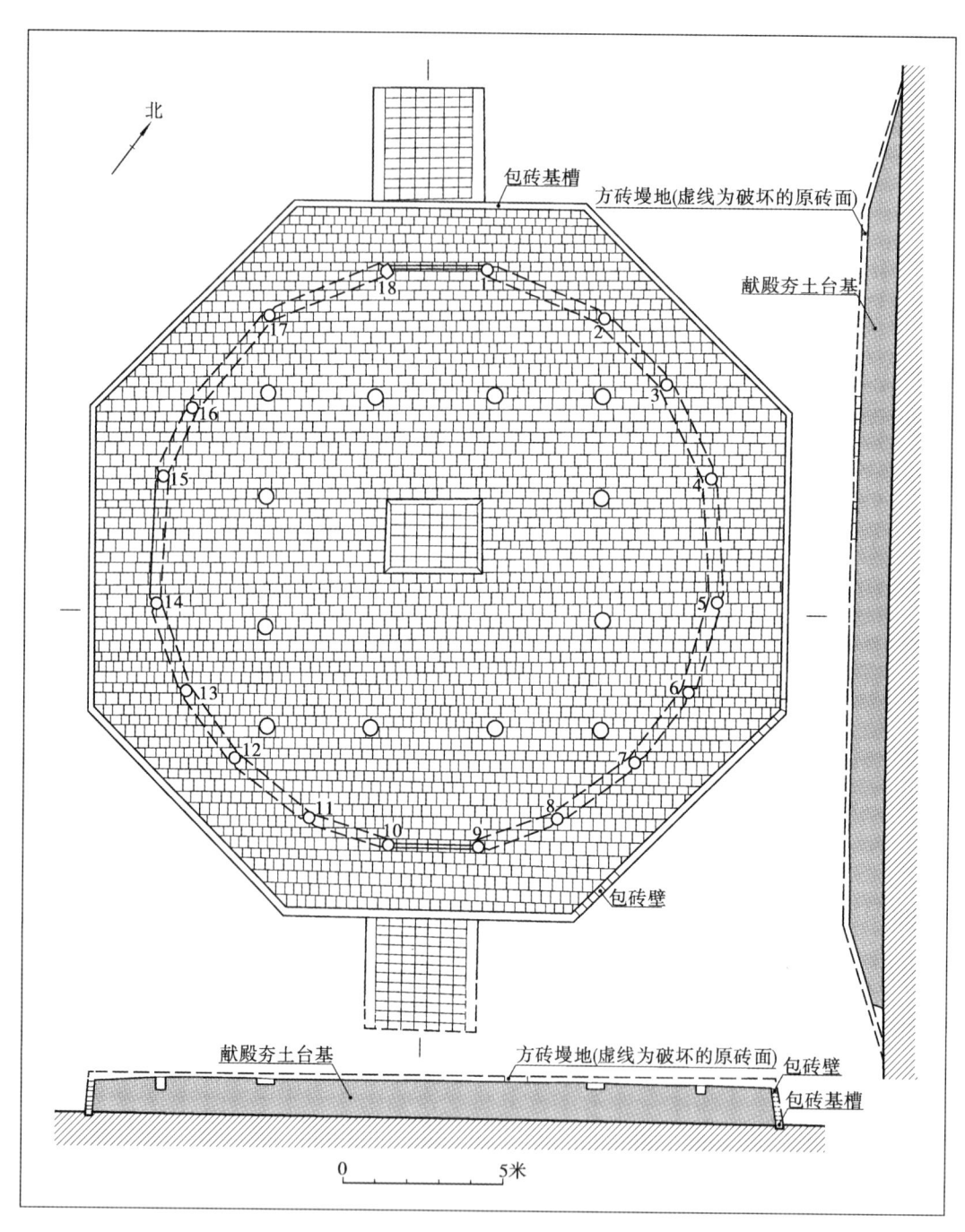

图附 1-3-12　宁夏银川西夏陵 3 号陵献殿平面、剖面图

1. 台基和墁道

八角形台基高 1.1—1.2 米（台基地面西北高东南低），八个台角均 135°，相对应的台边距离为 21.75 米，对角距离皆 23.5 米。台基平地起建，黄土夯筑 11 层（每层厚约 10—12 厘米），夯窝密集（夯窝径 4—5 厘米）。台基呈不甚规整的八角形，八条边之边长 8.5—8.9 米，台壁自下而上略有收分，内收倾角约 5°。台体外表抹草泥，泛白（似掺白

灰），台边青砖砌出八角形（长方砖和扁梯形砖），砖壁厚约20厘米。台基边角单砖平铺错缝顺砌，即将砖的一角砍磨形成与台基角135°相同的台角砖，每砌一层台角用两块台角砖，使内侧拐角处也成135°（具体砌法，见图附1-3-13）。包砖与夯筑台体间空隙填充土坯、碎砖瓦和泥灰砌实。包砖多无存，仅东侧台边和北侧台边各残存一段包砖，最高处残存三层。

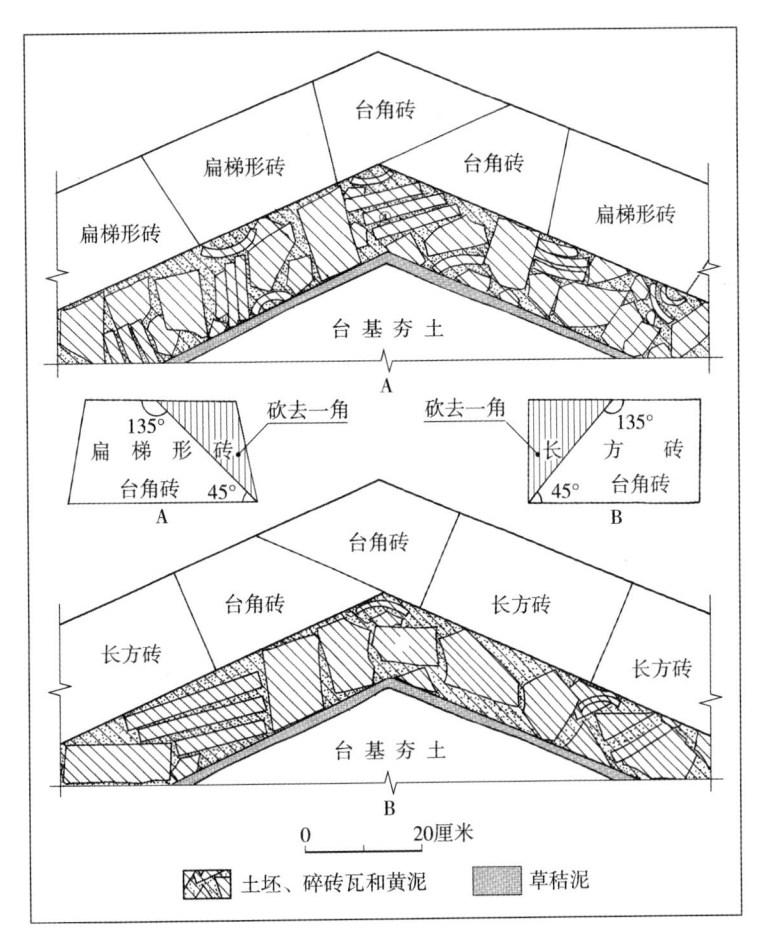

图附1-3-13 宁夏银川西夏3号陵献殿台角砌砖结构图

台基南北两侧相对各筑一斜坡墁道，墁道不居中，均向西偏25厘米（正对墓道）。南墁道宽3.6米，残长2—2.6米，北墁道长宽均3.5米；墁道按北墁道计算，阶基高1米，底长3.5米。二墁道形制相同，黄土夯筑，包砖无存，仅在南墁道东侧发现三块大型长方砖，似为铺墁道两侧的副子，道面应铺莲花方砖。

2. 殿址

图附1-3-12。台基上建献殿，殿毁于火，台面上残存铺地砖和内外两重柱洞。外圈柱洞共18个，径约30厘米，排列一周的直径17.8米。柱洞在献殿中线两侧各有9个，以北侧墁道东边相对柱洞为编号1，按顺时针方向，柱洞间距为：1、2号柱洞间距3.97米，2、3号柱洞间距为2.72米，3、4号柱洞间距为3.05米，4、5号柱洞间距为

3.75米，5、6号柱洞间距为2.8米，6、7号柱洞间距为2.66米，7、8号柱洞间距为2.95米，8、9号柱洞间距为2.65米。中线西侧9个柱洞与东侧柱洞基本对称，但个别柱洞间距达4米余，因而有的柱洞间距仅为2米。在与北墁道相对的1和18号柱洞内，分别以石雕像残块和不规制的青石块为石础，余者不见石础。柱洞均在台面上向下挖成，洞底坚硬。在18个柱洞所在的地面上残存赭红色墙皮，表明柱洞间原应有墙壁并抹赭红色墙皮。

在上述外围柱洞内侧有一组较大的方形柱洞（图附1－3－13柱洞为圆形），每面4个，共计12个。柱洞直径50—55厘米，深5—10厘米。东南角柱、东北角柱、西北角柱的柱洞内都以未加工的石块为础石，础石下有长宽约60厘米，深20厘米的磉墩，西北角柱洞内还发现已炭化的木柱。上述12个柱洞形成东西面阔三间，总长10.4米；南北进深三间，总宽10.2米；当心间面阔3.8米，两次间面阔各3.3米，平面略呈方形，即献殿呈外圆内方形。前述12个柱洞，应立承重献殿顶的柱子，外侧一周18个柱洞应立支撑殿檐的柱子。

台基面铺方砖，砖多无存。从铺地砖印痕来看，有花纹砖和素面砖两种。花纹砖仅在殿中心铺东西长3米，南北宽2.3米地块，周边用长35厘米，宽13厘米的忍冬纹条砖围砌成方框。框内用边长32.6厘米的莲花纹方砖平铺东西向7行，南北向6行。长方形花纹砖地面仅见于献殿西北角，其余部位用边长32或33厘米素面方砖铺砌。

（二）陵塔

图附1－3－14。陵塔在陵城内北端，北距北神门0.6米，东距东神墙67.8米，西距西神墙47.4米，偏离陵城中线之西10米余，陵塔现存高度21.5米。

陵塔塔基呈圆形，直径37.5米，周长118米。塔身毁坏严重，但仍可看出有7层，每层均呈斜坡状台面，其中1—5层较清晰，台面上有板瓦、筒瓦、瓦当和滴水等残件。从塔基向上，大体量出第一层高约3.7米，斜坡台面宽1.7米；第2、3层高约3.7米，斜坡台面宽2米；第4、5层高约2.7米，斜坡台面宽约2米（5层以上未量）。该塔似为七层实心塔，塔顶有一东西6米，南北4米的不规则圆形小平台，中央有一径约0.23米的圆柱（似与安装塔刹有关）。

陵塔平地起建，黄土夯筑。塔基夯土经筛选，土质纯净细腻，掺白灰，薄夯层（厚约5厘米），夯窝密集（窝径4厘米），夯土结构紧密。台基夯土边呈规整的圆形，夯土壁面上抹一层草泥（厚3—4厘米），再抹一层赭红泥墙皮（厚0.5厘米），压光，墙皮残高11—30厘米（据推断，塔基高或为30厘米）。从残存墙皮剖面观察，墙面曾经二次以上的修补。塔基之上塔身夯土较粗，土色灰暗，夯层厚多在6—11厘米，并采用夹筑桩木技术。桩木有圆形和半圆形，竖直和横向水平桩木之别。水平桩木距地表1米左右开始起用，左右间距1—1.8米，上下间距约1米，桩木径6—15厘米。竖直桩木大多在距塔身近外壁的夯土内，左右间距2.4—2.8米，桩木径10—16厘米。桩木多无存，仅个别桩木眼内有朽木遗痕。

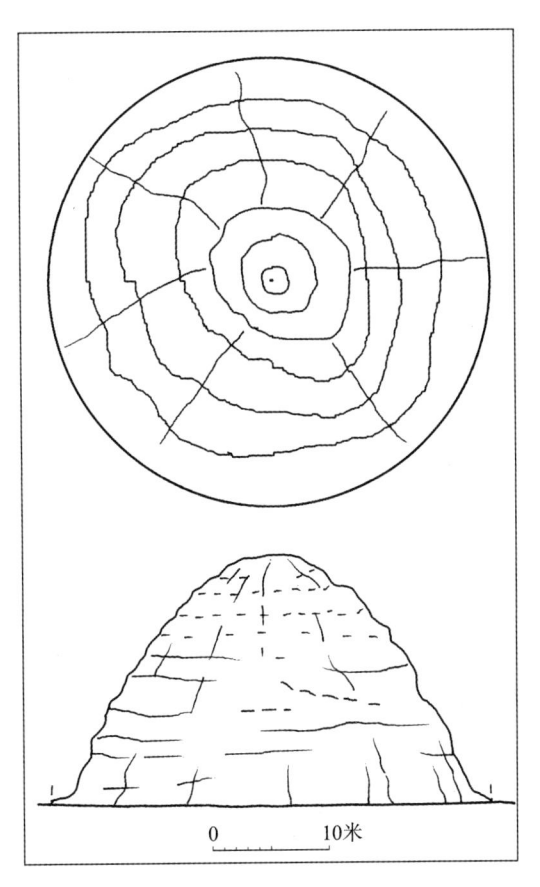

图附 1-3-14　宁夏银川西夏陵 3 号陵陵塔平面、立面图

陵塔 7 层，每层都遗有瓦件，塔檐结构不明。但是，从九号陵陵塔残破处可看到塔体内有一层层的横贯长枋木，每层横木均通到塔体表面。据此推断，陵塔每层横木即表示一层塔檐，横木露出塔体的端头可挑撑塔檐。未坍塌的陵台，相当于每层塔檐处都有 25—30 厘米较大的孔洞，当为挑檐长枋木的遗痕。此外，在距塔基 25—35 厘米处，有一圈滴水坑，其位置应是原来散水的标志。

第四节　三号陵陵园的建筑技术、建材和建筑装饰材料

三号陵经正式考古发掘，故建筑技术显示较清楚，所用建材和装饰构件和种类、出土位置及分布状况较准确，凡此均胜于其他诸陵有关的调查资料。关于三号陵园的建筑技术、所用建材和装饰构件，前面已略有涉及。由于这些情况对其他诸陵亦有重要参考价值，所以再简单归纳如下。

首先，在建筑技术方面，最重要的是夯筑技术。三号陵各建筑实体均夯筑，建筑基础用精选黄土夯筑，这种黄土质纯细腻，掺入一定量的细砂土和较多的白灰（类似三合土），

夯筑的夯层薄、夯窝密、夯土坚硬。基础以上部分夯筑用一般黄土，未精选加工（有时亦掺少量砂土和白灰），质较粗，土色发灰，夯层较厚，硬度较差。建筑均版筑，每版约长3.5米，版高约0.6—0.7米，夹版用圆木，直径约10厘米，由6—7根圆土相叠组成。墙体分段版筑，各段有明显的竖直接缝，墙体内夹筑横、竖柽木，月城墙和陵城神墙两侧壁立排叉柱。夯土台基外凡不包砖部位，均抹草根和赭红墙皮。以上情况，各陵应大同小异。三号陵的建筑，较特殊的是在圆形建筑方面。圆形建筑仍采用版筑方法，但版筑很难筑出较规整的圆形，一般先筑成六角或八角状的多边形，经修整后再用包砖砌出规整的圆形。除上所述，建筑的包砖技术，参见前面对三号陵有关遗址的介绍。至于木构技术，由于木结构基本无存，情况不明。

其次，三号陵所用建材，以砖瓦为大宗。从砖来看，长方砖和梯形（楔形）砖主要用于包砌夯土台和建筑台基外壁，方砖铺墁地面，大方砖用于墁道垂带。方砖背面多压印手掌纹，花纹方砖出土较少，大致有联珠重层八瓣覆莲纹方砖、重层八瓣覆莲纹方砖、重层四瓣莲纹方砖、联珠龟背菱格纹方砖、凸棱龟背格纹方砖等五种（图附1-4-1）。在长方砖中有忍冬纹、菱格纹、虫草纹等花纹砖（图附1-4-1）。瓦类有板瓦、筒瓦、瓦当和滴水。其中瓦当有少量釉陶，纹饰有联珠叉角长眉兽面纹、联珠立角短眉兽面纹、平角卷眉兽面纹和花卉纹等（图附1-4-2）。滴水纹饰有窄缘四连弧兽面纹、宽缘三连弧兽面纹（图附1-4-2）、花草纹，重唇滴水，即重唇板瓦等。

此外，在建筑装饰构件方面，套兽发现较多，种类有直筒方颈套兽（图附1-4-3）、直筒长方颈套兽、敞筒方颈有须套兽、敞筒方颈无须套兽等。次之，还有五角花冠嫔伽、四角叶纹花冠嫔伽（图附1-4-4），鸱吻（图附1-4-5），摩羯（兽首鱼身、鱼首鱼身）和海狮等（图附1-4-8）[1]。

上述建材和建筑构件的出土位置大致有定，比如：第一，砖类以东西碑亭周围出土最多，神门址和角阙次之，四角台、两阙亭和陵塔很少出土砖类；方砖主要出于碑亭、南神门和献殿。第二，瓦类中的板瓦有红陶和灰陶两种，红陶数量很少；筒瓦有红陶、灰陶和釉陶三种，以红陶居多，灰陶和釉陶次之。两座碑亭周围未见瓦类，其他建筑遗址附近均出土大量瓦类，尤以月城墙和陵城神墙两侧分布密集（墙应起脊出檐，有瓦作结构）。釉陶瓦只见于南神门、献殿和陵塔等重要建筑遗址。第三，建筑装饰构件中，套兽和嫔伽有红陶、灰陶和釉陶三种，鸱吻有釉陶和灰陶两种，摩羯和海狮只有釉陶，装饰塔顶的构件有红陶和釉陶两种。各单体建筑遗址周围所出装饰构件有别，如两座碑亭出土装饰塔顶构件较多，并出土一件完整的陶相轮，以及铜风铃等塔刹上的遗物。鸱吻只出于四神门遗址，共出5件（南神门出釉陶鸱吻残件，余4件出于其他三神门，其中西神门出土一件较完整的暗灰色鸱吻。此外，六号陵曾出土一件釉陶鸱吻），摩羯和海狮仅见于南神门和献殿，套兽、嫔伽和塔顶装饰构件各地点大都出土。总的来看，角台和阙台周围出有板瓦、筒瓦、瓦当、嫔伽和塔刹构件等。门阙和角阙周围出板瓦、筒瓦、瓦当、滴水、套兽、塔

---

[1] 嫔伽，梵语音译为迦陵频伽，意为"妙音鸟"，《营造法式》脊饰有嫔伽，佛教神鸟。摩羯为梵语音译，佛教中的神灵，海狮为佛教中的神兽。

图附 1-4-1　宁夏银川西夏陵 3 号陵东碑亭出土花纹方砖、条砖
1. 凸棱龟背菱格纹方砖　2. 重层八瓣覆莲纹方砖　3. 联珠龟背菱格纹方砖　4. 联珠重层四瓣覆莲纹方砖
5. 联珠重层八瓣覆莲纹方砖　6. 忍冬线长方砖　7. 虫草纹长砖　8. 菱格纹长方砖

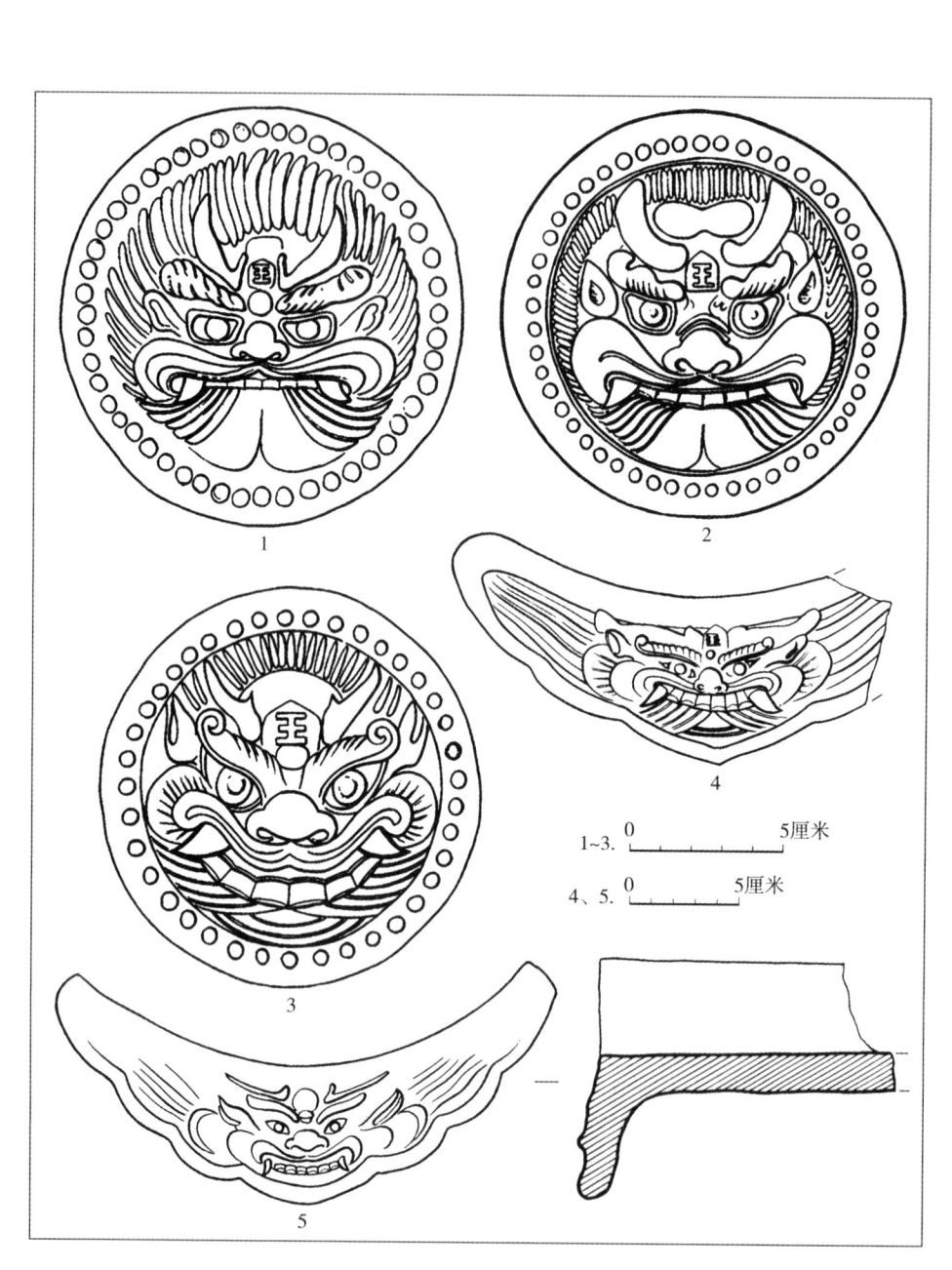

图附 1-4-2　宁夏银川西夏陵 3 号陵出土瓦当和滴水

1. 联珠叉角长眉兽面纹瓦当（东门）　2. 联珠立角短眉兽面纹瓦当（东门）　3. 平角卷眉兽面纹瓦当（东门）　4. 宽缘三连弧兽面纹滴水（西阙台）　5. 窄缘四连弧兽面纹滴水（西阙台）

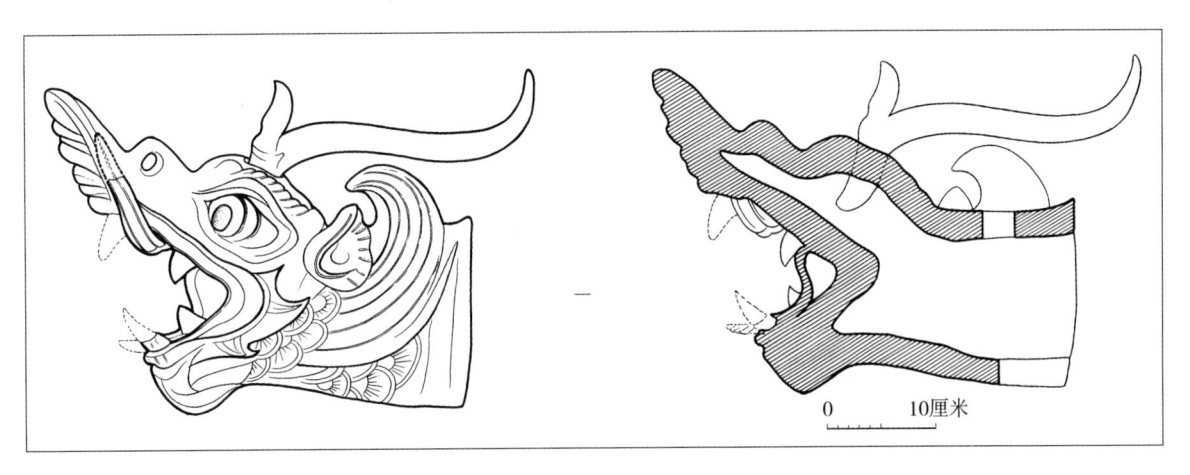

图附 1-4-3　宁夏银川西夏 3 号陵月城出土红陶直筒方颈套兽（T0108②：1）

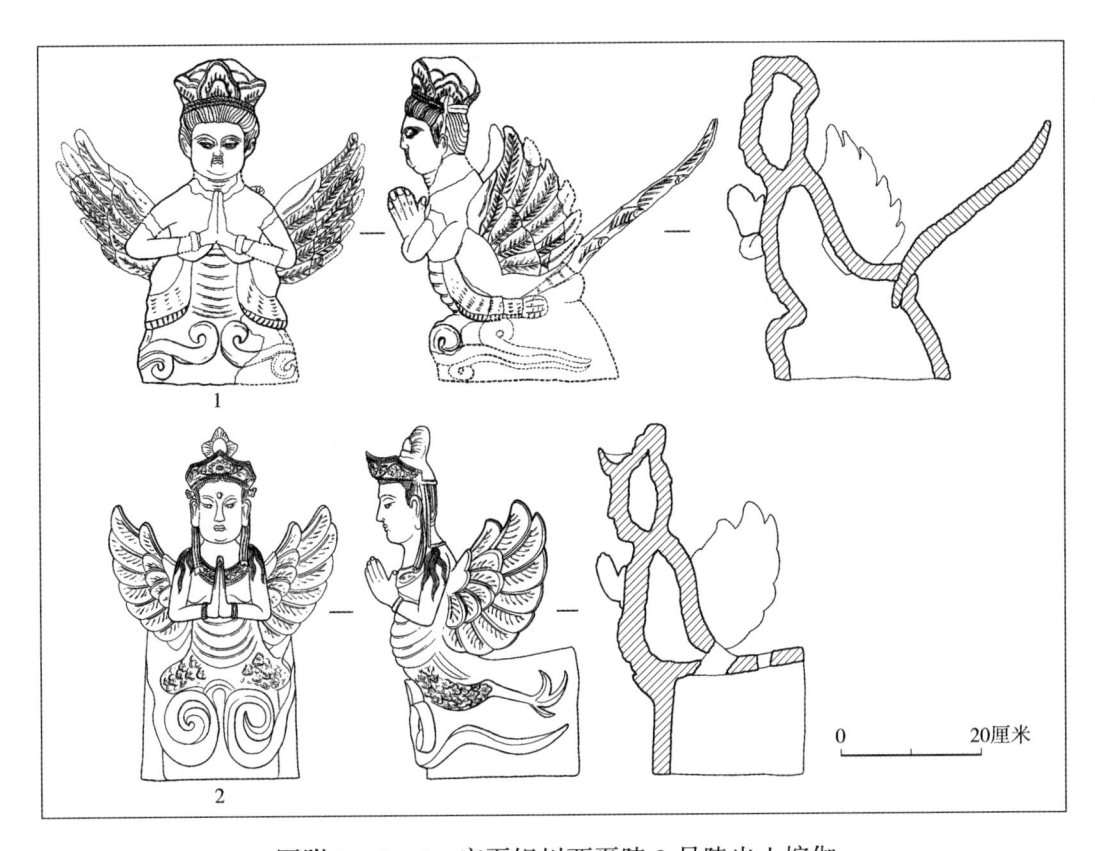

图附 1-4-4　宁夏银川西夏陵 3 号陵出土嫔伽
1. 月城出土灰陶四角叶纹花冠嫔伽　2. 陵塔出土釉陶五角花冠嫔伽

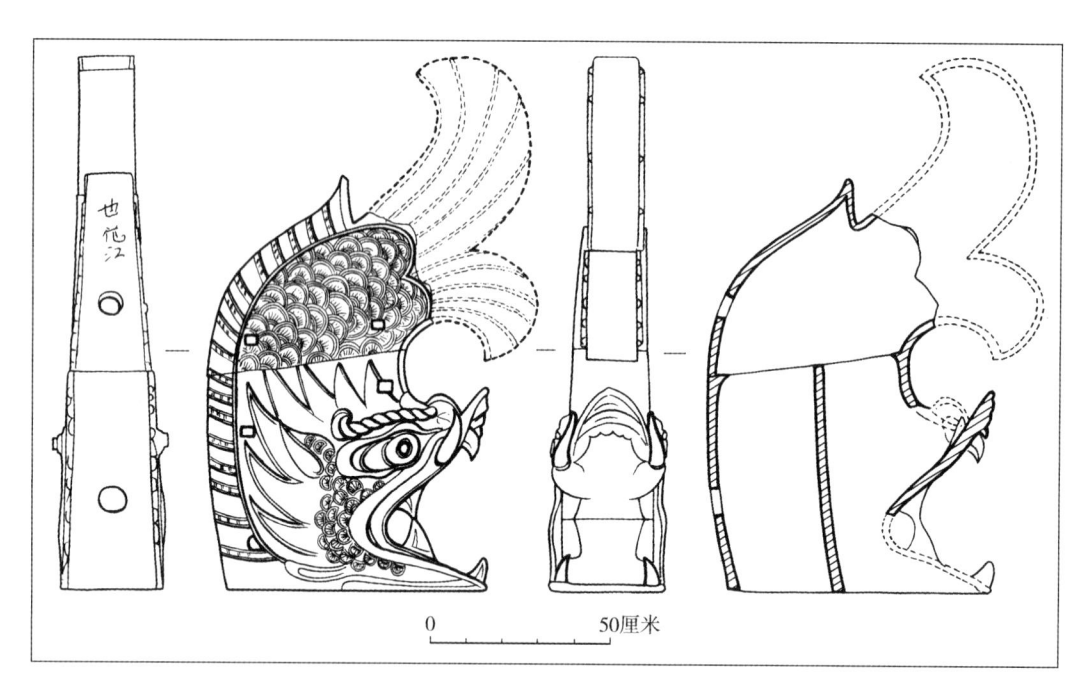

图附 1-4-5　宁夏银川西夏陵 3 号陵西门出土灰陶鸱吻（T1517②：1）

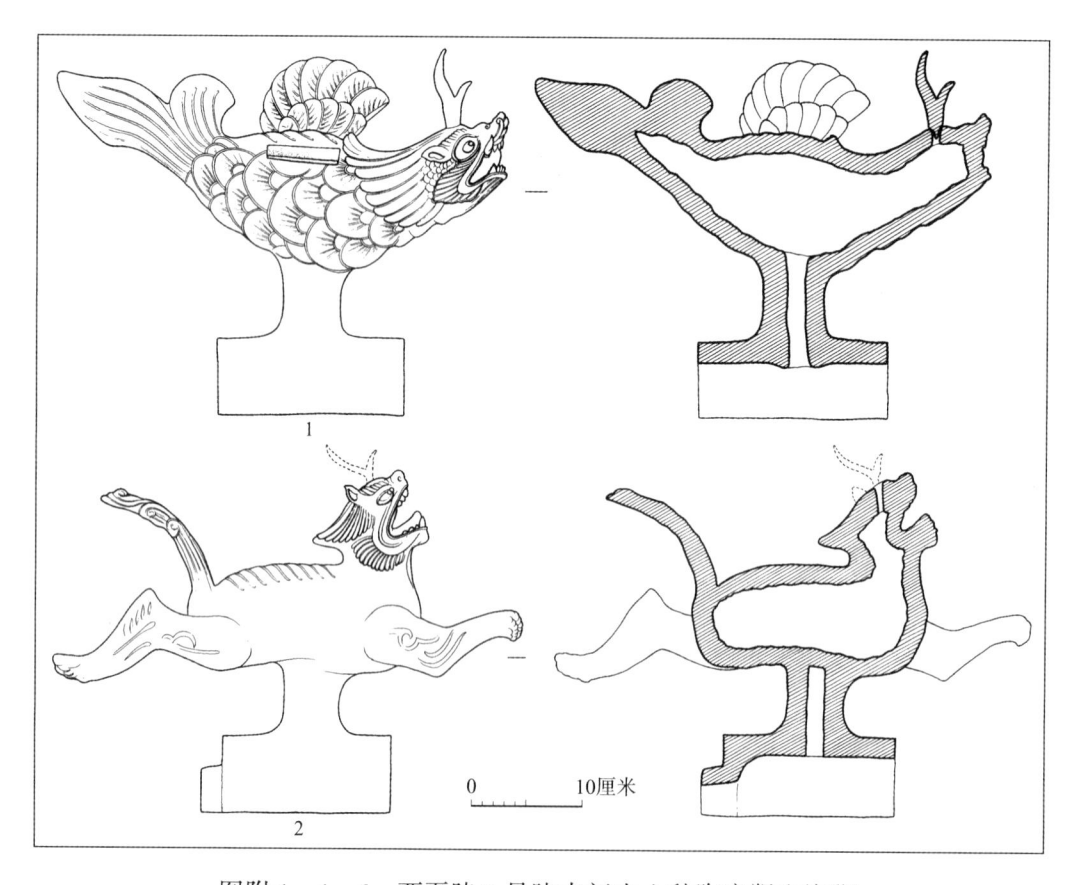

图附 1-4-6　西夏陵 3 号陵南门出土釉陶摩羯和海狮
1. 南方出土摩羯　2. 南方出土海狮

刹构件，角阙周围还出嫔伽，东北角阙下出一件铜风铃。四神门出鸱吻、瓦当、滴水、套兽、嫔伽等，南神门还出摩羯和海狮。南神门全用绿琉璃瓦构件，其余三神门用灰、红两色陶瓦构件。献殿周围出土大量的板瓦、筒瓦、瓦当、滴水、套兽、摩羯、海狮和嫔伽；少量瓦件施绿琉璃釉。陵塔每层台面上均出板瓦、筒瓦、瓦当、滴水，以及嫔伽等。上述砖瓦和建筑装饰构件的出土位置，为判断三号陵各单体建筑的建筑形制和结构，及其建筑装饰状况等，提供了重要的依据。

综上所述，三号陵陵园发掘所呈现的诸单体建筑以圆形为主的形制和结构，及其所见构筑技术之清晰，所用各种建筑材料和建筑装饰构件出土位置之明确、数量之多、种类系列化构成之全，远较其他诸陵考古调查资料准确、丰富和翔实，令人耳目一新。这些空前的重要发现，对今后全面深入研究西夏陵陵园的形制布局、陵园单体建筑构筑技术、形制、结构和建筑装饰样式，并进而展开西夏陵陵园形制布局和结构的复原研究等方面，无疑都是有极其重要参考价值的。

第五节　西夏陵的年代、陵主及诸陵园形制布局的比较

一　西夏陵的陵号与年代

《宋史·夏国传》记载，西夏共有十二帝，九个陵号。即李继迁（赵保吉）宋"景德元年（1004）正月二日卒，年四十二"；宋祥符五年（1012），"德明追上继迁尊号曰应运法天神智仁圣至道广德孝光皇帝（另一处又记追尊继迁'庙号武宗'）。元昊追谥曰神武，庙号太祖，墓号裕陵"。李德明（赵德明），卒于宋天圣九年（1031）十月，"时年五十一，追谥曰光圣皇帝，庙号太宗，墓号嘉陵"。元昊（改姓嵬名，更名曩霄，始称皇帝），宋庆历八年（1048年，即西夏天授礼法延祚十三年）正月卒，"年四十六"，"谥曰武烈皇帝，庙号景宗，墓号泰陵"。谅祚卒于宋治平四年（1067年，即西夏拱化五年）十二月，年二十一，"谥曰昭英皇帝，庙号毅宗，墓号安陵"。秉常卒于宋元祐元年（1086年，即西夏天安礼定元年）"秋七年乙丑"，"时年二十六"，"谥曰康靖皇帝，庙号惠宗，墓号献陵"。乾顺卒于南宋绍兴九年（1139年，即西夏大德五年）六月四日，"年五十七"，"谥曰圣文皇帝，庙号崇宗，墓号显陵"。仁孝卒于南宋绍熙四年（1193年，即西夏乾祐二十四年）九月二十日，"年七十"，"谥曰圣德皇帝，庙号仁宗，陵号寿陵"。纯祐南宋"开禧二年（1206年，即西夏天庆十三年）正月二十日废，遂殂，年三十"，"谥曰昭简皇帝，庙号桓宗，陵号庄陵"。安全于南宋嘉定四年（1211年，即西夏皇建二年）八月五日卒，年四十二，"谥曰敬穆皇帝，庙号襄宗，陵号康陵"。遵顼卒于南宋宝庆二年（1226年，即西夏乾定四年）春，年六十四，"谥曰英文皇帝，庙号神宗"。德旺卒于南宋宝庆二年丙戌七月，年四十六，"庙号献宗"。睍即位后仅一年，于1227年国亡被蒙古军队执杀。

上述十二帝中，李继迁、李德明卒于元昊建夏国之前，其庙号和陵号为元昊追谥。最后三帝中遵顼和德旺有庙号无陵号，末帝睍庙号陵号皆无。遵顼、德旺死于亡国前一年，时值蒙古成吉思汗率大军进攻西夏，国难当头，形势危急，已无力为其建陵，睍为亡国之

君并被杀，当然更无陵可言了。因此，现在所发现的西夏九陵即为继迁至安全九帝之陵，其情况与前述史籍记载相符。

清吴广成《西夏书事》卷八记载：宋"景德元年春正月，保吉（继迁）卒"，"秋七月葬保吉于贺兰山，在山西（东）南麓。宝元中，元昊称帝，号为裕陵"。卷十一载，宋"明道元年（1032）……冬十月，夏王赵德明卒，年五十一"，"葬于嘉陵，在贺兰山，元昊称帝后追号"[1]。以此结合前述情况可知，德明虽然追尊继迁为帝，但当时尚未建国，故无陵号。其墓应为德明所建，元昊称帝才追谥庙号和陵号。德明卒年，《宋史 夏国传》记载在天圣九年（1031），《续资治通鉴长编》和《西夏书事》记载卒于明道元年（1032）。由于《宋史 夏国传》记载德明景德元年继位，年二十三，卒年五十一，据此推算德明应卒于明道元年。1032年，德明死元昊即位，元昊随之废宋所赐赵姓和拓跋旧姓，改姓嵬名，自称"兀卒"（"青天子"之意）。这个背景与前述《西夏书事》记载德明死始有陵号是一致的，即嘉陵似应始建于1032年或其后不久，而德明的帝号与庙号则是元昊建国自称皇帝后追谥的。也就是说，西夏陵有完整的帝号、庙号和陵号，均应始于1038年元昊正式建国称帝之时。但是，应当指出1032年德明卒，元昊即位自称"兀卒"，因而德明葬后加陵号，所以西夏建陵应当始于1032年或其后不久。至于西夏陵营建年代的下限，显然是止于1211年的康陵。

二　西夏九陵的陵主问题

在西夏九陵中，只有七号陵因出土"大白上国，护城圣德，至懿皇帝，寿陵志文"碑额，可确定为仁宗仁孝之寿陵[2]。其余八陵陵主，由于目前八陵的考古调查或部分发掘资料，尚不能提供准确断定年代的证据，使之无法与八帝卒年相对应，给判断陵主问题造成极大的困难，所以八陵陵主迄今不明。在这种情况下，求其次，只能根据一些线索，对陵主问题略作推测。

前已介绍西夏九座帝陵分为四区，除第四区破坏严重，情况不甚清楚外，余三区从有无外城或夹城及其相关结构来看（参见后文），乃是每区各为一个类型。这种类型上的差异，既显示出其间有早晚之别，又表明每区二陵的年代应是前后相接的。其次，从已发掘的六号陵（原编八号）所出钱币来看，除"光定元宝"（神宗遵顼所铸）出于"陵台（塔）盗坑"不计外，余者都是北宋钱币，其中最晚的宣和年号钱铸于宣和年间（1119—1125），正当崇宗李乾顺时期[3]。属于六号陵的182号（原编一零八号）陪葬墓[4]，所

---

[1]　（清）吴广成：《西夏书事》，道光五年小山见山房刻本。
[2]　A. 参见许成、杜玉冰.《西夏陵》，东方出版社1995年版，第148页。
　　B. 宁夏文物考古研究所、银川西夏陵区管理处：《西夏三号陵——地面遗迹发掘报告》，科学出版社2007年版，第324页。
[3]　韩兆民、李志清：《关于西夏八号陵墓主人问题的商榷》，载《考古学集刊》5，中国社会科学出版社1987年版。
[4]　A. 宁夏回族自治区博物馆：《西夏陵区一〇八号墓发掘简报》，《文物》1978年第8期。
　　B. 宁夏回族自治区博物馆：《西夏陵》，东方出版社1995年版，第138页。

出汉文和西夏文残碑碑额有"梁国正献王之神道碑"字样，残碑中又记有"龙老至正德三（年）谥曰忠毅公"（正德三年即1129年），并出现"毅惠两朝"（毅宗谅祚，惠宗秉常），"崇宗践位"（崇宗乾顺）等字样。据此判断，梁国正献王生存的年代应在惠帝乾道年间至崇宗正德三年（1068—1129）之间，梁国正献王并很可能是乾顺母梁氏家族中的一位显贵[1]。以此结合前述六号陵的情况，可进一步推测六号陵陵主似为崇宗乾顺。而与六号陵同在第三区的五号陵是该区中的尊穴，故五号陵的陵主则可能是崇宗之前"毅惠两朝"中的惠宗秉常。又《西夏书事》记载，继迁葬贺兰山西（东）南麓（第一区），前述七号陵（仁宗陵）在北端第四区，五、六号陵在四区之南的第三区，这种情况表明，西夏九陵四区应是从南向北，按诸帝卒年序列依次而建的。依据这个序列，葬于贺兰山西（东）南麓第一区的一、二号陵有外城和三座碑亭，在九陵中只有一、二号陵陵塔九级，地位最高，以此结合《西夏书事》的记载，一、二号陵处于尊穴的一号陵应为太祖继迁陵，二号陵则为太宗陵（一、二号陵因在西夏建国之前，是西夏名义上的祖陵）。前已指出七号陵为仁宗陵，五、六号陵似为惠宗和崇宗陵，这样处于第四区的八、九号陵应为纯祐和安全之陵，第二区的三、四号陵就应是景宗元昊陵和毅宗谅祚陵。三号陵在二区中处于尊穴，陵园规模在九陵中最大，陵园单体建筑均呈圆形，上置佛塔式建筑，在九陵中形制和结构最特殊，其位置又在一、二号陵之北，这种情况完全符合元昊是建国之君和西夏佛教事业发展的奠基者，并是西夏陵实际上的祖陵的地位。总之，上面所述有据可依，逻辑合理，故对九陵陵主的推测似不会大误。

除上所述，一些研究者认为西夏九陵的位置与北宋帝陵一样，都是按《地理新书》所载角姓贯鱼葬法堪舆取穴的。在此类研究中，有以一至六号陵为一组，七至九号陵为一组[2]；或以一至四号陵为一组，从五号陵起再附昭穆葬图[3]；或说一至五号陵与《地理新书》昭穆贯鱼葬角姓取穴法相合，而六至九号陵并不符合昭穆关系[4]。上述诸说之间差异较大，且无一说能将九陵纳入西夏陵完整的贯鱼葬法之中，并据此较准确地断定各陵陵主，故是很值得商榷的。其次，我们认为，北宋虽然赐西夏王赵姓，但元昊建国已废赵姓，改姓嵬名，所以西夏陵在元昊三号陵之后是否按赵姓角音贯鱼葬法取穴，是有很大疑问的。退一步来说，西夏陵确是按北宋帝陵赵姓贯鱼葬法取穴，前述几种说法也不符合北宋帝陵穴位的实际情况。北宋八陵分四区，各陵不是以整体，也不是以三代为准实行昭穆葬，而是四个陵区各按实际情况处之，四个陵区无完整的昭穆葬法[5]。如果西夏陵也按四个陵区分别实行昭穆葬，第四区八、九号陵大体东西并置，对此可以两者是叔伯兄弟（纯祐仁孝之子，安全仁孝弟仁友之子）同在昭位（七号陵仁孝陵在尊穴）予以解释。但是，第三

---

[1] A. 宁夏回族自治区博物馆：《西夏陵区一〇八号墓发掘简报》，《文物》1978年第8期。
    B. 许成、杜玉冰：《西夏陵》，东方出版社1995年版，第138页。
[2] 许成、杜玉冰：《西夏陵》，东方出版社1995年版，第149页。
[3] 韩兆民、李志清：《关于西夏八号陵墓主人问题的商榷》，中国社会科学出版社1987年版。
[4] 郭黛姮主编：《中国古代建筑史》第三卷，中国建筑工业出版社2003年版，第217页。
[5] 参见本书第一章《北宋帝陵》。

区五、六号陵亦大致东西并置则无法解释。总之，按北宋帝陵角姓贯鱼葬法分析西夏陵九陵位置关系并进而确定陵主，目前尚无成功之例。因此，不排除西夏九陵取穴方式或另有所依。

综上所述，应当指出上述情况除七号陵外，余八陵陵主是谁均无确凿实证支撑，本书所论也仅限于推测，说到底西夏陵八陵陵主（七号陵除外）问题仍为悬案。由于西夏陵九陵陵主的确定，事关西夏陵的整体研究，所以此问题就成为今后西夏陵研究领域亟待解决的主要任务之一。

三 西夏诸陵陵园形制布局的比较

图附1-1-8—图附1-1-14。西夏诸陵形制布局的共性，在前面第一节之（三）中已作介绍，在此主要谈西夏诸陵陵园形制布局的差异。西夏诸陵陵园形制布局在共性为主的前提下，各陵园（八、九号残毁不计）在陵园面积，有无外城或夹城和中心台，碑亭数量，月城内石象生台座数量，陵塔层级，单体建筑形制和结构等方面又存在一定的差异，下面拟就此略述之。

西夏陵根据陵城外围护情况，可分为三种情况，类型内又有一定的差异。第一情况（图附1-1-8、图附1-1-9、图附1-1-14），L1、L2、L7有封闭式外城结构。L1、L2形制几乎完全相同，即以陵园外围四角台为准建封闭式外城，南面开门。北面二角台在外城东北和西北隅，南面二角台在外城东西墙三分之一与三分之分界处，并与月城东西墙中间偏南处相对。外城东西墙过南面二角台后向南延伸，二陵园外城南墙北距陵城南神墙137米，余三面墙距陵城东、西、北神墙均22米，陵园方向皆175度，面积同为八万平方米，陵塔都是九级。L7仅存外墙残迹，陵园方向170度，陵园面积亦为八万平方米，陵塔七级，形制与L1和L2有一定差异。第二情况（图附1-1-12、图附1-1-13），L5和L6在陵城外有南面敞口的夹城，夹城在四角台之内，南面二角台与碑亭相对，北面二角台在夹城外并与夹城西北隅和东北隅斜对，向南则与南面二角台直对。二陵园方向均175度，陵园面积都是10万平方米，陵塔皆七级。L5夹城墙距陵城东、西、北三面神墙10米，东西夹城墙南面止于陵城南面二角阙略偏南处。夹城东、西、北三面墙与陵城东、西、北三神门对应处向外突出，突出部分长23米，宽10米，形制略呈瓮城式，但无通向外部的出入口。L6夹城三面墙呈直线，与陵城东、西、北三神墙相距16米，夹城东西墙向南止于与月城东西墙中部相对处[1]，L5和L6形制亦有一定差异。第三情况（图附1-1-10、图附1-1-11），L3和L4陵城外无外城和夹城，二陵城北面二角台相距较短，东西不在一条直线上，南北与南面二角台亦不在一条直线上。南面二角台与阙台相对，距离较宽，二角台东西基本在一条直线上，四角台连线略呈梯形。L3陵园方向150度，陵园

---

[1] 宁夏文物考古研究所、银川西夏陵区管理处：《西夏三号陵——地面遗迹发掘报告》，科学出版社2007年版，第326页。图二一六西夏六号陵平面示意图，夹城城南端各内折与月城东西墙相接，不知何据？如是，夹城则完全封闭，无出入口。

面积15万平方米，陵塔七级。L4陵园方向160度，陵园面积10万平方米，陵塔五级，L3和L4形制差异较大。在上述七陵中，L1、L2、L5、L6陵园方向均175度；陵园面积L1、L2和L7为8万平方米，L4、L5和L6为10万平方米，L3为15万平方米为特例；陵塔层级，L1和L2九级，L3、L5、L6和L7七级。L8和L9残毁，形制不明。

其次，从诸陵有无中心台、碑亭数量、石象生台座数量，陵城平面形制和尺度来看，也有一定差异。L1的L2陵城有中心台，其他陵城无。碑亭L1、L2和L5三座，L4仅发现一座，L8和L9破坏，余陵皆两座碑亭。月城内石象生台座，L1、L2和L5六条台座，L3和L6四条台座，L4、L7、L8、L9破坏。陵城平面形制，L1、L2和L5平面近方形，L3、L6和L7平面长方形，L4平面窄长方形，陵城尺度各异（参见前面表三）。

西夏诸陵单体建筑形制特殊者，只有三号陵。其单体建筑平面大多呈圆形（碑亭基座方形，但亭仍为圆形），台基上置塔式建筑。门阙和角阙呈弧形三出阙样式（南面二角阙，两侧二弧形阙体结合转角阙体呈三出阙，北面二角阙在转角阙体两侧各出三弧形阙体，呈三出阙样式，余诸陵的角阙形制见表二、三）。献殿台基八角形，其上建外圆内方形献殿（余陵献殿平面长方形）。如此等等，参见前面对三号陵园的介绍。

此外，正式发掘的三号陵在地宫之上还发现有圆形建筑基址（图附1-5-1）。三号陵圆形建筑基址在盗坑北缘，北距陵塔6.2米，位于地宫之上。圆形基址直径4.8—5米，残高0.1米，黄土夯筑，周边有宽0.3米，深0.25米的包砖基槽，槽内铺垫一层灰泥，其上印有砖痕。圆形夯土基残厚0.3米，夯筑于原生地表下0.2米深的砂石层上。又经考古清理的六号陵，在陵台前盗坑与距陵塔18米处盗坑之间地面上，铺一层纯净黄土，范围不明。靠近后部盗坑有用方砖、条砖砌成的一道略有弧度的矮墙[1]。由于除三和六号陵外，其余诸陵未作正式考古发掘或清理，是否也有类似现象，情况不明。但是，无论如何，上述现象都是应当引起重视的。

综上所述，从西夏陵保存较好的一、二、三陵区来看（四陵区被破坏），前面已根据三个陵区诸陵城外有无外城或夹城，外城或夹城围护陵城的形制，四角台与外城或夹城的位置关系，以及四角台间的位置关系将其分为三种情况。这三种情况按其所在位置排序可区分为三种类型，即一陵区L1和L2陵城外有封闭式外城围护为第一类型，二陵各配置碑亭3座，月城内石象生台座6条，陵城平面近方形，陵城内有中心台，陵塔9级，陵园面积8万平方米（参见西夏陵形制表，下同）。二陵区L3和L4陵陵城外无外城和夹城，为第二类型，三陵区L5和L6陵城外有南面敞口的夹城，为第三类型。从第二类型的L3号陵开始，以后诸陵园配置较第一类型有较大变化，陵园内的碑亭从3座改为2座（L5除外），月城内石象生台座从6条减为4条（L4残无，L5除外），陵城形状从近方形改为长方形（L4呈窄长方形），陵城北、东、西三门多不能通行，陵塔从9级降为7级（L4残存5层，L5残存土丘），陵城内无中心台，陵园面积从8万平方米增至10万平方米（L3除外，四陵区L7残甚，不计）。上述诸陵中，L3和L5号陵较特殊，L3号陵在西夏诸陵中规模最大（陵园面积达15万平方米），碑亭、阙台、门阙、角阙呈圆形，其上有塔式建筑，

---

[1] 宁夏回族自治区博物馆：《西夏八号陵发掘简报》，《文物》1978年第8期。

门阙和角阙三出阙，献殿台基八角形，其上建外圆内方形献殿。为此，因 L3 以外诸陵园尚未正式发掘，具体情况不明，故目前尚无法比较研究。L5 号陵园内置碑亭 3 座，月城内石象生台座 6 条，陵城平面近方形。上述情况中，据本书的分析，L1 和 L2 号陵为西夏建国前的先祖陵，其形制和配置与二、三陵类型有较大差异，自为一个类型。L3 号陵是西夏建国皇帝元昊陵，是西夏王朝建立后的祖陵，此后诸陵园的形制布局基本以 L3 号陵为准而变化，大体形成定制，共性较强（L3 号陵之后诸陵在规模和建筑形制结构上则逊避祖陵）。L5 号陵碑亭和石象生台座数量，以及陵城形状同 L1 和 L2 号陵，在局部上归复先祖陵归制，这个现象值得注意。总之，上面根据现有资料对西夏诸陵陵园形制布局仅能作简单的粗略比较，大体区分出三个类型，并指出西夏陵诸陵园形制而已在共性之中的差异。但是，这些差异和类型产生的原因及其所反映的深层次的问题，目前限于资料尚难确指，故只能留待今后西夏陵全面正式发掘，资料较完备时再作深入探讨和研究。

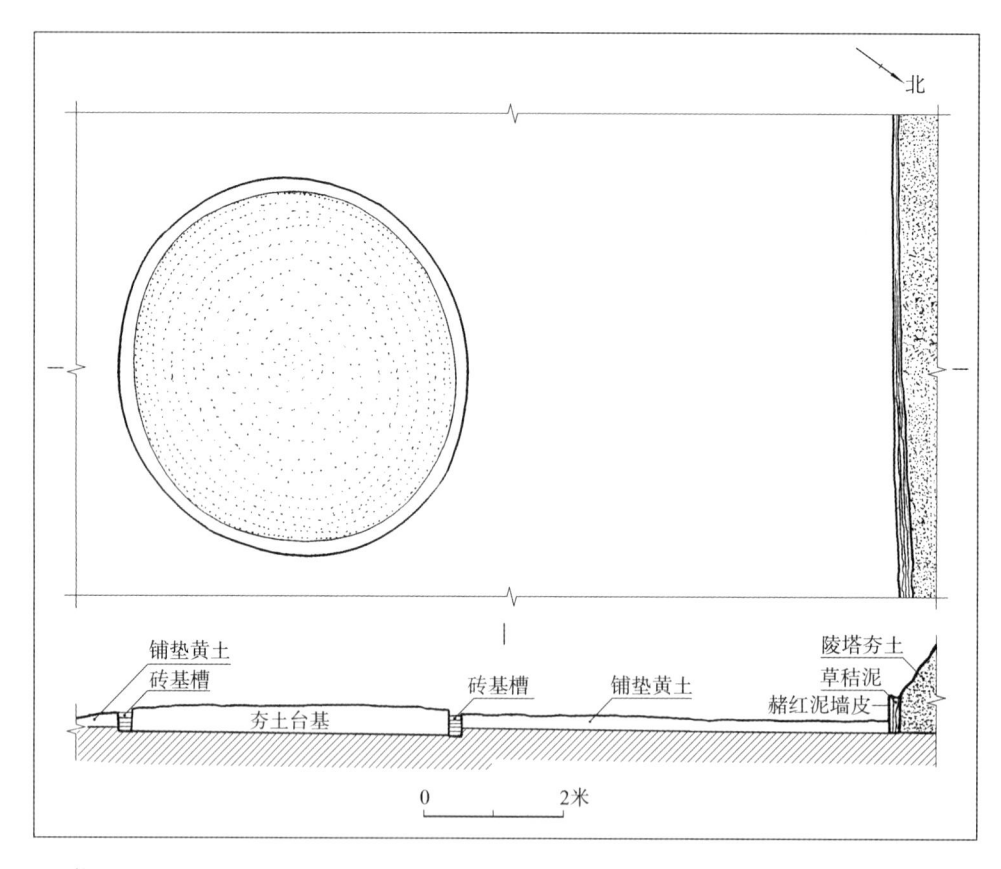

图附 1-5-1　宁夏银川西夏陵 3 号陵圆形夯土基址与陵塔南侧边平面、剖面图

第六节　西夏陵陵园形制布局溯源及陵园形制寓意探析

一　西夏陵陵园形制布局溯源

(一) 关于西夏陵仿宋陵说

明《万历宁夏志》卷上 (二十三) 陵墓条记载: "贺兰山之东,数冢巍然。传以为西夏僭窃时,所谓嘉裕陵者。其制度、规模、仿巩县宋陵而作。"现在研究西夏陵者,几乎均持此说。但是,从西夏陵陵园形制布局来看,只有角台、阙台、陵城前置石象生,陵城有神墙、神门、门阙和角阙,陵城内建献殿和地宫等主要构成要素及其部分配置情况,大体与北宋帝陵相同或近似。

首先,西夏陵陵园外围置四角台,其性质和作用约相当于北宋帝陵的兆域封堠篱寨。北宋帝陵陵园总体占地面积称兆域,兆域范围以"封堠"为标志。即在陵园外围边界上以相隔一定距离的土墩(封堠)为界标,并在封堠之间植以多刺的灌木或乔木,由此将封堠连接围合成兆域,故兆域又称篱寨。西夏陵在形制较清楚的一至六号陵中,一、二号陵在四角台间筑墙 (七号陵残,情况亦应如此),形成外城(与宋陵有别)。其余诸陵园四角台间均无墙,角台间或如宋陵植篱寨(角台,可补宋陵封堠无存之阙)。其次,西夏陵城的位置、形制和性质如宋陵上宫,陵城内献殿的位置如宋陵(宋陵尚未发现较完整的献殿遗迹)。西夏陵无鹊台,其最前面的阙台相当于宋陵之乳台(后文有说)。至于献殿、墓道、地宫、陵塔南北一线,偏置于陵城中线之西,则是西夏陵独有的特点。此外,西夏陵分四个陵区,陵区内有陪葬墓,在西夏陵东部有砖瓦窑和石灰窑址等态势,亦大体如宋陵。

除上所述,还有下宫问题。西夏九陵均无下宫,故现在都认为西夏陵无下宫。但是,在西夏陵北端发现的一座建筑遗址,却很值得注意。该建筑遗址位于第四陵区之北,西距九号陵210米,西南距七号陵400米。遗址平面长方形,南北长350米,东西宽160米,有三进院落,中院和后院各有殿址,中院两侧有跨院(图附1-1-7)[1],其形制布局与北宋帝陵下宫相似[2],故遗址的性质很可能即是下宫。也就是说,西夏陵各陵未建下宫,可是在西夏陵基本形成四陵区之后,即在仁宗仁孝七号陵之时或其后不久,则在陵区北端修建了一座为各陵所共用的下宫。下宫的位置虽然与北宋帝陵下宫在上宫西北略有区别,

---

[1] A. 宁夏文物考古研究所:《西夏陵园北端建筑遗址发掘简报》,《文物》1988年第9期。
　　B. 许成、杜玉冰《西夏陵》,东方出版社1995年版,第77—81页。
[2] 参见本书第一章《北宋帝陵》对下宫的介绍,参见冯继仁《北宋皇陵建筑构成分析》,载《考古学研究》(二),北京大学出版社1994年版。文中有宋陵下宫平面示意图。

但却与南宋攒宫的下宫在上宫之北较相似（仁宗时与南宋有较多交往）[1]。

综上所述，西夏陵陵园形制布局的一些主要构成要素确如北宋帝陵，配置情况也较相近。但是，西夏陵陵园形制布局与北宋帝陵最大的差别，是出现了北宋帝陵所无的双碑亭和月城，并将石象生置于月城内两侧。双碑亭和月城的出现，是西夏陵陵园形制布局最突出的重要特点之一。就这个较宋陵的巨大变化来看，很难断言西夏陵陵园形制布局均仿宋陵。因此，下面将进而追溯西夏陵陵园形制布局之源。

（二）西夏陵陵园形制布局源于唐陵

现在几乎都认为西夏陵陵园形制布局"仿巩县宋陵而作"，其实北宋帝陵陵园形制布局是在唐陵基础上演变而来的[2]。因此，西夏陵与宋陵在陵园形制布局上相同或近似之处，归根结底还是与唐陵的关系问题。下面拟分部位略述之。

1. 外城

文献记载，唐陵上宫有两重墙垣，《长安图志》所载《唐昭陵图》《唐乾陵图》均墙垣两重，现在乾陵上宫神墙外二百余米处已发现外城垣遗迹，其南面开门[3]。因此，西夏陵有的陵园设外城或夹城，应与唐陵有一定关系。

2. 阙台、双碑亭、月城与石象生

唐乾陵陵园南端置二鹊台，鹊台是进入封域的标志。在鹊台之后有乳峰双阙（图附1-6-1），乾陵之后唐陵建乳台，乳台双阙（三出阙）是陵园门阙，其后为神道和两侧石象生行列。西夏陵陵园二阙台后接神道，置碑亭和石象生，其性质如唐（宋）陵之乳台，故西夏陵无鹊台。又唐乾陵在上宫南神门（朱雀门）南21.6米处，东面立"无字碑亭"，西面立"述圣碑亭"，碑亭为面阔进深各三间的方亭。

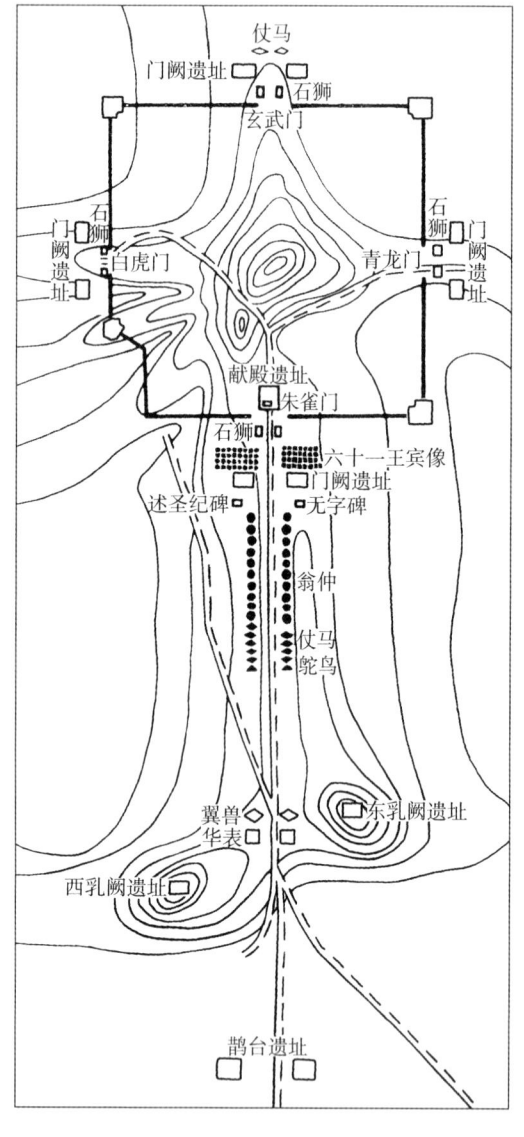

图附1-6-1 唐乾陵平面示意图

---

[1] 参见本书《南宋帝陵攒宫》中对下宫的介绍。
[2] 参见本书第一章《北宋帝陵》的有关论述。
[3] 陈安利《唐十八陵》（中国青年出版社2001年版）第5页《长安图志》所载《唐高宗乾陵图》，第52页记述在乾陵内城之外发现外城遗址，中国青年出版社2002年版。

上宫四神门外各筑二阙，并在南门朱雀门外双阙之北，朱雀门南两侧置六十一王宾石像（东29尊，西32尊）[1]。西夏陵阙台（乳台）、双碑亭（少数三碑亭）、月城及月城内两侧石象生的配置态势大体如唐乾陵。即西夏陵缩短了阙台至月城间神道的距离，在阙台后置二（或三）碑亭，将唐陵置于乳台后的石象生改置于唐乾陵六十一王宾石像处，又将唐乾陵南神门外双阙变成月城门阙，并在相当于六十一王宾像的外围砌墙，仿瓮城形制营建月城。月城内神道位置及东西两侧配置石象生的态势，亦如乾陵朱雀门前神道两侧六十一王宾像。

3. 陵城神墙、神门、门阙、角阙和献殿

唐陵上宫平面大体呈方形，四面夯筑神墙，墙顶双坡铺板瓦，墙身抹白灰和朱浆，下砌散水[2]。四面神墙各开神门，两侧有门阙，其中唐乾陵门阙三出阙，门楼楼阁式。有的唐陵上宫侧面门为过殿式，如唐桥陵上宫东、西门未探出路土，在东门洞内断面处见到白灰墙皮[3]，四周应有围墙。这种门实际上是一座殿，无通行功能[4]。唐乾陵之后各陵上宫四隅置角阙，角阙平面多为方形或圆形，阙上有建筑[5]。上宫内献殿置于南神门内，平面呈方形或长方形[6]。西夏陵陵城平面方形或长方形，夯筑神墙，墙顶覆瓦。神墙四面开神门，两侧有门阙（三号改三出阙）；有的陵城东、西、北三门或东、西二门不通行。上宫四隅置角阙（三号陵角阙为三出阙变体，上有建筑）；献殿在南神门内，平面呈长方形（三号陵八角形台基上建外圆内方形献殿）等，均与唐陵相似。此外，唐陵南神门门楼楼阁式，余三面不通行的神门过殿式，对西夏陵城四城门迄今不明的形制，也有较重要的参考价值。

上述情况表明，西夏陵陵园除陵塔之外的主要构成要素及其形制和配置状况几乎都与唐陵有关。其中特别是构成西夏陵主要特色的外城、夹城、阙台、双碑亭、月城及月城内石象生的配置形式均脱胎于唐陵。前述西夏陵仿宋陵，除角台和下宫等外，余者均与唐陵相同。因此，西夏陵陵园的形制布局，实际上是以唐陵模式为基础，并吸收宋陵一些因素而发展变化的，说到底其形制布局是源于唐陵。这种状况，应是西夏与唐朝长期的密切的政治关系和文化交流在西夏陵上的反映。

（三）西夏陵陵园形制布局在唐宋陵基础上变异的原因

关于西夏陵陵园形制布局在唐宋陵基础上的变异，在此主要谈西夏陵前区独特布局形

---

[1] 陈安利：《唐十八陵》，中国青年出版社2002年版，第51页。唐乾陵平面图及文中的记述。
[2] 陈安利：《唐十八陵》，中国青年出版社2002年版，第25页。
[3] 按，西夏陵墙体等施赭红色，仅三号陵碑亭见白灰墙皮，西夏陵陪葬墓墙体等施白色。唐陵墙体抹白灰和朱浆，唐桥陵上宫东门洞内见白灰墙皮；宋陵墙体等施红色。看来西夏陵施色主要是仿宋陵。
[4] 陈安利：《唐十八陵》，中国青年出版社2002年版，第27、28页。
[5] 陈安利：《唐十八陵》，中国青年出版社2002年版，第29页。
[6] 陈安利：《唐十八陵》，中国青年出版社2002年版，第30、31页。

式，以及献殿、墓道、地宫、陵塔南北一线并偏置于陵城中线之西的两个问题。

1. 西夏陵陵园前区形成独特布局的原因

西夏是地方割据的小国，故其帝陵的规模不可能比拟于唐宋帝陵。由于西夏帝陵规模较小，所以陵园前区神道和石象生行列不宜过长，其长度必须与陵园和陵城规模保持适度而恰当的比例关系。在这种情况下，西夏陵陵园的神道不仅较唐陵神道大为缩短，而且在依循宋陵缩短神道之制时，又较宋陵神道略短。其次，石象生行列（调查资料估计，西夏陵石象生约30件）是缩短神道的最大障碍。为解决这个问题，遂仿唐乾陵六十一王宾像配置形式，将石象生行列分段置于南神门外神道两侧，并在其外围护月城。从而改变了宋陵石象生行列拥挤在乳台与南神门间短神道上的状况。此外，石象生行列分段置于南神门外神道两侧之后，从阙台至月城门间神道则过于空旷，所以又仿唐乾陵在乳台（阙台）之后置二碑亭（有的置三碑亭）。

上述情况表明，西夏陵前区的独特布局形式，乃是在陵园规模较小，必须较已往帝陵缩短神道的前提下权变的结果。而这种权变又恰有唐乾陵碑亭和六十一王宾像配置模式可以借鉴，因而就形成了将神道按前后相连的两段设计，前段置阙台和碑亭，后段置月城和石象生的独特布局形式。这种布局形式，既达到了神道长度与陵园和陵城规模比例合宜的要求，又使神道空间序列层次疏密结合，错落有致。而神道以月城石象生组群凝重收尾，并与陵城相依，使二者相辅相成，则更增强了神道、月城和陵城应有的庄严、肃穆的纪念氛围。

2. 献殿、地宫、陵塔南北一线偏置的原因

西夏陵献殿、墓道、地宫、陵塔南北一线偏置于陵城内中线之西（以三号陵来看，偏5°，方向为145°），此现象为历代陵园中的孤例。沈括《梦溪笔谈》卷十八《技艺》中记载："西戎用羊卜，谓之跋焦，卜师谓之厮乩。以艾灼羊髀骨，视其兆，谓之死跋焦。其法：兆之上为'神明'，近脊处谓之'坐位'，坐位者主位也；近旁处为'客位'。盖西戎之俗，所居正寝，常留中一间，以奉鬼神，不敢居之，谓之'神明'，主人乃坐其旁，以此占主客胜负。"在佛教传入西夏以前，党项人一直崇信鬼神，所谓跋焦占卜法，就是西夏人信奉的灸勃焦占卜法。按照这种占卜信仰，居中处皆为鬼神位，凡人事皆不可当此禁忌之位（西夏一、二号陵陵城中心台，或即表示鬼神之位）。故西夏陵献殿至陵塔南北一线均偏置于陵城中线之西，现在西夏陵的研究者多持此说[1]。

三　西夏陵陵园形制寓意探析

（一）西夏陵陵塔、陵城和陵园整体形制之寓意

1. 西夏陵陵塔的性质与寓意

西夏陵陵塔的出现或受北宋帝陵三层高陵台的启迪，从西夏陵大型陪葬墓在墓室之上均耸立塔式高封土来看，西夏陵陵塔原本或亦仿宋陵之陵台。但是，西夏陵却将陪葬墓塔

---

[1]　许成、杜玉冰《西夏陵》，东方出版社1995年版，第153页。

式高封土改置于地宫之后，变成佛塔式的陵塔。这种巨大的变化，不仅使陵与陪葬墓在规制上形成严格的等差，而且其性质和寓意也进一步深化和升华。

据前述资料，正式发掘的三号陵和经考古清理的六号陵，在陵塔前均发现有圆形夯土建筑基址。三号陵圆形建筑基址大致位于地宫之上，六号陵圆形建筑基址则在地宫之后，说明此类建筑基址应与地宫封土无关。由于圆形建筑基址在陵塔前，故必与陵塔有较深的内在关系。我们认为，西夏陵起塔，乃是西夏"皇室"笃信佛教的反映。佛塔意译为坟，源于对佛陀舍利之崇拜。佛涅槃后起塔供养，西夏陵在地宫之后亦起塔供养，显然有比附之意。因此，陵塔的位置和形制结构与封土无关，但其却与前述的塔式高封土和宋陵的陵台一样，仍不失为陵的重要标志。除此之外，陵塔更重要的是将死去的西夏皇帝比附佛教的"涅槃"。陵塔前的圆形建筑基址可能就是供养象征"皇帝涅槃"的佛塔并与西夏"皇室"世俗祭祀活动相结合的"祭台"或"祭坛"[1]。由此创造出隆重纪念死者的庄严氛围，以示西夏皇帝在西夏人佛教"涅槃"信仰中的崇高地位，并使之在人间和冥府中成为代表皇帝身份地位的象征。

总之，陵塔的设置植根于西夏人对佛教涅槃的信仰，但同时又离不开当时现实社会的传统，所以陵塔的设置也是当时西夏人的葬俗（如陪葬墓塔式封土）和西夏皇帝丧葬规制的反映。因此，陵塔无论对死者还是生者，都必然有较深的寓意。对此，前面已略作推测，但其真正的含义，迄今尚无共识性的确解。

2. 西夏陵陵城仿宫城，并喻为"涅槃城"，陵园整体形制仿都城

唐宋帝陵上宫形制仿宫城，此后明陵陵宫与地宫前后相连而分置，更明确仿宫城前朝后寝之制[2]。由此可见，自唐以后上宫仿宫城已形成传统。从西夏陵陵城来看，陵城平面呈方形或长方形，神墙四面开神门，有门阙，四隅置角阙，凡此均属宫城规制。其次，陵城内的献殿相当于宫城大殿，地宫相当于宫城之寝。又陵城南神门与月城相连，月城内两侧石象生行列则象征皇帝生前之卤簿。上述情况表明，西夏陵陵城显然是比拟于宫城。

此外，由于佛塔与涅槃密切相关，故陵塔与陵城相结合，又可将陵城喻为"涅槃城"[3]。以使死者不生不灭，到达安乐解脱之圣者所居；命终，往生极乐世界（详见后文）。除上

---

[1] 杨宽：《中国古代陵寝制度史研究》，上海人民出版社2003年版，第54页。记述：唐昭陵玄宫（地宫）门顶上建神游殿。西夏三号陵在地宫之上有圆形建筑基址，其或是仿唐昭陵神游殿而将建筑移到地宫封土之上，并演变成祭祀性的建筑。

[2] 陈安利：《唐十八陵》，中国青年出版社2002年版，第52页。以及本书《北宋帝陵》和明陵部分的有关论述。

[3] "涅槃城"经论所载有二义。一乃譬喻之语，盖涅槃系证不生不灭，到达安乐解脱之圣者所居，故以城为喻（《楞伽经》卷三）。二指极乐世界，盖极乐系无为之涅槃界，故为证涅槃寂静妙果之都城，习称"毕命直入涅槃城"，即命终，往生极乐世界（《长阿含经》卷四，《楞严经》卷十）。以上参见《佛光大辞典》第4154页"涅槃城"条（书目文献出版社1989年影印本）。

所述，若进而言之，西夏陵有外城者，似表现宫城（陵城）之外有外城。有夹城者，似以陵城为宫城，夹城则表明西夏宫城外或有夹城[1]，四角台连线范围为外城。陵城外无围护者，似以陵城为宫城，四角台连线范围为外城。也就是说，西夏陵陵园的整体形制均在不同程度上模拟都城，其核心和重点表现的则是宫城（陵城）。

（二）三号陵陵园形制寓意探析

1. 三号陵是西夏陵体系中真正的祖陵

现在多认为一、二号陵是西夏陵的祖陵。但是，在西夏九陵中，只有位于一、二号陵之北第二陵区的三号陵规模最大，形制和结构最复杂。前已推定，三号陵陵主是西夏建国之君元昊，一、二号陵陵主是西夏建国前的李继迁和李德明，三号陵以北四至九号陵陵主是元昊之后诸帝的陵园。这样，西夏陵就以三号陵为界，分为建国前后两大部分。即卒于西夏建国前葬于三号陵之南第一陵区的一、二号陵，是元昊建国后追谥的帝陵，其对西夏王国来说只是名义上的祖陵。西夏建国后，以三号元昊陵为首陵，故是西夏王国事实上的祖陵。元昊之后的四至九号陵陵园规模和形制均在三号陵之下，也意在"逊避祖陵"（开明十三陵"逊避祖陵"即长陵之先河），所以三号陵才是西夏王国正式的真正的祖陵。由于三号陵是祖陵，地位崇高，陵园形制结构最复杂，因而在西夏诸陵中形制寓意最完备，表现得也最充分。有鉴于此，探讨三号陵陵园形制的寓意，对其他诸陵无疑也是有较重要参考价值的。

2. 三号陵陵园形制重要表现"涅槃"信仰和往生佛国净土极乐世界

（1）三号陵园建筑设计以"天圆地方"为核心理念

三号陵陵园月城长方形，陵城平面略呈方形，四角台连线呈长方形之变体而呈梯形，碑亭基座亦呈方形，"方形"成为三号陵的基本框架。其次，碑亭方形基座上的亭呈塔式，门阙和角阙平面和立面呈圆形或圆弧形，其上建立体呈圆形的覆钵式塔；献殿台基八角形上建外圆内方形献殿，陵塔呈圆形覆钵式。上述情况表明，三号陵陵园设计在总体上乃是方与圆的结合，充分体现出中国传统的"天圆地方"的理念（参见后文）。具体言之，陵园主体建筑基础部分为方形，其上的塔式建筑及门阙、角阙、阙台和角台等辅助建筑为圆形。下面基础部分呈"方"形代表大地，具静态特征，上面呈"圆"形代表天，具向上的动势，两者结合，重在表现长眠于陵宫大地之下面的陵主灵魂升天的态势。

（2）三号陵诸塔林立，陵城及陵园形成塔院和塔林

三号陵陵城四神门门阙和四隅置塔，陵城内北端又耸立陵塔作为陵墓的标志，整个陵

---

[1] 元上都城外有夹城，南西开口形成宫廷广场。参见中国历史博物馆遥感与航空摄影考古中心、内蒙古自治区文物考古研究所《内蒙古东南部航空摄影考古报告》（科学出版社2002年版）第159页照片，及该报告所报元上都遗址平面实测图。按元上都建于成吉思汗陷西夏都城中兴府、灭西夏之后，故上都宫城外有夹城，或与中兴府宫城外也有夹城相关。

城犹如一座塔院。其次，三号陵陵园四角台、二阙台、二碑亭和月城南门两侧门阙之上亦置塔式建筑[1]。上述情况表明，三号陵陵园诸塔林立，陵园置于塔林之中，因而使整个陵园犹如佛国净土极乐世界。

（3）三号陵陵城更像宫城，更似"涅槃城"

前已指出，西夏诸陵陵宫的形制仿宫城，其中三号陵的陵城四神门门阙三出阙，四隅角台呈复合式三出阙样式（参见前述情况），三出阙属宫城规制之列。西夏宫城规制不明，从西夏保存较好重要城址黑城来看，残存遗址的城西北角台上及相邻两侧城墙上置塔。据此似可认为，西夏都城、宫城和重要城址的门阙、角阙上置塔已成通例，三号陵陵城上诸塔当是上述情况之反映。因此，门阙和角阙三出阙与诸塔的出现，使三号陵陵城较其他诸陵的陵城更像宫城。

其次，上面已说明西夏诸陵陵塔与陵城相结合，又可将陵城喻为"涅槃城"。具体到三号陵，其陵城门阙和角阙上诸塔与陵塔相得益彰，形成了更加浓厚的"涅槃"色彩，所以三号陵的陵城较其他诸陵陵城更似"涅槃城"。

综上所述，三号陵陵园特殊的形制结构，以"天圆地方"为陵园设计核心理念，并以此为准，形成三号陵园形制的基本框架。这样就使元昊既葬于以宫城为模式的陵城之中，长眠于大地，又使之处于"天圆"之下，营造出天地交融、视死如生的氛围，重在突显元昊死后在冥府中仍居至高无上、唯我独尊的地位。其次，三号陵园诸塔林立，以佛教涅槃信仰为主线，将元昊之死比附于"涅槃"，将陵城喻为"涅槃城"，使整个陵园仿佛置于"佛国净土极乐世界"之中，充分体现出三号陵陵主希望死后往生佛国净土极乐世界的强烈夙愿。上述情况表明，西夏陵以唐宋帝陵为样本，按照当时当地的实际情况予以取舍变化，形成了西夏陵的新规制。在此基础上，西夏陵特别是其中的三号陵，更将佛教涅槃信仰和对塔的崇拜纳入其中，并使之与陵园有机结合，融为一体，从而创造出新型的西夏陵陵园形制布局和结构。此种类型的陵园形制，为西夏所独有，因而成为中国古代陵园形制布局中的奇葩。

---

[1] 宁夏文物考古研究所、银川西夏陵区管理处：《西夏3号陵——地面遗迹发掘报告》（科学出版社2007年版）根据角台、阙台、二碑亭、门阙和角阙的形制，以及附近堆积中出土塔等遗物判断，这些墩台上原均有塔式建筑。

附二　明代藩王坟

　　明代开国不久，朱元璋就"众建藩辅所以广磐石之安，大封疆土所以眷亲支之厚"，建立了封藩制度。将其24个儿子和一个从孙分封为王，此后历朝相继所封亲王、郡王很多[1]。与此相应，又形成了藩王丧葬制度[2]。

---

[1]　A. 诸亲王、郡王情况，见《明史》卷一〇〇——〇四，"诸王世系表一—五"；《明史》卷一一六——二〇，"诸王一—五"。亲王和郡王通称藩王。按太祖二十六子，懿文太子外，皇子楠未封，燕王后尊为帝系，余二十三子均封为王。
　　B. 从孙封王指靖江王守谦，《明史》卷一一八，"诸王三"："靖江王守谦，太祖从孙。父文正，南昌王子也。"文正被谪后，将守谦育之宫中。洪武三年封守谦为靖江王，"禄视郡王，官属亲王之半"。"既长，之藩桂林。"
　　C.《明史》卷一一六，"诸王"列传序说："明制，皇子封亲王，授金册金宝，岁禄万石，府置官属。护卫甲士少者三千人，多者至万九千人，隶籍兵部。冕服车旗邸第，下天子一等。公侯大臣伏而拜谒，无敢钧礼。亲王嫡长子，年及十岁，则授金册金宝，立为王世子，长孙立为世孙，冠服视一品。诸子年十岁，则授涂金银册银宝，封为郡王。嫡长子为郡王世子，嫡长孙则授长孙，冠服视二品。诸子授镇国将军，孙辅国将军。曾孙奉国将军，四世孙镇国中尉，五世孙辅国中尉，六世以下皆奉国中尉。其生也请名，其长也请婚，禄之终身，丧葬予费，亲亲之谊笃矣。"
　　D.《明史》卷一二〇，"诸王五"之后，"赞曰：有明诸藩，分封而不锡土，列爵而不临民，食禄而不治事。盖矫枉鉴覆，所以杜汉、晋末之大祸，意固善矣"。
　　E.《明太祖实录》卷五十一记载：上曰："然天下之大，必建藩屏，上卫国家、下安生民"，此"乃遵古先哲王之制，为久安长治之计"；又说："先王封建，所以庇民。固行之而久远，奉废之而速亡，汉晋以来莫不皆然。其间治乱不齐，特顾施为何如尔。要之，为长久之计，莫过于此。"
　　F.（清）嵇璜等《钦定续文献通考》（万有文库本，商务印书馆、浙江古籍出版社1988年版）卷二百八《封建考·同姓封建》："明太祖洪武二年四月，编祖训录，定封建诸王之制。""太祖既正大统，诏封众子为王，置傅相，设官属，定礼仪，列爵而不临民，分土而不任事，外镇偏圉，内控雄域。洪武三年封建礼仪成，告于太庙，遂定亲王等封爵册宝之制。至二十八年更定封爵册宝之制。""《双溪杂记》云：'国初诸王皆置护卫，握兵权，成祖靖难后遂皆革罢'。"
　　G.《中国大百科全书·中国历史》Ⅲ（中国大百科全书出版社1992年版），第1192页记述："有明一代，皇诸子受封为王的有六十二人，建藩就国的有五十人。"中国大百科全书出版社1992年版。

[2]　A.《明史》卷五十九，礼十三："定制：亲王丧，辍朝三日。礼部奏遣官掌行丧礼，翰林院撰祭文、谥册文、圹志文，工部造铭旌，遣官造坟，钦天监官卜葬，国子监监生八名报讣各王府。御祭一，皇太后、皇后、东宫各一，在京文武官各一。"亲王妃丧，"御祭（转下页）

明代藩王坟茔已发掘或已知者较多，其数量属历代所发现王坟最多之列[1]。由于藩王中的亲王坟茔"下天子一等"，坟茔的形制布局与帝陵关系密切，故列于帝陵之后略作介绍[2]。

第一节　藩王坟茔园规制

明代亲王坟茔大多各自集中葬于同一兆域之内，如湖北武昌县楚王坟兆域（内葬昭、庄、宪、康、靖、端、愍、恭、贺王等）、宁夏同心县庆王坟兆域（内葬靖、康、怀、庄、恭王等，加上陪葬墓共30余座，范围达三十余平方公里）；郡王坟茔兆域以广西桂林市靖江王兆域保存较完整（内葬庄简、悼僖、怀顺、昭和、端懿、安肃、恭惠、康僖、温裕、宪定、荣穆王等十一王坟）[3]。四川成都蜀王坟和江西南城县益王坟等亦相对集中埋葬。此外，也有一些藩王坟茔集中与分散相结合，如周定王坟在河南禹县，靖、懿、惠王坟在荥阳。

明初朱元璋追封其外祖、外曾祖、外高祖及兄弟等人为王，并修建第一批王坟。据《帝乡纪略》记载，杨王（外祖）坟等茔园中轴线上置三门（陵门、门楼、金门），门楼前设神道石象生（石人、石虎、石羊、石望柱共七对），其后为主体建筑享堂，四周围神墙，附属建筑有神厨、神库、宰牲房、碑亭等。其形制布局已具后来藩王坟茔茔园之雏

（接上页）一坛，皇太后，中宫、东宫、公主各祭一坛。布政司委官开圹合葬。继妃、次妃祭礼同。其夫人则止御祭一坛，俱造圹祔葬。郡王丧，辍朝一日。行人司遣官掌行丧葬礼，余多与亲王同，无皇太后、皇后祭。郡王妃与亲王妃同，无公主祭。合葬郡王继妃次妃丧礼，俱与正妃同"。"天顺二年，礼部奏定……或王或妃先故者，合造其圹。后葬者，止令所在官司安葬。继妃则祔葬其旁，同一享堂。"成化十三年"又王国茔葬，夫妇同穴。初造之时，遣官监修。开圹合葬，乞止命本处官司"。其余规定，请参见原文，以及《明会典》卷九十八。
B. 明李东阳等奉敕撰，申时行等奉敕重修：《大明会典》（三），江苏广陵古籍刻印社1989年版，卷九十八，礼部五十六：郡王丧，"上辍朝一日，翰林院撰祭文、谥册、圹志文。工部造铭旌，行人司差官掌行丧礼。本处阴阳生一名卜葬，国子监取监生报讣各王府"。《大明会典》（五），卷二百三，工部二十三："天顺二年奏准：亲王以下依文武大臣例，或王或妃有先故者，并造其圹。后葬者止令所在官司起倩夫匠开圹安葬。继妃则祔葬其旁，同一享堂，不许另造。成化十三年令：亲王并妃照旧，差官开圹，郡王以下，止令所在官司，量备工料开圹。十八年令：王府擅奏重修坟茔者，先将辅导官参奏。弘治五年令：亲王、郡王、镇国将军，各于始封父祖茔，序昭穆葬。郡、县等主，于仪宾父祖茔葬。"

[1] 明代亲王坟，已清理或经调查者在50座以上，郡王坟约超过千座。
[2] 郡王坟茔，本书顺便略述之。
[3] 其他诸藩王坟茔集于同一兆域者，将在后文中提到。

型，只是茔园平面呈方形，四向开门等仍可看到前代的影响。此后，永乐八年（1410）对亲王坟茔茔园制度有较详细的规定。《大明会典》卷二百三，工部二十三，"王府坟茔"条记载："凡王府造坟，永乐八年定。亲王坟茔，享堂七间，广十丈九尺五寸，高二丈九尺，深四丈三尺五寸。中门三间，广四丈五尺八寸，高二丈一尺，深二丈五尺五寸。外门三间，广四丈一尺九寸，高深与中门同。神厨五间，广六丈七尺五寸，高一丈六尺二寸五分，深二丈一尺五寸；神库同。东西厢及宰牲房各三间，广四丈一尺二寸，高深与神厨同。焚帛亭一，方七尺，高一丈一尺。祭器亭一，方八尺，高与焚帛亭同。碑亭一，方二丈一尺，高三丈四尺五寸。周围墙二百九十丈，墙外为奉祠等房十二间。"到正统十三年又定"亲王坟茔，地五十亩，房十五间。郡王地三十亩，房九间"[1]。上述情况表明，亲王坟茔茔园之建置类似帝陵而"下天子一等"。

但是，应当指出，上述规制是比较粗疏的。从现在已刊布的亲王坟茔茔园资料来看，其茔园构成要素基本如制。然而，由于诸亲王分封时期不同、与在位皇帝亲疏关系各异；所在地域、王国大小和实力强弱，诸王个性、素养和信仰有别等，遂导致各亲王坟茔茔园的规模、配置和尺度不仅与上述规制有出入，而且相互间也呈现出较大的差异。特别是由于对牌坊、望柱、石象生、明楼和地宫无明文规定，碑亭虽有规定但实行较晚等原因，其间的差异更大。

第二节 亲王茔园的形制布局

亲王茔园均选在风水形胜之地，建于山麓或山丘高阜之处，现多已残毁或无存。下面以有茔园平面图或保存稍好和残迹较多的亲王坟茔为例，略作介绍。

一 洪武—永乐时期

（一）鲁荒王茔园的形制布局

图附2-2-1。[2]鲁荒王朱檀洪武二十二年（1389）薨[3]，坟茔在今山东省邹县城东北二十五里九龙山南麓[4]。茔园仅余残迹，其平面呈纵长方形（南北长206米，东西

---

[1] 其他丧葬制度，参见前页注[2]。
[2] 山东省博物馆：《发掘明朱檀墓纪实》，《文物》1972年第5期。
[3] A.《明史》卷一百一，诸王世表二："鲁荒王檀，太祖庶十子，洪武三年封。十八年就藩兖州府，二十二年薨。"
　　B.《明史》卷一百十六，诸王一："鲁荒王檀，太祖第十子。洪武三年生，生两月而封。十八年就藩兖州。好文礼士，善诗歌，饵金石药，毒发伤目，帝恶之。二十二年薨，谥曰荒。"
[4] 九龙山位于今邹县、曲阜市交界处，距兖州不远。山东省博物馆《发掘明朱檀墓纪实》记载，朱檀坟西60余米处祔葬王妃戈氏，戈氏正统五年薨。戈氏坟所出圹志记"葬于九龙山之原"，可见九龙山之名明初已有。

宽80米），围墙青砖砌筑（砖长40长厘米），墙基厚约1.4米[1]。茔园地势前低后高，

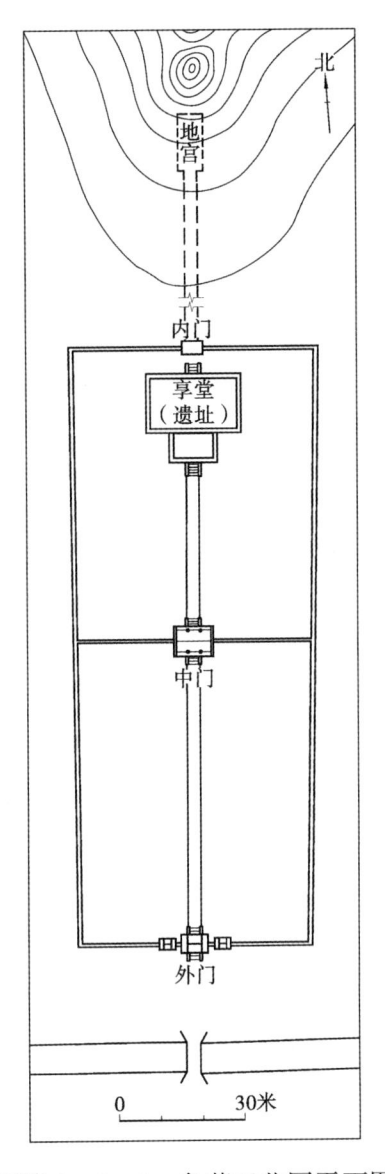

图附2-2-1　鲁荒王茔园平面图
（采自《中国古代建筑史》第四卷）

---

[1] A. 山东省博物馆：《发掘明朱檀墓纪实》，《文物》1972年第5期。说：遗址"至今还散存大型石柱础、殿基角石、龙纹琉璃瓦等。据群众传说早年还有角楼"。
B. 潘谷西主编：《中国古代建筑史》第四卷，中国建筑工业出版社2001年版，第212页。说：鲁荒王茔园四角建角楼。
C. 中国建筑艺术全集编辑委员会编：《中国建筑艺术全集·明代陵墓建筑》，中国建筑工业出版社2000年版，图版说明，第63页。说，茔园有方城明楼。中国建筑工业出版社2000年版。按，明楼系近年仿明定陵明楼而建，不属原茔园内建筑。
D. 有的文章说鲁荒王坟茔有外围墙，但遗迹无存，山东省博物馆《发掘明朱檀墓纪实》（《文物》1972年第5期）也未提及，故仅作参考。

两进院落，第一进院落略大。茔园从南向北，沿中轴线依次置神道桥、外门、中门、享堂和内门，附属建筑无存。外门有铺石台基残迹，三个门道，中间门道宽3.6米，左右门道宽3.2米；中门亦三门道，尺寸与外门相近。享堂遗址台基东西宽约33米，南北长约24米，前出月台，遗址上尚残存角石和柱础，殿后内门之北约200米山坡处置坟冢。

（二）楚昭王茔园的形制布局

图附2-2-2[1]。楚昭王朱桢茔园在今湖北省江夏区（原为武昌县）龙泉山南麓天马峰下，西北距武汉市约15公里。茔园生前予建于洪武十五年（1382），朱桢永乐二十二年（1424）薨[2]。茔园院落北倚天马峰，茔园内外两重围墙，外围墙方形，南北355米，东西335米，墙现高3.3米，厚0.9米，墙体石基砖砌。内墙在外墙中部偏南，残存砖筑基址，平面略呈方形。茔园内地下有排水暗沟，建筑仅存基址。茔园中轴线上置外门、中门和内门，东、西墙各有侧门，外门三道券门（修复后覆单檐绿琉璃瓦），外门两侧各置一角门。入外门前行跨神道桥（三孔单拱石桥）至中门（五开间），即享殿门，其左右置掖门。中门石须弥座台基，台基前后置石雕丹陛正面踏跺和左右垂手踏跺。入中门即以享堂为中心建筑群，享堂五间居中，享殿修复后庑殿顶，覆绿琉璃瓦。享堂石须弥座台基周匝寻栏，前后展月台。前月台有丹陛正面踏跺和左右垂手踏跺，两侧各有抄手踏跺；后月台之后为内门。台基角柱与上部望柱间外挑大螭首（螭首前爪下雕出云墩，罕见），其余望柱下出挑小螭首。享堂各踏跺旁的抱鼓石均精雕海水、翔龙和云气等图案（较罕见）。享堂前两侧各置三间厢房（东、西庑），东厢房前置焚帛炉一座。享堂之北有内门（棂星

---

[1] A. 付守平：《明代楚昭王朱桢墓发掘简讯》，《江汉考古》，1992年第1期。
B. 《武昌县龙泉山明代楚昭王墓》，载《中国考古学年鉴（1991）》，文物出版社1992年版。文中说："园内的地面建筑业已修复。当地包括该墓在内的9座明代楚系藩王陵墓，均被列为省级重点文物保护单位。"
C. 湖北省文物考古研究所、武汉市文物考古研究所、武汉市江夏区博物馆：《武昌龙泉山明代楚昭王墓发掘简报》，《文物》2003年第2期。
D. 中国建筑艺术全集编辑委员会编：《中国建筑艺术全集·明代陵墓建筑》，中国建筑工业出版社2000年版。图版说明，第60、61页；第150页彩版一六八"碑亭"，151页彩版一六九"龟趺"，彩版一七〇"主体建筑群"，彩版一七一"享堂台基螭首"，一七二"享堂踏跺抱鼓石"。

[2] A. 《明史》卷一〇一，诸王世表二："楚昭王桢，太祖庶六子，洪武三年封。十四年就藩武昌府。永乐二十二年薨。"
B. 《明史》卷一一六，诸王一："楚昭王桢，太祖第六子。始生时，平武昌报适至，太祖喜曰：'子长，以楚封之'。"
C. 中国建筑艺术全集编辑委员会编《中国建筑艺术全集·明代陵墓建筑》（中国建筑工业出版社2000年版）第33页说："建置最早的是洪武十五年建于湖北武昌县灵泉山的楚昭王朱桢坟。"图版说明第60页又说：朱桢为朱元璋"爱子"，就藩后翌年开始予建自己的坟园，建筑格外隆重。

门），内门外置石五供（仅存石供案），又北即圆形坟冢（底径24米，封土残高4—8米）。茔园外门之南左侧置"楚昭王之碑"和碑亭[1]，无石象生。

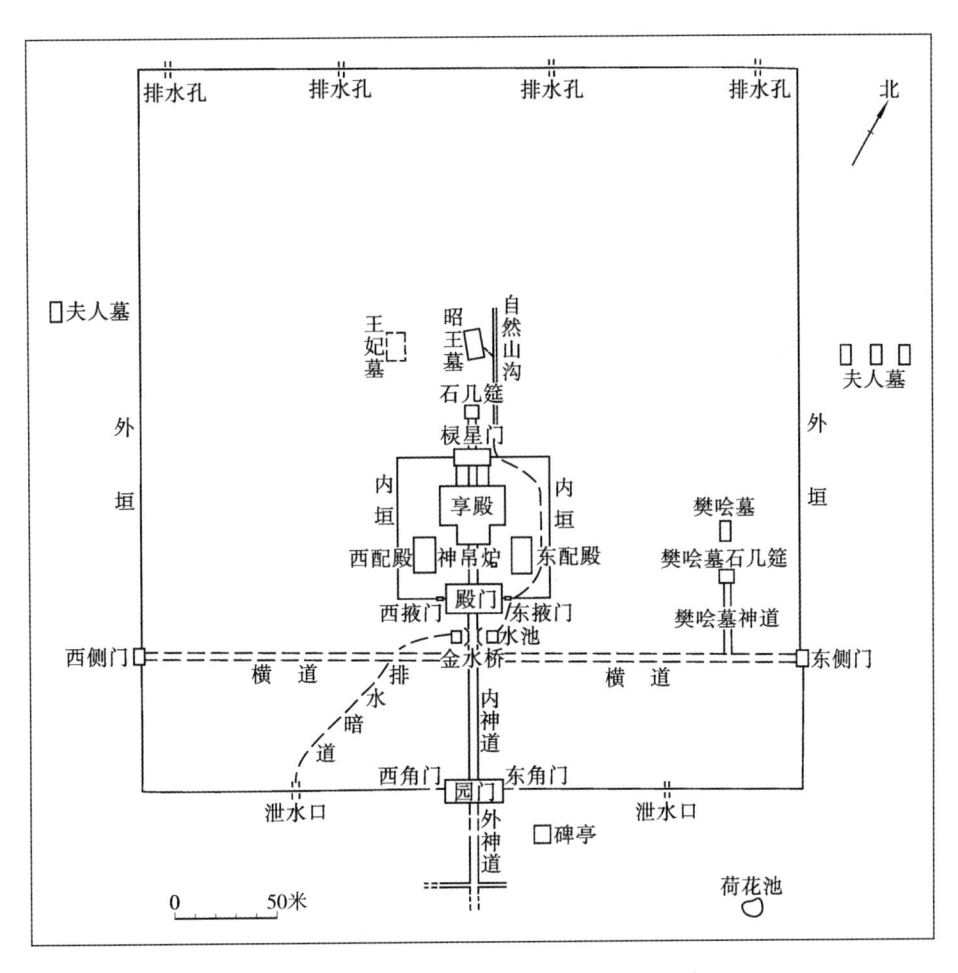

图附 2-2-2　楚昭王茔园总平面图
（采自《文物》2003 年第 3 期）

---

[1] A. 永乐八年虽然规定准许亲王坟茔建碑亭一座，但却未立即执行。《明英宗实录》记载：正统二年（1437）"礼部稽洪武、永乐间例，皆无亲王及郡王立碑者"。十年后经英宗钦准，楚昭王茔园首开立碑之先例。《楚昭王之碑》记载："昭园、庄园未有树碑。……仰荷玉旨，谓国家先代陵碑皆后圣亲述，用劚祥也；爰命季埱自述其词。"碑由昭王之孙楚宪王朱季堄遵旨撰文，此后由楚康王朱季埱在正统十二年（1447）建碑。
B. 碑亭方形，单檐绿琉璃歇山顶。碑龙首龟趺，尺度超过长陵以后诸帝陵，形制也别具一格。碑座用大块石料将水盘、卧龟和上承碑身的碑檐整体雕成，尺度格外巨大，卧龟下面厚硕的水盘突起于石雕圭角方座上。其形制为明代陵墓石碑中鲜见的特例。

(三) 鲁荒王和楚昭王茔园之比较

鲁荒王和楚昭王茔园，是迄今所知明代亲王茔园保存较好或略存残迹者中时代最早的二座茔园。两座茔园构成要素和配置形式大体相近；皆有三门，无石象生和望柱，坟冢与茔园不连接并距内门较远，坟冢未见宝城。其差异性，主要是楚昭王茔园两重围墙，有神道碑和碑亭，有石五供，茔园有东、西门（同明皇陵），享堂前有焚帛炉一座，鲁荒王茔园则未见。其次，二茔园神道桥的位置不同，楚昭王茔园建筑台基石雕艺术精湛，构图较特殊，鲁荒王茔园建筑石雕则基本无存。此外，鲁荒王茔园合于"下天子一等"的规制，楚昭王茔园逾制之处则较多。比如：第一，楚昭王茔园超过了明十三陵中一般帝陵陵园的面积。第二，楚昭王茔园有类似帝陵专用的石五供。第三，楚昭王茔园首开亲王茔园立神道碑建碑亭之先例，碑龙首龟趺，尺度超过一般帝陵，龟趺形制也较特殊。第四，茔园外门、中门各五间，不合永乐三年各三间定制。

二 正统年间宁献王茔园的形制布局[1]

(一) 宁献王茔园的形制布局

宁献王朱权坟茔在今江西省新建县西山珂里乡黄源村西约500米的缑岭东麓（距南昌市八一桥约30公里），坟茔所出《圹志》说坟茔予建[2]，正统十三年九月薨，十四年二月葬。朱权茔园未见平面图，现据发掘简报略述于后。

发掘简报说，大封土堆之前有一道青砖拦土墙，封土堆顶部又有一道石砌拦土墙[3]。两道拦土墙之间及石砌拦土墙后面保存一些墙基和柱础，地面及土中散布砖石及琉璃瓦饰残片[4]。在砖砌拦土墙前面为平地，地面有配置规整的六列柱础（柱础座方形，边长80厘米，圆形柱础径62厘米）。平地的左、右、前三面有墙基，后墙基外尚有三个柱础，似廊柱；平地前又有前突的月台，月台前砖砌礓磜。简报引明国史总裁胡俨《敕封南极长生宫碑》的记载，认为"现有柱础的地方是当时的长生殿，而左右前三面的墙基，在前面的为南极殿，在左面的为泰元殿及冲霄楼，在右面的为璇玑殿及凌汉楼"。在南极殿遗迹前十余米处有一碑座，又前数十米有房基及琉璃瓦片。发掘者认为这是胡俨所说"宫门外有醉仙亭"的遗址。再前数十米有单孔小桥，桥前左右各有八棱形石华表（望柱）一个，高6.9米，每面宽0.26米。文中说："华表各面均刻符篆。"在北的一个，正东一面刻有："紫青降福天尊永劫宝符。"符形之下有文云："此宫之作，因极降灵，今建是宫为生民祈寿，于是奉闻大廷，敕封南极长生宫，上祝圣寿万年，宗支悠久。"在南的一个，正东面

---

[1] 陈文华：《江西新建明朱权墓发掘》，《考古》1962年第4期。

[2] 潘谷西主编：《中国古代建筑史》第四卷，中国建筑工业出版社2003年版，第207页。说：宁献王坟茔予建于正统二年（1437）。中国建筑工业出版社2001年版。

[3] 陈文华：《江西新建明朱权墓发掘》，《考古》1962年第4期。文中说："后经发掘知砖墙下面即为墓门，石块墙下即墓之后室。"

[4] 此处报告未交待清楚。按，明代不大可能在封土上有建筑，其遗迹或与类似宝城的性质有关。

刻："青华丈人护世长生真符。"符形之下有文曰："皇明天历正统七年岁在壬戌十二月十六日，南极冲虚妙道真君立，永镇是宫，与天长存。"石华表前数十米的水田中，左右各有石碑座一，相对陈列，唯无碑身。

朱权圹志记载：朱权是朱元璋第十六子，"乐道好文"[1]。其尸体头戴道冠，身穿道袍[2]。朱权茔园前面按道教规制建南极长生宫一组建筑，乃明代藩王茔园中的特例。从发掘者介绍的情况来看，其道教建筑组群基本上还是按照藩王茔园建筑规制配列的。

（二）梁庄王茔园的形制布局

图附 2-2-3。梁庄王坟，位于湖北省钟祥市长滩镇大洪村二组，西北直线距钟祥市区约 16.5 公里，海拔约 70 米。这里有一东西走向的丘陵，称"龙山坡"，形似"玄武"（图附 2-2-3），其北部有一呈"U"字形若蟠龙的丘陵山地环绕，形成王坟的背屏和左右龙砂和虎砂。王坟建在"龙山坡"下一座小山的南麓，呈"玄武垂头"而"受葬"之势。王坟北高南低，南面是一大片开阔地，并有一条东西流向的小河，形成"朱雀"水，风水形势甚佳。

梁庄王茔园双重围墙（均残），外围墙（罗城）180°—185°，南北残长 200 米，东西宽 250 米，北墙两角略呈弧形。墙垣紧贴沟漕而筑，为"破土心"（自然山石），墙垣残高约 0.7 米（解剖处），沟漕与墙垣基宽 1.2 米。内围墙 160°，南北残长 75 米，东西宽 55 米，北墙两角亦略呈弧形。墙垣有基槽，墙基"砖皮石心"，墙皮用青灰砖，墙心填自然山石小石块，仅余残迹。

《兴都志》卷七记载，园内地面建筑有"享殿五间，东西厢十有二间，神厨五间，碑亭二座、直宿房六间、宰牲房三间，棂星门三间，券门三间、红墙周回一百三十丈，内官宅一所。嘉靖三年，上赐修葺，寝阁帷帐与郢靖王一时并新"。地面建筑，今皆无存[3]。

---

[1] A. 陈文华：《江西新建明朱权墓发掘》，《考古》1962 年第 4 期。文中记所出圹志记载：宁王朱权太祖高皇帝第十六子，生于洪武十一年五月初一日，二十四年四月十三日册封为宁王。二十七年三月二十三日之国大宁，永乐元年三月初二日移国江西南昌府。"王天性惇实，孝友谦恭，乐道好文，循理守法"。正统十三年九月十五日疾薨。"先是予营坟园于其国西山之原，比薨，以正统十四年二月二十一日葬焉"。
B. 《明史》卷一〇二，诸王世表三："宁献王权，太祖庶十七子，洪武二十四年封，二十六年就藩大宁。永乐元年移南昌府，正统十三年薨。"
C. 《明史》卷一一七，朱权传记载：朱权"永乐元年二月改封南昌，帝亲制诗送之"。
按《明史》记朱权为太祖十七子，以及所记年、月与圹志多有不同，应以圹志为准。
[2] 陈文华：《江西新建明朱权墓发掘》，《考古》1962 年第 4 期。
[3] 湖北省文物考古研究所、钟祥市博物馆：《梁庄王墓》上，文物出版社 2007 年版。

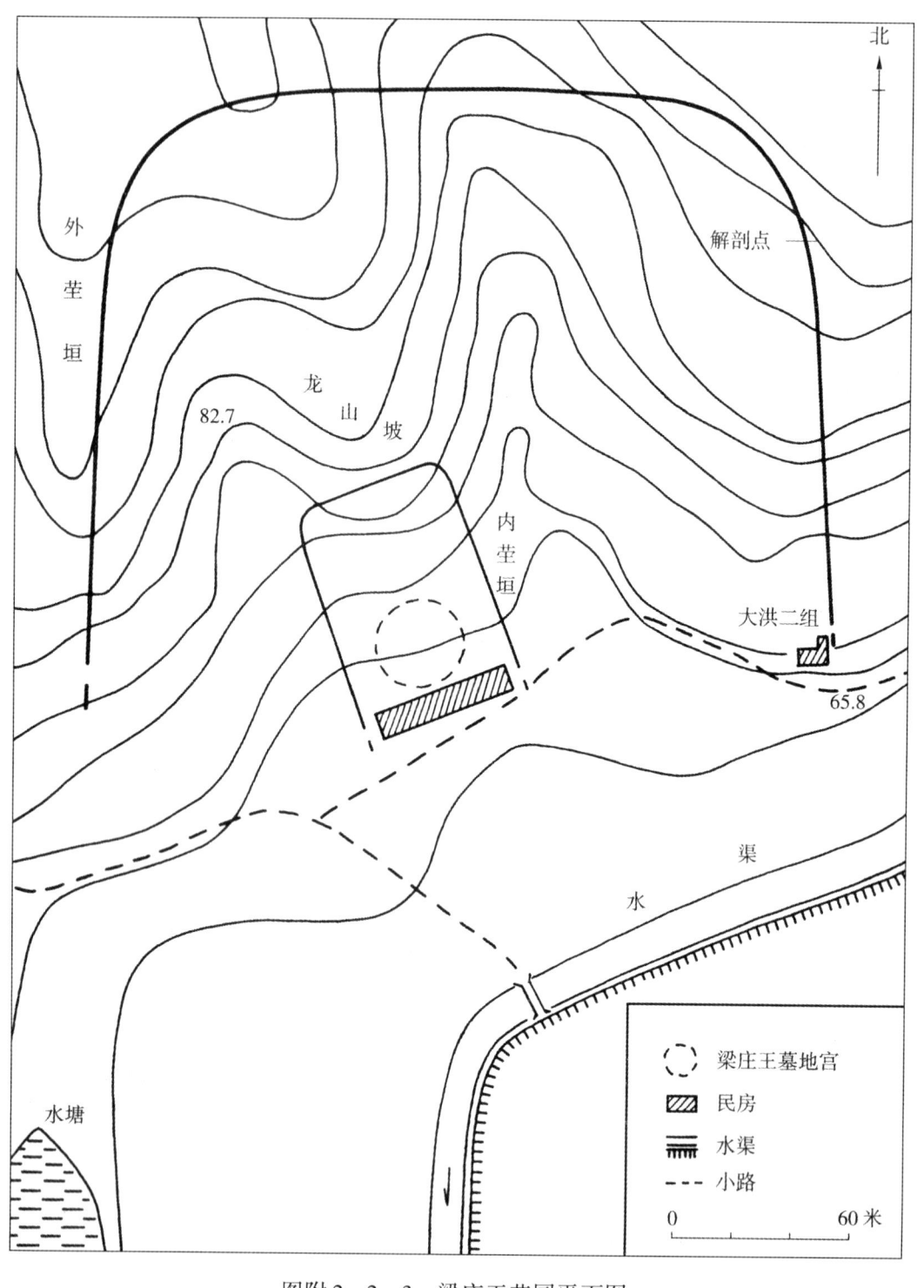

图附 2-2-3 梁庄王茔园平面图
（采自《梁庄王墓》）

三 弘治以后诸德王茔园的形制布局[1]

(一) 德王茔区概况

德庄王朱见潾，英宗朱祁镇第二子，其王系至明末共传七世[2]。第七代德王朱由枢被清兵俘虏，余六位德王坟茔均在今山东省济南市长清区五峰山乡政府驻地东马村以东[3]。茔区青崖寨山（青崖山）主峰海拔554米，东西绵延二、三公里，南面正对九顶莲花山，东、西有凤凰山、滚粟山夹峙，南大沙河自东南而西北从九顶莲花山下流过，风水形势甚佳。诸德王坟茔即分布在青崖寨山以南、以东，各倚枕一座支脉而建，自东向西共七座坟茔（M7，M1—M6），茔区之南有明代石拱桥（桥北对M3、M4之间），其情况如图附2-2-4

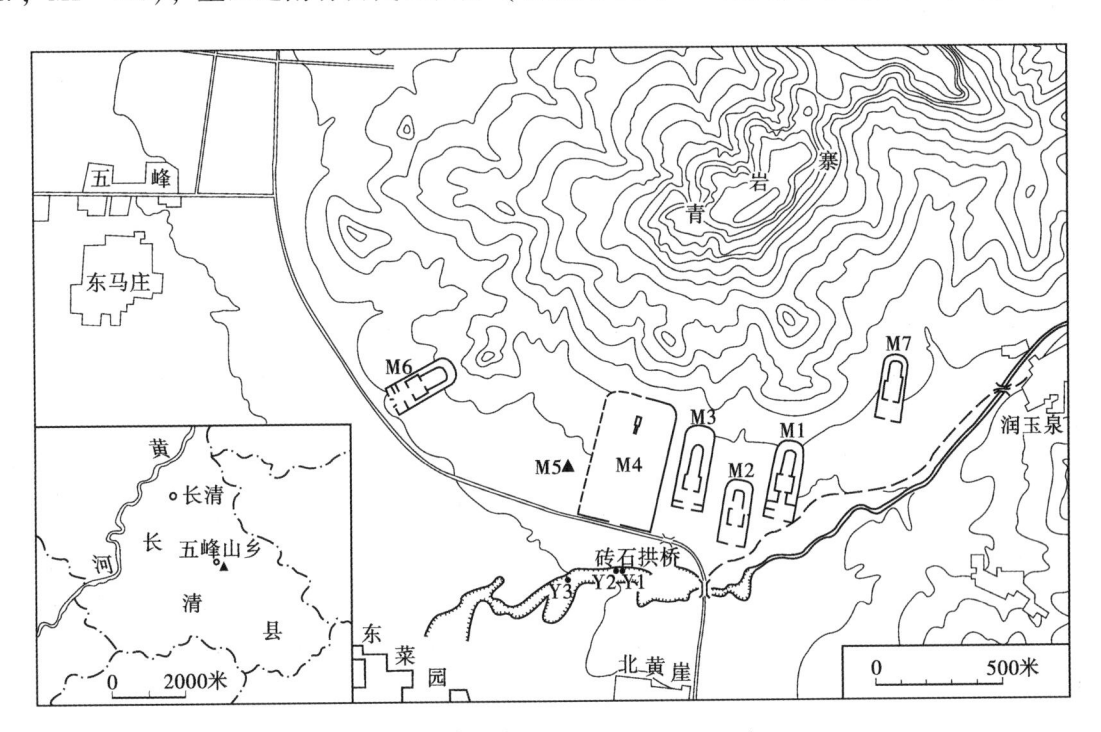

图附2-2-4 德王系茔区平面图
（采自《考古学集刊》11）

---

[1] 济南市文化局文物处、长清县文物管理所：《山东长清县明德王墓群发掘简报》，载《考古学集刊》11，中国大百科全书出版社1997年版。

[2] 《明史》卷一一九，诸王四："德庄王见潾，英宗第二子。初名见清。景泰三年封荣王。天顺元年三月复东宫，同日封德、秀、崇、吉四王，岁禄各万石。初国德州，改济南。成化三年就藩。（正德）十二年薨。"

[3] 《山东长清县明德王墓群发掘简报》，载《考古学集刊》11，中国大百科全书出版社1997年版。文中引清道光《长清县志》明德王墓条："明德庄王墓（子济宁安僖王祐）、德懿王墓、德怀王墓、德恭王墓、德定王墓、德端王墓俱在县东南40里青崖山之阳。"文中据M4所出圹志，指出M4即第一代德王朱见潾墓。其中M5无地面建筑，"可能为明末未及袭封而薨的王世子朱由梴之墓；也可能为被清兵俘去的末代嗣王朱由枢归葬之墓。……亦未可知"。总之，除M4外，其他坟茔之主人，未明。

所示。《明会典》说，藩王后裔死后"各于始封父祖茔，序昭穆葬"。在德王茔区除德庄王（M4）坟茔外，其他坟茔目前与诸德王对应关系还不明晰，故尚不能断定该茔区是否为"序昭穆葬"。但是，由于七座坟茔"各倚枕一座支脉而建"，所以不排除德王茔区与明十三陵一样，也是按照各坟茔主山的主从关系（尊者居主脉，卑者居从脉）来体现宗法关系的[1]。

德王茔区七座坟茔的茔园，形制布局大同小异，下面以保存相对较好的 M6 茔园为例略作介绍。

（二）M6 茔园的形制布局

M6 茔园在茔区西部，俗称"西王林"，方向 243 度（图附 2-2-4）。茔园双重围墙，平面呈前方后圆的竖长方形（图附 2-2-5）。围墙以石筑为主，有的地段还可看出使用了板筑方法，即在墙垣内外各以板支模，靠板的一侧贴以碎砖石的平整面，其空隙处和中间灌注糯米汁和白灰、黄沙、粘土的粘结材料，并填充碎砖石等[2]。茔园外围墙（罗城），长约 276.5 米，前部略窄，宽约 103 米，后部稍宽，约 114 米。外门（罗城门）在南墙中央。似为五开间券门，门两侧八字墙略突出南墙外。门内约 40 米处，在神道两侧各有一道墙基，其南还有一自神道向西的残墙基。内围墙周长约 151 米，两进院落。前院长 57.8 米，宽 68.3 米，院内正中有享堂遗迹，其东有东厢房残迹。后院略窄于前院，长约 92 米，宽 63 米，后墙与外围墙后墙一样均呈弧形，院内中间有坟冢（坟冢残，其前墓道和墓圹已暴露）。神道两侧原有石象生和碑，均已无存。

据上所述，拟指出以下三点。第一，德王茔区自德庄王于正德十二年（1517）下葬至明末，诸王茔园形制布局基本相同（见原简报），可见前述 M6 茔园的情况已成为该茔区茔园形制布局的定式。第二，M6 茔园加外罗城（外围墙），显然是沿袭了明皇陵、祖陵和孝陵的做法。第三，从明十三陵祔葬的皇妃坟的茔园来看，其形制布局大致有四种情况。第一，永乐年间的东、西二井茔园平面呈前方后圆的竖长方形[3]；此后嘉靖十九年（1540）至嘉靖四十五年（1566）的世宗妃、太子坟茔园亦采用此种形制[4]。第二，成化二十三年（1487）万贵妃坟茔园二进院落，前院略呈横长形（198.7 米×138.5 米），后院窄于前院（89 米×90.8 米），院后部呈半圆形（呈人头状靶形）[5]。第三，万历时期的

---

[1] 胡汉生：《明十三陵》，中国青年出版社 1998 年版，第 40、41 页。

[2] 济南市文化局文物处、长清县文物管理所：《山东长清县明德王墓群发掘简报》，载《考古学集刊》11，中国大百科全书出版社 1997 年版。

[3] 胡汉生：《明十三陵》，中国青年出版社 1998 年版，第 298—303 页。

[4] A. 胡汉生：《明十三陵》，中国青年出版社 1998 年版，第 312—315 页。
B. 王岩、王秀玲：《明十三陵的陪葬墓》，《考古》1986 年第 6 期。文中认为世宗贤妃郑氏亦葬于该坟茔之内，所以坟茔内应埋葬六妃（还有贵妃周氏）二太子。

[5] 胡汉生：《明十三陵》，中国青年出版社 1998 年版，第 303—308 页。

附二 明代藩王坟 783

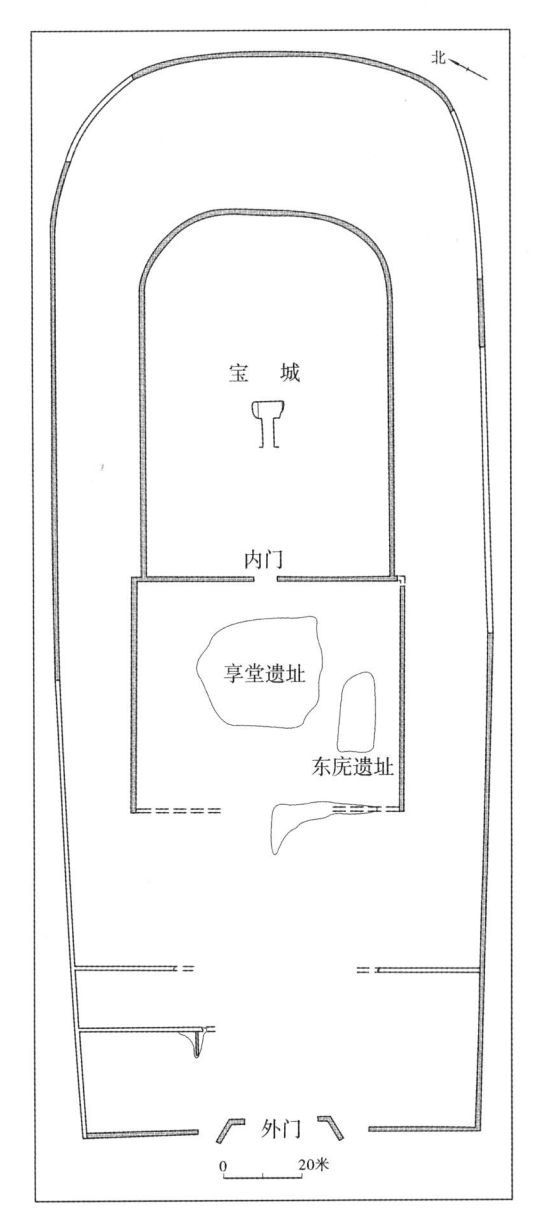

图附2-2-5 德王系M6茔园平面图
(采自《考古学集刊》11)

神宗四妃坟茔园外罗城、内城二重,均采用前方后圆纵长方形布局[1]。第四,崇祯三年(1630)的郑贵妃坟茔园外罗城、内城二重,外罗城前方后圆,内城平面呈人头形靶状

---

[1] A. 胡汉生:《明十三陵》,中国青年出版社1998年版,第315—317页。文中认为。该坟茔埋葬的是世宗怀荣贤妃郑氏,葬于嘉靖十五年(1536)。
B. 王岩、王秀玲:《明十三陵的陪葬墓》,《考古》1986年第6期。认为,该坟茔为神宗四妃墓,敬妃李氏葬于万历二十五年,昭妃刘氏薨于崇祯十五年。

（同万贵妃茔园）[1]。上述四种情况结合 M6 的茔园形制，可知 M6 茔园形制出现于前述第一、二种情况之后[2]，M6 的茔园形制又属于前述第一、二种情况的结合形式，因而其间似有承袭演变关系。此后，明十三陵的祔葬皇妃坟茔才先后出现第三、四情况，第四种情况与 M6 茔园形制基本相同（仅略短而已）并晚至崇祯时期。因此又可认为前述第四种情况与 M6 茔园形制之间似有一定的承袭演变关系。由于明十三陵的七座陪葬茔园有六座均采用前方后圆形制（仅嘉靖时期的悼陵除外[3]），所以其应为官方认可的下天子和皇后一等的皇贵妃茔园形制[4]。这样与十三陵陪葬茔园大致相似的 M6 茔园形制也是符合规制的，并通过前述第四种情况的出现而予以肯定。

四　万历时期潞简王茔园的形制布局[5]

潞简王朱翊镠坟茔[6]，在今河南省新乡市北约 8 公里凤凰山南麓。其茔园北倚凤凰山之五龙岗，茔园总体布局循中轴线，南部置牌坊、望柱和石象生，北为平面呈长方形的

---

[1] 胡汉生：《明十三陵》，中国青年出版社 1998 年版，第 316—320 页。

[2] 济南市文化局文物处、长清县文物管理所《山东长清县明德王墓群发掘简报》（《考古学集刊》11，中国大百科全书出版社 1997 年 12 月）根据 M4 所出第一代德庄王圹志、刘妃墓志，认为该坟茔建于弘治九年（1496），德庄王葬于正德十三年（1518）。

[3] 胡汉生：《明十三陵》，中国青年出版社 1998 年版，第 308—312 页。文中说：陈皇后嘉靖八年（1529）入葬，隆庆元年（1567）迁祔永陵。此后万历九年（1581），皇贵妃沈氏入葬该坟茔。

[4] 应当指出，明十三陵景陵宝城也采用前方后圆形制，为明十三陵中之特例。德王茔园形制是否与此有关，尚待进一步深入研究。

[5] A. 河南省博物馆、新乡市博物馆：《新乡明潞简王墓调查简报》，《中原文物》1978 年第 3 期。

　　B. 河南省博物馆、新乡市博物馆：《新乡市郊明潞简王墓及其石刻》，《文物》1979 年第 5 期。

　　潞简王茔园地面建筑见 A、B 所附图版。另见《中国建筑艺术全集·明代陵墓建筑》（中国建筑工业出版社 2000 年版）第 173—184 页彩版石象生、潞潘佳城牌坊、维岳降灵牌坊、火焰牌坊、坟园内院、石五供和明楼碑、宝城。

[6] A.《明史》卷一〇四，诸王世表五："潞简王翊镠，穆宗嫡四子，隆庆五年封。万历十七年就藩卫辉府。四十二年薨。"

　　B.《明史》卷一二〇，诸王五，"潞简王翊镠，穆宗第四子。隆庆二年生，生四岁而封。万历十七年之藩卫辉"；"翊镠好文，性勤饬，恒以岁入输之朝，助工助边无所惜，帝益善之"，四十二年薨。

　　C. 河南省博物馆、新乡市博物馆：《新乡明潞简王墓调查简报》，《中原文物》1978 年第 3 期。所载潞简王圹志记载：朱翊镠 "孝定皇后出，今上皇帝同母弟也"。隆庆二年二月初五日生，隆庆五年二月二十七日册封为潞简王，万历十七年三月十九日之国。四十二年二月十五日 "闻孝定皇后丧，哀慕不已，至五月十五日感疾薨逝。享年四十七岁"；四十三年八月二十二日，葬于卫辉府西五龙岗。

三进院落（图附 2-2-6、图附 2-2-7），规模宏大[1]。

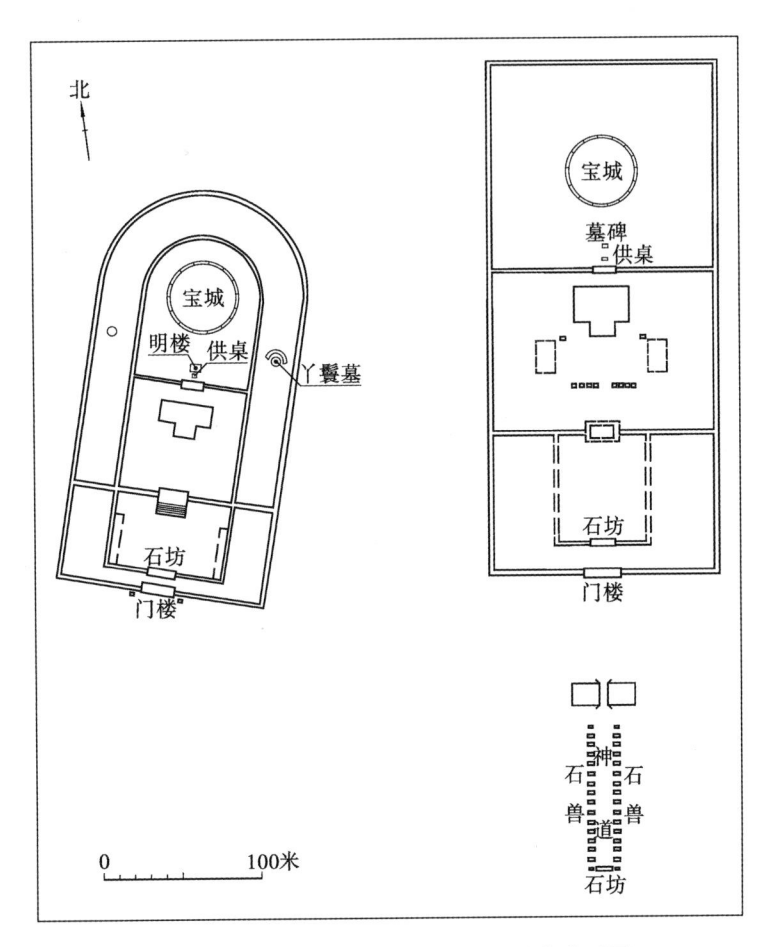

图附 2-2-6　潞简王东、西茔园平面图
（采自《文物》1979 年第 5 期）

---

[1] A. 潞简王茔园面积较大，但记载不一。河南省博物馆、新乡市博物馆：《新乡市明潞简王墓及其石刻》，《文物》1979 年第 5 期。说："占地六万平方米。"
B. 河南省博物馆、新乡市博物馆：《新乡明潞简王墓调查简报》，《中原文物》1978 年第 3 期。说："潞简王墓占地八万平方米。"
C. 郭黛姮主编：《中国古代建筑史》第四卷，中国建筑工业出版社 2003 年版，第 208 页。说：潞简王"墓园占地面积为 47000 平方米，与明长陵祭祀区面积相差无几"。又河南新乡市明潞简王陵，见刘海文、王明宏、邓鹏：《世界文化遗产与中国明代潞简王陵墓》，载《世界文化遗产——明清皇家陵寝保护与发展研讨会论文集》，北京燕山出版社 2007 年版。说：整个陵墓区共占地 157205 平方米。按：明十三陵各陵陵宫占地面积，据前引胡汉生《明十三陵》（中国青年出版社 1998 年版）一书的记述，除永陵 25 万平方米、定陵 18 万平方米、长陵 12 万平方米、思陵 0.65 万平方米外，其他各陵陵宫占地面积均在 2.5 万（景陵）—3.46 万（昭陵）平方米之间，潞简王茔园占地面积远在此类帝陵陵宫之上。

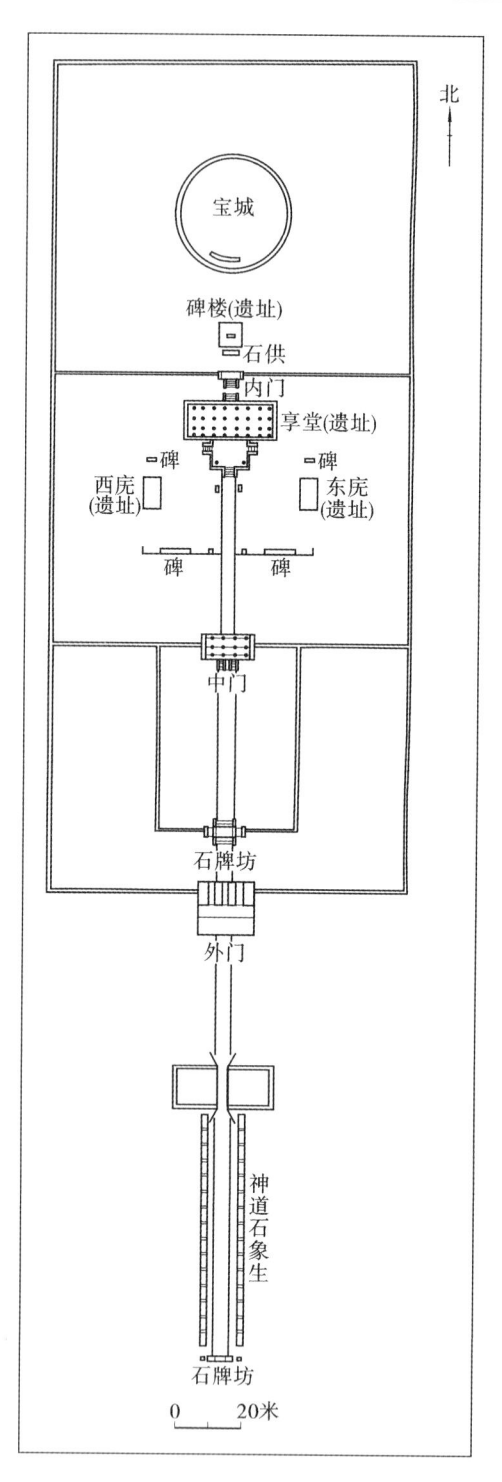

图附 2-2-7 潞简王茔园平面图
(采自《中国古代建筑史》第四卷)

(一) 神道石象生

茔园南部神道始点置三间四柱冲天式石牌坊（面阔 9.4 米，残高 6 米），牌坊明间绦环板上镌刻"潞藩佳城"四字，牌坊两侧立石望柱（残高5.5米，柱面宽0.64米）[1]。石铺神道（长约187.5米）从牌坊明间穿过笔直向北，神道两侧列置十六对石象生（见原简报图版）。

石象生整块青石雕成，形体高大（1.55—2.77米）。前六对石象生为蹲姿异兽，其后依次是卧羊、蹲姿石虎、狮、獬豸、麒麟、立姿骆驼、象、马各一对，马旁立控马官；最后是一对王府内官（抱笏板）恭立在石象生群末端的台阶上。石象生群之后有一白条石围砌的长方形水池（长38.5米，宽16.4米，深4.3米；一说池长21米，宽12米，深4米），池上架一座石造三孔拱桥（长15米，宽4.9米），桥北63.5米抵茔园外门。

（二）茔园外门和第一进院落

外门（面阔22米，进深7.5米，高10.3米）三道拱门，青石墙顶雕冰盘檐，其上承托单檐绿琉璃歇山顶，造型平实凝重。门前有连面大礓磜，门两侧连接高大的青石墙（高6米，厚1.5米），墙顶覆绿琉璃瓦。墙两端北折，以青条石围合成茔园平面呈纵长方形的三进院落（院落南北长324米，东西宽147米，厚平均1.5米）[2]。

进外门后北行约18.2米至中轴线上第二座牌坊，牌坊三间三楼四柱（面阔9.3米，高6.9米），其明间绦环板上题刻"维岳降灵"四字[3]。牌坊两翼接青石墙（残高2.8

---

[1] 中国建筑艺术全集编辑委员会：《中国建筑艺术全集·明代陵墓建筑》，中国建筑工业出版社2000年版，第36页。说：石牌坊"东、西两梢间下方分设石雕须弥座台基，石铺神道从明间穿过。和明间大于两梢间的高宽比例对应，耸立在台基上的四根方柱，戗护在石柱前后的抱鼓石、横贯在柱间的大小额枋和绦环板，也都是明间比梢间更高大。明间大额枋当中还凸起仰覆莲须弥座，冠表着一条南向的蟠龙。同时，各柱顶也都雕有须弥座和昂首向南的蹲龙，柱四周及各大小额枋的正反两面则满雕云龙宝珠。此外，牌坊两旁还对称峙立一对石雕望柱，除了下设仰覆莲须弥座而不安抱鼓石外，整体造型和尺度，包括望柱顶须弥座上的蹲龙都类似牌坊明间的石柱。整体协调呼应的牌坊和望柱，尺度宜人，造型精美，强烈的向上张力和动势，激起了视觉上的仰崇感，强化了建筑组群序列起点和引导标志的空间艺术效果"。第174页彩版一八九"潞潘佳城"。

[2] 河南省博物馆、新乡市博物馆：《新乡市郊明潞简王墓及其石刻》，《文物》1979年第5期。记述：该墓坟墙应有内外二层，因被破坏厉害，内墙情况不详。按，从图附2-2-6、7来看，被破坏的应是外罗城。潞简王次妃赵氏茔园有外罗城，潞简王茔园形制与之基本相同，故亦应有外罗城。又刘海文、王明宏、邓鹏《世界文化遗产与中国明代潞简王陵墓》说：城墙高6米，厚平均1.5米，南北长320米，东西宽147米，周长934米。

[3] A. 中国建筑艺术全集编辑委员会：《中国建筑艺术全集·明代陵墓建筑》，中国建筑工业出版社2000年版，第36页。说，"维岳降灵"牌坊与"潞藩佳城"牌坊，同样明间比梢间高大，"各额枋及两根边柱也雕饰云龙宝珠，但戗护抱鼓石的四根方柱顶都以大额枋横压，挑出硕大的冰盘檐和雕檐椽、瓦垄及脊饰的单檐屋顶。其中，梢间落低，正脊同明间大额枋相平，内侧雕成悬山顶，博风板紧贴明间石柱；外侧和明间一样，雕作庑殿试样。明间庑殿顶以勾头坐中，正脊中央还高高腾起两条交缠的团龙，擎托着火烛宝珠。与此呼应，明间的左右两柱正面，上部也凸镂团龙，下部则镌刻称颂风水形胜的楹联。而和这些雕镂形成强烈反差的是，横卧在牌坊下的青石月台及踏跺，延展在牌坊两翼的青石墙以及东西角门和踏跺，都不作任何雕饰，凝成了浑融一体的洗练、素雅和宁静稳重，鲜明衬托出牌坊造型的雍容端庄和华丽飘逸，凸显出'维岳降灵'境界的崇高和神圣"。177页彩版一九一"维岳降灵牌坊"。
B. 河南省博物馆、新乡市博物馆：《新乡市郊明潞简王墓及其石刻》，《文物》1979年第5期。记述：所刻楹联为"龙卧太行绵玉牒"，"凤栖愍水濯银潢"。文中又说：牌坊"中间原有石门，今不知去向"。

米，长约22米），石墙末端北析接第一、二进院落间隔墙，将第一进院落又分隔成里外两院。从牌坊穿里院抵中门。

（三）中门与第二进院落

第一、二进间隔墙中间开中门（"维岳降灵"坊后60米），门毁，其遗迹面阔约20米（五间），进深约8米（三间）[1]。入中门后为第二进院落享堂建筑组群（参见《中国建筑艺术全集·明代陵墓建筑》178页彩版"坟园内院"），享堂在院落后部正中，现仅残存高约1米的倒凸字形台基，台基面阔33.3米，深15.6米（一说台基残高约1米，面阔36.5米，进深18米）。台基上残存29个柱础（原为32个，四行，每行8个，面阔7间，进深3间），享堂明间后檐开后门并延出垂带踏跺。享堂前面月台，面阔16米，进深10.6米，月台石须弥座上四周原有白色石雕栏。月台前面两侧各置一石神帛炉（又称焚帛炉，帛炉置于束腰圭角圆座上，炉体圆形、三足、双耳，呈鼎式，炉盖为单檐攒尖圆亭式）。月台前面正中有丹陛和两侧抄手踏跺，踏跺抱鼓石外侧各置一蹲狮（狮置于须弥座上，通高约2.7米）；月台前之东西两侧各立一石碑亭[2]。两石碑亭之南，各置厢房，已塌毁[3]。享堂和厢房之南，在中轴线上与享堂相对，置四对石碑亭（碑通高3.7米，宽0.95米，厚0.32米；碑座高0.9米，宽1.40米，厚0.53米）[4]；碑亭外侧各立一石

---

[1] 中国建筑艺术全集编辑委员会：《中国建筑艺术全集·明代陵墓建筑》，中国建筑工业出版社2000年版，第36—37页。说："中门类似帝陵的祾恩门，面阔五开间，进深三间，覆盖绿琉璃单檐歇山顶。其中柱础雕成硕壮的覆盂形，并带有厚实的石质；梢间的槛墙和山墙也采用青石砌面，内壁衬砌城砖，都是别具一格的做法。"刘海文、王明宏、邓鹏：《世界文化遗产与中国明代潞简王陵墓》，载《明清皇家陵寝保护与发展研讨会论文集》，北京燕山出版社2007年版。说：祾恩门台基广21米，深9米，现门为二十世纪八十年代重建。

[2] A. 中国建筑艺术全集编辑委员会：《中国建筑艺术全集·明代陵墓建筑》，中国建筑工业出版社2000年版，第37页。说：碑亭方形，石碑龙首方趺。
B. 河南省博物馆、新乡市博物馆：《新乡市郊明潞简王墓及其石刻》，《文物》1979年第5期。说：碑通高5.45米，东碑文为"万历四十二年七月二十日皇帝遣伏羌伯毛国器行人司行人邓秉修赐祭潞王文"，西碑文为"万历四十二年七月二十五日东宫遣伏羌伯毛国器致祭潞王文"。

[3] 中国建筑艺术全集编辑委员会：《中国建筑艺术全集·明代陵墓建筑》，中国建筑工业出版社2000年版，第37页。说：东西厢房，面宽五开间，前出廊，台基和墙面全用青石条砌筑，覆盖单檐硬山顶。

[4] A. 中国建筑艺术全集编辑委员会：《中国建筑艺术全集·明陵》，中国建筑工业出版社2000年版，第37页。说，"从中门进入第二进院落，在迎面一座宽阔的石平台前沿，左右对称、气势雄浑地横列着一对石望柱和五对石碑"（按与四对石碑记述不同）；尺度划一的石碑都是龙首方趺，分镌刻着明熹宗朱由校、福王朱常洵、内阁首辅申时行等的祭文；各石碑两侧还竖有巨石护壁，覆盖带有冰盘檐、博风板、檐椽、瓦垄及脊饰的石雕单檐悬山顶"。
B. 河南省博物馆、新乡市博物馆：《新乡市郊明潞简王墓及其石刻》，《文物》1979年第5期。说："碑皆有碑亭，起脊，有鸱尾、石瓦垄，高约5米，四角用石柱支撑。碑文有钦差正使伏羌伯毛国器祭文、福王祭文、皇帝遣司礼监管文书御马监太监金忠祭文、东宫遣伏羌伯毛国器祭文、天启年皇帝遣承奉正宁济时赐祭祭文等。"

望柱[1]。

(四) 火焰牌坊与第三进院落

享堂后门之北，于第二、三进院落青石隔墙中间置石雕两柱冲天式火焰牌坊（内门，面阔5.8米，高5.35米），牌坊两翼连缀石雕照壁[2]。过火焰牌坊有石祭台（长3.86米，宽1.70米，高1.35米），祭台下置石五供[3]。五供之北有明楼，已毁[4]，仅存石碑。碑（通高7.4米，宽1.85米，厚0.85米；一说碑通高6.5米，宽1.92米）立于约三丈见方石台基的中央，龙首方跌。碑篆额"皇明"，碑身正面（南）镌刻径尺楷书"敕封潞简王之墓"；背面錾朱翊镠生辰，"隆庆戊辰二月初五日寅时降生，万历甲寅五月十五日辰时薨逝"；碑跌长方形，四面雕云龙纹。

明楼之北为圆形宝城（高9.35米，直径40米，周长130米；一说高5.95米，周长139.85米），宝城墙体白石条砌筑，墙顶出挑冰盘檐和瓦垄，南面居中开拱门。拱门的角柱、券脸、槛框、门前垂带踏跺均青石构造，造型浑朴简洁。拱门内侧有旋转踏跺以登宝顶，宝顶周边填筑到与宝城墙顶相平（见《中国建筑艺术全集·明陵》184页彩版一九五"宝城"）。

除上所述，万历二十九年（1601）朱翊钧还钦准为朱翊镠次妃赵氏建坟园[5]。其坟

---

[1] 中国建筑艺术全集编辑委员会：《中国建筑艺术全集·明代陵墓建筑》，中国建筑工业出版社2000年版，第37页。说："望柱形制和'潞藩佳城'坊旁的望柱相同。"

[2] 中国建筑艺术全集编辑委员会：《中国建筑艺术全集·明陵》，中国建筑工业出版社2000年版，第37页。说：火焰牌坊，"造型比'潞藩佳城'和'维岳降灵'牌坊轻灵素雅。戗护着抱鼓石的方柱贯联大小额枋及绦环板，仅琢出槛框及门簪；大额枋上则居中兀出荷叶墩和莲座，腾起火焰宝珠；高出大额枋的柱头，左右伸出雕镂祥云和日月图案的云版，柱顶须弥座上是朝向火焰宝珠的蹲龙。牌坊两旁小巧玲珑的照壁都用整件青石雕成，仰覆须弥座上是平整光洁的墙心，外边突出挺直的马蹄柱，上横额枋和冰盘檐承托着石雕单檐悬山顶，也是博风板、檐椽、瓦垄和脊饰一应俱全"。"火焰牌坊实际把帝陵的陵寝门和二柱门兼容一体。"第180页彩版一九三"火焰牌坊"。

[3] 中国建筑艺术全集编辑委员会：《中国建筑艺术全集·明代陵墓建筑》，中国建筑工业出版社2000年版，第37页。说：石五供的"石雕香炉、花瓶和烛台比例修长体量硕大，都有石雕束腰圭角底座，陈设在仰覆莲须弥座式的石祭台南，并没有安放在祭台上；三足双耳圆鼎形的香炉，顶盖雕成下方上圆的重檐攒尖顶'龙亭'，而不是龙云顶盖；方壶形的花瓶和束莲形的烛台，造型及细部雕饰也都别具一格"。第183页彩版一九四"石五供和明楼碑"。

[4] 中国建筑艺术全集编辑委员会：《中国建筑艺术全集·明代陵墓建筑》，中国建筑工业出版社2000年版，第37—38页。说："见方三丈的高大石台上耸峙着明显仿效帝陵的明楼。"

[5] 据万历四十二年神宗遣司礼监管文书御马监太监金忠谕祭潞王碑载："神宗追封潞藩侍滕赵氏诰：奉天承运，皇帝制曰：国家定制惟王正配得册为妃，至于侍滕，例靳不封，而效有勤劳、情有可悯者亦得推恩而追录焉。尔赵氏系圣母钦赐，随封之国，难拘常例，特允王请追封尔为次妃，以彰朝廷笃念亲王之意。"

园在朱翊镠坟园之西约百米，两者坟园的形制布局同中有异[1]。

综上所述，潞简王茔园牌坊多、望柱多、碑多，牌坊和望柱形制较特殊；第二、三座牌坊、望柱和一些碑配置的方位打破常规。石象生的种类和数量多，享堂月台前踏跺两侧置蹲狮，凡此均是潞简王茔园的特殊之处。但是，其更为特殊的是不同于一般藩王茔园的比拟帝陵陵园之处。比如：第一，茔园占地面积大于一般帝陵陵园面积（见前述情况）。第二，茔园三进院落，比拟长陵、永陵和定陵，超越一般帝陵陵宫的二进院落。第三，茔园南端三间四柱冲天式石牌坊，位置比拟孝陵和十三陵，冲天式仿孝陵，牌坊两侧立石望柱（此种配置形式，为明代帝陵和藩王茔园所仅见），使之在整体上又仿佛是十三陵石牌坊的六柱式。第四，石象生十六对，在种类上超过明代帝陵石象生群，在数量上与孝陵持平。石象生群中的石虎、羊、控马官、内官的配置同于明皇陵，与宋代帝陵石象生的配置情况也很近似。其中前列六对石异兽；则前所未见。此外，潞简王茔园石象生的体量也大

---

[1] A. 中国建筑艺术全集编辑委员会：《中国建筑艺术全集·明代陵墓建筑》，中国建筑工业出版社2000年版，第38页。说：赵妃坟茔，"更早开启了'营造逾制'的做法。朱翊镠坟园内'维岳降灵'牌坊、内门、享殿、火焰牌坊、石五供、明楼和宝城等，事实上就都参照了赵妃坟园的相关建筑，导致了两座坟园的类似。不过，赵妃坟园前没有牌坊、望柱、石象生等，仅屏以砖雕影壁；外门为城楼式样，城台开出三道券门，门后东西两侧分设踏跺，可登临面阔五间的单檐城楼；门前还配置石狮一对，两翼围合坟园建筑群的青石高墙则呈前方后圆平面；而坟园后部宝城两侧，还建有陪葬侍女坟各一座"。又说：赵妃坟园明楼较完好，"规模虽不及帝陵，在明代藩王坟中也是仅见的实例。明楼以及下部城台即方城，均为方形平面，都以青条石砌墙并安设角柱石、四面居中开辟门洞券。明楼覆盖绿琉璃单檐悬山顶，采用木结构梁架并安设吊井天花；明楼中央，树立龙首方趺的'敕封潞次妃赵氏坟'石碑，碑阴刻有赵氏的生卒时日，形制和朱翊镠的明楼碑相同"。
B. 河南省博物馆、新乡市博物馆：《新乡明潞简王墓调查简报》，《中原文物》1978年第3期。说：赵氏坟园正门前，"无石刻仪仗的设置，而迎面却置一高大宽广的影壁，壁顶筑成庑殿式，上用绿色琉璃瓦复盖"。
C. 河南省博物馆、新乡市博物馆：《新乡市郊明潞简王墓及其石刻》，《文物》1979年第5期。说：赵氏坟园青石条筑城，南北长260米，东西宽137米，墙高6米，厚1.5米，平面略呈马蹄形（后面弧形）。其坟园方向略偏西，坟园较潞简王坟前伸20米，南和北与潞简王坟园分别相距140米和110米，墓区占地约四万平方米。外门开三拱门，门楼毁，门外蹲狮一对（通高3.2米，身长1.37米）。进外门有内院，内院墙长210米，宽80米，厚1.4米，内院分三进院落。第一进院落前置二楼三间四柱石牌坊（面阔9.2米，残高5.55米）。中门有门楼，其下台基高3.85，前面台阶丹陛青石雕云龙纹，长9.45米，宽1.25米。第二进院落后部居中有享堂，享堂台基面阔33.2米，进深13.9米。前有月台，面阔12.8米，进深7.8米，四周原有栏杆，前有台阶。第三进院落，前面置三间四柱牌坊，面阔8.5米，高7.3米。左右两间堵以石板（照壁），上面雕刻有荷花、竹子、梅花、牡丹、松柏等。牌坊后置石五供，其后有明楼（见原简报图版）。明楼通高12米，楼顶木结构，余均石砌，上下两层。上层高7.95米，长4.9米，宽4.9米，悬山顶，覆绿琉璃瓦。栏额以下四角柱石条砌成，四面开拱门。下层高5.05米，长6.65米，宽6.65米（按即为城台），四面开拱门。楼上明楼立龙首方趺墓碑，碑高6米，宽1.46米，厚0.65米。碑身正面刻径尺楷书"敕封潞藩次妃赵氏墓"。背刻赵氏生卒年月，"隆庆庚午年（1570）十一月初八日丑时生，万历辛丑年（1601）二月十六日寅时薨"，享年31岁。明楼后为圆形宝城，宝城径40米，周长130米，石墙通高10米。第三进院落墙外两侧，对称配置二陪葬墓。墓冢圆形，白石砌筑，其后砌月牙形护墙。按赵氏坟茔外墙院，即相当于罗城。

于一般藩王茔园的石象生。第五，享堂柱网柱础32个，为面阔七间，进深三间（图附2-2-7），似比拟长陵祾恩殿，明显逾制。享堂月台前出陛，配两侧踏跺，比拟帝陵；享堂明间后檐开后门延出垂带踏跺则仿永陵和定陵。享堂前左右各置一帛炉，仿帝陵。第六，火焰牌坊实际上是将帝陵的陵寝门和二柱门融为一体。第七，石五供，明楼（毁，但赵妃茔园明楼尚存）和碑仿帝陵。第八，石构圆形宝城，宝城墙高于长陵的7.3米。宝城南面居中开拱门，门内侧有登宝顶的旋转踏跺仿帝陵（此外，潞简王茔园似有外罗城）。

总之，潞简王茔园在已知的明代诸藩王茔园中，乃是地面建筑保存最好、规模最大、体系最完备、形制最特殊、布局最严整、逾制最甚的一座茔园。这座茔园堪比帝陵陵园，严重违背了藩王坟茔"下天子一等"的礼制，而成为明代藩王茔园中的特例。上述诸点与潞简王是明神宗同母胞弟，生前受到神宗的格外恩宠，死后"备极优厚"，倍享哀荣的情况密不可分的。此外，蜀王系诸王茔园、襄王系坟茔园、益王系坟茔园等，地面遗迹无多，又缺乏正式考古调查资料和平面图，故从略。

第三节　亲王地宫的形制布局

明代对亲王地宫的形制无明文规定，故亲王地宫形制多样，布局繁简不一，即使在同一地域同一时期其形制布局、规模和构筑情况也多不相同。现据已刊布的资料，大体可将亲王地宫的形制布局分为五个类型。

一　平面呈十字形

该类型地宫仅见于亲王坟茔，其共性是沿中轴线纵向配置前、中、后室，中室两侧配置左右侧室，并在地宫入口和各券室间置门洞券，后室和中室拱券正交呈"丁字大券"，整体形制布局类似定陵玄宫。此类地宫个体间又有较明显的差异，下面拟举四例。

（一）辽简王地宫

图附2-3-1[1]。辽简王朱植坟茔[2]，在湖北省江陵县八岭山南麓，东南距荆州古

---

[1] A. 荆州地区博物馆、江陵县文物局：《江陵八岭山明代辽简王墓发掘简报》，《考古》1995年第8期。
B. 中国建筑艺术全集编辑委员会：《中国建筑艺术全集·明代陵墓建筑》，中国建筑工业出版社2000年版，第160页。彩版一七七"地宫"。

[2] A.《明史》卷一一七，诸王二记载："辽简王植，太祖第十五子。洪武十一年封卫王，二十五年改封辽。明年就藩广宁"；"建文中，'靖难'兵起，召植及宁王权还京。植渡海归朝，改封荆州。永乐元年入朝，帝以植初贰于己，嫌之。十年削其护卫……二十二年薨"。
B.《明史》卷一〇一，诸王世表二记载："辽简王植，太祖遮十五子，洪武十一年封卫，二十五年改封辽，就藩广州。永乐二年迁荆州府，二十二年（1424）薨。"
C. 辽简王圹志记载："高皇帝第十四子"，"王生洪武十年二月十五日"，"永乐二十二年正月八日薨□□享年四十六岁"，"命有司治丧具，以洪熙元年三月□□，葬于八岭山之原"。十四子与十五子说不同，应以圹志为准。

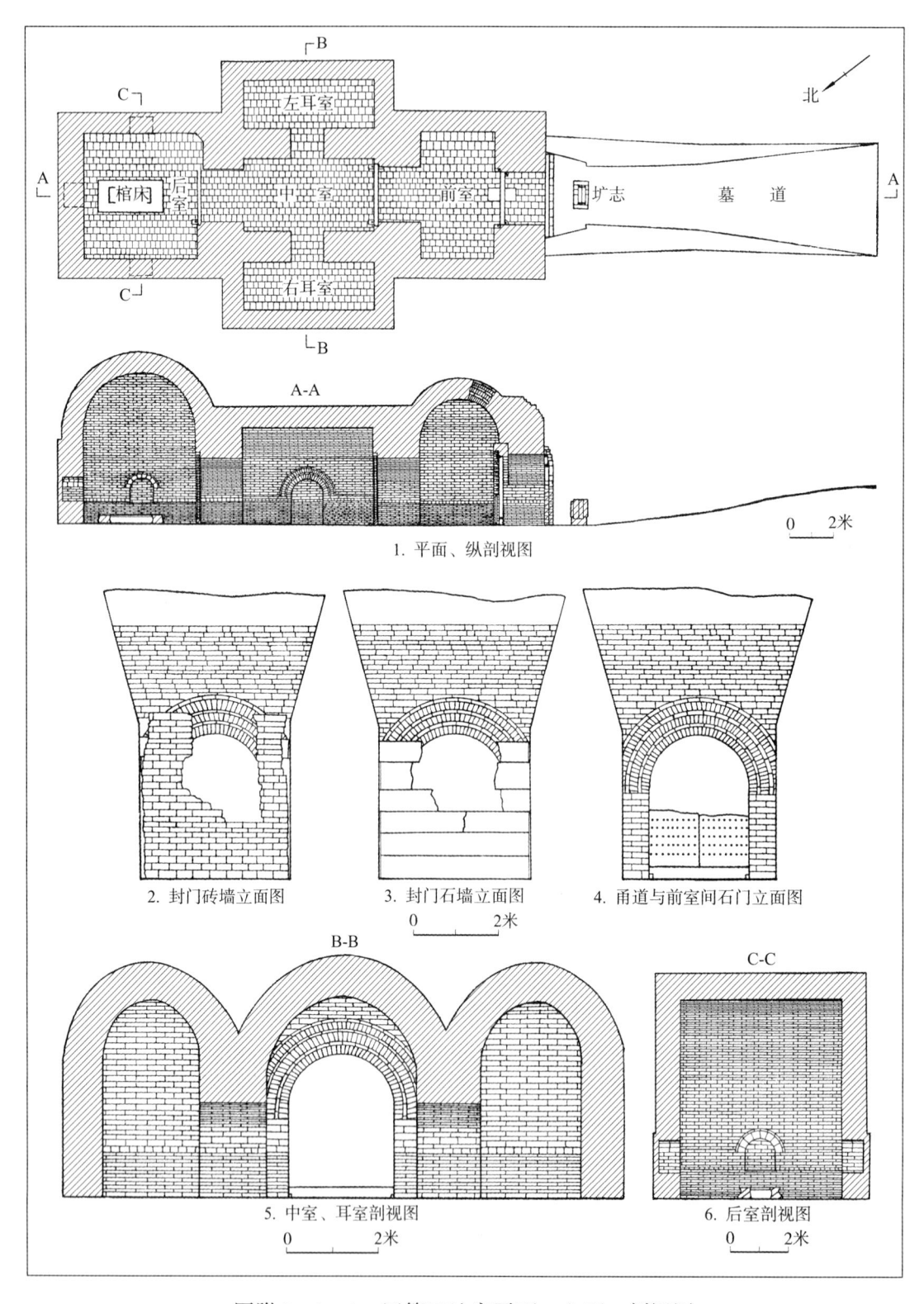

图附2-3-1 辽简王地宫平面、立面、剖视图

(采自《考古》1995年第8期)

城约20公里[1]，地宫多次被盗。地宫之上封土圆形，现存情况为直径约60米，高约4.5米。地宫南面有斜坡墓道（坡度18度），墓道两端宽中间窄（南端宽5.6米，北端宽5.47米，中间宽4.8米），平面呈喇叭形，方向211度。墓道近甬道石门2.12米一段略外扩，底平，北距石门1.28米处居中置圹志。墓道填土夯实，夯层一般厚约20厘米，无明显夯窝。地宫砖筑，由甬道、前室、中室、后室、中室左右侧室构成，总平面呈十字形，纵长21.8米，横宽10.6米，地宫地面自北向南倾斜。

甬道口前有封门墙两层（金刚墙），外层用砖错缝平砌（砖3.68×3.6×0.2米）。内墙六层石条平砌（石条长3.64米，宽0.44—0.76米，厚0.14米），墙高3.16米，宽3.64米，厚0.14米，上部三层石条被毁。砖、石封门墙均用石灰糯米浆粘结。甬道平面长方形（长2.48米，宽1.88米，高3.28米），甬道壁用砖平砌，距甬道地面高2米处起券，券顶三券三伏（券厚0.90米）。甬道口券洞门券顶之上平砌十二层砖（厚1.80—2.80米），形成挡土墙。

前室平面横长方形（东西长5.88米，南北进深3.48米，高5.76米），前室与甬道相接处有石门，石门槛（高0.28米，宽0.24米，长2.48米）下端有门枕石，上端横置曲尺形石管扇，门槛内侧安双扇石门。石门上部残毁（每扇石门宽1.22米，厚0.16米），残高1.2米，每扇石门残存五路门钉，每路9枚门钉，石门下有铜门轴。前室壁用砖平砌，高3.76米，券顶（南北向），拱券高2米。前、中室间有短甬道（长2.48米，宽2.08米，高3.12米），甬道壁用砖平砌，高1.69米，券顶（横向），拱券高1.43米。

中室平面纵长方形（南北长6.28米，东西宽约3.28米，高4.48米），中室与甬道相接处有木门，木门槛尚存（高0.24米，宽0.18米，长3米），两扇木门残朽。中室壁用砖平砌，券顶（拱券高1.26米）。中室两侧各有一平面呈纵长方形的侧室，两者形制相同（长6.28米，宽2.28米，高4.34米），距侧室地面高3米处起券（拱券高1.34米）。中室与侧室以短甬道（长1.4米，宽1.54米）相接，券顶高2.07米。中室、后室间有短甬道（宽2.48米，进深2米，高3.02米），距甬道地面高1.68米处起券（拱券高1.34米）。

后室平面略呈方形（宽5.84米，进深5.28米，高6.88米），后室与甬道间有木门，门朽，仅残存门槛（高0.28米，宽0.18米，长2.92米）和门斗。后室壁用砖平砌，两侧壁高4.06米，南北向纵券顶（高2.82米）。室内左、右、后三壁设壁龛，两侧壁壁龛底部下距室内地面0.96米（龛深0.8米，宽1.12米，高1.16米；龛内两侧壁高0.64米，拱券高0.83米）；后壁壁龛底部下距室内地面1米（龛深0.96米，宽1.12米，高1.20米；龛内两侧壁高0.70米，拱券高0.50米）。后室壁下置土衬石（长1.40米，宽0.40米，厚0.30米），壁面1—1.08米以下金砖（澄浆砖）垒砌，以上砌青砖；室内地面铺

---

[1] 荆州地区博物馆、江陵县文物局：《江陵八岭山明代辽简王墓发掘简报》，《考古》1995年第8期。说，"墓地地势北高南低"，墓在"北面山岗上"，"东西两侧为岗地，自北向南呈斜坡状，南面为一片地势较低的开阔地，墓的东、北、西三面仍保存着约50—60厘米高的土围墙，其占地面积约80亩"。

0.34厘见方的金砖。后室地面前低后高,高差约0.20米。室内中间靠后(距后壁0.68米)置石须弥座棺床(长3.08米,宽1.6米,高0.4米),棺床中间有金井(长2.06米,宽0.72米,深0.40米),金井内填黄土[1],棺床上置棺椁。

(二) 宁献王地宫

图附2-3-2[2]。宁献王朱权地宫之上残存封土(封土依山势而建,状如王层梯形,正面面阔42米,左右后三面周转202米),地宫顶部上距封土面约5米。地宫坐西朝东,砖筑,个别部位用石料。地宫前端有斜坡式礓礤(应为墓道末端),宽1.6米,两侧有砖墙,礓石察上置圹志。礓石察与甬道口相接处砖砌内外两道金刚墙,墙后有插板式青石门(用宽2.4米青石板三块拼接),门宽2.2米,高2.6米。甬道横长方形(宽3.3米,深2.2米,高4.55米),甬道与前室相连的短甬道内置双扇枢轴式青石板门(每扇均整块青石板),门有铺首,门后有自来石。前室纵长方形(深4.3米,宽3.5米,高4.5米),前、中室相接的短甬道内有门(同前,无自来石),门外有踏跺二级。中室略呈方形(宽4.6米,深5.9米,高4.5米),中室左右有短甬道连接侧室,二侧室横长形,室内后部有

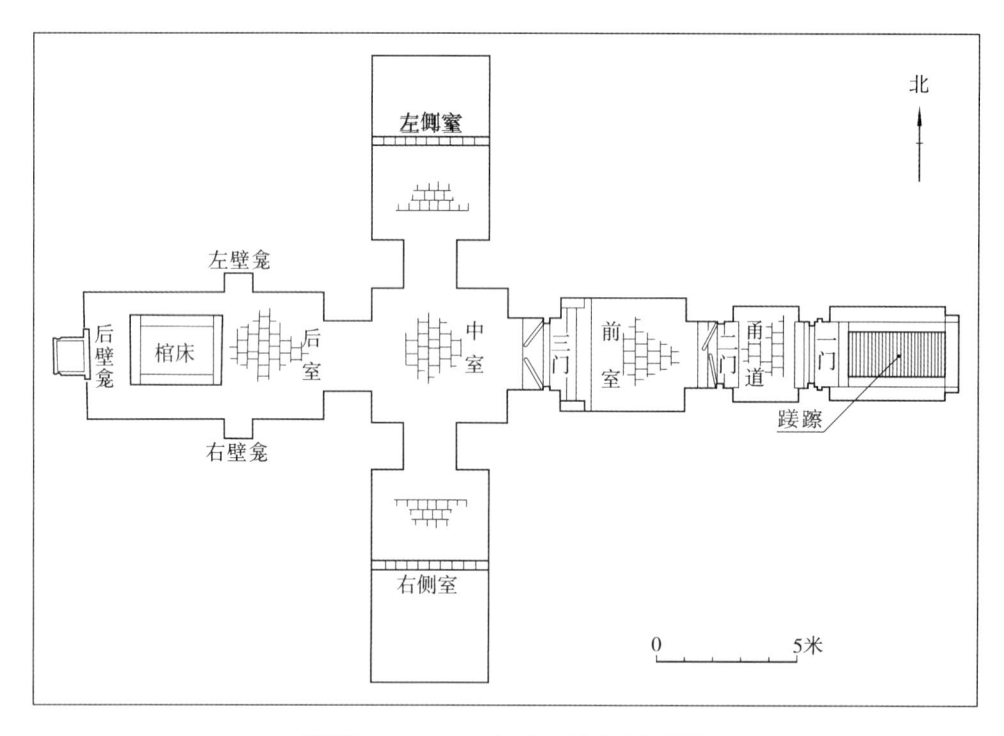

图附2-3-2 宁献王地宫平面图
(采自《考古》1962年第4期)

---

[1] 此处称金井似不确,实际应为石须弥座棺床,棺床中间长2.06米宽0.72米处,填深0.40米黄土。
[2] 陈文华:《江西新建明朱权墓发掘》,《考古》1962年第4期。

棺床。中室后以短甬道和券门接后室，后室纵长方形（宽4.58米，深10.18米，高4.3米），室内偏后纵置长方形棺床（长3.3米，宽2.4米，高0.45米）。后室左右壁中间略靠前（与棺床前端略平齐）各有一券顶壁龛（宽1米，深0.654米，高1米），龛底下距室内地面0.7米。后壁正中距室内地面1.05米处有壁龛，龛外用红石雕出龛顶、瓦垄、檐椽、枋和斗拱，龛两旁为红石八棱柱[1]。地宫从礓磜前端至后室壁后龛壁全长31.7米，两侧室后墙间距宽21.45米。地宫各空间均券顶（三券三伏），券壁下部有高近1米的条石裙肩，地宫内地面均铺方砖。

（三）庆庄王地宫

图附2-3-3[2]。庆庄王坟茔在今宁夏回族自治区同心县韦乡，地宫被盗。地宫由甬道、前（横长方形）、中（略呈纵长方形）、后室（略呈方形），中室左右侧室（纵长方形）构成，总平面呈十字形，全长18.06米，通宽13.33米。地宫砖筑，券顶（三券三伏），壁清水做法，地面铺方砖。地宫入口和各券室间分设券门洞及木板门，后室中央砌方形须弥座式棺床，其左、右、后壁各有一小券洞式壁龛[3]。

---

[1] 中国建筑艺术全集编辑委员会：《中国建筑艺术全集·明代陵墓建筑》，中国建筑工业出版社2000年版。图版说明，第68页。说：壁龛"八楞形檐柱上横贯的额枋做成月梁式样，平板枋上的四攒三踩斗拱也带有宋元遗风；而单檐庑殿顶的瓦垄以勾头筒瓦居中，以及吻兽的造型，又都具有明代北方官式做法的典型特征"。参见该书第170页彩版一八六"地宫"，第171页彩版一八七"壁龛"。

[2] A. 中国建筑艺术全集编辑委员会：《中国建筑艺术全集·明代陵墓建筑》，中国建筑工业出版社2000年版，第33页和图版说明第68页。

B. 《明史》卷一〇二，诸王世表三记载：第一代庆靖王㮵，太祖庶十六子；第二代庆康王秩煃，第三代庆怀王死，无子，递遂摭嗣，是为庆庄王。庄王"康庶二子，初封岐阳王，成化十七年进封。弘治四年薨"。

[3] 许成、吴峰云：《同心县任庄村明代王陵》，载《中国考古学年鉴（1984）》，文物出版社1984年版。文中说：陵区范围北起周新庄、南至陶庄，面积约30平方公里，现存王陵和陪葬墓三十余座。王陵皆坐西朝东，位置多选在两条山水沟的交汇处。陵园最北端，位于周新庄西南约1公里为庆靖王（太祖十六子）朱㮵茔园。茔园长方形，长200、宽100米，围墙仅余残迹，封土堆在茔园西端正中。另一在任庄西南500余米处可能是庆康王朱秩火奎的茔园，茔园长方形，长140、宽84米，神墙基宽1、残高2.5米，墙顶覆瓦、东墙正中辟门。封土堆在茔园西部正中，黄土夯筑，高20.5、底径52米，封土堆前地面上散布大量琉璃碎砖瓦块，有房屋遗迹。封土下砖砌地宫，前有斜坡墓道，方向15度。地宫由甬道、前室、左、右侧室和后室组成，通长18.1、宽13.5米。后室面积最大，长5.3、宽6、高7.17米。西、南、北三壁正中各有一平面呈方形的小龛，西龛稍大，边长1.1、高1.2米。三龛均作券顶，龛口以花牙砖装饰。棺床在后室中部，长4、宽4.1、高0.8米，四周以条石迭涩砌筑。地宫均方砖铺地，青长条砖砌壁和券顶，磨砖对缝。

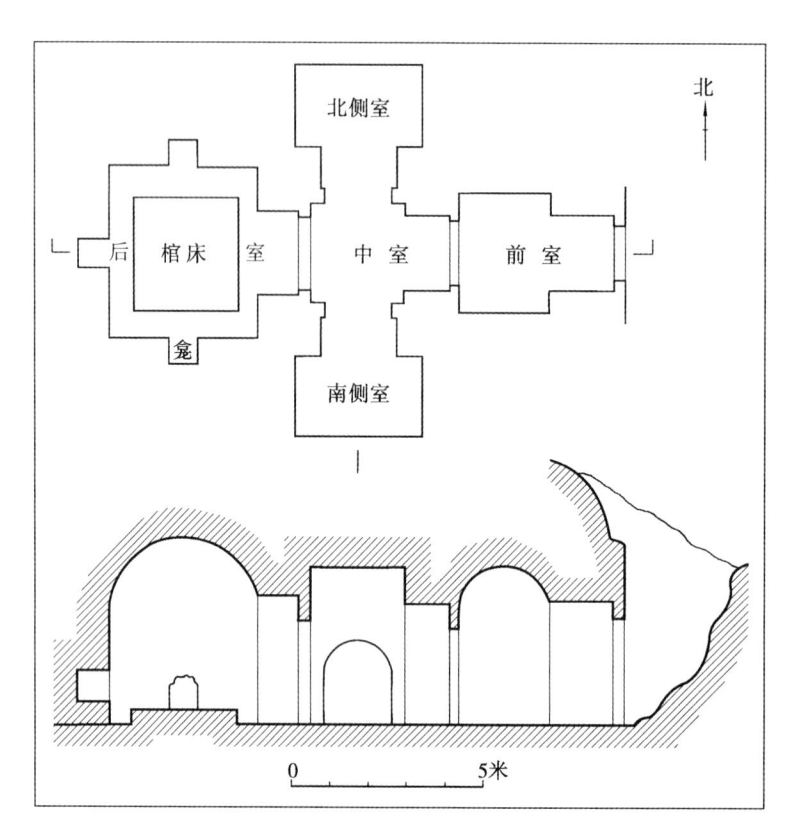

图附 2-3-3　庆庄王地宫平面、剖视图

（采自《中国古代建筑史》第四卷）

（四）潞简王地宫

图附 2-3-4、附 2-3-5[1]。潞简王茔园宝城下的地宫距地面约 3.8 米，地宫青石构筑，平面为十字形之变体略呈"干"字形，纵深 23 米，通宽 15.63 米[2]。地宫甬道口有金刚墙，甬道狭长。前室纵长方形，狭长（长 7.62 米，宽 2.62 米）。中室长宽均 4.8 米（图附 2-3-4、图附 2-3-5 不呈方形），高 4.95 米。中间置须弥座式石供案，案上置石五供（见《中国建筑艺术全集·明陵》185 页彩版一九六"地宫"）；中室左右各有纵长方形侧室（长 4.8 米，宽 3.82 米，高 4.95 米）。后室横长方形（长 15.63 米，宽 6.1 米，高 6 米），中间横置石雕须弥座式棺床（长 7.95 米，宽 4.25 米，高 0.4 米），棺床上

---

[1] A. 河南省博物馆、新乡市博物馆：《新乡明潞简王墓调查简报》，《中原文物》1978 年第 3 期。文中说：地宫距地面 3.8 米，原来有用砖石砌成的隧道与地面相通，潞王棺椁下葬后即予填封，地宫总面积达 185 平方米。按文中所说隧道，即图 13 中之甬道。

B. 河南省博物馆、新乡市博物馆：《新乡市郊明潞简王墓及其石刻》，《文物》1979 年第 5 期。

[2] A. 上注之 A，地宫总面积达 185 平方米。

B. 中国建筑艺术全集编辑委员会：《中国建筑艺术全集·明代陵墓建筑》，中国建筑工业出版社 2000 年版。图版说明，71 页。说：潞简王地宫"纵深二十三米，宽十五点零七米，面积一九八平方米"。

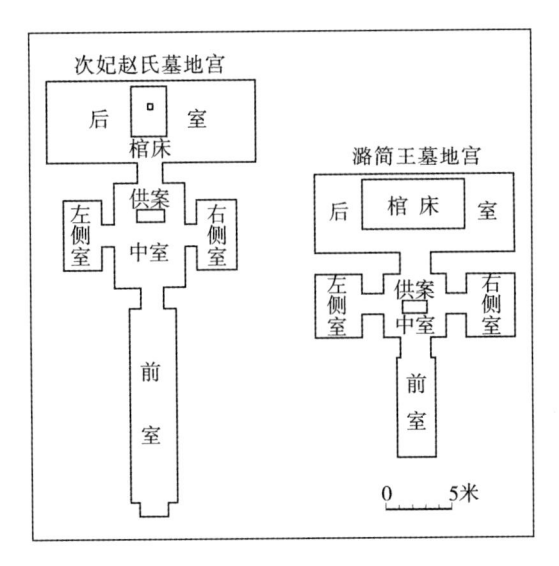

图附 2-3-4　潞简王及其次妃赵氏地宫平面图

（采自《文物》1979 年第 5 期）

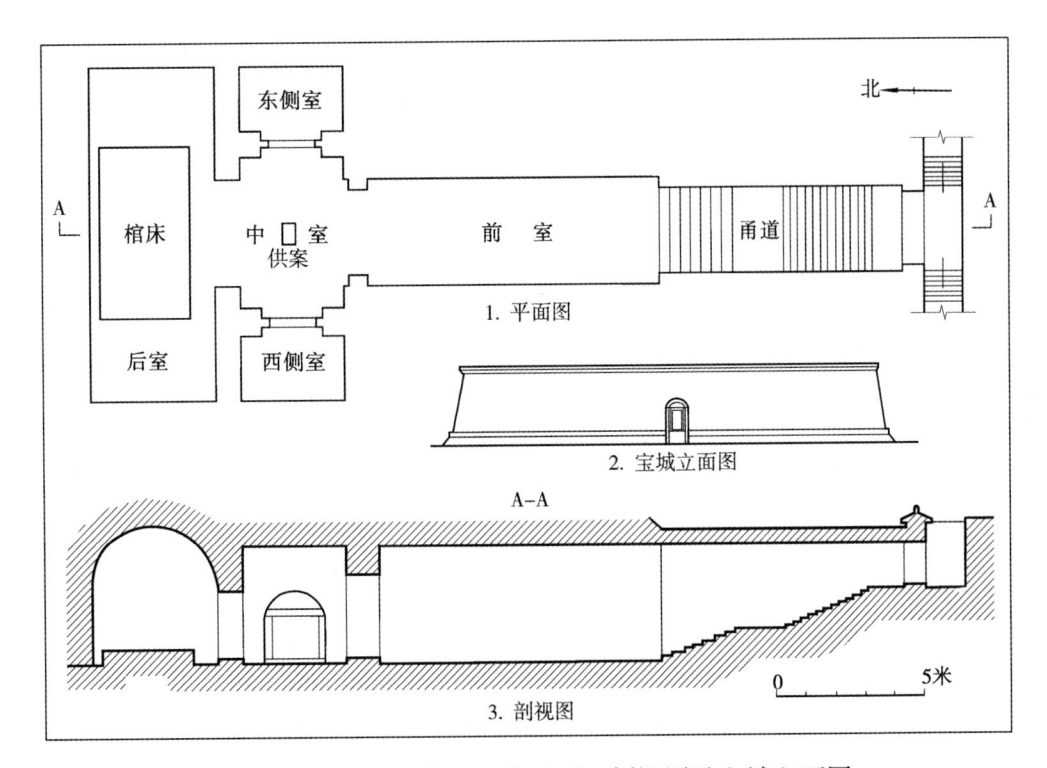

图附 2-3-5　潞简王地宫平面、剖视图及宝城立面图

（采自《中国古代建筑史》第四卷）

已空无一物，后室石门附近置圹志[1]。地宫券顶，在前、中、后室和左右侧室前部分砌门洞券，安设石雕槛框和石门，室内地面铺方石板。潞简王地宫之西约百米，有其次妃赵氏地宫（图附2-3-4），两者地宫之形制大同小异[2]。

除上所述，据报道资料，庆康王地宫、伊厉王地宫（洛阳，永乐十二年）、肃庄王地宫（甘肃榆中，永乐十七年）平面似亦呈十字型。

二 平面呈1字型

该型系指地宫各构成单元纵置，平面呈1字型排列者。此型大致可分为两式。

（一）Ⅰ式：四室或三室纵列式地宫

1. 蜀僖王地宫

蜀王地宫多为四室或三室纵列式，下面以蜀僖王地宫为例略作介绍[3]。蜀僖王坟茔在成都市龙泉驿区十陵镇大梁村大梁山南麓，地宫底部距地表深8.91米，方向南偏西

---

[1] 河南省博物馆、新乡市博物馆：《新乡明潞简王墓调查简报》，《中原文物》1978年第3期。说："在后殿与中殿间的石门外，尚放着潞简王朱翊镠的墓志一合，长0.87米，宽0.87米，厚0.17米。"志盖已失。

[2] A. 河南省博物馆、新乡市博物馆：《新乡市郊明潞简王墓及其石刻》，《文物》1979年第5期。文中说：赵氏地宫总面积230平方米，前室（纵长方形，长16米，宽3.6米）。中室（纵长方形，长8米，宽5.48米），其左右侧室（纵长方形，长5.4米，宽3米），高皆4米。后室（横长方形，长16.28米，宽6.7米，高5.50米），中间纵置石棺床（长4.12米，宽2.88米，高0.4米），棺床有金井（长0.4米，宽0.3米），葬具无。中室有石供案和五供。地宫地面铺方石，各室间设石门，每扇石门都雕有门钉纵横八排，门有龙头铺首和自来石痕迹。按，门钉纵横八排，下亲王地宫门钉纵横九排一等。

B. 河南省博物馆、新乡市博物馆：《新乡明潞简王墓调查简报》，《中原文物》1978年第3期。说：赵妃地宫："石门大者高2.42、宽1.15，小者（侧门）高1.90、宽0.75米"；"靠近门轴一边较厚，另一边约当门轴一边的二分之一"。按，此为定陵、诸王陵地宫石门做法通例。

[3] A. 成都市文物考古研究所：《成都明代蜀僖王陵发掘简报》，《文物》2002年第4期。文中说：大梁山"明代称之为'正觉山'。南面为一片开阔地，东西两翼有山丘环抱"，"陵园平面呈长方形，南北长约275、东西宽约120米。围墙厚约1.5米。园内中轴线上仍残存建筑遗迹，并散见琉璃建筑构件"，"地宫位于陵园中后部，已遭盗掘"按，该墓有关尺寸记载不一，本书中所说尺寸以简报为准。

B. 《明史》卷一〇一，诸王世表二，"蜀献王椿，太祖庶十一子，洪武十一年封"，"永乐二十一年薨"。其世子悦燫永乐七年薨，谥悼庄。悼庄嫡一子，"友堉永乐二十二年袭封，宣德六年薨，无子"。"僖王友壎，悼庄嫡三子，初封罗江王。宣德七年进封，九年薨"。次年入葬。

C. 僖王地宫所出《大明蜀僖王圹志》记为朱友壎。

50度。地宫由两道前后纵连的五券五伏砖砌筒拱券组成[1]，拱券用青砖（长38.5、宽20、厚8—9厘米）砌成，以石灰膏泥和铁砂合缝。四座高大的门楼将地宫分隔成前庭、前、中、后室，形成前后纵连呈1字型的长条形地宫（图附2-3-6、图附2-3-7）。地宫室内有仿木结构琉璃建筑，地面铺石板，其两侧石板下斜成沟。每道门地木伏之下设排水沟，沟内置木炭[2]。墓门外砌金刚墙（高3.95米，宽2.8—5.22米，厚2.3米），其外右侧有一斜坡工程便道（宽1.4米，长约3.8米)[3]。

（1）墓门

墓门前有短甬道，墓门两侧砖砌八字照壁，照壁中间露青砖，刷石灰浆，边缘砌琉璃砖，以一斗三升绿釉琉璃斗拱挑出悬山顶，当头和滴水均浮雕龙纹[4]。门楼通高4.1米，石门两扇，各高2.62米，宽1.2米，厚0.14米；髹朱漆，正面雕九路每路九枚门钉，有铁门铍和锁，门底垫铁楔，门内有方形自来石抵门。门楼高1.03米，单昂五踩砖雕斗拱

---

[1] 地宫地尺度记载不一。
  A. 成都市文物考古研究所：《成都明代蜀僖王陵发掘简报》，《文物》2002年第4期。记述：地宫由两个砖筑的纵列式筒拱券构成，全长27.8米，室内高5.8米，最宽6.14米"。
  B. 中国建筑艺术全集编辑委员会编：《中国建筑艺术全集·明代陵墓建筑》，中国建筑工业出版社2001年版，第40页。说：蜀僖王"地宫由两道前后纵连，进深达28.1米的五券五伏砖砌筒拱组成；前一道宽5.28米，深4.8米，高4.67米；后一道宽6.82米，深23.3米，高5.41米"。
  C. 薛登：《成都明蜀王陵》，《成都文物》1999年第2、3、4期。文中说：地宫"系用厚大的明代青砖砌建成两列纵连直通的筒拱券，皆作五券五伏，总厚1.40米余。拱券外面，又以青砖横砌四道肋墙，分别箍固各段拱券和墓壁。前一列拱券通进深6.70米，内空净高4.80米；后一列拱券通进深21.80米，内空净高5.55米"。
[2] 薛登：《成都明蜀王陵》，《成都文物》1999年第2、3、4期。说：僖王墓"甬道及各庭室地面，全部铺设石板，由后向前，略有坡降；横面则为中间高，两边低，微呈弧面。且于墓内两边，接近墓壁墙基一线，自后向前，各设一条浅狭的流水槽，直通八字墙背后埋设的两条排水管。僖王陵的排水管，系用陶瓦连接而成"。瓦筒节长0.27米，后端口径0.14米，前端急收至0.09米，依次连接，一直埋到300米以外低于墓底数十厘米的山冲洼地，瓦筒已残毁。参见后文注释。
[3] 薛登：《成都明蜀王陵》，《成都文物》1999年第2、3、4期。在介绍蜀昭王墓时说："另外，在地宫前面的右（西）侧，还筑有一条斜坡墓道，斜面全长10余米，宽4.70米，与正面梯级墓道互为垂直走向，达于八字墙之间的墓门前地坪。"文中认为该斜坡墓道为以后葬王妃时挖筑。僖王墓所谓斜坡工程便道，或亦与此相同，因未合葬王妃，故未使用。
[4] 薛登：《成都明蜀王陵》，《成都文物》1999年第2、3、4期。说：僖王"地宫大门前面，两边建八字墙，长近1.5米，高3.1米余。施单檐硬山式绿色琉璃筒瓦墙帽，龙纹勾头滴水。檐下饰绿色琉璃一斗三升耍头斗拱"。

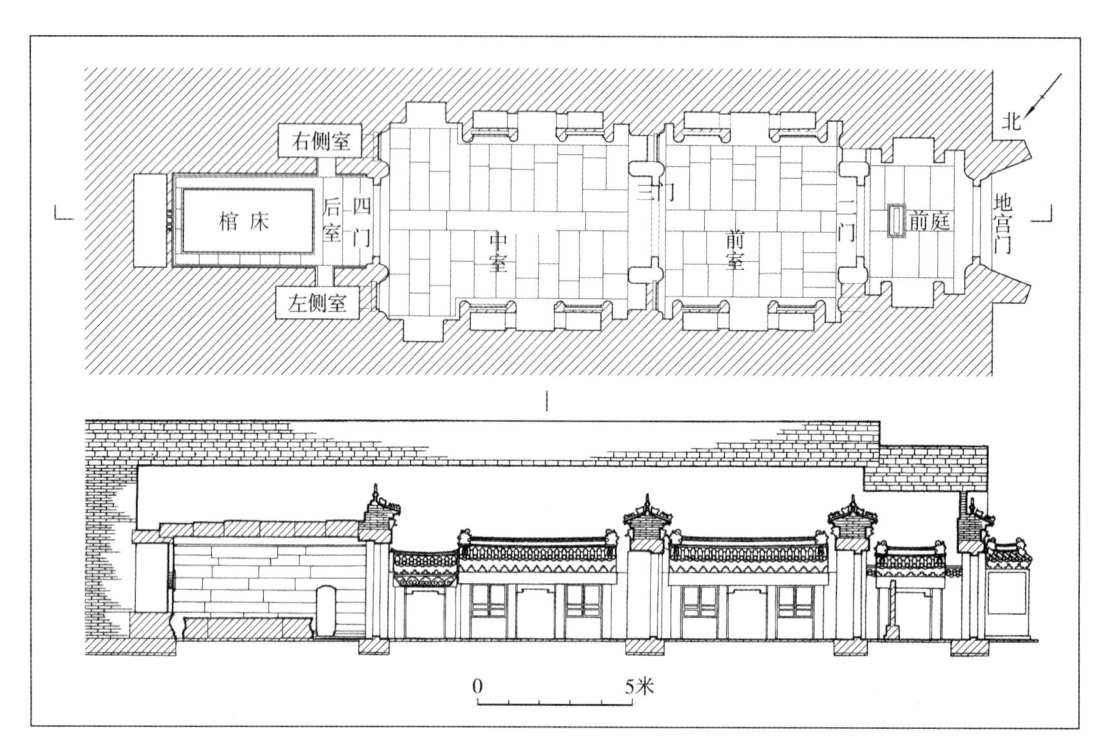

图附 2-3-6　蜀僖王地宫平面、剖视图
（采自《文物》2002年第4期）

图附 2-3-7　蜀僖王地宫透视图
（采自《中国古代建筑艺术全集·明代陵墓建筑》）

承托绿琉璃单檐庑殿顶[1]。

(2) 前庭

前庭是从甬道进入地宫的过渡空间，规模较小（长3.74米，宽5.56米，高4.65米）。室内地面中轴线上纵向铺一行石板，其余石板均横向错缝平铺。室内中间竖立圆首方趺圹志，其前置一雕刻精美的红砂石香炉[2]。室内沿两侧壁石雕单间欢门厢房各一间[3]。

(3) 二门和前室

前庭和前室间置二门，庑殿顶，面阔6.12米，形制与地宫门类似。门内东西两侧各砌一堵窄砖墙，仿木建筑门楼直接作在阑额上，门为实心镜面（未雕门钉）[4]。前室

---

[1] A. 成都市文物考古研究所：《成都明代蜀僖王陵发掘简报》，《文物》2002年第4期。说："石门地木伏上所安立颊，与两边的圆形门柱同为一石。门额长2.68、宽0.26、厚0.07米。阑额上绘有菱形几何纹彩色籤头。"门楼"阑额上装10朵斗拱，均为五铺作重拱单抄单下昂计心造，每朵斗拱高27.5、宽29.5、间距34厘米。门楼顶部盖有龙纹勾头筒瓦和龙纹滴水板瓦，正脊上扣筒瓦，下嵌莲纹琉璃浮雕，正面饰缠枝牡丹雕塑，两端各安一吻兽，左右垂脊上均装一垂兽，门楼四周空隙处用砖横砌封堵"。

B. 中国建筑艺术全集编辑委员会编：《中国建筑艺术全集·明代陵墓建筑》，中国建筑工业出版社2000年版。图版说明，第65页。说："入口门楼轩昂华丽，用单昂五踩砖雕斗拱承托绿琉璃单檐庑殿顶；涂饰朱红的圆柱、槛框，迎面雕出纵横各九排门钉的门扇，绘饰青绿彩画的额枋，都用大件石料雕成。"参见该书第162页彩版一七九"地宫入口"。

C. 参见后文四门总述注释。

[2] 薛登：《成都明蜀王陵》，《成都文物》1999年第2、3、4期。文中说。僖王地宫"圹志石碑原立于甬道（即前庭）正中，近前置一石雕燔炉，双耳三足，放在云龙纹圆坛座上"。圹志"置于高约0.40米的石碑座上，净碑通高1.43米。其中，碑首高0.43米，宽0.78米，矩形，抹角，四缘阴刻云纹花边，额题两边各镌蟠龙图案。额文阴刻篆书竖读4行：'大明蜀僖王圹志'。碑身宽0.73米，仍镌云纹花边。志文阴刻楷书竖读14行"。志文记，"王讳友壎，蜀悼庄世子之季嫡子"，"永乐七年（1409）二月二十九日生，二十二年十月十一日册封为罗江王、妃赵氏。宣德七年（1432）九月二十日袭封蜀王"；"宣德九年六月二十一日薨，享年二十有六"。"以宣德十年三月十三日，葬于成都府华阳县积善乡正觉山之原"。参见成都市文物考古研究所《成都明代蜀僖王陵发掘简报》（《文物》2002年第4期）图四圹志和香炉。

[3] 成都市文物考古研究所：《成都明代蜀僖王陵发掘简报》，《文物》2002年第4期。说："前庭东西两侧各有一间厢房，形制相同，硬山式顶。石额枋上绘彩色籤头，额枋下面有一欢门，上饰黑色缠枝灵芝纹浅浮雕。额枋上安一斗三升绿色琉璃斗拱。"

[4] A. 成都市文物考古研究所：《成都明代蜀僖王陵发掘简报》，《文物》2002年第4期。说："此门前后两面的阑额上均有10朵斗拱，为五铺作重拱单抄单下昂计心造。"门顶部有一个约一平方米的盗洞。

B. 中国建筑艺术全集编辑委员会编：《中国建筑艺术全集·明代陵墓建筑》，中国建筑工业出版社2000年版，第41页。说：二门为实心镜面，"二门两翼缀有清水砖墙，墙上瓦顶以石雕冰盘檐托出"。

平面略呈方形（长6.6米，宽6.14米，高5.11米），室内两侧各石雕欢门厢房三间[1]。

（4）三门和中室

中室前与前室相接处置三门（高4.24米，面阔6.13米），门外两侧带左右梢间[2]。中室长9米，面阔6.89米，两侧壁欢门厢房各三间（形制基本同前室厢房），除北端左厢房外，每间厢房前均置石供桌一张，三间厢房之后又各置廊房一间（高2.76米，面阔2.08米，进深0.66米）[3]。室内中央置红砂石宝座（面长0.73米，宽0.5米，通高0.89

---

[1] A. 成都市文物考古研究所：《成都明代蜀僖王陵发掘简报》，《文物》2002年第4期。说：前室"有东西厢房，为硬山式仿木琉璃建筑，三开间，正中架设欢门。其中，长方形内柱、檐柱、方形木兼柱同雕于一石，其上承托着长5.17、宽0.94、厚0.38米的石板屋顶。阑额上有14朵五铺作绿釉琉璃斗拱。次间的檐柱内侧安装立颊，其内有双石质假窗门，门的上部浅浮雕四叶形菱花，华板和障水板上饰缠枝卷草纹"。前室两侧出土了大量陶俑。
　　B. 中国建筑艺术全集编辑委员会编：《中国建筑艺术全集·明代陵墓建筑》，中国建筑工业出版社2000年版，第41页。图版说明，第65页。
　　C. 参见后文注释。

[2] A. 成都市文物考古研究所：《成都明代蜀僖王陵发掘简报》，《文物》2002年第4期。将中室门称正殿，文中说："正殿为庑殿式仿木琉璃建筑，高4.24，面阔6.13米。阑额上饰朵花纹、菱形纹彩色箍头，上有12朵五铺作绿釉琉璃斗拱。正脊长2.27、高0.3、宽0.2米，上塑缠枝牡丹、莲花等。立颊内装双扇石板门，每门高2.57、宽1.21、厚0.125米。门的纹饰与正庭内厢房的窗门图案近似。窗户安装在门外两侧的檐柱与角柱之间的砖砌矮墙上。窗高1.74、宽0.8米，窗花纹饰与大门近似。"
　　B. 参见后文相关"四门"注释。

[3] A. 成都市文物考古研究所：《成都明代蜀僖王陵发掘简报》，《文物》2002年第4期。说：廊房"立颊内嵌有石欢门，上饰缠枝牡丹、葵菊等浅浮雕。石阑额以上为石质普柏枋，上安一斗三升斗拱"。
　　B. 薛登：《成都明蜀王陵》，《成都文物》1999年第2、3、4期。说：僖王地宫"甬道、前庭和中庭，两边皆建厢房。尽作绿色琉璃筒瓦硬山式大屋顶，勾头滴水饰龙纹；斗拱或同于殿房（即门），或同于八字墙帽墙。各厢房明间，一律不设门扇，也无地木伏和门槛，仅以阑额、由额、立颊构成欢门，镌刻莲荷及云纹缠枝牡丹。次间仍作上窗下墙式样。窗扇镌成格子门形状，格眼腰华及障水板所镌图案，同于殿门，但为阴刻；构成菱格的斜线，较之方格纵横线宽而明显"。文中所说甬道、前庭和中庭，本书称前庭、前室和中室。
　　C. 中国建筑艺术全集编辑委员会编：《中国建筑艺术全集·明代陵墓建筑》，中国建筑工业出版社2000年版，第41页。说："前三进券室左右廊房或厢房的配置，也显现出不同的尊卑等级。其中，外室左右廊房（前庭）仅各一间，前室两旁厢房各三间，中室两侧则配置有三间厢房和单间廊房各一座。各廊房和厢房的檐柱、额枋和花牙子，以及各厢房梢间装设的楣板和槛窗，都用石料雕成；石柱涂染朱红，额枋绘饰青黑两色彩画，槛窗式样类似三门左右梢间的隔扇窗；额枋上安设砖雕斗拱，廊房是一斗三升，厢房为五踩单翘单昂；屋面均为单檐悬山顶。此外，中室廊房额枋还雕成前倾的倒梯形毗卢帽式样，镌饰硕大的如意云纹，敷以红地青黑彩绘，比前室的廊房更显庄严堂皇。"又说："值得重视的是，门楼、照壁、左右廊房和厢房的庑殿顶或悬山顶，作为明代前期的瓦作实物，采用了当时的北方官式做法。各屋檐下都安有仿照木作的砖雕斗拱、檐枋、檐檩、圆形檐椽和方形的飞檐椽；屋面覆盖板瓦和筒瓦，檐口排布滴水和勾头，以勾头坐中；除了中室的左右廊房做成清水脊，没有吻兽外，其他屋顶都安砌正脊和垂脊，并配置正吻、垂兽以及仙人走兽等，具有典型的北方官式做法的造型特征。不过，砖雕斗拱中所有的斗或升子都在底部附有皿板，则是比较罕见的做法。"参见该书第164页图一八〇"地宫中室"。

米，座高0.38米），靠背高浮雕云龙纹[1]。

(5) 四门和后室 后室前与中室相接处置四门，形制略同于中室门。特别之处是将转角铺作置于阑额末端之上，顶面脊饰自下而上分别置仙人、龙、凤、狮和垂兽[2]。后室由棺室和左右壁龛式侧室组成。中间的棺室长方形（长6.71米，宽2.9米，高3.17米），

---

[1] A. 薛登：《成都明蜀王陵》，《成都文物》1999年第2、3、4期。说：中室"正中偏后位置，摆放一个矩形石雕拜台，其后设一石刻万卷书式供案。该供案后面，又安置一架石雕的胡床式宽大宝座，靠背镌为深浮雕云纹二龙戏宝图案，两边仍有雕花扶手。胡床式宝座后方两边，亦即棺室门殿的次间近前，又各置一付石刻雕花兽脚支架的平板供案"。参见成都市文物考古研究所《成都明代蜀僖王陵发掘简报》（《文物》2002年第4期）图一三"石宝座"。
B. 郭黛姮主编：《中国古代建筑史》第四卷，中国建筑工业出版社2003年版，第206页。蜀僖王墓说："中室面积最大，室内原砌有长方形的石构享堂。"按，此石构享堂即前述之拜台，其与后文朱悦燫地宫之圜殿相似。

[2] A. 成都市文物考古研究所：《成都明代蜀僖王陵发掘简报》，《文物》2002年第4期。说："后殿门两侧有圆形檐柱，底部垫有长方形石柱础。门柱内侧设地木伏上安双扇石门，有铺首。门两侧均安双扇格子假窗户，门额枋上有12朵五铺作斗拱，其形制规格均用于正殿。"
B. 薛登：《成都明蜀王陵》，《成都文物》1999年第2、3、4期。说：蜀僖王地宫，"分隔甬道、前庭室的四座门殿，皆为石结构四柱三开间仿木建筑。单檐庑殿式绿色琉璃筒瓦大屋顶，龙纹勾头滴水，檐下饰绿色琉璃五铺作单抄单昂斗拱。每殿（门）四条石柱，皆呈椭圆形，纵置，长径0.90米，横径0.655米。殿（门）额皆用长大巨厚的整块石板，架设于四根椭圆形立柱之上，长近7米（墓门甬殿的额枋长近5.50米。按指墓门），厚0.60米左右，宽1米许。各殿房（门）皆以明间为过道，设门框、门砧、门斗，可以开阖的双扇石门。墓门甬殿（即墓门）每扇石门宽1.21米，高2.58米，厚近0.16米，各饰九排九行乳钉，并施铺首衔环。其他三殿的门扇，宽厚同于甬殿，高度则由前往后依次为2.62米，2.66米，2.95米。皆作格子窗式样，石刻肘板、横桯、抹头、腰华、障水。浮雕窗棂，方格与菱格相套，再套以菩提叶片构成十字花纹组合的格眼图案；其中，构成方格的纵横线条，较之菱格斜线宽而明显。腰华板浮雕卷草、障水板浮雕莲荷及缠枝牡丹。各道门扇后面，皆有顶门石条，但在墓底的相应位置、却未凿有蹬抵顶门石的臼槽"，"门扇尽皆虚掩。各座殿房的次间，皆仿上窗下墙式样。窗棂为阴刻方格与菱格相套，再套以菩提叶片构成十字花纹、扶桑叶片构成圆环花纹组合的格眼图案。这四座殿房的石基，亦为长大巨厚的整块石板，横长约近7米（墓门甬殿的石基横长将近5.50米），纵宽1米许，埋在墓底平面以下的部分，厚0.60米余；露出墓底平面以上的部分，凿作明间门槛和次间地袱"。
C. 中国建筑艺术全集编辑委员会编：《中国建筑艺术全集·明代陵墓建筑》，中国建筑工业出版社2000年版，第41页。说：蜀僖王地宫"从前往后，四座轩昂华丽的门楼，面宽和高度都逐渐增大。涂饰朱红的圆柱、门框和门扇，绘以青绿彩画的额枋，都用大件石料凿成；额枋上均安设砖雕的单翘单昂五踩斗拱以及檩、椽，覆盖单檐绿琉璃瓦庑殿顶。前门的两片门扇正面各雕出纵横九排门钉；二门和四门均为实心镜面；三门则雕成四抹头隔扇，心为双交四椀菱花图案，裙板雕饰如意云纹。此外，前门两侧还用砖砌出八字照壁，以一斗三升砖雕斗拱出挑悬山顶；二门两翼缀有清水砖墙，墙上瓦顶以石雕冰盘檐托出；三门和四门各连带左右稍间，砖槛墙上装设染饰朱红的石雕榻板和青黑色的石雕隔扇窗，隔心式样类似三门的隔扇"。参见该书166页彩版一八一"石门细部"。

大石条砌两侧壁，壁下端有石须弥座墙基（高0.14米）。后壁封砌影壁（高3.13米，宽2.88米），影壁石雕须弥座（高0.8米），束腰两端刻卷草纹。影壁墙身砌绿琉璃砖，边框砌花朵纹琉璃砖，墙身四角雕饰祥云图案岔角，墙身中心砖雕鎏金二龙戏珠图案，四角饰云纹（参见《中国建筑艺术全集·明陵》第168页彩版一八四"地宫后室照壁"）。两侧壁顶部各凸出一道涂朱红的半混式样的厚实石雕线脚，其上承托由六块大石板拼合而成的长方形盝顶（长5.97米，宽2.56米），盝顶四周边宽0.22米，饰浅浮雕荷花、莲蓬须。盝顶中为双重圆形八宝莲花（直径2.1米），外层莲瓣内分别镌刻宝盖、宝伞、宝瓶、双鱼、法莲、法轮等佛八宝图案，图中心0.54米的小圆圈内刻一盝形梵字（悉"昙"字）。所有图案均敷彩绘，红绿相间（参见《中国建筑艺术全集·明陵》第169页彩版一八五"地宫后室天花"）。棺室地面横砌石板，室内中间纵置须弥座式石棺床（长4.23米，宽1.98米，高0.65米）[1]。棺床须弥座上、下枭分别雕宽大的莲瓣，束腰雕镌祥云瑞兽、上枋雕刻缠枝卷草图案。棺床面铺砌5块石板，用银锭式铁榫加固。棺床正中有金井，内填黄土（参见《中国建筑艺术全集·明陵》第168页彩版一八三"棺床"）。棺床上面的四角铁内置一棺（长2.89米，宽1.05—1.17米，高8.6米）一椁（长3.5米，宽1.43米），棺椁底部周围垫5块椅子形须弥座式垫石[2]，棺椁楠木朱漆，已毁。棺床前置石供案，其上放一红砂石香炉（口径54厘米，通高61.2厘米，参见《成都明代蜀僖王陵发掘简报》图一〇"后殿中室供桌、香炉和照壁"）。棺室前部有左右侧室，形制尺寸相同，以石板盖顶、铺地。两侧室后面均用砖石封堵[3]，门洞上部呈如意头状。东侧室南边横置一石案（长0.89米，宽0.51米，高0.27米），无足，两端用砖垫撑。

2. 蜀世子和蜀昭王地宫

成都已发现的蜀王地宫之形制大同小异，下面再介绍两座地宫与蜀僖王地宫的主要相异之处。

首先，蜀献王朱椿世子朱悦燫地宫（图附2-3-8）[4]。该地宫形制与蜀僖王地基本

---

[1] 薛登：《成都明蜀王陵》，《成都文物》1999年第2、3、4期。说：石雕棺床通长4米余，宽近2.20米，高0.80米许。前端距棺室门将近2米，后端距影壁墙0.30米余，棺床两边留有宽近0.50米的走道。

[2] 薛登：《成都明蜀王陵》，《成都文物》1999年第2、3、4期。说："棺床之上，一具长方形木椁套棺（早被盗墓人拆散），长3.10米余，宽近1.50米，架设在八个石雕云纹椅形抬座之上。棺内一具尸骨，仰身直肢，头朝墓后蟠龙影壁……衣被筋肉全部腐化。"

[3] 薛登：《成都明蜀王陵》，《成都文物》1999年第2、3、4期。说："棺室两边设耳室，净空宽近1.30米，进深2.80米余。耳室尽头是不能进入的夹墙，内空环于棺室后经墙即蟠龙影壁背面，平剖俯视呈凹形，里面填满木炭。"

[4] A. 中国社会科学院考古研究所、四川省博物馆：《成都凤凰山明墓》，《考古》1978年第5期。

B. 朱悦燫生于洪武二十一年（1388）、死于永乐七年（1409）六月，葬于永乐八年（1410）四月。从死到葬十个月，在此期间很难建成如此规模讲究的地宫。因此，薛登《成都明蜀王陵》（《成都文物》1999年第2、3、4期）说：该地宫原本为蜀王朱椿预建的地宫，世子先薨"于是求得皇兄特许，竟以已墓葬之。朱椿则另行择地……"这个推断值得注意。

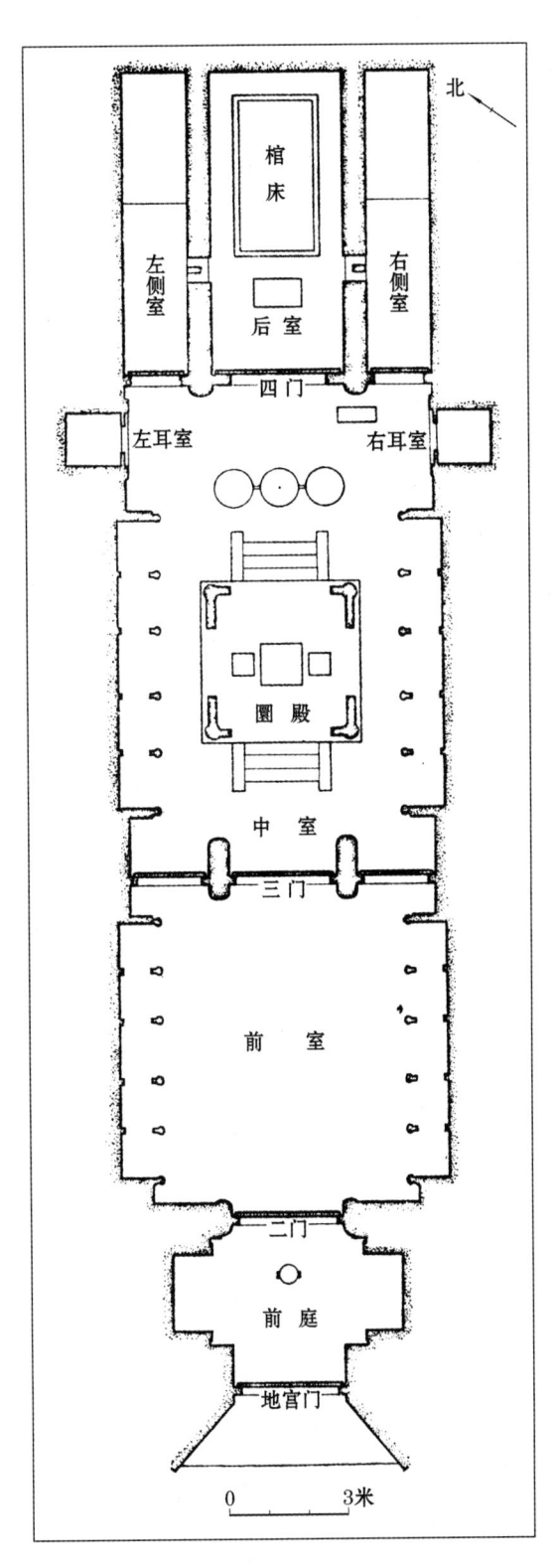

图附2-3-8 蜀献王朱椿世子朱悦燫地宫平面图

(采自《考古》1979年第5期)

相近，其差异有六：第一，地宫规模大，全长33米，若加上八字墙在内，全长达34.7米，地宫最宽处10.5米。地宫三个砖筑纵列筒拱券，前面第一个拱券四券四伏，第二个拱券五券五伏。第二，墓门两扇石板门涂朱，门钉（九排，每排九枚）刷金，安金铁质门钹，钹上装铁环，锁刷金，两扇板门缝隙间打入两个铁楔。二门与墓门结构相似，三门和四门装格子门。第三，前庭中间石板铺宽98厘米的甬道，甬道两旁以条砖铺地。在石甬道靠后部正中置石香炉（高1.29米，底座径82厘米，雕刻精美）。第四，前室（简报称正庭）地面中央铺十字形石甬道，甬道外用条砖铺地。第五，中室（简报称中庭）中轴线上石砌方形圜殿（圆殿）[1]，圜殿内列置石方桌三件。圜殿后并列三口铁缸（长明灯，高84厘米，直径96厘米），在铁缸后靠后室左檐柱下立"蜀悼庄世子圹志"（通高1.5米，志石高1.04米，碑座高46厘米）。中室左右厢房与后室之间，各开近方形的左右耳一个（1.27×1.30米）。第六，后室由中间棺室与左右侧室组成，建于比中室地面高出22厘米的台基上。中间棺室石质宝盖式盝顶，方石铺地，中间置石须弥座棺床，棺床前置长方形石方案一件。在与棺床和石方案间对应的左右两壁须弥座之上，各开一宽61厘米，高97厘米的直棂窗，与左右侧室相通。左右侧室形制相同，长同棺室，长条砖铺地[2]。前庭、前室、中室左右壁厢层基本同于蜀僖王地宫。

其次，蜀昭王地宫。图附2-3-9[3]。蜀昭王地宫的形制与蜀僖王地宫大体相近[4]，其最主要差异是蜀昭王地宫为夫妇合葬，因而地宫后室并置双棺室，室内各有沿侧壁厢

---

[1] 《明史》卷六十八，"舆服四"，亲王府制记载：亲王所居殿，前曰承运，中曰圜殿，后曰存心。《明太祖实录》卷八七、一二七、《大明会典》卷七二、一八一等，均记"中曰圆殿"。

[2] 中国社会科学院考古研究所、四川省博物馆《成都凤凰山明墓》（《考古》1978年第5期）说：两侧室皆砖砌纵列式筒拱券顶，长7.6米，中高3.33米，拱跨1.56米。室后部砖砌一高1.94，长3.2米的平台，平台上再砌厚61厘米的砖墙实封。

[3] A. 薛登：《成都明蜀王陵》，《成都文物》1999年第2、3、4期。
B. 《明史》卷一〇一，诸王世表二：蜀"昭王宾瀚，惠嫡一子，弘治七年袭封，正德三年薨"。
C. 薛登：《成都明蜀王陵》，《成都文物》1999年第2、3、4期。蜀昭王条记载，蜀昭王圹志已成碎块，据残块所记可知正德三年（1508）薨，正德四年十一月葬于隆寿山之原。

[4] 薛登：《成都明蜀王陵》，《成都文物》1999年第2、3、4期。蜀昭王陵条记载："昭王陵地宫，仍为砖砌筒拱券，五券五伏，总厚1.40米余。拱券内空通进深约近22米，宽不足6米；两边蹬墙及后经墙厚2米左右。拱券外面，也跟僖王陵一样，自前至后，分别横砌四道砖肋，用以箍固各段拱券和蹬墙。"地宫大门外以金刚墙封堵，墓门前有八字墙，墙前有长10米余的阶梯墓道。两八字墙之间，为墓门前面地坪，以河沙与白灰混合铺垫。在地宫前面右侧还有一条长10余米宽4.70米的斜坡墓道，该墓道与前述阶梯墓道垂直，达于八字墙之间的地坪，墓道铺河沙与白灰层。这条墓道将前述阶梯墓道下挖2米余，并将右（西）边八字墙拆除半段。文中认为，这是正德十六年葬王妃刘氏时使用的墓道。地宫无前庭，有前、中、后室。前室两扇石门各有九排九行门钉，铺首衔环。中室门阑额浮雕高天白云龙凤呈祥图案，石门障水板浮雕红日霞光与海涛组合图案，门均有门楼。前、中室侧壁皆有厢房。后室见正文。

房，后壁呈"壁殿"式，其前各有棺室门和甬道门。左右（东、西）甬道门和左右棺室门均为双扇石门，上置门楼。左右甬道石门前横砌砖墙封堵，自石门上的门楼屋脊至墓底高约2.90米。左右甬道门楼间夹立石柱，柱方形，高1.19米，每面宽0.76米，立于0.61米高的须弥座上。柱顶之石额上承托石雕庑殿顶，自屋脊到墓底高约3.90米，石柱门楼两侧延伸至甬道门楼之上，两者高差20余厘米，在此形成牌楼式双重檐形式。石柱正面雕刻图案，上段高浮雕蟠龙纹（直径0.69米），图案四角雕云纹。下段图案三层，上层雕高天祥云，中层雕云纹和高山深谷，下层雕海波纹，三层图案互有参差，形成和谐而完整的乾坤图案。左右棺室门，自屋脊至墓底高约2.30米。甬道和棺室以宽约40厘米的石板为顶，下距墓底高约2.30米，顶部有莲瓣和鸱吻等图形。两棺室侧壁有厢房，后壁呈"壁殿"形式。左甬道左（东）棺室两边厢房和后面"壁殿"须弥座陡板石上，均浮雕云龙图案，内葬蜀昭王。右甬道和右棺室两边厢房和后壁"壁殿"须弥座陡板石上皆浮雕云凤图案，内葬王妃刘氏。两并置棺室间，纵隔厢房的壁面下部正中，镌刻庑殿顶房屋图形（通面阔0.65米，通高0.54米），檐下所刻两扇门扉分别各向一边略开，在两个并置棺室壁间形成一条竖缝（表示夫妇可灵魂相通）。两棺室正中偏后置长方形石棺床（长3.85米，宽1.43米，高0.40米），棺

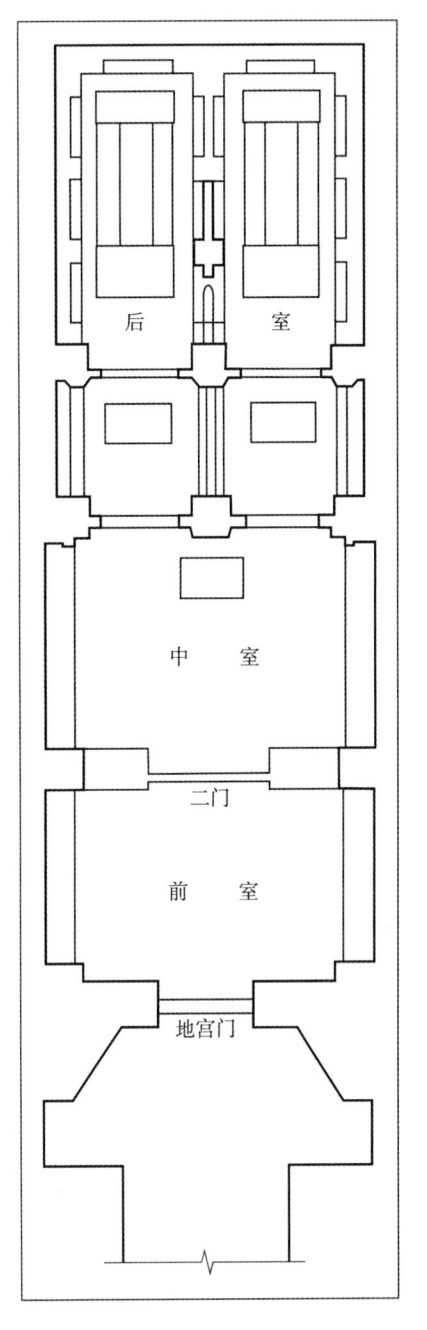

图附2-3-9 蜀昭王地宫平面示意图
（采自《中国古代建筑艺术全集·明代陵墓建筑》）

床前距棺室门1.40米，棺床三侧甬道宽约0.33米，棺床上各置一具棺椁。蜀昭王圹志置于前室左后部位，在中室门之东次间近前正中，圹志已残碎。王妃刘氏圹志置于前室右后部位，在中室门之西次间近前正中。刘氏圹志须弥座高0.42米，上下枋横宽0.88米，纵阔0.43米；圹志碑身高1.36米，矩形；碑首圆角，高0.45米，宽0.70米。碑身边缘阴

刻云纹，额题两边镌翔凤图案。在前、中室和左右甬道正中，各置一石雕供案。

3. 蜀王系地宫形制之共性

综上所述，从蜀献王朱椿传至明末蜀王共十三代，其中大多葬于成都市龙泉驿葬区或距其不远之处[1]。诸王地宫已知者有蜀世子朱悦燫地宫（永乐七年即1409年死，永乐八年葬），蜀僖王地宫（宣德九年即1434年死，次年葬）、蜀昭王地宫（正德三年即1508年死，次年葬）。其次，蜀僖王妃赵氏地宫（宣德三年即1428年死，次年葬，时友堹尚为罗江王）[2]，蜀定王妃地宫（弘治七年即1494年死，弘治九年葬）[3]，可作为补充。此外，或认为香花寺大皇坟为蜀献王朱椿坟茔（地宫未发掘），而凤凰山朱悦燫坟茔原为朱椿所予建，悦燫先死则葬之[4]。如是，朱椿地宫的规制当与之有相近之处[5]。上述情况表明，明代早、中期蜀王地宫大致可形成系列。据此将这个时期蜀王地宫形制之共同特点略述如下：

第一，地宫大都位于坟冢之前[6]。

第二，诸王地宫沿中轴线纵列墓道、八字墙、金刚墙、墓门、前庭、前室门、前室、中室门、中室，后室门、后室。单身葬者后室单棺室，两侧壁有侧室，合葬者并置双棺室。前庭、前室、中室两侧壁置厢房，个别的后室亦置厢房。有的地宫无前庭。

第三，从结构上看，其一，地宫前后二或三列纵置筒拱券，五券五伏（个别的前庭四券四伏），券顶和地宫外壁砖砌四道肋墙箍固。其二，地宫内壁面石砌，地面铺石或石、砖混铺。其三，地宫内石门有门楼，仿木结构，每扇石门门钉九排九行（81枚），铺首衔环，门后有自来石（无抵石槽）。有的地宫后二门为格子门，合葬者后室有两甬道门、两棺室门。其四，地宫各室两壁有厢房（后室个别的有厢房）或廊房，厢房多采用欢门形式。厢房顶部和门楼采用琉璃构件。其五，地宫中室有圆殿、宝座等设置，少数有铁质长明灯。其六，棺床较高，石质须弥座式，多有金井。棺室后壁影壁式或"壁殿"式，棺床前多有石供案、香炉。棺室两侧有侧室（有的为小侧室）与棺室间有直棂窗，双棺室间有象征性的空隙相通[7]。其七，地宫内石供案较多，位置不一。圹志多

---

[1] 薛登：《成都明蜀王陵》，《成都文物》1999年第2、3、4期。

[2] 薛登：《成都明蜀王陵》，《成都文物》1999年第2、3、4期。

[3] 刘雨茂、刘骏、朱章义：《明蜀定王次妃墓发掘记》，《成都文物》1999年第4期。

[4] 薛登：《成都明蜀王陵》，《成都文物》1999年第2、3、4期。文中考证香花寺大皇坟为蜀献王朱椿坟茔，该坟茔位于今十陵镇青龙村，成都锅炉总厂东南200余米，东距蜀僖王坟茔约1.2公里。

[5] 薛登：《成都明蜀王陵》，《成都文物》，1999年第2、3、4期。仅说：香花寺大皇坟，"见其是以巨型青石砌为平行并排两列筒拱券构成的夫妻合葬大型古墓"。由于详情不明，故正文所述，暂不包括该地宫。

[6] 薛登：《成都明蜀王陵》，《成都文物》1999年第2、3、4期。

[7] 霍巍：《论江西明代后期藩王墓葬的形制演变》，《东南文化》1991年第1期。文中引明人王禄《葬度·杂辩》，将宋以来流行的夫妻合葬墓圹中隔墙上开孔称"孝顺洞"，以便夫妻通魂往来。本书棺室两侧与侧室有直棂窗，或双棺室间有空隙相通，似属此种情况。

立式，较高大，位置不一。其八，墓道斜坡式或阶梯式，与其一侧垂直多开斜坡式辅墓道（作用说法不一）。其九，地宫内有完善的排水设施，地宫门外或采用陶管或用双合石涵排水至远处。

(二) Ⅱ式：纵长方形单室式地宫

图附2-3-10[1]。该式以湖北省武汉市江夏区（原武昌县）东郊龙泉山（武汉市东南约20公里）天马峰南麓楚昭王地宫为代表。地宫之上封土呈圆锥状，底径24米，高4-8米。地宫偏离茔园中轴线（茔园中轴线方向147°，地宫中轴线方向137°，相差10°），坐北朝南，依山而建。地宫前有长方形斜坡墓道，坡度6°，平长11.1米，口宽5.9米，底宽4.9米，深2—2.8米，内有大量积石。地宫凿长方形圹，圹之东、西和北面碎青石垒

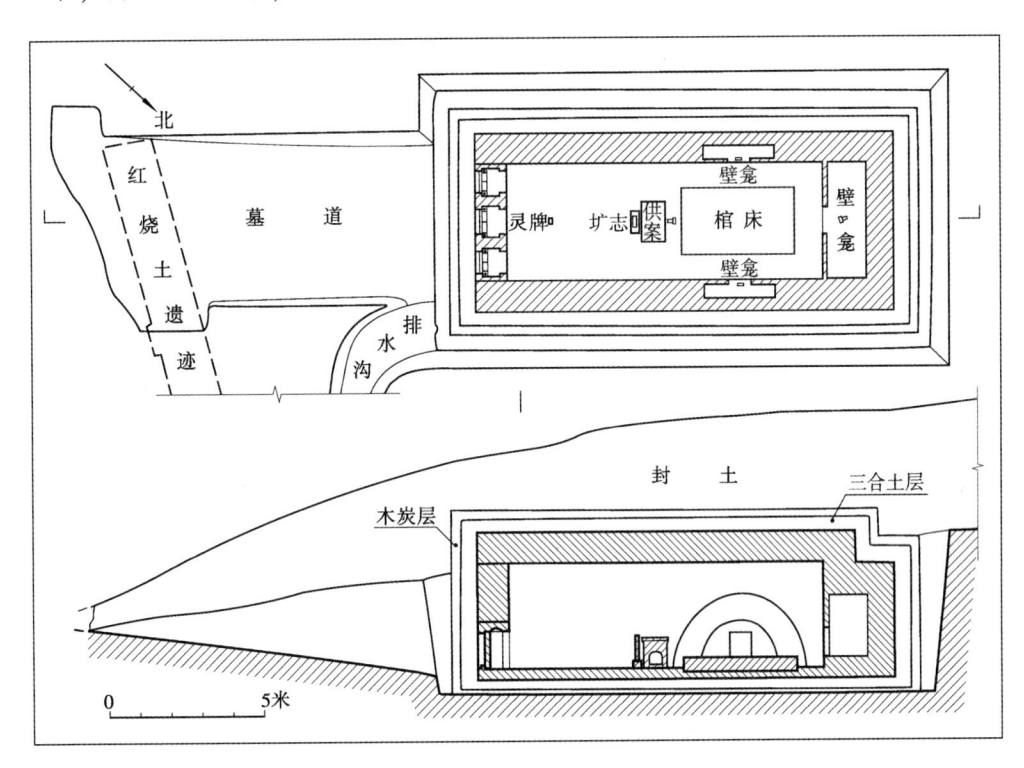

图附2-3-10 楚昭王地宫平面、剖视图
（采自《文物》2003年第2期）

---

[1] A. 付守平：《明代楚昭王朱桢墓发掘简讯》，《江汉考古》1992年第1期。
B. 湖北省文物考古研究所、武汉市文物考古研究所、武汉市江夏区博物馆：《武昌龙泉山明代楚昭王墓发掘简报》，《文物》2003年第2期。
C. 湖北省文物考古研究所、武汉市文物考古研究所、武汉市江夏区博物馆：《武昌龙泉山明代楚昭王墓发掘简报》，《文物》2003年第2期。
D. 中国建筑艺术全集编辑委员会编：《中国建筑艺术全集·明代陵墓建筑》，中国建筑工业出版社2000年版。该书正文第33页说："建置最早的是洪武十五年（1382）建于湖北武昌县灵泉山的楚昭王朱桢坟"，第34页说：楚昭王坟是生前予建的。

砌护墙，南北长16米，东西宽9.6—9.8米，深3.8米，坑口距现地表深1.8—4米。地宫平面长方形，砖砌、券顶（半圆形、三券三伏），南北长13.84米，东西宽5.78米，高4.78米，顶部高于圹口。地宫外壁抹三合土（糯米汁搅拌沙、土、石灰），其外版筑一层木炭，封闭严密，壁内青灰砖经打磨。室内地面铺砖三层，中下层长方砖，上层方砖，后部居中竖置石棺床，置于棺床上的漆棺椁已朽，尸体仰身直肢，头朝北。室内地面北高南低，倾斜2°，东南角最低，高差2厘米，泄水孔（长16厘米，宽1厘米）即设在此处，与地宫外东南角排水沟连接。室内东、西和北壁各有一壁龛，平面呈凸字形，各有长方形石龛门。北龛门高0.84、宽1.01、楣厚0.23、槛高0.34米，东西龛门高0.82、宽0.7、楣厚0.23、槛高0.27米。南壁并列三个长方形石门，均有门楣、立颊、门槛。中间高114.5、宽81、楣厚27厘米，左右门高108.5、宽75.5、楣厚27厘米。三门均安内开式双扉石门，每扇石门门钉81枚，石门内外砌砖墙。总的来看，楚昭王茔园较豪华，地宫规模小而简朴，随葬品明器化是其重要特点。

三 平面呈T字型

图附2-3-11。该式以山东邹县鲁荒王朱檀地宫为代表（图2-3-11）[1]，地宫在享殿遗址之北（在内门之北）约200米，依九龙山龙首之阳，距今地表深20余米，封土不甚明显（封土铺展面积13000余平方米）。墓道在正南，外口宽、里口窄，斜坡状，北端距金刚墙1.5米，估计全长70余米。地宫凿石开圹，砖筑。纵置前室，横置后室，前后

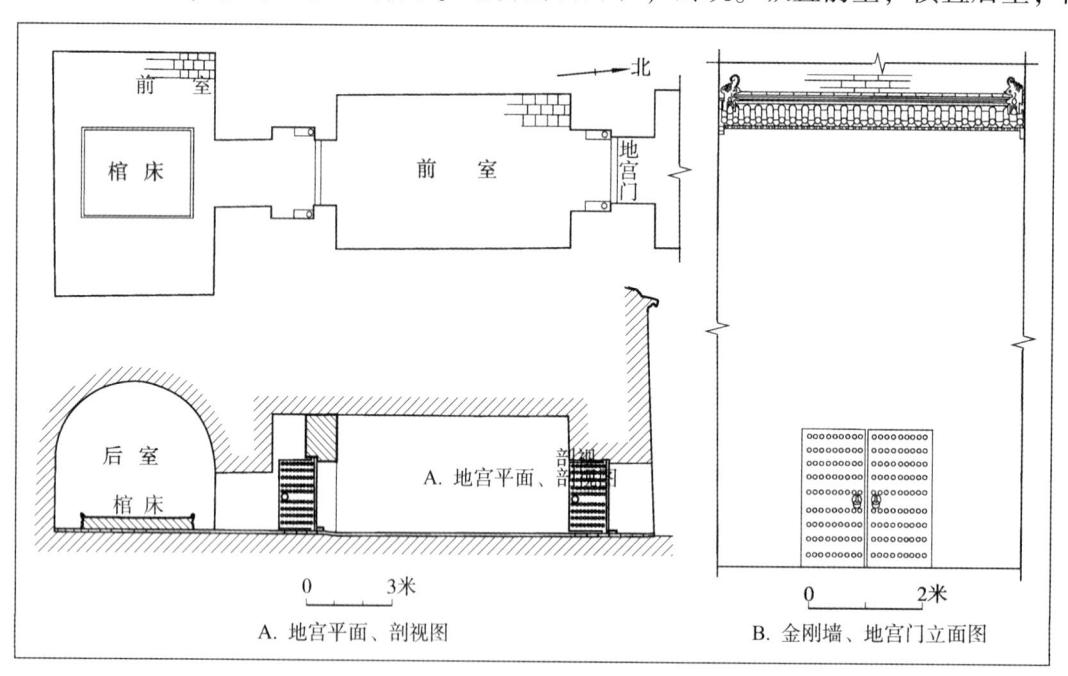

图附2-3-11 鲁荒王地宫平面、剖视图及金刚墙、地宫门立面图
（采自《文物》1972年第5期）

---

[1] 山东省博物馆：《发掘明朱檀墓纪实》，《文物》1972年第5期。

室拱券呈正交的"丁字大券"（是明代文献"丁字大券"迄今所见的最早实例），平面呈T字形。其结构从南向北依次略述如下。

封门墙（实为金刚墙外层），在墓道末端，大砖砌筑，高8.86米，上部厚1.6米，墙向下渐宽作砥墙状，墙基向外伸入墓道中。金刚墙，在封门墙后，通高8.2米，宽5.35米。墙上部建门楼，覆绿琉璃瓦，墙面敷一层坚硬的红泥。门楼上部和左、右、后三面砖砌挡土墙，与前面封土墙接齐。门楼上又有东西长条形护槽，其上覆盖两层石条。金刚墙下部正中开门洞（高2.40米，宽2.25米），门洞上有一米厚的石额，砖封洞口，其外被金刚墙红墙皮封盖。

地宫通长20.64米，横宽8.20米，除两道石门外，余为砖筑，券顶（半圆形），方砖铺地，四壁及顶敷白灰，壁上部饰双条黑线；前有甬道，前后室间以甬道连接。前室石门在金刚墙洞口北1.5米的甬道中，枢轴式双扇石门（每扇石门高2.40米，宽1.30米，厚0.18—0.2米）。石门朱漆，每扇石门九排九行81枚门钉，门钉鎏金；有铁质鎏金铺首衔环，门环上挂铁锁（参见《中国建筑艺术全集·明陵》第156页彩版一七四"地宫入口及前门"）；门前有高出地面约10厘米的石门槛。门后前室纵长方形，南北长8.05米，东西宽5.25米，高4米（室内有长明灯、册宝和木俑，图版同前）。前后室间有窄甬道（长1.95米，高1.90米），地面略高于前室，甬道内二门形制结构同一门（参见《中国建筑艺术全集·明陵》第158页彩版一七五"地宫二门"）。甬道后之后室平面横长方形，东西长8.20米，南北宽5.45米，高5.05米。后室中部纵置须弥座式棺床，棺床砖砌磨光，南北长3.85米，东西宽3.10米，高0.5米（图版同前）。

四　平面呈中字型

图附2-3-12。该式以梁庄王朱瞻垍地宫为代表[1]，梁庄王坟茔在湖北省钟祥市长滩镇大洪村旁，西北距钟祥市区约25公里，建于龙山坡山脉一座小山上（海拔68米），坐北朝南。茔园原有内外茔垣，现仅存北半部基址，外茔垣东西宽250米，南北残长200米，垣石皮土心；内垣东西宽55米，南北残长75米，砖皮石心，内外垣均培土作护坡。地宫为崖洞砖室，方向145°，南北向，顶部封土近圆锥形，高约9米，底径25米。地宫南端有竖穴斜坡墓道，平长10.6米，口宽4.3米，北高南低，坡度10—12°，底部南高北低，坡度10°，北端底距地表7米。墓道填土五层，第一层黄褐土层，二、四层石灰层，

---

[1] A.《湖北钟祥明代梁庄王墓》，载《2001，中国重要考古发现》，文物出版社2002年版。
B. 湖北省文物考古研究所、荆门市博物馆、钟祥市博物馆：《湖北钟祥明代梁庄王墓发掘简报》，《文物》2003年5期。梁庄王地宫所出圹志记载：梁庄王朱瞻垍，明仁宗第九子，生于永乐九年（1411）六月十七日，二十二年被册封为梁王，宣德四年八月就藩湖广安陆州，正统六年（1441）正月十二日薨（享年三十岁），同年八月二十六日"葬封内瑜坪山之原"。王妃魏氏景泰二年（1451）三月十七日薨。九月祔葬同王之圹。
C.《明史》卷一〇三，诸王世表四："梁庄王瞻垍，仁宗庶九子，永乐二十二年封，宣德四年就藩安陆州。正统六年薨，无子，封除。"

三、五层红赭岩碎块层，五层夯打，质坚硬。地宫由甬道、横长方形前室，后以短甬道接纵长方形后室，平面呈倒T字型（若算墓道可称中字型），砖筑，双穹窿顶，地宫全长15.4米，最宽7.88米，高5.3米。墓道北壁即地宫门，门券顶三券三伏，封土墙厚0.73—1米。券顶上砌挡土墙，挡土墙上砌碑墙，高1.17米（图附2-3-12、图附2-3-13、图附2-3-14），碑墙东西并嵌"梁庄王墓"志和"大明梁庄王妃圹志文"。地宫从墓道北端向内凿岩，形成隧洞，洞内砖砌甬道和前后室。甬道后为前室门，石槛铁臼，双扇石门，有自来石，门后地面上有抵自来石凹槽（两扇石门，自来石已失）。前室甬道后为后室门，门漆木质已朽。室内横列平铺小型砖一层，其上有2—7厘米厚的石灰层，葬具和随葬品置于石灰层面上。后室中后部纵置棺床二个，正中为梁庄王棺床，边砌石条，中央为原生红赭岩，其西王妃棺床以砖为边接砌，中央填土。后室东南和西南角砖砌方形灯台，东西北壁各有一弧顶长方形壁龛。

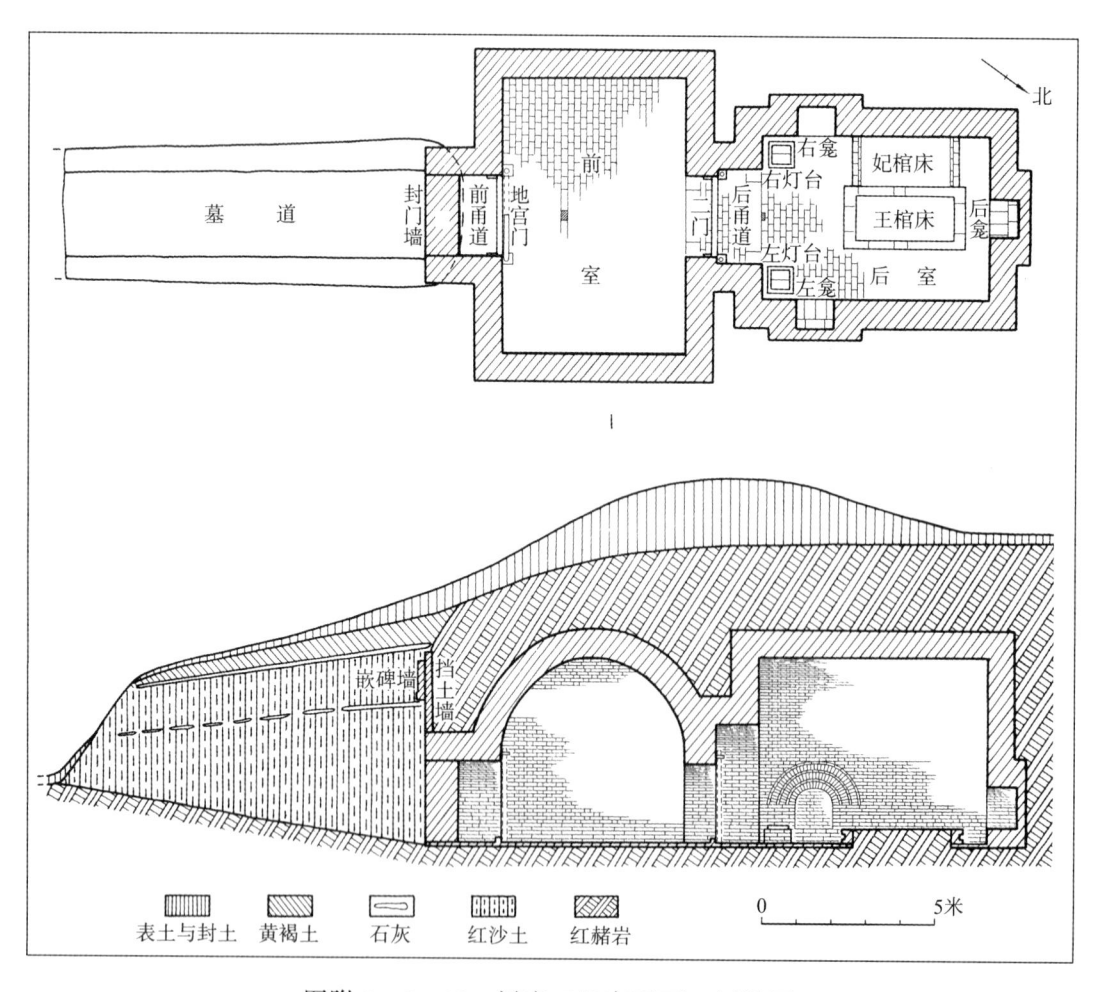

图附2-3-12　梁庄王地宫平面、剖视图
（采自《梁庄王墓》）

附二 明代藩王坟 813

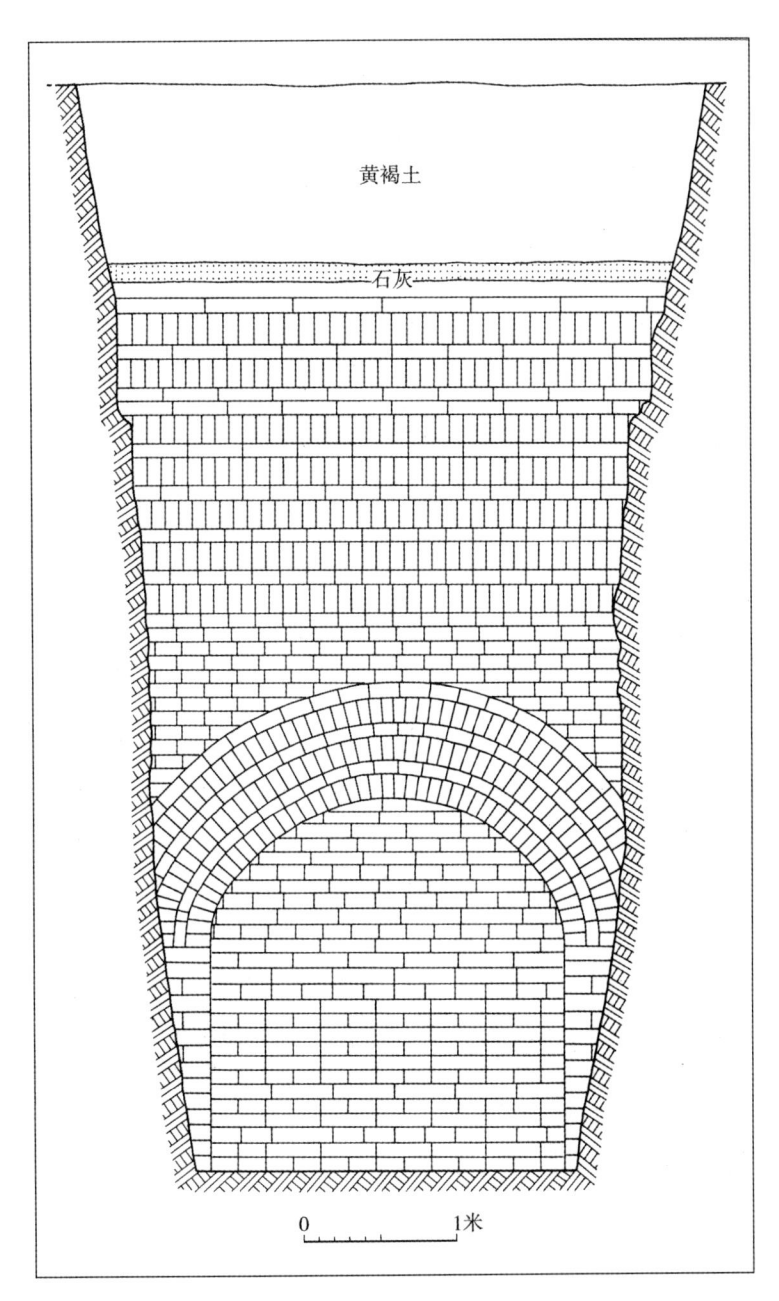

黄褐土

石灰

图附2-3-13 梁庄王地宫墓道券门、封门墙、挡土墙立面图
（采自《梁庄王墓》）

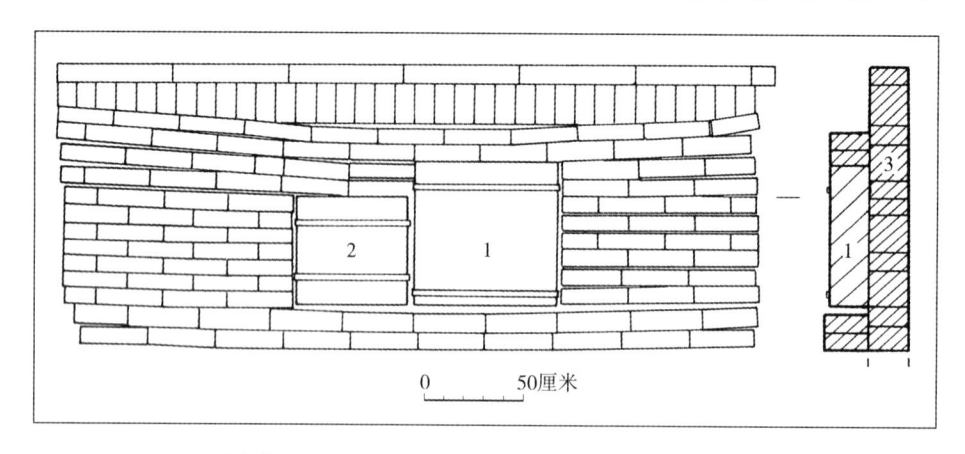

图附2-3-14 梁庄王地宫嵌碑墙体结构图
1.《梁庄王》圹志 2.《大明梁庄王妃圹志文》 3. 挡土墙剖面图
(采自《梁庄王墓》)

五 平面呈凸字型（附土字型地宫）

（一）Ⅰ式：凸字型单室地宫

该式以江西南城县东南17公里外源村北金华山麓的益端王朱祐槟地宫为代表（图附2-3-15）[1]。其地宫凿山为圹，用红条石砌墙基，壁和券顶青砖垒砌（青砖有38×21.1×8.43×20×10厘米两种），壁磨光平整，地宫上部残存封土厚1.22—2米。地宫由甬道和主室构成，平面呈凸字型，全长8.2米，方向正东南。地宫前有斜坡墓道（长4.92米，宽3.10米，南北高差0.55米），底垫黄土（厚39—68厘米）。甬道口券门（宽1.62米，深1.12米，高2.12米），七券七伏（厚1.22米），券顶上砌矮墙，墙上压千斤石。门前有金刚墙（三道青砖砌筑），墙后为双扇插板式红石门（每扇石门宽1.78米，高1.19米，厚0.95米），石门槛。门内甬道内宽1.62米，深1.12米，高2.12米，券顶，红麻石铺地，无遗物。主室前有券门（二门），条石砌门框，门枢轴式双扇石门（每扇石门高2.11米，宽0.92米），靠门轴处石门厚12厘米，另一边厚7厘米，石门铺首衔铜环；门有缝，缝后有石栓插于门槛后石槽中。主室长方形，长5.20米，宽3.62米，高2.97米；

---

[1] A. 江西省博物馆：《江西南城明益王朱祐槟墓发掘报告》，《文物》1973年第3期。文中说：外源村北有金华山，山麓南有一小丘陵，坟茔在丘陵南端一小山包中。山下发现有享堂遗址、石望柱、石象生残件，以及石碑一对。其中右碑刻有嘉靖十八、十九年赐祭朱祐槟夫妇的"御祭文"。小丘陵东西两侧各有一支脉向南延伸，合抱，在此范围内发现墙基和琉璃瓦片，面积约六、七十亩，与明代"亲王茔地五十亩"大体相合。所出圹志记载：朱祐槟"宪宗皇帝第四子"，"生于成化十五年正月初四日"，"二十三年七月十一日册封益王，弘治八年八月二十五日之国江西建昌府。嘉靖十八年（1539）八月二十四日以疾薨，享年六十有一"。
B.《明史》卷一〇四，诸王世表五："益端王祐槟，宪宗庶六子。"
C.《明史》卷一一九，诸王四："益端王祐槟，宪宗第六子。"B、C所记与圹志有别，似应以圹志为准。

券顶，地铺方砖（32×32厘米），室内中后部置红石须弥座式棺床（高0.6米，宽2.33米，长2.66米）。主室内与棺床前端对应之两侧壁各开一小龛（高0.62米，宽0.8米，深0.38米。龛内各置小木箱四，已朽）；与棺床后端对应的后壁左右各开一龛（高1.10米，宽1.02米，深0.30米）。室内左右侧壁第28、29两层砖上各刻画三个卦象，后壁及二门门框上在同一高度亦各刻画一卦象，卦象内填朱砂，乾卦在西北，巽卦在东南，与地

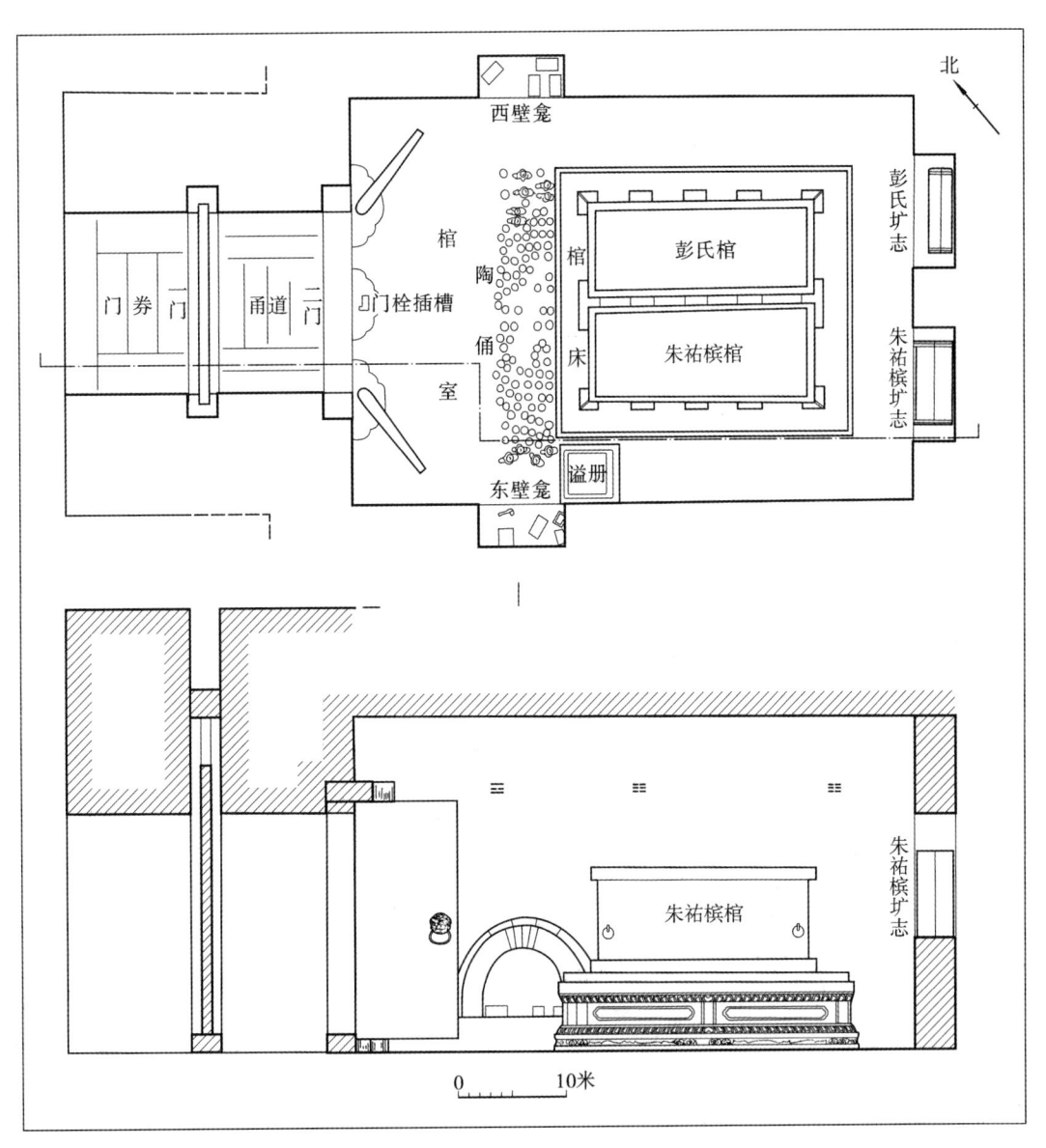

图附2-3-15　益端王地宫平面、剖视图

（采自《文物》1973年第3期）

宫方向一致。此外，朱祐槟之子益庄王朱厚烨地宫的形制亦与之大同小异[1]。除上所述，襄王地宫也多为凸字型单室形制[2]。

---

[1] A. 江西省文物管理委员会：《江西南城明益庄王墓出土文物》，《文物》，1959年第1期。文中说：地宫前的地面上有神道碑和部分石象生。地宫四道金刚墙封墓门，门为插板式石门，券顶。甬道宽1.8米，深1.5米，券顶。主室门枢轴式石门，门后有自来石。主室正中有石棺床，其四周砌砖墙，墙内堆石灰，朱厚烨夫妇棺木置于棺床正中石灰堆中，西边置继妃万氏棺木。东西壁壁龛内置锡明器和瓷器。圹志记朱厚烨于明嘉靖三十六年三月十七日葬。王氏在此时迁葬，万氏于万历十九年正月初五日迁葬。
B. 《明史》卷一〇四，诸王世表五：益"庄王厚烨，端嫡一子，嘉靖二十年袭封，三十五年（1556）薨，无子"。

[2] A. 襄樊市考古队、谷城县博物馆、南漳县博物馆：《明襄阳王墓调查》，《江汉考古》1999年第4期。文中说：襄阳王藩始设于正统元年（1436），终于崇祯十四年（1625），历宪、定、简、怀、康、庄、靖、忠七代八王。其中怀王即墓志中的惠王，忠王朱翊铭因张献忠陷襄阳后遭火焚未建墓。七座王坟茔除简王在隆中山外，余者均在今谷城、南漳两县交界处一条西北至东南走向的山脉间。茔地背靠山岗、面朝谷地，左右矮丘对峙，有河水萦绕。各王坟茔均有高大封土堆，地宫皆被盗，随葬品不明。各王坟茔多有享堂、神道等残迹。地宫形制，根据调查以凸字型单室地宫居多，以襄宪王坟茔保存略好。襄宪王瞻墡坟茔，在谷城县茨河镇承恩村殿沟，"墓冢前设三级拜台，地经平整。第一、二级拜台平面近长方形，分别长约50.40米，宽约20.30米，高出前部地面约1.2米，以青砖平铺，已残。第三级拜台平面呈半圆形，直径约10米，高出二级拜台约2米"。第一级拜台前原立石碑两通，左右相距约20米，一残，一保存完整，刻襄宪王祭文。碑前15米处有单拱砖桥，"桥前有小路直通山外，路长约1公里，现宽约4米，两边散置多块青砖，估计为神道"。按，所谓拜台，应为茔园遗迹。宪王坟茔封土现存高度约15米，底径约50米，四周围砌青砖石条。地宫由甬道和主室构成，平面呈凸字形，石结构，甬道与主室间石门两扇，主室内空长6.4、宽4.8、高3.8米，室内后部有石棺床。襄定王朱祁镛坟茔，在南漳县龙门镇古林坪村莲花寨南麓，地面残存正德元年（1506）崇信伯费柱祭祀碑，隆庆元年（1567）尚宝司少卿徐琨祭祀碑。残存封土堆高约5米，底径约30米，其前残存长约80米，高3—7米的石砌墙体（茔园残迹），地宫情况不明。襄简王朱见淑坟茔，在襄樊市襄城区隆中座山东腰，残存封土堆高约7米，底径约30米，前有茔园和神道残迹。地宫为凸字形单室，长约6.2米，宽2.4米，券顶。襄惠王朱祐材坟茔，在谷城县茨河镇前庄村东北约400米处一龙形山脊中部，残存封土堆高约6米，底径约50米，前有茔园、神道残迹。神道入口原立牌坊、现存阴刻楷书"皇明襄惠王神道"横匾。地宫为凸字形石室，具体情况不明。襄靖王朱载尧坟茔，未见记载，推测在南漳县龙门镇古林坪村遇事湾东约200米处，一封土堆高约5米，底径约50米即为其坟茔所在。有茔园、神道残痕和阴刻楷书"官员人等至此下马"石碑，地宫为凸字形石室结构。襄康王、庄王坟茔和地宫，后文有说。
B. 《明史》卷一一九，诸王四，"襄宪王瞻墡，仁宗第五子。永乐二十二年封"；"宣德四年就藩长沙。正统元年徙襄阳"，"成化十四年薨（1478）"。该王因拥立英宗复辟，英宗对其"礼遇之隆，诸藩所未有"。
C. 《明史》卷一〇三，诸王世表四，记其世系如下：成化十四年宪王薨，嫡一子定王祁镛"成化十五年袭封。弘治元年薨"。"简王见淑，定庶一子，弘治二年袭封，三年薨。""怀王祐材，简庶一子，弘治四年袭封，十七年薨，无子。""康王祐楬，简庶二子，初封光化王，正德三年进封。嘉靖二十九年薨，无子。从侄厚颎嗣。""庄王厚颎，阳山王祐楬庶一子，初袭阳山王，嘉靖三十一年嗣封。追谥其祖见淓为恭王，父为惠王。四十五年薨。""靖王载尧，庄庶一子，初封安福王，隆庆三年袭封。万历三十三年薨。郡爵例不袭。""忠王翊铭，靖庶一子，万历二十九年袭封。崇祯十四年，张献忠陷襄阳遇害。""王常澄，翊铭嫡二子，初封福清王。崇祯十七年进封，寄居九江府。"

(二) Ⅱ式：凸字型前后双室地宫

该式可以襄康王朱祐櫍地宫为代表[1]，其地宫前后室纵列，平面呈凸字形（图附 2 - 3 - 16），券顶，石结构，方向 90 度。前室前面有短甬道（长 1.6 米，内宽 2.15 米，高 2.88 米），甬道后部有石门槛（长 2.30 米，高 0.35 米，厚 0.21 米，嵌入墓壁），石门枢轴式，门无存，门外青砖封门（金刚墙）。前室长 2.55 米，内宽 3.45 米，高 3.80 米。前后室间有短甬道（长 0.93 米，内宽 2.30 米，高 2.88 米），有门槛、枢轴式石门。门槛中部下端有方石（边长 0.80 米，厚 0.30 米），中间凿方槽（边长 0.40 米，深 0.08 米）。残存石门一扇，四角外突，中部高 2.65 米，宽 1.35 米，厚 0.15 米，有铺首衔环。后室宽于前室，内长 5.65 米，宽 4.75 米，高 4.1 米。

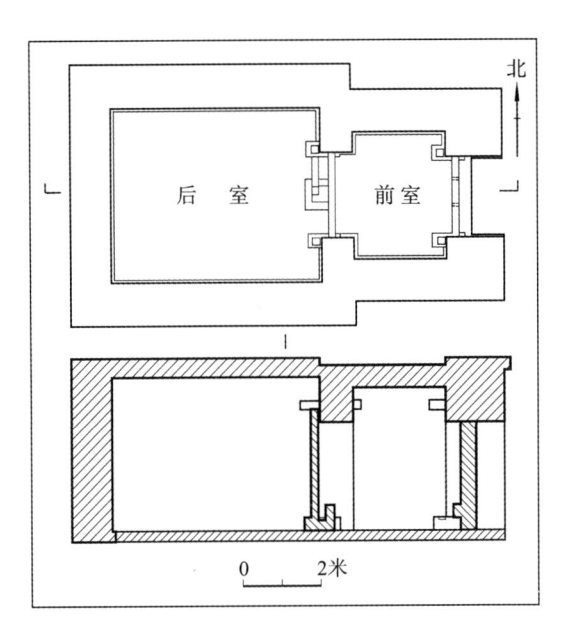

图附 2 - 3 - 16　襄康王地宫平面、剖视图
（采自《江汉考古》1999 年第 4 期）

除上所述，襄王地宫中还有一例平面呈土字型，即襄庄王厚颎地宫。其坟茔在南漳县龙门镇古林坪村遇事湾东北约 300 米箕形山地中部，坐东朝西。现存封土堆高约 4 米，底径约 25 米。地宫由前甬道、前室、后甬道和后室组成，平面呈土字形（图附 2 - 3 - 17）。

---

[1] A. 襄樊市考古队、谷城县博物馆、南漳县博物馆：《明襄阳王墓调查》，《江汉考古》，1999 年第 4 期。文中说：襄康王祐木质坟茔，在南漳县龙门镇柏香寺村墩子寨东腰。现存封土堆高约 6 米，底径约 35 米。其前约 20 米处，有一条长 27 米，高 3—4 米的石砌墙体护坡，似为茔园残迹。征集圹志一方，边长 62、厚 15 厘米，盖铭阴刻篆书"皇帝御制襄康王圹志文"十字。其他情况请参见原文。

B. 《明史》卷一〇三，诸王世表四："康王祐木质，简庶二子，初封光化王，正德三年进封，嘉靖二十九年薨（1550）。无子，从侄厚颎嗣。"

前甬道（长2米，内宽1.4米，高2.2米），砖壁、券顶，后部有石门槛，双扇石门，铺首衔环。前室横长方形（内横宽4米，深2.5米，高3.2米），砖壁、券顶。前后室间甬道长4.5米，宽1.4米，高2.2米，有石门槛和石门。后室横长方形宽于前室（内长4.5米，宽5.7米，高4.5米），沿后壁横置石棺床（长5米，宽2米，高0.18米)[1]

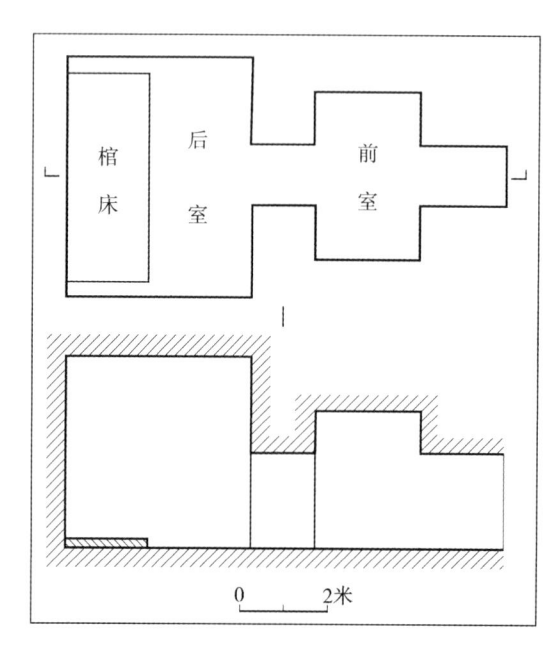

图附2-3-17 襄庄王地宫平面、剖视图
（采自《江汉考古》1999年第4期）

六 多棺室并置型

（一）Ⅰ式：四进四棺室并置

该式以永乐初年建于河南禹县老官山的周定王朱橚地宫为代表[2]（图附2-3-18）。地宫开山为圹，砖筑，券顶，上距地表约10米。地宫前有墓道、地宫门，其后沿中轴线配置前室、中室、主室、主室后并置四棺室（前后四进），中室两侧各有二侧室；除主室、四侧室横置外，余均纵置，平面类似"蝶形"。地宫纵深49米，横展32米（净面积逾800

---

[1] A. 襄樊市考古队、谷城县博物馆、南漳县博物馆"《明襄阳王墓调查》，《江汉考古》，1999年第4期。说：茔园毁，砖铺神道埋入地下。发现"官员人等至此下马"石碑。征集圹志一合，盖铭"皇帝御制襄庄王圹志文"。
  B.《明史》卷一〇三，诸王世表四："庄王厚颎，阳山王祐楬庶一子，初袭阳山王，嘉靖三十一年嗣封。追谥其祖见淓为恭王，父为惠王。四十五年薨（1566）。"

[2] A. 中国建筑艺术全集编辑委员会编：《中国建筑艺术全集·明代陵墓建筑》，中国建筑工业出版社2000年版，第33—40页。文中说：周定王地宫生前预建，永乐初年建于河南禹县老官山。
  B.《明史》卷一〇〇，诸王世表一："周定王木肃，太祖嫡五子，洪武三年封吴。十一年改封周，十四年就藩开封府，洪熙元年薨。"

平方米，是已知规模最大的亲王地宫）；其中横向布置的主室宽 25.1 米，进深 9.57 米，高 15 米，面积达 240 平方米（仅次于定陵地宫后殿 274 平方米），主室置棺床。主室后四棺室的中间二室曾分别出土"故次妃穆氏"，"故次妃杨氏"墓志。在地宫中室左右侧壁和主室后壁与券顶的交界线上，以砖雕斗拱出挑琉璃瓦披檐，横贯于四座后棺室及左右四侧室的方形门洞之上，从而强化了中室和主室的空间氛围和重要地位。

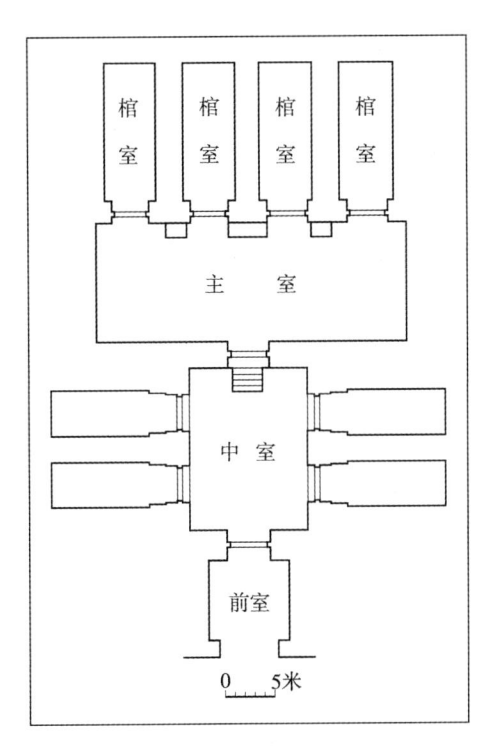

图附 2-3-18　周定王地宫平面图
（采自《中国古代建筑艺术全集·明代陵墓建筑》）

（二）Ⅱ式：二进二或三棺室并置

该式以今山东济南长清区德庄王朱见潾地宫（编号 M4）为代表[1]。地宫凿石为圹，圹上口东西 18.9 米，南北 35.1 米，北部最深处距今地表约 13 米，南部仅挖至深 3.2 米（接墓道处），现残存封土在地宫后部。地宫本体有横置的前室，前室后面以左右甬道各连接一纵置的棺室，二棺室以窗隧连接，其平面略呈口字型（图附 2-3-19—图附 2-3-21）。

---

[1] 济南市文化局文物处、长清县文物管理所：《山东长清县明德王墓群发掘简报》，载《考古学集刊》11，中国大百科全书出版社 1997 年版。文中报导：六座德王坟茔，M1、3、7 未涉及地宫。M2，有圹穴，地宫砖石结构，前室有石门，后室分左、中、右三棺室，"三室四角各系铁环，用以悬棺"，圹坑之后残存封土堆。M5 地宫砖石结构，形制不明，只言双室东西并列。M6 与 M4 略同，亦凿石为圹，墓道残长 7.3 米，宽约 3 米，地宫前室横置（东西长 7 米，南北宽 4 米），其后以三个并置甬道连三棺室，前室和三甬道均有石门。总的来看，诸德王地宫的形制，应与 M4 大同小异。

地宫内通长17.02米，通宽11.9米，地宫墙基、门为石结构，余均砖筑。

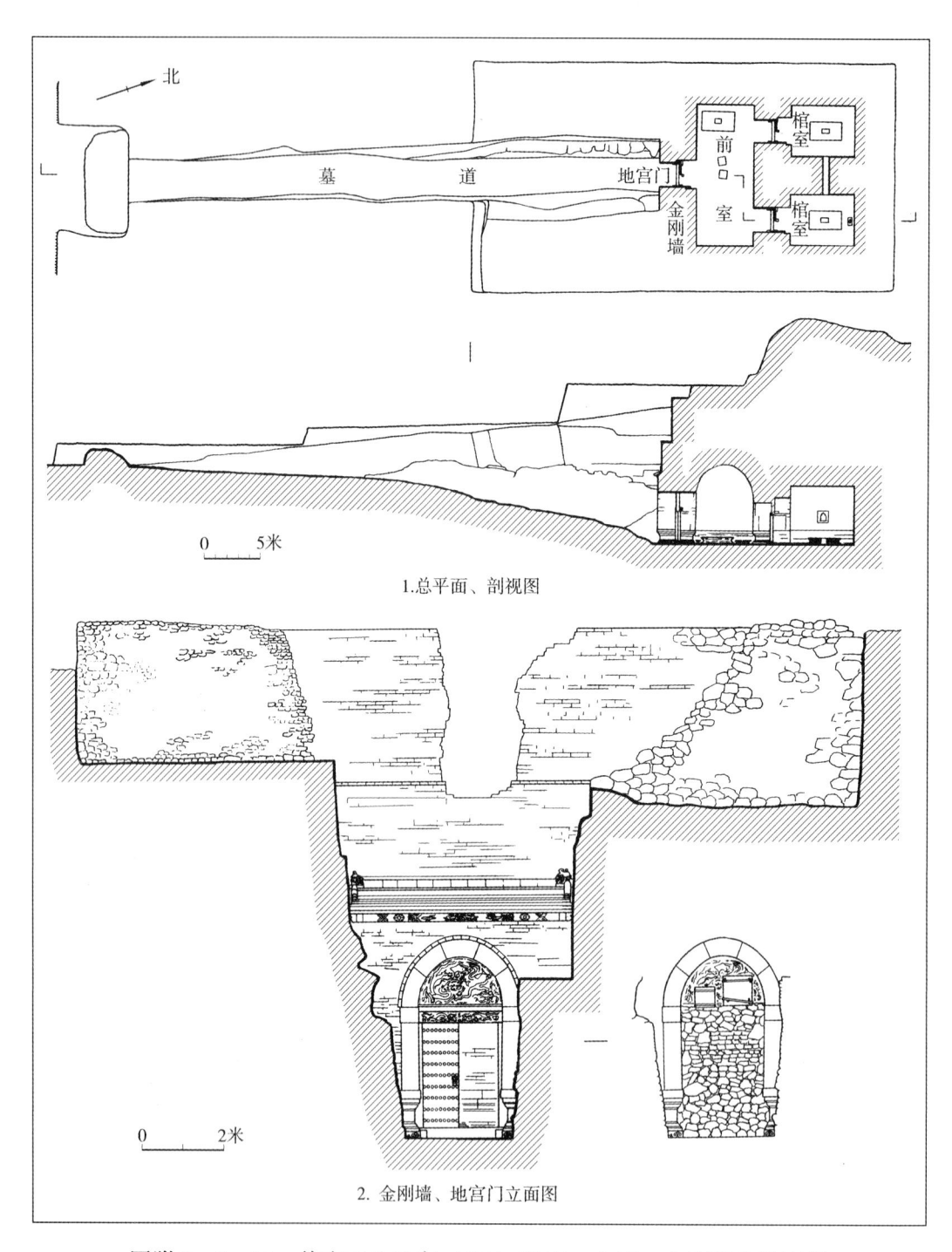

1. 总平面、剖视图

2. 金刚墙、地宫门立面图

图附2-3-19 德庄王地地宫（M4）平面、立面、金刚墙和地宫门
（采自《考古学集刊》11，1997年）

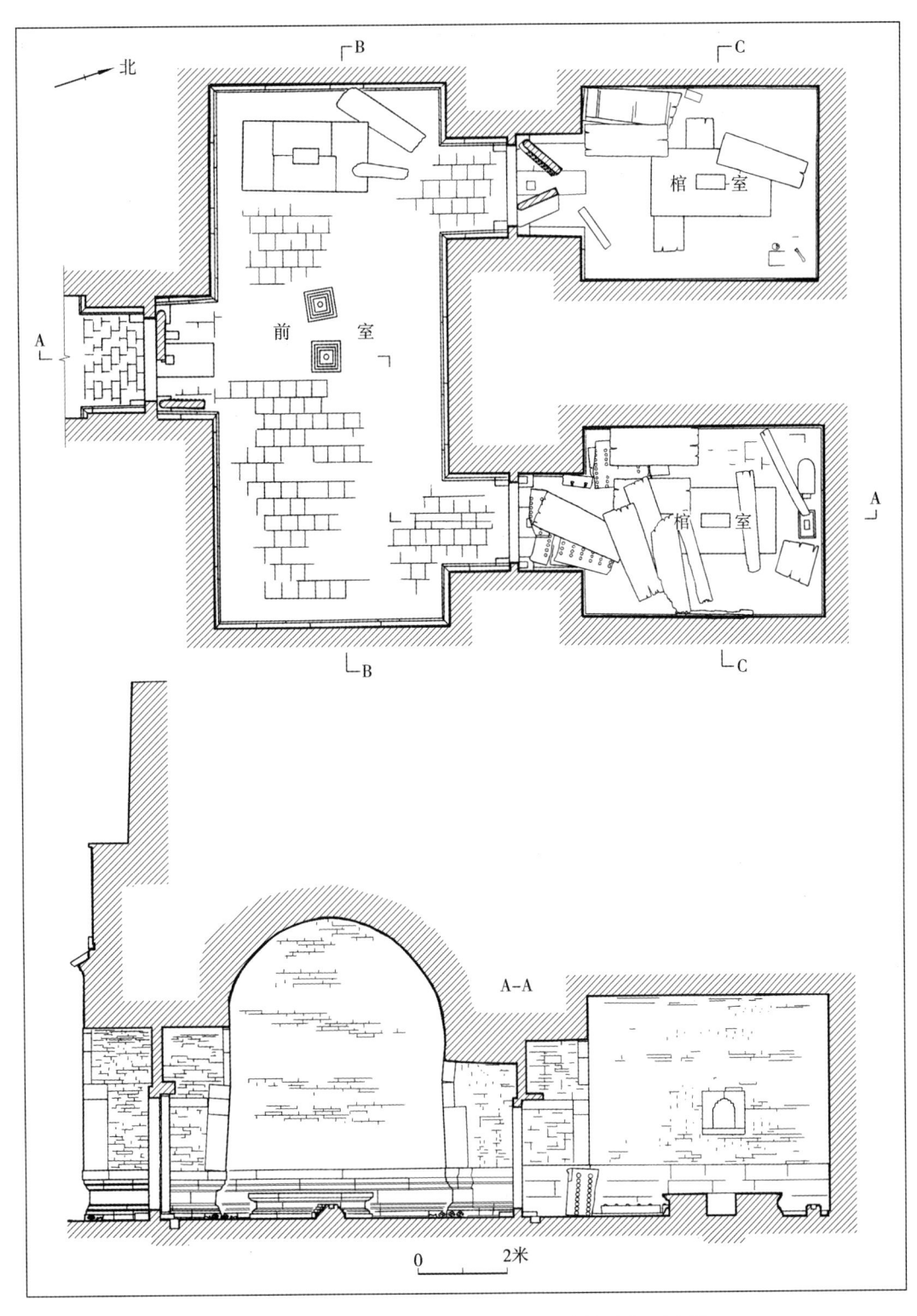

图附2-3-20 德庄王地宫平面、剖视图（局部）

（采自《考古学集刊》11，1997年）

1. 前室剖视图

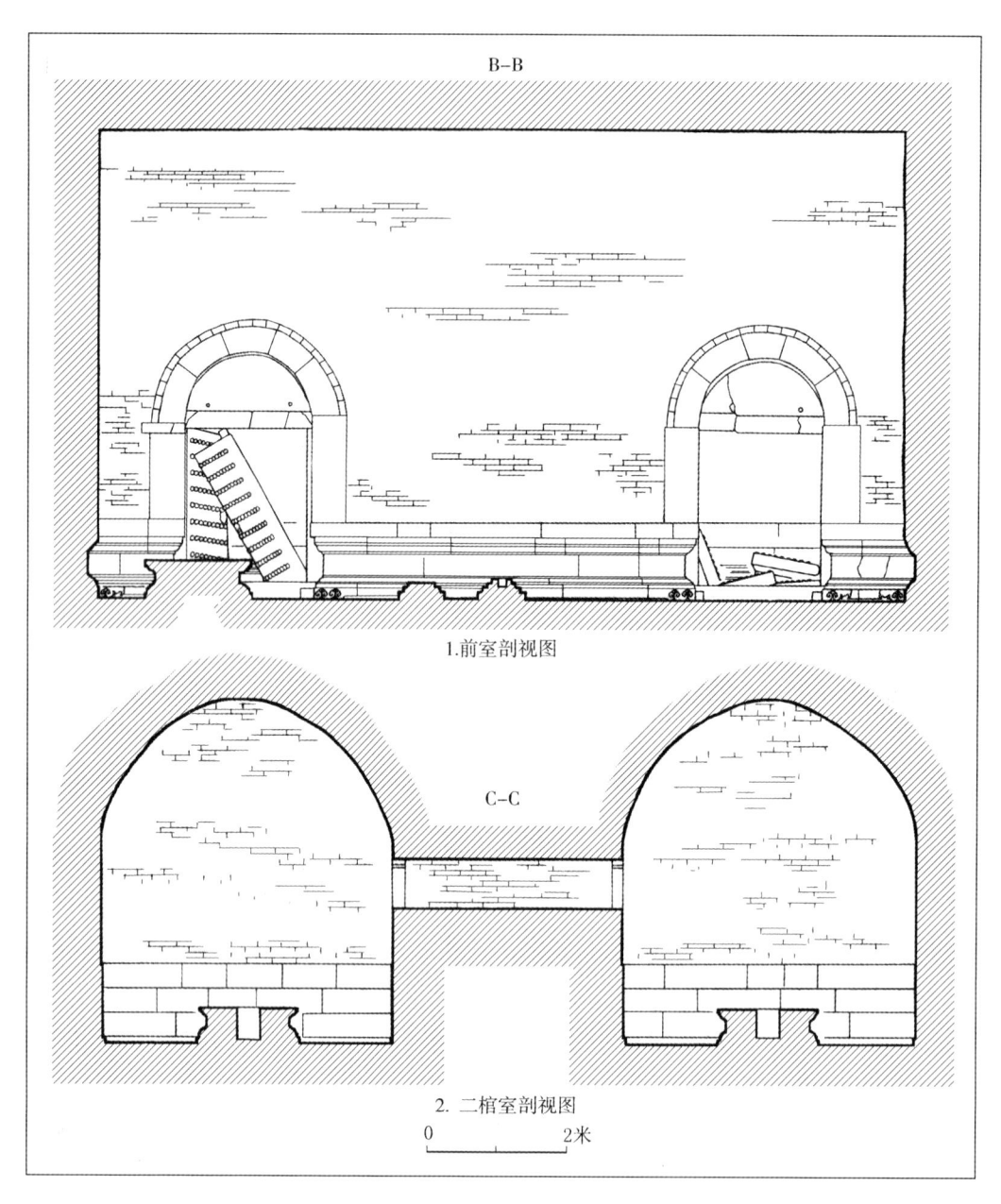

2. 二棺室剖视图

0　　2米

图附 2-3-21　德庄王地宫前室、二棺室剖视图
（采自《考古学集刊》11，1997年）

墓道和金刚墙。墓道斜坡式，长46.1米，上口宽3.46—4.30米，底宽2.48—3.6米；南口略宽，近门处稍窄。墓道南口用砖封堵（东西长8.4米），墙后砌双排立砖，两端呈圆角向南转折。地宫口砌金刚墙（通高6.18米），顶部砖砌平台（长8.34米，宽0.9米），出檐（2.5厘米）。平台后部砌挡土墙（高3.54米，长18.9米），两端抵东、西圹壁（其正中与墓道同宽部分砖砌，以外乱石垒砌）。平台以下有门楼，门楼正脊、正吻、额枋等砖雕，垂脊用绿琉璃筒瓦，额枋上雕二龙戏珠图案。门楼下开半圆形券门洞（高

4.76米，宽2.9米），门洞侧壁下为石须弥座式墙基。

前室门和前室。前室有短甬道，石门在金刚墙门洞后1.46米的甬道内。石门双扉枢轴式，每扇石门（2.54米，宽1.02米，厚0.21米）有九排九行81枚门钉，铺首衔环。门前石门槛高20厘米，门后有自来石和抵石方孔（边长19厘米，深22厘米）。半圆形门额上浮雕云龙纹，门楣上浮雕二龙戏珠图案。门外垒砌乱砖石封门，高至门楣，封门墙上倚立朱见潾及其妃刘氏圹志。前室横长方形（东西长11.9米，南北宽5.36米，高6.58米），券顶七券七伏（顶部正中有三个盗洞），壁有石须弥座式墙基，地铺方形金砖（边长36.5厘米）。室内中间置二个石烛台，西侧纵置石棺床（长2.83米，宽1.42米，高0.54米），棺床正中有长方形金井（棺床上朱漆棺板散置，骨架不全）。

二并置棺室。前室后有二甬道接连二棺室，东甬道（长3.03米）券顶，甬道中间置石门，门以南甬道（长1.33米，宽2.14米，高3.36米）壁有石须弥座墙基；门之北甬道（长1.47米，宽2.12米，高3.82米）为直壁。门的形制同前室门，唯尺寸略小（门扉高2.3米，宽1.03米，厚0.17米）。门后东棺室纵长方形（长5.51米，宽4.14米，高4.8米），地面铺金砖，中间纵置石须弥座式棺床（长2.77米，宽1.45米，高0.48米），形制与前室棺床相同（朱漆棺椁和人骨已散乱），棺床之北立圞首碑。东棺室西壁有窗隧与西棺室相通，窗隧距室内地面高1.9米，宽0.5米，高0.66米，长3.22米。西甬道、西棺室的形制、尺寸同东甬道、东棺室，棺床东北部有一铁券[1]。此外，湖南常德市荣定王地宫三棺室并置，棺室形制亦大体同于此式[2]。

---

[1] A. 济南市文化局文物处、长清县文物管理所：《山东长清县明德王墓群发掘简报》，载《考古学集刊》11，中国大百科全书出版社1997年版。记述：圹志二合，石灰岩质，出土时各以两道铁箍套束。朱见潾圹志，方形，边长70厘米，志盖厚12厘米，志石厚13厘米，二石四边框阴刻二龙戏珠图案。志盖篆刻"德庄王圹志铭"，志石阴刻楷书13行，满行23字，共219字。志文记朱见潾"乃英宗睿皇帝之子"，"正统十三年四月初五日生，天顺元年三月内封为德王。正德十二年八月二十二日以疾薨，享年七十岁"，"正德十三年四月二十八日葬于青崖山之原"。妃刘氏圹志记，"成化元年五月二十八日册立为德王妃"，"弘治六年十二月初三日以疾薨逝"，"享年四十五岁"，"弘治九年九月二十七日葬于青崖山之原"。简报又说：东棺室葬朱见潾，西棺室葬刘氏。并考证前室葬其子朱祐榰。考证见原文。文中记铁券瓦形，长39.6厘米，宽33厘米，高6.5厘米，锈蚀，未见文字。该地宫历三次埋葬，被盗，遗物基本无存。

B. 《明史》卷一〇四，诸王世表五："德庄王见潾，英宗庶二子，天顺元年封，成化三年就藩济南府。正德十二年薨。"

C. 《大明会典》卷六，"功臣封爵"条记载："凡铁券形如覆瓦，刻封诰于其上，以黄金填之。左右各一面，右给功臣，左藏内府。"

D. 窗隧与前文注释之"孝顺洞"作用相同。

[2] A. 《明史》卷一〇四，诸王世表五：荣定"王翊鉁，恭嫡一子，万历二十六年袭封，四十年薨"。

B. 中国建筑艺术全集编辑委员会编《中国建筑艺术全集·明代陵墓建筑》（中国建筑工业出版社2000年版）第33页荣定王朱翊鉁条，第34页荣定王地宫平面图，三棺室并置。

(三) Ⅲ式: 同圹三椁室并置

该式主要见于江西,拟举二例。

1. 益宣王地宫

江西南城益宣王朱翊鈏地宫[1],用青砖砌成一圹三椁室,平面呈横长方形,方向南偏西25度。圹内以两堵砖砌直墙隔成并列的左、中、右三个互不相通的椁室,每室长2.4米,宽1.04米,高1.2米。椁室前墙外砖砌圹志室,室横长3.4米,宽0.5米,高1.1米,红砂石盖顶,室内置圹志三方。据圹志可知中室葬益宣王,左室葬元妃李氏英姑,右室葬继妃孙氏。各椁室置楠木朱漆木棺一具,棺与椁墙空隙处填塞石灰,棺盖上写正楷金字(漫漶)。棺上各盖一绿色大石板(长3米,宽1.5米,厚0.27米),石板相互咬合。石板上浇80厘米厚的石灰糯米汁,边沿亦浇之,如此封闭后外观呈覆斗状(盖长5.7米,宽3.6米)。

2. 益定王地宫

益定王朱由木地宫(《明史》作朱由本)[2],青砖砌横长方形圹室,内由两堵宽0.39

---

[1] A. 江西省文物工作队:《江西南城明益宣王朱翊鈏夫妇合葬墓》,《文物》1982年第8期。文中记述:益宣王坟茔在南城县岳口乡游家巷村(县城北20公里),村南有盱江自东向西流过,村北有女冠山,坟茔即在山南麓小丘南坡上。地面尚有茔墙和墙内排水沟残迹,有石础、石象生和绿琉璃瓦残件。《南城县志·卷一·山川志》记载:"十都女冠山在县北四十里,旧名七宝山,明益恭王世子等墓在焉。"《南城县志·卷九·茔墓志》记载:"益昭王朱载增(即明益恭王世子)、益宣王朱翊鈏、益敬王朱常(泟)、益定王朱由本墓俱在十都女冠山。"宣王坟茔左侧50米处有其父昭王坟茔(早年被破坏),宣王坟茔往西100米左右又相继有二坟茔。这些坟茔均有墙基、石础遗迹,以及石象生、琉璃瓦等残件。据圹志记载,朱翊鈏生于嘉靖十六年(1537),死于万历三十一年(1603);元妃李氏英姑生于嘉靖十七年(1538),死于嘉靖三十五年(1556),死时仍为崇仁王长孙夫人,万历九年(1581)追封为王妃;继妃孙氏生于嘉靖二十二年(1543),死于万历十年(1582)。
B.《明史》卷一○四,诸王世表五:"宣王翊鈏,昭嫡一子,万历八年袭封,三十一年薨。"
C.《明史》卷一一九,诸王四:宣王翊鈏,"嗜结客,厚炫所积府藏,悉斥以招宾从,通聘问于诸藩,不数年顿尽。三十一年薨"。

[2] A. 江西省文物工作队、南城县文物陈列室:《南城县明益定王朱由木墓发掘纪实》,《江西历史文物》1982年第4期。
B. 江西省文物工作队:《江西南城明益定王朱由木墓发掘简报》,《文物》1983年第2期。
上述二文记述:朱由木坟茔在南城县东北二十公里,岳口乡游家巷村西北角女冠山麓,东距益宣王坟茔约200米。封土堆现高约3米,地宫南偏西8度。地面茔园墙、排水沟、享堂、石碑龟趺、石象生等残迹,并散见琉璃瓦片。"墓区以围墙为界,益定王墓与附近的益昭王墓、益宣王墓、益敬王墓'一脉联络,形神相依',构成了一片规模巨大的寝园"。据所出圹志,朱由木生于万历十六年(1588),死于崇祯七年(1634);元妃黄氏生于万历戊子年(1588),死于天启乙丑年(1625);次妃王氏生于万历庚子年(1600),死于崇祯七年(1634),崇祯七年十二月二十一日合圹。
C.《明史》卷一○四,诸王世表五:"王由本,敬庶三子,万历三十五年以镇国将军进封嘉善王,三十九年改封世子,四十五年袭封。"
D.《明史》卷一一九,诸王四:敬王常(泟)薨,"子由本嗣,国亡窜闽中"。
E.《建昌府志》记载:"益定王朱由木,号正寰。《明史》木作本","崇祯七年薨,谥曰定,子慈怠袭"。

米砖墙隔成互不相通的椁室（椁室内长2.42米，宽1.05米，深1.10米），每室置柏木朱漆棺一具。据圹志可知中室葬益定王、左室葬元妃黄氏、右室葬次妃王氏。棺椁间填实石灰，棺盖上铺一厚层石灰，其上压一块果绿色石板（长3.20米，宽1.60米，厚0.30米），石板上浇厚约0.20米石灰糯米浆封固，顶盖横长4.70米，宽3.20米。椁室前墙外各立青石圹志一方。

除上所述，江西发现的奉国将墓的形制，亦与上述地宫大同小异[1]。此外，明宁靖王夫人吴氏墓的形制较特殊，有一定参考价值[2]。

第四节 郡王茔园和地宫的形制

一 郡王靖江王系茔园的形制布局[3]

（一）概况

靖江王是朱元璋首批分封的十藩王之一，是明代最早而特殊的郡王[4]。从洪武三年

---

[1] 参见万为民：《江西新建朱宸涪夫妇合葬墓》，《南方文物》1992年第3期。文中说：墓在新建县望城乡小桥村公所梁家村西边老山上，距村约200米。墓砖砌，墓室长3米，宽4米，底距券顶2.38米，顶覆三合土厚30厘米，券顶至地表残存1—2米封土堆。墓内置三棺，棺间填充40厘米厚的三合土，中间为墓主朱宸涪，两侧棺分别为嫡娶淑人陈氏、庶娶恭人张氏。三木棺均用糯米浆三合土浇筑覆顶，再用黄土填充夯实，然后砌券顶（见原文墓葬平面图）。据墓志记载，朱宸涪乃宁献王朱权玄孙，为宜春奉国将军，生于弘治八年（1495），死于嘉靖三十九年（1561）。文中又说："明代宁王系墓葬主要分布在新建西山山脉下丘陵地带。1952年大兴水利建设时，就曾发现宁王系墓葬11座，迄今已发掘清理宁王系有圹志的墓葬12座。"

[2] 《南昌明宁靖王夫人吴氏墓》，载《2002中国重要考古发现》，文物出版社2003年版。文中说：墓在南昌新建县西山双港华东交通大学校园东南山坡南麓。墓上原有高约8米的封土，墓圹呈长方形，南北长4.1、东西宽2.7—3.48、深2米。墓室建于墓圹正中1.5米厚的石灰糯米汁土垫层上，为单人砖室券顶墓。砖室两侧有砖墙，墓尾及墓门不见封门砖，墓底见松香，不见铺地砖，券顶残。墓室长2.52、宽1.32—1.6米。墓室顶有大块长方形青石板覆盖。墓室外被石灰、糯米汁土整体包裹。圹志记载，吴氏葬于弘治十七年（1504），享年64岁。

[3] A. 桂林市文物工作队：《明靖江王十一陵述略》，《广西文物》1987年第2期。
B. 曾祥忠：《明朝帝王陵墓体系中的靖江王陵》，张阳江：《明藩靖王陵的规制及特点和价值》，周彤莘、迟国东：《明靖江王陵的建制特色》，均载《世界文化遗产——明清皇家陵寝保护与发展研讨会论文集》，北京燕山出版社2007年版。

[4] 朱元璋三位胞兄先卒，仅长兄有子。长兄子文正随太祖征战有功，后"持功骄侈"，被谪安徽桐城，"未几卒"。文正死，其子守谦四岁，被"育之宫中"，洪武三年与太祖诸子秦、晋、燕、周、齐、潭、赵、鲁等诸王同时封王，称靖江王，"禄视郡王，官属亲王之半"，成为明代最早而特殊的郡王。

（1370）至清顺治七年（1650）的280余年间，靖江王传十一世、十四王。在历代靖江王中，除第一代朱守谦（死于南京），第十三代朱亨嘉（死于福州）葬于他处，第十四代朱亨歅未在桂林造坟茔外（朱亨歅为清军俘获后被杀于桂林）[1]，余十一王均葬于广西桂林尧山西南麓。尧山在桂林市东郊，是桂林最大和最高的山（属南岭越城岭余脉，主峰海拔909.3米），山势由北而南，峰峦叠嶂，秀丽森然。茔区以尧山为祖山（玄武），山之西多平岗，左右石峰形成护砂（左青龙、右白虎），前面山丘为案山（朱雀），漓江环流于西南，靖江王茔区即位于这样的风水宝地之中。靖江王十一座坟茔大致集中分布在五平方公里范围内（或说七平方公里），此外在以十一座王坟为中心的方圆百平方公里的地域内[2]，还分布着将军、中尉及夫人等坟茔300余座，从而成为明代延续时间最长（从明初到明末），传位人数最多，规模最大，体系最完备，保存最完整的藩王茔区（图附2-4-1）。

靖江王十一座王坟，均王、妃合葬。十一座王坟相继为悼僖王坟（朱赞仪，第二代靖江王，与妃张氏合葬，永乐六年即1408年薨，茔园占地315亩）、庄简王坟（第三代靖江王朱佐敬与妃沈氏合葬，王薨于成化五年，即1469年，茔园占地87亩）、怀顺王坟（第四代靖江王朱相承与妃谷氏合葬，王薨于天顺二年，即1458年，茔地31亩。朱相承为朱赞仪嫡孙，未袭而薨，后追封为王）、昭和王坟（第五代靖江王朱规裕与妃林氏合葬，王薨于弘治二年，即1489年，茔园占地23亩）、端懿王坟（第六代靖江王朱约麒与妃杨氏合葬，王薨于正德十一年，即1516年，茔园占地43亩）、安肃王坟（第七代靖江王朱经扶与妃徐氏合葬，王薨于嘉靖四年，即1525年，茔园占地22亩）、恭惠王坟（第八代靖江王朱邦苎与妃滕氏合葬，王薨于隆庆六年，即1572年，茔园占地27.6亩）、康僖王坟（第九代靖江王朱任昌与妃支氏合葬，王薨于万历十年，即1582年，茔园占地9.4亩）、温裕王坟（第十代靖江王朱履焘与妃石氏合葬，王薨于万历二十年，即1592年，茔园占地9.3亩）、宪定王坟（第十一代靖江王朱任晟与妃白氏合葬，王薨于万历三十六年，即1608年，茔园占地8.4亩）、荣穆王坟（第十二代靖江王朱履佑与妃白氏合葬，王薨于崇祯八年年，即1635年，茔园占地地6.9亩）。其中第八代恭惠王坟、第十代温裕王坟坐北朝南，未依山而建，余诸王坟均依山建坟面西。此外，在靖江王茔区南部偏东，还有奉祠遗址（靖江王每年二月十五日祭祖场所）。

---

[1] A.《明史》卷一〇二，诸王世表三记载：靖江王"守谦，太祖嫡兄南昌王兴隆子文正嫡一子，洪武三年封。九年就藩桂林府，寻废为庶人"，"后召锢京师，二十五年卒"。

B.《明史》卷一〇二，诸王世表三："王亨嘉，荣穆庶一子。万历四十三年封长子，崇祯中袭封。大清顺治二年叛，称监国，为福王总督丁魁楚、巡抚瞿式耜所杀。"

C.《明史》卷一一八，诸王三记载：亨嘉，"李自成陷京师后，自称监国于广西，为巡抚瞿式耜所诛"。

[2] 桂林市文物工作队：《明靖江王十一陵述略》，《广西文物》1987年第2期。说："桂林尧山位于市东北郊，这里积土盘回，参差带石，气势磅礴，连亘数邑。随着地势的起伏，在其西南麓座落着十一座靖江王陵和三百余座次妃、将军、中尉、宗室墓。陵区东自邻境灵川县大墟的流水山，西迄穿山乡望城岗，北起灵川县甘棠乡社山村老虎岭，南达桂林市郊柘木乡蒋家渡之大圆岭。整个陵园，南北长15公里，东西宽7公里，分布范围达一百多平方公里。"

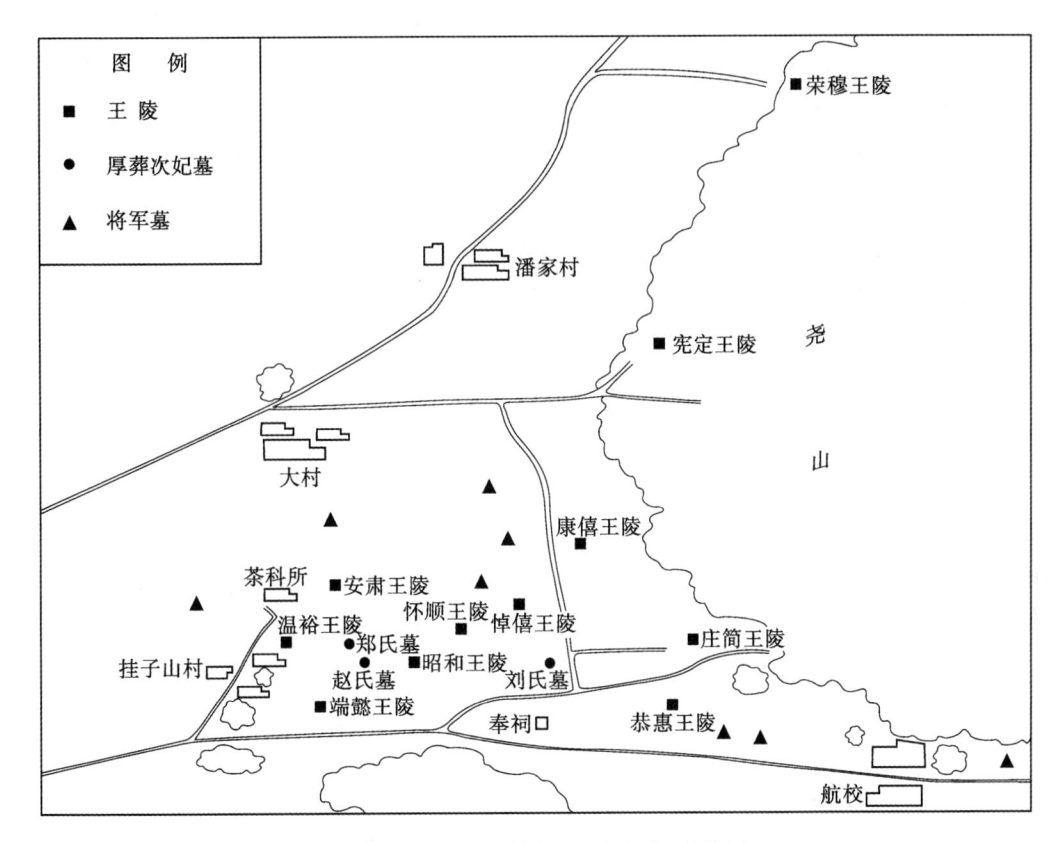

图附 2-4-1 靖江王陵分布示意图
(采自《明朝帝王陵墓体系中的靖江王陵》)

(二) 墓园性质的共性和差异

靖江王十一座坟茔由外门、中门、享堂、坟冢（封土）及其附属建筑组成。茔园有内外两重围墙（内围墙有石墙基），均夯筑；各茔园皆有神道和石象生（图附 2-4-2）。除上述的共性外，十一座茔园则各有特点，存在一定的差异。比如：

1. 茔园占地面积逐渐减少

据前所述，十一座坟茔占地面积以昭和王茔园（弘治二年）为界，此前诸王茔园面积均在 30 亩以上。昭和王至恭惠王茔园（隆庆六年），其间除端懿王茔园 43 亩外，余者茔园均 20 余亩，不足郡王法定的 30 亩。以康僖王茔园（万历十年）为界，直至荣穆王茔园（崇祯八年），茔园面积均在 10 亩以下。

2. 内外围墙周长、封土形状、大小及其与享堂的关系不一

图附 2-4-2—图附 2-4-4。悼僖王坟茔外围墙周长 1882 米（图中外围墙未显示），内围墙周长 324 米。封土横椭圆形，横径 30.5 米，现高 15 米，封土与享堂不连接。怀顺王坟茔，外围墙周长 582 米，内围墙周长 214.6 米。封土呈竖椭圆形，长径 36 米，现高 12 米，封土与享堂不连接。庄简王坟茔，外围墙周长 898 米，内围墙周长 265 米，封土圆形与享堂连接，径 36 米，现高 10 米。昭和王坟茔，外围墙周长 528 米，内围墙周长 232

米。封土圆形与享堂连接，径23米，现高5米。端懿王坟茔，外围墙周长703米，内围墙周长358米。封土圆形，径22米，现高6米。安肃王坟茔，外围墙周长528米，内围墙周长177米。封土圆形不与享堂连接，径24米，现高8米。恭惠王坟茔，外围墙周长556米，内围墙周长249.6米。封土圆形不与享堂连接，径29米，现高7米。康僖王坟茔，外围墙周长330米，内围墙周长254.6米。封土圆形，径27米，现高8米（封土与享堂关系未见平面图）。温裕王坟茔，外围墙周长325米，内围墙周长252米。封土圆形未与享堂连接，径28米，现高7.8米。宪定王坟茔，外围墙周长334米（内围墙周长未见资料），封土略呈圆形与享堂连接，径23米，现高9.5米。荣穆王坟茔，外围墙周长315米（内围墙周长未见资料），封土径26米，现高6米（该坟茔未见平面图）。

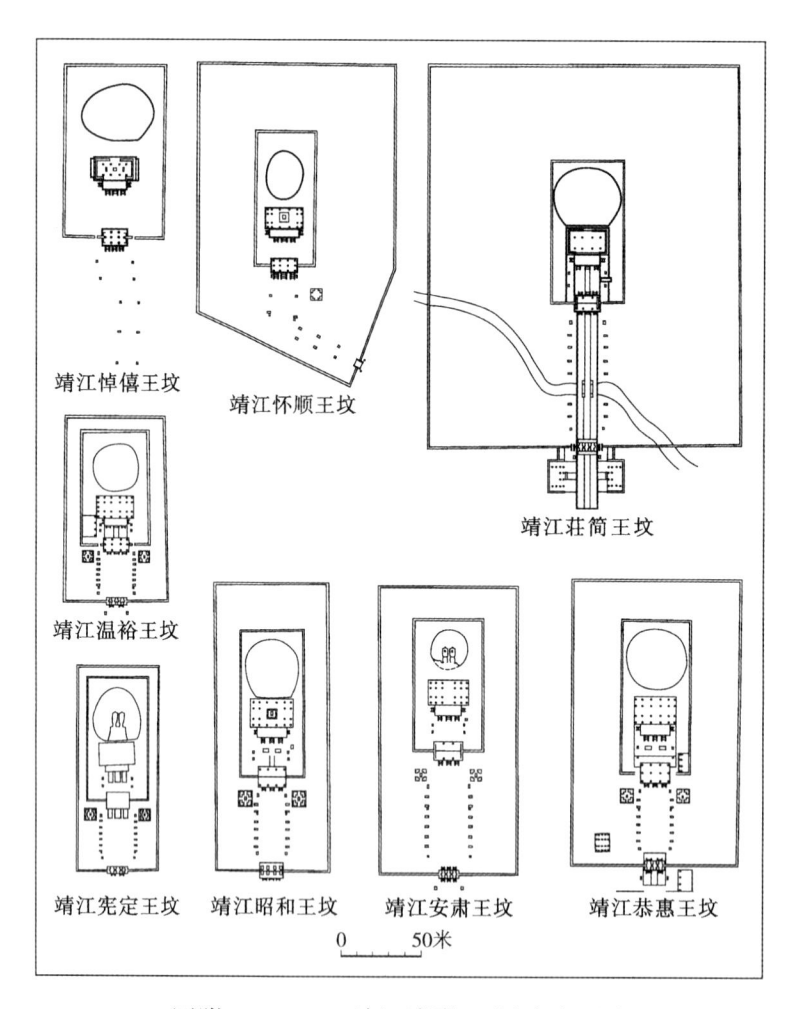

图附2-4-2　靖江诸郡王茔园平面图
（采自《中国建筑艺术全集·明陵建筑》）

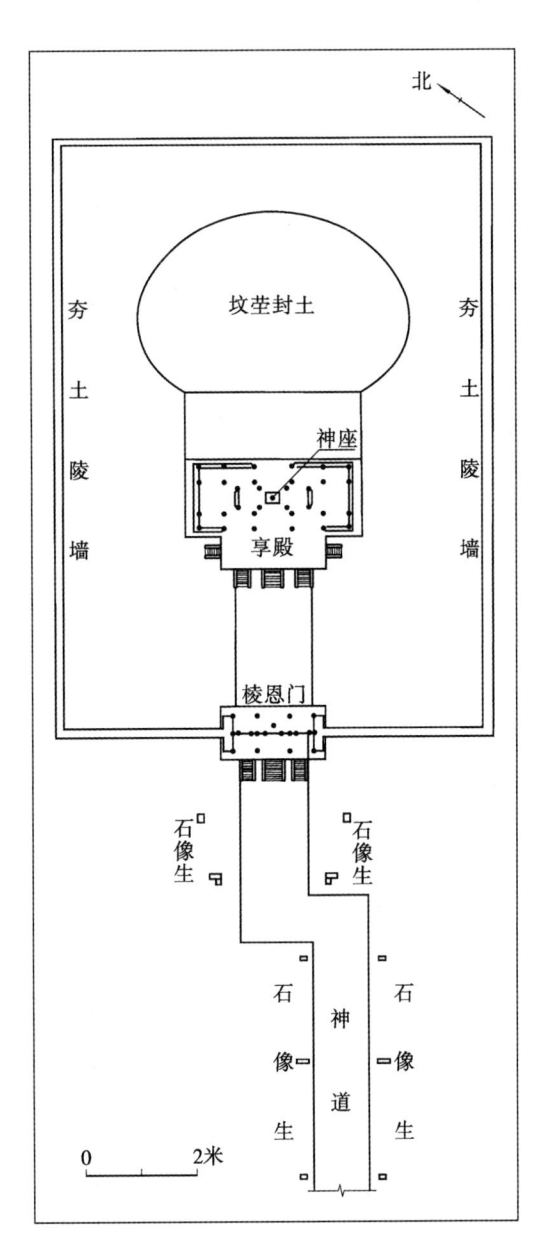

图附2-4-3　靖江悼僖王茔园平面图
（采自《明朝帝王陵墓体系中的靖江王陵》）

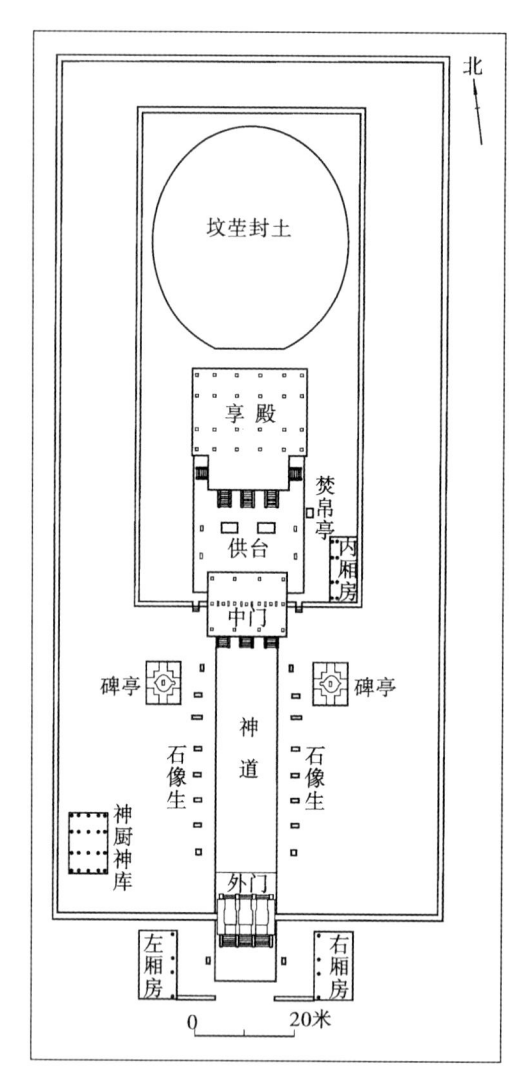

图 2-4-4 靖江恭惠王茔园平面图
（采自《明朝帝王陵墓体系中的靖江王陵》）

综上所述，靖江王十一座坟茔，茔园外围墙周长除悼僖王坟茔1882米外，余者均在千米以下。内围墙周长除悼僖王坟茔324米、端懿王坟茔358米、安肃王坟茔177米、宪定王与荣穆王坟茔不明外，余者均200余米。封土原状不明，以现存情况来看，封土形状除悼僖王和怀顺王坟茔封土分别为横和竖椭圆形外，余者大都呈圆形或略呈圆形。封土早、晚期不与享堂连接，中期有连接和不连接两种情况（不明者除外）。封土径除悼僖王和怀顺王坟茔分别为30.5米与36米外，余者均在22—29米之间。封土高度除悼僖王和怀顺王坟茔分别为15米和12米外，余者均在10米以下。其中昭和王、端懿王、荣穆王坟茔封土高5—6米，庄简王、安肃王、恭惠王、康僖王、温裕王、宪定王坟茔封土高在7—10米。

3. 神道位置、形制与神道桥和神道碑亭

图附 2-4-2—图附 2-4-4。神道均在外门与中门之间，除悼僖王和怀顺王神道折拐外，余者均呈直线。从已刊布的平面图来看，只有庄简王坟茔有神道桥。神道碑亭悼僖王和庄简王坟茔无，怀顺王坟茔中门前有一座神道碑亭，余者在中门前对称置一对神道碑亭[1]。

4. 神道石象生组合与雕刻风格

悼僖王和怀顺王茔园神道两侧置望柱、羊（有的资料记为獬豸）、虎、马和控马官、文官各一对（五对），外门前置蹲狮一对。庄简王茔园神道置望柱、狮、羊、虎、麒麟、马与控马官、象、文官各一对（八对）[2]。外门前石狮一对，享堂前女侍（女官）、男侍（宦官）各一对。此后各王茔园石象生组合相同，唯康僖王坟茔将马及控马官置于外门之前。

靖江十一座坟茔加上茔域内将军等坟的石雕共保存334件，时代贯穿明代始终，其数量为明代藩王坟茔区石雕之冠，并超过明代帝王陵墓石雕数量的总和。就神道石象生而言，靖江王十一座坟茔是明代藩王坟茔中保存最完整的。因此，这批资料在一定程度上可以说是明代藩王坟神道石象生石雕艺术的通史，对研究明代藩王坟神道和石象生规制及其石雕艺术具有重要价值。

由于靖江王十一座坟茔历经整个明代，故神道望柱石象生的雕镌风格也有一定的变化。石望柱从悼僖王至恭惠王坟茔呈素面八棱状宝珠顶，时代早期望柱顶置仰莲，中期置兽；康僖王至荣穆王坟茔望柱呈盘龙柱形[3]。石象生，悼僖王坟茔石象生雕镌粗拙，形体偏胖（或说有宋代遗风）。怀顺王、庄简王坟茔石象生规制介于悼僖王与昭和王坟茔之间，雕镌线条不太流畅，各部位比例不甚协调。昭和王至恭惠王四王坟茔，石象生在前段基础上有较大发展，其雕镌技法简练娴熟，造型浑朴写实，构图较严谨。康僖至荣穆王四王坟茔，石象生已规格化、制度化、定型化，是靖江王系石象生中的精品。其雕镌线条细腻，有明暗变化，既注意整体效果又注意局部形体刻画传神，在技法上局部处理采用了线

---

[1] 中国建筑艺术全集编辑委员会编：《中国建筑艺术全集·明代陵墓建筑》，中国建筑工业出版社2000年版，第34页。说："《明英宗实录》指出，正统二年（1437）十二月乙亥明英宗朱祁镇曾'书复靖江王佐敬'：'得奏为悼僖王立碑以彰懿行，其见王之孝诚。因命礼部稽洪武、永乐间例，皆无亲王及郡王立碑者，故不敢从王所请'"；"使悼僖王朱赞仪和庄简王朱佐敬未敢立碑建亭；但据嘉靖朝《广西通志·陵墓志》（广西图书馆抄本）记载，天顺二年（1458）怀顺王朱相承薨逝，朱祁镇又曾'遣使人刘秩、廖俊、张戟、应朝谕祭，复命藩阃责所司董治坟茔，长史黄均撰神道碑'。在建置这座神道碑亭以后，历代靖江王坟都各在坟园的中门前对称建有两座神道碑亭，在总体上成为神道碑亭最多的明代藩王坟"。按，怀顺王立碑事，在楚昭王开立碑先例之后。又庄简王死于怀顺王之后，庄简王坟茔茔园未立碑，不知何故？上述"未敢立碑"说似难以成立。

[2] 中国建筑艺术全集编辑委员会编：《中国建筑艺术全集·明代陵墓建筑》，中国建筑工业出版社2000年版，第188页。彩版靖江庄简王石象生。

[3] 中国建筑艺术全集编辑委员会编：《中国建筑艺术全集·明代陵墓建筑》，中国建筑工业出版社2000年版，第190页。彩版靖江宪定王茔园石望柱。

雕、半浮雕和浮雕对不同部位进行加工，因而石像逼真而栩栩如生。

综上所述，靖江王十一座茔园的形制可初步划为四个发展阶段（图附2-4-2—图附2-4-4）。第一，悼僖王和怀顺王茔园形制属早期阶段[1]。第二，庄简王茔园具有从前者向昭和王茔园过渡的性质，是靖江王系茔园形制开始确立的转折点。第三，昭和王茔园形制是靖江王系茔园形制正式确立的标志，此后的端懿、安肃、恭惠王茔园形制与之同属一个发展阶段，其中以恭惠王茔园形制最完备。第四，康僖王茔园形制是后期茔园形制变化的标志，此后的温裕、宪定和荣穆王茔园形制与之属于同一发展阶段。可以说，靖江王十一座茔园形制的发展阶段与前述石象生雕镌风格变化的四个阶段大体是同步的。

二 郡王地宫的形制布局

郡王地宫刊发资料较少，地宫形制多不甚规范。大体言之，其地宫形制比拟亲王地宫而规制逊之。郡王地宫形制以比拟前述亲王1字型地宫并加以变化者略多。比如：第一，山西太原晋广昌悼平王朱济熇地宫（图附2-4-5）[2]；第二，陕西长安秦兴平安僖王朱

---

[1] 悼僖王茔园始建于永乐六年，是时"王府造坟"规制尚未出台，而洪武时期对藩王坟规制又无具体规定，所以茔园占地面积较大。从其石象生组合来看，与洪武五年规定的"功臣殁后封王"置"石人、石虎、羊、马、望柱同一品"相同。怀顺王死于天顺二年，当时是世子身份。周彤莘、迟国东《明靖江王陵的建置特色》（载《世界文化遗产——明清皇家陵寝保护与发展研讨会论文集》，北京燕山出版社2007年版）说，"怀顺王陵位于悼僖王陵园的左前部，处在悼僖王外陵墙包围中"（现已刊布的图中无具体显示），祔葬于祖父陵内。天顺二年已有"亲王以下依文武大臣例"的规定，有的研究者认为，由于靖江王世子地位高于文武大臣，又祔葬于祖父陵内，故其茔园形制与悼僖王茔园相近。

[2] 山西省文物管理委员会：《山西太原七府坟明墓清理简报》，《考古》1961年第2期。文中记述：该坟茔在太原北郊5公里七府坟村东约0.25公里一高地上，其北约10米处有王妃刘氏墓，朱济熇坟茔南约8米处有王妃杨氏墓。朱济熇坟茔现存封土堆高和底径均约15米。地宫条砖砌筑，方向正东西，券顶，有前后室和短甬道，全长13.1米。地宫西端有斜坡式墓道（长18米，宽2.7米，深9.35米），其末端有金刚墙封门，金刚墙高3.05米，厚1.2米，墙内中央上端嵌砌一合圹志，墙前面有石堆。墙后有地宫门，砌硬山式门楼，覆绿、褐色琉璃瓦，砖雕斗拱和门柱，以红、白色绘如意头和半珠花。门洞券顶，门高2.35米，长1.75米，宽2.05米，有双扇石门，刻铺首，有石门槛和门管扇。前室横长方形（南北长3.7米，东西宽2.7米，高3.95米），底铺方砖，中间有一凹坑。前后室间有短甬道，后室前有木门（门高2.25米，宽2.05米），有石门槛、门洞券顶。后室东西向呈T字形，前面呈横长方形，后面内缩呈纵长方形（后室东西长9.74米，南北宽3.6—6.1米，高3.95—4.95米）。南北壁东端和西壁中央下端各有一拱形小龛。后室地铺方砖，后部纵置须弥座式石棺床（东西长2.8米，南北宽1.94米，高0.65—0.75米）。棺床木棺残毁。圹志记载，朱济熇为晋恭王之第七子，洪武二十七年七月十六日生，洪武三十五年九月初四日册为广昌王，宣德二年十月二十日以疾亡，年三十四，谥为悼平王，宣德三年六月初十日葬龙泉山，即今七府坟东高原。B.《明史》卷一〇〇，诸王世表一：记为"永乐初封"。

公铄地宫（图附 2-4-6）[1]；第三，山西省榆次县晋新化恭裕王朱表槏地宫[2]；第四，河南原武温穆王朱朝埨地宫[3]。此外，郡王地宫又有比拟亲王双椁室并置而略加变化者，

---

[1] 陕西省文物管理委员会：《长安四府井村明安僖王墓清理简报》，《考古通讯》1956 年第 5 期。文中记述：四府井村在长安县韦曲以东的高原上，北距大雁塔约 15 华里，墓在村北约 300 米处，封土残高 5.42 米，被盗。地宫砖筑，券顶，前、后二室。斜坡墓道毁，方向北偏西 12 度。地宫入口短甬道用五块条石封堵，有石门框和门额，门额上置圹志，再上有砖筑门楼和券顶。前室入口有石门（高 2.1 米，宽 2 米），有铁锁。前室略呈亚字形（长 3.85 米，宽 4.25 米，高 4 米），东西壁有一龛（均高 1.3 米，宽 1.4 米，东龛长 1.5 米，西龛长 1.1 米）。前后室相接处有二门，石门、形制同前，红土涂成赤色。后室长方形（长 9.15 米，宽 4.1 米，高 4.35 米），三壁各有一龛（东龛长 1.35 米，高宽均 1.1 米；西龛高、宽同东龛，长 0.715 米；北龛高 1.65 米，宽 1.6 米，长 1.55 米）。前后室地铺方砖（边长约 30 厘米），后室后部砖砌棺床，平面呈梯形（南部高 0.55 米，宽 2.6 米；北高 0.54 米，宽 3.1 米；南北长 3.25 米），棺床上铺石条，棺残毁。"大明兴平安僖王圹志"记载，"王讳公铄，兴平庄惠王第二子"，"生于正统十二年十月十七日"，"天顺二年袭封兴平王爵，成化十二年十一月十一日以疾薨"，"谥曰安僖"。按《明史》卷一○○，诸王世表一，未记安僖王，圹志可补史之阙。

[2] A. 郭勇、杨富斗：《明晋裕王墓的清理工作》，《文物参考资料》1956 年第 6 期。文中记述，墓在山西省榆次县北 25 华里苏村西北 3 里处，地面残存基石、残石柱、砖瓦、残琉璃脊兽等，封土残存半截。地宫前、中、后室横置、三室有甬道连接，前、中、后室依次增大，券顶（三券三伏）。地宫门有门楼，覆绿琉璃瓦、安脊兽；门洞高 2 米，石门。门外有八字墙，墙顶略同门楼，墙基砖须弥座，墙正中嵌绿琉璃团龙，四隅置角花。墓门口有不规则的封门砖，门前填土向上 1 米处置绿琉璃公鸡一只（长 12 厘米），上骑一束发人。三室壁面刷白粉，绘云雾，后、中室用红、黄、淡墨三色，前室增绿色；墓门和八字墙红色。后室中央置棺椁一具，已残。椁南端在 10 厘米深土内埋六块小河光石，各墨书"离、丙、箕、景、财、田宅"等字。东墙小龛前有孔雀绿油缸（存残油），南北墙根均有残破小瓷灯。前室甬道置石桌，桌后立圹志一合。
B.《明史》卷一○○，诸王世表一："新化恭裕王表槏，靖嫡二子，初封镇国将军。正德五年封，八年薨。"

[3] A. 郑州市博物馆：《荥阳二十里铺明代原武温穆王壁画墓》，《中原文物》1984 年第 4 期。文中记述：温穆王坟茔在河南荥阳二十里铺乡瓦屋孙村东南约半华里处，早年被盗。地宫单室，坐北朝南，砖筑，券顶。地宫门前有八字墙，地宫门有门楼，有双扇石门。门内地宫南北长 5 米，东西宽 4.1 米，高约 3 米。室内后壁下部中间和两侧壁南端各有一龛。中间有石棺床（边长 2.9 米），室内有供桌一张，二合圹志，即"明册封周藩原武温穆王圹志铭"，"明册封周藩原武温穆王元配张太妃合葬圹志铭"。据圹志可知，原武温穆王朱朝埨，号凤山，周定王七世孙，生于嘉靖三十一年（1552），死于万历三十五年（1607）。性节俭，喜助人，不好声色，好集古书、墨迹。地宫内除前壁外满绘壁画，后壁壁画以佛立像为中心，左右绘护法灵禽，下方右绘麒麟，左绘大象，以及灵芝、莲花等。东壁以佛坐像为中心，又绘其诸眷属，法器、仙鹤等。西壁以佛坐像为中心和众乐器等；顶绘日月星辰。详情请参见原文。
B.《明史》卷一○○，诸王世表一："温穆王朝埨，端和庶一子，隆庆三年封长孙，万历十二年改封长子。十九年袭封，三十五年薨。"
C. 潘谷西主编：《中国建筑史》第四卷，中国建筑工业出版社 2001 年版，第 210 页。说：温穆王"墓室为单室拱券结构，墓室前砌硬山顶八字墙墓门，墓室四壁涂灰浆，上绘彩画。其规格相当于高品位的官员墓"。

此类可以靖江王系安肃王和宪定王地宫为代表（图附2-4-7）[1]。

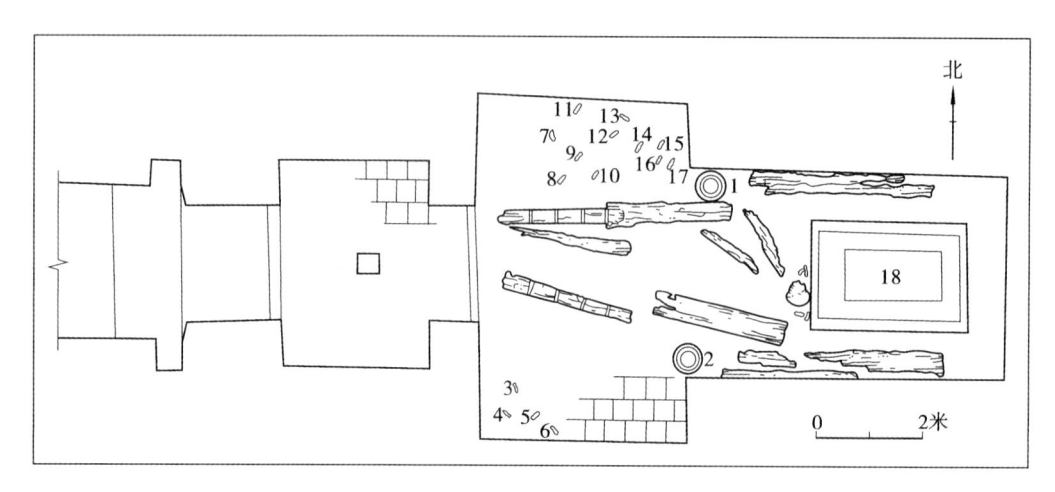

图附2-4-5　晋广昌悼平王地宫平面图

说明：1、2. 瓷缸　3—17. 木俑　18. 棺床

（采自《考古》1961年第2期）

据前面所举四例郡王地宫来看，不同地区不同时代郡王地宫差别较大。其共同的特点是规模均小于同期亲王地宫，如宣德时期晋广昌悼平王、成化时期秦兴平安僖王、正德时期晋新化恭裕王的地宫，长度一般10余米，远小于洪武至正德时期亲王地宫。万历时期原武温穆王地宫长约5米，仅略大于万历之后最小的同圹三椁室并置型亲王地宫，这种情况乃是因亲王地宫形制结构发生重大变化而出现的特例。在地宫形制方面，郡王地宫大体比拟亲王1字型地宫加以变化，地宫有单室、前后二室，个别的有三室，靖江王地宫则双棺室并置；地宫内单身葬与合葬皆有。地宫结构方面，郡王地宫也程度不等地比拟永乐

---

[1] A. 桂林市文物工作队：《明靖江王十一陵述略》（《广西文物》1987年第2期）中说：靖江王陵"土冢硕大，呈圆锥或半圆形。地宫为双室券顶结构，浇灰浆，王左妃右。两室前门共一山墙、正脊、斜脊和四面飘檐，都盖以琉璃碧瓦。两室间有一隔墙，砌砖一平一竖相间，砖缝以糯米灰浆粘合，较坚固。墓砖有29×15.5×5，32×16×5和37×18×6.5厘米等多种规格。墓门前有一隧道与地面相通，下葬后即予填封"。"早期王陵的地宫一般为较华丽的砖石合壁，中期以后逐渐改为简素的全砖壁。"

B. 中国建筑艺术全集编辑委员会编：《中国建筑艺术全集·明代陵墓建筑》，中国建筑工业出版社2000年版，第34页、第39页、第40页。说：广西桂林靖江"安肃王坟，宪定王坟的地宫"，"则是郡王坟地宫的重要实例"。地宫"1字形的平面布局最简单"（按，并非全部如此，如蜀王地宫），"郡王及王妃地宫普遍使用"。"略为变通的情况是把两组1字形平面并列成Ⅱ字形，如靖江安肃王和宪定王坟的地宫等。"各藩王地宫常设壁龛，"多数是后、左、右各一个；个别实例像靖江安肃王和宪定王坟地宫，却各有十八个之多"。按，从图36上来看，并置二室间还有窗隧相通。靖江王地宫均夫妇合葬。

C. 《明史》卷一〇二，诸王世表三：靖江"安肃王经扶，端懿嫡一子，正德十三年袭封，嘉靖四年薨"；靖江"宪定王任晟，恭惠庶二子，万历二十年以辅国将军进封。三十八年薨"。

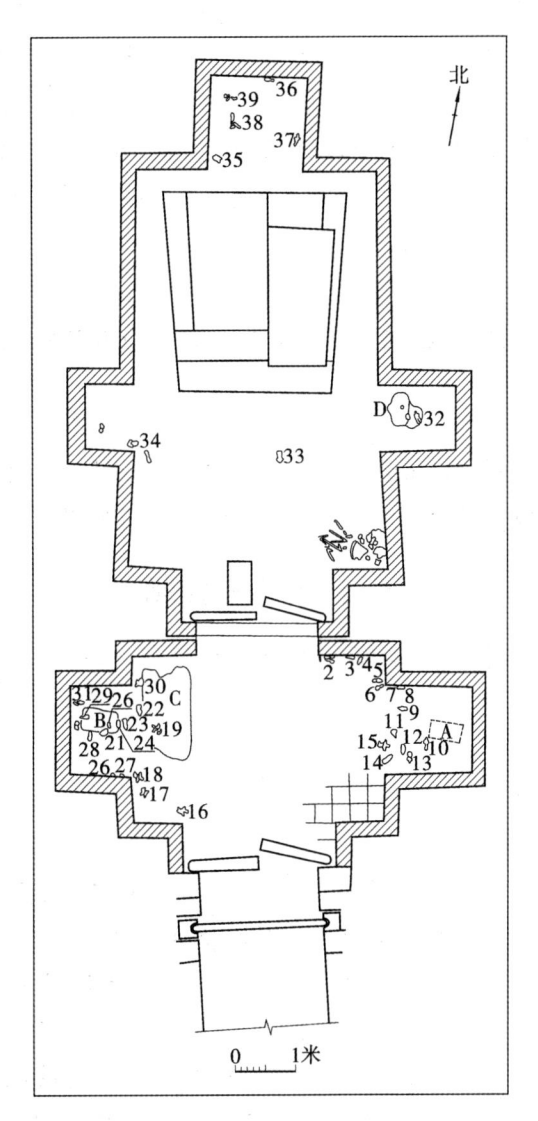

图附 2-4-6　陕西兴平安僖王地宫平面图

1—36. 木俑　37、38. 枓栱　A、B、C、D. 漆器

(采自《考古通讯》1956 年第 5 期)

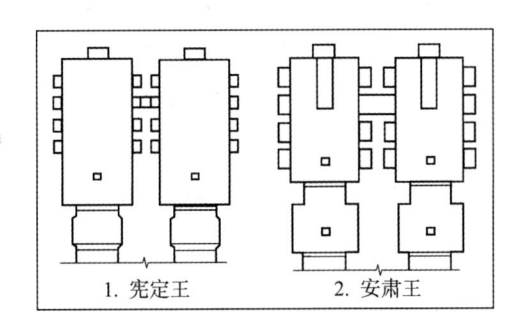

图附 2-4-7　桂林靖江宪定王、安肃王地宫平面示意图

(采自《中国古代建筑艺术全集·明代陵墓建筑》)

至正德时期的亲王地宫。郡王地宫大都有斜坡墓道、金刚墙、覆琉璃瓦的门楼、双扇枢轴式石门，棺室有三壁龛等，只是结构较亲王地宫同类结构大为简化。其中靖江王地宫从永乐至明末基本连续，主要特点是双棺室并置、两棺室间有窗隧相通（与蜀王系、益王系凸字型地宫相似），棺室内两侧壁对称配置许多壁龛（安肃王、宪定王地宫壁龛达18个）。总之，郡王地宫与亲王地宫结构既大体相近，同时等差又是十分明显的。

第五节　亲王地宫的葬具葬制和随葬品

明代郡王地宫的葬具葬制和随葬品，现已刊布的资料大多记载极为简略（或无记载），故下面只能将少数亲王地宫保存状况较好记载较详者择要略作介绍。

一　葬具和葬制

在已刊布的亲王地宫资料中，棺床和圹志大都存在，棺椁及棺内和棺床附近的遗物保存完整者较少。

（一）平面呈十字型地宫

1. 辽简王地宫

图附2-3-1。在后室中部纵置石须弥座棺床，棺床北缘距后室北壁0.68米。棺床长方形（长3.08米，宽1.6米，高0.4米），棺床面中间有金井（长2.06米，宽0.72米，深0.40米。按，此处不宜称金井），内填黄土。棺床上置棺椁一具，椁（长3.08米，宽1.28米，高1.22米）的挡板、盖板整木板，墙板（侧板）三块木板拼合；盖板、墙板外侧呈弧形，盖板与墙板、挡板间卯榫咬合。椁无底板，四周墙板落在长方形蹄足的椁座上。椁内置棺（长2.22米，宽0.98米，高0.72米），棺盖、底、墙板各用一块木板做成，挡板与墙板间卯榫咬合；盖、底板与四周墙板用铁钉拴接[1]，糯米浆灌缝，棺置于棺床上（图附2-5-1）。

墓志一合，置于墓道末端平直地面上，安放于长方形石座内（石座长1.12米，宽0.68米，高0.44米），石座横剖面呈凹字型。墓志外箍两道铁箍，用铁楔楔紧，立于石座凹槽内，四周和顶部用砖封砌。墓志盖和志石均各长80厘米，宽78厘米，厚2.8厘米。志盖内侧磨光，髹黑漆，周边阴刻两道边框，宽4厘米，内刻云龙纹。志盖、志石四角用四块圆形铜板相隔，志盖正中阴刻"故辽简王之墓"楷书；志石阴刻楷书20行，满行20字。

---

[1] 陈新平：《江陵八岭山明代辽简王墓发掘简报》，《考古》1995年第8期。文中有木棺平面图、剖面图。

地宫内似有长明灯[1]。

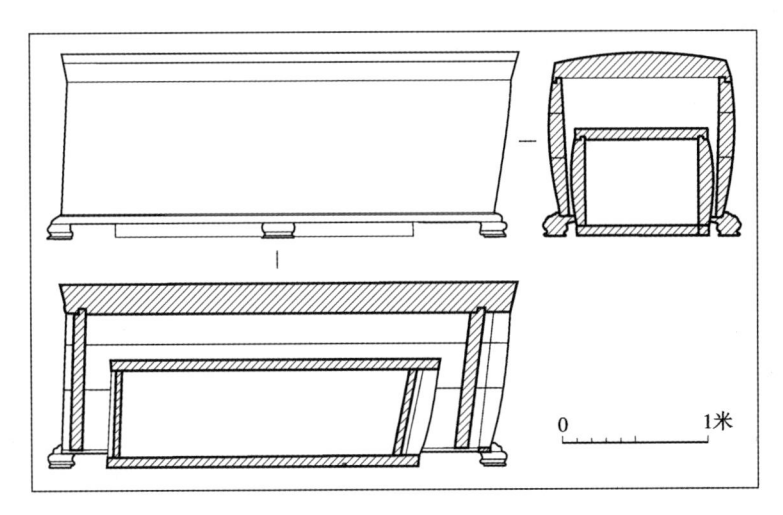

图附2-5-1　辽简王棺椁立面、剖视图
(采自《考古》1995年第8期)

2. 宁献王地宫

图附2-3-2。地宫后室纵置棺床（长4.58米，宽4.3米，高0.45米），棺床上残存木棺一具，仅见棺两挡板髹朱漆，棺盖、底和两侧有荷叶头图案残迹。朱权尸体仰身直肢，头前有一铜镜[2]，口含一枚小金钱，发贯金簪，头戴漆制道冠，身穿金线云纹道袍，腰系玉带，胸部有两顶道冠，肋部有银挖耳器，右手扶一手杖[3]。尸下垫木栅，栅下有木屑，栅上铺布帛，帛上排列大金钱二行，每行六枚。棺床左右两侧置木翣六件，柄直径4.5厘米，长约118厘米。柄上木板宽28厘米，厚1.3厘米，长40厘米，两下角呈圆形，上缘呈三尖状。板面绘云纹或绘亚字形，或绘斧钺[4]。此外，在后室棺床后面壁龛内置烛台2件，灯台1件，均为明器。后室左侧壁龛内置白瓷罐五件，后壁龛内置白瓷罐一件，内均有黄色液体（油类？）似与葬制有关。

在墓道末端礓磜上置圹志。圹志安放在土台上，土台上铺方砖，砖上置圹志，圹志上压方砖。圹志一合，青石，盖和志石相合，外套两道铁箍。志盖志石均91厘米见方，四周宽6.5厘米，花边内阴刻龙戏珠图案，志盖正中阴刻"故宁献王圹志"六个篆字。

---

[1] 陈新平：《江陵八岭山明代辽简王墓发掘简报》，《考古》1995年第8期。记述：在地宫中室前甬道（或称前室后甬道）东南角有一陶缸，缸敛口、深腹、小平底、素面，高0.93米，口径1.10米（图8之37）。又说在中室东北角"有一个外方内圆，边长0.72米见方的缸台，缸台内圆直径为0.56米"。上述缸与缸台的关系不明，所出陶缸可能与长明灯有关。

[2] 陈文华：《江西新建明朱权墓发掘》，《考古》1962年第4期。说：铜镜直径18.2厘米，背面有芦雁浮雕，并有一人披衣席地而坐，抬头遥望，一童子侍立其后。

[3] 手杖上端有圆形金饰，顶有半球形蓝色宝石一颗，下端有筒状银镦。

[4] 参见后文鲁荒王地宫有关"翣"之注释。

3. 庆庄王和潞简王地宫

庆庄王地宫后室中央砌方形须弥座式棺床（图附2-3-3）。

潞简王地宫后室中间偏后横砌石棺床（高0.40米，长7.95米，宽4.25米，其棺床尺度为诸王之冠，图附2-3-5），棺床面有金井[1]，棺床上已空无一物。后室门外有潞简王圹志一合（志盖已无），志石长0.97米，宽0.87米，厚0.17米。在中室中间置须弥座石供案，案上置石雕香炉，瓶和烛台等五供（图参见《中国建筑艺术全集·明陵》第185页彩版一九六）。

（二）平面呈1字型地宫

1. 楚昭王地宫

楚昭王地宫平面呈1字型，单室（图附2-3-10）。主室后部居中竖置棺床，棺床上漆棺椁一具，已朽。棺床前置石供案，案上置石五供（铜香炉1、烛台2、双耳瓶2）和谥宝、谥册匣各一，香盒一件。供案前立圹志，圹志下有长方形跌（见原简报图版）。在三龛门槛、棺床与供案、圹志和地宫门之间分置石"灵牌"五方（均石座砖碑）。

2. 蜀世子地宫

蜀王系1字型多室纵列式地宫拟举二例。一是蜀世子朱悦燫地宫，在后室中间的棺室中后部纵置石须弥座棺床（图附2-3-8；棺床高61厘米，底座长4.05米，宽2.14米；棺床面长3.97米，宽2.06米），棺床四角各嵌入一横放的铁锭，以承木椁四角；在其稍内又各嵌入一竖放的铁锭，以承木棺座的四角。棺床中间有金井（长2.94米，宽30厘米），木棺正置于金井之上。棺楠木做成（棺盖长3米，棺长2.72米；前宽0.97米，后窄0.80米；前高1.18米，后低0.92米；棺板厚8—14厘米），外髹朱漆。椁套在棺外（椁长3.8米，宽1.87米，高1.6米；椁板厚7厘米），外髹朱漆。尸骨已散乱，在棺床前地面上人头骨表明，死者死时二十余岁（与圹志所记年龄相合）。此外，在棺床前地面和中室圆殿上又各发现一男性头骨，年龄在二、三十岁左右，其中一个头骨前额上尚有外伤愈合痕迹。这两具人骨何时何故置于地宫之内，待考[2]。在棺床四角和前面正中部位的地面上置一铜镜（素面，直径19、厚1厘米），斜立在石镜台上，正照着棺床。在棺床前置一长方形石供案，棺室两侧壁与棺床和石供案间对应处，各于侧壁石须弥座之上开一直棂窗（宽61厘米，高97厘米），分别与左右侧室相通。除上所述，在前庭内石甬道后部正中置雕刻精美的石香炉（高1.29米，底座径0.82米）。在中室中轴线上石砌圆殿[3]，圆殿有须弥座台基（方4米，高0.60米），台基前后各砌踏道三级（踏道宽1.95米，高

---

[1] 按潞简王地宫与其妃赵氏地宫形制结构基本相同。河南省博物馆、新乡市博物馆《新乡市郊明潞简王墓及其石刻》（《文物》，1979年第5期）中记述：潞简王妃赵氏地宫后室"棺床长4.12、宽2.88、高0.40米。中有长0.40、宽0.30米的金井"。

[2] 按该地宫有两个盗洞，数次被盗，故不排除这两个死者是盗墓人。

[3] 中国社会科学院考古研究所、四川省博物馆：《成都凤凰山明墓》，《考古》1978年第5期。称圜殿。

15厘米），两边各有一条副子（长1.36米，宽0.30米），踏道两侧砌出象眼。踏道前各砌石甬道（宽95厘米）通向前室和后室。圆殿四角各立圆柱（高2.41米、径0.45米），柱头上承阑额（长3.82米），阑额出头砍直，阑额上平铺大石板作顶（石板3.91米见方，厚22.5厘米）。这块石板压在阑额之上的部分为普柏枋，出头亦作砍直状。前后两面的两柱之间雕出立颊与门额，左右两面除立颊和门额外，并增刻槏柱。殿顶已毁，从中室地面到圆殿石顶现高为3.59米。圆殿内置列石方桌三张（线条匀称，雕饰繁缛）。圆殿后并列置三口铁缸（高84、直径96厘米），三缸间底部有三铁管相联通，中间铁缸内有一高3厘米的灯心（缸内原装油、仍存残渣），为地宫内之长明灯（圆殿、铁缸式长明灯见原简报图版）。铁缸后靠后室左檐柱下，立"蜀悼庄世子圹志"（通高1.5米），志石圆角长方形（志石高1.04米），下有碑座（高46厘米）。此外，在中室门后右侧弃置一朱漆龙纹木箱，箱内上下有两层，上层为一屉合，内放玉圭和冕、带；下层装已散乱的两组玉佩（包括玉璧和八百余颗小玉珠）。玉圭装在一描金朱漆盒内（合长22.9厘米，宽7.3厘米，高5.1厘米，参见原简报图版），盒制作精细，外面绘描金云龙纹。残冕一件，仅存冕板（长31.5厘米，宽15.5厘米），板两端各八孔，当为八旒（合于永乐三年更定后的冕制）。朱漆龙纹木箱旁置木质谥宝一件（高7.9厘米，方10.8厘米），上雕龟纽，文曰："蜀悼庄世子宝。"中室门后左侧弃置木质谥册两片（各长24.2、宽10、厚1厘米），放在一漆盒中（合长37.3、宽17.5、高16.2厘米）。

3. 蜀僖王地宫

二是蜀僖王地宫，地宫最后棺室内中间纵置石须弥座棺床（图附2-3-6、图附2-3-7；长4.23米，宽1.98米，高0.65米）[1]，须弥座上、下枭分别雕宽大的莲瓣，束腰镌刻祥云瑞兽，上枋镌刻缠枝卷草图案（见《中国建筑艺术全集·明陵》第168页彩版一八三"地宫"）。棺床面铺砌五块石板，用银锭式铁榫加固。棺床正中有金井，内填黄土与棺床面平齐。棺床上楠木朱漆棺（长2.89米，宽1.05—1.17米，高8.6米）、椁（长3.5米，宽1.43米）已残毁，尸骨散落于棺室。棺椁置于棺床面上的四角铁内，棺椁底部周围有五块椅子形须弥座式垫石[2]。棺床前置石供案，案上放一红砂石香炉（口径54厘米，通高61.2厘米）。棺室前部有左右侧室，东侧室南边横置一石案（长0.89米，宽0.51米，高0.27米），无足，两端用砖垫撑。此外，在前庭中间竖立圆首方趺圹志（通高1.92米；圹志高1.48米，宽0.8米，厚0.13米），圹志额首中间竖刻篆书"大明蜀僖王圹志"，其两侧镌刻五爪龙纹。额首之下框内竖刻楷书志文，共14行245字。圹志前置一雕刻精美的红砂石香炉。在中室中央置红砂石宝座（面长0.73米，宽0.5米，通高0.89米，米，座高

---

[1] 薛登：《成都明蜀王陵》，《成都文物》1999年第2、3、4期。说："石雕棺床通长4米余，宽近2.20米，高0.80米许。前端距棺室门将近2米，后端距影壁墙0.30米余，棺床两边留有宽近0.50米的走道。"

[2] 薛登：《成都明蜀王陵》，《成都文物》1999年第2、3、4期。说："棺床之上，一具长方形木椁套棺（早被盗墓人拆散），长3.10米余，宽近1.50米，架设在八个石雕云纹椅形台座之上。棺内一具尸骨，仰身直肢，头朝墓后蟠龙影壁……衣被筋肉全部腐化。"

0.38米），靠背正中有高浮雕云龙纹[1]。中室两侧的厢房除北端左厢房外，每间厢房前都置石供桌一张；在石宝座后方两边（即棺室门次间近前），又各置一石刻雕花兽足供案。

（三）平面呈T字型地宫

该型目前仅见鲁荒王地宫，地宫后室中部纵置须弥座式砖棺床，砖磨光（图附2-3-11；棺床南北长3.85米，东西宽3.10米，高0.5米）。棺椁楠木制成，棺内朱檀尸体仰身直肢，身着龙袍，系玉带，头戴圆顶小帽；发髻完好，贯金簪；两腋下各有一小金粒。身上覆盖锦被、袍服。身下铺褥，褥上有19枚"洪武通宝"金钱。褥底下有一层笭板，板上雕北斗七星形圆孔。棺底铺垫草木灰。

棺床东侧有二漆木箱，一为盝顶描金漆箱（高61.5厘米，宽58.5厘米；木胎厚1厘米。见原简报图版），箱三层分装冕、弁、袍、靴等[2]；另一漆木箱破散。描金漆盒二件（长36、宽11、高7.2厘米），内盛玉圭。玉圭2件，一件墨色（长29.6、宽6、厚1厘米），另一件白色（长25.4、宽6.2、厚1.35厘米）。一纱布妆具袋，内有"洪武元年五月日造"铜镜一面（直径12.3厘米），浮雕云龙，纽穿线带；银柄毛刷二件（其中一件柄长22.4厘米），鎏金刻花；骨柄毛刷二件，还有骨梳、骨篦等，另一棉纸包内有金挖耳勺、金牙签各一件。棺床两边各有长方桌四张，其中石面桌四张（高94、面宽71.5、长110厘米），木桌四张稍小于石面桌[3]。后室两侧壁处各有三木牌（牌面宽52、长76厘米，即"翣"），上沿三尖形，绘云纹、钺斧、亞纹三种纹饰[4]。后室模型明器及冠服情况，后文随葬品一节有说。

前室前部正中置大缸，缸内有铁芯座，即长明灯。缸后部中间置红供案（通高90、宽63、长111厘米），案两端卷书（高出案面约9厘米），四象鼻腿，案前后有龙门洞，两侧双撑，腿下连方框托泥。案上置盝顶宝匣，匣饰立金云龙纹，匣有三重，均挂铜锁。匣内有"鲁王之宝"印（谥宝），木质（高7.5、边长10.5厘米），贴金，篆书（见原简报图

---

[1] A. 薛登：《成都明蜀王陵》，《成都文物》1999年第2、3、4期。说：中室"正中偏后位置，摆放一个矩形石雕拜台，其后设一万卷书式供案。该供案后面，又安置一架石雕的胡床式宽大宝座，靠背镌为深浮雕云纹二龙戏宝图案，两边仍有雕花扶手。"

B. 郭黛姮主编：《中国古代建筑史》，中国建筑工业出版社2003年版，第206页。蜀僖王墓条说：中室面积最大，室内原砌有长方形的石构享堂。"

[2] 山东省博物馆：《发掘明朱檀墓纪实》，《文物》1972年第5期。说："盝顶描金漆箱有铁质镶金活页，扣吊，前后各有四个提手。箱外髹朱漆，四壁及顶上饰团花形描金云龙纹，边饰忍冬纹。箱分三层，中有套斗，下有抽屉"。

[3] 山东省博物馆：《发掘明朱檀墓纪实》，《文物》1972年第5期。说：石面桌髹朱漆、落塘面，中间镶石心（宽56、长94厘米），桌前后透雕花牙，弓形牙担，两侧为双撑。

[4] 山东省博物馆：《发掘明朱檀墓纪实》，《文物》1972年第5期。说：木牌古称"翣"，《礼记》说天子八翣、诸侯六翣。又《礼记》郑玄注云："翣，以木为筐，广三尺，高二尺四寸，方两角；高衣以白布画者，画云气，其余各如其象；柄长五尺。车行使人持之而从，既窆，树于圹中。"

版）；龟纽穿紫红绶带[1]。

（四）平面呈凸字型地宫

1. 益端王地宫

图附2-3-15、图附2-5-2。地宫前为甬道，后为棺室。棺室正中置须弥座式棺床（高0.60、宽2.33、长2.66米）；须弥座立面有间柱并雕莲瓣。棺床面铺方砖，上垫石三行，左右两行各五块方石（20×20×7厘米），中间长方形石五块（44×21×7厘米）。垫石上左置朱祐槟棺木（长2.10米，宽0.86—0.92米，高0.93米），右置彭妃棺木（长2.10米，宽0.83—0.89米，高0.71米），棺朽。朱祐槟棺盖上残存"大明益端王"五个白字，彭妃棺盖上置一素面铜镜。两具尸体均仰身直肢，头向与墓门方面相反。朱祐槟棺内仅出一对金簪、一副玉带[2]。彭妃棺内遗物较多（图附2-5-7）[3]，有金凤钗一对（背款"银作局永乐贰拾贰年拾月内成造玖成色金贰两外焊贰分"）[4]、金钿花16件（原为凤冠饰物）、金簪3对（脚款"银作局弘治六年十月内造金五钱"）、金挖耳1件、金耳环1对、金鬓花1对（镶红、蓝宝石）、金扣花[5]、金香囊1件、金片4件、玉佩2副（金钩内阴刻"银作局弘治六年十月内造金伍钱"）、玉饰22年[6]、玉圭1件。棺床上及棺室地面上散置铜钱30枚（4枚为"永乐通宝"，余为"宣德通宝"），棺床东边15厘米处有一石座（高68厘米，宽54厘米，长54厘米），上置红漆小木箱（高26.5厘米，

---

[1]《明史》卷六十八，"舆服四"："亲王册宝。册制与皇太子同。其宝用金，龟纽，依周尺方寸二分，厚一寸五分，文曰'某王之宝'。池篚之饰，与皇太子同。宝盝之饰，则雕蟠螭。""皇太子册宝"，"其制及池篚之饰与后宝同"。"皇后之册"，"外篚用木，饰以浑金沥粉蟠龙"。"亲王世子金册金宝。承袭止授金册，传用金宝。"故地宫中木宝乃为葬仪之象征品。

[2] A.《明史》卷一一九，诸王四：益端王"性俭约"。
B. 江西省博物馆：《江西南城明益王朱祐槟墓发掘报告》，《文物》1973年第3期。引文说：朱祐槟临终前，"命不藏金玉，器用惟陶瓦而已"。

[3] 彭氏较朱祐槟早死二年，后迁于地宫之内。

[4] 江西省博物馆：《江西南城明益王朱祐槟墓发掘报告》，《文物》1973年第3期。说："这对金凤钗和1958年发掘的朱祐槟长子朱厚烨墓万氏棺内出土的金凤钗完全一样，而且均是永乐贰拾贰年拾月出品。出土时插在凤冠之上。可能是皇宫内作为亲王纳妃采礼之用。"

[5] 江西省博物馆：《江西南城明益王朱祐槟墓发掘报告》，《文物》1973年第3期。说：金扣花分为三种，大扣花2副，每副由两只蝴蝶组成采花图案。雌的头部饰六瓣花形一朵，每瓣镶一宝石。雄的头部镶宝石一颗，扣合时成为花蕊。蝶身及前后翅膀上共镶宝石五颗。通长7.9、宽3.4厘米。中扣花7副半，呈蝴蝶采菊花图案。雄者头部镶一宝石，蝶身各镶一宝石。通长5、宽2.2厘米。小金扣6副半，亦呈蝶恋花形状，但不镶宝石。长2.3、宽1厘米。另有小金扣1件，呈圆球形，有纽，径0.7厘米。参见后文益宣王地宫所出金扣花。

[6] 江西省博物馆：《江西南城明益王朱祐槟墓发掘报告》，《文物》1973年第3期。说：玉饰22件，计玉绶花1件、玉人2件、玉羊2件、玉鱼2件、玉泥鳅1件、玉鸳鸯4件、小玉鱼4件、玉坠珠6颗、顶部俱缀以金叶。

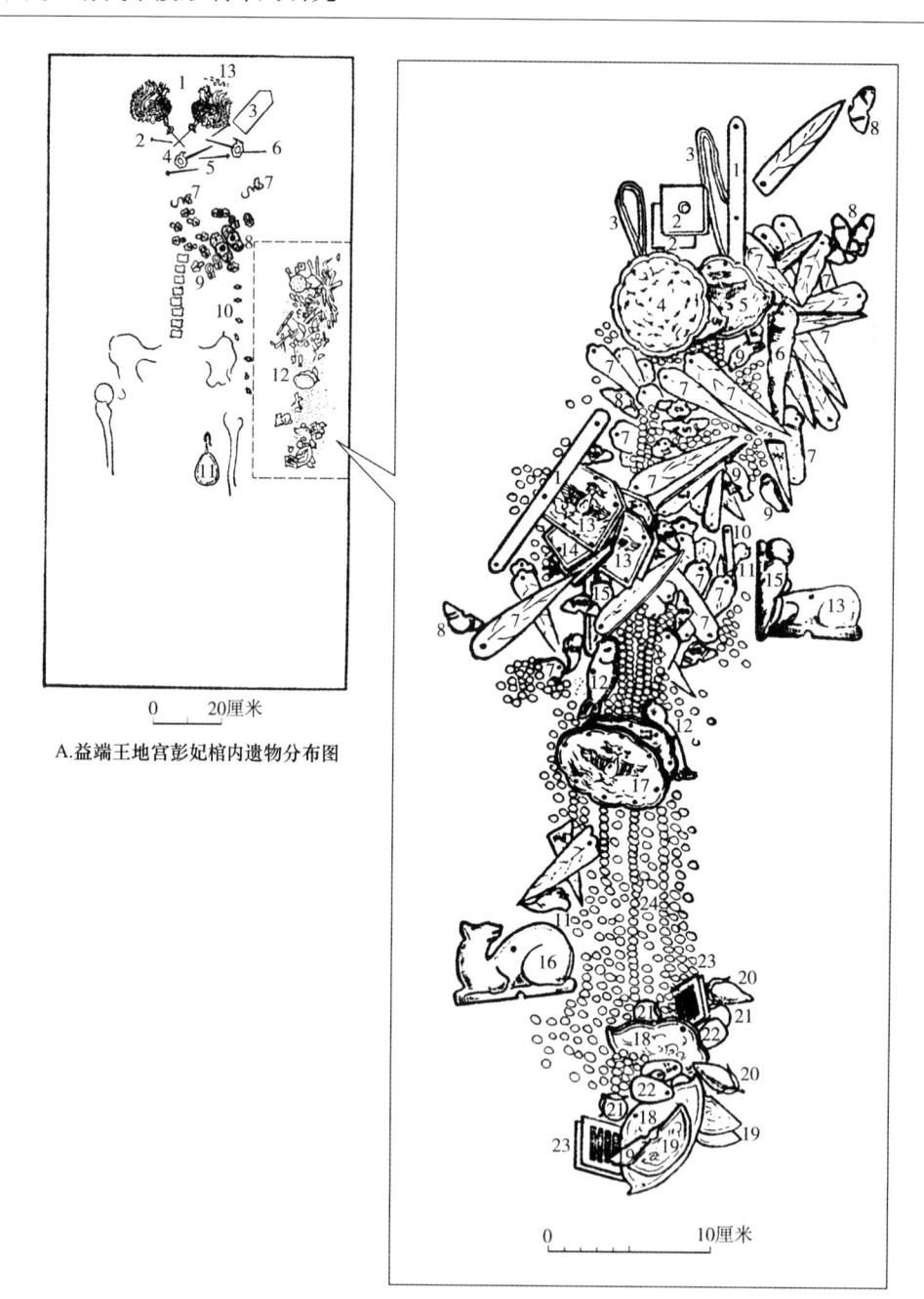

842　宋代至清代帝陵形制布局研究

A. 益端王地宫彭妃棺内遗物分布图

B. 玉饰分布图

图附 2-5-2　益端王地宫彭妃棺内遗物分布图

1. 金凤钗　2. 金簪（小）　3. 玉圭　4. 金鬓花　5. 金簪（大）　6. 金挖耳　7. 金耳环　8. 大金扣　9. 中金扣　10. 小金扣　11. 金香囊　12. 玉饰（见右图）　13. 金钿花

玉饰分布图

1. 杠形玉饰　2. 方形玉饰　3. 金钩　4. 玉绶花　5. 玉珩　6. 玉泥鳅　7. 玉叶　8. 菱形玉饰　9. 小玉鱼　10. 小杠形玉饰（有二件）　11. 玉鸳鸯　12. 玉鱼　13. 玉瑀　14. 玉琚　15. 玉人　16. 玉羊　17. 玉瑀（？）　18. 冲牙　19. 玉璜　20. 辣椒形玉饰　21. 圆茄形玉饰　22. 玉坠珠（玉滴？）　23. 磬形金片（共四片）　24. 玉珠

（其中 3、5、13、14、17、18、19、22、24 和 1、2、7、8 各组成佩玉一对）

（采自《文物》1973 年第 3 期）

宽35厘米，长35.7厘米，箱朽），有铜锁。箱内有一涂金小木匣（朽），匣内装木质谥册，阴文烫金，字迹漫漶，仅可辨"谥曰端……工部造"等字[1]。棺室后壁二壁龛内，左置益端王圹志（盖、志石各76.5×76.2×17.5厘米），右置彭妃圹志（盖、志石各76.1×76.3×10.7厘米），圹志外套二道铁箍。棺室左右侧壁第28、29两层砖上刻三个卦象，后壁及主室门框上面，在同一水平各刻一卦象，均填朱砂。乾卦在西北，巽卦在东南，与地宫方向一致。

2. 益庄王地宫

朱祐槟之子益庄王朱厚烨地宫[2]，甬道内置六口大瓮，内有石灰、木炭末及零星玉器和料器；瓮外有小陶箱、陶桌及龙床、宝座之类。主室门上有墨迹文字，其侧壁壁龛内有五供。主室棺床上四周砌砖墙，墙内堆积石灰，朱厚烨和王氏棺木置于石灰堆内，棺木巧。朱厚烨棺内遗物少，仅有玉带、金钱、金钗、瓷盘、铜镜等。王氏棺内有金凤、金笄花、金钱、金香囊、金钗、金带钩、玉带牌等。万氏棺在西边，较完整，随葬品除与王氏相同者外，还有金丝制的宫殿（楼阁）9件[3]，以及带扣、手镯、玉片、料珠、小金冠等共计255件。金冠由细如发丝的金丝制成，冠镶宝石。此外，地宫内还出有圹志（具体情况原简报未载）。

（五）同圹三椁室并置型地宫

1. 益宣王地宫

前已说明同圹内并置三窄小砖椁室，内置三棺，无棺床和木椁。棺均楠木，榫合，髹朱漆，棺盖上书正楷金字，漫漶；棺与椁墙间填塞石灰。三椁室前墙外横砌圹志室（横长3.4米，宽0.5米，高1.1米），上盖红砂石。圹志无盖，阳面篆盖，阴面志文，边缘均镌云龙纹图案。益宣王圹志1×0.93×0.17米，李、孙二妃圹志皆0.90×0.90×0.17米，字迹剥蚀[4]。

朱翊鈏棺内尸体尚存，身穿龙袍，腰系玉带，颈挂珠饰，足穿黄锦高筒靴。尸体上覆盖黄锦丝棉被，被上叠放龙袍服饰等。尸体下垫丝棉褥和草席，下有笭板，板上透雕七个圆孔，孔内镶金、银钱、排成北斗七星状（群众传说棺底还银钱六枚，金钱一枚）。尸体头部随葬旒冕，玛瑙冠、木梳、铜镜、瓷盘、玉佩、纸扇等。棺内随葬品共57件，计袍

---

[1] 江西省博物馆：《江西南城明益王朱祐槟墓发掘报告》，《文物》1973年第3期。录《南城县志》卷九所载谥册全文。

[2] 江西省文物管理委员会：《江西南城明益庄王墓出土文物》，《文物》1959年1期。文中述：龙床、宝座、五供等似已明器化。

[3] 江西省文物管理委员会：《江西南城明益庄王墓出土文物》，《文物》1959年1期。说：金丝制宫殿，"在一、二方寸的范围之内，以金片、金丝制成层楼高阁一栋或二栋、三栋，外绕树木、内设神殿、仙鹿、白鹤、男女人像，大不及稻米而神态栩然，是出土文物中少见的精品"。

[4] 圹志记载：朱翊鈏生于嘉靖十六年（1537），薨于万历三十一年（1603）；元妃李氏英姑生于嘉靖十七年（1538），薨于嘉靖三十五年（1556），死时仍为崇仁王长孙夫人，万历九年（1581）追封为益王妃。继妃孙氏生于嘉靖二十二年（1543），薨于万历十年（1582）。

服12件，均黄色，织花锦缎，宽袖长袍，袖口下角圆，上端仅留出手，下端缝合[1]。织锦花被五床，棉布一匹（平纹细布，米黄色）。上述袍服的织锦和锦被的图案，有正楷字万寿无疆升天龙纹，篆字福寿同圆团龙纹、卍字夔龙纹、祥云团龙纹等。玛瑙七梁冠一顶（高3.5厘米）；旒冕一顶（残碎），用精细藤篾编织，髹黑漆，表敷一层黑罗绢，镶金边；冠两侧有梅花穿、贯一银簪。綖板九旒，旒贯各色料珠。玉带一副（玉片十九块，中心少一块）、玉佩二副[2]，玉卧猪二只，玉鸳鸯一对、珠饰一串（琥珀珠108颗）、折扇一把[3]、历书一册[4]、木梳二把（半月形）、青花瓷盘一件[5]、铜镜一面（直径19厘米，纽铸"任"字，镜背有"益府"二字），金钱六枚（有八卦图像）[6]、银钱一枚（大小同金钱、无卦象、铸一"丁"字）。

元妃李氏尸体腐朽，头、躯干和四肢分别用白细布包裹并用布条系扎（似为易棺更殓），其外套袍服七件，第二件袍服外系玉带[7]。身上盖黄织锦白绵被，被上放一只葛绖

---

[1] 江西省文物工作队：《江西南城明益宣王朱翊鈏夫妇合葬墓》，《文物》1982年第8期。说：袍服分四式，Ⅰ式七件，均滚边圆领、右衽、两腋下各有带鼻一个，以备系玉带。在前后及两肩部各有圆形补子一方，有的直接刺绣，有的绣成后缝缀上去，有的织绣而成，全以金线绣织而成彩色蟠龙。Ⅱ式一件，交领、右衽，两腋下有带鼻和结扎带。袍角缎质素面，仅在前后及肩部织卷龙一条。膝处再织绣云龙纹花边一道，花边宽10厘米，以白线绣织为主，金钱辅之。Ⅲ式二件，俱交领，右衽，其下半部为百折形，似宽肥式连衣裙。Ⅳ式一件，贴边斜领对开襟，在斜领和贴边上彩绣升天龙纹，肥袖方口，下端不缝合，袖口外绣有龙纹花边，在蔽膝处有龙纹花边一道，形似道袍。

[2] 江西省文物工作队：《江西南城明益宣王朱翊鈏夫妇合葬墓》，《文物》1982年第8期。说：玉佩有银钩二、珩二、瑀二、琚二、璜四、冲牙二、玉坠滴八件、玉珠六百余颗分段串缀联玉佩，复原后其长度66厘米。

[3] 江西省文物工作队：《江西南城明益宣王朱翊鈏夫妇合葬墓》，《文物》1982年第8期。说：折扇竹骨、绵纸质，上边沿用绫装裱，扇两面均黑地描金彩绘祥云和双龙戏珠。主骨上透雕双龙戏珠图案，主骨和扇骨均通体描金。扇把端铆金钉，钉头半球状。扇主骨上端内侧有一面墨书"价廿五"三字。扇顶面宽55，高31厘米。

[4] 江西省文物工作队：《江西南城明益宣王朱翊鈏夫妇合葬墓》，《文物》1982年第8期。说：历书一册，长30、宽16厘米，线装。封皮和封底共27页。白绵纸质，木版印刷。

[5] 江西省文物工作队：《江西南城明益宣王朱翊鈏夫妇合葬墓》，《文物》1982年第8期。说：青花瓷盘、菱边、矮圈足、白地、青花。盘外壁用青料勾绘八开窗向日葵图案；盘内外区作八莲瓣开窗，中间以八立柱布局。窗内绘四组对称菊花、芭蕉、浮萍和牡丹纹样。内区外沿绘两组弦纹和连弧纹；其内绘祥云和灵雀图案。胎质细腻，釉汁莹亮。口径31.3、底径17.8、高6.6厘米。该瓷盘口沿有一处破裂后重新粘补、上釉，再入窑焙烧，这是研究明代青花瓷和粘补技术的难得资料。

[6] 江西省文物工作队：《江西南城明益宣王朱翊鈏夫妇合葬墓》，《文物》1982年第8期。说：金钱每枚重22.5克，圆形，外径4.6厘米，穿1厘米见方。背面素，正面肉部方弧上，以小段方形金丝焊成八卦图像。

[7] 江西省文物工作队：《江西南城明益宣王朱翊鈏夫妇合葬墓》，《文物》1982年第8期。说：玉带衬带完好，系用双层黄素缎中夹纸邦，长1.36米，宽6厘米，两端有宽紧结扎带，玉带片有心形、长方形、圭形数种、共20块，背面均有三对或四对斜穿孔。厚0.6、宽5.2厘米，长短不一。

布小袋，袋内装纸钱灰和冥途路引[1]。发髻完整，对拴两根银簪。脚上平叠大衫、裙（衫、裙均绣有云凤图案）、布鞋等。尸下垫织锦绵褥，褥上散放铜钱和银箔钱[2]。头部竖放一面大铜镜（素面、圆钮、直径36厘米），右侧一把折扇，左侧有玉圭、玉佩、玉扣花、玉戒指和凤冠等[3]，共155件。棺内四周塞满棉花包[4]。

继妃孙氏尸体半腐，第二件袍外腰系玉带。尸体用黄织锦丝绵被包裹，其上覆盖一较窄的黄缎丝绵被，两被之间及尸体足部满置平叠的单、夹大衫、绣花衣裙和鞋、靴等。头部发髻卷盘，用两支金簪对拴。尸下垫丝棉褥，褥下垫草席，席下为木笭板，笭板与棺底之间有一层黑木灰。棺内随葬品共248件，此外还有珍珠三千余颗，小玉珠六百余颗，宝石一百余颗。其中较重要者有大衫四件[5]。夹衣短衫一件、霞帔一件，方心曲领一件（其上缀一块透雕玉八出宝相花）、织锦裙一件、黄锦靴一双、黄锦鞋一双、绵绸五匹，丝绵被褥五床、袖套一双、凤冠一顶[6]；金凤钗、观音乘凤金钗、飞凤穿花金钗、龙凤呈

---

[1] 江西省文物工作队：《江西南城明益宣王朱翊钶夫妇合葬墓》，《文物》1982年第8期。说：冥途路引，绵纸质，装毛边纸封套内，封套墨书"封"字，上有一方红朱印。路引木版印刷，墨书填写死者姓名、籍贯、出生年月和填发路引的日期。文内盖有相同符印三方，印文篆体符号三行大字，右下方空隙处印有几种道教杂宝符号，左上方刻绘太上老君图像。路引宽0.55、高0.69米。

[2] 江西省文物工作队：《江西南城明益宣王朱翊钶夫妇合葬墓》，《文物》1982年第8期。说：银箔圆形钱七枚，散置于垫褥上。铜钱七十四枚散置于垫褥上，其中十一枚为"永乐通宝"，余为"宣德通宝"，似未经使用。

[3] 江西省文物工作队：《江西南城明益宣王朱翊钶夫妇合葬墓》，《文物》1982年第8期。说：玉圭长15.5、宽4.9、厚0.7厘米，暗绿色青玉、刻谷纹五行，即所谓"以聘女"之谷圭。凤冠，又名九翚冠。冠体铜丝编绕呈圆锥框，表敷一层黑罗纱；前后各竖一扇博鬓（用描金细竹篾编织呈舌形）。框下接金口圈，里用锦绫装裱。冠上装饰翚鸟九只，为银丝编绕，嘴珠滴。冠之两侧置金凤钗一对，凤嘴衔长串珍珠，串中再缀珠花。凤钗上阴刻"银作局嘉靖二十六年八月内造金七钱五分"铭文。冠圈径16.5、通高23.5厘米。

[4] 《大明会典》卷九十九，"丧礼四·品官"，大殓中记载：于棺中空缺处，"卷衣塞之，务令充实，不可摇动"。棺内四周塞满棉花包与此作用相同，但也表明此时棺内装殓衣物较前期少，故才出现空缺，塞棉花包。

[5] 江西省文物工作队：《江西南城明益宣王朱翊钶夫妇合葬墓》，《文物》1982年第8期。说：大衫对襟俱钉金扣花，每件七副。每幅扣花由两只蝴蝶组成采花图案。雌蝶头部有菊花一朵，雄蝶头部嵌圆饼形宝石，扣合时成为花蕊。蝶身各嵌宝石一颗，其中十四副金扣花较小不嵌宝石。四件大衫中，单衣衫三件，两肩圆形补子上彩绣团形双凤纹。另一件在对开襟两侧各贴4厘米宽的花边，上绒绣梅花和蜜蜂，前后和肩部绣成浮雕式双凤纹。

[6] 江西省文物工作队：《江西南城明益宣王朱翊钶夫妇合葬墓》，《文物》1982年第8期。说：凤冠、冠里用细毡质制成半球形，下接口圈，表敷一层黑罗绢，以精细藤篾编织，描金。冠上满饰朵朵翠云（在裱绫的硬纸上点翠），点翠珍珠三千余颗，此种装饰方法与明定陵出土的同类凤冠相一致。翚鸟尾上饰金钿花二十一朵，用发型金丝编绕成，花蕊中串珍珠一颗。冠之两侧插金凤一对。冠阴刻"大明万历庚辰（1580）五月吉旦益国内典宝所成造珠冠上金凤每只计重贰两钱八分正"铭文，今一对共重165克（珠滴除外）"。

祥金钗、云凤鬓花金钗各一件；双龙献福金钗、寿鬓花金钗各一对；凤头金钗、龙头金钗各二件；蝶恋花金钗三件、金簪三对；金发箍一件、金帽檐一件、玉坠金耳环一对；玉带二副，玉圭一件、玉佩二副、玉饰二件、折扇二把；龙泉瓷盘一件，铜镜两面等[1]。

2. 益定王地宫

益定王朱由木地宫三椁室并置，棺与椁室间填实石灰，棺盖上铺一层石块。棺均为柏木，髹朱漆。椁室前墙外各竖圹志一方（长0.96米，宽0.76米，厚0.02米），志盖对合，外套铁箍，志文四周边框宽5厘米，镌云龙图案。中椁室葬益宣王，棺榫合（内空长1.74米，宽0.42米，深0.44米），棺底中部有一圆形腰坑（直径0.20、深0.15米），坑内置铜镜一面（仿汉规矩镜，直径15.8厘米），底板上铺一层黑灰色土。尸体头侧置铜镜（圆纽、高沿、直径9.5厘米），龙泉瓷盘。棺椁与圹志间的上方两角置一对豆青釉瓷瓶，瓶内盛满黍粒。椁室被盗，其他遗物尚见金钱一枚，有"金光接引"钱文；金饰、鎏金银发簪、鎏金银插各一件；"崇祯通宝"一枚，玉簪一件、玉香笼一件，[2] 墨玉带板九块、白玉带板六块、白玉带饰六片、大玉珠两颗。小玉珠六百余颗。左椁室葬元妃黄氏，棺底板上铺一层2厘米厚的白粘土，一层5厘米厚的黄粘土和一层2.5厘米厚的黑灰土。椁室被盗，仅余锡明器十余件，白玉带板一块，玉佩饰六片，青花瓷瓶两件等。右椁室葬次妃王氏，保存较好。棺底部有一小于棺底板的笭板，上铺白粘土和黑灰土，尸体头侧置铜镜（直径15.8厘米，纽铭"龙家自造"），木梳，稍编左边有龙泉青瓷盘，盘内置鎏金银凤冠（已溃散）。金钱七枚（四枚有"径上西天"铭文，三枚有"金光接引"铭文），排列呈北斗星座形。腰部有玉带一条（白玉带板十七块），左侧置青玉圭。足部与圹志相间处上方两角置两件盛黍的青花瓷瓶。

除上所述，其他诸如梁庄王地宫、德王地宫棺床、圹志等情况，请参见前述地宫形制

---

[1] 江西省文物工作队：《江西南城明益宣王朱翊鈏夫妇合葬墓》，《文物》1982年第8期。记述：金钗大都镶宝石，少数还嵌有珍珠。金簪有"银作局永乐贰拾贰年十月内造玖成色金五钱重"铭文，玉佩金钩内有"银作局嘉靖元年六月内造金五钱"铭文。金发箍，底板以4.5厘米宽金叶镂雕呈朵云状，两端备有宽紧结扎带。九块金叶锤成九座神龛镶嵌在底板上，龛内镶嵌玉佛一尊。全器长21、高4.5、厚1.6厘米，共镶嵌红宝石二十七颗。铜镜二面，另一件仿汉代四蒂叶纹镜，直径19.7厘米，一件仿唐代海兽葡萄纹镜，直径13.8厘米，制造较粗造。

[2] 江西省文物工作队：《江西南城明益定王朱由木墓发掘简报》，《文物》1983年第2期。说：玉香笼，糖玉质，圆筒状、长15、直径8厘米、缺底座。体镂空、透雕缠枝梅花、卷尾螭虎等图案，盖浮雕一螭虎。雕刻精细，玲珑别致。

布局一节。此外，南昌明宁靖王吴夫人墓的葬具葬俗也有一定参考价值[1]。

二 随葬品

亲王地宫除与葬具葬制有关的遗物外，其他随葬品大都被盗拢，仅少量保存较完整。

(一) 平面呈十字型地宫[2]

1 辽简王地宫

图附2-3-1。辽简王地宫多次被盗，从图8来看，除中室东南角残存部分木俑、车马、漆壶形器；东侧室残存少量木俑外，余者均在后室东南部。遗物共残存近160件，其中60余件保存较好，绝大部分为明器。计铜器8件（锁2、带盖锅1、盘2、瓢1、提梁炉1、器盖1。此外，还有棺饰等小件），锡器39件（钵5、盘13、壶4、高足杯2、盏托3、鼎4、瓮1、勺1、筷子2、碾槽1、器盖2）、金银器2件（金钉1、银币1、无文字）、铁器9件（铁箍2、在圹志上，铁锁1、铁楔6），漆木器7件（碗1、盘1、盖盘2、壶形器3）。木俑80余件，松木雕刻，多残腐。俑高均在20厘米之内，全部是立俑，头戴冠，身着长袍，双手拱于胸前，立于木座之上。车仅残存两段车辕和辕间横连木（车辕残长36厘米，宽16.2厘米）、残马1件，木龟1件。

---

[1]《南昌明宁靖王夫人吴氏墓》记述：楠木棺整板加工而成，内外髹红漆。长2.14、宽0.66—0.76、深约0.6—0.7、板厚0.12米。墓室内充填松香，厚0.15米。棺木封闭紧密，棺内尸身及随葬器物保存基本完好。棺底内铺石灰，其上三根横垫木托起笭板，笭板上满铺灯心草，垫尸被平铺草上。尸体包裹多层锦被，用白色"铜钱结"捆绑。头向350°，头戴金钗、金簪、珍珠点翠凤冠、耳穿宝石金耳环，盘发间插牡丹纹、菊花纹金发簪。面盖褐色"丝覆西"，胸前置一暗绿色谷纹玉圭。霞帔垂及双膝，帔端挂有"霞帔金坠"金香囊。中指及无名指戴五枚红、蓝、绿宝石金戒指。身穿10余件长短内衣、夹袄、妆金冠服、大袍及双龙戏珠缎裙、棉裙等服饰，脚穿缎地鞋。长袍外背部腰间挂两组玉佩，背部垫64枚圆形金银冥线（64枚与死者64岁相合）。裹尸被外墓主头充塞10件各类衣物，如棉袄、夹袄、短袖夏衣等。上盖单层素缎，素缎上整齐平放8匹绸缎（有大云纹四合缎、缠枝花卉缎、杂宝花卉缎等），布匹上另有数件较零乱充填的衣物。上述衣物完整者，有压金彩绣云霞纹霞帔，素缎大衫、妆金盘凤纹鞠衣、双龙戏珠暗花缎地裙等。"这批纺织品是以丝、棉和麻为主要质地，采用织金妆花等工艺制成，对中国纺织品的研究将产生十分积极的影响。其中那套与明代制度极为相吻合的女性服饰应是目前我国现存最早最完好的后妃礼服"。按，亲王夫人冠服史无明载，上述发现可补史之阙。墓葬形制和随葬遗物详情，请参见江西省文物考古研究所：《南昌明代宁靖王夫人吴氏墓发掘简报》，《文物》2003年第2期。

[2] 潞简王地宫平面呈十字型，地宫遗物大都被盗一空。秦大树：《宋元明考古》，文物出版社2004年版，第266页。说："近年来在潞简王墓道出土了金、玉、瓷器等三十七余件器物。"

2. 宁献王地宫

图附 2-3-3。宁献王地宫规模大，但随葬遗物不多，甬道、前室、左右侧室空无一物。中室地面上散布一些木俑（朽、数目不明）及木俑持物如刀、小马镫、小宫灯、小铁环等。后室棺床左前方地面上残漆皮的轮廓似一张七弦琴，棺床前地面上有木俑（朽）。后室左壁龛内置瓷罐5件（见前述情况），右壁龛内置铜质小暖锅、汤匙、套杯等饮食用具。后壁龛内置小铜镜、剪刀及锡制鎏金明器[1]。

（二）平面呈1字型地宫

1. 蜀世子朱悦燫地宫

图附 2-3-8。该地宫数次被盗，仅五百余件釉陶俑基本完整[2]，此外还有其他部分遗物。

（1）釉陶俑

见原简报图版。地宫前庭左右两厢中各置三身武士俑和三匹陶马（右厢缺一马），武士俑高84厘米。三门（中室门、原报告称正殿）前置两列武士俑，每列五身（其中一列缺一俑）。两列武士俑为首者高51厘米，执矛侍立。[3]前室（正庭）左右两厢各立三排仪仗俑，第一排牵马俑，第二排击锣鼓、捧画角和执仪仗俑，第三排执刀盾和弓箭俑。右厢俑七十一身，左厢俑六十一身，均头戴六瓣小帽。中室（中庭）左右两厢列置以陶象辂为中心的仪仗俑，象辂前置六匹马和九身牵马俑，象辂两边各置三排仪仗俑。第一排除牵马俑外，余者皆执乐器（分执笛、鼓、箫、笙、琴瑟、拍板等。）；第二、三排仪仗俑（各执仪镋氅、戈氅、戟氅、仪刀、班剑、立瓜、卧瓜、骨朵、金钺、金镫、稍等仪仗）。左厢

---

[1] 陈文华：《江西新建明朱权墓发掘》，《考古》1962年第4期。记述：锡器均是特制的明器，高度和直径多在5厘米以内，最大不过10厘米，均鎏金。计有鼎4、煮壶1、有托茶杯2、高足杯1、套杯1、烛台2、灯台1、板鼓1、爵1、盘11、碗2、筷子4、勺1、瓶1、茶杯2、壶4、盆1及一些小甲片。铜器，为明器、小同玩具，多鎏金。计马镫1，镜2件（大者出于死者头部、小的出于壁龛）、盘1、剪刀1、锣1、箱饰1、斗形器3、铭旌头1、锁1、勺1。铁器6件，计匕首6、锁2、铁环4、不知名器4件。

[2] 中国社会科学院考古研究所、四川省博物馆：《成都凤凰山明墓》，《考古》1978年第5期。记述：仅记俑五百余件。从其记述看，俑共519件，缺2件，实为517件。但这个数字似不包括象辂和马。

[3] 中国社会科学院考古研究所、四川省博物馆：《成都凤凰山明墓》，《考古》1978年第5期。"正殿前的两行武士俑中，为首的一件高51厘米。黑髯、头戴三朵缨穗的兜鍪，鍪耳饰凤翅，后缀顿项。身着铠甲，上系项巾，披膊、身甲均作黄褐色。腰系带，腿裙下露出草绿色的战袍，足着黑靴。左挎弓囊，右挎箭袋，双手立执铁矛"，"前庭两厢中的武士俑高84厘米，其服饰与上述武士俑相同，是俑群中最高的俑"。

仪仗俑共一百五十七件，右厢仪仗俑共一百五十四件[1]。在中室（中庭）三门（正殿）之后，四身俑抬一架大鼓，一俑正执鼓杖奋臂击鼓。四门（后殿）前的台基上侍立四身拱手俑，后室的中间棺室沿左右后壁面向棺床排列四十八身叉手或拱手侍立俑[2]。文官俑发现于中室圆殿附近[3]。

（2）其他随葬品

地宫被盗，随葬遗物较多的中室圆殿附近和后室的中间棺室扰乱严重，盗后所余遗物除前面与葬俗有关者已述外，其他遗物无多。计有中室圆殿前弃置铁盔一件（高22厘米，直径19厘米，前有短沿，后缀铜质网状顿项），圆殿中央石桌下置铁弓一件（长89.9厘米，涂褐色漆，漆上刷金，有铜弦），铁刀一件（长59厘米）。中室左耳室置陶仓模型一件，右耳室置陶库模型一件[4]，其旁置瓶、罐、注子、唾壶、灯盏、盘、匜、碗、碟、高足杯等二十余件绿釉或黄褐釉陶器。在后室之左侧室放陶质椅、屏、案等模型。案上置

---

[1] 中国社会科学院考古研究所、四川省博物馆：《成都凤凰山明墓》，《考古》1978年第5期。A. 象辂，"象辂两件，中庭左右厢各一件，形制相同，高70、长78、宽34厘米。无釉，上涂深褐色漆，辕之头尾饰以金色的龙头、龙尾，辂亭的前左右三面装格扇，开门，辂顶的圆盘上饰一周仰覆莲座，顶饰宝珠。辂亭内置坐椅和脚踏。辂前置踏梯，辂前后各支一行马架。辂亭尚残留有金属的小圆环，似乎原来还系有攀顶红线圆绦之类"。B. 陶马，"陶马一般高24、长30厘米，下附底盘。马身作黑色或褐色，也有未上釉者。多数为诞马，有一件备鞍鞯，也有架象辂的马"。C. 仪仗俑，"有两种服饰，第一种都在中庭两厢，高32厘米，头戴黑色无梁冠，身穿黑色或草绿色盘领窄袖长衫，腰系带。有的并将长衫的前襟向上折作三叠，系于带内，以便行走。第二种高31厘米，头戴黑色六瓣小帽，或穿右衽窄袖长衫，或穿盘领窄袖长衫，腰系带。正庭两厢的仪仗俑全是这种头戴六瓣小帽的，在中庭两厢的仪仗俑中，如象辂前的牵马俑，也是这种装束，似乎他们的身分比头戴无梁冠的要低一些"。D. 乐俑，以中庭两厢的击鼓俑为例，"高31厘米，头戴黑色金鹅帽，额前紧束黄褐色绦带，结垂于脑后。身穿盘领窄袖黄褐色长衫，腰系绦带，结于腹前，鼓亦平置腹前，两手执鼓杖击鼓"。

[2] 中国社会科学院考古研究所、四川省博物馆：《成都凤凰山明墓》，《考古》1978年第5期。"侍俑，在后殿门外和后殿中室内，高32厘米。头戴黑色乌纱帽或裹方披巾，身穿盘领窄袖长衫，腰系带。应是王府中的内使或侍者"。

[3] 中国社会科学院考古研究所、四川省博物馆：《成都凤凰山明墓》，《考古》1978年第5期。文官俑"发现于中庭圜殿附近，原置何处不详。头部已残缺，残高26厘米。身穿褐色右衽宽袖长袍，颈挂牙牌，腰系革带，两侧佩玉佩，足着云头履。叉手侍立，似为王府中的官吏"。

[4] 中国社会科学院考古研究所、四川省博物馆：《成都凤凰山明墓》，《考古》1978年第5期。陶仓模型"高65.5、长76、宽60厘米。分隔成五间，每间阔10厘米，当心间和两次间的仓门是八块仓门板组成，可以随意装卸，两梢间的仓门板是固定的一整块，但也划作八块板的样子"。陶库模型"高65.5、长76、宽64厘米。分隔成三间，当心间的库门可以启闭，门上挂铁锁一把。两次间的门是固定的，但也刻作两扇"。

一陶暖砚（长32、宽22、高14厘米）；砚右侧有笔匣，砚上端置笔、笔洗和水盂；砚下有抽屉，内放小铁刀及残竹棍；砚座下雕圭脚，上盖以盝顶盖。后室之右侧室放陶质的凳、案和盆等模型。

2. 蜀僖王地宫

图附2-3-6。

（1）釉陶俑

图附2-5-3—图附2-5-8。蜀僖王地宫被盗，残存遗物500余件，其中各种釉陶俑425件。武士俑置于前庭两厢和三门门口，其他陶俑、陶马、乐器等置于前室左右厢房前面，另有少量女侍俑置于中室和棺室[1]。釉陶俑（均模制、琉璃胎、彩釉）的情况大致如下。前庭两厢各置握方天画戟武士俑两身（高57.8厘米）；三门（正殿）门口各置手握板斧武士俑一身（高57.8厘米）。前室两厢房前面置仪仗俑407件，可分六型。A型，头戴瓜皮小帽，身穿右衽交领窄袖长袍、腰系带、足着靴者96件。其中Ⅰ式18件，腰别长刀，双手持兽面圆盾侍立（B：399，高21.4厘米）；Ⅱ式78件，拱手持矛侍立（B：307，高21.6厘米）。B型，头戴黑色高冠，身穿交领或圆窄袖长袍、腰系带，足着靴者172件。其中Ⅰ式20件，身穿黄色交领长袍，双手持长方形盾侍立（B：92，高21.9厘米）；Ⅱ式125件，身穿绿色圆领长衫，前襟上提，束于革带内，拱手执长矛侍立（B：340，高22.4厘米）；Ⅲ式2件，身穿绿色或黄色圆领长衫，前襟折于腰间革带内，双手持刀侍立（B：174，高21.7厘米）；Ⅳ式25件，头戴网状高冠，身穿黄色、黑色或绿色长衫，拱手侍立（B：135，高22.3厘米）。C型63件，其中62件头戴圆顶笠帽，身穿姜黄色圆领窄袖长袍、腰束带，足着靴，拱手侍立（B：439，高20.9厘米）；另一件拱手执长矛侍立（B：177，高21.4厘米）。D型43件，头裹平巾帻，脑后有飘带，身穿圆领窄袖长袍，腰系带，足着靴，拱手侍立。其中Ⅰ式41件，带头垂于腰前，衣着颜色有绿、黄和酱青色等（B：137，高20.5厘米）；Ⅱ式1件，头裹黑色平巾帻，身穿绿色长袍，前襟上折于腰带内（B：420，高20.7厘米）；Ⅲ式1件，巾帻同Ⅱ式，身穿绿色长袍（B：134，高20.9厘米）。E型2件，头戴黑色平顶冠，身着黄色圆领窄袖长衫，前襟折于腰带内，足着靴，拱手侍立。F型22件，头戴黑色矮檐帽，脑后有飘带，身穿绿色圆领窄袖长衣，束带，着靴，拱手侍立。文官俑8件，其中A型2件，头戴黑色高冠，上饰一朵两叶花，身穿圆领窄袖长袍，腰束革带，足着靴拱手侍立（高均21.5厘米）。B型2件，束发，头戴莲花状束发冠，身穿绿色或银白色圆领窄袖长袍，腰束革带，蓄短须，拱手侍立。C型4件，头戴乌纱帽，帽后横置短筒状插翅管，身穿黄色圆领窄袖长袍，腰束革带，足着靴，拱手侍

---

[1] 成都市文物考古研究所：《成都明代蜀僖王陵发掘简报》，《文物》，2002年第4期。文中未明记俑和其他随葬品的具体位置和件数，仅言前庭、正庭（前室）、中庭和后殿所出遗物依次编为A、B、C、D四室。

立。侍俑14件，分三型。A型2件，头戴幞头，幞头后面横置短筒状插翅管，身穿圆领窄袖长袍，腰束革带，足着靴，双手搭红巾捧物。B型9件，均女性，头梳螺髻，身穿黄色或绿色圆领窄袖长袍，腰或束革带，尖足，多数双手搭巾，捧物侍立。C型3件，女性，头梳中分短发辫，身穿绿色圆领窄袖长袍，腰束革带，足着靴。其中2件拱手侍立，另一件捧巾侍立。陶马38件，有黄、白、绿、黑釉之分，多数马有鞍、马镫，少数马背上驮包袱、布匹、箱子等，长17厘米，高18厘米。

图附2-5-3　蜀僖王地宫出土陶将军俑（一）

1. A型（B∶34）　2. B型（A∶3）

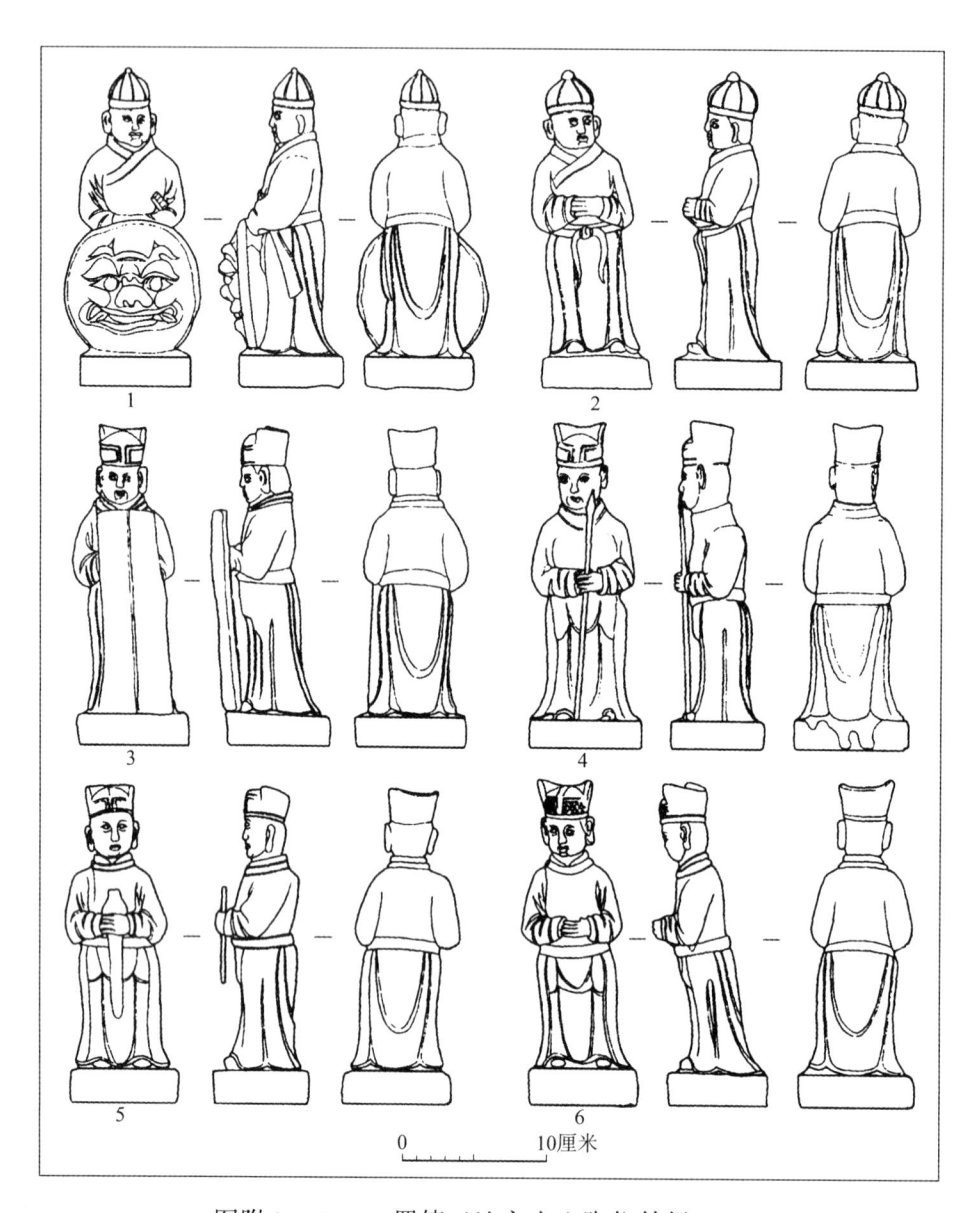

图附 2-5-4　蜀僖王地宫出土陶仪仗俑（二）

1. AⅠ式（B:399）　2. AⅡ式（B:307）　3. BⅠ式（B:92）　4. BⅡ式（B:340）　5. BⅢ式（B:174）　6. BⅣ式（B:135）

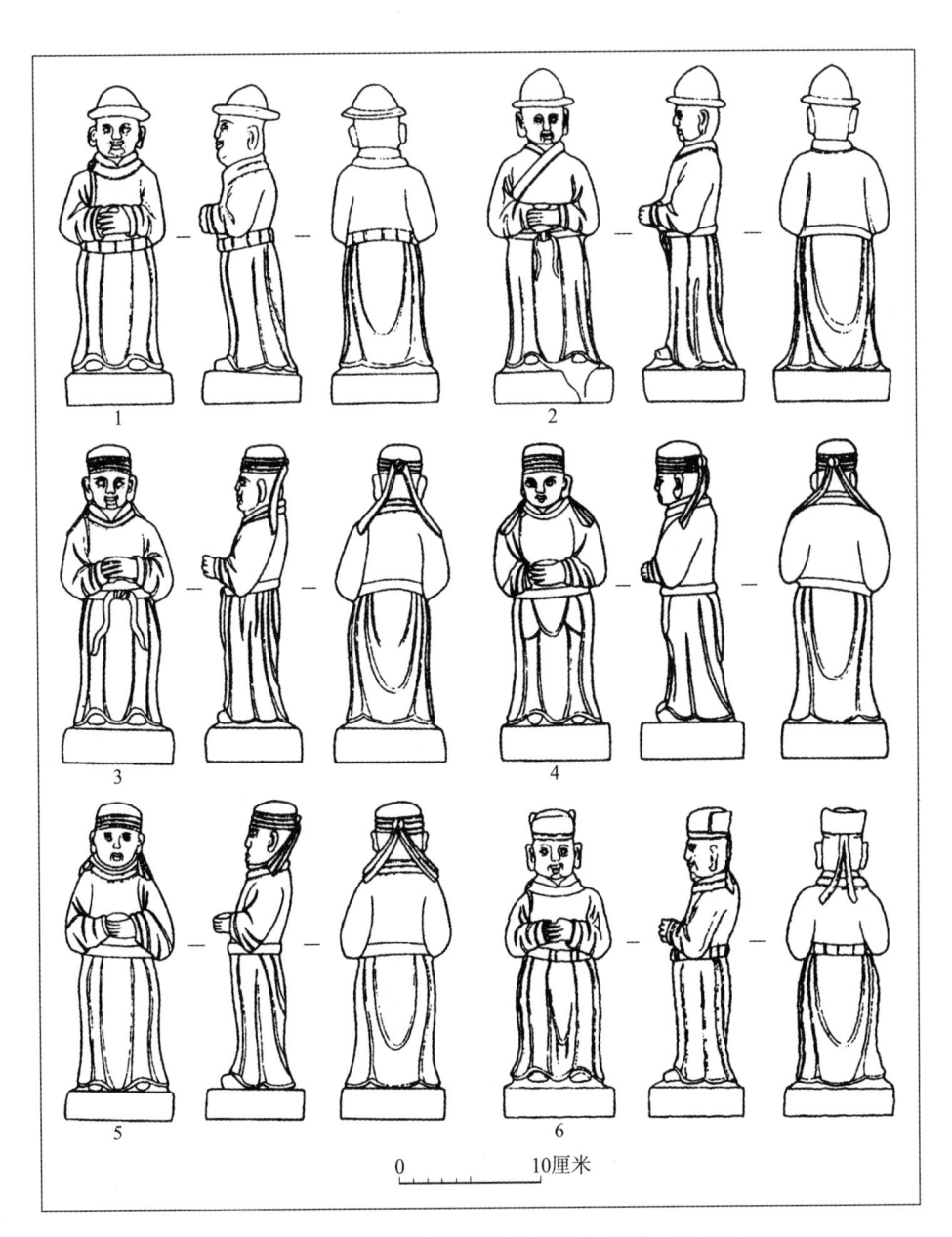

图附 2-5-5　蜀僖王地宫出土陶仪仗俑（三）

1. CⅡ式（B：439）　2. CⅠ式（B：177）　3. DⅠ式（B：137）　4. DⅡ式（B：420）　5. DⅢ式（B：134）　6. F型（B：255）

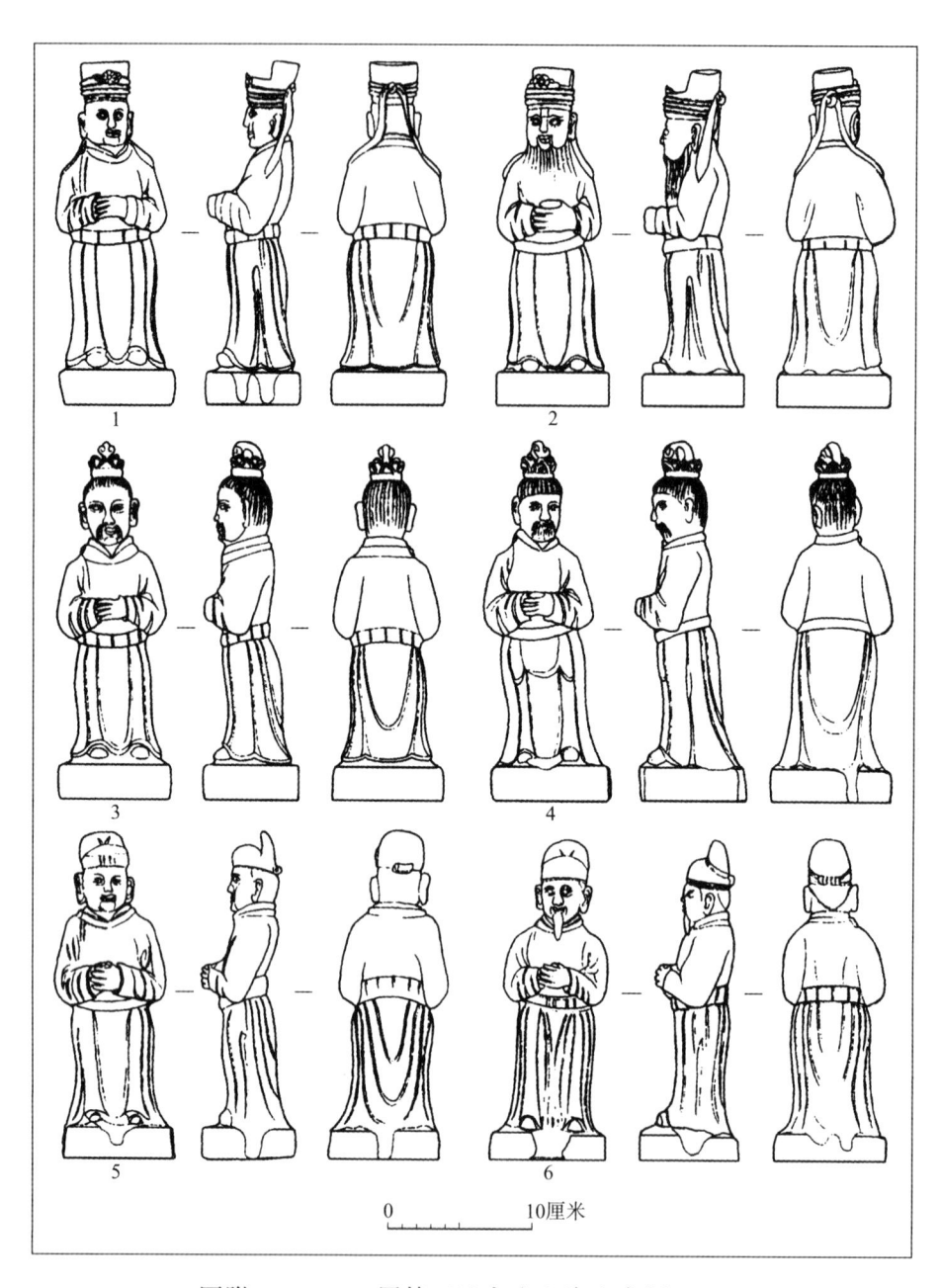

图附 2-5-6 蜀僖王地宫出土陶文官俑（四）

1、2. A 型（B:397、B:338）　3、4. B 型（B:279、B:140）　5. C Ⅰ 式（B:263）　6. C Ⅱ 式（B:88）

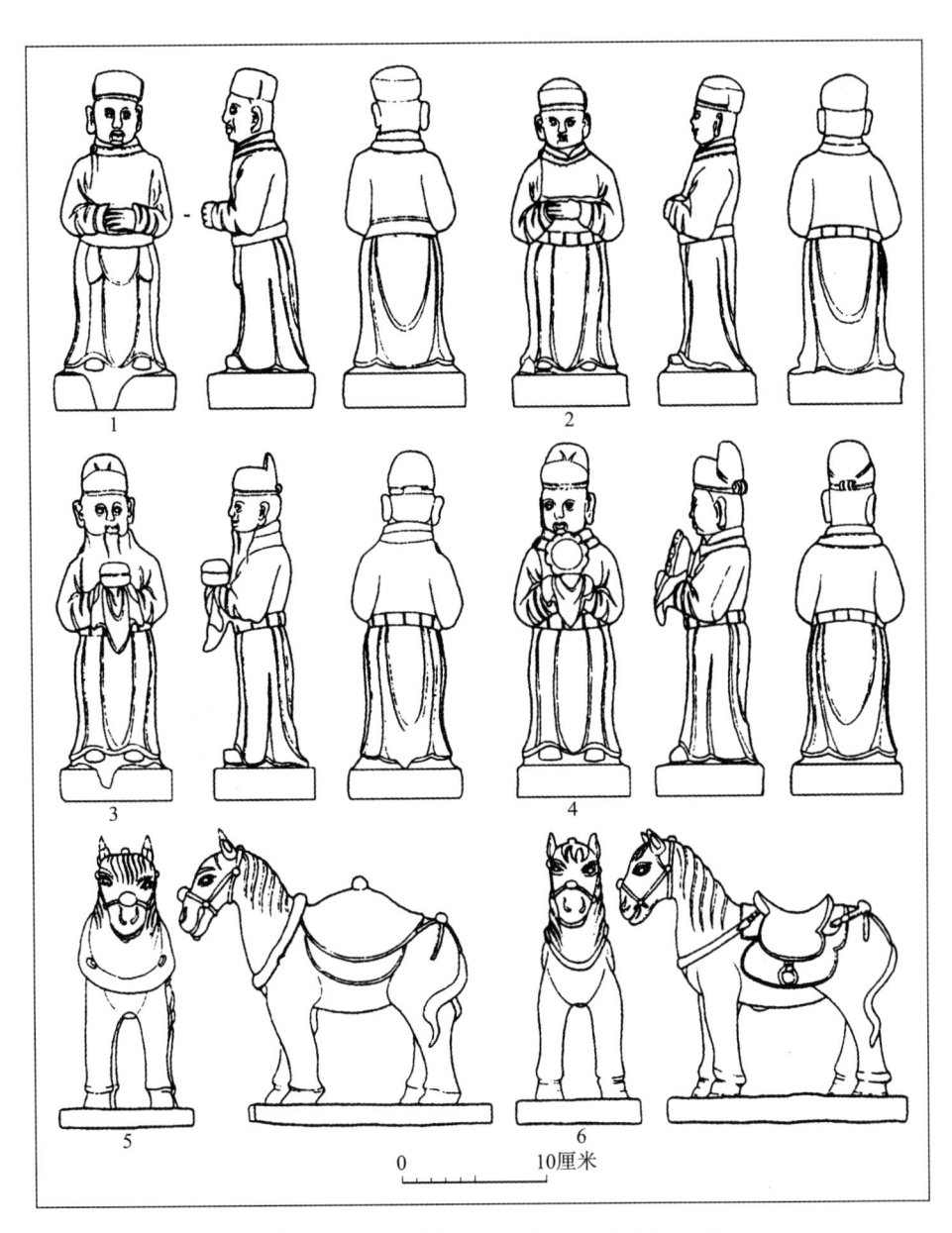

图附 2-5-7 蜀僖王地宫出土陶俑（五）

1、2. E 型仪仗俑（B：260、B383） 3. AⅠ式男侍俑（B：12） 4. AⅡ式男侍俑（B：28） 5、6. 陶马（B：294、B：251）

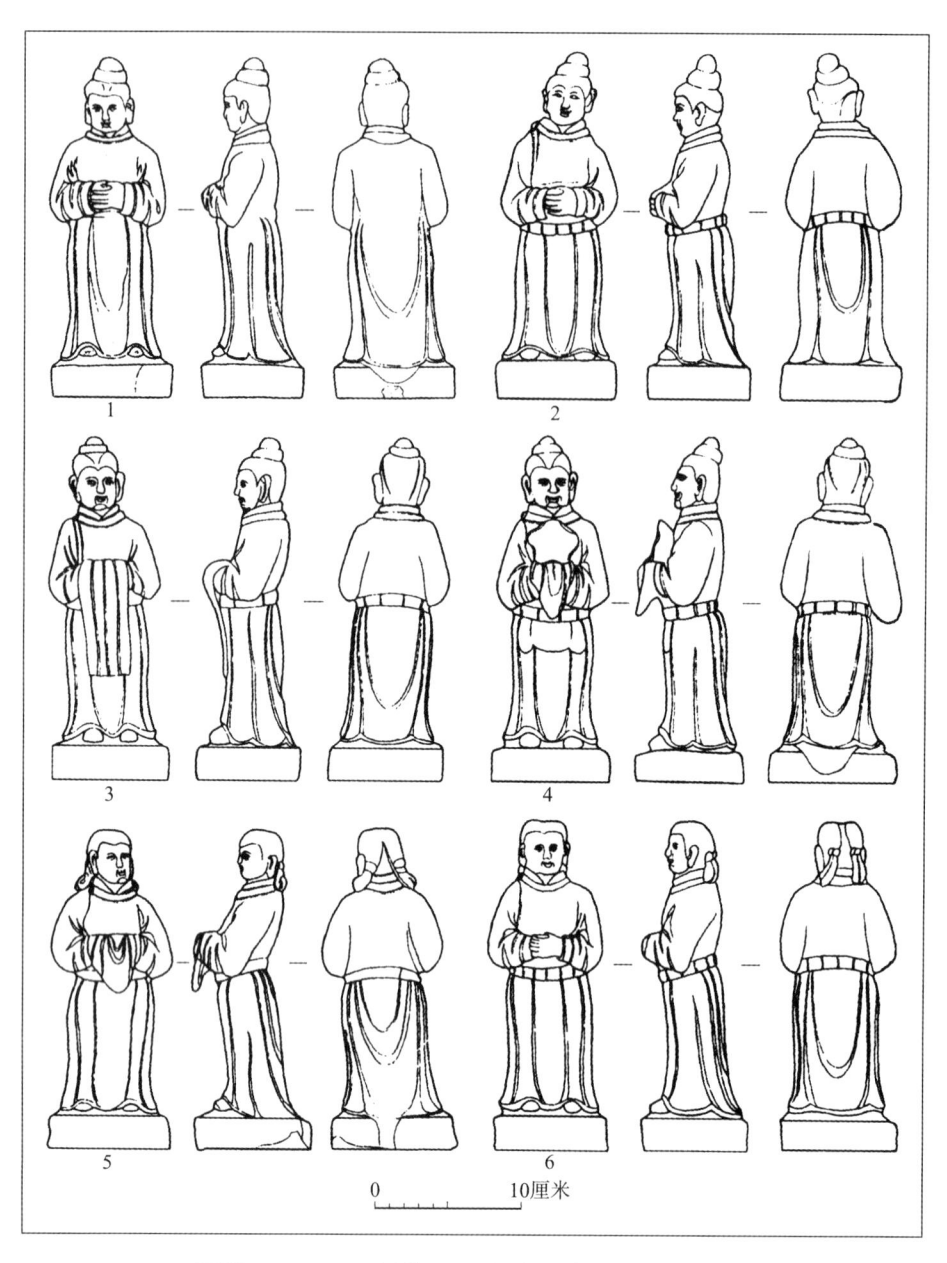

图附2-5-8 蜀僖王地宫出土陶女侍俑（六）
1—4.B型（C:7，B:474，B:273，D:7） 5、6.C型（B:139，B:29）
（采自《文物》2002年第4期）

(2) 其他随葬品

陶床、箱、桌、凳、轿、象辂、仓等30件，置于中室，此外还发现红色陶毛笔、陶笔架各1件。釉陶器有碗、碟、罐、器盖、盘、执壶、灯、盒、瓶、杯、桶、盆、灶等。以金黄色釉为主，绿釉次之，个别为黑釉，主要置于中室两侧次间厢房内。其中4件釉陶碗，琉璃胎，金黄色釉，上刻云龙纹。青瓷瓷碗（B:220、口径12.3、高5.6厘米），白胎、侈口、弧腹、平底、矮圈足。器表及碗心饰青花缠枝莲荷纹，外底有"西平佳器"款。

3. 楚昭王地宫

图附2-3-10。楚昭王地宫纵长方形单室，地宫未被盗，随葬品基本完好，计有铅锡、铜、铁、漆木、瓷器以及冠带佩饰、册宝、牌旌、丝绸果品等共计318件。简报记述了主要遗物，现据简报分类介绍情况，略作归位梳理如下。北龛：出72件铅锡明器，多残破。器类有执壶、瓶、匕箸瓶、罐、坛、爵、杯、匜、盘、碟、温锅、托盏、匕、箸、勺、鼎、香炉、圆盘、烛台、灯台、器盖、残器口沿等共24类。明器大多素面，个别的有装饰花纹，有的器表涂金粉。铜明器（地宫内共出铜明器64件）有炭炉、炉内置铜匙一把、铜箸一双。带柄铜镜、剪；又有铁剪一把，石灵牌一件。东龛和西龛，两龛原置木质小箱、小匣已朽，仅余遗物。东龛：铜炉，内置火箸一双，石灵牌一件，东龛门槛上木旌顶一件（似移位，原应在椁顶上，见简报图版）。西龛：石灵牌一件，余者简报未载。石供案上置物[1]：供案上置铜香炉1、烛台2、双耳瓶2（瓶内插花之花、叶均铜质鎏金）。铜食箸一双、铜匙一把。龙纹木册盒（盝顶、内髹红漆，外涂金）2件，一为塑龙纹木盒，正方体，内外两重，内盒残朽，外盒四壁及盖顶面用漆调和灰膏，堆塑出龙纹和云纹，器表涂金。长高各27.5，壁厚1.3厘米。内置木谥宝、谥宝木胎，外表涂金，扁正方体，龟钮。印面阳刻篆文"楚昭王宝"，通高4、印边长10.2、厚2.5厘米，谥宝用绸布包裹。二是石匣内置雕龙纹木册盒，石匣置于供案中央（见简报图版），盝顶，长方体，匣身整石凿成，外壁饰云龙纹，通高33、口长45、宽33.9、座长48.2、宽37、壁厚5.4厘米。雕龙纹木册盒置于石匣内，盒长方体，外浮雕花纹，盒体前后壁及盖顶面浮雕双龙纹，两侧壁各雕一龙，间饰云纹。盒长29.8、宽18.4、高18、壁厚0.7厘米。盒内装一绸布包袱，其内又置三个小绸布包，自下而上依次为封册、谥册、绢匹（2件）包裹，大包袱上置一件木胎漆圆盒。鎏金铜封册，长方形，大小相等两版对合，灌锡液封固。两版正面（对合面）浅赭红色，阴刻双线方框，框内阴刻楷书封文，直行右起，两版连续，计190字（录文见简报），两版反面鎏金。两版长边各有4个相对应的斜穿小孔，合版长24.7、宽10.3、厚1厘米（每版厚0.5厘米），孔径0.2厘米。鎏金铜谥册形制、大小与前者相同，谥文130字（录文见简报）。置于雕龙纹木册盒内的木胎漆盒装有玉璧（青白玉）和小石饼各一件。夹纻胎漆盒置于供案上，内置香料。石供案附近：石圹志置于供案前，通高100、宽51.5、厚10.3厘米。座盝顶长方体，素面，碑圆角长方形，正面周边阴刻龙纹和云纹，涂朱。上首中央阳刻涂朱篆文"大明楚王圹志"，以下阴刻涂朱楷书，直行右起计307字（见简报图版）。供案下东侧置白瓷坛一件，坛内积满液体，并有青瓷碗（豆青色）一件，木匕一件和木箸，以及果品（计有核桃、板栗、枣、白果、荔枝核等）。圹志前近地宫门处置石灵牌一件。地宫所出5件石灵牌形制相同，即石座盝顶，长方体，素面。砖碑扁体，弧顶，下端插入石座榫口内。砖碑背面阴刻云龙纹，正面阴刻一涂朱符号，下面有一合体篆字。五件灵牌龙纹头向和正面符号、字有别。灵牌通高33.9、宽

---

[1] 石供案上置物，见中国建筑艺术全集编辑委员会编：《中国建筑艺术全集·明陵》，中国建筑工业出版社2000年版，图版一七三。

11.2、厚4.8厘米（见简报图版）。棺内：乌纱帽，金镶木腰带、玉璧、小石饰、串（缀）饰和铜半镜等。其中金镶木腰带出自尸体腰间，由20件镶木金带銙、2件金代扣、铊尾和一件金舌簧组成，带鞓已朽。

（三）平面呈 T 字型地宫

1、鲁荒王地宫

图附2-3-11。鲁荒王朱檀地宫内随葬品丰富，下面分类略作介绍

（1）木雕彩俑见原简报图版。地宫随葬木俑保存完整者共432件，其中人俑406件，马俑24件、车2辆。木俑雕刻，刀法洗练，敷彩（多剥落）。地宫前室供案前及其附近以象辂为中心配置仪仗俑380件[1]。在前室门（一门）两侧各置一身武士俑（着盔甲，执金瓜侍立），在后室侍俑24身（戴冠，着长袍、拱手侍立）。

（2）生活用具

在后室置各种生活用具模型，如木床、箱、桌、凳、衣架、盆架、巾架、盆、桶、盘、碗、坛等；有竹制的箱、篓、筐等；以及铜盆、暖锅、锡质酒器等。小木箱中装有纸制的冕、袍、玉带、靴等模型。

地宫后室中随葬瓷器6件，均为影青、暗花、云龙纹[2]。银筷1双（以银链相连），大铁锁2把（通长57厘米），箱锁2把（有镶金花纹；长9.6厘米），宝匣小铜锁3把。

琴棋书画与文房四宝（见原简报图版）

均发现于后室棺床西边地面上，其中以唐雷威古琴[3]、四卷绢本画（其中一卷

---

[1] 山东省博物馆：《发掘明朱檀墓纪实》，《文物》1972年第5期。文中有象辂图版，无文字描述。关于仪仗俑，文中说："有戴盔佩甲执戟的武士；有捧剑、执戟、矛、金瓜、钺斧、朝天镫、响节、伞、扇、灯笼、捧笏、肩杖的仪仗队；有吹笛，箫，笙，佩长鼓，持鼓槌，击拍板的乐队；有拱手而立的文职官吏和身材魁梧的侍卫。""前室的中部，一匹高头大马昂首而立，马高32厘米，敷红色，背有革制的鞍具，辔头已脱，口中有铁衔；该马是24匹马中最为健壮肥大，装饰华丽的一匹。左右各有一牵马者，高29厘米。马后为一扛凳俑，高27厘米。这组俑群，应是表示鲁王的专用马。""在仪仗中，还有许多散乱的小模型，如木交椅、脚踏、盾牌、弓箭、铁盔、甲片、带鞘铁佩刀、木鼓、铜锣等。"

[2] 山东省博物馆：《发掘明朱檀墓纪实》，《文物》1972年第5期。说：瓷罐一件，高37、腹径36厘米，荷叶形盖。内盛梨、枣、肉、米饭、鸡蛋、菜叶等。瓷瓶一件，小口有盖，高34厘米，内盛酒。瓷盘4件，其形制，花纹釉色均与元瓷有所不同，很可能就是洪武瓷。地宫遗物见原文图版。

[3] 山东省博物馆：《发掘明朱檀墓纪实》，《文物》1972年第5期。记述："天风海涛"琴，长121、宽19.5厘米。桐木制成，琴身黑漆，裂似蛇蚹，背刻篆书"天风海涛"。有七弦、二柱、十三徽。弦已无，有七个调弦的玉轸；二柱为玉雕仰莲；徽嵌金粒。琴腹有龙池、凤沼两共鸣槽。龙池内墨书两行："圣宋隆兴甲申□□，大唐雷威亲斲。"雷威以善制蛇蚹琴著名，陆游诗云"古琴蛇蚹评无价"。宋代及其以后为古琴中的传世珍品。

朽）[1]和七种元刻本书籍最为珍贵。[2]棋为料制围棋，黑白两色棋子直径1.8—2.2厘米，分别装在两个圆雕漆盒中。文房四宝及相关器类有笔4支、墨、纸、砚、碧玉笔架、水晶雕鹿、雕花白玉杯、图书印以及一盒绢料（朽）和图章石料一枚等[3]。

（3）冠服类[4]（见原简报图版）

冕（通高18、长49.4、宽30厘米），藤篾编制，涂黑漆，表敷一层黑罗绢；镶金圈、金边；冠两侧有梅花金穿，贯一金簪。綖板，前圆后方，九旒，旒贯红、白、青、黄、黑五色玉珠。板下有玉衡，连结于冠上两边凹槽内；衡两端有孔，以悬充耳。

皮弁（高21、宽31厘米），藤篾编制，表有黑色编织物痕迹。前后各九缝，缝压金线，缀五采玉珠九。镶金边、金圈、两侧上部有梅花形金穿，贯金簪。

乌纱折上巾，亦名翼善冠（高22.5、宽15.5厘米）。前低后高，乌纱制成，两角自后上折。另一件藤篾编制，黑色。

此外，还有圆檐高顶红漆帽，小方顶（高17、檐宽43厘米），帽练贯六棱木雕和小圆

---

[1] 山东省博物馆：《发掘明朱檀墓纪实》，《文物》1972年第5期。记述：画四卷，其中一卷朽。宋葵花蛱蝶，扇面，高24.3、宽25.5厘米；题跋，高29、长94.2厘米，题签"日字一四八号"。绢本、金粉设色，绘没滑法蜀葵与飞蝶。画上方钤有"皇姊图书"朱印，左下方钤有"司印"二字的骑缝朱印。背面有宋高宗赵构的金字跋，跋右方钤有"皇姊图书"朱印，左边钤印漫漶。又有元人冯子振、赵二跋。跋，均详见原报告。

[2] 山东省博物馆：《发掘明朱檀墓纪实》，《文物》1972年第5期。记述：书籍为元刊本，七种二十一册，有《朱子订定蔡氏（书）集》6卷3册，蝴蝶装。框高25.3、宽19.5厘米，双栏。半页11行、行大字20字，小字24字。《增入音注括例始末胡文定公春秋传》30卷6册，外有封套，包背装。《四书集注》19卷2册，包背装，框高25.6、宽20厘米，双栏。半页11行，行大字、小字皆为20至21字。有"至正壬寅武林沈氏尚德堂刊"木记。《少微家塾点校附音通鉴节要》60卷2册，包背装。框高19、宽15厘米，左右双栏、上下单栏。半页13行、行22字。有"至治辛酉彭氏钟秀家塾私刊"木记。《朱文公校昌黎先生文集》52卷5册，包背装。框高24.6、宽19.5厘米，双栏。半页13行、行大、小字均23字。有"至元辛巳日新书堂重刊"木记。《黄氏补千家注纪年杜工部诗史》36卷2册，包背装。框高25.7、宽19.6厘米，双栏，也有上下单栏的。半页11行，行大字19、小字25字。32卷终有"武夷詹光祖至元丁亥重刊于月崖书堂"木记。以上"除韩昌黎文集外，其余似尚未见著录"。

[3] 山东省博物馆：《发掘明朱檀墓纪实》，《文物》1972年第5期。记述：笔分别为玉、竹、象牙雕管和雕漆管。笔杆、笔套均雕刻盘龙戏珠。墨模制，正面的上首饰有团龙，篆文墨名"蓬莱进余"；背面上首有"吉甫家子昌法"；下有七绝一首（略）。砚青玉琢成（长16.2、宽9.5、高4.2厘米），砚端圆弧形，砚池椭圆形。下有木刻仰、覆莲贴金须弥座，砚座四角有穿鼻，用铁丝固定在木座上。图书印4枚，置于一方石印盒中。盒分上下两层，盖刻阴文篆"图书室"。印章阳文，一为"鲁府图书"（篆），方石印，上雕龟纽。一为"奎璧之府"（篆），一方"天门兑览"（曲文）。一为画押印，玉质、鼻纽。以上均为鲁王府藏书印。

[4] 参见《明史》卷六十六，"志第四十二、舆服二"之"亲王冠服"；《大明会典》卷六十"亲王冠服"。鲁荒王地宫所出冠服，可补上述记载之阙。

珠各12枚。圆檐高顶藤帽（高17，檐宽41厘米），表有黑色织物，圆顶。其余的凉帽已破散。

织金缎龙袍（身长1.3厘米，袖长约1.1米）、交领、窄袖。米黄色，两肩及胸背上绣金织盘龙云纹，袖及膝栏饰行龙云纹花草，胸下部饰三组九行盘线。内衬一素面中衣，饰三组九行盘线，上缀29枚小金花，右襟一行11对金扣。

盘领窄袖金织龙袍（身长1.3米，袖长1.1米，宽0.15米），圆领，领有一盘扣，右腋下有三对系带。袍面米黄色，两肩及胸背金织盘龙。

此外，还有交领波绉纹袍，交领短袖素面袍，中单纱袍、短袖纱袍、短身纱裤、纱裤；绣花、暗花、素面棉被和夹被、缠枝纹、条格纹、福寿字丝带；以及棉织平纹布单、棉布围裙、浴巾等（以上三件棉织品，是我国早期棉布的重要标本）。

玉带（衬带已脱掉），上有铁钩（以缀玉片）和调整长度的环扣。玉带25节，带头三节用双层透花金片镶托各色宝石和珍珠，其余各节用金片包镶白玉上透雕成灵芝花纹，工艺高超。另一玉带系于朱檀尸身上，23节，素面玉片缀在一条红丝带上。玉佩两付（每付二件），一付刻云龙纹描金，佩下系珩、自珩下系五串玉珠，中间连以瑀琚、下垂玉花、玉滴、玉璜。上有玉钩，佩挂身之两侧。

（四）梁庄王中字型地宫[1]

1. 随葬品位置与移位

地宫内随葬品原仅限于棺内、棺床、后龛和前室西壁下。由于地宫积水，致使棺椁和随葬品位置错乱。王棺东倒，王棺床上及散落其东侧棺床下的随葬品属梁庄王。妃棺南移，妃棺床及其棺床南侧下随葬品主要属王妃（个别器物或相混）。另外后室随葬品，有些则漂移到前室（图附2-5-9—图附2-5-13）。

2. 随葬品数量、种类及发掘所见随葬品分布状况

《梁庄王墓》发掘报告记述，地宫内出土各类随葬品（含棺椁附件、木质地宫门附件）共计1400件（套），若计入成套器的配件，则共计5340件。属梁庄王的有632件（套），加上成套器的配件数共计3645件，属王妃的有751件（套），加上成套的配件共计1669件。

在梁庄王地宫随葬品中，金器共123件（套），计入配件为125件。器类有壶、盆、盂、漏勺、匕、箸、锭、钱、片等。银器380件（套），计入配件有382件，器类有壶、盆、盂、鎏金托金银爵、筒形瓶、盒、提梁罐、匜、勺、匕、锥、锭、钱、片等。玉器23件（套），计入串饰数共2599件，器类有圭、佩饰、佩等。釉陶缸（灯）2套4件；瓷器8件（套），有青花瓶和锺。铜器70件（套），计入配件有101件，器类有镜、镀金铜镶宝嵌玉枕顶、锅炉、箸、剪、盘、三足盘、瓢、熨斗、器盖、簪，以及各种小配件等。铁器共68件（套），计入配件有82件，器类有刀、铭旌顶钩、髹漆盉，以及各种配件等。铅锡器51件（套），计入配件58件，器类有壶、匕箸瓶，高圈足杯、矮圈足杯、灯台、

---

[1] 湖北省文物考古研究所、荆州市博物馆、钟祥市博物馆：《湖北钟祥明代梁庄王墓发掘简报》，《文物》2003年第5期。

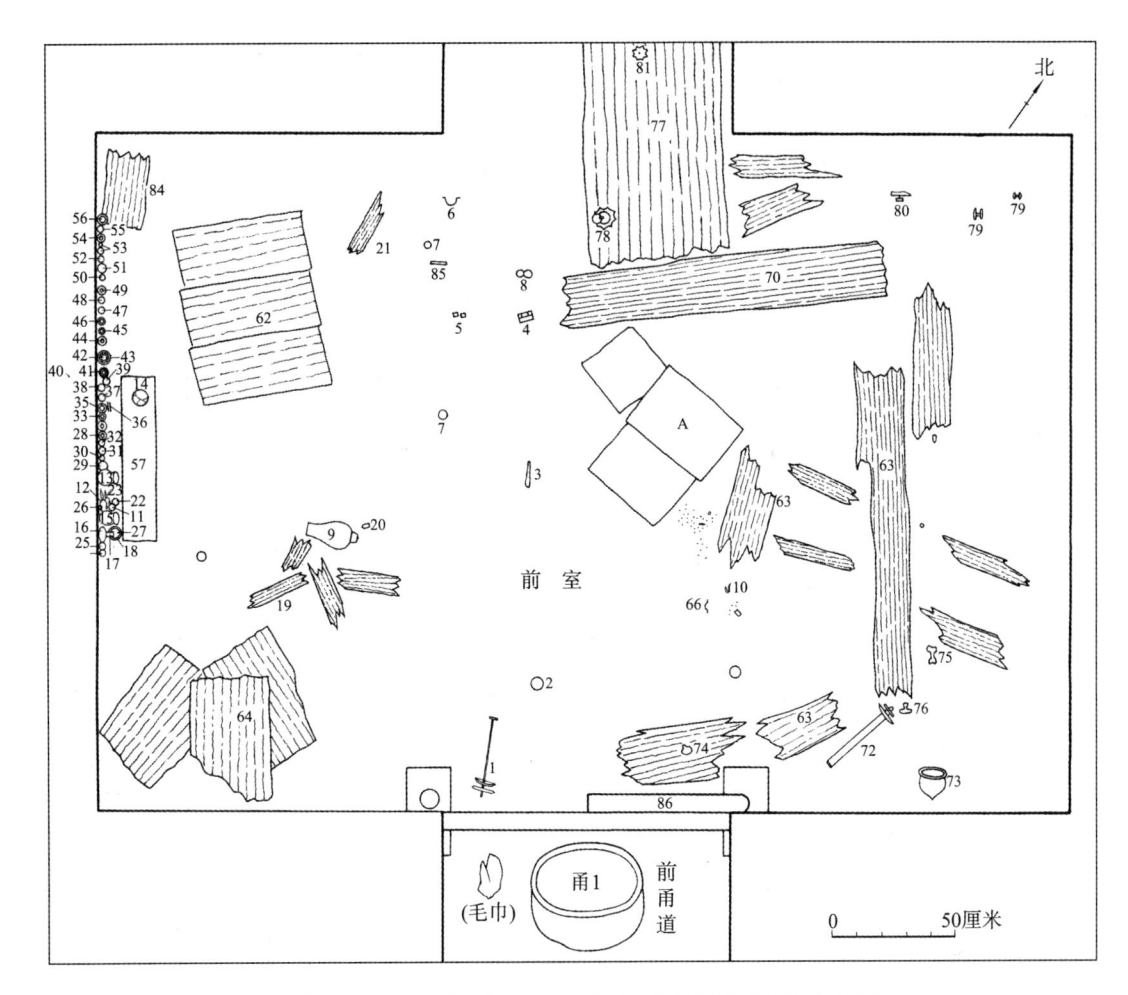

图附 2-5-9 梁庄王地宫前室及前甬道器物分布图

前甬道：1. 釉陶缸（灯，1 套 2 件）

前室：1、72. 大铁锁 2. 残漆器 3. 铁弯钉 4. 错金铁锁、铜钥匙（各 1 件） 5. 错金铁带饰（1 套 3 件） 6. 园体铁拉手及拉手垫（1 副 2 件） 7. 铁环（3 件） 8. 错金铁合页（2 件） 9. 青花瓷瓶 10. 铁挂钩 11. 铅锡粉子 12、23. 铜剪 13、15. 铜锅炉 14、16. 泥金龙纹瓷锤 17. 铜三足盘 18. 铜盘 19. 漆木箱铜什件（1 套 4 件） 20. 铜活页（2 件） 21. 铁钉（35 枚） 22. 铅锡盘（2 件） 24. 残铅锡鼓形器 25. 铅锡高圈足杯（2 件） 26. 残铅锡器（3 件） 27. 铜三足盘、瓢（各 1 件） 28、46. 铅锡七箸瓶（各 1 套，分别有 5 件和 4 件） 29. 铅锡双覆盂 30. 铅锡矮圈足杯 31. 船惕坛 32. 铅锡烛台（2 件） 33、37. 铅锡执壶 34. 小铜铺首及小铜钉（1 套 13 件） 35. 铅锡瓶（2 件） 36. 铜箸（1 双 2 支） 38. 铜锡托盏（2 件） 39. 铅锡香盒 40. 铅锡盂（2 件） 41. 铅锡碗（2 件） 42. 铜柄船锡勺 43. 铅锡碟（12 件） 44. 铜熨斗 45. 铅锡壹 47. 铅锡双耳罐 48. 铅锡鼎 49. 铅锡带流罐 50. 铅锡瓢 51. 铅锡灯台（2 件） 52. 铜器盖 53. 铅锡提梁桶 54. 铅锡器盖（2 件） 55. 残衔环铜小铺首（2 件） 56. 残铅锡器底 57. 残漆案 62、64. 残漆屏（分别为 2 件和 3 件） 63. 残漆木门（前室门） 66. 错金扁体铁拉手（7 件） 70、77. 残漆木门（后室门） 73. 髹漆铁盔 74. 锅铺首（4 件） 75、76. 铜铆钉（各 2 件） 78、81. 衔环铁铺首 79. 铜合页（2 件） 80. 铜锁及钥匙（各 1 件） 84. 残漆匣 85. 衔环两脚铁钉 86. 石扉（前室东扇门）

图附 2-5-10 梁庄王地宫前室局部（A 处）器物分布图

58. 冕冠（1 顶 140 件）　59. 皮弁（1 顶 134 件）　60、61. 云形头金钩（各 2 件）　65、67. 玉钩描金龙纹玉佩（各 1 挂，分别有 421 件和 423 件）　68、71. 玉钩素面玉佩（各 1 挂，分别有 421 件和 419 件）　69. 方环头金钩（2 件）　82、83. 素面青玉圭

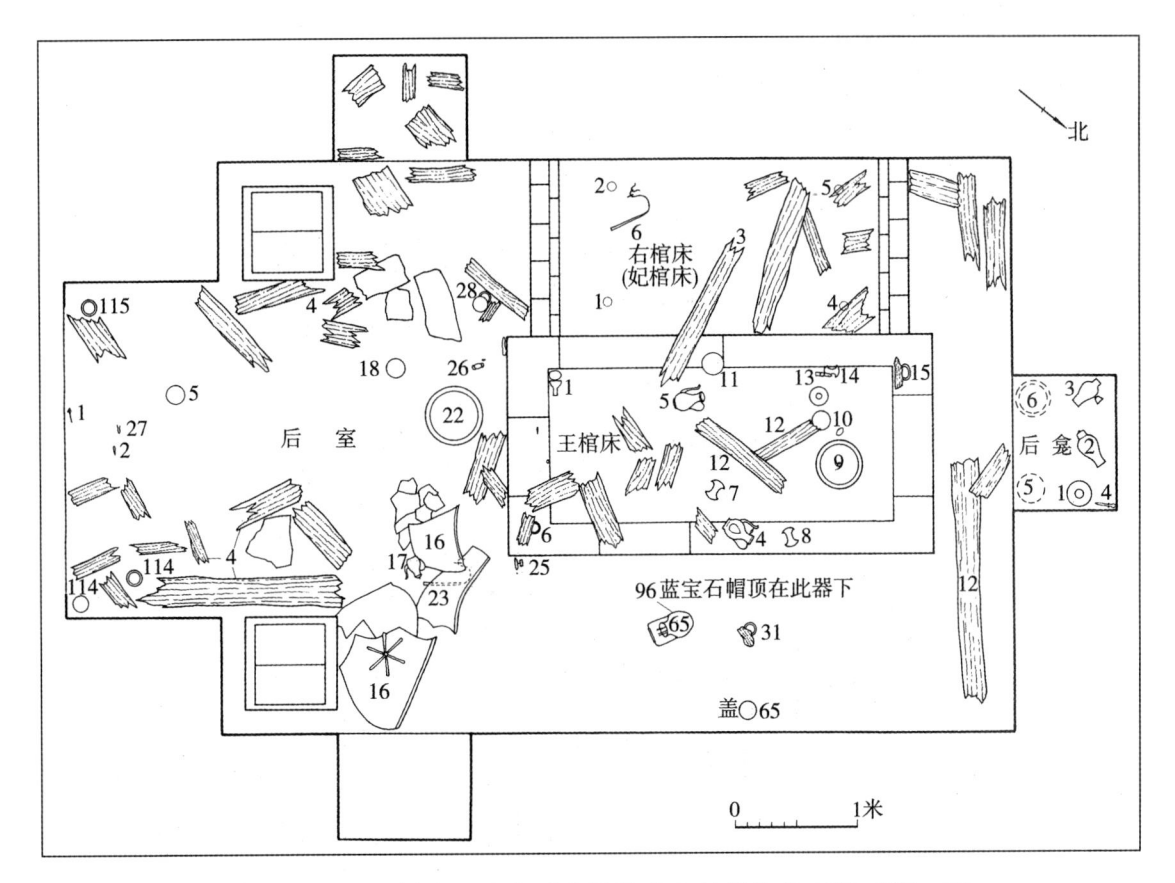

图附 2-5-11　梁庄王地宫后室及棺床上的器物分布图（第一层）

后室：1. 梅花形金镶宝石簪　4. 残漆木棺　5. 镀金银盖托青花瑶台赏月图瓷锺（1套3件）　16. 釉陶缸（灯，1套2件）　17. 银壶　18. 银盂　22. 银盆　23. 铭旌铁顶钩　25. 铜锁　26. 金镶青白玉隐起云龙纹绦环（1套3件）　28、31. 衔环铜铺首　65. 残银提梁罐（内装金匕1 漏勺1 箸2支、银盒2件）　96. 金镶蓝宝石帽顶

王棺床：1. 银筒形瓶　4、5. 金壶　6、15. 衔环铜铺首　7. 大银锭　8、14. 金锭　9. 金盆　10. 金盖镀金银托青花龙纹瓷锺（1套3件）　11. 金盂　12. 残棺、椁　13. 玉螭首带钩

妃棺床（右棺床）：1—3. "世代兴隆"银钱　4. "世代兴隆"银钱、珍珠（各1件）　5. "世代兴隆"银钱、宝石（各1件）　6. 铭旌铁顶钩

后龛：1—3. 青花瓷瓶　4. 铁刀　5、6. 残漆器

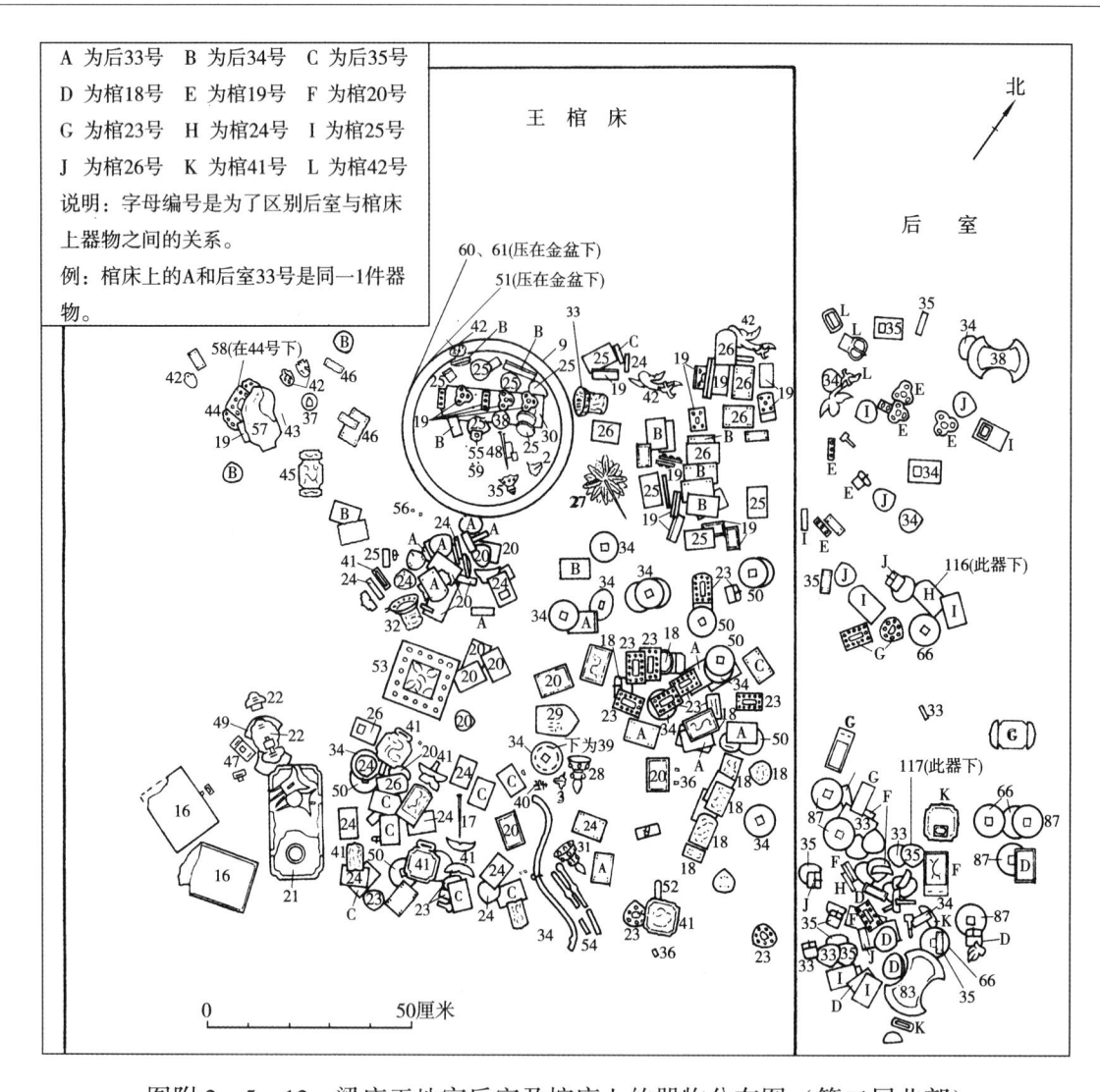

图附2-5-12　梁庄王地宫后室及棺床上的器物分布图（第二层北部）

王棺床：2、3. 云形金镶红宝石饰　16. 漆匣、铜锁（各1件，匣内另装法器917件）　17. 圆形金簪　18. 金镶青白玉镂空龙穿牡丹纹革带（1条22件）　19. 金累丝镶宝石革带（1条27件）　20. 金镶青白玉革带（1条23件）　21. 镀金银托金、银爵（1套3件）　22. 金镶宝石绦环（1套3件）　23. 金镶宝石革带（1条23件）　24—26. 白玉革带（各1条，分别有20、23、22件）　27. 金花簪　28. 金镶无色蓝宝石帽顶　29. 金大黑天舞姿神像（大）　30. 青白玉素面圭　31. 金镶淡黄色蓝宝石帽顶　32. 金镶宝石白玉镂空龙穿牡丹帽顶　33. 金镶宝石白玉镂空云龙帽顶　34. 金钱（12枚）　35. 金累丝镶宝石帽顶　36. 金片（41片）　37. 金大黑天舞姿神像（小）　38. 金翅鸟神像　39. 金时轮金刚咒牌　40. 金种子字（2件）　41. 青白玉镂空云龙纹革带（1条18件）　42. 白玉鸭捕鹅束带（1条15件）　43. 残镀金银钥匙　44. 残镀金银累丝镶宝石绦环（1套3件）　45. 金镶青白玉镂空龙穿牡丹纹绦环（1套3件）　46. 金镶青白玉镂空云龙纹绦环（1套3件）　47. 金镶隐起双狮戏球纹绦环（1套3件）　48. 镀金铜龛阿弥陀跏趺禅像（1套3件）　49. 大银锭 50. 银钱（9枚）　51. 残银匜 52. 铁钉（10枚）　53. 镀金铜镶宝嵌玉枕顶（1套2件）　54. 铜挂钩 55. 残错金铜器口沿 56. 银片（117片）　57. 残错金丝铁器 58. 金镶桃形辰砂石坠 59. 串珠（37颗）　60. 宝石（14颗）　61. 金环（2件）

后室（王棺床东侧下）：33—35. 白玉革带（各1条，分别有22、23、22件）　38、83. 大银锭　66. 金钱（4枚）　87. 银钱（5枚）　116. 牙齿（18枚）　117. 人骨（6块）

附二 明代藩王坟 865

图附 2-5-13 梁庄王地宫后室器物分布图（第二层南部）

2、3. 玉叶组佩（各1挂，分别有49件和44件） 6. 镀金银封册（1副2件） 7. 铜镜 8、27. 金钩凤纹玉佩（各1挂，分别有405件和402件） 9、10. 金凤簪 11、21. 瓜形金累丝镶宝石青玉镂空香瓜簪 12、13. 金钑花钏 14、15. 金镶宝石镯 19. 金箸（1双2支） 20. 金漏勺 24. 金镂空凤纹坠 29、30、32. 云形金累丝镶宝石青玉镂空鸾鸟牡丹簪 36. 金钱（12件） 37、54. 梯形金累丝镶宝石簪 39、84—86. 小银锭 40. 银勺 41. 银匕 42. 青白玉谷纹圭 43、76. 青白玉镂空东升图环饰 44. 白玉圆雕折枝牡丹佩饰 45. 青玉镂空荷叶鸳鸯佩饰 46. 金片（37片） 47. 青玉葵花束带（1条15件） 48. 三角形金累丝镶宝石青玉镂空双鸾鸟牡丹簪 49—53. 云形金累丝镶宝石簪 55、56. 桃形金累丝镶宝石簪 57. 梅花形金镶宝石簪 58. 圆形金镶宝石簪 59、60. 梅花形金簪 61. 牡丹花形金簪 62. 匕形银簪 63、64. 金缀珠宝耳环 67. 金钱（6枚） 68. 金耳勺 69. 衔环金耳勺签 70. 金镶红宝石戒指 71. 金镶绿松石戒指 72. 金镶红蓝宝石戒指 73. 金扣（2件） 74. 金钿花（20件） 75. 磬块形镂空金饰（4件） 77. 青白玉镂空秋山饰 78. 青玉镂空宝相花饰 79. 绿松石圆雕执双荷童子佩 80. 青白玉圆雕执茨荷童子佩 81. 青白玉执荷童子佩 82. 青玉圆雕羊首觿 88、89. 银钱（分别为18枚和1枚） 90. 银片（204片） 91. 银锥 92. 铜簪（2件） 93. 衔环小铜铺首（2件） 94. 铜钱（41枚） 95. 铜锁、钥匙（各1件） 97. 残木梳 98. 残镀金铜丝框 99. 残铁片 100. 金蒂玉榄耳坠（2件） 101、102. 金蒂玉珠耳坠（各2件） 103. 珍珠（174颗） 104. 水晶环（6件） 105. 水晶佛头（1套2件） 106. 青玉串饰（2件） 107. 白玛瑙圆雕榄形饰（2件） 108. 红玛瑙环（8件） 109. 小玉条 110. 蓝玻璃珠 111. 残漆器 112. 宝石（7颗） 113. 宝玉花片（118件）

烛台、执壶、瓶、带流罐、提梁桶、双耳罐、香盒、盂、碗、托盏、坛、铜柄铅锡勺、双腹盂、盘、盖、碟、鼎、瓢、粉子等。漆木器17件（套），可辨器形的有匣、梳、门、屏、案等。首饰36件，计有金簪25件、金耳环2件、金耳勺2件、坠饰7件。金臂饰7件，计有金钑花钏、金镶宝石镯、金戒指。服饰35件，有金镂空凤纹坠、金扣、金钿花、金钩、磬块形金镂空饰、云形金镶石饰等。冕冠1顶，只存金玉附件140件。皮弁1顶，只存金玉附件134件；帽顶6件。革带11条，共由245件金、玉带銙和镀金铜带扣组成，有玉革带和金镶革带二种。束带2条，有白玉鹘捕鹅带和青玉葵花带各1条，由30件玉带銙和金带饰组成；绦环6套18件。法器181件（套），计入附件和串珠共928件，计有金明王像、咒牌、金种子字、佛珠等。

前已指出，地宫内遗物多已移位，发掘时所见随葬品分布状况及遗物名称，见图附2-5-9—图附2-5-13。

3. 随葬品组合概况

(1) 前室与后室壁龛

前室仅西壁下置铅锡冥器，西壁下中段冥器前置木案（朽），案面两侧各置一件泥金龙纹锤，案前有一件青花瓷瓶（原或在案上）。漆木屏靠西墙似3件，南北墙各1件（仅存痕迹）。其具体情况及遗物名称见图附2-5-2。前室东部原未置随葬品。后室壁龛内置青花瓷瓶3件、铁刀2件、残漆器2件（图附2-5-11）。

(2) 后室前部和东西壁龛

后室前部左右两角各设一灯台（0.72×0.72×0.6米），上各置一大号釉陶缸式灯。左侧灯台上置和陶缸式灯已破碎于灯台下（图附2-5-11，后16-1），右侧灯台上所置大号釉陶缸式灯已漂移到甬道（图附2-5-9，甬1-1）。另有两件小号釉陶缸式灯，漂移到甬道（图附2-5-9，甬1-2），一在后室前部北对王棺床东南角，东对东壁壁龛，已碎（图2-5-11，后16-2）。大号釉陶缸式灯内底均有管状铁戏架，推测两件小号釉陶缸式常明灯似分别置于东西壁龛内。

(3) 梁庄王随葬主要遗物的组合

A. 冠、带与玉圭和玉佩

冕冠1顶，金玉附件140件（图附2-5-10，前58）。冕綖、冠卷腐朽，主要附件有贯冕金簪1件、金冠箍1件、金花纽6件、金方环2件、碧玉珩1件、冕珠125件、碧玉瑱2件、白玉瑱2件（复原图，见《梁庄王墓》193页图一八一。）

皮弁1顶，金玉附件134件（图附2-5-10，前59）。附件有贯弁金簪1件、金方环2件、金花纽5件、弁珠126件。

帽顶6件，均出自梁庄王棺床上。其中金镶宝石帽顶4件（图附2-5-13，棺28、31、35，图附2-5-11，后96，原应在棺床上）。[1]

---

[1] 湖北省文物考古研究所、钟祥市博物馆：《梁庄王墓》，文物出版社2007年版。第144页称帽顶。但未言是何种帽的帽顶，从书中文字和附图来看，显然不是冕冠和皮弁的帽顶。故其确切名称，尚待研究。

革带11条，主要出自梁庄王棺床上，少数散落在棺床东侧下。其素面玉革带6条（图附2-5-12，棺24—26，后33—35）。青白玉镂空云龙纹带1条（图附2-5-12，棺41）。金镶革带4条（图附2-5-12，棺18、19、20、23），分别为金镶青白玉镂空龙穿牡丹带，金镶青白玉带、金镶宝石带、金累丝镶宝石带。

白玉鹘捕鹅束带1条（图附2-5-12，棺42），束带用于常服。

绦环（又称带扣、绦带三台）6套18件，其中金镶青白玉龙绦环3套9件（图附2-5-11，后26；图附2-5-12，棺45、46），金镶宝石绦环1套3件（图附2-5-12，棺22），金镶隐起双狮戏球绦环1套3件（图附2-5-12，棺47），残镀金银累丝镶宝石绦环1套3件（图附2-5-12，棺44）。据研究，绦环是燕居时使用的带具。

螭首带钩1件（图2-5-12，棺13）；金钩3对6件（图附2-5-10，前60、61、69），为"蔽膝"上的附件[1]。

素面玉圭3件（图附2-5-12，棺30；图附2-5-10，前82、83），其中棺30玉圭为梁庄王随身握持。玉佩有玉钩描金龙纹佩，1副2挂844件（图附2-5-10，前65、67，复原图见《梁庄王墓》61页图七八），玉钩素面佩1副840件（图附2-5-10，前68、71，复原图见《梁庄王墓》64页图八一）

据上述情况，可知梁庄王随葬有由冕冠、素玉圭、革带，"蔽膝"金钩、玉钩龙纹佩合成的冕服组合；有由皮弁，"蔽膝"金钩、玉钩素面佩合成的弁服组合。此外，白玉鹘捕鹅束带和绦环表明，似随葬有常服和燕居服饰。

B. 金首饰、容器与金锭和金钱

金首饰有金花簪1件（图附2-5-12，棺27）、圆头金簪1件（图附2-5-12，棺17），云形金镶宝石饰2件（图附2-5-5，棺2、3），金镶辰砂石坠1件（图附2-5-12，棺58）。金容器有壶2件（图附2-5-11，棺4、5），盆1件（图附2-5-11，棺9），盂1件（图附2-5-11，棺11），漏勺（后65-6）、匕（后65-3）、箸1双2支（后65-2）均置于后65根梁罐内（图附2-5-11）。金锭2件（图附2-5-11，棺8、14，有铭文），金钱12枚（图附2-5-12，棺34），金钱4枚（图附2-5-12，后66）。

C. 银器、银锭和银线

银器有镀金银托金爵爵1套3件（图附2-5-12，棺21），银托上置金爵1件（棺2-1）和银爵1件（棺21-2），筒形瓶1件（图附2-5-11，棺1），提梁罐1件（图附2-5-11，后65-1），罐内置银盒2件（后65-4、5）。大银锭4枚（图附2-5-11，棺7；图附2-5-12，棺49；图附2-5-12，后38、83，有铭文）。银钱14枚（图附2-5-12，棺50、后87）。

D. 铜铁器和瓷器

镀金铜镶宝嵌玉枕顶1套2件（图附2-5-12，棺53），铭旌铁顶钩1件（图附2-5-11，后23，原应置于棺上）。瓷器有金盖镀金银托青花龙纹瓷锤1套3件（图附2-5-11，棺10，盖有铭文）。

---

[1] 金钩出自前室，其与冕冠、皮弁、玉佩、圭等原均置于王棺上的器物匣内。

E. 法器

"法器漆匣"（图附2-5-12，棺16），内置法器917件，其中23件散落其周围。法器共181件（串），计入佛像附件及佛珠串饰共928件。其中有金大黑天舞姿神像2件（图附2-5-12，棺29、37），金翅鸟神像1件（图附2-5-12，棺38），镀金铜龛阿弥陀跏趺禅像1套3件（原书图二二，棺48），金时轮金刚咒牌（十相自在图）1件（原书图二二，棺39），金种子字2件（图附2-5-12，棺40—1、2）。其次，还有金嵌木珠、水晶珠、骨珠等可复原出8串748件。此外，还有白玉佛头1套2件，琥珀佛头1套2件，以及小金轮、小银轮、金环、金箍、金刚杵、金耳勺、金环白玉葫芦饰、白玉圆雕鱼饰、缘松石圆雕双鱼饰、宝石串饰、祖母绿饰、玉珠、盘肠、红、黄玛瑙饰，水晶环、水晶饼形饰、铜环、金法戒等（均出自"法器漆匣"）。

（4）梁庄王妃随葬主要遗物的组合

A. 玉圭、佩和佩饰

谷纹圭1件（图附2-5-13，后42，亲王纳妃定亲礼物），金钩凤纹佩1副2挂807件（图2-5-13，后8、27，复原图见《梁庄王墓》66页图八三），玉叶组佩1副2挂93件（图附2-5-13，后2、3）。镂空东升图环饰2件（图附2-5-13，后43、76），镂空荷叶鸳鸯佩饰1件（图附2-5-13，后45），镂空秋山饰1件（图附2-5-13，后77），镂空宝相花饰1件（图附2-5-13，后78），圆雕折枝牡丹佩饰1件（图附2-5-13，后44），圆雕羊首觿1件（图附2-5-13，后82），圆雕持荷童佩3件（图附2-5-13，后79—81）

B. 金饰

金簪有金凤簪2件（图附2-5-13，后9、10），云形金累丝镶全石青玉镂空鸾鸟牡丹簪3件（图附2-5-13，后29、30、32），瓜形金累丝镶宝石青玉镂空香瓜簪2件（图附2-5-13，后11、21）、三角形金累丝镶宝石青玉镂空双鸾鸟牡丹簪1件（图附2-5-13，后48）。金镶宝石簪有云形金累丝镶宝石簪5件（图附2-5-13，后49—53），桃形金累丝镶宝石簪2件（图附2-5-13，后55、56）、梯形金累丝镶宝石簪2件（图附2-5-13，后37、54），梅花形金镶宝石簪（图附2-5-11，后1，图附2-5-13，后57），圆形金镶宝石簪1件（图附2-5-13，后58），梅花形金簪2件（图附2-5-13，后59、60），牡丹花形金簪1件（图附2-5-13，后61）。

金环、耳勺与坠饰有金缀珠宝耳环2件（图附2-5-13，后63、64），金耳勺2件（图附2-5-13，后68、69），金蒂玉榄耳坠2件（图附2-5-13，后100）、金蒂玉珠耳坠4件（图附2-5-13，后101、102）。臂饰有金钑花钏2件（图附2-5-13，后12、13），金镶宝石镯2件（图附2-5-13，后14、15），金镶宝石戒指3件（图附2-5-13，后70—72）。服饰有金镂空凤纹坠（图附2-5-13，后24，霞帔坠饰之一种），金扣2件（图附2-5-13，后73），金钿花20件（图附2-5-13，后74），磬块形金镂空饰4件（图附2-5-13，后75）。

C. 金银器、金钱和银锭及银钱

金器有漏勺1件（图附2-5-13，后20），箸1双2支（图附2-5-13，后19）。金钱

12枚（图附2-5-13，后36），金钱6枚（图附2-5-13，后67）。镀金银册封1副2件，银器有壶1件（图附2-5-11，后17），盆1件（图附2-5-11，后22），盂1件（图附2-5-11，后18），勺1件（图附2-5-13，后40），匕1件（图附2-5-13，后41），锥1件（图附2-5-13，后91）。小银锭4枚（图附2-5-13，后39，后84—86，有"花银伍拾两"铭文）[1]。银钱18枚（图附2-5-13，后88，原应置于棺内），钱1枚（图附2-5-13，后89，器表鎏金），钱5枚（图附2-5-11，右棺1—5，置于妃棺床四角和中央，钱正面铭刻"世代兴隆"四字，北面两角银钱穿内分置珍珠1颗和宝石1颗）。

D. 铜铁器、瓷器和木梳

铜器有铜镜1件（图附2-5-13，后7），簪2件（图附2-5-13，后92）。铜钱41枚（图附2-5-13，后94，可认出"咸平通宝""元丰通宝""皇宋通宝"）。残镀金铜丝框1团（图附2-5-13，后98，与封册相邻，可能是金凤冠内胎或"特髻"上的附件）。铭旌铁顶钩1件（图附2-5-11，右棺6）。青花瓷瓶1件（图附2-5-9，前9，是否属于王妃，存疑），镀金银盖托青花瑶台赏月图锺1套3件（图附2-5-11，后5）。残木梳1件（图附2-5-13，后97）。

E. 法器

水晶佛头1套2件（图附2-5-13，后105），佛头与封册和金凤簪相邻。

上述金凤簪和镀金残丝框表明凤冠或"特髻"的存在，金钩凤纹玉佩与之合成妃冠服组合。金簪、钏、镯、谷纹圭、玉叶组佩、玉佩饰、青玉葵花带等，可用于王妃不同场合的礼服。

4. 随葬品的主要特点

梁庄王地宫规模窄小，但遗物数量大，精品多，特点较突出，比如：

（1）简化与葬制葬俗有关的随葬品

随葬品无俑、无仪仗、明器种类和数量少。与弹制葬俗有关的遗物少，仅见釉陶缸式常明灯、青花瓷瓶、铭旌，妃有封册，王无谥宝，有金银锭、金银钱、铜钱等。王妃冠服少、不完整（王缺翼善冠，妃无冠）；随葬品种类少。

（2）随葬品突出金、银、玉、珠宝和法器

据《梁庄王墓》附表二统计，地宫随葬金容器与用具十八件、银容器与用具二十六件、金首饰三十六件、金臂饰与服饰四十四件、玉草带七条五〇件、金镶革带四条九十五件、玉束带二条三十件、金镶玉金绦环四件（套）、金镶宝绦环二件（套）、金镶宝石和玉帽顶六件，A型玉佩、玉花串珠组佩六套，B型玉佩、玉叶串饰组佩二套、玉佩饰十九件、金钱三十四枚、银钱三十八枚、金器四十九件、银器十二件，法器九二八件。粗略统计，随葬品用金置达16000余克（成色65%—97%）、用银量13000余克（成色83%—99.99%）、用玉量14000余克、宝石达18种700余颗（红、蓝宝石、金绿宝石、祖母绿）。

---

[1]《明会典》卷六九《亲王婚礼》定亲礼物有"花银四百两"，该地宫尚缺二百两。

(3) 金银器铭文多

据《梁庄王墓》附表八统计，金器有铭文的49件、银器12件。其中有纪年铭文的14件，即永乐年号5件（金锭2件、银锭1件、金箸2件），洪熙年号6件（金壶1件、金箸2件、金匕1件、金钩2件），宣德年号2件（金镂空凤纹坠、镀金银册），以上13件为朝廷赐品。另一件为正统年号十件（金錘盖），为梁王府承本司自制品。铭文中金锭（棺8)"永乐十七年四月　日西洋等处买到八成色金壹锭伍拾两重"、金锭（棺14），随驾银作局销镕捌成色金伍拾两重……永乐拾建年捌月　日"、大银锭（棺7、49)"内承运库花银伍拾两"、金錘盖（棺10—2)"承秦司正统二年造金錘盖四两九钱"等，均极具研究价值。

(4) 出现新器类

出现如金镶宝（玉）帽顶、白玉鹘捕鹅纹带、青玉葵花带、青白玉镂空云龙纹带、永乐十七年"西洋等处买到"金锭、金盖镀金银托青花瓷錘、法器组合、王妃镀金银封册等。

(5) 王、妃随葬品等差明显

王、妃随葬品除性别之差外，等差也很明显。如梁庄王随葬的壶、盆、孟等是金质、王妃为银质；箸、勺、匕类梁庄王金质，王妃金、银质都有，金、银爵唯梁王所有。王随葬金锭和四大银锭，妃随葬四小银锭；玉佩挂钩梁庄王用玉妃用金，瓷器和冠带王多妃少。

(6) 瓷器是明代瓷器"空白期"的重要标本

地宫所出8件（套）青花瓷器，从梁庄王葬于正统六年（1441）、王妃葬于景泰二年（1451）来看，8件瓷器正处于明代瓷器"空白期"。但是，8件瓷器均无年款。因而成为今后明瓷研究的课题之一。

(五) 平面呈凸字型地宫

1. 益端王地宫

图附2-3-14。随葬品均置于棺室，棺室左右侧壁壁龛内各置小木箱四只，箱朽、空（具体情况，见前面的介绍）。此外，棺床前地面置六排陶仪仗俑110身，俑身模制、头部多手制，粘合后窑烧彩绘。其中骑马乐俑10件，男女乐队俑30件[1]，执仪仗俑27件、吏俑14件、轿（木质、朽烂）及轿夫俑16件（通高20.1厘米）[2]、男女侍俑13件（男

---

[1] 江西省博物馆《江西南城明益王朱祐槟墓发掘报告》(《文物》1973年第3期）说：男女乐队俑，其中女乐俑12件，头梳云髻，身穿短衣，下着长裙。手中乐器多腐蚀，仅能辨认琵琶、三弦、三箫、拍板、小鼓数种。男乐俑18件，其中六件为鼓手，头戴红色尖顶小帽，身穿小衫，束带。四人胸前挂一扁鼓，一手执鼓槌；鼓上均绘有梅花图案。其余12件，头戴平顶帽，帽前着一花朵，身穿长袍，腰束带，手执琵琶、洞箫、拍板等乐器。

[2] A. 江西省博物馆《江西南城明益王朱祐槟墓发掘报告》(《文物》1973年第3期）说：轿夫俑，头戴风帽，身穿长衣，腰束带。八人合抬一轿，一手扶扛，一手垂于身侧。另八人一手扶扛，一手扶带。

B.《明史》卷六十五，舆服一记载：有步辇，皇后和王妃乘轿。

7身、女6身)[1]。

2. 益庄王地宫

益庄王地宫共出陶俑204件，其中41件出于地宫门墙顶上，余者置二门后主室前左右两角。这批陶俑的风格和大小构不统一，系三位死者下葬时分批随葬的，陶俑可大致分为25组。1 连座骑马俑13件，即鸣锣俑5件、吹唢呐俑2件、打钹俑1件、拍板俑1件、司职不明俑4件。2 连座鼓手俑11件、3 连座黄袍男乐俑9件（擂大鼓、击鼓、锣、拍手鼓、锣、吹长号、吹唢呐）、4 连座红袍男乐俑11件（吹笙、吹笛、拍板、击鼓、打腰鼓、弹琴、弹琵琶等）、5 连座红袍女乐俑14件（吹笛、弹琴、弹琵琶、吹笙、吹箫、打腰鼓等）、6 连座土黄色吏俑8件（文官俑4件、佩剑武官俑2件、吏俑2件）、7 连座红袍佩剑吏俑4件、8 连座红袍吏俑2件、9 连座红袍仪仗俑4件、10 连座皂隶俑4件、11 连座轿夫俑8件、12 连座侍卫俑2件、13 连座侍女俑8件、14 小型骑马俑21件（击鼓、鸣锣、吹笛、吹唢呐等）、15 红袍佩刀隶俑2件、16 白袍隶俑2件、17 白袍佩剑吏俑4件、18 红袍吏俑4件、19 白袍轿夫俑8件、20 黑袍轿夫俑10件、21 黑袍仪仗俑11件、22 男乐俑14件（弹琵琶、拍板、吹笙、吹笛、吹箫、弹琴等）、23 女乐俑8件（弹琵琶、拍板、弹琴、打腰鼓等）、24 侍女俑10件（持罐、端盆、捧巾、持镜、捧粉盒等）、25 司职不明女俑10件。

陶家具有凳、椅、几、案、榻（罗汉床）、宝座、陶箱、洗脸盆架、洗脚盆、灯盏等18件，出于甬道左右壁下。陶大轿1件、凤轿1件、铁轿2对，似出于主室东壁龛。陶瓮6件，一组大瓮3件置于甬道后列，一组3件小瓮置于甬道前列。六瓮均有盖，内满盛石灰、炭末、棺木碎屑漆片、衣服碎屑、陶俑、陶瓷器及金、银、玉料骨器残件等（应是朱翊钶为朱、王二人更敛易棺时所遗）。

瓷器17件，其中青花瓷缸7件，3件出于前道两侧陶瓮之间，3件出于主室东壁龛，1件出于王氏棺盖上，罐底均有"大明嘉靖年制"款。细分有青花龙凤鹤纹罐4件、青花云龙瑞兽纹罐2件、青花龙纹罐1件（内有束头发）。青花瓷盘3件，其中2件大青花云龙纹盘朱厚烨、妃万氏棺内各一件，均作枕头之用。一件小青花海水云龙纹盘出自南道陶瓮内。青花瓷器龙纹均五爪。仿龙泉青瓷盘1件，青花团龙纹碗6件。

铜器，镜3件，分别出于尸体头顶，镜背紧靠棺板，面向死者。王氏棺内出仿汉连弧镜（有铭文），万氏棺内出双麟双凤八瓣菱形镜[有"大明隆庆庚年端阳益沈世孙潢南雅制"铭文（潢南雅乃朱翊钶别号）]。朱厚烨棺内出爱桥镜（有"万历戊子"年款，应是朱翊钶易棺更敛时随葬）。锁1件，出于南道。鎏金龙首铜铭连头1件，出于西壁龛内。东龛内出"万历通宝"铜钱700余枚，钱用麻绳串贯。

---

[1] 江西省博物馆、南城县博物馆、新建县博物馆、南昌市博物馆《江西明代藩王墓》（文物出版社2010年版）第70—75页记述，棺床前置陶俑110件，分六行排列。其中骑马俑10件、轿夫俑16件、吏俑14个把、仪仗俑28件、男乐俑12件、女乐俑12件、侍女俑6件、男侍俑2件，司职不明俑10件。陶俑线图见该书77—86页。图版见该书图十八—三七。

锡器（铅?）45件，似出于主室西壁龛。其中铃5件、方瓶5件、双耳方鼎1件、灯台3件、盘11件、箸筒1件、提梁壶1件、壶2件、托杯2件、高足托杯2件[1]。

除上所述，益宣王、益定王地宫平面为同圹三椁室并置型，其随葬品情况见前述葬具葬俗一节。

第六节　藩王坟茔形制布局略析

一　藩王茔园

（一）茔区兆域概况

各系亲王茔区大致有两种情况，一是基本葬于同一兆域之内，如前述之楚王坟兆域、庆王坟兆域等。其中已刊布的资料记述较清楚者有湖北襄樊襄王系从正统元年（1436）至崇祯时期的宪、定、怀（惠）、康、庄、靖、忠六王坟兆域。该兆域背靠山岗，面向谷地，左右矮丘对置，有河水萦绕。其次，还有山东长清县德王系从天顺元年（1457）至崇祯时期德庄、懿、怀、恭、定、端王坟兆域（图附2-2-4）。兆域在青崖寨山之阳，东、西两山夹峙，南对山，东南向西北有河流过，气势宏大，景色壮观。诸王坟茔各枕山之一支脉而建，兆域之南有砖石拱桥。上述二王系兆域风水极佳，特别是德王系兆域之态势与明十三陵较相近。据此似可认为，明代诸藩王坟茔有较完整兆域者，亦依堪舆说应大体比照帝陵兆域进行卜选。除上所述，亲王坟兆域另一种形式是集中与分散相结合。如鲁王系鲁荒王葬于山东邹城，诸嗣王则分葬于邹城、泗水、滕州、费县境内。蜀王系诸王坟大都相对集中于成都龙泉驿区西部，蜀僖王、蜀世子朱悦燫坟则分葬他处。江西益王系昭、宣、敬、定王坟均葬于南城县女冠山麓两支脉合抱之中，诸王坟，"一脉联络，形神相依"，构成益王系王坟较大的兆域，益端王和益庄王又分葬他处。

郡王坟兆域以靖江王兆域较典型，从永乐六年悼僖王至万历四十年荣穆王共十一王坟，以及三百余座次妃、将军、中尉、宗室坟集中于南北15公里，东西宽7公里的山麓地带，各王坟均建于近山地较高一侧，并有共用的祭祖奉祠遗址（图29）。上述情况大概就是《大明会典》卷二百三，工部二十二所记，"弘治五年令：亲王、郡王、镇国将军、各于始封父祖茔，序昭穆葬"之类情况的反映，据此则可弥补目前已刊布的亲王坟墓区兆域在这方面的不足。

---

[1] 江西省博物馆、南城县博物馆、新建县博物馆、南昌市博物馆《江西明代藩王墓》（文物出版社2010年版）陶俑形制见该书第89—100页，线图见该书第101—118页及彩版三九—五，陶器见该书第100页，彩版五五—五六。瓷器形制见该书第199页，彩版三一—三二。

(二) 藩王茔园规模与封土的形制和高度

藩王茔园规模大都逾制。明正统十三年规定，亲王坟茔地五十亩，郡王地三十亩[1]。据已刊布记载有亲王茔园面积的资料，正统十三年之前鲁荒王茔园206×80米，约合27.1亩（洪武二十二年），辽简王茔园占地约80亩（永乐二十二年），楚昭王茔园占地约160余亩（永乐二十二年），蜀僖王茔园275×120米，约合54亩（宣德七年），庆靖王茔园200×100米，约合32亩[2]。上述情况表明，正统十三年之前藩王茔园面积差距很大，其中占地面积多在50亩以上。正统十三年之后，除个别藩王茔园规模很小之外，如庆康王茔园140×84米，约合19.35亩，成化五年），大都远在50亩之上。如益端王茔园六、七十亩（嘉靖十八年），德庄王茔园487.5×286.5米，约合230亩（正德十二年）；德王系之M1茔园303.5×118米，约合59亩；M3茔园310.5×117.5米，约合60亩。潞简王茔园（万历四十二年），按所记六万平方米计，约合98亩；按所记八万平方米记约合131.6亩；按所记47000平方米计，约合77亩。也就是说，正统十三年50亩的规定几乎未起到约束作用。其中唯可注意者是德王系诸茔园规模在德庄王茔园之后，M2茔园约合45亩，M6茔园约合47亩，M7墓圆约合41亩，似乎多少反映出上述规定的作用[3]。据前面所述，明十三陵各陵陵宫面积除永陵25万平方米（约合411亩）、定陵18万平方米（约合296亩）、长陵12万平方米（约合97亩）、思陵0.65万平方米外。其余的陵宫面积均在2.5万（41亩，景陵）—3.46万平方米（56亩，昭陵）之间[4]。由此可见，上述明代亲王茔园面积除鲁荒王、庆靖王和庆康王等茔园外，余者多相当于或大于明十三陵一般帝陵陵宫的面积。其中楚昭王、德庄王和潞简王茔园面积甚至大于明长陵陵宫，因而明代亲王茔园面积逾制问题是比较严重的。

明代郡王茔园以靖江王茔园较有代表性。据前所述，悼僖王茔园315亩（永乐六年），大于明长陵陵宫97亩、定陵296亩，仅小于永陵的411亩，是明诸藩王已知茔园面积中最大的。此后，怀顺王茔园31亩（天顺二年）、庄简王茔园87亩（成化五年），面积较悼僖王大幅度减少。昭和（弘治二年）、端懿（正德十一年）、安肃（嘉靖四年）、恭惠（隆庆六年）四王茔园，除端懿茔园43亩外，其余三王茔园均为20余亩。康僖（万历十年）、温裕（万历二十年）、宪定（万历三十八年）、荣穆（万历四十年）四王茔园面积均在十亩以下。上述情况表明，靖江王各王茔园面积在正统十三年规定之后，绝大多数茔园面积都在所规定的30亩以下，而且越来越小。

关于藩王坟冢的形制和高度（封土），明代无具体规定。从已刊发的资料来看，藩王坟冢现存封土一般多呈圆形或圆锥形，高度多在5—8米之间，少数高达10米左右，个别

---

[1] 《大明会典》卷二〇三。
[2] 据陈梦家：《亩制与里制》，《考古》1996年第1期，明营造亩一亩约合607.7440平方米。鲁荒王、辽简王、楚昭王、蜀僖王、庆靖王茔园规模，见本书前述情况。
[3] 诸藩王茔园面积，参见本书正文介绍的情况。
[4] 参见本书之"藩王茔园的形制布局"中，潞简王茔园形制布局之注释。

的甚至高至15米，现存底径多在30—50米之间。明代异姓王坟冢高规定为2丈（约合6.4米），据此似可推断藩王坟冢高度一般当在6、7米至10米左右。此外，潞简王坟冢有宝城，宝城高9.35米，直径40米，周长130米；庆康王坟冢高20.5米，底径52米；襄宪王坟冢四周砌青条石（类似宝城？），坟冢高15米，径50米[1]，凡此均是类似帝陵宝城的特例，皆属逾制之列。

（三）茔园构成要素

永乐八年"定亲王坟茔"之时，对牌坊、下马碑、望柱、石象生、方城明楼、谥号碑、供案、五供和宝城均无明文规定，而这些恰恰是帝陵陵园的重要构成要素，其中特别是牌坊、方城明楼、谥号碑、供案、五供和宝城更是帝陵陵园所专用[2]。然而，个别亲王茔园仍有潜越逾制者。比如，前述的亲王茔园中，作为特例的潞简王茔园最类帝陵陵园，构成要素与帝陵陵园相似，明显逾制（其相关诸点前已分析说明，不赘述）。其次，还有楚昭王茔园（有外罗城、谥号碑和石几案）、襄宪王茔园（封土外四周围砌青砖石条，类宝城）、襄惠王茔园（神道入口立石牌坊，现存"皇明襄惠王神道"横匾）、襄庄王茔园和襄靖王茔园（立"官员人等至此下马"石碑）等局部逾制。其次，宁献王茔园按照藩王茔园规制配置道教建筑组群；德王系各王茔园有外罗城，封土院落前方后圆比照贵妃茔园形制；郡王等级的靖江王茔园大都有外罗城，内城未明确分割成两进院落等，则为藩王茔园中的特殊情况。此外，藩王茔园外有外罗城，是其重要特色之一。

除上所述，藩王茔园一般而言，其构成要素及其以享堂为核心的祭祀部分的布局和配置大同小异。藩王茔园与帝陵陵宫相比的主要变化，是纵向三进院落组群变两进，五门变三门[3]，双帛炉变一帛炉，黄琉璃变绿琉璃，建筑尺度变小，无前述的方城明楼（仅潞简王及其次妃茔园有明楼为特例）、谥号碑等帝陵专用设施，宰牲房等附属建筑均已无存。其次，藩王茔园神道均呈直线型（郡王靖江王个别茔园神道有折拐为特例），远短于帝陵神道，部分茔园残存神道桥遗迹；望柱和石象生，早期无，以后均有配置（形制与组合不同于帝陵）；神道碑和亭早期鲜见，以后大都配置；封土无宝城，与内门相距较远。总之，从一般藩王茔园构成要素和布局来看，明显"下天子一等"。但其布局和配置不如帝陵陵

---

[1] A. 参见本书正文介绍的情况。

B. 中国社会科学院考古研究所、定陵博物馆、北京市文物工作队：《定陵》上，文物出版社1990年版。该书第9页记述：定陵宝城内径216米，城墙高7.32米。文中未记宝顶高度，但宝顶高出宝城。据此可知，藩王坟冢（封土）体积远逊于帝陵宝顶，然藩王坟冢高度则与之相差不太多，其中襄宪王坟冢高15米，或已超过定陵宝顶高度。

[2] 方城明楼及明楼内谥号碑等，是明代帝陵陵园的重要标志。如景泰帝以王礼葬金山，无明楼，无宝城。朱祐杬以王礼葬，嘉靖帝将其升为显陵后，则黑瓦易为黄琉璃瓦，建方城明楼，立献皇帝庙号碑。

[3] 明宫城奉天殿向南依次有奉天门、午门、端门、承天门、大明门；藩王府主殿承运殿向南有承运门、端礼门、棂星门。帝陵陵园五门和藩王茔园三门，显然是仿宫城和藩王府的门制，同时也符合儒家所谓天子五门、诸侯三门说。

园基本整齐划一，变化较多。这种变化因资料有限，已刊布的资料多不完备，故目前尚难以进行较深入的研究。

(四) 望柱和石象生

自允许藩王茔园置望柱和石象生后，各王茔园皆置之。但是，由于藩王茔园石象生规制文献缺载，加之现已刊布的与此有关的考古资料大都是残存的部分情况，故藩王茔园石象生规制迄今仍然不明。就目前已刊布的资料而言，只有特殊的亲王潞简王、特殊的郡王靖江王茔园石象生种类组合较完整，故下面拟以此为基础对藩王茔园石象生种类组合和规制略作探讨。

藩王茔园神道上的望柱和石象生成对对称配置，其体量和数量均小于和少于帝陵望柱和石象生，两者形成明显的等差。从望柱的形制来看，潞简王茔园方形龙纹石望柱，龙纹同帝陵望柱龙纹主题，而望柱方形，数量多和配置方位则不同于帝陵，属于特例。靖江王茔园望柱，前期素面八棱形，素面不同于帝陵，八棱形同于明皇陵和宋代帝陵，不同于明孝陵、十三陵和显陵。后期望柱高浮雕盘龙，前所未见，但与帝陵望柱的龙纹主题相同。至于一般藩王茔园望柱，尚未见准确的记述和较清晰的图版资料（仅个别资料记述为八棱形），故暂不涉及。

关于藩王茔园神道石象生种类的组合状况，文献所记异姓王茔园石象生有石人、马、羊和虎，《帝乡纪略》记载明初朱元璋封的杨王（外祖）茔园石象生，以及明代亲王茔园石象生的实例中，石象生种类组合均与之相同。但是在一般藩王茔园石象生实例中，少数出现麒麟和象，多有控马官，未见骆驼和獬豸，狮鲜见，或有武将（多将控马官说成武将，尚未见到真正武将图版）[1]；在异性王茔园中有的也出现控马官。据上述情况，似可认为一般藩王茔园石象生种类较完备的组合为：羊、虎、马、文官，有的增加控马官，少数或有麒麟、象和狮（？）。如是，其石象生种类组合的规格则高于异姓王。在上述组合中，羊、虎、马、控马官和文官属明皇陵石象生种类组合系统，并可上溯至北宋帝陵。至明孝陵石象生种类组合发生变化后，这个组合类型就演变为一般藩王茔园石象生种类的基本组合。其与明皇陵石象生种类组合的主要差异是少獬豸和武将，多无狮，这是两者等差的主要标志。由此可见，早在明初，特别是明孝陵以后，帝陵陵园与藩王茔园石象生就已开始形成两种并行，等差严格的种类组合序列。

特殊的亲王潞简王茔园石象生种类中的异兽属特例，在此不作探讨。其余种类的石象生则将明皇陵石象生中的獬豸、狮、马、控马官、虎、羊、文臣与明孝陵·十三陵石象生中的骆驼、象、麒麟相结合而形成新的组合模式。其与明孝陵·十三陵石象生种类组合的差异是无武将少勋臣，较一般藩王茔园石象生种类组合多獬豸、骆驼，以及麒麟、象和

---

[1] (清) 嵇璜等：《钦定续文献通考》，浙江古籍出版社1988年版。卷二百八《封建考·同姓封建》引《双溪杂记》说："国初诸王皆置护卫，握兵权，成祖靖难后遂革罢"，又说："惠帝建文元年二月，诏诸王毋得节制文武吏士。"藩王石象生中无武将或与此有关，又藩王茔园石象生中的秉笏文臣，实为内府文官。

狮。特殊的郡王靖江王茔园石象生种类组合除麒麟和象同明孝陵·十三陵外，余者同明皇陵[1]，其石象生种类组合规格高于一般藩王石象生。靖江王茔园石象生种类与潞简王茔园石象生组合相比，少獬豸和骆驼，这是两者等差的主要标志。据上所述，可知在明代石象生中的獬豸、骆驼和武将为帝陵专用；麒麟、象和狮严格来说，亦属帝陵专用，一般藩王茔园也是不能用的，若用即属逾制。潞简王茔园石象生组合除武将外，上述种类一概用之，已跨入帝陵石象生种类组合序列，明显逾制；靖江王茔园石象生种类组合用麒麟、象和狮同样也是逾制。

综上所述，明代藩王茔园兆域，大体比照帝陵兆域风水术标准卜选；其茔园规模大都逾制，多数茔园面积大于一般帝陵陵园。藩王茔园形制和构成要素，少数比拟帝陵陵园明显逾制或局部逾制；一般藩王则按规定"如制"，呈"下天子一等"的态势。

二 亲王地宫各类型流行的时代和地域及其间的关系试析

(一) 各类型地宫流行的主要时代和地域

据前所述，现将已知亲王各类型地宫流行的时代和地域归纳如下。

1. T字型地宫仅见于鲁荒王朱檀（太祖庶十子）地宫。鲁荒王入葬于洪武二十二年（1389），是迄今所知明代入葬最早的藩王地宫。葬地在今山东省邹县。

2. I字型单室地宫仅见于楚昭王朱桢（太祖庶六子）地宫。朱桢永乐二十二年薨（1424），其地宫予建于洪武十五年（1382），略晚于明孝陵地宫，是迄今所知营建最早的藩王地宫。葬地在今湖北省武汉市江夏区。

3. I字型多室纵列式地宫蜀王系诸王多采用此型地宫，目前已知的地宫主要在永乐七年（1409）至正德三年（1508），此后地宫形制不明（尚未清理发掘）。葬地在今四川省成都市郊。

4. 十字型地宫出现于永乐二十二年与洪熙元年之间，流行至正统、弘治年间。流行的地域，迄今仅知湖北省江陵（辽简王朱植，太祖十四子，永乐二十二年薨，洪熙元年入葬）、江西省新建（宁献王朱权，圹志记为太祖十六子，明史记为庶十七子；正统十三年薨，十四年入葬）、宁夏同心（庆康王朱秩煃地宫，成化五年薨，即1469年；庆庄王朱邃㙑地宫，弘治四年薨，即1489年。第一代庆靖王朱栴，明史记为太祖庶十六子，正统三年薨。地宫尚未清理发掘）。此外，潞简王朱翊镠为穆宗嫡四子，万历帝胞弟。潞简王薨于万历四十二年，四十三年入葬，上距其他十字型地宫年代较远，地宫为十字型变体，略呈干字型（迄今所知十字型地宫年代最晚）。葬地在今河南省新乡市郊。

5. 四进四棺室并置，平面略呈蝶形仅见于周定王朱橚（太祖庶五子）地宫。周定王洪熙元年（1425）薨，葬地在今河南省开封市禹县。

6. 凸字型（单室、双室）地宫主要见于襄王系，益王系地宫。襄王系见于襄宪王（仁宗五子）朱瞻墡（薨于成化十四年，即1478年）和襄康王（薨于嘉靖二十九年，即1550年）地宫等。襄王系地宫直至明末大多采用此型，葬地在今湖北省襄樊市之谷城县和南漳

---

[1] 靖江王茔园有女侍、男侍（女官和宦官）立于享堂前，与明皇陵宫人位置不同，大体同于北宋帝陵宫人位置（位于上宫门和陵台前）。

县。益王系采用凸字型单室地宫，见于益端王朱祐槟（宪宗庶六子，薨于嘉靖十八年，即1539年）和其子益庄王朱厚烨（薨于嘉靖三十五年，即1556年）地宫，葬地在今江西省南城县。

7. 二进二或三棺室并置型地宫主要见于德王系诸王地宫。如德庄王朱见潾（英宗庶二子，正德十二年薨，次年入葬，即1518年）地宫二进二棺室并置，此后诸王地宫与之大同小异（有三棺室并置者），一直流行至明末，葬地在今山东省济南市长清县。此外，荣定王朱翊鉁（薨于万历四十年，即1612年），亦采用该型地宫，葬地在今湖南省常德市郊。

8. 同圹三椁室并置型主要见于益王系万历至明末时期地宫。如益宣王朱翊鈏（薨于万历三十一年，即1603年）、益定王朱由木（薨于崇祯七年，即1634年）地宫，葬地在今江西省南城县。

9. 倒T字型地宫仅见于梁庄王朱瞻垍（仁宗庶九子，薨于正统六年，即1441年），葬地在今湖北省钟祥市郊。

综上所述，可指出六点。第一，明代对亲王地宫形制无规定，亲王分封各地，时空和具体情况差异很大，故出现类型较多。第二，前述除8外，其余地宫均首见于各有关王系第一代亲王，其中1、2、3、4、5第一代亲王为太祖之子；6襄宪王与益端王分别为仁宗子和宪宗子；7为英宗子，9为仁宗子。看来上述不同的地宫类型，似与各相关王系第一代亲王依当时当地具体情况创制有一定关系。第三，前述之1、2、5型地宫，目前均属仅见的孤例，其时代较早，亲王地宫尚无定制，故地宫形制迥异。第四，前述4十字型地宫，仅见于亲王地宫，流行于永乐末至弘治时期或其后不久。由于该型地宫出现较早，流行的时间较长，流行地域较广，所涉及的王系较多，因而成为明代早、中期亲王地宫基本定型的模式。潞简王地宫距上述地宫时代较远，因其为万历帝胞弟，恩宠有加，故地宫亦采用十字型。在明代藩王地宫中，只有该型地宫最类定陵地宫。因而该型地宫乃是明代亲王地宫中规格最高的地宫。第五，前述之3、6、7、8各亲王地宫，均属一定地域、特定王系、特定时代，流行时间较长，自成体系的定型地宫模式（具有明显的地域性和时代性。(9) 倒T字型地宫目前仅见于梁庄王，不计）。第六，郡王地宫可以前述靖江王系地宫为代表，其形制不同于亲王地宫，且自成一系（参见后文分析）。

（二）各类型亲王地宫形制间的关系试析

在前述的藩王地宫类型之中，以洪武二十二年鲁荒王T字型地宫出现最早，永乐七年出现的蜀王系1字型多室纵列式地宫时代稍次，但地宫形制结构最完备。此后各地宫类型，大都似与上述两种地宫形制有一定关系。

1. 以T字型地宫为基础的关系链

（1）十字型地宫

十字型地宫以辽简王地宫出现最早的（永乐二十二年），宁献王地宫形制最典型。十字型与T字型地宫的纵券与后室券相接均呈"丁字大券"，等级较高。十字型地宫从结构上看，或是在T字形地宫基础上，于T字型的纵列部位增加中室及其左右侧室而成。但是，由于上述两个类型地宫相距较远，目前尚缺乏两者演变关系的证据。

（2）凸字型地宫

位于今江西省的亲王地宫，正统十三年宁献王地宫呈十字型；嘉靖时期益端王和益庄王地宫呈凸字型。从结构上看，益端王和宁献王地宫同样采用插板式和枢轴式石门，表明两者之间似有一定的内在关联。其次，位于今湖北省的亲王地宫，永乐末洪熙初辽简王地宫呈十字型；成化十四年之后襄王系地宫大都呈凸字型。凸字型地宫目前主要发现于江西省和湖北省，由于其与此前的十字型地宫共存于同一地域之内，两者之间又有一定的内在关联，所以凸字型地宫很可能是将十字型地宫简化，并以十字型地宫后室及其前的甬道为基础演变而来[1]。因此，或可以认为在湖北省和江西省，大致分别以成化十四年和嘉靖时期为界，亲王地宫已从十字型转变为凸字型。

(3) 同圹三椁室并置型地宫

同圹三椁室并置型地宫，目前仅见于益王系万历至崇祯时期的益宣王和益定王地宫。由于此前嘉靖时期的益端王和益庄王地宫呈凸字型，益庄王地宫之棺床置于棺床正中石灰堆中；而与之年代紧密相连的同圹三椁室并置型地宫则棺椁间填充石灰，棺盖上铺石灰；表明两者之间有较明确的内在联系和演变关系，即益王系地宫大致以嘉靖末为界从凸字型演变为同圹三椁室并置型。此外，前述葬于弘治十七年的宁靖王夫人墓已呈砖椁，棺椁间填充松香，砖椁为石灰糯米汁整体封固型式；同年入葬的明昭勇将军戴贤墓亦采用密封式[2]。说明同圹三椁室填充石灰和整体封固形式在江西于宁王系之末已始出现（参见后文相关论述），并对益王系同圹三椁室并置型可能产生了一定的影响。此外，上述同圹三椁并置型地宫当与江西和江南地区早已存在和流行的，以糯米浆石灰整体封固的小型墓葬有密切关系，说明此类地宫已品官墓化[3]。

---

[1] 南京市博物馆：《南京明代吴祯墓发掘简报》，《文物》1986年第9期。海国公吴祯葬于洪武十二年（1379），该墓券顶。通长6.96米，宽2.87米，高2.82米。有前后二室，前后室间有短甬道，前室长2.04米，后室长4.4米。后室两侧壁前部各有一个壁龛。亲王凸字型地宫与此类墓是否有一定渊源关系，尚须进一步探讨。

[2] 江西省文物工作队：《明昭勇将军戴贤夫妇合葬墓》，《考古》1984年第10期。

[3] 密封式小型墓似发端于唐，江西南昌唐代有的土坑墓用"青灰色的胶状物质"筑墓椁，坚如石椁，又在棺椁间浇灌石灰、将墓密封（江西省博物馆：《江西南昌唐墓》，《考古》1977年6期）。三合土（石灰、细砂、黄土）浇浆密封式墓，约起于北宋。北宋中叶江休复《邻几杂志》说，"近江南有识之家不用砖葬，唯以石灰和筛土筑实，其坚如实"；南宋朱熹《朱子家礼》将此法称为"灰隔"。以米汁（糯米浆）石灰浇浆密封式墓，北宋时已出现，如江西永新发现的北宋墓（江西省文物管理委员会：《江西永新北宋刘沆墓发掘报告》，《考古》，1964年第11期），至南宋和元代逐渐流行起来，到明代长江流域及其以南地区则广泛流行。明人王文禄《葬度》中记载其为父母建墓时说：开圹"掘土深三尺三寸……糯米粥调纯石灰筑底一尺厚四，围墙一尺二寸厚，中端隔二椁亦一尺厚……糯米调纯石灰一横二纵层叠砌成墙，厚一尺二为圹底"；"先用干石灰铺圹底，后用二布悬棺而下"，"棺外四周空隙俱用糯粥调石灰轻轻实筑之"；"盖石上筑纯灰一尺二寸又加三合土尺余，四周纯灰隔，外套下二尺余，又盖大黄石数十块，三合土挨之，碎黄石数十石覆砌之"[（明）王文禄《葬度·开圹·入圹、石盖》，景明刻本，《百陵学山》六]。此类墓明代中叶以后在江南地区广为流行。霍巍《论江西明代后期藩王墓葬的形制演变》（《东南文化》1991年1期）一文中对此类墓的源起、流行的时代和原因等有较全面的论述。文中认为江南"卑湿"，墓葬只有防潮御水、才能防腐，故以"保棺保尸"为核心，墓葬形制结构发生了重大变化，并成为品官以至士庶的主要墓葬形制之一。江西是此类墓葬的主要流行区，同圹三椁室并置密封式亲王地宫的出现，前已说明，是时藩王政治地位、经济地位不断下降，不得不降低地宫的规格，在这种情况下，上述密封式的小墓则成为合适的选择。从而藩王地宫走向品官和士庶墓化。

2. 以Ⅰ字型多室纵列式地宫为基础的关系链

二进二棺室并置型地宫，主要见于山东省正德以后的德王系地宫（另外还见于湖南省荣定王地宫）。此种形制的地宫，与蜀王系Ⅰ字型多室纵列式地宫后面的多棺室（或棺室及其侧室）及其前的横室部分相似。从结构上看，德王系地宫七券七伏，砖壁下有石须弥座，棺室间有窗隧相通，金刚墙出檐有施绿琉璃的门楼，有挡土墙，采用枢轴式石门（包括门钉81枚，铺首衔环、自来石等），石棺床有金井，以及圜首式碑等，均与蜀王系地宫的特点相近（蜀王系地宫五券五伏）。四川成都与山东邹县相距遥远，据上述情况不敢断言两者有承袭演变关系，但很值得注意。

除上所述，另有几座地宫情况较特殊。比如，楚昭王Ⅰ字型单室地宫出现最早（洪武十五年予建），地宫规模小而简单，很难说永乐七年出现的蜀王系Ⅰ字型多室纵列式地宫与其有直接关系。其次，洪熙元年的周定王四进四棺室并置型地宫为孤例。该地宫不仅有十字型地宫的特征，甚至可看作是十字型地宫的变型；而且若将周定王地宫侧室去掉又与蜀王系地宫相似，反映出周定王地宫形制的出现或有所本。此外，正统六年梁庄王倒T字型地宫亦为孤例。

总之，上述情况表明，出现最早的鲁荒王T字型地宫具有重要意义。此后T字型地宫与十字型地宫，十字型地宫与凸字型地宫，凸字型地宫与同圹三椁室并置型地宫的时代大体依次相接或相近，故其间的关系很值得注意。上面所述，实际上只是对这种可能存在的关系提出一些初步的看法，以便为今后条件成熟时，进一步探讨藩王各类型地宫形制间的演变关系作些前准备而已。

（三）地宫规模和主要结构的变化

1. 洪武时期

洪武时期目前仅知鲁荒王和楚昭王地宫，属亲王地宫草创期。鲁荒王地宫平面呈T字型，单身葬，有斜坡墓道，在地宫入口金刚墙建仿木结构覆琉璃瓦的门楼，其上建挡土墙。地宫砖筑，券顶三券三伏（为小于半圆的"坦拱"），前后室拱券呈正交的"丁字大券"。地宫前后二室，地铺方砖，尺度为20.6×8.20米。前室及前后室间甬道内有枢轴式双扇石门，各扇石门门钉81枚。楚昭王地宫平面呈长方形，单身葬。有长方形石砌墓圹，尺度为16×（9.6—9.8）米。地宫尺度为13.84×5.78米，砖筑，券顶半圆形三券三伏，地宫壁外版筑木炭封护，地铺砖三层，有泄水孔，左右和后壁各有一平面呈凸字型的壁龛，石门双扇枢轴式，各扇石门81枚门钉。上述地宫各自的特点，对以后亲王地宫的结构有潜移默化的重要影响。

2. 永乐至正德时期

该阶段以十字型、Ⅰ字型多室纵列式地宫为主，四进四棺室并置型地宫仅见于周定王地宫。其共同的特点是在明代亲王地宫之中规模最大，形制布局和结构最复杂，属明代藩王地宫的鼎盛期。这个阶段地宫之长多在20—30余米，地宫内有4—6室；其中周定王地宫49×32米，若算四棺室，地宫内共十室，是迄今所知明代亲王地宫之最大者。

前已说明，上述三型地宫结构特点不同，同型中不同地宫结构也有差别。十字型地宫结构的共同特点是地宫在封土之下，单身葬，有斜坡墓道、金刚墙、挡土墙、券顶三券三伏、地铺方砖，有枢轴式石门，凡此均与洪武时期地宫相同。但较前期也有变化，如券顶三券三伏，拱顶呈半圆形[1]。棺室墙壁有石墙基，左、右、后三壁各有一个壁龛，有的壁龛仿木结构；枢轴式石门结构较复杂，附件较多。辽简王地宫墓道末端平，置圹志；宁献王地宫墓道末端礓磙式，上置圹志。宁献王地宫墓门为插板式石门，前和中室为枢轴式双扇石门；辽简王地宫除前室为枢轴式石门外，中室和后室出现木门。

仅见于蜀王系的Ⅰ字型多室纵列式地宫结构最复杂，是迄今所见明代亲王地宫中结构最完备者。其特点是地宫在封土之前[2]，为明代藩王坟茔中的孤例。其他诸如地宫有金刚墙、枢轴式双扇石门、排水沟、仿木结构覆琉璃构件门楼等，虽同于洪武时期地宫，但结构更趋复杂。此外，该型地宫有八字墙，券顶五券五伏、壁面石砌、铺地或石或砖石混铺，这些特点对后世地宫有一定影响。至于其他特点。除墓道有斜坡式和阶梯式，葬法有单身葬和合葬而外，余者如厢房、圆殿、宝座等则为该型地宫所独有，这些特点前面已归纳总结，不赘述。

周定王地宫在结构上，以砖雕斗拱出挑琉璃瓦披檐的做法，与蜀王系地宫沿壁置仿木结构厢房有异曲同工之妙，同为这个阶段的重要特点。

除上所述，成化十四年出现凸字型地宫，正德十二年始出现二进二棺室型地宫，两型地宫主要流行于嘉靖时期以后。这个现象表明，成化至正德间应是这类新型地宫开始出现的过渡期。

3. 嘉靖至明末

嘉靖至明末亲王地宫有四种类型。其一，凸字型地宫。襄王系地宫平面大都呈凸字型，单室或双室，多为石结构，主室长约6米，宽一般不足5米；券顶，有金刚墙和枢轴式石门，流行于成化十四年至明末。益王系凸字型地宫主要流行于嘉靖年间，多单室合葬，地宫长8米左右，宽不足4米。地宫有斜坡墓道、金刚墙和挡土墙，砖壁下石砌墙基，有三或四个壁龛，这些特点均见于前代亲王地宫。此外，券顶由蜀王系地宫五券五伏变为七券七伏，铺地或石或砖亦同于蜀王系地宫；前为插板式门后为枢轴式门则同于宁献王地宫。其二，益王系同圹三椁室并置型地宫，主要流行于万历至明末。这种地宫类型规模很小，各椁室长2.4米左右，宽仅米余。前已说明此类地宫是接续益王系凸字型地宫演变而来，其形制结构与前代亲王地宫迥然不同。其三，出现于正德年间流行至明末的德王系二进二或三棺并置型地宫，规模较大，如德庄王地宫17.02×11.9米。地宫有斜坡墓道、金

---

[1] A. 中国建筑艺术全集编辑委员会编：《中国建筑艺术全集·明陵》，中国建筑工业出版社2000年版，第39页。说：藩王地宫"券形则大多采用双心圆，矢高大于半弦长，类似定陵地宫的做法。但在明初，也有少数实例采用半圆券形，例如鲁荒王和楚昭王坟的地宫等"。
B. 郭黛姮主编：《中国古代建筑史》第三卷，中国建筑工业出版社2003年版，第四卷，第211—458页。关于券棋的介绍和分析。

[2] 薛登：《成都明蜀王陵》，《成都文物》1999年第2、3、4期。文中说："龙泉驿区境内所有的蜀藩陵墓，坟冢皆不垒于地宫上面，而是全都筑在地宫后面。"

刚墙、挡土墙、枢轴式双扇石门，各扇石门有81枚门钉，地铺方砖等，均承袭前代亲王地宫共有的特点。此外，地宫门有仿木结构覆琉璃瓦门楼、二棺室间有窗隧相通，砖壁下有石墙基等则与永乐正德间亲王地宫结构特点相似；而券顶七券七伏又同于益王系凸字型地宫。其四，潞简王十字型地宫出现于万历四十三年，这是上距宁献王十字型地宫160余年后目前仅见的十字型地宫，属于特例。该地宫石结构，其结构特点与前述十字型地宫大体相同。

综上所述，可归纳三点。第一，地宫规模（以长度计）。洪武时期地宫规模较小，永乐至正德时期地宫规模最大（最大者较洪武时期地宫长约1/3）[1]。嘉靖时期地宫规模变小，其中湖北、江西襄王和益王系凸字型地宫长度约为洪武时期楚昭王地宫的1/2，为同地永乐正统时期十字型地宫的约1/3—1/4左右。江西省益王系万历及其以后同圹三椁室并置型地宫规模最小，仅及同地十字型地宫长度的1/13左右，同地凸字型地宫长度1/3强。此外，万历时期潞简王十字型地宫与永乐正统间十字型地宫规模相近（大于辽简王地宫、小于宁献王地宫），为特例。第二，地宫结构。洪武时期亲王地宫结构较简单，永乐正德间亲王地宫结构最复杂，嘉靖时期亲王地宫结构简单，万历及其以后同圹三椁室并置型地宫则变成十分简单的密封式结构。至于万历时期潞简王地宫结构同样属于特例，不在排比之列。上述情况表明，藩王地宫的规模和结构，在十字形地宫之后呈逐步缩小和简化之势，总的来看，从洪武至明末的亲王地宫，除同圹三椁室并置型地宫外，余者地宫结构无论复杂还是简单，其结构的基本特点大体是在一脉相承中呈现不同的变化。第三，其他方面。A. 明代亲王地宫以砖结构为主，嘉靖及其以后石结构地宫相对较多。B. 洪武时期亲王为单身葬，永乐至正德时期单身葬与合葬并存，嘉靖以后合葬居多。C. 地宫券顶绝大多数为三券三伏，永乐正德间蜀王系地宫出现五券五伏（个别地宫甬道四券四伏），出现于正德及其以后的德王系地宫和嘉靖时期益王系地宫为七券七伏。洪武时期亲王地宫拱券多为小于半圆的坦拱，永乐之后大都为半圆形拱，有的为双心圆拱。D. 地宫之门均以枢轴式双扇石门，各扇石门81枚门钉为主，只是其结构复杂程度和残存情况不同而已。此外，宁献王地宫前门为插板式，后为门枢轴式，这种形式被益王系凸字型地宫所承袭，并成为晚期亲王地宫门制的特点。E. 亲王地宫门楼基本采用仿木结构覆琉璃瓦形制，但结构复杂程度有别。F. 大多数亲王地宫棺室左右后壁有三壁龛（个别的有四龛）。G. 地宫甬道口多有金刚墙和挡土墙。

三　亲王地宫葬具葬制和随葬品略析

（一）葬具葬制略析

前已说明，现有明代亲王坟茔资料中，可以看出四川省成都市蜀王系和江西省南城县益王系的地宫自成体系。两者的地域、王系、年代、地宫的类型虽不相同，但其地宫的时

---

[1] 据前所述，山东德庄王二进二棺室并置型地宫17.02×11.9米，属永乐正德间亲王地宫规模最小者。

代却先后大体连接，贯穿于永乐至明末，因而成为研究明代亲王地宫葬具葬制的重要依据。其中若将蜀王系地宫（永乐七年至正德三年）与前述的湖北省武昌县楚昭王1字型单室地宫（永乐二十二年）、山东省邹县鲁荒王T字型地宫（洪武二十二年），湖北梁庄王倒T字形地宫（正统六年）；湖北省江陵县辽简王（永乐二十二年）、江西新建县宁献王（正统十三年）、宁夏回族自治区同心县庆庄王（弘治四年）十字型地宫相结合，则可基本反映出明代洪武至正德时期亲王地宫葬具葬俗的概况。比如：第一，棺床与棺椁。棺床或砖或石砌，或横或竖，有的呈须弥座式砖或石棺床（早期的鲁荒王地宫为砖须弥座式棺床，蜀王系为石须弥座式高棺床），多有窄条形金井（内填黄土）[1]；梁庄王地宫二棺床并置，妃棺床砖砌，中间填土。棺椁多朽，以楠木、柏木质居多，髹朱漆，棺椁下或有垫物或有蹄足座。楚昭王椁顶有木旌顶（已滑落于东龛门坎上）。除梁庄王地宫夫妇合葬，蜀王系地宫有二或三人葬外（标准的夫妇合葬地宫有二棺室并置，各有棺床），余均单身葬。第二，装殓（保存较少）。以鲁荒王为例，尸体下铺锦褥，褥上有19枚"洪武通宝"金钱，褥下答板上雕北斗七星圆孔，棺底铺草木灰（宁献王尸体垫木栅，栅上铺布帛，帛上排列大金钱二行，每行六枚；栅下有木屑）。尸体头发贯金簪、头戴圆顶小帽，著龙袍系玉带（宁献王道冠道袍、玉带，属例外情况），腋下各有一小金粒（宁献王口含一枚小金钱），尸体上覆锦被等物。楚昭王腰部有金镶木腰带铜半镜。梁庄王妃棺床中央和四角分别埋"世代兴隆"银钱共五枚；另外在后室置金银钱各三十三枚。第三，冕服箱与玉圭盒。几乎均在棺室，位置不一（鲁荒王箱在棺床东侧，有的位置被移动；梁庄王玉圭散于棺床上），箱、盒朱漆龙纹。第四，谥宝（木质、龟纽）、谥册（多为木质、两片）。位置不一（鲁荒王谥宝和楚昭王谥册、谥宝在供案上，益端王谥宝在棺床东侧石座上），有的尚存宝匣和铜锁（如上述诸王）。梁庄王无册、宝，王妃有鎏金铜封册。第五，供案、香炉、石五供和长明灯。供案、香炉和长明灯，前述蜀王系地宫表现最清楚（棺床前置石供案，蜀僖王地宫供案上放石香炉，在圹志前又置一石香炉。蜀世子地宫，石香炉置于前庭正中，铁长明灯三个在圆殿后），石供案和石五供见于楚昭王地宫（供案在棺床前，案上置石五供、谥宝、谥册匣各一）。鲁荒王地宫前室中间立圹志，志后有长明灯（缸内有铁芯座），灯后有木供案（案上置谥宝匣无谥册）。第六，圹志，有二式。一为单体，圆角方趺，立式，位置不一。蜀世子地宫圹志立于长明灯后，后室右檐柱下；蜀僖王地宫圹志立于前庭中间。楚昭王地宫圹志立于供案前，鲁荒王地宫圹志立于前室中间。此外，益宣王圹志亦为单体圹志。二为方形圹志一合，外套两道铁箍[2]，置于墓道末端石座或土台上；该式主要见于十字型地宫（如辽简王和宁献王地宫）。此外，梁庄王夫妇圹志各一合，位

---

[1] 从定陵地宫和藩王地宫来看，棺床多有金井。古代风水理论有"气因土行"之说，即有通地而"乘生气"的功用。早在南唐二陵地宫就出现金井，到清代金井又与陵寝工程施工有关，成为控制地宫及整个陵园建筑的一个基准点。

[2] 《明太祖实录》卷七十四：墓"志石，二片，品官皆用之，其一为盖，书某官之墓，其一为底，书姓名、乡里、三代、生年月及子孙、葬地，妇人则随夫或子孙封赠；二石相向，用铁束、埋墓中"。此为明代墓志、圹志之通例。

置特殊，嵌于地宫门顶部的碑墙上。第七，木翣[1]与石"灵牌"。棺床两侧各置木翣三件（鲁荒王、宁献王），有的棺床四周置石"灵牌"五方（楚昭王）。第八，石圆殿（蜀世子地宫，在中室）和石宝座（蜀僖王地宫中室，原或有圆殿）。第九，棺室两侧开直棂窗通侧室（蜀世子地宫），或三并置棺室间的隔墙上留有竖缝；为夫妇灵魂相通之灵窗[2]。

江西益王系地宫可分嘉靖时期和万历至崇祯时期两个阶段。嘉靖时期地宫平面呈凸字型，此时随着地宫形制简化，规模变小，葬具葬制亦较前一时期发生很大变化。其中最大的变化是无供案、香炉、五供和长明灯，无谥宝，亲王无玉圭，无冕服箱，无木椁，为一王一妃或一王二妃合葬。时代较早的益端王地宫（嘉靖十八年），一王一妃合葬，地宫有须弥座式棺床，棺床上垫石块，上置木棺；在棺床东侧有谥册匣（谥册木质涂金）。棺室后壁二龛内各置王、妃方形圹志一合，圹志外套铁箍；以上均与前期相近。其次，较特殊的是王棺盖上残存书"大明益端王"五个白字，妃棺盖上置铜镜。尸体装殓方面，王尸装殓仅见金簪和玉带；妃尸装殓仅余金饰（数量较多）和玉圭（"以聘女"之谷圭）等。此外，棺室壁面绘卦象，棺床上及棺室地面散置铜钱30枚。时代较晚的益庄王地宫（嘉靖三十五年）又有较大变化，最大的变化是一王二妃合葬，棺床四周砌砖墙，棺与墙之间填石灰，棺在石灰堆中（起椁之作用，开万历及其以后椁室地宫之先河）。宝座在前室、五供在壁龛内，均明器化；妃棺内出小金冠。

万历至崇祯时期益王系地宫进一步简化、缩小，成为一王二妃同圹合葬并置的椁室。前述洪武至正德时期亲王地宫葬具葬俗方面的主要特征消失，同时与嘉靖时期益王系地宫的葬具葬俗既有内在联系，又有较大的变化。该型地宫共同的特点是一王二妃同圹分椁室合葬，无棺床、无木椁，在棺与砖椁间填充石灰；无谥宝、谥册、供案、香炉；亲王无玉圭、王妃有谷圭；圹志置于椁室之外；装殓与随葬品均在棺内；王妃的装殓和随葬品胜于亲王。具体言之，万历与崇祯时期益王地宫葬具葬俗也有区别。万历时期益宣王楠木棺盖上残存金字（与益端王棺盖近似），垫褥下笭板七圆孔内置金银钱呈北斗七星状（与鲁荒王笭板相似）。王和妃头侧置冕、冠或凤冠、木梳、铜镜、瓷盘和纸折扇（新组合）等，棺内随葬品较多，王妃棺内多金器。李妃棺内填充棉花包，白布裹尸，孙妃用袍包裹，二妃穿多层袍服，第二件袍服上系玉带。李妃盖被上有"冥途路引"，孙妃垫褥下有草席和笭板，笭板与棺底间铺黑木灰。三圹志置于三椁室外圹志室内，圹志单体，阳面篆刻×××圹志（相当于志盖），阴面刻志文。崇祯时期益定王柏木棺底有腰坑，内置铜镜（金井之遗痕？），棺底板上铺黑灰土，黄妃王妃棺底或笭板上铺白、黄和黑土。王和妃头侧置铜镜、瓷盘（王妃瓷盘内置凤冠）、木梳等（与益宣王近似），足部有一对盛黍粒瓷瓶。益定王棺内有"金光接引"金钱一枚，王妃棺内七枚金钱（四枚钱文"径上西天"，三枚钱文"金光接引"）排列呈北斗星座形。三椁室前墙外各竖圹志一合，略呈长方形，外套铁箍。

此外，前面所述葬于弘治十七年（1504）的宁靖王夫人吴氏墓（江西南昌新建县），

---

[1]《明代祖实录》卷七十四："墙翣，公侯六，三品以上四，五品以上二。"
[2] 参见前注。

建于1.5米厚的石灰糯米汁垫层上，砖椁（不见两头封砖）底垫松香（不见铺地砖），顶盖石板，砖椁被石灰糯米汁整体封固。椁内楠木棺与椁室间填充松香，棺底铺石灰，笭板上垫灯心草。尸体多层锦被包裹，用白色"铜钱结"捆扎，头戴金钗、金簪、珍珠点翠凤冠，脸盖褐色"丝覆面"，身穿10余件长短内衣、夹袄、妆金冠服、大袍，有霞帔，头部充塞10余件各类衣物，随葬谷圭及金银玉器等70余件[1]。按，《明史》卷一〇二"诸王世表三"记载，宁王系宸濠"弘治十二年袭封，正德十四年反逆伏诛，除"，故宁靖王夫人吴氏葬于弘治十七年已属宁王系末期，其墓葬形制结构，葬具葬制已较前述宁献王地宫发生巨变。从益王系地宫来看，万历至崇祯时期益王地宫的形制结构、葬具葬制不同于嘉靖时期的益王地宫，其主要特征反而可上溯至宁靖王夫人吴氏墓，说明此种变化在今江西地区首先出现于宁王系末期，并影响到益王系万历及其以后地宫形制结构和葬具葬制的变化。

（二）随葬品略析

据前所述，随葬品保存较多较好的亲王地宫比例很小。其中洪武二十二年鲁荒王T字型地宫，随葬木雕彩俑400余件，以前室象辂为中心的各种仪仗俑群为主体，在一门侧置武士俑，在棺室置侍俑。其他随葬品均置于棺室，有木、竹、锡等质料的生活用具，瓷器，各种冠服、冕服等纸明器，琴棋书画和文房四宝等。永乐二十二年楚昭王I字形地宫随葬品明器化，东、西龛置小木箱、小匣，已朽，有铜、铁炉等少量明器，北龛置铜、锡明器，数量较多。在供案下白瓷坛内积满液体，内有青瓷碗一件，木匕一件，木箸一，果品十七件。永乐七年至正德三年蜀王系地宫随葬品保存较完整，釉陶俑为大宗，约400—500余件，以中室象辂为中心的各种仪仗俑群为主体，诸门侧置武士俑，后室（棺室）及其他诸室置各种侍俑。棺室随葬品各种生活用品和成套的釉陶明器，随葬位置有定。永乐至弘治时期的十字型地宫，多被盗，从辽简王和宁献王地宫残存的情况看，木俑似仍以围绕象辂的各种仪仗俑为主体，其他随葬品以锡质各种生活用具明器为大宗。总之，洪武至正德时期亲王地宫随葬品除楚昭王地宫随葬品已明器化外，余者可分为俑、生活用具和用品两大类，随葬品数量多、种类和组合较全。此外，正统六年梁庄王倒T字型地宫随葬品以金、银、玉器为大宗，数量很多，与上述情况有别，详情见前述梁庄王地宫随葬品遗物介绍。

嘉靖时期益王系凸字型地宫随葬的陶俑数量大减，仅200件左右以下（较前期减少一半以上），无象辂，出现轿和轿夫俑[2]；无武士俑，以仪仗俑、乐俑为主，仍有各种侍俑。随葬的金银器数量较多，随葬一定数量生活用品，锡明器和瓷器等。

万历至崇祯时期益王系同圹三椁室并置式地宫，随葬品均在棺内，以各种衣饰、生活用品为主，还有小件金器、玉器、瓷器等，锡明器较少见，无俑。

上面就藩王茔园形制布局，藩王地宫各类型流行的时代和地域，各类型地宫形制间的

---

[1] 江西省文物考古研究所：《南昌明代宁靖夫人吴氏墓发掘简报》，《文物》2003年第2期。
[2] 明制，亲王妃用轿，故益端王地宫所出轿和轿夫俑，当为与彭妃配套的随葬品。

关系，地宫规模和主要结构的演变，地宫葬具葬制和随葬品等方面进行了初步的分析。其中除藩王茔园形制布局因资料有限尚不明其演变规律外，余者无论是地宫规模从大到小，地宫形制布局、结构、葬具从复杂到简化，还是随葬品种类和数量从多到少的变化，均大体可分为三个阶段。即洪武至正德时期、嘉靖时期，万历至崇祯时期；其中洪武至正德时期在成化正德间已有向后阶段逐渐转化的苗头和迹象，而崇祯时期较万历时期也有较大的变化。上述变化除当时的社会原因（包括葬制）外，恐怕更直接的是与明代藩王政治地位和经济地位逐渐下降，限制越来越多有较密切的关系[1]。

第七节　亲王地宫与定陵地宫的初步比较

一　地宫规模、形制和结构

前面已经对亲王茔园和帝陵陵园进行了比较，在此不赘述。关于明代帝陵的地宫，迄今只发掘了定陵地宫，其他诸帝陵地宫情况不明，故定陵地宫是惟一可比较的对象。定陵地宫又称玄宫，前后长 87.34 米，左右横跨 47.28 米，总面积 1195 平方米。（第九章图 9

---

[1]　A.《明武宗实录》卷五十八记载：正德四年十二月戊子朔，庚戌，"礼部奉旨检详累朝政令，凡涉王府者条例上请"中，对藩王权宜已"申明禁约"。

B.（明）王圻《续文献通考》卷二百五《帝系考·皇族》记载：嘉靖九年对藩王"宜量减禄"，嘉靖四十三年颁宗藩条例，对藩王减禄，浙江古籍出版社 2000 年版。

C.《明穆宗实录》卷三十二记载：隆庆三年五月申辰朔，辛酉，礼部仪制司郎中戚元佐上疏言，"方今宗藩日盛，禄粮不给，不及今大破常格，早为区画，则将来更有难处者。昔高皇帝众建诸王，皆拥重兵，据要地以为国家屏翰，此固一时也；追靖难之后，防范滋密，兵权尽解，朝堂无懿亲之迹……"；"今则人多禄寡，支用不敷"；"国初，亲、郡王、将军才四十九位，女才九位。永乐年间虽封爵渐增，亦未甚多也，而当时禄入已损于前，不能全给。今二百年，宗支入玉牒见存者二万八千四百九十二位，视国初不啻千倍，即尽今岁供之输，犹不能给其半，况乎十年后，所增者当复几何？又将何以给之?"，于是提出"限封爵""议继嗣"等限制措施。

D.《明熹宗实录》卷六十五记载：天启五年十一月丙午朔，壬子，礼部尚书薛三省奏定天下宗藩限禄之法。《钦定续文献通考》卷二百五《帝系考·皇族》记载："熹宗天启五年，行宗室限禄法。"

E.《明史》卷八十二《食货志六》记载："自弘治间，礼部尚书倪岳即条请节减，以宽民力。嘉靖四十一年，御史林润言：'天下之事，极弊而大可虑者，莫甚于宗藩禄廪。天下岁供京师粮四百万石，而诸府禄米凡八百五十三万石。以山西言，存留百五十二万石，而宗禄三百十二万；以河南言，存留八十四万三千石，而实禄百九十二万。是二省之粮，借令全输，不足供禄米之半'……""于是诸王亦奏辞岁禄，少者五百石，多者至二千石，岁出为稍纾，而将军以下益不能自存矣。"

-1-1）。[1]明代亲王地宫规模前已介绍，以亲王地宫规模最大的周定王地宫为例，其地宫纵深49米，横跨32米，净面积逾800平方米，仅为定陵地宫面积的67%左右。由此可见，明代亲王坟茔茔园面积虽多逾制，并大于一般帝陵陵园，但其地宫的规模则远小帝陵地宫（亲王地宫较大者，一般长20—30余米）[2]。此外，亲王地宫也有仿帝陵地宫生前予建者，如前述之楚昭王，周定王和宁献王地宫；或仿帝陵地宫因山而建者，如鲁荒王、周定王、益端王地宫等。

亲王地宫的形制，只有前述永乐二十二年至弘治四年的十字型地宫与定陵地宫相似，而万历胞弟潞简王十字型地宫则与定陵地宫形制最相近[3]。其次，洪熙元年周定王四进四棺室并置有侧室呈蝶形的地宫，可看作是十字型地宫的变形，因而与定陵地宫也有某些相近之处。

亲王地宫除同圹三椁室并置型者外，其余类型地宫在结构上均程度不等地与定陵地宫有相似之处。比如，这些类型地宫多与定陵地宫一样，在结构上有金刚墙，有枢轴式双扇石门，各门扇采用最高等级的81枚门钉[4]，有铺首衔环和自来石等附件，个别地宫门还有铜管扇等；多有仿木结构覆琉璃瓦的门楼；地宫多砖石结构，少数地宫石结构，地铺方砖或砖、石混铺。在地宫券顶方面，为双交券，虽然多数亲王地宫是三券三伏，但与定陵五券五伏相同的蜀王系地宫中出现较早。此外，T字型和十字型地宫还与定陵一样使用帝王陵墓定式的"丁字大券"[5]。

定陵地宫形制"仿九重法宫为之"，即仿紫禁城后寝制度[6]。亲王十字型地宫、蜀王

---

[1] 中国社会科学院考古研究所、定陵博物馆、北京市文物工作队：《定陵》上，文物出版社1990年版，第21页，以及第14、15页定陵地宫平、剖面图。
[2] 亲王坟茔大茔园、小地宫，以前述楚昭王茔园和地宫最为典型。
[3] 参见前述十字型地宫线图，并与定陵地宫线图对照。除潞简王地宫外，其余十字型地宫主要是前室、侧室、棺室的形状与定陵地宫有异。
[4] 古代"九"是阳数中最大的数，又称"极数"，天子之制以"九"为大，故皇家建筑的门钉，一般都是每扇九路，每路九颗。
[5] "丁字大券"。即后殿拱券与中殿券成正交，按明制"丁字大券"只供帝王陵墓使用，公侯大臣墓不准使用。《明世宗实录》卷四四四记载："嘉靖三十六年二月戊子，祭太社稷，遣英国公张溶代掌锦衣卫事。都督陆炳劾奏司礼监太监李彬侵盗帝真工所物料及内府钱粮，以数十万计，私役军丁，造坟于黑山，会起丁字大券，循拟山陵，大不道，宜宾诸法。上命锦衣卫捕送镇抚司，拷送下刑部，拟罪比依盗……"
[6] 法宫指宫城寝宫。《明世宗实录》卷一八七："嘉靖十五年五月辛未……上谒陵还，召见辅臣李时、尚书夏言于行宫，谕以寿宫规制。宜逊避祖陵，节省财力，其享殿以砖石为之，地中宫殿器物等旧仿九重法宫为之，工力甚巨，此皆虚文且空洞不实，宜一切厘去不用。"从明定陵地宫来看，其居中的前、中、后三殿的配置与紫禁城乾清宫、交泰殿、坤宁宫之布局相合，左右配殿又恰如对称配置于交泰殿两侧的东西六宫，显然定陵地宫是仿紫禁城之后寝制度。

系1字型多室纵列式地宫则仿王府制度[1]，两者有异曲同工之妙。至于其他类型地宫，多以枢轴式双扇石门、各扇石门81枚门钉，仿木结构覆琉璃瓦门楼等，在局部上象征性的仿王府形制。总之，永乐至正德时期的主要亲王地宫从形制到结构多程度不等地近似于定陵地宫。其中十字形地宫主要流行于定陵以前，形制与定陵地宫相似。特别是属于该型变体的潞简王地宫形制更接近于定陵地宫。由于定陵以前的帝陵地宫尚未发掘，上述情况互证，似乎可以推断，定陵和长陵间的帝陵地宫之形制当与定陵地宫相近。同理，前述洪武十五年予建的楚昭王地宫，葬于洪武二十二年的鲁荒王地宫，则对探讨迄今形制不明的孝陵地宫形制的某些方面或有一定的参考所价值。

二 葬具、葬制和装殓

（一）葬具与装殓

定陵后殿中部偏西设束腰须弥座石棺床（长17.5米，宽3.7米，高0.4米），棺床上置棺椁三具，万历帝居中，左（北）为孝端皇后，右为孝靖皇后（第九章图9-1-1、9-2-17），万历帝椁下的棺床上，有南北长0.4米，宽0.2米的金井，内填黄土。

万历帝楠木朱漆棺椁（第九章图9-1-25），棺盖上覆织锦铭旌，锦朽，仅见"大行皇帝梓宫"金书残迹；椁上发现龙幡残片，棺椁东部棺床下幡架一副。万历帝在棺内头西足东，置于锦被上，被两边上折，盖住尸体。尸体头戴乌纱翼善冠，枕在长方形枕头上；身穿黄缎短内衣（朽）、黄素绫裤，外着刺绣衮服、系玉带，足穿红素缎高统单靴。头部下有五色宝石，脚端下有金锭等。尸体下垫被、褥、毡褥五层，一床褥上缀"吉祥如意"金钱十七枚，各层间夹置如意衮服、玉佩饰、珠宝带、毡靴、绵袜、中单、龙袍等。其下还有整卷袍料、匹料和道袍、龙袍等约四层，最底层的南北两侧置银锭二十枚。尸体上袍料服饰和金器交互覆盖十层[2]，最上层覆锦被。锦被下，自上而下一至四层，有袍料和匹料，西端主要放金执壶、爵、酒注、提梁罐、盆、碗、玉爵、玉盆、玉碗、首饰、梳妆用具、冕旒及金银锭等。第五层为金翼善冠、乌纱翼善冠、冕冠、革带、玉器和金器等。

---

[1]《明史》卷六十八，舆服四："亲王府制。洪武四年定……正门、前后殿、四门城楼，饰以青绿点金，廊房饰以青黛。四城正门，以丹漆，金涂铜钉。""九年定亲王宫殿、门庑及城门楼，皆覆以青色琉璃瓦"；"十二年，诸王府告成。其制，中曰承运殿十一间，后为圜殿（按又称圆殿），次曰存心殿各九间。承运殿两庑为左右二殿，自存心、承运、周迥两庑，至承运门，为屋百三十八间"。《大明会典》卷一八一，"弘治八年定：王府制，前门五间，门房十间，廊房一十八间"；"承运门五间……"明亲王十字型地宫形制略似定陵地宫，实则比拟亲王府制，其三室比拟王府三殿，唯将承运殿左右二殿置于中间一室之两侧，以仿帝陵地宫；门的面阔五间，不采用永乐藩王坟茔的三间之制、门制和门楼如府制。蜀王系1字型多室纵列式地宫，无外出的左右侧殿，但其门制、门楼、三殿及两侧之廊房、厢房等配置情况最似亲王府制，有的地宫还建象征性的圆殿。至于其他类型亲王地宫，仅局部仿亲王府制。

[2] 明代文献不见记载帝、后、王尸体穿戴和覆盖情况。《明史》卷六十"丧葬之制"记载，"敛衣，品官朝服一袭，常服十袭，衾十番"，可供参考。敛，通殓。

六至十层主要是整卷的袍料和袍服[1]。椁朽，有织锦衬里，椁盖上放木制小型仪仗明器，另置成卷匹料和小袋稻、谷，均朽。

孝端后楠木朱漆棺椁，棺上放织锦铭旌，金书"□行皇后王氏梓□"；椁上发现龙幢残片，椁东端棺床下幡架一副。孝端后头西脚东，向西侧卧于缎被上，两侧上折，盖住尸体。孝端尸体头戴黑纱尖棕帽，插金簪钗，枕于长扁方形枕头上。上身着绣龙方补黄绸夹衣，内着本色云纹绸夹衣，下身穿黄缠枝莲花缎夹裤；外有绣龙长裙，足穿黄缎鞋。头部北侧放梳妆用具漆盒。尸下垫褥四层，上层垫褥上缀"消灾延寿"金钱百枚。垫褥之下除服饰外，两端放较多的白木香，两侧对称放玉料四块，银锭二十八枚，金锭二十枚。西端头部垫褥下放五色宝石，最下又铺多层垫褥，棺底有灯草痕迹。尸体上在缎夹被下覆盖十层，自上而下一至六层为衣裙、服饰；七至十层为整卷匹料。椁朽，椁盖上放小型木制仪仗明器和稻、谷等，均朽[2]。

孝靖后松木朱漆棺椁，朽，棺盖原覆铭旌一件；椁上有各种幡残片、椁东端棺床下有幡架一副。孝靖后头西脚东，向右侧卧于锦夹被上，两侧上折，盖住尸体。孝靖后尸体头戴黑纱尖棕帽，上插金簪钗，枕头下放十余块木炭。上身穿黄缎短衣三层，腰束红织锦缎裙，上又覆绸、缎裙各一件，下身穿缎夹裤，足穿红缎鞋。头部散置一副首饰。尸下垫被、褥十一层，褥下放连串纸钱和"万历通宝"铜钱一层，垫被四角各放银锭一枚。尸体上覆盖素缎"经"被和衣服，其下为匹料和服饰[3]。尸体上东端两侧放银罐、银盘、盆、盂、皂盒等。椁朽，盖上置小型木制仪仗明器，稻谷等，均朽[4]。

亲王地宫葬具万历之前与定陵大体相似，前已说明嘉靖及其以前亲王地宫大都有石须弥座式棺床，棺床上有竖长条形金井，内填黄土。正德以前亲王地宫有棺椁，大都残毁，

---

[1] A. 中国社会科学院考古研究所、定陵博物馆、北京市文物工作队：《定陵》上，文物出版社1990年版。第28页图三七后殿万历帝棺椁及随葬器物分布图；第31页图四一，万历帝尸体上第一层随葬器物分布图；第32页图四二万历帝尸体上第二层随葬器物分布图、图四三万历帝尸体上第三（含四）层随葬器物分布图、图四四万历帝尸体上第五层随葬器物分布图；第33页图四五万历帝尸体下第三（含四）层随葬器物分布图，图四六万历帝尸体下第四层随葬器物分布图；第34页图四七万历帝尸体下第五层随葬器物分布图，图四八万历帝尸体下第八（含第九）层随葬器物分布图。

B. 皇帝冕服，见《大明会典》卷六十"皇帝冕服"条。

[2] 中国社会科学院考古研究所、定陵博物馆、北京市文物工作队：《定陵》上，文物出版社1990年版。第34页图四九孝端后尸体上第一层随葬器物分布图、图五〇孝端后尸体上第二层随葬器物分布图；第35页图五一孝端后尸体上第三层随葬器物分布图、图五二孝端后尸体上第七层随葬器物分布图、图五三孝端后尸体下第二层随葬器物分布图、图五四孝端后尸体下第三层随葬器物分布图。

[3] 皇后冠服，见《大明会典》卷六十，"皇后冠服"条。

[4] 中国社会科学院考古研究所、定陵博物馆、北京市文物工作队：《定陵》上，文物出版社1990年版。第35页图五五孝靖后尸体上随葬器物分布图；36页图五六孝靖后尸体头部首饰分布图、图五七孝靖后尸体下垫被上随葬器物分布图。

棺多为楠木或柏木，朱漆。永乐二十二年楚昭王地宫和正统时期宁献王地宫发现铭旌头，嘉靖万历时期益王系有铭旌残迹[1]，棺盖上或置物（未见幢、幡架和木仪仗资料），如益端王棺盖上残存"大明益端王"五个白字，益端王彭妃棺盖上置铜镜；益宣王棺盖上有正楷金字残迹（益端王、益宣王棺盖上字迹或与铭旌有关）；嘉靖以后多一王二妃合葬等。此外，也有不同之处。如从嘉靖时期开始一般无椁，嘉靖及其以前棺、椁下多有垫物或蹄足座。益庄王及其以后盖王系地宫棺置于石灰堆中，或棺与砖椁间填塞石灰；万历崇祯时期地宫无棺床（其中万历时期潞简王地宫有棺床为特例，其棺床除长度外，高与定陵地宫棺床相同，宽则过之，明显逾制）。正德以前亲王地宫以单身葬为主，王妃合葬较少。

装殓，此处系指棺内尸体穿戴、铺垫、覆盖情况和棺内所置物品[2]。亲王装殓，据

---

[1] 据《明史》《明会典》记载，丧葬制度中上自帝、后，下到品官、庶人均有铭旌。送葬时撑以木杆列于仪仗之中，入葬时覆于棺上。

[2] 本书所说的装殓，包括小殓和大殓。帝、后；王、妃装殓具体情况，史无明载。下面将《明史》《大明会典》记载品官和庶人装殓的有关情况略述于下，以作了解帝、后，王、妃装殓考古资料的参考。

A.《明史》卷六十，"丧葬之制"："洪武五年定。凡袭衣，三品以上三，四品、五品二，六品以下一。饭含，五品以上饭稷含珠，九品以上饭含小珠。铭旌、绛帛，广一幅，四品以上长九尺，六品以上八尺，九品以上七尺。敛衣，品官朝服一袭，常服十袭，衾十番。""品官丧礼"：凡初终之礼，"设尸床、帷堂、掘坎。设沐具，沐者四人，六品以下三人，乃含。置虚座，结魂帛，立铭旌。丧之明日小敛，又明日大敛，盖棺，设灵床于柩东""乃择地，三月而葬。告后土，遂穿圹。刻志石、造明器、备大轝，作神主。既发引，至墓所，乃窆。施铭旌志石于圹内，掩圹复土，乃祠后土于墓"。"士庶人丧礼"：洪武五年诏定："庶民袭衣一称，用深衣一、大带一、履一双，裙衫袜随所用。饭用梁，含钱三。铭旌用红绢五尺。敛随所用，衣衾及亲戚襚仪随所用。"

B.《大明会典》卷九十九，"丧礼四·品官"：初终，除前面《明史》所记设尸、帷堂、掘坎，设沐具外，又记"剪须断爪，盛于小囊，大殓纳于棺。著明衣裳，以方巾覆面。仍以大殓之衾覆之"，"实饭含于尸口"，"布枕席如初，执服者陈袭衣于席，迁尸于席上而衣之。去巾加面衣，设充耳、着握手，纳履若舄，覆以大殓之衾"。小殓，"设床施荐席褥于西阶，铺绞衾衣，举之升自西阶置于尸南。先布绞之横者三于下，以备周身相结。乃布纵者一于上，以备掩首及足也""迁于床上，先去枕而舒绢，叠衣以藉其首。仍卷两端以备两肩空处，又卷衣夹其两胫取其正方。然后以余衣掩尸，左衽不纽，裹之以衾，而未结以绞，未掩其面……殓毕覆以衾"。大殓，"举棺以入，置于堂中少西。侍者先置衾于棺中，垂其裔于四外。侍者与子孙妇女俱盥手，掩首结绞，共举尸纳于棺中。实生时所落发齿及所剪爪于棺角，又揣其空缺处，卷衣塞之，务令充实，不可摇动。以衾先掩足，次掩首、次掩左、次掩右，令棺中平满……乃召匠，匠加盖下钉，撤床覆柩以衣，设灵床于柩东……"葬，柩车至圹前，"掌事者陈冥器于圹东南西向北上，乃下柩于席"，"掌事者设席于圹内，遂下柩于圹内席上，北首覆以夷衾。持翣者入，倚翣于圹内两厢。遂以下帐张于柩东，南向；米酒脯陈于帐东北，食器设于帐前，醢醢于食器南。藉以版，冥器设于圹内之左右。掌事者以玄纁授丧主，丧主授祝，祝奉以置柩旁……施铭旌志石于圹内，乃掩圹复土"。

C.《大明会典》卷一〇〇，"丧礼五·庶人"，略。

前述残缺不全的较少资料，可大体看出其与定陵装殓的同异概况。首先，在宏观态势上两者有相似之处。比如，亲王、妃装殓着王、妃装束、尸下垫褥，褥上或下置铜钱或金、银钱；尸体上覆锦被，覆盖和垫层中或夹置衣物等。嘉靖及其以后，多在尸体头、足之上下侧及尸体两侧置物，棺内置物以冠服、梳妆用具，少量日常用具为主；有的尸体下和垫褥下置纸钱、灯草或垫草木灰等。其次，两者差异之处颇多。比如，鲁荒王装殓，腋下各有一小金粒；宁献王装殓口含一枚小金钱。弘治十七年宁靖王吴夫人装殓，头戴凤冠，脸盖丝覆面，身穿十余件短内衣、夹袄、妆金冠服、大袍[1]，双龙戏珠缎裙、缎面鞋，"霞帔金坠"金香囊，垂挂两组玉佩，背部垫64枚金银冥钱（64与其年龄相同）。头部充塞十余件棉袄、夹袄、短袖夏衣等，尸体上盖单层素缎，其上平放八匹绸缎，棺内金、银饰、玉器、宝石、珍珠等数量众多。以上鲁荒王、宁献王的情况未见于万历帝；而前述吴夫人装殓情况与定陵二后有相似之处，但更完备，对探讨明代皇后和王妃、夫人装殓制度有一定的参考价值。此外，亲王装殓迄今未见戴翼善冠者，王妃和夫人除吴夫人外尚不明其他妃和夫人戴冠情况。又亲王、妃尸体垫褥下多有笭板，笭板上的金、银钱或铜钱排列呈北斗七星状。正德以前除个别案例外（如前述吴夫人墓），亲王、妃棺内无随葬的冠服、玉圭等物（与定陵后制相同），嘉靖之后王、妃的冠、官服、玉佩等置于棺内（同定陵帝制）。该阶段以前述万历时期益宣王地宫最具代表性，益宣王穿龙袍，系玉带、颈有珠饰、脚穿高筒靴。尸体上盖锦被，其上叠放龙袍服饰，尸下垫褥、草席和笭板。头部置冕旒、玛瑙七梁冠、木梳、铜镜、瓷盘、玉佩、纸扇等共50余件。李妃尸体用白细布包裹并用布条系扎（或与《大明会典》卷九十九所记之"布绞"相近），其外套七件袍服，第二件袍服系玉带，头部置铜镜、凤冠、玉圭、玉佩、纸扇等。脚上叠置大衫、裙、鞋等。孙妃在覆盖的两被之间平置单、夹大衫、绣花衣裙，霞帔、凤冠和绵绸匹料等。总的来看，亲王、妃的铺垫和覆盖的层次远少于定陵，其间夹置物品也较少。亲王、妃棺内不见金、银锭、不见单置的整块宝石，金器和玉器等亦远少于定陵；少见匹料，出现个别棉布匹料，袍料罕见。个别的亲王、妃棺内出现"金光接引"和"径上西天"金银钱等。总之，上述的主要差异，乃是王、妃与帝、后不同葬制的反映，其间有明显的等差。

(二) 与葬制有关的设施、器物和服饰

定陵地宫与葬制有关的设施，主要是在中殿西端的三个石神座，居中者万历帝神座，左侧孝端皇后、右侧孝靖皇后神座。各神座前设黄琉璃五供，计中间香炉一，两侧烛台各一，外侧香瓶各一，均各置于束腰石座上。五供前又各设长明灯或称万年灯一，即青花油缸（第九章图9-1-20）。此外，三具棺椁南北两侧各放玉料四块，东端一块，东端各置玉璧二件。万历帝椁北侧置三彩瓷瓿一对，香炉1件，青花梅瓶2件，南侧放青花梅瓶2件。孝端、孝靖后椁东端的南北两侧各放青花梅瓶1件。万历帝及孝端后棺上东端放金、银锭各一枚。此外，铭旌、幡、幢、幡架等见前述情况。

---

[1] 定陵帝、后均未记口含、覆面。除孝靖后记述上身穿短衣三层外，万历帝和孝端后均未记述穿衣层数。

除上所述，在定陵宝床上还置二十二个器物箱（第九章图9－2－17），18、19号箱放万历帝木谥册、谥宝。1—5号箱放孝端后木谥册二副、木谥宝一件，凤冠二顶，以及玉圭、霞帔、玉佩饰、金香熏等；10号箱放孝端后木谥宝。孝靖后死时为皇贵妃，葬东井，迁祔定陵时其锡谥册（11号箱）、玉佩、玉带（13号箱）一起迁来入葬。同时又为其增置木谥册、谥宝（12号箱）[1]、凤冠一顶（15号箱）、凤冠、玉带、玉佩、玉圭、霞帔、金香熏等（4号箱）。17号箱玉带，玉佩各二件，属孝端、孝靖二后。又孝靖后为皇贵妃时圹志一合，迁祔定陵时置于地宫后殿南端西壁棺床下。圹志方形，一合，外有两道铁箍，在箍与志石间插入木楔。在所出的8件玉圭中，冠服用的镇圭（W43∶1）、弁服用的脊圭（W44∶1）以及谷圭各一、素面圭一件出于万历帝棺内西端胸前，余谷圭三、素面圭1出于器物箱。其中谷圭X2∶8，X14∶10为皇后冠服用圭，圭均置于长方形漆匣内。木谥册、谥宝置于描金云龙纹匣内。万历帝冕冠、金翼善冠、乌纱翼善冠、皮弁、金带饰、大碌带、玉草带、玉佩饰等置于尸体上覆盖夹层中，如意衮服、龙袍、道袍、玉佩饰、珠宝带、中单和靴袜等置于尸下垫褥夹层中，棺床上器物箱内无此类服饰。

亲王地宫的葬具葬制与定陵地宫相比，其相关的设施、器物和服饰的构成要素不全，各地宫间此类设施、器物和服饰的组合和配置方位不一，保存状况不同，差异较大。总的来看，正德以前与定陵仍有某些相似之处。据前所述，大致有四种情况。第一，保存状况以洪武二十二年鲁荒王T字型地宫保存最好。该地宫前室置长明灯，其后案上置盝顶描金云龙纹谥宝木匣，匣内放谥宝。后室棺床两侧各有四张桌子，原似置于桌上的衣物箱因地宫积水飘浮于地上。清理时二漆木箱在棺床东侧，一箱保存完好，内放冕、皮弁、袍、玉圭（二件，置于描金漆匣内）、靴等；另一箱破散，在地上散布衣、帽、玉带、玉佩、梳妆用具纱布袋（内放铜镜、骨梳、骨篦、金挖耳勺、金牙签、毛刷）等。棺床西侧有琴棋书画、文房四宝等散于地上。此外，在后室棺床两侧有木翣六枚，后室随葬品中一小木箱内有纸制的冕、袍、玉带、鞋等明器。地宫中的冕、皮弁、乌纱翼善冠、圆檐高顶红漆帽、圆檐高顶藤帽、各类龙袍、中单纱袍等冠服较完整配套。第二，永乐二十二年楚昭王1字型单室地宫，自南而北立长方形圹志，棺床前有石供案，案上置石五供和谥册、谥宝盝顶方匣各一；地宫内有石"灵牌"五方。第三，蜀王系1字型多室纵列式地宫。永乐七年蜀世子地宫，在前庭置石香炉，中室石砌圆殿，殿内置石方桌三张，殿后以三铁缸为长明灯，灯后立长方形圹志，棺床前有石供案。原置于棺室的衣物箱，因盗扰而位置移动。一漆木箱内放玉圭（置于朱漆描金云龙纹匣内）、冕、带、玉佩（二付），其旁有谥宝、谥册（置于漆匣内）。宣德九年蜀僖王地宫，前庭中间立长方形圹志，圹志前置石香炉，中室中间有石宝座（原或有圆殿），棺床前有石供案，案上置石香炉。此外，地宫内两侧厢房旁和侧室还有石案；在随葬品中有轿和象辂陶明器。因盗掘与葬制有关的遗物无存。第三，正德以前十字型地宫，永乐二十二年辽简王地宫，因盗掘仅于墓道有圹志一合，外

---

[1] 中国社会科学院考古研究所、定陵博物馆、北京市文物工作队：《定陵》上，文物出版社1990年版。参见第40页，图六二第十三箱器物分布图（13∶2玉革带，13∶3玉佩饰），图六三第十二箱器物分布图（1.孝靖后谥册匣、2.孝靖后谥宝匣、3.孝靖后印色匣）。

有两道铁箍，用铁楔楔紧。此外，地宫内似有长明灯。正统十三年宁献王地宫，在墓道有圹志一合，外套两道铁箍。在棺床两侧有木翣六枚，其他与葬具葬制有关的设施、器物和服饰无。弘治四庆庄王地宫，在中室中间有须弥座式石供案，案上置石五供，棺室门后有圹志一合（志盖已失），其他无。

综上所述，可指出七点。第一，亲王地宫除蜀僖王地宫外未见宝座，此应是帝与王的主要差异之一。第二，石供案除庆庄王地宫置于中室外，其余均置于棺床前、石供案上有完整石五供者仅见于楚昭王和庆庄王地宫。此类型不同于定陵，而与孝陵和十三陵陵园石供案和石五供的形制和组合形式较相似。此外，蜀王系石供案上仅见石香炉，有的还在前庭置石香炉。说明亲王地宫一般是不能使用石供案和石五供完整组合形式的。第三，长明灯明确者，迄今仅见于鲁荒王、辽简王、蜀世子地宫，其质料和配置方位不同于定陵。第四，亲王地宫方形外套铁箍式圹志这个阶段主要见于十字型地宫，形制与定陵孝靖后原贵妃圹志大体相同。其他亲王地宫圹志迄今所见多为长方形单体圹志；正统六年梁庄王倒T字型地宫，墓道碑墙上嵌"梁庄王墓"，"大明梁庄王妃圹志文"；万历帝、后则无圹志（孝靖后仅存其为贵妃时的圹志）。第五，亲王地宫或有谥册、谥宝和匣，形制合于王制。但此类遗物多组合不全，其配置方位与定陵有别。第六，亲王地宫与葬制有关的器物和服饰均在棺外，此点与定陵后制相同，但其配置多变较自由又不同于后制。第七，亲王地宫或有木翣，石"灵牌"和铁券（德庄王地宫），定陵无[1]。上述情况表明，这个阶段亲王地宫和葬制有关的设施尚无统一的定制，而在有关的器物和服饰方面则大致有定，合于王制。以上情况既与定陵有近似之处，又有较大差别。这种较大的差别，当是帝、后与王、妃在葬具葬制方面的等级差异。

嘉靖及其以后，万历时期潞简王十字型地宫，前已说明属于特例，故其地宫内仍在中室置石须弥座式供案，上置石五供；圹志一合，志盖已失；该地宫被盗，与此相关的其他情况不明。嘉靖至崇祯时期，可以益王系地宫为例。此时亲王地宫共同的特点是无供案、五供、香炉、长明灯、无谥宝、亲王不见玉圭，无衣物箱，万历以后不见谥册。嘉靖时期益端王地宫棺床东侧置谥册匣，棺室后壁二龛内各置王、妃圹志一合，有铁箍。较特殊的是棺室壁上绘卦象，彭妃棺盖上置铜镜，其他亲王地宫迄今未见棺椁上及其周围置物（与定陵不同）。益庄王地宫在甬道和壁龛内分别置有宝座和五供模型明器，说明此种葬制已达尾声。此外，妃棺内出小金冠，较特殊。万历崇祯时期益王地宫与葬制有关的衣物和饰物等均在棺内，除前已涉及者外，与葬制有关的还有益宣王棺内有卦象金钱，益宣李妃盖被上小布袋内放纸钱灰和冥途路引，垫褥散放银箔钱；孙妃棺床与笭板间铺黑木灰等。王和二妃圹志置于椁室外圹志室内，圹志单体，阳面相当于志盖，篆刻×××圹志，阴面刻志文。益定王地宫王、妃圹志各一合，外套铁箍，置于椁室墙外。益定王地宫、王与妃砖椁外圹志上方均置青花瓷瓶二件，内盛黍粒。王、妃棺内情况前已说明，不再赘述。总

---

[1]《大明会典》卷九十六，"丧礼一·大丧礼"之"永乐二十二年发引仪"记载：有"内执事持翣"列梓宫左右等语。卷九十七，"丧礼二·皇太后·皇后"均记有翣。但《定陵》报告中，未见有此项记载。

之，嘉靖及其以后亲王地宫与葬制有关的设施，器物较前期已大为简化或无，唯与葬制有关的服饰仍与前期相近与定陵相似。

三 随葬品

此处所谓的随葬品，系指置于棺椁之外并与前述葬制无关的俑、仪仗和各类日常生活用具明器等。

(一) 定陵的随葬品

定陵随葬品均置于后殿，可分两大部分。一是散置的外露部分，如立于三具椁上的朱漆仪仗架，万历帝椁上三副，孝端后椁上六副（可插双排仪仗的二副，单排的四副）、孝靖后椁上一副。仪仗架上插仪仗十至二十件，仅存矛、戟、钺、叉、剑、骨朵、朝天镫、立瓜、卧瓜等武器的头部。三椁顶东端各置玉璧二件。万历帝椁北侧置三彩瓷觚一对，香炉1件，青花梅瓶二件，南侧置青花梅瓶二件。孝端、孝靖后椁东端的南北两侧各置青花梅瓶一件；万历帝、孝端后棺上东端放金、银锭各一枚；孝端后椁北侧宝床上置明器车1、轿2。后殿西北隅有刀、箭、弓及弓袋、箭袋木明器；东北隅朱漆方形木托盘上放桌、方凳、盆架、屏风、盘等小木质明器。北壁下放木质小明器，似房屋院落（第九章图9-2-17）[1]。

二是置于器物箱内，器物箱共26件，圆形盒3件（编号27、28、29号）。宝床上置22箱，后殿东壁下4箱，后殿南壁下三盒，其中与随葬品有关者10箱，3盒。随葬品种类主要有以下五种，即A. 木人俑和马俑。木人俑，置于孝端后椁北侧25、26箱[2]，孝靖后椁南侧宝床上8、9箱，后殿东壁下22—24箱。木人俑总数不明（其中一箱内俑达千件），保存较完整者仅248件。马俑57件，出自孝端后椁东端棺床下十件，出自后殿南部东壁下21号箱47件，均朽。B. 兵器，出自孝端，万历帝椁间第20箱，有盔、甲、刀、箭袋、弓袋等，共40件。C. 金器、孝靖后棺椁南侧第六箱[3]。D. 铜器。实用器5件（鎏金铜勺2件，鎏金铜油漂3件），铜明器60件[4]，均素面鎏金，出于孝靖后椁南侧宝

---

[1] 中国社会科学院考古研究所、定陵博物馆、北京市文物工作队：《定陵》上，文物出版社1990年版。第28页图三七后殿万历帝棺椁及随葬器物分布图；第29页图三八后殿孝端后棺椁及随葬器物分布图；第30页图三九后殿孝靖后棺椁及随葬器物分布图，第31页图四〇后殿随葬器物分布图；第37页图五八后殿孝端后棺椁北侧随葬器物分布图；第39页图六〇后殿孝靖后棺椁南侧随葬器物分布图。

[2] 中国社会科学院考古研究所、定陵博物馆、北京市文物工作队：《定陵》上，文物出版社1990年版。第38页图五九第二十六箱木俑出土概况（第二层）。

[3] 中国社会科学院考古研究所、定陵博物馆、北京市文物工作队：《定陵》上，文物出版社1990年版。第40页图六一，第六箱器物分布图。

[4] 中国社会科学院考古研究所、定陵博物馆、北京市文物工作队：《定陵》上，文物出版社1990年版。第175页记载：铜明器21种，计水罐2、水桶3、水勺3、水盆2、唾盂2、唾壶2、盘6、勺3、漏勺3、笊篱3、箸3双、香盒2、香炉2、香靠3、香匙3、烛台6、油灯3、剪刀2、火炉3、交椅2、脚踏2。器物上有标签，两套，二后各随葬一套。明器全部鎏金。

床上第 7 号箱[1]及后壁南壁下三圆盒内（27、28、29 号）。E. 锡明器共 370 件[2]，出自第 7 号箱和 27、28、29 号三圆盒内[3]。

（二）亲王和定陵地宫随葬品的比较

据前所述，这里所谓的随葬品，主要是指俑与各类明器的组合问题。

定陵木俑装箱未陈设，保存状况不好，《定陵》报告所述极为简略。据《定陵》报告的文和图，似可认为俑之组合分为三组，第一，三具椁上仪仗架和兵器，可能与后殿东壁下（靠后殿门）21 号箱马俑，22—24 箱人俑为一组合。因人、马装箱不可能显示兵器仪卫，故在椁上立兵器仪仗架。第二，孝端后椁北侧棺床上木人俑 25、26 箱紧邻车 1、轿 2，似为出行仪仗组合。第三，孝靖后椁南侧棺床上木人俑 8、9 箱紧邻第 7 箱锡日常生活用具明器，属另一组以侍俑为主的仪仗组合。此外，北壁下木制房屋院落，似为"具服、幄殿"[4]。木人俑身份，《定陵》报告说为宦官、皂隶和内臣[5]，据《明史》卷六十四，"志第四十·仪卫"记载，第三组合人俑似为"内使"，余者似为"校尉"。总之，定陵木俑及相关的铜锡明器共同形成的明器组合均"照依生存所用卤簿器物名件"[6]，形同帝后

---

[1] 中国社会科学院考古研究所、定陵博物馆、北京市文物工作队：《定陵》上，文物出版社 1990 年版，第 41 页图六四第七箱器物分布图。

[2] 中国社会科学院考古研究所、定陵博物馆、北京市文物工作队：《定陵》上，文物出版社 1990 年版。第 178 页记述锡明器 370 件，计有酒注、爵、瓶（包括花瓶、看瓶、柱瓶、酒瓶、水瓶、香匙箸瓶等十二种）、壶（包括杏叶茶壶、唾壶）、酒缸、酒瓮、罐（包括水罐、盖罐）、盂（包括酒盂、漱口盂、唾盂）、水桶、水盆、茶钟、碗、汤鼓、盘（包括盘、圈足盘、托盘）、碟（包括菜碟、果碟、按酒碟、碟）、盏（包括酒盏、爵盏、台盏）、托子、香盒、粉子、鉴妆、印池、宝池、宝匣、香炉、烛台（包括烛台、小烛台）、灯台、宝顶、宝盖（包括宝盖、宝纛宝盖、红缨头宝盖）、红节葫芦形宝珠、海棠花、荷叶、莲蓬、慈菇叶、菖兰叶、交椅、马机等三十六类。器物有名称标签。

[3] 中国社会科学院考古研究所、定陵博物馆、北京市文物工作队：《定陵》上，文物出版社 1990 年版。第 42 页记述 7 号箱内放铜、锡明器 255 件，每种类型多为 2 件。三个圆形盒（27、28、29 号），每盒原为二或三层、内装铜、锡明器 160 余种，每类多为 3 件。

[4] 《明史》卷六十四，"仪卫"记载："宣德元年更造卤簿仪仗，有具服幄殿一座……"《明史》卷六十五，"舆服一"记载，"车驾之出，有具服、幄殿"；"明卤簿载具服幄殿，仪仗有黄帐房，仍元制也"。

[5] 中国社会科学院考古研究所、定陵博物馆、北京市文物工作队：《定陵》上，文物出版社 1990 年版，第 214 页。

[6] 明万历：《大明会典》，江苏广陵古籍出版社 1989 年版。卷九十六，"丧礼一·大丧礼"记载："冥器，行移工部及内府司设监等衙门成造。照依生存所用卤簿器物名件。"《明史》卷五十八，"山陵"："明器如卤簿。"

生前仪仗而略有增减和变化[1]。

前已说明亲王地宫随葬俑和明器的情况，据此与定陵相比较，可指出三点。第一，俑的质料、数量和高度。定陵全部是木俑，总数很多。已知亲王地宫随葬的俑以木俑为主，还有釉陶俑（蜀王系）和陶俑（益王系）。俑的数量，正德以前亲王地宫随葬俑数约在400－500件左右（鲁荒王432件，蜀世子500余件，蜀僖王425件）。嘉靖时期益王系地宫随葬俑数（以益庄王202件计算）约为前期之半。亲王地宫随葬俑除个别种类外，均小

---

[1] A. 《明史》卷六十四，"仪卫"记载："汉朝会，则卫官陈车骑，张旗帜。唐沿隋制，置卫尉卿，掌仪仗帐幕之事"；"文谓之仪，武谓之卫。天子出，车驾次第，谓之卤簿"；明初皇帝、亲王等皆有仪仗之制，"后或随时增饰，要以洪武创制为准则焉"。"洪武元年十月定元旦朝贺仪。""其陈布次第，午门外，刀、盾、殳、叉各置于东西，甲士用赤。奉天门外中道，金吾、宿卫二卫设龙旗十二，分左右，用青甲士十二人……""左右布旗六十四"，"每旗用红甲士五人，内一人执旗，旗下四人执弓箭"（旗，略）。"奉天门外，拱卫司设五辂。玉辂居中；左金辂，次革辂；右象辂，次木辂。俱并列。""丹墀左右布黄麾仗凡九十，分左右，各三行。"（盖、伞、扇、羽葆幢、豹尾、龙头竿、各种幡、黄麾、各种氅等，凡此"皆校尉擎执"，其具体情况，略）"丹陛左右，拱卫司陈幢节等杖九十，分左右，为四行。左前第一行，响节十二，金节三，烛笼三。第二行，青龙幢一，班剑三，吾杖三，立瓜三，卧瓜三，仪刀三，镫杖三，戟三，骨朵三，朱雀幢一。右前第一行，响节十二，金节三，烛笼三。第二行，白虎幢一，班剑三，吾杖三，立瓜三，卧瓜三，仪刀三，镫杖三，戟三，骨朵三，玄武幢一。皆校尉擎执。奉天殿门左右，拱卫司陈设：左行，圆盖一，金脚踏一，金水盆一，团黄扇三，红扇三；右行，圆盖一，金交椅一，金水罐一，团黄扇三，红扇三。皆校尉擎执。殿上左右内使监陈设：左，拂子二，金唾壶一，金香合一；右，拂子二，金唾盂一，金香炉一。皆内使擎执，和声郎陈乐于丹墀文武官拜位之南，其器数详见乐志内。""皇后仪仗"略同。

B. 《明史》卷六十一，"乐一"记载：置教坊司，"掌宴会大乐。设大使、副使、和声郎，左、右韶乐，左、右司乐，皆以乐工为之。后改和声郎为奉銮"。"洪武三年又定朝会宴飨之制。凡圣节、元旦、冬至、大朝贺，和声郎陈乐于丹墀百官拜位之南，北向。驾出，仗动、和声郎举麾，奏飞龙引之曲，乐作，陞座。乐止，偃麾"。其乐器之制，略。

C. 明万历：《大明会典》，江苏广陵古籍出版社1989年版，卷一八二，"仪仗一·大驾卤簿"所记较《明史》详细，其中不见于《明史》者有：鼓四十八面，金四面，金钲四面，杖鼓四个、笛四管、板四串。弓矢一百副，御杖六十根，诞马二十四匹。金马杌一个，各式灯笼，仗马六匹，黄帐房一座。大马辇一乘，小马辇一乘，步辇一乘，大凉步辇一乘，红板轿一乘。"皇后卤簿"有辂一乘，安车一乘。

D. 《明史》卷六十五，"舆服一"记帝后车辂："永乐三年更定卤簿大驾，有大辂、玉辂、大马辇、小马辇、步辇、大凉步辇、板轿各一，具服、偓殿各一"。

按，定陵所出铜、锡明器，上述记载的主要种类大都包括在内，而又较之大大丰富，数量远过之。此外，此类随葬品中未见乐器、各种旗帜等。定陵所出车、轿，无图，文字记述简略，不明种类，但属帝后车、轿无疑。总之，定陵所出人俑、马俑、各种仪仗、兵器、各种日常用具铜锡明器等，是按帝后仪仗要求加以增减变化而置。

于定陵木俑。万历时期潞简王地宫俑的情况不明，万历至崇祯时期益王系地宫无俑。第二，亲王地宫俑的陈设模式。定陵地宫俑未陈设，亲王地宫俑陈设，但多数残缺、被扰乱。从保存相对较好的地宫来看，正德以前的亲王地宫以象辂为中心对俑进行陈设。比如，鲁荒王地宫432个彩绘木俑（人俑406、马俑24、车2），墓门两侧各一身着甲胄执金瓜武士，前室以象辂为中心配置各种俑380身，俑或著甲胄执戟；或持剑、戟、矛、金瓜、钺斧、朝天镫、响节、伞、扇、灯笼、笏、肩杖；或吹笛、箫、笙，佩长鼓、持鼓槌、击拍板；或拱手侍立。在俑群中散见木交椅、脚踏、盾、弓箭、铁盔、甲片、铁刀、木鼓、铜锣等明器。后室有24身俑，皆拱手侍立。蜀世子地宫随葬釉陶俑500余件，地宫前庭两厢各置三身武士俑和三匹马，中室门前置两列各五身武士俑执矛侍立。前室（正庭）左右两厢各立三排仪仗俑，第一排牵马俑，第二排击锣鼓、捧画角、执仪仗、第三排执刀盾和弓箭；右厢俑七十一身，左厢俑六十一身。中室两厢列置以象辂为中心的仪仗俑，象辂前置六匹马和九身牵马俑，象辂两边各置三排仪仗俑。第一排除牵马俑外，余者分执笛、鼓、箫、笙、琴瑟、拍板等乐器；第二、三排分执锽氅、戈氅、戟氅、仪刀、班剑、立瓜、卧瓜、骨朵、金钺、金镫、稍等仪仗；左厢仪仗俑一百五十七件，右厢仪仗一百五十四件，为地宫俑陈设之主体。在中室门之后有四身抬鼓俑，一身击鼓俑。后室（棺室）门前侍立四身拱手俑，后室中间棺室沿左右后壁面向棺床排列四十八身叉手或拱手侍立俑。在中室圆殿附近有王府文官俑；在圆殿弃置铁盔一件，圆殿石桌下铁弓、铁刀各一件。蜀僖王地宫425件釉陶俑陈列情况与蜀世子地宫大同小异，其中有侍立文官俑、女俑；侍俑中有捧圆盒、镜、双手搭巾等，马俑少数驮包袱、布匹、箱子等物，其他情况前已介如，不赘述。据上所述，可以说定陵已报道的木俑及其与器物的组合情况，尚不如亲王地宫完备。因此，亲王木俑与器物的组合，配列形式，对探讨帝陵地宫的相关情况有一定的参考价值。正德之后仅益王系嘉靖时期地宫随葬俑，此时无象辂，俑的数量、种类和陈列形式有变。如益端王地宫在棺床前陈设陶俑110身，其中可看出骑马乐俑10身，男女乐俑10身，执仪仗俑27身，吏俑14身，轿（木质）和轿夫俑16件，男侍俑7身、女侍俑7身。益庄王地宫陶俑共202身，其配置较特殊。如地宫门外第二道金刚墙顶上有女俑5身，第三道金刚墙顶上陶俑30余身，多为乐俑（有骑马乐俑）。二门背后陶俑160余身，计有轿夫，男、女侍俑，男女乐俑等。乐俑乐器有号（？）、鼓、锣、琵琶、琴、笙、箫、笛等；侍俑持物有水壶、粉盆、盆、巾等。第三，生活用具明器的质料、数量、组合和随葬位置。亲王地宫随葬日常生活用具明器的质料除与定陵相同的铜、锡明器为主外，金器和鎏金器很少（不同于定陵），此外还有木、竹、漆、陶等类明器。各地宫明器数量少于定陵，不同地宫间明器数量差异较大，嘉靖以后明器数量很少，似仅限于锡明器。亲王地宫日常生活用具明器的组合多变，各地宫间差异较大，随葬位置不一。

　　综上所述，可指出以下九点。第一，亲王地宫随葬品大体以正德、嘉靖间为界，前后有较大变化。这种现象与前述亲王地宫诸方面的变化规律基本相同。第二，亲王地宫内，除尸体装殓、首饰、梳妆用具和相关的服装等外，一般不随葬日常生活用具。第三，亲王地宫与定陵一样，其棺外的随葬品均以俑和日常生活用具明器为主。此外，两者也皆有少量的实用器物。第四，亲王地宫和定陵地宫随葬的俑和日常生活用具明器皆属生前的仪仗范畴。大体均按皇帝和亲王生前卤簿制度的规定，酌情增减变化，将其作为明器随葬。第五，亲王地宫随葬的俑，质料多于定陵，俑的数量和高度与定陵有明显的等差，俑的种类也有一定差异。亲王地宫随葬的日常生活用具明器的质料多于定陵，数量和质量与定陵等差明显，种类较定陵繁杂。其组合状况与定陵有一定差异，随葬位置不同于定陵；同时各亲王地宫此类明器的组合和随葬数量也多不同。第六，亲王地宫随葬的俑和日常生活用具明器的种类和数量，较亲王生前卤簿制度的规定丰富，出入较大[1]。第七，亲王地宫随

---

[1] A.《明史》卷六十四，"仪卫"记载："亲王仪仗，洪武六年定。宫门外设方色旗二，青色白泽旗二，执人服随旗色，并戎服。殿下，绛引幡二，戟氅二，戈氅二，仪锽氅二，皆校尉执。殿前，班剑二，吾杖二，立瓜二，卧瓜二，仪刀二，镫杖二，骨朵二，斧二，响节八，皆校尉执。殿门，交椅一，脚踏一，水罐一，水盆一，团扇四，盖二，皆校尉执。殿上，拂子二，香炉一，香合一，唾壶一，唾盂一。十六年诏，亲王仪仗内交椅、盆、罐用银者，悉改用金。建文四年，礼部言，亲王仪仗合增红油绢销金雨伞一、红纱灯笼、红油纸灯笼各四，魫灯二，大小铜角四。从之。永乐三年命工部，亲王仪仗内红销金伞，仍用宝珠龙文。凡世子仪仗同。"

B.《大明会典》卷一八五，"亲王仪仗"记载：令旗一对，清道二对，幰弩一张、刀盾十对、弓箭二十副、白泽旗一对、金鼓旗一对、画角十二枝、花匡鼓二十四面、杖鼓二面、金钲二面、锣二面、掆鼓二面、板一串、笛二管、小铜角一对、大铜角一对。戏竹一对，大乐鼓一面、板一串、杖鼓十二面、笛四管、头管四管、绛引幡一对、传教幡一对、信幡一对、仪锽氅一对、戈氅一对、戟氅一对、吾杖一对、仪刀四对、班剑一对、斧一对、立瓜一对、卧瓜一对、骨朵一对、镫杖一对、殳叉一对、戟十对、矟十对、夹矟一对、麾一把、幢一把、节一把、响节四对、紫方伞二把、红方伞二把、红销金伞一把、红绣圆伞一把、红曲柄伞二把、红油绢销金雨伞一把、青绣圆扇四把、红绣圆扇四把、诞马八匹、鞍笼一个、马杌一个、拂子二把，交椅一把、脚踏一个、水盆一个、水罐一个、香炉一个、香合一个、唾盂一个、唾壶一个、红紵丝拜褥一、红纱灯笼二对、红油纸灯二对、魫灯一对、帐房一座、象辂一乘。

上述 A、B 所记各项，迄今所知亲王地宫与此有关的随葬品，综合起来看，可以说大都有所反映，同时也有一定出入；随葬的日常生活用具明器，各地宫综合而言，其种类和数量则多于上述记载。

C.《明史》卷六十，"礼十四、凶礼三"记载："初，洪武二年敕葬开平王常遇春于钟山之阴，给明器九十事，纳之墓中。征二、鼓四、红旗、拂子各二，红罗盖、鞍、笼各一，弓二、箭三，灶、釜、火炉各一，俱以木为之。水罐、甲、头盔、台盏、杓、壶、瓶、酒瓮、唾壶、水盆、香炉各一，烛台二，香盒、香匙各一，香箸二，香匙箸瓶、茶钟、茶盏各一，箸二、匙二、匙箸瓶一，椀二、楪十二，橐二，俱以锡造，金裹之。班剑、牙杖各一，金裹立瓜、骨朵戟、响节各二，交椅、脚踏、马杌各一，诞马六，枪、剑、斧、弩、食桌、床、屏风、拄仗、箱、交床、香桌各一，木凳二，俱以木为之。乐工十六，执仪仗二十四，控土六、女使十，青龙、白虎、朱雀、玄武神四，门神二，武士十，并以木造，各高一尺。杂物，翣六，璧一，筐、筥、椑、槐、衿、罄各一，笣二，筥二，粮浆瓶二，油瓶一，纱厨、暖帐各一。束帛青三段，纁二段，每段长一丈八尺。后定制，公、侯九十事者准此行之。余以次减杀。"

据上所述，明器九十事可分为六种，其中水罐至橐一组为锡造鎏金。以上可作为亲王地宫明器种类之参考。

葬的俑，正德以前蜀王系等地宫的陈设模式，大致仿照文献所记的皇帝卤簿[1]。据此在一定程度上可补定陵木俑装箱未陈设之阙，同时也表明此时亲王地宫随葬俑有潜越之处。第八，亲王地宫随葬的俑和日常生活用具明器的数量、种类、组合和随葬位置等，大体以正德为界，前后变化很大。第九，亲王地宫随葬品中，还多随葬一些各自生前喜好的实物，如前述宁献王随葬七弦琴，鲁荒王随葬琴棋书画和文房四宝等。

总之，通过前面对亲王地宫与定陵地宫的比较，可明显看出两者之间有不可逾越的极大的等差。但是，同时又可看出正德以前的亲王地宫，无论在地宫的形制结构、葬具和装殓，还是与葬制有关的设施、器物和服饰，以及所随葬的俑和日常生活用具明器等方面，既有其自身独具的特点，又在一定程度上的比拟帝陵地宫，并不时有潜越之处。由此可见，亲王地宫在上述诸方面不仅与帝陵地宫有较密切的内在联系，而且两者之间也有许多互补之处。这种现象，对进一步探讨亲王地宫的实际状况，深入研究亲王地宫和帝陵地宫的有关问题，以及明代帝、王丧葬制度等方面，无疑是有较重要参考价值的。此外，应当指出，本书所述乃是在目前藩王坟资料尚不完备，残缺较多的情况下，所作的综合分析和探讨。今后随着资料的丰富和研究的深入，再作修正和补充。故本书仅作参考。

---

[1] 正文所述蜀世子朱悦燫地宫，各门武士俑、前室各排仪仗俑的执物和配列，中室以象辂为中心各排仪仗俑的执物和配列等，与《明史》卷六十四，"仪卫·亲王仪仗"所记大致相仿，同时又与"洪武元年七月定元旦朝贺仪"的皇帝仪仗排列模式较相近（参见前面注释），对进一步探求亲王仪仗的具体配置情况较有参考价值。

征引主要书目

一　古籍

（战国）吕不韦撰：《吕氏春秋》，上海古籍出版社1995年版。
（战国）屈原、宋玉等撰：《楚辞》，岳麓书社2001年版。
（春秋）商鞅、尸佼撰：《商君书》，天津古籍出版社1998年版。
（汉）班固撰，（唐）颜师古注：《汉书》，中华书局点校本。
（汉）司马迁撰：《史记》，中华书局点校本。
（后晋）刘昫等撰：《旧唐书》，中华书局点校本。
（晋）郭璞：《葬书》，上海古籍出版社1994年版。
（南朝梁）沈约撰：《宋书》，中华书局点校本。
（南朝宋）范晔撰，（唐）李贤等注：《后汉书》，中华书局点校本。
（汉）司马迁撰，（南朝宋）裴骃集解，（唐）司马贞索隐，（唐）张守节正义：《史记》，中华书局点校本。
（南宋）赵彦卫：《云麓漫钞》，中华书局1998年版。
（南宋）周必大：《思陵录》，收在郭黛姮主编《中国古代建筑史》第三卷210—212页，中国建筑工业出版社2003年版。
《管氏地理指蒙》，中华书局、巴蜀书社影印1985年版。
《皇明诏制》，上海古籍出版社1995年版。
《明实录》，"中央研究院"历史语言研究所校印，上海书店1983年版。
《清实录》，中华书局1987年版。
（唐）杜佑撰：《通典》，中华书局1996年版。
（唐）封演撰，赵贞信校注：《封氏闻见记校注》，中华书局1958年版。
（唐）魏徵、令狐德棻撰：《隋书》，中华书局点校本。
（宋）程大昌撰：《演繁露》，《说郛》（商务印书馆本）卷五十七。
（宋）程颢、程颐撰：《二程文集》影印文渊阁《四库全书》本，台北商务印书馆1985年版。
（宋）李焘：《续资治通鉴长编》，中华书局1993年版。
（宋）李昉等撰：《太平广记》，中华书局1961年版。
（宋）李昉等撰：《太平御览》，中华书局1960年版。
（宋）李诫编：《营造法式》，商务印书馆1954年版。

（宋）李攸撰：《宋朝事实》，中华书局1957年版。
（宋）欧阳修、宋祁撰：《新唐书》，中华书局点校本。
（宋）欧阳修撰、徐无党注：《新五代史》，中华书局点校本。
（宋）沈括：《梦溪笔谈》，巴蜀书社1995年版。
（宋）司马光撰：《温国文正司马公文集》，《四部丛刊》初编，上海书店1989年版。
（宋）宋敏求编：《唐大诏令集》，商务印书馆1959年版。
（宋）宋敏求撰：《长安志》，中华书局1991年版。
（宋）王称撰：《东都事略》，上海古籍出版社1989年版。
（宋）王溥撰：《唐会要》，中华书局1998年版。
（宋）王溥撰：《五代会要》，中华书局1998年版。
（宋）王应麟撰：《玉海》，上海书店1990年版。
（宋）王洙等撰：《图解校正地理新书》，集文书局1985年版。
（宋）徐梦莘撰：《三朝北盟汇编》，江苏广陵古籍刻印社1987年版。
（宋）叶隆礼撰：《契丹国志》，上海古籍出版社1985年版。
（宋）佚名：《宋大诏令集》，中华书局1962年版。
（宋）宇文懋昭撰：《大金国志》，见崔文印《大金国志校正》，中华书局1986年版。
（元）李好文撰：《长安志图》，《四库全书·史部地理类》。
（元）纳新撰：《河朔访古记》，上海古籍出版社1989年版。
（元）陶宗仪撰：《南村辍耕录》，中华书局1997年版。
（元）脱脱撰：《金史》，中华书局点校本。
（元）脱脱撰：《辽史》，中华书局点校本。
（元）脱脱撰：《宋史》，中华书局点校本。
（明）《高皇帝御制文集》，收在张德信：《洪武御制全书》，黄山书社1995年版。
（明）《万历起居注》，全国图书馆文献缩微复制中心2001年版。
（明）陈循等修：《寰宇通志》，江苏广陵古籍刻印社1986年版。
（明）胡汝砺编纂：《嘉靖宁夏新志》，宁夏出版社1988年版。
（明）计六奇撰：《明季北略》，商务印书馆1958年版。
（明）解缙等纂：《永乐大典》，中华书局1986年版。
（明）郎瑛撰：《七修类稿》，上海古籍出版社2001年版。
（明）李贤等撰：《大明一统志》，上海古籍出版社1989年版。
（明）柳瑛撰：《中都志》，台北成文出版社有限公司1985年版。
（明）申时行等奉敕重修：《大明会典》（万历朝重修本），中华书局1989年版。
（明）谈迁撰：《国榷》，中华书局1988年版。
（明）王圻撰：《续文献通考》，浙江古籍出版社2000年版。
（明）夏燮撰：《明通鉴》，中华书局1980年版。
（明）袁文新、柯仲炯修：《凤阳新书》，北京图书馆藏重印本。
（明）曾维诚撰：《帝乡纪略》，成文出版有限公司1985年版。

（清）毕沅校注：《墨子》，上海古籍出版社1997年版。

（清）顾炎武撰：《日知录》，甘肃民族出版社1997年版。

（清）光绪《昌平州志》，《中国地方志集成·北京府县辑》本，上海书店出版社2002年版。

（清）昆冈等奉敕撰：《大清会典》，中华书局1991年版。

（清）昆冈等奉敕撰：《清会典事例》，中华书局1991年版。

（清）梁份：《帝陵图说》，国家图书馆藏抄本，收入国家图书馆编《稀见明史史籍辑存》第30册，北京线装书局国家图书馆藏本2003年版。

（清）刘锦藻撰：《清朝续文献通考》，商务印书馆《万有文库》本，浙江古籍出版社2000年版。

（清）缪荃孙、冯煦等纂：《江苏省通志稿》，江苏古籍出版社1989—2003年版。

（清）穆彰阿等重修：《嘉庆重修大清一统志》，上海书店出版社1985—1989年版。

（清）阮元校制：《十三经注疏》，中华书局影印本1980年版。

（清）孙承泽撰：《春明梦余录》，北京古籍出版社1992年版。

（清）孙承泽撰：《天府广记》，北京古籍出版社2001年版。

（清）孙诒让撰：《墨子间诂》，上海书店出版社1992年版。

（清）王昶编：《金石萃编》，北京市中国书店1991年版。

（清）吴广成撰：《西夏书事》，清道光五年小岘山房刻本。

（清）萧奭撰：《永宪录》，中华书局1959年版。

（清）徐乾学：《读礼通考》，台湾商务印书馆1983年版。

（清）徐松辑：《宋会要辑稿》，中华书局1957年版。

（清）于敏中：《日下旧闻考》，北京古籍出版社2001年版。

（清）张廷玉撰：《明史》，中华书局点校本。

（清）昭梿撰：《啸亭杂录》，中华书局1985年版。

（清）周家楣、缪荃孙修：《光绪顺天府志》，北京古籍出版社1987年版。

（清）朱孔阳：《历代陵寝备考》，江苏广陵古籍刻印社1990年版。

陈直：《三辅黄图校正》，陕西人民出版社1980年版。

清高宗敕撰：《清朝文献通考》，商务印书馆《万有文库》本，民国二十五年版；浙江古籍出版社1988年版。

清高宗敕撰：《续文献通考》，商务印书馆《万有文库》本，民国二十五年版。

赵尔巽等撰：《清史稿》，中华书局点校本。

二　专著

中国大百科全书编委会：《中国大百科全书·考古学》，中国大百科全书出版社1986年版。

中国大百科全书编委会：《中国大百科全书·中国历史》，中国大百科全书出版社1992年版。

北京市文物研究所：《北京金代皇陵》，文物出版社2006年版。

曹建华、金永田主编:《临潢史迹》,内蒙古人民出版社1999年版。
昌平区十三陵特区办事处编:《首届明代帝王陵寝研讨会首届居庸关长城文化研讨会论文集》,科学出版社2000年版。
陈安利:《唐十八陵》,中国青年出版社2001年版。
陈怀仁、夏玉润主编:《洪武六百年祭》,南方出版社2001年版。
许成、杜玉冰:《西夏陵》,东方出版社1995年版。
傅熹年:《中国古代城市规划建筑群布局及建筑设计方法研究》上、下册,中国建筑工业出版社2001年版。
傅熹年主编:《中国古代建筑史》第二卷,中国建筑工业出版社2001年版。
傅永魁:《宋陵》,文物出版社1982年版。
顾颉刚等主编:《堪舆集成》,重庆出版社1994年版。
郭黛姮主编:《中国古代建筑史》第三卷,中国建筑工业出版社2003年版。
国家文物局:《明十三陵》,未发行。
河南省文物考古研究所编:《北宋皇陵》,中州古籍出版社1997年版。
胡汉生:《明朝帝王陵》,北京燕山出版社2001年版。
胡汉生:《明十三陵》,中国青年出版社1998年版。
湖北省文物考古研究所、钟祥市博物馆:《梁庄王墓》,文物出版社2007年版。
江西省博物馆、南城县博物馆、新建县博物馆、南昌市博物馆《江西明代藩王墓》,文物出版社2010年版。
金毓黻:《辽陵石刻集录》上、下册,奉天图书馆1934年版。
李星明:《唐代墓室壁画研究》,陕西人民美术出版社2005年版。
刘敦桢主编:《中国古代建筑史》,中国建筑工业出版社1980年版。
刘庆柱、李毓芳:《西汉十一陵》,陕西人民出版社1987年版。
明代文化研究南京专辑编委会、南京中山陵园管理局编:《明代文化研究·南京专辑》,中国文史出版社2003年版。
南京博物院:《明孝陵》,文物出版社1981年版。
南京博物院:《南唐二陵发掘报告》,文物出版社1957年版。
南京大学文化与自然遗产研究所、中山陵园管理局文物处、孝陵博物馆编:《首届世界文化遗产论坛·中国明清皇家陵寝学术研讨会材料汇编》,中国·南京,2004年,未发行。
内蒙古自治区文物考古研究所、哲里木盟博物馆:《辽陈国公主墓》,文物出版社1993年版。
宁夏文物考古研究所、银川西夏陵区管理处:《西夏三号陵——地面遗迹发掘报告》,科学出版社2007版。
潘谷西主编:《中国古代建筑史》第四卷,中国建筑工业出版社2001年版。
秦大树:《宋元明考古》,文物出版社2004年版。
[日]田村实造、小林行雄:《庆陵》,京都大学文学部1953年版。
十三陵特区办事处:《世界文化遗产——明清皇家陵寝保护与发展研讨会论文集》,北京燕

山出版社2007年版。

宿白：《白沙宋墓》，文物出版社1957年版。

孙大章主编：《中国古代建筑史》第五卷"清代建筑"，中国建筑工业出版社2002年版。

王伯敏：《中国绘画通史》，生活·读书·新知三联书店2000年版。

王剑英：《明中都》，中华书局1992年版。

王剑英：《明中都研究》，中国青年出版社2005年版。

王其亨等著：《风水理论研究》第2版，天津大学出版社2005年版。

徐卫民：《秦公帝王陵》，中国青年出版社2002年版。

晏子有：《清东西陵》，中国青年出版社2000年版。

杨国庆：《南京明代城墙》，南京出版社2002年版。

杨宽：《中国古代陵寝制度史研究》，上海人民出版社2003年版。

杨新华、卢海鸣：《南京明清建筑》，南京大学出版社2001年版。

杨之水、李广锜、王能伟、马伯伦主编：《南京》，中国建筑工业出版社1989年版。

于杰、于光度：《金中都》，北京出版社1989年版。

中国第一历史档案馆：《清代帝王陵寝》，档案出版社1982年版。

中国建筑艺术全集编辑委员会编：《中国建筑艺术全集·明代陵墓建筑》，中国建筑工业出
　　版社2000年版。

中国建筑艺术全集编辑委员会编：《中国建筑艺术全集·清代陵墓建筑》，中国建筑工业出
　　版社2003年版。

中国社会科学院考古研究所、定陵博物馆、北京市文物工作队：《定陵》，文物出版社1990
　　年版。

中国社会科学院考古研究所编：《新中国的考古发现和研究》，文物出版社1984年版。

中华人民共和国国家文物局：《明清皇家陵寝·明显陵》，中国大百科全书出版社1999
　　年版。

中华人民共和国国家文物局：《明清皇家陵寝——明孝陵扩展项目：明孝陵（世界遗产公
　　约 申报文化遗产：中国）》，2001年，未发行。

中山陵园管理局，南京孝陵博物馆：《明孝陵志新编》，黑龙江人民出版社2002年版。

三　考古简报与论文

《宋仁宗永昭陵上宫考古获丰硕成果》，《中国文物报》1998年10月14日第一版。

巴林右旗博物馆：《辽庆陵又有重要发现》，《内蒙古文物考古》2000年第2期。

北京市文物工作队：《北京南郊辽赵德钧墓》，《考古》1962年第5期。

陈文华：《江西新建明朱权墓发掘》，《考古》1962年第4期。

陈仲篪：《宋永思陵平面及石藏子之初步研究》，《中国营造学社汇刊》1936年第六卷第
　　三期。

成都市文物考古研究所：《成都明代蜀僖王陵发掘简报》，《文物》2002年第4期。

［法］王微：《乾隆裕陵棺椁藏文经咒释读》，《故宫博物院院刊》2006年第1期。

冯继仁：《北宋皇陵建筑构成分析》，《考古学研究》1994年第00期。
冯继仁：《巩县宋陵献殿的复原构想》，《文物》1992年第6期。
冯继仁：《论阴阳勘舆对北宋皇陵的全面影响》，《文物》1994年第8期。
付守平：《明代楚昭王朱桢墓发掘简讯》，《江汉考古》1992年第1期。
傅永魁：《河南巩县宋陵石刻》，《考古学集刊》2，中国社会科学出版社1982年版。
傅永魁、刘洪淼：《河南巩县宋永昭陵区的考察》，《考古学集刊》8，科学出版社1994年版。
桂林市文物工作队：《明靖江王十一陵述略》，《广西文物》1987年第2期。
郭湖生、戚德耀、李容淦：《河南巩县宋陵调查》，《考古》1964年第11期。
郭勇、杨富斗：《明晋裕王墓的清理工作》，《文物参考资料》1956年第6期。
韩兆民、李志清：《关于西夏八号陵墓主人问题的商榷》，《考古学集刊》5，中国社会科学出版社1987年版。
河南省博物馆、新乡市博物馆：《新乡明潞简王墓调查简报》，《中原文物》1978年第3期。
河南省博物馆、新乡市博物馆：《新乡市郊明潞简王墓及其石刻》，《文物》1979年第5期。
湖北省文物考古研究所、武汉市文物考古研究所、武汉市江夏区博物馆：《武昌龙泉山明代楚昭王墓发掘简报》，《文物》2003年第2期。
湖北省文物考古研究所、荆州市博物馆、钟祥市博物馆：《湖北钟祥明代梁庄王墓发掘简报》，《文物》2003年第5期。
霍巍：《论江西明代后期藩王墓葬的形制演变》，《东南文化》1991年第1期。
济南市文化局文物处、长清县文物管理所：《山东长清县明德王墓群发掘简报》，《考古学集刊》11，中国大百科全书出版社1997年版。
江西省博物馆：《江西南城明益王朱祐槟墓发掘报告》，《文物》1973年第3期。
江西省文物工作队：《江西南城明益宣王朱翊鈏夫妇合葬墓》，《文物》1982年第8期。
江西省文物工作队、南城县文物陈列室：《南城县明益定王朱由木墓发掘纪实》，《江西历史文物》1982年第4期。
江西省文物工作队：《江西南城明益定王朱由木墓发掘简报》，《文物》1983年第2期。
江西省文物管理委员会：《江西南城明益庄王墓出土文物》，《文物》1959年第1期。
荆州地区博物馆、江陵县文物局：《江陵八岭山明代辽简王墓发掘简报》，《考古》1995年第8期。
李范文：《西夏陵墓出土残碑粹编》，文物出版社1984年版。
李逸友：《辽耶律琮墓石刻及神道碑铭》，《东北考古与历史》第一辑，文物出版社1982年版。
李逸友：《辽代契丹人墓葬制度概说》，内蒙古文物考古研究所编《内蒙古东部区考古学文化研究文集》，海洋出版社1991年版。
李毓芳：《唐陵石刻简论》，《文博》1994年第3期。

辽宁省博物馆、辽宁铁岭地区文物组发掘小组：《法库叶茂台辽墓记略》，《文物》1975年第12期。

刘敦桢：《明长陵》，《中国营造学社汇刊》1933年第4卷第2期。

刘毅：《宋代皇陵制度研究》，《故宫博物院院刊》1999年第1期。

刘雨茂、刘骏、朱章义：《明蜀定王次妃墓发掘记》，《成都文物》1999年第4期。

刘聿才、刘新：《明祖陵述略》，《考古与文物》1984年第2期。

罗宗真：《明孝陵》，《东南文化》1997年第1期。

南京市博物馆：《南京明代吴祯墓发掘简报》，《文物》1986年第9期。

内蒙古文物考古研究所：《辽耶律羽之墓发掘简报》，《文物》1996年第1期。

宁夏回族自治区博物馆：《西夏八号陵发掘简报》，《文物》1978年第8期。

宁夏回族自治区博物馆：《西夏陵区一〇八号墓发掘简报》，《文物》1978年第8期。

宁夏回族自治区博物馆：《西夏陵区一〇一号墓发掘简报》，《考古与文物》1978年第8期。

宁夏回族自治区博物馆：《银川缸瓷井西夏窑址》，《文物》1978年第8期。

宁夏文物考古研究所：《西夏陵区北端建筑遗址发掘简报》，《文物》1988年第9期。

宁夏文物考古研究所：《银川市西夏陵区3号陵园东碑亭遗址发掘简报》，《考古与文物》1993年第2期。

前热河省博物馆筹备组：《赤峰县大营子辽墓发掘报告》，《考古学报》1956年第3期。

山东省博物馆：《发掘明朱檀墓纪实》，《文物》1972年第5期。

山西省文物管理委员会：《山西太原七府坟明墓清理简报》，《考古》1961年第2期。

陕西省文物管理委员会：《长安四府井村明安僖王墓清理简报》，《考古通讯》1956年第5期。

孙新民：《试论北宋陵园建制及其特点》，《河南文物考古论集》，河南人民出版社1996年版。

万为民：《江西新建朱宸涪夫妇合葬墓》，《南方文物》1992年第3期。

王静如：《辽道宗及宣懿皇后契丹国字哀册初释》，《契丹国字再释》，分别载《"中央研究院"历史语言研究所集刊》，第三本第四分册，1933年版；第五本第四分册，1935年版。

王其亨：《清代陵寝建筑工程小夯灰土作法》，《故宫博物院院刊》1993年第3期。

王秋华：《辽代墓葬分区与分期的初探》，《辽宁大学学报（哲学社会科学版）》1982年第3期。

王岩、王秀玲：《明十三陵的陪葬墓》，《考古》1986年第6期。

襄樊市考古队、谷城县博物馆、南漳县博物馆：《明襄阳王墓调查》，《江汉考古》1999年第4期。

徐苹芳：《唐宋墓葬中的"明器神煞"与"墓仪"制度》，《考古》1963年第2期。

许成、吴峰云：《同心县任庄村明代王陵》，收在《中国考古学年鉴（1984）》，文物出版社1984年版。

薛登、方全明：《明蜀王和明蜀王陵》，《四川文物》2000年第5期。

杨晶：《辽墓初探》，《北方文物》1985年第4期。

杨亦武：《大房山金陵考》，《北京文博》2002年第2期。

张广立：《宋陵石雕纹饰与〈营造法式〉的石作制度》，《中国考古学研究》二，科学出版社1986年版。

张鹏：《辽代庆东陵壁画研究》，《故宫博物陵院刊》2005年第3期。

张松柏：《辽怀州怀陵调查记》，《内蒙古文物考古》1984年00期。

张正祥：《明祖陵》，《考古》1963年第8期。

郑州市博物馆：《荥阳二十里铺明代原武温穆王壁画墓》，《中原文物》1984年第4期。

中国社会科学院考古研究所、四川省博物馆：《成都凤凰山明墓》，《考古》1978年第5期。

中国社会科学院考古研究所汉魏故城考古队、偃师县文管会：《河南巩县宋陵采石场调查记》，《考古》1984年第11期。

中国社会科学院考古研究所内蒙古第二工作队、内蒙古文物考古研究所：《内蒙古巴林左旗辽代祖陵陵园遗址》，《考古》2009年第7期。

洲杰：《内蒙古昭盟辽太祖陵调查散记》，《考古》1966年第5期。

后 记

　　《宋代至清代帝陵形制布局研究》，是在为撰写《中国考古学·宋辽金元明卷》帝陵部分所做前期专题研究的基础上，进行再研究，并以宋代至清代帝陵前后相接帝陵形制布局间的承袭演变关系和宋代至清代帝陵形制布局的发展演变规律为主线，同时又兼顾秦汉至隋唐帝陵形制布局的发展变化轨迹，结合各代营陵规制，经全面的修改和系统的整合而成。本书从专题研究开始，就一直得到中国社会科学院考古研究所领导的支持，我退休后又得到中国社会科学院老年科研基金的资助。本书完稿后，则先后得到中国社会科学院离退人员出版资助和国家社科基金后期资助。在书稿呈送出版社的编辑出版过程中，中国社会科学出版社特约编辑张静先生、责任编辑张小颐先生开始编辑，后由郭鹏先生接手，从编辑角度对书稿提出了修改意见；中国社会科学院考古研究所科技考古中心李淼先生总领本书插图设计，韩慧君、刘方和王苹先生为本书绘制了大量的线图。对上述诸方面和各位先生的大力支持和帮助，在此一并表示衷心的感谢。最后应当指出，本书撰写完稿后，出版时间拖得很久，完稿后的新资料、新见解未能增补进来，敬请谅解。

孟凡人
2021 年 3 月 25 日